Die Vergütung des Betreuers

Handbuch der Vergütungs- und Aufwendungsregelungen

bearbeitet von

Horst Deinert
Dipl.-Sozialarbeiter/Dipl.-Verwaltungswirt (FH),
Verwaltungswissenschaftler (VWA), Duisburg

Kay Lütgens
Rechtsanwalt, Justiziar des BdB e.V.,
Hamburg

7. überarbeitete Auflage

Reguvis
Bundesanzeiger Verlag

Bibliografische Information der Deutschen Nationalbibliothek
Die Deutsche Nationalbibliothek verzeichnet diese Publikation in der Deutschen Nationalbibliografie; detaillierte bibliografische Daten sind im Internet über http://dnb.d-nb.de abrufbar.

 | Bundesanzeiger Verlag

Eine Marke der Bundesanzeiger Verlag GmbH · Amsterdamer Straße 192 · 50735 Köln
www.reguvis.de

Beratung und Bestellung:
Tel.: +49 (0) 221 97668-229
Fax: +49 (0) 221 97668-236
E-Mail: familie-betreuung@bundesanzeiger.de

Weitere Informationen sowie Rechtsprechung zum Thema finden Sie unter
www.betreuerverguetung.de

ISBN (Print): 978-3-8462-0841-0
ISBN (E-Book): 978-3-8462-0842-7

© 2019 Bundesanzeiger Verlag GmbH, Köln

Herstellung: Günter Fabritius
Produktmanagement: Uschi Schmitz-Justen
Satz: Cicero Computer GmbH, Bonn
Druck und buchbinderische Verarbeitung: Medienhaus Plump, Rheinbreitbach
Titelabbildung: © Andreas Sourbis – stock.adobe.com

Printed in Germany

Inhaltsübersicht

Vorwort zur 7. Auflage

Die Pauschalierung der Betreuervergütung besteht inzwischen seit 14 Jahren und hinsichtlich vieler grundlegender Fragen hat sich inzwischen eine „ständige Praxis" herausgebildet. Inzwischen sind fast alle in der Praxis auftretenden (Detail-)Fragen durch die Rechtsprechung geklärt. Vor allem der 12. Zivilsenat des Bundesgerichtshofes hat in der Zeit seit dem 1.9.2009 viele Entscheidungen zur Betreuervergütung getroffen und dabei teilweise die bisherige Rechtsprechung der zuvor zuständigen Oberlandesgerichte bestätigt, zum Teil aber auch neue, teilweise für die Betreuerinnen und Betreuer negative Akzente gesetzt, z.B. bei der Frage der unterlassenen Berufsbetreuerfeststellung, vor allem bei den Kriterien für die Einordnung in die drei Vergütungsstufen.

Auch für diese Neuauflage haben wir wieder mehrere Hundert Gerichtsbeschlüsse, überwiegend vom Bundesgerichtshof, aber auch von Amts- und Landgerichten, ausgewertet und in den Buchtext einfließen lassen. Daneben haben wir selbstverständlich die seit der Vorauflage eingetretenen für die Vergütung relevanten Gesetzesänderungen berücksichtigt. Hier sind vor allem die Änderungen im Umsatzsteuerrecht zum 1.7.2013 zu erwähnen. Bekanntlich hat der Gesetzgeber hier in später Anerkennung der Rechtsprechung zur EU-Umsatzsteuerrichtlinie weitgehend eine Umsatzsteuerbefreiung realisiert. Im Bereich des Ehrenamtes gab es zum 1.8.2013 eine Erhöhung der Aufwandspauschale (von 323,00 € auf 399,00 € Euro).

Die wesentlichen Änderungen im Vergütungsrecht ergeben sich jedoch durch das im Mai/Juni 2019 von Bundestag und Bundesrat verabschiedete „Gesetz zur Änderung der Betreuer- und Vormündervergütung" (im Weiteren: Vergütungsreform 2019). Hierdurch ist eine Anhebung der Vergütungen um durchschnittlich 17 % gegeben, eine weit überfällige Maßnahme, war doch die im Frühjahr 2017 vom Bundestag verabschiedete lineare Erhöhung um 15 % am Widerstand der Bundesländer gescheitert. Die neue Vergütungsreform beinhaltet zahlreiche Detailänderungen bei der Berechnung der Betreuervergütung, wobei die Grundprinzipien der seit 2005 bestehenden Pauschalvergütung beibehalten werden. Der Teufel steckt bekanntlich im Detail. Und obwohl es zu den Neuregelungen noch keine Rechtsprechung geben kann, versuchen wir mit dieser Neuauflage Klarheit ins Dunkel zu bringen.

Wir hoffen, allen an Betreuervergütungsverfahren Beteiligten mit dieser Neuauflage wieder eine gute Hilfestellung geben zu können, um sich in den zum Teil recht unübersichtlichen Vorgaben der Rechtsprechung zu den Einzelheiten des Vergütungsrechts zurechtzufinden. Ebenso hoffen wir, Schwachstellen des jetzigen Vergütungssystems aufzeigen, die trotz der letzten Reform geblieben sind, und damit Anregungen für Korrekturen des Vergütungsrechts geben zu können.

Im Übrigen wird das derzeitige Vergütungssystem auch weiterhin kontrovers beurteilt. Während die Politik weiterhin die hohen durch die Berufsbetreuung verursachten Kosten beklagt, äußern Betreuer auch nach der verabschiedeten Erhöhung Unzufriedenheit wegen der fehlenden Anpassung der Vergütung an die veränderten Bedingungen der Betreuungsarbeit, z.B. im Rahmen des Bundesteilhabegesetzes sowie zu lange Fristen für eine erneute Überprüfung

Tatsächlich waren die in den §§ 4, 5 VBVG festgelegten Stundensätze und Stundenzahlen auf der Grundlage von inzwischen über 15 Jahre alten Daten errechnet worden. Auch wenn der Bundesfinanzhof und ihm folgend der Gesetzgeber die Mehrwertsteuerpflicht revidiert hat, waren die finanziellen Belastungen für Betreuer durch die allgemeine Preisentwicklung gestiegen. Zudem ist die Betreuungsarbeit aus verschiedenen Gründen aufwendiger geworden – bei Einführung der Pauschalierung gab es z.B. das SGB II sowie das SGB XII noch nicht, gerade in diesem Bereich wird aber über etliche zeitraubende Auseinandersetzungen mit den jeweils zuständigen Behörden berichtet. Und mit dem Bundesteilhabegesetz und Änderungen in anderen Bereichen, z.B. dem Krankenversicherungsrecht, steigt der Arbeitsaufwand für Betreuer. Zudem steigt in letzter Zeit der Anteil an jungen Betreuten erheblich an. Diese haben häufig keinen Beruf erlernt und leiden verbreitet auch an Suchterkrankungen. Es liegt auf der Hand, dass die Arbeit mit diesen Betreuten erheblich aufwendiger ist als die Betreuung eines älteren Menschen, der bereits in einer Einrichtung lebt.

Das Bundesministerium der Justiz und für Verbraucherschutz hat mit der im Sommer 2018 eingerichteten Arbeitsgruppe, die sich mit Strukturreformen des Betreuungsrechts befasst, wozu auch die Berufszulassung und das Vergütungsrecht gehören, gezeigt, dass es die Problematik erkannt hat. Allerdings ist der Widerstand von Seiten der Bundesländer wegen erwarteter Erhöhung der Ausgaben weiterhin groß. Mit gesetzlichen Neuregelungen des Betreuungsrechtes insgesamt, u.U. auch, was weitere Teilbereiche des Berufsrechts und der Betreuervergütung betrifft, dürfte realistischerweise nicht vor Mitte/Ende 2021 zu rechnen sein.

Für Hinweise, Ratschläge, Ergänzungen wie auch Fehlermeldungen sind wir weiterhin stets dankbar.

Duisburg/Hamburg, im Sommer 2019

Horst Deinert

Kay Lütgens

Hinweis: Alle Personenbezeichnungen gelten für alle Geschlechter.

Inhaltsverzeichnis

Abkürzungen

a.A.	anderer Ansicht
a.F.	alte(r) Fassung
AG	Amtsgericht; auch Ausführungsgesetz; Aktiengesellschaft
AGVBVG	Ausführungsgesetz zum Vormünder- und Betreuervergütungsgesetz
Anm.	Anmerkung
AnwBl	Anwaltsblatt
AO	Abgabenordnung
Art.	Artikel
AVR	Arbeitsvertragsrichtlinien (der Caritas)
BA	Bachelor
BAG	Bundesarbeitsgericht
BAGüS	Bundesarbeitsgemeinschaft der überörtl. Sozialhilfeträger
BAT	Bundesangestelltentarifvertrag (jetzt: TVöD)
BayObLG	Bayerisches Oberstes Landesgericht
BayObLGZ	Entscheidungssammlung des BayObLG
BayVBl.	Bayerische Verwaltungsblätter (Zeitschrift)
BBiG	Berufsbildungsgesetz
BdB	Bundesverband der Berufsbetreuer/-innen e.V.
BeckRS	Beck'sche Rechtsprechungssammlung (Online)
BetrG	Betreuungsgericht
BfA	Bundesversicherungsanstalt für Angestellte (jetzt: DRV)
BFH	Bundesfinanzhof
BFHE	Entscheidungssammlung des Bundesfinanzhofes
BFH/NV	Sammlung der (nicht veröffentlichten) Entscheidungen des Bundesfinanzhofs (Fachzeitschrift)
BfJ	Bundesamt für Justiz
BGB	Bürgerliches Gesetzbuch
BGBl.	Bundesgesetzblatt
BGH	Bundesgerichtshof
BGHZ	Entscheidungssammlung des BGH in Zivilsachen
BGT	Betreuungsgerichtstag e.V. (früher Vormundschaftsgerichtstag)
BGW	Berufsgenossenschaft Gesundheitsdienst und Wohlfahrtspflege
BLAG	Bund-Länder-Arbeitsgruppe „Betreuungsrecht"
BMJV	Bundesministerium für Justiz und Verbraucherschutz
BRAO	Bundesrechtsanwaltsordnung
BRAGO	Bundesrechtsanwaltsgebührenordnung (jetzt: RVG)
BR-Drs.	Bundesratsdrucksache
BSG	Bundessozialgericht
BSHG	Bundessozialhilfegesetz (jetzt: SGB XII)
BStBl.	Bundessteuerblatt

BtÄndG	(1. oder 2.) Betreuungsrechtsänderungsgesetz
BT-Drs.	Bundestagsdrucksache
BtBG	Betreuungsbehördengesetz
BtE	Betreuungsrechtliche Entscheidungen (Rechtsprechungssammlung; Bundesanzeiger Verlag)
BtG	Betreuungsgesetz
BTHG	Bundesteilhabegesetz
BtInfo	Zeitschrift des Verbandes freiberuflicher BetreuerInnen
BtMan	Fachzeitschrift „Betreuungsmanagement"
BtPlus	Fachzeitschrift BtPlus
BtPrax	Fachzeitschrift „Betreuungsrechtliche Praxis"
Bt-Recht	Online-Gesetzes- und Rechtsprechungssammlung (Bundesanzeiger-Verlag)
BtV	Betreuungsverein
BVerfG	Bundesverfassungsgericht
BVerwGE	Entscheidungssammlung des BVerwG
BVfB	Bundesverband freier Berufsbetreuer/innen
BVG	Bundesversorgungsgesetz
BVormPrüfVO	Berufsvormünderprüfungsverordnung
BVormVG	Berufsvormündervergütungsgesetz (jetzt VBVG)
BVormVGAG	Ausführungsgesetz zum BVormVG
BWNotZ	Baden-Württembergische Notarzeitung
BZGR	Bundeszentralregistergesetz
DAVorm	Fachzeitschrift „Der Amtsvormund"
DB	Fachzeitschrift „Der Betrieb"
DBSH	Deutscher Berufsverband für soziale Arbeit
DDR	Deutsche Demokratische Republik
ders.	derselbe
dies.	dieselbe
DJ	Die Justiz
DNotI	Deutsches Notarinstitut
DNotZ	Deutsche Notarzeitschrift
DQR	Deutscher Qualitätsrahmen
DRiG	Deutsches Richtergesetz
DRiZ	Deutsche Richterzeitung
DRV	Deutsche Rentenversicherung
DSB	Deutscher Sportbund
DStZ	Deutsche Steuerzeitschrift
DV	Deutscher Verein für öffentliche und private Fürsorge
EFG	Entscheidungen der Finanzgerichte (Zeitschrift)
EFH	Evangelische Fachhochschule
EGBGB	Einführungsgesetz zum Bürgerlichen Gesetzbuch
EGInsO	Einführungsgesetz zur Insolvenzordnung

EinigungsV	Einigungsvertrag zwischen der Bundesrepublik Deutschland und der DDR
ErbStG	Erbschaft- und Schenkungsteuergesetz
EStG	Einkommensteuergesetz
EU	Europäische Union
EuGH	Europäischer Gerichtshof
e.V.	eingetragener Verein
EzFamR	Entscheidungssammlung zum Familienrecht
FamFG	Gesetz über das Verfahren in Familiensachen und in den Angelegenheiten der freiwilligen Gerichtsbarkeit
FamG	Familiengericht
FamRB	Fachzeitschrift „Der Familienrechtsberater"
FamRZ	Zeitschrift für das gesamte Familienrecht
FDGB	Freier Deutscher Gewerkschaftsbund (der DDR)
FEVS	Fürsorgerechtliche Entscheidungen der Verwaltungs- und Sozialgerichte
FF	Fachzeitschrift „Forum Familienrecht"
f./ff.	folgende/fortfolgende
FG	Finanzgericht
FGO	Finanzgerichtsordnung
FGPrax	Fachzeitschrift „Praxis der freiwilligen Gerichtsbarkeit"
FH	Fachhochschule
FPR	Fachzeitschrift „Familie Partnerschaft Recht"
FuR	Fachzeitschrift „Familie und Recht"
gem.	gemäß
GewO	Gewerbeordnung
GG	Grundgesetz
GNotKG	Gerichts- und Notarkostengesetz
GoÄ	Gebührenordnung für Ärzte
GoZ	Gebührenordnung für Zahnärzte
GSiG	Gesetz über eine bedarfsorientierte Grundsicherung (jetzt SGB XII)
GÜ	Geschäftsübersicht
HeimG	Heimgesetz
HibL	Hilfe in besonderen Lebenslagen
HK BUR	Heidelberger Kommentar zum Betreuungs- und Unterbringungsrecht
h.M.	herrschende Meinung
HOAI	Honorarordnung für Architekten und Ingenieure
HRG	Hochschulrahmengesetz
HzL	Hilfe zum Lebensunterhalt (Hilfe nach dem 3. Kapitel des SGB XII)
IFB	Institut für freie Berufe der Universität Erlangen-Nürnberg
IHK	Industrie- und Handelskammer
info also	Zeitschrift „Informationen zum Arbeitslosen- und Sozialhilferecht"
InsO	Insolvenzordnung

ISG	Institut für Sozialforschung und Gesellschaftspolitik, Köln
ITB	Institut für transkulturelle Betreuung, Hannover
i.V.m.	in Verbindung mit
JBeitrO	Justizbeitreibungsordnung
JGG	Jugendgerichtsgesetz
JMBl.	Justizministerialblatt
JugA	Fachzeitschrift „Das Jugendamt"
JurBüro	Fachzeitschrift „Das Juristische Büro"
JurionRS	Online-Rechtsprechungssammlung Jurion
JVEG	Justizvergütungs- und -entschädigungsgesetz
KF	Kirchliche Fassung
KG	Kammergericht (Berlin)/Kommanditgesellschaft
KGSt	Kommunale Gemeinschaftsstelle für Verwaltungsmanagement
KindPrax	Fachzeitschrift „Kindschaftsrechtliche Praxis"
KJHG	Kinder- und Jugendhilfegesetz (SGB VIII)
LJKG	Landesjustizkostengesetz
LG	Landgericht
LHO	Landeshaushaltsordnung
LPK	Lehr- und Praxiskommentar
Ls	Leitsatz
LSG	Landessozialgericht
MA	Master
MBl.	Ministerialblatt
MDR	Monatszeitschrift für deutsches Recht
MünchKomm	Münchener Kommentar zum BGB
m.w.N.	mit weiteren Nachweisen
MWSt	Mehrwertsteuer (Umsatzsteuer)
NDV	Nachrichtendienst des Deutschen Vereins für öffentliche und private Fürsorge
NDV-RD	Rechtsdienst des Deutschen Vereins für öffentliche und private Fürsorge
n.F.	neuer Fassung
Nieders. Rpfleger	Fachzeitschrift „Der niedersächsische Rechtspfleger"
NJ	Fachzeitschrift „Neue Justiz"
NJW	Neue Juristische Wochenschrift
NJWE-FER	NJW-Entscheidungsdienst Familien- und Erbrecht
NJW-RR	NJW-Rechtsprechungsreport Zivilrecht
NRW	Nordrhein-Westfalen
NVA	Nationale Volksarmee (der DDR)
NVwZ	Neue Zeitschrift für Verwaltungsrecht
NW	Nordrhein-Westfalen
OLG	Oberlandesgericht
OLGR	OLG-Report

OVG	Oberverwaltungsgericht
ÖTV	(Gewerkschaft) Öffentliche Dienste, Transport und Verkehr
PKH	Prozesskostenhilfe
RBerG	Rechtsberatungsgesetz (jetzt RDG)
RDG	Rechtsdienstleistungsgesetz
RdLH	Zeitschrift „Rechtsdienst der Lebenshilfe"
RDV	Verordnung zum Rechtsdienstleistungsgesetz
RFHE	Entscheidungssammlung des Reichsfinanzhofes
Rn.	Randnummer
Rpfleger	Fachzeitschrift „Der deutsche Rechtspfleger"
Rpfll-Stud	Fachzeitschrift „Rechtspfleger-Studienhefte"
RpflG	Rechtspflegergesetz
RuP	Fachzeitschrift „Recht und Psychiatrie"
SächsBestG	Sächsisches Bestattungsgesetz
SchlHOLG	Schleswig-Holsteinisches Oberlandesgericht
SCHUFA	Schutzgemeinschaft für allgemeine Kreditsicherung
SchuFV	Verordnung über die Führung des Schuldnerverzeichnisses (Schuldnerverzeichnisführungsverordnung)
SGB	Sozialgesetzbuch
SGB I	Sozialgesetzbuch, 1. Buch, Allgemeiner Teil
SGB II	Sozialgesetzbuch, 2. Buch, Grundsicherung für Arbeitssuchende
SGB V	Sozialgesetzbuch, 5. Buch, Krankenversicherung
SGB VI	Sozialgesetzbuch, 6. Buch, Rentenversicherung
SGB VII	Sozialgesetzbuch, 7. Buch, Unfallversicherung
SGB VIII	Sozialgesetzbuch, 8. Buch, Kinder- und Jugendhilfe
SGB X	Sozialgesetzbuch, 10. Buch, Verwaltungsverfahren
SGB XI	Sozialgesetzbuch, 11. Buch, Soziale Pflegeversicherung
SGB XII	Sozialgesetzbuch, 12. Buch, Sozialhilfe
SGG	Sozialgerichtsgesetz
SMS	Short Message Service (Handy-Nachrichten)
SozG	Sozialgericht
StVollzG	Strafvollzugsgesetz
SuP	Fachzeitschrift „Sozialrecht und Praxis"
SvEV	Sozialversicherungsentgeltverordnung
TH	Technische Hochschule
TVöD	Tarifvertrag für den öffentlichen Dienst
UStG	Umsatzsteuergesetz
VBVG	Vormünder- und Betreuervergütungsgesetz
VG	Verwaltungsgericht
VGH	Verwaltungsgerichtshof
VGT	Vormundschaftsgerichtstag e.V. (jetzt BGT)

VKA	Verband Kommunaler Arbeitgeberverbände
VKH	Verfahrenskostenhilfe
VO	Verordnung
Vorbem.	Vorbemerkungen
VormG	Vormundschaftsgericht (jetzt BetrG)
VWA	Verwaltungs- und Wirtschaftsakademie
VwGO	Verwaltungsgerichtsordnung
VwV	Verwaltungsvorschrift
VwVfG	Verwaltungsverfahrensgesetz
VwVG	Verwaltungsvollstreckungsgesetz
WoBauG	Wohnungsbauförderungsgesetz
ZEV	Zeitschrift für Erbrecht und Vermögensnachfolge
ZfF	Zeitschrift für das Fürsorgewesen
ZfS	Zeitschrift für Sozialrecht
ZfSH/SGB	Zeitschrift für Sozialhilfe/Sozialgesetzbuch
Ziff.	Ziffer
ZPO	Zivilprozessordnung
ZTR	Zeitschrift für Tarifrecht des öffentlichen Dienstes
ZVG	Gesetz über Zwangsvollstreckung und Zwangsverwaltung
ZVK	Zusatzversorgungskasse

Literatur

Aufgenommen wurden die für die Bearbeitung verwendete Literatur sowie weitere themenbezogene Fachbücher. Fachzeitschriftenbeiträge sind, soweit unten nicht aufgeführt, innerhalb des Textes in den Fußnoten genannt.

1 Kommentare

Bassenge/Herbst/Roth: Gesetz über die Angelegenheiten der Freiwilligen Gerichtsbarkeit, Rechtspflegergesetz (FamFG/RPflG), 12. Auflage, Heidelberg 2009

Bauer/Klie/Lütgens (Hrsg.): Heidelberger Kommentar zum Betreuungs- und Unterbringungsrecht (Loseblattsammlung), Heidelberg 1994 ff., Stand Oktober 2018 (zitiert: HK BUR/Bearbeiter)

Baumbach/Lauterbach: Zivilprozessordnung (ZPO) mit Gerichtsverfassungsgesetz und anderen Nebengesetzen, 77. Auflage, München 2019

Bienwald/Sonnenfeld/Hoffmann: Betreuungsrecht, 6. Auflage, Bielefeld 2016

Bieritz-Harder/Conradis/Thie (Hrsg.): Sozialgesetzbuch XII – Sozialhilfe. Lehr- und Praxiskommentar, 11. Auflage Baden-Baden 2018

Birk u.a.: Bundessozialhilfegesetz – Lehr- und Praxiskommentar, 6. Auflage, Baden-Baden 2003 (zitiert: LPK BSHG)

Boschan: Die Vormundschaft, Köln 1956

Damrau/Zimmermann: Betreuungsgesetz – Kommentar zum BtG, Stuttgart, 4. Auflage 2010 (zitiert: Damrau/Zimmermann)

Dodegge/Roth: Praxiskommentar Betreuungsrecht, 5. Auflage, Köln 2018 (zitiert: BtKomm/Bearbeiter)

Ermann/Westermann/Harm: Bürgerliches Gesetzbuch, Handkommentar, 12. Auflage, Münster 2008 (zitiert: Erman/Bearbeiter)

Fröschle (Hrsg.): Praxiskommentar Betreuungs- und Unterbringungsverfahren; 3. Auflage, Köln 2014 (zitiert: Fröschle/Bearbeiter)

Gitter/Schmitt: Heimgesetz, Kommentar und Rechtssammlung, Loseblattwerk, Stand 1. November 2018

Gottschick/Giese: Bundessozialhilfegesetz, Kommentar, 9. Auflage, Frankfurt/Main 1985

Größmann/Iffland/Mangels: Heimgesetz, 5. Auflage, Hannover 2002

Jürgens (Hrsg.): Betreuungsrecht (Kurzkommentar), 5. Auflage, München 2014 (zitiert: Jürgens/Bearbeiter)

Jürgens/Lesting/Loer/Marschner: Betreuungsrecht kompakt, 8. Auflage, München 2016

Jurgeleit (Hrsg.): Betreuungsrecht. Handkommentar; 4. Auflage, Baden-Baden 2018

Keidel/Kuntze/Winkler: Kommentar zum FamFG, 19. Auflage, München 2017

Knittel: Betreuungsgesetz – Kommentar zum BtG (Loseblattsammlung), Starnberg-Percha 1992 ff., Stand 1.7.2018

Krahmer (Hrsg.): Sozialgesetzbuch I – Lehr- und Praxiskommentar (zitiert: LPK SGB-I/Bearbeiter), 5. Auflage Baden-Baden 2017

Kunz/Butz/Wiedemann: Heimgesetz, Kommentar, 10. Auflage, München 2004

Mergler/Zink: Bundessozialhilfegesetz, Kommentar (Loseblattsammlung), Stuttgart 1997 ff.

Meyer/Höver/Bach: Die Vergütung, Entschädigung von Sachverständigen, Zeugen, Dritten und von ehrenamtlichen Richtern nach dem JVEG, 27. Auflage, Köln 2017

Oestreicher/Schelter/Kunz: Bundessozialhilfegesetz, Kommentar, 14. Auflage, München 2003

Schellhorn/Jirasek/Seipp: Bundessozialhilfegesetz, Kommentar, 16. Auflage, Neuwied 2002

Schmidt: Einkommensteuergesetz, 37. Auflage, München 2018

Tipke/Kruse: Abgabenordnung (Loseblattsammlung), Köln 2018

2 Weitere Fachbücher

Adler (Hrsg.): Qualitätssicherung in der Betreuung, Köln 2003

Bach: Kostenregelungen für Betreuungspersonen, 2. Auflage, Köln 1999

Bienwald: Verfahrenspflegschaft, Bielefeld 2002

Bund-Länder-Arbeitsgruppe „Betreuungsrecht"

Abschlussbericht, Juni 2003; Betrifft: Betreuung Nr. 6 sowie unter www.bundesgerichtshof.de/gesetzesmaterialien/BetrRAendG/abschlussbericht.pdf

Zwischenbericht, Juni 2002; Betrifft: Betreuung Nr. 4 sowie unter www.bundesgerichtshof.de/gesetzesmaterialien/BetrRAendG/zwischenbericht.pdf

Deinert: Arbeitshilfe für Betreuungsvereine, 2. Auflage, Frankfurt/Main 1996

Deinert/Walther: Handbuch der Betreuungsbehörde, 4. Auflage, Köln 2014

Deinert (Hrsg.): Online-Lexikon Betreuungsrecht, http://www.bundesanzeiger-verlag.de/betreuung/wiki

Deinert/Lütgens/Meier: Die Haftung des Betreuers, 3. Auflage, Köln 2017

Fiala/Stenger: Geldanlagen für Mündel und Betreute, 4. Auflage, Köln 2018

Fröschle: Betreuungsrecht 2005. Systematische Darstellung der Änderungen nach dem 2. BtÄndG, Köln 2005

Jochum/Pohl: Nachlasspflegschaft, 5. Auflage, Köln 2014

Jürgens/Kröger/Marschner/Winterstein: Betreuungsrecht kompakt, 8. Auflage, München 2016

Köller/Engels: Rechtliche Betreuung in Deutschland: Evaluation des Zweiten BtÄndGs, Köln 2009

Lantzerath/Schimke: Finanzierungsleitfaden für Betreuer und Verfahrenspfleger, Köln 1994

Matta/Engels u.a.: Qualität in der rechtlichen Betreuung: Abschlussbericht, Köln 2018

Meier/Deinert: Handbuch Betreuungsrecht, 2. Auflage, Heidelberg 2016

Meier: Handbuch Betreuervergütung, Heidelberg 2003

Oberloskamp (Hrsg.): Vormundschaft, Pflegschaft und Beistandschaft für Minderjährige, 4. Auflage, München 2017

Oberloskamp/Schmidt-Koddenberg/Zieris: Hauptamtliche Betreuer und Sachverständige – Ausbildungs- bzw. Anforderungsprofil im neuen Betreuungsrecht, Köln 1992

Raack/Thar: Leitfaden Betreuungsrecht, 7. Auflage, Köln 2018

Richter: Das neue Heimrecht, Baden-Baden 2002

Salgo u.a.: Verfahrenspflegschaft für Kinder und Jugendliche, Köln 2002

Seitz/von Gaessler: Betreuungsrechtliche Entscheidungen (BtE), Band 1–3 (Jahrgänge 1992/93, 1994/95, 1996/97), Köln 1996–2000

Sellin/Engels: Qualität, Aufgabenverteilung und Verfahrensaufwand bei rechtlicher Betreuung, Köln 2003

Zimmermann: Anwaltsvergütung außerhalb des RVG; München 2007

3 Zeitschriften- und Buchbeiträge (Auswahl)

Amedick: Die JVA als Heim im Sinne des § 5 Abs. 3 VBVG; BtPrax 2012, 147

Barth/Wagenitz: Zur Neuordnung der Vergütung in Betreuungssachen; BtPrax 1996, 118 (PDF)

Baumhoer: Die Reform der Reform – scheitert das Betreuungsrecht an der reformierten Mittellosigkeit? BtPrax 1996, 1343

Becker/Brucker: Die Verantwortung des Betreuers für die Lebensqualität des Heimbewohners; Betrifft: Betreuung Nr. 5, 195

Bestelmeyer: Das 2. BtÄndG – Eine vergütungs- und verfassungsrechtliche Totgeburt; Rpfleger 2005, 583

Ders.: Vergütungsrechtliche Konsequenzen der fehlenden Feststellung der Berufsmäßigkeit des Betreuer-, Vormunds- oder (Nachlass-)Pflegeramtes; FGPrax 2014, 93

Bienwald: Das 2. Gesetz zur Änderung des Betreuungsrechts; FF 2005, 239

ders.: Zur Verweigerung der Aufwandspauschale gegenüber elterlichen Betreuern; FamRZ 1995, 116

ders.: Sind privatrechtliche Vergütungsvereinbarungen im Betreuungsrecht zulässig? Rpfleger 2002, 423

ders.: Zur Vergütung eines Betreuers, dem die Besorgung einer einzelnen Angelegenheit übertragen wurde; JR 2012, 317

ders.: Kein Aufwendungsersatzanspruch des rechtlichen Betreuers für Gebärdensprachdolmetscher; Rpfl-Stud 2015, 76

Brauer: Durchsetzung der Betreuervergütung nach Tod des Betreuten; BtPrax 2009, 226

Clauss-Hasper: Probleme der Verjährungsfrist für auf die Staatskasse übergegangene Aufwandsentschädigungsansprüche des Betreuers; FamFR 2012, 193

Conradis: Sozialhilferegress, Kostenersatz durch den Erben; ZEV 2005, 379

Deinert: Die Heranziehung des Betreuten, seiner Familienangehörigen und Erben zu den Betreuungskosten; FamRZ 1999, 1187

ders.: Zur Höhe des kleinen Barvermögens bei der Betreuervergütung; BtPrax 2001, 103

ders.: Betreuervergütung und Staatsregress nach dem Tod des Betreuten; FamRZ 2002, 375

ders.: Betreuungsrechtliche Auswirkungen des Kostenrechtsänderungsgesetzes und des neuen Sozialhilferechtes; BtPrax 3/2004, M10

ders.: Gewöhnlicher (Heim-)Aufenthalt und pauschale Betreuervergütung; FamRZ 2005; 954

ders.: Zur Neuregelung der Berufsbetreuer-, Berufsvormünder- und Berufspflegervergütung; BtPrax spezial 2005, S 13

ders.: Neue Pauschalvergütung für anwaltliche Berufsbetreuer; JurBüro 2005, 285 = FuR 2005, 308

ders.: Neue Betreuervergütung und Übergangsrecht; Rpfleger 2005, 304

ders.: Rechtsprechung zum neuen Vergütungsrecht; BtPrax 2008, 149

ders.: Aufwendungsersatz und Vergütung für Betreuer; Rpfl-Stud 2011, 1

ders.: Aufwandspauschale gem. § 1835a BGB – Ende des Gezerres? BtPrax 2013, 56

ders.: Neue Rechtsprechung der Bundesgerichte zur Betreuervergütung; Rpfleger 2014, 179

ders.: Zur Frist bei der Geltendmachung der Vergütung von Betreuern und anderen Vertretungspersonen; BtPrax 2014, 70

ders.: Rechtsfragen des Datenschutzes im Betreuungswesen; BtPrax 2019, 19

ders.: Neue Rechtsprechung der Bundesgerichte zur Betreuervergütung; Rpfleger 2017, 196

ders.: Förderung des Ehrenamtes – ernsthaft? BtPrax 2018, 56

ders.: Beschäftigungsende beim Vereins- und Behördenbetreuer; BtPrax 2015, 138 *ders.:* Neue Rechtsprechung der Bundesgerichte zur Betreuervergütung und angrenzender Fragen – sowie Ausblick auf die anstehende Rechtsänderung; Rpfleger 2019, 365

Deinert/Lütgens: Berufsbetreuerfeststellung unterblieben – was tun? BtPrax 2015, 182

Derleder: Vermögensdisposition nach Heimunterbringung; NJW 2012, 2689

Diederichsen: Die Vergütung von Betreuern vermögender Betreuter; in: Sonnenfeld (Hrsg.): Festschrift für Bienwald; Bielefeld 2006, S. 49

Dodegge: Das 2. BtÄndG; NJW 2005, 1896

Feldmann: Mittellosigkeit im Sinne des § 5 Abs. 1, 2 VBVG; BtPrax 2009, 221

Fischer: Aufwendungsersatz und Vergütung in Betreuungssachen und deren Realisierung; JurBüro 1993, 264

Freter: Ermittlung einer angemessenen Betreuervergütung; BtPrax 2014, 156

Frommann: Die Vergütung des Berufsbetreuers und des nebenberuflichen Betreuers; NDV 1993, 9 = BtPrax 1993, 41

Fröschle: Der Grundsatz der persönlichen Betreuung; BtMan 2005, 15

ders.: Der gewöhnliche Aufenthalt im Vergütungsrecht; BtPrax 2006, 219

ders: Anpassung der Vormünder- und Betreuervergütung; FamRZ 2019, 678

Funk: Veränderungen der ökonomischen Rahmenbedingungen und Fallgestaltung durch die Pauschalierung; BdB aspekte, Heft 61, Oktober 2006, 10

Gerhards/Lemken: Zielgerade erreicht: das 2. BtÄndG; BtPrax spezial 2005, 3

Guhling: Aktuelle Rechtsprechung des BGH zur Betreuervergütung; BtPrax 2016, 212

Hellmann: Bundestag beschließt 2. BtÄndG; RdLH 2005, 5

Hille: Lebensversicherungen als einzusetzendes Vermögen gem. § 1836c Nr. 2 BGB; Rpfleger 12/2009

Höcker: Stellungnahme zur Mittellosigkeit der betreuten Person; BtPrax 1993, 166

Jacobsen: Sozialhilferechtliche Einordnung von Bestattungsvorsorgeverträgen als Schonvermögen; NDV 2007, 357

Jürgens: Leistungen der Pflegeversicherung sind kein Einkommen! BtPrax 2000, 71

ders.: Änderung bei den Einkommensgrenzen in der Sozialhilfe; NDV 2005, 9

Jurgeleit: Die Reform des Betreuungsrechts – eine Übersicht; FGPrax 2005, 139

Karmasin: Aufwendungsersatzanspruch des Betreuers; BtPrax 1998, 133

Keuter: Vergütungsanspruch des berufsmäßigen Ergänzungspflegers für Tätigkeiten vor Bestellung; FamRZ 2010, 1955

Klumpp: Der Aufwendungsersatz des Berufsbetreuers am Beispiel der Veräußerung von Grundbesitz durch einen Rechtsanwalt als Berufsbetreuer; BWNotZ 2016, 130

Von König: Gesetzliche Änderungen bei Aufwendungsersatz, Aufwandsentschädigung und Vergütung des Vormunds, Pflegers, Betreuers; Rpfleger 2004, 391

Krauß: Die Änderung des Betreuungsrechtes durch das 2. BtÄndG; BWNotZ 2/2006, 35 (PDF)

Lipp/Ohrt: Betreutes Wohnen als „Heim"? BtPrax 2005, 209

Lütgens: Bundestag verabschiedet das 2. Betreuungsrechtsänderungsgesetz; BdB aspekte 54/05, 22

ders.: Aktuelles zur Betreuervergütung; Bewegung bei der Umsatzsteuer? BtPrax 2012, 149

Maier: Pauschalierung von Vergütung und Aufwendungsersatz; BtPrax spezial 2005, 17

Mann: Der Berufsbetreuer – ein Freier Beruf? NJW 2008, 121

Meier: Behindertentestament und Vergütungsanspruch des Betreuers; BtPrax 2013, 143

Neumann/Neumann: Zur praktischen Umsetzung des ab dem 1.7.2005 geltenden Vergütungssystems; BtMan 2005, 90

Oeschger: Zum Sommer wird es kommen; BtÄndG verabschiedet; BtMan 2005, 34

Rosenow: Die geplante Abschaffung der persönlichen Betreuung; BtPrax 2003, 203

ders.: Honorarvereinbarung und Ermessensvergütung bei vermögenden Betreuten; BtMan 2005, 1213

Scharf: Die Kosten der gesetzlichen Betreuung; FPR 1/2012

Schneider: Die Vergütung des Betreuers in Sonderfällen, des Pflegers und des Verfahrenspflegers der Regressanspruch der Staatskasse; RpflStud 2007, 165

Schulte: Schutz des angemessenen Hausgrundstücks in der Sozialhilfe; NJW 1991, 546

Seifert: Vertrauensschutz bei der Betreuervergütung; Rpfleger 2012, 487

ders.: Höhe der Vergütung des Betreuers; Rpfleger 2013, 373

ders.: Betreuervergütung: Gilt der Vertrauensgrundsatz doch nicht? Rpfleger 2014, 465

Seitz: Ansprüche von Berufsbetreuern auf Vergütung und Aufwendungsersatz; BtPrax 1992, 82

Sonnenfeld: Vergütung und Auslagenersatz der unterschiedlichen Betreuertypen; Rpfleger 1993, 97

dies.: Das 2. BtÄndG – Überblick über die wesentlichen zum 1.7.2005 in Kraft tretenden Änderungen; FamRZ 2005, 941

Spieker: EU-Datenschutzgrundverordnung; BtPrax 2018, 63

Spranger: Schutz von Bestattungsguthaben; Zugriff des Sozialhilfeträgers rechtswidrig und unpraktikabel; SuP 1999, 18

Thielke: Der erste Schritt ist gemacht: die Betreuervergütung soll erhöht werden; BtPrax 2019, 47

Unruh: Zur Verfassungsmäßigkeit der Vergütung von Berufsbetreuern nach dem 2. BtÄndG; BtPrax 2005, 121 (PDF)

Volpert: Anwaltsvergütung für die Tätigkeit als Betreuer; NJW 2013, 1287

Vormundschaftsgerichtstag e.V.: Stellungnahme zum Abschlussbericht; BtPrax 2003, 187

ders.: Stellungnahme zum Entwurf eines 2. BtÄndG vom 24.2.2004; Betrifft: Betreuung 7, 22

Weiß: Aufwendungsersatz bei Mittellosigkeit des Betreuten; Rpfleger 1994, 51

Zimmermann: Vergütungsfähige Stunden im Betreuungsrecht; FamRZ 1998, 521

ders.: Probleme des neuen Betreuervergütungsrechts; FamRZ 1999, 630

ders.: Die steuerliche Behandlung der Betreuervergütung; BtPrax 1999, 33

ders.: Gerichtskosten in Betreuungssachen; JurBüro 1999, 344

ders.: Betreuervergütung und Bundesverfassungsgericht; BtPrax 2000, 47 (PDF)

ders.: Die Betreuer- und Verfahrenspflegervergütung ab 1.7.2005; FamRZ 2005, 950

ders.: Probleme der Betreuervergütung gemäß VBVG; in: Sonnenfeld (Hrsg.): Festschrift für *Bienwald;* Bielefeld 2006, S. 363

ders.: Die Rechtsprechung zur Betreuervergütung nach dem VBVG; FamRZ 2006, 1802

ders.: Probleme der Nachlassverwaltervergütung; ZEV 2007, 519

ders.: Neuere Rechtsprechung zur Betreuervergütung (VBVG); FamRZ 2008, 1307

ders.: Neuere Rechtsprechung zur Vergütung von Betreuern, Verfahrenspflegern, Verfahrensbeiständen und Nachlasspflegern; FamRZ 2011, 1776

ders.: Neuere Rechtsprechung zur Vergütung von Betreuern, Verfahrenspflegern, Verfahrensbeiständen und Nachlasspflegern; FamRZ 2014, 165

ders.: Neue Rechtsprechung zur Vergütung von Betreuern und Nachlasspflegern; FamRZ 2016, 1230

ders.: Neue Rechtsprechung zur Vergütung von Betreuern und Nachlasspflegern; FamRZ 2018, 734

1 Die Formen der gesetzlichen Vertretung

1.1 Betreuung

Die Vormundschaft und Gebrechlichkeitspflegschaft für Volljährige wurden zum 1.1.1992 **1** mit Inkrafttreten des Betreuungsgesetzes durch das einheitliche Rechtsinstitut „Betreuung" (§§ 1896 ff. BGB) ersetzt.

Das Betreuungsgericht kann mehrere Betreuer bestellen, wenn die Angelegenheiten des Be- **2** treuten dadurch besser erledigt werden können (§ 1899 BGB), und zwar

- in der Weise, dass die Betreuer unterschiedliche Aufgabenkreise haben;
- in der Weise, dass mehrere Betreuer nur gemeinsam den Betreuten vertreten dürfen;
- in der Weise, dass ein Betreuer den anderen im Verhinderungsfall vertritt.

Die Bestellung mehrerer Betreuer wurde im Rahmen des 2. BtÄndG insoweit eingeschränkt, **3** dass bei entgeltlicher Betreuungsführung mehrere Betreuer nur noch bestellt werden dür- fen, soweit es um die Sterilisation, die Vertretung im Verhinderungsfall oder um die Gegen- betreuung (§ 1792 BGB) geht. Auch die „Delegationsbetreuung" im Auftrag des Betreuers (§ 1899 Abs. 4 2. Alt. BGB) ist seit dem 1.7.2005 nicht mehr zulässig.

1.1.1 Einzelbetreuer (ehrenamtlich, § 1897 Abs. 1 BGB)

Zum Betreuer eines psychisch Kranken oder geistig, seelisch oder körperlich Behinderten, **4** der seine Angelegenheiten ganz oder teilweise nicht besorgen kann, ist in der Regel eine natürliche Person zu bestellen (sog. Einzelbetreuer, § 1897 Abs. 1 BGB). Dies kann, muss aber nicht eine mit dem Betroffenen verwandte Person sein. Die Führung einer Betreuung ist grundsätzlich ein unentgeltliches Ehrenamt.

▶ *Zu den Anteilen der einzelnen Betreuungsarten in der Rechtspraxis der letzten Jahre vgl.* *die Übersichten in Kapitel 3, Rn. 176*

Beamtinnen und Beamte sowie Richter und Soldaten bedürfen u.U. einer Genehmigung ihres Dienstherrn (Arbeitgebers) zur Übernahme von Betreuungen.[1]

1.1.2 Selbstständige Berufsbetreuer (§ 1897 Abs. 6, 8 BGB)

Bei besonders komplizierten Angelegenheiten und bei besonders schwierigen Betreuungen **5** kann es notwendig sein, einen professionellen Betreuer zu bestellen.[2] Hierbei war es ur- sprünglich relativ schwierig festzustellen, wann jemand Betreuungen als Beruf führt. Abzu- stellen war zum einen auf die Zahl der Betreuungen, zum anderen auf deren Schwierigkeits- grad, aber auch auf die berufliche Qualifikation des Betreuers. Entscheidend war, ob die Be- treuung nur im Rahmen einer Berufsausübung zumutbar zu bewältigen ist.[3]

Seit 1.1.1999 bestimmt § 1836 Abs. 1 (i.V.m. § 1908i Abs. 1) BGB, seit 1.7.2005 konkreti- **6** siert in § 1 VBVG, wann jemand in der Regel als Berufsbetreuer anzusehen ist: Wer mehr als 10 Betreuungen führt (oder in absehbarer Zeit führen wird). Die bisherige weitere Vorausset- zung (Aufwendung von mehr als 20 Wochenstunden) ist seit dem 1.7.2005 entfallen (Ein- zelheiten dazu in Kapitel 6, Rn. 486

Als selbstständige Berufsbetreuer kommen traditionell Rechtsanwälte, nach dem Willen des **7** Gesetzgebers aber auch andere Berufsgruppen, insbesondere soziale Fachkräfte in Betracht. Zur Qualifikation übernahm das Vormünder- und Betreuervergütungsgesetz (VBVG) die Re-

---

1 Vgl. im Einzelnen HK BUR/Deinert, § 1784; Deinert RiA 2017, 245
2 BtKomm/Dodegge B Rn. 62 ff.
3 Jurgeleit/Maier § 1 VBVG Rn. 5

gelungen aus § 1 des zum 1.7.2005 aufgehobenen Berufsvormündervergütungsgesetzes zur Einstufung beruflicher Betreuungspersonen.

1.1.3 Vereinsbetreuer (§ 1897 Abs. 2 Satz 1 BGB)

8 Vereinsbetreuer sind Mitarbeiter eines nach § 1908f BGB anerkannten Betreuungsvereins, die dort ausschließlich oder teilweise als Betreuer tätig sind. In jedem Fall muss es sich um hauptamtliche Mitarbeiter handeln. Vereinsbetreuer können nur mit Einwilligung des Vereins bestellt und entlassen werden. Die Wahrnehmung der Betreuung gehört zu ihren Pflichten im Dienst- und Arbeitsverhältnis. Sie führen die Betreuung aber selbstständig und sind grundsätzlich nur der Kontrolle und Aufsicht des Betreuungsgerichts unterworfen.

9 Vereinsbetreuer sind eine durch das Betreuungsrecht neu hinzugekommene Art von Betreuern. Im Gegensatz zum Minderjährigenrecht werden sie persönlich – und nicht der Verein – zum Betreuer bestellt. Sie haben eine wichtige Funktion bei der Umsetzung des Gesetzes. Vereinsbetreuer sollen zum einen professionelle Qualität in das Betreuungswesen bringen, zum anderen als natürliche Personen auch den Grundgedanken der Einzelbetreuung verwirklichen. Neben der Führung von Einzelbetreuungen haben sie vielfach auch sog. Querschnittsaufgaben des Vereins zu übernehmen, so etwa die Gewinnung und Beratung ehrenamtlicher Betreuer oder seit 1.7.2005 auch Bevollmächtigter[4].

1.1.4 Behördenbetreuer (§ 1897 Abs. 2 Satz 2 BGB)

10 Wie der Vereinsbetreuer ist der Behördenbetreuer nicht selbstständig, sondern ein hauptamtlicher Mitarbeiter der Betreuungsbehörde. Zu seiner Bestellung bedarf es der Einwilligung der zuständigen Behörde. Auch der Behördenbetreuer führt die Betreuung im Rahmen seiner Amtspflichten, aber als Einzelbetreuer. Auch er ist persönlich bestellt und unterliegt in der Art seiner Betreuungsführung grundsätzlich nur der Kontrolle des Betreuungsgerichts[5]. Einen Vergütungsanspruch hat die Behörde für den Vereinsbetreuer nur ausnahmsweise (in den Fällen, in denen ein ehrenamtlicher Betreuer eine Ermessensvergütung, § 1836 Abs. 2 BGB, bekäme), vgl. § 8 VBVG.

1.1.5 Institutionen als Betreuer

1.1.5.1 Verein als Betreuer (§ 1900 Abs. 1 BGB)

11 Wenn keine natürliche Person als Betreuer bestellt werden kann, bestellt das Betreuungsgericht einen anerkannten Betreuungsverein zum Betreuer. In diesem Fall entsteht kein persönliches Betreuungsverhältnis zwischen Betreuer und Betreutem, sondern der Verein „als solcher", also als Institution, übernimmt die Aufgabe der Betreuung. Auch dafür bedarf es der Einwilligung des Vereins. Da eine Institution keine Betreuung durchführen kann, überträgt der Verein die „Wahrnehmung" der Betreuung einzelnen Personen. Diese sind aber keine Betreuer. Das Betreuungsrechtsverhältnis (z.B. Bestellung, Pflichten, Entlassung) entsteht nicht zwischen ihnen und dem Betreuten, sondern zwischen dem Verein und dem Betreuten. Diese Bestellung ist inzwischen die absolute Ausnahme, da der Gesetzgeber in diesem Fall keinen Vergütungsanspruch vorsieht. Die Rechtsprechung des BGH hat allerdings daraus abgeleitet, dass der Verein das Recht hat, dass statt seiner ein Vereinsmitarbeiter bestellt wird, damit der Verein Vergütungsansprüche geltend machen kann (vgl. dazu Rn. 898).

---

4 Vgl. hierzu § 1908 f. BGB, vgl. auch zum Thema: HK BUR/Deinert/Walther § 1908 f. BGB
5 Vgl. auch zum Thema: Deinert/Walther, Handbuch der Betreuungsbehörde, 4. Aufl., Köln 2014

1.1.5.2 Behörde als Betreuer (§ 1900 Abs. 4 BGB)

Als letzte Betreuungsart nach den Einzelbetreuern und dem anerkannten Betreuungsverein   **12**
erwähnt das Gesetz die zuständige Behörde als Betreuer. Wie beim Verein ist hier die Institution Betreuer, überträgt aber die Wahrnehmung einzelnen Personen. Die Behörde darf (wie auch der Verein nach Absatz 1 BGB) nicht zur Einwilligung in eine Sterilisation zum Betreuer bestellt werden (§ 1900 Abs. 5). Anders als beim Verein bedarf die Bestellung der Behörde nicht deren Einwilligung. Sowohl Verein als auch Behörde sind jederzeit verpflichtet, dem Gericht mitzuteilen, wenn die Betreuung auch durch eine natürliche Person möglich ist (§ 1900 Abs. 3 BGB). Auch bei der Bestellung der Betreuungsbehörde besteht in keinem Fall ein Vergütungsanspruch (vgl. dazu Rn. 910).

1.2 Kontrollbetreuung (§ 1896 Abs. 3 BGB)

Hat der Betroffene jemanden zur Regelung seiner Angelegenheiten bevollmächtigt, kann   **13**
ein Betreuer bestellt werden, dessen Aufgabe es ist, den Bevollmächtigten zu kontrollieren. Die Bestellung eines Kontrollbetreuers (auch Überwachungs- oder Vollmachtsbetreuer genannt) kommt z.B. dann in Betracht, wenn der Betroffene den Bevollmächtigten z.B. behinderungsbedingt nicht mehr überwachen kann.[6] Auch für diesen Betreuer gilt, dass er nur bestellt werden soll, wenn dies notwendig ist. Dies ist z.B. dann der Fall, wenn der Bevollmächtigte nicht (mehr) in der Lage ist, Auskünfte vom Bevollmächtigten einzuholen oder die Vollmacht zu widerrufen. Unredlichkeit des Bevollmächtigten wird nicht vorausgesetzt. Ein beruflicher Kontrollbetreuer wird wie ein anderer beruflicher Betreuer vergütet.

1.3 Gegenbetreuung

Durch die Verweisung in § 1908i auf § 1792 BGB besteht die Möglichkeit, auch bei einer Be-   **14**
treuung Erwachsener einen Gegenbetreuer zu bestellen, für den sinngemäß das Gleiche wie für den o.g. Gegenvormund gilt. Hiernach kann jeder der o.g. Personen auch Gegenbetreuer sein, also kann es ehrenamtliche Gegenbetreuer, freiberufliche Gegenbetreuer, Vereinsgegenbetreuer und Behördengegenbetreuer geben. Auch der Verein und die Behörde können Gegenbetreuer sein. Lediglich dann, wenn die Behörde selbst (gem. § 1900 Abs. 4 BGB) zum Betreuer bestellt wurde, ist die Bestellung eines Gegenbetreuers nicht zulässig. Die Aufgaben eines Gegenbetreuers entsprechen denen eines Gegenvormunds (vgl. dazu § 1799 BGB). Soweit der Gegenbetreuer beruflich tätig ist, gilt für seine Vergütung des gleiche wie für den Berufsbetreuer.

1.4 Ergänzungsbetreuung (rechtliche Verhinderung)

Ein Ergänzungsbetreuer (nach § 1899 Abs. 4 BGB) wird immer neben einem anderen Be-   **15**
treuer bestellt, z.B. dann, wenn dieser Betreuer an der Erledigung einzelner Angelegenheiten rechtlich gehindert ist. Dies kann dann der Fall sein, wenn er bei Abschluss eines Vertrags auf der einen Seite für sich selbst, auf der anderen Seite als Vertreter des Betreuten tätig werden müsste. Solche In-sich-Geschäfte lässt § 181 BGB jedoch nicht zu (vgl. dazu auch unten Rn. 34 – Ergänzungspflegschaft). Dies gilt auch, wenn nahe Angehörige des Betreuers von solchen Rechtsgeschäften betroffen sind (§ 1795 BGB) oder wenn es um Schadensersatzansprüche zwischen Betreuer und Betreutem geht. Auch wenn der Betreuer selbst geschäftsunfähig geworden ist (z.B. Koma nach einem Unfall), wäre die Bestellung eines solchen Betreuers angebracht (vgl. zum Vergütungsanspruch Rn. 945 ff.). § 6 Satz 1 VBVG trifft hier eine abweichende Vergütungsregelung.

---

6 Bienwald Rpfleger 1998, 231

1.5 Vertretungsbetreuung (tatsächliche Verhinderung)

16   Für den Fall, dass ein Betreuer an der Ausführung seiner Pflichten tatsächlich verhindert ist, kann ein Vertretungsbetreuer bestellt werden (§ 1899 Abs. 4 BGB). Dies ist insbesondere bei Berufsbetreuern empfehlenswert, wenn diese längerfristig krank sind oder einen längeren Urlaub antreten. Die Vergütungsregelung bei beruflichen Betreuern in den Fällen der Ziffern 1.4. und 1.5. sind seit dem 1.7.2005 gemäß § 6 VBVG unterschiedlich geregelt.

▶ *Zur Betreuervergütung im Verhinderungsfall vgl. Kapitel 6, Rn. 942 ff.*

1.6 Vormundschaft

17   Die Vormundschaft ist ein Ersatz für die elterliche Sorge für einen Minderjährigen, wenn die Eltern diese aus einem der nachfolgenden Gründe nicht ausüben können oder dürfen. Die bis zum 31.12.1991 existenten Vormundschaften für Volljährige gingen mit Inkrafttreten des Betreuungsgesetzes am 1.1.1992 in Betreuungen über (Art. 9 § 1 BtG).

18   Gründe für die Vormundschaft:

- Entzug des elterlichen Sorgerechtes wegen Verletzung des Kindeswohls gemäß § 1666 BGB;
- Ruhen der elterlichen Sorge aus rechtlichen Gründen (z.B. Minderjährigkeit oder Geschäftsunfähigkeit der Eltern) gem. § 1673 BGB;
- Ruhen der elterlichen Sorge aus tatsächlichen Gründen (z.B. Inhaftierung der Eltern, unbekannter Aufenthalt der Eltern) gem. § 1674 BGB;
- Tod beider Elternteile oder des sorgeberechtigten Elternteils nach Ehescheidung.

19   Jeder dieser genannten Sachverhalte muss vom Familiengericht festgestellt werden und hat zur Folge, dass für den Minderjährigen gemäß § 1773 BGB ein Vormund zu bestellen ist.

1.6.1 Einzelperson als Vormund

20   Zum Vormund ist in erster Linie eine Einzelperson zu bestellen. Die Eltern können, solange sie Inhaber der elterlichen Sorge sind, bestimmen, wer Vormund ihres Kindes werden soll. Dies kann auch in einem Testament geschehen. Es gilt in diesem Fall die Benennung durch den zuletzt verstorbenen Elternteil (§§ 1775 ff. BGB).

21   Allerdings gibt es Gründe, die Bestimmung der Eltern zu übergehen, diese sind in den §§ 1778 ff. BGB genannt. Beamte bedürfen einer Genehmigung ihres Dienstherrn (Arbeitgebers) zur Übernahme von Vormundschaften.[7]

1.6.1.1 Einzelvormund (ehrenamtlich; § 1836 Abs. 1 Satz 1 BGB)

22   Die Vormundschaft ist ein Ehrenamt. Es gibt eine staatsbürgerliche Übernahmepflicht. Nur unter bestimmten Umständen (§ 1786 BGB) ist es dem als Vormund Vorgesehenen möglich, die Bestellung abzulehnen. Das Betreuungsgericht kann ein Ehepaar zu gemeinschaftlichen Vormündern bestellen (ab 1.1.1999 ausdrücklich in § 1775 BGB geregelt). Beamtinnen und Beamte bedürfen auch hier einer Genehmigung des Arbeitgebers/Dienstherrn (§ 1784 BGB), außer es handelt sich beim Betreuten um einen nahen Familienangehörigen.

1.6.1.2 Berufsvormund (selbstständig; § 1836 Abs. 1 Satz 2, 3 BGB)

23   Genau wie bei dem Betreuer kann auch der Vormund Minderjähriger selbstständig beruflich tätig sein. Es gelten die gleichen Kategorien wie oben unter Berufsbetreuer erwähnt, jedoch gilt hier auch der im bisherigen Recht genannte Zeitaufwand von mehr als 20 Wochenstun-

---

7 Vgl. im Einzelnen HK BUR/Deinert § 1784 BGB; Deinert RiA 2017, 245

den. In der Praxis sind Berufsvormünder seltener als Berufsbetreuer, da die meisten Vormundschaften Minderjähriger vom Jugendamt geführt werden. In den letzten Jahren ist auch hier eine Tendenz zur Bestellung von beruflichen Vormündern, meist aus sozialpädagogischen Berufsfeldern, erkennbar. Der Berufsvormund hat einen Vergütungsanspruch nach § 1836 Abs. 1 BGB i.V.m. den §§ 1 bis 3 VBVG.

1.6.2 Institutionen als Vormund

1.6.2.1 Verein als Vormund (§ 1791a BGB)

Vereine sind, wenn durch das Landesjugendamt eine Anerkennung nach § 54 SGB VIII erteilt ist, zur Führung von Vereinsvormundschaften und -pflegschaften berechtigt. Die Bestellung des Vereines zum Vormund ist immer dann möglich, wenn kein geeigneter ehrenamtlicher Einzelvormund vorhanden ist oder die Eltern selbst gem. § 1776 den Verein als Vormund benennen. Es gibt bei Vormundschaften nicht die Bestellung einzelner Vereinsmitarbeiter wie bei den Betreuungen (§ 1897 Abs. 2 BGB), sondern die Bestellung erfolgt zugunsten des Vereins als juristischer Person (vergleichbar der echten Vereinsbetreuung gem. § 1900 Abs. 1 BGB). **24**

Der Verein beauftragt einen seiner Mitarbeiter gemäß § 1791a Abs. 3 BGB mit der Wahrnehmung der Aufgaben des Vormundes. Diese Tätigkeit kennt keinen Vergütungsanspruch. Der Bundesgerichtshof entschied aber kürzlich: „Wird der Mitarbeiter eines Vereines in dieser Eigenschaft zum Pfleger (Ergänzungspfleger nach § 1909 BGB) bestellt, so steht dem Verein für die Tätigkeit seines Mitarbeiters ein Vergütungsanspruch in analoger Anwendung des § 7 VBVG zu."[8] Für diese im Gesetz bisher nicht vorgesehene Konstruktion ist die Bestellung einer Einzelperson mit ausdrücklicher Hinzufügung der Bezeichnung „als Mitarbeiter des Vereins …" erforderlich. **25**

1.6.2.2 Jugendamt als Amtsvormund

Das Jugendamt wird gem. § 55 SGB VIII kraft Gesetzes Vormund in den dort vorgeschriebenen Fällen, z.B.: **26**

- gem. § 1791c BGB für ein Kind einer unverheirateten Mutter, die die elterliche Sorge nicht ausüben kann (z.B., weil sie minderjährig ist oder ihr das Sorgerecht nach § 1666 entzogen wurde);
- gemäß § 1751 BGB (wenn während des Adoptionsverfahrens die elterliche Sorge der leiblichen Eltern ruht).

Das Jugendamt kann allerdings auch genau wie der oben genannte Verein als Amtsvormund bestellt werden, wenn eine geeignete ehrenamtliche Einzelperson nicht vorhanden ist (§ 1791b BGB). Auch hier wird kein einzelner Mitarbeiter persönlich bestellt (wie in § 1897 Abs. 2 BGB beim Behördenbetreuer), sondern das Jugendamt als Teil der Trägerkörperschaft Stadt oder Landkreis (also einer juristischen Person des öffentlichen Rechtes). **27**

Das Jugendamt überträgt die Ausübung der Aufgaben des Vormunds Einzelnen seiner Beamten oder Angestellten. Der Beamte oder Angestellte ist dann gesetzlicher Vertreter des Kindes oder des Jugendlichen (§ 55 Abs. 2 SGB VIII). Das Jugendamt soll gem. § 56 Abs. 4 SGB VIII jährlich prüfen, ob die Vormundschaft auf eine Einzelperson übertragen werden kann. Eine Vergütung wird nicht gewährt. **28**

1.7 Gegenvormund (§ 1792 BGB)

Der Gegenvormund ist in § 1792 BGB, seine Tätigkeit in § 1799 BGB genannt. Er soll bestellt werden, wenn Vermögen zu verwalten ist, es sei denn, die Vormundschaft wird von mehre- **29**

---

8 BGH BtPrax 2007, 256 (Ls) = FamRZ 2007, 900, unter Bezugnahme auf BVerfG FamRZ 2000, 414

ren Vormündern gemeinschaftlich geführt. Ist das Jugendamt Vormund, so kann kein Gegenvormund bestellt werden, allerdings kann das Jugendamt Gegenvormund sein. Für die Person des Gegenvormundes gelten die allgemeinen Bestimmungen über Vormundschaften.

30 Der Gegenvormund soll den Vormund bei seiner Tätigkeit beaufsichtigen, allerdings hat er gegenüber dem Mündel keine Vertretungsmacht. Er hat bei Pflichtwidrigkeiten das Familiengericht zu informieren, damit es ggf. gem. § 1837 BGB einschreitet. Zu bestimmten Rechtsgeschäften benötigt der Vormund die Genehmigung des Gegenvormundes (z.B. §§ 1809, 1810, 1812, 1814 BGB); bei Verweigerung kann sie jedoch durch das Familiengericht erteilt werden. In der Praxis spielt die Gegenvormundschaft kaum noch eine Rolle. Für die Vergütung eines beruflichen Gegenvormundes gilt das Gleiche wie für die eines beruflichen Vormundes (vgl. auch Kapitel 6, Rn. 517 ff.).

1.8 Pflegschaft

31 Eine Pflegschaft (für einen Minderjährigen) schränkt die elterliche Sorge in dem vom Familiengericht bestimmten Wirkungskreis ein. Der Vormund ist Inhaber der gesamten elterlichen Sorge, während der Pfleger nur einzelne Wirkungskreise hat, die das Gericht festlegt. Anders als bei Vormundschaften gibt es Pflegschaften sowohl für Minderjährige als auch für Volljährige. Die verschiedenen Arten der Pflegschaft (und ihre Besonderheiten) sind nachstehend kurz dargestellt.

32 Genau wie bei der Vormundschaft ist in erster Linie eine Einzelperson zum Pfleger zu bestellen, unter den o.g. Voraussetzungen ist aber auch die Bestellung eines anerkannten Vereins oder des Jugendamtes möglich. Die Bestimmungen für die Führung von Vormundschaften gelten gem. § 1915 BGB auch für Pflegschaften, d.h., es können ehrenamtliche Einzelpfleger, selbstständige Berufspfleger oder der Verein oder das Jugendamt als Pfleger tätig werden (vgl. unter Vormundschaften, Rn. 17 ff.). Nach der Neufassung des § 1915 BGB durch das 2. BtÄndG kann bei beruflich geführten Pflegschaften (nach dem BGB) vom eigentlich durch § 3 VBVG festgelegten Stundensatz abgewichen werden. Hierzu gibt es vor allem bei Nachlasspflegschaften umfassende Rechtsprechung (vgl. Rn. 926 f.).

1.8.1 Arten der Pflegschaft

1.8.1.1 Abwesenheitspflegschaft (§ 1911 BGB)

33 Ein abwesender Volljähriger, dessen Aufenthalt unbekannt ist, erhält für seine Vermögensangelegenheiten, soweit sie der Fürsorge bedürfen, einen Abwesenheitspfleger. Ein solcher Pfleger ist ihm auch dann zu bestellen, wenn er durch Vollmachtserteilung Vorsorge getroffen hat, aber Umstände eingetreten sind, die zum Widerruf der Vollmacht Anlass geben. Das Gleiche gilt von einem Abwesenden, dessen Aufenthalt bekannt, der aber an der Rückkehr und der Besorgung seiner Vermögensangelegenheiten verhindert ist. Beispiele sind auch Verschollene, bei denen noch keine Todesfeststellung nach dem Verschollenheitsgesetz möglich ist.

1.8.1.2 Ergänzungspflegschaft (§ 1909 BGB)

34 Die Ergänzungspflegschaft, die für Minderjährige angeordnet werden kann, betrifft einzelne Teilbereiche der elterlichen Sorge. Der Ergänzungspfleger wird z.B. für rechtsgeschäftliche Erklärungen bestellt, die die sorgeberechtigten Eltern wegen des Verbots von In-sich-Geschäften (§§ 181, 1795) nicht abgeben dürfen, weiterhin für Angelegenheiten, in denen die Eltern in anderer Weise selbst tangiert sind, z.B. bei der Aussagegenehmigung für Minderjährige in Strafverfahren gegen die Eltern oder einen Elternteil. Häufig erfolgt auch eine Bestellung eines Ergänzungspflegers, wenn über einen Antrag auf Entzug der gesamten elterlichen Sorge (§ 1666) noch nicht entschieden werden kann, aber bestimmte Angelegenheiten, z.B. Fragen der Aufenthaltsbestimmung oder der Einwilligung in dringende Operationen, kurzfristig zu entscheiden sind. Bei Ergänzungpflegschaften kann es sich somit um kurzfristige Angelegenheiten handeln, aber auch um dauernde Fragen, so ist z.B. auch eine Pflegschaft mit der vollständigen Personensorge oder der Vermögenssorge insgesamt denkbar (vgl. dazu auch den Pfleger nach § 67 Abs. 4 JGG).

1.8.1.3 Leibesfruchtpflegschaft (§ 1912 BGB)

Eine Leibesfrucht (Nasciturus) erhält zur Wahrung ihrer künftigen Rechte, soweit diese einer Fürsorge bedürfen, einen Pfleger. In der Regel geht es um die Vertretung bei der Vaterschaftsanerkennung oder bei erb- oder namensrechtlichen Angelegenheiten. Die Leibesfruchtpflegschaft endet mit der Geburt des Kindes. **35**

1.8.1.4 Nachlasspflegschaft (§ 1960 BGB)

Die Nachlasspflegschaft ist eine Pflegschaft für noch unbekannte (oder unerreichbare) Erben. Diese können minderjährig oder volljährig sein. Der Nachlasspfleger hat den Nachlass für die unbekannten Erben zu sichern, bis diese ermittelt sind. Somit kann sich die Nachlasspflegschaft nie auf Angelegenheiten der Personensorge, sondern nur der Vermögenssorge erstrecken. **36**

Die Sicherung des Nachlasses ist die Pflicht des Nachlasspflegers. Er hat in diesem Rahmen häufig die Bestattung des Verstorbenen zu organisieren, die Wohnung aufzulösen, Nachlassverbindlichkeiten aus dem Nachlass zu begleichen, ggf. eine Nachlassinsolvenz einzuleiten. Die Verantwortlichkeit des Nachlasspflegers besteht gegenüber den Erben. An die Stelle des Betreuungsgerichtes tritt das Nachlassgericht. Ansonsten gilt für die Bestellung und Person des Nachlasspflegers das Gleiche wie für jeden anderen Pfleger. **37**

▶ *Zur Vergütung des Nachlasspflegers vgl. Kap. 6, Rn. 926 ff.*

1.8.1.5 Prozesspflegschaft (§ 57 ZPO)

Stellt sich in einem Gerichtsverfahren heraus, dass eine der Prozessparteien prozessunfähig (entsprechend der Geschäftsunfähigkeit, vgl. § 104 BGB) ist, und ist noch kein anderer gesetzlicher Vertreter bestellt, so bestellt das Prozessgericht für die Vertretung innerhalb des Verfahrens einen Prozesspfleger. Dieser ist dem weiter unten in Rn. 42 genannten Verfahrenspfleger vergleichbar. **38**

Die Regelung über die Prozesspflegschaft gilt über § 62 Abs. 4 VwGO auch für verwaltungsgerichtliche Verfahren und über § 58 Abs. 2 FGO für finanzgerichtliche Verfahren. § 72 SGG trifft eine identische Regelung für das Verfahren vor dem Sozialgericht. Nach der Rechtsprechung des Bundesarbeitsgerichtes ist diese Pflegschaft auch im arbeitsgerichtlichen Verfahren anzuwenden. **39**

1.8.1.6 Pflegschaft für Sammelvermögen (§ 1914 BGB)

Ist durch öffentliche Sammlung Vermögen für einen vorübergehenden Zweck zusammengebracht worden, so kann zum Zwecke der Verwaltung und Verwendung des Vermögens ein Pfleger bestellt werden, wenn die zu der Verwaltung und Verwendung berufenen Personen weggefallen sind. Die Vergütungsansprüche eines beruflichen Pflegers für das Sammelvermögen können gegen Letzteres festgesetzt werden.[9] **40**

1.8.1.7 Pflegschaft für unbekannte Beteiligte (§ 1913 BGB)

Ist unbekannt oder ungewiss, wer bei einer Angelegenheit der Beteiligte ist, so kann dem Beteiligten für diese Angelegenheit, soweit eine Fürsorge erforderlich ist, ein Pfleger bestellt werden. Insbesondere kann einem Nacherben, der noch nicht erzeugt ist oder dessen Persönlichkeit erst durch ein künftiges Ereignis bestimmt wird, für die Zeit bis zum Eintritt der **41**

---

9 LG Koblenz FamRZ 2007, 238; OLG Zweibrücken FamRZ 2007, 853

Nacherbfolge ein Pfleger bestellt werden. In der Regel geht es bei der Pflegschaft für unbekannte Beteiligte um vermögensrechtliche Angelegenheiten.

1.8.1.8 Verfahrenspflegschaft (§§ 276, 297, 298, 317 FamFG)

42   Das FamFG sieht die Bestellung eines Verfahrenspflegers, also eines Interessenvertreters des Betroffenen vor. Dies kann seit dem 1.9.2009 nur noch Volljährige betreffen (gem. § 276 FamFG in Betreuungsverfahren, gem. § 297 FamFG bei Sterilisationen, gem. § 298 Abs. 3 FamFG bei lebensbeendenden Maßnahmen und gem. § 317 FamFG bei Freiheitsentziehungen und Zwangsbehandlungen). Die Entschädigungsansprüche sind geregelt in den §§ 277 und 318 FamFG.

Nach § 277 Abs. 4 FamFG haben auch „Vereins"-Verfahrenspfleger einen Vergütungsanspruch. Nach der gleichen Bestimmung können nun auch Behördenmitarbeiter als Verfahrenspfleger bestellt werden, allerdings ohne Vergütungsanspruch.

▶ *Zur Vergütung des Verfahrenspflegers vgl. Kapitel 6, Rn. 912 ff.*

1.8.1.9 Verfahrensbeistandschaft (§ 158 FamFG)

43   Zum 1.9.2009 wurde im Rahmen der Reform des familiengerichtlichen Verfahrens die bisher in § 50 FGG geregelte Verfahrenspflegschaft für Minderjährige eigenständig als „Verfahrensbeistandschaft" in § 158 FamFG etabliert. In Absatz 7 dieser Bestimmung ist eine neue Pauschalierungsregel eingeführt, die nur noch zwei feste Vergütungsbeträge enthält. Siehe hierzu unter Rn. 916.

1.8.1.10 Besonderer Vertreter im Verwaltungsverfahren

44   Nach § 16 VwVfG (und den entsprechenden Regelungen der Verwaltungsverfahrensgesetze der Länder) kann für ein Verwaltungsverfahren ein besonderer Vertreter durch das Betreuungsgericht bestellt werden, wenn kein gesetzlicher Vertreter vorhanden ist, und zwar in folgenden Fällen:

- unbekannte Beteiligte;
- abwesende oder an der Besorgung der Angelegenheit verhinderte Beteiligte;
- Beteiligte mit Aufenthalt im Ausland;
- Beteiligte, die infolge psychischer Erkrankung oder körperlicher, geistiger oder seelischer Behinderungen nicht in der Lage sind, in dem Verwaltungsverfahren tätig zu werden;
- herrenlose Sachen.

45   § 15 SGB X trifft für das Verwaltungsverfahren nach dem Sozialgesetzbuch eine analoge Bestimmung (außer der Bestimmung für herrenlose Sachen). § 81 AO enthält eine entsprechende Regelung für steuerrechtliche Verfahren.

▶ *Zur Vergütung des Vertreters im Verwaltungsverfahren vgl. Kapitel 6, Rn. 936 ff.*

2 Grundsätze der Finanzierung von Betreuern, Vormündern und Pflegern

2.1 Geschichtliche Entwicklung

2.1.1 Die Gesetzeslage nach dem/vor Inkrafttreten des Betreuungsgesetzes

Die Ämter des Vormunds, des Pflegers und des Beistands waren traditionell Ehrenämter. Das gesetzliche Leitbild der Vormundschaft war der echte Einzelvormund oder -pfleger, der nicht mehr als zwei Vormundschaften oder Pflegschaften führte (§ 1786 BGB). Die Vormundschaft stellte (und stellt auch weiterhin grundsätzlich) eine staatsbürgerliche Pflicht dar. **46**

Die logische Folgerung aus diesem Grundsatz war es, die Amtsführung eines Vormundes oder Pflegers nicht zu entgelten. Der Vormund oder Pfleger handelte zwar auch im staatlichen Interesse, vorrangig wurde er aber in seiner Rolle als Mitglied einer Gemeinschaft, für die auch er einzustehen hatte, in Anspruch genommen. Eine Vergütung war mit dieser Rollenbeschreibung grundsätzlich nicht zu verbinden. **47**

Trotzdem blieben Vormünder und Pfleger nicht vollständig ohne finanziellen Ausgleich. Es wurde jedoch strikt zwischen dem Ersatz ihrer Aufwendungen und einer Vergütung unterschieden. **48**

Nach § 1835 a.F. konnten Vormünder und Pfleger von ihrem Mündel den Ersatz der Aufwendungen verlangen, die für die Führung der Vormundschaft bzw. Pflegschaft erforderlich waren. Bei Mittellosigkeit des betreuten Menschen richtete sich dieser Anspruch gegen die Staatskasse (§ 1835 Abs. 3 a.F.). **49**

Aus besonderen Gründen (z.B. wegen des Umfangs der zu tätigenden Geschäfte) konnte das Gericht dem Vormund oder Pfleger nach § 1836 Abs. 1 a.F. auch eine Vergütung bewilligen, deren Höhe im Ermessen des Vormundschaftsgerichts (seit 1.9.2009 Betreuungsgerichts) lag. **50**

2.1.2 Die Rechtsprechung des Bundesverfassungsgerichts vom 1.7.1980

Im Jahre 1980 wurden die gesetzlichen Grundsätze der Finanzierung der Vormünder und Pfleger durch ein Urteil des Bundesverfassungsgerichts entscheidend geändert und im Blick auf Berufsvormünder/-pfleger erweitert.[1] **51**

Anlass der Gerichtsentscheidung waren Anträge eines anwaltlichen Berufsvormundes auf Erstattung von Kanzleiunkosten und Entschädigung für Zeitaufwand, die bei der Vormundschaft für einen mittellosen Mündel entstanden waren. **52**

Der Berufsvormund betreute etwa 250 Mündel und Pfleglinge, von denen über 80 Sozialhilfe erhielten. Bei diesen mittellosen Personen billigte die Staatskasse durch das Vormundschaftsgericht lediglich die Erstattung minimaler Sachkostenpauschalen zu; ein Ersatz für Zeitaufwand und Auslagen für Personalkosten wurde nicht bewilligt. **53**

Das *BVerfG* hat in der obigen Entscheidung die Ehrenamtlichkeit der Vormundschaft und Pflegschaft grundsätzlich bestätigt. Es äußerte jedoch erhebliche Bedenken für die Fälle, in denen Vormundschaften und Pflegschaften berufsmäßig geführt wurden. Für diese Berufsvormünder legte das *BVerfG* den § 1835 Abs. 2 a.F. in verfassungskonformer Weise mit dem Ergebnis aus, „dass die zu erstattenden Aufwendungen neben den Barauslagen auch die Vermögenswerte umfassen, die der Vormund in Gestalt anteiliger Bürounkosten und seines Zeitaufwandes zugunsten des Mündels aufopfert."[2] **54**

---

1 BVerfGE 54, 251; FamRZ 80, 765 = Rpfleger 80, 461 = JurBüro 81, 361
2 BVerfG NJW 1980, 2179, 2180

55   Über den Einzelfall hinaus hatte das *BVerfG* damit eine staatliche Pflicht anerkannt, im Rahmen von Berufstätigkeit geführte Vormundschaften und Pflegschaften angemessen zu entschädigen. Das *BVerfG* geht davon aus, dass die „Errichtung und Verwaltung von Vormundschaften zu den obersten Aufgaben der staatlichen Wohlfahrtspflege"[3] gehört und dass in der Übertragung dieser Aufgabe auf Einzelpersonen ein Eingriff in deren Handlungsfreiheit liegt. Dieser Eingriff muss sich am Grundsatz der Verhältnismäßigkeit orientieren. Das Gericht sah ihn dann als verletzt an, wenn jemand unentgeltlich Vormundschaften und Pflegschaften in so großem Umfang übernimmt, dass er sie nur im Rahmen seiner Berufsausübung wahrnehmen kann: „Wenn … der Staat für Aufgaben, deren ordentliche Wahrnehmung im öffentlichen Interesse liegt, Staatsbürger beruflich in Anspruch nimmt, dann erweist es sich als übermäßige, durch keine Gründe des Gemeinwohls gerechtfertigte Einschränkung der freien Berufsausübung, den derart Belasteten eine angemessene Entschädigung für ihre Inanspruchnahme vorzuenthalten. Für diese Beurteilung kann es nicht ausschlaggebend sein, ob der Betroffene diese Belastung freiwillig oder gezwungenermaßen übernimmt. Maßgebend ist allein die Tatsache einer Inanspruchnahme, der der Betroffene […] nur im Rahmen seiner Berufstätigkeit ordnungsgemäß nachkommen kann."[4]

56   Gleich wichtig ist der zweite tragende Gedanke dieser Entscheidung: Wenn mittellose Menschen Vormünder oder Pfleger bekommen, die nicht angemessen entschädigt werden, dann sind sie gegenüber begüterten Mitmenschen benachteiligt. Nach der Auffassung des *BVerfG* ist „lebensnah"[5], davon auszugehen, dass die unentgeltliche Vormundschaft oder Pflegschaft nicht mit dem gleichen Einsatz durchgeführt wird wie die entgeltliche. Dies sei als ein Verstoß gegen den Gleichheitssatz (Art. 3 GG) nicht hinnehmbar. Vielmehr ist durch die Rechtsprechung sicherzustellen, „dass mittellose Mündel aus finanziellen Gründen keine schlechtere Betreuung als Vermögende erhalten."[6]

57   Auch dieser Gedanke zwingt den Staat dazu, Berufsvormünder und ihre Nachfolger, die Berufsbetreuer, so zu finanzieren, dass sie engagiert für die betreuten Menschen eintreten und ihre berufliche Qualifikation in vollem Umfang nutzen können. Die rechtspolitische Forderung nach einer angemessenen Entschädigung der Berufsbetreuer bekam so eine verfassungsrechtliche Dimension.

2.1.3 Das Betreuungsgesetz vom 1.1.1992

2.1.3.1 Allgemeines

58   Im neuen Betreuungsrecht, das am 1.1.1992 in Kraft trat, wurden die Regelungen über Vergütung und Aufwendungsersatz wesentlichen Änderungen unterzogen. Beibehalten wurde jedoch, dass sich die Regelungen über Vergütung und Aufwendungsersatz im Vormundschaftsrecht für Minderjährige finden und über Verweisungsvorschriften auch für Betreuungen (§ 1908i BGB) und Pflegschaften (§ 1915 BGB) gelten. Ebenfalls beibehalten wurden das Prinzip der Unentgeltlichkeit und die klare Trennung von Aufwendungsersatz einerseits und Vergütung andererseits.

59   Zum ersten Mal gab es feste Regelungen für die Vergütung von Berufsvormündern und -pflegern. Damit zog der Gesetzgeber Konsequenzen aus der Rechtsprechung des *BVerfG*, das eine Gleichbehandlung der Berufsvormünder mit den Ehrenamtlichen gefordert hatte. Dieser neue Vergütungsanspruch gegen die Staatskasse wurde in § 1836 Abs. 2 a.F. festgeschrieben.

60   Daneben enthielt das Betreuungsgesetz eine Erweiterung der erstattungsfähigen Aufwendungen, nämlich die Übernahme der Kosten einer angemessenen Haftpflichtversicherung.

---

3 BVerfG NJW 1980, 2179
4 BVerfG NJW 1980, 2179, 2180
5 BVerfG NJW 1980, 2179, 2180
6 BVerfG NJW 1980, 2179, 2181

Weiterhin gibt es seit dem 1.1.1992 eine pauschalierte Aufwandsentschädigung für ehren- **61**
amtliche Betreuer, Vormünder und Pfleger, die ihnen das entnervende Nachweisen geringfügiger Aufwendungen ersparen soll.

Letztlich musste eine Regelung für die Finanzierung der Betreuungsvereine, der Vereinsbe- **62**
treuer, der Behörden und der Behördenbetreuer gefunden werden. Hier kam es darauf an,
diese neu in das Gesetz aufgenommenen Betreuungsarten angemessen und der jeweiligen
Interessenlage entsprechend zu finanzieren. Die entsprechenden Vorschriften finden sich in
den §§ 1908e und 1908h.

Die Konzeption und die Einzelvorschläge der Bundesregierung waren im parlamentarischen **63**
Verfahren Gegenstand heftiger Kontroversen mit der Interessenvertretung der Länder, dem
Bundesrat. Hintergrund der Auseinandersetzung war die Problematik, dass Aufwendungsersatz und Vergütung (bei Mittellosigkeit des Betreuten) aus den Justizkassen der Länder zu
zahlen sind. Die Länder waren daran interessiert, diese Kosten so gering wie möglich zu halten, andererseits nicht die Aufgaben anderer Institutionen (z.B. der Kommunen) zu übernehmen. So war vor allem die Förderung der Betreuungsvereine umstritten. Die Länder sahen
dies als eigene Sache an und wollten sie nicht in einem Bundesgesetz geregelt wissen. Da-
hinter stand sicherlich auch der Gedanke, diese Vereinsförderung den Kommunen zu übertragen. Inzwischen gibt es nahezu in allen Bundesländern Richtlinien, wie und in welcher
Höhe Betreuungsvereine von Ländern und Kommunen gefördert werden. Gefördert wird
allerdings nur die sogenannte Querschnittstätigkeit, also die Gewinnung, Schulung und
Begleitung ehrenamtlicher Betreuer gem. § 1908f. Sie ist keine Vergütung für geleistete
Betreuertätigkeit.

2.1.3.2 Kompromiss bei der Vergütung

Ebenfalls nur durch einen Kompromiss konnte die Frage der Höhe der Vergütung für Berufs- **64**
betreuer geregelt werden. Einem Vorschlag des *BVerfG* folgend, hatte der Regierungsentwurf[7] das ZSEG[8] als Grundlage für die Vergütung genommen. Richtlinie für die Vergütung
war hiernach der Stundenhöchstsatz, der einem Zeugen als Entschädigung für seinen Verdienstausfall gewährt werden kann. Dieser betrug bei Verabschiedung des Betreuungsgesetzes 20,00 DM. Durch eine Änderung des ZSEG (Kostenrechtsänderungsgesetz vom
24.6.1994)[9] erhöhte er sich seit dem 1.7.1994 auf 25,00 DM. In dem Fall, in dem die Führung der Betreuung mit besonderen Schwierigkeiten verbunden ist oder besondere Fachkenntnisse erforderlich sind, wollte die Bundesregierung eine Erhöhung der Vergütung bis
zum Fünffachen dieses Stundensatzes ermöglichen. Nachdem der Bundesrat lediglich den
dreifachen Satz für vertretbar hielt, wurde eine Kompromisslösung gefunden. Nach dieser
war die Erhöhung in der Regel bis zum Dreifachen möglich, der fünffache Betrag sollte unter
außergewöhnlichen Umständen im Einzelfall gewährt werden können.

Auch die Höhe der Aufwandspauschale für ehrenamtliche Betreuer nach § 1836a BGB war **65**
umstritten. Der Bundesrat erreichte hier mit dem Hinweis auf die Haushaltslage eine Senkung dieser Jahrespauschale von 480,00 auf 300,00 DM, seit 1.7.1994 durch das Kostenrechtsänderungsgesetz: 375,00 DM. Die dadurch bewirkten Minderausgaben machten
60 Mio. DM aus. Im ersten Diskussionsentwurf des Betreuungsrechts im Jahre 1998 waren
sogar 600,00 DM als Aufwandspauschale vorgesehen gewesen. Dieser Betrag wurde erst
zum 1.1.1999 durch das 1. BtÄndG realisiert.

▶ *Zu Details der Aufwandspauschale vgl. Kapitel 5, Rn. 335 ff.*

Inhaltlich wurde das Betreuungsgesetz immer als eine Jahrhundertreform verstanden, es **66**
zeigte sich bei den Finanzierungsfragen aber schon zu diesem Zeitpunkt, dass der Stellen-

---

7 BT-Drs. 11/4528
8 Zeugen- und Sachverständigenentschädigungsgesetz (ZSEG), seit dem 1.7.2004 von dem Justizvergütungs- und
   -entschädigungsgesetz (JVEG) abgelöst.
9 BGBl. I S. 1325

wert der betroffenen Menschen von den Verantwortlichen wohl doch nicht allzu hoch angesetzt wurde.

67   Mit der Einführung des Betreuungsrechts am 1.1.1992 hatte der Gesetzgeber auch die Figur des Berufsbetreuers eingeführt. Zwar wurden auch nach altem (Vormundschafts-)Recht Vormundschaften als Beruf geführt, im Gesetz fanden sie jedoch keinen Raum. Erst die Rechtsprechung des *BVerfG* (vgl. oben Rn. 51 ff.) eröffnete Berufsbetreuern durch die verfassungskonforme Auslegung des § 1835 Abs. 2 BGB a.F. eine – wenn auch auf bestimmte Fälle begrenzte – Vergütungsmöglichkeit.

68   An diese Rechtsprechung knüpfte der Gesetzgeber mit Einführung des Betreuungsgesetzes in § 1836 Abs. 2 a.F. an.

▶ *Zur Frage, wer Berufsbetreuer ist, vgl. Kapitel 6, Rn. 457 ff. Spezielle Formen des Berufsbetreuers sind der Vereins- und der Behördenbetreuer. Die für diese Personen geltenden Besonderheiten finden Sie im Kapitel 6, Rn. 882 ff., 905 ff.*

69   Die Vorschrift des § 1836 Abs. 2 BGB war mit dem BtG neu in das Gesetz aufgenommen worden. Der Gesetzgeber hatte mit ihr der Entscheidung des Bundesverfassungsgerichts vom 1.7.1980[10] Rechnung tragen wollen.

70   Durch die Verweisung auf den Höchstbetrag, der einem Zeugen als Verdienstausfall nach dem ZSEG zu gewähren ist, wurde der Mindestbetrag der Vergütung festgelegt; er betrug zuletzt 25,00 DM pro Stunde und war dem Berufsbetreuer, wenn der Betreute mittellos war, aus der Staatskasse zu zahlen (§§ 1836 Abs. 2 Satz 4, 1835 Abs. 4 a.F.).

71   Dieser Betrag konnte bis zum Dreifachen erhöht werden, wenn die Führung der Betreuung besondere Fachkenntnisse erforderte oder mit besonderen Schwierigkeiten verbunden war. Traten im Einzelfall Umstände hinzu, die die Besorgung bestimmter Angelegenheiten außergewöhnlich erschwerten, war eine Erhöhung bis zum fünffachen Satz möglich (§ 1836 Abs. 2 Satz 3 a.F.).

2.1.3.3 Besondere Fachkenntnisse

72   Besondere Fachkenntnisse des Betreuers waren ein Kriterium, um die Vergütung auf den dreifachen Satz zu erhöhen, § 1836 Abs. 2 Satz 3 a.F. Unter besonderen Fachkenntnissen verstand das Betreuungsgesetz Kenntnisse, die über den allgemeinen Wissensstandard eines Berufsbetreuers bzw. Berufsvormunds hinausgingen.[11] Es ist jedoch höchst zweifelhaft, ob man angesichts der differenzierten Anforderungen an einen Betreuer und die Öffnung der hauptberuflichen Betreuertätigkeit für verschiedenartige Berufsgruppen von einem allgemeinen Wissensstandard eines Berufsbetreuers sprechen kann.[12]

73   Exemplarisch werden medizinische, juristische, psychotherapeutische Kenntnisse oder die eines Wirtschaftsprüfers usw. aufgezählt.[13]

74   Bedenklich – und vom Gesetzgeber nicht gewollt – war es, das Maß an Fachkenntnissen an der Ausbildung des Betreuers zu orientieren.[14]

75   In Literatur und Rechtsprechung setzte sich mehr und mehr die Ansicht durch, dass in aller Regel schon aus der Bestellung einer Person mit besonderer Ausbildung zu folgern war, dass deren besondere Fachkenntnisse für die konkrete Betreuung erforderlich waren.[15]

---

10   BVerfGE 54, 251 ff.
11   BT-Drs. 11/4528, S. 111
12   Frommann BtPrax 1993, 41, 42; Deinert JurBüro 1993 513/515
13   BT-Drs. 11/4528, S. 111
14   Knittel § 1836 Rn. 34, Lantzerath/Schimke, S. 65
15   BayObLG FamRZ 1994, 124; LG Berlin BtPrax 1993, 40; AG Bremen JurBüro 1993, 113 und Rpfleger 1992, 434; LG Duisburg JurBüro 1993, 283 = Rpfleger 1993, 242; LG Köln Rpfleger 1993, 156; LG Krefeld DAVorm 1993, 102 = JurBüro 1993, 155 = Rpfleger 1993, 155; LG Giessen BtPrax 1993, 107; AG Marburg, Beschl. v. 27.4.1993, 3 T 3/93 (nicht veröff.); AG Mühldorf JurBüro 1993, 154; LG München JurBüro 1992, 807 und JurBüro 1993, 38; AG Uelzen FamRZ 1992, 1349; Seitz BtPrax 92, 82 (85) sowie: Deinert NDV 1992, 329; Barth/Wagenitz FamRZ 1994, S. 78, Bienwald § 1836, Rn. 35

Zusätzlich war in der Rechtsprechung zur Höhe der Vergütung aus dem Vermögen der betreuten Person auch die Höhe der in der Berufsgruppe des Betreuers üblicherweise gezahlten Entgelte ein Anhaltspunkt, zumal diese in der Regel ja auch auf die berufliche Qualifizierung des Betreuers abstellen. Für die Höhe dieser Vergütung stellte das Bayerische Oberste Landgericht in ständiger Rechtsprechung fest, dass die unterste Grenze für die Bemessung dieser Vergütung durch die Kostenstruktur der jeweiligen Betreuungsbüros gegeben sei. Neben dem Ersatz der Unkosten müsse durch die Vergütung ein angemessenes Honorar erwirtschaftet werden können.

76

So wurden Stundensätze von ca. 200,00 DM vom *BayObLG* als angemessen betrachtet[16], ähnlich auch das *LG München I* für die Vergütung einer Diplom-Sozialpädagogin.[17] Das *OLG Schleswig* sah in einem ähnlichen Fall für einen Rechtsanwalt als Betreuer einen Stundensatz von 300,00 DM als angemessen an.[18]

77

Für nicht-anwaltliche Betreuer waren die üblicherweise in der jeweiligen Berufsgruppe gezahlten Gehälter als Maßstab heranzuziehen, so hatte das *LG München I* für einen freiberuflichen Sozialpädagogen[19] 130,00 DM stündlich zuzüglich Mehrwertsteuer als angemessen betrachtet; ähnlich das *BayObLG* für einen Diplom-Verwaltungswirt[20] sowie für eine Dipl.-Psychologin 110,00 DM.[21]

78

Die teilweise extrem kleinliche und offenbar mit fiskalischen Gesichtspunkten verbundene Rechtsprechung vieler Amts- und Landesgerichte hatte eine Unsicherheit hervorgerufen, die für Berufsbetreuer und Amtsgerichte – hier besonders Rechtspfleger – eine unglaublich große – und überflüssige – Belastung darstellte. Für Berufsbetreuer hatte die Vergütungsfrage inzwischen existenzielle Bedeutung. Wenn landgerichtliche Rechtsprechung Stundensätze von kaum mehr als dem Grundbetrag von 25,00 DM (einschließlich Mehrwertsteuer) für kommerzielle Betreuung als angemessen erachtet, Amtsgerichte dem Berufsbetreuer gegen jeden Datenschutz verstoßende Nachweise hinsichtlich der erbrachten Tätigkeit abverlangen und dann noch bei – unstreitig – mittellosen Betreuten auf die Unterhaltpflicht von Angehörigen verweisen, ehe der Anspruch gegen die Staatskasse anerkannt wird, dann kann es nicht verwundern, dass viele – engagierte – Betreuer bereits entnervt resigniert und aufgegeben haben.[22]

79

Für Betreuer mit Wohnsitz in den neuen Bundesländern war von der Berufsbetreuervergütung (jedenfalls bei Mittellosen) ein Ostabschlag von 20 % vorgesehen, der zum 1.7.1996 auf 10 % vermindert wurde. Erst zum 1.7.2004 wurde der Ostabschlag endgültig aufgehoben[23], nachdem er zum 1.3.2002 bereits für Ostberlin entfallen war.[24]

80

2.1.4 Der Weg zum 1. Betreuungsrechtsänderungsgesetz

Keine Frage das neue Betreuungsrecht betreffend hat die Gerichte so intensiv beschäftigt wie die Finanzierung der Berufsbetreuer. Die Vergütung der Berufsbetreuer wurde sehr uneinheitlich gehandhabt. Beispielsweise erhielten Anfang 1997 20 % der Vereinsbetreuer in Mecklenburg-Vorpommern regelmäßig eine Vergütung von weniger als 50,00 DM/Stunde, während lediglich 8 % den dreifachen Stundensatz erhielten.[25] Zu der Frage, mit welchem Stundensatz ein Berufsbetreuer zu vergüten sei, sind unzählige Entscheidungen ergangen.

81

16 BayObLG, z.B. in Rpfleger 1988, 529; Rpfleger 1990, 459 = FamRZ 1990, 1359; Rpfleger 1992, 297 = JurBüro 1992, 412; JurBüro 1993, 49; FamRZ 1993, 224 = NJW 1993, 671; AnwBl 1993, 534; MDR 93, 1209; BayObLG Rpfleger 1987, 67
17 LG München I FamRZ 1995, 112
18 OLG Schleswig MDR 94, 1048 = DAVorm 94, 803
19 LG München I FamRZ 95, 112
20 BayObLG MDR 93, 1209
21 BayObLG BtPrax 1999, 31
22 Vgl. Lantzerath/Schimke, S. 60
23 Art. 4 des KostRMoG vom 5.5.2004 (BGBl. I S. 718)
24 § 19 ZSEG in der Fassung des Gesetzes vom 22.2.2002 (BGBl. I. S 981)
25 Gregersen BtPrax 1997, 178

Der Bund Deutscher Rechtspfleger beklagte in seiner Resolution zum Betreuungsrecht anlässlich des 29. Rechtspflegertages[26], dass sich das Betreuungsrecht in der Praxis zu einem Betreuer-Vergütungsrecht entwickelt habe. Rechtspflegerinnen und Rechtspfleger verwendeten gut 2/3 ihrer Arbeitszeit auf die Bearbeitung der Vergütungsanträge.

2.1.5 Das 1. Betreuungsrechtsänderungsgesetz ab 1.1.1999

82 Triebfeder der Reform von 1999 war es vor allem, die stetig steigenden Kosten, die aus den Justizhaushalten für die Betreuervergütung aufzubringen waren (und sind), zu begrenzen. In diesem Zusammenhang sollte auch geklärt werden,

- welche Stundensätze angemessen sind,
- wann der Betroffene als mittellos zu gelten hat, die Vergütung also aus der Staatskasse zu zahlen ist (siehe dazu Kapitel 8, Rn. 1230 ff.),
- ob in den Vergütungssätzen die Mehrwertsteuer enthalten oder ob sie zusätzlich zu erstatten ist,
- ob Rechtsanwälte als Verfahrenspfleger nach der BRAGO (seit 1.7.2004: RVG) zu vergüten sind und
- ob den neuen Bundesländern ein Abschlag von 10 % vorzunehmen war, weil das ZSEG dort mit der Maßgabe galt, dass die Beträge um 10 % zu kürzen sind.

2.1.6 Zielsetzung des 1. Betreuungsrechtsänderungsgesetzes

83 Das 1. Betreuungsrechtsänderungsgesetz sah zahlreiche Gesetzesänderungen vor, die fast allesamt zum Ziel hatten, die Aufwendungen des Staates für die gesetzliche Betreuung zu vermindern (bzw. den Kostenanstieg aufzuhalten). Ein Großteil davon bleibt auch nach Inkrafttreten des 2. BtÄndG am 1.7.2005 erhalten. Dies waren insbesondere:

- Aufwertung der Betreuungsvorsorgevollmacht;
- Änderungen beim Aufwendungsersatz (§ 1835 BGB);
- Ausnahmestellung entgeltlich geführter Betreuungen (§ 1897 Abs. 6 BGB);
- Einführung eines neuen Vergütungssystems für entgeltliche Betreuungen
  - Neue Vergütungsstufen nach beruflicher Qualifikation (§ 1 BVormVG);
  - Beschränkung der abrechenbaren Tätigkeiten (§§ 1836 Abs. 2, 1 BVormVG);
  - Zeitbegrenzungen/Individualpauschalen (§ 1836b BGB);
  - Rechtsmittelbeschränkungen (§ 56g FGG);
- Beteiligung der Betroffenen und seines Erben an den Betreuungskosten (§§ 1836c bis 1836e BGB);
- Beschränkungen bei Bestellung und Vergütung von Verfahrenspflegern;
- Beschränkungen bei sonstigen Verfahrensfragen.

84 Die Vergütungshöhe bei Mittellosigkeit wurde in § 1 des neuen Berufsvormündervergütungsgesetzes (BVormVG) auf 35,00 DM/Stunde festgesetzt (ab 1.1.2002 18,00 €). Verfügte der Betreuer über besondere Fachkenntnisse, die er durch eine Lehre oder vergleichbare Ausbildung erworben hatte, erhöhte sich der Stundensatz auf 45,00 DM (ab 1.1.2002 23,00 €) und bei durch ein Hochschul- oder Fachhochschulstudium erworbenen Fachkenntnissen auf 60,00 DM (ab 1.1.2002 31,00 €). Unbeschadet der Tatsache, dass dies nur bei mittellosen Betreuten vorgesehen war, sollten nach den Vorstellungen des Gesetzgebers diese Regelungen für die Gerichte aber auch eine Orientierungshilfe für die Vergütung

---

26 Rpfleger 1997, 67

von Betreuern sein, bei denen sich der Vergütungsanspruch gegen den Betreuten richtet.[27] Vorübergehend konnten die genannten Vergütungsstundensätze im Rahmen der Besitzstandsregelungen (§ 1 Abs. 3 BVormVG, z.T. in Verbindung mit Landesrecht) auch dann gezahlt werden, wenn der bereits seit mehr als zwei Jahren tätige Berufsbetreuer die Berufsqualifikation nicht hatte. Eine Nachqualifizierungsregelung (§ 2 BVormVG) erlaubte nach landesrechtlicher Umsetzung eine Nachschulung und Prüfung zur Erlangung einer höheren Vergütungsstufe.

2.1.7 Änderungen durch die Euroumstellung

Die Einführung des Euro als alleinige Währung zum 1.1.2002 brachte einige Umstellungen bei der Entschädigung von Betreuern:

- **Höhe der Aufwandspauschale für ehrenamtliche Betreuer (§ 1835a)**   85

Die Aufwandspauschale machte das 24fache des Stundenhöchstsatzes der Zeugenentschädigung von zuvor 25,00 DM/Std. aus. Nach dem Gesetz vom 27.4.2001[28] erhöhte sich der Stundenhöchstsatz für Zeugen (§ 2 ZSEG) ab 1.1.2002 auf 13,00 €. Aufgrund dessen beträgt die Aufwandspauschale ab 1.1.2002 somit 312,00 €. War die Pauschale noch 2001 fällig (wiederkehrendes Datum der Betreuerbestellung, vgl. § 1835a Abs. 2 i.V.m. § 69a Abs. 3 FGG), betrug sie 600,00 DM, geteilt durch 1,95583 = 306,78 €, egal wann der Antrag gestellt wurde oder das Gericht darüber entschied. War die Pauschale jedoch nach dem 1.1.2002 fällig, betrug sie 312,00 €.

- **Fahrtkostenerstattung für Betreuer (§ 1835 Abs. 1 BGB i.V.m. § 9 Abs. 3 ZSEG)**   86

Die Fahrtkostenerstattung von zuvor 0,52 DM/km wurde nach dem Gesetz vom 27.4.2001[29] ab 1.1.2002 auf 0,27 € umgestellt.

- **Höhe des Stundensatzes der Betreuervergütung (§ 1 BVormVG)**   87

Die Stundensätze des Berufsvormündervergütungsgesetzes betrugen zuvor 35,00, 45,00 und 60,00 DM. Durch das Fernabsatzgesetz vom 27.6.2000[30] wurden die Beträge zum 1.1.2002 auf 18,00 €, 23,00 € und 31,00 € umgestellt. Für Betreuer in den neuen Bundesländern, für die nach Art. 4 des 1. Betreuungsrechtsänderungsgesetzes die Stundensätze um 10 % ermäßigt waren, bedeutete dies ab 1.1.2002 16,20 €, 20,70 € und 27,90 €.

- **Freibeträge bei Ermittlung der Mittellosigkeit des Betreuten (§§ 1836c, 1836d,   88
1836e BGB)**

Hier wurde Bezug genommen auf die sozialhilferechtlichen Regelungen (§§ 76, 79, 81, 88, 92c des damaligen BSHG).

Der Einkommensfreibetrag nach § 81 Abs. 1 BSHG, der für die Betreuervergütung maßgeblich ist, machte ab 1.7.2001 gem. § 82 Abs. 1 BSHG die Summe von 1.612,00 DM aus. Es erfolgte durch Gesetz vom 21.12.2000[31] ab 1.1.2002 nach § 82 Abs. 2 BSHG eine Umrechnung auf volle Euro. Die Eurosumme vom 1.1.2002 bis 30.6.2002 betrug 826,00 €, danach erfolgte die nächste Erhöhung gem. § 82 Abs. 1 BSHG.   89

Die Vermögensfreibeträge (sog. kleines Barvermögen; § 1 der VO zu § 88 BSHG i.V.m. § 1836c Nr. 2) änderten sich durch Gesetz vom 21.12.2000[32] mit Wirkung ab 1.1.2002 wie folgt: 90

- Aus 2.500,00 DM wurden 1.279,00 €,

- aus 4.500,00 DM wurden 2.301,00 €,

---

27 BT-Drs. 13/7158, S. 26
28 BGBl. I S. 751
29 BGBl. I S. 751
30 BGBl. I S. 897
31 BGBl. I S. 1983
32 BGBl. I S. 1983

- aus 8.000,00 DM wurden 4.091,00 €,
- aus 1.200,00 DM (Ehegattenzuschlag) wurden 614,00 €,
- aus 500,00 DM (Kinderzuschlag) wurden 256,00 €;
- der Erbenfreibetrag für pflegende Angehörige (§ 92c Abs. 3 Nr. 2 BSHG i.V.m. § 1836e) wurde von 30.000,00 DM auf 15.340,00 € umgestellt.

91   • **Beschwerdewert bei Rechtsmitteln im Vergütungsverfahren (§ 56g Abs. 5 FGG)**

Die Wertgrenze für die Einlegung der sofortigen Beschwerde bei Vergütungsentscheidungen betrug 300,00 DM. Durch Gesetz vom 13.12.2001[33] ist ab 1.1.2002 eine Umstellung auf 150,00 € erfolgt.

2.1.8 Kostenrechtsmodernisierung am 1.7.2004

Die sich auf Betreuer auswirkenden Regelungen des Kostenrechtsmodernisierungsgesetzes[34] waren im Einzelnen:

92   • **Aufwendungsersatz (§ 1835 BGB)**

In § 1835 BGB wurde bei den Fahrtkosten der Verweis auf das Zeugen- und Sachverständigenentschädigungsgesetz (§ 9 ZSEG) durch einen Verweis auf das neue Justizvergütungs- und Entschädigungsgesetz (§ 5 JVEG), welches Bestandteil des Kostenrechtsmodernisierungsgesetzes ist, ersetzt. Dies war zunächst einfach nur eine Änderung des Verweises, weil das ZSEG durch das JVEG ersetzt wurde. Es beinhaltete jedoch auch inhaltliche Änderungen, denn mit Wirkung vom 1.7.2004 erhöhte sich die Kilometerpauschale bei Benutzung eines Privat-PKW von 0,27 € auf 0,30 €. Die Höchstbegrenzung zulässiger PKW-Nutzung auf Dienstreisen von 200 km entfiel ebenfalls. Dies galt entsprechend den Übergangsvorschriften für alle Fahrten nach dem 30.6.2004.[35]

93   Die Regelung zum Erlöschen der Ansprüche nach 15 Monaten (bisher § 1835 Abs. 1 Satz 4 BGB) wurde durch einen eigenständigen Absatz 1a ersetzt. Hiernach muss eine vom Gericht abweichend gesetzte Frist mindestens zwei Monate betragen und auf die Folgen des Fristversäumnisses hingewiesen werden.

94   • **Aufwendungspauschale für Ehrenamtliche (§ 1835a BGB)**

Die Aufwendungspauschale für ehrenamtliche Betreuer, Vormünder und Pfleger machte bislang das 24fache des Stundenhöchstsatzes der Zeugenentschädigung aus. Da dieser bis zum 1.7.2004 13,00 € ausmachte, betrug die Pauschale 312,00 €/Jahr. Mit § 22 des neuen JVEG wurde der Höchstsatz auf 17,00 € erhöht. Zugleich wurde der Multiplikator in § 1835a BGB auf den 19fachen Betrag gesenkt. Netto bedeutete dies dennoch eine Erhöhung der Aufwandspauschale auf 323,00 € (Erhöhung um 3,5 %). Entsprechend dem unveränderten § 1835a Abs. 2 BGB i.V.m. § 69a Abs. 3 FGG bedeutete dies, dass alle Aufwandspauschalen, die nach dem 30.6.2004 fällig wurden, mit diesem höheren Satz abzugelten waren. Es entspricht der h.M. aus früheren Abänderungen, dass eine Quotelung alter und neuer Pauschalbeträge nicht stattfindet.[36]

95   • **Vergütung der Berufsbetreuer und -vormünder (§ 1836 BGB)**

Zum einen wurde die Erlöschensregelung (§ 1836 Abs. 2 Satz 4 BGB) an die oben erwähnte Konkretisierung der Regelung zum Aufwendungsersatz angepasst.

96   Zum anderen war mit der Streichung des Artikels 4 des (1.) Betreuungsrechtsänderungsgesetzes der Wegfall des 10%igen Ostabschlags bei der Vergütung der Betreuer und Vormünder verbunden. Da hierzu keine Übergangsvorschriften erlassen wurden, war davon auszu-

---

33 BGBl. I S. 3574
34 KostRMoG vom 5.5.2004 (BGBl. I S. 718)
35 §§ 24, 25 JVEG
36 BayObLG FamRZ 1999, 1602; OLG Jena, 22.3.2000, 6 W 159/00; LG Passau BtPrax 1999, 158 sowie LG Bochum BtPrax 1999, 206; a.A.: LG München I BtPrax 1999, 205

gehen, dass sich dieser Wegfall auf alle Tätigkeiten des Betreuers, Vormundes oder Pflegers bezieht, die nach dem 30.6.2004 geleistet wurden. Auch dies entsprach dem Verfahren, das bereits zum 1.7.1996 praktiziert wurde, als der Ostabschlag von 20 auf 10 % reduziert wurde.[37] Im Gebiet von Ost-Berlin war der Abschlag bereits mit Wirkung vom 1.3.2002 entfallen.[38]

2.1.9 Neues Sozialhilferecht ab 1.1.2005

Am 27.12.2003 wurde das 12. Buch des Sozialgesetzbuches (SGB XII) veröffentlicht[39], das **97** das Bundessozialhilfegesetz (BSHG) und das Grundsicherungsgesetz mit Wirkung vom 1.1.2005 ablöste. Für die Betreuervergütung ergaben sich dadurch folgende Änderungen:

- **Heranziehung des Betreuten zu den Kosten der Betreuung (§ 1836c BGB)** **98**

Statt auf die Regelungen der §§ 76, 79, 81, 82 und 88 BSHG wurde mit Wirkung vom 1.1.2005 auf die entsprechenden Regelungen des neuen SGB XII verwiesen (§§ 82, 85 bis 87 und 90 SGB XII). Inhaltlich bedeutete dies, dass sich die Freibeträge des Betreuten wie folgt ändern:

Der Einkommensfreibetrag (zuzügl. Unterkunftskosten) für den Betreuten von zuvor **99** 853,00 € sank auf den 2fachen Eckregelsatz der Sozialhilfe, der in den alten Bundesländern ab 1.1.2005 zunächst 690,00 € und in den neuen Bundesländern 662,00 € ausmachte (ab 1.7.2007 bundeseinheitlich 694,00 €).[40] Auch der Familienzuschlag für den Ehegatten, Lebenspartner und überwiegend unterhaltene Personen von zuvor 80 % des Regelsatzes sank auf 70 %. Für Blinde und außerhalb von Heimen lebende Schwerstpflegebedürftige blieben vom übersteigenden Einkommen mindestens 60 % anrechnungsfrei (§ 87 Abs. 1 Satz 3 SGB XII).

Der Vermögensschonbetrag des Betreuten (bisher 2.301,00 € nach § 1 der VO zu § 88 **100** BSHG) erhöhte sich ab 1.1.2005 auf 2.600,00 € (§ 1 der VO zu § 90 SGB XII).

Der bisherige Vermögensfreibetrag nach § 88 Abs. 3 Satz 3 BSHG (25.311,00 €) bei Behin- **101** derten in einer Werkstatt für behinderte Menschen galt nach neuer Rechtsprechung auch bei der Betreuervergütung, weil in § 1836c BGB allgemein auf § 88 BSHG verwiesen wurde.[41] Ab 1.1.2005 wird zwar für Sozialhilfeleistungen der genannten Art gar keine Heranziehung des Vermögens mehr vorgenommen; da diese Ausnahme von der Heranziehung aber künftig in § 92 SGB XII geregelt ist und in der Neufassung des § 1836c auf diesen Paragraphen nicht verwiesen wird, ist ab 1.1.2005 die entsprechende Rechtsprechung hinfällig.

Nach den §§ 93a Abs. 2 und 137 Nr. 16 (ab 1.1.2005 Nr. 17) KostO gelten die neuen Ein- **102** kommens- und Vermögensfreibeträge auch für die Geltendmachung der von der Staatskasse verauslagten Vergütungen für Verfahrenspfleger (§ 67 Abs. 3 FGG).

- **Regress der Staatskasse gegen den Erben des verstorbenen Betreuten (§ 1836e** **103** **BGB)**

Der Regress der Staatskasse gegen den Erben des Betreuten verwies bislang auf § 92c Abs. 3 BSHG, die Neuregelung findet sich in § 102 Abs. 3 SGB-XII. Vor dem 1.1.2005 betrug der Erbenfreibetrag zuletzt 1.706,00 € (2fache Summe des bisherigen Freibetrags nach § 81 Abs. 1 BSHG). Ab 1.1.2005 machte der Freibetrag insgesamt das 6fache des Eckregelsatzes aus. Daher erhöhte sich der Erbenfreibetrag in den alten Bundesländern auf 2.070,00 € und in den neuen Bundesländern auf 1.986,00 € (ab 1.7.2007 bundeseinheitlich 2.082,00 €).

---

37 Verordnung vom 15.4.1996, BGBl. I S. 604
38 § 19 ZSEG in der Fassung des Gesetzes vom 22.2.2002 (BGBl. I. S 981)
39 Gesetz zur Einordnung des Sozialhilferechts in das Sozialgesetzbuch vom 27.12.03 (BGBl. I. S. 3022)
40 Regelsätze ab 1.1.2005 lt. VO der Bundesregierung: alte Bundesländer 345,00 €, neue Bundesländer 331,00 €
41 Vgl. LG Schweinfurt FamRZ 2000, 1532; LG Dresden FamRZ 2001, 712; LG Chemnitz FamRZ 2001, 1026; OLG Dresden Beschl. v. 17.5.2000, 15 W 677/00; OLG Celle FamRZ 2003, 1047; LG Münster BtPrax 2003, 233; BayObLG FamRZ 2003, 966 = BtPrax 2003, 180

Der besondere Freibetrag von 15.340,00 € für den bisherigen pflegenden Angehörigen blieb unverändert.

2.2 Auf dem Weg zum 2. Betreuungsrechtsänderungsgesetz

2.2.1 Allgemeines

104 Im Vorfeld der Reform von 1999 hatte der Gesetzgeber einem pauschalen Vergütungssystem noch eine klare Absage erteilt. In der Begründung des damaligen Entwurfs hieß es dazu:

105 Für eine Herausarbeitung von „Falltypen" oder „Tätigkeitskatalogen" gibt es schon angesichts der Vielgestaltigkeit konkret geführter Vormundschaften oder Betreuungen keine hinreichend tragfähigen Ansatzpunkte. Im Übrigen ermöglichen solche Typisierungen von Fällen oder Tätigkeiten zwar eine von der Schwierigkeit des Einzelfalls abstrahierende Einheitsbewertung und -vergütung. Den einheitlichen Vergütungsbeträgen liegen jedoch Pauschalierungen zugrunde, die für den Vergütungsberechtigten nur dann zu einem kalkulierbaren und sachgerechten Ergebnis führen, wenn eine Vielzahl von Fällen einbezogen werden kann: Nur bei genügend großer Fallzahl kann mit hinreichender Sicherheit erwartet werden, dass die mit einer Pauschalierung notwendig verbundenen Über- und Unterdeckungen des im Einzelfall tatsächlich geleisteten Aufwands sich im Ergebnis ausgleichen. Vormünder und Betreuer erreichen die erforderlichen Fallzahlen nicht; die Zahl der ihnen zugewiesenen Mündel oder Betreuten liegt, auch weil Vormundschaften oder Betreuungen oftmals über einen längeren Zeitraum geführt werden, ganz wesentlich unter der Zahl der Mandanten eines Anwalts oder der Patienten eines Arztes. Anders als in diesen Bereichen kann der Zeitaufwand für die Führung einer Vormundschaft oder Betreuung schon deshalb nicht sachgerecht mit Einheitsbeträgen pauschaliert werden.[42]

106 Ohne auf die damals geäußerten Bedenken einzugehen, wurde der Gedanke der gesetzlichen Regelung einer „überindividuellen" Pauschalierung der Vergütung beruflicher Betreuer im Zwischenbericht der Bund-Länder-Arbeitsgruppe vom 10.6.2002 wieder aufgegriffen.[43] Als notwendig erachtet wurden Differenzierungen nach Alter, Erkrankung, Aufenthaltsort, aufgewandten Stunden und Dauer der Betreuung. 18 Fallgruppen wurden hier gebildet. Die vier Betreuungszeiträume, die im jetzigen Gesetzestext zu finden sind, tauchen hier erstmals auf.

107 Der Abschlussbericht der Bund-Länder-Arbeitsgruppe Betreuungsrecht vom Juni 2003 enthält bereits das neue Vergütungssystem in seinen Grundzügen, wobei die Kriterien Alter und Erkrankung entfielen. Hier wurden alternativ eine Änderung des bisherigen Vergütungssystems für Vormünder (§§ 1836 ff. BGB), welches für Betreuer nur analog angewendet wurde, oder eine eigene Vergütungssystematik für Berufsbetreuer in neuen §§ 1908l bis 1908o BGB-E vorgeschlagen.[44] Im Gesetzesentwurf des Bundesrates vom 19.12.2003 ist dann die Wahl auf ein eigenes, von der Vergütung der Vormünder weitgehend abgekoppeltes Abrechnungssystem für Berufsbetreuer gefallen.[45]

108 Trotz der Einwände vieler Verbände[46] und weitgehender Ablehnung des Pauschalierungsmodells in der Anhörung des Rechtsausschusses am 16.6.2004 verabschiedete der Bundestag am 18.2.2005 mit Zustimmung des Bundesrates vom 18.3.2005 ein gegenüber dem Gesetzentwurf in einigen Punkten abweichendes Modell einer verpflichtenden Pauschalierung der Ansprüche aller Berufs- und Vereinsbetreuer.

---

42 BT-Drs. 13/7158, S. 16
43 Zwischenbericht der BLAG, S. 45 ff.
44 ISG-Abschlussbericht der Bund-Länder-Arbeitsgruppe „Betreuungsrecht" 2003, S. 103 ff., Volltext siehe Betrifft: Betreuung Band 6 (Hrsg.: BGT), im Internet verfügbar unter www.bgt-ev.de > Veröffentlichungen > Publikationsreihe „Betrifft: Betreuung"
45 BT-Drs. 15/2494
46 Vgl. Hartenbach in: Betrifft Betreuung Nr. 9, S. 176 ff.

2.2.2 Grundzüge des 2. Betreuungsrechtsänderungsgesetzes ab 1.7.2005 – Zitate aus den Gesetzesmotiven

Die Einzelbegründung im Gesetzesentwurf zu dem damals für die Regelung vorgesehenen **109** neuen § 1908l BGB-E führt als Motive aus:[47]

> Mit § 1908l Abs. 1 und 2 BGB-E wird ein System der Pauschalierung der Vergütung des Berufsbetreuers eingeführt. Dieses System beseitigt die Defizite des jetzigen Abrechnungssystems und ist **einfach, streitvermeidend, an der Realität orientiert** und für die Berufsbetreuerinnen und -betreuer **auskömmlich**.

> Rechtstatsächliche Grundlage

> Das Pauschalierungssystem beruht auf der vom Bundesministerium der Justiz in Auftrag gegebenen „Rechtstatsächliche Untersuchung zur Qualität von Betreuungen, zur Aufgabenverteilung im Bereich der Betreuung und zum Verfahrensaufwand" des Instituts für Sozialforschung und Gesellschaftspolitik (ISG-GA). Grundlage der Untersuchung war eine repräsentative Auswahl von 1808 Betreuungsakten (die Ergebnisse sind im ISG-GA Kapitel B., Unterpunkt 9.3 dargestellt).

> Zu den erhobenen Einzelnennungen beim Betreuungsaufwand hat das ISG Häufigkeitstabellen nach Stundenspannen erstellt, aus denen sich die Häufigkeitsverteilung ergibt.

> Diese enthalten neben dem rechnerischen (arithmetischen) Mittelwert ebenfalls die Standardabweichung sowie den Median.

> Für die Bestimmung der Fallgruppen und des pauschalen Stundenansatzes orientiert sich der Entwurf nicht am arithmetischen Mittel, sondern am Median:

> Zur Berechnung von Durchschnitten sind grundsätzlich mehrere Methoden bzw. Lagemaße anwendbar, die sich vor allem hinsichtlich ihrer Anfälligkeit für Extremwerte unterscheiden (vgl. W. R. Bihn/E. Gröhn: Deskriptive Statistik, Köln 1993).

> Das gebräuchlichste Maß zur Berechnung von Durchschnittswerten ist das arithmetische Mittel, das gebildet wird, indem die Summe aller Werte durch die Summe aller Beobachtungseinheiten bzw. Fälle dividiert wird. Das arithmetische Mittel kann aber durch einige wenige sehr hohe Werte angehoben werden, auch wenn sich im unteren und mittleren Bereich der Verteilung nichts verändert hat.

> Eine Alternative bildet der Median, der so ermittelt wird, dass zunächst alle Werte in einer Rangfolge geordnet werden. Sodann wird ein Einschnitt bei der Hälfte aller Fälle vorgenommen; der an dieser Stelle rangierende Wert ist der Median. „Ausreißer" am oberen oder unteren Ende der Verteilung wirken sich hierauf nicht aus. Der Median teilt die Werte einer sortierten Stichprobe in zwei Hälften. Bei unsymmetrischen Verteilungen mit einer breiten Streuung in der oberen oder unteren Hälfte beeinflussen die Extremwerte den so gebildeten Mittelwert im Verhältnis zum arithmetischen Mittel nur geringfügig. Ist die Streubreite in der oberen Hälfte groß, liegt der Median unter dem arithmetischen Mittelwert.

> Für die Berechnung von Betreuungspauschalen würde sich das arithmetische Mittel nur eignen, wenn die gesamte Spannbreite der Verteilungen berücksichtigt werden soll. Wenn dagegen der Einfluss von Extremwerten möglichst geringgehalten werden soll, um zuverlässig die Wirklichkeit abzubilden, ist eine Orientierung am Median zu empfehlen. Die Analyse der Häufigkeitstabellen zum Betreuungsaufwand, differenziert nach Dauer der Betreuung und Aufenthaltsort des Betreuten, ergibt, dass in allen vorgegebenen Zeitspannen die ganz überwiegende Anzahl der Fälle im unteren Mittelfeld monatlich aufgewandter Stunden liegt. Da die Pauschalen den Großteil der Fälle und damit die Wirklichkeit abbilden sollen, ist eine Orientierung am Median sachgerechter als am arithmetischen Mittel. Denn dieses wird durch „Ausreißer", auch nach unten, im Ergebnis verzerrt. Auf der Grundlage der Mediane ergeben sich nachfolgende Konsequenzen für die Bildung der Fallgruppen und der Festlegung des pauschalen Stundenansatzes:

---

47 BT-Drs. 15/2494, S. 31 ff. (Hervorhebungen durch Fettdruck von den Autoren)

Fallgruppen

Die Folgen aus den Ergebnissen der rechtstatsächlichen Studie für die Fallgruppen lassen sich wie folgt zusammenfassen:

- Die Unterschiede des Betreuungsaufwands bei den verschiedenen Krankheitsbildern sind verhältnismäßig. Eine Differenzierung nach Krankheitsbildern ist deshalb nicht notwendig. Damit werden Streitigkeiten vermieden, die sich aus einer nicht eindeutigen Abgrenzbarkeit der Krankheitsbilder ergeben.

- Der Betreuungsaufwand unterscheidet sich in den vorgegebenen Altersgruppen nicht wesentlich.

- Erhebliche Unterschiede im Betreuungsaufwand ergeben sich, je nachdem ob der Betroffene zu Hause oder in einer Einrichtung lebt. Der Betreuungsaufwand eines zu Hause wohnenden Betreuten ist signifikant höher.

- Von wesentlicher Bedeutung ist die Dauer der Betreuung. Nach Spitzenwerten während der ersten 3 Monate fällt der Betreuungsaufwand vom 4. bis 6. Monat und 7. bis 12. Monat sowie ab dem 2. Jahr der Betreuung kontinuierlich und stark ab.

§ 1908l Abs. 1 und 2 BGB-E bildet daher **Fallgruppen** ausschließlich in Abhängigkeit von der **Dauer** der Betreuung (1. bis 3. Monat, 4. bis 6. Monat, 7. bis 12. Monat, ab 2. Jahr) und dem **Aufenthaltsort** des Betroffenen (zu Hause oder in einer Einrichtung). Absatz 1 enthält die Stundenpauschalen bei Betreuten, die ihren gewöhnlichen Aufenthalt in einem Heim haben; Absatz 2 für alle übrigen unter Betreuung stehenden Menschen. Die **Definition eines Heimes** im Sinne dieser Vorschrift enthält Absatz 2 Satz 2. Sie ist im Wesentlichen § 1 Abs. 1 HeimG nachgebildet, löst den Anwendungsbereich jedoch von bestimmten **Krankheitsbildern.** § 1 Abs. 2 HeimG gilt entsprechend.

[...]

Hinsichtlich der Auskömmlichkeit der Fallpauschalen für die Berufsbetreuer gilt Folgendes:

Wie sich aus Berichten der Rechnungshöfe der Länder Bayern und Schleswig-Holstein sowie der niedersächsischen „Empirischen Studie über die Kostenentwicklung in Betreuungssachen und die Möglichkeit ihrer Reduzierung" ergibt, beruhen die vom ISG festgestellten Stunden nicht vollständig auf der für eine rechtliche Betreuung notwendigen und dem tatsächlich erbrachten Aufwand. Dies ist in der Allgemeinen Begründung dargelegt worden. Es bestünden deshalb gute Gründe, von den statistisch ermittelten Pauschalsätzen einen Abschlag vorzunehmen. Davon sieht der Entwurf nur deshalb ab, weil keine validen Angaben zur Höhe des Abschlags vorliegen. Eine Erhöhung der Stundenansätze über die Medianwerte hinaus wäre jedenfalls nicht gerechtfertigt.

Die Pauschalen führen vielmehr zu auskömmlichen Einnahmen der Berufsbetreuerinnen und -betreuer, wie sie den jetzigen Einnahmen entsprechen. Nach dem Pauschalierungssystem können Berufsbetreuer, die zwischen 40 und 50 Betreuungen führen, bei einer Fluktuation zwischen 7 bis 10 % mit einer Vergütung zwischen 43 500 und 54 500,00 Euro rechnen. In dieser Vergütung sind nicht der Auslagenersatz (pauschal 3 Euro pro abrechenbarer Stunde) und die Umsatzsteuer enthalten. Auf der Grundlage von ca. 1 700 abrechenbaren Stunden bei 40 bis 50 Betreuungen ergibt sich ein pauschaler Aufwendungsersatz (ohne Umsatzsteuer) von 5 100,00 Euro pro Monat.

Feste Pauschalen und Mischkalkulation

Die Pauschalen der Absätze 1 und 2 stehen von Beginn des Betreuungsverfahrens an fest und sind vom tatsächlichen Aufwand im konkreten Fall unabhängig. Von den zahlenmäßig geringen **Sonderfällen** des § 1908m BGB-E abgesehen gibt es **keine Ausnahmetatbestände**. Denn jeder Ausnahmetatbestand würde zu Streitigkeiten über seinen Anwendungsbereich und ggf. eine analoge Anwendung führen.

Die in § 1908l Abs. 1 und 2 BGB-E vorgesehenen „harten" Pauschalen stellen im deutschen Recht kein Novum dar. Vielmehr ist eine pauschale Vergütung in vielen Dienstleistungsbereichen, insbesondere bei den Ärzten, den Rechtsanwälten, den Notaren, den Architekten und Ingenieuren üblich.

Zur Vergütung der Ärzte entspricht es höchstrichterlicher Rechtsprechung, dass die Auskömmlichkeit – oder auch umgekehrt: die Notwendigkeit – der Pauschale nicht am Einzelfall gemessen werden darf. Es gibt im Einzelfall weder einen Zu- noch einen Abschlag. Entscheidend ist allein die Mischkalkulation (vgl. BSG, MedR 2001, 471 (473) und BSGE 88, 126 (136)); LSG

NRW Urt. v. 10. April 2001, L 5 KR 112/00). Entsprechendes gilt für die Vergütung der Rechts-anwälte. Es ist unzulässig, einem Rechtsanwalt im Einzelfall deshalb eine höhere Vergütung zuzubilligen, weil die gesetzliche Vergütung kein angemessenes Entgelt darstellt und ggf. noch nicht einmal die Geschäftskosten deckt. Umgekehrt kann seine Vergütung nicht ge-kürzt werden, weil nur ein geringer Aufwand nötig war, die Angelegenheit zu bearbeiten (vgl. Gerold/Schmidt/von Eicken/Madert-Madert, BRAGO, 15. Aufl. 2002, Einleitung Rn. 6).

Die Angemessenheit der Vergütung ergibt sich für die Berufsbetreuerinnen und -betreuer aus einer Mischkalkulation zwischen aufwändigen und weniger aufwändigen Fällen innerhalb der Fallgruppen. Auf eine gesetzliche „Verteilungsregelung" verzichtet der Entwurf hierbei be-wusst. Denn der Aufwand ist im Einzelfall nicht vorhersehbar und abgrenzbar, sichere Krite-rien für „leichte" und „schwierige" Fälle gibt es nicht und eine gesetzliche Verteilungsrege-lung könnte zu einer Vielzahl von Rechtsstreitigkeiten führen. Es ist vielmehr davon auszuge-hen, dass – wie bereits nach jetzigem Recht – etwa entstehende Härten im persönlichen Kontakt zwischen Gericht und Berufsbetreuer geklärt werden können. Die Berufsbetreuer können sich an die Vormundschaftsrichter ihrer Bezirke wenden und auf die Belastungssitua-tion aufmerksam machen. Die Vormundschaftsgerichte werden sich einem berechtigten Anlie-gen nicht verschließen.

Diese Grundsätze gelten in gleicher Weise für die Betreuungsvereine. Soweit diese durch ihre Mitarbeiter (Vereinsbetreuer) Betreuungen führen, konkurrieren sie direkt mit den freien Be-rufsbetreuern. Anders als im Bereich der Querschnittsarbeit ist hier eine besondere Förderung nicht geboten. Unberührt bleibt allerdings die Rechtsprechung des Bundesverfassungsge-richts (vgl. Beschluss vom 7. November 2001, FamRZ 2002, S. 85), wonach die Vereine für ihre Vereinsbetreuer immer den höchsten Stundensatz von derzeit 31,00 Euro geltend ma-chen können. Soweit der Gesetzgeber des Betreuungsgesetzes den Vereinen eine besondere, herausgehobene Rolle zuerkannt hat, war der Grund hierfür, dass zu Beginn der 90er Jahre des 20. Jahrhunderts noch kaum freie Berufsbetreuer vorhanden waren. Mittlerweile stehen jedoch – nicht zuletzt infolge der Nachqualifizierungsmaßnahmen nach dem Ersten Betreu-ungsrechtsänderungsgesetz – genügend qualifizierte freie Berufsbetreuer zur Verfügung. Soweit manche Vereine derzeit auf bestimmte, besonders aufwändige Klienten spezialisiert sind, ist – wie bei den anderen Berufsbetreuern auch – eine Umstellung hinsichtlich der über-nommenen Fälle mit dem Ziel einer Mischkalkulation zumutbar. Schließlich profitieren die Ver-eine, bei denen i.d.R. mehrere Berufsbetreuer tätig sind, besonders von der vorgesehenen Pauschalierung, da sie die Möglichkeiten der Effizienzsteigerung (Delegation, Nutzen von Er-fahrungen, Kenntnisse über Einrichtungen, Verwaltungen etc.) haben. Auf Grund ihrer Struk-tur sind Betreuungsvereine prädestiniert, eine Mischkalkulation unter Berücksichtigung aller für sie tätigen Berufsbetreuer herbeizuführen. So kann ein Betreuungsverein mit z.B. vier Be-rufsbetreuern in seiner Gesamtkalkulation wesentlich einfacher einen außergewöhnlich schweren Fall übernehmen als ein allein tätiger Berufsbetreuer.

Der Rechtsausschuss des Bundestags begründet die Endfassung der Bestimmung u.a. wie folgt[48]:   **110**

Zu § 5 (Stundenansatz des Betreuers)

§ 5 legt den für die Vergütung des Betreuers zugrunde zu legenden pauschalierten Zeitauf-wand pro Monat fest und übernimmt mit einigen Modifikationen § 1908l BGB-E. Erhalten bleiben insbesondere die im Entwurf gebildeten Fallgruppen der Stundenpauschalen, die le-diglich nach Dauer der Betreuung und Aufenthaltsort des Betreuten in einer Einrichtung oder zu Hause unterscheiden. In die Pauschalierung des Zeitaufwands sind sowohl die Vergütun-gen einbezogen, die von den bemittelten Betreuten selbst zu zahlen sind, als auch diejeni-gen, die von der Staatskasse zu erstatten sind. Das im Bundesratsentwurf vorgeschlagene Sys-tem der Pauschalierung bleibt somit im Ergebnis erhalten und stellt ein einfaches, Streitver-meidendes und an der Realität orientiertes, für die Betreuer auskömmliches Abrechnungssystem dar.

Zu Absatz 1:

Die in Absatz 1 enthaltenen Stundenansätze orientieren sich an den Ergebnissen zum zeit-lichen Betreuungsaufwand in der vom Bundesministerium der Justiz in Auftrag gegebenen

---

48 BT-Drs. 15/4874, S. 31 f. (Hervorhebungen durch Fettdruck von den Autoren)

„Rechtstatsächlichen Untersuchung zur Qualität von Betreuungen, zur Aufgabenverteilung im Bereich der Betreuung und zum Verfahrensaufwand" des Instituts für Sozialforschung und Gesellschaftspolitik (ISG).

Zu Absatz 2:

Absatz 2 gibt die monatlichen Stundenansätze wieder, die für die aus der Staatskasse zu zahlende Vergütung anzusetzen sind, wenn der Betreute mittellos ist. Sie sind im Vergleich zu den Ansätzen für bemittelte Betreute niedriger. Die niedrigeren Stundenansätze lassen sich insbesondere mit dem in der Regel geringeren Aufwand für einen mittellosen Betreuten rechtfertigen. Ähnlich wie bei den niedrigeren Gebührenansätzen für Rechtsanwälte im Rahmen der Prozesskostenhilfe soll auch hier den berechtigten Interessen der Staatskasse bei der Gewährung von sozialen Leistungen Rechnung getragen werden. Absatz 3 übernimmt § 1908l Abs. 1 Satz 2 BGB-E.

2.2.3 Rechtspolitische Kritik am 2. Betreuungsrechtsänderungsgesetz

111 Stellvertretend für viele kritische Stimmen[49] sei vor allem auf die **Stellungnahme des Vormundschaftsgerichtstages** e.V. vom Februar 2004[50] verwiesen.

Unter anderem werden dort gegen die Reform die folgenden Argumente angeführt:

- Die pauschale Regelung vernachlässigt den durch Veränderungen in den Systemen der sozialen Sicherheit hervorgerufenen steigenden Aufwand der Betreuungsarbeit.
- Da jeder Betreuer auch einfache Fälle benötigt, um eine wirtschaftlich vertretbare Mischung von Fällen zu erreichen, wird eine Spezialisierung auf die Bearbeitung schwieriger Fälle verhindert.
- Aus dem gleichen Grund werden Fachkenntnisse letztlich verloren gehen.
- Einkommenseinbußen je geführter Betreuung können nur durch höhere Fallzahlen kompensiert werden. Die hätten aber zur Folge, dass der Grundsatz der persönlichen Betreuung vernachlässigt werden müsste.

2.3 Entscheidungen des Bundesverfassungsgerichts zur Höhe der Betreuervergütung vor der Pauschalierung

112 Die Höhe der Betreuervergütung war immer wieder Gegenstand von Entscheidungen des Bundesverfassungsgerichts, weil Betreuer geltend gemacht hatten, dass die zugesprochenen Stundensätze nicht ausreichend seien, dem Berufsbetreuer eine angemessene Existenz in dem Sinne, dass er vom Einkommen her in etwa einem Behördenmitarbeiter mit vergleichbarer Qualifikation oder einem anderen Angehörigen seiner Berufsgruppe gleichgestellt ist, zu gewährleisten.

2.3.1 Beschluss des BVerfG vom 15.12.1999 (1 BvR 1904/95)

113 Mit diesem Beschluss[51] weist das *BVerfG* Verfassungsbeschwerden mehrerer Berufsbetreuer ab, die geltend gemacht hatten, dass die bis zum 31.12.1998 geltenden Vergütungsregelungen gemäß den o.g. Grundsätzen keine ausreichenden Verdienstmöglichkeiten bieten würden. Im Wesentlichen heißt es dort[52]:

> [...] Die Gesamtabwägung zwischen der Schwere des Eingriffs und dem Gewicht der ihn rechtfertigenden Gründe ergibt, dass die **Grenze der Zumutbarkeit gewahrt** ist, also die Betr. nicht übermäßig belastet sind" (vgl. BVerfGE 83, 1, 19).

---

49 S. Fn. 46
50 S. 12 ff.; S. 22 ff.; Gesamttext abrufbar unter www.bgt-ev.de
51 FamRZ 2000, 345 = BtPrax 2000, 77 (mit Anmerkung Zimmermann BtPrax 2000, 47): Verfassungsmäßigkeit der von 1992 bis 1998 geltenden Vergütungsregeln, Anspruch auf Erstattung der Umsatzsteuer.
52 Hervorhebungen durch Fettdruck von den Autoren

Anhaltspunkte dafür, dass durch die staatliche Gebührenregelung den Betreuern unangemessen niedrige Einkünfte zugemutet werden, gibt es nicht. Betreuer verfügen über unterschiedlichste berufliche Qualifikationen. Es ist ihrer freien Entscheidung überlassen, ob sie als Berufsbetreuer zu den ges. Konditionen tätig werden wollen; eine durchsetzbare Verpflichtung zur Übernahme von Betreuungen kennt das Gesetz nicht (§ 1898 Abs. 2 BGB). Auch gibt es kein Überangebot an Personen, die wegen einer Spezialausbildung darauf angewiesen wären, gerade als Berufsbetreuer zu arbeiten. Zudem hatte der Gesetzgeber bei der Ausgestaltung der Vergütungsregelung neben den Belangen der Betreuer die Interessen der Betreuten und ihrer Familienangehörigen zu berücksichtigen, die sich in einer Lage befinden, die sie anfällig macht, auf alle Konditionen einzugehen, nur um die Betreuung sicherzustellen.

Aus der Verfassung lässt sich nicht unmittelbar ableiten, was als Vergütung angemessen wäre und wie die Vergütungsstruktur auszugestalten ist. Vor der Eröffnung eines neuen Berufes gibt es keine vergleichbaren Erkenntnisse und kein marktübliches Entgelt. Bei komplexen und sich entwickelnden Sachverhalten ist der Gestaltungsspielraum des Gesetzgebers besonders weit. Der Gesetzgeber muss einen angemessenen Zeitraum zur Verfügung haben, um Erfahrungen zu sammeln, Klarheit zu gewinnen und Mängeln einer Regelung abzuhelfen (vgl. BVerfGE 83, 1, 13 ff.). Hier brauchte er schon deshalb nicht allein auf Marktmechanismen zu vertrauen, weil er auch die Interessen der vermögenslosen Betreuten zu wahren hatte, für die dann nur die sehr wahrscheinlich gänzlich überlastete Betreuungsbehörde geblieben wäre (vgl. BVerfGE 54, 251, 270, 273 = FamRZ 1980, 765 [LSe]).

Berücksichtigt man die Tatsache, dass sich Angehörige vielfältiger Berufsgruppen für die freiberufliche Tätigkeit als Berufsbetreuer entscheiden, dass auch RAe eine entsprechende Spezialisierung nicht grundsätzlich ablehnen, wie sich aus der Stellungnahme des Kölner Anwaltvereins ergibt, wird man dem Grundsatz nach davon ausgehen können, dass der in der Vergütungsregelung angelegte Zielkonflikt zwischen dem Anreiz zur Gewinnung qualifizierter Betreuer einerseits und der kostengünstigen Gestaltung der Betreuung andererseits angemessen gelöst ist.

Für die Angemessenheit der Regelung spricht überdies, dass sie für Ergänzungen offen ist. § 1835 Abs. 3 BGB erlaubt es nach Auffassung des Schrifttums, die Dienste des Betreuers, die zu seinem sonstigen Gewerbe oder Beruf gehören, als Aufwendungen nach der für diese Leistungen geltenden Gebührenordnung oder Taxe abzurechnen (vgl. Staudinger/Engler, BGB, 13. Bearb., §§ 1773 bis 1895, 1999, 1835 Rn. 37 f., m.w.N.). Dies kommt insbesondere RAen oder Steuerberatern zugute.

(...)

Das Entgelt im Hauptberuf spielt für die Gebührenordnung eines in freier Entschließung übernommenen Zweitberufs keine Rolle. Es ist verfassungsrechtlich nicht geboten, die Vergütung generell am Hauptberuf auszurichten und die Kostenstruktur einer Anwaltskanzlei zu berücksichtigen.

Soweit ein Rechtsanwalt zu den ges. vorgesehenen Stundensätzen nicht kostendeckend arbeiten kann oder will, braucht er Betreuungen nicht anzunehmen.

[...]

(2) Betreuer benötigen auch nicht in gleicher Weise wie RAe Hilfskräfte für Organisations-, Schreib- und Verwaltungsarbeiten. Der Personal- und Kostenaufwand ihrer Büros kann ohne Gefährdung ihrer Aufgaben von derjenigen der RAe abweichen.

Es ist bereits zweifelhaft, ob es überhaupt der Beschäftigung von Hilfspersonen bedarf, wenn das Büro eines vollberuflichen Betreuers eine ausreichende technische Ausstattung hat. Nicht die Bearbeitung von Akten, sondern die rechtliche Besorgung von Angelegenheiten des Betreuten (§ 1901 Abs. 1 BGB) bei größtmöglicher Berücksichtigung seiner Wünsche (§ 1901 Abs. 1 und Abs. 2 BGB) ist Aufgabe des Betreuers, der sich in dem erforderlichen Umfang auch persönlich um den Betreuten kümmern soll (§ 1897 Abs. 1 BGB). In erster Linie soll die Betreuung ehrenamtlich, also nur für wenige Personen geführt werden. Erst in zweiter Linie kommt die Betreuung durch berufsmäßig Handelnde, sodann durch Vereine und letztlich durch eine Behörde in Betracht (§§ 1897 VI, 1900 Abs. 1 und Abs. 4 BGB). Damit hat der Gesetzgeber hinlänglich deutlich gemacht, dass die aktenmäßige Verwaltung von „Fällen" weitestgehend vermieden werden soll.

Dieses Ziel könnte aber mit einer arbeitsteiligen Betreuung in größeren Büros gefährdet werden. Deshalb sind Vergütungsregelungen, die eine solche Entwicklung zu vermeiden trachten, zumutbar, soweit sie die Betreuung in einer Hand ermöglichen. Das geschieht, indem einem Betreuer sämtliche für die jeweilige Betreuung aufgewendeten Arbeitszeiten nach einem einheitlichen, insgesamt angemessenen Stundensatz vergütet werden. Aus einer solchen Vergütung können die Kosten für Hilfspersonen regelmäßig nur schwer gedeckt werden. Schon aus wirtschaftlichen Gründen werden die Betreuer daher davon absehen, einen Teil ihrer Aufgaben durch Dritte erledigen zu lassen. In dieselbe Richtung zielt die Regelung in § 1835a BGB, wonach Aufwendungsersatz für Büromaterial – den die Bf. zu Abs. 4. geltend macht – nur solchen Betreuern vorbehalten ist, die keine Vergütung erhalten. Denn bei ihnen werden die verbleibenden tatsächlichen festen Kosten nicht über die Stundensätze abgegolten.

(3) Insgesamt lässt sich nicht belegen, dass die wirtschaftliche Existenz von Berufsbetreuern mit den Vergütungsansprüchen gegenüber der Staatskasse nicht mehr gewährleistet ist.

Dies könnte allerdings der Fall sein, wenn ein Betreuer, der hauptberuflich tätig und ausgelastet ist und die Betreuungen auch ordnungsgemäß führt, mit den hiernach bewilligten Vergütungen nicht imstande wäre, seine Kosten zu decken und ein ausreichendes Einkommen zu erzielen. Dabei ist eine generalisierende Betrachtungsweise geboten, die auf den gesamten Berufszweig abstellt (vgl. BVerfGE 70, 1, 30).

Keiner der Bf. hat jedoch die eigenen wirtschaftlichen Verhältnisse in einer Weise offengelegt, die auf eine solche Finanzierungslücke schließen ließen. Es kann daher nur anhand der Gesetzeslage und der tatsächlichen Entwicklung des Betreuungswesens festgestellt werden, dass die Betreuung im Zweitberuf für RAe wirtschaftlich weniger interessant ist als für Berufstätige, die mit ihrem Hauptberuf geringere Einkünfte erzielen, und dass sich in Kenntnis der Vergütungsregelung eine Vielzahl qualifizierter Personen dem neu eröffneten Berufsfeld zugewandt hat. Die Vergütung hat demnach das Ziel des Gesetzgebers, geeignete Personen zu gewinnen, nicht gefährdet. Dem entsprechen auch die Ergebnisse einer neueren empirischen Studie (Adler, Berufsbetreuer als freier Beruf, 1998, S. 270 ff., 295), wonach die befragten Berufsbetreuer ganz überwiegend mit ihrer allgemeinen beruflichen Situation zufrieden waren. [...]

2.3.2 Beschluss des BVerfG vom 16.3.2000

114 Ähnlich die Argumentation in dem Beschluss des *BVerfG* vom 16.3.2000 (1 BvR 1970/99)[53] – Keine Verfassungswidrigkeit des § 1 BVormVG.

[...] Die **Gesamtabwägung** zwischen der Schwere des Eingriffs und dem Gewicht der ihn rechtfertigenden Gründe ergibt, dass die **Grenze der Zumutbarkeit noch gewahrt** ist, also die Betr. nicht übermäßig belastet sind (vgl. BVerfGE 83, 1, 19). Unangemessen niedrige Einkünfte werden den Betreuern im gegenwärtigen Zeitpunkt nicht zugemutet.

Nach wie vor verfügen Betreuer über unterschiedliche berufliche Qualifikationen. Es ist ihrer freien Entscheidung überlassen, ob sie als Berufsbetreuer zu den ges. Konditionen tätig werden wollen. Es gibt keine durchsetzbare Verpflichtung zur Übernahme von Betreuungen, und es gibt auch kein Überangebot an Personen, die wegen einer Spezialausbildung darauf angewiesen wären, gerade als Berufsbetreuer zu arbeiten. Ebenso spricht unverändert für die Angemessenheit der Vergütungsregelung, dass sie durch § 1835 Abs. 3 BGB für Ergänzungen offen ist. Anhaltspunkte dafür, dass die wirtschaftliche Existenz von Berufsbetreuern mit den Vergütungsansprüchen gegenüber der Staatskasse nicht mehr gewährleistet wäre, gibt es nicht. Dabei ist eine generalisierende Betrachtungsweise geboten, die auf den gesamten Berufszweig abstellt (vgl. Beschluss des 1. Senats v. 15.12.1999 – 1 BvR 1904/95 u.a. –, FamRZ 2000, 345, 348).

Auch die vorgelegten Gutachten und Kostenberechnungen der Bf. führen nicht zu einer anderen Bewertung. Eine ausreichende Beurteilungsgrundlage liefern sie nicht. Wie in allen bisherigen Verfahren hat keiner der Bf. die eigenen Einnahmen und Belastungen konkret dargestellt. [...]

---

53 BtPrax 2000, 120 = FamRZ 2000, 729

2.3.3 Beschlüsse des BVerfG vom 7.6.2000

Ähnliche Argumente enthalten die Beschlüsse des *BVerfG* vom 7.6.2000 (1 BvR 23/00, 1 BvR **115** 111/00, 1 BvL 1/99 und 2/99) zur Nichtannahme von Verfassungsbeschwerden bzw. Unzulässigkeit von Vorlagebeschlüssen bezüglich der **Anwendung des § 1 BVormVG bei anwaltlichen Verfahrenspflegern.**[54]

Mehrere Aussagen der genannten Beschlüsse sind aus unserer Sicht nicht überzeugend.

Z.B.: „Soweit ein Rechtsanwalt zu den gesetzlich vorgesehenen Stundensätzen nicht kosten- **116** deckend arbeiten kann oder will, braucht er Betreuungen nicht anzunehmen." Dies mag zwar grundsätzlich richtig sein, blendet aber die schlechte wirtschaftliche Lage vieler Anwälte aus und erwähnt nicht anwaltliche Berufsbetreuer überhaupt nicht, für die sich aufgrund der hohen Arbeitslosigkeit keine andere Betätigung findet und die daher de facto keine Möglichkeit zum Berufswechsel haben.

Insgesamt erweckten die Entscheidungen den Eindruck einer gewissen „Kaltschnäuzigkeit". **117** Aus der vorhandenen Bereitschaft vieler Menschen, den Beruf des Betreuers auch weiterhin auszuüben, wird gefolgert, dass die Vergütung nicht unangemessen niedrig sein könne. Dieses Argument ist nur auf den ersten Blick stichhaltig, einer tiefergehenden Überprüfung hält es nicht stand: Jedenfalls in Zeiten hoher Arbeitslosigkeit wird sich für jede Tätigkeit jemand finden, der sich anbietet, sie noch etwas billiger zu erledigen – eine logische Konsequenz einer wirtschaftlichen Notlage, in der es immer noch besser ist, zu wenig zu verdienen als gar nichts. Ab einem gewissen Punkt dieser Abwärtsspirale lässt sich eine Preissenkung aber nur noch durch eine entsprechende Absenkung der Qualität der Arbeit erreichen.

Die Aussage „Die Festsetzung einer möglicherweise im Hauptberuf als gering zu bewerten- **118** den Vergütung liegt noch im Gestaltungsspielraum des Gesetzgebers, sofern er steuernd auf eine vermehrte Berufsbetreuung im Nebenberuf hinwirken will" lässt sich schließlich nur so interpretieren, dass auch das *BVerfG* letztlich wohl doch erkennt, dass die gewährte Vergütung äußerst gering ist; es billigt die Vergütung jedoch im Hinblick darauf zu, dass der hauptberuflich tätige Berufsbetreuer vom Gesetzgeber nicht gewünscht sei (in der Tat hat der Gesetzgeber die Ehrenamtlichkeit der Betreuung als Idealfall normiert).

2.4 Erfahrungen mit der Reform 2005

2.4.1 Einschätzungen

Wie sich die Reform des Vergütungsrechts auf die Situation von **Berufsbetreuern** objektiv **119** auswirkt, kann nicht sicher beurteilt werden. In Gesprächen ergaben sich sehr unterschiedliche – nicht repräsentative – Bewertungen durch einzelne Betreuer.

Einige Betreuer geben eine sehr positive Einschätzung und berichten, dass sie seit der Reform für die gleiche Arbeit mehr verdienen würden.

Einige Betreuer berichten aber auch, dass sie ihre Arbeit durch die Pauschale nicht finanzie- **120** ren können. Einige Betreuer aus dieser Gruppe haben die Tätigkeit aufgrund der Reform schon aufgegeben; andere Betreuer befürchten, dass sie dies in einiger Zeit tun müssen.

Die Mehrheit äußert sich dahingehend, dass die Reform mit Einkommenseinbußen pro Fall verbunden sei, man sich aber mit effizienterer Arbeitsweise (was auch weniger Besuche bei den Betreuten beinhaltet) und höherer Fallzahl „irgendwie durchbringen" könne.

Nach den Ergebnissen der Auswertung einer **Mitgliederbefragung des Bundesverban- 121 des der Berufsbetreuer (BdB e.V.)** zu den Auswirkungen der Reform des Vergütungsrechts[55] wird die **fehlende Differenzierung der Pauschalen nach Krankheitsbildern** als

---

54 FamRZ 2000, 1280, 1284 = BtPrax 2000, 254 (mit Anmerkung Bienwald FamRZ 2000, 1283)
55 Verbandszeitung des BdB, BdB-aspekte, Heft 60, Juni 2006, S. 34 f.; Funk, Veränderungen der ökonomischen Rahmenbedingungen und Fallgestaltung durch die Pauschalierung, BdB-aspekte, Heft 61, Oktober 2006, S. 10 ff.

problematisch angesehen. Während die Stundenkontingente für die Arbeit mit im Koma liegenden oder körperbehinderten Betreuten überwiegend als ausreichend angesehen werden, werden sie für die Arbeit mit Betreuten mit Psychosen oder Suchtmerkmalen als nicht ausreichend bewertet. Letztere seien aber gerade das Hauptklientel vieler Betreuer, sodass kein ausreichender Ausgleich durch eine **Mischkalkulation** stattfinden könne. Die große Mehrheit der befragten Betreuer gab dementsprechend an, dass sie aufgrund der Pauschalierung einen Rückgang des Gewinns um 25 % erwarten. 65 % der Befragten äußerten, dass die Qualität der Arbeit unter dem Zeitmangel leiden würde. Nach den Angaben hat die für persönliche Gespräche oder Telefonate mit betreuten Menschen aufgewendete Zeit um 8 Prozentpunkte abgenommen, die Zeit für Aktenstudium, Schriftverkehr und Sachtelefonate demgegenüber um 7 Prozentpunkte zugenommen. Es lässt sich also ein Trend hin zu einer Betreuungsarbeit „vom Schreibtisch aus" erkennen.

122   Dieser Trend dürfte dadurch verstärkt werden, dass – bei gleichbleibender Vergütung – immer mehr **Verwaltungsarbeiten** erledigt werden müssen (z.B. die Beantragung von Zuzahlungsbefreiungen nach der Gesundheitsreform, Tätigkeiten in Zusammenhang mit Anträgen nach dem SGB II, GEZ-Befreiungen, Weigerung vieler Banken, Betreuer am zeitsparenden Online-Banking teilnehmen zu lassen[56]). Außerdem sind in letzter Zeit verstärkt Auseinandersetzungen mit Trägern anderer Hilfen zu beobachten. So wird z.B. häufig von Betreuern verlangt, Betreute zum Arzt zu begleiten; manche Stellen verweigern ihre Arbeit unter Hinweis darauf, dass diese ja durch den Betreuer erledigt werden könne. Für den Betreuer bedeutet dies weitere Mehrarbeit – entweder wegen der Auseinandersetzung darüber, wer nun tatsächlich tätig werden muss, oder weil er die betreffenden Tätigkeiten tatsächlich selbst erledigt.

123   Hinzu kommt, dass aufgrund der Mehrwertsteuererhöhung auf 19 % seit dem 1.1.2007 sowie der Pflicht zur Gewerbeanmeldung[57], aus der sich in einigen Gemeinden wiederum die Verpflichtung zur Zahlung höherer Müllgebühren ergibt – Faktoren, die bei der Berechnung der Pauschalen nicht mit „eingepreist" worden sind – weitere Einkommenseinbußen resultieren.

124   Die ursprüngliche Einordnung von Berufsbetreuern als Gewerbetreibende im steuerrechtlichen Sinne [58] (mit der Folge der **Gewerbesteuerpflicht** und zudem der sich daraus gem. § 2 IHK-Gesetz ergebenden **IHK-Mitgliedschaft**[59]) wurde inzwischen vom BFH wieder aufgegeben[60], sodass zumindest die dadurch entstandene finanzielle Mehrbelastung nun nach einigen Jahren wieder entfällt.

    ▶ *Zur steuerrechtlichen Behandlung der Betreuervergütung und zu näheren Einzelheiten der Auswirkungen der Rechtsprechung zur Gewerbesteuerpflicht und zur IHK-Mitgliedschaft siehe Kapitel 12*

125   Für sich genommen mag jede der o.g. Positionen eher als geringfügig erscheinen, in der Summe ergibt sich für Betreuer aber eine nicht unerhebliche Mehrbelastung.

    Im Übrigen ist die Reform – unabhängig davon, wie man die Umstellung auf ein pauschales Vergütungssystem sonst beurteilt – handwerklich nicht geschickt gemacht worden. Es gibt mehrere Punkte, die einen Betreuer geradezu zum Widerspruch reizen und damit die Akzeptanz des Systems unnötig herabsetzen.

126   Als **Beispiel** lässt sich die Vergütung nach einem Umzug des Betreuten aus der eigenen Wohnung in ein Heim anführen. Unter Berufung auf den Gesetzestext und den Willen des

---

56 Unter Berufung darauf, dass die Bank dann nicht kontrollieren könne, ob der Betreuer überhaupt noch im Amt sei und ob die 3.000,00 €-Grenze der §§ 1812, 1813 Abs. 1 Ziff. 2 BGB eingehalten werde

57 Die Pflicht zur Gewerbeanmeldung besteht nach der Entscheidung des BVerwG BtPrax 2008, 123 = NJW 2008, 1974 auch für selbstständige Berufsbetreuer, ebenso BVerwG NJW 2013, 2214.

58 So noch BFH FamRZ 2005, 516 = BtPrax 2005, 67 = Rpfleger 2005, 192 = BStBl. II 2005, S 288

59 Bestätigt z.B. durch VG Ansbach, Urt. v. 14.11.2005, AN 4 K 05.02434.; VG Neustadt an der Weinstraße, 25.9.2006, 4 K 1375/06 NW

60 BFH NJW 2011, 108 sowie 2011, 110, BtPrax 2010, 232 mit Anm. Lütgens

Gesetzgebers gehen die Gerichte – letztlich zutreffend – davon aus, dass bereits ab dem Tag des Einzugs in das Heim nur noch die niedrigere Stundenzahl für die Fallgruppe „Betreuter lebt in einer Einrichtung i.S.d. § 5 VBVG" in Ansatz gebracht werden kann.[61] Für den Betreuer fällt aber gerade in dieser Phase der Betreuung besonders viel Arbeit an: Er muss den Betreuten z.B. etwas häufiger besuchen, um sich zu vergewissern, dass es ihm in seiner neuen Umgebung gut geht; er muss die Räumung der alten Wohnung organisieren; häufig kommt es zu Auseinandersetzungen mit dem Vermieter über eine Auszugsrenovierung; ggf. muss versucht werden, einen Kostenträger für die anstehenden Arbeiten und evtl. (neben den bereits zu zahlenden Heimkosten) die geschuldeten Mietzahlungen bis zum Ende der Kündigungsfrist zu finden.

Es mag sein, dass tatsächlich irgendwann im Laufe der Zeit ein Ausgleich für diese Mehrarbeit durch weniger arbeitsintensive Phasen einzelner Betreuungen – die ja auch nicht zu einer Absenkung der Vergütung führen – stattfindet. Ob das so ist, lässt sich im Moment nicht statistisch abgesichert feststellen. Es liegt aber auf der Hand, dass eine solche Regelung nicht dazu geeignet ist, den sich in einer solchen Situation befindlichen Betreuer von der Gerechtigkeit dieses Vergütungssystems zu überzeugen. **127**

Viele Betreuer versuchen, den Einkommensverlust pro Fall durch die Übernahme von weiteren Betreuungen auszugleichen. Dies kann – bei in etwa gleichbleibender Anzahl von Betreuungen – rechnerisch nicht aufgehen. Einige Betreuer werden in der Konsequenz nicht mehr mit einer für die Sicherung der wirtschaftlichen Existenz ausreichenden Anzahl von Betreuungen „versorgt" werden können. **128**

In diesem Zusammenhang ist die zum Teil nicht transparente Vergabepraxis der Vormundschaftsgerichte problematisch. Häufig ist es für einzelne Betreuer nicht nachvollziehbar, warum sie bei der Vergabe neuer Betreuungen kaum noch berücksichtigt werden.

Betreuer bekommen zunehmend den Eindruck, beobachtet und bewertet (und ggf. „aussortiert" zu werden), ohne dass die Kriterien deutlich werden. Das wird als außerordentlich belastend empfunden – ein Zustand, der die ohnehin nicht einfache Betreuungsarbeit sicherlich nicht erleichtert und auch kaum den Interessen der Betreuten dienen dürfte.

Erforderlich ist es u.E. insoweit, dass von den Behörden und Gerichten klare und nachvollziehbare Vorgaben entwickelt werden, die es den betroffenen Betreuern ermöglichen, das eigene Verhalten entsprechend auszurichten. Vorbildlich ist hier z.B. das im Internet veröffentlichte „**Anforderungsprofil** für beruflich tätige rechtliche Betreuer/innen" der Arbeitsgemeinschaften örtlicher Betreuungsbehörden in Nordrhein-Westfalen.[62] **129**

In letzter Zeit können zunehmend **Fallzahlbegrenzungen** durch Betreuungsbehörden und Betreuungsgerichte beobachtet werden. **130**

Vom Ansatz her ist es nachvollziehbar, dass ein Betreuer schon wegen der zeitlichen Belastung ab einer bestimmten Fallzahl als weniger geeignet für die Übernahme weiterer Betreuungen angesehen wird als ein Kollege mit geringerer Auslastung.

In diesem Zusammenhang muss man aber auch bedenken, dass nicht die reine Fallzahl alleine ausschlaggebend sein kann, sondern dass auch weitere Faktoren – wie die Ausstattung des Betreuerbüros, die Erfahrung, die Art der Fälle, die Beschäftigung von Hilfskräften usw. – für die Frage der Belastbarkeit entscheidend sind. Eine „starre Fallzahlbegrenzung" ist u.E. daher nicht sachgerecht. **131**

Außerdem muss berücksichtigt werden, dass ein Betreuer einen Anspruch darauf hat, **den besten** für seine Problematik vorhandenen Betreuer zur Seite gestellt zu bekommen. Es wäre deshalb verfassungsrechtlich zweifelhaft, einem Betreuer einen geeigneten „Fachmann" alleine wegen der Anzahl der diesem bereits übertragenen Fälle vorzuenthalten und **132**

---

61 Ständige Rechtsprechung, siehe z.B. LG Mönchengladbach FamRZ 2006, 1229; LG Arnsberg, Beschl. v. 16.1.2006, 6 T 19/06

62 Veröffentlicht z.B. in Deinert/Walther, Handbuch Betreuungsbehörde, 4. Auflage, Köln 2014; Betreuerlexikon http://lexikon.btprax.de (unter dem Stichwort „Betreuervorschlag")

dafür einen Betreuer zu bestellen, der zwar weniger Fälle (und damit mehr Zeit), dafür aber weniger Fachwissen hat.

133 Zum Teil wird das pauschale Vergütungssystem grundsätzlich in Frage gestellt, u.a. wird vorgebracht, dass der Betreuer (durch einen hohen „Stundenlohn") belohnt wird, der am wenigsten tut.[63]

Solche Befürchtungen sind einerseits nicht ganz von der Hand zu weisen, andererseits muss man aber auch sehen, dass ein pauschales Vergütungssystem auch Chancen mit sich bringt: Immerhin werden Anreize für eine **effiziente Arbeitsweise** geschaffen. Eine gute technische Ausstattung, der Einsatz von Hilfskräften und die Investition in Fortbildungen können sich durchaus auszahlen – wer seine Aufgaben schnell und sicher erledigen kann, kann unter den Bedingungen einer Pauschalvergütung mehr Geld verdienen als ein langsam arbeitender, schlecht ausgebildeter Betreuer.

134 Um zwischen diesen beiden Polen ein vernünftiges Gleichgewicht herzustellen, bedarf es allerdings flankierender Maßnahmen. Es gibt einen Wechsel der Auseinandersetzungen vom „Was *darf* ein Betreuer tun" (nach „altem Vergütungsrecht" – Wofür kann eine Vergütung verlangt werden?) hin zum „Was *muss* ein Betreuer tun" (Was genau kann von ihm verlangt werden? Wo beginnt das **Haftungsrisiko**?).

Insoweit wurden die Betreuer vom Gesetzgeber alleine gelassen – es gibt nur vage Vorgaben in den §§ 1896, 1901 BGB, aber **keine fachlichen Standards**, keine genau definierten Tätigkeiten und Anforderungen (z.B. zur Erreichbarkeit) und kein Berufsbild (genauso genommen ist der Beruf des Betreuers nicht vorhanden – das Gesetz spricht nur vage von der beruflichen Führung von Betreuungen, erwähnt lediglich einmal in dem neuen § 286 FamFG den „Berufsbetreuer").

135 Insoweit sei noch einmal auf die Anforderungsprofile einzelner Betreuungsbehörden verwiesen, die einen positiv zu bewertenden Ansatz darstellen. In diesem Zusammenhang dürfen auch die Versuche des BdB e.V., durch den Aufbau eines Qualitätsregisters Standards für die Betreuertätigkeit zu schaffen, nicht unerwähnt bleiben.[64]

2.4.2 Verfassungsbeschwerden wegen der Pauschalierung

136 Soweit einige Betreuer im Hinblick auf die Reform 2005 von den Berufsverbänden forderten, eine neue Verfassungsbeschwerde zu unterstützen, konnte dies kaum erfolgversprechend sein.

2.4.2.1 Vorlage des OLG Braunschweig

137 Schon vor einiger Zeit hat das Bundesverfassungsgericht eine Vorlage des *OLG Braunschweig*[65] wegen der Frage der **Vereinbarkeit des VBVG mit dem Grundgesetz** als unzulässig abgewiesen.[66]

Hier ging es um die Frage, ob die Regelungen des VBVG deshalb gegen Art. 12 GG verstoßen würden, weil dort für besonders schwierige und aufwändige Betreuungen **keine Ausnahmen** von der Pauschalierung vorgesehen sind und auch keine Ausnahmen für ungewöhnlich hohe Aufwendungen, z.B. Reisekosten zur Wahrnehmung von Angelegenheiten in größerer Entfernung vom Wohn- bzw. Dienstort des Betreuers, möglich sind.

138 In dem der Vorlage zugrunde liegenden Fall hatte der Betreuer aufgrund besonderer Umstände in einem Abrechnungsquartal 64 Stunden und 33 Minuten an Arbeitszeit aufwenden müssen. Auslagen waren ihm i.H.v. 278,10 € entstanden, davon entfielen 159,30 € auf

---

63 Fröschle, 15 Jahre Betreuungsrecht – stimmt der Kurs noch? BtPrax 2007, 191, 193; Rosenow, Die Funktionalisierung der rechtlichen Betreuung durch den Sozialstaat, BtPrax 2007, 195, 200
64 Einzelheiten können auf der Internetseite www.bdb-qualitaetsregister.de nachgelesen werden.
65 Beschl. v. 14.11.2006, 20 W 60/06, BtPrax 2007, 32 = FamRZ 2007, 303
66 Beschl. v. 6.2.2007, 1 BvL 10/06, BtPrax 2007, 122 = FamRZ 2007, 622

Reisekosten. Auf Grundlage der §§ 4, 5 VBVG würde dem Betreuer lediglich eine Vergütung (inkl. Aufwendungsersatz und Steuern) i.H.v. 330,00 € zustehen.

Das BVerfG hielt die Vorlage deshalb für unzulässig, weil das OLG die Verfassungswidrigkeit seiner Ansicht nach nicht ausreichend begründet und nicht alle wesentlichen Aspekte berücksichtigt habe. **139**

Unter anderem stellte das BVerfG in seiner Begründung auf die folgenden Argumente ab:

- Die Frage, ob eine angemessene Vergütung erzielt werden kann, kann nicht alleine in Bezug auf einen einzelnen Betreuungsfall festgestellt werden. Da es sich um eine Mischkalkulation handeln würde, müsste man alle von dem betreffenden Betreuer geführten Betreuungen und die damit erzielte Vergütung über einen Zeitraum von mindestens 24 Monaten hinweg betrachten. Erst dann könne man feststellen, ob ein ungewöhnlich hoher Aufwand kompensiert werden könne oder nicht.

- Außerdem sei es fraglich, ob überhaupt auf einen Einzelfall abgestellt werden könne oder man nicht ohnehin nur bewerten dürfe, ob der betroffene Wirtschaftszweig insgesamt eine angemessene Vergütung erzielen könne. Pauschalregelungen auf Grundlage einer Mischkalkulation müssten möglicherweise notwendig dazu führen, dass die gesetzlich festgelegte Vergütung in Einzelfällen nicht angemessen sei.

- Und schließlich gäbe es im Gesetz keine durchsetzbare Verpflichtung zur Übernahme von Betreuungen. Es würde deshalb der freien Entscheidung eines Berufsbetreuers überlassen bleiben, ob er zu den gesetzlichen Konditionen tätig werden will oder nicht. Es würde dem Betreuer deshalb freistehen, absehbar unrentable Betreuungen nicht zu übernehmen oder rechtzeitig niederzulegen.

Die Aussage, dass die Gerechtigkeit einer Pauschalvergütung nur bei Betrachtung aller von einem Betreuer geführten Betreuungen über einen **längeren Zeitraum** hinweg beurteilt werden kann, mag noch einleuchten. **140**

Nicht mehr auf Anhieb überzeugend ist der Einwand, dass möglicherweise nur darauf abzustellen sei, ob ein **Wirtschaftszweig insgesamt** noch eine angemessene Vergütung erzielen kann.

Und das – vom BVerfG auch schon früher geäußerte – Argument, dass schließlich niemand gezwungen sei, eine Betreuung zu übernehmen, geht an der Realität vorbei. Wer sich auf die Führung von Betreuungen „eingelassen hat", hat in Anbetracht der Lage auf dem Arbeitsmarkt nicht ohne Weiteres die Möglichkeit, in ein anderes Tätigkeitsfeld zu wechseln, und befindet sich deshalb möglicherweise in einer Art **Zwangslage.** **141**

Ob ein Betreuungsfall rentabel oder unrentabel ist, lässt sich bei Übernahme einer Betreuung kaum absehen. Lässt sich dies erst später erkennen und wird dann ein Entlassungsantrag gestellt, muss der Betreuer – auch aus haftungsrechtlichen Gründen – noch bis zu einer (nicht immer zeitnah erfolgenden) Bearbeitung seines Antrags tätig bleiben. **142**

Schließlich ist es für ein **Funktionieren eines Pauschalsystems** notwendig, dass jeder Betreuer einfachere, aber auch schwierigere und aufwendigere Fälle übernimmt. Dies sehen auch die Betreuungsbehörden und die Vormundschaftsgerichte so. Wer zu häufig eine Betreuung unter Hinweis auf die fehlende Kostendeckung ablehnt, läuft deshalb möglicherweise Gefahr, bald überhaupt keine Fälle mehr übertragen zu bekommen. Im Übrigen haben selbstverständlich auch „komplizierte Betreute" ein Recht darauf, einen sachkundigen Betreuer zur Seite gestellt zu bekommen. Ein Vergütungssystem muss deshalb auch die Führung aufwändigerer Betreuungen finanzieren können. **143**

Die Entscheidung des BVerfG lässt jedenfalls erkennen, dass auch eine Verfassungsbeschwerde von Betreuern **sehr hohe Hürden** nehmen müsste, um ernsthafte Erfolgsaussichten zu haben.

2.4.2.2 Vorlage des LG München I

144 Einen völlig anderen Ansatz – nämlich die Perspektive eines Betreuten – verfolgte das LG München I mit einem Beschluss zur Vorlage an das BVerfG.[67] Ausgehend von einem entsprechenden Fall argumentiert das Gericht wie folgt: Im Falle der Anordnung einer vorläufigen Unterbringung gem. § 331 FamFG sei die Bestellung eines (vorläufigen) Betreuers für die Aufgabenkreise Gesundheitssorge (für psychiatrische Behandlung) und Aufenthaltsbestimmung unerlässlich. Es sei nicht selten (und diese Gruppe von Betreuten könne daher nicht vernachlässigt werden), dass die Betreuung in solchen Fällen schon nach kurzer Zeit wieder aufgehoben werden könne. Für nicht mittellose Betreute würde das eine nicht hinnehmbare finanzielle Belastung bedeuten. Durch die vorgegebenen Pauschalen müssten Sie eine hohe Stundenzahl vergüten, während solche Betreuungen im Regelfall nicht mit sehr viel Arbeit verbunden seien (in dem gegebenen Fall hätte sich nach den Feststellungen des Gerichts ein Stundensatz von knapp 125,00 € je tatsächlich geleisteter Stunde Betreuungsarbeit ergeben). Zudem sei für den betreffenden Betreuten kein Ausgleich möglich, weil durch die relativ kurze Dauer der Betreuung der zeitliche Bereich, in dem nur noch niedrigere Stundenzahlen zu vergüten sind, nicht erreicht werde. Hinzu komme, dass kein Vermögen zu verwalten sei – die mit der Vermögensverwaltung verbundene Arbeit sei aber gerade mit ein Grund gewesen, für nicht mittellose Betreute höhere Stundenzahlen festzusetzen.

145 Das LG nennt mehrere Alternativen, die für solche Fallkonstellationen seiner Ansicht nach zu gerechteren Ergebnissen führen könnten. Neben einer Abrechnung nach konkretem Zeitaufwand wären auch die Schaffung einer weiteren Fallgruppe im Pauschalierungssystem, eine Abweichung von der Pauschale auf Antrag oder gerichtlich zu genehmigende Vereinbarungen über den Zeitansatz zwischen Betreuer und Betreutem denkbar.

146 Unseres Erachtens ist es schon zweifelhaft, ob hier überhaupt die strengen Voraussetzungen, die das BVerfG für solche Vorlagen aufgestellt hat, erfüllt sind. Aber auch davon abgesehen sind die Vorschläge des LG bedenklich. Bei der Berechnung der Vergütungspauschalen des VBVG sind seinerzeit in einer „Rechtstatsächlichen Untersuchung" des ISG Durchschnittswerte ermittelt worden, die dann als Grundlage für die in § 5 VBVG festgesetzten Stundenzahlen verwendet wurden. Deshalb könnte es jedenfalls keine Lösung sein, in bestimmten Fällen eine geringere Stundenzahl als im Gesetz vorgesehen festzusetzen, also einseitig Ausnahmen zum Nachteil der Betreuer zuzulassen. Wenn man einmal von einer möglichen grundsätzlichen Kritik an dem Pauschalsystem absieht, sondern das System dem Grunde nach akzeptiert, müssten im Gegenzug auch Ausnahmen zugunsten der Betreuer geschaffen werden, weil andernfalls die ermittelten und durch den Gesetzgeber als gerecht angesehenen Durchschnittswerte nicht mehr erreicht werden würden. Es würde deshalb jedenfalls nicht zu einem insgesamt akzeptablen Ergebnis führen, in dem hier gegebenen Einzelfall eine niedrigere Vergütung festzusetzen, als sie sich aus den §§ 4, 5 VBVG ergibt.

147 Und wenn man Ausnahmen „in beide Richtungen" – also für besonders arbeitsintensive, aber auch für mit besonders wenig Arbeit verbundene Fälle – zulassen würde (wofür aus unserer Sicht einiges spricht), wäre das wohl das Ende der Pauschalierung in ihrer jetzigen Form.

2.4.3 Fazit zum 2. BtÄndG; Vormundschaftsänderung 2011

148 Wegen der in Bezug auf das pauschale Vergütungssystem vorgebrachten Kritikpunkte konnte man kaum zeitnahe Abhilfe durch das Bundesverfassungsgericht oder die Rechtsprechung der Instanzgerichte erwarten.

149 Gesetzliche Änderungen bzgl. der Betreuervergütung standen lange Zeit nicht in Aussicht. Zunächst hatte der Gesetzgeber Änderungen unter Hinweis auf fehlende Daten abge-

---

67 Beschl. v. 21.3.2011, 13 T 17192/10, BtPrax 2011, 136 (Ls), vom BVerfG zurückgewiesen: BVerfG BtPrax 2011, 255

lehnt.[68] Auch nachdem der Bericht über die Evaluation des 2. BtÄndG[69] vorgelegt wurde, sah der Gesetzgeber zunächst keine Veranlassung zu einer Änderung der vergütungsrechtlichen Regelungen, zumal die Ausgaben des Staates für die Betreuervergütung auch nach der Reform offenbar weiter gestiegen sind.

Änderungen waren zunächst nur hinsichtlich einiger Teilbereiche des Betreuungsrechts zu erwarten und wirken sich – soweit sie auch die Arbeitsweise der Betreuer betreffen – allenfalls mittelbar auf die Vergütung aus. Nachdem 2009 die Ablösung des FGG durch das **FamFG** stattgefunden hat, das Patientenverfügungsgesetz in Kraft getreten ist und die §§ 1813, 1836e **BGB** verändert wurden, standen 2011 Änderungen in Zusammenhang mit einer Neuregelung des Vormundschaftsrechts an[70], von denen einige wegen der Bezugnahme in § 1908i **BGB** auch für Betreuer Geltung hatten. **150**

Während die für Vormünder geltende Neuregelung (§ 1793 Abs. 1a BGB n.F.), nach der ein Vormund seine Mündel mindestens einmal monatlich in ihrer persönlichen Umgebung aufsuchen soll, für Betreuer nicht gelten wird, wurden aber die §§ 1837 Abs. 2 Satz 1, 1840 Abs. 1 BGB (die gem. § 1908i Abs. 1 BGB sinngemäß auch auf das Betreuungsrecht anwendbar sind) dahingehend ergänzt, dass die Aufsicht des Betreuungsgerichts auch die Anzahl der persönlichen Kontakte zwischen dem Betreuer und dem Betreuten betrifft und dass die Anzahl der persönlichen Kontakte mit in den Jahresbericht aufzunehmen ist. **151**

Außerdem wurde die betreuungsrechtliche Regelung in § 1908b BGB (Entlassung des Betreuers) dahingehend geändert, dass mangelnde persönliche Kontakte ausdrücklich als Grund für eine Entlassung anzusehen sind. **152**

Diese Regelung ist zweifelhaft. Unter anderem ist die Anzahl der persönlichen Kontakte kaum ein taugliches Kriterium, um die Qualität der Betreuungsarbeit im Einzelfall festzustellen. Eine fachlich qualifizierte Betreuungsführung kann unter Umständen mit erheblich weniger Einzelkontakten zu besseren Ergebnissen führen, als eine wenig qualifizierte Arbeitsweise es trotz vieler Einzelkontakte kann. Und umgekehrt sagt eine hohe Anzahl an persönlichen Kontakten nichts darüber aus, ob eine Betreuung im Einzelfall auch zum Wohle des Betreuten beiträgt. Außerdem sind nun etliche Streitigkeiten zwischen Betreuern und Gerichten vorprogrammiert. Da keine Mindestanzahl von erforderlichen persönlichen Kontakten in das Gesetz aufgenommen wird (was unseres Erachtens zutreffend ist, weil es von den Umständen eines jeden Einzelfalles abhängt, wie oft solche Kontakte erforderlich sind), andererseits aber ausdrücklich darauf hingewiesen werden soll, dass mangelnde Kontakte ein Entlassungsgrund sein können, ist zu befürchten, dass viele Gerichte diesbezüglich ganz eigene Vorstellungen entwickeln und eventuell viel zu pauschale Anforderungen stellen werden, die dann in Beschwerdeverfahren überprüft und ggf. korrigiert werden müssten. Eine solche Entwicklung ist einer effektiven Betreuungsarbeit und der Zusammenarbeit von Gerichten und Betreuern sicherlich nicht förderlich. **153**

Näheres zur Diskussion kann dem Sitzungsprotokoll des Bundestages[71] entnommen werden. Offenbar waren die meisten Parteien davon überzeugt, dass die Zahl der persönlichen Kontakte zwischen Betreuern und Betreuten seit Einführung der Pauschalierung zurückgegangen sei und durch die Neuregelung nun gegengesteuert werden müsse. Lediglich die Grünen vertraten die Auffassung, dass das Betreuungsrecht nicht „so nebenbei" am Rande anderer Gesetze mit geändert werden solle, sondern dass man grundlegend über das Betreuungsrecht nachdenken müsse und dass die UN-Behindertenrechtskonvention sogar eine **154**

---

68 Siehe z.B. BT-Drs. 16/6872
69 BMJ (Hrsg), Köller/Engels: Rechtliche Betreuung in Deutschland, Evaluation des Zweiten Betreuungsrechtsänderungsgesetzes, Bundesanzeiger Verlag 2009. Die dem Bericht zugrunde liegenden Erhebungen wurden in den Jahren 2005 bis 2009 vom Institut für Sozialforschung und Gesellschaftspolitik (ISG) durchgeführt und von einem fachlichen Beirat begleitet. Quellen für die Erhebung waren u.a. mehrere im Auswertungszeitraum durchgeführte Befragungen sowie die Analyse von Gerichtsakten und Experteninterviews.
70 Bundestagsbeschluss vom 14.4.2011 (BT-Drs. 17/3617 mit Änderungen BT-Drs. 17/5512)
71 Plenarprotokoll 17/105, S. 137 ff.

grundlegende Reform erfordern könnte. Regelungen zum Betreuungsrecht sollten deshalb nicht am Rande anderer Gesetze getroffen werden.[72]

2.5 Reform des familiengerichtlichen Verfahrens durch das FamFG zum 1.9.2009

155   Das Verfahrensrecht in der freiwilligen Gerichtsbarkeit wurde zum 1.9.2009 reformiert. Aus dem noch aus dem 19. Jahrhundert stammenden Gesetz über die freiwillige Gerichtsbarkeit wurde ein neues Gesetz mit dem noch sperrigeren Titel „Gesetz über das Verfahren in Familiensachen und in den Angelegenheiten der freiwilligen Gerichtsbarkeit – FamFG". Betreuungs- und vergütungsrechtliche Aspekte standen hierbei nicht im Vordergrund. Dennoch ergeben sich für Betreuer (und andere gesetzliche Vertreter) Änderungen in Details.

156   Auffällig ist zunächst die Abschaffung des Vormundschaftsgerichtes. Betreuungs- und Unterbringungssachen sowie die neuen betreuungsrechtlichen Zuweisungssachen (Pflegschaften für Erwachsene) sind dem neuen Betreuungsgericht zugeordnet, Vormundschaften und Pflegschaften für Minderjährige sind nun in der ausschließlichen Zuständigkeit des Familiengerichtes. Die Verfahrenspflegschaft verbleibt im Betreuungs- und Unterbringungsverfahren. Im kindschaftsrechtlichen Verfahren wird diese Pflegschaft als sog. „Verfahrensbeistandschaft" mit einem neuen höchst vereinfachten Pauschalvergütungssystem versehen (§ 158 FamFG). Siehe unter Rn. 916.

157   Ärgerlich ist die (im Gesetzentwurf nicht begründete) Erhöhung des Beschwerdewertes bei Vergütungsentscheidungen auf das 4fache: von 150,00 auf 600,00 € (§ 61 FamFG). Hierdurch wird es deutlich schwieriger, eine Zweifelsfrage vor das Landgericht zu bringen, das wie im alten Recht grundsätzlich die abschließende Entscheidung trifft.

158   Die letzte Rechtsmittelinstanz ist jetzt (unter Ausschaltung der bislang hierfür zuständigen Oberlandesgerichte) der Bundesgerichtshof (Rechtsbeschwerde, §§ 70 ff. FamFG). Hier ist spezielle anwaltliche Vertretung notwendig (§ 10 Abs. 4 FamFG). Inzwischen hat der BGH eine Vielzahl vergütungsrechtlicher Entscheidungen getroffen.

2.6 Rechtsänderungen nach dem 1.9.2009

2.6.1 Rechtsprechung zum FamFG

159   Durch die verfahrensrechtliche Änderung (FamFG statt FGG) waren die Betreuervergütungen und der Aufwendungsersatz direkt nicht betroffen, nur das gerichtliche Verfahren dazu sowie die Rechtsmittel. Allerdings machte sich die Änderung des Rechtsweges auch inhaltlich bemerkbar: Mit dem Wegfall der Oberlandesgerichte und der Einführung des BGH als Rechtsbeschwerdeinstanz kam es tatsächlich schneller als bisher zu einer Vereinheitlichung auch der vergütungsrechtlichen Rechtsprechung. Allerdings behandelte der BGH einige Fragen deutlich restriktiver als zuvor (meist) die Oberlandesgerichte, besonders bemerkbar machte sich dies an der Beurteilung von Ausbildungs- und Studienabschlüssen bez. der Einstufung in die Vergütungsgruppen der §§ 3 und 4 VBVG. Viele Ausbildungsgänge, die zuvor in der Rechtsprechung ab 1999 als „ausgeurteilt" galten, standen erneut auf dem Prüfstand (siehe zu Details unter Rn. 523 ff.). Auch Irrtümer in der amtsgerichtlichen Rechtsprechung, insbesondere das versehentliche Weglassen der Berufsbetreuereigenschaft im Bestellungsbeschluss (§ 286 Abs. 1 Nr. 4 FamFG) ist nach der neueren Rechtsprechung des BGH nicht mehr rückwirkend zu korrigieren, sondern (außer im Rechtsmittelverfahren) nur noch mit Wirkung in die Zukunft. Und bez. der Rückzahlung der „zu Unrecht" erhaltenen Vergütungen (bei unterlassener Feststellung der Beruflichkeit bzw. bei geringerer Bewertung der Ausbildungsabschlüsse) billigt der BGH nur sehr begrenzt einen Vertrauensschutz bei Zahlungen

---

72 Redebeitrag von Ingrid Hönlinger, Bündnis 90/Die Grünen, S. 143 des o.g. Protokolls

im vereinfachten Verfahren zu; hier verlangt der BGH die Rückzahlung der im laufenden und vergangenen Kalenderjahr erfolgten Zahlungen.

2.6.2 Gesetzesänderungen 2013 – Umsatzsteuerreform

Nachdem die Rechtsprechung bereits 2009 den Betreuungsvereinen und Anfang 2013 auch den Berufsbetreuern zubilligte, dass Betreuertätigkeiten (wegen mangelhafter Umsetzung der EU-Mehrwertsteuerrichtlinie in deutsches Recht) als umsatzsteuerfrei anzusehen seien, vollzog der Gesetzgeber zum 1.7.2013 auch gesetzlich die Umsatzsteuerfreiheit. Seither sind Betreuertätigkeiten sowie Vormundschaften und Ergänzungspflegschaften (§ 1909 BGB) umsatzsteuerfrei. Aufwendungsersatz für berufliche Dienste (siehe Rn. 280) sowie sonstige Pflegschaften (z.B. Verfahrens- und Nachlasspflegschaften) bleiben jedoch umsatzsteuerpflichtig.

160

Zum 1.8.2013 erfolgte im Rahmen der Kostenrechtsänderung u.a. eine Anpassung der Zeugenentschädigung und mit ihr die Anhebung der Aufwandspauschale für ehrenamtliche Betreuer, Vormünder und Pfleger in § 1835a BGB von 323 auf 399 €. Einkommensteuerrechtlich wurde die Aufwandspauschale bereits seit 2011 neu geregelt. Während 2011 und 2012 ein jährlicher Zahlbetrag von 2.100 € für steuerfrei erklärt wurde, erhöhte sich der Freibetrag seit 1.1.2013 auf 2.400 €. Damit sind rechnerisch bis zu 6 pauschale Aufwandsentschädigungen steuerfrei. Dies gilt, wenn der Betreffende keine weiteren Entschädigungen für ehrenamtliche Tätigkeiten erhält (denn die Zahlungen nach § 3 Nr. 26 EStG – Übungsleiterpauschale und die Entschädigungen nach § 3 Nr. 26b EStG – Aufwandspauschale) werden kumuliert.

161

2.6.3 Gescheiterte Vergütungsreform 2017

162

Weitere Gesetzesänderungen in Bezug auf die Betreuervergütung ließen zunächst auf sich warten. Ein Bundestagsbeschluss vom 18.5.2017, der (im Rahmen der gesetzlichen Einführung eines Ehegattenvertretungsrechtes) eine pauschale Erhöhung der Stundensätze der §§ 3 und 4 VBVG ab 1.7.2018 um 15 % vorsah (BT-Drs. 18/10405 mit BT-Drs. 18/12427), kam infolge Nichtbefassung durch den Bundesrat und der dann erfolgten Neuwahl des Bundestags im September 2017 nicht zum Tragen (BR Drs. 460/1/17). Dieses Vorgehen führte bei Berufsbetreuern und Betreuungsvereinen zu starker Verärgerung wegen der fehlenden Wertschätzung für ihre Arbeit. Die Tariferhöhungen im öffentlichen Dienst betrugen im gleichen Zeitraum rund 28 %; hiervon waren auch diejenigen Betreuungsvereine betroffen, die sich am Tarif des öffentlichen Dienstes orientieren.

2.6.4 Vergütungsreform 2019

163

Im Koalitionsvertrag vom März 2018 ist vorgesehen, dass die Entschädigungen von Betreuungsvereinen und Berufsbetreuern angemessenen neu zu regeln sind. Im Wortlaut heißt es im Koalitionsvertrag ab Zeile 6.287:

> „Wir werden das Vormundschaftsrecht modernisieren und das Betreuungsrecht unter Berücksichtigung der Ergebnisse der jüngst durchgeführten Forschungsvorhaben in struktureller Hinsicht verbessern. Im Einzelnen wollen wir den Vorrang sozialrechtlicher Hilfen vor rechtlicher Betreuung, die Qualität der Betreuung sowie Auswahl und Kontrolle von Betreuerinnen und Betreuern, das Selbstbestimmungsrecht der Betroffenen („Unterstützen vor Vertreten"), sowie die Finanzierung der unverzichtbaren Arbeit der Betreuungsvereine in Zusammenarbeit mit den Ländern stärken. Für eine angemessene Vergütung der Berufsbetreuerinnen und -betreuerwollen wir ebenfalls zeitnah Sorge tragen."

Das vom Bundesministerium der Justiz und für Verbraucherschutz (BMJV) in Auftrag gegebene und vom Institut für Sozialforschung und Gesellschaftspolitik (ISG) durchgeführte rechtstatsächliche Forschungsvorhaben zur Qualität in der rechtlichen Betreuung, das auch Fragen der Betreuervergütung behandelte, wurde Ende 2017 beendet und Anfang 2018 in

164

Buchform und im Internet veröffentlicht[73]. Nach Abschluss dieses Forschungsvorhabens hat das BMJV ergänzende Auswertungen beim ISG in Auftrag gegeben. Die Zweite Zusatzauswertung des ISG befasste sich mit der Frage, ob der Zusammenhang zwischen der Dauer der Betreuung und dem Zeitaufwand für die Betreuungsführung auch ab dem 2. Jahr gilt. Die Zeitbudgeterhebung des Forschungsvorhabens hatte insoweit ergeben, dass die Dauer der Betreuung für die Vorhersage des Zeitaufwandes für die Betreuungsführung von entscheidender Bedeutung ist. Der durchschnittliche Zeitaufwand ist im ersten Jahr der Betreuung sehr hoch und fällt danach stark ab. Es zeigt sich zudem, dass der Zeitaufwand auch nach dem ersten Jahr mit zunehmender Dauer der Betreuung abnimmt. Die zweite Zusatzauswertung betrachtete die Entwicklung ab dem 2. Jahr.

165 Der im Herbst 2018 vom BMJV entwickelte und mit Fachleuten bis Ende 2018 diskutierte und schließlich im Februar 2019 in einem Regierungsentwurf umgesetzte Vorschlag sollte folgende Prämissen erfüllen:

- Betonung qualitativer Aspekte
- erstmalige Berücksichtigung des höheren Zeitaufwandes für das zweite Betreuungsjahr
  - kostendeckende Vergütung für die Betreuungstätigkeit – insbesondere der Betreuungsvereine (daher Berechnung nach den Bruttopersonalkosten nach S 12 TVöD)
- Beibehaltung eines pauschalierten Vergütungssystems, so wie es seit 2005 besteht
  - Beibehaltung der bisherigen zur Bestimmung der Vergütung dienenden Kriterien (gewöhnlicher Aufenthaltsort des Betreuten, Vermögensstatus des Betreuten, Dauer der Betreuung und Qualifikation des Betreuers)
- Einführung von Fallpauschalen statt der bisherigen Multiplikation der beiden Faktoren Stundensatz (§ 4 VBVG) und Stundenansatz (§ 5 VBVG)
- gesetzlich verankerte Evaluierungspflicht der Vergütungsregelungen nach ca. fünf Jahren

166 Der Gesetzesvorschlag umfasste eine Erhöhung der Vergütungen der beruflichen Betreuer, Vormünder und Pfleger um rund 17 %. Die Erhöhung fällt bei den einzelnen Kategorien sehr unterschiedlich aus, sie orientiert sich an den Ergebnissen der Befragungen in der o.g. ISG-Studie. Vor allem die Zeit des 1. Und des 2. Betreuungsjahrs wird dabei besonders berücksichtigt, während die prozentuale Erhöhung ab dem 3. Betreuungsjahr deutlich dagegen zurückfällt.

Die genauen Erhöhungssätze in den einzelnen Kategorien können den Vergütungstabellen in Teil 7 ab Rn. 999 entnommen werden. Die Erhöhung der Stundensätze bei der Zeitvergütung (§ 3 VBVG), die auch für (Verfahrens-)Pfleger und diejenigen Betreuungen von Belang ist, die weiter nach Zeitaufwand bezahlt werden (§ 6 Satz 1 VBVG), beträgt durchgehend 17 %.

167 Neben der o.g. Erhöhung, die rechtstechnisch in drei Anlagen zu § 5 VBVG umgesetzt wird (Vergütungstabelle A für die bisherige Vergütungsstufe 1, Vergütungstabelle B für die Vergütungsstufe 2, Vergütungstabelle C für die Vergütungsstufe 3), werden einige weitere Detailänderungen in das Vergütungsrecht übernommen. Dies sind im Einzelnen:

- Einführung einer monatlichen Zusatzpauschale von 30,00 € bei vermögenden Betreuten, soweit und solange eine der folgenden Voraussetzungen erfüllt ist:
  - Verwaltung eines Geldvermögens von mind. 150.000,00 € (ohne Abzug von Schulden),
  - Vorhandensein von weiterem nicht selbst vom Betreuten oder seinem Ehegatten bewohnten Wohnraums (z.B. nach Heimaufnahme),
  - Verwaltung eines Gewerbebetriebs des Betreuten.

---

[73] Matta, Vanita u.a., Qualität in der rechtlichen Betreuung – Abschlussbericht, Bundesanzeiger Verlag 2018; im Internet abrufbar unter www.bmjv.de/DE/Service/Fachpublikationen/Bericht_Qualitaet_rechtliche_ Betreuung.html

- Einführung einer Einmalzahlung von 200,00 € bei einem Betreuerwechsel von einem bisherigen ehrenamtlichen Betreuer zu einer beruflichen Betreuung, um den damit typischerweise entstehenden Mehraufwand (wegen vermuteter Überforderung des Vorbetreuers) auszugleichen.
- Systematisierung der Einmalzahlung an den Berufsbetreuer bei Abgabe an einen Ehrenamtler (§ 5 Abs. 5 VBVG) auf generell 1,5 Monatsvergütungen. Bislang war die genaue Höhe der Einmalzahlung vom Zufallsfaktor Anfang und Ende der Betreuung abhängig.

Von Seiten der Verbände wurde kritisiert, dass die Vergütungserhöhung von insgesamt 17 % bei weitem nicht der Preissteigerungsrate seit 2005 entspricht und dass die Verteilung, die sich auf die ersten zwei Betreuungsjahre konzentriert, bei vielen Berufsbetreuern, die besonders schwierige langjährige Betreuungen führen, dazu führt, dass die Erhöhung nur teilweise ankommt. Im Wesentlichen werden neue Berufsbetreuer, die erstmals Betreuungen übertragen erhalten, von der Erhöhung profitieren. Dennoch stimmten die Verbände im Ergebnis der Erhöhung zu, da jede weitere Verhandlung über andere u.U. bessere Modalitäten aufgrund des Widerstands aus den Ländern nur zu einer noch weiteren Verzögerung der Erhöhung führen würde. Bereits jetzt empfinden viele Beteiligte, insbesondere Betreuungsvereine jede weitere Verzögerung als existenzbedrohend. Die derzeitige Erhöhung könne daher nur ein Zwischenschritt zu einer langfristig die qualitative Betreuung sichernden Vergütungssituation sein. **168**

Der Gesetzentwurf wurde am 1.3.2019 unter der BR-Drs. 101/19 zunächst dem Bundesrat und am 25.3.2019 unter der Bt-Drs. 19/8694 dem Bundestag zugeleitet. Da der Gesetzentwurf als besonders eilbedürftig bezeichnet wurde, wurde dem Bundestag die Bundesratsstellungnahme mit ablehnender Gegenäußerung der Bundesregierung am 10.5.2019, Bt-Drs. 19/9765 nachgereicht. Am 3.4.2019 fand im Rechtsausschuss des Bundestags eine Sachverständigenanhörung statt, bei der diese nahezu einhellig die Vergütungserhöhung als dringend überfällige Maßnahme begrüßten. Der Rechtsausschuss des Bundestags empfahl die Annahme des Gesetzes am 15.5.2019. Die 2. Und 3. Bundestagslesung fand am 16.5.2019 statt und endete mit dem Gesetzesbeschluss. Der Bundesrat stimmte dem Gesetz am 7.6.2019 zu, mit der Verkündung im Bundesgesetzblatt am 27.6.2019[74] trat das Gesetz mit Wirkung vom 27.7.2019 in Kraft. **169**

Damit ist die Neuregelung entsprechend den Übergangsbestimmungen (§ 12 VBVG) bei der Pauschalvergütung auf alle Abrechnungsmonate anzuwenden, die nach dem 27.7.2019 beginnen. Da die Abrechnungsmonate, für die die bisherige Regelung gilt, über die §§ 2, 9 VBVG noch über einen Zeitraum von bis zu 17 Monaten nach dem o.g. Termin abrechenbar sind – und Bearbeitungszeiten der Gerichte und etwaige Rechtsmittelverfahren danach weiterhin stattfinden, kann noch bis zu zwei Jahren mit Vergütungsauseinandersetzungen zum alten Vergütungsrecht gerechnet werden. Aus diesem Grunde wird in der Neuauflage dieses Vergütungsbuches auch das alte Vergütungsrecht noch ausführlich dargestellt. **170**

---

74 Gesetz vom 22. Juni 2019, BGBl. I Seite 866

3 Zahlen und Daten zur bisherigen Praxis der Betreuerbestellung und -vergütung

3.1 Anzahl der Betreuungen im Bundesgebiet

Zur zahlenmäßigen Entwicklung bietet die **Abbildung 1** (auf der nächsten Seite) eine Übersicht mit den absoluten Zahlen zum 31.12. des jeweiligen Jahres. Aufgrund der Zählart enthalten die Zahlen neben den am Jahresende bestehenden Betreuungen auch Betreuungsverfahren, über die am 31.12. des jeweiligen Jahres noch nicht abschließend entschieden wurde. Für die Jahre ab 2016 sind leider vollständige Zahlen infolge Umstellung der Statistik nicht zu erlangen, daher endet die nachstehende Übersicht Ende 2015. Es ist aber anhand der Tendenz der letzten Jahre davor und anhand von Teilzahlen aus anderen Bundesländern nach 2015 erkennbar, dass die Zahlen der Betreuungsverfahren weiterhin stabil sind.

171

Nachdem lange Zeit die Betreuungsfallzahlen insgesamt stark anstiegen, ist der Fallzahlanstieg in den letzten Jahren gestoppt und sogar leicht rückläufig, Hauptgründe hierfür dürften sein:

172

- die massive Werbung der Vorsorgevollmacht als Betreuungsalternative schlägt inzwischen offensichtlich auch auf die Betreuerbestellungen durch. Beim zentralen Vorsorgeregister der Bundesnotarkammer sind inzwischen rund 4 Mio. Vollmachten registriert. Viele von ihnen werden in den kommenden Jahren „aktiv" und dabei dafür sorgen, dass eine Reihe von Betreuungen nicht angeordnet werden. Zugleich werden in der (Fach-) Öffentlichkeit allerdings auch Bedenken gegen einen Vollmachtsmissbrauch lauter.

- Die Betreuungsbehörden, deren Aufgaben durch das Gesetz zum 1.7.2014 gestärkt wurden, sind jetzt in alle (endgültigen) Betreuungsverfahren eingebunden und sollen verstärkt nach betreuungsvermeidenden Alternativen forschen und dabei – wie auch bei Vorsorgevollmachten – behilflich sein

- Sozialrechtliche Hilfen sollen nach dem erklärten Willen der Politik leichter für Bürger für Einschränkungen zugänglich werden. Beispiele bietet das Bundesteilhabegesetz.

- Für eine weitere künftige Fallzahlverringerung dürfte die Einführung einer gesetzlichen Ehegattenvertretungsmacht zur Gesundheitssorge führen, so wie der Bundestag sie im Mai 2017 bereits einmal entschieden hat – und wie sie im neuen Koalitionsvertrag erneut erwähnt wird. Eine Fallverringerung dürfte sich hauptsächlich auf weniger Eilbetreuungen durch Familienangehörige beziehen; denn schließlich muss ein – entscheidungsfähiger – Ehegatte im Falle einer Neuregelung auch vorhanden sein.

- Die Arbeitsgruppe im Bundesjustizministerium zur erneuten Reform des Betreuungsrechtes, die seit Mitte 2018 eingesetzt ist, prüft auch intensivere Maßnahmen zur Betreuungsvermeidung. Hierbei geht es um mehr Rechtssicherheit bei Vorsorgevollmachten, aber auch um eine systematischere Vorfeldberatung der Betreuungsbehörden; alternative Hilfen betreffend.

- Das Bundesteilhabegesetz (BTHG), das in Teilen bereits in Kraft getreten ist, soll zusätzliche Unterstützungsmaßnahmen bei der Beantragung von behinderungsbezogenen Sozialleistungen mit sich bringen, siehe z.B. § 106 SGB IX. Derzeit ist nicht klar erkennbar, ob die geringeren Zugangshürden zu Eingliederungshilfeleistungen einerseits und die erhöhten Anforderungen an das Hilfeplanverfahren Mehr- oder Minderarbeit bei (beruflichen) Betreuern mit sich bringen.

173 Nachstehend die bundesweite Gesamtzahl der Betreuungsverfahren am Jahresende.

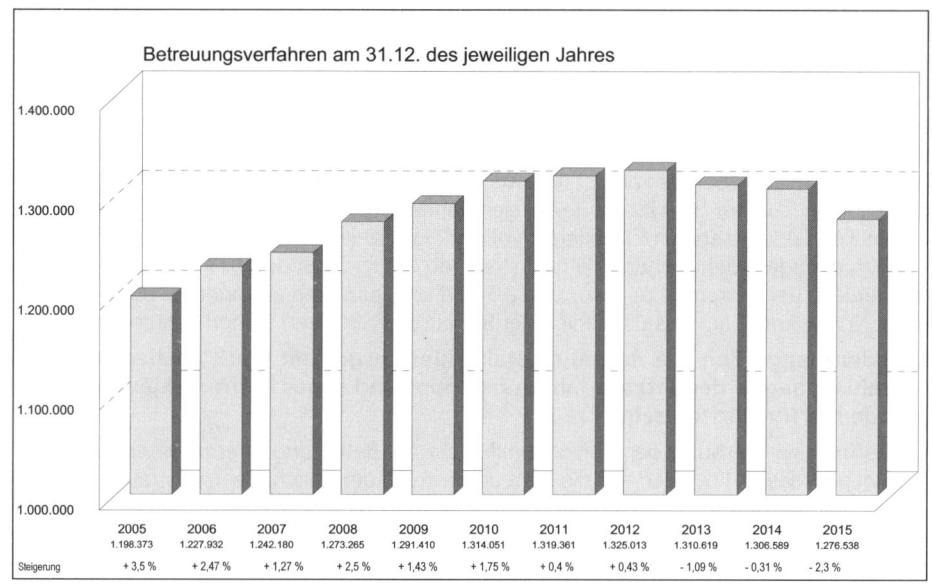

Abbildung 1: *Betreuungsverfahren am 31.12. des jeweiligen Jahres*
Quelle: Bundesamt für Justiz: Justizstatistik GÜ 2 der Amtsgerichte 2005 – 2015, erg. Mitteilung der JM Baden-Württemberg; Auswertung: Deinert

3.2 Neu angeordnete Betreuungen

174 **Abbildung 2** vergleicht die in den Jahren 1995, 2000, 2005, 2010 und 2015 erfolgten neuen Betreuerbestellungen in den einzelnen Bundesländern, wiederum in Relation zur Einwohnerzahl.

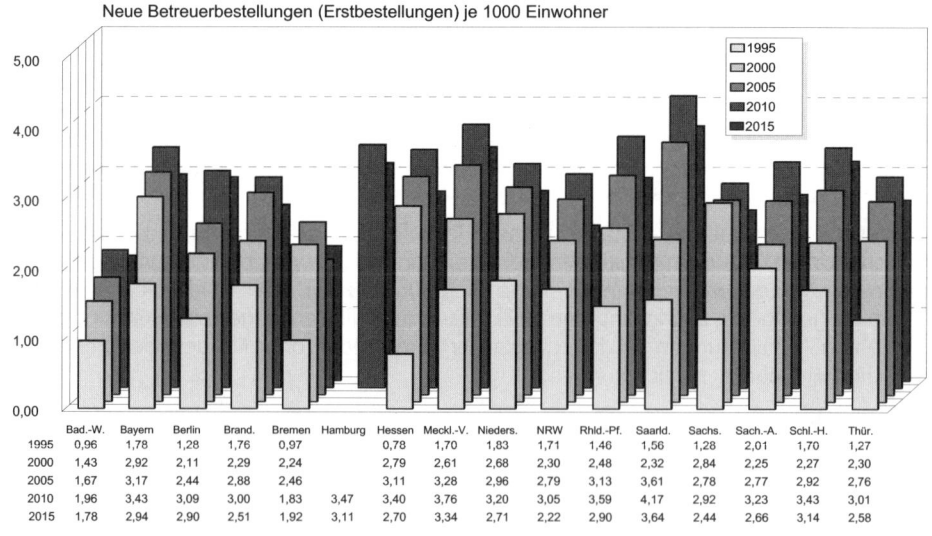

Abbildung 2: *Neue Betreuerbestellungen je 1000 Einwohner*

Hiernach zeigt sich, dass sich in den Vergleichsjahren die neuen Betreuungsanordnungen **175** auch bezogen auf je 1000 Einwohner deutlich erhöht haben. Obwohl diese Tendenz praktisch in allen Bundesländern besteht, sind die Betreuungsanordnungen im Landesvergleich weiterhin sehr unterschiedlich. Besonders Hamburg und Baden-Württemberg fallen durch niedrige Betreuungsanordnungen auf.

Bei den neu bestellten Betreuern wurde die Justizstatistik ab 1999 erweitert: Erstmals sind **176** bei den Privatpersonen als neuen Betreuern Differenzierungen vorgenommen worden; es wird nun nämlich unterschieden in familienangehörige Betreuer, sonstige ehrenamtliche Betreuer und Berufsbetreuer, womit die Berufsbetreuer im engeren Sinne (selbstständig) gemeint sind, denn Vereins- und Behördenbetreuungen wurden schon vorher getrennt gezählt. Die Prozentanteile für das Jahr 2015 sind in der **Abbildung 3** dargestellt. Bei den Vereinen und Behörden wurden die Bestellungen nach § 1897 Abs. 2 und § 1900 zusammengerechnet.

Neue Betreuungen 2015

Anteile nach Betreuungsart (bei Erstbestellungen)

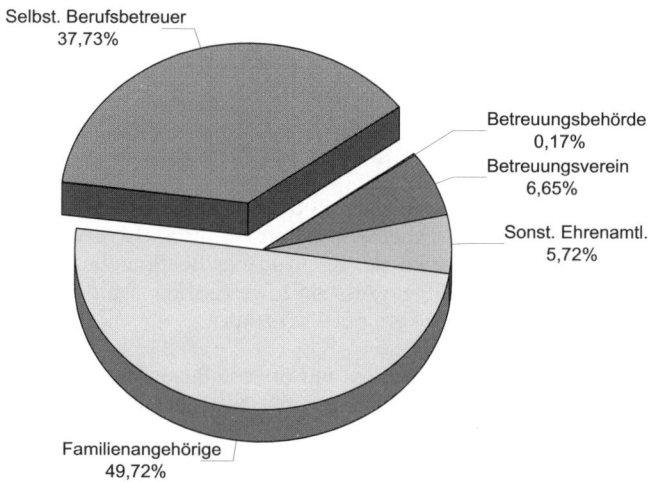

Abbildung 3: *Neue Betreuungen 2015 – Anteile nach Betreuungsart (bei Erstbestellungen)*

Neue Betreuungen 2000 - 2015

Entwicklung der Anteile nach Betreuungsart in %

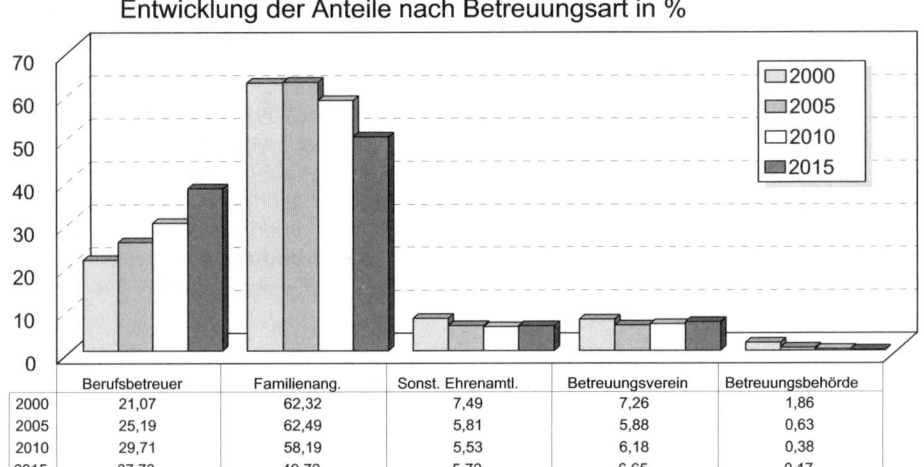

	Berufsbetreuer	Familienang.	Sonst. Ehrenamtl.	Betreuungsverein	Betreuungsbehörde
2000	21,07	62,32	7,49	7,26	1,86
2005	25,19	62,49	5,81	5,88	0,63
2010	29,71	58,19	5,53	6,18	0,38
2015	37,73	49,72	5,72	6,65	0,17

Abbildung 4: *Neue Betreuungen nach Betreuungsart*
Quelle: Bundesministerium der Justiz, Sondererhebung Verfahren nach dem Betreuungsgesetz; die Angaben Betreuungsverein und Betreuungsbehörde enthalten jeweils die Bestellungen nach § 1897 Abs. 2 und 1900 BGB (Zahlen ohne Hamburg)

177   Die **Abbildung 5** bewertet den Anteil der beruflichen Betreuerbestellungen seit 1992 (ab 1999 wurden auch die selbstständigen Berufsbetreuer einbezogen; bis 1998 wurden sie nicht separat gezählt). Deutlich erkennbar wird der Rückzug der Behördenbetreuungen: während bei den Betreuungsvereinen bis 1995 ein Anstieg zu verzeichnen ist, geht der Anteil der Vereinsbetreuerbestellungen seit 1996 kontinuierlich zurück.

178   Dies dürfte auf anfangs vermehrte Vereinstätigkeiten und örtliche Bezuschussung von Betreuungsvereinen durch Betreuungsbehörden zurückzuführen sein. Dies ist bis jetzt bei den Vereinen nicht so stark ins Gewicht gefallen, weil die absoluten Zahlen weiter anstiegen. Insgesamt sinkt jedoch die Bedeutung der Vereinsbetreuungen.

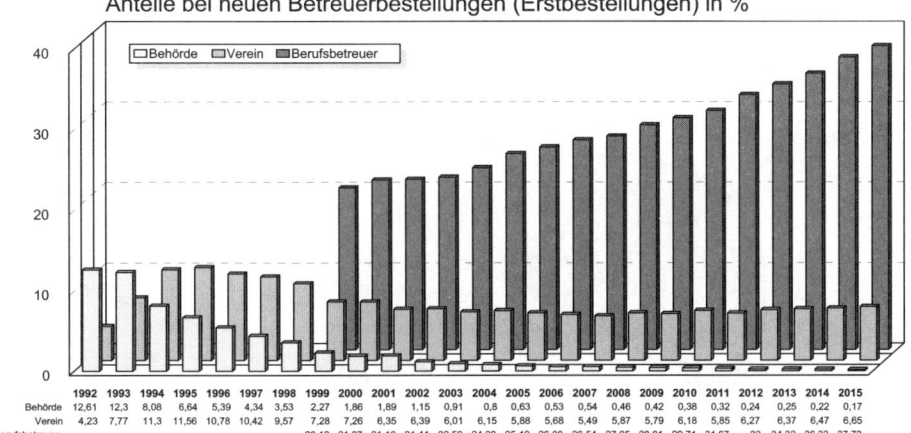

Anteile bei neuen Betreuerbestellungen (Erstbestellungen) in %

	1992	1993	1994	1995	1996	1997	1998	1999	2000	2001	2002	2003	2004	2005	2006	2007	2008	2009	2010	2011	2012	2013	2014	2015
Behörde	12,61	12,3	8,08	6,64	5,39	4,34	3,53	2,27	1,86	1,89	1,15	0,91	0,8	0,63	0,53	0,54	0,46	0,42	0,38	0,32	0,24	0,25	0,22	0,17
Verein	4,23	7,77	11,3	11,56	10,78	10,42	9,57	7,28	7,26	6,35	6,39	6,01	6,15	5,88	5,68	5,49	5,87	5,79	6,18	5,85	6,27	6,37	6,47	6,65
Berufsbetreuer									20,12	21,07	21,16	21,41	22,59	24,39	25,19	26,08	26,54	27,95	28,81	29,71	31,67	33	34,32	36,33	37,73

Abbildung 5: *Anteile bei neuen Betreuerbestellungen in %*

Quelle: Bundesministerium der Justiz, Sondererhebungen Verfahren nach dem Betreuungsgesetz 1992 – 2015, Auswertung: Deinert; die Spalten Verein und Behörde fassen die Bestellungen nach § 1897 Abs. 2 und 1900 BGB jeweils zusammen. Zahlen von 2000 bis 2007 ohne Hamburg

3.3 Betreuerwechsel

Beim Wechsel des Betreuers, der nach einer Entlassung nach § 1908b oder im Falle des **179** § 1908c erfolgen muss, liegen die Anteile anders als bei den Erstbestellungen. Laut Sondererhebung „Verfahren nach dem Betreuungsgesetz" wurden im Jahr 2010 insgesamt in 40.026 Fällen Betreuerwechsel durchgeführt, also bei rund 3 % aller Betreuungen. Angesichts der im gleichen Jahr erfolgten 251.030 Neubestellungen erscheint dies gering. Aber die deutliche Umverteilung weg von familienangehörigen Betreuern hin zu beruflich geführten Betreuungen deutet darauf hin, dass oftmals bei Erstbestellungen, gerade wenn zunächst auf Personen aus dem Familienkreis zurückgegriffen wird, ein ungeeigneter Betreuer bestellt wurde (zur Pauschalvergütung bei Betreuerwechsel, Kapitel 7, Rn. 1031 ff.). In den Folgejahren war die Entwicklung ähnlich (siehe untenstehende Abbildung).

180
Betreuerwechsel 2015

Anteile der ersatzweise bestellten Betreuer nach Betreuungsart

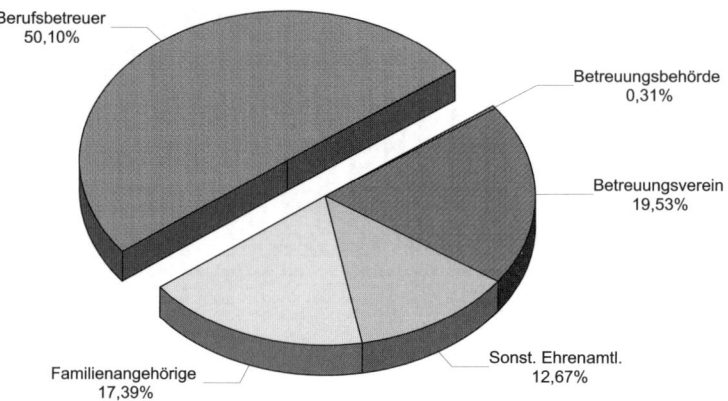

Abbildung 6: Betreuerwechsel 2015 – Anteile der ersatzweise bestellten Betreuer nach
Betreuungsart

*Quelle: Bundesamt für Justiz, Sondererhebung Verfahren nach dem Betreuungsgesetz; Gestaltung
Deinert; bei Betreuungsvereinen und Betreuungsbehörden wurden die Bestellungen nach § 1897
Abs. 2 BGB und § 1900 Abs. 1 bzw. 4 BGB zusammengefasst (Zahlen ohne Hamburg)*

3.4 Bestellung von Verfahrenspflegern

181 In Betreuungs- und Unterbringungsverfahren sind unter bestimmten Voraussetzungen (nach
den §§ 276, 297, 298, 317 FamFG) Verfahrenspfleger als Interessenvertreter der vom Gerichtsverfahren betroffenen Menschen zu bestellen. Der Arbeit der Verfahrenspfleger
kommt daher eine wichtige Funktion zur Wahrung der Rechte der Betroffenen zu. Verfahrenspfleger wurden in folgender Anzahl bestellt (zur Vergütung des Verfahrenspflegers siehe
Kapitel 6, Rn. 890 ff.).

182

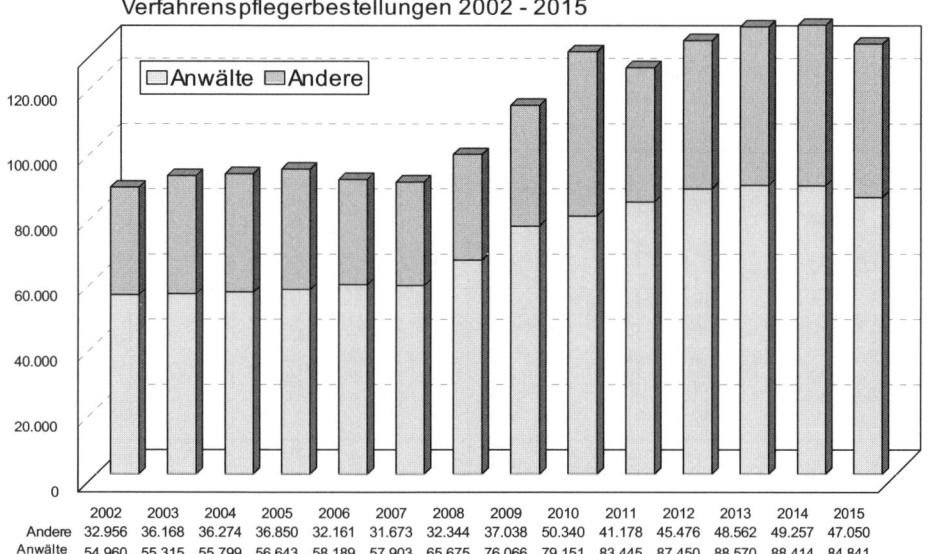

Verfahrenspflegerbestellungen 2002 - 2015

	2002	2003	2004	2005	2006	2007	2008	2009	2010	2011	2012	2013	2014	2015
Andere	32.956	36.168	36.274	36.850	32.161	31.673	32.344	37.038	50.340	41.178	45.476	48.562	49.257	47.050
Anwälte	54.960	55.315	55.799	56.643	58.189	57.903	65.675	76.066	79.151	83.445	87.450	88.570	88.414	84.841

Abbildung 7: *Verfahrenspflegerbestellungen 1995 – 2015*

In den letzten Jahren, insbes. Seit Inkrafttretens des FamFG, sind die Verfahrenspflegerbe- **183**
stellungen deutlich angestiegen, nachdem in den Jahren zuvor eine Stagnation eingetreten
war (für ausführliche Statistiken, insbesondere nach Ländern aufgeschlüsselte Zahlen siehe
HK BUR/*Deinert*, Rechtstatsachenforschung zu § 67 FGG, jetzt zu § 276 FamFG).

3.5 Zur Entwicklung der Staatsausgaben für die Betreuervergütung

Die Ausgaben der Staatskassen (Justizhaushalte der Bundesländer) für Aufwendungsersatz **184**
und Vergütung der Betreuer (bei mittellosen Betreuten) haben sich seit 1992 kontinuierlich
erhöht. Sie führten schließlich zum 1. und zum 2. Betreuungsrechtsänderungsgesetz, deren
Zielsetzung insbesondere im Reduzieren von Betreuungskosten lag. Nicht erfasst in den
nachfolgenden Übersichten wurden Zahlungen aus dem Vermögen der Betreuten. Es ist zu
vermuten, dass sie sich ähnlich wie die Zahlungen aus der Staatskasse entwickelt haben.

Die Ausgaben der Staatskasse für Aufwendungsersatz und Vergütungen der Betreuer und **185**
Verfahrenspfleger betrugen 2015 nach der Erhebung des BfJ 683,7 Mio. Euro (Vorjahr
688,4 Mio. Euro). Die Kosten sanken damit nach vielen Jahren kontinuierlichen Kostenan-
stiegs erstmals um 0,68 %[1]. Innerhalb der Gesamtkosten sanken der Aufwendungsersatz
(§ 1835 BGB) um 4,92 % und die Pauschalvergütung für Berufsbetreuer (§ 5 VBVG) um
1,44 %; die Aufwandspauschalen für Ehrenamtler (§ 1835a BGB) stiegen um 4,74 % und
die Verfahrenspfleger-Vergütungen um 3,22 %. Für die Jahre ab 2016 lagen zum Redaktionsschluss leider noch nicht bundesweit neuert Zahlen vor. Zurückzuführen dürfte das auf
Probleme mit der Umstellung der Statistik sein.

Für Details bis 2015 wird auf die nachstehenden Tabellen verwiesen.

---

1 Bundesamt für Justiz; Sondererhebung Verfahren nach dem Betreuungsgesetz

Aufwendungsersatz § 1835 BGB aus der Staatskasse (incl. Aufwendungsersatz für berufliche Dienste)

Bundesland	Einwohner 31.12.2014	Betreuungen 31.12.2014	Aufwendungen 2014	Aufwendungen 2014 je 1000 Einw.	Aufwendungen 2014 je 100 Betr.	Einwohner 31.12.2015	Betreuungsverfahren 31.12.2015	Aufwendungen 2015	Aufwendungen 2015 je 1000 Einw.	Aufwendungen 2015 je 100 Betr.
Baden-Württ.	10.716.644	123.474	414.114,64 €	38,64 €	335,39 €	10.879.618	112.457	430.723,21 €	39,59 €	383,01 €
Bayern	12.691.568	185.595	366.252,21 €	28,86 €	197,34 €	12.843.514	183.428	356.504,71 €	27,76 €	194,36 €
Berlin	3.469.849	56.861	130.114,00 €	37,50 €	228,83 €	3.520.031	57.125	10.487,00 €	2,98 €	18,36 €
Brandenburg	2.457.872	45.571	19.455,00 €	7,92 €	42,69 €	2.484.826	45.767	89.484,00 €	36,01 €	195,52 €
Bremen	661.888	10.829	80.834,00 €	122,13 €	746,46 €	671.489	10.167	81.367,00 €	121,17 €	800,30 €
Hamburg	1.762.791	25.789	77.778,00 €	44,12 €	301,59 €	1.787.408	26.312	76.817,00 €	42,98 €	291,95 €
Hessen	6.093.888	95.302	154.305,04 €	25,32 €	161,91 €	6.176.172	98.703	161.634,44 €	26,17 €	163,76 €
Mecklenb.-V.	1.599.138	35.065	28.047,00 €	17,54 €	79,99 €	1.612.362	35.281	22.074,00 €	13,69 €	62,57 €
Niedersachsen	7.826.739	139.557	297.536,00 €	38,02 €	213,20 €	7.926.599	136.697	339.692,00 €	42,85 €	248,50 €
NRW	17.638.098	292.910	667.999,00 €	37,87 €	228,06 €	17.865.516	285.604	1.041.391,00 €	58,29 €	364,63 €
Rheinland-Pf.	4.011.582	64.390	102.023,00 €	25,43 €	158,45 €	4.052.803	61.546	128.415,00 €	31,69 €	208,65 €
Saarland	989.035	21.133	37.399,00 €	37,81 €	176,97 €	995.597	20.212	45.187,00 €	45,39 €	223,57 €
Sachsen	4.055.274	71.833				4.084.851	69.867	263.956,00 €		
Sachsen-Anh.	2.235.548	47.938	49.900,78 €	22,32 €	104,09 €	2.245.470	45.536	46.649,07 €	20,77 €	102,44 €
Schl.-Holst.	2.830.864	50.685	79.013,00 €	27,91 €	155,89 €	2.858.714	49.616	74.896,00 €	26,20 €	150,95 €
Thüringen	2.156.759	39.657	15.301,00 €	7,09 €	38,58 €	2.170.714	38.220	43.283,00 €	19,94 €	113,25 €
Bundesgebiet*	81.197.537	1.306.589	2.520.071,67 €	31,04 €	192,87 €	82.175.684	1.276.538	3.212.560,43 €	39,09 €	251,66 €
Veränderung gegenüber Vorjahr absolut			97.948,80 €					692.488,76 €		
Veränderung gegenüber Vorjahr in %			4,04%					27,48%		

Quelle: Bundesamt für Justiz; Sondererhebung „Verfahren nach dem Betreuungsgesetz", Justizstatistik GÜ2, Stat. Bundesamt. Auswertung: Deinert

Aufwandspauschale § 1835a BGB aus der Staatskasse

Bundesland	Einwohner 31.12.2014	Betreuungen 31.12.2014	Pauschalen 2014	Pauschalen 2014 je 1000 Einw.	Pauschalen 2014 je 100 Betr.	Einwohner 31.12.2015	Betreuungsverfahren 31.12.2015	Pauschalen 2015	Pauschalen 2015 je 1000 Einw.	Pauschalen 2015 je 100 Betr.
Baden-Württ.	10.716.644	123.474	8.846.126,42 €	825,46 €	7.164,36 €	10.879.618	112.457	9.343.075,80 €	858,77 €	8.308,13 €
Bayern	12.691.568	185.595	15.981.999,67 €	1.259,26 €	8.611,22 €	12.843.514	183.428	16.385.480,32 €	1.275,78 €	8.932,92 €
Berlin	3.469.849	56.861	3.892.785,00 €	1.121,89 €	6.846,14 €	3.520.031	57.125	4.075.214,00 €	1.157,72 €	7.133,85 €
Brandenburg	2.457.872	45.571	3.726.020,00 €	1.515,95 €	8.176,30 €	2.484.826	45.767	3.904.275,00 €	1.571,25 €	8.530,76 €
Bremen	661.888	10.829	694.686,00 €	1.049,55 €	6.415,05 €	671.489	10.167	679.861,00 €	1.012,47 €	6.686,94 €
Hamburg	1.762.791	25.789	1.585.592,00 €	899,48 €	6.148,33 €	1.787.408	26.312	1.627.031,00 €	910,27 €	6.183,61 €
Hessen	6.093.888	95.302	6.947.458,24 €	1.140,07 €	7.289,94 €	6.176.172	98.703	6.871.016,79 €	1.112,50 €	6.961,30 €
Mecklenb.-V.	1.599.138	35.065	3.054.846,00 €	1.910,31 €	8.711,95 €	1.612.362	35.281	2.944.486,00 €	1.826,19 €	8.345,81 €
Niedersachsen	7.826.739	139.557	12.655.381,00 €	1.616,94 €	9.068,25 €	7.926.599	136.697	12.486.292,00 €	1.575,24 €	9.134,28 €
NRW	17.638.098	292.910	21.577.252,00 €	1.223,33 €	7.366,51 €	17.865.516	285.604	21.590.083,00 €	1.208,48 €	7.559,45 €
Rheinland-Pf.	4.011.582	64.390	4.858.491,00 €	1.211,12 €	7.545,41 €	4.052.803	61.546	4.870.191,00 €	1.201,68 €	7.913,09 €
Saarland	989.035	21.133	2.118.751,00 €	2.142,24 €	10.025,79 €	995.597	20.212	2.009.274,80 €	2.018,16 €	9.941,00 €
Sachsen	4.055.274	71.833	5.867.747,00 €	1.446,94 €	8.168,60 €	4.084.851	69.867	6.140.398,00 €	1.503,21 €	8.788,70 €
Sachsen-Anh.	2.235.548	47.938	4.300.176,20 €	1.923,54 €	8.970,29 €	2.245.470	45.536	4.463.023,44 €	1.987,57 €	9.801,09 €
Schl.-Holst.	2.830.864	50.685	5.858.648,00 €	2.069,56 €	11.558,94 €	2.858.714	49.616	6.109.009,00 €	2.136,98 €	12.312,58 €
Thüringen	2.156.759	39.657	2.784.363,00 €	1.290,99 €	7.021,11 €	2.170.714	38.220	2.955.520,00 €	1.361,54 €	7.732,91 €
Bundesgebiet*	81.197.537	1.306.589	104.750.322,53 €	1.290,07 €	8.017,08 €	82.175.684	**1.276.538**	106.454.231,15 €	1.295,45 €	8.339,29 €
Veränderung gegenüber Vorjahr absolut			16.144.188,27 €					1.703.908,62 €		
Veränderung gegenüber Vorjahr in %			18,22%					1,63%		

Quelle: Bundesamt für Justiz; Sondererhebung, Verfahren nach dem Betreuungsgesetz", Justizstatistik GÜ2, Stat. Bundesamt. Auswertung: Deinert

Pauschalvergütungen nach §§ 4,5 VBVG i.V.m. § 1836d BGB aus der Staatskasse

Bundesland	Einwohner 31.12.2014	Betreuungen 31.12.2014	Pauschalen 2014	Pauschalen 2014 je 1000 Einw.	Pauschalen 2014 je 100 Betr.	Einwohner 31.12.2015	Betreuungsverfahren 31.12.2015	Pauschalen 2015	Pauschalen 2015 je 1000 Einw.	Pauschalen 2015 je 100 Betr.
Baden-Württ.	10.716.644	123.474	46.301.526,71 €	4.320,52 €	37.499,01 €	10.879.618	112.457	52.381.806,58 €	4.814,67 €	46.579,41 €
Bayern	12.691.568	185.595	76.206.162,96 €	6.004,47 €	41.060,46 €	12.843.514	183.428	84.316.828,10 €	6.564,93 €	45.967,26 €
Berlin	3.469.849	56.861	49.552.783,00 €	14.280,96 €	87.147,22 €	3.520.031	57.125	52.445.738,00 €	14.899,23 €	91.808,73 €
Brandenburg	2.457.872	45.571	29.663.893,00 €	12.068,93 €	65.093,79 €	2.484.826	45.767	32.763.060,00 €	13.185,25 €	71.586,65 €
Bremen	661.888	10.829	8.050.939,00 €	12.163,60 €	74.346,10 €	671.489	10.167	8.097.298,00 €	12.058,72 €	79.642,94 €
Hamburg	1.762.791	25.789	20.512.667,00 €	11.636,47 €	79.540,37 €	1.787.408	26.312	23.708.730,00 €	13.264,31 €	90.106,15 €
Hessen	6.093.888	95.302	48.435.547,45 €	7.948,22 €	50.823,22 €	6.176.172	98.703	54.317.879,69 €	8.794,75 €	55.031,64 €
Mecklenb.-V.	1.599.138	35.065	22.579.369,00 €	14.119,71 €	64.392,90 €	1.612.362	35.281	22.932.126,00 €	14.222,69 €	64.998,51 €
Niedersachsen	7.826.739	139.557	82.303.026,00 €	10.515,62 €	58.974,49 €	7.926.599	136.697	71.252.578,00 €	8.989,05 €	52.124,46 €
NRW	17.638.098	292.910	179.606.639,00 €	10.182,88 €	61.318,03 €	17.865.516	285.604	199.166.221,00 €	11.148,08 €	69.735,10 €
Rheinland-Pf.	4.011.582	64.390	30.247.644,00 €	7.540,08 €	46.975,69 €	4.052.803	61.546	31.413.371,00 €	7.751,02 €	51.040,48 €
Saarland	989.035	21.133	6.923.000,00 €	6.999,75 €	32.759,19 €	995.597	20.212	7.539.467,77 €	7.572,81 €	37.301,94 €
Sachsen	4.055.274	71.833	40.132.421,00 €	9.896,35 €	55.869,06 €	4.084.851	69.867	44.006.061,00 €	10.772,99 €	62.985,47 €
Sachsen-Anh.	2.235.548	47.938	27.361.012,08 €	12.239,06 €	57.075,83 €	2.245.470	45.536	29.023.255,44 €	12.925,25 €	63.736,95 €
Schl.-Holst.	2.830.864	50.685	26.468.756,00 €	9.350,06 €	52.222,07 €	2.858.714	49.616	30.332.737,00 €	10.610,62 €	61.134,99 €
Thüringen	2.156.759	39.657	21.647.787,00 €	10.037,18 €	54.587,56 €	2.170.714	38.220	24.109.816,00 €	11.106,86 €	63.081,67 €
Bundesgebiet*	81.197.537	1.306.589	715.993.173,20 €	8.817,92 €	54.798,65 €	82.175.684	1.276.538	767.806.973,58 €	9.343,48 €	60.147,60 €
Veränderung gegenüber Vorjahr absolut			-2.581.329,06 €					51.813.800,38 €		
Veränderung gegenüber Vorjahr in %			-0,36%					7,24%		

*2007 ohne Hamburg; Zahlen enthalten auch Vergütungen nach § 6 VBVG

Quelle: Bundesamt für Justiz; Sondererhebung „Verfahren nach dem Betreuungsgesetz", Justizstatistik GÜ2, Stat. Bundesamt. Auswertung: Deinert

Ausgaben für Verfahrenspflegschaften (§§ 277, 318 FamFG)

Bundesland	Einwohner 31.12.2014	Verfahrenspflegschaften 2014	Zahlungen 2014	Zahlungen 2014 je 1000 Einw.	Zahlungen 2014 je 100 Pflegsch.	Einwohner 31.12.2015	Verfahrenspflegschaften 2015	Zahlungen 2015	Zahlungen 2015 je 1000 Einw.	Zahlungen 2015 je 100 Pflegsch.
Baden-Württ.	10.716.644	11.511	942.360,86 €	87,93 €	8.186,61 €	10.879.618	11.378	825.801,78 €	75,90 €	7.257,88 €
Bayern	12.691.568	20.063	2.685.889,67 €	211,63 €	13.387,28 €	12.843.514	20.347	2.847.987,62 €	221,75 €	13.997,09 €
Berlin	3.469.849	3.179	598.750,00 €	172,56 €	18.834,54 €	3.520.031	3.026	550.559,00 €	156,41 €	18.194,28 €
Brandenburg	2.457.872	3.255	402.414,00 €	163,72 €	12.362,95 €	2.484.826	2.632	326.901,00 €	131,56 €	12.420,25 €
Bremen	661.888	1.201	191.293,00 €	289,01 €	15.927,81 €	671.489	1.149	193.189,00 €	287,70 €	16.813,66 €
Hamburg	1.762.791	3.145	1.038.542,00 €	589,15 €	33.022,00 €	1.787.408	2.765	1.054.519,00 €	589,97 €	38.138,12 €
Hessen	6.093.888	13.357	1.620.213,91 €	265,88 €	12.130,07 €	6.176.172	13.037	1.687.321,48 €	273,20 €	12.942,56 €
Mecklenb.-V.	1.599.138	3.109	328.681,00 €	205,54 €	10.571,92 €	1.612.362	2.944	319.062,00 €	197,88 €	10.837,70 €
Niedersachsen	7.826.739	15.480	1.407.261,00 €	179,80 €	9.090,83 €	7.926.599	15.563	1.867.942,00 €	235,65 €	12.002,45 €
NRW	17.638.098	34.350	6.837.151,00 €	387,64 €	19.904,37 €	17.865.516	31.611	6.610.097,00 €	369,99 €	20.910,75 €
Rheinland-Pf.	4.011.582	3.969	491.383,00 €	122,49 €	12.380,52 €	4.052.803	4.027	536.817,00 €	132,46 €	13.330,44 €
Saarland	989.035	1.460	122.731,00 €	124,09 €	8.406,23 €	995.597	1.422	198.076,27 €	198,95 €	13.929,41 €
Sachsen	4.055.274	9.357	585.645,00 €	144,42 €	6.258,90 €	4.084.851	8.917	522.812,00 €	127,99 €	5.863,09 €
Sachsen-Anh.	2.235.548	5.178	256.302,57 €	114,65 €	4.949,84 €	2.245.470	4.845	274.969,54 €	122,46 €	5.675,33 €
Schl.-Holst.	2.830.864	6.720	641.090,00 €	226,46 €	9.540,03 €	2.858.714	6.040	628.029,00 €	219,69 €	10.397,83 €
Thüringen	2.156.759	2.337	203.659,00 €	94,43 €	8.714,55 €	2.170.714	2.188	214.739,00 €	98,93 €	9.814,40 €
Bundesgebiet*	81.197.537	137.671	18.353.367,01 €	226,03 €	13.331,32 €	82.175.684	131.891	18.658.822,69 €	227,06 €	14.147,15 €
Veränderung gegenüber Vorjahr absolut			1.019.314,02 €					305.455,68 €		
Veränderung gegenüber Vorjahr in %			5,88 %					1,66 %		

Quelle: Bundesamt für Justiz; Sondererhebung „Verfahren nach dem Betreuungsgesetz", Justizstatistik GÜ2, Stat. Bundesamt. Auswertung: Deinert

47

Gesamtausgaben der Staatskasse (§§ 1835, 1835a BGB, §§ 4,5 VBVG, § 277 FamFG)

Bundesland	Einwohner 31.12.2014	Betreuungen 31.12.2014	Zahlungen 2014	Zahlungen 2014 je 1000 Einw.	Zahlungen 2014 je 100 Betr.	Einwohner 31.12.2015	Betreuungsverfahren 31.12.2015	Zahlungen 2015	Zahlungen 2015 je 1000 Einw.	Zahlungen 2015 je 100 Betr.
Baden-Württ.	10.716.644	123.474	56.504.128,63 €	5.272,56 €	45.761,96 €	10.879.618	112.457	62.981.407,37 €	5.788,94 €	56.004,88 €
Bayern	12.691.568	185.595	95.240.304,51 €	7.504,22 €	51.316,20 €	12.843.514	183.428	103.906.800,75 €	8.090,22 €	56.647,19 €
Berlin	3.469.849	56.861	54.174.432,00 €	15.612,91 €	95.275,20 €	3.520.031	57.125	57.081.998,00 €	16.216,33 €	99.924,72 €
Brandenburg	2.457.872	45.571	33.811.782,00 €	13.756,53 €	74.195,83 €	2.484.826	45.767	37.083.720,00 €	14.924,07 €	81.027,20 €
Bremen	661.888	10.829	9.017.752,00 €	13.624,29 €	83.274,10 €	671.489	10.167	9.051.715,00 €	13.480,06 €	89.030,34 €
Hamburg	1.762.791	25.789	23.214.579,00 €	13.169,22 €	90.017,37 €	1.787.408	26.312	26.467.097,00 €	14.807,53 €	100.589,45 €
Hessen	6.093.888	95.302	57.157.524,64 €	9.379,48 €	59.975,16 €	6.176.172	98.703	63.037.852,40 €	10.206,62 €	63.866,20 €
Mecklenb.-V.	1.599.138	35.065	25.990.943,00 €	16.253,10 €	74.122,18 €	1.612.362	35.281	26.217.748,00 €	16.260,46 €	74.311,24 €
Niedersachsen	7.826.739	139.557	96.663.204,00 €	12.350,38 €	69.264,32 €	7.926.599	136.697	85.946.504,00 €	10.842,80 €	62.873,73 €
NRW	17.638.098	292.910	208.689.041,00 €	11.831,72 €	71.246,81 €	17.865.516	285.604	228.407.792,00 €	12.784,84 €	79.973,60 €
Rheinland-Pf.	4.011.582	64.390	35.699.541,00 €	8.899,12 €	55.442,68 €	4.052.803	61.546	36.948.794,00 €	9.116,85 €	60.034,44 €
Saarland	989.035	21.133	9.201.881,00 €	9.303,90 €	43.542,71 €	995.597	20.212	9.792.005,84 €	9.835,31 €	48.446,50 €
Sachsen	4.055.274	71.833	46.585.813,00 €	11.487,71 €	64.852,94 €	4.084.851	69.867	50.933.227,00 €	12.468,81 €	72.900,26 €
Sachsen-Anh.	2.235.548	47.938	31.967.391,63 €	14.299,58 €	66.684,87 €	2.245.470	45.536	33.807.897,49 €	15.056,05 €	74.244,33 €
Schl.-Holst.	2.830.864	50.685	33.047.507,00 €	11.674,00 €	65.201,75 €	2.858.714	49.616	37.144.671,00 €	12.993,49 €	74.864,30 €
Thüringen	2.156.759	39.657	24.651.110,00 €	11.429,70 €	62.160,80 €	2.170.714	38.220	27.323.358,00 €	12.587,27 €	71.489,69 €
Bundesgebiet*	81.197.537	1.306.589	841.616.934,41 €	10.365,05 €	64.413,29 €	82.175.684	**1.276.538**	896.132.587,85 €	10.905,08 €	70.200,23 €
Veränderung gegenüber Vorjahr absolut			14.680.122,03 €					54.515.653,44 €		
Veränderung gegenüber Vorjahr in %			1,78%					6,48%		

Quelle: Bundesamt für Justiz, Sondererhebung „Verfahren nach dem Betreuungsgesetz", Justizstatistik GÜ2, Stat. Bundesamt. Auswertung: Deinert

4 Der Aufwendungsersatz nach § 1835 BGB

4.1 Allgemeines

Der Anspruch auf Ersatz der Aufwendungen nach § 1835 BGB soll den Betreuer (oder anderen gesetzlichen Vertreter) davor bewahren, durch seine Tätigkeit finanzielle Nachteile zu erleiden. Deshalb wurden für die Erstattung von Aufwendungen der Betreuer die Ersatzansprüche herangezogen, die für Beauftragte (und somit auch für die Führung von Vorsorgevollmachten) gelten (§§ 669, 670 BGB).

186

Danach besteht grundsätzlich Anspruch auf Ersatz der erforderlichen Aufwendungen (§ 670 BGB), auf Vorschuss für zu erwartende Leistungen (§ 669 BGB) sowie auf Verzinsung von Aufwendungen (§ 256 BGB) und Schuldbefreiung bzw. Sicherheitsleistung (§ 257 BGB). Praktisch bedeutsam und Gegenstand der weiteren Abhandlung sind hiervon nur die ersten beiden Ansprüche.

187

Der Anspruch nach § 1835 BGB entsteht kraft Gesetzes, er wird nur unter bestimmten Umständen vom Betreuungs- oder Familiengericht festgesetzt (siehe zu den Ausnahmen unter Kapitel 9, Rn. 1483 ff.). Er ist privatrechtlicher Natur, Gläubiger sind der Betreuer, Vormund oder Pfleger, Schuldner sind der Betreute, Mündel oder Pflegling bzw. dessen Erbe. Die Entnahme aus dem Vermögen der betroffenen Person ist – da nur die Erfüllung einer bestehenden Verbindlichkeit – niemals ein verbotenes In-sich-Geschäft nach § 181 BGB.

188

Der Betreuer macht den Anspruch gegenüber dem von ihm Vertretenen geltend, er muss jedoch im Rahmen der Rechnungslegung die Aufwendungen gegenüber dem Gericht nachweisen, sofern er nicht nach §§ 1854, 1957a, 1908i Abs. 2 BGB von der Rechnungslegung befreit ist. Soweit Vorschuss infrage kommt, muss dieser ausdrücklich gegenüber dem Vertretenen verlangt und geltend gemacht werden.

189

4.1.1 Anspruch nach § 1835 BGB seit Inkrafttreten des 2. BtÄndG am 1.7.2005

Die Ansprüche nach § 1835 Abs. 1 BGB (Barauslagenersatz) können für Tätigkeiten seit dem 1.7.2005 weiterhin abrechnen:

190

- Einzelvormünder und -pfleger (BGB-Pflegschaften), außer, diese machen die Aufwandspauschale nach § 1835a geltend
- Verfahrenspfleger (außer, der Verfahrenspfleger ist ein Verein oder eine Behörde), vgl. § 277 Abs. 1 FamFG
- Verfahrensbeistände für Minderjährige gem. § 158 Abs. 7 Satz 1 FamFG, jedoch nur dann, wenn sie nicht berufsmäßig tätig sind
- Ehrenamtliche Betreuer (sofern diese keine Aufwandspauschale nach § 1835a wählen)
- Behördenbetreuer gem. § 1897 Abs. 2 BGB (sofern der Betreute nicht mittellos ist)
- Betreuungsvereine und Betreuungsbehörden als Betreuer nach § 1900 BGB (sofern der Betreute nicht mittellos ist; vgl. § 1835 Abs. 5 BGB und § 8 VBVG)
- Vereine und Jugendämter als Vormünder oder (BGB-)Pfleger nach § 1835 Abs. 5 BGB (sofern der Mündel/Pflegling nicht mittellos ist)
- Berufs- und Vereinsbetreuer, sofern sie ihre Tätigkeit nach konkretem Zeitaufwand abrechnen, das sind ausschließlich Betreuungen nach § 1899 Abs. 2 (Sterilisationsbetreuer) sowie Vertretungsbetreuer wegen rechtlicher Verhinderung eines anderen Betreuers (§ 1899 Abs. 4 BGB), vgl. § 6 VBVG

Berufs- und Vereinsbetreuer (außer den o.g. Ausnahmen) konnten Aufwendungen nach § 1835 Abs. 1 im Rahmen der Übergangsvorschrift (Art. 229 § 14 EGBG) nur noch für Tätigkeiten bis einschließlich 30.6.2005 geltend machen. Die Ausschlussfrist für solche Tätigkeiten war mit Ablauf des 30.9.2006 verstrichen.

191

192   Für Tätigkeiten seit dem 1.7.2005 ist für diese Personen der Anspruch auf Ersatz von Aufwendungen nach § 1835 Abs. 1 in der pauschalen Betreuervergütung enthalten (bisher § 4 Abs. 2 VBVG, nach dem Vergütungsreformgesetz 2019 in § 5 Abs. 5 VBVG). Aufwendungen können daher lediglich nach dem Einkommensteuerrecht als Betriebskosten in Abzug gebracht werden.

▶ *Vgl. hierzu auch die Sonderregelung in § 1835 Abs. 3 BGB (berufliche Dienste) unter Rn. 280 ff.*

4.2 Die Aufwendungen nach § 1835 Abs. 1 BGB

193   Aufwendungen sind Vermögensopfer, also Minderungen des eigenen Vermögens, die durch die Tätigkeit als Betreuer (oder sonstiger gesetzlicher Vertreter) entstehen.[1] Notwendig sind alle Ausgaben, die der Betreuer „unter Berücksichtigung seiner subjektiven Kenntnis in objektiver Wertung für erforderlich halten durfte".[2] Für die Erforderlichkeit einer Ausgabe kann also kein abstrakter Maßstab angelegt werden. Der Betreuer kann vielmehr die Erstattung derjenigen Auslagen verlangen, von denen er guten Glaubens meinte, sie seien im Interesse des Betreuten notwendig, auch wenn sich dies nachträglich als Fehlbeurteilung herausstellt.[3] Für den Vormund ist dabei auch § 1793 BGB, also die grundsätzlich einmonatige Besuchsfrequenz von Bedeutung[4].

194   Dabei handelt es sich zum einen um Ausgaben, die unmittelbar durch die Führung der Betreuung entstehen, zum anderen um solche, die notwendige Folge dieser Betreuung sind. Aufwendungen können freiwillig oder auf Anordnung des Gerichts getätigt werden. Die Aufwendungen müssen in einem angemessenen Verhältnis zum Einzelfall stehen, auch der Lebensstandard des Betreuten ist zu berücksichtigen.[5] Macht eine Pflegeperson im Sinne des Kinder- und Jugendhilferechtes (§ 33 SGB VIII), die zugleich für einen Minderjährigen als Ergänzungspfleger (§ 1909 BGB) für die Gesundheitssorge bestellt worden ist, Ersatz von Aufwendungen gegen die Staatskasse geltend, ist im Einzelnen zu prüfen, ob die Aufwendungen den Aufgabenkreis der Pflegschaft betreffen oder das Pflegefamilienverhältnis; nur Erstere sind erstattungsfähig.[6] Nicht zum Aufwendungsersatz gehören vom Betreuten verursachte Schäden beim Betreuer und seinem Eigentum.[7] Diese können nur auf gerichtlichem Wege (§ 1833, 1843 Abs. 2 ggf. i.V.m § 1908i BGB) als Schadensersatz geltend gemacht werden.[8]

4.3 Abgrenzung des Aufwendungsersatzes von der Verwaltung durchlaufender Gelder

195   Aufwendungen sind Ausgaben, die durch die Tätigkeit im o.g. Sinne entstehen. Für diese gilt: Der Betreuer kann sie vom Betreuten bzw. bei dessen Mittellosigkeit aus der Staatskasse verlangen, es sei denn, der (berufliche) Betreuer hat einen Pauschalvergütungsanspruch nach den §§ 4, 5, 5a, 7 VBVG.

▶ *Beispiele für solche eigenen Aufwendungen des Betreuers finden sich unter Rn. 203 ff.*

196   Davon zu trennen sind Ausgaben, die der Betreuer für den Betreuten tätigt und die auch anfallen würden, wenn keine Betreuung bestünde. Diese Ausgaben kann der Betreuer direkt aus dem Vermögen des Betreuten an den Dritten zahlen, z.B. im Rahmen des bargeldlosen Zahlungsverkehrs. Ergibt sich aber, dass eine unbare Zahlung unpraktikabel oder unmöglich

---

1 BGHZ 59, 328/329; Seitz BtPrax 92, 85; OLG Brandenburg FamRZ 2000, 1441
2 Staudinger/Bienwald § 1835 BGB Rn. 10
3 Jurgeleit/Maier § 1835 BGB Rn. 11
4 OLG Braunschweig, Beschluss vom 29.3.2019, 2 WF 11/19
5 Bienwald § 1835 BGB Rn. 17
6 OLG Schleswig FamRZ 2015, 770
7 LG Hamburg BtPrax 2002, 270
8 Vgl. für Details Deinert/Lütgens/Meier: Die Haftung des Betreuers, 3. Aufl., Köln 2018

ist, kann der Betreuer diese zunächst aus eigenem Vermögen „vorfinanzieren" und sich im Nachhinein den Betrag aus dem Vermögen des Betreuten ersetzen lassen.

Hierbei handelt es sich nicht um Aufwendungsersatz nach § 1835 Abs. 1 BGB, sondern lediglich um die Abwicklung der sich aus der gesetzlichen Vertretertätigkeit ergebenden Zahlungsvorgänge. In Höhe dieser vom Betreuer verauslagten Beträge ist der Betreute ungerechtfertigt bereichert (§ 812 BGB). Durch die Entnahme dieses Betrags aus dem Vermögen des Betreuten entsteht kein unzulässiges In-sich-Geschäft (§ 181 BGB), da es lediglich um den Ausgleich einer bestehenden Forderung geht, die § 181 BGB ausdrücklich zulässt. **197**

Beispiel hierfür wäre das Verauslagen von Verwaltungsgebühren, z.B. für einen Personalausweis des Betreuten oder der Barkauf von Gegenständen für den Betreuten. Bei einigen Zahlungen ist nicht von vornherein klar, worum im Sinne dieser Abgrenzung es sich handelt, z.B. bei Postnachsendeanträgen oder Briefporto. **198**

Faustregel zur Abgrenzung: Entsteht eine Aufwendung völlig unabhängig vom Bestehen der Betreuung, d.h., wäre die damit verbundene Handlung ohne die Betreuung auch beim Betreuten selbst angefallen, ist sie im Zweifel keine Aufwendung gem. § 1835 Abs. 1 BGB. **199**

Folge ist: Ein solcher Betrag ist stets aus dem Vermögen des Betreuten zu zahlen, die Staatskasse kommt auch bei Mittellosigkeit nicht dafür auf. Es ist nicht Aufgabe des Betreuungsrechtes, dem Betreuten zusätzliche Sozialleistungen oder Gebührenbefreiungen zukommen zu lassen, auf die er ohne Vorhandensein der Betreuung auch keinen Anspruch hätte. Folge ist des Weiteren für Berufs- und Vereinsbetreuer, dass solche Aufwendungen weiterhin aus dem Vermögen des Betreuten entnommen werden können, sie gehören nicht zu den Aufwendungen nach § 1835 Abs. 1 BGB, die seit 1.7.2005 in der pauschalen Betreuervergütung enthalten sind. **200**

Hinweis **201**

 Da sich hierzu weiterhin keine sichere Praxis gebildet hat, ist dem Betreuer zu empfehlen, die Entnahme solcher Ausgaben mit dem Rechtspfleger des Betreuungsgerichtes zu besprechen; die einzelnen Posten sollten in der Rechnungslegung (§ 1840 ff. BGB) deutlich gemacht werden. Auseinandersetzungen können im Rahmen einer gerichtlichen Beanstandung der Rechnungslegung geklärt werden.

Sollte das Gericht die Entnahme als unzulässig ansehen (als nicht mehr separat erstattungsfähige Aufwendung nach § 1835 Abs. 1 BGB), kann es den Betreuer zur Erstattung an den Betreuten auffordern; solche Beträge müssten nach § 1805 i.V.m. § 1834 BGB vom Betreuer im Rahmen der Rückzahlung verzinst werden. **202**

4.4 Zu den Aufwendungen im Einzelnen

Beispiele für Aufwendungen nach § 1835 Abs. 1 BGB **203**

- Ausgaben für Schreibpapier, Umschläge, Quittungsblocks, Briefporto etc.
- Postnachsendeaufträge
- Schreibauslagen
- Fotokopierkosten
- Telekommunikationsentgelte
- Fahrtkosten
- Verpflegungsmehraufwand
- Verdienstausfall

- Kosten eines Rechtsstreits
- Dolmetscherkosten
- Haftpflichtversicherungen
- Umsatzsteuer

4.4.1 Schreibpapier, Umschläge, Quittungsblocks, Briefporto etc.

204 Grundsätzlich gilt, dass sich die geltend gemachten Aufwendungen auf eine konkrete Betreuung beziehen müssen.[9] Gegen allzu kleinliche Anforderungen bei der Nachweisführung geringfügiger Ausgaben kann das aus dem JVEG hergeleitete Prinzip der Glaubhaftmachung angeführt werden. Keine Einwände bestehen hiernach bei der pauschalierten Abrechnung geringfügiger Aufwendungen.[10] Nicht als abrechenbare Aufwendungen sieht das *LG Berlin* die genannten Ausgaben an, diese seien mit dem Stundensatz des Betreuers abgegolten; eine Entscheidung, der wir uns weiterhin nicht anschließen können.[11]

205 Briefporto gehört nur dann zu den nach § 1835 Abs. 1 BGB zu erstattenden Auslagen, wenn es sich um betreuerspezifischen Schriftverkehr handelt, also insbesondere zur Kommunikation des Betreuers mit dem Gericht im Rahmen der Auskunftserteilung, Berichterstattung, Beantragung von Genehmigungen usw. Auch die Benachrichtigung sonstiger Beteiligter (Behörden, andere Gerichte, Vermieter, Gläubiger des Betreuten, Ärzte, Heime) vom Beginn und Ende der Betreuung gehören dazu. Ebenso Briefe des Betreuers an den Betreuten und Anforderung von Berichten vom Heim, die der Betreuer für seine eigene Tätigkeit benötigt. Diese Aufwendungen sind bei Nichtvorliegen von Mittellosigkeit des Betreuten vom Betreuer aus dessen Vermögen zu entnehmen und bei Mittellosigkeit aus der Staatskasse. Berufs- und Vereinsbetreuer, die pauschale Vergütung erhalten, können diese Aufwendungen nicht abrechnen.

206 Der sonstige Schriftverkehr mit Behörden, anderen Gerichten als dem Betreuungs- bzw. Familiengericht und privaten Beteiligten (z.B. Beantragung von Sozialleistungen, Abschluss und Kündigung von Verträgen usw.) fällt in die gesetzliche Vertretungstätigkeit. Diese Kosten sind vom Betreuer direkt aus dem Vermögen zu entnehmen. Dies gilt auch für pauschal abrechnende Berufs- und Vereinsbetreuer. Diese Ausführungen gelten sinngemäß auch für alle anderen Arten von Aufwendungen. Es wird darauf hingewiesen, dass diese Auffassung strittig ist. Sie sollte vor Ort mit dem Gericht geklärt werden.

207 Bereits im bisherigen Recht war es zunehmend strittig geworden, derartige Ausgaben einzeln abzurechnen. Beispiele aus der Rechtsprechung: Kosten für PC, Fax und Schreibmaschine sowie Materialkosten für Farbbänder, Tinte, Schreibpapier und Umschläge zählen zu den allgemeinen Geschäftskosten, die mit der Betreuervergütung abgegolten sind und die nicht als Auslagen erstattet werden können.[12]

4.4.2 Schreibauslagen

208 Für Schreibauslagen sind grundsätzlich nur die reinen Materialkosten zu berechnen; § 12 Abs. 1 Nr. 3 JVEG findet allenfalls analog Anwendung.[13] Für die Anfertigung von Schreibarbeiten durch Dritte können danach 0,75 € je 1.000 Anschläge berechnet werden, ggf. ist die Zahl der Anschläge zu schätzen.[14]

---

9 LG Koblenz BtPrax 1997, 247; Bach, a.a.O., S. 35
10 Z.B. für Aktendeckel, Schreibpapier usw.; AG Mühldorf Rpfleger 1993, 154/155
11 LG Berlin FamRZ 1995, 496; ebenso LG Kiel, 3 T 209/01 vom 14.9.2001
12 OLG Schleswig BtPrax 2002, 221 = FamRZ 2002, 1656, ähnlich OLG Brandenburg FamRZ 2002, 626; KG FamRZ 2002, 264 und OLG Zweibrücken FamRZ 2003, 477 m. Anm. Bienwald MDR 2002, 1415
13 LG Paderborn JMBl. NW 1992, 229/231 = Rpfleger 1993, 19/21
14 AG Uelzen FamRZ 1992, 1349; a.A. Damrau/Zimmermann § 1835 Rn. 28

4.4.3 Fotokopierkosten

Die Notwendigkeit der Anfertigung von Kopien im Rahmen der Betreuertätigkeit wird im Allgemeinen zu bejahen sein; zum einen wird der Betreuer oft als Beweismittel zu Anträgen unterschiedlicher Art Fotokopien bereits vorhandener Dokumente bei Behörden oder Gerichten einzureichen haben, zum anderen ist die Anfertigung von Kopien für die Handakte des Betreuers wichtig, da der Betreuer nur bei Vollständigkeit seines Schriftwechsels in der Lage sein wird, die Interessen des Betreuten sachgerecht zu vertreten. Diese Verfahrensweise spart auch erhebliche Zeit ein, die sonst bei wiederholten Anträgen z.B. auf zeitbegrenzte Sozialleistungen erneut aufgewendet werden müsste.[15] **209**

Das Anfertigen von Fotokopien wichtiger Dokumente zur Information des Betreuten im Rahmen der Besprechungspflicht (§ 1901 Abs. 3 BGB) ist erstattungsfähiger Aufwand.[16] **210**

Für die Anfertigung von Kopien können zwischen 0,10 und 0,15 € je Seite abgerechnet werden.[17] Werden Fremdkopierer benutzt (Copy-Shops usw.), sind die tatsächlichen Kosten, die sich im Rahmen der o.g. Beträge halten, zu ersetzen. **211**

Laut einer in der Literatur vertretenen Auffassung können analog zu § 7 Abs. 2 JVEG für die ersten 50 fotokopierten Seiten (eines Betreuungsvorgangs) 0,50 € je Seite und für weitere Seiten je 0,15 € in Rechnung gestellt werden.[18] Etwas abweichend hiervon in der Rechtsprechung: erste 50 Kopien je Betreuungsjahr 0,50 €/Blatt, weitere 0,15 €.[19] Die Regelung entspricht derjenigen der Anlage 1 zu § 3 Abs. 2 GNotKG, Nr. 31000, die die Kosten des Gerichts regelt, sowie der anwaltlichen Dokumentenpauschale in Nr. 7000 Nr. 1 VV RVG, die der BGH auch Anwälten als Verfahrenspflegern zubilligt.[20] Für Schreibauslagen berechnet das Gericht nach derzeitigem Recht für die ersten 50 Seiten 0,50 €/Seite und 0,15 € für jede weitere Seite. **212**

Die Anfertigung von Fotokopien wichtiger Dokumente zur Information des Betreuten im Rahmen der Besprechungspflicht ist erstattungsfähiger Aufwand.[21] **213**

4.4.4 Postnachsendeanträge

Postnachsendeanträge führt die Deutsche Post AG nicht mehr gebührenfrei aus. Die Postnachsendung kostet für Privatkunden für ein halbes Jahr 19,90 €, für ein Jahr 26,90 €, für 2 Jahre 34,90 € (Stand 1.1.2019). **214**

Es sind zwei verschiedene **Arten der Postnachsendung** zu unterscheiden: **215**

- für eigene Betreuertätigkeit
- im Rahmen der gesetzlichen Vertretung des Betreuten

Im ersten Fall leitet der Betreuer die Post, die sich an den Betreuten selbst richtet und an dessen Anschrift adressiert ist, zu sich weiter. Hierzu bedarf der Betreuer der Genehmigung des Betreuungsgerichtes im Rahmen des § 1896 Abs. 4 (oder die ausdrückliche Zustimmung des Betreuten). Hierbei handelt es sich um eine betreuerspezifische Aufwendung, die bei Mittellosigkeit aus der Staatskasse zu zahlen wäre, sofern dadurch gewährleistet ist, dass der Betreuer von der gesamten eingehenden Post des Betreuten Kenntnis nehmen kann.[22] Zu- **216**

---

15 Bach, Kostenregelungen, Rn. C 2.4–2.6; Damrau/Zimmermann § 1835 BGB Rn. 16; LG München I FamRZ 1997, 450, LG Augsburg BtE 1992/93, S. 26; a.A. LG Berlin FamRZ 1995, 496, LG Paderborn Rpfleger 1993, 19/21
16 LG Hamburg BtPrax 2003, 43
17 Bienwald § 1835 Rn. 22; LG München I JurBüro 1993, 113; LG Frankenthal Rpfleger 1988, 64/65 (0,10 €); LG Paderborn JMBl NW 1992, 231 = FamRZ 1993, 237 (LS); LG Wuppertal JurBüro 1996,154; LG Berlin FamRZ 1995, 496; OLG Dresden BtPrax 2001, 220 (0,15 €)
18 LG Koblenz v. 18.4.200. 2 T 224, BtPrax 200, 180; a.A.: OLG Zweibrücken (je Kopie 0,30 DM = 0,15 €): FamRZ 2001, 864 = BtPrax 2001, 169 sowie OLG Dresden Rpfleger 2001, 492 und BayObLG FamRZ 2002, 495
19 LG Koblenz BtPrax 2000, 180 = FamRZ 2001, 114
20 BGH, Beschl. v. 4.12.2013, XII ZB 159/12, BtPrax 2014, 80
21 LG Hamburg BtPrax 2003, 43
22 OLG Zweibrücken FamRZ 2005, 2019

gleich gilt, dass pauschal abrechnende Berufs- und Vereinsbetreuer seit 1.7.2005 diese Aufwendungen nicht mehr separat erstattet erhalten.[23] Derzeit kostenlos möglich ist die Postnachsendung des Betreuten an ein Postfach des Betreuers. Allerdings fällt für das Postfach selbst ein jährliches Entgelt von 19,90 € an.

217 Im zweiten Fall stellt der Betreuer einen Postnachsendeantrag zugunsten des Betreuten, weil dieser umgezogen ist, und zwar an dessen neue Anschrift. Dies ist eine Aufwendung im Rahmen der gesetzlichen Vertretungstätigkeit, die im Falle der Mittellosigkeit nicht aus der Staatskasse gezahlt wird und die auch Berufs- und Vereinsbetreuer aus dem Betreutenvermögen entnehmen können.

4.4.5 Telekommunikationsentgelte

218 Ausgaben für die Inanspruchnahme von Telekommunikationsleistungen: Hier können nur Entgelte für Gesprächseinheiten abgerechnet werden, nicht aber anteilige Kosten für die Beschaffung oder Einrichtung der technischen Geräte oder Anlagen.[24]

219 Nicht abschließend geklärt ist weiterhin, ob Gesprächseinheiten von Mobiltelefonen abrechenbar sind. Hier wäre in früheren Jahren darauf abzustellen gewesen, ob es für den Betreuer zumutbar gewesen wäre, das Festnetz, ggf. eine öffentliche Telefonzelle, zu benutzen. Hierzu muss bemerkt werden, dass das Netz öffentlicher Telefonzellen in den letzten Jahren sehr stark ausgedünnt wurde. Der Verweis auf die Benutzung von Telefonzellen ist infolge weitgehender Abschaffung selbiger obsolet.[25] Auch wenn der Betreuer unterwegs ist, ein Mitarbeiter seines Büros ihn aber dringend erreichen muss und dies nur durch Anruf der Mobilfunknummer möglich ist, sind die Gesprächseinheiten zum Funknetz als gerechtfertigt anzusehen.[26] Die weite Verbreitung von Mobiltelefonen hat diese Kommunikationsform inzwischen als allgemein gebräuchlich ansehen lassen, auch um SMS oder E-Mails abrufen zu können. Die Autoren vertreten daher die Auffassung, dass die Mobilfunknutzung als übliche Kommunikationsform und auch angesichts der inzwischen deutlich niedrigeren Gesprächsentgelte also auch ohne besondere Begründung abrechenbar sein sollte. Allerdings hat die Gestaltung von Mobilfunktarifen diese Frage weitgehend obsolet gemacht, da inzwischen fast immer für Telefonate (zum Festnetz oder zu Mobilnetzen) eine Flatrate vereinbart ist, wodurch die Kosten einzelner Telefonate nicht mehr ermittelbar sind.

220 ### 4.4.6 Fahrt- und Reisekosten

221 Solche Kosten können z.B. durch Besuche des Betreuten oder durch die Wahrnehmung von Verhandlungs-, Gerichts- oder Behördenterminen im Rahmen der Amtsführung entstehen.[27] Ist dem Betreuer auch der Aufgabenkreis der Gesundheitsfürsorge übertragen, gehört zu seinen Aufgaben die Sicherstellung und Kontrolle der ärztlichen Behandlung sowie der Befolgung der ärztlichen Anweisungen und Ratschläge. In diesem Bereich kommt der gesetzlichen Nebenpflicht des § 1901 Abs. 4 BGB besondere Bedeutung zu.

222 Es kann im Einzelfall die Teilnahme des Betreuers an für die Anamnese, die Diagnose oder die weitergehende Behandlung wichtigen Arztbesuchen gerechtfertigt sein (§ 630d, e BGB).[28] Allerdings gilt auch beim Ehrenamtlichen, dass die rechtliche Betreuung sich auf rechtsfürsorgliche Tätigkeiten ohne persönliche Pflegeleistungen oder Hilfestellungen tatsächlicher Art beschränkt[29]. Hierin liegt der wesentliche Unterschied zur tatsächlichen Betreuung.

---

23 OLG Köln BtPrax 2007, 255 (Ls)
24 So Bach BtPrax 1993, 182 und BtPrax 1995, 8/9
25 LG Frankenthal JurBüro 1998, 39; LG Essen, erwähnt bei Dodegge NJW 1998, 2717
26 Zustimmend Damrau/Zimmermann § 1835 BGB Rn. 30; ablehnend LG Koblenz FamRZ 1998, 1533
27 Bienwald § 1835 BGB Rn. 8
28 OLG Schleswig FamRZ 2015, 770
29 BGH, Urteil vom 2.12.2010 – III ZR 19/10, MDR 2011, 103 = FamRZ 2011, 293

Grundsätzlich sind rein tatsächliche Hilfestellungen damit nicht vom Aufgabenkreis des rechtlichen Betreuers umfasst und insoweit auch nicht erstattungsfähig.[30]

Erstattet werden bei der Benutzung von öffentlichen Verkehrsmitteln die tatsächlich entstandenen Kosten (nachgewiesen durch entsprechende Fahrscheine). Grundsätzlich sind Einzelfahrscheine zu erstatten; für Zeitkarten (Monats- oder Wochenfahrscheine) kommt eine Erstattung nur ausnahmsweise in Betracht, wenn die Karte für eine spezielle Betreuung notwendig ist.[31] **223**

Bei Eisenbahnreisen sind die tatsächlich entrichteten Entgelte zu erstatten, auch wenn z.B. durch eine Bahncard die Entgelte niedriger als gewöhnlich ausfallen.[32] Seit 1.7.2004 sind auch die Kosten für Platzreservierungen bei der Deutschen Bahn AG (4,50 € pro Fahrt in der 2. Klasse) abrechenbar. **224**

Bei Benutzung eines eigenen PKW werden gem. § 1835 Abs. 1 Satz 2 BGB zurzeit 0,30 € pro Kilometer erstattet. In diesem Punkt wurde § 1835 Abs. 1 durch das 1. BtÄndG dahingehend konkretisiert, dass die Höhe des Fahrtkostenersatzes ausdrücklich geregelt wurde, und zwar durch Einfügung eines 2. Halbsatzes in § 1835 Abs. 1 Satz 1 BGB, der wie folgt lautet: „Für den Ersatz von Fahrtkosten gilt die in § 5 des Justizvergütungs- und -entschädigungsgesetzes für Sachverständige getroffene Regelung entsprechend." Seit 1.7.2004 wurde die Höhe des Fahrtkostenersatzes im Rahmen des Kostenrechtsmodernisierungsgesetzes auf 0,30 € erhöht und entspricht seither der Höhe der steuerlichen Pauschalsätze bei Dienstgängen. **225**

Neben der Kilometerpauschale sind auch die angefallenen Kosten für Parkautomaten, Parkhäuser usw. zu erstatten.[33] Kosten für durch Falschparken angefallene Verwarnungs- und Bußgelder („Knöllchen") sind kein erstattungsfähiger Aufwand, da eine Gesetzesverletzung vorliegt. Allenfalls dann, wenn der Betreuer durch von ihm nicht zu vertretende Umstände gezwungen wird, den PKW verkehrsordnungswidrig abzustellen, ist ausnahmsweise an eine Erstattung zu denken (z.B. Betreuter als Insasse des KFZ des Betreuers randaliert; Weiterfahrt ist nicht möglich). **226**

Die Anschaffung von Winterreifen ist kein zusätzlicher Aufwand; nur die Kilometerpauschale ist anzuerkennen.[34] **227**

4.4.7 Verpflegungsmehraufwendungen

Tagegeld und Übernachtungskosten bei Dienstreisen (dies sind Reisen außerhalb des Wohnortes) zählen nach hiesiger Auffassung zum abrechenbaren Aufwand analog zu § 6 JVEG.[35] Das *Bayerische Oberste Landesgericht* sah dies nicht als Anspruch des Betreuers an: kein Anspruch auf Verpflegungsmehraufwand bei längeren auswärtigen Betreutenbesuchen; keine analoge Anwendung des (damaligen) § 10 ZSEG auf Betreuer.[36] **228**

Dieser Auffassung können wir uns nach wie vor nicht anschließen. Auch wenn in § 1835 Abs. 1 BGB nur auf § 5 JVEG im Rahmen des Fahrtkostenersatzes Bezug genommen wird, ist es u.E. kein Beleg dafür, dass andere Kosten, die (wenn auch nur ausnahmsweise) beim Betreuer ebenso wie bei Sachverständigen auftreten können, nicht erstattungsfähig sein können. Auch Übernachtungskosten seien grundsätzlich nicht erstattungsfähig, weil Betreuerpflichten regelmäßig keine Übernachtung rechtfertigten.[37] **229**

---

30 LG Osnabrück JurBüro 2017, 429
31 Bach, Kostenregelungen, Rn. C 4.3
32 Meyer/Höver/Bach, JVEG § 5 Rn. 5.9
33 Meyer/Höver/Bach, JVEG § 5 Rn. 5.16
34 LG Koblenz FamRZ 1998, 117 = BtPrax 1997, 247
35 LG Augsburg JurBüro 1993, 87; Seitz BtPrax 1992, 82/85; Deinert JurBüro 1993, 513; Meyer/Höver/Bach JVEG § 6; Damrau/Zimmermann § 1835 Rn. 31
36 BayObLG FamRZ 2004, 565
37 AG Koblenz, Beschluss vom 31.1.2008, 3 XVII 122/04; BtMan 2008, 103 (Ls)

4.4.8 Verdienstausfall

230 Ob für die Betreuung aufgewendete Zeiten, durch die der ehrenamtlich tätige Betreuer Verdienstausfall erleidet, ein Aufwand ist, der gem. § 1835 BGB ersetzt werden könnte, ist in der Literatur umstritten.[38] Nach der Rechtsprechung sind der Zeitaufwand des ehrenamtlichen Betreuers und Tätigkeiten nach dem Ende der Betreuung, wie die Bestattung des Betreuten, keine erstattungsfähigen Aufwendungen.[39]

231 Nach hiesiger Meinung kommt eine Erstattung von Verdienstausfall für ehrenamtliche Betreuer, Vormünder und Pfleger ausnahmsweise dann infrage, wenn eine wichtige Angelegenheit nicht außerhalb der Arbeitszeit erledigt werden konnte. Als Grundsatz gilt jedoch, dass eine Erstattung für Zeitaufwand nur im Rahmen der Zubilligung einer (Ermessens-)Vergütung (§ 1836 Abs. 2) erfolgen kann. Steuerrechtlich gilt ein Verdienstausfall eines ehrenamtlichen Betreuers nicht als Aufwendung im Sinne des § 33 EstG.[40] Betreuungsrechtlich dürfte das nicht anders sein.

232 Die Kosten einer notwendigen Beaufsichtigung der Kinder des Betreuers während dringender Betreuungsgeschäfte können zum Aufwendungsersatz nach § 1835 Abs. 1 BGB zählen.[41]

4.4.9 Kosten für Behördenanträge

233 Verwaltungsgebühren dürfen, wie oben unter Rn. 195 ff., erwähnt, meist keine Aufwendungen nach § 1835 Abs. 1 BGB darstellen. Der Betreuer sollte versuchen, bei Behörden Gebührenerlass zu beantragen, wenn ein Dokument, eine amtlich beglaubigte Kopie o.Ä. zur Vorlage bei einem Gericht oder einer anderen Behörde benötigt werden; hier ist meist eine kostenlose Erteilung „für amtliche Zwecke" möglich. Ansonsten bietet der Gebührenerlass aus sozialen Gründen oft eine weitere Möglichkeit, den Betreuten von Kosten zu entlasten[42].

234 Zum Auslagenersatz zählten im Ausnahmefall jedoch auch Gebühren und Passfotos für einen ausländischen Pass des Betreuten, wenn ihre Höhe in keinem angemessenen Verhältnis zum Zeitaufwand steht, die der Betreuer mit absehbaren Auseinandersetzungen mit Sozialleistungsträgern führen müsste.[43]

4.4.10 Kosten eines Rechtsstreits

235 Gemeint sind hier die Kosten eines Rechtsstreits, die sich als notwendige Folge der Amtsführung ergeben.[44] Kosten der Verfolgung von Vergütungsansprüchen des Betreuers sind keine ersatzfähigen Aufwendungen. Sofern der Betreuer Prozesse für seinen Betreuten führt (vgl. § 1902 BGB, § 53 ZPO), ist in der Regel bei einem verloren gegangenen Prozess jedoch nicht der Betreuer der Zahlungspflichtige, sondern der Betreute; dieser ist auch derjenige, in dessen Namen der Anwalt beauftragt ist und ist diesem somit zur Honorierung im Rahmen des Anwaltsvertrages verpflichtet. Bei fehlerhafter Prozessführung des Betreuers kommt seitens des Betreuten nur ein Schadensersatzanspruch gem. §§ 1833, 1908i BGB in Betracht.[45]

---

38 Gegen die Anrechenbarkeit: Erman/Holzhauer § 1835 BGB Rn. 1; dafür: Seitz BtPrax 1992, 85; Damrau/Zimmermann § 1835 BGB Rn. 32

39 OLG Brandenburg FGPrax 2003, 265; OLG Zweibrücken BtPrax 2010, 38

40 FG Hessen FamRZ 2011, 1764

41 Meyer/Höver/Bach JVEG § 7 Rn. 7.13

42 Siehe zum Status von Betreuern ggü. Behörden im Allgemeinen unter Deinert/Lütgens in BtPrax 2017, 135.

43 BayObLG FamRZ 2003, 405

44 Damrau/Zimmermann § 1835 BGB Rn. 25

45 Vgl. Deinert/Lütgens/Meier, Die Haftung des Betreuers, 3. Aufl., Köln 2018

4.4.11 Dolmetscherkosten

Dies sind Aufwendungen, die entstehen, wenn der Betreute die deutsche Sprache nicht **236** beherrscht. Daher können nicht pauschal abrechnende Personen solche notwendigen Auslagen als Aufwendungsersatz abrechnen.[46] Dies gilt aber seit 1.7.2005 nicht mehr für pauschal abrechnende Berufs-/Vereinsbetreuer. Für die Entschädigung von Dolmetschern kommt als angemessen eine Summe in Höhe der Sachverständigenentschädigung nach § 9 Abs. 3 JVEG in Höhe von 70,00 €/Std. in Betracht. Zweckmäßiger ist es in jedem Fall, wenn ein Betreuer bestellt wird, der (auch) die Sprache der betreuten Person beherrscht. Weitere Hilfestellung kann z.B. durch das Institut für transkulturelle Betreuung erfolgen. Web: www.itb-institut.de.

Soweit der Betreuer selbst als (Gebärden-)Dolmetscher tätig ist, steht ihm, wenn er ein pau- **237** schal abrechnender Berufs- oder Vereinsbetreuer ist, für die Dolmetschertätigkeit kein zusätzlicher Aufwendungsersatz neben der Pauschalvergütung zu, wenn der Betreuer gerade wegen seiner Fremdsprachenkenntnisse ausgewählt wurde.[47] Auch bei pauschal vergüteten Verfahrensbeiständen im Kindschaftsrecht sind Dolmetscherkosten für die Kommunikation zwischen dem Beistand und dem Minderjährigen nicht separat zu erstatten.[48]

Überzeugend ist diese Begründung unseres Erachtens nicht. Auch Anwälte werden häufig **238** gerade wegen der vorhandenen Rechtskenntnisse eingesetzt, trotzdem wird nicht in Frage gestellt, dass sie für typische Anwaltstätigkeiten gem. § 1835 Abs. 3 BGB ein Honorar nach dem RVG verlangen können. In Bezug auf Gebärdendolmetscher ist in mehreren Vorschriften geregelt, dass die in Zusammenhang mit der Beantragung von Sozialleistung entstehenden Kosten der Inanspruchnahme durch den zuständigen Leistungsträger zu tragen sind.

So heißt es in § 17 Abs. 2 SGB I: „Hörbehinderte Menschen haben das Recht, bei der Aus- **239** führung von Sozialleistungen, insbesondere auch bei ärztlichen Untersuchungen und Behandlungen, Gebärdensprache zu verwenden. Die für die Sozialleistung zuständigen Leistungsträger sind verpflichtet, die durch die Verwendung der Gebärdensprache und anderer Kommunikationshilfen entstehenden Kosten zu tragen (…)" und § 19 Abs. 1 SGB X lautet: „Die Amtssprache ist deutsch. Hörbehinderte Menschen haben das Recht, zur Verständigung in der Amtssprache Gebärdensprache zu verwenden; Aufwendungen für Dolmetscher sind von der Behörde oder dem für die Sozialleistung zuständigen Leistungsträger zu tragen."

In Anbetracht der zur Anwaltsvergütung ergangenen Rechtsprechung wäre es folgerichtig **240** gewesen, auf die Nachrangigkeit des § 1835 Abs. 3 BGB hinzuweisen; auch Anwälte müssen zunächst versuchen, ihr Honorar nach den Regeln der Prozesskostenhilfe zu erhalten (siehe unten Rn. 298 ff.). Es ist aber nicht einsichtig, die Dolmetschertätigkeit so weitreichend als Teil der Betreueraufgabe anzusehen. Dies führt nämlich im Ergebnis dazu, dass sie entgegen der o.g. gesetzlichen Vorgaben aus der Justizkasse bzw. im Falle der pauschalen Betreuervergütung überhaupt nicht mehr bezahlt wird. Leider ist auch im Rahmen der Reformdiskussion zum Betreuungsrecht im Bundesjustizministerium seit Mitte 2018 bisher kein Einvernehmen mit den Bundesländern möglich gewesen, diese Kosten zusätzlich zu übernehmen. Zum Zeitpunkt des Redaktionsschlusses des Buches ist zu dieser Problematik auch keine andere Lösung konkret erkennbar (wie die Bezuschussung spezieller Betreuungsvereine zum Vorhalt solcher Personen).

---

46 OLG Frankfurt/Main, Beschl. v. 13.5.2015, 2 UF 90/15, JurionRS 2015, 34630
47 LG Düsseldorf FamRZ 2007, 2108; OLG Köln FamRZ 2008, 921 (m. Anm. Bienwald); OLG Schleswg BtPrax 2009, 85; OLG Frankfurt/Main FamRZ 2009, 1008, BGH BtPrax 2014, 174
48 OLG München FamRZ 2016, 571

4.4.12 Personalkosten von Hilfskräften

241 Im Allgemeinen wird man davon ausgehen können, dass Betreuertätigkeiten vom Betreuer in eigener Person wahrgenommen werden müssen. Dies ergibt sich aus dem Eignungskriterium (§ 1897 Abs. 1 2. Hs. BGB[49]). Die Besprechung wichtiger Angelegenheiten mit dem Betreuten (§ 1901 Abs. 3 BGB) sowie die Einwilligung in Eingriffe nach §§ 1904 bis 1906a BGB werden beispielsweise zu den nicht delegierbaren Aufgaben zählen. Allenfalls für untergeordnete Hilfstätigkeiten (Post holen, Schreibarbeiten, Belege sortieren, Aktenführung) können Hilfskräfte herangezogen werden; liegt eine Verhinderung des Betreuers vor, ist anderenfalls ein Vertretungsbetreuer (§ 1899 Abs. 4 BGB) zu bestellen. Beim Einsatz einer nicht selbst zum Betreuer bestellten Person für Hilfstätigkeiten dürfte dies rechtlich nicht als Bevollmächtigung, sondern als Botentätigkeit zu werten sein.

242 Vor 1999 ging die Rechtsprechung überwiegend davon aus, dass Personalkosten von Hilfskräften im Rahmen der Zeitvergütung geltend zu machen sind. Angesichts der Höhe der Betreuervergütung kam man jedoch zu dem Ergebnis, dass diese Verfahrensweise seit der Pauschalierung 2005 unpraktikabel ist:

- Zum einen wird hierdurch dem Gericht nicht transparent, welche Dienste der Betreuer selbst und welche seine Hilfskraft erledigt hat; diese Kenntnis sollte für das Gericht aber wünschenswert sein;
- zum anderen findet in solchem Falle eine Vermischung verschiedener Qualifikationen statt, die aufgrund der starren Stundensatzhöhen in den §§ 3, 4 VBVG) nicht mehr korrekt berücksichtigt werden können.

243 Zu Recht wies das *LG Memmingen*[50] darauf hin, dass ein vom Betreuer beauftragter Dritter keinen Vergütungsanspruch hat. Die Instruktion einer Vertretungsperson ist jedoch vergütungsfähiger Zeitaufwand[51], ebenso die Einweisung eines künftigen ehrenamtlichen Betreuers durch den bisherigen Vereinsbetreuer.[52] Dies gilt ebenfalls nicht, wenn der Berufs-/Vereinsbetreuer pauschale Betreuervergütung abrechnet.

244 *Hinweis*

 Es wird daher empfohlen, die Tätigkeiten, mit denen der gesetzliche Vertreter eine Hilfskraft beauftragt hat, entsprechend den tatsächlich angefallenen Personalkosten der Hilfskraft (bei Angestellten inkl. Arbeitgeberanteil zur Sozialversicherung) als Aufwendungsersatz in Rechnung zu stellen, statt diese Kosten in der Vergütungsabrechnung mit der eigenen Arbeitsleistung zu vermischen.[53] Dies gilt ab 1.7.2005 nicht mehr bei pauschaler Berufsbetreuervergütung nach § 5 VBVG (vgl. Kapitel 7, Rn. 1006).

245 Das *BayObLG* hat sich mit Beschluss vom 7.2.2001[54] gegen diesen Standpunkt gestellt – es hat gem. § 28 FGG eine Vorlage an den *BGH* wegen Abweichung von *OLG Bremen* vorgenommen.[55]

246 Der BGH hat für (nicht pauschal) abzurechnende Betreuertätigkeiten entschieden, dass solche Personalkosten für Hilfskräfte im Ausnahmefall nach § 1835 Abs. 1 BGB abzurechnende

49 Vgl. auch Zimmermann FamRZ 1998, 521/525, Jürgens BtPrax, 1994, 10; Wagenitz/Engers FamRZ 1998, 1273/1274
50 FamRZ 1999, 459; zuvor bereits LG Frankenthal, BtPrax 1996, 231; LG Frankfurt/Oder, BtPrax 1997, 78; LG Kiel, 14.9.2001, 3 T 209/01
51 BayObLG BtPrax 2000, 214 = FamRZ 2001, 374
52 LG Marburg, 3 T 310/98 vom 17.2.1999, RdLH 1999, 82
53 OLG Bremen FamRZ 2000, 555 = BtPrax 2000, 88, LG Mönchengladbach NJWE-FER 1998, 54; zustimmend Damrau/Zimmermann § 1835 Rn. 18
54 BayObLGZ 2001, Nr. 7 = FamRZ 2001, 653 = BtPrax 2001, 125
55 Ebenso LG Hildesheim Nieders. Rpfleger 1997, 261; s.a. Anm. Bienwald FamRZ 2001, 654; Bleutge JurBüro 1998, 340/345

Aufwendungen darstellen.[56] Es wurde aber sehr restriktiv darauf abgestellt, dass dies nur für Betreuungspersonen gelten kann, die wie Rechtsanwälte über eine arbeitsteilige Büroorganisation verfügten.

Seit 1.7.2005 können bei der pauschalen Vergütung des Berufs- und Vereinsbetreuers keine Personalkosten für Hilfskräfte mehr geltend gemacht werden. Allerdings bleibt es dem pauschal vergüteten Betreuer unbenommen, die Tätigkeiten aus seinem Arbeitsbereich, die im Sinne der obigen Ausführungen keine persönliche Pflicht betreffen, durch Hilfskräfte wahrzunehmen. Der Betreuer behält die Verantwortung für diese Tätigkeiten, muss die Hilfskraft aus seiner Betreuervergütung refinanzieren und kann deren Bruttopersonalkosten nur im Rahmen von Betriebsausgaben steuerlich absetzen. In der Regel werden solche Hilfstätigkeiten nicht selbstständig, sondern in Arbeitnehmereigenschaft stattfinden. Der Betreuer hat (ggf. durch Rücksprache mit der Minijobcentrale) zu klären, ob Arbeitgeberbeiträge zur Sozialversicherung abzuführen sind. **247**

Daher bleiben die Ausführungen zur Abrechnung von Hilfstätigkeiten als Aufwendungsersatz nur im Bereich der nach konkretem Zeitaufwand abrechnenden Vertretungspersonen von Bedeutung, also insbesondere bei Vormundschaften und Pflegschaften. **248**

4.4.13 Beratung, Einführung und Fortbildung des Betreuers

Kosten dieser Art können sein die Teilnahme an Kursen, Vorträgen und Seminaren zum Betreuungsrecht und zu weiteren Rechtsgebieten (oder zu medizinischen Fragen), die für die Betreuertätigkeit wichtig sind. Ursprünglich sollten diese Kosten nach dem Regierungsentwurf zum Betreuungsgesetz (hier § 1835 BGB) zu den abrechenbaren Aufwendungen zählen.[57] In die abschließende Fassung (des § 1835 Abs. 2 BGB) wurde diese Art von Aufwendungen nicht übernommen. Es muss somit grundsätzlich davon ausgegangen werden, dass Kosten hierfür nicht zum abrechenbaren Aufwand zählen. **249**

Betreuungsvereine erhalten für die Durchführung dieser Aufgaben, die zu den sog. Querschnittsaufgaben, die in § 1908f BGB erwähnt sind, meist Landeszuschüsse nach den entsprechenden Landesförderrichtlinien. Sollte eine für den ehrenamtlichen Betreuer kostenfreie Ausbildung nicht möglich, jedoch für eine bestimmte Betreuung erforderlich sein, wäre es eine für ihn unzumutbare Belastung, diese Kosten nicht als Aufwendung anzuerkennen.[58] **250**

Auch bei einer konkreten Beratung im Einzelfall, die einer bestimmten Betreuung eindeutig zuzuordnen ist und für die für den Betreuer kostenlosen Beratungsangebote von Betreuungsverein (§ 1908f BGB), Betreuungsbehörde (§ 4 Abs. 3 BtBG) und Betreuungsgericht (§ 1837 Abs. 2 BGB) nicht ausreichend sind (z.B. durch Mieterverband, Schuldnerberatungsstelle, Anwalt usw.), sind die Gebühren hierfür als abrechenbarer Aufwand anzusehen.[59] **251**

4.4.14 Anschaffung von Fachliteratur

Fachliteratur wird grundsätzlich zum allgemeinen Verwaltungsaufwand zählen, der einzelnen Betreuungen nicht zugeordnet werden kann und daher zumindest für Betreuungsvereine, Betreuungsbehörden und das Jugendamt nicht geltend zu machenden Aufwand darstellt. Bei freiberuflichen Betreuern werden die Kosten der Fachliteratur nur im Rahmen der Einkommensteuer abrechenbare Betriebsausgaben sein. **252**

Für ehrenamtliche Betreuer ist zunächst auf kostenlose Informationsmaterialien (z.B. des Bundes und der Länder sowie aus dem Internet) hinzuweisen. Ist jedoch ein Fachbuch nur für eine bestimmte Betreuung nötig (z.B., weil der ehrenamtliche Betreuer nur diese eine **253**

---

56 BGH FamRZ 2006, 111
57 BT-Drs. 11/4528, S. 110 und BT-Drs. 11/6949, S. 8, 69 f.
58 Bach, Kostenregelungen, Rn. C 7; vgl. zur Parallele bei der Betreuervergütung für ein Literaturstudium BayObLG FamRZ 1996, 1169 = BtPrax 1996, 104
59 Damrau/Zimmermann § 1835 BGB Rn. 25

führt oder der Berufsbetreuer das Buch für einen ganz bestimmten Betreuungsfall benötigt), so gibt es keinen Grund, dieses Buch nicht als Aufwendung zu betrachten und zu ersetzen.[60]

4.4.15 Umsatzsteuer (Mehrwertsteuer)

254 Der Person, die umsatzsteuerpflichtig ist (und nicht nach §§ 4, 5, 5a, 7 VBVG pauschal abrechnet), steht auch Ersatz für die Umsatzsteuer zu, die er auf Aufwendungen zu zahlen hat.[61] Die nachstehenden Ausführungen gelten (seit 1.7.2013) nur noch für umsatzsteuerpflichtige Umsätze. Das sind, nachdem Einkünfte aus Betreuungen, Vormundschaften und Pflegschaften ausdrücklich umsatzsteuerfrei gestellt wurden (vgl. § 4 Nr. 16k, 25c UStG), nur noch sonstige Pflegschaften (z.B. Verfahrens- und Nachlasspflegschaften) sowie für alle vertretenen Personen der Aufwendungsersatz für berufliche Dienste (§ 1835 Abs. 3 BGB).

255 Bis sich diese Erkenntnis durchsetzte, mussten nach der ersten Neuregelung des Vergütungsrechtes am 1.1.1999 zahlreiche Gerichte damit befasst werden; der Gesetzgeber hatte im 1. BtÄndG die ausdrückliche Erstattung nur in § 1 Abs. 1 BVormVG, somit für die Betreuervergütung, aus der Staatskasse geregelt und damit für einen weiteren Zankapfel gesorgt. Diese Auffassung hat sich inzwischen in der Rechtsprechung durchgesetzt.[62]

256 Das *OLG Frankfurt/Main* hatte die Frage wegen Abweichung von *OLG Dresden* gem. § 28 FGG dem *BGH* vorgelegt.[63] Diese Vorlage wurde wegen Aufgabe der entgegenstehenden Rechtsprechung des *OLG Dresden* vom *BGH* zurückgegeben.[64]

257 Die Umsatzsteuerpflicht folgt für die o.g. Vertretungsformen aus den §§ 1 Abs. 1 Nr. 1 Satz 1, 3, 9, Satz 1, 10 Abs. 1 Satz 1 und 2 Umsatzsteuergesetz (UStG). Danach unterliegen der Umsatzsteuerpflicht auch die „sonstigen Leistungen", die ein Unternehmer gegen Entgelt im Rahmen seines Unternehmens ausführt. Da die Person eine berufliche Tätigkeit selbstständig ausübt, ist sie Unternehmer im Sinne des § 2 Abs. 1 Satz 1 UStG. Der Umsatz wird bei sonstigen Leistungen des Unternehmens nach dem Entgelt bemessen, § 10 Abs. 1 Satz 1 UStG. Entgelt im Sinne dieser Vorschrift ist alles, was der Leistungsempfänger (hier: der Pflegling) aufwendet, um die Leistung zu erhalten (§ 10 Abs. 1 Satz 2 UStG).

258 Der Aufwendungsersatz fällt daher unter den Entgeltbegriff und wird von der Umsatzsteuer erfasst. Dementsprechend ist auch im Rahmen der Entschädigung des Sachverständigen nach § 12 Abs. 1 Nr. 4 JVEG anerkannt, dass von der Umsatzsteuerpflicht auch die Kosten des Sachverständigen erfasst werden.[65]

259 Dieses Ergebnis folgt, wie das *KG Berlin* unter Bezugnahme auf umsatzsteuerrechtliche Rechtsprechung und Literatur bereits überzeugend ausgeführt hat, daraus, dass zum Begriff des der Besteuerung unterliegenden Entgelts auch die Auslagen gehören, die der Unternehmer für Rechnung seines Auftraggebers im eigenen Namen aufgewendet hat (z.B. die anteiligen PKW-Kosten, die in einem Betrag pro gefahrenen km umgerechnet zu erstatten sind).[66] Insbesondere handelt es sich nicht um der Besteuerung nach § 10 Abs. 1 Satz 4 UStG nicht unterliegende durchlaufende Posten, weil dieser Begriff voraussetzt, dass durch Handeln des Unternehmers im fremden Namen unmittelbare Rechtsbeziehungen zwischen dem Zahlungsempfänger und dem Zahlungsverpflichteten begründet werden, woran es hier fehlt.

---

60 Bienwald § 1835 BGB Rn. 31
61 LG Augsburg, Beschluss vom 8.11.1994, 6 T 472/94; LG München I JurBüro 1993, 38; Knittel § 1835 Anm. 3; HK BUR/Bauer §§ 1835–1836a Rn. 30; Seitz BtPrax 92/85
62 OLG Hamm BtPrax 2000, 37; OLG Frankfurt/Main BtPrax 2000, 263; OLG Düsseldorf FamRZ 2001, 447 und OLG Zweibrücken BtPrax 2001, 87; OLG Brandenburg BtPrax 2001, 87 (unter Aufgabe entgegenstehender Auffassung in FamRZ 2000, 1441); OLG Dresden BtPrax 2000, 217 (unter Aufgabe entgegenstehender Auffassung in BtPrax 2000, 35; LG Darmstadt FamRZ 2000, 1046; LG Dortmund BtInfo 2/99, 57; AG Betzdorf FamRZ 2001, 1480
63 BtPrax 2000, 131 = Rpfleger 2000, 331
64 Pressemitteilung des BGH, FamRZ 2000, Heft 13, S. II
65 LG Arnsberg, wie oben, unter Hinweis auf Hartmann, Kostengesetze, 26. Aufl., § 8 ZSEG Rn. 6
66 KG Rpfleger 1983, 150

Die Gewährung von Auslagenersatz ist auch in Höhe der anteilig anfallenden Mehrwert- **260**
steuer nicht durch § 3 Abs. 1 Satz 3 VBVG ausgeschlossen. Nach dieser Vorschrift wird eine
auf die Vergütung entfallende Umsatzsteuer zusätzlich ersetzt. Der daraus gezogene Umkehrschluss, eine auf die Auslagen entfallende Erstattungspflicht solle ausgeschlossen werden, ist jedoch nicht tragfähig. Denn der Erstattungsanspruch auch hinsichtlich des Steuer-
anteils ergibt sich bereits aus dem Begriff des Aufwendungsersatzes (§ 1835 Abs. 1, § 670
BGB), der die anfallende Steuerpflicht einschließt.[67] Von dieser Rechtslage geht auch die Begründung zum Regierungsentwurf des 1. BtÄndG ausdrücklich aus. Dort ist ausgeführt, der
Anspruch auf Auslagenersatz erstrecke sich auch auf die darauf nach den Vorschriften des
UStG anfallende Mehrwertsteuer. Ein sachliches Regelungsbedürfnis bestehe deshalb nur
für die auf die Vergütung anfallende Mehrwertsteuer.

▶ *Zu Details der Abrechnung von Umsatzsteuern siehe Kapitel 12, Rn. 1925 ff.*

Eine auf die aus der Staatskasse gezahlte Vergütung entfallende Umsatzsteuer wird, soweit **261**
sie nicht nach § 19 Abs. 1 des UStG unerhoben bleibt, zusätzlich ersetzt (§ 3 Abs. 1 Satz 3
VBVG). Diese Zahlungen sind Bestandteil der Vergütung, kein Aufwendungsersatz.[68] Bei der
pauschalen Betreuervergütung war nach § 4 Abs. 2 VBVG seit 1.7.2005 die Umsatzsteuer
im Inklusivstundensatz enthalten und musste nicht separat ausgewiesen werden. Bei der
Umsatzsteuerbefreiung von Betreuern zum 1.7.2013 wurde dabei die Textstelle in § 4 Abs. 2
VBVG übersehen. Diese ist im Rahmen der Vergütungsreform 2019 beim neu gefassten § 5
Abs. 5 VBVG korrigiert. Hier ist nun nur noch vom Ausschluss des Ersatzes von Barauslagen
die Rede.

Die Tätigkeit von gemeinnützigen Betreuungsvereinen war nach der Rechtsprechung des
Bundesfinanzhofes bereits seit 2009 umsatzsteuerfrei.[69] Als gemeinnützige Institution
(§ 52 ff. AO) unterliegen sie auch nicht der Körperschaftsteuer und Gewerbesteuer. Zur Umsatzsteuerbefreiung von selbstständigen Berufsbetreuern siehe Rn. 1909 ff..

4.5 Nicht abrechenbare Aufwendungen

Keine Aufwendungen im Sinne von § 1835 BGB sind: **262**

- Die eigene Arbeitskraft und Tätigkeit, die der ehrenamtliche Betreuer zur Führung der Betreuung verwendet, wegen des Prinzips der Unentgeltlichkeit.[70] Vgl. auch oben unter
dem Stichwort „Verdienstausfall", Rn. 230 ff..

- Anteilige Kosten für eine eigene Büroorganisation. Auch dies grenzt ehrenamtliche von
Berufsbetreuern ab.

- Im Namen des gesetzlich Vertretenen getätigte Rechtsgeschäfte. Diese binden ausschließlich den Betreuten, vgl. § 164 BGB.

Sobald der Betreuer als gesetzlicher Vertreter z.B. im Namen des Betreuten einkauft, ist die **263**
Forderung des Geschäftspartners (z.B. auf Zahlung des Kaufpreises) eine direkte Verpflichtung des Betreuten gegenüber dem Dritten aus § 278 BGB. Streckt der Betreuer den Betrag
aus eigenem Vermögen vor, wie es in der Praxis oft vorkommt, so kann er diese Beträge unmittelbar dem Vermögen oder den laufenden Einkünften des Betreuten im Rahmen der Erstattung für eine ungerechtfertigte Bereicherung (§ 812 BGB) entnehmen, ohne dass hier
eine Mittellosigkeitsprüfung stattfindet, da es hier nicht um Aufwendungsersatz geht, sondern um die Erfüllung einer Verbindlichkeit des Betreuten. Es liegt auch kein verbotenes In-
sich-Geschäft vor (§ 181 BGB).[71]

---

67 Vgl. KG, a.a.O.
68 Damrau/Zimmermann § 1835 BGB Rn. 20
69 BFH BtPrax 2009, 120 FamRZ 2009, 973 = BFH NV 2009, 146; ebenso FG Niedersachsen BtPrax 2010, 141 =
     FamRZ 2010, 1477
70 Damrau/Zimmermann § 1835 BGB Rn. 38
71 Vgl. Karmasin BtPrax 1998, 123

264
- Auslagen, die nicht der Betreuungsführung dienten, sondern der Privatsphäre der Betreuungsperson zuzurechnen sind, z.B. Geschenk des Betreuers für den Betreuten.
- Kosten der Rechtsverfolgung des Betreuers, eine Betreuung, die ihm entzogen wurde, zu behalten[72]
- Schäden, die der Betreuer bei Ausübung der Betreuertätigkeit erleidet
- Kosten im Rahmen von Tätigkeiten nach dem Ende der Betreuungstätigkeit[73]

265
Weitere Tätigkeiten, insbesondere die Bestattung des verstorbenen bisherigen Betreuten, sind keine Aufgaben des Betreuers mehr. Ausnahmsweise können dringend zu erledigende Aufgaben nach dem Tod der betreuten Person gem. § 1698b Abs. 1 i.V.m. §§ 1893 und 1908i Abs. 1 BGB noch zu den Betreuerpflichten gehören. Soweit hierfür noch eine Vergütung nach Einzelaufwand zu zahlen ist, wären auch Barauslagen dazu abrechenbar.[74]

▶ *Einzelheiten zu den Tätigkeiten nach dem Tod des Betreuten finden Sie im Kapitel 6, Rn. 866 ff.*

4.6 Die Aufwendungen nach § 1835 Abs. 2 BGB (Haftpflichtversicherung)

266
Nach § 1835 Abs. 2 BGB zählen zu den erstattungsfähigen Aufwendungen eines Betreuers auch die Kosten einer angemessenen Versicherung. Bemerkenswert ist an dieser Vorschrift allerdings zunächst, welche Aufwendungen in Abweichung zum Regierungsentwurf aus dem Jahre 1989 nicht aufgeführt und damit nicht erstattungsfähig sind: Kosten einer generellen Versicherung gegen Eigenschäden, die der Betreuer bei der Führung der Betreuung erleiden kann; § 1835 Abs. 2 BGB ist demnach nicht als eine Erweiterung der Aufwendungen des § 1835 Abs. 1 BGB, sondern als eine einschränkende Vorschrift aufzufassen.

267
Im Rahmen des § 1835 Abs. 2 BGB werden Versicherungen gegen Schäden erstattet, die
- dem Betreuten durch das pflichtwidrige Verhalten des Betreuers (Handeln oder Unterlassen) entstehen (außer im Falle des Vorsatzes, § 103 VVG) oder
- dem Betreuer dadurch entstehen können, dass er einem Dritten zum Schadensersatz verpflichtet ist, weil er diesem bei der Führung der Betreuungsangelegenheit einen Schaden zugefügt hat, z.B. wäre dies ein Schadensersatz des Sozialhilfeträgers nach §§ 103, 104 SGB XII.

268
Nicht erstattungsfähig sind die Kosten einer Versicherung gegen die Risiken eines dem Betreuer durch den Betroffenen zugefügten Schadens.[75] Bei Personenschäden ist der Betreuer im Regelfall durch die gesetzliche Unfallversicherung (Eigenunfallversicherung des Bundeslandes bzw. Berufsgenossenschaft Gesundheitsdienst und Wohlfahrtspflege bei Berufsbetreuern) abgesichert.

269
Haftungsrisiken für den Betreuer ergeben sich im Wesentlichen aus schuldhaften Pflichtverletzungen bei der Amtsführung des Betreuers (§ 1833 BGB).[76]

270
Gegenüber dem Betreuten kommt hier vor allem Fehlverhalten bei der Vermögensverwaltung in Betracht, z.B.
- Geldanlagen ohne ausreichende Anlagensicherung oder in spekulativer Form,
- Fristversäumnis bei der Beantragung von Renten- oder anderen Sozialleistungen, fehlerhafte Prozessführung oder

---

72 AG Völklingen FamRZ 1996, 229
73 Außer für Schlussbericht, Schlussrechnungslegung und Rückgabe des Betreuerausweises (LG Leipzig FamRZ 1996, 1361) sowie im Rahmen der Notgeschäftsführung
74 Vgl. OLG München BtPrax 2006, 233 = FamRZ 2006, 1787
75 Vgl. Bach BtPrax 93, 183; LG Bückeburg NJW-RR 2002, 506
76 Vgl. dazu Deinert/Lütgens/Meier, Die Haftung des Betreuers, 3. Aufl. Köln 2018

- Unterlassen, die notwendigen Freistellungsaufträge für die Besteuerung von Zinsen zu stellen.[77]

Maßstab für das Verschulden des Betreuers ist § 276, sodass Betreuer für Vorsatz und jede Art von Fahrlässigkeit (grobe, einfache, leichte) einstehen müssen. Für Details wird auf das Buch von Deinert/Lütgens/Meier: Die Haftung des Betreuers (3. Auflage, Bundesanzeiger Verlag , Köln 2018) verwiesen. **271**

Gegenüber dritten Personen außerhalb des Betreuungsverhältnisses können sich Haftungsrisiken insbesondere aus dem Deliktsrecht und hier aus der Verletzung von Aufsichtspflichten (§ 832 BGB) ergeben. Dies kommt aber nur in Betracht, wenn dem Betreuer die gesamte Personensorge oder speziell die Beaufsichtigung des Betroffenen als Aufgabenkreis übertragen wurde.[78] **272**

Auch durch die Tatsache, dass die Betroffenen volljährig und grundsätzlich nicht in ihrer Handlungsfähigkeit eingeschränkt sind, ist die Möglichkeit einer **Aufsichtspflichtverletzung** eingeschränkt. In der Literatur wird bisweilen die Haftung des Betreuers eines Volljährigen wegen Aufsichtspflichtverletzung insgesamt verneint[79]; der Vormund eines Minderjährigen und der Pfleger mit dem Wirkungskreis Personensorge sind aber auf jeden Fall aufsichtspflichtig (§ 1631 Abs. 1. i.V.m. §§ 1800, 1915 BGB). **273**

Versicherungskosten werden als Aufwendungen erstattet, wenn sie „angemessen" sind. Dies bedeutet zunächst, dass eine Versicherung nicht nötig ist, wenn bereits anderer Versicherungsschutz besteht. Zu nennen ist hier die gesetzliche Unfallversicherung für Betreuer[80]; darüber hinausgehender **Unfallversicherungsschutz** wird als nicht angemessen betrachtet. **274**

Wenn der Versicherungsabschluss im Rahmen der Haftpflichtversicherung notwendig ist, muss der Betreuer unnötig hohe Versicherungskosten vermeiden. Zur Absicherung der Grundrisiken haben deshalb alle Bundesländer Sammelversicherungen abgeschlossen, in denen ehrenamtliche Betreuer, Vormünder und Pfleger automatisch versichert sind.[81] Ehrenamtliche Betreuer, die mit Vereinen kooperieren, können auch über diese versichert werden. **275**

Soweit der Versicherungsschutz durch die Sammelversicherung nicht ausreicht (problematisch ist hier vor allem die begrenzte Versicherungssumme von noch nicht in allen Bundesländern 250.000,00 €), ist der Betreuer berechtigt, wenn es Art und Umstände der übernommenen Aufgabe erfordern, eine zusätzliche Versicherung abzuschließen. Im Rahmen des § 1837 Abs. 2 BGB kann ihm das Betreuungsgericht auch eine entsprechende Auflage erteilen. **276**

In § 1835 Abs. 2 BGB werden die Kosten einer Haftpflichtversicherung des Kraftfahrzeughalters ausdrücklich aus dem Kreis der erstattungsfähigen Versicherungen herausgenommen. Umstritten ist, ob dazu auch die anteiligen Kosten einer Vollkaskoversicherung für ein Fahrzeug gehören, das auch zur Führung der Betreuung eingesetzt wird.[82] Da die Vollkaskoversicherung Eigenschäden abdeckt und diese nach der Entscheidung des Gesetzgebers nicht von § 1835 Abs. 2 BGB erfasst sein sollen, wird eine Erstattung wohl nicht in Betracht kommen. **277**

Für **Berufsbetreuer**, die entgeltlich tätig sind, sind die **Versicherungskosten** nicht erstattungsfähig, sie werden auf die Vergütung nach § 1836 Abs. 2 BGB verwiesen. Wird jedoch im Einzelfall eine Ermessensvergütung (§ 1836 Abs. 3 BGB n.F.) gezahlt, bleibt daneben der **278**

---

77 Vgl. im Einzelnen mit weiteren Beispielen: Deinert/Schreibauer BtPrax 1993, 186; HK BUR/Bauer/Deinert § 1833 BGB Rn. 14 ff. sowie div. Gerichtsentscheidungen zur Betreuerhaftung im Internet unter www.betreuer haftung.de

78 LG Bielefeld BtPrax 1999, 111, auch im Internet unter www.betreuerhaftung.de

79 HK BUR/Bauer § 832 BGB; Bauer/Knieper BtPrax 1998, 123

80 § 2 Abs. 1 Ziff. 10 SGB VII; vgl. Deinert BtPrax 1996, 42

81 Vgl. Deinert/Schreibauer BtPrax 1993, 185/190

82 Dafür Seitz BtPrax 92, 85; dagegen Damrau/Zimmermann § 1835 BGB Rn. 54; Damrau/Zimmermann § 1835 BGB Rn. 7; HK BUR/Bauer §§ 1835–1836a BGB Rn. 37

Anspruch auf Ersatz der Versicherungskosten bestehen. Auch für Vereinsbetreuer, Behördenbetreuer, die Betreuungsbehörde, das Jugendamt oder den Verein als Betreuer, Vormund und Pfleger gilt § 1835 Abs. 2 BGB wegen ausdrücklicher Ausschlüsse nicht (§§ 1835 Abs. 5 BGB, 7, 8 VBVG). Mitarbeiter von Betreuungsvereinen sind über den Verein (und auf dessen Kosten) angemessen in der Haftpflichtversicherung zu versichern (§ 1908f Abs. 1 BGB).

279   Im Ergebnis bedeutet das, dass die Erstattung von **Haftpflichtversicherungsbeiträgen** eine absolute Ausnahme darstellt. Die Lücken bei einigen Bundesländern in Art und Höhe des Versicherungsschutzes sollten besser durch eine Verbesserung der landesrechtlichen Absicherung ehrenamtlicher Betreuertätigkeit geschlossen werden. Für Berufsbetreuer dürfte es zum allgemeinen Standard gehören, sich gegen Haftungsrisiken auf eigene Kosten abzusichern, diese können vom Berufsbetreuer steuerlich als Betriebsausgaben abgesetzt werden.

4.7 Die Aufwendungen nach § 1835 Abs. 3 BGB (Berufliche Dienste)

4.7.1 Allgemeines für Betreuer, Vormund und BGB-Pfleger

280   § 1835 Abs. 3 BGB gewährt auch dem ehrenamtlichen Betreuer, Vormund und Pfleger in Ausnahme zu der Regelung des § 1836 Abs. 1 Satz 1 BGB Ansprüche aufgrund des berufseinschlägigen Einsatzes seiner Arbeitskraft. Das *BVerfG* hatte in seinem Urteil vom 1.7.1980 nach altem Vormundschaftsrecht (damals § 1835 Abs. 2 BGB) die Vorschrift so ausgelegt, dass bei Berufsvormündern eine Erstattung ihres Zeitaufwands und ihrer Bürounkosten nach dieser Bestimmung erfolgen konnte.[83]

281   Da nach § 1836 Abs. 2 BGB seit 1.1.1992 Berufsbetreuer einen Ausgleich für aufgewendete Arbeit und Zeit als Vergütung (auch aus der Staatskasse) erhalten konnten, kam eine Anwendung des § 1835 Abs. 3 BGB für diese Personengruppe nicht mehr in der alten Form in Betracht. Es kam also wieder zu der ursprünglichen, einschränkenden Auslegung des § 1835 Abs. 3 BGB. Danach gilt **für Ehrenamtliche** Folgendes: Als Ausnahme vom Grundsatz der Unentgeltlichkeit können sie dann vom Betreuten Aufwendungsersatz verlangen, wenn sie eine für ihren Beruf spezifische Angelegenheit für den Betreuten wahrnehmen, für die der Betreute sonst üblicherweise eine entsprechende Fachkraft hätte hinzuziehen müssen.[84]

282   Die Vorschrift wird auch bei beruflich tätigen Betreuern, Vormündern und Pflegern angewendet, wenn es sich um so spezielle Tätigkeiten handelt, für die auch ein qualifizierter Berufsbetreuer oder -vormund einen Dritten mit einer ganz spezifischen Qualifikation (wie Anwalt oder Steuerberater) herangezogen hätte. Sinn der Vorschrift ist es, dem Betreuten nicht dadurch einen Vorteil zu verschaffen, dass er zufällig einen für bestimmte Tätigkeitsbereiche beruflich kompetenten Betreuer hat.[85] Nach § 7 Abs. 1 VBVG gilt die Regelung allerdings ausdrücklich nicht bei Bestellung eines Vereinsbetreuers; nach § 8 Abs. 2 VBVG ebenfalls nicht beim Behördenbetreuer. Dieser Ausschluss ist auch im Rahmen des Vergütungsreformgesetzes 2019 beibehalten worden.

283   Die Abrechnung als Aufwendung i.S.d. § 1835 Abs. 3 BGB nach den Honorarordnungen anderer Berufsgruppen (z.B. für Anwälte, Steuerberater oder Wirtschaftsprüfer) kommt aber nur dann in Betracht, wenn der Betreuer tatsächlich der betreffenden Berufsgruppe angehört und den Beruf zumindest in der Vergangenheit bereits ausgeübt hat.[86]

---

83 BVerfGE 54, 251
84 LG Berlin Rpfleger 1974, 435; LG München I Rpfleger 1975, 396; Bach BtPrax 93, 183; Jurgeleit/Maier § 1835 BGB Rn. 19; Damrau/Zimmermann § 1835 BGB Rn. 57
85 Rechtsprechung: BayObLG, FamRZ 1996, 611; BayObLG FamRZ 1989, 214; BayObLG FamRZ 1993, 224 (225); LG Berlin Rpfleger 1974, 435; LG Göttingen Rpfleger 1990, 460; LG München Rpfleger 1975, 396; LG München I Rpfleger 1997, 396/397; OLG Oldenburg FamRZ 1996, 1346; OLG Karlsruhe FGPrax 2001, 72; ähnlich BayObLG BtPrax 2002, 270 und OLG Düsseldorf BtPrax 2002, 271; Seitz BtPrax 92, 82/86
86 OLG München BtPrax 2008, 129 = FamRZ 2008, 1560

Die herrschende Auffassung will den § 1835 Abs. 3 BGB eng gefasst sehen; die „normale" **284** Betreuertätigkeit soll nicht hierunter fallen, sondern nach § 1836 Abs. 2 BGB (ausnahmsweise bei Ehrenamtlichen) bzw. nach dem VBVG (bei beruflich Tätigen) vergütet werden.[87] Ein anwaltlicher Betreuer kann gem. § 1835 Abs. 3 BGB Gebühren nach RVG abrechnen, wenn er anwaltsspezifische Dienste leistet, für die ein sonstiger Betreuer einen Anwalt hinzugezogen hätte.[88] Erstattungsfähig ist für Rechtsanwälte die Prozessvertretung des Betreuten, auch wenn kein Anwaltszwang bestand[89], es sei denn, dem Betreuten wurde Prozesskostenhilfe bewilligt oder hätte bewilligt werden können.[90] Bei mittellosen Betreuten ist der Gebührenrahmen auf die Gebührensätze der Beratungshilfe beschränkt.[91]

Für einen Rechtsanwalt als Berufsbetreuer ist die Prozessvertretung jedenfalls dann nach § 1835 Abs. 3 BGB abrechnungsfähig, wenn Anwaltszwang bestand.[92] Im letzteren Falle stellt sich allerdings außerhalb des Vergütungsrechtes die Frage, ob anwaltliches Berufsrecht damit kollidiert, § 45 BRAO.[93]

Bei der Prüfung, ob einem anwaltlichen Betreuer eine Vergütung nach § 1 Abs. 2 Satz 2 RVG **285** i.V.m. § 1835 Abs. 3 BGB zusteht, sind **strenge Maßstäbe** anzuwenden, wobei insbes. zu beachten ist, dass jede Betreuung ihrer Natur nach Rechtshandlungen erforderlich macht, die auch von Personen ohne juristische Kenntnisse und Ausbildung übernommen werden. Nichtjuristen müssen daher grundsätzlich in der Lage sein, entsprechende Aufgaben, die keine besonderen rechtlichen Schwierigkeiten aufweisen, ohne Einschaltung eines Rechtsanwaltes zu bewältigen.[94]

Die Erstellung der Einkommensteuererklärung und die Prüfung des Steuerbescheides sind berufsbezogene Aufwendungen i.S. des § 1835 III BGB. Der Betreuer gehört als Anwalt zu den von § 3 StBerG umgrenzten Personenkreis, der zur geschäftsmäßigen Hilfeleistung in Steuersachen berechtigt ist.[95] Die letztgenannte Entscheidung ist allerdings insoweit irrig, als sie davon ausgeht, dass ein anderer Betreuer keine Steuererklärung tätigen darf, dies ist nach § 4 Nr. 4 StBerG, § 34 AO ausdrücklich gestattet. Vom Ergebnis bleibt die Entscheidung richtig, bedarf es doch bei Steuererklärungen in der Regel deutlichen steuerrechtlichen Fachwissens. Dies gilt auch für Erklärungen bei anderen Steuerarten wie der Erbschaft- und Schenkungsteuer.[96]

Ein Rechtsanwalt darf dann jedoch die **Art der Geltendmachung** seiner Aufwendungen **286** frei wählen[97]: Bei der Entscheidung des Rechtsanwalts, ob er seine Aufwendungen für die Tätigkeit als Berufsbetreuer nach § 1835 Abs. 3 BGB in Verbindung mit Vorschriften des RVG geltend macht oder ob er eine Vergütung nach § 1836 BGB in Verbindung mit dem VBVG verlangt, handelt es sich weder um ein Wahlrecht im Sinne des § 262 BGB noch um eine Leistungsbestimmung im Sinne des § 315 BGB. Die Annahme einer Wahlschuld scheitert schon daran, dass § 263 BGB dem „Schuldner" das Wahlrecht einräumt, während es hier um ein Wahlrecht des Gläubigers geht.[98]

---

87 LG Berlin Rpfleger 1974, 4235; LG München Rpfleger 1975, 396; HK BUR/Bauer, §§ 1835–1836a BGB Rn. 47; Wesche Pfleger 1990, 441/444; Deinert Rpfleger 1992, 92; a.A.: Frommann BtPrax 1993, 41; Winterstein BtPrax 1993, 44
88 OLG Karlsruhe FGPrax 2001, 72, BayObLG FamRZ 2005, 828; LG Limburg Rpfleger 2005, 361, OLG München BtPrax 2008, 219; OLG Rostock Beschl v 23.9.2009, 10 WF 178/09; BGH BtPrax 2011, 85 und erneut BtPrax 2012, 205 und BtPrax 2014, 224
89 BtKomm/Dodegge F Rn. 43; OLG Frankfurt/Main FamRZ 2002, 59; BayObLG FamRZ 2002, 573
90 OLG Frankfurt/Main FamRZ 2002, 59; OLG Bremen FamRZ 1986, 189; ebenso BayObLG FamRZ 2002, 573; OLG Jena BtPrax 2002, 132; LG Münster BtPrax 2010, 146; LSG NRW BtPrax 2009, 19; OLG Köln BtPrax 2009, 248 = FamRZ 2009, 1707; LSG Berlin-Brandenburg FamRZ 2009, 1612
91 BGH Beschl. v. 4.12.2013, XII ZB 57/13; KG BtPrax 2011, 270 = FamRZ 2012, 63
92 OLG Jena FamRZ 2002, 988
93 Siehe dazu bei Fiala/Deinert: Der Rechtsanwalt im Betreuungs- und Unterbringungsrecht, FamRZ 2017, 1899/1902
94 LG Mainz BtPrax 2007, 255 (Ls)
95 LG Düsseldorf BtPrax 2008, 275 (Ls)
96 Siehe dazu unter Deinert/Römer: Steuerrecht für Betreuer und Betreute, Köln 2012
97 KG BtPrax 2011, 270 = FamRZ 2012, 63; OLG Frankfurt am Main, Beschl. v. 12.2.2015, 4 WF 209/14
98 OLG Hamm BtPrax 2007, 255 (Ls)

287 Der Berufsbetreuer hat Anspruch auf Vergütung und Aufwendungsersatz nur für Tätigkeiten im Bereich der ihm übertragenen Aufgabenkreise. Dabei kommt es darauf an, ob er die Tätigkeit zur pflichtgemäßen Erfüllung seiner Aufgaben für erforderlich halten durfte.[99] Die Tätigkeit als Kontroll- oder Gegenbetreuer ist nicht deshalb schon als berufliche Tätigkeit nach § 1835 III BGB anzusehen und abzurechnen, weil in der Betreuerbestellung der Beruf des Betreuers „Rechtsanwalt" erwähnt wird.[100] Der Ersatzanspruch des § 1835 III BGB dient nicht dazu, außerhalb der Betreuertätigkeit entfaltete Aktivitäten (hier Strafverteidigung ohne zuvor erfolgte Pflichtverteidigerbeiordnung) zu vergüten.[101]

4.7.1.1 Situation bei pauschalierter Betreuervergütung

288 Auch nach dem Inkrafttreten des 2. BtÄndG bleibt bei Betreuern, deren Vergütungsanspruch nach § 4 VBVG pauschaliert wird, daneben ein Anspruch nach § 1835 Abs. 3 BGB bestehen (§ 4 Abs. 2 Satz 2 VBVG, im Rahmen des Vergütungsreformgesetzes 2019 künftig § 5 Abs. 5 VBVG). Anders als nach früherem Recht führt seit dem 2. BtÄndG das Beanspruchen von Aufwendungsersatz nach § 1835 Abs. 3 BGB nicht mehr zu einer Verringerung der Ansprüche auf pauschale Betreuervergütung. Daher ist seit dem Inkrafttreten des 2. BtÄndG am 1.7.2005 die Diskussion um ein Wahlrecht obsolet, da jeder Berufsbetreuer, der Aufwendungsersatz nach § 1835 Abs. 3 BGB beanspruchen kann, dies auch tun wird, da er anderenfalls finanziell erheblich schlechter dasteht.

289 Es können nach § 1835 Abs. 3 BGB zudem nur die Leistungen ersetzt werden, auf die der Betroffene auch ohne Anordnung einer Betreuung Anspruch gehabt hätte; **zusätzliche Sozialleistungen** können nicht auf dem Wege des Aufwendungsersatzes geltend gemacht werden (z.B. Pflegeleistungen, Soziotherapie usw.). [102]

290 Werden berufliche Dienste erbracht, ist im Übrigen zunächst zu prüfen, ob nicht ohnehin andere Kostenträger hierfür zuständig sind.[103] Hiervon abweichend vertritt das *BayObLG* die Ansicht, dass (zumindest nachrangig gegenüber anderen Kostenträgern) auch bei beruflichen Diensten die Staatskasse einzutreten hat.[104]

291 Eine Frage ist es, ob angesichts der pauschalen Betreuervergütung der § 1835 Abs. 3 BGB künftig wieder umfassender interpretiert werden sollte. Hierunter könnte z.B. die Verwaltung von Mietwohnungen oder so großer Vermögensmassen fallen, für die jeder andere Betreuer (auch Berufsbetreuer) einen professionellen Hausverwalter oder Anlageberater beauftragt hätte (siehe hierzu auch die Darstellung im Kapitel 7, Rn.982, 1197 ff.). Der BGH hat in seinem Beschluss vom 21.10.2009 eine solche Ausnahme gestattet.[105] Hiernach sei die höhere Abgeltung der Leistungen eines Betreuers im Rahmen gesonderter Aufwendungen oder vertraglicher Vereinbarungen möglich. Ein Betreuer kann Leistungen, die er für den Betreuten erbringt, die zu seinem Beruf, aber nicht zu seinen Aufgaben als Betreuer gehören und die deshalb von der pauschalen Betreuervergütung nicht umfasst sind, als Aufwendungen gesondert geltend machen. Dies ist dann anzunehmen, wenn dem Betreuer eine umfängliche Prüfung der von einem früheren Betreuer durchgeführten Vermögensgeschäfte oder die Vertretung im Ehescheidungsverfahren als Aufgabenkreis übertragen ist und die dabei wahrzunehmenden Tätigkeiten zum Beruf des Betreuers gehören. Zudem kann dem Betreuer in Ausnahmefällen für die Erbringung besonderer Leistungen eine Vergütung aufgrund eines Vertrags zu gewähren sein, den der Betreuer zuvor mit einem für den Betreuten zu bestellenden Ergänzungspfleger abzuschließen hat.

---

99 OLG Schleswig BtPrax 2007, 268 (Ls) = FamRZ 2008, 187
100 OLG Köln FamRZ 2008, 2064; OLG Köln FamRZ 2001, 1643
101 LG Mainz FamRZ 2009, 251; OLG Schleswig BtPrax 2007, 268 (Ls) = FamRZ 2008, 187
102 BGH BtPrax 2007, 126 = FamRZ 2007, 381; HK-BUR/Bauer/Deinert § 1835 BGB Rn. 57
103 Krankenkasse, Pflegeversicherung, Sozialhilfeträger usw.; vgl. Karmasin BtPrax 1998, 133; Knittel § 1835 Rn.1 a
104 Z.B. bei Psychotherapien; vgl. BayObLG FamRZ 1998, 1050; a.A.: OLG Zweibrücken Rpfleger 2000, 549
105 XII ZB 66/08, FamRZ 2010, 199 (m. Anm. Bienwald S. 201) = BtPrax 2010, 30

Vereinsbetreuer und Behördenbetreuer können nach §§ 7,8 VBVG keine Ansprüche nach § 1835 Abs. 3 BGB geltend machen. Das gleiche gilt auch für den Vormundschaftsverein und das Jugendamt (§§ 1791a ff.) sowie den Betreuungsverein und die Betreuungsbehörde als Betreuer nach § 1900 BGB. Für diese Institutionen gilt, dass juristische Personen keinen Beruf haben können und daher die Bestimmung des § 1835 Abs. 3 BGB auch ohne ausdrücklichen Ausschluss keine Anwendung findet. **292**

4.7.1.2 Tätigkeiten, die sonst fremde Hilfe benötigen

Zum Beruf des Betreuers gehören Tätigkeiten, für die jeder andere fremde Hilfe in Anspruch nehmen würde. So kann z.B. die Prozessführung durch anwaltliche Berufsbetreuer über § 1835 Abs. 3 BGB als berufliche Dienste erstattet werden. Die Höhe des Aufwendungsersatzes richtet sich dann nach den für den jeweiligen Beruf geltenden Entgelten. Dies ist für die anwaltliche Tätigkeit das RVG, für Steuerberater die Steuerberatergebührenordnung (StBGebV)[106], beim Arzt die GOÄ, beim Psychotherapeuten das PsychThG (§ 9 i.V.m. der Gebührenordnung für Psychologische Therapeuten vom 8.6.2000[107]) und bei anderen Berufen die dort geltenden Gebühren- oder Tarifordnungen oder die üblichen Entschädigungssätze.[108] **293**

Ärztliche oder psychotherapeutische Dienste[109] können jedoch nach Auffassungen aus der Rechtsprechung ebenso wenig über § 1835 Abs. 3 BGB abgerechnet werden wie handwerkliche oder hauswirtschaftliche Dienste, da diese nicht Inhalt der Betreuertätigkeit (§§ 1901 Abs. 1, 1902 BGB) sind.[110] Das gleiche soll auch für Dolmetscherdienste (bei Fremdsprachen und Gebärdensprache) gelten, wenn der Betreuer gerade wegen seiner Fremdsprachenkenntnisse ausgewählt wurde[111] (siehe insoweit auch oben, Rn. 237 ff.). Soweit erkennbar, sieht die Rechtsprechung in Fremdsprachenkenntnissen lediglich eine Eignungsvoraussetzung nach § 1897 Abs. 1 BGB, jedoch keine zusätzlich abrechenbare berufliche Tätigkeit nach § 1835 Abs. 3 BGB.[112] Auch durch das Vergütungsreformgesetz 2019 wird daran nichts geändert. **294**

Aufwendungsersatz für eine **Strafverteidigung** kann der Berufsbetreuer (Rechtsanwalt) grundsätzlich nur verlangen, wenn sich der Aufgabenkreis ausdrücklich hierauf erstreckt. Der Aufgabenkreis „Vertretung gegenüber Behörden" und anderen Institutionen reicht nicht aus.[113] Bestellt das Gericht einen Anwalt zum vorläufigen Betreuer zur Vertretung im **Zwangsversteigerungsverfahren**, so steht ihm Aufwendungsersatz nach § 1835 Abs. 3 BGB zu, weil ansonsten anwaltliche Hilfe in Anspruch genommen worden wäre. Dies gilt aber nicht für die Abfassung der Beschwerde gem. § 30b Abs. 3 ZVG.[114] In einem anderen Fall war die Wahrnehmung anwaltsspezifischer Tätigkeiten schon deshalb nicht erforderlich, weil der zum Nachlass gehörende Miteigentumsanteil weder verkauft noch belastet, sondern versteigert worden ist und deshalb eine Überprüfung eines Kaufvertrages – so wie es in der Bestellung angeordnet worden ist – durch den Beteiligten als Verfahrenspfleger weder erforderlich war noch erfolgt ist.[115] **295**

---

106 OLG Frankfurt NJW 1966, 554; LG Braunschweig FamRZ 1968, 471; KG AnwBl 1977, 315; OLG Zweibrücken AnwBl 1983, 470; BayObLG FamRZ 1977, 558/559; BayObLG FamRZ 1986, 611; BayObLG FamRZ 1989, 214; BayObLG BtPrax 1998, 146; BayObLG BtPrax 2003, 273; BayObLGZ 2001, 368, 370; OLG Köln NJW-RR 2003, 712; OLG Frankfurt/Main Rpfleger 2001, 491; OLG Oldenburg FamRZ 1996, 1346
107 BGBl. I S. 818; vgl. BayObLG FamRZ 1998, 1050
108 BayObLG BtPrax 2003, 273; OLG München, Beschl. v. 22.2.2008, 33 Wx 034/08
109 OLG Zweibrücken Rpfleger 2000, 549; ebenso für allgemeine therapeutische Maßnahmen: LG Koblenz FamRZ 2002, 845
110 Damrau/Zimmermann § 1835 BGB Rn. 23
111 OLG Braunschweig Nieders. Rpfleger 2001, 261; Knittel § 1835 BGB Rn. 25
112 BGH BtPrax 2014, 174 m. Anm Tolmein; OLG Köln FamRZ 2008, 921
113 OLG Schleswig BtPrax 2007, 268 (Ls) = FamRZ 2008, 187
114 LG Leipzig FamRZ 2001, 864
115 OLG Köln MDR 2018, 155

296   Aufwendungsersatz nach § 1835 Abs. 3 BGB wurde im konkreten Fall für eine Vertretung in einem Mietkündigungsverfahren bei unstrittig nicht gezahlter Miete verweigert.[116] Verneint wurde der Anspruch auch bei einer Verfahrenspflegschaft zum Grundstückskauf und der Bestellung eines Nießbrauches.[117] Der Verkauf eines Grundstücks begründet nur dann einen Anspruch auf Aufwendungsersatz nach § 1835 Abs. 3 BGB, wenn aus diesem Anlass auch ein Berufsbetreuer gleicher Vergütungsstufe, der kein Volljurist ist, anwaltlichen Rat eingeholt hätte. Als Indiz hierfür genügt weder die vom Käufer vorgenommene Auswahl des Notars, wenn Anhaltspunkte für Zweifel an dessen Unparteilichkeit fehlen, noch die Tatsache, dass die in der Immobilie vorhandenen Wohn- und Gewerbeeinheiten überwiegend vermietet sind.[118]

297   Bei außergerichtlichen Tätigkeiten, z.B. Mahnungen, Einzug von Geldforderungen, Abschluss von Mietverträgen, ist darauf abzustellen, ob für die entsprechende Tätigkeit die Inanspruchnahme z.B. eines Anwaltes üblich gewesen wäre.[119] Eine Hausverwaltung fällt nach einer älteren Entscheidung nicht darunter.[120] Wird ein Anwalt als Gegenbetreuer eingesetzt und rechnet bei der schwierigen Prüfung der Genehmigungsfähigkeit eines Vergleiches (hier nach Schweizer Recht) zulässigerweise nach anwaltlichem Gebührenrecht (i.V.m. § 1835 Abs. 3 BGB) ab, kann er nicht auch noch eine Vergleichsgebühr verlangen.[121]

298   Ebenfalls erstattungsfähig ist die Gestaltung eines Vertragswerkes, für das üblicherweise anwaltliche Hilfe erforderlich ist; nicht dagegen die Vertretung beim Abschluss eines Mietvertrages, bei Mahnung von Schuldnern oder bei gewöhnlichem Schriftverkehr.[122] Der Abschluss eines **Grabpflegevertrags** ist keine anwaltsspezifische Tätigkeit i.S.v. § 1835 Abs. 3 BGB.[123]

4.7.1.3 Vorrangigkeit von Prozesskostenhilfe

299   Grundsätzlich ist ein anwaltlicher Betreuer bei einer Prozessführung für den Betreuten gehalten, einen Prozesskostenhilfeantrag (§§ 114 ff. ZPO) zu stellen.

Hat der Betroffene in einem gerichtlichen Verfahren Anspruch auf die Bewilligung von Prozesskostenhilfe, ist sie ihm auch für die Verfahrensführung durch seinen Anwaltsbetreuer unter dessen Beiordnung als Prozessbevollmächtigter zu gewähren (§ 121 Abs. 2 ZPO als Anwalt).[124] Diese Beiordnung soll vorrangig gegenüber einer „normalen" anwaltlichen Betreuung im Rahmen der Betreuertätigkeit sein. Denn in diesem Falle erlangt die Staatskasse, die die PKH-Entgelte verauslagt, gem. § 59 RVG einen Erstattungsanspruch gegen den unterlegenen Prozessgegner.[125] Der anwaltliche Betreuer hat in diesem Fall lediglich Anspruch auf Gebühren entsprechend § 49 RVG (ehemals § 123 BRAGO).[126]

300   Aus der Verpflichtung eines Rechtsanwaltes als Betreuer oder Pfleger, im Interesse des Betroffenen die Aufwendungen für seine Tätigkeit möglichst gering zu halten und deshalb vorrangig Prozesskostenhilfe in Anspruch zu nehmen, kann jedoch nicht geschlossen werden, dass ein Aufwendungsersatzanspruch gemäß § 1835 Abs. 3 BGB zwingend ausgeschlossen ist, sobald die Bewilligung von Prozesskostenhilfe durch ein Gericht abgelehnt wurde oder aus anderen Gründen nicht in Betracht kam.[127] Einem anwaltlichen Berufsvormund darf Pro-

---

116   LG Mainz BtPrax 2007, 255 (Ls)
117   BayObLG FGPrax 2005, 21
118   OLG München BtPrax 2009, 190 = FamRZ 2009, 1708
119   LG Berlin Rpfleger 1974, 435; LG München I Rpfleger 1975, 396
120   KG DJZ 1933, 914
121   OLG München BtPrax 2009, 34
122   Damrau/Zimmermann § 1835 Rn. 64
123   LG Karlsruhe FamRZ 2004, 403
124   BGH BtPrax 2007, 126; LG Berlin 85 T 120/92 vom 26.8.1992; SozG Berlin, 16.12.1992, S 27 J 114/91, zitiert bei Meier/Deinert, , S. 375
125   Damrau/Zimmermann § 1835 Rn. 72
126   OLG Frankfurt FamRZ 2002, 59, 60; BayObLG BtPrax 2004, 70, 71; HK-BUR/Bauer/Deinert § 1835 BGB Rn. 51; Dodegge/Roth, Betreuungsrecht F Rn. 46; Zimmermann FamRZ 2002, 1373/1374).
127   BayObLG BtPrax 2003, 273, 274; OLG Frankfurt/Main FamRZ 2002, 59

zesskostenhilfe nicht mit der Begründung verweigert werden, sein Anspruch auf anwaltliche Vergütung und auf Erstattung möglicher Verfahrenskosten sei durch § 1836 BGB i.V.m. § 1 Abs. 2 Satz 1 VBVG und § 1835 Abs. 1 und Abs. 3 BGB sowie die Haftung der Staatskasse für diese Ansprüche bei Mittellosigkeit des Mündels (§ 1835 Abs. 4 BGB, § 1 Abs. 2 Satz 2 VBVG) ausreichend abgedeckt. Bei der Prüfung der Bedürftigkeit im Prozesskostenhilfeverfahren ist auch dann allein auf die wirtschaftlichen Verhältnisse des Mündels abzustellen, wenn der Vormund die Interessen des Mündels nicht als dessen gesetzlicher Vertreter wahrnimmt, sondern – wie im Umgangsrechtsverfahren – als Inhaber der Personensorge selbst Verfahrensbeteiligter ist.[128]

Das folgt bereits aus den völlig unterschiedlichen Zielrichtungen, die der Bewilligung von Prozesskostenhilfe einerseits und der Tätigkeit eines Pflegers oder Betreuers andererseits beizumessen sind. Maßstab für die Bewilligung von PKH ist gemäß § 114 ZPO die hinreichende Erfolgsaussicht der beabsichtigten Rechtsverfolgung. **301**

Der Betreuer hingegen hat in seinem Aufgabenkreis das Recht und die Pflicht, für die Person und das Vermögen des Betroffenen zu sorgen, und fungiert insoweit als dessen gesetzlicher Vertreter. Ebenso wie der Vormund hat er sein Amt prinzipiell selbstständig zu führen.[129] Zwar ist er der Aufsicht des Gerichtes unterstellt und benötigt für einzelne Verrichtungen dessen Genehmigung. Im Übrigen handelt er jedoch selbstständig und entscheidet in eigener Verantwortung. **302**

Dabei kann die Erhebung einer Klage oder eine sonstige Rechtsverfolgung auch dann im **Interesse des Betreuten** liegen, wenn zum Zeitpunkt ihrer Einreichung bei Gericht von einer hinreichenden Erfolgsaussicht nicht auszugehen ist. Das über den Aufwendungsersatz entscheidende Gericht hat sich daher bei der Ausübung seines Beurteilungsermessens mit der Frage auseinanderzusetzen, ob der Betreuer die gerichtliche Rechtsverfolgung zur Wahrung der Interessen des Betreuten für erforderlich halten durfte.[130] **303**

Dieser vorgenannten Auffassung vermag der *BGH* nicht ohne Weiteres beizutreten; nach dem BGH-Beschluss vom 20.12.2006 kann ihr keinesfalls im Grundsatz darin gefolgt werden, dass die Frage, ob der Anwaltsbetreuer Aufwendungsersatz aus der Staatskasse für eine von ihm wahrgenommene Tätigkeit in einem gerichtlichen Verfahren beanspruchen kann, bei einem mittellosen Betreuten ohne Rücksicht auf die Voraussetzungen für die Bewilligung von Prozesskostenhilfe zu beurteilen sei. **304**

Vielmehr wird im Falle der Versagung von Prozesskostenhilfe ein nach anwaltlichem Gebührenrecht zu liquidierender Aufwendungsersatz des Anwaltsbetreuers **allenfalls dann in Betracht kommen**, wenn mit einer für den Betreuten ungünstigen Entscheidung im Prozesskostenhilfeprüfungsverfahren nicht gerechnet werden konnte, etwa in solchen Fällen, in denen die **Ablehnung der begehrten Prozesskostenhilfe** auf einer offensichtlich **nicht tragfähigen Begründung** beruht.[131] **305**

Welche Gebühren der Rechtsanwalt nach RVG im Einzelnen verlangen kann, war ebenfalls streitig. Fest stand, dass er bei Vertretung eines vermögenden Betreuten für anwaltsspezifische Tätigkeiten die vollen RVG-Sätze abrechnen kann. **306**

Bei Vertretung mittelloser Betreuter sollte er nach dem Vorlagebeschluss des *BayObLG* an den *BGH*[132] und des *OLG Schleswig*[133] in Abweichung von *OLG Köln*[134] ebenfalls die **vollen RVG-Gebühren** gegen die Staatskasse geltend machen können. Auf die geringeren Sätze **307**

---

128 BGH, Beschl. v. 19.1.2011, XII ZB 322/10 und XII ZB 323/10
129 OLG Frankfurt/Main, a.a.O., 491, 492, unter Hinweis auf OLG Stuttgart FamRZ 1981, 99; BayObLG DAVorm 1985, 582
130 BayObLG, BtPrax 2003, 273, 274; OLG Frankfurt/Main FamRZ 2002, 59
131 BGH BtPrax 2007, 126
132 Vgl. BtPrax 2003, 273; ebenso OVG Bremen Rpfleger 1986, 12, 13
133 FamRZ 2003, 1586 = BtPrax 2003, 273
134 NJW-RR 2003, 712, ebenso OLG Frankfurt/Main Rpfleger 2001, 491; LG Zweibrücken FamRZ 2003, 477; LG Göttingen Rpfleger 1990, 460

entsprechend §§ 49, 50 RVG brauche sich der Anwalt nach den Grundsätzen der Entscheidung des *BVerfG*[135] mangels Rechtsgrundlage nicht verweisen zu lassen. Das gelte nach dem Vorlagebeschluss des *BayObLG* jedenfalls für solche anwaltspezifischen Tätigkeiten, für die der Anwalt ihrer Art nach Prozesskostenhilfe überhaupt nicht erlangen kann (z.B. für die Vertretung des Betreuten in einem gegen diesen angestrengten Zwangsversteigerungsverfahren).

308 Der *BGH* entschied zu dieser Frage: **Die Zahlung der vollen Wahlanwaltsvergütung** kommt bei Versagung der beantragten Prozesskostenhilfe für die Vertretung des Betreuten in einem gerichtlichen Verfahren **nicht in Betracht**. Das Betreuungsverhältnis kann es generell nicht rechtfertigen, dem Anwaltsbetreuer in Sachen seines unbemittelten Betreuten aus der Staatskasse eine höhere Vergütung zu zahlen als in Sachen eines anderen mittellosen Mandanten.[136] Dies würde auch in anderer Hinsicht zu einer unverständlichen Ungleichbehandlung führen, weil derjenige Rechtsanwalt, für dessen Prozessführung keine Prozesskostenhilfe bewilligt worden ist, bessergestellt wäre als derjenige Rechtsanwalt, dem sie bewilligt wurde und der wegen § 122 Abs. 1 Nr. 3 ZPO keine weitergehenden Gebührenansprüche mehr gegen seinen mittellosen Mandanten stellen kann.[137]

4.7.2 Aufwendungsersatz nach § 1835 Abs. 3 BGB bei Verfahrenspflegschaften

309 Die Tätigkeit von Rechtsanwälten als Verfahrenspfleger sollte ab 1.1.1999 grundsätzlich nicht mehr nach § 1835 Abs. 3 BGB abgegolten werden, da dies in § 67 Abs. 3 FGG (i.d.F. vom 1.1.1999 bis 30.6.2005) ausdrücklich ausgeschlossen wurde.[138] In dem ab 1.7.2005 bis 31.8.2009 geltenden § 67a FGG (und ebenfalls im seit 1.9.2009 geltenden § 277 FamFG) wird der Aufwendungsersatz nach § 1835 Abs. 3 BGB unerwähnt gelassen.

310 Für diese Tätigkeiten, die stets aus der Staatskasse gem. § 277 Abs, 5 FamFG vergütet werden, gelten die in § 3 Abs. 1 VBVG genannten Stundensätze (vgl. Kapitel 6, Rn. 495 ff.). Nach der Rechtsprechung des *BVerfG* schloss bereits die Formulierung in § 67 Abs. 3 Satz 2 FGG in der Fassung bis 30.6.2005 eine Entschädigung eines anwaltlichen Verfahrenspflegers nach § 1835 Abs. 3 BGB i.V.m. dem RVG nicht immer aus:[139]

> Ein Rechtsanwalt kann als Verfahrenspfleger gemäß § 1835 III abrechnen, wenn er im Rahmen der Verfahrenspflegschaft anwaltsspezifische Dienste bzw. „rechtsanwaltstypische Tätigkeiten" leistet. Das sind nach BVerfG (a.a.O.) solche Tätigkeiten, bei „denen ein Laie in gleicher Lage vernünftigerweise einen Rechtsanwalt hinzuziehen würde".

Für die Neufassung bestätigte der BGH ausdrücklich[140]:

1. Der anwaltliche Verfahrenspfleger kann eine Vergütung nach dem RVG beanspruchen, soweit er im Rahmen seiner Bestellung solche Tätigkeiten zu erbringen hat, für die ein Laie in gleicher Lage vernünftigerweise einen Rechtsanwalt zuziehen würde.

2. Die gerichtliche Feststellung, dass eine anwaltsspezifische Tätigkeit erforderlich ist, ist für die anschließende Kostenfestsetzung bindend. Auf die Frage, wie bzw. ob die Erforderlichkeit im Einzelnen durch das Gericht begründet ist, kommt es nicht an.

311 Ein Anwalt als Verfahrenspfleger kann also Ansprüche nach § 1835 Abs. 3 BGB nur dann nach RVG abrechnen, wenn die Tätigkeit besondere rechtliche Fähigkeiten fordert und eine originär anwaltliche Dienstleistung darstellt (verneint für **Grundstückskauf** und Bestellung

---

135 FamRZ 2000, 345, 347; 1280, 1282; 1284, 1285
136 Vgl. Meier/Deinert Rn. 1857
137 LG Zweibrücken FamRZ 2002, 444
138 Vgl. bezüglich der Nichtannahme von Verfassungsbeschwerden bzw. Unzulässigkeit von Vorlagebeschlüssen im Hinblick auf die Anwendung des § 1 BVormVG bei anwaltlichen Verfahrenspflegern: BVerfG FamRZ 2000, 1280, 1284 = BtPrax 2000, 254 (mit Anmerkung Bienwald FamRZ 2000, 1283) sowie BayObLG, BtPrax 2000, 215 = FamRZ 2000, 1301
139 BVerfG FamRZ 2000, 1280, 1282
140 BGH BtPrax 2011, 85 = FamRZ 2011, 203

eines Nießbrauches).[141] Ist der Verfahrenspfleger damit beauftragt, einen vom Betreuer zur betreuungsgerichtlichen Genehmigung vorgelegten Mietvertrag zu überprüfen, bestimmt sich der Geschäftswert für die Berechnung der anwaltlichen Gebühren nach § 23 III S 1 RVG i.V.m. § 99 GNotKG.[142]

Eine rechtsanwaltstypische Tätigkeit liegt nach Ansicht des *LG Berlin* stets bei der Überprüfung des **Vergütungsantrags** eines Betreuers vor.[143] Ein anwaltlicher Verfahrenspfleger zur Überprüfung der Betreuervergütung kann nach anderer Auffassung nur ausnahmsweise nach § 1835 Abs. 3 BGB abrechnen, und zwar nur dann, wenn eine vertiefte Befassung mit Rechtsfragen über das Standardwissen eines Betreuers der 3. Vergütungsstufe des § 4 Abs. 1 VBVG hinausgeht.[144]

312

Auch im **Unterbringungsverfahren** nach § 312 FamFG ist im Einzelfall zu prüfen, ob anwaltsspezifische Dienste zu leisten waren.[145] Die Vergütungsnorm des § 318 FamFG verweist ausdrücklich auf § 277 FamFG. Wird ein Rechtsanwalt als Verfahrenspfleger sowohl im vorläufigen als auch im endgültigen Unterbringungsverfahren tätig und kann er Aufwendungsersatz für berufliche Dienste im Rahmen des RVG verlangen, steht ihm für beide Verfahren jeweils eine Verfahrensgebühr zu.[146] Hat das Betreuungsgericht den anwaltlichen Verfahrenspfleger in einem Verfahren über die Genehmigung einer Unterbringung nach § 1906 Abs. 1 BGB einerseits und einer freiheitsentziehenden Maßnahme nach § 1906 Abs. 4 BGB andererseits bestellt, kann er beide Tätigkeiten jeweils nach Nr. 6300 VV RVG abrechnen; es handelt sich insoweit nicht um dieselbe Angelegenheit i.S.d. § 15 Abs. 2I Satz 1 RVG.[147]

313

Unter bestimmten Bedingungen kann es für den anwaltlichen Verfahrenspfleger von Vorteil sein, für anwaltstypische Tätigkeiten eine Vergütung **nach § 3 VBVG** anstelle eines Aufwendungsersatzes nach § 1835 Abs. 3 geltend zu machen. Das kann z.B. der Fall sein bei Gerichtsverfahren mit geringem Streitwert und hohem Zeitaufwand. In solchem Falle soll ein Wahlrecht des Verfahrenspflegers bezüglich der Art des Anspruches gegeben sein.[148]

314

4.8 Anspruchsgegner/Zahlungspflichtiger und Erlöschen des Anspruchs

Grundsätzlich richtet sich der Anspruch auf Ersatz der Aufwendungen gegen den Betreuten selbst. Ist er verstorben, haben die Erben des Betreuten für die Aufwendungen des Betreuers aufzukommen. Wenn der Betreute mittellos ist (zum Begriff vgl. Kapitel 8, Rn. 1230 ff.), hat der ehrenamtliche Betreuer Anspruch auf Ersatz seiner Aufwendungen aus der Staatskasse (§ 1835 Abs. 4 BGB). Grund für diese Regelung ist, dass die zum Wohl des Betreuten erforderlichen Maßnahmen unabhängig davon getätigt werden müssen, ob das Einkommen oder Vermögen des Betreuten zum Ersatz der Aufwendungen des Betreuers ausreicht (zum Verfahren siehe unten Kapitel 8, Rn. 1230 ff.

315

Es ist keine Festsetzung des Aufwendungsersatzes bei vermögenden Betreuten durch das Gericht zulässig, wenn der Betreuer die Vermögenssorge als Aufgabenkreis innehat und die Betreuung aktuell fortbesteht.[149] Stattdessen hat der Betreuer den Aufwendungsersatz **direkt dem Vermögen** bzw. den Einkünften des Betreuten zu entnehmen. Bei der Entnahme stehen auch die Bestimmungen der §§ 181, 1795 und 1805 BGB nicht entgegen, da es sich um die Erfüllung einer kraft Gesetzes bestehenden Verbindlichkeit handelt.[150]

316

---

141 BayObLG FGPrax 2005, 21
142 BGH BtPrax 2015, 109
143 LG Berlin, BtPrax 2001, 129 = FamRZ 2001, 1029
144 BayObLG FamRZ 2003, 1046 = NJW-RR 2003, 1372; ähnlich LG München I BtPrax 2001, 175 = FamRZ 2001, 1397
145 OLG Zweibrücken BtPrax 2002, 41 = FamRZ 2002, 906 = Rpfleger 2002, 313; BayObLG Rpfleger 2002, 313
146 OLG München BtPrax 2006, 79 = Rpfleger 2006, 186 = FamRZ 2006, 577
147 BGH BtPrax 2012, 249
148 BayObLG BtPrax 1999, 29 = FamRZ 1999, 462; BayObLG AnwBl 1994, 42; Seitz BtPrax 1992, 82/86; a.A.: Damrau/Zimmermann § 1835 Rn. 73
149 OLG Köln FamRZ 1998, 1451; BayObLG BtPrax 2001, 77
150 KG JFG 45, 546

317 *Hinweis*

 Dies gilt bei Aufwendungen für berufliche Dienste (§ 1835 Abs. 3 BGB) nach dem 30.6.2005 auch für Berufsbetreuer. Demgegenüber ist ansonsten bei der Pauschalvergütung für Berufs- und Vereinsbetreuer seit 1.7.2005 der Aufwendungsersatz im Rahmen des § 4 Abs. 2 Satz 2 VBVG in der pauschalen Betreuervergütung enthalten (vgl. Kapitel 7). Hier ist eine separate Entnahme eines Teils nicht möglich, vielmehr muss der Gesamtbetrag gerichtlich geltend gemacht werden (vgl. Kapitel 9, Rn. 1512).

318 Nach dem **Tod des Betreuten** ist eine Festsetzung des Aufwendungsersatzes durch das Betreuungsgericht auch in den Fällen statthaft, in denen der Betreuer zuvor über einen Aufgabenkreis verfügte, der ihm die Entnahme gestattet hätte, diese aber vor dem Tod des Betreuten unterblieb.[151] Gleiches wird in den Fällen zu gelten haben, in denen zwischenzeitlich die Betreuung aufgehoben wurde, der Aufgabenkreis des Betreuers in Bezug auf die Vermögenssorge eingeschränkt wurde oder ein anderer Betreuer bestellt wurde.

319 Über den Aufwendungsersatzanspruch des Verfahrenspflegers hat unabhängig von den wirtschaftlichen Verhältnissen des Betroffenen in jedem Fall das Gericht zu entscheiden, da nach § 277 Abs. 5 FamFG dieser stets aus der Staatskasse zu entschädigen ist. Dem Betroffenen können diese Kosten aber nach dem GNotKG als Teil der Gerichtskosten in Rechnung gestellt werden.

320 Reicht das zur Bestreitung der laufenden Ausgaben auf dem **Girokonto** bereitgehaltene Geld (§§ 1806, 1908i Abs. 1 BGB) zur Entnahme von Aufwendungen nicht aus, muss der Betreuer beim Gericht gegebenenfalls eine **Freigabeentscheidung** beantragen, um den Anspruch mit Mitteln des angelegten Vermögens zu befriedigen, §§ 1812 ff., 1908i Abs. 1 Satz 1 BGB. Dies gilt nicht für den befreiten Vormund oder Betreuer (§§ 1852, 1855, 1857, 1857a, 1908i i.V.m. 1857a BGB). Das Verbot der Verwendung von Mündelgeldern für den Vormund (§§ 1805, 1908i Abs. 1 BGB) steht dem nach allgemeiner Auffassung nicht entgegen. Da es sich bei der Aufwendungserstattung und der Vorschussleistung um die Erfüllung einer Verbindlichkeit des Betreuten handelt, verstößt der Betreuer/Gegenbetreuer mit der Entnahme auch nicht gegen §§ 1795, 181, 1908i Abs. 1 BGB.[152]

321 Das Gericht hat die Pflicht, gegen eine **Entnahme unzulässiger Aufwendungen** mit geeigneten und dem Verhältnismäßigkeitsgrundsatz entsprechenden Ge- und Verboten der §§ 1837 Abs. 2, 1908i Abs. 1 Satz 1 BGB einzuschreiten. Gegebenenfalls ist die Rückführung zu Unrecht entnommener Geldbeträge in das Vermögen des Betreuten unter Androhung von Zwangsgeld nach § 1837 Abs. 3 BGB aufzugeben. Bei Wiederholungsgefahr muss an eine Entlassung des Betreuers/Gegenbetreuers nach § 1908b Abs. 1 BGB gedacht werden.

322 Für die Geltendmachung einer **Rückzahlungsforderung** des Betreuten oder die Erhebung einer Rückzahlungsklage gegen den Betreuer muss das Gericht dem Betreuten nötigenfalls einen Ergänzungsbetreuer wegen rechtl. Verhinderung (§ 1899 Abs. 4 BGB) bestellen oder – nach Entlassung des pflichtwidrig handelnden Betreuers – den neu zu bestellenden Betreuer damit beauftragen. Ein spezieller Aufgabenkreis beim Nachfolgebetreuer ist aber nicht nötig, die Vermögenssorge ist ausreichend.

Hingegen ist die Festsetzung von Aufwendungsersatz bei vermögenden Betreuten nach dessen Tod durch das Betreuungsgericht zulässig. Das gilt auch für Ansprüche nach § 1835 Abs. 3BGB.[153]

---

151 OLG Hamm Rpfleger 2003, 364 = FamRZ 2004, 1065; BayObLG FamRZ 2005, 393
152 Damrau/Zimmermann § 1835 BGB Rn. 75
153 OLG Hamm FamRZ 2004, 1065 = Rpfleger 2003, 364; BayObLG FamRZ 2005, 393

Ansprüche auf Erstattung von Aufwendungen **erlöschen**, wenn sie nicht innerhalb von **323** 15 Monaten nach ihrer Entstehung geltend gemacht werden (§ 1835 Abs. 1 Satz 3 BGB).[154] Diese 15-Monatsfrist, die vom Gericht im Einzelfall entsprechend § 1835 Abs. 1a BGB abweichend bestimmt werden kann, bezieht sich stets auf einzelne mit Aufwendungen verbundene Tätigkeiten, z.B. eine bestimmte Fahrt, das Schreiben eines bestimmten Briefs, ein Telefonat usw.[155]

Die Frist gilt auch für den Aufwendungsersatz für berufliche Dienste[156] , die Erstattungsansprüche von Verfahrenspflegern[157] und von Nachlasspflegern[158] und anderen Nachlassverwaltern.[159]

Für den Vergütungsanspruch des Verfahrensbeistandes im Kindschaftsrecht (§ 168 FamFG) **324** war die fünfzehnmonatige Ausschlussfrist umstritten. Über § 168 Abs. 1 FamFG finde sich kein Verweis auf die Fristenregelung des § 1835 BGB.[160] Angewendet sehen wollen die 15-Monatsfrist jedoch einige Gerichte.[161] Letztlich erklärte der BGH die 15-Monatsfrist bei beruflichen Verfahrensbeiständen für anwendbar.[162]

Zur Wahrung der Ausschlussfrist ist ein Antrag nicht ausreichend, mit dem der Entschädigungsanspruch nur dem Grunde nach geltend gemacht wird und die Nachreichung einer detaillierten Aufschlüsselung angekündigt wird.[163] Eine Wiedereinsetzung bei versäumter Antragsfrist erfolgt nicht.[164] Eine Verlängerung der Ausschlussfrist setzt einen konkreten Antrag voraus, der vor Fristablauf an das Betreuungsgericht gerichtet sein muss.[165] Es besteht keine Pflicht des Gerichtes, auf den Ablauf der gesetzlichen Frist und die damit verbundenen Folgen hinzuweisen.[166]

Die Geltendmachung gegenüber dem Betreuungsgericht gilt dabei auch als Geltendma- **325** chung gegenüber dem Betreuten. Letzteres ist insbesondere dann wichtig, wenn unklar ist, ob die Aufwendungen vom Betreuten oder aus der Staatskasse zu zahlen sind.[167] Hier sollte der Betreuer zunächst den Antrag auf Zahlung aus der Staatskasse stellen.

Auslagenersatz ist im Übrigen mit 4 % Jahreszins zu verzinsen ab Entstehung der Aufwen- **326** dung.[168] Dies bezieht sich allerdings nicht auf Vergütungsansprüche (und demnach auch nicht auf die Vergütungspauschale neuen Rechts und die darin pauschal enthaltenen Aufwendungsersatzansprüche; vgl. Kapitel 10, Rn. 1730 ff.).

---

154 Vgl. auch OLG Hamm Rpfleger 1999, 180
155 OLG Brandenburg, Beschl. v. 23.7.2007, 10 WF 164/07, ZKJ 2008, 123; LG Münster, Beschl. v. 14.4.2008, 5 T 153/08, FamRZ 2008, 1659 (Ls): AG Bonn, Beschl. v. 3.6.2008, 37 XVII T 451; OLG Naumburg BtPrax 2012, 39; OLG Köln BtPrax 2013, 256
156 OLG Schleswig FGPrax 2003, 127; OLG Frankfurt/Main FamRZ 2004, 1518
157 OLG Koblenz FamRZ 2002, 1355 und FamRZ 2003, 168; BayObLG Rpfleger 2003, 578
158 LG Berlin FamRZ 2004, 1518; KG FamRZ 2006, 225; KG FamRZ 2006, 651 = Rpfleger 2006, 76; OLG Zweibrücken FamRZ 2007, 1271 = BtPrax 2007, 267 (Ls)
159 OLG Frankfurt FGPrax 2017, 177
160 OLG Frankfurt FGPrax 2016, 78, im Anschluss an OLG Jena, Beschl. v. 23.12.2014, 3 WF 294/14; OLG Hamm, Beschl. v. 6.11.2015, 6 WF 106/15
161 OLG Hamm, Beschl. v. 6.11.2015, 6 WF 106/15; KG Berlin ZKJ 2017, 38; AG Bremen Beschl. v. 19.7.2016, 65 F 595/13 SO
162 BGH MDR 2017, 177 = NJW 2017, 574 = ZKJ 2017, 67
163 OLG Frankfurt/Main FGPrax 2001, 243 = BtPrax 2001, 261; OLG Dresden FamRZ 2004, 137; OLG München MDR 2006, 815
164 OLG Schleswig BtPrax 2002, 271; BayObLG NJW-RR 2003, 438; BayObLG FamRZ 2003, 325
165 OLG Frankfurt BtPrax 2003, 220
166 BayObLG FamRZ 2004, 1137; OLG Dresden FamRZ 2004, 137; LG Koblenz FamRZ 2006, 970; ebenso für Nachlasspfleger KG FGPrax 2005, 264
167 LG Saarbrücken BtPrax 2009, 42 = FamRZ 2009, 1094
168 BayObLG BtPrax 2001, 39

4.9 Verhältnis zur Aufwandspauschale (§ 1835a BGB)

327 Der (ehrenamtliche) Betreuer, Vormund und Pfleger, der für die Tätigkeit keine Vergütung (§§ 1836 ff. BGB) beantragt, kann wahlweise die konkreten Aufwendungen oder die Aufwendungspauschale (§ 1835a BGB) von derzeit 399,00 € jährlich beanspruchen. Wenn der Betreuer sich für die Aufwandspauschale entscheidet, sind für denselben Zeitraum gewährter Aufwendungsersatz oder Vorschusszahlungen anzurechnen.

▶ *Zur Aufwandspauschale siehe Kapitel 5, Rn. 335 ff., 382*

4.10 Vorschuss auf zu tätigende Aufwendungen

328 Der Betreuer kann sich seine Aufwendungen nicht nur im Nachhinein ersetzen lassen. Nach § 1835 Abs. 1 Satz 1 BGB kann er auch Vorschuss verlangen. Aus dem Wortlaut ergibt sich eindeutig, dass der Betreuer einen Anspruch auf Vorschusszahlungen hat, wenn er sie verlangt. Ob Vorschuss zu gewähren ist, hängt also vom Willen des Betreuers ab und ist keine Ermessensentscheidung des Betreuten oder des Betreuungsgerichts. In der Regel wird das Verlangen nach **Vorschuss** nur bei höheren Aufwendungen vorkommen, z.B. bei größeren **Reisekosten**.

329 In der Praxis spielen Vorschüsse auf Aufwendungen keine große Rolle. Seit 1.7.2005 können nur noch Vertretungspersonen Vorschüsse beantragen, die ehrenamtlich tätig sind oder nach konkretem Zeitaufwand abrechnen. Vereine und Behörden sowie Verfahrenspfleger können keinen Vorschuss beantragen.

4.11 Auslagenersatz bei besonderen Vertretern im Verwaltungsverfahren

330 Ist ein besonderer Vertreter im Verwaltungsverfahren bestellt (§ 16 VwVfG oder inhaltsgleiches Landesrecht, § 15 SGB X, § 81 AO; vgl. oben Rn. 44), so hat dieser gegen die Behörde, auf deren Veranlassung er bestellt wurde, einen Anspruch auf Erstattung der baren Auslagen sowie auf angemessene Vergütung.

▶ *Zur Vergütung des Vertreters im Verwaltungsverfahren vgl. Kapitel 6, Rn. 936 ff.*

331 Der Begriff der baren Auslagen ist enger gefasst als der des Aufwendungsersatzes.[169] Er umfasst die oben unter Rn. 198 ff. genannten Posten.

332 Die Festsetzung erfolgt auf Antrag des Berechtigten durch Bescheid der Behörde im Rahmen eines Verwaltungsaktes, der binnen eines Monats nach Zustellung durch Widerspruch angefochten werden kann. Ein Widerspruchsbescheid, der diesem nicht stattgibt, kann ebenfalls innerhalb eines Monats vor dem zuständigen Gericht (Verwaltungsgericht, Sozialgericht, Finanzgericht) angefochten werden.

333 Es gelten hierfür die allgemeinen **Verfahrensregelungen,** die sich in folgenden Gesetzen finden:
- Angelegenheiten des Sozialrechts: im SGB X und SGG;
- Steuerrechtliche Angelegenheiten: AO, FGO;
- Sonstige verwaltungsrechtliche Angelegenheiten: VwVfG (des Bundes bzw. des jeweiligen Bundeslandes) und VwGO.

---

169 Jürgens/v. Crailsheim § 1835 BGB Rn. 22; Bach, Kostenregelungen, Rn. L 2.3

4.12 Beispiel: Nachweis der Aufwendungen gem. § 1835 BGB

Datum	Beschreibung	Summe in Euro
4.1.2018	Besuch beim Betreuten, Besprechung zur Verwendung der Bekleidungsbeihilfe; Fahrtweg 28 km x 0,30 €	8,40
8.1.2018	Brief an Versorgungsamt; Porto 0,55 € + 5 Fotokopien à 0,15 €	1,30
11.1.2018	Telefonat mit Sozialamt; 20 Gebühreneinheiten à 0,052 €	1,04
31.3.2018	Zwischensumme netto	10,74
Zuzüglich	19 % Umsatzsteuer	2,04
Summe:		**12,78**

334

Anmerkung: Anlage zum Antrag vom 31.3.2018; bei einem umsatzsteuerpflichtigen Pfleger.

Hinweis

Bezüge zum Aufwendungsersatz finden Sie auch in den folgenden Kapiteln dieses Buches:

▶ *Aufwendungsersatz im Rahmen der pauschalen Betreuervergütung Kapitel 7, Rn. 1006 ff.*

▶ *Mittellosigkeitszeitpunkt und Aufwendungsersatz Kapitel 8, Rn. 1261 ff*

▶ *Geltendmachung des Aufwendungsersatzes im vereinfachten Verwaltungsverfahren, Kapitel 9, Rn. 1527*

▶ *Geltendmachung des Aufwendungsersatzes im gerichtlichen Beschlussverfahren, Kapitel 9, Rn. 1533 ff.*

5 Die Aufwandspauschale nach § 1835a BGB

5.1 Gesetzgebungsgeschichte

Durch das Betreuungsgesetz, das am 1.1.1992 in Kraft trat, wurde der (damalige) § 1836a **335** BGB neu in das Gesetz aufgenommen. Er bestimmte in seiner ursprünglichen Fassung, dass der (ehrenamtliche) Betreuer, Vormund oder Pfleger zur **Abgeltung geringfügiger Aufwendungen** eine pauschale Aufwandsentschädigung verlangen konnte. Sie entsprach jährlich dem 15fachen des Stundenhöchstsatzes der Zeugenentschädigung und betrug anfangs 300,00 DM im Jahr. Zum 1.7.1994 erhöhte sich die Aufwendungspauschale im Rahmen des Kostenrechtsänderungsgesetzes auf 375,00 DM. Das 1. BtÄndG änderte die Bestimmung ab 1.1.1999: Zum einen findet sich die Pauschale seither passenderweise in § 1835a BGB. Dies entspricht der Systematik der Betreuerentschädigungsbestimmungen, denn es handelt sich ja um eine Sonderform des Aufwendungsersatzes (§ 1835 BGB), nicht der Vergütung (§§ 1836 ff. BGB) Zum anderen erhöhte sich die Aufwandspauschale auf das 24fache des Stundenhöchstsatzes der damaligen Zeugenentschädigung, also auf jährlich 600,00 DM.

Zum Weiteren wurden geändert: **336**

- die Regelungen, dass durch die pauschale Aufwandsentschädigung nur die geringfügigen Aufwendungen abgedeckt werden und

- die Frage des Erlöschens der Ansprüche (siehe dazu weiter unten Rn. 374 ff., 1712 ff.).

Nach dem Gesetz vom 27.4.2001[1] erhöht sich im Rahmen der **Euroumstellung** der Stun- **337** denhöchstsatz für Zeugen (§ 2 ZSEG) ab 1.1.2002 auf 13,00 €. Aufgrund dessen betrug die Aufwandspauschale vom 1.1.2002 bis 30.6.2004 somit 312,00 €. Mit dem Inkrafttreten des Kostenrechtsmodernisierungsgesetzes am 1.7.2004 wurde in § 22 des neuen JVEG der Höchstsatz für die Zeugenentschädigung auf 17,00 €/Std. erhöht. Zugleich wurde der Multiplikator in § 1835a auf den 19fachen Betrag gesenkt. Netto bedeutet dies dennoch eine Erhöhung der Aufwandspauschale auf 323,00 € (Erhöhung um 3,5 %). Seit dem 1.8.2013 beträgt die Aufwandspauschale als Folge des erneut geänderten Kostenrechtes 399 €, da der Stundenhöchstsatz für die Zeugenentschädigung auf 21 € erhöht wurde (Erhöhung um 23,5 %). Diese Summe gilt bis heute unverändert.

Perspektivisch soll eine Erhöhung auf das 20fache der Zeugenentschädigung, das wären derzeit 420 €, erfolgen, so der Plan des Bundesjustizministeriums in einem Diskussionsteilentwurf zum Vormundschaftsrecht vom September 2018.

5.2 Die Motive des Gesetzgebers

Die Führung einer Vormundschaft oder Pflegschaft (und seit 1.1.1992 auch die einer Betreu- **338** ung eines Volljährigen) ist im BGB grundsätzlich als unentgeltliche ehrenamtliche Aufgabe, zu der jeder Staatsbürger verpflichtet ist (§§ 1785 ff., 1898 BGB), geregelt.

Als Motiv für die Änderung der Vergütungs- und Aufwendungsersatzregelungen durch das **339** Betreuungsrecht führte die Bundesregierung seinerzeit auch die Verbesserung der Rechtsstellung der Betreuer an. Deren Ansprüche waren so auszugestalten, dass sie den Geboten der Verfassung entsprachen und Ungerechtigkeiten vermieden wurden. Die notwendigen Änderungen sollten nicht auf das Recht der Betreuung Volljähriger beschränkt bleiben, sondern auch für die Vormundschaften und Pflegschaften Minderjähriger gelten.[2]

▶ *Zur Einkommensteuerpflicht der Aufwandspauschale siehe Kapitel 12, Rn. 1841 ff.*

---

1 BGBl. I S. 751
2 BT-Drs. 11/4528, S. 86

5.3 Abgeltungsbereich

340   Vor dem 1.1.1999 wurden durch die Pauschale lediglich geringfügige Aufwendungen abgegolten wie z.B. Kosten für Ortsgespräche oder Standardbriefe. Größere Aufwendungen wie z.B. Fahrtkosten über mehr als ca. 15 km konnte der Betreuer daneben gesondert geltend machen. Die Grenze für Bagatellaufwendungen wurde damals meist bei umgerechnet 2,50 € festgemacht,

341   Seit dem 1.1.1999 deckt die Aufwendungspauschale den gesamten Anspruch der Betreuungsperson auf Aufwendungsersatz ab. Sie muss sich also entscheiden, ob sie die Pauschale in Anspruch nehmen oder seine tatsächlichen Aufwendungen geltend machen möchte. Bei den tatsächlichen Aufwendungen wären dann auch geringfügige Beträge nachzuweisen (vgl. auch oben Rn. 190 ff.).

5.4 Anspruchsberechtigte

342   § 1835a BGB gilt unmittelbar für die Ansprüche von Vormündern Minderjähriger. Über § 1915 BGB gilt er auch für BGB-Pflegschaften, also auch die Nachlasspflegschaft, sowie über § 1908 Abs. 1 BGB für die Betreuungen Volljähriger, bei der die meisten Anwendungsfälle bestehen dürften. Bei Betreuungen und betreuungsrechtlichen Zuweisungssachen (Pflegschaften für Volljährige) ist das Betreuungsgericht zuständig, bei Angelegenheiten Minderjähriger das Familiengericht, bei Nachlasspflegschaften das Nachlassgericht.

343   Der frühere § 67a Abs. 1 FGG enthielt einen ausdrücklichen Ausschluss des Anspruchs für **Verfahrenspflegschaften** (vgl. oben Rn. 42).[3] Die Nachfolgebestimmung seit 1.9.2009, der § 277 FamFG, verweist bez. des Aufwendungsersatzes ausschließlich auf § 1835 BGB, nicht aber auf § 1835a BGB. Daher darf davon ausgegangen werden, dass der Gesetzgeber die Aufwandspauschale als nicht für die Verfahrenspflegschaft geeignet ansieht. Dies ist auch insoweit logisch, als es sich bei Verfahrenspflegschaften meist nur um relativ kurze Tätigkeitszeiträume handelt, die Pauschale nach § 1835a BGB aber grundsätzlich auf Jahreszeiträume abstellt. Ebenfalls gilt der § 1835a BGB nicht für besondere Vertreter im **Verwaltungsverfahren** (vgl. oben Rn. 44).

344   Demgegenüber soll der (ehrenamtliche) **Gegenvormund/Gegenbetreuer** (§ 1792 BGB) trotz Nichterwähnung in § 1835a BGB Anspruch auf die Pauschale haben.[4] Diese Auffassung wird von uns geteilt. Rechtsprechung dazu ist nicht bekannt.

345   Nach den Motiven des Gesetzgebers sollte von der Aufwendungspauschale des § 1835a BGB der „echte" Einzelbetreuer, also derjenige, der sein Amt ehrenamtlich ausübt, profitieren. Ihm sollte die Mühe erspart werden, Belege über geringfügige Aufwendungen zu sammeln und diese evtl. über einen längeren Zeitraum aufzubewahren.

Voraussetzung für einen Anspruch auf die Aufwendungspauschale ist, dass der Betreuer keinerlei Vergütungszahlungen für den betreffenden Zeitraum erhält.

346   Vertretungspersonen, die nach dem VBVG (**Berufsvormünder und -betreuer**) oder § 1836 Abs. 2 BGB (**Ermessensvergütung** für ehrenamtliche Vormünder oder Betreuer) eine Vergütung beanspruchen können, erhalten die Aufwendungspauschale nicht.

347   Auch der persönlich bestellte **Vereinsbetreuer** und der persönlich bestellte **Behördenbetreuer** (§ 1897 Abs. 2 BGB) haben diesen Anspruch nicht, da die spezifischen Anspruchsregelungen dieser Personen in den §§ 7 und 8 VBVG ebenfalls nicht auf den § 1835a BGB verweisen.

348   Der Verweis in § 1835a auf § 1836 Abs. 3 BGB hat zur Folge, dass für **Amtsvormundschaften, Amtspflegschaften, Behördenbetreuungen** nach § 1900 Abs. 4 BGB sowie für

---

3 So auch HKBUR/Bauer, § 277 FamFG, Rn. 30
4 Damrau/Zimmermann § 1835a BGB Rn. 17

Vereinsvormundschaften und Pflegschaften nach § 1791a BGB sowie für **Vereinsbetreuungen** nach § 1900 Abs. 1 BGB diese Bestimmungen ebenfalls nicht gelten.

Pflegeeltern minderjähriger Pflegekinder (§ 33 SGB VIII), denen gem. § 1630 Abs. 3 BGB Angelegenheiten der elterlichen Sorge übertragen wurden, sollen dagegen Ansprüche nach § 1835a BGB zustehen. Einer Pflegerbestellung (nach § 1909 BGB) bedürfe es nicht. Die Entschädigung ist in diesem Falle ebenfalls vom Familiengericht festzusetzen.[5]   **349**

Hat das Gericht einem Betreuer (oder Vormund, Pfleger) eine Vergütung nach dem VBVG gewährt (vgl. Kap. 6, 7), stellt sich aber heraus, dass keine wirksame Feststellung der Beruflichkeit getroffen worden war (§§ 1836 Abs. 1 BGB, § 1 VBVG, § 286 Abs. 1 Nr. 4 FamFG), ist bei der Rückforderung der Vergütung dem betroffenen gesetzlichen Vertreter die auf den zur Rückzahlung geltend gemachten Vergütungszeitraum der für den gleichen Zeitraum anfallende Entschädigungsbetrag nach § 1835a BGB gegenzurechnen, da einem gesetzlichen Vertreter dieser zumindest zusteht.[6]   **350**

5.4.1 Mehrere Betreuer für einen Betreuten

Werden für einen Betreuten mehrere Personen zum Betreuer bestellt (gleichgültig, ob sie den gleichen Aufgabenkreis haben oder für unterschiedliche Aufgabenkreise bestellt werden), so steht jeder dieser Personen die Aufwandspauschale zu.[7] Nach anderer Auffassung gilt das nur dann, wenn die Mitbetreuer nicht ausschließlich mit den gleichen Aufgabenkreisen bestellt sind.[8]   **351**

Einige Gerichte vertreten die Auffassung, dass die Aufwandspauschale nur einmal zu gewähren ist, wenn **beide Elternteile** zu Betreuern bestellt wurden.[9] Diese Auffassung wird von den Autoren nicht geteilt.[10]   **352**

Ist ein ehrenamtlicher Betreuer lediglich für den tatsächlichen **Vertretungsfall** bestellt (§ 1899 Abs. 4 BGB), wird man jedoch davon ausgehen können, dass der Anspruch auf pauschalen Aufwendungsersatz nur für den Zeitraum besteht, in dem der eigentliche Betreuer (wegen Krankheit, Urlaub usw.) verhindert und der Vertretungsbetreuer tätig war, sodass die Pauschale insgesamt nur einmal zu zahlen ist.[11] Dies entspricht auch der Neuregelung für berufliche Betreuer bei der Aufteilung der pauschalen Betreuervergütung, wenn ein weiterer Berufsbetreuer bei tatsächlicher Verhinderung des Betreuers bestellt wird (§ 6 Satz 2 VBVG).   **353**

Nicht gesetzlich geregelt ist auch die Frage der Auslagenerstattung in dem Fall, in dem neben dem ehrenamtlichen (Haupt-) Betreuer ein beruflicher Betreuer als Verhinderungsbetreuer bestellt worden ist. Für die Berechnung der Vergütung und des Aufwendungsersatzes in einem solchen Fall findet sich lediglich in § 6 Satz 2 VBVG eine gesetzliche Bestimmung.   **354**

Danach sind die Vergütung und der Aufwendungsersatz für **Hauptbetreuer** und den **Verhinderungsbetreuer** jeweils nach § 4 i.V.m. § 5 VBVG zu bewilligen und nach Tagen zu teilen. § 6 Satz 2 VBVG regelt damit aber nur den Fall der Bestellung zweier beruflicher Betreuer. Aus der vorgenannten Regelung ist insofern lediglich das Prinzip herauszulesen, dass   **355**

---

5 OLG Stuttgart Rpfleger 2006, 187
6 LG Leipzig, Beschl. v. 23.2.2015, 1 T 755/14, juris
7 LG Berlin, Beschl. v. 7.7.1995, 87 T 178/95; BayObLG BtPrax 2002, 36 und FamRZ 2003, 479; OLG Frankfurt/Main FGPrax 2002, 115 = OLG-Report Frankfurt 2002, 139 = RdLH 2002, 123; BayObLG BtPrax 2003, 184; LG Hannover JurBüro 2003, 102; OLG Düsseldorf RdLH 2003, 36; OLG Jena, Beschl. v. 14.10.2004, 9 W 527/04; OLG Hamm Beschl. v. 17.2.2005, 15 W 4645/04, RdLH 2005, 83; a.A.: LG Gera, Beschl. v. 3.2.2000, 5 T 19/00; LG Münster BtPrax 2001, 220; LG Koblenz, MDR 2010, 1059 = BtPrax 2010, 189
8 OLG Zweibrücken FamRZ 2002, 1061 = Rpfleger 2002, 312 = NJW-RR 2002, 651; AG Betzdorf FamRZ 2004, 486
9 LG Gera, 3.2.20005, T 19/00; LG Kempten Rpfleger 2001, 348; LG Münster BtPrax 2001, 220
10 Ebenso LG Berlin RdLH 4/1995, S. 28; LG Mönchengladbach BtPrax 2002, 269 = FamRZ 2003, 559; OLG Thüringen FamRZ 2005, 478
11 LG Münster MDR 1996, 1262; LG Kempten Rpfleger 2001, 348; OLG Köln BtPrax 2004, 77; LG Frankenthal BtPrax 2001, 88; LG Nürnberg- Fürth, Beschl. v. 28.12.2006, 13 T 19/06, 13 T 20/06 (Rpfleger 2007, 668), 13 T 21/06, 13 T 22/06, 13 T 9605/06

bei tatsächlicher Verhinderung des (Haupt-)Betreuers eine zeitanteilige Berechnung der Entschädigung beider Betreuer gewünscht ist, da im Fall der Verhinderung eines Betreuers aus tatsächlichen Gründen zur gleichen Zeit immer nur entweder der Hauptbetreuer oder der Verhinderungsbetreuer tätig ist, der Betreuungsaufwand insgesamt nicht steigt.

356   Damit muss auch für die hier vorliegenden Fallkonstellation im Ergebnis grundsätzlich eine Kürzung der Vergütungs- und Auslagenersatzansprüche der ehrenamtlichen (Haupt-)Betreuerin (hier konkret nur geltend gemacht die Auslagenpauschale gemäß § 1835a BGB) für den Zeitraum, in welchem die Verhinderungsbetreuerin tätig gewesen ist, angenommen werden. Der ehemaligen ehrenamtlichen (Haupt-)Betreuerin ist deshalb ihre eigene Aufwandspauschale zeitanteilig für die Tage zu kürzen, in denen nicht sie als Betreuerin, sondern die Verhinderungsbetreuerin tätig geworden ist.[12]

5.4.2 Mehrere betreute Personen

357   Führt der Betreuer mehrere Betreuungen, so steht ihm die Aufwandspauschale für jede der betreuten Personen zu. Erhält der Betreuer für eine der Betreuungen eine Vergütung nach § 1836 Abs. 2 BGB oder dem VBVG, so entfällt für diese Betreuung der Anspruch auf die Aufwandspauschale, nicht jedoch für die anderen unentgeltlich geführten Betreuungen.

358   Zur Einkommensteuerpflicht der Aufwandspauschale gilt seit 1.1.2011 eine neue Rechtslage, die vom Ergebnis her bis zu 7 ehrenamtliche Betreuungen steuerfrei sein lässt (vgl. dazu Details im Kapitel 12, Rn. 1841 ff.).

5.4.3 Nahe Familienangehörige als Betreuer

359   Nach § 1897 Abs. 5 BGB sind nahe **Familienangehörige** vorrangig als Betreuer zu berücksichtigen, sofern die betroffene Person keinen anderweitigen Vorschlag macht. Tatsächlich wird ein großer Teil der Betreuungen von Familienangehörigen (ca. 50 %), insbesondere von Ehegatten, Lebenspartnern, Eltern oder Kindern des Betreuten geführt. Der *BGH* hat 1996 entschieden, dass auch diesen Familienangehörigen die Aufwandspauschale zusteht.[13]

360   Die Neufassung des § 1835a BGB regelt seit 1.1.1999 ausdrücklich, dass Unterhaltsansprüche gegen Betreuer bei der Aufwandspauschale nicht zu berücksichtigen sind, sodass auch Familienangehörige die Pauschale in Anspruch nehmen können. Inkonsequenterweise ist dieser Ausschluss von **Unterhaltsansprüchen** nicht beim allgemeinen Aufwendungsersatz (§ 1835 BGB) mit aufgenommen worden.

361   Der Ausschluss von Unterhaltsansprüchen bei der Prüfung der Inanspruchnahme der Staatskasse für die Aufwandspauschale betrifft zwar nur die Person des Betreuers, nicht weitere Personen, z.B. den Ehegatten des Betreuers. Dennoch hat zur Finanzierung der Aufwandspauschale keine Geltendmachung von Unterhaltsansprüchen gegen den Ehegatten des Betreuers stattzufinden, wenn dieser der Elternteil des Betreuten ist.[14]

362   Der Anspruch auf die Pauschale ist nicht dadurch ausgeschlossen, dass der Vormund eines Minderjährigen als Pflegeperson auch Pflegegeld nach § 39 SGB VIII erhält.[15] Gleiches dürfte gelten, wenn der Betreuer als Pflegekraft des pflegebedürftigen Betreuten Pflegegeld nach § 37 SGB XI oder § 64 SGB XII erhält. Umgekehrt soll eine Aufwandsentschädigung, die ein Betreuer pflegebedürftiger Personen für seine ehrenamtliche Tätigkeit erhält, der Gewährung des steuerrechtlichen Pflegepauschbetrages nach § 33b VI Satz 1 EStG entgegenstehen.[16] Das Verfahren liegt dem BFH vor.[17]

---

12 LG Nürnberg-Fürth FamRZ 2008, 719 = BtMan 2008, 100 (Ls)
13 BGH FamRZ 1996, 1545 = BtPrax 1997, 29
14 OLG Düsseldorf BtPrax 2002, 267 = FamRZ 2002, 1590 unter Aufhebung von LG Kleve, 4.10.2001, 4 T 410/01
15 BayObLG FamRZ 2002, 1222
16 FG Düsseldorf, Urt. v. 13.11.2017, 15 K 3228/16 E, EFG 2018, 567
17 Stand August 2019; AZ: VI R 52/17 (Vorinstanz FG Düsseldorf EFG 2018, 567)

5.5 Anspruchsgegner/Zahlungspflichtiger

Die Aufwandspauschale ist – genau wie der Aufwendungsersatz nach Einzelabrechnung **363**
(§ 1835) bzw. die Vergütung (§ 1836 BGB) – vom Betreuten zu zahlen. Ist dieser mittellos im
Sinne des § 1836d BGB, ist eine Zahlung der Aufwandspauschale aus der Staatskasse (also
aus dem Justizhaushalt des jeweiligen Bundeslandes) vorgesehen.

Es besteht auch dann Anspruch auf die Aufwandspauschale aus der Staatskasse, wenn der
Betreuer keinen Zugang zum Vermögen des Betreuten hat, das von einem **Testamentsvollstrecker** im Rahmen eines **Behindertentestamentes** zu anderen Zwecken verwaltet
wird.[18]

Allerdings führt durch ein Behindertentestament auf den Betroffenen übertragene (Vor-)Erb- **364**
schaft auch bei gleichzeitiger Anordnung der Testamentsvollstreckung nicht zwingend zur
Mittellosigkeit des Betroffenen. Vielmehr ist durch Auslegung der an den Testamentsvollstrecker adressierten Verwaltungsanordnungen zu ermitteln, ob der Erblasser auch Ansprüche
des Betreuers ausschließen wollte.[19] Für die Frage, ob der Betroffene in der Lage ist, die Aufwandsentschädigung nach § 1835a BGB zu zahlen, kommt es darauf an, ob er einen entsprechenden Anspruch auf Freigabe der zu entrichtenden Entschädigung gegen den Testamentsvollstrecker hat. Dies ist aber nicht schon dann der Fall, wenn der Erblasser die Entnahme der Aufwandsentschädigung nicht ausdrücklich ausgeschlossen hat. Vielmehr sei
positiv festzustellen, ob nach dem Willen des Erblassers die Zahlung der Aufwandsentschädigung zu denjenigen Leistungen gehört, die der Testamentsvollstrecker zu erbringen hat.[20]

▶ *Zur Mittellosigkeit vgl. unten Kapitel 8, Rn. 1230 ff.*

▶ *Zur Geltendmachung vgl. unten Kapitel 9, Rn. 1512, 1522 ff.*

5.6 Zeiträume/Zeitpunkte

Die Aufwandspauschale ist **jährlich** zu zahlen, erstmals ein Jahr nach Bestellung des Betreu- **365**
ers (§ 1835a Abs. 2). Es gilt also nicht das Kalenderjahr und auch nicht das Rechnungsjahr
(§ 1840). [21]

Mit Beginn der Betreuung ist in diesem Falle die **Wirksamkeit des Beschlusses** über die **366**
Betreuerbestellung gemeint. Diese tritt nach § 287 Abs. 1 FamFG mit der Bekanntmachung
an den Betreuer in Kraft. Das Gericht kann jedoch nach § 287 Abs. 2 FamFG die sofortige
Wirksamkeit anordnen. In einem derartigen Fall wird die Betreuerbestellung auch mit der Be-
kanntgabe an den Betreuten, den Verfahrenspfleger oder mit Übergabe der Vorgänge an die
Geschäftsstelle des Betreuungsgerichtes rechtswirksam.

Der maßgebliche Anfangszeitpunkt bei Betreuungen ist somit nicht das Datum der Ver- **367**
pflichtungserklärung des Betreuers nach § 289 FamFG oder das Datum, welches in der
Betreuerurkunde gem. § 290 FamFG vermerkt ist. Anders ist das allerdings bei Vormundschaften und (BGB-)Pflegschaften. Der Anspruch einer solchen Person auf eine Aufwandsentschädigung entsteht erst mit seiner förmlichen Bestellung (§§ 1789, 1915 BGB).[22] Dies
soll auch gelten, wenn der Pfleger auf Weisung des Gerichtes vor der Bestellung Amtshand-
lungen vorgenommen hat.

Während der laufenden Betreuung entsteht somit 365 Tage nach der Rechtswirksamkeit der **368**
Bestellung erstmals der Anspruch auf die Aufwandspauschale. Der erste Tag wird hierbei
nicht mitgerechnet (§ 187 Abs. 1 BGB). Ist die Betreuerbestellung beispielsweise am

---

18 LG Itzehoe, Beschl. v. 1.8.2006, 4 T 311/06, RdLH 2006, 180
19 BGH BtPrax 2013, 106 = FamRZ 2013, 874
20 LG Wuppertal, Beschl. v. 30.4.2015, 9 T 76/15, JurionRS 2015, 27162
21 BT-Drs. 11/4528, 112 ff.
22 BGH FamRZ 2016, 1072 sowie BGH FamRZ 2018, 40

1.4.2018 rechtswirksam geworden, ist erstmals am 1.4.2019 der Anspruch auf die Pauschale gegeben.

369 Der Endzeitpunkt, also der Zeitpunkt, bis zu welchem eine Aufwandspauschale zuerkannt werden kann, ist das Ende der jeweiligen Betreuung durch Aufhebung der Betreuung oder Tod des Betreuten bzw. der Zeitpunkt der Entlassung des Betreuers aus seinem Amt. Ggf. ist der Zeitraum, in dem der Betreuer noch die **Notgeschäfte** für die Erben wahrgenommen hat (§§ 1908 Abs. 1 Abs. 1 Abs. 1 i.V.m. 1893 und 1698 b), hinzuzurechnen.

▶ *Zur gleichen Fallgestaltung bei beruflich geführten Betreuungen vgl. die Ausführungen in Kapitel 10, Rn. 1712 ff.*

370 Es kann also vorkommen, dass der Betreuer kein volles Jahr im Amt ist, insbesondere bei Ergänzungspflegschaften. Dieser Fall ist im Gesetz selbst nicht geregelt. Wird das Betreueramt vor Ablauf des jeweiligen Jahres beendet, so ist eine entsprechend gekürzte Aufwandsentschädigung zu zahlen.[23]

371 Fraglich kann dabei sein, „wann" der Anspruch auf die Aufwandspauschale entsteht, wenn die Betreuung vorzeitig geendet hat. Dies ist ein Fall, den das Gesetz nicht regelt. Denkbar wären folgende Lösungen:

372 a) Anspruch besteht mit Betreuungsende (Rechtswirksamkeit der Betreuerentlassung; hier käme es normalerweise auf das Bekanntmachungsdatum i.S.v. § 287 Abs. 1 FamFG an);

b) Anspruch besteht, wenn abschließende Betreuerpflichten erledigt sind (Rechenschafts- und Herausgabepflichten §§ 1890, 1893);

c) Anspruch besteht, wenn sich das nächste wiederkehrende Datum der seinerzeitigen Betreuerbestellung ergibt.

373 Von Seiten der Verfasser wird der Variante a) der Vorzug gegeben. Der Betreuer, dessen Betreuertätigkeit endet, sollte im eigenen Interesse baldmöglichst den abschließenden Antrag auf Ersatz der Aufwendungen bei Gericht einreichen. Dies kann auch unabhängig von den restlichen Betreuerpflichten nach §§ 1890 ff. erfolgen.

5.7 Erlöschen des Anspruches

374 Die Aufwendungspauschale muss **innerhalb von drei Monaten** nach Ablauf des (Kalender-)Jahres, in dem sie entstanden ist, geltend gemacht werden. Andernfalls erlischt der Anspruch.

375 Die Geltendmachung beim Gericht gilt dabei auch als Geltendmachung gegenüber dem Betreuten, § 1835a Abs. 3 (vgl. dazu auch unten Kapitel 9, Rn. 1589 ff.). Die früheren diversen Auffassungen zu dieser Frage[24] wurden durch die Neufassung des § 1835a BGB seit 1.1.1999 hinfällig. Maßgebliches Ereignis zur Beurteilung, ob ein Antrag fristgerecht gestellt ist, ist der **Antragseingang bei Gericht** (Eingangsstempel des Amtsgerichtes).[25] Macht eine ehrenamtliche Betreuerin glaubhaft, sie habe den Antrag auf die Aufwandspauschale in zwei verschiedenen Betreuungsverfahren zusammen mit den Jahresberichten rechtzeitig an das Gericht übersandt und wird der Eingang in dem einen Verfahren festgestellt, so ist von der rechtzeitigen Beantragung auch in dem Verfahren auszugehen, in dem kein Eingang festgestellt worden ist.[26]

376 Die Formulierung ist insoweit missverständlich, als in § 1835a BGB zweimal der Begriff „Jahr" vorkommt. Wenn hier zunächst in Abs. 2 die Rede davon ist, dass der Anspruch erstmals nach Ablauf eines Jahres entsteht, dann ist damit das wiederkehrende Datum der Betreuerbestellung gemeint (vgl. hierzu weiter oben); mit dem „Jahr" in Abs. 4 ist das **Kalen-**

---

23 Damrau/Zimmermann § 1835a BGB Rn. 11; Pohl, BtPrax 1992, 59
24 Vgl. zur Kontroverse Deinert Rpfleger 1996, 392/395
25 OLG Brandenburg FamRB 2013, 19 m. Anm. Menne = JurBüro 2013, 99
26 LG Koblenz FamRZ 2008, 1659

derjahr gemeint[27], d.h., die Aufwandspauschale ist spätestens bis zum 31.3. des Folgejahres geltend zu machen. Dies ist auch die h.M. in der Rechtsprechung.[28]

Eine gegenteilige Auffassung vertritt *Palandt*[29]: „Soll eine Überflutung der Gerichte mit Abrechnungen wirklich vermieden werden, muss der Ausdruck ‚Jahr' in Abs. 4 im selben Sinn verstanden werden wie in Abs. 2." Diese Auffassung hätte zur Folge, dass jeweils drei Monate nach dem wiederkehrenden Datum der Betreuerbestellung der Anspruch erlösche. **377**

Diese Auffassung teilt der Gesetzgeber in seinen Motiven nicht, sie ist u.E. nach auch nicht korrekt, denn eine tatsächliche massive Arbeitsbelastung der Gerichte um den 31.3. ist bisher nirgendwo feststellbar gewesen und auch nicht beklagt worden. **378**

Die Versäumung der Antragsfrist des § 1835a Abs. 4 BGB kann im Übrigen nach der h.M. nicht mit Krankheit entschuldigt werden.[30] Eine **Wiedereinsetzung in den vorigen Stand** ist ausgeschlossen. Das Betreuungsgericht ist nicht verpflichtet, einen ehrenamtlichen Betreuer über die Möglichkeit der Beantragung der Aufwandspauschale zu belehren.[31] Es soll auch keine Treuwidrigkeit des Betreuungsgerichtes darstellen, wenn es den ehrenamtlichen Betreuer nicht auf die rechtzeitige Beantragung der Aufwandspauschale aufmerksam macht.[32] **379**

Allerdings kann die **Versäumung der Antragsfrist** des § 1835a Abs. 4 BGB nach dem Grundsatz von Treu und Glauben unschädlich sein, wenn der ehrenamtliche Betreuer von der rechtzeitigen Geltendmachung durch einen Hinweis des Betreuungsgerichts über die Verwendung eines zu verwendenden Hausvordruckes und dessen verspäteter Übersendung abgehalten wurde.[33] **380**

Ist eine Betreuung schon länger eingerichtet (hier Gebrechlichkeitspflegschaft vor 1992) und wird für ein Kalenderjahr eine Aufwandspauschale beantragt, so ist fiktiv von einer Betreuerbestellung zum 31.12. des Vorjahres auszugehen. Im Folgejahr entsteht der Anspruch des Betreuers und erlischt am 31.3. des nächsten Jahres.[34] **381**

5.8 Verhältnis der Aufwandspauschale zum Aufwendungsersatz nach § 1835 BGB

Nach den Motiven des Gesetzgebers hatte die Aufwandspauschale bis zum 31.12.1998 den Zweck, **geringfügige Aufwendungen** des Betreuers abzugelten, damit diesem die Mühe erspart bleibt, Belege oder andere Nachweise auch für Kleinbeträge sammeln zu müssen. Als geringfügige Aufwendungen wurden nach Auffassung des Gesetzgebers beispielsweise Portokosten für Standardbriefe oder Telefongebühren für Nahbereichsgespräche angesehen. Einzelaufwendungen von damals 5,00 DM (ca. 2,50 €) galten dabei nicht mehr als geringfügig.[35] **382**

Dies bedeutete in der Konsequenz, dass der Betreuer neben der Aufwandspauschale auch zusätzlich weitere Aufwendungen geltend machen konnte, sofern diese im Einzelnen die **Geringfügigkeitsgrenze** überstiegen.[36] **383**

---

27 Vgl. BR-Drs. 960/96, S. 24
28 LG Koblenz BtPrax 2002, 88; LG Hannover, 15 T 1151/01 und 66 T 2048/01; OLG Celle FamRZ 2002, 1591; OLG Frankfurt/Main BtPrax 2004, 243 = Rpfleger 2005, 85
29 60. Aufl. Rn. 6 zu § 1835a BGB
30 LG Koblenz FamRZ 2000, Heft 21, S. II = JurBüro 2001, 43 = BtPrax 2001, 88 = FamRZ 2001, 934; BayObLG FamRZ 2001, 189; erneut LG Koblenz FamRZ 2003, 1970
31 LG Meiningen, Beschl. v. 11.12.2006, 3 T 315/06, BtMan 2007, 202 (Ls)
32 LG Koblenz FamRZ 2006, 970
33 OLG Frankfurt/Main FGPrax 2001, 205 = NJWE-FER 2001, 314 = BtPrax 2001, 257
34 LG Koblenz FamRZ 2002, 1291
35 BT-Drs. 11/4528, S. 112
36 Damrau/Zimmermann § 1835a BGB Rn. 1

384 Durch die Neufassung des § 1835a BGB wird seit 1.1.1999 mit der (erhöhten) Aufwandspauschale der **gesamte Aufwendungsersatzanspruch** abgegolten.[37] Mit den Intentionen des Gesetzgebers wäre es nicht zu vereinbaren, dass ein Betreuer, der während des Jahres bereits Aufwendungsersatz erhalten hat, die Aufwandspauschale überhaupt nicht mehr beanspruchen kann; die konkret getätigten Aufwendungen können im Einzelfall die Pauschale von zurzeit 323,00 € übersteigen. Ist dies der Fall, wird der Betreuer geneigt sein, keine Aufwandspauschale, sondern Aufwendungsersatz gegen konkreten Nachweis zu verlangen. In diesem Fall sind dann auch Kleinbeträge nachzuweisen, ggf. durch einen Eigenbeleg (Übersicht über Fahrten, Telefonate usw.).

385 Liegen die während des Jahres entnommenen (oder vom Gericht bewilligten) Aufwendungsersatzzahlungen unter dem Pauschalbetrag, kann der Betreuer dennoch die Pauschale beantragen. Bereits dem Vermögen des Betreuten entnommene Beträge für Aufwendungen sind dann selbstverständlich von der Pauschale abzuziehen, soweit sie in denselben Zeitraum fallen.

5.9 Vorschusszahlungen

386 Vorschüsse auf Aufwendungen nach § 1835 Abs. 1 BGB sind in voller Höhe auf die Aufwandspauschale anzurechnen.

387 Die Gesetzgebungsmotive sehen einen Vorschuss auf die Aufwandspauschale nicht vor.[38] Dennoch wird in der Literatur eine solche **Vorschusszahlung** teilweise als möglich angesehen.[39]

388 Begründet wird diese Auffassung damit, dass es angesichts der niedrigen Höhe der Aufwandspauschale sowie des Mangels an ehrenamtlichen Betreuern dringend erforderlich ist, auch insoweit die Attraktivität des Betreueramtes zu stärken. Im Übrigen sei es inkonsequent, bei den konkreten Aufwendungen des § 1835 BGB eine Vorschusszahlung zuzulassen, nicht jedoch bei der Aufwandspauschale.

5.10 Verhältnis der Aufwandspauschale zur Vergütung nach § 1836 Abs. 2 BGB (Ermessensvergütung)

389 Die Bewilligung einer Vergütung steht nach dem ausdrücklichen Wortlaut des § 1835a BGB der Gewährung einer Aufwandspauschale entgegen. Wird einem Betreuer, der ansonsten ehrenamtlich tätig ist, eine Ermessensvergütung nach § 1836 Abs. 2 BGB gewährt (dies erfolgt ja im Nachhinein, sodass der Betreuer u.U. zuvor die Aufwandspauschale entnommen hat), so ist hierbei zu ermitteln, für welchen Zeitraum die Aufwandspauschale bestimmt war und für welchen Zeitraum die Ermessensvergütung bewilligt wurde. Soweit sich diese Zeiträume überschneiden, ist die Aufwandspauschale insoweit vom Betreuer zurückzuzahlen, als er nicht konkrete Aufwendungen, die den gleichen Zeitraum betreffen, nachweisen kann.[40]

390 Des Weiteren ist auch der Fall denkbar, dass dem Betreuer zwar eine Vergütung bewilligt wird, dass diese jedoch, bezogen auf den Zeitraum der Aufwandspauschale, den Betrag von 399,00 € nicht erreicht. In diesem Falle wäre § 1835a BGB dahingehend auszulegen, dass der Unterschiedsbetrag zu den 399,00 € als **anteilige Aufwandspauschale** gewährt wird.[41]

---

37 Vgl. LG Koblenz FamRZ 2001, 1324
38 BT-Drs. 11/4528, 112
39 Bach BtPrax 1994, 5/9; Meyer/Höver/Bach ZSEG § 14 Rn. 9.2
40 Damrau/Zimmermann § 1835a Rn. 7
41 Wesche Rpfleger 1990, 441/445; Deinert Rpfleger 1992, 92/93; Sonnenfeld Rpfleger 1993, 97; Bach BtPrax 1993, 182/184; Damrau/Zimmermann § 1835a Rn. 5

Nach abweichender Auffassung besteht ein Anspruch auf die anteilige Aufwandspauschale nicht. **391**

Der zuerst genannten Auffassung wird von den Verfassern der Vorzug gegeben, da aufgrund des Gleichbehandlungsgebotes solche Betreuer, die einen Vergütungsanspruch haben, nicht schlechter gestellt werden dürfen als Betreuer ohne Vergütungsanspruch, denn Letztere haben stets einen Anspruch auf den gesamten Pauschalbetrag nach § 1835a BGB.[42] **392**

In diesem Zusammenhang soll auch noch auf den **Aufwendungsersatz für berufliche Dienste** nach § 1835 Abs. 3 BGB (vgl. Kapitel 4, Rn. 280 ff.) eingegangen werden, der nach seiner Systematik eher eine Vergütung darstellt. Er wird nämlich für den **Zeitaufwand** gezahlt, den ein Betreuer für spezifische, im Rahmen seines Berufes liegende Dienste erbracht hat. Nach Auffassung in der Literatur schließt ein solcher Aufwendungsersatz (z.B. die Führung eines Prozesses durch einen Rechtsanwalt als Betreuer) die Gewährung der Aufwandspauschale nicht aus.[43] Allerdings dürfte diese Konstellation (ehrenamtlicher Betreuer, der berufliche Dienste einsetzt) kaum vorkommen. **393**

▶ *Zur Besonderheit der sich bis 27.7.2019 überlappenden Berufsbetreuer-Pauschalvergütung und der Aufwandspauschale beim Betreuerwechsel von beruflicher zu ehrenamtlicher Betreuung vgl. Kapitel 7, Rn. 1054 ff.*

5.11 Beispiel für einen Antrag auf Zahlung der Aufwandspauschale gem. § 1835a BGB

Name und Adresse des Vormundes/ **394**

Pflegers/Betreuers

An das

Amtsgericht

– Betreuungsgericht bzw. Familiengericht –

Datum

Vormundschaft/Pflegschaft/Betreuung für: …

Dortige Gesch.-Nr. …

Sehr geehrte Damen und Herren,

hiermit bitte ich, mir für die Betreuungstätigkeit für o.g. Betreuten eine pauschale Aufwandsentschädigung gemäß § 1835a BGB zu zahlen.

Der Antrag bezieht sich auf ein Jahr, und zwar den Zeitraum vom … bis …

Für den o.g. Zeitraum habe ich keine Aufwandsentschädigung und keine Vorschüsse nach Einzelabrechnung erhalten.

Vergütungen gemäß § 1836 BGB habe ich ebenfalls nicht erhalten.

Der Mündel/Pflegling/Betreute ist mittellos im Sinne der §§ 1836c, 1836d BGB.

Die Aufwandspauschale ist daher aus der Staatskasse zu zahlen.

Die persönlichen und wirtschaftlichen Verhältnisse sind in der Anlage dargestellt/ ergeben sich aus der Vermögensabrechnung/dem Vermögensverzeichnis vom …

Ich bitte um Überweisung auf Konto … bei … , Bankleitzahl …

Mit freundlichen Grüßen

―――――――――

(Unterschrift)

―――――――――

42 Giesler FuR 1994, 260/262
43 Bach JurBüro 1992, 720/722; Bühler BWNotZ 1993, 108/109

Anmerkung: Bei diesem Beispiel handelt es sich nicht um einen Festsetzungsantrag gem. § 168 Abs. 1 FamFG iVm. § 292 FamFG, sondern um einen Antrag auf Zahlbarmachung (vgl. zum Unterschied in Kapitel 9, Rn. 1520 ff. und Rn. 1533 ff.).

Hinweis

 Bezüge zur Aufwandspauschale finden Sie auch in den folgenden Kapiteln dieses Buches:

- ▶ *Wechsel von Berufsbetreuung zu ehrenamtlicher Betreuung, Kapitel 7, Rn. 1050 ff.*
- ▶ *Mittellosigkeit und Aufwandspauschale, Kapitel 8, Rn.1263*
- ▶ *Zahlbarmachung der Aufwandspauschale im vereinfachten Verwaltungsverfahren, Kapitel 9, Rn. 1520 ff.*
- ▶ *Geltendmachung der Aufwandspauschale im gerichtlichen Beschlussverfahren, Kapitel 9, Rn. 1533 ff.*
- ▶ *Fristregelungen bei der Aufwandspauschale, Kapitel 10, Rn. 1722 ff.*
- ▶ *Aufwandspauschale und Steuerpflicht, Kapitel 12, Rn. 1840 ff*

6 Vergütung

6.1 Begriffsbestimmung und Entwicklung

Im Gegensatz zum Aufwendungsersatz, durch den Vermögensopfer des Vormundes, Pflegers oder Betreuers vermieden bzw. ausgeglichen werden, ist die Vergütung ein finanzieller Ausgleich für die Arbeitsleistung des Betroffenen und für die von ihm für die gesetzliche Vertretungstätigkeit aufgewendete Zeit.[1] **395**

6.2 Grundsatz der Unentgeltlichkeit

Von alters her ist das Amt des Vormunds bzw. Pflegers ein Ehrenamt. Das römische Recht erwähnt schon im Zwölftafelgesetz die Sorge für psychisch Kranke (cura furiosi) und die Sorge für Verschwender (cura prodigi), wobei der psychisch Kranke ohne einen formalen Akt der Fürsorge dem nächsten männlichen Verwandten unterstellt wurde.[2] Die germanischen Stammesrechte kannten ein umfassendes Schutzverhältnis für Person und Vermögen eines „Wahnsinnigen", die „Munt".[3] **396**

Auch das Bürgerliche Gesetzbuch installierte das Amt des Vormunds oder Pflegers als unentgeltlich geführtes Ehrenamt, § 1836 Abs. 1 Satz 1, der nach § 1915 auch für Pfleger und nach § 1908i auch für Betreuer gilt. Diese Vorschrift ist auch durch die Einführung des Betreuungsrechts am 1.1.1992 und durch die beiden Betreuungsrechtsänderungsgesetze 1999 und 2005 nicht geändert worden.

Nach § 1836 Abs. 1 Satz 2 BGB a.F. konnte das Vormundschaftsgericht dem Vormund dann eine angemessene Vergütung bewilligen, wenn das **Vermögen des Mündels** sowie der **Umfang und die Bedeutung der vormundschaftlichen Geschäfte** dies rechtfertigten. *Lantzerath/Schimke* vertraten die Auffassung, dass, wenn entsprechendes Vermögen des Betreuten vorhanden war, auch der ehrenamtliche Betreuer in der Regel einen Anspruch auf finanziellen Ausgleich für seine im öffentlichen Interesse geleistete Arbeit hatte; denn fürsorgende Tätigkeit für hilfebedürftige Menschen konnte nicht unbedeutend sein.[4] **397**

Auch seit der Neufassung des § 1836 Abs. 1 BGB durch das 1. BtÄndG werden Vormundschaften, Pflegschaften und Betreuungen grundsätzlich unentgeltlich geführt. Anders als bisher stellte diese Vorschrift der ehrenamtlich geführten Vormundschaft, Pflegschaft oder Betreuung jedoch die Berufsbetreuung gegenüber und trägt damit der gewachsenen Bedeutung der beruflich geführten Betreuung Rechnung. Die Bestimmungen zu den Einzelheiten sind durch das 2. BtÄndG aus dem BGB herausgenommen worden und jetzt im VBVG geregelt. **398**

Im Regierungsentwurf zum 1. BtÄndG[5] vom 11.3.1997 hieß es dazu: „Absatz 1 normiert in seinem Satz 1 wie der bisherige § 1836 Abs. 1 Satz 1 BGB den Grundsatz der ehrenamtlichen Führung von Vormundschaften. Dieser grundsätzlichen Ehrenamtlichkeit der Vormundschaft wird in Satz 2 die Entgeltlichkeit der **Berufsvormundschaft** gegenübergestellt. Die Gegenüberstellung verdeutlicht die praktische Relevanz der Berufsvormundschaft und – durch die Bezugnahme in § 1908i Abs. 1 BGB – auch und gerade der Berufsbetreuung, ohne damit den wünschenswerten Vorrang ehrenamtlichen Engagements in Zweifel zu ziehen." Satz 2 des § 1836 Abs. 1 BGB lautet deshalb: „Sie wird ausnahmsweise entgeltlich geführt, wenn das Gericht bei der Bestellung des Vormunds feststellt, dass der Vormund die Vormundschaft berufsmäßig führt." **399**

---

1 *Lantzerath/Schimke*, S. 49
2 Jürgens u.a., Das neue Betreuungsrecht, 3. Aufl., Rn. 3
3 Boschan: Die Vormundschaft, Heymanns Köln 1956, 9
4 Lantzerath/Schimke, S. 48
5 BT-Drs. 13/7158

400   Nur unter bestimmten Voraussetzungen haben auch ehrenamtliche Betreuungspersonen wie bisher neben dem Anspruch auf Ersatz ihrer Aufwendungen auch einen Anspruch auf einen „Lohn" für die von ihnen für die Betreuung aufgewendete Zeit.

401   Diese Voraussetzungen fanden sich vom 1.1.1999 bis 30.6.2005 in § 1836 Abs. 3 BGB und seither wieder in Absatz 2: „Das Gericht kann jedoch auch einer ehrenamtlich tätigen Betreuungsperson gleichwohl eine angemessene Vergütung bewilligen, soweit der Umfang oder die Schwierigkeit der vormundschaftlichen Geschäfte dies rechtfertigen; dies gilt nicht, wenn der Mündel mittellos ist."

6.3 Vergütung ehrenamtlicher Betreuungspersonen

6.3.1 Wer ist ehrenamtlicher Betreuer?

402   Ehrenamtliche Betreuungspersonen sind diejenigen, die Vormundschaften, Pflegschaften und Betreuungen in ihrer Freizeit und nicht im Rahmen ihrer Berufsausübung führen. Die Abgrenzung zwischen ehrenamtlicher und berufsmäßiger Tätigkeit war vor dem 1.1.1999 nicht klar definiert.

403   Das 1. BtÄndG klärte, dass von einer Berufstätigkeit in der Regel dann auszugehen ist, wenn der Betreffende

- **mehr als 10 Betreuungen**, Vormundschaften oder Pflegschaften übernommen hat

oder

- die für die Führung der Vormundschaften, Pflegschaften und Betreuungen erforderliche Zeit voraussichtlich **zwanzig Wochenstunden** nicht unterschreitet (§ 1836 Abs. 1 Satz 4 BGB, seit 1.7.2005 § 1 Abs. 1 Satz 2 VBVG).

Diese Regelung ist allerdings nicht starr, schon der Begriff „in der Regel" zeigt, dass es auch Ausnahmen geben muss (siehe dazu Näheres unter Berufsbetreuung unter Rn. 457).

404   Seit dem 1.7.2005 ist diese Frage in § 1 VBVG geregelt, dabei ist insoweit eine Änderung erfolgt, als die 2. Voraussetzung, also das Erfordernis von 20 Wochenstunden, nur noch für Vormundschaften (und über § 1915 BGB auch für BGB-Pflegschaften) gilt, über § 4 Abs. 3 Satz 2 VBVG gilt für die Führung von Betreuungen Volljähriger nur noch die erste Kategorie, die der Fallzahl.

405   Ehrenamtlicher Betreuer ist damit derjenige, der die im Rahmen des Betreuungsverhältnisses anfallenden Aufgaben in seiner Freizeit erledigt und der das Betreuungsverhältnis nicht übernommen hat, um damit (auch nicht teilweise) seinen Lebensunterhalt zu verdienen.

406   Da die berufliche Führung einer Betreuung allerdings nicht „automatisch" gegeben ist, wenn die o.g. Voraussetzungen vorliegen, sondern nur dann, wenn das Gericht dies bei der Bestellung ausdrücklich festgestellt hat,[6] kann bei fehlender Feststellung der beruflichen Führung auch ein Berufsbetreuer ehrenamtliche Betreuungen führen.[7]

6.3.2 Voraussetzung für Vergütung einer ehrenamtlichen Betreuung

407   Vor dem 1.1.1999 konnte das Vormundschaftsgericht dem Vormund, Pfleger oder Betreuer eine angemessene Vergütung bewilligen, wenn

- vorhandenes Vermögen der betreuten Person und
- Umfang und Bedeutung der zu erledigenden Geschäfte

die Bewilligung rechtfertigten.

---

6 Siehe § 1 VBVG sowie BGH FamRZ 2014, 468; BGH MDR 2014, 421
7 BtKomm/Dodegge Teil F Rn. 94

Seit dem 1.1.1999 ist die Höhe des Vermögens des Betreuten – abgesehen von der Bedeutung für die Frage, ob Mittellosigkeit anzunehmen ist und deswegen ein Anspruch auf Vergütung ausscheidet – kein eigenes Kriterium mehr für die Frage, ob der Betreuer Vergütung erhalten kann und wie hoch sie ist. Maßgebend sind allein der übergroße zeitliche Aufwand und die Schwierigkeiten. **408**

6.3.2.1 Umfang und Schwierigkeit der vormundschaftlichen Geschäfte

Im Regierungsentwurf zum 1. BtÄndG vom 11.3.1997[8] heißt es in der Begründung zu § 1836 Abs. 3 (jetzt Abs. 2) BGB: **409**

> […] abweichend von der geltenden Gesetzesfassung ist eine Vergütung nur geschuldet, ,soweit' Umfang oder Schwierigkeiten der vormundschaftlichen Geschäfte eine Vergütung rechtfertigen. Damit wird verdeutlicht, dass beide Kriterien nicht nur das ,Ob' einer Vergütung bestimmen, sondern auch für deren Bemessung maßgebend sind, während das Vermögen des Mündels kein eigenes Bemessungskriterium mehr darstellt: ihm kommt nur noch negative Bedeutung zu. Ebenso wie im geltenden § 1836 Abs. 1 Satz 2 BGB entfällt jeder Vergütungsanspruch des nicht berufsmäßig tätigen Vormundes, wenn der Mündel mittellos ist. Begründen kann das Vermögen des Mündels den Vergütungsanspruch des Vormundes dagegen nur noch indirekt, wenn es nämlich Umfang und Schwierigkeit der vormundschaftlichen Geschäfte beeinflusst.

▶ *Zu Einzelheiten vgl. unten Rn. 415 ff.*

6.3.2.2 Keine Ermessensvergütung bei Mittellosen

Wenn also die betreute Person mittellos ist (siehe dazu unten Kapitel 8, Rn. 1230 ff.), ist ein Vergütungsanspruch ausgeschlossen, auch wenn Umfang und Schwierigkeit der Tätigkeiten der Betreuungsperson das normale Maß übersteigen. Oder umgekehrt: Nur wenn der Betroffene nicht mittellos ist, kann überhaupt ein Vergütungsanspruch entstehen. **410**

6.3.3 Vergütungsrelevantes Vermögen

Ob vorhandenes Vermögen **vergütungsrelevant** ist, ist in jedem Einzelfall zu prüfen. Bei großem Vermögen ist dies in der Regel unproblematisch. In der alltäglichen Praxis überwiegt aber der Betreute, der außer einem bescheidenen Sparguthaben kein Vermögen besitzt. Ihm hiervon die Bezahlung einer Vergütung für eine Betreuungsperson zuzumuten, erfordert eine sorgfältige Prüfung. „Da die Einkommensgrenzen der Mittellosigkeit relativ niedrig sind, fallen hierunter nicht nur die vermögenden, sondern auch diejenigen Betroffenen, die über ein durchschnittliches bis leicht überdurchschnittliches Einkommen oder Vermögen verfügen. Relativiert wird dies allerdings dadurch, dass Mittellosigkeit bereits vorliegt, wenn der Betroffene die Vergütung aus seinem Einkommen nur zum Teil nicht aufbringen kann (§ 1836d BGB). Eine Vergütung nach § 1836 Abs. 2 BGB kann daher nur festgesetzt werden, wenn sie vollständig vom Betreuten aus seinem Einkommen und Vermögen bestritten werden kann."[9] **411**

In der Rechtsprechung umstritten ist die Frage, auf welchen **Zeitpunkt** es bei der Feststellung der Mittellosigkeit im Rahmen der Ermessensvergütung ankommt.

Da ein Anspruch ausschließlich gegenüber dem Betreuten und nicht gegenüber der Staatskasse in Betracht kommt,[10] ist die in Bezug auf die Vergütungspauschale für Berufsbetreuer ergangene neuere Rechtsprechung, nach der bei der Bestimmung der Stundenanzahl auf **412**

---

8 BT-Drs. 13/7158, S. 26
9 Damrau/Zimmermann § 1836 Rn. 22
10 Palandt/Diederichsen § 1836 BGB Rn. 11

den Zeitpunkt der abgerechneten Tätigkeit abzustellen ist und der Tag der gerichtlichen Entscheidung lediglich für die Frage, wer die Vergütung zahlt (der Betreute selbst oder die Staatskasse) von Belang ist (siehe dazu unten, Kapitel 8, Rn. 1242 ff.), insoweit bedeutungslos.

413 Teilweise wird vertreten, dass es auf die Vermögensverhältnisse am Ende desjenigen Abrechnungszeitraums ankommt, für den der Betreuer eine Vergütung begehrt.[11] Dagegen muss nach der überwiegenden Auffassung in der Rechtsprechung auf den Zeitpunkt der gerichtlichen Entscheidung abgestellt werden, im Falle eines Beschwerdeverfahrens auf den Zeitpunkt der Beschwerdeentscheidung[12], sodass – anders als im Fall einer beruflich geführten Betreuung – eine zwischenzeitlich eingetretene Vermögensminderung auch dann zu Mittellosigkeit führen kann, wenn ursprünglich noch ausreichend Vermögen vorhanden war. Ist die Mittellosigkeit gerichtlich festgestellt worden, wird sie durch einen später eingetretenen Vermögenserwerb nicht nachträglich wieder beseitigt[13] (zu weiteren Einzelheiten siehe unten Kapitel 8, Rn. 1237 ff.). Im Fall des Todes des Betreuten soll es auf die finanziellen Verhältnisse am Todestag ankommen.[14]

414 Allein die Tatsache, dass der Mündel, Pflegebefohlene bzw. Betreute „vermögend" im Sinne des Betreuungsrechts ist bzw. dass die Voraussetzungen der Mittellosigkeit im Sinne des Sozialhilferechts nicht vorliegen, begründet also für sich alleine genommen noch keinen Vergütungsanspruch. Ein angemessener Anhaltspunkt wäre u.E. ab 27.7.2019 die Summe, die der Gesetzgeber selbst im Rahmen der Vergütungsreform 2019 nennt, nämlich ein Geldvermögen von 150.000,00 € (§ 5a Abs. 1 VBVG).[15]

6.3.4 Umfang und Schwierigkeit der übertragenen Geschäfte

415 Nur wenn Umfang oder Schwierigkeit der Geschäfte dies rechtfertigen, kann der ehrenamtlichen Betreuungsperson eine Vergütung bewilligt werden. Dies dürfte nur dann der Fall sein, wenn entweder der Umfang oder die Schwierigkeit über das normale Maß einer ehrenamtlichen Betreuung hinausgehen.

6.3.4.1 Umfang

416 Der Umfang einer Vormundschaft, Pflegschaft oder Betreuung bestimmt sich in der für sie aufgewendeten Zeit.[16] In Werbebroschüren für die Gewinnung ehrenamtlicher Betreuer werden durchschnittlich ein bis zwei Wochenstunden je Betreuung veranschlagt.[17] Nur wenn die für die Vormundschaft, Pflegschaft oder Betreuung aufgewendete Zeit dieses Maß regelmäßig oder für einen längeren Zeitraum nicht nur geringfügig überschreitet, kann das Gericht dem Betreuer eine Vergütung bewilligen. Bezüglich des Zeitaufwandes, der ggf. eine Ermessensvergütung rechtfertigt, kann man seit dem 1.7.2005 hilfsweise auf die Pauschalvergütung für Berufsbetreuer abstellen (vgl. Kapitel 7, Rn. 971 ff.). Wenn der pauschal vergütete Zeitaufwand im Rahmen der ehrenamtlichen Betreuung regelmäßig um 100 % oder mehr überschritten wird, könnte dies u.E. ein geeigneter Anknüpfungspunkt sein (siehe aber zur neueren Rechtsprechung unter Rn. 431).

417 Ein überdurchschnittlicher Zeitaufwand *kann* (nicht muss) erforderlich sein, wenn ein größeres Vermögen zu verwalten ist. Er kann aber auch in der Person des Betreuten begründet sein, z.B. bei schwierigen sozialen Verhältnissen oder labilem Gesundheitszustand. In diesen Fällen kann im Rahmen der Krisenintervention ein das normale Maß übersteigendes Engagement des Betreuers notwendig sein.

---

11 LG Berlin BtPrax 1997, 204
12 BayObLG BtPrax 1996, 29 und 1998, 79; OLG Frankfurt FGPrax 2001, 116; BtKomm Teil F Rn. 91
13 LG Frankenthal BtPrax 1998, 117 f.
14 BtKomm, a.a.O.
15 Vgl. Rn. 1015
16 Regierungsentwurf zum BtÄndG, a.a.O., S. 38
17 Vgl. Akademie für öffentliches Gesundheitswesen: „Betreuer trauen sich"

Dabei kann der Umfang natürlich nur insoweit berücksichtigt werden, als der Betreuer tatsächliche Betreuungsarbeit geleistet hat. Darüber hinausgehendes – soziales oder gesellschaftliches – Engagement (z.B. Teilnahme an Familienfeiern) kann grundsätzlich nicht berücksichtigt werden (zu den abrechenbaren Tätigkeiten vgl. unten Rn. 757 ff.).

418

6.3.4.2 Schwierigkeit

Eine Vergütung kann auch dann bewilligt werden, wenn die Schwierigkeit der vom Betreuer zu verrichtenden Tätigkeiten dies rechtfertigt. Voraussetzung ist auch hier, dass die Schwierigkeiten über das normale Maß hinausgehen.

419

Dies dürfte dann der Fall sein, wenn im Rahmen der Vormundschaft, Pflegschaft oder Betreuung Tätigkeiten anfallen, die nicht zum **Alltag** eines ehrenamtlichen Betreuers gehören und ein besonders hohes Maß an Verantwortung mit sich bringen. Dazu können die Einwilligung in risikoreiche medizinische Maßnahmen, die Veranlassung einer Unterbringung oder unterbringungsähnlichen Maßnahme oder die Verwaltung eines größeren Vermögens gehören.

420

Besondere, über das normale Maß hinausgehende Schwierigkeiten können auch in der Person des Betroffenen liegen, z.B. wenn der Umgang mit ihm besonders kompliziert und belastend ist (bei aggressivem Verhalten oder Tätlichkeiten gegenüber dem Betreuer). In solchen Fällen wird aber zusätzlich daran gedacht werden müssen, ob nicht eine Ablösung des ehrenamtlichen Betreuers durch einen beruflichen Betreuer infrage kommt, weil in dem geschilderten Fall die Zumutbarkeit für ein öffentliches Ehrenamt überschritten sein dürfte.

421

6.3.5 Höhe der Vergütung

Für die Höhe der Vergütung des ehrenamtlichen Betreuers gibt es auch weiterhin keine festen Regelsätze. Im Regierungsentwurf zum 1. BtÄndG vom 11.3.1997 heißt es dazu:[18] Auch der ehrenamtliche Vormund bekommt künftig eine höhere Vergütung nicht schon dann, wenn sein Mündel vermögend ist, sondern nur, wenn Umfang und Schwierigkeit seiner Tätigkeit seine Vergütung aus dem Vermögen des Mündels rechtfertigen. Einer besonderen fachlichen Qualifikation des ehrenamtlichen Vormundes wird dabei – anders als bei berufsmäßig tätigen Vormündern – keine für Vergütungsgrund und -höhe entscheidende Bedeutung beigemessen. Auch das 2. BtÄndG ändert die Kriterien für die Ermessensvergütung der ehrenamtlichen Betreuungsperson nicht.

422

Die Höhe der Vergütung bemisst sich also weder an dem Vermögen des Betroffenen noch an der Qualifikation der ehrenamtlichen Betreuungsperson. Die Stundensätze des § 4 VBVG können zwar einen gewissen Anhaltspunkt geben, sind aber nicht verbindlich. Maßgeblich sind lediglich Umfang und Schwierigkeit der vormundschaftlichen Geschäfte.

423

Die Rechtsprechung hat in großer Einmütigkeit festgestellt, dass die Vergütungsgrundsätze für **Insolvenzverwalter oder Testamentsvollstrecker** keine Anwendung finden.[19] Anhand des Vermögens des Betroffenen ermittelte Prozent- oder Höchstsätze kommen nicht infrage, weil das Vermögen kein Kriterium für die Höhe der Vergütung mehr ist.

424

In jedem einzelnen Verfahren ist individuell unter Berücksichtigung der relevanten Kriterien (nämlich Schwierigkeit und Umfang) nach Billigkeitserwägungen und nach pflichtgemäßem Ermessen zu entscheiden.[20]

425

Dies setzt voraus, dass das Gericht über die Betreuungssituation und die Arbeit des Betreuers, Vormundes oder Pflegers bestens informiert ist, was ja eigentlich wegen § 1837 (§§ 1908i, 1915) BGB selbstverständlich sein sollte.

---

18 BT-Drs. 13/7158, S. 26
19 U.a. BayObLG Rpfleger 1987, 67
20 RGZ 149, 172, 177; BayObLG Rpfleger 87, 67; HKBUR/Bauer/Deinert § 1836 Rn. 42

426 Das Gericht muss den Umfang des persönlichen **Engagements**[21], den Zeitaufwand der Betreuungsperson, seine Bereitschaft, durch sein Handeln die Lebensqualität des Betroffenen zu verbessern, Hilfen zu organisieren, Verantwortung zu tragen und natürlich auch die geleistete Vermögensverwaltung berücksichtigen. Nachteilig wirken sich nachlässige Geschäftsführung[22], Überschreitung der Befugnisse des Betreuers[23] oder nachweisbar nutzlose Tätigkeiten aus.[24] Ebenfalls vergütungsausschließend oder -mindernd wirkt es sich aus, wenn der Betreuer Vermögensdelikte (z.B. eine Untreue gem. § 266 StGB oder eine Unterschlagung gem. § 246 StGB) zum Nachteil des Betreuten begangen hat.[25]

427 Da das Kriterium für die Höhe der Vergütung zum einen der – über das normale Maß hinausgehende – Umfang, also die aufgewendete Zeit, ist, wird der ehrenamtliche Betreuer diesen Zeitaufwand in seinem Vergütungsantrag darlegen müssen. Dies sollte jedoch nicht dazu führen, dass ehrenamtlichen Betreuungspersonen detaillierte Vergütungsabrechnungen abverlangt werden.

428 Weiteres Kriterium für die Höhe der Vergütung ist die Schwierigkeit der vormundschaftlichen Geschäfte, die durch das Maß an Verantwortung und die Kooperationsbereitschaft des Betroffenen und seiner Umwelt bestimmt werden.

429 Ein Stundensatzsystem wie bei Berufsbetreuern gibt es bei der Vergütung ehrenamtlicher Betreuer nicht. Anstatt einer Stundenvergütung kann auch eine Gesamtsumme festgelegt werden.[26] Umfang und Schwierigkeit sind lediglich Kriterien für die Höhe der Vergütung, nicht aber feste Rechengrößen. Es ist in jedem Einzelfall zu entscheiden, welche Vergütung angemessen ist.

430 Nach früherer Rechtsprechung war es nicht sachgerecht, einem ehrenamtlichen Betreuer denselben Stundensatz zu gewähren wie einem Berufsbetreuer.[27] Die Vergütung soll auch in ihrer Höhe eine materielle Entschädigung für „aufgeopferte" Zeit des Betreuers sein. Sie ist keine Gegenleistung und auch keine – willkürlich zu gewährende – Belohnung.

431 Zum Teil wurde die Berufsbetreuervergütung schließlich doch als Anhaltspunkt für den Ermessensvergütungsanspruch eines ehrenamtlichen Betreuers angesehen. Dem Ausnahmecharakter des § 1836 Abs. 2 BGB widerspreche es, dem ehrenamtlichen Betreuer eine höhere Vergütung zu bewilligen als einem berufsmäßigen Betreuer hätte bewilligt werden dürfen.[28]

432 Seit Inkrafttreten des Gesetzes über die Vergütung von Vormündern und Betreuern (VBVG) soll die Vergütung des Berufsbetreuers allerdings nicht mehr als Kontroll- und Höchstwert der angemessenen Vergütung eines ehrenamtlichen Betreuers angesehen werden. Letztere kann danach die entsprechende Vergütung eines Berufsbetreuers auch übersteigen.[29]

433 Berufliche oder gewerbliche Tätigkeiten des ehrenamtlichen Betreuers müssen bei der Höhe der Vergütung nur berücksichtigt werden, soweit hierfür kein Aufwendungsersatz gem. § 1835 Abs. 3 geltend gemacht worden ist (vgl. dazu Kapitel 4, Rn. 266). Eine etwaige Steuerpflicht des Betreuers ist hierbei mit zu berücksichtigen.[30] Auch ein ehrenamtlicher Betreuer ist, wenn er Vergütungen erhält, diesbezüglich einkommensteuerpflichtig (vgl. Kapitel 12, Rn. 1840 ff.). Die Vergütung eines ehrenamtlichen Betreuers, der in seinem Hauptberuf als

21 OLG Hamburg OLGE 14, 264; OLG Hamm OLGZ 1971, 307; OLG Köln Rpfleger 1975, 92; Knittel § 1836 Rn. 10
22 KG JW 1937, 2831; Bobenhausen Rpfleger 1985, 426/428
23 BayObLG FamRZ 1994, 779
24 BayObLG NJW 1988, 1919; Knittel § 1836 Rn. 11 m.w.N.
25 Deinert/Lütgens/Meier, Die Haftung des Betreuers, S. 47 ff.
26 BtKomm Teil F Rn. 96
27 So auch BayObLG BtPrax 1998, 148
28 OLG Hamm ZEV 2002, 466 = FGPrax 2002, 229 = FamRZ 2003, 116; BayObLG BayObLGZ 2004, 177 = FamRZ 2004, 1138 = BtPrax 2004, 151 = Rpfleger 2004, 488
29 OLG Karlsruhe, Beschl. v. 1.3.2007, 11 Wx 74/06; BtPrax 2007, 184 = FamRZ 2007, 1270 = NJW-RR 2007, 1084, BtKomm Teil F Rn. 95
30 OLG Hamm Rpfleger 73, 24, BayObLGZ 88, 275; in Bezug auf eine etwaige damalige Umsatzsteuerpflicht BayObLG FamRZ 1998, 1052

Freiberufler oder Gewerbetreibender umsatzsteuerpflichtig ist, soll nur dann bez. der Vergütung umsatzsteuerfrei sein, wenn sich die Zahlung lediglich als Auslagenersatz darstellt[31] (vgl. Rn. 1847 ff.).

6.3.6 Keine Pauschalvergütung

Pauschalierte Vergütungen gibt es für ehrenamtliche Betreuer (sowie für Behördenbetreuer) nicht. § 5 VBVG regelt die pauschale Betreuervergütung lediglich für berufliche Betreuer (und über § 7 VBVG für Vereinsbetreuer; zum pauschalierten Aufwendungsersatz siehe Kapitel 5, Rn. 335 ff.).

434

6.3.7 Abschlagszahlungen bei Ermessensvergütung?

Nach § 3 Abs. 4 VBVG können (Berufs-)Vormünder Abschlagszahlungen verlangen. Vor dem Inkrafttreten des 2. BtÄndG war nicht klar, ob es sich bei der Vorgängerbestimmung (§ 1836 Abs. 2 Satz 4 BGB) um eine Regelung handelte, die nur Berufsvormünder betrifft, oder ob der Satz 4 des § 1836 Abs. 2 BGB a.F. allgemeine Vergütungsregeln waren, die auch für ehrenamtliche Vormünder/Betreuer gelten.

435

Wir haben in den Vorauflagen vertreten, dass hier eine Gleichbehandlung von ehrenamtlichen und Berufsbetreuern angezeigt ist, da dies insbesondere bei der Erlöschensregelung andernfalls zu unhaltbaren Nachteilen für „vermögende" Betreute führen würde, die dann über einen längeren Zeitraum hinweg nicht sicher beurteilen könnten, ob noch Vergütungsansprüche gegen sie geltend gemacht werden (sofern man nicht ein vorheriges Verwirken des Rechts, eine Vergütung zu beanspruchen, annehmen will, würden die Vergütungsansprüche nach § 197 Abs. 1 Nr. 2 BGB erst nach 30 Jahren verjähren).

436

Es war im Übrigen nicht einzusehen, warum nicht auch ehrenamtliche Betreuer, gerade bei hohen Vergütungsansprüchen, einen Anspruch auf Abschlagszahlungen haben sollten. Dies führt zudem zu einer gleichmäßigeren Verteilung der finanziellen Belastung für den Betreuten und zur Entlastung der Gerichte, weil der Betreuer dann längere Abrechnungszeiträume wählen kann.

437

Angesichts der gesetzlichen Neuregelungen durch das 2. BtÄndG ist diese Ansicht zu revidieren. Zum einen ist gesetzessystematisch der Anspruch von ehrenamtlich und beruflich tätigen Personen seither getrennt; für Erstere ist § 1836 BGB maßgeblich, für die anderen das Vormünder- und Betreuervergütungsgesetz (VBVG). Zum anderen ist die Möglichkeit der Gewährung von Abschlagszahlungen seit dem 1.7.2005 auf die Formen der gesetzlichen Vertretung beschränkt, bei denen eine Vergütung nach Zeitaufwand bewilligt werden kann. Das sind beruflich geführte Vormundschaften für Minderjährige, BGB-Pflegschaften (über § 1915 BGB) sowie (über § 6 Satz 1 i.V.m. § 7 Abs. 2 VBVG) Berufs- und Vereinsbetreuungen für die Einwilligung in eine Sterilisation (§ 1899 Abs. 2 BGB) und bei rechtlicher Verhinderung des Betreuers (§ 1899 Abs. 4 BGB). Somit wird das Gewähren einer Abschlagszahlung jedenfalls im Bereich Volljähriger zu einer Ausnahme.

438

Sofern dem Vormund, Pfleger oder Betreuer, der eine Abschlagszahlung beantragt hat, stattdessen eine Vergütung nach § 3 VBVG (ggf. i.V.m. § 7 Abs. 2 VBVG) bewilligt wird, so steht ihm gegen diese Entscheidung keine Beschwerdebefugnis zu.[32] Wurde eine Abschlagszahlung beantragt und ausgezahlt, erlischt der Vergütungsanspruch des Vormundes, Pflegers oder Betreuers in dieser Höhe auch dann nicht, wenn der eigentliche Vergütungsantrag die Ausschlussfrist überschreitet; liegt die Abschlagszahlung über der endgültigen Vergütung, ist der Unterschiedsbetrag zurückzuzahlen.[33]

439

---

31 FG Rheinland-Pfalz DstRE 2002, 241
32 LG Leipzig FamRZ 2000, 851
33 BayObLG FamRZ 2003, 1221 = BtPrax 2003, 174

6.3.8 Anspruchsgegner und Geltendmachung

440   Der Anspruch auf Ermessensvergütung nach § 1836 Abs. 2 BGB richtet sich gegen den Mündel/Betreuten selbst. Ein Vergütungsanspruch gegen die Staatskasse bei Mittellosigkeit des Vertretenen ist ausgeschlossen (§ 1836 Abs. 2 BGB). Ist der Betreute verstorben, richtet sich der Vergütungsanspruch gegen den bzw. die Erben.

441   Der Betreuer kann die Vergütung vom Betreuungsgericht festsetzen lassen (§ 168 i.V.m § 292 FamFG). Auch der Betreute kann den Festsetzungsantrag stellen oder das Gericht kann eine Festsetzung von Amts wegen vornehmen (was in der Praxis wohl eher selten vorkommen wird).

442   § 1836 Abs. 2 BGB enthält keine vergleichbare Regelung zu der Berufsbetreuer betreffenden Ausschlussfrist in § 2 VBVG und auch keinen Verweis auf das VBVG. Daher unterliegt der Anspruch der regelmäßigen dreijährigen Verjährungsfrist des § 195 BGB (wobei der Lauf der Verjährungsfrist gem. § 207 Abs. 1 Nr. 4 BGB während der laufenden Betreuung gehemmt ist).[34]

443   In Bezug auf Rechtsmittel gibt es keine Besonderheiten gegenüber dem Vergütungsverfahren im Falle einer beruflichen Betreuung. Insbesondere ist auch hier eine Rechtsbeschwerde gegen einen Vergütungsbeschluss nur dann zulässig, wenn sie durch das Landgericht ausdrücklich zugelassen wurde, auch hier gibt es keine außerordentliche Beschwerdemöglichkeit.[35] Aus dem Festsetzungsbeschluss kann die Zwangsvollstreckung betrieben werden – was in der Praxis wohl hoffentlich auch sehr selten vorkommen wird.

▶ *Zu Geltendmachung und Verfahren vgl. auch Kapitel 9 Rn. 1551 ff.*

444   Möglich ist natürlich auch, dass die Betreuungsperson und der Betroffene sich über Höhe und Zahlung der Vergütung einigen. Eine Festsetzung durch das Gericht wird so zwar nicht überflüssig, ist aber ein Indiz für die Gerichtsentscheidung zur Ermessensvergütung.[36] Derartiges kommt natürlich nur infrage, wenn die Geschäftsfähigkeit des Betroffenen außer Zweifel steht. In Betreuungsverfahren wird dies daher keine praktische Bedeutung haben, sehr wohl aber z.B. bei Nachlasspflegschaften, bei denen der Pfleger seine Vergütung durchaus mit den Erben „aushandeln" kann.

Hinweis

 Die Ausführungen im Kapitel 6.3 gelten auch für ehrenamtliche Vormünder sowie für **Behördenbetreuer** *(§ 1897 Abs. 2 BGB i.V.m. § 8 VBVG, siehe dazu auch unten Rn. 905), weil dort auf die Regelungen des § 1836 Abs. 2 BGB verwiesen wird. An die Stelle des Betreuungsgerichtes tritt dann das Familiengericht.*

6.4 Vergütung von Berufsbetreuern

6.4.1 Entwicklung der Betreuung bzw. Vormundschaft als Beruf

445   Seit Inkrafttreten des BGB am 1.1.1900 ist jeder Deutsche verpflichtet, das Amt des Vormunds zu übernehmen (§ 1785 BGB). Dieses Amt ist seit jeher ein staatliches Ehrenamt, das grundsätzlich unentgeltlich geführt wird (vgl. dazu auch oben Rn. 416 ff.). Das Vormundschaftsgericht konnte jedoch auch vor Inkrafttreten des Betreuungsgesetzes einem Vormund eine angemessene Vergütung bewilligen, wenn das Vermögen des Mündels sowie der Umfang und die Bedeutung der vormundschaftlichen Geschäfte dies rechtfertigten (§ 1836

---

34 BtKomm Teil F Rn. 97
35 Vgl. BayObLG BtPrax 2004, 243
36 BayObLG FamRZ 2002, 130

Abs. 1 Satz 1 BGB a.F., der durch das Betreuungsgesetz 1992 und die Betreuungsrechtsänderungsgesetze nicht geändert wurde).

Diese gesetzlichen Grundsätze der Finanzierung der Vormünder wurden im Jahre 1980 durch ein Urteil des *BVerfG* entscheidend beeinflusst und im Blick auf Berufsvormünder erweitert[37] (siehe auch oben Rn. 51 ff.). Anlass der Entscheidung waren Anträge einer Anwaltskanzlei auf Erstattung von Kanzleiunkosten und Entschädigung für Zeitaufwand, die bei der Vormundschaft für ein mittelloses Mündel entstanden waren. Diese Kanzlei war (wie viele andere im süddeutschen Raum auch) spezialisiert auf die Führung von Vormundschaften und Pflegschaften.[38]

446

Das *BVerfG* hat in seiner Entscheidung die damals bestehende Rechtslage grundsätzlich bestätigt. Es hat allerdings erhebliche **Bedenken** für die Fälle geäußert, in denen Vormundschaften berufsmäßig geführt wurden. Für diese Berufsvormünder legte das *BVerfG* § 1835 Abs. 2 BGB (in der Fassung vor 1992, seit 1.1.1992 § 1835 Abs. 3 BGB) in verfassungskonformer Weise mit dem Ergebnis aus, „dass die zu erstattenden Aufwendungen neben den Barauslagen auch die Vermögenswerte umfassen, die der Vormund in Gestalt anteiliger Bürounkosten und seines Zeitaufwandes zugunsten des Mündels aufopfert".[39] Als Maßstab für die Bewertung von Zeitaufwand und anteiligen Bürokosten zog das BVerfG das Gesetz über die Entschädigung von Zeugen und Sachverständigen (ZSEG) heran. Über den Einzelfall hinaus hatte das BVerfG damit eine Pflicht des Staates anerkannt, im Rahmen von Berufstätigkeit geführte Vormundschaften angemessen zu entschädigen.

447

6.4.2 Betreuungen im Rahmen der Berufsausübung – Berufsbild des Betreuers

6.4.2.1 Allgemeines

Mit der Einführung einer Vergütungsregelung für Berufsbetreuer am 1.1.1992 (§ 1836 Abs. 2 BGB a.F.) verfolgte der Gesetzgeber das Ziel, der Entscheidung des Bundesverfassungsgerichts Rechnung zu tragen,[40] ohne den Grundsatz der Unentgeltlichkeit und Ehrenamtlichkeit abzuschaffen.[41]

448

Das Betreuungsgesetz konkretisierte den Begriff „im Rahmen seiner Berufsausübung" jedoch bewusst nicht. Es sei nicht möglich, ausschließlich auf die Zahl der Vormundschaften, Pflegschaften und Betreuungen abzustellen, da die mit ihnen verbundene Arbeitsbelastung im Einzelfall höchst unterschiedlich sein kann. Auch der bloße Zeitaufwand sei kein praktikabler Maßstab.[42]

449

Das *BVerfG* ging von mindestens zwei Vormundschaften für einen Berufsvormund aus;[43] im Übrigen war die Rechtsprechung vor Inkrafttreten des 1. BtÄndG nicht ganz einheitlich.[44]

450

Das *LG Kiel* sah die Voraussetzungen der Berufsbetreuung als erfüllt an, wenn jemand nebenberuflich mindestens fünf, hauptberuflich mindestens 10 Betreuungen führte.[45] Z.T. stellten Gerichte eher die Qualifikation des Betreuers in den Vordergrund und werteten die Gesamtzahl der Betreuungen allenfalls als Indiz.[46] Ein Abgrenzungskriterium stellte § 1786

451

37 BVerfGE 54, 251
38 Lantzerath/Schimke, S. 12
39 BVerfG NJW 80, 2181
40 BT-Drs. 11/4528, S. 87
41 BT-Drs. 11/4528, S. 88
42 BT-Drs. 11/4528, S. 111
43 BVerfGE 54, 251 unter Bezug auf die staatsbürgerliche Übernahmepflicht in § 1786
44 Sonnenfeld Rpfleger 1993, 97
45 LG Kiel Schleswig-Holsteinische Anzeigen 1994, 24
46 Literatur: Deinert Rpfleger 1992, 92 (93) m.w.N.; Rechtsprechung: LG Düsseldorf Rpfleger 1982, 147; BayObLG Rpfleger 1988, 529; LG Freiburg Rpfleger 1990, 116 (mehr als 5 Vormundschaften, bejahend); LG Bochum FamRZ 1990, 561; LG Saarbrücken JurBüro 1992, 807; LG München Rpfleger 1993, 110 (111)

Abs. 1 Nr. 8 BGB dar, wonach eine staatsbürgerliche Pflicht zur Übernahme von nicht mehr als zwei Vormundschaften besteht.[47]

452 Dass auch lediglich bei der Übernahme von zwei Betreuungen bereits eine Berufsbetreuer-Eigenschaft gegeben sein kann, stellte das *Amtsgericht Dannenberg/Elbe* fest. Der Betreuer wendete in diesem Falle monatlich rund 30 Stunden für die Betreuung der beiden schwierigen Fälle auf und hatte mit seiner Tätigkeit bereits die betreute Familie vor einer Heimunterbringung bewahrt und den Staat von erheblichen Kostenlasten befreit.[48] Mit gleicher Argumentation billigte auch das *AG Hannover* einer Rechtsanwältin den Berufsbetreuerstatus i.S.d. § 1836 Abs. 2 BGB (in der Fassung bis 31.12.1998) zu, obwohl auch diese nur zwei Betreuungen führte.[49]

6.4.2.2 Beschluss des BVerfG vom 13.1.1999

453 Das *BVerfG* setzte sich in einem Beschluss vom 13.1.1999[50] mit der Frage auseinander, ob eine Betreuerin auch für eine nebenberufliche Betreuungstätigkeit eine Vergütung verlangen kann. Die Beschwerdeführerin war als Justizangestellte vollzeitbeschäftigt. Als genehmigte **Nebentätigkeit**[51] führte sie in dem fraglichen Zeitraum zwischen 10 und 13 Betreuungen. Amtsgericht und Landgericht lehnten eine Vergütung jeweils ab. Zur Begründung wurde u.a. angeführt, dass die Betreuerin ja anderweitig vollzeitbeschäftigt gewesen sei und die Betreuungen daher nur in ihrer Freizeit und nicht berufsmäßig geführt habe.

454 Das OLG hatte die z.T. gegen diese Beschlüsse eingelegten weiteren Beschwerden jeweils als unzulässig verworfen. Das *BVerfG* sah durch diese Entscheidungen das Grundrecht der Beschwerdeführerin aus Art. 12 GG als verletzt an. Art. 12 Abs. 1 GG gebiete es, dass der Staat, wenn er für die Aufgaben, deren Wahrnehmung im öffentlichen Interesse liegen würden, Staatsbürger in Anspruch nimmt, den derart Belasteten angemessen entschädigt. Weiterhin würde Art. 12 Abs. 1 GG auch das Recht schützen, mehrere Berufe zu wählen und nebeneinander auszuüben. Die **Freiheit, einen Beruf auszuüben**, sei aber untrennbar mit der Freiheit verbunden, auch eine angemessene Vergütung zu fordern. Da keine vernünftigen Erwägungen des Gemeinwohls ersichtlich seien, die es rechtfertigen könnten, der Beschwerdeführerin aufgrund ihrer Vollzeitbeschäftigung als Justizangestellte eine Vergütung für die Führung von Betreuungen zu versagen, sei eine solche Versagung einer Vergütung verfassungswidrig.

455 Außerdem hätten die angegriffenen Entscheidungen die Beschwerdeführerin in ihrem Grundrecht aus Art. 3 Abs. 1 GG verletzt. Diese Vorschrift gebiete es, alle Menschen vor dem Gesetz gleich zu behandeln. Weder durch den Gesetzgeber noch durch die Gerichte (im Wege der Auslegung gesetzlicher Vorschriften) dürften mehrere Personen **ohne sachlichen Grund verschieden** behandelt werden. Die angegriffenen Entscheidungen würden aber selbstständig Erwerbstätige, die Betreuungen führen, und abhängig Erwerbstätige, die nebenberuflich Betreuungen führen, ungleich behandeln. Ein Selbstständiger, etwa ein Rechtsanwalt, könne nämlich den Umfang seiner beruflichen Tätigkeit selbst bestimmen und würde auch dann, wenn seine Arbeitswoche infolge der Betreuungen mehr als die Normalarbeitszeit umfasst, im Rahmen seiner Berufsausübung (und damit vergütungsfähig) handeln. Demgegenüber könnte eine abhängig Beschäftigte keine entgeltliche Tätigkeit als Betreuerin ausführen, auch wenn die nach Dienstschluss eingesetzte Arbeitszeit und -kraft erheblich sei. Für eine solche Ungleichbehandlung Selbstständiger und abhängig Beschäftigter sei ein sachlicher Grund aber nicht ersichtlich.

---

47 LG Köln FamRZ 1992, 221
48 AG Dannenberg/Elbe JurBüro 1993, 732 = DAVorm 1993, 1229
49 AG Hannover AnwBl 94, 146
50 1 BvR 1909/95 FamRZ 1999, 568 = BtPrax 1999, 70 mit Anm. Lütgens in BdB-Verbandszeitung Nr. 15, S. 29 und Anm. Küsgens, BtPrax 2000, 242
51 Nach § 1784 BGB i.V.m. dem Beamtengesetz des Bundeslandes; vgl. HK BUR/Deinert, § 1784 BGB

In der Tat war die Anzahl der von Berufsbetreuern geführten Betreuungsverhältnisse sehr **456**
unterschiedlich. Anfang 1996 führten freiberuflich tätige Betreuer in Schleswig-Holstein
zwischen zwei und 50 Betreuungen, in Mecklenburg-Vorpommern zwischen fünf und 50
Betreuungen.[52]

Es gab und gibt auch nach Inkrafttreten des 2. BtÄndG weiterhin kein gesetzlich festgelegtes
Leitbild eines Berufsbetreuers. Neben der traditionellen Berufsgruppe der Rechtsanwälte, die bereits heute vielfach Betreuungen führen, hat der Gesetzgeber auch andere Berufsgruppen, insbesondere soziale Fachkräfte, als Berufsbetreuer vorgesehen.[53] Kompetenz-
profile und Anforderungen an Berufsbetreuer wurden vor allem im sozialen Bereich zunehmend diskutiert[54] (vgl. auch unten Rn. 4882, 513 ff.).

6.4.3 Die Definition des Berufsbetreuers nach § 1 Abs. 1 VBVG

6.4.3.1 Neuregelungen seit 1999

Weder der Referentenentwurf zum 1. BtÄndG noch der Regierungsentwurf vom **457**
11.3.1997[55] sahen eine genauere Definition des Begriffs „im Rahmen seiner Berufsausübung" vor. Erst in der Beschlussempfehlung und dem Bericht des Rechtsausschusses des
Deutschen Bundestages vom 1.4.1998[56] wird vorgeschlagen, Berufsbetreuung anhand der
Anzahl der geführten Betreuungen bzw. der für die Betreuung aufgewendeten Zeit zu defi-
nieren. Der Vorschlag fand Eingang in § 1836 Abs. 1 Satz 4 BGB und ist durch das 2. BtÄndG
unverändert in § 1 Abs. 1 VBVG übernommen worden.

6.4.3.2 Mindestfallzahlen

Danach ist im Regelfall derjenige als Berufsvormund anzusehen, der mehr als 10 (also min- **458**
destens 11) Vormundschaften führt oder bei dem die für die Führung von Vormundschaften
erforderliche Zeit voraussichtlich 20 Wochenstunden nicht unterschreitet (der also mindestens halbtags als Vormund tätig ist). Das Wort „oder" am Ende der Alternative a) macht
deutlich, dass eines der beiden Kriterien, also entweder die Anzahl der Vormundschaften
oder der Zeitfaktor, ausreicht. Die Regelung der Fallzahlen gilt auch für Betreuungen Volljähriger und über den 30.6.2005 hinaus.

6.4.3.3 Mindestzeitaufwand

Ebenso hat derjenige einen Anspruch darauf, als Berufsvormund behandelt (und vergütet) **459**
zu werden, der diese Kriterien in absehbarer Zeit erfüllen wird (§ 1836 Abs. 1 Satz 3 BGB).
Neueinsteigern soll also nicht zugemutet werden, zunächst unentgeltlich Vormundschaften
zu führen, bis sie die erforderlichen Stunden oder die nötige Anzahl von Vormundschaften
vorweisen können.[57] Dieser Teil der Voraussetzungen galt für die Betreuung Volljähriger nur
in der Zeit vom 1.1.1999 bis 30.6.2005 und gilt seit 1.7.2005 nur noch für Vormundschaften
Minderjähriger sowie über § 1915 BGB für (BGB-)Pflegschaften.

6.4.3.4 Regel-Ausnahmeverhältnis

Die Formulierung „in der Regel" im Gesetzestext macht deutlich, dass mindestens 11 Be- **460**
treuungen/Vormundschaften/Pflegschaften oder 20 Wochenstunden (bei Vormundschaf-
ten/Pflegschaften) keine Ausschlusskriterien sind. Mit anderen Worten: Unter Umständen
hat auch derjenige, der weniger als 11 Betreuungen führt und dessen in diese Tätigkeiten

52 Gregersen BtPrax 1997, 177
53 BayObLG BtPrax 2000, 81
54 Vgl. Oberloskamp u.a., Ausbildungsprofil hauptamtlicher Betreuer und Anforderungsprofil für den Sachverständigen im künftigen Betreuungsrecht, Köln 1990
55 BT-Drs. 13/7158
56 BT-Drs. 13/10331
57 Zimmermann, Ratgeber Betreuungsrecht, S. 50; Bienwald, Vorbem. vor §§ 65 ff. FGG Rn. 142

investierte Arbeitszeit weniger als 20 Wochenstunden beträgt, einen Anspruch darauf, als Berufsbetreuer/-vormund behandelt zu werden (siehe dazu auch die oben unter Rn.453 f. zitierte Entscheidung des *BVerfG*).

461 Das Recht, auch **mehrere Berufe** nebeneinander auszuüben und dafür eine Vergütung zu verlangen, folgt aus der Verfassung und kann nicht ohne Weiteres durch eine Änderung einfacher Gesetze außer Kraft gesetzt werden. Die Entscheidung des *BVerfG* erging zwar zum Recht vor dem 1.1.1999, muss in ihren Grundsätzen deshalb aber auch bei der Interpretation der Neuregelungen beachtet werden.

462 Das *AG Northeim*[58] bejahte einen Anspruch auf Einstufung als Berufsbetreuer und damit auch auf Vergütung jedenfalls dann, wenn nebenberuflich zwar nur vier Betreuungen mit einem Zeitaufwand von 7,7 Stunden geführt werden, wenn bei der Führung der Betreuungen aber berufsbezogene Kenntnisse, die auch anderweitig entgeltlich eingesetzt werden, eingebracht werden (im konkreten Fall war die Betreuerin hauptberuflich als Sozialarbeiterin in einer Dreiviertelstelle tätig). Andererseits ist ein **Dipl.-Verwaltungswirt,** der drei Betreuungen führt, nicht alleine hierdurch als Berufsbetreuer anzusehen.[59]

U.U. kann auch weiterhin jemand mit nur **einer einzigen Betreuung** Berufsbetreuer sein.[60] Dies dürfte allerdings nur in wenigen Fällen in Betracht kommen, insbesondere dann, wenn besondere Belastungen oder Schwierigkeiten mit den wenigen geführten Betreuungen verbunden sind.[61] Nicht als Berufsbetreuer zu behandeln ist z.B. ein Rechtsanwalt, der nur eine Betreuung führt und dafür wöchentlich eineinhalb Stunden aufwendet.[62] Die Berufsbetreuereigenschaft erfordert also i.d.R. die Voraussetzungen des § 1836 Abs. 1 BGB (seit dem 1.7.2005 § 3 Abs. 1 VBVG), Ausnahmen sollen bei nur geringfügiger Unterschreitung oder dann gelten, wenn der Betreuer gerade wegen seines Berufs ausgewählt wurde.[63]

463 Erfüllt der Betreuer, der ehrenamtlich bestellt ist, erst im Laufe des Betreuungsverfahrens die Voraussetzungen der Bestellung zum Berufsbetreuer, steht ihm ein **Vergütungsanspruch als Berufsbetreuer erst ab dem Zeitpunkt** zu, zu dem das Betreuungsgericht feststellt, dass die Betreuung berufsmäßig geführt wird.

464 Diese Feststellung kann **nicht rückwirkend** auf den Tag der Betreuerbestellung getroffen werden. Ob sie rückwirkend zu dem Tag getroffen werden kann, an dem der entsprechende Antrag des Betreuers bei Gericht eingegangen ist, hatte das *BayObLG* offengelassen.[64] Nach älterer Rechtsprechung konnte die Feststellung, dass der Betreuer die Betreuung berufsmäßig führt, von dem betreffenden Gericht problemlos nachgeholt werden. Diese Feststellung wirkte ggf. rückwirkend ab Betreuerbestellung.[65]

465 Das wird inzwischen aber anders beurteilt. Ein Vergütungsanspruch besteht gem. den §§ 1836 Abs. 1 BGB, 1 VBVG nur, wenn schon bei der Betreuerbestellung ausdrücklich festgestellt wurde, dass die Betreuung beruflich geführt wird. Dabei wird die Eigenschaft, Berufsbetreuer zu sein, nicht etwa generell für alle diesem Betreuer gegenwärtig und zukünftig übertragenen Betreuungen festgestellt – dies muss vielmehr für jede Betreuung erneut geschehen.

466 Unterbleibt eine solche Feststellung, kann der Betreuer im Beschwerdeverfahren erreichen, dass die berufliche Führung der Betreuung festgestellt wird.

---

58 AG Northeim BtPrax 1999, 79
59 LG Darmstadt FamRZ 2000, 1450
60 BayObLG FamRZ 1999, 462
61 Wie schon zum vor dem 1.1.1999 geltenden Recht: AG Dannenberg/Elbe JurBüro 1993, 732 = DAVorm 1993, 1229, AG Hannover AnwBl 94, 146
62 LG München I, BtPrax 1997, 244
63 LG Darmstadt FamRZ 2000, 1450
64 BayObLG BtPrax 2001, 124 = FamRZ 2001, 867
65 BGH FamRZ 2006, 111 = NJW-RR 2006, 145 = BtMan 2006, 50; zuvor bereits LG Koblenz JurBüro 2000, 430 (für Nachlasspflegschaft); OLG Frankfurt/Main FamRZ 2003, 1414 = BtPrax 2003, 181 = NJW-RR 2001, 794; BayObLG BtPrax 2000, 34; OLG Hamm FamRZ 2004, 1324

Nun kommt es immer wieder vor, dass diese Feststellung bei der Betreuerbestellung oder beim Betreuerwechsel schlicht vergessen wird – auch, wenn dem Gericht bekannt ist, dass ein Berufsbetreuer bestellt wird. Und ein seit Langem tätiger Berufsbetreuer hält die Bestellung als Berufsbetreuer oft für so selbstverständlich, dass er nicht bei jeder neuen Betreuung darauf achtet, ob dies tatsächlich in dem betreffenden Beschluss erwähnt wird und alleine deshalb keine Beschwerde gegen die unterbliebene Feststellung einlegt.

467

Der BGH[66] argumentiert nun wie folgt: Durch die Vorgabe, dass über die berufliche Führung einer Betreuung bereits bei der Bestellung zu entscheiden sei, soll Sicherheit bestehen und erkennbar sein, ob und ggf. welche finanziellen Belastungen für den Betroffenen oder die Staatskasse entstehen. Dies wäre nicht mehr möglich, wenn ein Beschluss noch mit Rückwirkung korrigiert werden könne.

468

Eine Ausnahme gäbe es lediglich in Fällen, in denen eine Berichtigung des Beschlusses gem. § 42 FamFG möglich sei. Das sei aber nur dann der Fall, wenn es sich um eine „offensichtliche Unrichtigkeit" handelt, die auch für Dritte ohne Weiteres bereits aus dem Beschluss selbst heraus erkennbar ist. Das sei z.B. der Fall, wenn die Begründung zweifelsfrei erkennen lässt, dass die Bestellung als Berufsbetreuer gewollt war, die entsprechende Formulierung im Tenor der Entscheidung dann aber übersehen wurde. Die spätere Bestätigung durch den betreffenden Richter, dass eine Bestellung als Berufsbetreuer beabsichtigt war, reicht dafür aber nicht aus.

469

Für eine andere Betrachtung würde auch kein Bedürfnis bestehen – ein Betreuer könne schließlich kontrollieren, ob er als Berufsbetreuer bestellt wurde und könne sich ggf. mit der innerhalb der gesetzlichen Frist einzulegenden Beschwerde gegen das versehentliche Unterbleiben der konstitutiven Feststellung einer berufsmäßigen Führung der Betreuung wenden.[67]

470

Sofern die Feststellung der beruflichen Führung einer Betreuung erst nachträglich beantragt wird, kann die Feststellung aber bereits für die Zeit ab dem Tag des Zugangs des Antrags beim Amtsgericht (und nicht erst ab dem Tag der gerichtlichen Entscheidung) erfolgen.

471

Hinweis

 Vor diesem Hintergrund müssen wir dringend dazu raten, zumindest bei Neubestellungen penibel darauf zu achten, ob die berufliche Führung der Betreuung auch tatsächlich im Tenor des Beschlusses genannt wird.

Die Entscheidung des BGH ist rein juristisch betrachtet zumindest „vertretbar" – die gesetzlichen Regelungen können so ausgelegt werden. Das Ergebnis ist u.E. aber unbefriedigend. Die Folgen eines Fehlers des Gerichts gehen hier alleine zu Lasten des Betreuers, nur weil dieser den Fehler nicht rechtzeitig bemerkt hat.

472

Kommt das Gericht zu dem Ergebnis, eine Berufsbetreuung liegt vor, ist die Entgeltlichkeit zwingend. Dann muss dem Berufsbetreuer auch eine Vergütung bewilligt werden.[68] Im Vergütungsverfahren findet eine Prüfung dieser Frage nicht mehr statt. Weder der Bezirksrevisor[69] noch die Betreuungsbehörde[70] haben ein Beschwerderecht gegen die Feststellung der Berufsbetreuereigenschaft.

473

---

66 BGH BtPrax 2014, 138
67 BGH FamRZ 2014, 468
68 Jürgens u.a. BtR Kompakt Rn. 276
69 OLG Schleswig BtPrax 1999, 155 = FamRZ 2000, 1444; ebenso OLG Hamm BtPrax 2000, 265 = FamRZ 2001, 1482; BayObLG FamRZ 2001, 1484 = BtPrax 2001, 204; OLG Frankfurt/Main BtPrax 2004, 160 = FamRZ 2004, 1324
70 LG Nürnberg-Fürth BtPrax 1999, 157; LG Arnsberg FamRZ 2000, 1313; OLG Hamm FamRZ 2002, 194 m. Anm. Bienwald

474 Ein Berufsbetreuer führt im Übrigen grundsätzlich alle Betreuungen beruflich[71], allerdings ist nicht ausgeschlossen, dass ein Betreuer neben der Führung von Betreuungen im Rahmen seiner Berufsausübung einzelne **Betreuungen auch ehrenamtlich** übernimmt, insbesondere für Familienangehörige.[72]

6.4.3.5 Keine Probephase

475 Nicht geklärt ist in diesem Zusammenhang die Diskrepanz zur staatsbürgerlichen Übernahmepflicht von maximal zwei Vormundschaften (§ 1786 BGB).[73]

476 Eine unentgeltliche Tätigkeit als ehrenamtlicher Betreuer im Rahmen einer „**Erprobungsphase**" für einen angehenden Berufsbetreuer widerspricht § 1 Abs. 1 VBVG. Ein dergestalt fehlerhafter Bestellungsbeschluss kann im Beschwerdeverfahren rückwirkend ab Betreuerbestellung abgeändert werden, wenn der Betreuer von Anbeginn deutlich gemacht hat, nur als Berufsbetreuer bestellt werden zu wollen.[74]

477 Andererseits soll **keine rückwirkende Feststellung** der Berufsmäßigkeit der Betreuung erfolgen; auch dann nicht, wenn ein früherer Antrag wegen der Befürchtung unterlassen wurde, von der Betreuungsbehörde nicht mehr vorgeschlagen zu werden, wenn keine „Probezeit" abgeleistet wurde.[75]

478 Berichten zufolge ist es in vielen Regionen allerdings immer noch üblich, dass von Bewerbern verlangt wird, dass sie zunächst einige Betreuungen ehrenamtlich übernehmen, bevor über eine Einsetzung als Berufsbetreuer entschieden wird. Für angehende Berufsbetreuer ist dies eine unangenehme und missliche Situation, da die Vergabe von Fällen nicht gesetzlich geregelt ist und eine Berücksichtigung bei der Fallvergabe nicht gerichtlich erzwungen werden kann. Es ist menschlich verständlich, dass angehende Berufsbetreuer keine andere Möglichkeit sehen, Zugang zu dem Betreuerberuf zu erhalten, und deshalb dieses Vorgehen akzeptieren. Solange der Gesetzgeber hier keine eindeutige Regelung schafft, kann man wohl nur an die Betreuungsbehörden und -gerichte appellieren, sich fair zu verhalten und nicht eine längere unentgeltliche Probephase vor einer Bestellung als Berufsbetreuer zu verlangen.

479 Zum Teil wird auch vorgeschlagen, Bewerber grundsätzlich von Beginn an als Berufsbetreuer zu bestellen und die Fallzahl dann allmählich zu steigern, um so eine Art Einarbeitungsphase zu ermöglichen. Eine vorgeschaltete Erprobungsphase als ehrenamtlicher Betreuer soll nach diesem Modell nur dann erfolgen, wenn Zweifel an der Eignung bestehen und dem Bewerber so die Möglichkeit gegeben werden soll, sich trotz der bestehenden Zweifel zu bewähren.[76]

6.4.3.6 Zurückgehende Fallzahlen oder Schwierigkeit

480 Ein Berufsbetreuer verliert die den Vergütungsanspruch begründende Eigenschaft nicht dadurch, dass die **Anzahl der Betreuungen** und die damit verbundene Tätigkeit soweit **zurückgehen**, dass sie für sich betrachtet die Anerkennung als Berufsbetreuer nicht mehr rechtfertigen könnten.[77] Das kann für ältere Betreuer wichtig sein, die nicht schlagartig aus dem Berufsleben ausscheiden und noch einige (weniger als 11) Betreuungen weiterführen wollen. Solange in dem betreffenden Bestellungsbeschluss die Formulierung „die Betreuung wird berufsmäßig geführt" vorhanden ist, kann auch die Vergütung verlangt werden. Schwierigkeiten kann es aber geben, wenn dann eine neue Betreuung übernommen wer-

---

71 BayObLG BtPrax 2000, 34 = FamRZ 2000, 1450
72 LG München I FamRZ 1999, 1235 = BtPrax 1999, 248; ähnlich LG Chemnitz FamRZ 2001, 313
73 Vgl. LG Köln FamRZ 1992, 221
74 LG Hamburg, Urt. v. 13.7.2001, 301 T 218/01, BtPrax 2002, 133 (LS)
75 LG Berlin, Urt. v. 11.2.2002, 87 T 682/01
76 BAGüS-Empfehlungen zur Betreuerauswahl, Stand Januar 2017, z.B. abrufbar unter: www.lwl.org/spur-download/bag/auswahl_rechtlicher_betreuer.pdf
77 BayObLG = FamRZ 1998, 187

den soll, z.B., weil eine von den wenigen noch vorhandenen Betreuungen endet und wieder „aufgestockt" werden soll.

Erreicht ein vor dem Jahre 1999 bereits tätiger Berufsbetreuer dauerhaft nicht die Betreuungszahl von 11, kann der Vergütungsanspruch für die bestehenden Betreuungen nicht nachträglich durch Feststellung der **Nicht-Berufsmäßigkeit** entzogen werden.[78] Auch ist eine rückwirkende Aufhebung der Berufsbetreuereigenschaft nicht möglich.[79]

481

Ist für die Führung einer Betreuung aufgrund geringerer Schwierigkeit kein Berufsbetreuer mehr nötig, ist eine Entlassung des bestellten beruflich tätigen Betreuers nach § 1908b Abs. 1 Satz 2 BGB dann nicht erforderlich, wenn er die bisher beruflich geführte Betreuung **als ehrenamtlicher Betreuer weiterführt.**[80] In diesem Fall ist die Übergangsregelung des § 5 Abs. 5 VBVG anzuwenden.[81]

482

6.4.3.7 Bestandsschutz für Betreuer mit Berufstätigkeit vor 1999

Ergibt sich aus den vorliegenden Unterlagen, dass die Voraussetzungen für eine Bestellung als Betreuer voraussichtlich vorliegen, empfiehlt es sich, den Bewerber zu einem Vorstellungsgespräch einzuladen. Weiter wird empfohlen, dass über das Gespräch ein Protokoll angefertigt wird. Den beruflichen Betreuern, für die die Führung von Betreuungen nur ein Nebenverdienst ist, ist Bestandsschutz zu gewähren, auch im Hinblick auf das Eigentumsgrundrecht.[82] Es war keine Grundlage im 1. BtÄndG erkennbar, diesen für die Betreuungen, die sie vor dem 1.1.1999 führten, den Vergütungsanspruch zu entziehen. Eine Negativfeststellung bisheriger Berufsbetreuer sah das 1. BtÄndG nicht vor. Sie sollten auch nicht gezwungen werden, ihre Betreuertätigkeit auf eine Halbtagstätigkeit zu erweitern. Sofern diese Personen im öffentlichen Dienst tätig sind und eine Nebentätigkeitsgenehmigung benötigen, hätte sich auch sonst eine Diskrepanz zwischen der Erwartung an bestimmte Zahlen in § 1836 BGB und den entgegenstehenden beamtenrechtlichen oder tariflichen Beschränkungen der Betreuertätigkeit ergeben.[83]

483

Das 1. BtÄndG enthält keine Übergangsregelung dahingehend, dass das Gericht die Berufsbetreuereigenschaft nochmals feststellen muss.[84] Bei „**Altfällen**", also Betreuungen aus der Zeit vor dem 1.1.1999, kann jedoch der Betreuer eine klarstellende Feststellung der Berufsbetreuereigenschaft beantragen; hierbei ist nicht allein auf die Fallzahlen und den Zeitaufwand abzustellen, sondern auch auf die Frage, ob der Betreuer gerade wegen seiner beruflichen Qualifikationen herangezogen wurde.[85]

484

Wie schon bisher gilt auch weiter Folgendes: Für die Frage, ob jemand Betreuungen nur im Rahmen seiner Berufsausübung führen kann, kommt es neben der Anzahl auch auf den Schwierigkeitsgrad der übernommenen Betreuungsverhältnisse an. Jedenfalls werden Betreuungen nicht nur dann im Rahmen der Berufsausübung geführt, wenn die Berufstätigkeit der Betreuungsperson allein in der Übernahme von Betreuungsverhältnissen bestand, sondern bereits dann, wenn sie als Teil ihrer beruflichen Tätigkeit anzusehen ist. Andererseits reicht aber auch nicht aus, dass der Betreuer seine beruflichen Kenntnisse für die Betreuung

485

---

78 OLG Frankfurt/Main BtPrax 2004, 244 = FamRZ 2005, 239
79 BayObLG BtPrax 2000, 34 = FamRZ 2000, 1450
80 LG Chemnitz = FamRZ 2001, 313
81 OLG Hamm FamRZ 2008, 92
82 Art. 14 GG, vgl. BVerfG FamRZ 1999, 568 = BtPrax 1999, 70 mit Anmerkung Lütgens in BdB-Verbandszeitung Nr. 15, S. 29 und Anm. Küsgens in BtPrax 2000, 242
83 Vgl. hierzu HK BUR/Deinert § 1784 BGB; ähnlich für allgemein zurückgehende Fallzahlen BayObLG FamRZ 1998, 187
84 OLG Zweibrücken FamRZ 2000, 556 = BtPrax 2000, 223 sowie OLG Hamm FamRZ 2001, 1398 und BGH FamRZ 2000, 1569 = BtPrax 2002, 30
85 OLG Frankfurt/Main FamRZ 2001, 790; ähnlich LG München I FamRZ 2000, 981; OLG Karlsruhe FamRZ 1998, 1535; AG Northeim BtPrax 1999, 79; BayObLG v. 12.8.1998, 3 Z BR 83/98, BtPrax 1999, 29, und v. 9.10.1998, 3 Z BR 235/98, BtPrax 1999, 30

einsetzt, er muss vielmehr wegen des Umfangs der Betreuungsverhältnisse daran gehindert sein, diese wie ein Einzelbetreuer neben seiner anderweitigen Berufsausübung zu führen.[86]

486 Neu ist, dass seit 1.1.1999 das Gericht die Feststellung, ob die Betreuung berufsmäßig geführt wird, mit der Bestellung des Betreuers zu treffen hat, § 1836 Abs. 1 BGB i.V.m. § 1 Abs. 1 VBVG. Stellt das Gericht nicht fest, dass die Betreuung berufsmäßig geführt wird, hat der (dann ehrenamtliche) Betreuer nur dann einen Anspruch auf eine Vergütung, wenn Umfang und Schwierigkeit der vormundschaftlichen Geschäfte dies rechtfertigen und der Betreute nicht mittellos ist, § 1836 Abs. 2 BGB (siehe oben Rn. 427 ff.). Ist die Feststellung, dass der Betreuer die Betreuung berufsmäßig führt, bei seiner Bestellung allerdings versehentlich unterblieben, kann das Gericht diese nachholen, wobei als Rechtsmittel die unbefristete Beschwerde gegeben ist.[87] Einige Gerichte vertraten die Auffassung, dass bei „Altfällen" eine nachträgliche Feststellung der Berufsbetreuereigenschaft durch das Gericht vorzunehmen ist,[88] diese Auffassung hat sich aber auch richtigerweise nicht durchgesetzt.

487 Für den Vergütungsanspruch eines **Vereinsbetreuers** (§ 1897 Abs. 2 BGB) gilt die obige Begrenzung aufgrund des in § 7 Abs. 1 VBVG vorgenommenen ausdrücklichen Ausschlusses von § 1 Abs. 1 VBVG ohnehin nicht, es reicht hier die Bezeichnung, dass der Betreuer als „Vereinsbetreuer gem. § 1897 Abs. 2" bestellt wird, um den Vergütungsanspruch nach § 7 VBVG zu begründen.[89] Dies ist auch konsequent, da die als Angestellter eines Betreuungsvereins zum Betreuer bestellte Person stets auf die Personalkostenfinanzierung durch Betreuervergütungen angewiesen ist.

▶ *Zu Besonderheiten für Vereinsbetreuer siehe unten Rn. 882 ff.*

6.4.4 Die allgemeine Eignung des Berufsbetreuers

6.4.4.1 Allgemeines

488 Bei der erstmaligen Bestellung eines entgeltlich tätigen Betreuers soll das Betreuungsgericht gem. § 1897 Abs. 7 die Betreuungsbehörde anhören. Die Anhörung soll zur allgemeinen Eignung des möglichen Betreuers und zu der Frage erfolgen, ob in absehbarer Zeit mit der o.g. Betreuungszahl (Rn. 458) gerechnet werden kann.

489 Im Recht bis einschließlich 1998 hatte die Betreuungsbehörde nur im Einzelfall geeignete Personen als Betreuer gegenüber dem Gericht vorzuschlagen (§ 8 BtBG). Diese Pflicht besteht auch weiterhin, seit 1.7.2005 auch erweitert auf die Benennungspflicht von Verfahrenspflegern.

490 Solange keine verbindlich festgelegten Voraussetzungen für die Eignung von Berufsbetreuern bestehen, ist die Betreuungsbehörde hier in einer problematischen Lage. Durch das 2. BtÄndG wurde § 1897 Abs. 7 BGB insoweit erweitert, als die Betreuungsbehörde die Vorlage eines Führungszeugnisses und einer Auskunft aus dem Schuldnerverzeichnis verlangen soll. Dies dürfte nur im geringen Maße geeignet sein, die Qualität der Betreuungstätigkeit zu sichern und zu steigern.

491 Darüber hinaus haben Behörden und Gerichte keine einheitlichen Kriterien entwickelt. Z.T. wird offenbar eher nach der „intuitiven Methode" vorgegangen, in manchen Gegenden gibt es aber auch sehr detaillierte Anforderungsprofile.

492 Sofern detaillierte Anforderungsprofile existieren, werden häufig die gemeinsamen **Empfehlungen des Deutschen Landkreistages, des Deutschen Städtetages und der Bun-**

---

86 OLG Köln FamRZ 2009, 76
87 LG Koblenz JurBüro 2000, 430; ebenso Zimmermann FamRZ 1999, 430/432; Karmasin FamRZ 1999, 348/349
88 LG Dresden FamRZ 2000, 181 m. Anm. Bienwald
89 LG Koblenz FamRZ 2001, 303; ähnlich OLG Zweibrücken BtPrax 2001, 87

desarbeitsgemeinschaft der überörtlichen Sozialhilfeträger (BAGüS) zur Betreuerauswahl[90] zugrunde gelegt. Sie lauten u.a.:

6. Anforderungen an ehrenamtlich und beruflich tätige rechtliche Betreuer

Der Betreuer muss persönlich geeignet sein und über eine auf den Einzelfall bezogene Eignung verfügen, die Angelegenheiten des Betroffenen in den vom Betreuungsgericht festgelegten Aufgabenkreisen rechtlich zu besorgen und ihn in dem hierfür erforderlichen Umfang persönlich zu betreuen. Der Gesetzgeber hat nur wenige Anforderungskriterien an Betreuer festgelegt. Im Zusammenspiel zwischen Betreuungsgericht und Betreuungsbehörde und durch Fachverbände haben sich in der Praxis Kriterien herausgebildet.

Hat das Betreuungsgericht die Betreuungsbehörde im Einzelfall zum Vorschlag eines geeigneten Betreuers aufgefordert und ist ein möglicher geeigneter Betreuer gefunden, ist von der Betreuungsbehörde zu prüfen, ob dieser dem Betreuungsgericht als geeignet vorgeschlagen werden kann.

Im Folgenden werden Empfehlungen zur Eignung eines Betreuers gegeben, die sowohl auf formalen Nachweisen als auch auf Kompetenzen beruhen, die im Bereich der Persönlichkeit des Betreuers liegen (Frustrationstoleranz, Rollenbewusstsein, Durchsetzungsvermögen, Empathiefähigkeit usw.). (…)Bei der Frage der Eignung des Betreuers ist dessen persönliche Haltung gegenüber der Aufgabenwahrnehmung bei der Entscheidung zu berücksichtigen, wenn sie Auswirkungen auf die Betreuungswahrnehmung haben kann.

Persönliche Eignung

– Der Betreuer sollte folgende persönlichen Anforderungen erfüllen:
– Über die unbeschränkte Geschäftsfähigkeit verfügen,
– in geordneten wirtschaftlichen Verhältnissen leben.

Der beruflich tätige Betreuer hat nach § 1897 Abs. 7 S. 2 BGB durch Auskunft aus dem Schuldnerverzeichnis und durch Vorlage eines Führungszeugnisses einen Nachweis vorzulegen. Für den ehrenamtlichen Betreuer fehlen entsprechende Regelungen im Gesetz. Es wird empfohlen, eine Erklärung vom Betreuer einzuholen, dass keine Vorstrafen vorliegen, keine Verfahren anhängig sind, keine Eintragungen im Schuldnerverzeichnis (Verzeichnis nach § 915 ZPO) bestehen und keine eidesstattliche Versicherung abgegeben wurde.

– Über die Fähigkeit zu förmlichem Schriftverkehr und zur Dokumentation der Betreuungsarbeit verfügen,
– den Datenschutz einhalten,
– über Kenntnisse des Unterstützungssystems verfügen (Beratung durch Betreuungsvereine und Betreuungsbehörde),
– seine telefonische und persönliche Erreichbarkeit sicherstellen,
– über die Bereitschaft verfügen, sich fortzubilden, mit Kooperationspartnern zusammenzuarbeiten, professionelle Beratung in Anspruch zu nehmen und
– über die Fähigkeit verfügen, den Betroffenen so zu stellen, als wenn er seine Angelegenheiten selbst besorgen könnte.

Sofern der Betreuer nicht selbst über einschlägige Fachkenntnisse verfügt, sollte er im Bedarfsfall Fachleute (Ärzte, Steuerberater usw.) hinzuziehen oder die Beratung durch Betreuungsgericht, Betreuungsverein, Betreuungsbehörde, Sozialleistungsträger einholen.

Auf den Einzelfall bezogene Eignungsvoraussetzungen

– Der Betreuer sollte folgende auf den Einzelfall bezogene Anforderungen erfüllen:
– Die betroffene Person in dem für die rechtliche Betreuung erforderlichen Umfang persönlich betreuen, § 1901 Abs. 2 und 3 BGB, dies setzt bei Angehörigen nicht zwingend die Ortsnähe voraus,
– wichtige Angelegenheiten vor der Erledigung mit der betroffenen Person besprechen, § 1901 Abs. 3 S. 3 BGB,

---

90 BAGüS-Empfehlungen zur Betreuerauswahl, Stand Januar 2017, abrufbar unter: www.lwl.org/spur-download/bag/auswahl_rechtlicher_betreuer.pdf (Abruf: 19.7.2019)

- die Angelegenheiten zum Wohl der betroffenen Person besorgen, § 1901 Abs. 2 Satz 1 BGB,
- Wünsche und Vorstellungen der betroffenen Person beachten, soweit es deren Wohl nicht zuwiderläuft und zumutbar ist, § 1901 Abs. 2 S. 2, Abs. 3 S. 1 BGB,
- im Rahmen seines Aufgabenkreises Maßnahmen zur Rehabilitation ergreifen, § 1901 Abs. 4 S. 1 BGB,
- erforderlichenfalls die Aufhebung, Einschränkung oder Erweiterung der Betreuung beantragen, §§ 1901 Abs. 5 BGB i.V.m. 1903 Abs. 4 BGB,
- die Auskunfts- und Berichtspflichten erfüllen sowie ggf. ein Vermögensverzeichnis erstellen, dazu kann er die Unterstützung des Betreuungsgerichts oder der Betreuungsbehörde in Anspruch nehmen, §§ 1839, 1840 BGB,
- in keiner Interessenskollision bei der Wahrnehmung der Aufgaben stehen, §§ 1897 Abs. 5, 1796 i.V.m. 1908i BGB,
- in keinem Abhängigkeitsverhältnis zur Einrichtung stehen, in der die betreute Person untergebracht ist oder wohnt, § 1897 Abs. 3 BGB,
- Umstände dem Gericht mitteilen, wenn der Betreute durch eine ehrenamtliche Betreuungsperson betreut werden kann, §§ 1897 Abs. 1 S. 1 1784 Abs. 1 BGB
- bei Beamten und Religionsdienern: über das Vorliegen der Erlaubnis zur Übernahme der Betreuung verfügen, §§ 1908i Abs. 1 S. 1, 1784 Abs. 1 BGB.

7. Weitergehende Anforderungen an beruflich tätige Betreuer

Für die Aufnahme einer beruflichen Tätigkeit als Betreuer sind weitergehende Anforderungen als an einen ehrenamtlichen Betreuer zu stellen. Nur wenn kein geeigneter ehrenamtlicher Betreuer zur Verfügung steht, wird ein beruflich tätiger Betreuer bestellt. Während dem ehrenamtlichen Betreuer lediglich der Aufwand erstattet wird, übernimmt der beruflich tätige Betreuer Betreuungen gegen Entgelt.

Wenn ein beruflich tätiger Betreuer seine berufliche Existenz durch das Führen von Betreuungen sichern will, muss er über nutzbare Fachkenntnisse verfügen und persönliche Anforderungen erfüllen, um professionell arbeiten zu können und damit für ein weites Spektrum von Betreuungen zur Verfügung zu stehen.

Beruflich tätige Betreuer ohne nutzbare Fachkenntnisse werden daher als nicht ausreichend qualifiziert angesehen, um das Aufgabenspektrum und die Anforderungen abzudecken.

Voraussetzungen für die Aufnahme der beruflichen Tätigkeit sollten insbesondere folgende Kriterien sein:

1. Eine abgeschlossene einschlägige Berufsausbildung oder ein einschlägiges abgeschlossenes Hochschulstudium.
2. Durch eine abgeschlossene Berufsausbildung, ein abgeschlossenes Studium insbesondere aus den Professionen Sozialarbeit, Sozialpädagogik, Pädagogik, Behindertenpädagogik, Psychologie, Medizin, Recht, Berufe aus Verwaltung und Betriebswirtschaft, Erzieher und pflegerische Berufe, verfügt der Berufsbetreuer über für die Betreuungsführung nutzbare Fachkenntnisse.
3. Eine dreijährige Berufspraxis.
4. Basisqualifikationen und zusätzliche Voraussetzungen.

   Zu den Basisqualifikationen gehören insbesondere:

3.1. Vertiefte Kenntnisse des Betreuungsrechts, der Netzwerke und der häufigsten Wirkungskreise

Der beruflich tätige Betreuer sollte über vertiefte Kenntnisse des Betreuungsrechts und des zugehörigen Verfahrensrechts verfügen.

Er sollte einen Überblick über die soziale Infrastruktur in der Region haben (wie Netzwerke, Sozialleistungsträger, Träger der Freien Wohlfahrtspflege) und diese Infrastruktur nutzen können.

Er sollte Fachkenntnisse aus den Wirkungskreisen Vermögenssorge, Gesundheitssorge, Aufenthaltsbestimmung haben.

– Gesundheitssorge:

Hierzu gehören Kenntnisse über psychische Erkrankungen und Behinderungen, Suchterkrankungen, geistige, körperliche und seelische Behinderungen, über den Umgang mit dementen, sucht- und psychisch kranken Menschen, über Heilbehandlungen, insbesondere auch über Behandlungen mit Psychopharmaka und über psychotherapeutische Verfahren, über die Sicherstellung der Heilbehandlung, die Einwilligung in risikoreiche Heilbehandlungen, genehmigungspflichtige Maßnahmen, über die Beachtung von Patientenrechten, die Einwilligungsfähigkeit und über Patientenverfügungen.

– Aufenthaltsbestimmung:

Hierzu gehören Kenntnisse über Wohnungs- und Heimangelegenheiten, Mietrecht, Wohn- und Betreuungsvertragsrecht, Melderecht, über die zivilrechtliche und öffentlich-rechtliche Unterbringung, über unterbringungsähnliche Maßnahmen, über genehmigungspflichtige Maßnahmen.

– Vermögenssorge:

Hierzu gehören Kenntnisse über Geschäftsfähigkeit und Einwilligungsvorbehalt, genehmigungspflichtige Rechtsgeschäfte, über Vermögensverwaltung, Vermögensanlage, Schuldenregulierung, über Vertragsrecht, Erbrecht, Schuldvertragsrecht insb. Mietrecht, über Sozialleistungs- und Versorgungsrecht.

3.2 Grundkenntnisse in einschlägigen Rechtsgebieten

Der beruflich tätige Betreuer sollte über Grundkenntnisse aus dem Zivil-, Sozial-, Verwaltungs-, Verfahrens- und Strafrecht verfügen.

3.3. Humanwissenschaftliche Grundkenntnisse

Der beruflich tätige Betreuer sollte über Grundkenntnisse aus Pädagogik, Psychologie, Psychiatrie, Pflege, allgemeiner Medizin und Sozialmedizin verfügen.

3.4. Grundkenntnisse von Methoden der Beratungs- und Hilfeplanung

Der beruflich tätige Betreuer sollte über methodische Grundkenntnisse der Beratungs- und Hilfeplanung sowie der Gesprächsführung verfügen.

3.5. Fortlaufende Bereitschaft zur Fort- und Weiterbildung

Nach Aufnahme der Betreuungstätigkeit sollte eine kontinuierliche Fortbildung stattfinden. Der beruflich tätige Betreuer sollte sich verpflichten, sich fortlaufend fort- und weiterzubilden, insbesondere in den Gebieten, die nicht seiner Qualifikation entsprechen. Dazu gehört auch eine Bereitschaft zur Reflexion des eigenen Handels, z. B. durch Supervision, Fallbesprechungen und kollegialen Austausch.

3.6. Professionelle Organisation der Tätigkeit und Aneignung entsprechender Kenntnisse/ Versicherungen

Der beruflich tätige Betreuer sollte sich eine professionelle Arbeits- und Büroorganisation aufbauen. Mit Beginn der beruflichen Tätigkeit sollte der Betreuer über ein Büro oder eine büroähnliche Organisation verfügen. Er muss seine telefonische und persönliche Erreichbarkeit sowie eine professionelle Vertretungsregelung sicherstellen. Das Büro muss so ausgestattet sein, dass eine sichere Aufbewahrung von Akten sowie ggf. von Vermögenswerten gewährleistet ist. Datenschutzrechtliche Bestimmungen sind einzuhalten.

Wegen möglicher Haftungsfragen wird empfohlen, dass der Betreuer auch bei Beendigung seiner Tätigkeit die Aufbewahrung der Betreuungsakten (Verjährungsfristen beachten) sicherstellt. In Abhängigkeit von den örtlichen Bedingungen sollte der beruflich tätige Betreuer seine Mobilität sicherstellen.

Der Gesetzgeber gibt für den freiberuflich tätigen Betreuer, anders als bei einem Mitarbeiter des Betreuungsvereins, keine Vorgabe über eine Versicherung. Auch zum eigenen Schutz ist es angezeigt, dass der beruflich tätige Betreuer über eine Versicherung in angemessenem Umfang verfügt. Es wird daher der Betreuungsbehörde empfohlen, die beruflich tätigen Betreuer auf eine Berufs- und Vermögensschadenshaftpflichtversicherung in angemessenem Umfang sowie auf eine Mitgliedschaft in der Berufsgenossenschaft und auf eine Anzeige als Gewerbe hinzuweisen. Der Versicherungsnachweis sollte der Behörde vorgelegt werden.

Dauer der Tätigkeit

Es sollte bei Beginn der Betreuungstätigkeit die Bereitschaft zu einer mehrjährigen Übernahme von Betreuungen bestehen. Eine Orientierung an der gängigen Überprüfungszeit von Betreuungen (derzeit sieben Jahre) wäre wünschenswert.

[…]

8. Auswahlverfahren

Interessenbekundung

Der zukünftige Betreuer sollte seine Absicht, beruflich tätig sein zu wollen, der Betreuungsbehörde anzeigen mit folgenden Unterlagen:

– Schriftliche Interessenbekundung

– Lebenslauf

– Zeugnisse/Ausbildungsnachweise

– Nachweise über Fort- und Weiterbildungen

– Selbstauskünfte und Verpflichtungserklärungen

Vor der erstmaligen Bestellung hat der beruflich tätige Betreuer einen Nachweis durch die Vorlage eines Führungszeugnisses, § 1897 Abs. 7 S. 2 BGB, und durch eine Auskunft aus dem Schuldnerverzeichnis, § 1897 Abs. 7 Satz 2 BGB, zu erbringen. Es wird empfohlen, dass der Betreuer zusätzlich erklärt, dass keine Verfahren anhängig sind. Weiter sollte er sich verpflichten, Veränderungen, die seine berufliche Tätigkeit betreffen, sowie anhängige Verfahren, Eintragungen im Schuldnerverzeichnis, mitzuteilen.

Der beruflich tätige Betreuer sollte sich verpflichten, keine geldwerten Leistungen außerhalb des Bagatellbereichs in Zusammenhang mit der beruflichen Tätigkeit anzunehmen (geldwerte Leistungen wie Geschenke, Geld, Sachmittel, Darlehen oder die unentgeltliche Überlassung von Gegenständen).

[…]"

493 In Teilen ähnliche (z.T. aber auch weitergehende) Anforderungen enthält das vom Bundesverband der Berufsbetreuer/-innen e.V. (BdB e.V.) und dem Bundesverband freier Berufsbetreuer (BVfB e.V.) gemeinsam entwickelte Berufsbild.[91]

494 Die Studie des ISG zur Qualität und zur Vergütungssituation in der Betreuungsarbeit kommt zu dem Schluss, dass Fachkenntnisse oder bundeseinheitlich definierte Qualitätsanforderungen erforderlich sind.[92]

6.5 Stundensätze für Betreuer – § 4 VBVG

6.5.1 Allgemeines zur Vergütung nach Stundensätzen bzw. Vergütungstabellen

495 Durch das 1. BtÄndG wurde in einem damaligen § 1 BVormVG (der nur für bis zum 30.6.2005 erbrachte Tätigkeiten Bedeutung hatte) eine Vergütung nach festen von der Ausbildung des Betreuers abhängigen Stundensätzen (die nur für bis zum 30.6.2005 erbrachte Tätigkeiten Bedeutung hatte) eingeführt. Ziel war es u.a., die Regelungen über die Vergütung von Betreuern zu präzisieren, leichter handhabbar zu machen und zu vereinheitlichen.[93] Insbesondere bei Vergütungen aus der Staatskasse infolge Mittellosigkeit des Betreuten sollten feste Beträge für eine einheitliche Vergütung sorgen.

496 Im Zuge der Pauschalierung der Betreuervergütung durch das am 1.7.2005 in Kraft getretene 2. BtÄndG wurden die Stundensätze in § 4 VBVG übernommen. Während diese Stun-

---

91 Von der Mitgliederversammlung des BdB e.V. am 9.5.2003 und der des BVfB e.V. am 10.5.2003 verabschiedet, abrufbar unter www.bdb-ev.de > Betreuungspraxis > Qualität in der Betreuung > Berufsbild; Direktlink www.bdb-ev.de/242_Berufsbild.php (Zugriff: 12.8.2019) bzw. www.bvfbev.de > Verbandspolitik > Berufsbild; Direktlink www.bvfbev.de/verbandspolitik/berufsbild (Zugriff: 12.8.2019)

92 Abschlussbericht zur Studie des ISG, S. 584 f., 590

93 BT-Drs. 13/7158, S. 1 und 13

densätze nach der bis dahin geltenden Rechtslage nur eingeschränkte Geltung hatten, sofern der Betreute die Vergütung selbst zahlen konnte, gelten sie nach der Neuregelung nun in allen Fällen, gleichgültig, ob die Vergütung vom Betreuten selbst zu zahlen ist oder ob der Betreute als mittellos anzusehen ist und die Vergütung deshalb aus der Staatskasse zu zahlen ist. Sofern der Betreute nicht mittellos ist, konnten aber bisher mehr Stunden abgerechnet werden, nach der jetzt anstehenden Neuregelung werden im Fall nicht mitteloser Betreuter höhere Fallpauschalen gezahlt, siehe dazu auch unten Kapitel 8 Rn. 1239.

Dabei handelt es sich um sogenannte **Inklusivstundensätze**. Das heißt, dass der Aufwendungsersatz bereits in diesem Stundensatz enthalten ist und nicht mehr zusätzlich geltend gemacht werden kann (bisher § 4 Abs. 2 VBVG, neu in § 5 Abs. 5 VBVG geregelt).   **497**

Das Gesetz sah eine dreifache Vergütungsstufung mit in festen Euro-Beträgen ausgedrückten Stundensätzen vor: Auf der unteren Stufe steht in diesem Abrechnungssystem der Betreuer, der über keine durch eine abgeschlossene Ausbildung erworbenen Fachkenntnisse verfügt. Ihm folgt der Betreuer, dessen Fachkenntnisse durch eine Lehre oder eine vergleichbare abgeschlossene Ausbildung erworben wurden. Auf der oberen Stufe findet sich der Betreuer, der seine Fachkenntnisse einer (auch Fach-)Hochschulausbildung verdankt.[94] Dieses ursprünglich in § 1 BVormVG festgelegte System wurde vom Grundsatz her in den ab dem 1.7.2005 geltenden § 4 VBVG übernommen.   **498**

Der Stundensatz war lediglich eine Berechnungsgrundlage und bedeutete nicht etwa, dass jeweils volle (auch angebrochene) Arbeitsstunden zu vergüten waren. Für bis zum 30.6.2005 erbrachte Tätigkeiten musste die aufgewendete Zeit deshalb (wie heute noch in den Sonderfällen der Abrechnung nach konkretem Zeitaufwand bzw. der Abrechnung als Vormund oder Pfleger) möglichst genau angegeben werden. Während zum Teil eine minutengenaue Abrechnung gefordert wird[95], wird von anderen Gerichten auch eine Abrechnung im 5-Minuten-Takt oder auch im 6-Minuten-Takt[96] akzeptiert.   **499**

Da für seit dem 1.7.2005 erbrachte Tätigkeiten eine pauschale Stundenzahl bzw. ab dem Inkrafttreten des Gesetzes zur Anpassung der Betreuer- und Vormündervergütung eine feste Monatspauschale vergütet wird, ist eine **Dokumentation** des Zeitaufwands in Hinblick auf die Vergütung nicht mehr erforderlich. Wir raten aber trotzdem dazu, die ausgeführten Tätigkeiten zu dokumentieren – dies kann dabei behilflich sein, sich gegen eventuelle Vorwürfe einer mangelhaften Amtsführung zu wehren, und ermöglicht zudem eine eigene Auswertung der Tätigkeit, auch bzgl. der Wirtschaftlichkeit der eigenen Arbeit.   **500**

Diese Stundensätze waren für die Rechtsanwendung **verbindlich** und durften bei der Festsetzung der Vergütung weder unterschritten noch überschritten werden.[97] Lediglich für bis zum 30.6.2005 erbrachte Tätigkeiten war eine Ausnahme zulässig, falls die Betreuung besondere Schwierigkeiten aufwies und die Vergütung von dem Betreuten selbst und nicht aus der Staatskasse gezahlt wurde (siehe dazu unten Rn. 679).   **501**

Ab dem 1.7.2005 ergab sich die Höhe der Vergütung aus der Multiplikation des Stundensatzes mit einer anhand bestimmter Eckpunkte (Dauer der Betreuung, gewöhnlicher Aufenthalt in einem Heim oder in der eigenen Häuslichkeit, Vorliegen von Mittellosigkeit) festgelegter Stundenzahlen. Dieses System gilt weiterhin für die Bestimmung der Vergütung für alle Abrechnungsmonate, die vor dem Inkrafttreten des Gesetzes zur Anpassung der Betreuer- und Vormündervergütung[98] begonnen haben.   **502**

---

94 Vgl. auch BT-Drs. 13/7158, S. 13
95 LG Mönchengladbach FamRZ 2004, 486: Werden Rundungen vorgenommen, darf nach Ansicht des LG eine Kürzung der Vergütung um 25 % vorgenommen werden.
96 LG Lübeck, Urt. v. 20.4.2004, 7 T 98/04, FamRZ 2006, 291; siehe auch LG Erfurt, Urt. v. 8.4.2005, 7 T 42/05, BtPrax 2005, 240; danach jedenfalls keine Kürzung der Vergütung, wenn zuvor eine Abrechnung im 5-Minuten-Takt akzeptiert wurde und der Betreuer keine Information darüber erhalten hat, dass dies nun nicht mehr akzeptiert werden soll.
97 Vgl. BT-Drs. 13/7158, S. 26
98 Gesetz vom 22.6.2019, BGBl. I S. 866, In Kraft seit 27.7.2019

Für alle ab dem Inkrafttreten der Neuregelung – also ab dem 27.7.2019 – begonnenen Abrechnungsmonate wird das neue Vergütungsrecht anzuwenden sein, für alle übrigen Abrechnungszeiträume noch das bisherige Recht (siehe zu näheren Einzelheiten Kapitel 7, Rn 523 ff.).

503 Durch das Gesetz zur Anpassung der Betreuer- und Vormündervergütung findet nun ab 27.7.2019 eine gewisse Abkehr von diesem System statt. Im Gesetz werden keine unterschiedlichen Stundensätze und auch keine Stundenzahlen für die verschiedenen Fallkonstellationen mehr genannt, sondern es gibt in drei verschiedenen Vergütungstabellen bereits fertig ausgerechnete Pauschalbeträge für die für einen Betreuungsmonat zu gewährende Vergütung, siehe Rn. 999 ff.

504 Nach welcher Vergütungstabelle ein Betreuer nun abrechnen kann, richtet sich nach den bisher in § 4 VBVG enthaltenen Kriterien für den Stundensatz. Betreuer ohne durch eine Ausbildung erlangte für die Führung von Betreuungen nutzbare Kenntnisse können eine Vergütung auf Grundlage der Vergütungstabelle A abrechnen, Betreuer, die nutzbare Kenntnisse durch eine Berufsausbildung oder eine vergleichbare Ausbildung erworben haben auf Grundlage der Vergütungstabelle B und Betreuer, die nutzbare Kenntnisse durch eine (Fach-)Hochschulausbildung erworben haben, können auf Grundlage der Vergütungstabelle C abrechnen.

505 Irritierend ist dabei Folgendes: Bisher ist § 4 VBVG so formuliert, dass Betreuer grundsätzlich den niedrigsten Stundensatz erhalten, ausnahmsweise den mittleren oder den höchsten Stundensatz, wenn nutzbare Kenntnisse durch eine abgeschlossene Berufs- oder Hochschulausbildung erworben wurden. Daraus ergibt sich, dass Betreuer mit nutzbaren Kenntnissen, die sie auf andere Weise (z.B. durch Fortbildungen oder Berufserfahrung) erlangt haben, ebenfalls nur den niedrigsten Stundensatz beanspruchen können.

506 In der Neuregelung ist das anders formuliert: Die Abrechnung auf Grundlage der Vergütungstabelle A steht danach Betreuern ohne nutzbare Kenntnisse zu, eine Vergütung auf Grundlage der Vergütungstabellen B und C Betreuern, die nutzbare Kenntnisse durch eine abgeschlossene Berufs- oder Hochschulausbildung erworben haben. Betreuer, die nutzbare Kenntnisse auf andere Weise erhalten haben, werden rein vom Wortlaut der Neufassung her nicht erfasst. Man könnte sich fragen, ob diese Betreuer nun gar keine Vergütung mehr erhalten sollen oder ob in solchen Fällen unter Berücksichtigung des Einzelfalls zu entscheiden ist, welche Vergütungstabelle zur Anwendung kommen soll. Die Begründung des Gesetzgebers zeigt aber eindeutig, dass gegenüber den bisherigen Grundsätzen der Einstufung keinerlei inhaltliche Änderung erfolgen soll.[99] Es wird also dabei bleiben, dass durch Fortbildungen und Berufserfahrung erworbene Kenntnisse nicht vergütungssteigernd berücksichtigt werden.

507 Obwohl im Gesetz nun keine Stundensätze mehr genannt werden, wirken diese in dem neuen Vergütungssystem im Grunde weiter fort. Die jetzt im Gesetz genannten Fallpauschalen beruhen auf einer Berechnung der Vergütung nach dem bisherigen System, also auf einer Multiplikation von Stundensatz und Stundenzahl. Die so gefundenen Ergebnisse wurden dann jeweils erhöht, wobei die Erhöhung je nach Fallkonstellation unterschiedlich stark ausgeprägt ist. Die Neuregelung mag auf den ersten Blick etwas übersichtlicher sein, sie kann aber zu einer gewissen Intransparenz führen weil nicht mehr erkennbar ist, welcher Stundensatz und welche durchschnittliche Stundenzahl der Gesetzgeber für die jeweilige Konstellation als angemessen angesehen hat. So lässt die Neuregelung nicht einmal sicher erkennen, ob die Erhöhung die ursprünglichen Stundensätze oder ausschließlich die Stundenzahlen oder beide Faktoren (und ggf. zu welchen Anteilen) betreffen soll.

Im Interesse einer besseren Lesbarkeit wird im Folgenden der Begriff „Vergütungsstufe" verwendet, der beides – die bisherigen Stundensätze sowie die zukünftige Unterscheidung nach Vergütungstabellen – umfasst.

---

99 Bt-Drucks. 19/9765 S. 24f

Maßgebend für die **Vergütungshöhe** ist also zunächst, ob der Betreuer über **Fachkenntnisse** verfügt, die für die Führung der konkreten Betreuung nutzbar sind. Wenn ja, ist zu unterscheiden, ob der Erwerb der Fachkenntnisse auf einer abgeschlossenen Lehre oder einer vergleichbaren Ausbildung oder auf einem abgeschlossenen Hochschulstudium – sei es Fachhochschul-, sei es Universitätsstudium – beruht. **508**

Die Verfügbarkeit solcher Fachkenntnisse und die verschiedenen Arten ihres Erwerbs bilden zusammengenommen ein dreistufiges Vergütungsraster, das den unterschiedlichen Vergütungswert der Tätigkeit von Berufsbetreuern grob typisierend erfasst, sich auf aus dem Erwerbsleben bekannte Bewertungsmaßstäbe stützen kann, von den Gerichten leicht zu handhaben ist und eine einheitliche Vergütungspraxis sicherstellt.[100] **509**

Die **Art der Ausbildung** ist also für die **Höhe der Vergütung maßgebend**. Aus der Art der Ausbildung ist, so offenbar die Vorstellung des Gesetzgebers, auf die Qualifikation und damit auf die Geeignetheit (§ 1897 Abs. 1 BGB) des Betreuers zu schließen. Da das Gericht nur einen für den Einzelfall geeigneten Betreuer bestellen darf[101], sollte es zumindest in der Begründung des Beschlusses über die Betreuerbestellung etwas über die Qualifikation des Betreuers sagen. **510**

Soweit der tatsächlich benötigte Zeitaufwand bezahlt wird, spricht für ausbildungsabhängige unterschiedliche Stundensätze auch, dass ein gut ausgebildeter Betreuer seine Aufgaben im Regelfall besser und effektiver erfüllen kann[102]und deshalb für viele Tätigkeiten weniger Zeit benötigt als ein Betreuer ohne die für die konkret zu erledigende Arbeit nutzbaren Fachkenntnisse. Ein Jurist wird z.B. für die Erstellung eines Widerspruchs gegen eine als unrechtmäßig angesehene Entscheidung einer Behörde weniger Zeit benötigen als ein Betreuer, der lediglich über eine technische Ausbildung oder über gar keine Ausbildung verfügt. Im Idealfall wird dann das „Endprodukt" – der Widerspruch – immer gleich viel kosten. Der gut ausgebildete Betreuer benötigt weniger Zeit, bekommt dafür aber mehr Geld pro Stunde; der Betreuer ohne Ausbildung benötigt zwar mehr Zeit, erhält aber aufgrund seines niedrigeren Stundensatzes im Endergebnis eine vergleichbare Vergütung für die Erledigung der Tätigkeit. Wenn ein Betreuer aufgrund fehlender einschlägiger Ausbildung mehr Zeit benötigt als sein Kollege, geht das also im Endeffekt nicht zu Lasten der Staatskasse oder des Betreuten. **511**

Im Falle der Zahlung von Fallpauschalen, also seit dem 1.7.2005, erscheint es deshalb als zweifelhaft, ob das Stundensatzsystem in seiner jetzigen Ausprägung dauerhaft beibehalten werden kann. Der Betreuer ohne einschlägige Ausbildung wird sich möglicherweise „doppelt bestraft" fühlen. Obwohl ihm nämlich – rechnerisch – nur die gleiche Zeit für die Erledigung seiner Aufgaben zugestanden wird wie seinem gut ausgebildeten Kollegen, muss er sich mit einem erheblich niedrigeren Stundensatz zufriedengeben. **512**

Nach der Umstellung des Vergütungssystems auf **Fallpauschalen** lassen sich die unterschiedlich hohen Stundensätze deshalb nur noch rechtfertigen, wenn man unterstellt, dass die Angehörigen der unterschiedlichen Vergütungsstufen vom Schwierigkeitsgrad und vom erforderlichen Zeitaufwand her unterschiedliche Fälle übertragen bekommen. Ob tatsächlich eine so feine Ausdifferenzierung möglich ist, die bei der Vergabe der Fälle sowohl die unterschiedlichen Ausbildungen als auch die für jeden Betreuer notwendige Mischung aus leichten und schweren Fällen ausreichend berücksichtigt, ist zweifelhaft. Bei der Beurteilung muss auch bedacht werden, dass sich die Schwierigkeiten einer Betreuung im Vorfeld nicht in allen Einzelheiten absehen lassen und eine so feine Differenzierung schon deshalb kaum möglich sein dürfte. Unseres Erachtens wird man deshalb über eine teilweise Angleichung der Stundensätze nachdenken müssen. **513**

---

100 So der Regierungsentwurf BT-Drs. 13/7158, S. 27
101 Vgl. dazu auch die Stellungnahme der Betreuungsbehörde, § 8 Abs. 2 BtBG
102 Vgl. dazu auch die Stellungnahme der Betreuungsbehörde, § 8 (2) BtBG

514 Mehrere gegen das Stundensatzsystem gerichtete Verfassungsbeschwerden (u.a. wegen eines Verstoßes gegen den Gleichheitssatz aus Art. 3 Abs. 1 GG – „gleicher Lohn für gleiche Arbeit") wurden vom BVerfG allerdings wegen fehlender Erfolgsaussichten und ohne weitere inhaltliche Begründung nicht zur Entscheidung angenommen.[103]

6.5.2 Besondere Ausbildungen als Voraussetzung für die Betreuertätigkeit?

515 Im Gesetz werden **keine genaueren Kriterien** für die Bewertung einzelner Ausbildungen bei der Bestimmung der Eignung eines Betreuers genannt. Es gibt keine für die berufliche Führung von Betreuungen verbindlich vorgeschriebene (Zusatz-)Ausbildung und es werden auch keine Kenntnisse oder Eigenschaften genannt, über die ein Berufsbetreuer verfügen sollte. Zum 1.7.2005 wurde lediglich in § 1897 Abs. 7 BGB die Vorgabe aufgenommen, dass die Behörde einen Betreuer vor der Bestellung auffordern soll, ein Führungszeugnis und eine Auskunft aus dem Schuldnerverzeichnis vorzulegen.

516 In der rechtspolitischen Diskussion und der Literatur werden verstärkt verbindliche **Auswahlkriterien** gefordert, wobei aber unterschiedlich hohe Anforderungen gestellt werden.[104] Zum Teil wird auch davon ausgegangen, dass eine spezielle (Zusatz-)Ausbildung nicht zweckmäßig sei, weil die in den verschiedenen Betreuungen zu erledigenden Aufgaben so unterschiedlich seien, dass dem Gericht der Zugriff auf Angehörige unterschiedlichster Berufsgruppen für den Einsatz als Betreuer offen stehen müsse. Zur Sicherung eines gewissen Qualitätsstandards sollten aber in einer Art Eingangsprüfung die für die Führung von Betreuungen notwendigen Grundkenntnisse vor der erstmaligen Bestellung in einem Test gegenüber der Behörde nachgewiesen werden.[105]

6.5.3 Regelung für Berufsvormünder

517 Für die selbstständige Tätigkeit als Berufsvormund für Minderjährige gilt von der Berufsperl anhverw.plqualifikation her grundsätzlich das Gleiche wie für Berufsbetreuer. Allerdings werden die beruflichen Gebiete, aus denen sich Berufsvormünder rekrutieren, eher als bei Berufsbetreuern aus der sozialpädagogischen Berufsgruppe kommen.

518 Für die Anerkennung als Berufsvormund Minderjähriger gelten die gleichen Regeln, wie sie bei Berufsbetreuern bis 30.6.2005 galten, § 1 Abs. 1 VBVG, d.h., es kommt auf die Mindestfallzahl an, wobei zu den Fällen neben Vormundschaften auch Pflegschaften und Betreuungen zählen können. Außerdem gilt die grundsätzliche Mindeststundenzahl von 20 pro Woche im Minderjährigenbereich anders als bei Betreuungen Volljähriger weiter, hat aber wohl in der Praxis keine große Bedeutung.

519 Da der beruflich tätige Vormund nicht nach der Vergütungspauschale, sondern entsprechend § 3 VBVG nach konkretem Zeitaufwand bezahlt wird, ist auch nicht der für Berufsbetreuer geltende Stundenansatz maßgeblich, sondern einer der in § 3 Abs. 1 VBVG genannten Beträge.

520 Die Kriterien für die Einstufung sind die gleichen wie für Berufsbetreuer (vgl. unten Rn. 538 ff.) und entsprechen der Regelung im früheren § 1 Abs. 1 BVormVG, der ja eigentlich auch für Berufsvormünder bestimmt war, dessen Anwendungsbereich aber im Wesentlichen bei Berufsbetreuern lag.

---

103 BVerfG v. 7.8.2013, 1 BvR 1919/13, sowie v. 7.2.2014, 1 BvR 3565/13
104 Zu näheren Einzelheiten siehe oben Rn. 488 ff.
105 So z.B. Renner, Qualitätssicherung durch Zugangsregelungen, BtPrax 2004, 179 ff.

Nachstehend sind die drei Vergütungsstundensätze aufgelistet. **521**

522

Vergütungsstufen	Stundensätze bisher	Stundensätze ab 27.7.19
Stufe 1	19,50 €	23,00 €
Stufe 2	25,00 €	29,50 €
Stufe 3	33,50 €	39,00 €

Neben der Vergütung hat der beruflich tätige Vormund Anspruch auf Aufwendungsersatz nach § 1835 BGB (vgl. oben Kapitel 4, Rn. 180 ff.) Keinen Ersatz erhält er für Haftpflichtversicherungsbeiträge nach § 1835 Absatz 2 BGB.

▶ *Zu speziellen Formen der gesetzlichen Vertretung siehe auch unten Rn. 882 ff.*

6.5.4 Einstufung von Berufsbetreuern in die Vergütungsstufen des § 4 Abs. 2, 3 VBVG (vormals § 4 Abs. 1 VBVG, davor § 1 Abs. 1 BVormVG)

Die seit dem 1.7.2005 geltende Regelung lautete: **523**

§ 4 VBVG Stundensatz und Aufwendungsersatz des Betreuers

(1) Die dem Betreuer nach § 1 Abs. 2 zu bewilligende Vergütung beträgt für jede nach § 5 anzusetzende Stunde 27,– Euro.

Verfügt der Betreuer über besondere Kenntnisse, die für die Führung der Betreuung nutzbar sind, so erhöht sich der Stundensatz

1. auf 33,50 Euro, wenn diese Kenntnisse durch eine abgeschlossene Lehre oder eine vergleichbare abgeschlossene Ausbildung erworben sind;

2. auf 44,– Euro, wenn diese Kenntnisse durch eine abgeschlossene Ausbildung an einer Hochschule oder durch eine vergleichbare abgeschlossene Ausbildung erworben sind.

(2) Die Stundensätze nach Absatz 1 gelten auch Ansprüche auf Ersatz anlässlich der Betreuung entstandener Aufwendungen sowie anfallende Umsatzsteuer ab. Die gesonderte Geltendmachung von Aufwendungen im Sinne des § 1835 Abs. 3 des Bürgerlichen Gesetzbuchs bleibt unberührt.

(3) § 3 Abs. 2 gilt entsprechend. § 1 Abs. 1 Satz 2 Nr. 2 findet keine Anwendung.

Die nun im Gesetzgebungsverfahren beschlossene Neuregelung ab 27.7.19 lautet: **524**

§ 4 VBVG Vergütung des Betreuers

(1) Die dem Betreuer nach § 1 Absatz 2 zu bewilligende Vergütung bestimmt sich nach monatlichen Fallpauschalen, die in den Vergütungstabellen A bis C der Anlage festgelegt sind.

(2) Die Vergütung des Betreuers richtet sich nach Vergütungstabelle A, sofern der Betreuer über keine besonderen Kenntnisse verfügt, die für die Führung der Betreuung nutzbar sind.

(3) Verfügt der Betreuer über besondere Kenntnisse, die für die Führung der Betreuung nutzbar sind, so richtet sich die Vergütung

3. nach Vergütungstabelle B, wenn diese Kenntnisse durch eine abgeschlossene Lehre oder eine vergleichbare abgeschlossene Ausbildung erworben sind;

4. nach Vergütungstabelle C, wenn diese Kenntnisse durch eine abgeschlossene Ausbildung an einer Hochschule oder durch eine vergleichbare abgeschlossene Ausbildung erworben sind.

(4) § 3 Absatz 2 gilt entsprechend. § 1 Absatz 1 Satz 2 Nummer 2 findet keine Anwendung.

Für bis zum 30.6.2005 geleistete Tätigkeiten galt die in § 1 Abs. 1 BVormVG enthaltene Regelung: **525**

(1) Die nach § 1836a BGB des Bürgerlichen Gesetzbuchs aus der Staatskasse zu gewährende Vergütung beträgt für jede Stunde der für die Führung der Vormundschaft aufgewendeten und erforderlichen Zeit 18,– Euro. Verfügt der Vormund über besondere Kennt-

nisse, die für die Führung der Vormundschaft nutzbar sind, so erhöht sich diese Vergütung

1. auf 23,– Euro, wenn diese Kenntnisse durch eine abgeschlossene Lehre oder eine vergleichbare abgeschlossene Ausbildung erworben sind;

2. auf 31,– Euro, wenn diese Kenntnisse durch eine abgeschlossene Ausbildung an einer Hochschule oder durch eine vergleichbare abgeschlossene Ausbildung erworben sind.

Eine auf die Vergütung entfallende Umsatzsteuer wird, soweit sie nicht nach § 19 Abs. 1 des Umsatzsteuergesetzes unerhoben bleibt, zusätzlich ersetzt.

526   Die Neuregelungen gewähren dem Betreuer also höhere Stundensätze, dafür sind in diesen Stundensätzen aber im Gegensatz zur bisherigen Regelung bereits pauschal die Aufwendungen sowie eine eventuell zu zahlende Umsatzsteuer mit enthalten, so bisher § 4 Abs. 2 VBVG, in der Neuregelung § 5 Abs. 5 VBVG.

6.5.4.1 Grundsätze der Einordnung in die Vergütungsstufen

527   Vorab müssen wir darauf aufmerksam machen, dass es in diesem Bereich zurzeit viele Unsicherheiten gibt. Bis zum 1.9.2009 waren nach den bis dahin geltenden Regelungen des FGG die Oberlandesgerichte als 3. Instanz für Vergütungsfragen zuständig. Zwar war es auch damals so, dass keine dauerhaft verlässlichen Entscheidungen über die Einstufung getroffen wurden, sondern schon zu dieser Zeit betraf eine Entscheidung immer nur den konkret beschiedenen Vergütungsantrag und hatte keine verbindliche Wirkung für zukünftige Vergütungsentscheidungen. Trotzdem hatte sich zunächst eine halbwegs verlässliche Praxis herausgebildet. Seit dem 1.1.2009 ist nun der BGH als oberste Instanz für betreuungsrechtliche Verfahren und damit auch für Vergütungsentscheidungen zuständig und der beurteilt Ausbildungen häufig erheblich strenger, als es bis dahin die Oberlandesgerichte taten. Es kam in Folge zu einer Art Welle von sogenannten **Herabstufungen**, etliche Berufsbetreuer mussten die Erfahrung machen, dass sie nach etlichen Jahren, in denen sie einen erhöhten Stundensatz erhalten hatten, nun plötzlich nur noch einen niedrigeren Stundensatz zugesprochen bekamen.

528   Als Beispiel sei an dieser Stelle der Fall einer seit 18 Jahren tätigen Betreuerin genannt, die über eine Ausbildung als examinierte Krankenschwester mit der Fachrichtung Psychiatrie in Verbindung mit einer Ausbildung zur staatlich anerkannten Heilpädagogin verfügte. Seit Einführung des Stundensatzsystems im Jahr 1999 hatte sie den höchsten Stundensatz erhalten. Im Jahr 2014 hat der BGH[106] dann entschieden, dass sie lediglich den mittleren Stundensatz beanspruchen könne, da ihre Ausbildung nicht einer Hochschulausbildung vergleichbar sei. Eine Verfassungsbeschwerde, in der sich die Betreuerin u.a. auf den Gleichheitssatz („gleicher Lohn für gleiche Arbeit") und den Anspruch auf Vertrauensschutz berufen hatte, wurde vom BVerfG[107] wegen fehlender Erfolgsaussichten nicht zur Entscheidung angenommen.

529   Zum einen wird diese Praxis als für Berufsbetreuer nicht akzeptabel angesehen. Wer über längere Zeit hinweg – z.T. nach Entscheidungen des Landgerichts in einem Beschwerdeverfahren – einen höheren Stundensatz erhalten hat, verlässt sich schließlich irgendwann darauf, dass dies vom Gericht überprüft wurde und Bestand haben wird. Häufig werden dann im dienstlichen oder privaten Bereich Dispositionen getroffen (Einstellung von Personal, Anmietung von Büroräumen, Anschaffungen, die über längere Zeit hinweg finanziert werden müssen), die sich nicht ohne Weiteres rückgängig machen lassen. Wenn dann unerwartet der Stundensatz herabgesetzt wird, kann die u.U. den wirtschaftlichen Ruin des Betreuers nach sich ziehen.

530   Man stelle sich einmal vor, in einer großen bekannten Firma wird ein Bewerber zu einem Vorstellungsgespräch eingeladen. Das Gespräch verläuft durchaus positiv – der Bewerber ver-

---

106   Beschl. v. 24.4.2013, XII ZB 10/13
107   Beschl. v. 7.8.2013, 1 BvR 1919/13

fügt über die für die anstehenden Arbeiten erforderliche Qualifikation und die zu bewältigenden Aufgaben entsprechen seinen Interessen. Man ist sich im Grunde bereits einig. Erst als der Bewerber die Frage nach dem Gehalt anspricht, wird der Personalchef merkwürdig zurückhaltend. Nach einigem Zögern räumt er es dann ein: Über die genaue Höhe des Gehalts könne er erst ca. 4 Monate nach Aufnahme der Tätigkeit eine verbindliche Aussage machen. Auch würde man sich vorbehalten, das Gehalt von Zeit zu Zeit zu überprüfen – im schlimmsten Fall müsste der Mitarbeiter mit einer Absenkung um ca. 40 % rechnen, auch könnte man dann noch Rückforderungen für die Vergangenheit stellen. Es täte ihm leid, so seien aber nun einmal die Bestimmungen.

Was auf den ersten Blick als unvorstellbar erscheint (Gewerkschaften, die Presse und die gesamte Öffentlichkeit würden vermutlich gegen eine solche Vorgehensweise Sturm laufen), ist für beruflich tätige Betreuer vor dem oben geschilderten Hintergrund aber bittere Realität. **531**

Zum anderen dürfte die gegenwärtige Praxis der Herabstufungen keine positiven Effekte haben. Man muss davon ausgehen, dass etliche der betroffenen Betreuer die Tätigkeit früher oder später aufgeben werden und dann durch andere Betreuer ersetzt werden müssen. „Neueinsteiger" werden aber im Regelfall den höchsten Stundensatz beanspruchen können, verfügen aber noch über keine Berufs- und häufig auch noch nicht über Lebenserfahrung. **532**

Langfristig wird es deshalb kaum zu einer spürbaren finanziellen Entlastung der Staatskasse bzw. der betreuten Menschen kommen und der Betreuungsarbeit wird wertvolles „Knowhow" abhandenkommen.

Unseres Erachtens ist deshalb – sofern man die unterschiedlichen Vergütungsstufen überhaupt beibehalten will – dringend eine Änderung der gesetzlichen Bestimmungen erforderlich. **533**

Denkbar wäre z.B. eine Regelung, nach der bereits anlässlich der ersten Bestellung als Berufsbetreuer in einem isolierten Verfahren für die Zukunft bindend über die Vergütungsstufe entschieden wird. Da in einem solchen Verfahren auf jeden Fall die Bezirksrevision zu beteiligen wäre und auch die nach im FamFG festgeschriebenen Rechtsmittel zur Verfügung stehen würden, würde dies für den betreffenden Betreuer zwar immer noch einige Zeit der Unsicherheit mit sich bringen, andererseits würde eine Klärung vor der ersten Bestellung die Aufnahme der Tätigkeit zu lange hinauszögern. Unter Berücksichtigung der verschiedenen Interessen erscheint eine solche Lösung deshalb als akzeptabler Kompromiss. **534**

Schwieriger ist eine hinnehmbare Lösung für bereits tätige Betreuer. Denkbar wäre es, im Gesetz einen Vertrauensschutz in der Form zu verankern, dass ein höherer Stundensatz auch dann weiterhin zu gewähren ist, wenn er in der Vergangenheit über einen längeren Zeitraum hinweg bewilligt wurde oder wenn er zumindest in einem Beschwerdeverfahren von einem Landgericht bestätigt worden ist. **535**

Dem wird allerdings nicht ganz zu Unrecht entgegengehalten, dass damit letztlich zu Lasten der betreuten Menschen ein unrechtmäßiger Zustand auf Dauer aufrechterhalten werden würde. Als Kompromiss wurde vorgeschlagen, für von solchen Herabstufungen betroffene Betreuer noch einmal Nachqualifizierungsmöglichkeiten zu schaffen, wie sie nach der Einführung des Stundensatzsystems zur Verfügung standen (damals § 2 BVormVG, heute noch in § 11 VBVG geregelt – die letzten Nachqualifizierungsmöglichkeiten sind allerdings 2005 ausgelaufen). Die heutige Interessenlage ist auch mit der damaligen Situation vergleichbar. Nach Einführung der Stundensätze sollten schon länger tätige Betreuer die Möglichkeit erhalten, sich den neuen gesetzlichen Bedingungen, mit denen sie zuvor nicht rechnen konnten, anzupassen – heute geht es darum, dass Betreuer die Möglichkeit erhalten sollten, sich einer neuen und für sie nicht vorhersehbaren Änderung der Rechtsprechung anzupassen. **536**

Diese Entwicklung bedeutet aber auch, dass die folgende Darstellung von bisher zu Fragen der Einstufung ergangenen Entscheidungen nur Anhaltspunkte liefern kann – es gibt zurzeit keine Sicherheit, dass über bestimmte Ausbildungen auch weiterhin so entschieden wird. **537**

Das gilt vor allem für ältere Entscheidungen, während man wohl davon ausgehen kann, dass die Vorgaben des BGH auch in Zukunft Bestand haben werden.

538 **Fachkenntnisse** bzw. **besondere Kenntnisse** (zwischen diesen Begriffen besteht kein sachlicher Unterschied) sind Kenntnisse, die – bezogen auf ein bestimmtes Fachgebiet – über ein Grundwissen deutlich hinausgehen, wobei das Grundwissen je nach Bildungsstand bzw. Ausbildung mehr oder weniger umfangreich sein kann.[108]

539 Für die Führung einer Betreuung **nutzbar** sind Fachkenntnisse, die ihrer Art nach betreuungsrelevant sind und den Betreuer befähigen, seine Aufgaben zum Wohle des Betreuten besser zu erfüllen. Notwendig ist insoweit nicht, dass die Kenntnisse das gesamte Anforderungsprofil der Betreuung abdecken. Vielmehr reichen Kenntnisse zur Bewältigung eines bestimmten Aufgabenkreises aus.[109]

540 Die Ausbildung muss in ihrem **Kernbereich** auf die **Vermittlung der nutzbaren Fachkenntnisse** ausgerichtet gewesen sein[110], dies sei z.B. bei den Studiengängen Rechtswissenschaften/Rechtspflege, Medizin, Psychologie, Sozialarbeit, Sozialpädagogik, Soziologie oder Betriebswirtschaft[111] und auch bei anderen auf zwischenmenschliche Kommunikation zielenden Disziplinen der Fall.[112] Danach entspricht es nicht dem Sinn und Zweck der mit § 4 Abs. 1 Satz 2 VBVG getroffenen Vergütungsregelung, einen erhöhten Stundensatz schon deshalb zu gewähren, weil die Ausbildung wegen der Komplexität der betreffenden Fachrichtung daneben auch die Vermittlung betreuungsrelevanter Kenntnisse zum Inhalt hatte, die betreuungsrelevanten Kenntnisse also lediglich ein geringfügiges „Nebenprodukt" der Ausbildung waren.[113] Nach anderer Ansicht soll es ausreichen, wenn besondere Kenntnisse vorliegen, welche durch eine Ausbildung erworben wurden.[114]

541 Angesichts des Wesens der Betreuung als rechtlicher Betreuung (§§ 1901 Abs. 1, 1902 BGB, § 53 ZPO, § 34 AO) kommt **rechtlichen Kenntnissen eine grundlegende Bedeutung** zu, insbesondere Kenntnissen im Gesundheits-, Zivil-, Sozialleistungs- und Versorgungs-, Verwaltungs- und Steuerrecht einschließlich des jeweiligen Verfahrensrechts.

542 Betreuungsrelevant sind im Allgemeinen ferner **Kenntnisse in den Bereichen Medizin, Psychologie, Sozialarbeit und Sozialpädagogik, Soziologie und Wirtschaft**. Die Aufgabe, die übertragenen Angelegenheiten rechtlich zu besorgen, schließt nämlich gem. § 1897 Abs. 1 BGB auch die Anforderung mit ein, den betroffenen Menschen persönlich zu betreuen und es ihm zu ermöglichen, sein Leben im Rahmen seiner Fähigkeiten nach seinen eigenen Wünschen und Vorstellungen zu gestalten (§ 1901 Abs. 2 BGB). Hierzu sind ein möglichst enger persönlicher Kontakt, das Bemühen um ein persönliches Vertrauensverhältnis, die Einbeziehung des Betreuten in anstehende Entscheidungen, die Erörterung, inwieweit Vorstellungen und Wünsche des Betreuten seinem Wohl zuwiderlaufen, sowie die Verdeutlichung des Zwecks und der Erforderlichkeit notwendiger, in die Lebensverhältnisse des Betreuten eingreifender Maßnahmen erforderlich.

543 Psychologische und pädagogische Kenntnisse (und ganz allgemein alle Kenntnisse, die die zwischenmenschliche Kommunikationsfähigkeit fördern und im Verhältnis zum Betreuten soziale Kompetenz verleihen) können dabei helfen, durch die Erkrankung oder Behinderung des Betreuten bestehende Kontaktschwierigkeiten zu beheben.[115]

544 Eine etwas eigenwillige Definition, die aber zum Teil zu brauchbaren Ergebnissen führt, verwendet das *LG Hamburg*. Nach Ansicht des Landgerichts lässt sich den beispielhaft in dem

---

108 BayObLG BtPrax 2000, 81 = FamRZ 2000, 844; OLG Köln FamRZ 2000, 1303
109 BayObLG a.a.O.; OLG Schleswig FamRZ 2000, 1532; 2000, 846
110 BGH BtPrax 2017, 127 = FamRZ 2017, 756; OLG Thüringen FamRZ 2000, 846; BayObLG FamRZ 2000, 844
111 BayObLG FamRZ 2000, 844; OLG Köln FamRZ 2000, 1303
112 OLG Köln FamRZ 2000, 1303
113 Vgl. BayObLG FamRZ 2000, 844
114 LG Braunschweig, Beschl. v. 14.1.2008, 1038/07
115 BGH BtPrax 2014, 49 = FamRZ 2014, 116; BayObLG FamRZ 2001, 306

Regierungsentwurf zum Betreuungsgesetz[116] genannten Studiengängen Sozialpädagogik, Pädagogik, Medizin, Psychologie, Rechtswissenschaft und -pflege, Betriebswirtschaft, Verwaltungs-/Finanzwirtschaft entnehmen, dass Fachdisziplinen zu berücksichtigen sind, die sich, anders als Naturwissenschaften und musisch geprägte Studiengänge, mit den Lebensbedingungen des Menschen und ihrer Gestaltung befassen.[117]

Neben Ausbildungsgängen, die grundsätzlich für alle Betreuungen nutzbare Kenntnisse vermitteln, gibt es auch Ausbildungsgänge, deren Kenntnisse nur in Bezug auf bestimmte Aufgabenkreise nutzbar sind.[118]   **545**

6.5.4.2 Bewertung von Ausbildungen

Die Bewertung einer Ausbildung ist im Einzelfall nicht einfach. Sofern die vorhandene Ausbildung nicht ganz eindeutig in ihrem Kernbereich betreuungsrelevante Kenntnisse vermittelt hat, ist es für Betreuer keine leichte und angenehme Aufgabe, den Anspruch auf einen höheren Stundensatz zu begründen, von der Rechtsprechung werden insoweit hohe Ansprüche gestellt.   **546**

Sofern es sich nicht um eine ganz eindeutig zu berücksichtigende (Hochschul-)Ausbildung handelt, wird Folgendes verlangt: **547**

Zunächst muss anhand der Ausbildungs- bzw. Studienordnung belegt werden, welcher zeitliche Gesamtaufwand erforderlich war. Dabei ist auf die für zum Zeitpunkt der konkret zu bewertenden Ausbildung geltende Ausbildungs- und Prüfungsordnung abzustellen, nicht etwa auf eine erst später geltende Fassung.[119] Dann ist zu benennen und zu berechnen, welche Unterrichtsfächer für die Betreuung von Erwachsenen nutzbare Fähigkeiten vermittelt haben und welchen (zeitlichen) Anteil diese an der Gesamtausbildung hatten.

Es reicht nicht aus, dass die im Rahmen der Ausbildung erworbenen nutzbaren Kenntnisse für die Ausübung des erlernten Berufs prägend sind, es kommt vielmehr darauf an, ob diese vom zeitlichen Umfang her einen erheblichen Teil der Ausbildung in Anspruch genommen haben.   **548**

Dazu heißt es in einer Entscheidung des BGH:[120]   **549**

> „… Rechtlich zu beanstanden ist jedoch die Annahme, es sei ausreichend, dass die vermittelten, für die Betreuung nutzbaren Kenntnisse für den erlernten Beruf prägend seien. Erforderlich ist vielmehr die Feststellung, dass ein erheblicher Teil der Ausbildung auf die Vermittlung solchen Wissens gerichtet ist und dass das dadurch erworbene Wissen über ein Grundwissen deutlich hinausgeht (Senatsbeschlüsse vom 25. März 2015 – XII ZB 558/14, juris, Rn. 4 und vom 16. Januar 2014 – XII ZB 525/13, FamRZ 2014, 471 Rn. 4 m.w.N). Allein daraus, dass bestimmte Kenntnisse für die Berufsausübung von erheblicher Bedeutung sind, kann jedoch nicht darauf geschlossen werden, dass diese auch einen erheblichen Teil der Ausbildung darstellen. Solches Wissen kann nämlich auch durch Lebenserfahrung, Fortbildungen oder Berufspraxis erworben werden, was nicht zu einer erhöhten Vergütung nach § 4 Abs. 1 Satz 2 VBVG führt (Senatsbeschluss vom 4. April 2012 XII ZB 447/11 NJWRR 2012, 774 Rn. 22). Bei der Entscheidung über eine erhöhte Vergütung nach § 4 Abs. 1 Satz 2 VBVG muss das Gericht eine konkrete Betrachtung des tatsächlichen Inhalts der Ausbildung vornehmen, insbesondere den Umfang der für die Betreuung nutzbaren Ausbildungsinhalte bzw. deren Anteil an der Gesamtausbildungszeit feststellen und in die Würdigung einbeziehen, inwieweit diese Kenntnisse selbständiger und maßgeblicher Teil der Abschlussprüfung sind (vgl. Senatsbeschlüsse vom 4. Dezember 2013 – XII ZB 252/13, FamRZ 2014, 471 Rn. 5 und vom 23. Oktober 2013 – XII ZB 429/13, FamRZ 2014, 116 Rn. 19). Der Umfang bzw. Anteil der Vermittlung für die Betreuung nutzbarer Kenntnisse muss dabei nicht so genau festgestellt werden, dass

---

116 BT-Drs. 11/4528, S. 111
117 LG Hamburg BtPrax 2000, 221
118 OLG Dresden FamRZ 2000, 551
119 BGH, Beschl. v. 14.3.2018, XII ZB 146, 17, FGPrax 2018, 173
120 BGH, Beschl. v. 15.7.2015, XII ZB 123/14, dort in Rn. 5, BtPrax 2015, 258

ein exakter Prozentanteil angegeben werden kann. Es genügt, wenn aufgrund des erkennbaren zeitlichen Aufwands oder anderer Anhaltspunkte feststeht, dass ein erheblicher Teil der Ausbildungszeit auf die Vermittlung solchen Wissens fällt …"

550   Es ist nicht genau festgelegt, ab wann man davon ausgehen kann, dass betreuungsrelevante Inhalte zum Kernbereich der Ausbildung gehört haben. Der BGH hat es einmal genügen lassen, dass 22,5 % der Ausbildungsinhalte für die Führung von Betreuungen nutzbare Kenntnisse vermittelt haben.[121] Wenn sich belegen lässt, dass die nutzbaren Ausbildungsinhalte zeitlich einen entsprechenden Anteil an der Gesamtausbildung hatten, bestehen deshalb Chancen, dass die Ausbildung bzw. das Studium anerkannt wird.

551   Im Übrigen muss jede **Ausbildung für sich alleine betrachtet** werden, es kommt **nicht auf eine Gesamtbetrachtung** aller absolvierten Ausbildungen und Fortbildungen an.[122]

6.5.4.3 Vermutung der Nutzbarkeit der Fachkenntnisse

552   Es muss **nicht für jede einzelne Verrichtung**, für die der Betreuer Vergütung erhält, die Nutzbarkeit der Kenntnisse, die der Betreuer durch seine Ausbildung erhalten hat, geprüft werden. Nach der amtlichen Begründung bedeutet Nutzbarkeit auch nicht, dass die Fachkenntnisse zur sachgerechten Führung der Betreuung tatsächlich erforderlich sind; vielmehr soll es ausreichen, dass sie geeignet sind, die Geschäftsführung des Vormunds oder Betreuers im konkreten Fall zu erleichtern.[123]

553   Dabei wird zwischen **generell** (also für die Führung jeder Betreuung) **nutzbaren Ausbildungen** (Sozialpädagogik, Psychologie usw.) und solchen, die nur nutzbar sind, wenn ein zu der Ausbildung **passender Aufgabenkreis** übertragen wurde (wirtschaftliche Ausbildungen nur, wenn auch die Vermögenssorge übertragen wurde, medizinische Ausbildungen nur, wenn auch die Gesundheitssorge dabei ist). Solche nicht generell nutzbaren Ausbildungen führen nur dann zu einem erhöhten Stundensatz, wenn auch der passende Aufgabenkreis vorhanden ist.[124]

554   Es darf aber keine sogenannte **Binnendifferenzierung** mehr stattfinden. Sind generell nutzbare Fachkenntnisse vorhanden, ist immer der erhöhte Stundensatz zu zahlen; sind Fachkenntnisse vorhanden, die lediglich für bestimmte Aufgabenkreise nutzbar sind, ist dieser erhöhte Stundensatz immer zu zahlen, sofern die entsprechenden Aufgabenkreise übertragen wurden.[125]

Eine Ausnahme gibt es nur für den Fall, dass das Gericht gleich **bei der Bestellung** des Betreuers bestimmt, dass ein niedriger Stundensatz zu zahlen ist.[126] Diese Möglichkeit ergibt sich aus § 4 Abs. 2 i.V.m. § 3 Abs. 2 Satz 2 VBVG. Das Gericht erhält also die Möglichkeit, einem gut ausgebildeten Betreuer eine Betreuung zu übertragen, die für seinen Ausbildungsstand eigentlich „zu leicht" ist, ohne dass dies zu Lasten der Staatskasse oder des Betreuten geht.

555   Für Betreuer konnte dies ursprünglich interessant sein, wenn sie nicht ausreichend ausgelastet waren und keine ihrer Ausbildung entsprechend schwierige Betreuung zu vergeben war. Ob dieses System in Anbetracht der Pauschalierung noch zu **gerechten Ergebnissen** führen kann, ist unseres Erachtens allerdings zweifelhaft. Die Pauschalierung kann ja nur dann funktionieren, wenn jeder Betreuer eine Mischung aus leichten und schwierigen Fällen erhält. Die notwendige Mischung aus leichten und schweren Fällen kann aber nicht mehr eintreten, wenn die leichten und deshalb mit weniger Aufwand verbundenen Fälle dann nur zu einem niedrigeren Stundensatz vergeben werden.

---

121   BGH BtPrax 2014, 49 = FamRZ 2014, 116
122   BGH FamRZ 2017, 1258
123   OLG Dresden FamRZ 2000, 552; OLG Köln FamRZ 2000, 1303
124   BGH BtPrax 2003, 264 = FamRZ 2003, 1653
125   OLG Zweibrücken FamRZ 2000, 551; LG Kassel BtPrax 2002, 132 (LS) = FamRZ 2002, 988 mit Anm. Bienwald, 988
126   OLG Zweibrücken FamRZ 2000, 551 sowie FGPrax 2001, 21 = BtPrax 2001, 87

Wählt das Betreuungsgericht bei Betreuungsanordnung einen Berufsbetreuer mit **Hochschulabschluss** aus, dessen besondere Kenntnisse generell nutzbar sind, wirkt sich also – vorbehaltlich einer anderen Bestimmung gemäß § 4 Abs. 3 i.V.m. § 3 Abs. 2 Satz 1 VBVG – bereits die Bestellung vergütungssteigernd aus. Im Hinblick auf die dort enthaltene Vermutung ist im anschließenden Vergütungsverfahren nicht mehr zu prüfen, ob die durch Hochschulabschluss erworbenen besonderen Fähigkeiten im Rahmen der konkret zu bewältigenden Betreuungstätigkeit tatsächlich nutzbar waren bzw. sein werden. Nach dem 2. BtÄndG ist die Qualifikation des Betreuers nämlich im Interesse einer problemlosen Handhabung nach der Art seiner Ausbildung typisiert. | **556**

Zudem soll aufgrund einer standardisierten Vergütungsfestsetzung die Notwendigkeit entfallen, die Schwierigkeiten der einzelnen Betreuung konkret nachzuweisen. Das Betreuungsgericht hat von vornherein einzelfallbezogen einen geeigneten Betreuer zu bestellen. | **557**

Im Rahmen dieser **Eignungsprüfung** ist festzulegen, ob für die Führung der Betreuung Fachkenntnisse notwendig, wünschenswert oder entbehrlich sind, wobei das Risiko von Fehlentscheidungen – überhöhte Vergütung für einen überqualifizierten Betreuer – die Staatskasse trägt. | **558**

Mit der erfolgten Auswahl ist der Vergütungssatz vorgegeben. Der bestellte Betreuer kann sich grundsätzlich darauf verlassen, eine der von ihm eingebrachten Qualifikation entsprechende Vergütung zu erhalten. | **559**

Dementsprechend wird gemäß § 4 Abs. 3 i.V.m. § 3 Abs. 2 Satz 1 VBVG vermutet, dass Fachkenntnisse, die für die Führung von Betreuungen generell nutzbar sind, sich vergütungssteigernd auswirken, wenn das Betreuungsgericht einen Berufsbetreuer mit solchen Kenntnissen bestellt hat.[127] | **560**

Über die **Einstufung wird erstmalig** erst im Verfahren der Vergütungsfestsetzung entschieden. Ältere Rechtsprechung, nach der das Betreuungsgericht eine Zwischen- oder Vorabentscheidung über die Einstufung treffen kann (die dann mit der Beschwerde angegriffen werden kann)[128], ist inzwischen überholt. Eine Entscheidung betrifft immer nur den konkret entschiedenen Vergütungsantrag und hat deshalb keine Bindungswirkung für die Zukunft.[129] | **561**

Selbst bzgl. bereits erhaltener Vergütung besteht nicht zwangsläufig Sicherheit. Sofern die Vergütung mit einem förmlichen Beschluss festgesetzt wurde, kann daran ab Eintritt der Rechtskraft nichts mehr geändert werden. Anders liegt es aber, wenn die Vergütung lediglich im Verwaltungswege ausgezahlt wurde. Dann kann immer noch ein Festsetzungsverfahren beantragt werden, in dem die Entscheidung über den Stundensatz (und auch über andere die Höhe der Vergütung betreffende Merkmale, z.B. ob es sich bei der Wohnform des Betreuten um ein Heim oder eine eigene Wohnung handelt) überprüft und ggf. korrigiert wird. Ggf. kann dann sogar in der Vergangenheit zu Unrecht ausgezahlte Vergütung zurückgefordert werden. Insoweit besteht lediglich ein eingeschränkter Vertrauensschutz, sodass im Regelfall nur eine im vorangegangenen und im laufenden Jahr ausgezahlte Vergütung zurückgefordert werden kann.[130] | **562**

Im Verfahren der Rechtsbeschwerde findet nur noch eine eingeschränkte Überprüfung der vorangegangenen Entscheidungen statt. Ob ein Berufsbetreuer die Voraussetzungen einer der höheren Vergütungsstufen erfüllt, obliegt der Beurteilung des Tatrichters. Das Rechtsbeschwerdegericht kann dessen Würdigung nur auf Rechtsfehler überprüfen (§ 72 Abs. 1 FamFG, siehe zu näheren Einzelheiten die Ausführungen in Kap. 9 Rn. 1661 ff.), d.h. darauf, ob der Tatrichter einen der unbestimmten Rechtsbegriffe verkannt hat, von ungenügenden | **563**

---

127   OLG Schleswig BtPrax 2003, 182 und 224 = FamRZ 2003, 1324
128   So LG Neubrandenburg FamRZ 2000, 1305; OLG Zweibrücken FamRZ 2000, 551; LG Koblenz FamRZ 2001, 712; a.A.: LG Mühlhausen v. 24.5.2002, 1 T 51/02
129   BGH BtPrax 2012, 251 = FamRZ 2012, 1866
130   BGH BtPrax 2014, 33 = FamRZ 2013, 113

oder verfahrenswidrig zustande gekommenen Feststellungen ausgegangen ist, wesentliche Umstände außer Betracht gelassen, der Bewertung maßgeblicher Umstände unrichtige Maßstäbe zugrunde gelegt, gegen die Denkgesetze verstoßen oder Erfahrungssätze nicht beachtet hat.[131]

6.5.4.4 Lehre (Berufsausbildung)

564 Eine Lehre erfordert gem. § 1 Abs. 2 BBiG einen **geordneten Ausbildungsgang**, in dem eine breit angelegte Grundbildung und die für die Ausübung einer qualifizierten beruflichen Tätigkeit notwendigen fachlichen Fertigkeiten und Kenntnisse vermittelt werden. Zur abgeschlossenen Berufsausbildung wird diese Ausbildung durch das Absolvieren einer Abschlussprüfung (§ 34 BBiG), die vor einem von der jeweils zuständigen Stelle (vgl. §§ 73 ff. BBiG) errichteten Prüfungsausschuss abgelegt werden muss.[132] Allerdings muss die Berufsausbildung nicht zwingend im BBiG geregelt sein, in Frage kommen auch Berufsausbildungen, die in Spezialgesetzen geregelt sind wie die Ausbildung zum Krankenpfleger, die im Krankenpflegegesetz geregelt ist oder die zum Altenpfleger, deren Regelung sich im Altenpflegegesetz findet. Das gleiche gilt für Ausbildungen als Beamtenanwärter nach den entsprechenden Ausbildungs- und Prüfungsordnungen des Bundes bzw. der Länder.

565 Nicht zu berücksichtigen ist es daher, wenn die Erlaubnis zur Führung einer Berufsbezeichnung aufgrund einer Ausbildung, sondern (noch in der ehemaligen DDR) lediglich aufgrund hervorragender Leistungen im Betrieb verliehen wurde.[133]

6.5.4.5 Einer abgeschlossenen Lehre vergleichbar

566 Durch eine einer abgeschlossenen Lehre vergleichbare abgeschlossene Ausbildung erworben sind die Fachkenntnisse grundsätzlich dann, wenn sie im Rahmen der Ausbildung vermittelt wurden und die Ausbildung in ihrer Wertigkeit einer abgeschlossenen Lehre entspricht sowie einen formalen Abschluss aufweist. Einer abgeschlossenen Lehre gleichwertig ist eine Ausbildung in der Regel, wenn sie **staatlich reglementiert** oder **zumindest staatlich anerkannt** ist, der durch sie vermittelte Wissensstand nach Art und Umfang dem durch eine Lehre vermittelten entspricht und ihr Erfolg durch eine vor einer **staatlichen** oder **staatlich anerkannten Stelle abgelegten Prüfung** belegt ist.[134]

567 Eine staatlich reglementierte oder anerkannte Ausbildung oder eine Fachprüfung vor einer staatlichen oder staatlich anerkannten Stelle ist allerdings nicht ausnahmslos nötig. Für die Beurteilung, ob es sich um eine einer abgeschlossenen Lehre vergleichbare Ausbildung handelt, können die im Berufsbildungsgesetz und in der Handwerksordnung getroffenen Regelungen über die Berufsausbildung herangezogen werden.[135]

568 Eine anerkannte gleichwertige Ausbildung i.S.v. § 4 Abs. 1 Nr. 1 VBVG kann auch vorliegen, wenn der Staat in einem förmlichen Verfahren eine **Tätigkeit als Ausbildung anerkennt**. Eine solche Anerkennung liegt z.B. vor, wenn die nach Landesrecht zuständige Behörde Personen nach § 76 Abs. 3 BBiG die fachliche Eignung zur Tätigkeit als Ausbilder in einem anerkannten Ausbildungsberuf zuerkennt. Erkennt die Behörde mit Bescheid nach § 76 Abs. 3 BBiG an, dass der Antragsteller die als Ausbilder erforderliche fachliche Eignung besitzt, so ersetzt sie durch ihre Entscheidung die an sich erforderliche fehlende Ausbildung und Prüfung.[136] Als ausreichend wird im Übrigen auch die Zulassung zum **Heilpraktiker** angesehen (Einzelheiten vgl. unten Rn. 594).[137]

---

131 BayObLG FamRZ 2000, 844; OLG Köln FamRZ 2000, 1303; BGH FamRZ 2012, 113
132 OLG Zweibrücken Rpfleger 2000, 64; Schmidt BtPrax 2000, 63
133 So für einen Wirtschaftskaufmann LG Zwickau v. 10.2.2000, 9 T 80/00
134 BayObLG FamRZ 2000, 554; ähnlich OLG Zweibrücken FamRZ 2000, 1303
135 OLG Zweibrücken FamRZ 2000, 1303
136 BayObLG FamRZ 2000, 554
137 LG Hamburg FamRZ 2001, 1168

Ebenfalls beachtlich ist es, wenn Bundesversicherungsanstalt für Angestellte (die Vorgängerin der heutigen DRV) eine außerhalb einer Fachhochschule vermittelte Ausbildung als einer Fachhochschulausbildung vergleichbar ansieht.[138]

569

6.5.4.6 Hochschulausbildung

Eine Hochschulausbildung ist mit dem Ersten Staatsexamen abgeschlossen; damit sind die Voraussetzungen des § 4 Abs. 1 Nr. 2 VBVG erfüllt. Eine eventuell folgende Referendarzeit ist nicht mehr Bestandteil der Hochschulausbildung, sondern Vorbereitungszeit für die Einstellung in den öffentlichen Dienst und deshalb nicht mehr Voraussetzung für die Festsetzung des Stundensatzes in Höhe von 33,50 € nach § 3 Abs. 1 VBVG und 44,00 € nach § 4 Abs. 1 VBVG bzw. neu nach der Tabelle B oder C.[139]

570

Bachelor- und Masterabschlüsse sind ebenfalls als vollwertige (Fach-)Hochschulabschlüsse anzusehen.

Ohne Bedeutung ist aber eine Einordnung im Deutschen Qualitätsrahmen (DQR). Das DQR soll lediglich für Firmen Anhaltspunkte liefern, wie ausländische Abschlüsse in etwa mit deutschen Abschlüssen verglichen werden können. Dort steht aber auch ausdrücklich, dass sich daraus keine Ansprüche auf bestimmte Vergütungsgruppen usw. ergeben. Der BGH hat deshalb ausdrücklich festgestellt, dass die Zuordnung im DQR für die Einstufung gem. § 4 VBVG ohne Bedeutung ist.[140]

571

6.5.4.7 Einer Hochschulausbildung vergleichbar

Einer abgeschlossenen Hochschulausbildung vergleichbar im Sinne von § 4 Abs. 1 Nr. 2 VBVG/§ 1 Abs. 1 Satz 2 Nr. 2 BVormVG ist eine Ausbildung, wenn sie in ihrer **Wertigkeit einer Hochschulausbildung** entspricht und einen formalen Abschluss aufweist[141], also, wenn sie staatlich reglementiert oder zumindest staatlich anerkannt ist und der durch sie vermittelte Wissensstand nach Art und Umfang dem durch ein Hochschulstudium vermittelten entspricht.[142]

572

Das ist dann der Fall, wenn die Ausbildung in einer Einrichtung erfolgt, die einer überwiegend **wissenschaftlichen Lehrstoffvermittlung** dient, über einen entsprechenden wissenschaftlichen Lehrkörper verfügt und die Erlangung graduierter Abschlüsse zum Ziel hat, und zwar von Abschlüssen, bei denen der Erfolg durch eine vor einer staatlichen oder staatlich anerkannten Stelle abgelegten Prüfung belegt ist.[143]

573

Für die Beurteilung ist auch die durch die **Abschlussprüfung** erworbene Qualifikation von erheblicher Bedeutung. Eröffnet sie den Absolventen den Zugang zu beruflichen Tätigkeiten, deren Ausübung üblicherweise Hochschulabsolventen vorbehalten ist, etwa den Zugang zu dementsprechenden Besoldungs- bzw. Vergütungsgruppen des öffentlichen Dienstes, wird eine Vergleichbarkeit in aller Regel zu bejahen sein. Wenn schon die für die Ausgestaltung des Berufszugangs maßgeblichen Stellen, insbesondere der Gesetzgeber oder die Tarifvertragsparteien, eine Ausbildung als einer Hochschulausbildung gleichwertig ansehen, besteht in aller Regel kein Grund, diese Frage im Rahmen des Vergütungsverfahrens anders zu beurteilen.[144]

574

Ebenfalls kommt dem mit der Ausbildung verbundenen **Zeitaufwand** eine besondere Bedeutung zu. Für den Abschluss an einer Universität ist in aller Regel mindestens ein sechs-

575

---

138 OLG Jena, Beschl. v. 22.10.2001, 6 W 357/01
139 OLG Düsseldorf BtPrax 2000, 224 = FamRZ 2000, 1308 = NJW-RR 2001, 583
140 BGH BtPrax 2016, 32 = FamRZ 2016, 119
141 BayObLG BtPrax 2000, 32 mit Anmerkung Schmidt BtPrax 2000, 63
142 OLG Schleswig FamRZ 2000, 1309; OLG Köln FamRZ 2000, 1303; OLG Hamm v. 22.1.2001, 15 W 342/00, FamRZ 2001, 1398 = BtPrax 2001, 219 (Ls); LG Saarbrücken FamRZ 2001, 713; OLG Frankfurt/M. v. 1.9.2008, 20 W 176/08 v. 1.9.2008, OLGR 2009, 317 = FamRZ 2009, 457 (Ls)
143 OLG Köln FamRZ 2000, 1303; BayObLG BtPrax 2001, 36; OLG Hamm v. 22.1.2001, a.a.O.; LG Saarbrücken FamRZ 2001, 713; a.A. bez. staatlicher Reglementierung: LG Lübeck v. 19. 6. 2000, 7 T 233/00
144 BayObLG BtPrax 2001, 36

semestriges und somit drei Jahre dauerndes Vollzeitstudium zu absolvieren, gleiches gilt für ein Fachhochschulstudium. Eine Ausbildung, die nicht in Vollzeit, sondern lediglich berufs-begleitend absolviert wird und z.B. pro Semester lediglich 220 Vorlesungsstunden umfasst, wird diesen Anforderungen nicht gerecht[145], ebenso wenig eine Fortbildung zur Sparkassen-betriebswirtin mit 626 Unterrichtseinheiten.[146]

576   Alleine aus der Bezeichnung einer Schule als „Fachschule" kann allerdings nicht darauf ge-schlossen werden, dass die Ausbildung nicht mit einer Fachhochschulausbildung vergleich-bar ist, es kommt auf eine inhaltliche Bewertung der Ausbildung an.[147]

577   Da eine Hochschulausbildung auf einem bestimmten Wissensgebiet ein breites und vertief-tes Basiswissen verschafft, das eine über das Lehrwissen hinausgehende berufliche Qualifi-kation darstellt und aus dem heraus berufspraktisch verschiedenste Fachrichtungen aufge-fächert betrieben werden können, sind Aus- oder Fortbildungen, die sich nur mit einer Fach-richtung (z.B. Kinder- und Familientherapie) befassen, nicht mit einer Hochschulausbildung vergleichbar.[148]

6.5.5 Einzelfallentscheidungen

578   Inzwischen gibt es eine Fülle von – sich zum Teil widersprechenden – Gerichtsentscheidun-gen. Auch ein Fachmann kann kaum für jeden Ausbildungsgang vorhersehen, ob er als ver-gütungssteigernd berücksichtigt werden wird oder nicht. In der Literatur wird deshalb – un-seres Erachtens berechtigt – kritisiert, dass die gesetzliche Regelung schlecht handhabbar und deshalb nicht geeignet ist, Rechtsfrieden herbeizuführen. Gerichtsentscheidungen aus dem Bereich des Vergütungsrechts würden deshalb weiterhin im Vergleich zum übrigen Be-treuungsrecht in krassem Missverhältnis stehen.[149] In letzter Zeit ist insoweit allerdings eine gewisse Beruhigung eingetreten, vermutlich, weil die Einordnung der meisten Ausbildungs-gänge inzwischen gerichtlich entschieden wurde.

579   Inzwischen ist allerdings auch zu beobachten, dass von Bezirksrevisoren vermehrt ältere Ein-stufungsentscheidungen in Frage gestellt werden und für sicher geglaubte Entscheidungen über den Stundensatz noch einmal „aufgerollt" werden.

Siehe zu näheren Einzelheiten bzgl. dieser Problematik unter Rn. 1512, 1562 ff.

580   Hinsichtlich etlicher Ausbildungsgänge ergibt sich schon aus den oben genannten allgemei-nen Ausführungen ohne Zweifel, dass diese als vergütungssteigernd zu berücksichtigen sind (so z.B. für die Hochschulausbildungen zum Juristen, zum Mediziner, Psychologen, Soziolo-gen oder zum Sozialpädagogen/Sozialarbeiter). Daher waren diese Ausbildungsgänge bis-her auch kaum Gegenstand von Gerichtsverfahren.[150] Die nachfolgende Darstellung betrifft deshalb vor allem solche Ausbildungen, deren Einordnung problematisch war und deshalb gerichtlich geklärt wurde.

6.5.5.1 Lehre, die nutzbare Fachkenntnisse vermittelt

Als vergütungssteigernde Lehre (Berufsausbildung) wurden angesehen:

581   Die Ausbildung zum **Kfz-Mechaniker in Verbindung mit einer anschließenden Meis-terprüfung**, weil die Bereiche Rechts- und Sozialwesen, Rechnungswesen und Wirtschafts-lehre Gegenstand der Meisterausbildung sind und diese Teile der Ausbildung für die Führung

---

145   OLG Frankfurt/M. v. 1.9.2008, 20 W 176/08, OLGR 2009, 317 = FamRZ 2009, 457 (Ls)
146   BGH BtPrax 2012, 165 = FamRZ 2012, 971
147   OLG Hamm BtPrax 2001, 219 (LS) = FamRZ 2001, 1398
148   OLG Braunschweig BtPrax 2000, 130; LG Saarbrücken FamRZ 2001, 713
149   So z.B. Küsgens, Die Vergütungsvorschriften des Betreuungsrechts aus dem Blickwinkel des Bundesverfassungs-gerichts, BtPrax 2000, 242, 244 f.
150   Erwähnt werden sie vom BayObLG BtPrax 2000, 81 = FGPrax 2000, 22 = FamRZ 2000. 844 = Rpfleger 2000, 215 = NJW-RR 2000, 1314

von Betreuungen nutzbare Kenntnisse vermitteln[151]. Ebenfalls die Ausbildung zum **Land-wirtschaftsmeister,**[152] zum **Schreinermeister,**[153] zum **Tischlermeister,** wenn nur der theoretische und nicht auch der praktische Teil der Ausbildung bestanden wurde[154], zum Industriemeister in der Fachrichtung Holzverarbeitung sowie zum Meister für Holztechnik[155] sowie überhaupt die **Ausbildung zum Handwerksmeister**, weil dabei in erheblichem Umfang rechtliche, kaufmännische und pädagogische Kenntnisse erlangt werden.

Die **Ausbildung zum Meister** dient nämlich auch dazu, den Absolventen in die Lage zu versetzen, einen eigenen (Ausbildungs-)Betrieb zu führen. Aus diesem Grunde werden im Rahmen dieser Ausbildung insbesondere buchhalterische und vermögensrechtliche Kenntnisse, Kenntnisse im Klage-, Mahn- und Zwangsvollstreckungsverfahren sowie in sozial- und privatversicherungsrechtlichen Fragen vermittelt. Schließlich werden mit dem Ziel, den Absolventen in die Lage zu versetzen, Fachwissen zu vermitteln und im Ausbildungswesen tätig zu sein, auch entsprechende pädagogische Kenntnisse vermittelt, die auch im Umgang mit Betreuten als hilfreich anzusehen sind.[156]   **582**

Deshalb führt auch die **im Rahmen des Studiums der Landwirtschaft erworbene Befähigung, in diesem Bereich als Ausbilder tätig zu sein,** zur mittleren Vergütungsstufe, wenn im Verlauf der Ausbildung auch berufs- und arbeitspädagogische Kenntnisse erworben wurden und eine Prüfung der Ausbildereignung bestanden wurde.[157] Nicht berücksichtigt werden soll die Ausbildereignung allerdings nach einer Entscheidungen des BGH[158] sowie des OLG Jena.[159]   **583**

Die Ausbildung zur **Krankenschwester** (bzw. zum **Krankenpfleger**), soweit die Gesundheitssorge übertragen wurde[160], weil ihre Ausbildung sie z.B. in die Lage versetzt, schneller und sicherer als jemand ohne ihre Kenntnisse zu beurteilen, wann ein Betreuter ärztlicher Hilfe bedarf, und die Ausbildung im Übrigen auch bei Fragen der Einwilligung in medizinische Behandlungen hilfreich ist. Dem steht es auch nicht entgegen, wenn die Betreute in einem Pflegeheim lebt, wo sie bis zu einem gewissen Grad auch medizinisch betreut wird; dies gilt auch für die Ausbildung zur **Kinderkrankenschwester.**[161]   **584**

Die Ausbildung zur **Altenpflegerin**[162], die aber keine generell für die Führung von Betreuungen, sondern alleine für die Gesundheitssorge nutzbaren Kenntnisse vermittelt, ist deshalb nur dann zu berücksichtigen, wenn auch die Gesundheitssorge übertragen wurde. Dies ist u.E. zweifelhaft, da ein Teil der Altenpflegeausbildung auch die Förderung der Fähigkeit zur für einen Laien oft schwierigen Kommunikation mit alten und dementen Menschen zum Gegenstand hat, sodass sich diese Ausbildung entsprechend den oben genannten Grundsätzen zur Berücksichtigung der so genannten kommunikativen Fähigkeiten zumindest immer dann, wenn es sich um die Betreuung solcher Menschen handelt, vergütungssteigernd auswirken müsste.[163]U.E. wären **Altenpfleger** auch gerade für die Tätigkeit als Verfahrenspfleger besonders geeignet, wenn das Verfahren altenheimspezifische Fragestellungen wie z.B. die Genehmigung eines Bettgitters zum Gegenstand hat.   **585**

---

151 LG Koblenz FamRZ 2001, 303
152 LG Braunschweig, Beschl. v. 14.1.2008, 1038/07
153 LG Nürnberg-Fürth v. 21.2.2005, 13 T 7564/04
154 LG Duisburg v. 16.6.2003, 12 T 100/03
155 LG Dessau-Roßlau v. 2.8.2010, 1 T 135/10
156 OLG Köln FamRZ 2000, 1303; anders für einen Ausbilder-Eignungs-Lehrgang: OLG Jena NJ 2004, 230
157 OLG Braunschweig v. 29.8.2001, 2 W 93/01, anders als das OLG Schleswig FamRZ 2000, 1309 = BtPrax 2000, 172 sieht das OLG Braunschweig die in dem Studium erworbenen Kenntnisse im Übrigen nicht als nutzbar an, siehe dazu unten zur Hochschulausbildung Rn. 649.
158 BGH, Beschl. v. 18.1.2012, XII ZB 461/10, FamRB 2012, 119
159 OLG Jena NJ 2004, 230
160 OLG Dresden FamRZ 2000, 552 sowie FamRZ 2000, 1306; LG Landau FamRZ 2001, 790 (LS)
161 OLG Dresden FamRZ 2000, 551
162 OLG Dresden BtPrax 2000, 260 = FamRZ 2000, 1306; LG Osnabrück FamRZ 2000, 1308
163 So im Ergebnis auch Schmidt, BtPrax 2000, 63 f., danach „allgemein nutzbar für die Betreuung von alten Menschen"

586   Die Ausbildung zur **Arzthelferin** aufgrund der vermittelten Kenntnisse im Bereich Medizin und der erlernten Fähigkeiten, Lebensläufe von Betreuten zu organisieren sowie mit ihnen und nach außen zu kommunizieren[164] , Gleiches gilt auch für die Ausbildung zur **Zahnarzthelferin**.[165] Die Ausbildung zum Apothekenfacharbeiter, da die vermittelten Kenntnisse über Krankheitsbilder und deren Behandlung, Hygiene, Drogenkunde, Betriebsökonomie, Recht und Wirtschaftsmathematik für den Bereich der Gesundheitssorge bzw. die Vermögenssorge nutzbar sind.[166] Ursprünglich war auch angenommen worden, dass auch die Ausbildung zum Krankenpflegehelfer als eine einer Berufsausbildung vergleichbare Ausbildung anzusehen ist,[167] dies ist inzwischen wegen der Kürze der Ausbildung aber durch den BGH verneint worden.[168]

587   Ob die Ausbildung zur **Physiotherapeutin** (wegen der im Rahmen dieser Ausbildung erworbenen medizinischen Kenntnisse) anzuerkennen ist, ist zurzeit nicht eindeutig geklärt. Nachdem das LG Darmstadt das zunächst bejaht hatte, hat der BGH[169] die Entscheidung aufgehoben und die Sache zur erneuten Beurteilung an das Landgericht zurückverwiesen, da das Landgericht in seiner Entscheidung nicht die zur Zeit der Ausbildung geltende Prüfungsordnung berücksichtigt und sich auch nicht mit allen Argumenten des Bezirksrevisors auseinandergesetzt hatte.

588   Die Ausbildung zur **Industriekauffrau**[170], zur **Einzelhandelskauffrau**[171], als **Bankkaufmann**[172], zur **Speditionskauffrau**[173], zur **Diplom-Kauffrau**[174] oder zur **Wirtschaftskauffrau**[175]; dies gilt entsprechend der Regelvermutung des § 4 Abs. 3 i.V.m. § 3 Abs. 2 VBVG/1 Abs. 2 BVormVG auch dann, wenn die Betroffene mittellos ist und die Betreuerin deswegen für die Regelung der finanziellen Angelegenheiten im Grunde überqualifiziert ist[176] (vgl. auch oben Rn. 569); die Ausbildung an einer **staatlich anerkannten Fachschule für Betriebswirtschaft** mit dem Abschluss zur **staatlich geprüften Betriebswirtin**[177]; nicht aber die Ausbildung zur Industriekauffrau mit der Spezialisierung „Statistik"[178], weil diese Ausbildung keine betreuungsrelevanten Kenntnisse zum Inhalt hatte.

589   Nicht zu berücksichtigen ist es auch, wenn die Erlaubnis zur Führung der Berufsbezeichnung als **Wirtschaftskaufmann** nicht aufgrund einer Ausbildung, sondern (noch in der ehemaligen DDR) lediglich aufgrund hervorragender Leistungen im Betrieb verliehen wurde[179] oder wenn es sich um eine Ausbildung zur **Facharbeiterin für Schreibtechnik** handelte und später in einem Gleichstellungsbescheid die Gleichstellung mit der bundesdeutschen Ausbildung zur **Bürokauffrau** festgestellt wurde.[180]

590   Weiterhin zu berücksichtigen sind ein bei einem Kreisvorstand des FDGB als Verwaltung der Sozialversicherung erworbener Berufsabschluss als **Finanzkauffrau**[181], zur **Rechtsanwalts- und Notargehilfin**[182], die Ausbildung zur **Kaufmannsgehilfin im Hotel- und**

---

164   OLG Schleswig FamRZ 2000, 846 = Rpfleger 2000, 330, nach OLG Dresden FamRZ 2000, 551, danach aber nur, soweit auch die Gesundheitssorge übertragen wurde
165   LG Stendal v. 20.3.2006, 25 T 199/05, FamRZ 2006, 1229 (Ls)
166   LG Zwickau v. 7.1.2010, 9 T 366/09
167   OLG Hamm Rpfleger 2002, 313
168   BGH BtPrax 2012, 27 = FamRZ 2012, 113
169   BGH, Beschl. v. 14.3.2018, XII ZB 146/17, FamRZ 2018, 956 = BtPrax 2018, 164 (Ls)
170   LG Koblenz FamRZ 2000, 181
171   LG Saarbrücken BtPrax 2000, 272
172   LG Koblenz JurBüro 2000, 430
173   OLG Dresden v. 21.5.2001, 15 W 0674/01
174   OLG Hamm BtPrax 2003, 184 = FamRZ 2003, 1971
175   OLG Dresden FamRZ 2000, 551 mit Anmerkung Schmidt, BtPrax 2000, 63
176   OLG Dresden, a.a.O.
177   OLG Schleswig BtPrax 2000, 172 = FamRZ 2000, 1309
178   BGH BtPrax 2015, 155
179   LG Zwickau v. 10.2.2000, 9 T 80/00, siehe auch oben zur Vermutung der Nutzbarkeit von Fachkenntnissen, Rn. 552 ff.
180   LG Mühlhausen v. 31.3.2010, 1 T 310/09
181   OLG Dresden FamRZ 2000, 555
182   OLG Hamm BtPrax 2002, 125

Gaststättengewerbe[183], die Ausbildung zur **Erzieherin**[184]; zur staatlich geprüften **Kinderpflegerin**[185]; zum **Ökonomen des Gastwesens** (ein Ausbildungsgang der ehemaligen DDR)[186], als **Fachökonom** mit anschließender 10-jähriger Heimleitertätigkeit[187]; der **Fachschulabschluss als staatlich anerkannter Hygieneinspektor.**[188]

6.5.5.2 Einer Lehre vergleichbare Ausbildungen

Als einer Lehre vergleichbare Ausbildungen wurden als vergütungssteigernd anerkannt:

Die Ausbildung zum **Beamten des mittleren nichttechnischen Dienstes der Deutschen Bundesbahn**; sie vermittelt in ihrem Kernbereich Kenntnisse, die den Betreuer in die Lage versetzen, seine Aufgaben im Bereich der Vermögenssorge und im Umgang mit Behörden besser erfüllen und die Rechnungslegung effektiver erledigen zu können.[189]   **591**

Die Ausbildung zur **staatlich anerkannten hauswirtschaftlichen Betriebsleiterin** an einer Fachakademie, weil im Grundlagenbereich der Ausbildung Kenntnisse in den Bereichen Betriebspsychologie, Berufs- und Arbeitspädagogik, Betriebswirtschaftslehre sowie Arbeits- und Sozialrecht erlangt wurden.[190]   **592**

Die Ausbildung zum **Ingenieurpädagogen**, weil Kenntnisse in Pädagogik und Psychologie vermittelt wurden,[191] sowie die Zuerkennung fachlicher **Eignung zur Tätigkeit als Ausbilder in einem anerkannten Ausbildungsberuf gem. § 76 Abs. 3 BBiG.**[192]   **593**

Die Zulassung zum **Heilpraktiker**; zwar ist für die Zulassung nicht zwingend vorgeschrieben, dass ein bestimmter Ausbildungsgang durchlaufen sein muss und die vor der Zulassung zu absolvierende Prüfung dient nach dem „Gesetz über die berufsmäßige Ausübung der Heilkunde ohne Bestallung" (**Heilpraktikergesetz**) in erster Linie der Gefahrenabwehr (es sollen keine Personen diesen Beruf ausüben, die aufgrund fehlender Kenntnisse eine Gefahr für ihre Patienten darstellen) und nicht der Dokumentation der fachlichen Kompetenz des Prüflings. Zumindest in Hamburg ist aber durch die die Prüfung betreffenden Verwaltungsvorschriften gewährleistet, dass nur derjenige eine Zulassung zur Ausübung des Berufs des Heilpraktikers erhält, der über einen breiten und deutlich über dem bloßen Allgemeinwissen liegenden Wissensstand aufweisen kann. Die Prüfung stellt im Ergebnis auch eine Abschlussprüfung i.S.d. § 34 BBiG dar, die vor einem zuständigen Prüfungsausschuss (§ 36 BBiG), nämlich den von der Behörde für Arbeit, Gesundheit und Soziales als zuständiger Stelle i.S.d. § 73 BBiG zur Überprüfung bestellten Amtsärzten und Naturheilkundlern, abgelegt wird.[193]   **594**

Nach Ansicht des OLG Hamm ist ebenfalls die lediglich einjährige Ausbildung zum Krankenpflegehelfer als einer abgeschlossenen Lehre vergleichbar anzusehen, da es sich nach den Regelungen des Krankenpflegegesetzes um eine staatlich reglementierte Ausbildung handelt und zudem eine Fachprüfung vor einer staatlich anerkannten Stelle abgelegt werden muss.[194] Anders aber neuerdings der BGH[195], da schon aufgrund der kurzen Dauer dieser Ausbildung nicht das Niveau einer abgeschlossenen Lehre erreicht werden kann.   **595**

---

183 OLG Saarbrücken BtPrax 2003, 184
184 OLG Braunschweig BtPrax 2000, 130 mit Anmerkung Lütgens BtPrax 2000, 107; OLG Dresden BtPrax 2000, 39 = FamRZ 2000, 316; LG Dresden FamRZ 2000, 181
185 LG Gera v. 29.2.2000, 5 T 328/99
186 OLG Dresden v. 28.3.2000, 15 W 225/00
187 LG Leipzig FamRZ 2000, 1306
188 LG Neubrandenburg BtPrax 2000, 221 = FamRZ 2000, 1305
189 BayObLG BtPrax 2001, 85 = FamRZ 2001, 304
190 BayObLG BtPrax 2002, 216 = FamRZ 2002, 1657
191 OLG Frankfurt BtPrax 2002, 169; OLG Jena NJ 2002, 375; LG Hagen v. 15.11.2001, 3 T 311/01
192 BayObLG FamRZ 2000, 554 = BtPrax 2000, 33; in dem konkreten Fall hatte der Betreuer die Berechtigung erworben, Bankkaufleute auszubilden; für die Befähigung, Arzthelferinnen auszubilden OLG Schleswig FamRZ 2000, 846
193 LG Hamburg FamRZ 2001, 1168
194 OLG Hamm RPfleger 2002, 313
195 BGH BtPrax 2012, 27 = FamRZ 2012, 113

596 Ein in der Türkei abgeschlossenes Studium der Rechtswissenschaft, wenn anschließend in zwei Semestern Inlandsstudium der Magister Legum erreicht wurde.[196]

597 ### 6.5.5.3 Nicht berücksichtigungsfähige Berufsausbildungen

Nicht als vergütungssteigernd zu berücksichtigen wurden die folgenden Ausbildungen eingestuft:

598 Die Ausbildung zum **Polsterer**[197]; zum **Mechaniker**[198]; zum **Industriemechaniker**[199]; zum staatlich geprüften **Techniker**[200]; zum **Maschinen- und Anlagenmonteur**[201], zum **Elektroinstallateur**,[202] zum **Schaufenstergestalter**,[203] zur **Industrieschneiderin**, entgegen den oben genannten Grundsätzen auch dann nicht, wenn eine Meisterausbildung absolviert wurde, weil es sich lediglich um eine fachspezifische, auf die Herstellung von Textilien ausgerichtete Ausbildung handelte[204]; die **Meisterausbildung in der Textilbranche**.[205]

599 Die Ausbildung zum **pharmazeutisch-kaufmännischen Angestellten**, weil diese in erster Linie auf den Betrieb einer Apotheke und die dabei anfallende Waren- und Wirtschaftskunde ausgerichtet ist und die dabei vermittelten Rechtskenntnisse nicht über die für jeden Beruf typischen berufsrechtlichen Kenntnisse hinausgehen; die vermittelten Kenntnisse aus dem kaufmännischen Bereich, die vor allem Abrechnung und Buchführung betreffen würden, seien nicht allgemein nutzbar und würden auch die für den Aufgabenkreis Vermögenssorge erforderlichen Kenntnisse und Fähigkeiten nur zu einem kleinen Teil abdecken.[206]

600 Die Ausbildung zur **Medizinisch-Technischen-Laborantin** an einer medizinischen Fachschule[207]; zum **Zahntechniker**[208]; zum **Augenoptiker**; soweit die an sich nutzbaren Fächer Wirtschafts- und Sozialkunde Gegenstand der Ausbildung waren, gehörten sie nicht zu deren Kernbereich.[209]

601 Die Ausbildung zur **Bauzeichnerin**[210]; zur **Facharbeiterin für Datenverarbeitung**[211]; zur **Facharbeiterin für Schreibtechnik**, dies auch dann, wenn später ein Gleichstellungsbescheid erteilt wurde, der die Ausbildung mit der bundesdeutschen Ausbildung zur Bürokauffrau gleichgestellt hat,[212] die Erlaubnis zur Führung der Berufsbezeichnung als **Wirtschaftskaufmann,** wenn diese nicht aufgrund einer Ausbildung, sondern (noch in der ehemaligen DDR) lediglich aufgrund hervorragender Leistungen im Betrieb verliehen wurde[213], zur **Chemielaborantin**[214] sowie zum **Facharbeiter für chemische Produktion**.[215]

602 Die Ausbildung zur **Hauswirtschaftsgehilfin** (Ableistung einer vorgeschriebenen Lehrzeit und Besuch der Hauswirtschaftsberufsschule und Ablegung der hauswirtschaftlichen Lehrabschlussprüfung), weil die einzelnen Ausbildungsgebiete wie Nahrungszubereitung, Haushaltspflege, Kleider- und Wäschepflege, Ausbessern und Nähen und Haushaltsabrechnung

---

196 BayObLG FamRZ 2003, 1873 und FamRZ 2004, 403 = Rpfleger 2004, 488 = BtPrax 2005, 76
197 OLG Schleswig, FamRZ 2001, 304
198 LG Dresden BtPrax 2000, 133
199 BayObLG BtPrax 2001, 205
200 LG Chemnitz BtPrax 2002, 269; LG Braunschweig, Beschl. v. 20.12.2007, 8 T 955/07
201 LG Magdeburg, Beschl. v. 28.6.2006, 3 T 11/06
202 AG Sinzig FamRZ 2005, 1861
203 LG Essen, Beschl. v. 16.12.2002, 7 T 546/02
204 OLG Dresden FamRZ 2001, 656
205 OLG Dresden FamRZ 2000, 551
206 BayObLG BtPrax 2001, 86 = FamRZ 2001, 713
207 LG Neuruppin, Beschl. v. 2.8.1999
208 LG Nürnberg-Fürth Rpfleger 2001, 215
209 BayObLG FamRZ 2000, 1305
210 LG Hamburg FamRZ 2002, 1064
211 BGH, Beschl. v. 18.1.2012, XII ZB 461/10 FamRB 2012, 119; OLG Dresden FamRZ 2001, 1323
212 LG Mühlhausen v. 31.3.2010, 1 T 310/09
213 LG Zwickau v. 10.2.2000, 9 T 80/00
214 BayObLG FamRZ 2000, 1306
215 OLG Naumburg, Beschl. v. 27.7.2007, 8 Wx 28/07, FGPrax 2008, 27

lediglich allgemeine Kenntnisse der Haushaltsführung vermitteln und keinen Bezug zur Führung von Betreuungen aufweisen.[216]

Die Ausbildung zur **Fremdsprachensekretärin** (anders ausnahmsweise nur, wenn die Fremdsprachenkenntnisse für die Führung der konkreten Betreuung nutzbar sind),[217] zur Fremdsprachenkorrespondentin[218] und entgegen den unten nachfolgenden Ausführungen zur Bewertung von pädagogischen Ausbildungen die in der damaligen DDR erfolgte Ausbildung zum **Dipl.-Lehrer im Fach Staatsbürgerkunde**.[219]

6.5.5.4 Nicht einer Lehre vergleichbare Ausbildungen

Nicht mit einer Lehre vergleichbar sind:

Wegen des geringen zeitlichen Umfangs eine **einjährige Fortbildung zur Bürokauffrau**[220]; eine Ausbildung zur **Bauspar- und Finanzfachfrau beim Berufsbildungswerk der Bausparkassen**,[221] die Fortbildung zum Immobilienfachwirt jedenfalls dann, wenn sie nicht als Fortführung einer anderen Ausbildung angesehen werden kann, weil sie nicht den zeitlichen Umfang einer Lehre erreicht[222]; die Teilnahme an einem **halbjährigen Modellprojekt mit 260 Stunden zur Einführung in die EDV** sowie die **Teilnahme an verschiedenen Fortbildungsseminaren einer Stadtsparkasse ohne Abschlussprüfung** schon deshalb, weil der Erfolg nicht durch ein Zeugnis über das Bestehen einer staatlichen oder staatlich anerkannten Abschlussprüfung nachgewiesen wird[223]; eine **sozialtherapeutische Fortbildung** mit Schwerpunkt Sucht beim Gesamtverband Suchtkrankenhilfe im Diakonischen Werk.[224]

Auch ein **nicht abgeschlossenes (Jura-)Studium** (der Betreuer hatte immerhin alle für die Anmeldung zum Staatsexamen erforderlichen Leistungsnachweise erbracht) kann nicht wenigstens als Ausbildung angesehen werden.[225]

Ob ein für die Führung von Betreuungen **nicht nutzbares Studium** dazu führt, ,,dass es wenigstens als eine einer Lehre vergleichbare Ausbildung anzusehen ist, ist umstritten.

Zum Teil wird das abgelehnt und dem Betreuer wird lediglich den niedrigsten Stundensatz zugesprochen.[226] Zur Begründung wird u.a. angeführt, dass diese Handhabung der Einstufung in die Vergütungsstufen der §§ 3, 4 VBVG zu Härten und unbefriedigenden Ergebnissen führen könne, die Entscheidung des Gesetzgebers, im Interesse problemloser Handhabbarkeit des amtsgerichtlichen Massengeschäfts der Betreuervergütungsanträge den unterschiedlichen Vergütungswert der Tätigkeit von Berufsbetreuern in einem dreistufigen Vergütungsraster grob typisierend nach Verfügbarkeit betreuungsrelevanter Fachkenntnisse und der verschiedenen Art des Erwerbs zu regeln, könne durch die Rechtsprechung aber nicht korrigiert werden.[227]

Anders sieht das aber das LG Münster in einer neueren Entscheidung.[228] In dem entschiedenen Fall verfügt der Betreuer über ein abgeschlossenes Studium zum Dipl.-Ing. der Elektrotechnik, im Nebenfach hatte er Soziologie studiert. Unter anderem waren auch die Fächer Betriebswissenschaft, Mathematik und Datenverarbeitung Gegenstand von Studium und Abschlussprüfung. Das LG kommt zu dem Schluss, dass die genannten Inhalte des Studiums

603

604

605

606

---

216 LG Koblenz FamRZ 2001, 1031 = BtPrax 2001, 220
217 LG Saarbrücken v. 21.12.2001, 5 T 638/01
218 LG Hamburg, Beschl. v. 17.10.2002, 14 T 87/02
219 LG Dresden v. 23.9.1999, 2 T 0883/99
220 OLG Dresden FamRZ 2000, 551
221 OLG München BtPrax 2008, 34
222 OLG Dresden v. 10.9.2004, 3 W 0926/04
223 BayObLG BtPrax 2000, 223 = FamRZ 2000, 1306
224 OLG Frankfurt/M. v. 17.3.2005, 20 W 427/04, OLGR 2005, 714; OLG Hamburg v. 25.6.2004, 2 Wx 151/03
225 BayObLG BtPrax 2000, 125 = FamRZ 2000, 1305; OLG Brandenburg RPfleger 2003, 365
226 So z.B. für einen Absolventen des Studiengangs Bioenergetik mit dem Schwerpunkt Medizingerätetechnik LG Hamburg FamRZ 2001, 1032, bestätigt durch OLG Hamburg v. 14.3.2001, 2 Wx 140/00
227 OLG Hamburg v. 25.6.2004, 2 Wx 151/03
228 LG Münster v. 1.3.2011, 05 T 328/10

für die Führung von Betreuungen nutzbare Kenntnisse zum Gegenstand hatten. Da diese Inhalte nicht zum Kernbereich der Ausbildung gehört haben, könne nicht der höchste Stundensatz zugesprochen werden, es würde sich aber um eine einer Lehre vergleichbare Ausbildung handeln.

607   Unseres Erachtens ist die Ansicht des LG Münster überzeugend. Wenn das Studium nur deshalb nicht berücksichtigt wird, weil die für die Führung von Betreuungen nutzbaren Kenntnisse nicht zum Kernbereich der Ausbildung zählten, dürfte es häufig so liegen, dass der Absolvent trotzdem über mehr nutzbare Kenntnisse als ein Betreuer ohne jegliche Ausbildung verfügt. Ob diese nutzbaren Kenntnisse vom Umfang her ausreichen, um von einer einer Lehre vergleichbaren Ausbildung auszugehen, muss dann im jeweiligen Einzelfall entschieden werden.

6.5.5.5 Hochschulausbildungen, die nutzbare Fachkenntnisse vermitteln

Nutzbare Hochschulausbildungen sind:

608   Ausbildungen, die in ihrem Kernbereich rechtliche Kenntnisse vermittelt haben. Da es sich um eine rechtliche Betreuung handelt, sind Rechtskenntnisse regelmäßig nutzbar.[229] Deshalb ist ein **Jurastudium** grundsätzlich zu berücksichtigen. Eine Hochschulausbildung ist mit dem ersten Staatsexamen abgeschlossen; damit sind die Voraussetzungen des § 4 Abs. 1 Nr. 2 VBVG (vormals § 1 Abs. 1 Nr. 2 BVormVG) erfüllt. Eine eventuell folgende Referendarzeit ist nicht mehr Bestandteil der Hochschulausbildung, sondern Vorbereitungszeit für die Einstellung in den öffentlichen Dienst und deshalb nicht mehr Voraussetzung für die Festsetzung des Stundensatzes in Höhe von 33,50 € nach § 3 Abs. 1 VBVG bzw. 44,00 € nach § 4 Abs. 1 VBVG. Deshalb ist ein Jurastudium bereits dann zu berücksichtigen, wenn **nur das Erste Staatsexamen** bestanden wurde, auf ein anschließendes Referendariat und das Zweite jur. Staatsexamen kommt es deshalb nicht an.[230] Der BGH hat allerdings die Berücksichtigung einer in der ehemaligen DDR erfolgten Ausbildung zum Diplom-Juristen aufgrund der besonderen und auf das damalige Rechts- und Gesellschaftssystem der DDR bezogenen Ausbildungsinhalte abgelehnt.[231]

609   Die Ausbildung zum **Diplom-Ökonomen** (eine Ausbildungsgang der ehemaligen DDR), soweit auch die Vermögenssorge übertragen wurde, da auch Prüfungen in den Bereichen des Rechts, der Buchführung und der Betriebswirtschaft abgelegt wurden.[232] Das soll aber nicht gelten, wenn die Ausbildung an einer **Fachschule für Ökonomie** erfolgte und das absolvierte Studium mathematisch ausgerichtet war und eine Ausbildung in den Fächern Marxismus-Leninismus, Körpererziehung, Russisch, Deutsch, Kulturtheoretik/Ästhetik, Mathematik, Statistik, Verwaltungsorganisation/Informationsverarbeitung, Rechtsfragen und Leitung der sozialistischen Volkswirtschaft, technologisches Grundwissen, sozialistische Arbeitswissenschaften, sozialistische Volkswirtschaft sowie sozialistische Betriebswirtschaft zum Inhalt hatte.[233]

610   Soweit einige Gerichte annehmen, dass die im Rahmen eines Ökonomiestudiums gewonnenen Kenntnisse für die konkrete Betreuung nicht nutzbar sind, wenn der Betreute nahezu kein Vermögen hat und sich die im Rahmen der dem Betreuer übertragenen Vermögensangelegenheiten anfallenden Aufgaben im Wesentlichen auf die Auflistung der Schulden und das Zusammenhalten des geringen Einkommens sowie den Versuch einer Schuldentilgung beschränken[234], überzeugt dies nicht, weil gerade im Falle eines niedrigen Einkommens eine

---

229 BGH, Beschl. v. 28.2.2018, XII ZB 452/17, MDR 2018, 628 = BtPrax 2018, 164 (Ls) und Beschl. v. 14.3.2018, XII ZB 146/17, FamRZ 2018, 956 = BtPrax 2018, 164 (Ls)
230 OLG Düsseldorf BtPrax 2000, 224 = FamRZ 2000, 1308 = NJW-RR 2001, 583; siehe aber auch die unten Rn. 616 f. aufgeführten Entscheidungen zur Einstufung von Lehrern, in denen auch gerade darauf abgestellt wird, dass durch das Referendariat eine intensive pädagogische Schulung erfolgte.
231 BGH FamRZ 2016, 1072
232 OLG Zweibrücken BtPrax 2000, 89 = FamRZ 2000, 551
233 BGH BtPrax 2015, 155 sowie BGH FamRZ 2015, 1104
234 So LG Leipzig FamRZ 2000, 851

erfolgreiche Schuldentilgung mehr wirtschaftliches Geschick verlangen kann als die Verwaltung eines ausreichenden Vermögens. Außerdem lässt sich diese Sichtweise nicht mit der Vermutungsregel des § 4 Abs. 3 i.V.m. § 3 Abs. 2 VBVG vereinbaren. Anders liegt es aber, wenn einem Absolventen eines wirtschaftlich geprägten Studiengangs nicht auch die Vermögenssorge, sondern nur die Gesundheitssorge übertragen wurde.[235]

Die Ausbildung zur **Ökonomin in der Fachrichtung Hotel- und Gaststättenwesen**, allerdings ebenfalls nur dann, wenn auch die Vermögenssorge übertragen wurde und sofern ein Gleichstellungsbescheid vorliegt, nach dem die Ausbildung mit einer Fachhochschulausbildung im Fach Betriebswirtschaft gleichwertig ist.[236] Ein Studium der **Volkswirtschaftslehre** mit Schwerpunkt im Bereich der Betriebswirtschaftslehre.[237]   **611**

Die Ausbildung zum **Sozialversicherungsfachangestellten**, wenn auch die Aufgabenkreise Gesundheitssorge und Vermögenssorge übertragen wurden.[238]   **612**

Der **Studiengang Landbau (Dipl.-Ing.)**, wenn auch Fachprüfungen in den Fächern Volkswirtschaftslehre und landwirtschaftliche Betriebslehre sowie Prüfungsvorleistungen im Fach Allgemeine Betriebslehre und Leistungsnachweise in den Fächern Landwirtschaftliche Buchführung und Berufs- und Arbeitspädagogik erfolgten.[239] Das **Studium der Agrarwissenschaften** wird nicht einheitlich beurteilt – während das LG Essen[240] die Nutzbarkeit bejaht, lehnt das OLG Köln die Nutzbarkeit und damit auch die vergütungssteigernde Berücksichtigung dieser Ausbildung ab, da die vermittelten nutzbaren wirtschaftlichen Kenntnisse nicht zum Kernbereich der Ausbildung gehört hätten, sondern lediglich dem Randbereich der Ausbildung zugeordnet werden könnten[241] (das Studium der Landtechnik wird mit vergleichbarer Begründung einheitlich als nicht vergütungssteigernd angesehen[242]; Gleiches gilt für die Hochschulausbildung zum Dipl.-Agraringenieur[243]).   **613**

Ein vollständig durchgeführtes **Betriebswirtschaftsstudium** ausnahmsweise auch ohne Abschlussprüfung, wenn alle Leistungsnachweise vorliegen und eine Berufstätigkeit als Wirtschaftsprüfer folgte.[244] Das **Studium der Milch- und Molkereiwirtschaft**, weil im Kernbereich des Studiums erhebliche wirtschaftliche Kenntnisse vermittelt werden[245]; aus dem gleichen Grund auch die Ausbildung zum **gehobenen Forstdienst** an einer Fachhochschule[246]; nach überwiegender Auffassung auch der Studiengang **Politikwissenschaft**.[247]   **614**

Das **Theologiestudium**, weil soziale Kompetenz und Kommunikationsfähigkeit vermittelt werden.[248]   **615**

---

235 BGH BtPrax 2003, 264
236 LG Leipzig FamRZ 2001, 304
237 OLG Hamm FamRZ 2007, 1043
238 BGH BtPrax 2017, 127 = FamRZ 2017, 756
239 OLG Schleswig FamRZ 2000, 1309, anders aber OLG Braunschweig v. 29.8.01, 2 W 93/01, das lediglich von einer einer Lehre vergleichbaren Ausbildung ausgeht, wenn im Verlauf der Ausbildung auch berufs- und arbeitspädagogische Kenntnisse erworben wurden und eine Prüfung der Ausbildereignung bestanden wurde.
240 LG Essen, Beschl. v. 10.2.2004, 7 T 651/03
241 OLG Köln, Beschl. v. 15.2.2008, 16 WX 302/07, BtPrax 2008, 178
242 OLG Naumburg, Beschl. v. 19.3.2007, 8 Wx 2/07 sowie LG Stendal, Beschl. v. 20.8.2007, 25 T 134/08
243 BGH BtPrax 2014, 95 = FamRZ 2014, 119; OLG Naumburg, FGPrax 2008, 27 (siehe aber auch Rn. 616 für den Fall, dass im Anschluss an das Studium ein Referendariat erfolgte und der Absolvent deshalb die Befähigung zum Lehramt erlangt hat)
244 LG Stuttgart Rpfleger 2001, 427
245 LG Fulda v. 15.5.2002, 5 T 34/02, FamRZ 2003, 707 (Ls)
246 OLG Saarbrücken BtPrax 2003, 227
247 LG Hamburg BtPrax 2000, 221 = FamRZ 2000, 1309; LG Frankfurt/Oder FamRZ 2003, 190; KG FamRZ 2006, 291, anders aber AG Bonn, Beschl. v. 2.7.2018, 36 XVII 302/17 G
248 OLG Thüringen FamRZ 2002, 1431 mit kritischer Anmerkung Bienwald, FamRZ 2002, 1433; LG Lübeck v. 19.6.2000, 7 T 233/00, ebenso OLG Schleswig FamRZ 2000, 1532 = BtPrax 2000, 262; OLG Köln FamRZ 2004, 1604; OLG Hamm FamRZ 2006, 1630; anders aber LG Münster FamRZ 2006, 578, das darauf abstellt, welche Fächerkombination Gegenstand des Studiums gewesen war, sowie LG Augsburg v. 9.11.2009, 5 T 1848/09, BtPrax 2010, 96 (Ls), weil die betreuungsrelevanten Kenntnisse nicht zum Kernbereich der Ausbildung gehören würden.

616   Die Ausbildung zum **Lehrer;** Studium und das anschließende Referendariat seien im Zusammenhang zu bewerten und in ihrer Gesamtheit als eine einer Hochschulausbildung vergleichbare Ausbildung anzusehen, das Studium würde den Studenten mit Grundfragen und Problemen der Pädagogik und der Pädagogischen Psychologie vertraut machen, das Referendariat enthielte eine von den Lehrfächern unabhängige intensive pädagogische Schulung. Dies sei für die Führung von Betreuungen nutzbar, weil es die Kommunikation mit psychisch kranken Menschen erleichtern und so dabei helfen könne, den Auftrag der persönlichen Betreuung aus § 1897 Abs. 1 zu erfüllen.[249] Das gilt auch für ein an einer **staatlichen Hochschule in Kasachstan** abgeschlossenes Lehramtsstudium mit den Unterrichtsfächern deutsche und englische Sprache, da sich das dortige Studium kaum von einem Studium an einer deutschen Hochschule unterscheidet,[250] sowie ein Studium zur Diplomlehrerin für Russisch und Geschichte in der ehemaligen DDR.[251]

617   Die Ausbildung für das **Lehramt für die Sekundarstufe I**, wenn erste und zweite Staatsprüfung bestanden wurden und das Fach Erziehungswissenschaften mit der Fächerkombination Psychologie, Soziologie, und Pädagogik Gegenstand des Studiums und der Prüfung war[252]; nach anderer und unseres Erachtens zutreffender Ansicht ist aber auch die Hochschulausbildung zur Lehrerin mit dem 1. Staatsexamen abgeschlossen; darauf, ob im Anschluss noch an Referendariat und 2. Examensprüfung teilgenommen wird, kommt es danach nicht an.[253] Das *OLG Dresden* hat seine anderslautende Rechtsprechung[254] inzwischen ausdrücklich aufgegeben.

618   Die Ausbildung zum **Dipl.-Agrar-Ing. der Landwirtschaft in Verbindung mit einem anschließenden Referendariat** und der sich daraus ergebenden Befähigung für den höheren agrarwissenschaftlichen Dienst sowie das **Lehramt für die Sekundarstufe II** der agrarwissenschaftlichen Fachrichtung im Land Nordrhein-Westfalen. Da gerade im Vorbereitungsdienst pädagogische Grundlagen sowie Recht und Verwaltung Gegenstand mehrmonatiger Ausbildungsabschnitte sind und auch allgemeine gesellschaftliche und sozialwissenschaftliche Kenntnisse vermittelt werden, ist diese Ausbildung einer abgeschlossenen Lehramtsausbildung vergleichbar.[255]

619   Die Ausbildung zum **Dipl.-Pädagogen** mit Schwerpunktfächern Erwachsenenpädagogik, Erwachsenen- und Jugendpsychologie, Familienpädagogik und Alterspsychologie,[256] ein **Auslandsstudium der Pädagogik und Psychologie** kann vergütungssteigernd sein, wenn der Studiengang einer inländischen Ausbildung vergleichbar ist. Eine solche Vergleichbarkeit kann statt durch förmliche Anerkennung auch dann gegeben sein, wenn die Kultusverwaltung die Vergleichbarkeit auf andere Weise dokumentiert, z.B. durch Bescheinigung einer Lehr- oder Prüfungsbefähigung.[257]

620   Die Ausbildung zur **Zahnärztin/Dipl. Stomatologin**[258] sowie zur **Tierärztin**[259], sofern auch der Aufgabenkreis der Gesundheitssorge übertragen wurde. Ähnlich einer Krankenschwester oder einer Arzthelferin sei auch ein Veterinärmediziner in der Lage, schneller und

---

249 So für die Ausbildung für das Lehramt an höheren Schulen BayObLG FamRZ 2001, 306 mit kritischer Anmerkung Bienwald FamRZ 2001, 307; ähnlich OLG Zweibrücken BtPrax 2001, 43; OLG Hamm BtPrax 2002, 42; mit gleicher Begründung für den Hochschulabschluss als Diplomlehrerin für Mathematik und Chemie OLG Dresden FamRZ 2000, 1310 = NJWE-FER 2000, 207; dort wird zusätzlich darauf abgestellt, dass pädagogische und psychologische Kenntnisse auch für den Umgang mit Behörden und mathematische Kenntnisse für die Vermögenssorge hilfreich seien

250 OLG Frankfurt/M. v. 21.1.2008, 20 W 378/05, FamRZ 2008, 1659 (Ls)

251 BGH BtPrax 2014, 49 = FamRZ 2014, 116

252 LG Koblenz FamRZ 2001, 712

253 LG Saarbrücken v. 11.6.2002, 5 T 239/02, BtPrax 2002, 268

254 OLG Dresden BtPrax 2000, 39

255 OLG Brandenburg v. 4.5.2006, 11 Wx 18/06

256 Thür. OLG Jena, v. 8.11.2001, 6 W 495/01, NJ 2002, 101 (Ls)

257 BayObLG BtPrax 2004, 159

258 OLG Dresden v. 27.1.2000, 15 W 2374/99

259 OLG Frankfurt v. 8.4.2002, 20 W 368/01, OLGR 2002, 189; Entscheidung der Vorinstanz mit Anmerkung Bienwald in FamRZ 2002, 988

sicherer zu beurteilen, wann ein Betreuter ärztliche Hilfe benötigt, als ein medizinischer Laie dies kann; auch kann ein Veterinärmediziner eher als ein Nichtmediziner medizinische Sachverständigengutachten verstehen.

Der Abschluss **als Magister Artium in Geschichte, Philosophie und Theologie**[260], ein Studium als **Diplom-Jurist/Baccalaureus des internationalen Rechts** an der pädagogischen Hochschule Moskau, wenn auch mehrere Semester eines deutschen Jurastudiums sowie eine abgeschlossene Ausbildung zum Bankkaufmann vorliegen.[261]   **621**

6.5.5.6 Einer Hochschulausbildung vergleichbare Ausbildungen

Einer Hochschulausbildung vergleichbar sind:

Die Ausbildung zum **Stabsoffizier mit dem Dienstgrad Oberstleutnant**[262] (anders aber für eine entsprechende in der ehemaligen DDR absolvierte Laufbahn, siehe dazu unten Rn. 651); wegen der vielen dabei vermittelten juristischen Kenntnisse das im Anschluss an die Ausbildung zum **Dipl.-Ing. für Elektrotechnik erfolgte Aufbaustudium zum Patentingenieur** in der früheren DDR.[263]   **622**

Die mit einer Prüfung abgeschlossene Ausbildung zum **Pastor** am **Theologischen Seminar des Bundes Evangelisch-Freikirchlicher Gemeinden in Deutschland**. Die staatliche Anerkennung der Ausbildung lässt sich daraus ableiten, dass Studenten staatliche Fördermittel nach dem BAföG erhalten.[264]   **623**

Die Ausbildung als **Heilpädagoge** wurde zwar zunächst von mehreren Gerichten als einer Hochschulausbildung vergleichbar anerkannt,[265] ebenso die Ausbildung zur **staatlich geprüften Sondererzieherin** (heilpädagogische Sonderausbildung, die der einer Heilpädagogin entspricht),[266] inzwischen gibt es dazu aber negative Entscheidungen des BGH.[267] Auch hier wird auf den zu geringen zeitlichen Umfang (1800 Stunden) der Ausbildung abgestellt.   **624**

Nach älterer Rechtsprechung die Ausbildung zum **Verwaltungsfachwirt** nach bestandener zweiter Prüfung für Angestellte im Kommunalen Verwaltungsdienst, wenn danach noch an verschiedenen fachspezifischen Lehrgängen des Instituts für kommunale Verwaltung und der Fachhochschule Düsseldorf, Fachbereich Sozialwesen, teilgenommen wurde[268], da diese Ausbildung mit den Fächern Einführung in das Recht, Rechtsanwendung, Grundzüge des Bürgerlichen Rechts, Grundzüge des Sozialrechts, Verwaltungsorganisation, Grundbegriffe der Datenverarbeitung, volks- und betriebswirtschaftliche Grundbegriffe, Verhandlungs- und Diskussionstechnik – Umgang mit dem Bürger zu einem erheblichen Teil für die Führung von Betreuungen hilfreiches Wissen vermittelt. Anders aber für die Ausbildung zum Dipl.-Verwaltungswirt – Polizei (FH), da hier betreuungsrelevante Kenntnisse nicht zum Kernbereich der Ausbildung gehörten.[269]   **625**

Wie die Ausbildung zum **Diplom-Verwaltungswirt** und das erfolgreiche Studium an einer **Verwaltungs- und Wirtschaftsakademie (VWA)** zu bewerten sind, lässt sich nicht einheitlich beantworten.   **626**

---

260 AG Wuppertal v. 16.9.1999, 57 XVII 183/98
261 BayObLG FamRZ 2004, 1604
262 BayObLG BtPrax 2000, 32 = FamRZ 2000, 554 mit Anmerkung Schmidt in BtPrax 2000, 63
263 KG Berlin BtPrax 2002, 167
264 OLG Schleswig FamRZ 2000, 1532
265 OLG Zweibrücken FamRZ 2004, 1323 = Rpfleger 2004, 488; OLG Frankfurt/M., Beschl. v. 19.7.2002, 20 W 241/02, OLGR 2002, 277 = BtPrax 2002, 272 (Ls); nicht aber die Ausbildung als staatlich anerkannter Heilpädagoge an der bayr. Fachakademie, BayObLG FamRZ 2004, 1065
266 OLG Frankfurt/Main BtMan 2007, 104
267 Beschl. v. 24.4.2013, XII ZB 10/13 sowie BGH BtPrax 2014/95 = FamRZ 2014, 377
268 OLG Düsseldorf FamRZ 2000, 1309, ebenso LG Krefeld v. 3.2.2000, 6 T 1/00, LG Duisburg v. 13.3.2000, 22 T 247/99, LG Kiel BtPrax 2002, 174; für die Ausbildung zum Verwaltungsfachwirt an der Bayerischen Verwaltungsschule mit Abschluss der Fachprüfung II; OLG Hamm FamRZ 2002, 847 = BtPrax 2002, 132; BayObLG FamRZ 2001, 187 = BtPrax 2001, 36; BayObLG FamRZ 2003, 787; anders aber, wenn die Ausbildung an einer sogenannten Fachakademie erfolgte, siehe dazu unten Rn. 644
269 LG Offenburg, Beschl. v. 16.12.2015, 4 T 298/15, BtPrax 2016, 85 (Ls)

627 Die Ausbildung zum Diplom-Verwaltungswirt ist jedenfalls dann als einer Fachhochschulausbildung vergleichbar anzusehen, wenn dem Absolventen durch das zuständige Ministerium im Anschluss der Diplomgrad „Diplom-Verwaltungswirt (Fachhochschule)" verliehen wurde.[270] Gleiches soll für eine Ausbildung an einer Verwaltungs- und Wirtschaftsakademie gelten, die sechs Semester mit 350 Semesterwochenstunden umfasst.[271]

628 Abgelehnt hat die Vergleichbarkeit aber inzwischen der BGH für die insgesamt 1.000 Stunden umfassende berufsbegleitende Ausbildung **„Betriebswirt (VWA)"** an einer **Verwaltungsakademie**[272]. Ebenso hatte bereits zuvor u.a. das LG Heilbronn[273] entschieden. Der VWA-Abschluss ist danach kein staatlich anerkanntes Diplom und würde auch lediglich weniger als die Hälfte der Pflichtstundenzahl benötigen, die für den Fachhochschulabschluss „Diplom-Betriebswirt (FH)" erforderlich sei, sodass keine Vergleichbarkeit mit einer Hochschulausbildung gegeben sei. Ebenfalls wegen des geringen zeitlichen Umfangs lehnt das OLG Frankfurt[274] die Vergleichbarkeit des berufsbegleitenden Studiums von vier Semestern an einer **Verwaltungs- und Wirtschaftsakademie** mit dem Abschluss **„Gesundheits- und Sozialökonom (VWA)"** mit einer Fachhochschulausbildung ab.

629 Alleine aus der Bezeichnung einer Schule als „**Fachschule**" kann nicht darauf geschlossen werden, dass die Ausbildung nicht mit einer Fachhochschulausbildung vergleichbar ist, es kommt auf eine inhaltliche Bewertung der Ausbildung an[275], deshalb ist u.U. auch die **Ausbildung an der Anna-Zilken-Schule/Höhere Fachschule für Sozialarbeit** als einer Hochschulausbildung vergleichbar anzusehen.[276] Es kommt aber immer auf die Einzelheiten an, in mehreren Entscheidungen wird deshalb die Ausbildung an einer Fachschule für Sozialpädagogik in dem betreffenden Fall nicht als einer Hochschulausbildung vergleichbar angesehen.[277] Ebenfalls als einer Fachhochschulausbildung vergleichbar anzusehen ist die Ausbildung zum **Ökonomen** an einer **Fachschule für Binnenhandel**, sofern später ein Gleichstellungsbescheid („Diplombetriebswirtin (FH)") erteilt wurde.[278]

Bei einem Betreuer, der ein Hochschulstudium der Fachrichtung Englisch in Deutschland begonnen und an einer kanadischen Universität mit dem „master of arts" abgeschlossen hat, können besondere, für die Führung einer Betreuung nutzbare Fachkenntnisse im Sinne von § 1 Abs. 1 Satz 2 Nr. 2 BVormVG vorliegen. Unerheblich für die vergütungssteigernde Wirkung dieser Kenntnisse ist, dass das Hochschulstudium in Deutschland zunächst auf das Erste Staatsexamen (Lehramt) ausgerichtet war und das betreuungsrelevante Wissen in dieser Zeit erworben wurde.[279]

630 Schließlich wurden die Voraussetzungen auch bejaht, wenn einem Berufsbetreuer nach dem früheren Art. 1 § 1 RBerG die **Erlaubnis zur geschäftsmäßigen Besorgung fremder Rechtsangelegenheiten** auf dem Gebiet des Erbrechtes erteilt worden ist.[280]

631 Eine positive Entscheidung des BGH gibt es bzgl. des Studiengangs **„Curator de jure" (Zertifizierter Berufsbetreuer)** an der Technischen Hochschule Deggendorf.[281] Obwohl es sich lediglich um eine Ausbildungsdauer von 2 Jahren handelt, hielt das Landgericht in seiner vorangegangenen Entscheidung eine Vergleichbarkeit mit einem üblichen (Fach-)Hochschul-

---

270 LG Kiel BtPrax 2002, 174
271 BayObLG FamRZ 2003, 787
272 BGH BtPrax 2014, 95 = FamRZ 2014, 119
273 LG Heilbronn v. 13.4.2011, 1 T 536/10 Ri
274 OLG Frankfurt v. 1.9.2008, 20 W 176/08, OLGR 2009, 317 = FamRZ 2009, 457 (Ls)
275 OLG Hamm v. 22.1.2001, 15 W 342/00, BtPrax 2001, 219 (Ls)
276 Bejaht durch das OLG Hamm FamRZ 2001, 1398 = OLG-Report Hamm 2001, 180 für einen Betreuer, dem im Anschluss an die Ausbildung und ein einjähriges Berufspraktikum die Anerkennung als Sozialarbeiter erteilt wurde
277 OLG Karlsruhe, Beschl. v. 27.11.2006, 11 Wx 81/06; OLG Naumburg, Beschl. v. 19.3.2007, 8 Wx 2/07; LG Heilbronn, Beschl. v. 6.12.2006, 1 T 493/06
278 LG Neuruppin, Beschl. v. 4.11.2002, 5 T 234/02; LG Magdeburg v. 11.9.2007, 3 T 410/07
279 KG, Beschl. v. 6.3.2007, 1 W 295/06
280 KG FamRZ 2005, 1862
281 BGH BtPrax 2017, 163 = FamRZ 2017, 1158

studium für gegeben. Als Argument wurde insoweit u.a. angeführt, dass in diesen 2 Jahren ausschließlich betreuungsrechtlich relevante Kenntnisse vermittelt wurden. Offenbar ging das Gericht davon aus, dass damit mehr betreuungsrelevantes Wissen vermittelt wurde als in drei- oder mehrjährigen Studiengängen, in denen – wie z.B. in den Studiengängen Rechtswissenschaft und Lehramt – lediglich ein Teil des vermittelten Stoffes für die Führung von Betreuungen nutzbar ist. Der BGH ließ diese Begründung unbeanstandet. Das ist insofern bemerkenswert, als der BGH bisher eine Anerkennung regelmäßig ohne weitere Prüfung der Ausbildungsinhalte schon dann abgelehnt hat, wenn die übliche Dauer eines Bachelor-Studiums i.H.v. 3 Jahren nicht erreicht wurde.

6.5.5.7 Nicht nutzbare Hochschulausbildungen

Nicht verwertbare Hochschulausbildungen sind:

Der **Studiengang Diplom-Geografie** mit dem Schwerpunkt Territorialplanung bzw. Raumplanung, weil er vor allem lediglich darauf ausgerichtet ist, Kenntnisse zu Fragen der Raumforschung, der Raumordnungspolitik und der Raumplanung zu vermitteln[282]; ein Fachschulstudium als **Ingenieur in der Fachrichtung Vorfertigung** mit Inhalten wie Arbeitswissenschaften, Bauökonomie, Recht, Betriebswirtschaft, weil die nutzbaren Fachkenntnisse nicht Kernbereich der Ausbildung waren.[283]

632

Die Ausbildung zum **Diplom-Ingenieur der Fachrichtung Maschinenbau**[284]; ein (Fern-) Studium in der Fachrichtung Bauingenieurwesen mit Studieninhalten wie Bauökonomie (16 Stunden), Recht (32 Stunden) und Arbeitswissenschaften (8 Stunden), ebenfalls, weil die nutzbaren Fachkenntnisse nicht Kernbereich der Ausbildung waren[285], zum **Dipl.-Ing. für Schiffstechnik**[286], zum **Ingenieur für Landtechnik**[287], zum **Dipl.-Agraringenieur**[288], **zum Ing. für Heizungs-, Lüftungs-, Klima- und Kältetechnik**[289], zum **Forstingenieur**[290] sowie ein Studium der Fachrichtung **Landschafts- und Freiraumplanung**[291] und ein FH-Studium der **Versorgungstechnik**[292] **oder der Verfahrenstechnik**[293].

Ein **Architekturstudium**, weil die Ausbildung sich überwiegend auf technische Disziplinen bezieht und für die Führung einer Betreuung nutzbare Kenntnisse (z.B. allgemeines Recht) nur am Rande behandelt werden,[294] zum **Bauingenieur**[295] sowie ein Hochschulstudium der Fachrichtung **Landschafts- und Freiraumplanung**[296], ein Studium zum **Grafikdesigner**[297], eine Fachhochschulausbildung am Fachbereich **Gestaltung**[298] und ein **Informatikstudium**[299].

633

282 BayObLG BtPrax 2000, 81 = FamRZ 2000, 844; OLG Hamburg v. 25.6.2004, 2 Wx 151/03
283 OLG Thüringen BtPrax 2000, 170 = Rpfleger 2000, 330 = FGPrax 2000, 110 = FamRZ 2000, 846; OLG Zweibrücken FamRZ 2002, 1353; LG Hamburg v. 23.1.2003, 314 T 187/02
284 BayObLG FamRZ 2001, 1166 = BtPrax 2001, 85, ebenso OLG Rostock v. 21.2.2008, 6 W 12/08, OLGR 2008, 646
285 OLG Thüringen BtPrax 2000, 170 = Rpfleger 2000, 330 = FGPrax 2000, 110 = FamRZ 2000, 846
286 AG Zwickau, Beschl. v. 19.7.2006, XVII 542/04
287 OLG Naumburg, Beschl. v. 19.3.2007, 8 Wx 2/07, ebenso für das Studium der Landtechnik LG Stendal v. 20.8.2008, 25 T 134/08
288 BGH BtPrax 2014, 95 = FamRZ 2014, 119; OLG Naumburg, Beschl. v. 27.7.2007, 8 Wx 28/07, (siehe aber auch Rn. 616 für den Fall, dass im Anschluss an das Studium ein Referendariat erfolgte und der Absolvent deshalb die Befähigung zum Lehramt erlangt hat)
289 LG Zwickau v. 7.1.2010, 9 T 366/09
290 LG Zwickau, Beschl. v. 25.6.2007, 9 T 550/06
291 OLG Frankfurt/M. v. 17.3.2005, 20 W 427/04, OLGR 2005, 714
292 BGH FamRZ 2012, 631 sowie BGH BtPrax 2012, 129
293 BGH BtPrax 2012, 173 = FamRZ 2012, 133
294 OLG Hamburg 2 Wx 90/01, BtPrax 2002, 131 (LS)
295 OLG Jena BtPrax 2000, 170 = FamRZ 2000, 846 sowie OLG Zweibrücken FamRZ 2002, 1353; LG Hamburg, Beschl. v. 23.1.03, 314 T 187/02
296 OLG Frankfurt/M. v. 17.3.2005, 20 W 247/04
297 LG Essen, Beschl. v. 16.12.2002, 7 T 546/02
298 LG Hamburg, Beschl. v. 23.8.2007, 322 T 117/07 und 322 T 119/07
299 LG Essen FamRZ 2005, 134

634 Die Ausbildung zum **Bio-Ingenieur/Medizintechnik**, weil der Studiengang zwar ein Bindeglied zwischen Medizin und Technik darstellt, die medizinischen Anteile aber vorrangig auf die Konstruktion technischer Geräte ausgerichtet und deshalb für die Führung von Betreuungen nicht verwertbar sind[300]; zur **Historikerin**[301]; zur **Biologin**[302]; ein **Chemiestudium** an einer technischen Hochschule[303]; die Befähigung, als **Hochschullehrer für Gerätetechnik** tätig zu sein[304]; die in der DDR erfolgte Ausbildung zum **Dipl.-Staatswissenschaftler**[305] sowie das Studium der **Kriminalistik**[306] oder der **Kriminologie**.[307]

635 Während etliche Gerichte den Studiengang **Politikwissenschaft** als vergütungssteigernd angesehen haben, wird das vereinzelt auch abgelehnt. Zur Begründung wird angeführt, dass die vermittelten nutzbaren Kenntnisse nicht Kernbereich der Ausbildung gewesen seien.[308]

636 Ebenfalls nicht nutzbar soll ein Studium zum Diplom-Wirtschaftler (in der ehemaligen DDR – auch, wenn die Gleichwertigkeit mit einem entsprechenden Abschluss in der BRD bescheinigt wurde)[309] und zum **Dipl. Staatswissenschaftler**, weil die vermittelten Kenntnisse aus rechtlichen und wirtschaftlichen Bereichen auf das System der ehemaligen DDR zugeschnitten waren und deshalb für die Führung von Betreuungen nicht (mehr) nutzbar seien,[310] sowie zum Gesellschaftswissenschaftler aufgrund einer Ausbildung an der Parteihochschule „Karl Marx".[311] Gleiches gilt für den in der ehemaligen DDR absolvierten Studiengang Soziale Betriebswirtschaft/Ingenieurökonomie der elektrotechnischen und elektronischen Industrie, weil überwiegend technische Kenntnisse vermittelt wurden und die wirtschaftlichen Inhalte die Frage der möglichst effektiven Produktion unter den Bedingungen des sozialistischen Wirtschaftssystems betraf.[312]

637 Entsprechendes gilt für die Ausbildung an einer **Fachschule für Ökonomie,** wenn das absolvierte Studium mathematisch ausgerichtet war und eine Ausbildung in den Fächern Marxismus Leninismus, Körpererziehung, Russisch, Deutsch, Kulturtheoretik/Ästhetik, Mathematik, Statistik, Verwaltungsorganisation/Informationsverarbeitung, Rechtsfragen und Leitung der sozialistischen Volkswirtschaft, technologisches Grundwissen, sozialistische Arbeitswissenschaften, sozialistische Volkswirtschaft sowie sozialistische Betriebswirtschaft zum Inhalt hatte.[313]

638 Die Ausbildung zum Dipl.-Verwaltungswirt – Polizei (FH), da zwar auch für die Führung für Betreuungen nutzbare Kenntnisse vermittelt wurden, diese aber nicht zum Kernbereich der Ausbildung gehörten.[314]

639 Ein **in der Türkei abgeschlossenes Studium der Rechtswissenschaft**, weil dabei keine für die Führung von Betreuungen nutzbaren und erforderlichen Kenntnisse im deutschen Recht erworben wurden[315], dies ist aber einer Lehre vergleichbar, wenn anschließend in zwei Semestern Inlandsstudium der Magister Legum erreicht wurde.[316] Aus den gleichen Grün-

---

300 OLG Hamburg v. 14.3.2001, 2 Wx 140/00; LG Hamburg FamRZ 2001, 1032
301 LG Bad Kreuznach v. 27.11.2001, 2 T 201/01
302 OLG Köln v. 17.12.2001, 16 Wx 252/01; LG Bonn BtPrax 2002, 272
303 OLG Frankfurt/M., FamRZ 2005, 1199 = BtPrax 2005, 198
304 OLG Dresden v. 16.9.1999, 15 W 1393/99
305 OLG Brandenburg FamRZ 2002, 349 und NJ 2002, 97; eine dagegen gerichtete Verfassungsbeschwerde wurde nicht zur Entscheidung angenommen: BVerfG 1 BvR 715/01; OLG Jena NJ 2003, 379; OLG Naumburg, Beschluss v. 18.1.2006, 8 Wx 17/05; siehe aber auch BayObLG FamRZ 2003, 1129
306 OLG Jena, Beschl. v. 15.10.04, 9 W 247/04, zitiert bei Knittel § 4 VBVG Rn. 14
307 OLG Thüringen, Beschl. v. 15.10.2004, 9 W 247/04
308 AG Bonn, Beschl. v. 2.7.2018, 36 XVII 302/17 G, anders zuvor aber LG Hamburg BtPrax 2000, 221 = FamRZ 2000, 1309; LG Frankfurt/Oder FamRZ 2003, 190; KG FamRZ 2006, 291
309 LG Frankfurt/Oder v. 14.1.2010, 19 T 472/09
310 So z.B. OLG Brandenburg FamRZ 2002, 349, ebenso inzwischen auch BGH FamRZ 2017, 1258
311 BGH FamRZ 2014, 1361
312 BGH BtPrax 2012, 251 = FamRZ 2012, 1866
313 BGH BtPrax 2015, 155 sowie BGH FamRZ 2015, 1104
314 LG Offenburg, Beschl. v. 16.12.2015, 4 T 298/15, BtPrax 2016, 85 (Ls)
315 BayObLG BtPrax 2001, 205
316 BayObLG BtPrax 2004, 403

den ist ein in Griechenland abgeschlossenes juristisches Hochschulstudium für die Führung von Betreuungen in Deutschland nicht nutzbar.[317]

Die **Weiterbildung Berufsbetreuung** im Wege eines **Kontaktstudiums an der ev. Fachhochschule Freiburg** ist schon wegen des geringen zeitlichen Umfangs für sich genommen ebenfalls nicht mit einer Hochschulausbildung vergleichbar. Bei dem Kontaktstudium handelte es sich seinerzeit um eine Nachqualifizierungsmaßnahme i.S.d. § 11 VBVG. Die von der Entscheidung betroffene Betreuerin hatte das Kontaktstudium zwar erfolgreich abgeschlossen, sie erfüllte aber nicht die gesetzlichen Voraussetzungen für die Teilnahme, sodass es ihr nicht als Nachqualifizierung anerkannt wurde.   **640**

6.5.5.8 Nicht einer Hochschulausbildung vergleichbare Ausbildungen

Nicht einer Hochschulausbildung vergleichbar sind:

Der **Fachschulabschluss als Hygieneinspektorin** (eine noch in der ehemaligen DDR erfolgte Ausbildung von vierjähriger Dauer), weil auch während der DDR-Zeit ein Fachschulstudium nicht einem Hochschulstudium gleichgestellt war[318] und entsprechend auch die Fachschulausbildung zur Heilerziehungspflegerin[319]; Gleiches gilt deshalb auch für die Ausbildungen zum **Ingenieurpädagogen**[320] und zur Gesundheitsfürsorgerin an der medizinischen Fachschule Weimar (noch zur Zeit der ehemaligen DDR), selbst dann, wenn aufgrund eines Bescheides des Thüringer Kultusministeriums die Berufsbezeichnung „Staatlich anerkannte Sozialarbeiterin" geführt werden darf.[321]   **641**

Anders aber, wenn eine Fachschulausbildung in der ehemaligen DDR durch ein Fachhochschulstudium nach der Wiedervereinigung ergänzt worden ist[322]; alleine aus der Bezeichnung einer Schule als „**Fachschule**" kann nicht darauf geschlossen werden, dass die Ausbildung nicht mit einer Fachhochschulausbildung vergleichbar ist, es kommt auf eine inhaltliche Bewertung der Ausbildung an.[323]   **642**

Ebenfalls nicht einer Hochschulausbildung vergleichbar sind die Ausbildung an einer **staatlich anerkannten Fachschule für Betriebswirtschaft** mit dem Abschluss zur **staatlich geprüften Betriebswirtin**[324]; die Ausbildung an einer Akademie für **praktische Betriebswirtschaft**, weil die Ausrichtung auf die praktische Betriebswirtschaft sich grundsätzlich von einer akademischen Ausbildung unterscheidet.[325], eine **Banklehre in Verbindung mit einer zusätzlichen Ausbildung an einer Fachschule für Wirtschaft**[326] oder zur **Sparkassenbetriebswirtin**,[327] ebenso der Abschluss **Betriebswirt Sozialwesen** der Kolpingakademie[328],   **643**

Überhaupt im Regelfall die **Ausbildungen an einer Akademie**, weil es sich dabei üblicherweise lediglich um eine berufliche Fortbildung handelt, die berufsbegleitend durchgeführt wird und vom zeitlichen Umfang und der Tiefe her nicht das Niveau einer Hochschulausbildung erreicht; dies gilt für die Ausbildung zum **Rechtswirt**,[329] zum **Bankfachwirt**[330], zum   **644**

---

317 OLG München BtPrax 2008, 34
318 LG Neubrandenburg, BtPrax 2000, 221 = FamRZ 2000, 1305
319 LG Zwickau FamRZ 2004, 220
320 OLG Frankfurt BtPrax 2002, 169
321 Keine Vergleichbarkeit mit der heutigen Ausbildung zum Diplom-Sozialarbeiter (FH), LG Mühlhausen v. 22.10.2001, 1 T 183/01
322 OLG Köln FamRZ 2000, 1307
323 OLG Hamm v. 22.1.2001, 15 W 342/00, FamRz 2001, 1398 = BtPrax 2001, 219 (Ls)
324 OLG Schleswig BtPrax 2000, 172 = FamRZ 2000, 1309; LG Detmold v. 9.12.2008, 3 T 279/08
325 LG Hildesheim v. 11.7.2001, 5 T 308/01
326 LG Darmstadt, Beschl. 5 T 661/06
327 BGH BtPrax 2012, 165 = FamRZ 2012, 971
328 BayObLG, Beschl. v. 12.1.2005, 3 Z BR 251/04, FamRZ 2005, 932 (Ls)
329 OLG Schleswig FamRZ 2005, 1200
330 OLG Celle v. 19.5.2003, 10 W 9/03; LG Kleve v. 26.9.2003, 4 T 287/03

Immobilienfachwirt[331], zur **Sozialwirtin**[332]. sowie zum Sozialbetriebswirt an einer privaten Führungsakademie[333] oder zur Sozialwirtin (BFZ-FH).[334]

645 Zur Bewertung der Ausbildung zum **Diplom-Verwaltungswirt** und des erfolgreichen Studiums an einer **Verwaltungs- und Wirtschaftsakademie (VWA)** siehe oben, Rn. 625 ff., 638. Abgelehnt hat die Vergleichbarkeit jedenfalls der BGH für die insgesamt 1.000 Stunden umfassende berufsbegleitende Ausbildung **„Betriebswirt (VWA)"** an einer Verwaltungsakademie, weil diese Ausbildung schon vom zeitlichen Umfang her nicht einer Hochschulausbildung entspricht.[335]

646 Nicht mit einer Hochschulausbildung vergleichbar ist es auch, wenn ein Betreuer an einem Studieninstitut für kommunale Verwaltung mit einem Gesamtaufwand von 1.050 Stunden den „Angestelltenlehrgang II" absolviert und den Abschluss als Verwaltungsfachwirt erlangt hat.[336]

Bzgl. der Ausbildung zur **Heilpädagogin** gibt es inzwischen ebenfalls negative Entscheidungen des BGH.[337] Auch hier wird auf den zu geringen zeitlichen Umfang (1800 Stunden) der Ausbildung abgestellt (zu näheren Einzelheiten siehe oben Rn. 624).

647 Nicht vergleichbar sind auch die Ausbildung zum **Handwerksmeister**[338]; die Ausbildung zum **Organisationssekretär/Sozialreferenten** an einem Katholisch-Sozialen Institut[339] sowie die Weiterbildung eines Erziehers zum **Sozialsekretär**[340]; die Ausbildung zum staatlich anerkannten Altenpfleger in Verbindung mit einem einjährigen Weiterbildungslehrgang an einer Volkshochschule[341]; die Ausbildung zum staatlich geprüften Techniker in Verbindung mit einem sonderpädagogischen Zusatzlehrgang mit einem Umfang von 660 Stunden.[342]

648 Die **Ausbildung an einer Fachakademie** ist einer Hochschulausbildung nicht vergleichbar, da sie unterhalb der Fachhochschulebene liegt[343]; selbst die Ausbildung des Betreuers an einer **Fachschule zum Alten- und Krankenpfleger**, die bestandene **Unteroffiziersprüfung des Sanitätsdienstes**, die abgelegte Abschlussprüfung für den Ausbildungsberuf des **Verwaltungsangestellten**, der Leistungsnachweis über einen Lehrgang von 420 Unterrichtsstunden über Krankenpflege, Rechtskunde u.a. sowie die Teilnahme an einem Managementseminar zur Pflegedienstleitung müssen zusammengenommen nicht als mit einer abgeschlossenen Hochschulausbildung im Sinne von § 4 Abs. 1 Nr. 2 VBVG vergleichbar angesehen werden.[344]

649 Auch die Ausbildung zur **Erzieherin in Verbindung mit einer Zusatzausbildung zur Familientherapeutin und Kindertherapeutin** ist nicht mit einer Hochschulausbildung vergleichbar, da es sich lediglich um eine Ausbildung in einer Fachrichtung handelt und nicht das für eine Hochschulausbildung typische breite und vertiefte Basiswissen, aus dem heraus mehrere Fachrichtungen betrieben werden können, vermittelt wird („Maßnahme beruflicher Weiterbildung, die lediglich als Ausschnitt einer hochschulgleichen Qualifikation angesehen werden kann").[345]

---

331 OLG Dresden, Beschl. v. 10.9.2004, 3 W 0936/04
332 LG München v. 17.3.2000, II 6 T 402/00
333 OLG Stuttgart v. 7.1.2005, 8 W 296/04
334 BGH FamRZ 2013, 781
335 BGH BtPrax 2014, 95 = FamRZ 2014, 119
336 BGH BtPrax 2016, 32 = FamRZ 2016, 119
337 Beschl. v. 24.4.2013, XII ZB 10/13 sowie BGH BtPrax 2014,95 = FamRZ 2014, 377
338 OLG Köln FamRZ 2000, 1303
339 LG Göttingen v. 28.5.2001, 5 T 214/00
340 AG Sinzig FamRZ 2005, 394
341 LG Osnabrück FamRZ 2000, 1308
342 LG Chemnitz v. 26.7.2002, 11 T 4432/01, BtPrax 2002, 269
343 BayObLG FamRZ 2000, 1307
344 BayObLG FamRZ 2000, 1309
345 OLG Braunschweig BtPrax 2000, 130 mit Anmerkung Lütgens

Die Ausbildung zum **Polizeibeamten in Verbindung mit der Ausbildung zum DSB-Vereinsmanager A** ist schon aufgrund der geringen Stundenzahl der Ausbildung des Deutschen Sportbundes nicht mit einer Hochschulausbildung vergleichbar[346]; weiterhin auch nicht die Abschlussprüfung an einem Schweizer **Priester- und Missionsseminar.**[347]

650

Eine Ausbildung zum **Dipl.-Militärwissenschaftler** mit dem Dienstgrad eines **Oberstleutnants** (der NVA) ist in ihrem Kernbereich nicht auf die Vermittlung betreuungsrechtlicher Kenntnisse gerichtet sein[348] (anders wird das aber für eine entsprechende in den alten Bundesländern absolvierte Laufbahn beurteilt, siehe dazu oben Rn. 622).

651

Nicht zu berücksichtigen ist wegen des geringen zeitlichen Umfangs auch ein lediglich zweisemestriges Zusatzstudium zum „Bachelor of business administration".

652

Mehrere angeschlossene Berufsausbildungen können auch nicht zusammen in einer Gesamtbetrachtung als mit einer Hochschulausbildung vergleichbar angesehen werden.[349]

653

In Bezug auf das an der Hochschule Neubrandenburg und der BeckAkademie Fernkurse erworbene Hochschulzertifikat „Rechtliche Betreuung" hat der BGH eine vergütungssteigernde Berücksichtigung abgelehnt – wegen des geringen zeitlichen Umfangs würde es sich dabei nicht um eine „einer Hochschulausbildung vergleichbare Ausbildung" i.S.d. § 4 Abs. 1 Satz 2 Nr. 2 VBVG handeln.[350] Inzwischen bietet die Beck Akademie allerdings einen wesentlich umfangreicheren Studiengang an – dieser ist von der genannten Entscheidung des BGH nicht betroffen.

654

6.5.5.9 Fortbildungen, Lebens- und Berufserfahrung

Fortbildungen, Lebens- und Berufserfahrung werden grundsätzlich **nicht als Quelle für den Erwerb nutzbarer Fachkenntnisse** anerkannt und deshalb auch nicht einer abgeschlossenen Ausbildung gleichgestellt.[351]

655

Sowohl ein **Lehrer für Pflegeberufe**[352] als auch der **Leiter eines Pflegedienstes**[353] sowie auch der Absolvent eines **Kurses Sozialmanagement/Heimleitung** bei dem Verband Deutscher Alten- und Behindertenhilfe[354] können deshalb zwar aufgrund ihrer ursprünglichen Berufsausbildung den mittleren Stundensatz verlangen, werden aber aufgrund ihrer in der Fortbildung erworbenen Zusatzqualifikation nicht etwa einem Hochschulabsolventen gleichgestellt. Nicht vergütungssteigernd wirkt es sich deshalb auch aus, wenn eine Industriekauffrau regelmäßig an einzelnen Fortbildungen in der sozialen Arbeit teilnimmt[355] oder lediglich an einer **einjährigen Umschulung** zum Wirtschaftskaufmann teilgenommen wird.[356] Ebenso ist eine Fortbildung zum **Freizeitmanager** nicht zu berücksichtigen[357], Gleiches gilt für einen Mediationslehrgang.[358]

656

Ein Diplom als **Supervisor** und ein Zertifikat in der Kunst- und Gestaltungstherapie lassen ebenfalls nicht auf Fachkenntnisse schließen, die für einen Betreuer eine Vergütung von stundenweise 44,00 € statt 33,50 € rechtfertigen.[359]Qualifizierungsmaßnahmen auf dem

657

---

346 LG Saarbrücken FamRZ 2000, 713
347 OLG Frankfurt/Main Rpfleger 2003, 365
348 KG BtPrax 2006, 192 = FamRZ 2006, 1630
349 BGH BtPrax 2012, 165 = FamRZ 2012, 971 sowie zuvor schon BGH BtPrax 2012, 129 = FamRZ 2012, 629
350 BGH BtPrax 2017, 199 = FamRZ 2017, 1424 sowie BGH FamRZ 2017, 1716
351 BGH FamRZ 2012, 619; OLG Schleswig, FamRZ 2001, 304 = BtPrax 2001, 86; LG Neubrandenburg, BtPrax 2000, 221; OLG Braunschweig BtPrax 2000, 130; für Weiterbildungsveranstaltungen des Instituts für Weiterbildung in der sozialen Arbeit einer Fachhochschule LG Koblenz FamRZ 2000, 181; für eine dreimonatige Ausbildung zum Krisenhelfer BayObLG BtPrax 2001, 205
352 Für die Fortbildung zur „Lehrerin für Pflegeberufe" an einem Institut der ÖTV OLG Hamm v. 19.11.2002, 15 W 413/00
353 OLG Zweibrücken BtPrax 2003, 184 = FamRZ 2003, 1047
354 LG Detmold v. 9.12.2008, 3 T 279/08
355 LG Koblenz FamRZ 2000, 181
356 OLG Dresden FamRZ 2000, 551
357 LG Magdeburg, Beschl. v. 28.6.2006, 3 T 11/06
358 BGH, Beschl. v. 18.1.2012, XII ZB 461/10;
359 LG Duisburg, Beschl. v. 25.06.2007, 12 T 92/07

Gebiet des Betreuungsrechts können deshalb nur dann berücksichtigt werden, wenn sie die Voraussetzungen einer Nachqualifizierungsmaßnahme im Sinne des § 2 BVormVG (jetzt: § 11 VBVG) erfüllen[360], weil das Gesetz durch die Typisierung der Ausbildung eine einheitliche und problemlose Handhabung erreichen wollte, dies würde durch die Anerkennung von Berufserfahrung und Fortbildungen zunichtegemacht werden.[361] Zu Einzelheiten der Nachqualifizierungsmaßnahmen vgl. unten, Rn. 719.

658 Nach Ansicht des *LG Leipzig*[362] sind die Anforderungen, die an eine einer abgeschlossenen Lehre vergleichbare abgeschlossene Ausbildung im Sinne des § 1 Nr. 1 Sächs. BVormVGAG (für die im Falle der Nachqualifizierung ein Nachweis von mindestens 250 Stunden Umschulungs- und Fortbildungsmaßnahmen gefordert werden) zu stellen sind, aber durch einen **Fachschulabschluss als Fachökonom** (DDR), einer mit (mindestens) 440-stündigem Aufwand, vorwiegend auf rechtlichem Gebiet, erreichten **Qualifikation als Leiter geriatrischer und psychiatrischer Heime** des Diakonischen Werkes und anschließender zehnjähriger Heimleitertätigkeit erfüllt.

659 Wenn die **Fortbildung als Fortsetzung einer bereits bestehenden Ausbildung** anzusehen ist und zusammengenommen Intensität und Dauer einer Lehre erreicht werden, kann die Fortbildung aber dazu führen, dass die Ausbildung insgesamt als nutzbare Kenntnisse vermittelnde einer abgeschlossenen Lehre vergleichbare Ausbildung anzusehen ist.[363] Vereinzelt wurde zunächst auch angenommen, dass **mehrere Fortbildungen im Zusammenwirken** mit einer bereits erworbenen Qualifikation insgesamt als mit einer Hochschulausbildung vergleichbar angesehen werden können.[364] Anders sieht das inzwischen aber der BGH,[365] nach dessen Ansicht stehen Wortlaut und Zweck des § 4 VBVG einer solchen Gesamtbetrachtung entgegen.

660 Nicht ausreichen sollen z.B. eine Ausbildung zum **Bürokaufmann** in Verbindung mit einer **Fachschulausbildung zum Betriebswirt** und einem Kurs **Sozialmanagement/Heimleitung** bei dem Verband Deutscher Alten- und Behindertenhilfe[366] sowie die Ausbildung zur **Rechtsanwalts- und Notargehilfin** in Verbindung mit einer bei der Rechtsanwaltskammer absolvierten Fortbildung zur **Bürovorsteherin**.[367] Bejaht wurde dies aber für eine Betreuerin, die zunächst (noch in der damaligen DDR) ein Studium an der Pädagogischen Schule für Kindergärtnerinnen in Dresden, anschließend ein postgraduales Studium am Institut für Jugendhilfe Falkensee zur Jungendfürsorgerin und zusätzlich noch eine Nachqualifizierung zur staatlich anerkannten Sozialpädagogin absolviert hatte.[368]

661 Außerhalb der Übergangsregelung des § 1 Abs. 3 BVormVG (der in einigen Bundesländern bis 31.12.2002 galt) können keine „ausnahmsweisen Härtefälle" anerkannt werden, sodass auch auf diesem Wege Fortbildungen und Berufserfahrungen nicht vergütungssteigernd berücksichtigt werden können.[369]

662 **Sprachkenntnisse** können zwar grundsätzlich nutzbar und von erheblichem Wert sein (z.B. türkische Sprachkenntnisse für die Betreuung einer Türkin). Nicht zu berücksichtigen sind aber Sprachkenntnisse, die in Zusammenhang mit einem Auslandsstudium erworben wurden.[370] Sofern die Sprache aber die Muttersprache des Betreuers ist, ist sie nicht durch eine

---

360 OLG Thüringen FamRZ 2000, 846
361 OLG Schleswig, FamRZ 2001, 304
362 FamRZ 2000, 1306
363 So für eine Qualifizierungsmaßnahme zur Erzieherin, die auf der damals nicht als vergütungssteigernd angesehenen Ausbildung zur Unterstufenlehrerin aufbaute OLG Dresden BtPrax 2001, 39
364 OLG Braunschweig BtPrax 2000, 139
365 BGH BtPrax 2012, 165 = FamRZ 2012, 971 sowie zuvor schon BGH BtPrax 2012, 129 = FamRZ 2012, 629
366 LG Detmold v. 9.12.2008, 3 T 279/08
367 OLG Hamm BtPrax 2002, 125
368 LG Dresden v. 5.10.1999, 2 T 1065/99
369 OLG Schleswig, FamRZ 2001, 304
370 BGH, Beschl. v. 28.2.2018, XII ZB 452/17, MDR 2018, 628 = BtPrax 2018, 164 (Ls)

abgeschlossene Ausbildung i.S.d. § 4 Abs. 1 VBVG erworben worden und kann deshalb in Anbetracht der eindeutigen gesetzlichen Regelung nicht berücksichtigt werden.[371]

6.5.5.10 Besonderheiten für Ausbildungsgänge der ehemaligen DDR

Schwierigkeiten bereitet zum Teil die Bewertung von Ausbildungsgängen der ehemaligen DDR (zu einigen Einzelfallentscheidungen siehe auch oben Rn. 577, 663, 614, 616, 627, 634 ff., 651). **663**

Die meisten Gerichte erkennen Ausbildungsgänge der ehemaligen DDR problemlos an, sofern sie **nutzbare Kenntnisse** zum Gegenstand hatten und ein sogenannter Gleichstellungsbescheid vorliegt. Zur Begründung wird angeführt, dass es mit dem Sinn und Zweck des der Ausstellung des Gleichstellungsbescheides vorgeschalteten Anerkenntnis- und Zertifizierungsverfahrens nicht vereinbar ist, das Tatbestandsmerkmal der Vergleichbarkeit einer Ausbildung mit einer Hochschulausbildung bzw. einer Lehre unabhängig von der Entscheidung der den Bescheid erteilenden Behörde erneut zu prüfen.[372] So ist eine Absolventin des Ausbildungsganges „Ökonom in der Fachrichtung Hotel und Gaststättenwesen" schon aufgrund des Gleichstellungsbescheides ohne weitere Prüfung so zu behandeln wie jemand, der eine Fachhochschulausbildung im Fach Betriebswirtschaft erfolgreich abgeschlossen hat. **664**

Soweit die Berücksichtigung vereinzelt bereits mit der Begründung abgelehnt wird, dass die vermittelten Kenntnisse aus rechtlichen und wirtschaftlichen Bereichen auf das **System der ehemaligen DDR** zugeschnitten waren und deshalb für die Führung von Betreuungen nicht (mehr) nutzbar seien[373], ist dies in Anbetracht der Vorgaben der Art. 3 und 12 Abs. 1 GG und des Art. 37 EinigungsV u.E. nicht überzeugend. **665**

Zum einen kann nicht pauschal festgestellt werden, dass Ausbildungen, die in der ehemaligen DDR stattfanden, heute nicht mehr nutzbar seien, weil die Inhalte auf das damalige Rechts- und Wirtschaftssystem zugeschnitten waren. Neben systembedingten Besonderheiten gibt es nämlich in nahezu jedem Fachgebiet auch ein neutrales Grundwissen, das systemunabhängig genutzt werden kann. Aus diesem Grunde wurden in anderen Verfahren zum Beispiel die in der ehemaligen DDR erfolgte Ausbildung zum Diplom-Ökonomen problemlos als vergütungssteigernd anerkannt.[374] **666**

Zum anderen darf bei der Bewertung von in der ehemaligen DDR erfolgten Ausbildungen kein zu strenger Maßstab angelegt werden. Die Art. 3 und 12 GG und Art. 37 EinigungsV gebieten es, im Interesse der Chancengleichheit die historische Situation und die Interessenlage, die durch den Zusammenschluss beider deutschen Staaten entstanden ist, zu berücksichtigen. Der wirtschaftliche Zusammenbruch der DDR hat viele Menschen zu einem beruflichen Neubeginn genötigt. Unter dieser Voraussetzung muss den Bürgern der ehemaligen DDR mehr als nur eine formale Chancengleichheit durch Einpassung in ein anderes Bildungssystem gewährt werden. Dem deshalb anzulegenden großzügigen Maßstab und dem Gebot der Praktikabilität entspricht es daher, die Befähigung zur Einarbeitung in neue Berufe und ihre Anforderungen genügen zu lassen. Dafür muss letztlich die Niveaugleichheit einer Ausbildung mit westlichen Ausbildungen ausreichen.[375] **667**

Wurde die Ausbildung in der ehemaligen DDR abgeschlossen, steht deshalb der Umstand, dass die Ausbildung je nach Fachrichtung in mehr oder weniger großem Umfang auf die **668**

---

371 BayObLG BtPrax 2001, 207; OLG München BtPrax 2008, 34
372 So z.B. LG Leipzig FamRZ 2001, 304
373 So z.B. OLG Brandenburg FamRZ 2002, 349: Dort wird die vergütungssteigernde Berücksichtigung einer in der ehemaligen DDR erfolgten Ausbildung zum Dipl.-Staatswissenschaftler abgelehnt, ebenso inzwischen auch BGH FamRZ 2017, 1258
374 So z.B. OLG Zweibrücken BtPrax 2000, 89; für den bei einem Kreisvorstand des FDGB als Verwaltung der Sozialversicherung erworbenen Berufsabschluss als Finanzkauffrau OLG Dresden FamRZ 2000, 555, wonach auf das typische Berufsbild eines Finanzkaufmanns abzustellen ist, nicht darauf, ob die Ausbildung auch dem heutigen Berufsbild entspricht; LG Magdeburg v. 11.9.2007, 3 T 410/07, FamRZ 2008, 1660 (Ls)
375 So für die gleichartige Rechts- und Interessenlage bzgl. der Anerkennung von Ausbildungen der ehemaligen DDR durch die Kultusministerkonferenz das BVerwG, Urt. v. 10.12.1997, 6 C 6.97, 6 C 7.97 und 6 C 10.97

Besonderheiten des Wirtschafts- und Gesellschaftssystems der ehemaligen DDR bezogen war, der Berücksichtigung der durch die Ausbildung erlangten Kenntnisse jedenfalls dann für sich allein nicht entgegen, wenn die Gleichwertigkeit des Ausbildungsabschlusses mit einem in den alten Bundesländern erworbenen Abschluss auf einem entsprechenden Fachgebiet – sei es durch Rechtsvorschrift oder einen Gleichstellungsbescheid der zuständigen Behörde – anerkannt worden ist.

669 Die für die Feststellung der Gleichwertigkeit maßgebenden Grundsätze sind auch im Rahmen der Prüfung zu berücksichtigen, ob die in der ehemaligen DDR abgeschlossene Ausbildung des Betreuers die Voraussetzungen des § 4 Abs. 1 VBVG erfüllt. Andernfalls würde deren Zielsetzung gerade für den nicht unbedeutenden Kreis derjenigen Betroffenen, die sich der Tätigkeit des Berufsbetreuers zugewandt haben, außer Acht bleiben.

670 Auch hier muss es demnach genügen, wenn die Ausbildung im Kernbereich die Vermittlung besonderer Kenntnisse in betreuungsrelevanten Fachgebieten umfasste, während deren inhaltliche Ausrichtung auf das System der DDR jedenfalls bei feststehender Gleichwertigkeit der Ausbildung nicht entgegensteht. Denn die Gleichwertigkeit des Ausbildungsabschlusses bedeutet, dass der Betreuer über ein formell und funktional gleiches **Ausbildungsniveau** verfügt, das ihm ein selbstständiges Einarbeiten in die neuen beruflichen Anforderungen ermöglicht.

671 Selbst wenn daher die Ausbildung eine erhebliche inhaltliche Ausrichtung auf das System der DDR aufwies, wie es insbesondere für rechtliche und ökonomische Kenntnisse anzunehmen ist, ist doch davon auszugehen, dass er aufgrund der erworbenen formellen Kenntnisse (des juristischen bzw. ökonomischen „Handwerks") in der Lage ist, sich in die abweichende Rechts- und Wirtschaftsordnung einzuarbeiten und insoweit einem Laien ohne besondere Fachkenntnisse nicht gleichzusetzen ist.[376]

672 Es ist verfassungsrechtlich aber nicht zu beanstanden, wenn bei **fehlender Niveaugleichheit** eines in der DDR erworbenen Bildungsabschlusses der entsprechende Diplomgrad nur dann zuerkannt wird, wenn bis zum Stichtag 31.12.1990 zusätzliche Qualifikationen erworben wurden oder eine mindestens 3-jährige einschlägige Berufstätigkeit vorliegt.[377]

6.5.5.11 Bachelor-Studiengang „Betreuung und Vormundschaft"

673 Am 15. Dezember 2006 hat der erste dreijährige berufsbegleitende Hochschul-Studiengang (Bachelor) für Berufsbetreuer/innen und Vormünder in Berlin begonnen. Träger des Studiengangs ist die *Berliner Steinbeis-Hochschule, Akademie für öffentliche Verwaltung und Recht* (AOEV)[378]. Das Curriculum wurde gemeinsam mit dem Kommunalen Bildungswerk e.V. entwickelt und orientiert sich an den Regelungen zur mittlerweile ausgelaufenen Nachqualifizierung für Betreuer/innen.

674 In Zusammenarbeit mit Experten auf dem Gebiet der rechtlichen Betreuung und Vormundschaft wurde ein Curriculum mit aktuellen Inhalten entwickelt. Das Projekt-Kompetenz-Studium der Steinbeis-Hochschule schließt mit dem akademischen Grad „Bachelor of Arts" ab. Im Grundstudium werden betriebswirtschaftliche und rechtliche Fundamente gelegt. Das Hauptstudium widmet sich dem Betreuungsrecht und seinen Aufgabenkreisen, der Organisation und Finanzierung der Betreuertätigkeit, der Betreuungsplanung und verschiedenen Methoden der sozialen Arbeit.[379]

675 Ein wichtiger Bestandteil des 36-monatigen Bachelor-Studiengangs ist die Projektarbeit, bei der aktuelle wissenschaftliche Erkenntnisse praxisrelevant umgesetzt werden. Im Rahmen der Projektarbeit beschäftigen sich die Studierenden mit einer Fragestellung aus der eigenen Berufspraxis.

---

376 KG Berlin BtPrax 2002, 167
377 OVG Berlin NJ 2005, 473
378 Internetinfos unter: www.aoev.de > Studium > Bachelor Betreuung & Vormundschaft
379 Internetinfos a.a.O.

Dem Vernehmen nach planen weitere Fachhochschulen vergleichbare Studiengänge. **676**

Der Berliner Studiengang wird offenbar ohne Probleme als vergütungssteigernd anerkannt. Uns ist jedenfalls keine ablehnende Entscheidung bekannt und nach unserem Kenntnisstand war die Anerkennung bisher auch nicht Gegenstand eines landgerichtlichen Verfahrens.

6.6 Vergütungsstufe im Falle der Zahlung der Vergütung aus dem Einkommen oder dem Vermögen des Betreuten

6.6.1 Entwicklung

Ursprünglich – in Bezug auf vor dem 1.1.1999 ausgeführte Tätigkeiten eines Betreuers – **677** hatte die Rechtsprechung bei der Bestimmung des Stundensatzes auch auf die Höhe der in der Berufsgruppe des Betreuers üblicherweise gezahlten Entgelte abgestellt, zumal diese in der Regel ja ebenfalls auf die berufliche Qualifizierung des Betreuers abstellen. Für die Höhe dieser Vergütung stellte das Bayerische Oberste Landgericht in ständiger Rechtsprechung fest, dass die unterste Grenze für die Bemessung dieser Vergütung durch die Kostenstruktur der jeweiligen Betreuungsbüros gegeben sei. Neben dem Ersatz der Unkosten müsse durch die Vergütung ein angemessenes Honorar erwirtschaftet werden können.

So wurden Stundensätze von ca. 200,00 DM/100,00 € vom *BayObLG* als angemessen be- **678** trachtet[380]; ähnlich auch das *LG München I* für die Vergütung einer Diplom-Sozialpädagogin.[381] Das *OLG Schleswig* sah in einem ähnlichen Fall für einen Rechtsanwalt als Betreuer einen Stundensatz von 300,00 DM/150,00 € als angemessen an.[382] Für nicht-anwaltliche Betreuer seien die üblicherweise in der jeweiligen Berufsgruppe gezahlten Gehälter als Maßstab heranzuziehen, so das *LG München I*, das für einen freiberuflichen Sozialpädagogen[383] 130,00 DM/ca. 66,00 € stündlich zuzüglich Mehrwertsteuer als angemessen betrachtet. Ähnlich das *BayObLG* für einen Diplom-Verwaltungswirt[384] sowie für eine Dipl.-Psychologin 110,00 DM/ca. 56,00 €.[385]

6.6.2 Stundensätze für zwischen dem 1.1.1999 und dem 30.6.2005 erbrachte Tätigkeiten

6.6.2.1 Grundsätze

Die vom 1.1.1999 bis zum 30.6.2005 geltende Regelung nimmt nicht eindeutig zu der Frage **679** Stellung, in welcher Höhe die Vergütung aus dem Vermögen zu erfolgen hat.

Die betreffende Passage des § 1836 Abs. 2 BGB lautete:

> Liegen die Voraussetzungen des Absatzes 1 Satz 2 vor, so hat das Vormundschaftsgericht dem Vormund oder Gegenvormund eine Vergütung zu bewilligen. Die Höhe der Vergütung bestimmt sich nach den für die Führung der Vormundschaft nutzbaren Fachkenntnissen des Vormunds sowie nach dem Umfang und der Schwierigkeit der vormundschaftlichen Geschäfte.

§ 1836a BGB lautete: **680**

> Ist der Mündel mittellos, so kann der Vormund die nach § 1836 Abs. 1 Satz 2, Abs. 2 zu bewilligende Vergütung nach Maßgabe des § 1 des Gesetzes über die Vergütung von Berufsvormündern aus der Staatskasse verlangen.

---

380 BayObLG, z.B. in Rpfleger 1988, 529; FamRZ 1990, 1359; Rpfleger 1992, 297; JurBüro 1993, 49; FamRZ 1993, 224; BayObLG Rpfleger 1987, 67
381 LG München I, FamRZ 1995, 112
382 OLG Schleswig, MDR 1994, 1048 = DAVorm 1994, 803
383 LG München I, FamRZ 1995, 112
384 BayObLG MDR 1993, 1209
385 BayObLG BtPrax 1999, 31

681 Überwiegend wurde zunächst angenommen, dass daraus zu folgern sei, dass die Stundensätze des § 1 BVormVG lediglich im Falle der Mittellosigkeit für die Vergütung aus der Staatskasse anzuwenden seien und die Vergütung aus dem Vermögen weiter nach schon vor dem 1.1.1999 geltenden Grundsätzen zu bemessen sei und dass die Sätze des § 1 BVormVG die Vergütung allenfalls nach unten begrenzen würden.[386]

682 Die Nichtanwendbarkeit des § 1 BVormVG auf die Betreuung nicht mittelloser Menschen ergab sich unseres Erachtens bereits aus dem Gesetzeswortlaut. § 1836a BGB ordnete die Anwendung der Stundensätze des § 1 BVormVG ausdrücklich lediglich für die Vergütung der Betreuung mittelloser Menschen an. Der Umkehrschluss ergab, dass § 1 BVormVG in anderen Fällen nicht anzuwenden ist.

683 Weiterhin enthielt § 1836 BGB das **Merkmal der Schwierigkeit** der Betreuung als Vergütungskriterium, dieses Kriterium ist in § 1 BVormVG aber nicht enthalten, sodass eine Anwendung des § 1 BVormVG den Vorgaben des § 1836 BGB widersprechen würde. Außerdem nehmen Schwierigkeiten einer Betreuung und das Haftungsrisiko des Betreuers bei vorhandenem Vermögen bzw. bei einem über der Grenze der Mittellosigkeit liegenden Einkommen des Betreuten deutlich zu,[387] sodass auch von daher eine unterschiedlich hohe Vergütung gerechtfertigt war.

684 Im Übrigen ist es auch in anderen Rechtsgebieten durchaus üblich, für vergleichbare Leistungen **unterschiedlich hohe Vergütungen** vorzusehen, sofern dies aus Gründen der Finanzierbarkeit geboten erscheint, vergleiche nur die unterschiedlichen Honorarsätze für Ärzte im Falle der Behandlung von Mitgliedern der gesetzlichen Krankenkasse und im Falle der Behandlung von Privatpatienten. Bei den zum 1.1.1999 in Kraft getretenen neuen Vergütungsregelungen handelt es sich in erster Linie um Bestandteile eines Spargesetzes, das den Staatshaushalt entlasten sollte. Eine Notwendigkeit für die Anwendung der Stundensätze des § 1 BVormVG auch auf die Vergütung der Betreuung nicht mittelloser Menschen ergibt sich daher – da die Vergütung in diesen Fällen nicht aus der Staatskasse gezahlt wird – auch nicht aus dem Gesetzeszweck.

685 Etliche Betreuer hatten in ihrer Kalkulation zunächst auch dementsprechend die (vermeintlich) höheren Stundensätze für die Vergütung aus dem Vermögen fest als wenigstens teilweisen Ausgleich für die durch die niedrigen Stundensätze des § 1 BVormVG für die Vergütung aus der Staatskasse eingeplant.

686 Nach Auffassung anderer Gerichte sollten die Stundensätze des § 1 BVormVG auch für die Vergütung aus dem Vermögen verbindlich sein.[388] Zur Begründung wurde vor allem angeführt, dass im Gesetzgebungsverfahren ursprünglich eine Angleichung der Vergütung für die Gruppen der mittellosen und der vermögenden Betreuten vorgesehen war.

---

386 So z.B. OLG Hamm BtPrax 1999, 197 = FamRZ 1999, 1230, aufgegeben durch Beschl. v. 6.11.2000, 15 W 425/99, unter Bezug auf BGH, Beschl v. 31.8.2000, s.u. Fn. 390; BayObLG FamRZ 2000, 318 = JurBüro 2000, 263 = BtPrax 2000, 85, Vorlagebeschluss an den BGH; OLG Düsseldorf BtPrax 2000, 219 und FGPrax 2000, 197; OLG Oldenburg FamRZ 2000, 1310; LG Dortmund FamRZ 1999, 1606; LG Krefeld JurBüro 2000, 266; LG Duisburg FamRZ 2000, 317; LG Regensburg, Beschl. v. 11.8.1999, 7 T 415/99; LG Bielefeld, Beschl. v. 6.8.1999, 25 T 441/99; LG Augsburg FamRZ 2000, 982; LG Oldenburg BtPrax 2001, 88; LG Hildesheim v. 9.5.2000, 5 T 305/00; AG Starnberg FamRZ 2000, 185 sowie Rpfleger 2001, 421; LG Koblenz FamRZ 2000, 1310; LG Gera FamRZ 2000, 848; LG Berlin FamRZ 2000, 1452; Bestelmeyer, Die Berufsbetreuer-, Verfahrenspfleger- und Nachlasspflegervergütung nach neuem Recht, FamRZ 1999, 1633 ff.; Zimmermann, Probleme des neuen Betreuervergütungsrechts, FamRZ 1999, 630, 634; Scholz/Glade, Betreuungsrecht, S. 173; Bienwald, Vorbem. vor §§ 65 ff. FGG Rn. 164 ff.; HK BUR/Bauer § 1836 BGB Rn. 78

387 Vgl. HK BUR/Bauer § 1836 BGB Rn. 78 mit weiteren Nachweisen

388 OLG Zweibrücken BtPrax 1999, 241 = FamRZ 2000, 180; OLG Frankfurt/Main, Beschl. v. 13.12.1999, 20 W 359/99; jedoch abgewandelt in lediglich Orientierungshilfe: OLG Frankfurt BtPrax 2001, 86; LG Frankenthal BtPrax 1999, 202 = FamRZ 1999, 1604; LG Mönchengladbach, Beschl. v. 21.5.1999, 5 T 206/96; LG Bad Kreuznach FamRZ 2000, 982 = BtPrax 2001, 87; vor allem unter Berufung auf einen Aufsatz von Karmasin, FamRZ 1999, 348

Auf einen entsprechenden Vorlagebeschluss des *BayObLG*[389] hin entschied schließlich der **687** *BGH*[390], dass für die Höhe der Vergütung eines Berufsbetreuers die Stundensätze des § 1 BVormVG nur dann verbindlich sind, wenn der Betreute mittellos ist und die Vergütung deshalb ohne Rückgriffsmöglichkeit aus der Staatskasse zu zahlen ist. Für die Höhe der Vergütung des Betreuers eines Vermögenden sind sie jedoch eine wesentliche **Orientierungshilfe**. Sie stellen Mindestsätze dar, die nicht unterschritten werden dürfen, sind im Regelfall angemessen und dürfen nur überschritten werden, wenn dies die Schwierigkeit der Betreuungsgeschäfte ausnahmsweise gebietet.

Zur Begründung führte der *BGH* dort im Wesentlichen die bereits genannten ursprünglichen **688** Pläne des Gesetzgebers an. Auch sei die frühere Berechnung der aus dem Vermögen zu bewilligenden Stundensätze aufgrund der Kosten, die eine durchschnittliche Betreuerpraxis verursacht, nicht überzeugend, weil bereits das BVerfG festgestellt habe, dass die **Stundensätze des § 1 BVormVG kostendeckend** seien, sodass für eine andere Berechnung kein Bedürfnis bestehe. Es seien keine Anhaltspunkte dafür ersichtlich, dass die wirtschaftliche Existenz von Berufsbetreuern mit den Vergütungsansprüchen gegenüber der Staatskasse nicht mehr gewährleistet sei.

Zum einen stellten diese Sätze **Mindestbeträge** dar, die nicht unterschritten werden dürfen. Zum anderen verdeutlichen sie, was der Gesetzgeber im Regelfall als angemessenes Entgelt für die von dem Betreuer erbrachte Leistung ansieht. Für eine Bemessung der Stundensätze nach einer von dem Betreuer vorgelegten Kalkulation seiner Sach- und Personalkosten sei jedenfalls nach dem neuen Recht kein Raum mehr. Das neue Recht lege fest, mit welchem Stundensatz ein Berufsbetreuer in der Regel auszukommen habe. Nach dieser Vorgabe müsse der Aufwand an Sach- und Personalkosten eingerichtet werden.

6.6.2.2 Einzelheiten

Aus der Begründung des Beschlusses ergibt sich, dass der bloße Umfang der Geschäfte aus- **690** schließlich durch erhöhten Zeitaufwand abzugelten war und deshalb für sich genommen nur die Anzahl der Stundensätze, nicht aber ihre Höhe beeinflussen konnte. Die Höhe des Vermögens war deshalb für sich allein genommen kein ausreichendes Kriterium für die Überschreitung des Stundensatzes. Verfügte der Betreute über ein größeres Vermögen, führte dies zunächst zu einem erhöhten Zeitaufwand.

Der *BGH* erkannte darüber hinaus an, dass die Verwaltung umfangreicherer Vermögens- **691** werte „die **Schwierigkeit der Betreuungsgeschäfte** erhöht". Auch das Auftreten besonderer psychischer Probleme beim Betreuten (in dem vom *BGH* entschiedenen Fall unter anderem Suizidgefahr) rechtfertigte allein gleichfalls keine erhöhte Vergütung, weil solche Probleme bei der Erforderlichkeit einer Betreuung sehr häufig vorliegen und deshalb im Bereich des „Normalen" liegen.

Der Fall könnte aber anders zu beurteilen sein, wenn sich die psychischen Probleme unmit- **692** telbar auf die Führung der Betreuung auswirken, sich z.B. in erheblich aggressivem Verhalten dem Betreuer gegenüber oder aktiver Behinderung seiner Tätigkeit äußern und die Betreuung dadurch wesentlich erschwert wird. Eine Betreuung könnte auch dann als besonders schwierig zu beurteilen sein, wenn sie durch das Verhalten des persönlichen Umfeldes des Betreuten, namentlich seiner Verwandten, erheblich behindert oder gar sabotiert wird. Letztlich kommt es auf eine Gesamtbetrachtung sämtlicher Faktoren an.

Auf Grundlage der BGH-Entscheidung wurde ein höherer Stundensatz jedenfalls z.B. dann **693** als gerechtfertigt angesehen, wenn ein Vermögen in Höhe von 3,5 Millionen DM (ca. 1,8 Mio €) zu verwalten war, dieses zum Teil in verschiedenen Depots und Konten angelegt war und zum anderen Teil es aus einem Wohnhaus bestand, wegen dem es immer wieder

---

389 FamRZ 2000, 318 = BtPrax 2000, 85
390 Beschl. v. 31.8.2000, XII ZB 217/99, FamRZ 2000, 1569 = BtPrax 2001, 30, dazu Anm. Glade FamRZ 2001, 479 und Anm. Zimmermann ZEV 2001, 15

zu Schwierigkeiten mit den Mietern gekommen war. Weiterhin war es zu berücksichtigen, wenn der Betreute schwierig im Umgang und häufiger verschwunden war, sodass Suchaktionen durchgeführt werden mussten, und die vertragliche Regelung mit einer langjährigen Pflegeperson umzugestalten war.[391]

694   Der Höhe des Vermögens des Betreuten alleine kommt auch nach Ansicht des *OLG Brandenburg*[392] keine Bedeutung mehr zu, ein hohes Vermögen kann aber ein Anzeichen für eine schwierige Vermögensverwaltung sein.[393]

695   Besondere Schwierigkeiten können auch dann vorliegen, wenn der Betreuer im Abrechnungszeitraum gegen die Entscheidung einer Behörde vorgehen muss.[394]

Eine Überschreitung war zwar bei besonderen Schwierigkeiten möglich, ein Stundensatz von 120,00 DM (ca. 60,00 €) konnte aber auch bei außergewöhnlichen Schwierigkeiten nicht als zu gering angesehen werden.[395]

696   Allein die Notwendigkeit, sich in eine bestimmte gesetzliche Vorschrift einzuarbeiten, rechtfertigte aber das Überschreiten der Stundensätze des § 1 BVormVG noch nicht.[396]

697   War die Betreuertätigkeit überwiegend auf einfache verwaltungsmäßige Tätigkeiten und Organisationsmaßnahmen bezogen, so war die Bewilligung der an den Sätzen des § 1 BVormVG orientierten Vergütung ebenfalls nicht zu beanstanden.[397]

698   Die Stundensätze des § 1 BVormVG durften aber überschritten werden, wenn die Anforderungen der Betreuung, etwa wegen des vom Betreuer geforderten, durch den Zeitaufwand nicht abgegoltenen Engagements oder wegen anderer gemessen an der Qualifikation des Betreuers **besonderer Schwierigkeiten** im Abrechnungszeitraum über den Regelfall deutlich hinausgegangen waren und die Betreuervergütung nach § 1 BVormVG zu der von ihm erbrachten Leistung in einem klaren Missverhältnis stünde[398], also wohl auch dann, wenn die Betreuung Fachkenntnisse erforderte, die erst in einer höheren Vergütungsgruppe als der des bestellten Betreuers vorausgesetzt werden können, z.B. juristische, medizinische oder betriebswirtschaftliche Fähigkeiten, die üblicherweise durch ein Hochschulstudium erworben werden.

699   Auch die Vergütung eines Rechtsanwaltes als Berufsbetreuer war an den Sätzen des § 1 Abs. 1 BVormVG auszurichten[399], auch sonst war es für die Betreuervergütung ohne Belang, welche Honorare sonst für die Tätigkeit, z.B. die private Verwaltung eines hohen Vermögens, zu zahlen sind.[400] Andererseits war einem Anwalt ein erhöhter Stundensatz zu gewähren, wenn er gerade aufgrund seines Berufes eingesetzt wurde und die schwierigen Betreueraufgaben aufgrund seiner Ausbildung effektiver bewältigen konnte.[401]

700   Diese Grundsätze waren auch bei der Vergütung für die Tätigkeit eines **Vereinsbetreuers** zu beachten.[402]

701   Die Anwendung auf die Vergütung für die Tätigkeit eines **Nachlasspflegers** wurde unterschiedlich gehandhabt. Zum Teil wurde angenommen, dass im Falle von Nachlasspflegschaf-

---

391   OLG Frankfurt FamRZ 2001, 711: Stundensatz i.H.v. 80,00 DM
392   OLG Brandenburg FamRZ 2001, 711 = FGPrax 2001, 73
393   OLG Düsseldorf FamRZ 2000, 1533 = BtPrax 2000, 215
394   BayObLG BtPrax 2001, 252 = FamRZ 2002, 350
395   OLG Karlsruhe FGPrax 2001, 72 = NJW 2001, 1220; aus dieser Entscheidung kann aber nicht ohne Weiteres gefolgert werden, dass dieser Stundensatz nach Ansicht des OLG auch als angemessen anzusehen ist, die 120,00 DM waren bereits durch das Landgericht bewilligt worden. Da nur durch den Betreuer weitere Beschwerde eingelegt worden war, durfte das OLG aufgrund des sogenannten Verschlechterungsverbots keinen niedrigeren Stundensatz festsetzen und musste dementsprechend nur darüber entscheiden, ob 120,00 DM zu wenig sind.
396   BayObLG, BtPrax 2001, 75 = FamRZ 2001, 378
397   OLG Hamm FamRZ 2001, 656
398   BayObLG FamRZ 2001, 794 = BtPrax 2001, 218; vgl. auch Dodegge NJW 2004, 2641
399   OLG Schleswig BtPrax 2001, 219
400   BayObLG BtPrax 2002, 271 = FamRZ 2002, 1591
401   LG Köln BtPrax 2003, 231
402   OLG Hamm BtPrax 2003, 84

ten regelmäßig komplizierte Sach- und Rechtslagen vorliegen und deshalb eine Verdoppelung der Stundensätze des § 1 BVormVG in Betracht kämen.[403] Das *LG München I*[404] wollte die Stundensätze des § 1 BVormVG bei beruflichen Nachlasspflegern im Falle eines vorhandenen Aktivnachlasses nicht anwenden, für anwaltliche Verfahrenspfleger hält es Stundensätze von 100,– bis 150,00 € brutto für angemessen (vgl. dazu auch unten Rn. 919).

Die Rechtsprechung des *BGH* ist überwiegend als verbindlich angesehen worden. Oberlandesgerichte durften gem. § 28 Abs. 2 FGG ohnehin nicht ohne Vorlagebeschluss von der Rechtsprechung des BGH abweichen. Siehe i.Ü. z.B. eine Entscheidung des *LG Berlin*[405]; das LG sah die neuen Vergütungsregelungen ausdrücklich als verfehlt an und ging davon aus, dass Rechtsanwälte aufgrund fehlender Kostendeckung nicht mehr als Betreuer tätig werden könnten und dass auch viele andere qualifizierte Berufsbetreuer die Tätigkeit aufgeben würden, sah sich aber gezwungen, die Wertungen des Gesetzgebers und des BGH zu akzeptieren; ähnlich auch das BayObLG.[406] Bewusst gegen die Rechtsprechung des BGH und mit sehr ausführlicher Begründung hatte das *AG Starnberg*[407] entschieden (Stundensatz i.H.v. 180,00 DM/ca. 90 € für einen anwaltlichen Berufsbetreuer). **702**

Das *BVerfG* hatte bereits vor der Entscheidung des *BGH* festgestellt, dass von der Verfassung her ein breiter Spielraum gegeben ist, das Grundgesetz würde weder eine gleich hohe[408] noch eine unterschiedlich hohe Vergütung[409] für die Betreuung von vermögenden und mittellosen Menschen gebieten. **703**

Die Zustimmung des Betreuten selbst oder seiner Erben zur Zahlung eines erhöhten Stundensatzes ist für das Betreuungsgericht nicht bindend.[410] **704**

6.6.3 Ab dem 1.7.2005 erbrachte Tätigkeiten

Seit dem 1.7.2005 gelten bei Berufs- und Vereinsbetreuern die Pauschalen der §§ 4, 5 VBVG ausnahmslos auch für den Fall der Zahlung der Vergütung durch den Betreuten selbst. Sofern der Betreute nicht mittellos ist, konnten aber bisher mehr Stunden abgerechnet werden, nach der jetzt anstehenden Neuregelung werden im Fall nicht mittelloser Betreuter höhere Fallpauschalen gezahlt, siehe dazu auch unten in Kapitel 8. **705**

▶ *Zu den Einzelheiten und zur Frage der Berechtigung dieses Unterschieds siehe unten Kapitel 7, Rn. 981 ff.*

Die Ausführungen des Kapitels 6.6.2 sind auch künftig für eine Erhöhung des Stundensatzes im Rahmen des § 3 Abs. 3 VBVG bei den Tätigkeiten von Bedeutung, die weiterhin nach konkretem Zeitaufwand abgerechnet werden, z.B. Vormundschaften Minderjähriger und BGB-Pflegschaften (vgl. dazu im Einzelnen oben Rn. 857 ff. sowie unten Rn. 912 ff.). **706**

6.7 Übergangsregelung des § 1 Abs. 3 BVormVG

Wohl auch, um verfassungsrechtlichen Bedenken am 1. BtÄndG vorzubeugen, wurde durch den Rechtsausschuss des Bundestages eine Übergangsregelung vorgeschlagen, die über einen begrenzten Zeitraum die Zahlung einer Vergütung von 31,00 €/Stunde ermöglichte.[411] Dieser Vorschlag fand sich im Absatz 3 des § 1 BVormVG wieder. **707**

Danach konnte das Vormundschaftsgericht einem Berufsbetreuer oder -vormund bis zum 30.6.2001 eine Vergütung von bis zu 31,00 €/Stunde bewilligen. Voraussetzung war aber, **708**

---

403 LG Stuttgart Rpfleger 2001, 427; LG Münster Rpfleger 2003, 369
404 Rpfleger 2003, 249
405 BtPrax 2001, 214 f.
406 BtPrax 2001, 206
407 Rpfleger 2001, 421 ff.
408 FamRZ 2000, 345 = BtPrax 2000, 77
409 BtPrax 2000, 120 = FamRZ 2000, 729
410 BayObLG BtPrax 2002, 129; LG Hannover FamRZ 2002, 1063
411 BT-Drs. 13/10331, S. 28

dass dieser Betreuer oder Vormund mindestens seit zwei Jahren vor Inkrafttreten des 1. BtÄndG Vormundschaften oder Betreuungen berufsmäßig führte, also mindestens seit 1.1.1997. In Satz 3 wurden die Landesregierungen ermächtigt, die Regelung bis zum 31.12.2002 zu verlängern. In einigen Bundesländern wurde die Frist seinerzeit entsprechend verlängert.

709   Der **Zweck dieser Regelung** war es, bislang selbstständig als Betreuer tätigen Personen die Möglichkeit zu eröffnen, sich während der Übergangszeit fortzubilden, um die Voraussetzungen der Einstufung in eine höhere Vergütungsstufe des § 1 Abs. 1 BVormVG zu erreichen, und/oder ihnen die Chance zu geben, den Kostenrahmen ihrer Tätigkeit den neuen Vergütungssätzen anzupassen.[412]

Da alle Ansprüche aus der Zeit, in der diese Regelung anwendbar war, zwischenzeitlich gem. § 1836 Abs. 2 BGB (i.d.F. bis 30.6.2005) erloschen sind, hat diese Regelung keine praktische Bedeutung mehr. Einzelheiten zur Anwendung können in der dritten Auflage dieses Werkes[413] nachgelesen werden.

6.8 Umschulung und Fortbildung gem. § 11 VBVG

6.8.1 Allgemeines

710   Die inhaltsgleiche Bestimmung zu § 11 VBVG war § 2 des Berufsvormündervergütungsgesetzes, der im Gegensatz zu den meisten anderen Vorschriften des 1. BtÄndG bereits am 1.7.1998 in Kraft getreten war.

711   Berufsvormünder und -betreuer, die die für die Vormundschaft oder Betreuung nutzbaren Fachkenntnisse nicht durch eine geeignete Berufsausbildung oder ein Studium erworben haben, haben hiernach die Möglichkeit erhalten, entsprechende Qualifikationen durch **Umschulung und Fortbildung** zu erwerben. Voraussetzung sind allerdings entsprechende landesrechtliche Regelungen, zu deren Erlass die Länder zwar nicht verpflichtet, die aber insbesondere in den neuen Bundesländern dringend erforderlich sind.

712   Die erworbenen Qualifikationen sind durch eine Prüfung vor einer staatlichen oder staatlich anerkannten Stelle nachzuweisen.

713   § 11 VBVG sieht dabei zwei Qualifikationsstufen vor, und zwar:

1. (Abs. 1) Derjenige, der bisher keine Ausbildung vorweisen kann, durch die betreuungsrelevante Kenntnisse vermittelt werden, kann einen einer Lehre vergleichbaren Abschluss erwerben. **Voraussetzung** für die Zulassung zur Prüfung ist, dass er

   – mindestens drei Jahre als Berufsbetreuer tätig ist (gemeint sind drei Jahre vor der Anmeldung zur Prüfung);

   – an einer Umschulung oder Fortbildung teilgenommen hat, die betreuungsspezifische Fachkenntnisse vermittelt, wie sie in Art und Umfang auch in einer Lehre vermittelt werden.

2. (Abs. 2) Derjenige, der Fachkenntnisse vorweisen kann, die durch eine Lehre oder vergleichbare Ausbildung oder Prüfung vor einer staatlichen oder staatlich anerkannten Stelle erworben wurden, kann einen einem Studium vergleichbaren Abschluss erwerben. Voraussetzung für die Zulassung zur Prüfung ist, dass er

   – mindestens fünf Jahre als Berufsbetreuer tätig ist (gemeint sind fünf Jahre vor der Anmeldung zur Prüfung);

---

412 OLG Braunschweig BtPrax 2000, 130
413 OLG Braunschweig BtPrax 2000, S. 129 ff.

– an einer Umschulung oder Fortbildung teilgenommen hat, die betreuungsspezifische Fachkenntnisse vermittelt, wie sie in Art und Umfang in einem Studium vermittelt werden.

Gemäß Abs. 3 kann zudem landesrechtlich bestimmt werden, dass in einem anderen Bundesland abgelegte Prüfungen im Sinne des § 11 VBVG anerkannt werden.

Da es sich um eine reine **Kann-Bestimmung** handelt, konnte zunächst der Eindruck entstehen, dass es im Belieben der jeweiligen Landesregierung steht, darüber zu entscheiden, ob eine Nachqualifizierungsmöglichkeit geschaffen wird oder ob zumindest in anderen Bundesländern erlangte Abschlüsse anerkannt werden. **714**

Tatsächlich hatten nach 1999 zunächst vor allem die neuen Bundesländer entsprechende Regelungen erlassen, während in den alten Bundesländern verbreitet beabsichtigt war, keine entsprechenden Regelungen zu schaffen, weil angeblich kein ausreichender Bedarf bestand. Dies hätte zu der Konsequenz geführt, dass auch erfahrene, langjährig tätige Betreuer, die sich oft in der ersten Phase nach Inkrafttreten des Betreuungsgesetzes 1992 auf eigene Kosten fortgebildet und so neben ihrer Berufserfahrung ein erhebliches nutzbares Fachwissen erworben haben, dauerhaft nur einen Stundensatz der unteren Vergütungsstufe hätten erhalten können, sofern sie über keinen berücksichtigungsfähigen Hochschulabschluss verfügen, da Fortbildungen – wie oben Rn. 655 ff. dargestellt – nicht als vergütungssteigernd anerkannt wurden. **715**

Neben Bedenken bzgl. der Zweckmäßigkeit eines solchen Vorgehens bestanden auch moralische Bedenken. Immerhin hatten die betroffenen Betreuer (gerade auch aus den neuen Bundesländern) die von der Politik häufig geforderte Eigeninitiative gezeigt und versucht, sich – oft, um der Arbeitslosigkeit zu entgehen – eine eigene wirtschaftliche Existenz durch eine sinnvolle Tätigkeit aufzubauen. Es wäre kaum einsehbar gewesen, wenn diese Betreuer dauerhaft von der Vergütung her erheblich schlechter gestellt worden wären als Betreuer, die zwar über eine anerkannte Hochschulausbildung, aber über keine Berufserfahrung verfügen und die Tätigkeit eventuell lediglich als „Lückenfüller" für die Zeit zwischen Studium und erster „richtiger Anstellung" ansehen.[414] **716**

6.8.2 Die Entscheidung des BVerfG vom 6.7.2000

In seiner Entscheidung vom 6.7.2000 hat das *BVerfG*[415] festgestellt, dass das aus dem Rechtsstaatsprinzip abgeleitete Gebot des Vertrauensschutzes eine Übergangsregelung gebietet, die für die bisher im Beruf Tätigen Härten abmildert. Die insoweit bestehenden Regelungen seien nur sinnvoll, wenn sie den Betreuern tatsächlich auf Dauer die Voraussetzungen für eine höhere Vergütungsstufe eröffnen. Deshalb habe der Bundesgesetzgeber den Ländern verbindlich vorgegeben, dass der **Vertrauensschutz** der bis dahin tätigen Berufsbetreuer den Interessen der Länder an qualifizierter, aber besonders niedrig zu vergütender Betreuung vorgeht. Er habe es deshalb den Ländern nicht überlassen, wie sie die Vergütungen im Anschluss an die Nachqualifikation festlegen wollen, sondern dies bundesweit einheitlich geregelt. Angesichts dieser Vorgaben bestehe für eine Bedürfnisprüfung der Länder, ob sie den bisher Tätigen einen qualifizierten Abschluss ermöglichen, nach der bundesgesetzlichen Konzeption kein Raum. **Finanzielle Interessen** der Länder würden nicht genügen, um das durch die bundesgesetzliche Regelung begründete Vertrauen der mehrjährig ohne formale berufliche Qualifikation tätigen Berufsbetreuer zu enttäuschen. **717**

Danach sei es den Ländern nicht überlassen, durch Untätigkeit bisher tätige Berufsbetreuer, die keinen Hochschulabschluss aufweisen, vom Markt zu verdrängen oder ihre gleich guten Leistungen zu günstigeren Tarifen in Anspruch zu nehmen, was einer Teilsperrung ihrer beruflichen Tätigkeit nahekommen würde. Eine solche Ausgrenzung wäre **sachwidrig**, nach- **718**

---

414 Vgl. zum Thema auch BdB-Info, BtPrax 2001, 201 und Reinders BtPrax 2001, 202
415 1 BvR 1125/99, BtPrax 2000, 212 = FamRZ 2000, 1277

dem die vom Bundesgesetzgeber geschaffene Übergangsregelung zunächst das Vertrauen darauf geweckt hat, dass mit einem nachträglichen formalen Nachweis der beruflichen Erfahrung die erheblichen wirtschaftlichen Nachteile der Neuregelung zumindest teilweise ausgeglichen werden können. Danach ist Erwägungen durch eine verfassungskonforme Auslegung des § 1 Abs. 1 BVormVG (seit 1.7.2005 §§ 3 und 4 VBVG) bei der Festsetzung der Vergütung im Einzelfall von den Fachgerichten Rechnung zu tragen: Wenn ein Berufsbetreuer in einem Bundesland tätig ist, das weder eine eigene Nachqualifikation noch eine Anerkennung anderer Nachqualifikationen vorsieht, und er die erforderlichen Prüfungsnachweise aus einem anderen Bundesland nachweist, gebietet es das aus dem Rechtsstaatsprinzip abgeleitete **Vertrauensschutzprinzip**, diese Ausbildung als „vergleichbare abgeschlossene Ausbildung" i.S.d. § 1 Abs. 1 BVormVG (bzw. §§ 3 oder 4 VBVG) zu bewerten.

719 In der Konsequenz bedeutete dies, dass Betreuer aus Bundesländern, die keine eigene Nachqualifizierungsregelung erlassen haben, Nachschulungen und Prüfungen in einem anderen Bundesland absolvieren können und die Vormundschaftsgerichte diese Nachqualifizierungen – auch, wenn sie vom Umfang her nicht einer Lehre oder einer Hochschulausbildung vergleichbar sind, jedoch dem anderen Landesrecht entsprechend – als vergütungssteigernd berücksichtigen müssen. Tatsächlich haben nur zwei Bundesländer es unterlassen, sowohl eigene Nachqualifizierungen als auch Anerkennungsregelungen zu verabschieden, und zwar Bremen und das Saarland. Dem Vernehmen nach gab es jedoch in der Praxis auch dort keine Schwierigkeiten, innerhalb der Vergütungsverfahren auswärtige Nachqualifizierungsprüfungen anzuerkennen.

720 Wohl der obigen Entscheidung des Bundesverfassungsgerichts und dem beharrlichen Drängen der Berufsverbände und zahlreicher Einzelpersonen ist es zu verdanken, dass fast alle Bundesländer entweder eigene Ausbildungs- und Prüfungsordnungen erlassen oder zumindest verbindlich festgelegt haben, dass Nachqualifizierungsmaßnahmen anderer Bundesländer anerkannt werden.

6.8.3 Die Umsetzung des § 2 BVormVG bis zum Inkrafttreten des 2. BtÄndG in den Bundesländern

721 In den Länderabstimmungen zu der Umsetzung des § 2 einigten sich die Landesjustizminister sich schon Ende 1998 auf wesentliche Eckpunkte möglicher Regelungen. Dies waren insbesondere:

- Die gemeinsame Auslegung, dass die bundesrechtlichen Ermächtigungsnormen vorrangig bezweckten, bestehende bewährte Strukturen der Mitarbeit von beruflichen Betreuern zu stützen. Es solle verhindert werden, dass erfahrene Betreuer allein deshalb aus dem Beruf ausscheiden, weil sie nach den nach dem 1.1.1999 geänderten Vergütungsmaßstäben künftig mit einem derart verringerten Einkommen, gemessen an den bisherigen Vergütungskriterien, rechnen müssen, sodass ihre weitere Tätigkeit infrage gestellt sein könnte.

- Der Gesetzeszweck lege es nahe, eine etwaige landesrechtliche Regelung zu befristen. Es solle grundsätzlich nicht darum gehen, auf Dauer Parallelstrukturen einer Betreuerausbildung bzw. -fortbildung einzuführen, die in Konkurrenz zu herkömmlichen Ausbildungsgängen, insbesondere an Hoch- und Fachhochschulen, treten.

- Eine befristete und begrenzte Regelung sollte auch von der Notwendigkeit entheben, in diesem Zusammenhang eine Berufsbilddiskussion zu führen, die in den Berufsverbänden der Berufsbetreuer unabhängig hiervon geführt würde. Es solle bei den Nachqualifikationen nicht darum gehen, langfristig ein bestimmtes Anforderungsprofil für Betreuer festzulegen. Es gehe vielmehr darum, eine durch das Inkrafttreten des BtÄndG geschaffene Sondersituation im Interesse der Aufrechterhaltung effektiver Betreuungsarbeit zu bewältigen.

- Im Hinblick auf den inhaltlich und zeitlich begrenzten Zweck einer Regelung sollte die angestrebte Nachqualifikation so unaufwändig wie möglich ausgestaltet werden. Folgende Überlegungen standen dabei im Zentrum: Soweit ein Land nicht auf vorhandene Strukturen zurückgreifen könnte, sollten vor allem keine neuen staatlichen Institutionen, etwa ein Prüfungsamt, geschaffen werden. Vielmehr sollten Träger gefunden werden, die ggf. die Prüfung im Rahmen vorhandener Kapazitäten objektiv wahrnehmen könnten. Hierfür böten sich in erster Linie die Fachhochschulen an.

- Was den zeitlichen Umfang der Nachqualifikation angeht, sollte ein notwendiges Augenmaß gewahrt werden. Auch wenn die Weiterbildung die Teilnehmer Hochschulabsolventen gleichstelle, sollte die Weiterbildung in angemessener Zeit neben der Berufstätigkeit bewältigt werden können. Als Größenordnung für eine Nachqualifikation wurde eine Stundenzahl von ca. 400 Stunden in den Raum gestellt.

- Einig war man sich darüber, dass das Zertifikat über die Nachqualifizierung kein Feigenblatt darstellen dürfe. Vielmehr sollten die Teilnehmer mit dem Anspruch, eine hochschuladäquate Zusatzqualifikation zu erwerben, sich einer anspruchsvollen Prüfung stellen müssen.

6.8.4 Stand der Regelungen der einzelnen Bundesländer[416]

In Baden-Württemberg war durch das „Gesetz zur Änderung des Gesetzes zur Ausführung des Betreuungsgesetzes und zur Anpassung des Landesrechtes" vom 13.12.2001 eine eigene Nachqualifizierung geschaffen worden. Baden-Württemberg verzichtete auf eine Prüfungsordnung und übertrug es den Fachhochschulen, als sog. „zertifizierte Kontaktstudiengänge" die Nachqualifizierung durchzuführen. Die Verantwortung für die Prüfung lag dabei bei den Fachhochschulen. Träger der Qualifizierungsmaßnahme sind die Fachhochschulen, federführend die EFH Freiburg. Letzter Prüfungstermin war der 31.3.2003. **722**

In **Bayern** wurde durch Gesetz vom 28.6.2000 als Art. 6 des Gesetzes zur Ausführung des Gesetzes zur Reform des Rechts der Vormundschaft und Pflegschaft für Volljährige eine Nachqualifizierungsmöglichkeit geschaffen. Als Zeitumfang zur Teilnahme an einer Prüfung für die 3. Vergütungsstufe wurden 350 Stunden genannt, die ausschließlich an den genannten Hochschulen in Bayern abzuleisten waren, die auch zugleich die Prüfung abnahmen. In einer Verordnung über die Nachqualifizierung von Berufsbetreuern vom 18.7.2000 wurden die Inhalte der Umschulung und der Fortbildung sowie Regelungen zur Prüfung bestimmt. Die letzte Prüfungsmöglichkeit bestand am 30.6.2004. **723**

Berlin hat mit Gesetz vom 5.10.1999 eine Nachqualifizierung ermöglicht. Die Prüfungen wurden von der Fachhochschule für Verwaltung und Rechtspflege in Berlin abgenommen. Grundsätzlich konnten auch Absolventen von anderen Bildungsmaßnahmen die Prüfung absolvieren. Es wurde eine Verordnung über Prüfungen nach dem Gesetz zur Ausführung des BVormVG vom 8.12.1999 erlassen. Der Zeitumfang für absolvierte Fortbildungen bei der Zulassung zur Prüfung für die 2. Vergütungsstufe betrug 200, für die 3. Vergütungsstufe 400 Stunden, wobei ausdrücklich auch Fortbildungen von Betreuungsvereinen (vgl. § 1908f) angerechnet wurden. Die Regelung war befristet, der Antrag auf Zulassung zur Prüfung musste bis zum 30.6.2004 gestellt worden sein. In Berlin wurde inzwischen der Bachelor-Studiengang „Betreuung und Vormundschaft" staatlich anerkannt (siehe unter Rn.673 ff.). **724**

Brandenburg hat am 25.6.1999 ein Ausführungsgesetz zum BVormVG verabschiedet. Zuständig für die Prüfungen war die überörtliche Betreuungsbehörde. Die Prüfungsverordnung vom 23.12.1999 sieht einen zeitlichen Umfang von 250 bzw. 500 Stunden zur Prüfungsanmeldung vor. Fortbildungen der Betreuungsvereine werden ausdrücklich bei der Berechnung der Stundenzahl nicht mitgerechnet. Die Regelung war befristet, der Antrag auf Zulassung zur Prüfung musste bis zum 30.6.2003 gestellt worden sein. **725**

---

416 Gesetzestexte und Verordnungen vgl. HKBUR, Ordner 5 (Länderteil)

726   **Bremen** sieht weder eine eigene Nachqualifizierung noch eine Anerkennungsregelung für andere Maßnahmen vor.

727   In **Hamburg**, dem Bundesland, in dem als Erstes entsprechende Nachqualifizierungs- und Kontaktstudiengänge angeboten wurden[417], wurde im Dezember 2001 nach erheblichen Kontroversen eine Entscheidung getroffen, eine eigene Nachqualifizierungsregelung einzuführen. Für die Prüfungen, die in dem Kontaktstudiengang an der staatlichen Fachhochschule vorher abgenommen wurden, gab es Schwierigkeiten bei der Anerkennung. Die letzte Prüfungsmöglichkeit war Ende 2005 gegeben, allerdings nur für Absolventen der Nachqualifizierungsmaßnahme der FH Hamburg.

728   **Hessen** sprach sich gegen eine eigene Nachqualifizierungsmaßnahme aus, erkennt aber durch Gesetz vom 31.10.2001 die Nachqualifizierung in anderen Ländern an. Die Geltungsdauer dieses Anerkennungsgesetzes war aber bis zum 31.12.2006 beschränkt, daher war eine Verlängerung des Gesetzes erforderlich. Diese ist inzwischen bis zum 31.12.2011 erfolgt; hier wird also spätestens bis Ende 2011 eine erneute Verlängerung nötig.

729   In **Mecklenburg-Vorpommern** wurden durch Gesetz vom 31.7.2000 Nachqualifizierungsmöglichkeiten geschaffen, die sowohl die Anerkennung anderer Prüfungen außerhalb des Landes als auch im Rahmen einer Landesverordnung durchgeführte Nachqualifikation vorsahen. Letzte Prüfungsanmeldungen bestanden am 30.6.2002.

730   **Niedersachsen** sieht die Anerkennung externer Prüfungen vor. Sie ist durch Gesetz vom 22.2.2001 geregelt worden.

731   **Nordrhein-Westfalen** sieht in Berücksichtigung der Entscheidung des *BVerfG* vom 6.7.2000 im Rahmen des Gesetzes vom 17.12.2002 die Anerkennung auswärtiger Prüfungen vor. Allerdings muss in NRW der Betreuer zusätzlich **vor dem 30.5.1998** Vormundschaften berufsmäßig geführt haben. Vermutlich ist das Gesetz so zu verstehen, dass auch berufliche Betreuungen, die zu diesem Zeitpunkt geführt wurden, anerkannt werden.

732   **Rheinland-Pfalz** hat durch Änderung des Landesgesetzes zur Ausführung des BGB vom 6.2.2000 durch Einführung eines § 24a die Anerkennung auswärtiger Prüfungen vorgenommen.

733   Das **Saarland** sieht keinen Bedarf für eine eigene landesrechtliche Regelung. Anerkennungsvorschriften für auswärtige Prüfungen werden ebenfalls nicht erlassen.

734   **Sachsen** hat am 23.6.1999 ein Ausführungsgesetz zum BVormVG verabschiedet sowie am 2.9.1999 eine Verordnung über Prüfungen nach dem BVormVG. Prüfungsbehörde war die überörtliche Betreuungsbehörde. Vorgesehen waren 250 bzw. 500 Stunden Fortbildung. Eine Anmeldung zur Prüfung war nur bis zum 30.6.2004 zulässig, bei Wiederholungsprüfungen bis spätestens 30.6.2005.[418]

735   **Sachsen-Anhalt** hat am 25.1.2000 ein Ausführungsgesetz verabschiedet. Es sah sowohl Prüfungen im Lande im Rahmen der Berufsvormünderprüfungsverordnung vom 13.12.2000 vor als auch die Anerkennung auswärtiger Prüfungsleistungen. Prüfungsbehörde ist die überörtliche Betreuungsbehörde. Auch hier beträgt die Dauer der nachgewiesenen Fortbildung 250 bzw. 500 Stunden. Letzter Anmeldetermin für Prüfungen war der 30.6.2003.

736   **Schleswig-Holstein** hat die Anerkennung auswärtiger Prüfungen durch Gesetz vom 17.7.2001 vorgenommen.

737   **Thüringen** hat am 7.7.1999 ein Ausführungsgesetz erlassen. Zuständig für die Durchführung von Prüfungen war die überörtliche Betreuungsbehörde. Die Prüfungen sollten aber auch anderen staatlichen und nicht-staatlichen Stellen übertragen werden können. Die Prüfungsverordnung vom 22.3.2001 sieht eine Fortbildungsdauer von 250 bzw. 500 Zeitstunden vor. Der späteste Zeitpunkt für die Anmeldung zur Prüfung war der 30.6.2005.

---

417   Vgl. Fesel Bt-Prax 1999, 66
418   Vgl. auch Bienwald BtPrax 2000, 155

6.8.5 Bedeutung des § 11 VBVG nach Inkrafttreten des 2. BtÄndG

Das BVormVG wurde formal durch das 2. BtÄndG nicht aufgehoben, sondern lediglich mit neuer Überschrift (und z.T. anderen Inhalten) neu gefasst. Die bestehenden landesrechtlichen Bestimmungen, soweit sie die Anerkennung von Prüfungen nach § 2 BVormVG regeln, sind daher auch ohne redaktionelle Änderungen weiterhin wirksam, zumal § 11 VBVG nur aus formalen Gründen eine andere Gesetzesstelle gefunden hat, inhaltlich aber keine Abweichungen gegenüber § 2 BVormVG bestehen.

738

In der Praxis spielt § 11 VBVG derzeit keine aktive Rolle. In keinem Bundesland besteht zum Zeitpunkt der Drucklegung dieses Buches eine weitere Nachschulungs- und Prüfungsmöglichkeit.

739

Dass § 2 BVormVG sich als § 11 VBVG im aktuellen Recht wiederfindet, hat überwiegend mit dem Fortgelten der Prüfungsentscheidungen aus den Jahren 1999 bis 2005 zu tun. Außerdem sollte eine rechtliche Grundlage für den Abschluss der letzten noch bestehenden und jetzt ausgelaufenen Nachqualifizierungen geschaffen werden. Durch die Übernahme der Regelung des § 2 BVormVG in das VBVG sollen die Länder aber nicht verpflichtet werden, die Nachqualifizierung von Betreuern dauerhaft zu ermöglichen.[419] Andererseits ist § 11 VBVG nun einmal ohne Beschränkung der Geltungsdauer in das Gesetz aufgenommen worden und es dürfte im Interesse einer möglichst qualifizierten Betreuungsarbeit liegen, Betreuer auch durch die Aussicht auf einen damit verbundenen erhöhten Stundensatz zu einer fachspezifischen Aus- bzw. Fortbildung anzuregen.

740

Da die überwiegende Mehrzahl der Betreuer, für die eine Nachqualifizierung infrage kommt, bereits von den bisher vorhandenen Möglichkeiten Gebrauch gemacht hat, ist es allerdings zweifelhaft, ob die Aufrechterhaltung des aufwendigen Prüfungsverfahrens für nur eine sehr geringe Anzahl von Prüflingen für die einzelnen Länder finanziell zumutbar ist. Eine Lösungsmöglichkeit wäre eine dahin gehende Absprache der Länder, dass Prüfungen nur noch zentral in einem Bundesland durchgeführt werden (was dann über die Prüfungsgebühren finanziert werden könnte), die anderen Länder diese Prüfungen aber anerkennen. Die Landesgesetzgeber sind aber nicht verpflichtet, wieder entsprechende gesetzliche Regelungen zu schaffen.[420]

741

Im Übrigen wäre es für die betreffenden Betreuer eine Überlegung wert, ob sie nicht von den inzwischen vorhandenen Möglichkeiten eines berufsbegleitenden Studiums – z.B. an der Fernuniversität Hagen – Gebrauch machen wollen. Ein solches Studium hätte zwar den Nachteil, dass kein speziell auf die Betreuungsarbeit zugeschnittenes Fachwissen vermittelt wird, andererseits könnte der dort erworbene Abschluss auch in anderen Tätigkeitsfeldern sinnvoll eingesetzt werden, falls die Betreuungsarbeit einmal aufgegeben werden sollte. Darüber hinaus entwickeln sich inzwischen spezielle Bachelor-Studiengänge für Betreuer und Vormünder (siehe zum ersten Studiengang in Berlin unter Rn. 673 ff.).

742

6.9 Erstattung der Umsatzsteuer (Mehrwertsteuer)

Für Vergütungszeiträume ab dem 1.1.1999 regelte § 1 Abs. 1 Satz 3 BVormVG, dass die Umsatzsteuer zusätzlich zu erstatten ist. § 1 BVormVG galt jedoch nur für Zahlungen aus der Staatskasse, daher entstand zunächst ein Streit, ob auch bei Vergütungen aus dem Vermögen des Betreuten die Umsatzsteuer zusätzlich zu bewilligen war (vgl. dazu die Vorauflagen).

743

Ab dem 1.7.2005 bestimmt § 3 Abs. 1 Satz 3 VBVG für Berufsvormünder und (über § 6 VBVG bzw. § 1915 BGB) auch für andere Vertretungsformen, die nach konkretem Zeitaufwand abrechnen, die Hinzurechnung der Umsatzsteuer auf den jeweiligen Stundensatz.

744

---

419 Knittel, Textsammlung Betreuungsrecht, 4. Aufl., Einführung, S. 20
420 BGH BtPrax 2013, 113 = FamRZ 2013, 693

Dies gilt sowohl für Zahlungen aus dem Vermögen als auch aus der Staatskasse. Aufgrund des Wegfalls der Umsatzsteuerpflicht ist dies aber inzwischen gegenstandslos geworden.

745 Bei der Pauschalvergütung für Berufsbetreuer (vgl. Kapitel 7, Rn. 971 ff.) war die Umsatzsteuer bereits im Inklusivstundensatz enthalten und musste daher nicht separat ausgewiesen werden.

▶ *Zu weiteren Einzelheiten des Steuerrechts und v.a. auch zum Wegfall der Umsatzsteuerpflicht vgl. Kapitel 12, Rn. 1872 ff.*

6.10 Abschlagszahlungen für Berufsvormünder

746 Nach § 3 Abs. 4 VBVG kann der Berufsvormund **Abschlagszahlungen** auf seine Vergütung verlangen. Dies gilt sowohl, wenn sich der Anspruch gegen den Mündel, als auch, wenn er sich wegen Mittellosigkeit gegen die Staatskasse richtet. Diese Regelung gilt auch für BGB-Pfleger (§ 1915 BGB) sowie in den Betreuungsformen, die nach § 6 VBVG nach tatsächlichem Zeitaufwand abrechnen (Sterilisationsbetreuer sowie Verhinderungsbetreuer bei rechtlicher Verhinderung, vgl. unten Rn. 939 ff., 942 ff.). Für sonstige berufliche Betreuungen Volljähriger – also im Falle der pauschalierten Zahlung der Betreuervergütung – besteht die Möglichkeit von Abschlagszahlungen seit dem 1.7.2005 nicht mehr.

747 Die Formulierung in § 3 Abs. 4 VBVG macht deutlich, dass der Vormund einen Anspruch auf Abschlagszahlungen hat, die Bewilligung solcher Beträge also nicht im Ermessen des Gerichts liegt.

748 *Hinweis*

 Insbesondere dort, wo schlechte Erfahrungen mit längeren Bearbeitungszeiten bestehen, sollten die Vormünder (und BGB-Pfleger) diese Möglichkeit nutzen.

749 Zur Ausgestaltung von Abschlagszahlungen enthält das Gesetz keine Aussage. Wir halten es für eine praxisgerechte Regelung, quartalsweise Zahlungen, ggf. im Abschlagswege, vorzunehmen.

750 Problematisch sind allerdings Fälle, in denen besondere Schwierigkeiten i.S.d. § 3 Abs. 3 VBVG vorliegen, deshalb u.U. ein höherer Stundensatz zu gewähren ist und zunächst – zum Zeitpunkt der Entscheidung über den Antrag auf Bewilligung einer Abschlagszahlung zutreffend – von einem ausreichenden Vermögen des Mündels ausgegangen worden ist, zum Zeitpunkt der Endabrechnung dann aber Mittellosigkeit eingetreten ist. Über die Frage der Mittellosigkeit des Mündels ist nämlich endgültig erst zum Zeitpunkt der Entscheidung über den Vergütungsantrag zu entscheiden, wobei auf die Vermögensverhältnisse zum Zeitpunkt der Entscheidung und für den gesamten Vergütungszeitraum einheitlich zu entscheiden ist, die Bewilligung einer Abschlagszahlung bewirkt keine Zäsur.[421]

751 Sollte die Abschlagszahlung höher liegen als die endgültige Vergütung, könnte durch die Abschlagszahlung eine Überzahlung eingetreten sein, der Vormund wäre dann zur Rückzahlung des zu viel erhaltenen Betrags verpflichtet.

752 Sofern dem Vormund, der eine Abschlagszahlung beantragt, stattdessen eine Vergütung bewilligt wird, so steht ihm gegen diese Entscheidung keine Beschwerdebefugnis zu.[422]

Bisherige Rechtsprechung zu Abschlagszahlungen:

- Mittellosigkeit ist für gesamten Abrechnungszeitraum einheitlich zu beurteilen, auch wenn Entnahme des Abschlags wegen damals noch vorhandenem Vermögen bewilligt worden war.[423]

---

421 OLG Frankfurt FGPrax 2001, 116
422 LG Leipzig FamRZ 2000, 851
423 OLG Frankfurt/Main FamRZ 2001, Heft 10, S. II = FGPrax 2001, 116

- Keine Begrenzung der Betreuervergütung auf jährliche Anträge, vierteljährliche Beantragung der Betreuervergütung und monatliche Abschlagszahlungen sind zulässig.[424]
- Hat ein Betreuer eine Abschlagszahlung beantragt und erhalten, erlischt sein Vergütungsanspruch in dieser Höhe auch dann nicht, wenn der eigentliche Vergütungsantrag die Ausschlussfrist überschreitet; liegt die Abschlagszahlung über der endgültigen Vergütung, ist der Unterschiedsbetrag zurückzuzahlen.[425]

6.11 Individuelle Vergütungspauschalen

6.11.1 Pauschalierte Vergütung gem. § 1836b Nr. 1 BGB

In der Zeit zwischen dem Inkrafttreten des 1. BtÄndG am 1.1.1999 und dem Inkrafttreten des 2. BtÄndG am 1.7.2005 bot der nun aufgehobene § 1836b BGB die Möglichkeit, im Einzelfall den Berufsbetreuervergütungsanspruch zu pauschalieren. Voraussetzungen waren, dass **753**

- die für die vormundschaftlichen Geschäfte erforderliche Zeit vorhersehbar

und

- ihre Ausschöpfung durch den Vormund oder Betreuer gewährleistet ist.

Diese Voraussetzungen dürften nur dann erfüllt gewesen sein, wenn der Zeitaufwand für eine Betreuung einigermaßen stabil ist. Dies dürfte in den seltensten Fällen am Anfang eines Betreuungsverfahrens der Fall sein.[426] Häufig ist es ja auch so, dass ein Betreuungsverfahren am Anfang viel Aufwand erfordert, der sich dann im Laufe der Zeit auf ein vorhersehbares Maß reduziert, z.B. dann, wenn der Betreute im Rahmen der Krisenintervention am Anfang der Betreuung in ein Heim aufgenommen und seine Wohnung aufgelöst werden muss. **754**

Die Rechtsprechung bis zum 30.6.2005 war bei der Bewilligung derartiger Pauschalen wegen des Prognoserisikos äußerst zurückhaltend.[427] Daher war es auch folgerichtig, diese Individualprognose zum 30.6.2005 durch das 2. BtÄndG wieder abzuschaffen. Mit dem Außerkrafttreten des § 1836b musste in den Fällen, in denen die Pauschalen aktuell angeordnet waren, neu entschieden werden. Hierbei gibt es bei Vormundschaften Minderjähriger wieder ausschließlich die Abrechnung nach Zeitaufwand nach § 3 VBVG, bei den beruflichen Betreuungen (mit Ausnahme der in § 6 VBVG genannten) nur die allgemeine Vergütungspauschale nach § 5 VBVG (vgl. Kapitel 7, Rn. 971 ff.). **755**

Umso unverständlicher ist in diesem Zusammenhang die für Verfahrenspfleger in § 277 Abs. 3 FamFG enthaltene Möglichkeit, statt einer Vergütung für konkreten Zeitaufwand die gleiche **Individualpauschale** festzusetzen, die für Vormünder und Betreuer abgeschafft wurde. U.E. ist die Individualpauschale im Bereich von Verfahrenspflegschaften im Regelfall genauso untunlich wie bei Vormundschaften und Betreuungen (zur Verfahrenspflegervergütung vgl. unten Rn. 912 ff.). **756**

6.12 Geschuldete bzw. abrechnungsfähige Tätigkeiten

6.12.1 Vorbemerkung

Seit dem 1.7.2005 werden selbstständige Berufsbetreuer sowie Vereinsbetreuer nach einem pauschalierten Vergütungsmodell bezahlt (vgl. Kapitel 7, Rn. 971 ff.). Die tatsächlichen Tätig- **757**

---

424 LG Konstanz, Beschl. v. 18.9.2001, 1 T 278/01 N; ähnlich zuvor OLG Celle BtPrax 1992, 109 m. Anm. Seitz in BtPrax 1995, 204, vgl. auch LG Bochum Rpfleger 1994, 494
425 BayObLG FamRZ 2003, 1221 = BtPrax 2003, 174
426 OLG Zweibrücken Rpfleger 2000, 67; ähnlich LG Dresden FamRZ 2000, 1530 m. Anm. Bienwald; OLG Jena FamRZ 2001, 1243
427 LG Berlin v. 29.5.2000, 87 T 217/00 und 247/00, FamRZ 2001, 787; LG Münster BtPrax 2000, 42

keiten dieser Betreuer werden sind seit dem 1.7.2005 nicht mehr Gegenstand vergütungs-rechtlicher Rechtsprechung.

758 In diesem Abschnitt wird überwiegend die Rechtsprechung bzgl. der vor dem 1.7.2005 gel-tenden gesetzlichen Regelung dargestellt. Inzwischen dürften zwar kaum noch Vergütungs-verfahren aus dieser Zeit anhängig sein, diese Rechtsprechung spielt jedoch auch künftig eine gewisse Rolle. Die Beurteilung von Ermessensvergütungsansprüchen ehrenamtlicher Betreuer (§ 1836 Abs. 2) und Behördenbetreuer (§ 8 VBVG) hängt zumindest teilweise vom zeitlichen und sachlichen Umfang der Betreuertätigkeit ab.

759 Im Übrigen kann die Rechtsprechung zu den im Falle einer „spitzen Abrechnung" vergü-tungsfähigen Tätigkeiten in Zusammenhang mit Auseinandersetzungen über die Pflichten eines Betreuers von Bedeutung sein. In letzter Zeit nehmen Streitigkeiten mit anderen Insti-tutionen wie z.B. Pflegeheimen darüber, wer denn nun bestimmte Tätigkeiten auszuführen habe, zu. So verlangen Heime zunehmend, dass Betreuer einen Bewohner zum Arzt fahren oder begleiten und andere Stellen verweigern die Ihnen obliegenden Hilfeleistungen unter Berufung darauf, dass ja nun der Betreuer zuständig sei (ein Beispiel: Der Sozialdienst eines Krankenhauses verweigert die Mitarbeit bei der Suche nach einer für den Patienten geeigne-ten Pflegeeinrichtung).

760 Auf der anderen Seite haben Betreuer aufgrund der Pauschalierung ein Interesse daran, sich gegen eine Inanspruchnahme für außerhalb ihres Aufgabenbereiches liegende Tätigkeiten zu wehren. Es gibt einige allgemeine Aussagen zu dieser Fragestellung, z.B. lässt sich unter Hinweis auf § 1901 Abs. 1 BGB schnell belegen, dass der Betreuer eine **rechtliche Vertre-tung und keine tatsächlichen Hilfeleistungen** zu erbringen hat. Ebenso ist es inzwischen anerkannt, dass andere Stellen nicht etwa weniger Tätigkeiten zu erbringen haben oder ihre Arbeit sogar ganz einstellen dürfen, wenn ein Betreuer bestellt wurde.[428]

So stellt das OLG Oldenburg[429] ausdrücklich fest, dass andere Hilfen vorrangig sind und keine „schleichende Verlagerung öffentlicher Aufgaben" hin zu einem Betreuer stattfinden soll. Insoweit heißt es dort: „... Bei der Bestimmung neuer Aufgabenkreise des Betreuers ist auch wegen des Gesichtspunkts der Subsidiarität der Betreuung (§ 1896 Abs. 2 Satz 2 BGB) große Zurückhaltung geboten. Eine Betreuerbestellung ist danach nicht erforderlich, wenn die Angelegenheit durch andere Hilfen ebenso gut besorgt werden kann. Besonders in Fällen der vorliegenden Art ist deshalb zunächst an die originäre Zuständigkeit von Sozial-, Ge-sundheits- und Ordnungsbehörden zu erinnern, bevor die Bestellung eines Betreuers und die Erweiterung seines Aufgabenkreises ins Auge gefasst wird (vgl. Bienwald in Anm. zu LG Frei-burg FamRZ 2000, 1322). Die gesetzlich vorgesehene Nachrangigkeit widerspricht einer schleichenden Verlagerung öffentlicher Aufgaben ins privatrechtliche Betreuungsverfah-ren ..."

Ein Betreuer ist also nicht dazu da, Aufgaben anderer Institutionen zu übernehmen.

761 Ähnlich argumentiert auch das LG Saarbrücken.[430] Das Gericht führt aus: „... Der Betreuer ist gemäß § 1902 BGB in seinem Aufgabenkreis der gesetzliche Vertreter des Betreuten. Da-rin beschränkt sich seine Aufgabe (Staudinger/Bienwald, 13. Bearb., § 1902 BGB, Rn. 2). Der angesprochene Grundsatz der persönlichen Betreuung bedeutet jedoch keineswegs, dass der Betreuer sämtliche Hilfe zu Alltag oder sogar die Pflege des Betroffenen übernehmen soll. Dies ergibt sich bereits aus dem in § 1896 Abs. 2 BGB festgelegten Vorrang anderer Hil-fen, womit vor allem solche der Wohlfahrtsverbände, der ambulanten Dienste und der sozia-len Einrichtungen einschließlich der Sozialhilfe gemeint sind. Das Betreuungsrecht will näm-lich keinesfalls das überkommene und ständigen Wandlungen unterliegende System der so-zialen Hilfen aushebeln durch den zur persönlichen Betreuung verpflichteten Betreuer; es

---

428 Deutscher Verein für öffentliche und private Fürsorge, Abgrenzung von rechtlicher Betreuung und Sozialleistun-gen, S. 15
429 OLG Oldenburg, Beschl. v. 29.5.2003, 5 W 79/03, FamRZ 2004, 1322
430 LG Saarbrücken, Beschl. v. 3.2.2003, 5 T 686/02

will vielmehr dem Betreuten – bezogen auf bestimmte Gebiete – einen Beistand zur Seite stellen, um sich in diesem System zurecht zu finden und die für ihn erforderliche Hilfe auszuwählen …"

Weiterhin stellt das Gericht dann fest, dass die Begleitung bei Arztbesuchen nur ganz ausnahmsweise zu den Betreuertätigkeiten zählen kann, nämlich dann, wenn der Betreuer ohnehin gerade persönlich mit dem Arzt sprechen muss und sich beides miteinander verbinden lässt, wenn also „mit dem Arzt oder dem Krankenhaus betreuungsrelevante Dinge – wie etwa in Betracht kommende Behandlungsmethoden – besprochen werden müssen".[431]   **762**

Im Falle von solchen Auseinandersetzungen kann es aber hilfreich sein, wenn man sich zusätzlich auf Gerichtsentscheidungen berufen kann, in denen die Grenzen der Betreueraufgaben in Bezug auf einzelne Tätigkeiten genauer benannt worden sind.

Ebenso können solche Gerichtsentscheidungen für die Klärung der Frage der **Haftung** eines Betreuers beim Unterlassen von Tätigkeiten (§ 1833 BGB) hilfreich sein.[432]

Auch die Vergütungsansprüche beruflich tätiger **Vormünder und Pfleger** hängen weiterhin von den konkreten Tätigkeiten ab. Die nachfolgenden Rechtsprechungsbeispiele stammen überwiegend aus der beruflichen Betreuertätigkeit. Jedoch sind auch Vormünder Minderjähriger verpflichtet, zum Wohl der Vertretenen tätig zu sein; wobei der Aufgabeninhalt des Vormundes grundsätzlich dem Betreueraufgabenkreis „alle Angelegenheiten" entspricht. Auch hier kann es eine Rolle spielen, ob eine bestimmte Tätigkeit rechtliche Vertretung eines beruflichen Vormundes darstellt (§ 3 VBVG).   **763**

Die im BGB genannten Pflegschaften (§§ 1909 ff., 1960 BGB) werden, soweit beruflich geführt, ebenfalls auch weiterhin nach konkretem Zeitaufwand bezahlt. Meist wird es bei BGB-Pflegschaften um Angelegenheiten der Vermögenssorge gehen (bei Pflegschaften für Abwesende, Vermögensmassen oder Nachlasspflegschaften), bisweilen ist im Bereich von Ergänzungs- oder Leibesfruchtpflegschaften auch die Personensorge betroffen (vgl. zu den Pflegschaftsformen oben Rn. 33 ff.).   **764**

Verfahrenspfleger (§§ 276, 297 Abs. 5, 317, 419 FamFG zur Vergütung siehe die §§ 277, 318 FamFG) wiederum haben keinen Aufgabenkreis im eigentlichen Sinne, sondern haben die individuellen Interessen des Vertretenen im jeweiligen Gerichtsverfahren festzustellen und zu artikulieren. Auch hier ist im Rahmen des Vergütungsanspruches, der sich ebenfalls nach konkretem Zeitaufwand richtet, zu ermitteln, welche Tätigkeiten hierzu im Einzelfall erforderlich sind.   **765**

6.12.2 Allgemeines

Sowohl ehrenamtlich als auch berufsmäßig tätige Betreuer können eine Vergütung nur für Betreuertätigkeiten (und nicht für sonstige Dienstleistungen) bekommen. Anhaltspunkte, welche Tätigkeiten das im Einzelnen sind, ergaben und ergeben sich nicht aus den Vergütungsvorschriften, sondern aus den §§ 1897, 1902 und 1901 (sowie bei Vormundschaften aus § 1800 ff. BGB bei Pflegschaften aus § 1915 BGB).   **766**

Nach § 1897 BGB bestellt das Betreuungsgericht eine natürliche Person, die geeignet ist, in dem gerichtlich bestimmten Aufgabenkreis die Angelegenheiten des Betreuten rechtlich zu besorgen und ihn hierbei im erforderlichen Umfang persönlich zu betreuen. Sie vertritt den Betreuten gerichtlich und außergerichtlich § 1902 BGB. Dabei hat der Betreuer nach § 1901, wenn irgend möglich, die Wünsche des Betreuten zu berücksichtigen, ihm ein Leben nach seinen Vorstellungen zu ermöglichen und dazu beizutragen, dass Möglichkeiten genutzt werden, die Krankheit oder Behinderung des Betreuten zu beseitigen, zu bessern, ihre Verschlimmerung zu verhindern oder ihre Folgen zu mildern. Ausdrücklich sagt der durch das   **767**

---

431 LG Saarbrücken a.a.O., ähnlich BayObLG BtPrax 1998, 237 sowie LG Saarbrücken, Beschl. v. 21.8.2003, 5 T 468/03

432 Vgl. dazu Deinert/Lütgens/Meier, Die Haftung des Betreuers, 3. Auflage, Köln 2017

1. BtÄndG am 1.1.1999 eingefügte Abs. 1 in § 1901 BGB: „Die Betreuung umfasst alle Tätigkeiten, die erforderlich sind, um die Angelegenheiten des Betreuten [...] rechtlich zu besorgen."

768 Vertretung des Betreuten heißt, in seinem Namen gegenüber Dritten, also nach außen hin, tätig zu werden, z.B. durch Abgabe von Willenserklärungen. Zur gerichtlichen und außergerichtlichen Vertretung gehört auch, dass der Betreuer Maßnahmen, die er eingeleitet oder veranlasst hat, überwacht, um entscheiden zu können, ob und ggf. wie lange eine Maßnahme andauern muss oder ob sie rückgängig zu machen ist.

769 Wenn der Betreuer nach außen hin tätig wird, beispielsweise einen Vertrag schließt oder eine Kündigung ausspricht, ist dies nur das **Ergebnis eines Entscheidungsprozesses**. Zu vergüten sind aber nicht nur die nach außen hin sichtbaren Endprodukte, beispielsweise die Abgabe einer Willenserklärung, sondern auch die Tätigkeiten, die der Betreuer ausführen musste, um zu einer Entscheidung zu kommen, z.B. Ermittlungtätigkeiten. Auch wenn der Betreute sich entscheidet, etwas nicht zu tun, z.B. den Betreuten nicht in ein Krankenhaus einweisen zu lassen, ist er für den Betreuten tätig geworden. Diese Tätigkeit wird jedoch nach außen hin nicht sichtbar.[433]

770 Die Stärkung der persönlichen Betreuung im Gegensatz zu anonymer Verwaltung war ein wesentliches Anliegen des Betreuungsrechts.[434] Unter persönlicher Betreuung ist daher in erster Linie der persönliche Kontakt zum Betreuten zu verstehen. Sie findet in der Pflicht des Betreuers, wichtige Angelegenheiten mit dem Betreuten zu besprechen und, soweit zumutbar, nach seinen Wünschen zu handeln, ihren gesetzlichen Ausdruck (§ 1901 Abs. 3 BGB).[435] Die persönliche Betreuung ist dabei kein eigenständiger Aufgabenkreis, sondern beschreibt die Art, wie der Betreuer seine Aufgaben zu erledigen hat.[436] Zur persönlichen Betreuung gehören Gespräche oder Telefonate mit dem Betreuten, Kontakte mit Bezugspersonen des Betreuten, um Informationen über seine Wünsche und Bedürfnisse zu erhalten. Daran hat sich auch mit dem durch das Betreuungsrechtsänderungsgesetz eingeführten Begriff „rechtliche Betreuung" nichts geändert.[437] Persönliche Betreuung darf freilich nicht mit tatsächlicher Personensorge verwechselt werden.[438]

771 Nicht nur aus den Vorschriften über die Betreuung selbst, sondern auch aus den Regelungen über die Vormundschaft für Minderjährige, die über die Verweisung des § 1908i BGB teilweise auch für die Betreuung gelten, ergeben sich Pflichten des Betreuers. Dies sind u.a. das Erstellen und Einreichen von Berichten, eines Vermögensverzeichnisses, von Abrechnungen oder Vermögensübersichten, Anträge auf Erteilung vormundschaftsgerichtlicher Genehmigungen.

772 Zum abrechenbaren Zeitaufwand gehört jeweils auch der Zeitbedarf zur An- und Abreise zum Ort der jeweiligen Handlung.[439] Der Zeitaufwand muss für Betreuertätigkeiten innerhalb des übertragenen Aufgabenkreises getätigt worden sein; Tätigkeiten, die der Betreuer außerhalb dessen tätigt, sind nicht abrechenbar.[440]

773 Zu Recht wies das *LG Memmingen*[441] darauf hin, dass ein vom Betreuer beauftragter Dritter keinen Vergütungsanspruch hat.[442] Die Instruktion einer Vertretungsperson ist jedoch vergütungsfähiger Zeitaufwand[443] (siehe dazu auch oben Kapitel 4, Rn. 243).

---

433 Gregersen BdB-Verbandszeitschrift 4/1998, S. 9
434 BT-Drs. 11/4528, S. 68 ff.
435 Jürgens u.a., BtR Kompakt Rn. 2
436 Jürgens, BtPrax 1998, 130
437 BT-Drs. 13/7158, S. 33
438 Harm, BtPrax 1996, 213
439 BezG Meiningen FamRZ 1994, 523
440 LG Augsburg BtPrax 1996, 76; LG Kempten BtE 1994/95, 83
441 LG Memmingen FamRZ 1999, 459
442 Zuvor bereits LG Frankenthal BtPrax 1996, 231; LG Frankfurt/Oder BtPrax 1997, 78
443 BayObLG BtPrax 2000, 214 = FamRZ 2001, 374

Tätigkeiten vor der Betreuerbestellung (vgl. § 287 Abs. 1,2 FamFG) sind nicht abrechnungsfähig.[444] Gleiches muss auch bei der Erweiterung des Aufgabenkreises für Tätigkeiten in diesem Zeitraum gelten, da auch eine Erweiterung nicht mit rückwirkender Kraft möglich ist (siehe zur Teilnahme an der Gerichtsverhandlung unten Rn. 793). **774**

▶ *Bei eilbedürftigen Angelegenheiten sollte der Betreuer das Gericht darauf hinweisen, dass ggf. eine eigene Entscheidung des Gerichtes nach § 1846 notwendig wird und ggf. auf eine Eilentscheidung im Wege der einstweiligen Anordnung hinwirken.*

Die Einweisung eines künftigen ehrenamtlichen Betreuers durch den bisherigen Vereinsbetreuer in die Tätigkeit ist (für den Letzteren) vergütungsfähiger Zeitaufwand.[445] **775**

6.12.3 Umfang der aufgewendeten Zeit

Für die Zeit bis 30.6.2005 und bei bestimmten Vertretungsformen (vgl. Rn. 758 f.) wird der Umfang der Vertretungstätigkeit durch die Zeit ausgedrückt, die der Vormund, Pfleger oder Betreuer auf die Führung der Vormundschaft, Pflegschaft oder Betreuung verwandt hat.[446] Der Gesetzgeber hat in vielen Bereichen (außer bei der Berufs- und Vereinsbetreuung ab 1.7.2005) an einem Stundensatzsystem festgehalten. Angesichts der Vielgestaltigkeit konkret geführter Vormundschaften oder Betreuungen, so noch der Regierungsentwurf zum 1. BtÄndG[447], gäbe es für eine Abrechnung nach Falltypen oder Tätigkeitskatalogen keine hinreichend tragfähigen Ansatzpunkte. **776**

Das bedeutet, dass bestimmte Vertretungspersonen auch in Zukunft ihren Zeitaufwand im Vergütungsantrag dokumentieren müssen. Es ist also weiterhin Streit um die Frage zu befürchten, in welchem Umfang Tätigkeiten abgerechnet werden können, mit anderen Worten, wie lange eine Handlung dauern darf. Die Kontrolle der in Ansatz gebrachten Zeit und der Umgang mit einer eventuellen Kürzung ist auch weiter problematisch. **777**

Zu Recht hat das *LG Oldenburg* darauf hingewiesen, dass dabei grundsätzlich den Angaben des Betreuers zu folgen ist.[448] Es liegt in seinem Ermessen, wie er seine Pflicht erfüllt.[449] Zudem liegt es auch nicht immer im Einflussbereich des Betreuers, wie lange eine Handlung dauert. Dies hängt, z.B. bei Gesprächen, auch ganz entscheidend vom Verhalten des Gegenübers ab und bei bestimmten Situationen auch vom Verhalten Dritter, z.B. von Sozialhilfesachbearbeitern, die mitunter keine vorherige Terminvereinbarung mit dem Betreuer akzeptieren, wodurch diesem Wartezeiten in der jeweiligen Behörde entstehen, die unabweisbar waren. **778**

Bei Vormündern Minderjähriger können alle Tätigkeiten der Personen- und Vermögenssorge abgerechnet werden. Lebt der Mündel im Haushalt des Vormunds, gehören dazu auch die Tätigkeiten der tatsächlichen Personensorge. **779**

Welche Anzahl von Stunden im Einzelnen aufgewendet werden müssen und demnach als Vergütung abrechenbar ist, ist in erster Linie Entscheidung desjenigen, der die Tätigkeit ausführt. Nur dieser, nicht der Rechtspfleger und auch nicht der Bezirksrevisor des Landgerichtes, kennt die betreute Person und kann die Notwendigkeit des Zeitaufwandes kompetent entscheiden.[450] Die abrechenbare Zeit muss freilich zur pflichtgemäßen Aufgabenwahrnehmung benötigt worden sein.[451] Das *LG Kiel* sieht „objektiv unangemessene" Bemühungen nicht als vergütungsfähig an.[452] **780**

---

444 OLG Schleswig NJW-RR 1999, 660
445 LG Marburg v. 17.2.1999, 3 T 310/98, RdLH 1999, 82
446 BT-Drs. 13/7158, S. 13
447 BT-Drs. 13/7158, S. 13
448 LG Oldenburg FamRZ 1997, 947
449 Knittel § 1836, Rn. 38
450 BayObLG FamRZ 1996, 1169; LG Augsburg Rpfleger 1994, 242; LG Bonn BtPrax 1997, 122
451 BayObLG, a.a.O.
452 LG Kiel FamRZ 1994, 777; LG Paderborn FamRZ 1993, 237

781 Der Berufsbetreuer schuldet freilich **professionelles Handeln** und hat die heute gebräuchlichen Kommunikationsmittel effizient und so kostengünstig wie möglich einzusetzen.[453]

782 Für die Vergütung bei beruflich tätigen Vormündern und Pflegern (und bis 30.6.05 bei beruflichen Betreuern) gilt, dass die „erforderliche" Zeit (§ 3 Abs. 1 VBVG) abrechenbar ist. Dies ermöglicht dem Gericht eine nachträgliche objektive Prüfungsmöglichkeit. Es muss, auch angesichts der an mehreren Stellen des BGB eingeführten Begriffes der „rechtlichen" Betreuung, die von einer tatsächlichen nicht abrechenbaren Betreuungstätigkeit abgegrenzt werden soll, damit gerechnet werden, dass Gerichte zunehmend Tätigkeiten von Betreuern, die keine unmittelbare Rechtsvertretung beinhalten, als nicht erforderlich bezeichnen werden. Hier muss auf die Pflichtenbindung des Betreuers, die Wunscherfüllungspflicht und die Pflicht, wichtige Angelegenheiten mit dem Betreuten zu besprechen (§ 1901), hingewiesen werden. Keine minutiöse Überprüfung von detaillierten Vergütungsanträgen, nur eine Missbrauchskontrolle sieht das *OLG Zweibrücken* vor.[454]

783 Macht der Vormund, Pfleger oder Betreuer eine spezifizierte Zeitangabe, sind einer abweichenden Beurteilung durch das Gericht enge Grenzen gesetzt. Der Vertreter ist eigenverantwortlich tätig (§§ 1800, 1901 Abs. 1 BGB), er unterliegt keinen Weisungen des VormG, auch nicht mittelbar über die Vergütungsabrechnung. Die Kontrolle beschränkt sich im Wesentlichen auf denkgesetzliche Unmöglichkeiten, missbräuchliche, deutlich überzogene oder sachlich völlig ungerechtfertigte Forderungen, hat er z.B. Tätigkeiten außerhalb der ihm übertragenen Aufgabenkreise vorgenommen, so sind Abstriche bzgl. der Vergütung zulässig.

784 Jeder Vormund, Pfleger oder Betreuer besitzt grundsätzlich einen nicht weiter überprüfbaren Ermessensspielraum bezüglich der Verwendung seiner Zeit. Es ist deshalb nicht Aufgabe des Gerichts, einen schlüssig dargestellten und im Aufgabenbereich des Betreuers liegenden Zeitaufwand zu kürzen, wenn nicht erkennbar die Gesichtspunkte einer wirtschaftlichen Führung des Amtes verletzt worden sind. Hinsichtlich der Anzahl der zu bewilligenden Stunden darf lediglich eine Plausibilitätsprüfung durch das Gericht erfolgen.

785 Danach sind offensichtlich zeitlich übertriebene Ansätze nicht vergütungsfähig. Entscheidend ist die Sicht des Vormundes, Pflegers oder Betreuers, insbesondere steht es dem Gericht nicht an, einem Vormund, Pfleger oder Betreuer vorzuschreiben, dass gewisse Tätigkeiten schneller zu erledigen wären, soweit diese nicht offensichtlich überzogen oder sachlich völlig ungerechtfertigt sind oder in ihnen ein missbräuchliches Verhalten zutage tritt.[455] Abzulehnen ist eine in letzter Zeit verstärkt zu beobachtende Tendenz bei Gerichten, Tätigkeiten im Minutenrhythmus abzurechnen.[456] Hierzu gehören Beispiele, wie die, dass die „Bearbeitung eines Posteingangs grundsätzlich nicht mehr als 5 Minuten erfordert".[457]

786 Eine Schätzung des Zeitaufwands analog zu § 287 ZPO ist grundsätzlich zulässig, wenn detaillierte Angaben fehlen, ansonsten ist für ein Schätzungsermessen kein Raum.[458] Insbesondere sind – sofern detaillierte Angaben vorliegen – selbst gestrickte Erfahrungssätze wie „für eine normale Betreuung dürfen im Jahr nur 60 Stunden anfallen" oder die nachträgliche (rückwirkende) Festsetzung einer Pauschale willkürlich und unzulässig.[459]

---

453 LG Koblenz JurBüro 2001, 602; erneut LG Koblenz FamRZ 2004, 220 = Rpfleger 2004, 488
454 OLG Zweibrücken BtPrax 2000, 220 = FamRZ 2000, 1533
455 Vgl. LG Kassel 3 T 783/98 u. 784/98; LG Ellwangen, Beschl. v. 7.5.1999, 1 T 75/99; AG Mülheim a.d. Ruhr, Beschl. v. 13. 6. 2000, 5 XVII 352/98; LG Dessau FamRZ 2000, 1530 m. Anm. Bienwald S. 1531 = BtPrax 2001, 88 (Ls); LG Lübeck, Beschl. v. 30.10.2000, 7 T 606/00; Zimmermann FamRZ 1998, 521, 527 ff.; LG Berlin 87 T 30/95 und 87 T 423/94
456 LG Mönchengladbach FamRZ 2004, 486
457 LG Koblenz FamRZ 2004, 566
458 OLG Zweibrücken BtPrax 1997, 116
459 LG Berlin v. 29.5.2000, 87 T 217/00 u. 247/00; siehe auch LG Dessau FamRZ 2000, 1530 m. Anm. Bienwald S. 1531 = BtPrax 2001, 88 (Ls) und Zimmermann FamRZ 1998, 521, 527 ff. Vgl. zur Schätzung des Zeitaufwandes auch BayObLG FamRZ 1996, 1171; OLG Schleswig NJWE-FER 1998, 36 und LG Stuttgart FamRZ 1998, 496

Aus einer Entscheidung muss eindeutig hervorgehen, welche Positionen im Einzelnen nicht anerkannt werden. Zwar muss offensichtlich überhöhten und daher unglaubhaften Zeitangaben eines Berufsbetreuers nicht ungeprüft gefolgt werden, dem Beschluss muss dann aber zu entnehmen sein, aus welchem Grund der jeweils konkret nach Tätigkeit und Datum bezeichnete Zeitaufwand als nicht vergütungsfähig angesehen wird.

787

6.12.4 Pflichten gegenüber dem Gericht

Bei der Vergütung wird man zunächst einmal alle Tätigkeiten als erforderlich ansehen, die sich aus einer Verpflichtung gegenüber dem Gericht ergeben. Dies ist z.B. die Erstellung eines Vermögensverzeichnisses,[460] sofern der Aufgabenkreis die Vermögenssorge enthält (§ 1802 BGB), was selbstverständlich auch alle hierfür notwendigen Vorbereitungshandlungen beinhaltet, z.B. Sichtung der vorgefundenen Schriftstücke zwecks Ermittlung von Forderungen und Verbindlichkeiten;[461] Schriftverkehr mit Geldinstituten, Vermietern, sonstigen Gläubigern, der SCHUFA und etwaige in diesem Zusammenhang nötige Telefonate; danach auch der Zeitaufwand für den Jahresbericht[462] und die Rechnungslegung (§ 1840 Abs. 2 BGB), d.h. auch die Abholung von Kontoauszügen,[463] deren geordnete Zusammenstellung und der Übertrag in das vom Gericht als erforderlich angesehene Rechnungsformular (bzw. bei befreiten Betreuern die regelmäßige erneute Einreichung einer Vermögensübersicht; § 1854 Abs. 2 BGB).

788

Es wurde die Auffassung vertreten, dass der Zeitaufwand für das Aufstellen des Jahresberichtes bei Vordruckverwendung maximal 5 Minuten ist. Dabei handele es sich um einfachste Tätigkeiten.[464] Dieser Auffassung kann nicht beigepflichtet werden.

789

Hinzu kommt der Zeitaufwand für die Verpflichtung und das Einführungsgespräch (§ 69b FGG), das Abholen des Betreuerausweises[465], die Berichterstattung gegenüber dem Gericht (§§ 1839, 1840 Abs. 1 BGB) und für Genehmigungsanträge, die sich aus zahlreichen Bestimmungen ergeben (§§ 1807 ff., 1821, 1822, 1904 bis 1907 BGB usw.).

790

Vereinzelt soll durch Gerichte die Zeit bemängelt worden sein, die der Berufsbetreuer zur Anlage der Betreuungsakte benötigte. Hier muss man konstatieren, dass eine ordentliche Betreuungsführung, die den gesetzlichen Anforderungen, nämlich der Rechenschaftspflicht gegenüber dem Gericht und dem Betreuten (auch im Hinblick auf die §§ 1833 sowie 1890 BGB), eine solche Aktenführung erfordert.[466] Nicht abrechenbar ist die Führung eines Tagebuches mit den Erlebnissen des Betreuers.[467]

791

Bürotätigkeiten[468] gehören jedenfalls dann zu den vergütungsfähigen Tätigkeiten, wenn diese zur Führung der Betreuung notwendig sind.[469] Dagegen sind die Tätigkeiten eines Dritten, an den der Betreuer die Aufgaben unzulässig delegiert, nicht vergütungsfähig.[470] Auch die Zeit für die Fahrt zum Kopiercenter und zur Anfertigung der Kopien zählt zum vergütungsfähigen Zeitraum, weil die Anschaffung eines eigenen Kopiergerätes nicht verlangt werden kann.[471]

792

---

460 BayObLG FamRZ 1999, 462
461 Zeitaufwand für das Sichten und Ordnen des Inhaltes zweier großer Plastikeinkaufstüten mit unterschiedlichsten Dokumenten kann mit zwei Stunden angesetzt werden: LG Koblenz FamRZ 2005, 132
462 LG Stuttgart, Beschl. v. 29.11.1999, 19 T 460/99
463 Diese sollen möglichst per Post zugeschickt werden; AG Betzdorf FamRZ 2000, 981
464 AG Westerburg FamRZ 2005, 305 m. Anm. Bienwald
465 LG Leipzig FamRZ 1999, 1607; a.A. unseres Erachtens zu Unrecht: LG Dessau FamRZ 2000, 1530
466 So auch LG Hamburg BtPrax 1997, 207; LG Frankenthal JurBüro 1998, 39; LG Göttingen FamRZ 1994, 125; AG Kleve, Beschl. v. 4.4.2002, 18 XVII 129/01, LG Frankfurt/Oder FamRZ 2003, 190
467 LG Saarbrücken BtPrax 1997, 124
468 BayObLG, BtPrax 1997, 112 und Rpfleger 1998, 575
469 Differenzierend: Damrau/Zimmermann § 1835 Rn. 18
470 LG Frankenthal BtPrax 1996, 231; LG Frankfurt/Oder BtPrax 1997, 78, LG Memmingen FamRZ 1999, 459. Zur Einsichtnahme in Betreuungsakten als Vergütungstatbestand: LG Dessau FamRZ 2000, 1530 (m. zutreffender Anm. von Bienwald FamRZ 2000, 1531) = BtPrax 2001, 88
471 LG Braunschweig v. 6.4.2001. 8 T 1184/00

793   Auch die Teilnahme an anderen gerichtlichen Terminen (z.B. bei **Strafverhandlungen** gegen die betreute Person), wenn der Betreuer hierzu ausdrücklich als gesetzlicher Vertreter geladen wurde, ist vergütungsfähig.[472] Die Teilnahme an der Hauptverhandlung in einem anwaltlich im Strafverfahren nicht vertretenen Betreuten ist bei Vorliegen besonderer Umstände vergütungsfähig.[473] Nicht als vergütungsfähig angesehen wurde dagegen die Begleitung einer als Zeugin zu vernehmenden Betreuten durch den Betreuer, obwohl die betreute Person Angst vor der Begegnung mit dem Täter hatte und der Aufgabenkreis des Betreuers die Vertretung im Strafverfahren beinhaltete.[474]

794   Jedenfalls ist es nicht Aufgabe eines Betreuers, den Betreuten zum Verhandlungstermin zu fahren oder die Teilnahme eines Betreuten an dem Termin sicherzustellen. Alleine die Betreuerbestellung führt jedenfalls regelmäßig nicht dazu, dass der Betreuer in dem Prozess irgendeine Funktion hat (anders nur, wenn dies ausdrücklich als Aufgabenkreis benannt wurde).[475] Für eine Ladung „als Betreuer des Angeklagten" gibt es deshalb keine Grundlage. Will das Gericht den Betreuer als Zeuge vernehmen (etwa über die Erkrankung des Betreuten oder über dessen Lebensumstände – dies kann für die Beurteilung der Schuldfähigkeit, die Strafzumessung sowie die Frage der Strafaussetzung zur Bewährung von Bedeutung sein), sollte deshalb eine Ladung als Zeuge erfolgen. Ist die Ladung unklar formuliert, sollte der Betreuer auf Klarstellung drängen. Da die Zeugenaussage nicht Gegenstand der Betreuertätigkeit ist, kann sie auch nicht durch die Vergütungspauschale mit abgegolten sein, es hat eine Entschädigung nach dem JVEG zu erfolgen.

795   Gem. § 5 Abs. 2 Ziff. 1 JVEG steht dem Zeugen ein Fahrtkostenersatz i.H.v. 0,25 € je gefahrenem Kilometer zu. Wenn man es genau nimmt, wird der Betreuer daneben aber keinen Anspruch auf Entschädigung für einen Verdienstausfall gem. § 22 JVEG haben. Wegen der Pauschalierung hat der Betreuer durch die Zeugenaussage ja nicht weniger verdient – er muss die versäumten Tätigkeiten lediglich in seiner Freizeit nachholen. Er wird sich deshalb u.U. mit der geringen Entschädigung für Zeitversäumnis des § 20 JVEG (i.H.v. 3,50 € je Stunde) zufrieden geben müssen.

6.12.5 Persönliche Kontakte zum Betreuten

796   Im Sommer 2011 ist eine Änderung des Vormundschaftsrechts in Kraft getreten[476], die wegen der Bezugnahme in § 1908i BGB zum Teil auch für Betreuer Geltung hat.

797   Während die für Vormünder geltende Neuregelung (§ 1793 Abs. 1a BGB n.F.), nach der ein Vormund seine Mündel mindestens einmal monatlich in ihrer persönlichen Umgebung aufsuchen soll, für Betreuer nicht gilt, sind aber die §§ 1837 Abs. 2 Satz 1, 1840 Abs. 1 BGB (die gem. § 1908i Abs. 1 BGB sinngemäß auch auf das Betreuungsrecht anzuwenden sind) dahingehend ergänzt worden, dass die Aufsicht des Betreuungsgerichts auch die Anzahl der persönlichen Kontakte zwischen dem Betreuer und dem Betreuten betrifft und dass die Anzahl der persönlichen Kontakte mit in den Jahresbericht aufzunehmen ist.

798   Außerdem ist die betreuungsrechtliche Regelung in § 1908b BGB (Entlassung des Betreuers) dahingehend geändert worden, dass mangelnde persönliche Kontakte ausdrücklich als Grund für eine Entlassung anzusehen sind.

799   Diese Regelung ist zweifelhaft. Unter anderem ist die Anzahl der persönlichen Kontakte kaum ein taugliches Kriterium, um die Qualität der Betreuungsarbeit im Einzelfall festzustellen. Eine fachlich qualifizierte Betreuungsführung kann unter Umständen mit erheblich weniger Einzelkontakten zu besseren Ergebnissen führen, als eine wenig qualifizierte Arbeits-

---

472 LG Memmingen FamRZ 1998, 508 = BtPrax 1998, 116; LG Koblenz FamRZ 1999, 464 = BtPrax 1999, 38
473 OLG Zweibrücken BtPrax 2001, 128
474 LG Frankenthal BtPrax 1998, 151, kritisch hierzu Jürgens BtPrax 1998, 143. Ähnlich BayObLG FamRZ 1999, 740 = BtPrax 1999, 73
475 OLG Schleswig, Beschl. v. 15.3. 2007, 2 W 20/07, BtPrax 2007, 268 (Ls)
476 Bundestagsbeschluss v. 14.4.2011 (Bt-Drs. 17/3617 mit Änderungen Bt-Drs. 17/5512)

weise es trotz vieler Einzelkontakte kann. Und umgekehrt sagt eine hohe Anzahl an persönlichen Kontakten nichts darüber aus, ob eine Betreuung im Einzelfall auch zum Wohle des Betreuten beiträgt. Außerdem sind nun etliche Streitigkeiten zwischen Betreuern und Gerichten vorprogrammiert. Da für Betreuungen keine Mindestanzahl von erforderlichen persönlichen Kontakten in das Gesetz aufgenommen wurde (was unseres Erachtens zutreffend ist, weil es von den Umständen eines jeden Einzelfalles abhängt, wie oft solche Kontakte erforderlich sind), andererseits aber ausdrücklich darauf hingewiesen wird, dass mangelnde Kontakte ein Entlassungsgrund sein können, ist zu befürchten, dass viele Gerichte diesbezüglich ganz eigene Vorstellungen entwickeln und eventuell viel zu pauschale Anforderungen stellen werden, die dann in Beschwerdeverfahren überprüft und ggf. korrigiert werden müssten. Eine solche Entwicklung ist einer effektiven Betreuungsarbeit und der Zusammenarbeit von Gerichten und Betreuern sicherlich nicht förderlich.

Näheres zur Diskussion kann dem Sitzungsprotokoll des Bundestages[477] entnommen werden. Offenbar waren die meisten Parteien davon überzeugt, dass die Zahl der persönlichen Kontakte zwischen Betreuern und Betreuten seit Einführung der Pauschalierung zurückgegangen sei und durch die Neuregelung nun gegengesteuert werden müsse. Lediglich die Grünen vertraten die Auffassung, dass das Betreuungsrecht nicht „so nebenbei" am Rande anderer Gesetze mit geändert werden solle, sondern dass man grundlegend über das Betreuungsrecht nachdenken müsse und dass die UN-Behindertenrechtskonvention sogar eine grundlegende Reform erfordern könnte. Regelungen zum Betreuungsrecht sollten deshalb nicht am Rande anderer Gesetze getroffen werden.[478]

800

Zu der Frage, wie häufig persönliche Kontakte zum Betreuten erforderlich sind, können die nachfolgenden Ausführungen zur Rechtsprechung aus der Zeit vor der Pauschalierung einige Anhaltspunkte liefern:

801

Bei allen Aufgabenkreisen ist stets festzustellen, dass § 1901 BGB zu beachten ist, dass also mit der betreuten Person Kontakt gehalten werden muss. Hierbei stellt sich die Frage, ob diese Kontakte nur dann abrechenbar sind, wenn eine konkrete Rechtshandlung in Aussicht oder bereits erfolgt ist oder ob diese Kontakte auch ohne einen eigentlichen juristischen Grund abrechenbar sind.

802

Hier wird man zunächst eine Kontaktaufnahme schon deswegen als erforderlich ansehen müssen, damit der Betreuer die betreute Person kennenlernt und um deren Wünsche in Erfahrung zu bringen; ein Vertrauensverhältnis aufzubauen, um dies später überhaupt erst in Rechtshandlungen umsetzen zu können[479]; dieses Vertrauensverhältnis muss auch später durch regelmäßige Besuche aufrechterhalten bleiben.[480]

803

So wurde die Teilnahme an einer Weihnachtsfeier mit diesem Argument (ausnahmsweise) als abrechnungsfähige Zeit angesehen.[481] Bei Besuchskontakten, für die ein bestimmter Anlass nicht vorliegt, ist im Sinne des seit dem 1. BtÄndG eingeführten Erforderlichkeitsgrundsatzes nicht jede Kontaktaufnahme abrechenbar; grundsätzlich muss jedoch der Betreuer selbst die Einschätzung der nötigen Zeit treffen. Das *LG Passau* vertritt die Auffassung, dass ein Besuch pro Monat nicht zu viel sei[482], in einem anderen Fall wurde ein Besuch pro Woche als angemessen erachtet.[483] In weiteren Gerichtsentscheidungen und in Kommentierungen werden 1 bis 2 Besuche pro Monat als angemessen angesehen.[484]

804

---

477 Plenarprotokoll 17/105, S. 137 ff.
478 Redebeitrag von Ingrid Hönlinger, Bündnis 90/Die Grünen, S. 143 des o.g. Protokolls
479 Vgl. auch Zimmermann, FamRZ 1998, 521/522
480 A.A. Weigert, BtPrax 1998, 98
481 LG Koblenz FamRZ 1998, 183 = BtPrax 1997, 242; vgl. aber auch BayObLG FamRZ 1999, 463
482 LG Passau JurBüro 1993, 733
483 LG Traunstein, a.a.O.
484 Knittel § 1836 Rn. 39; so auch LG Mainz BtPrax 1997, 245 = JurBüro 1998, 39 = FamRZ 1998, 245; LG Frankenthal Rpfleger 1986, 477; LG Dortmund Rpfleger 1983, 439; LG Leipzig FamRZ 2000, 147; BayObLG NJWE-FER 2001, 122; LG Berlin 87 T 595/97; Zimmermann, Betreuungsrecht 1999, S. 62

805   Wird ein Betreuer entlassen, zählt ein Abschiedsbesuch beim Betreuten nicht mehr zu seinen Aufgaben.[485]

806   Der Betreuer muss sich des Weiteren (gem. §§ 1897 Abs. 6 Satz 2 und 1908d BGB) in gewissen Abständen davon vergewissern, ob die Betreuung aufgehoben, erweitert oder eingeschränkt werden muss oder ein Betreuerwechsel stattfinden kann. Besprechungen mit dem Betreuten können dabei auch im Rahmen von Kurzausflügen erfolgen.[486]

807   Kurbegleitung, Teilnahme an Gruppenfreizeiten oder ständige Anwesenheit am Krankenbett sowie therapeutische Gespräche wurden als nicht notwendig angesehen.[487] Keine Betreuervergütung wird gewährt für allgemeine therapeutische Maßnahmen des Betreuers.[488]

808   Unangemeldete **Hausbesuche** bei der betreuten Person, die dann nicht angetroffen wurde, sollen nicht als abrechenbarer Zeitaufwand gelten, weil sie nutzlos seien.[489] Dieser Auffassung kann so pauschal nicht zugestimmt werden. Wenn sich der Betreute dem Betreuer entziehen will, würde die vorherige Anmeldung des Hausbesuchs dazu führen, dass der Betreute nicht zu erreichen sein wird. Die einzige Möglichkeit, ihn zu kontaktieren, wäre gerade ein unangemeldeter Hausbesuch. Liegt eine solche Fallgestaltung vor, muss auch ein fehlgeschlagener Hausbesuch zum abrechenbaren Zeitaufwand gehören.[490]

809   Der Besuch bei einem 4-monatigen **Säugling** ist beim Verfahrenspfleger keine vergütungsfähige Tätigkeit.[491]

6.12.6 Definition Telefongespräch

810   Bei der Abrechnung des Zeitaufwandes für Telefongespräche gibt es in der Praxis Schwierigkeiten. Offensichtlich werden hierfür bei einigen Gerichten nur die Minuten anerkannt, die das Gespräch selbst gedauert hat (über Einzelverbindungsnachweis zu belegen). Teils werden sogar hiervon noch Abstriche gemacht, z.B., wenn es in einem Beschluss des *AG Berlin-Wedding* heißt: „Wartezeiten am Telefon können dem Betreuten nicht angelastet werden."

811   Solch kleinlicher und u.E. willkürlicher Handhabung kann nicht zugestimmt werden. Zu dem Zeitaufwand eines Telefonates gehört u.E.: die gedankliche Vorüberlegung des beabsichtigten Gesprächsinhaltes, das Heraussuchen der Telefonnummer, der Wählvorgang mit etwaigen Wiederholungen bei Nichterreichen, das Gespräch selbst einschließlich Warteschleifen, die Aktennotiz nach erfolgtem Telefonat, das Weglegen der Unterlagen.

812   Für die **Abwehr unerwünschter Telefonate** des Betreuten durch den Betreuer können laut Rechtsprechung pro Anruf maximal drei Minuten Zeitaufwand abgerechnet werden, im Ausnahmefall seien max. 20 Minuten tolerierbar.[492]

6.12.7 Tätigkeiten im Rahmen der Vermögenssorge

813   Verhandlungen (auch mündliche) mit Geldinstituten[493], Gläubigern, Handwerkern, Behörden, Gerichten, Vermieter oder Mietern des Betreuten bezüglich etwaiger finanzieller Ansprüche sind abrechnungsfähige Betreuertätigkeiten.[494]

---

485 AG Betzdorf FamRZ 2001, 1242
486 BayObLG FGPrax 2000, 65 = FamRZ 2000, 1048 = BtPrax 2000, 124
487 Vgl. z.B. LG Münster Rpfleger 1996, 288; LG Augsburg JB 1993, 87; LG Limburg BtPrax 1997, 119; LG Saarbrücken BtPrax 1997, 124; LG Duisburg BtPrax 1998, 40 [Ls]; OLG Zweibrücken Rpfleger 2000, 549; AG Koblenz FamRZ 2005, 656; Zimmermann FamRZ 1998, 521/522; Knittel § 1835 Rn. 1 a
488 LG Koblenz FamRZ 2002, 845
489 Zimmermann, FamRZ 1998, 521/522
490 So auch Zimmermann, Betreuungsrecht 1999, S. 64
491 OLG Brandenburg Kind-Prax 2004, 239 m. Anm. Müller, S. 240
492 LG Nürnberg-Fürth v. 27.3.2002, 13 T 3341/01
493 LG Leipzig FamRZ 2000, 980
494 Zimmermann, FamRZ 1998, 521/524.

Im Bereich der Vermögenssorge müssen auch Zeiten, die für die Beantragung von Renten[495] und anderen Sozialleistungen und für die Überprüfung der Richtigkeit der Leistungen benötigt werden, abrechenbar sein. Dies betrifft z.B. auch Rückfragen bei Spezialdiensten, z.B. Sozialhilfeberatung, Schuldnerberatungsstellen u.Ä. Solche Schritte dienen der Durchsetzung berechtigter Interessen des Betreuten. Gerade im Sozialhilfebereich sind sie häufig erforderlich, weil oft durch die Sozialämter deren Beratungspflichten nach § 17 SGB I nicht erfüllt werden. **814**

Hier wie auch bei Arbeitsagenturen sind z.T. keine Terminabsprachen mit den Sachbearbeitern möglich, sodass Wartezeiten entstehen. Da solche Wartezeiten unabwendbar sind, wird der Betreuer sie als vergütungsfähige Zeit abrechnen können. Es muss die Situation analog zum Zeugen gesehen werden, der auch für die Wartezeit vor dem Gerichtssaal entschädigt wird, da diese Zeiten für den Betreuer ebenfalls nicht abwendbar sind. Grundsätzlich gilt: Besuche bei Behörden, Banken etc. sind zuvor telefonisch anzukündigen, sonst erfolgt keine Vergütung für Fehltermine; Wartezeiten sind jedoch zu vergüten; unnötiger Aufwand ist selbstverständlich zu vermeiden.[496] **815**

Ob die Verwaltung eines **persönlichen Budgets** (§ 17 SGB IX) bereits mit der Betreuervergütung abgegolten wird oder ob zusätzlich (aus dem Budget bzw. vom Betreuten selbst) eine Vergütung für die Budgetassistenz verlangt werden kann, ist umstritten. In der Literatur wird verbreitet eine zusätzliche Vergütung gefordert,[497] die Rechtsprechung lehnt dies allerdings z.T. ab.[498] Unseres Erachtens spricht bereits die gesetzliche Regelung in § 17 Abs. 3 SGB IX für eine zusätzliche Vergütung, dort heißt es nämlich ausdrücklich, dass das Budget so zu bemessen ist, dass der individuell festgestellte Bedarf gedeckt wird und die erforderliche Beratung und Unterstützung erfolgen kann. Wenn die für Beratung und Unterstützung anfallenden Kosten aber in das Budget einzurechnen sind, gibt es keinen Grund, dem Betreuer diesen Betrag vorzuenthalten, zumal die Verwaltung des Budgets im Regelfall einige Mehrarbeit bereiten dürfte, die bei der Berechnung der seit der Pauschalierung abrechenbaren Stunden nicht berücksichtigt wurde. **816**

Bei der Abgrenzung des Aufgabenkreises gibt es einige Unklarheiten, so wird bisweilen vertreten, die Geltendmachung von Unterhaltsansprüchen sei im Aufgabenkreis Vermögenssorge nicht enthalten.[499] Diese Entscheidung wurde dem *BGH* im Rahmen eines Revisionsverfahrens vorgelegt. Leider wurde das Verfahren nicht weiterbetrieben. Unklar erscheint der Aufgabenkreis Vermögenssorge ebenso für Sozialhilfeansprüche.[500] **817**

Möglicherweise ist die Geldanlage bei größeren Vermögenswerten auch in Fonds vorzunehmen.[501] In diesem Falle müssten auch die dazugehörigen Ermittlungen (Mündelsicherheit des Fonds, Gewinnentwicklung usw.) abrechenbare Betreuertätigkeit sein. Tätigkeiten zur Vorbereitung eines Immobilienerwerbs zwecks Geldanlage sind nur vergütungsfähig, wenn der Betreuer zuvor die Genehmigungsfähigkeit mit dem Gericht geklärt hat.[502] **818**

Grundsätzlich soll es ausreichend sein, wenn **Bankgeschäfte** einmal pro Monat erledigt werden[503], was zumindest bei komplexen Vermögensverhältnissen nicht ausreichend sein dürfte; desgleichen sollten Kontoauszüge grundsätzlich per Post verschickt werden, nicht abzuholen sein.[504] Das Überprüfen und Einsortieren von Kontoauszügen ist vergütungsfä- **819**

---

495 LG Berlin FamRZ 2002, 345 = FPR 2002, 20
496 LG Dessau BtInfo 1/2001, 28
497 So z.B. Tänzer, Budgetassistenz und rechtliche Betreuung, BtPrax 2008, 16 ff.
498 AG München BtPrax 2010, 195
499 OLG Zweibrücken FamRZ 2000, 1324 mit Anm. Hellmann RdLH 2001, 90
500 LG Köln FamRZ 1998, 919 mit Anm. Bienwald in FamRZ 1998, 1567; OLG Köln FamRZ 1993, 850; zumindest zweifelnd: OVG NRW FamRZ 2001, 312
501 SchlHOLG BtPrax 2000, 87
502 OLG Frankfurt/Main FamRZ 2003, 1971
503 LG Leipzig FamRZ 2000, 980; a.A.: LG Hamburg BtPrax 2003, 43 (bis zu einmal pro Woche bei unregelmäßigen Geldeingängen); ähnlich AG Koblenz FamRZ 2003, 1872
504 AG Betzdorf FamRZ 2000, 981

hig, ebenso sollen für das Ausschreiben eines Überweisungsauftrags 10 Minuten angemessen sein.[505]

820 Bankgeschäfte sind unter Einsatz moderner Kommunikationsmittel zu erledigen. Nimmt die Bank Aufträge nur vom Betreuer persönlich entgegen, ist ein Bankwechsel zu erwägen.[506] Nach Auffassung eines Gerichtes hat der Berufsbetreuer auch zu prüfen, ob er den Betreuten zu Botengängen (Banküberweisungen, Kontoauszüge) zwecks Verringerung der Betreuervergütung einsetzen kann.[507]

821 Bankgeschäfte für das Kind des Betreuten gehören zur elterlichen Sorge und sind nicht Bestandteil der Betreuertätigkeit für den Elternteil.[508]

822 Das Aufsuchen des Versicherungsältesten zur Hilfestellung des Betreuers bei einem Rentenantrag soll grundsätzlich nicht vergütungsfähig sein, da eine Rentenantragstellung vom Betreuer eigenständig erwartet werden könne.[509]

6.12.8 Elterliche Sorge

823 Die Wahrnehmung von Angelegenheiten der **elterlichen Sorge** gehört nicht zu den Betreueraufgaben, es gibt also keine mittelbare Vertretungsbefugnis „des gesetzlichen Vertreters des gesetzlichen Vertreters".[510] Deshalb gehört es z.B. nicht zu den Aufgaben, die betreute Person bei Erziehungskonferenzen im Jugendamt, bei Verhandlungen und Absprachen über die Bewilligung von Familienhilfe oder gegenüber dem Vater ihrer Kinder zwecks Umgangsregelung zu vertreten,[511] ebenso wenig gehört es zu den Aufgaben (und kann damit auch keinen Vergütungsanspruch auslösen), ein Sparbuch auf den Namen der Tochter einer Betreuten anzulegen.[512]

6.12.9 Heilbehandlung und andere persönliche Einwilligungen

824 Im Bereich der Angelegenheiten der Heilbehandlung und weiterer Fragen der Personensorge zählt nicht nur der Zeitaufwand für die Unterschrift unter Behandlungsverträge und Einwilligungserklärungen zur Betreuertätigkeit, sondern auch das persönliche Aufklärungsgespräch mit dem Arzt über Folgen, Tragweite und Nebenwirkungen der medizinischen Behandlung.[513]

825 Seit einiger Zeit gibt es häufiger Differenzen zwischen Ärzten und Betreuern wegen der Erklärung von Einwilligungen in die Behandlung von Betreuten. Oft sind Ärzte der Meinung, dass der Betreuer die Einwilligung vor Ort in der Klinik erklären muss – auch, wenn diese sehr weit vom Geschäftsort des Betreuers entfernt liegt. Eindeutig geklärt ist die Rechtslage nicht. Unseres Erachtens gibt es für das generelle Verlangen nach einer „Unterschrift vor Ort" aber keine Grundlage. Gegen eine entsprechende Pflicht des Betreuers sprechen die folgenden Gründe (die man gegenüber Ärzten anführen kann):

826 Die Anforderungen an Aufklärung und Einwilligung sind inzwischen in den §§ 630d und e BGB geregelt. Eine Einwilligung des Betreuers ist dabei nur dann erforderlich, wenn der Patient selbst nicht mehr einwilligungsfähig ist. Ist er noch einwilligungsfähig, gilt nur seine Entscheidung. Willigt er in eine Behandlung ein, hat der Betreuer kein „Vetorecht", lehnt ein einwilligungsfähiger Patient eine Behandlung ab, gibt es keine Möglichkeit, ihn gegen seinen Willen behandeln zu lassen (§ 1906a Abs. 1 Nr. 2 BGB).

---

505 LG Berlin v. 21.9.1998, 87 T 555/97
506 AG Westerburg FamRZ 2004, 1995; LG Koblenz JurBüro 2001, 602
507 AG Betzdorf FamRZ 2001, 712
508 AG Koblenz FamRZ 2005, 478
509 LG Koblenz FamRZ 2005, 133
510 Engelfried, BtPrax 2013, 13
511 LG Rostock FamRZ 2003, 1691 = NJW-RR 2003, 1370
512 LG Koblenz FamRZ 2003, 1777
513 Zimmermann, FamRZ 1998, 521/523; LG Koblenz FamRZ 1996, 1348

Gem. § 630 e Abs. 2 BGB muss die Aufklärung mündlich erfolgen, damit ist für den Regelfall **827** ein persönliches Gespräch gemeint.[514] Während der Patient selbst gem. § 630e Abs. 3 BGB auf die Aufklärung verzichten kann, soll diese Möglichkeit für einen Betreuer oder auch einen Bevollmächtigten nicht bestehen.[515]

Allerdings ist hinsichtlich der Art und Weise der Aufklärung auch auf die konkrete Behand- **828** lungssituation abzustellen, in einfach gelagerten Fällen kann die Aufklärung auch telefo- nisch erfolgen.[516] In der genannten Entscheidung des BGH wurde ausdrücklich festgestellt, dass dies auch für die Aufklärung eines gesetzlichen Vertreters gilt. Es gilt ausdrücklich auch für die Risiken der Anästhesie. Insoweit ist eine fernmündliche Aufklärung auch dann aus- reichend, wenn z.B. mit der Anästhesie durchaus erhebliche, aber insgesamt eher seltene Risiken verbunden sind. Ferner kann eine Aufklärung auch unterbleiben, wenn der/die zur Einwilligung Berechtigte aufgrund eigener Fachkenntnisse keiner Aufklärung bedarf.

Im Ergebnis lässt sich festhalten, dass es bei Berücksichtigung dieser Vorgaben des Gesetz- **829** gebers und der Rechtsprechung nur in seltenen Fällen erforderlich sein dürfte, dass ein Be- rufsbetreuer – dem man auch schon aufgrund seiner Tätigkeit und der in Verbindung damit gesammelten Erfahrungen ein gewisses Grundverständnis für solche Fragestellungen unter- stellen kann – an einem Aufklärungsgespräch vor Ort teilnimmt.

Der Betreuer muss allerdings sicherstellen, dass er seiner Besprechungspflicht bei wichtigen **830** Entscheidungen mit dem Klienten nachkommt, und auch der Arzt ist gem. § 630e Abs. 5 BGB verpflichtet, in geeigneten Fällen auch persönlich mit einem einwilligungsunfähigen Patienten zu sprechen und die wesentlichen Aspekte der geplanten Maßnahme in einer an die Verständnismöglichkeiten angepassten Form zu erörtern. Im Idealfall würde ein gemein- sames Gespräch zwischen Arzt, Betreuer und Patient geführt werden.

Unseres Erachtens muss es aber dem Betreuer überlassen bleiben, in eigener Verantwortung **831** zu beurteilen, in welcher Form er seiner Besprechungspflicht nachkommt und in welcher Form die ärztliche Aufklärung entgegengenommen wird.

Die Einwilligungserklärung selbst ist vom Gesetz her an keine Form gebunden. Die Einwilli- **832** gungserklärung kann vor Ort abgegeben werden. Eine Einwilligung per Fax ist aber gleicher- maßen möglich und wirksam.

Um Missverständnisse zu vermeiden: Natürlich gibt es auch Fälle, in denen ein Betreuer die **833** Klinik aufsuchen sollte, schon um sich selbst ein Bild von dem Zustand des Patienten machen zu können und um dessen Wünsche in Erfahrung zu bringen. Und ein Betreuer ist verpflich- tet, wichtige Entscheidungen mit dem Betreuten zu besprechen. Das betrifft aber die Pflich- ten des Betreuers gegenüber dem Betreuten, nicht gegenüber dem Arzt und kann nicht zu einer generellen Pflicht zum persönlichen Erscheinen führen.

Auch ein Arztgespräch und eine Rücksprache mit dem Betreuten nach erfolgter Behandlung **834** gehören zur Betreueraufgabe, da er ggf. Schadensersatz – und/oder Schmerzensgeldan- sprüche geltend zu machen hat, falls Behandlungsfehler vorlagen.[517] Eine Begleitung zum Arzt zählt allenfalls dann ausnahmsweise zu den Betreueraufgaben, wenn anderenfalls die Behandlung nicht sichergestellt wäre[518], der Betreuer ist insoweit aber grundsätzlich nicht dafür zuständig, den Transport zum Arzt selbst auszuführen.[519] Keine Betreuervergütung er- folgt für Therapiegespräche, die der Betreuer selbst leistet,[520] folglich zählt auch die Linde-

---

514 BT-Drs. 17/10488, S. 24
515 BT-Drs. 17/10488, S. 25
516 BT-Drs. 17/10488 a.a.O.; BGH NJW 2010, 2430
517 Zur Thematik: LG Traunstein, Beschl. v. 4.8.1994, 4 T 2618/94, abgedruckt bei Knittel § 1836 Anhang B 15; LG Koblenz FamRZ 1996, 1348; LG Leipzig FamRZ 2000, 147
518 BayObLG FamRZ 1999, 463
519 Siehe dazu und zur Abgrenzung der Aufgaben eines Pflegeheims von den Betreueraufgaben Walther, Recht- liche Betreuung – Soziale Betreuung: Aufgaben des Betreuers versus Aufgaben der Einrichtungen, BtMan 2007, 144 ff.
520 OLG Zweibrücken Rpfleger 2000, 549

rung von Angstzuständen als therapeutische Tätigkeit nicht zu den Betreueraufgaben.[521] Die Fahrt mit dem Betreuten zum Optiker kann in Ausnahmefällen vergütungsfähig sein.[522] Ebenso gehören Gespräche mit dem Pflegepersonal des Krankenhauses, dem Krankenhaussozialdienst oder dem Sozialpsychiatrischen Dienst zum abrechnungsfähigen Zeitaufwand im Rahmen der Gesundheitsfürsorge.[523]

835 Begleitung zu Arztbesuchen und Optikern, bei denen keine wesentlichen Entscheidungen zu erwarten sind, sind demgegenüber nicht vergütungsfähig, wenn das Heim im Rahmen des Vertrags nach § 75 Abs. 2 SGB XI verpflichtet ist, Begleitpersonal zu stellen, und der Betreute dies nicht beanstandet.[524]

6.12.10 Unterbringungsmaßnahmen und Aufenthaltsbestimmung

836 Bei Unterbringungsmaßnahmen (§§ 1906, 1631b BGB) wird nicht nur die Zeit für die erforderlichen Anträge, sondern auch die Begleitung bis zum Unterbringungsort als vergütungsfähig angesehen. Regelmäßige Kontakte zum Betreuten und zum Personal der Einrichtung während der Unterbringung sind auch deshalb abrechnungsfähiger Zeitaufwand, weil der Betreuer die Unterbringung auch vor Ablauf einer gerichtlich genehmigten Unterbringungsmaßnahme beenden muss, sobald die Unterbringungsvoraussetzungen entfallen sind (§ 1906 Abs. 3 BGB).

837 Überschreitet der Betreuer seine Befugnisse durch eine nicht genehmigte unterbringungsähnliche Maßnahme, verliert er hierfür den Vergütungsanspruch (nach Umständen des Falles für die gesamte Betreuertätigkeit).[525] Wichtig ist auch hier, den jeweiligen Aufgabenkreis zu beachten. So hat ein Betreuer, der nur den Aufgabenkreis Gesundheitssorge hat, kein Aufenthaltsbestimmungsrecht und somit auch kein Recht, eine Unterbringung zu veranlassen.[526]

838 Völlig verfehlt ist eine Entscheidung des *LG Potsdam*.[527] Hiernach soll eine Begleitung zur Besichtigung eines möglichen Heimplatzes nicht vergütungsfähig sein, da es nicht auf die Zustimmung des Betreuten ankäme. Es ist nicht nachvollziehbar, wie ein solches Vorgehen mit der in § 1901 Abs. 2,3 BGB festgeschriebenen Wunschbefolgungspflicht vereinbar sein könnte. Andere Gerichte halten eine zwangsweise Verbringung des Betreuten in ein offenes Heim nicht für zulässig.[528]

839 Auch die Beschaffung eines Personalausweises falle nicht ohne Weiteres in den Aufgabenkreis Aufenthaltsbestimmung, so das *BayObLG*.[529]

6.12.11 Pflege, Haushaltshilfen und Rehabilitation

840 Bei der Krankenpflege und bei Alltagshilfen im Haushalt soll nicht der Betreuer derjenige sein, der diese Leistungen selbst erbringt. Seine Aufgabe ist es als gesetzlicher Vertreter, derartige Hilfen zu organisieren, soziale Dienste und Sozialstationen zu beauftragen und zu beaufsichtigen und deren Finanzierung durch Anträge bei Pflegeversicherung und Sozialamt zu sichern.[530] Gespräche mit der Heimleitung sowie mit Pflegekräften, die den Betreuten

---

521 AG Koblenz FamRZ 2005, 656
522 LG Aachen BtPrax 1999, 38
523 LG Dortmund v. 23.7.2001, 9 T 312/01
524 BayObLG FamRZ 2003, 477
525 BayObLG FamRZ 1992, 106 sowie FamRZ 1994, 779; erneut BayObLG BtPrax 2005, 34 = FamRZ 2005, 550
526 OLG Hamm FamRZ 2001, 861 m. Anm. Beck in BtPrax 2001, 195
527 LG Potsdam BtPrax 1998, 242 m. Anm. Jürgens, BtPrax 1998, 212
528 LG Oldenburg FamRZ 1997, 899, ebenso BayObLG BtPrax 95, 182
529 BayObLG Rpfleger 1998, 515
530 BR-Drs. 960/96, S. 15; LG Saarbrücken BtPrax 1997, 124; LG Kempten BtE 1994/95, 83; Harm, Rpfleger 1998, 89/92

versorgen, sind als abrechenbarer Zeitaufwand anzusehen, da dies der Interessenvertretung des Betreuten dient.[531]

Die Durchführung der ambulanten Krankenpflege durch den Betreuer selbst stellt keinen vergütungsfähigen Tatbestand dar,[532] überhaupt zählen pflegerische und versorgende Tätigkeiten nicht zu den Aufgaben des Betreuers.[533] Rein tatsächliche Hilfeleistungen begründen im Allgemeinen keinen Erstattungsanspruch. Zu berücksichtigen ist jedoch auch die subjektive Beurteilung der Notwendigkeit durch den Betreuer.[534] Die Begleitung der Betreuten zur Beerdigung – hier ihres Bruders – soll mangels Zusammenhang mit der Rechtsbesorgung grundsätzlich keinen vergütungsfähigen Zeitaufwand darstellen,[535] Gleiches gilt für die Pflege des Grabes der verstorbenen Großmutter einer Betreuten.[536]

841

Tätigkeiten, die nur hin und wieder anfallen, können abrechenbare Zeiten darstellen, z.B. das Begleiten des Betreuten zum Augenoptiker, wenn der Aufwand für die Organisation der Tätigkeit durch Dritte unzweckmäßig oder aufwendiger als das Besorgen durch den Betreuer wäre.[537]

842

Nach dem SGB IX – Rehabilitation und Teilhabe behinderter Menschen – vom 19. Juni 2001[538] sollen Vormünder, Pfleger und Betreuer, die die Personensorge von Menschen mit Behinderungen (§ 2 Abs. 1 SGB IX) wahrnehmen, im Rahmen ihres Erziehungs- oder Betreuungsauftrags die behinderten Menschen einer gemeinsamen Servicestelle oder einer sonstigen Beratungsstelle für Rehabilitation oder einem Arzt zur Beratung über die geeigneten Leistungen zur Teilhabe vorstellen (§ 60 SGB IX). Die Werkstätten für behinderte Menschen unterrichten die Personen, die behinderte Menschen gesetzlich vertreten, einmal im Jahr in einer Eltern- und Betreuerversammlung in angemessener Weise über die Angelegenheiten der Werkstatt, auf die sich die Mitwirkung erstreckt, und hören sie dazu an. In den Werkstätten kann im Einvernehmen mit dem Träger der Werkstatt ein Eltern- und Betreuerbeirat errichtet werden, der die Werkstatt und den Werkstattrat bei ihrer Arbeit berät und durch Vorschläge und Stellungnahmen unterstützt (§ 139 Abs. 4 SGB IX).

843

6.12.12 Wohnungsangelegenheiten

Zum Aufgabenkreis „Wohnungsangelegenheiten" zählt nicht nur die Kündigung eines Mietverhältnisses, sondern hierzu gehören auch Kontakte zum Vermieter bezüglich des Mietverhaltens des Betreuten und die ggf. außergerichtliche Klärung von Mietstreitigkeiten. Handwerkliche Arbeiten wie die Durchführung einer Zaunreparatur gehören grundsätzlich nicht zu den Aufgaben des Betreuers.[539] Die Entrümpelung einer Wohnung kann Aufgabenkreis des Betreuers sein.[540]

844

Die Räumung der Wohnung beinhaltet nicht nur eine tatsächliche, sondern auch eine juristische Komponente (Verkauf von Mobiliar, Verschenken von Mobiliar an soziale Dienste[541]; Verzicht auf Eigentum des Betreuten durch Übergabe an den Sperrmüll). Sie bedeutet, für die Gegenstände, die der Betreute nicht in sein neues Zuhause mitnehmen kann, Aufgabe bzw. Veräußerung des Eigentums. Man wird dem Betreuer daher zubilligen müssen, bei der Räumung teilweise mit Hand anzulegen, z.B. wichtige Papiere des Betreuten selbst zu trans-

845

---

531 LG Göttingen FamRZ 1994, 125; LG Dortmund v. 23.7.2001, 9 T 312/01, LG Koblenz FamRZ 1996, 1348
532 LG Limburg BtPrax 1997, 119. Zur Abgrenzung rein tatsächlicher Hilfstätigkeiten von rechtlicher Betreuung: LG Dessau FamRZ 2000, 1530 (m. Anm. Bienwald, FamRZ 2000, 1531) = BtPrax 2001, 88
533 LG Koblenz BtPrax 1998, 195 = FamRZ 1998, 495
534 LG Mainz JurBüro 1999, 603
535 LG Stuttgart, Beschl. v. 5.6.2001, 2 T 278/01
536 AG Betzdorf FamRZ 2003, 326
537 LG Aachen BtPrax 1999, 37; ähnlich auch BayObLG FamRZ 19/98, S. IX [Ls]; BayObLG FamRZ 1999, 1300
538 BGBl. I., S. 1046
539 OLG Zweibrücken BtPrax 1997, 116
540 BayObLG FamRZ 2002, 348
541 Erlaubte Sittlichkeitsschenkung, § 1804 BGB

portieren und wertvolle Gegenstände während der Haushaltsauflösung im Auge zu behalten.[542] Die Kosten, die hierfür entstehen, sind ihm zu erstatten.[543]

846 Die Kosten, die für die **Entrümpelung der Wohnung** bzw. Beseitigung des Sperrmülls entstehen, beruhen jedoch auf Vertretungshandeln für den Betreuten (§ 1902 BGB). Der Betreuer beauftragt im Namen des Betreuten einen Dritten mit der Entrümpelung bzw. der Beseitigung des Sperrmülls. Die Kosten hierfür sind vom Betreuten gem. § 164 BGB zu tragen. Sofern der Betreute sozialhilfebedürftig ist, ist jedoch auf das Urteil des *BVerwG* vom 30.4.1992[544] hinzuweisen. Danach sind Aufwendungen für die Abschlussrenovierung einer Wohnung bei Auszug grundsätzlich vom Träger der Sozialhilfe zu übernehmen, sofern eine mietvertragliche Verpflichtung zur Durchführung dieser Renovierungskosten besteht und der Hilfesuchende nicht selbst in der Lage ist, die Wohnung in besenreinem Zustand zu verlassen bzw. nicht auf Hilfen Dritter, die diese unentgeltlich leisten, zurückgreifen kann.

847 Bei der Wohnungssuche ist ein Betreuer nicht verpflichtet, selbst Wohnungsanzeigen auszuwerten und an Wohnungsbesichtigungen teilzunehmen – diese tatsächliche Hilfeleistung ist vielmehr eine Aufgabe der Eingliederungshilfe.[545]

848 Die Kosten, die der Nachlasspfleger (§ 1960 BGB) für die Wohnungsräumung eines Verstorbenen aufwenden musste, wurden als aus der Staatskasse erstattungsfähiger Aufwand angesehen, sofern der Nachlass zur Deckung der Kosten nicht ausreicht.[546] Hiervon abgezogen werden müssen Entgelte, die durch Verkauf von Wohnungseinrichtungsgegenständen oder Abstandszahlungen von Nachmietern erzielt wurden.

849 Dass keine Erstattung von Zeitaufwand zum Einkauf eines Mustermietvertrags erfolgt,[547] erscheint kleinlich. Die eigenhändige Formulierung solch üblicherweise komplexer Verträge dürfte zeitaufwendiger sein als das Besorgen eines Musters.

6.12.13 Einkaufen für den Betreuten

850 Bei Einkäufen für den Betreuten stellt sich die Frage, ob diese Tätigkeit als Rechtsvertretung abrechenbar ist oder zur allgemeinen Lebensführung zählt.[548] Diese Frage ist differenziert zu betrachten[549]: Ist die betroffene Person geschäftsunfähig (§ 104 BGB) oder besteht ein Einwilligungsvorbehalt (§ 1903), ist die Begleitung durch den Betreuer nötig, weil sonst kein wirksamer Kaufvertrag zustande kommt. Gleiches gilt für Vormünder und Pfleger Minderjähriger, da in diesen Fällen stets Geschäftsunfähigkeit oder beschränkte Geschäftsfähigkeit (§§ 108 bis 111 BGB) vorliegt.

851 Bei geschäftsfähigen Betreuten kann ebenfalls im Einzelfall die Begleitung durch den Betreuer nötig werden, wenn z.B. die Gefahr besteht, dass die Kleiderbeihilfe nicht zwecksprechend verwendet, sondern z.B. vertrunken wird.[550] Das Gleiche gilt, wenn es um größere Anschaffungen geht (z.B. Kauf eines Fernsehers), der nicht mehr zu Alltagsgeschäften zählt, und dem Betreuer die gesamte Vermögenssorge übertragen wurde, da dadurch bereits dokumentiert ist, dass der Betroffene dazu nicht in der Lage ist.[551] Es kann jedoch nicht Aufgabe des Betreuers sein, Waren des täglichen Bedarfs (Lebensmittel) für den Betreuten einzukaufen.[552] Auch die Begleitung bei **Friseurbesuch** und Lampenkauf ist deshalb nicht

---

542 Erlaubte Sittlichkeitsschenkung § 1804 BGB
543 Vgl. auch OLG Zweibrücken BtPrax 2000, 86
544 5C 26.88, BVerwGE 90, 160
545 SG Aurich, Beschl. v. 21.3.2017, S 13 SO 9/17 ER, BtPrax 2018, 44 (Ls)
546 LG Bochum, Beschl. v. 28. 6. 1989, 7 T 368, 369, 370/89; Meyer/Höver/Bach § 11 Rn. 7.4
547 AG Betzdorf FamRZ 2000, 1047
548 Gegen eine Abrechnung: LG Augsburg BtPrax 1996, 76; BayObLG FamRZ 1999, 463; LG Koblenz FamRZ 2003, 220; LG Koblenz FamRZ 2005, 239
549 Mit Zimmermann, FamRZ 1998, 521/522
550 OLG Schleswig FamRZ 1998, 1259
551 AG Rinteln BtInfo 2/1997, 50; LG Bückeburg BtInfo 2/1997, 49
552 BayObLG FamRZ 1999, 463 = JurBüro 1999, 263 = BtPrax 1998, 237; LG Koblenz FamRZ 2003, 220; FamRZ 2005, 239

vergütungsfähig,[553] Gleiches gilt für das Besorgen von Passfotos und einer Grabumrandung.[554] Hiermit, wie für andere **Pflegeleistungen,** muss ein Pflegedienst oder eine andere ambulante Hilfe beauftragt werden, deren Leistung dann vom Betreuten oder einem Sozialleistungsträger zu zahlen ist. Bei Einkäufen, die nicht die Grundversorgung betreffen, sollte möglichst auf Hilfskräfte, ggf. auch soziale Dienste, zurückgegriffen werden, deren Kosten als Aufwendungsersatz (siehe dort) abrechenbar sind. Eine undifferenzierte Ablehnung des Einsatzes von Zivildienstleistungen (Ablehnung einer Vergütungspflicht ohne Prüfung einer Abrechnung als Aufwendungsersatz) enthält eine Entscheidung des *LG Koblenz.*[555]

6.12.14 Literaturstudium; Supervision, Fallbesprechung

Auch ein auf einen bestimmten Fall bezogenes **Literaturstudium** (z.B. juristisch, steuerrechtlich, medizinisch) kann abrechenbare Betreuerzeit sein, wenn der Betreuer die Aufgabe nicht anders erfüllen kann.[556]

852

Die Teilnahme an einer **Hilfeplankonferenz** kann vergütungsfähig sein, wenn darin konkrete Maßnahmen für den Betreuten besprochen wurden, anders aber, wenn es sich um eine Hilfeplankonferenz oder andere Jugendamtsmaßnahmen für Kinder des Betreuten handelt.[557]

853

Fallgespräche mit Betreuerkollegen zu schwierigen Sachfragen sind im angemessenen Umfang vergütungsfähig.[558] Regelmäßig nicht vergütungsfähig ist die Teilnahme an **Supervision**.[559]

854

Soweit es nicht um den Betreuten, sondern dessen Kind geht, gilt für den Betreuer: keine Wahrnehmung von Angelegenheiten der elterlichen Sorge durch den Betreuer, auch keine Teilnahme an Hilfeplangesprächen, Erziehungskonferenzen oder Umgangsregelungen mit dem anderen Elternteil.[560]

855

6.12.15 Geltendmachung der Vergütung

Ist der Zeitaufwand, der für die Geltendmachung der Ansprüche auf Vergütung und Aufwendungsersatz entfällt, abrechenbare Zeit? Nach h.M. nicht, da es sich um die Verfolgung von Ansprüchen des Betreuers, nicht um Betreuertätigkeit handelt.[561]

856

In der Literatur wird diese Frage differenziert gesehen; hier wird teilweise eine Abrechenbarkeit dieser Tätigkeiten bejaht[562], sofern die Tätigkeit der von Gerichten bisweilen verlangten minutiösen Darlegung der Betreuertätigkeit[563] nicht ohnehin als Berichterstattung gem. § 1839, also als Betreuerpflicht gegenüber dem Gericht, verstanden werden kann.[564] Die Erstellung der Erklärung über die persönlichen und wirtschaftlichen Verhältnisse des Betreuten (§ 168 Abs. 2 FamFG) ist z.T. vergütungsfähig.[565] Nachweise zur **Mittellosigkeit** des Be-

857

---

553 LG Koblenz FamRZ 2003, 708
554 AG Sinzig FamRZ 2004, 1065
555 LG Koblenz BtPrax 1998, 38
556 BayObLG FamRZ 1996, 1169 = BtPrax 1996, 104
557 LG Koblenz FamRZ 2003, 1777; LG Rostock FamRZ 2003, 1691
558 LG Wuppertal FamRZ 2002, 1657, als Ausnahme: OLG Stuttgart v. 6.11.2000, 8 WF 91/99, DJ 2002, 411
559 OLG Brandenburg FamRZ 2003, 256 m. Anm. Bienwald; OLG Frankfurt/Main BtPrax 2004, 117 = FamRZ 2004, 1751
560 LG Rostock FamRZ 2003, 1691; LG Koblenz FamRZ 2003, 1777; BayObLG BtPrax 2004, 239; BayObLG FamRZ 2005, 236
561 LG Paderborn FamRZ 1993, 237; LG Berlin FamRZ 1992, 223; LG Saarbrücken BtPrax 1997, 124; LG Koblenz FamRZ 1995, 119; OLG Hamm Rpfleger 1999, 391; OLG Schleswig FamRZ 1999, 462; BayObLG FamRZ 4/2001, Abs. 2 = BtPrax 2001, 76; LG Kleve Rpfleger 2000, 216; OLG Brandenburg FamRZ 2004, 1798; Bienwald § 1836 Rn. 12, Dodegge NJW 1997, 2435
562 Zimmermann, FamRZ 1998, 521/524; Knittel § 1836 Rn. 36; Seitz, BtPrax 1992, 85
563 LG Kleve JurBüro 1995, 157 = BtE 1994/95, 83
564 Damrau/Zimmermann, § 3 VBVG Rn. 35
565 LG Leipzig FamRZ 2/2001, II

treuten einschließlich Benennung Unterhaltspflichtiger sollen keine abrechnungsfähigen Zeitaufwände sein.[566]

858   Gegen eine ins Kleinliche gehende Anforderung an die Detailliertheit der Vergütungsabrechnung: *OLG Schleswig*[567]; *LG Oldenburg*[568]; *OLG Zweibrücken*.[569]

859   *Zimmermann* geht darüber hinaus davon aus, dass die Zeit, die der Betreuer zur erfolgreichen Durchsetzung seines Vergütungsanspruches benötigt (zur Abwehr unberechtigter Streichungen durch Bezirksrevisor, erfolgreich eingelegte Rechtsmittel), vergütungsfähig ist.[570]

6.12.16 Tätigkeiten vor der Betreuerbestellung und nach dem Ende der Betreuung

860   Tätigkeiten des Betreuers vor dem Beginn der Betreuung sind nicht vergütungsfähig; auch dann nicht, wenn der Richter zuvor Anordnungen erteilt hat.[571] Das Gleiche gilt für Zeitaufwand des in Aussicht genommenen Betreuers zum Kennenlernen des Betreuten.[572]

861   Ist die Teilnahme von (potenziellen) Berufsbetreuern an der gerichtlichen **Anhörung** der unter Betreuung zu stellenden Person, die gem. § 278 FamFG vorzunehmen ist, zu vergüten? Ein solches Verfahren scheint eine weitverbreitete Praxis zu sein, obwohl in den Kommentaren zum BtG die Teilnahme sonstiger Personen aus Datenschutzgründen zurückhaltend beurteilt wird. Lediglich im *Heidelberger Kommentar* findet sich ein kleiner Hinweis, dass es im Einzelfall angemessen sein kann, einer solchen Person die Anwesenheit zu gestatten, um den Betroffenen in Anwesenheit des Richters mit dem möglichen Betreuer bekannt zu machen.[573]

862   Entweder wird der Anwesende zum Betreuer bestellt oder auch nicht (zum einen, weil es gar nicht zur Anordnung einer Betreuung kommt, oder zum anderen, weil eine andere Person zum Betreuer bestellt wird).

863   Wird der Anwesende zum Betreuer bestellt, tauchen in der Regel keine praktischen Probleme auf: Nach § 287 Abs. 1 i.V.m § 41 Abs. 2 FamFG wird die Betreuerbestellung mit der Bekanntgabe an den Betreuer wirksam. Da die Teilnahme an der Verhandlung des Gerichtes für den Betreuer eine einheitliche Handlung darstellt, ist sie auch im Rahmen der üblichen Betreuervergütung mit abrechenbar. In dieser Richtung entschied auch das *LG Hamburg*.[574] Die überwiegende Anzahl der Gerichte will jedoch in diesem Fall keine Betreuerentschädigung zubilligen.[575]

864   Keinen Vergütungsanspruch soll der zu entlassende Betreuer für einen **„Abschiedsbesuch"** haben.[576]

865   Betreuertätigkeit nach dem Ende der vorläufigen Betreuung, die stets befristet ist, soll ebenfalls nicht vergütungsfähig sein.[577] Nach anderer, hier als richtig angesehener Auffassung besteht ein Vergütungsanspruch auch für Tätigkeiten **nach Beendigung einer vorläufigen**

---

566   LG Düsseldorf Rpfleger 2004, 488; OLG Düsseldorf v. 25.3.2004, I-25 Wx 129/03
567   FamRZ 1998, 185 = BtPrax 1998, 40 (Ls)
568   JurBüro 1997, 543
569   BtPrax 2000, 220 = FamRZ 2000, 1533
570   a.A.: BayObLG FamRZ 1999, 1233 und 1606; OLG Schleswig BtPrax 1998, 238; LG Saarbrücken BtPrax 1997, 124; vgl. auch Bienwald BtPrax 2000, 11
571   OLG Stuttgart FamRZ 2005, 655 = MDR 2005, 219
572   AG Koblenz FamRZ 2001, 792
573   HK BUR/Bauer § 68 FGG Rn. 181
574   LG Hamburg BtPrax 1996, 76; a.A. LG Duisburg Rpfleger 1996, 288 (Ls); BayObLG FamRZ 2001, 575 = BtPrax 2001, 123; Zimmermann FamRZ 1998, 521/522 ohne weitere Begründung
575   BayObLG FamRZ 2001, 575 = BtPrax 2001, 123, OLG Karlsruhe BtPrax 2002, 124; LG Koblenz FamRZ 2004, 1752
576   AG Betzdorf FamRZ 2001, 1242
577   OLG Köln FamRB 2002, 176; OLG Schleswig FamRZ 1998, 1536; OLG Braunschweig, Beschl. v. 12.12.03, 2 W 141/03, FamRZ 2006, 290

Betreuung aus Gründen des Vertrauensschutzes, wenn das Gericht die Bestellung zum endgültigen Betreuer zeitnah zugesagt hatte.[578]

6.12.17 Tätigkeiten nach dem Tod der betreuten Person

6.12.17.1 Allgemeines

Die Betreuung endet nach allgemeiner Ansicht mit dem Tod des Betreuten, ohne dass es eines Aufhebungsbeschlusses bedarf.[579] Bis zur Kenntnis vom Tod des Betreuten ist der Betreuer grundsätzlich berechtigt, weiter tätig zu sein (§§ 1698a Abs. 1 i.V.m. 1893, 1908i BGB). Der Betreuer hat das Betreuungsgericht und die ihm bekannten Erben (zwecks Sicherung des Nachlasses) vom Todesfall zu benachrichtigen. **866**

▶ *Zur Bedeutung des Todes des Betreuten bei der Pauschalvergütung (§ 5 VBVG) vgl. unter Kapitel 10, Rn. 1712 f.*

Abrechenbare Tätigkeiten nach dem bekanntgewordenen Tod des Betreuten sind grundsätzlich nur der Schlussbericht und die Schlussrechnung an das Gericht[580], die Rückgabe des Betreuerausweises[581] sowie die im Rahmen der Rechenschaftspflicht gegenüber dem Erben zu erteilenden Auskünfte einschließlich der Aushändigung des verwalteten Vermögens. Hierzu hat der Betreuer ggf. das Nachlassgericht zu kontaktieren, um von diesem Gewissheit über die Person des Erben zu erhalten, gegenüber dem die abschließenden Verpflichtungen bestehen. **867**

Außerdem sind abrechenbar die im Rahmen der **Notgeschäftsführung** (§§ 1698b Abs. 1 i.V.m. 1893 und 1908i BGB) durchgeführten unaufschiebbaren Maßnahmen.[582] Zur Notgeschäftsführung zählen Handlungen (innerhalb des bisherigen Aufgabenkreises des Betreuers), die vom Erben noch nicht vollzogen werden können (z.B. mangels Kenntnis vom Todesfall oder weil z.B. ein Erbschein noch nicht erteilt wurde) und bei deren Unterlassen eine Vermögensgefährdung zu erwarten wäre.[583] Bei diesen Geschäften kann es sich nur um solche handeln, die der Betreuer ohne den Todesfall auch hätte vornehmen müssen.[584] **868**

Beispiele: **869**

- Einlegung von Rechtsmitteln oder Stellen von Anträgen bei Angelegenheiten, deren Verfristung droht,
- Verwaltung eines Mietshauses einschl. der Entgegennahme von Zahlungen,[585]
- Veranlassung dringender Reparaturen,[586]
- Beseitigung von Gefahrenquellen und Unterbringung von Haustieren des Verstorbenen.

Zur Notgeschäftsführung zählt im Allgemeinen nicht die Durchführung der Bestattung des Betreuten (Einzelheiten dazu im Folgenden, Rn. 872 ff.), da die Durchführung nicht Sache der Erben, sondern der Totenfürsorgeberechtigten ist.[587] Das Besorgen der Sterbeurkunde hingegen soll dazu gehören.[588] **870**

Ist der Erbe unbekannt, so ist es Aufgabe des Nachlassgerichtes, einen Nachlasspfleger einzusetzen (§ 1960 BGB). Dies sollte durch den bisherigen Betreuer ggf. beim Nachlassgericht **871**

---

578 LG Hamburg v. 16.8.2000, 322 T 158/00
579 BayObLG FamRZ 1965, 101; Paßmann BtPrax 1994, 202; Ausnahme: Betreuung für hirntote Schwangere: AG Hersbrück FamRZ 1992, 1471
580 OLG Schleswig BtPrax 2000, 172 und 224 FamRZ 2000, 1048, LG Leipzig FamRZ 1996, 1361; Zimmermann FamRZ 1998, 521/522
581 BayObLG FamRZ 1995, 1378
582 LG Koblenz BtPrax 1995, 184/185 = FamRZ 1995, 1376; BayObLG FamRZ 1999, 465 = BtPrax 1998, 234
583 BayObLG FamRZ 1996, 372 = BtPrax 1996, 69
584 Bienwald § 1908i Rn. 177 e; BGH FamRZ 1967, 462
585 BGH FamRZ 1967, 462
586 BGH FamRZ 1967, 462
587 RGZ 154, 269; BGH FamRZ 1978, 15, BGH FamRZ 1992, 657
588 LG Leipzig FamRZ 1996, 1361; AG Mülheim/Ruhr FamRZ 2001, 1168

(des letzten Wohnortes des Verstorbenen) angeregt werden. Sind Tätigkeiten des Betreuers, die nicht aus der Staatskasse zu zahlen sind, noch offen, so ist der bisherige Betreuer Nachlassgläubiger und als solcher berechtigt, gem. § 1961 BGB die Bestellung eines Nachlasspflegers zu beantragen.

6.12.17.2 Bestattung des verstorbenen Betreuten

872   Die nächsten Familienangehörigen des Verstorbenen (in der Regel der Ehegatte, die Kinder, die Eltern und die Geschwister) haben, auch wenn sie nicht zur Erbschaft berufen sind oder die Erbschaft ausgeschlagen haben, für die Bestattung zu sorgen (Erweiterung zu § 1968 BGB, der nur die Kostentragungspflicht umfasst).

873   Für die Bestattung ist der bisherige Betreuer grundsätzlich nicht zuständig[589], es sei denn, ihm steht in seiner Person als nächstem Angehörigen (Ehegatte, Kind, Eltern) das (Gewohnheits-)Recht der Totenfürsorge zu. In einem solchen Falle soll der bisherige Betreuer gegenüber anderen gleichrangigen Angehörigen ein vorrangiges Totenfürsorgerecht haben.[590]

874   Allenfalls dann, wenn der Verstorbene den Betreuer zu Lebzeiten selbst mit seiner Bestattung beauftragt hat, sollte dieser sie durchführen lassen. Der (nicht geschäftsunfähige) Betreute kann einen solchen Wunsch zur Durchführung der Bestattung rechtswirksam äußern, wobei die Formvorschriften für Testamente nicht eingehalten werden müssen.[591] Der Betreuer ist nicht verpflichtet, eine solche Bevollmächtigung durch den Betreuten anzunehmen.[592]

875   Der frühere Betreuer ist nach dem Tod des Betreuten in diesem Falle als Bevollmächtigter tätig, hat also keinen Anspruch auf Aufwendungsersatz und Vergütung gem. §§ 1835, 1836 BGB für diese Tätigkeiten, allenfalls einen Anspruch gegen die Erben aus dem Auftragsrecht, §§ 669 ff. Abs. 1 i.V.m. § 1968 BGB.

876   Im **Bundesland Sachsen** gibt es hierzu jedoch eine Sonderregelung: § 10 des Sächsischen Bestattungsgesetzes i.V.m. Ziff. 1.1 der Verwaltungsvorschrift zum SächsBestG bestimmt, dass auch der bisherige Betreuer als „sonstiger Sorgeberechtigter" verpflichtet ist, die Bestattung durchzuführen (jedoch nachrangig gegenüber den o.g. Familienangehörigen). Inzwischen ist durch ein Urteil des *VG Leipzig* allerdings festgestellt worden, dass diese Verwaltungsvorschriften nicht vom Bestattungsgesetz gedeckt sind und eine Bestattungspflicht des Betreuers auch in Sachsen nicht gegeben ist.[593] Die umstrittene Verwaltungsvorschrift wurde inzwischen geändert, hier wurde nun klargestellt, dass der rechtliche Betreuer nicht zu den Bestattungspflichtigen gehört.

877   Gerichte haben entschieden, dass dem Betreuer für die Durchführung der Bestattung seines früheren Betreuten keine Betreuungsvergütung und kein Aufwendungsersatz zustehen, da andere Personen oder Behörden hierfür zuständig sind und diese Tätigkeit nicht mehr in die Kompetenz des Betreuers fällt.[594]

---

589 LG Bochum Rpfleger 1985, 147; LG Koblenz BtPrax 95, 184 = FamRZ 1995, 1376; LG Frankenthal Rpfleger 1995, 504; LG Frankfurt/Main, Beschl. v. 31.7.1995, 2-28 T 56/95, nicht veröff.; Deinert BtPrax 2016, 96; Stockert, Bestattung durch den Betreuer, BtPrax 1996, 203
590 LG Bonn FamRZ 1993, 1121
591 Stockert, a.a.O.; vgl. zum Vorrang des Willens des Verstorbenen: Widmann FamRZ 1992, 759.
592 Stockert, a.a.O. m.w.N.
593 VG Leipzig FamRZ 2007, 1686; vgl. auch HK BUR/Deinert § 1698b Rn. 98 ff.
594 So LG Bochum Rpfleger 1985, 147; LG Koblenz BtPrax 95, 184 = FamRZ 1995, 1376; LG Frankenthal Rpfleger 1995, 504; LG Frankfurt/Main, Beschl. v. 31.7.1995, 2-28 T 56/95, nicht veröffentlicht, a.A.: Bienwald Rn. 1771 zu § 1908i BGB; Damrau/Zimmermann Rn. 3 zu § 1893 BGB, ohne weitere Begründung

6.12.18 Weitere Einzelbeispiele aus der Rechtsprechung

Tätigkeiten des Betreuers für den **ausländischen Betreuten in dessen Heimatland** sind vergütungsfähiger Aufwand. Nach einer Übersiedlung ist alsbald die nach dortigem Recht erforderliche Schutzmaßnahme einzuleiten.[595]   **878**

Sollen **Fahrtzeiten** geltend gemacht werden, ist nachzuweisen, warum es nötig war, den Gesprächspartner aufzusuchen, statt ihn in das eigene Büro zu bitten.[596]   **879**

Zeitaufwand für die **Kommunikation per SMS** mit der Betreuten ist maximal in Höhe von 30 SMS pro Monat (à 3 Minuten) abrechenbar, auch wenn die Betreute wesentlich mehr SMS-Nachrichten an den Betreuer sendet.[597]   **880**

Unterstützung bei der **Beschaffung eines Passes** kann zu den Aufgaben des Betreuers eines ausländischen Betreuten im Rahmen des Aufgabenkreises „Vertretung gegenüber Behörden" zählen. Persönliche Begleitung des Betreuten durch den Betreuer bei Vorsprachen bei Behörden wie dem Konsulat und dem Ausländeramt kann bei entsprechender (hier geistiger) Behinderung sachgerecht und zu vergüten sein.[598]   **881**

6.13 Besonderheiten bei bestimmten Betreuungsformen

6.13.1 Vereine als Betreuer, Vormünder und Pfleger

Berufstätigkeiten als Vereins- oder Behördenbetreuer gelten in der bisherigen arbeitsrechtlichen Rechtsprechung zum Bundesangestelltentarifvertrag (BAT), der bei den Betreuungsbehörden (bis 30.9.2005) und den meisten Betreuungsvereinen direkt oder über arbeitsvertragliche Verweisung Anwendung fand, als **schwierige Tätigkeiten** nach Vergütungsgruppe IV b (VKA) Fallgruppe 16 der Eingruppierungsbestimmung im Sozial- und Erziehungsdienst. Dies bedeutete in der Regel eine Eingruppierung in die Vergütungsgruppe IV b (ohne vorherige Bewährungszeit in BAT V b sowie nach vier Jahren Berufstätigkeit eine 6%ige Zulage). Vergleichbares gilt für den BAT-KF und die Arbeitsvertragsrichtlinien des Caritasverbandes.[599]   **882**

Abgelehnt wurde vom *BAG* in ständiger Rechtsprechung eine Anerkennung als „besonders schwierige Tätigkeit" i.S.d. o.g. Fallgruppe, die eine Einstufung in Vergütungsgruppe IV a/III rechtfertigen würde.   **883**

Für Behördenbetreuer gilt seit 1.11.2009 eine neue Entgeltordnung; diejenige für den Sozial- und Erziehungsdienst (TV SuE). Umstritten ist, ob Behördenbetreuer in Entgeltgruppe 12 (wie üblicherweise Sozialarbeiter) oder in Entgeltgruppe 14 einzustufen sind. In die letztere Entgeltgruppe sind u.a. diejenigen einzustufen, die (wie der allgemeine Soziale Dienst des Jugendamtes) für den gesetzlichen Kinderschutzauftrag (sog. „Wächteramt") zuständig sind, aber auch für freiheitsentziehende Maßnahmen, wobei dort als Beispiel der Sozialpsychiatrische Dienst erwähnt wird, der für die Unterbringungen nach den Psychisch-Kranken-Gesetzen der Bundesländer zuständig ist.   **884**

Das Bundesarbeitsgericht (BAG) hat in einer neueren Entscheidung einem Vereinsbetreuer die Entgeltgruppe S 12, nicht S 14, zugebilligt[600]; gleiches dürfte für Behördenbetreuer gelten.   **885**

---

595 BayObLG FGPrax 2002, 30 = FamRZ 2002, 638
596 OLG Brandenburg FamRZ 2002, 1353
597 LG Lübeck v. 13.8.2004, 7 T 214/04
598 BayObLG Rpfleger 2003, 246/247
599 U.a.: BAG BtPrax 1997, 32 (m. Anm. Walther in BtPrax 1997, 14)
600 BAG, Urt. v. 19.3.2019, 6 AZR 90/18, anders zuvor LAG Düsseldorf, Urt. v. 27.11.2017, 9 Sa 384/17, ZTR 2018, 256

6.13.1.1 Pauschalvergütung für Vereinsbetreuer

886 Für die Entschädigung der Vereinsbetreuer (§ 1897 Abs. 2 BGB) ist in § 7 VBVG geregelt, dass der Vereinsbetreuer selbst keine Ansprüche geltend machen kann; diese werden vom Betreuungsverein als Anstellungsträger geltend gemacht. Es gelten grundsätzlich die gleichen Bestimmungen wie für selbstständige Berufsbetreuer mit Ausnahme des § 1 Abs. 2 Satz 2 VBVG. Das heißt, die Mindestfallzahlen sind keine Voraussetzung, es reicht die Benennung in der Betreuerbestellung, dass der Betreuer als **Mitarbeiter des Betreuungsvereines** gem. § 1897 Abs. 2 BGB bestellt wird.

887 Im Übrigen gilt: Vereinsbetreuer kann nur sein, wer in einem Arbeitsverhältnis zum Betreuungsverein steht.[601] Dennoch ergibt sich eine konstitutive Wirkung der Betreuerbestellung als „Vereinsbetreuer", auch wenn ein Honorarvertragsverhältnis mit dem Verein besteht. Es soll keine Verwischung der Grenzen zwischen ehrenamtlicher und beruflicher Betreuung erfolgen.[602]

888 Auch die Bestellung von 11 namentlich genannten Personen als Mitarbeiter des Betreuungsvereins bedeutet keine Bestellung des Betreuungsvereines nach § 1900 Abs. 1 BGB, sondern die Bestellung von Vereinsbetreuern nach § 1897 Abs. 2 BGB.[603]

889 Ein Vergütungsanspruch soll dem Betreuungsverein für einen als Vereinsbetreuer bestellten Mitarbeiter auch dann zustehen, wenn der Betreuungsverein selbst nicht nach § 1908f BGB anerkannt ist.[604]

890 Auch wenn das Arbeitsverhältnis zwischen einem Vereinsbetreuer und dem Betreuungsverein bereits gelöst ist, die Entlassung des Vereinsbetreuers sich aber verzögert, besteht lediglich ein Vergütungsanspruch des Betreuungsvereins, dem nun als Berufsbetreuer bestellten (ehemaligen) Mitarbeiter steht solange kein eigener Vergütungsanspruch zu.[605]

891 Rechnet ein Betreuungsverein Entschädigungsansprüche für den Vereinsbetreuer ab, ist die Gerichtsentscheidung an den Verein, nicht an den Vereinsbetreuer persönlich zuzustellen. Werden gegenüber dem Antrag Kürzungen vorgenommen, ist nur der Verein, nicht der Vereinsbetreuer beschwert und somit zur Einlegung von Rechtsmitteln berechtigt.[606]

6.13.1.2 Vergütung für Zeitaufwand beim Vereinsbetreuer

892 Nur in den Fällen, in denen der Vereinsbetreuer ausschließlich für die Einwilligung in eine Sterilisation (§ 1899 Abs. 2 BGB) oder zur Vertretung eines rechtlich verhinderten Betreuers (§ 1899 Abs. 4 BGB) bestellt ist, kann der Verein für ihn nach § 7 Abs. 2 VBVG die Vergütung (und separat Aufwendungsersatz nach § 1835 Abs. 1 BGB) nach konkretem Zeit- (und Sach-)Aufwand geltend machen. Hierbei gelten die Stundenansätze für Berufsvormünder nach § 3 Abs. 1 VBVG.

893 Allgemeine Verwaltungskosten können in diesem Fall nicht als Vergütung oder Aufwendungsersatz abgerechnet werden. Das Gleiche gilt für Aufwendungsersatz für berufliche Dienste (§ 1835 Abs. 3 BGB), da § 7 Abs. 2 VBVG dies ausschließt. Der Ausschluss allgemeiner Verwaltungskosten betrifft solche Kosten, die einem bestimmten Betreuungsfall nicht zuzuordnen sind; z.B. Geschäftsführung, Putzkräfte, Miete, Strom, Heizung, Beschaffung und Instandhaltung von Büroeinrichtungen und -geräten.[607]

---

601 OLG Hamm FamRZ 2001, 253, ähnlich auch LG Potsdam (Arbeitnehmerüberlassungsvertrag) 5 T 493/00 und LG München FamRZ 2000, 321
602 LG Koblenz FamRZ 2001, 303, ähnlich OLG Zweibrücken BtPrax 2001, 87
603 OLG Brandenburg FamRZ 2006, 63
604 KG Berlin FamRZ 2006, 1481 = BtPrax 2007, 256 (Ls)
605 LG Koblenz FamRZ 2006, 64; zur Problematik Deinert BtPrax 2015, 139
606 LG Koblenz FamRZ 2005, 1778
607 OLG Düsseldorf BtPrax 1997, 166 = FamRZ 1997, 767

6.13.1.3 Vereinsverfahrenspfleger

Eine lange Zeit strittige Frage war die, ob Mitarbeiter des Betreuungsvereins zum Verfahrenspfleger bestellt werden können und ob sie (oder der Verein) für diese Tätigkeit eine Vergütung beanspruchen können. Nachdem das *BVerfG* in einem Beschluss vom 11.11.1999[608] die Möglichkeit grundsätzlich eingeräumt hatte, entschieden Gerichte vor dem 30.6.2005 unterschiedlich. Nach Auffassung des *OLG Brandenburg* war die frühere Vergütungsregelung für Vereinsbetreuer (§ 1908e BGB) auf die gesetzlich nicht geregelte Vereinsverfahrenspflegschaft anwendbar; der Betreuungsverein war danach abrechnungsberechtigt.[609] Die Gegenauffassung vertrat u.a. das *LG Münster.*[610] **894**

Diese Kontroverse ist seit dem 1.7.2005 hinfällig geworden, da § 277 Abs. 4 FamFG (davor § 67a Abs. 4 FGG) für diese Situation eine eigenständige Regelung trifft. Hiernach hat der Betreuungsverein für den Vereinsverfahrenspfleger einen Vergütungsanspruch wie ansonsten ein beruflicher Verfahrenspfleger, d.h., es wird der tatsächliche Zeitaufwand entsprechend den Stundensätzen des § 3 Abs. 1 VBVG abgerechnet. **895**

Die z.T. verschachtelten Verweise in § 277 Abs. 4 FamFG bedeuten insgesamt: Es findet keine Prüfung der Mindestfallzahl statt, beim Ersatz der Aufwendungen gibt es keine Vorschusszahlungen, keinen Ersatz für allgemeine Verwaltungskosten sowie für berufliche Dienste. **896**

Merkwürdigerweise ist beim **Vereinsverfahrenspfleger** (anders als beim Vereinsbetreuer) die Anwendung des § 1835 Abs. 2 BGB (Ersatz für Haftpflichtversicherungen) nicht ausgeschlossen. Das dürfte allerdings nur ein Redaktionsversehen sein, das den Gesetzesmachern im letzten Moment des Gesetzesverfahrens unterlaufen ist, da eine separate Anwendung dieser Bestimmung keinerlei Sinn ergäbe. **897**

6.13.1.4 Verein als Vormund, (BGB-)Pfleger oder Betreuer

Ist der Verein selbst (gem. § 1900 Abs. 1 oder 1791b BGB) zum Betreuer, Vormund oder Pfleger bestellt, hat er in keinem Fall einen Vergütungsanspruch. Im Recht der Vormundschaft und Pflegschaft Minderjähriger ist dies, da hier keine dem Vereinsbetreuer vergleichbare Konstruktion existiert, weiter die einzige Betätigungsform von Vereinen. Der Vergütungsausschluss ergibt sich aus § 1836 Abs. 3 BGB.[611] **898**

Dies ist weiterhin unverständlich, da nur in besonders schwierigen Fällen eine Bestellung des Vereins infrage kommt. Der Verein hat lediglich Anspruch auf Aufwendungsersatz nach § 1835 Abs. 1 BGB und dies auch nur, sofern keine Mittellosigkeit vorliegt (§ 1835 Abs. 5 BGB). Ersatz für Versicherungskosten nach § 1835 Abs. 2 BGB und berufliche Dienste (§ 1835 Abs. 3 BGB) ist ebenfalls ausgeschlossen. **899**

Dass Vereine, die Vormundschaften und Pflegschaften führen (§ 54 SGB VIII), seit jeher keinen Vergütungsanspruch hatten, ist jedoch darauf zurückzuführen, dass ihnen in der Regel kommunale Zuschüsse für die Mitwirkung in der Jugendhilfe gewährt wurden, die regelmäßig auch die Vereinsverpflichtung zur Führung von Vormundschaften und Pflegschaften (in geringem Umfang) enthielten. Dies ist im Bereich der gesetzlichen Betreuer so nicht mehr der Fall. Wenn überhaupt, erhalten Betreuungsvereine heutzutage allenfalls kommunale (und Landes-)Zuschüsse für die Tätigkeit im Bereich der sog. Querschnittsaufgaben (gem. § 1908 f. BGB). **900**

Nach einer Literaturmeinung von *Schindler*[612], der sich das *OLG Köln* angeschlossen hat[613], ist allerdings aus verfassungsrechtlichen und rechtspolitischen Gründen eine Gleichstellung **901**

---

608 BVerfG FamRZ 2000, 414 mit Anm. Bienwald
609 OLG Brandenburg FamRZ 2003, 882
610 LG Münster Rpfleger 2004, 163
611 So auch LG Traunstein JurBüro 93, 732
612 FamRZ 2001, 1349 ff.
613 OLG Köln FamRZ 2001, 1400 m. Anm. Zimmermann in FamRZ 2001, 1401

der Vormundschaft mit der Betreuung geboten. Danach soll jedenfalls einem Verein für die Tätigkeit eines **Vereinsvormunds** entsprechend den Regelungen für Vereinsbetreuer ein Vergütungsanspruch (möglichst pauschaliert und im Regelfall aus der Staatskasse zu zahlen) zustehen. Dem widersprach das *BayObLG*, das die Frage dem *BGH* gem. § 28 FGG vorgelegt hat.[614]

902 Der *Bundesgerichtshof* hat die Frage inzwischen zugunsten des Vereinsvormundes entschieden. Der Leitsatz lautet: „Wird der Mitarbeiter eines Vereines in dieser Eigenschaft zum Pfleger (Ergänzungspfleger nach § 1909 BGB) bestellt, so steht dem Verein für die Tätigkeit seines Mitarbeiters ein **Vergütungsanspruch** in analoger Anwendung des § 67a Abs. 4 FGG zu".[615]

903 Wichtig ist hier zu wissen, dass dieser vom BGH bejahte Vergütungsanspruch (wie der eines Vereinsverfahrenspflegers; vgl. oben unter Rn. 894) erfordert, dass nicht der Verein selbst als Vormund/Pfleger bestellt wird. Es ist die Bestellung einer Einzelperson erforderlich sowie der ausdrückliche Zusatz „als Mitarbeiter des Vereins". Der Verein selbst benötigt eine **Anerkennung** nach § 54 SGB VIII, die auf Antrag durch das Landesjugendamt erteilt wird und inhaltlich den Anerkennungsbestimmungen für Betreuungsvereine (§ 1908f BGB) entspricht.

904 Kürzlich hat der BGH seine bisherige Rechtsprechung teilweise wieder revidiert. Hiernach besteht nur dann ein Vergütungsanspruch, wenn ausdrücklich ein Vereinsmitarbeiter bestellt wurde, nicht jedoch, wenn der Verein direkt bestellt ist.[616]

6.13.2 Behörden als Betreuer, Vormünder und Pfleger

6.13.2.1 Behördenbetreuer gem. § 1897 Abs. 2 BGB

905 Im Bereich der Betreuungen Volljähriger ist analog zum Vereinsbetreuer die Bestellung von Behördenmitarbeitern zum Betreuer möglich (§ 1897 Abs. 2 BGB). Hier ist durch § 8 VBVG bestimmt, dass der Mitarbeiter selbst (wie beim Verein) keine eigenen Ansprüche geltend machen kann. Die Behörde kann bei nicht mittellosen Betreuten Aufwendungsersatz nach § 1835 Abs. 1 (mit Ausnahme der allgemeinen Verwaltungskosten) geltend machen. Eine Vergütung ist ebenfalls nur bei nicht mittellosen Betreuten möglich. Durch den Verweis auf § 1836 Abs. 2 BGB, der an sich den Vergütungsanspruch eines ehrenamtlichen Betreuers betrifft, und nicht auf §§ 4, 5 VBVG (Vergütungsanspruch des Berufsbetreuers), ergibt sich, dass die Regelungen, die oben, Rn. 766, genannt wurden, gelten. Daher ist nur ausnahmsweise eine Vergütung zu bewilligen, diese darf die Vergütung eines Berufsbetreuers nicht übersteigen.[617]

6.13.2.2 Behördenverfahrenspfleger (§ 277 Abs. 4 FamFG)

906 § 277 Abs. 4 FamFG (ab dem 1.7.2005 zunächst 67a Abs. 4 Satz 3 FGG) sieht neben der o.g. Konstruktion des Vereinsverfahrenspflegers auch den Behördenverfahrenspfleger vor.

907 Die Bestimmungen im Rahmen der Vergütungsregelung für Verfahrenspfleger stellen u.E. aus mehreren Gründen Fremdkörper dar. Zum einen ist durch die genannte Regelung sowohl ein Aufwendungsersatz als auch ein Vergütungsanspruch gänzlich ausgeschlossen. Die Regelung ist sogar noch restriktiver als die Entschädigungsregelung bei der Bestellung von Behörden nach § 1900 Abs. 4 BGB, da anders als dort noch nicht einmal Aufwendungsersatz bei Vermögenden möglich ist.

Darüber hinaus sehen wir die Bestellung von Mitarbeitern der Betreuungsbehörde als Verfahrenspfleger generell sehr skeptisch. So wird in der Literatur z.T. die Auffassung vertreten,

---

614 BayObLG FamRZ 2003, 1588 = BtPrax 2003, 275 (BGH-Vorlage) sowie LG Koblenz Rpfleger 2003, 365
615 BGH BtPrax 2007, 256 (Ls)
616 BGH FamRZ 2011, 1394 (m. Anm. Bienwald)
617 LG Kassel v. 10.7.2009, 3 T 783/08, BtPrax 2011, 87 (Ls)

dass wegen der unterschiedlichen Aufgaben der Betreuungsbehörde bei Sachverhaltsermittlungen für das Vormundschaftsgericht (§ 8 BtBG) und der subjektiv für Betreuteninteressen bestellten Verfahrenspflegschaft ein Interessengegensatz bestehen könne.[618]

Auch die Praxis einzelner Gerichte, die Betreuungsbehörde (oder Mitarbeiter der Behörde) in Vergütungsfestsetzungsverfahren gem. § 168 FamFG als Verfahrenspflegerin zu bestellen, ist u.E. rechtswidrig und daher abzulehnen.[619] Der Betreuungsbehörde wurden aus besonderen Gründen seitens des Gesetzgebers keine Aufsichts- und Kontrollbefugnisse übertragen. Hauptaufgabe ist vielmehr die Beratung und Unterstützung der Betreuer nach § 4 BtBG. Der Beratungsanspruch gegenüber der Behörde erstreckt sich dabei ausdrücklich auch auf Berufs- und Vereinsbetreuer. Ein derartiger Beratungsanspruch lässt sich nicht wertfrei durch die Betreuungsbehörde bei gleichzeitigen Kontrollbefugnissen als Verfahrenspfleger bewerkstelligen. **908**

Auch der an manchen Orten erfolgte Hinweis, die Behörde eigne sich gerade deshalb, die Abrechnungen der Berufsbetreuer zu kontrollieren, da sie ohnehin eng mit diesen zusammenarbeite und den Sachverhalt gut einschätzen könne, zeigt das Dilemma. Es ist nicht verständlich, weshalb sich einzelne Betreuungsbehörden für originäre Aufgaben der Gerichte instrumentalisieren lassen und z.B. die Mitteilungen nach § 10 VBVG zu Kontrollzwecken heranziehen möchten, um Abrechnungen von Berufsbetreuern zu kontrollieren.[620] **909**

6.13.2.3 Bestellung der Betreuungsbehörde bzw. des Jugendamtes

Bei der Bestellung der Betreuungsbehörde (§ 1900 Abs. 4 BGB) als Betreuer und des Jugendamtes als Vormund oder Pfleger gilt, dass in keinem Falle ein Vergütungsanspruch besteht (Ausschluss in § 1836 Abs. 3, bei Betreuungen i.V.m. § 1908i Abs. 1 Satz 1 BGB, bei Pflegschaften i.V.m. § 1915 BGB). Aufwendungsersatz gem. § 1835 Abs. 1 (jedoch kein Vorschuss, keine Verwaltungs- oder Versicherungskosten und beruflichen Dienste) kann bei nicht mittellosen Betreuten geltend gemacht werden. **910**

Für die Bezahlung des (angestellten) Behördenbetreuers auf tariflicher Basis gilt die gleiche BAG-Rechtsprechung wie beim Vereinsbetreuer (vgl. oben Rn. 882 ff.). Verbeamtete Behördenbetreuer sind meist im gehobenen Dienst in Besoldungsgruppe A 10 oder A 11 eingruppiert. **911**

6.13.3 Verfahrenspfleger (§§ 276, 317 FamFG), Verfahrensbeistand (§ 158 FamFG)

6.13.3.1 Allgemeines

Die Vergütung und der Aufwendungsersatz bei Verfahrenspflegern (§§ 276, 317 FamFG) werden seit 1.1.1999 stets aus der Staatskasse gezahlt (§ 277 Abs. 5 FamFG, zuvor§ 67a FGG). Ungeachtet der wirtschaftlichen Verhältnisse des Betroffenen sind gem. § 277 Abs. 2 FamFG stets die Stundensätze des § 3 Abs. 1 VBVG maßgebend. Eine Stundensatzerhöhung ist nicht möglich, da nicht auf § 3 Abs. 3 VBVG verwiesen wird. **912**

Allerdings setzt § 277 Abs. 2 FamFG für das Vorhandensein eines Vergütungsanspruches voraus, dass bei der Bestellung des Verfahrenspflegers ausdrücklich die Tätigkeit als **„berufliche"** bezeichnet wurde. Anderenfalls gilt seit 1.7.2005 auch bei Verfahrenspflegschaften der aus dem Betreuungsrecht bekannte Vorrang ehrenamtlicher Tätigkeit (§§ 1836 Abs. 1 Satz 1, 1897 Abs. 6 BGB). **913**

---

618   Beispiele bei HK BUR/Walther § 9 BtBG Rn. 13 ff.; kritisch in der Rechtsprechung LG Stuttgart BWNotZ 1996, 14 = BtE 1994/95, 176 f.; LG Braunschweig FamRZ 2005, 304
619   So auch HK BUR/Walther § 9 BtBG Rn. 18
620   Zum zweifelhaften Nutzen der Mitteilungspflichten insgesamt vgl. HK BUR/Klie/Walther, § 1908k BGB, Rn. 35 ff.; zur Beteiligung der Behörde im Vergütungsfestsetzungsverfahren im Rahmen der Sachverhaltsermittlung vgl. Bienwald BtPrax 1997, 226

914 Nach unserer Einschätzung ist diese Vorrangstellung gerade bei Verfahrenspflegschaften, die zur effektiven Aufgabenwahrnehmung **Kenntnisse des FamFG-Verfahrens** erfordern, äußerst praxisfremd. Es empfiehlt sich ein Zurückgreifen auf die aus dem Betreuungsrecht entwickelte Rechtsprechung[621] (dazu oben 486.).

915 Als Aufwendungsersatz erhält der Verfahrenspfleger die in § 1835 Abs. 1 (Barauslagen) und Abs. 2 BGB (Haftpflichtversicherungsbeiträge) genannten Posten. Die Erstattung von Haftpflichtversicherungsbeiträgen (sofern solche für die Tätigkeit als Verfahrenspfleger überhaupt angeboten werden) erscheint bei dieser Tätigkeit wenig sachgerecht. Die Ausschlussfrist von 15 Monaten (§ 2 VBVG) gilt auch für Erstattungsansprüche von Verfahrenspflegern.[622]

916 Für den **Verfahrensbeistand in Kindschaftssachen** enthält § 158 Abs. 7 FamFG eine eigenständige Regelung. Sie lautet:

> „Für den Ersatz von Aufwendungen des nicht berufsmäßigen Verfahrensbeistands gilt § 277 Abs. 1 entsprechend. Wird die Verfahrensbeistandschaft für die Wahrnehmung seiner Aufgaben nach Absatz 4 in jedem Rechtszug jeweils berufsmäßig geführt, erhält der Verfahrensbeistand eine einmalige Vergütung in Höhe von 350 Euro. Im Fall der Übertragung von Aufgaben nach Absatz 4 Satz 3 erhöht sich die Vergütung auf 550 Euro. Die Vergütung gilt auch Ansprüche auf Ersatz anlässlich der Verfahrensbeistandschaft entstandener Aufwendungen sowie die auf die Vergütung anfallende Umsatzsteuer ab. Der Aufwendungsersatz und die Vergütung sind stets aus der Staatskasse zu zahlen. Im Übrigen gilt § 168 Abs. 1 entsprechend."

6.13.3.2 Individualpauschale beim Verfahrenspfleger

917 Nach § 277 Abs. 3 FamFG kann beim Verfahrenspfleger statt der im Vorkapitel genannten Vergütung (und des Aufwendungsersatzes) für konkreten Zeitaufwand stattdessen eine Individualpauschale (entsprechend § 1836b Nr. 1 BGB a.F.) gezahlt werden (vgl. dazu oben Rn. 753 ff.). Wir halten diese Möglichkeit für unpraktikabel. Sofern ein Gericht allerdings diese Individualpauschale anordnen möchte, ist dies im Vorhinein festzulegen, weil der Verfahrenspfleger wissen muss, ob er seinen Zeitaufwand dokumentieren muss oder nicht.[623] Eine nachträgliche Pauschalierung ist daher nicht zulässig.[624]

918 Sollte eine Pauschalierung angewendet werden, wären ebenfalls die Stundensätze für Berufsvormünder, allerdings zuzüglich einer Aufwandspauschale von bisher je 3,00 €, ab Inkrafttreten der Neuregelung 4,- € je pauschal vergüteter Stunde anzusetzen.

6.13.3.3 Rechtsanwälte als Verfahrenspfleger

919 Die Tätigkeit von Rechtsanwälten als Verfahrenspfleger durfte schon nach der durch das 1. BtÄndG erfolgten Neuformulierung des § 1 BRAGO nicht mehr als anwaltliche Tätigkeit nach den Gebührensätzen der BRAGO berechnet werden, Entsprechendes gilt jetzt gem. § 1 Abs. 2 RVG. Die Regelung sei verfassungsrechtlich unbedenklich.[625] Dies gelte auch in Unterbringungsverfahren nach den PsychKGen.[626] Dies bedeutete in der Konsequenz, dass diese Tätigkeit für Rechtsanwälte angesichts der für diesen Beruf geltenden üblichen Kostenstruktur völlig uninteressant sein würde.

920 Sowohl die vom 1.1.1999 bis 30.6.2005 geltende Entschädigungsregelung (§ 67 Abs. 3 FGG a.F.) als auch die Neufassung des § 67a FGG und jetzt § 277 FamFG enthalten keinen Verweis auf § 1835 Abs. 3 BGB und damit die Möglichkeit, einzelne Tätigkeiten, insbes. von anwaltlichen Verfahrenspflegern, nach dieser Bestimmung abzurechnen. Während § 67 Abs. 3

621 LG Koblenz JurBüro 2000, 430; ebenso Zimmermann FamRZ 1999, 430/432; Karmasin FamRZ 1999, 348/349
622 OLG Koblenz FamRZ 2002, 1355 und FamRZ 2003, 168; BayObLG FGPrax 2003, 177
623 LG Mönchengladbach Rpfleger 2003, 365 (Ls)
624 Damrau/Zimmermann § 277 FamFG Rn. 25; Knittel § 276 Rn. 32
625 Beschlüsse BVerfG FamRZ 2000, 1280, 1284 = BtPrax 2000, 254 mit Anmerkung Bienwald FamRZ 2000, 1283 sowie BayObLG, BtPrax 2000, 215 FamRZ 2000, 1301
626 OLG Köln FGPrax 2000, 17 = NJW-RR 2001, 74

FGG a.F. die Anwendung des § 1835 Abs. 3 BGB ausdrücklich ausschloss, ist die Bestimmung in der Neuregelung ab 1.7.2005 (§ 67a Abs. 1 FGG) einfach unerwähnt geblieben.

Allerdings wurde zu Recht ab 1999 entschieden, dass der Rechtsanwalt als Verfahrenspfleger gem. § 1835 Abs. 3 BGB dann Gebühren nach RVG abrechnen kann, wenn er anwaltsspezifische Dienste leistet. Die Rechtsprechung seit dem 1.7.2005 hat – wie in der Vorauflage vermutet – daran festgehalten[627] (vgl. auch Rn. 309 ff.). **921**

6.13.3.4 Rechtsprechung zur Anwendung des § 1835 Abs. 3 BGB bzw. des RVG bei Verfahrenspflegern

Im bisherigen Recht hat sich die Rechtsprechung wie folgt zu diesen Ansprüchen geäußert: **922**

- Ein anwaltlicher Verfahrenspfleger erhält nur Vergütung nach dem VBVG; auch im Verfahren nach PsychKG erfolgt keine Anwendung des RVG.[628]
- Ein Rechtsanwalt kann als Verfahrenspfleger gem. § 1835 Abs. 3 BGB Gebühren nach RVG abrechnen, wenn er anwaltsspezifische Dienste leistet.[629] Dies ist bei der Überprüfung des Vergütungsantrags eines Betreuers der Fall.[630]
- Ein anwaltlicher Verfahrenspfleger zur Überprüfung der Betreuervergütung kann nur ausnahmsweise nach § 1835 Abs. 3 BGB auf der Grundlage des RVG abrechnen, wenn vertiefte Befassung mit Rechtsfragen über das Standardwissen eines Betreuers der 3. Vergütungsstufe hinausgeht.[631]
- Die Feststellung, dass ein Verfahrenspfleger „als Rechtsanwalt" bestellt sei, kann vom Bezirksrevisor angefochten werden. In Betreuungssachen ohne tatsächliche oder rechtliche Schwierigkeiten muss ein Anwalt als Verfahrenspfleger nicht in seiner Funktion als Anwalt tätig werden.[632]
- Zur Abrechnung des Aufwendungsersatzanspruches eines anwaltlichen Verfahrenspflegers in einem Betreuungsverfahren nach RVG.[633]
- Die Ausschlussfrist von 15 Monaten gilt auch, wenn Ersatz von Aufwendungen für berufliche Dienste nach RVG beantragt werden kann.[634]
- Ein zum Verfahrenspfleger bestellter Anwalt kann nach RVG abrechnen, wenn ihm bei der Bestellung vom Richter Tatsachen mitgeteilt werden, die im konkreten Fall die Hinzuziehung eines Anwaltes konkret begründen. Unerheblich ist, ob im Laufe des Verfahrens tatsächlich eine anwaltsspezifische Tätigkeit stattgefunden hat.[635]
- Ein Anwalt als Verfahrenspfleger kann Ansprüche nach § 1835 Abs. 3 BGB nur dann nach RVG abrechnen, wenn die Tätigkeit besondere rechtliche Fähigkeiten fordert und eine originär anwaltliche Dienstleistung darstellt[636] (verneint für Grundstückskauf und Bestellung eines Nießbrauches).
- Aufwendungsersatz für einen Rechtsanwalt als Verfahrenspfleger im Unterbringungsverfahren nach § 1835 Abs. 3 BGB i.V.m. dem RVG.[637]
- Wird ein Rechtsanwalt als **Verfahrenspfleger** sowohl im vorläufigen als auch im endgültigen Unterbringungsverfahren tätig und kann er Aufwendungsersatz für berufliche

---

627 OLG Düsseldorf FamRZ 2008, 76
628 OLG Köln FGPrax 2000, 17 = NJW-RR 2001, 74, a.A.: LG Koblenz JurBüro 2001, 472
629 OLG Köln FamRZ 2001, 1643
630 LG Berlin BtPrax 2001, 129 = FamRZ 2001, 1029; a.A.: LG München I BtPrax 2001, 175 = FamRZ 2001, 1397
631 BayObLG FamRZ 2003, 1046
632 OLG Köln FamRZ 2001, 1643
633 BayObLG BtPrax 2002, 121; OLG Düsseldorf FamRZ 2003, 706
634 BayObLG FamRZ 2003, 1413; OLG Schleswig FGPrax 2003, 127; OLG Frankfurt/Main FamRZ 2004, 736
635 BayObLG BtPrax 2002, 121; OLG Stuttgart NJW-RR 2004, 424
636 BayObLG FGPrax 2005, 21
637 LG Aachen FamRZ 2003, 706 m. Anm. Bienwald

Dienste im Rahmen des RVG verlangen, steht ihm für beide Verfahren jeweils eine Verfahrensgebühr zu.[638]

- Hat der Verfahrenspfleger vom Gericht einen **ausdrücklichen Auftrag** hinsichtlich der Ausübung seiner Tätigkeit erhalten (hier: Hausbesuche beim Kind), kommt es nicht darauf an, ob die Tätigkeit über seinen eigentlich nach dem Gesetz vorgesehenen Aufgabenbereich hinausgeht. Denn der Verfahrenspfleger darf darauf vertrauen, dass der aufgrund des gerichtlichen Auftrags entstandene **Zeitaufwand** auch vergütet wird.[639]

- Vom Zeitpunkt der Bekanntgabe des ihn von seinen Aufgaben als Verfahrenspfleger entbindenden Beschlusses darf der Verfahrenspfleger nicht mehr tätig werden. Nimmt er entgegen dem **Aufhebungsbeschluss** weitere Handlungen vor, handelt es sich um einen nicht vergütungsfähigen Zeitaufwand.[640]

6.13.3.5 Verfahrenspflegervergütung als Teil der Gerichtskosten

923 Die Entschädigung des Verfahrenspflegers erfolgt seit 1.1.1999 ausschließlich aus der Staatskasse. Durch die ebenfalls bereits zum 1.1.1999 erfolgte Neufassung des § 137 KostO können dem Betroffenen allerdings die Kosten der Verfahrenspflegertätigkeit als Teil der Gerichtskosten in Rechnung gestellt werden (§ 93a KostO), wobei der Einkommens- und Vermögenseinsatz des Betreuten sich nach § 1836c BGB richtet (vgl. unten Kapitel 8, Rn. 1231, 1359.). Die Rückgriffsmöglichkeit auf den Betroffenen ist hier auf vier Jahre beschränkt, § 17 KostO.

924 Die Regelungen gelten durch entsprechende Verweise auch für den Verfahrenspfleger in Freiheitsentziehungssachen (§ 419 FamFG) und für den Verfahrensbeistand in Kindschaftssachen (§ 158 FamFG).[641]

925 Wird die Verfahrenspflegerbestellung allerdings rückwirkend aufgehoben, kann dessen Vergütung den Beteiligten nicht als Teil der Verfahrensauslagen in Rechnung gestellt werden.[642]

6.13.4 Nachlasspfleger[643] (§§ 1960, 1961 BGB)

6.13.4.1 Allgemeines

926 Bei Nachlasspflegern (vgl. oben Rn. 36) tritt das Nachlassgericht an die Stelle des Vormundschaftsgerichtes (§ 1962). Der Nachlasspfleger ist für den Nachlass bestellt, nicht für den Verstorbenen, er ist Vertreter der unbekannten Erben. Da eine Nachlasspflegerbestellung grundsätzlich nur erfolgt, wenn fürsorgebedürftiger Nachlass vorhanden ist, erfolgt eine Entschädigung meist aus dem Nachlass.

927 Für die Frage, wer die Vergütung und den Aufwendungsersatz zu zahlen hat, kommt es also auf die Höhe des Nachlasses an, und zwar auf den Aktivnachlass.[644]

928 Wird kein Erbe ausfindig gemacht, erbt gem. § 1936 BGB der Staat (Landesfiskus). Dieser haftet nur mit dem Wert des Nachlasses. Diese Situation tritt auch ein, wenn alle ermittelten

---

638 OLG München BtPrax 2006, 79 = FamRZ 2006, 577
639 OLG Brandenburg FamRZ 2008, 73 (m. Anm. Bienwald)
640 OLG Brandenburg FamRZ 2008, 78
641 Zur Begrenzung des Aufgabenbereiches eines Verfahrenspflegers nach § 50 FGG: KG FamRZ 2000, 1300; OLG Köln NJW-RR 2001, 74 sowie OLG Schleswig FamRZ 2000, 1048 = KindPrax 2001, 31 und OLG Braunschweig Rpfleger 2001, 130 = ZfJ 2001, 163; OLG Frankfurt/Main FamRZ 1999, 1293, 1295 sowie OLG Brandenburg MDR 2001, 573
642 OLG Frankfurt/Main FamRZ 2002, 765
643 Zu Einzelheiten der Nachlasspflegschaft im Allgemeinen vgl. Jochum/Pohl, Handbuch der Nachlasspflegschaft, Reguvis/Bundesanzeiger Verlag, Köln
644 BayObLG FamRZ 2000, 1447

Erben die Erbschaft ausschlagen (§ 1944 BGB), z.B. wegen inzwischen festgestellter Überschuldung des Nachlasses.

▶ *Zum Nachlasspfleger im Vergütungsverfahren des bisherigen Betreuers siehe in Kapitel 8, Rn. 1427 ff. Kapitel 9, Rn. 1630, 1633*

6.13.4.2 Vergütung aus der Staatskasse

Kommt es durch höhere Nachlassverbindlichkeiten zu einer Nachlassinsolvenz, ist der Teil der Nachlasspflegerforderung, der im Insolvenzverfahren nicht gedeckt ist, aus der Staatskasse zu gewähren. Dies gilt auch generell bei Mittellosigkeit, wobei aber hier nicht die Mittellosigkeit etwaiger ermittelter Erben, sondern des Nachlasses maßgeblich ist (siehe hierzu im Detail unten Kapitel 8, Rn. 1386 ff.). **929**

Das *BayObLG* billigt dem Nachlasspfleger, anders als dem Betreuer[645], keinen Erbenfreibetrag (§ 1836 e Abs. 1 BGB i.V.m. § 102 SGB XII) zu.[646] Es begründet dies zum einen damit, dass ein Nachlasspfleger grundsätzlich nur dann bestellt wird, wenn fürsorgebedürftiger Nachlass in genügender Höhe vorhanden ist und der Nachlasspfleger (anders als der Betreuer) einen nach § 324 InsO vorrangigen Vergütungsanspruch besitze. **930**

6.13.4.3 Vergütung beim bemittelten Nachlass

Die Rechtsprechung zur Höhe der Nachlasspflegervergütung aus der Zeit vor Inkrafttreten des 1. BtÄndG, die oft Prozentsätze des verwalteten Nachlassvermögens zubilligte[647], konnte aufgrund der Neuregelungen bereits seit 1.1.1999 keine Anwendung mehr finden. Es war vielmehr der gleiche Maßstab wie bei den Einzel- oder Berufsbetreuern anzuwenden.[648] **931**

Allerdings zeigten sich Nachlassgerichte bei der Bemessung der Nachlasspflegervergütung (aus dem Vermögen) in den letzten Jahren durchweg großzügiger als Vormundschaftsgerichte. So entschied die Rechtsprechung bis zum 30.6.2005: **932**

- Die Stundensätze des § 1 Abs. 1 BVormVG haben bei Nachlasspflegschaften auch einen Orientierungscharakter, gelten aber nur bei einfacher Abwicklung als angemessen; ansonsten gelten bei einem Berufsnachlasspfleger mit Studienabschluss im Beitrittsgebiet 27,90 € (statt 18,00 €) bei einfachen, 34,20 € (statt 23,00 €) bei mittelschweren und 41,40 € (statt 31,00 €) bei schwierigen Nachlässen als angemessen.[649]

- Bei Nachlasspflegschaften liegen regelmäßig komplizierte Sach- und Rechtslagen vor, die insbesondere beim Vorhandensein von mehreren Erben häufig stark streitbefangen sind. Daher kommt regelmäßig eine Verdopplung des Stundensatzes nach § 1 BVormVG in Betracht.[650]

- Keine Anwendung der Stundensätze des § 1 Abs. 1 BVormVG bei beruflichen Nachlasspflegern bei vorhandenem Aktivnachlass; stattdessen bei anwaltlichem Nachlasspfleger Stundensatz von brutto 100,– bis 150,00 €.[651]

Warum Gerichte die Auffassung vertreten, die Nachlasspflegertätigkeit sei generell schwieriger als die eines Betreuers (insbesondere, wenn dieser die Vermögensverwaltung innehat), ist für uns nicht nachvollziehbar; sie beruht offenbar auf einer Verkennung der Aufgabenvielfalt der Betreuer durch die Nachlassgerichte. Dennoch hat diese Auffassung einen Niederschlag in der ab 1.7.2005 geltenden Gesetzeslage gefunden. **933**

---

645 BayObLG FamRZ 2001, 866
646 BayObLG NJW 2000, 1392; Zimmermann ZEV 1999, 329/330, a.A.: KG Rpfleger 1995, 356/357
647 Zuletzt noch OLG Düsseldorf, Beschl. v. 15.12.1997, 3 Wx 494/97, OLG-Report Düsseldorf 6/98, 117
648 Vgl. dazu ausführlich Zimmermann ZEV 1999, 329. Zur Berechnung einer Nachlasspflegervergütung, wenn die Tätigkeit sowohl vor als auch nach dem 1.1.1999 erfolgt ist: BayObLG NJW-RR 2000, 1392
649 OLG Dresden FamRZ 2002, 1364; ähnlich LG Hannover NJW-RR 2002, 653
650 LG Stuttgart Rpfleger 2001, 427; LG Münster Rpfleger 2003, 369
651 LG München I Rpfleger 2003

934 § 1915 BGB erklärt für Pflegschaften ausdrücklich, dass § 3 Abs. 1 und 3 VBVG bei nicht Mittellosen nicht angewendet wird. Stattdessen wird als Richtlinie auf die für die Führung der Pflegschaftsgeschäfte nutzbaren Fachkenntnisse und die Schwierigkeit der Geschäfte verwiesen. Dies erinnert uns an die Rechtslage nach § 1836 Abs. 2 BGB in der Fassung vor Inkrafttreten des 1. BtÄndG, der seinerzeit bei Vermögenden Stundensätze von 100,00 € und mehr rechtfertigte.

935 Zwar gilt diese Ausnahmeregel generell bei **BGB-Pflegschaften**, einen nennenswerten Anwendungsbereich dürfte sie aber in der Praxis nur bei Nachlasspflegschaften haben.[652] Das *OLG München* billigte den doppelten VBVG-Satz nach § 3 Abs. 1 VBVG, also 67 € zu.[653]

6.13.5 Besondere Vertreter im Verwaltungsverfahren

936 Bei einer Bestellung als besonderer Vertreter im **Verwaltungsverfahren** (dazu Kapitel 1, Rn. 44) hat die Vertretungsperson einen Anspruch auf angemessene Vergütung und Ersatz der baren Aufwendungen. Der Anspruch richtet sich gegen die Behörde, auf deren Ersuchen der Vertreter bestellt wurde, nicht gegen das bestellende Gericht. Den Grundsatz der Unentgeltlichkeit gibt es hier nicht. Bei der Höhe der Vergütung wird man auf die Grundsätze der Ermessensvergütung (§ 1836 Abs. 2 BGB) zurückgreifen; bei beruflich tätigen Personen auf die Grundsätze der Berufsbetreuervergütung.

937 Die Frage ist ab dem 1.7.2005, ob für die Entschädigung eines besonderen Vertreters im Verwaltungsverfahren die Vergütung des Berufsvormundes (nach § 3 VBVG mit den dortigen Stundensätzen und einer Abrechnung einzelner Tätigkeiten) oder eines Berufsbetreuers (mit der Pauschalvergütung nach §§ 4, 5 VBVG) maßgeblich ist. Hier ist eine Tendenz auch weiterhin nicht erkennbar.

938 Die Bestellung eines besonderen Vertreters im Verwaltungsverfahren liegt nicht bereits dann vor, wenn eine Betreuungsanordnung ursprünglich auf die Anregung einer anderen Behörde zurückging und der Aufgabenkreis des Betreuers die Vertretung vor Behörden beinhaltet. Es muss statt einer Betreuung eine Bestellung eines besonderen Vertreters im Verwaltungsverfahren erfolgt sein.

6.14 Sterilisationsbetreuer

939 Der (berufliche) Betreuer, der ausschließlich für die Entscheidung über eine Sterilisation des Betreuten (§§ 1899 Abs. 2, 1905 BGB) bestellt ist, erhält nach § 6 Satz 1 VBVG keine Pauschalvergütung, sondern eine Vergütung für den konkreten Zeitaufwand. Es gelten die Stundensätze für Vormünder aus § 3 VBVG zuzüglich Aufwendungsersatz nach § 1835 BGB (für Vereinsbetreuer ohne allgemeine Verwaltungskosten, Haftpflichtversicherungsbeiträge und Aufwendungen für berufliche Dienste).

940 Der Sterilisationsbetreuer trägt wegen der weitreichenden Folgen des Eingriffs eine besondere Verantwortung.[654] Er hat nach Durchführung des gerichtlichen Genehmigungsverfahrens (§ 297 FamFG) eigenständig zu prüfen, ob die Sterilisation tatsächlich durchgeführt werden soll.[655] Angesichts der Problematik der Sterilisationsregelung dürften Fallgespräche mit Betreuerkollegen im angemessenen Umfang vergütungsfähig sein.[656] Zum Umfang des Aufgabenkreises Sterilisation zählen alle im Zusammenhang mit der Sterilisation stehenden Aufgaben, z.B. Informationsgespräche mit dem Betreuten, den Ärzten und anderen nahestehenden Personen sowie ggf. der Abschluss eines Behandlungsvertrags zur Durchführung

---

652 Beispiele für andere Vergleichsberechnungen siehe bei Zimmermann, Anwaltsvergütung außerhalb des RVG, Rn. 228
653 OLG München Rpfleger 2006, 405
654 Bt-Drs. 11/4528, S. 111; vgl. dazu HK BUR/Bauer § 1905, Rn. 25
655 HK BUR/Bauer § 1905 Rn. 55
656 LG Wuppertal FamRZ 2002, 1657, als Ausnahme: OLG Stuttgart v. 6.11.2000, 8 WF 91/99, DJ 2002, 411

der Sterilisation sowie die Einholung der vormundschaftsgerichtlichen Genehmigung und Erteilung der Einwilligung bzw. deren Verweigerung.[657]

Die Nichtanwendbarkeit der Pauschalvergütung auf Sterilisationsbetreuungen ist auch sachgerecht.[658] Es ist auch nicht erforderlich, dass neben dem Sterilisationsbetreuer ein anderer Betreuer bestellt ist.[659] Zahlenmäßig dürfte diese Vertretungstätigkeit keine große Rolle spielen. 2015 wurden insgesamt 65 Verfahren nach § 1905 BGB geführt.[660] In wie vielen dieser Fälle ein Berufs- oder Vereinsbetreuer bestellt war, ist statistisch nicht erfasst. **941**

6.15 Verhinderungsbetreuer

6.15.1 Allgemeines

Beim Verhinderungsbetreuer (§ 1899 Abs. 4 BGB) wird ab 1.7.2005 unterschieden: Handelt es sich um eine Bestellung wegen **rechtlicher Verhinderung** des Betreuers, so erhält der Verhinderungsbetreuer wie der oben genannte Sterilisationsbetreuer keine Pauschalvergütung, sondern Vergütung für konkreten Zeitaufwand sowie Aufwendungsersatz. Es dürfte sich in der Praxis dabei überwiegend um Bestellungen im Rahmen von In-sich-Geschäften zwischen dem (eigentlichen) Betreuer bzw. seiner Familie und den Betreuten (§§ 181, 1795 BGB) handeln sowie um die Geltendmachung von Schadensersatz-, Schmerzensgeld- oder Herausgabeansprüchen zwischen Betreuer und Betreuten[661] bzw. um den Fall der (vorübergehenden) Geschäftsunfähigkeit des Betreuers, z.B. infolge schweren Unfalls. **942**

Ist der Verhinderungsbetreuer stattdessen für den Fall der **tatsächlichen Verhinderung** des Betreuers bestellt (z.B. urlaubsbedingte Abwesenheit, längere Krankheit, vgl. dazu auch unten Rn. 1217 ff.), so erhält nur einer der beiden Betreuer die Pauschalvergütung (§ 6 Satz 2 VBVG). D.h., dass die pauschale Vergütung des verhinderten Betreuers für die Tage seiner Verhinderung nicht gewährt wird, für diese Tage erhält stattdessen der Verhinderungsbetreuer die pauschale Vergütung. **943**

Ist bei einem **Vereinsbetreuer** ein anderer Vereinsbetreuer als Vertreter bestellt und sind beide in der gleichen Vergütungsstufe des § 4 Abs. 1 VBVG, ist es u.E. aus Gründen der Verwaltungsvereinfachung vertretbar, dass keine getrennten Vergütungsabrechnungen erfolgen. Denn in diesen Fällen hat nicht der einzelne Vereinsbetreuer den Vergütungsanspruch, sondern nach § 7 VBVG der Verein. Dies sollte allerdings mit dem Gericht abgesprochen werden. Zur tageweisen Berechnung der Pauschale vgl. die Tabellen in Kapitel 10, Rn. 1775. **944**

6.15.2 Rechtliche Verhinderung

Bei rechtlicher Verhinderung des Betreuers (vgl. oben Kapitel 1, Rn. 15) wird der Verhinderungsbetreuer wie der o.g. Sterilisationsbetreuer behandelt, d.h., er enthält Aufwendungsersatz und Vergütung nach konkretem (Zeit-)Aufwand wie ein Berufsvormund, § 6 Satz 1 VBVG. Dem verhinderten Betreuer wird die Vergütungspauschale (dazu Kapitel 7, Rn. 1010) **nicht gekürzt.** **945**

▶ *Zur Zahlung der (anteiligen) gesonderten Pauschale nach § 5a Abs. 1 VBVG siehe unter Rn. 1015.*

Ein Verhinderungsbetreuer kann bestellt werden, wenn der Betreuer in eigener Person ein Rechtsgeschäft mit dem Betreuten nicht abschließen kann (§ 181 BGB) oder wenn der Be- **946**

---

657 Vgl. Damrau/Zimmermann § 1899 BGB Rn. 14
658 Fröschle, Betreuungsrecht 2005, Rn. 413
659 Damrau/Zimmermann § 1899 BGB Rn. 13
660 BMJ: Sondererhebung Verfahren nach dem Betreuungsgesetz; vgl. HK BUR, zu § 1905 BGB
661 Vgl. dazu Deinert/Lütgens/Meier, Die Haftung des Betreuers, 3. Auflage, Köln 20177

treuer wegen eines Rechtsgeschäftes zwischen dem Betreuten und dem Ehegatten, Lebenspartner oder Verwandten des Betreuers (in gerader Linie) verhindert ist.[662]

947   Außerdem bestehen weitere Vertretungshindernisse, die in § 1795 Abs. 1 Nr. 2 und 3 BGB genannt sind. Rechtlich verhindert dürfte der Betreuer auch sein, wenn der Betreute ihn wegen Pflichtverletzungen (§ 1833 i.V.m. § 1908i Abs. 1 BGB) belangen will oder im umgekehrten Fall der Betreuer gegen den Betreuten Erb- oder Pflichtteilsansprüche[663] oder Schadensersatzansprüche nach § 823 oder § 812 BGB geltend machen will. Außerdem kann das Gericht dem Betreuer gem. §§ 1796, 1908i Abs. 1 BGB die Vertretungsmacht für einzelne Angelegenheiten entziehen[664], insbesondere, weil ein Interessenkonflikt droht.[665]

948   Die Bestellung des Verhinderungsbetreuers, der in diesem Falle auch als Ergänzungsbetreuer bezeichnet wird (um die Nähe zur Ergänzungspflegschaft des § 1909 BGB zu betonen), wird sich in der Regel auf einen kleinen, näher bezeichneten Aufgabenkreis, z.B. den Abschluss eines bestimmten Rechtsgeschäftes oder die Führung eines bestimmten Prozesses, beziehen. Die Aufgaben des Ergänzungsbetreuers, und damit der Umfang der vergütungsfähigen Tätigkeiten reichen nur so weit, wie die Verhinderung des eigentlichen Betreuers gegeben ist[666] (zur Problematik bei unklar formulierten Aufgabenkreisen bei Ergänzungsbetreuern vgl. die Anmerkung *Bienwalds*[667]).

949   Der eigentliche Betreuer kann jedoch auch in allen Aufgabenkreisen rechtlich verhindert sein. Wichtigster Fall dürfte vorübergehende **Geschäftsunfähigkeit** des Betreuers, z.B. nach schwerer Operation (Durchgangssyndrom), sein. Zwar wäre nach § 1908b Abs. 1 BGB auch eine Entlassung möglich,[668] jedoch kann der Wunsch des Betreuten, es beim bisherigen Betreuer zu belassen und die Aussicht auf baldige Wiederherstellung der Geschäftsfähigkeit es angezeigt sein lassen, den bisherigen Betreuer im Amt zu belassen.

950   Die Ergänzungsbetreuung endet nicht kraft Gesetzes mit der Erledigung des Rechtsgeschäftes, an der der eigentliche Betreuer verhindert war bzw. mit dessen Wiederherstellung der Geschäftsfähigkeit. Die Ergänzungsbetreuung ist daher gem. § 1908d Abs. 1 BGB ausdrücklich aufzuheben.[669]

951   Fraglich ist, ob bei Vereins- und Behördenbetreuern eine Arbeitsunfähigkeit i.S. der gesetzlichen Krankenversicherung „nur" eine tatsächliche, sondern auch eine rechtliche Verhinderung darstellt. Diese Frage war bisher unerheblich, müsste aber nunmehr wegen der unterschiedlichen Vergütungsfolgen durch die Rechtsprechung geklärt werden. Dies ist bis zur Drucklegung dieser Neuauflage offenkundig nicht geschehen; hieraus ziehen wir den Schluss, dass diese Frage in der Praxis keine größere Relevanz aufweist.

6.15.3 Tatsächliche Verhinderung

6.15.3.1 Allgemeines

952   Tatsächliche Verhinderung (vgl. oben Kapitel 1, Rn. 16) ist insbesondere die Nichterreichbarkeit des Betreuers. In diesem Fall soll der Verhinderungsbetreuer die Pauschalvergütung (dazu Kapitel 7, Rn. 971, 1010) erhalten, während der gleiche Zeitraum beim verhinderten Betreuer nicht vergütet wird. Dazu soll die Pauschalvergütung tageweise i.S.d. § 5 Abs. 4 VBVG gequotelt werden.

---

662   BayObLG BtPrax 1998, 32; BayObLG FamRZ 2002, 61
663   Vgl. BayObLG BtPrax 2001, 252; BayObLG BtPrax 2004, 32 = FamRZ 2004, 906; OLG Zweibrücken FGPrax
      1999, 182 = Rpfleger 1999, 534; OLG Nürnberg NJW-FER 2001, 316
664   Vgl. HK BUR/Bauer §§ 1795, 1796 sowie § 1899 Rn. 76
665   BayObLG FamRZ 1999, 1303
666   Knittel § 1899 BGB Rn. 24
667   Zu BayObLG in FamRZ 2004, 1750
668   Vgl. HK BUR/Bauer § 1908b BGB Rn. 14
669   Vgl. Knittel § 1899 BGB Rn. 28

Wichtigste Anwendung der Verhinderungsbetreuung bei tatsächlicher Verhinderung dürfte die urlaubsbedingte Nichterreichbarkeit des Betreuers sein.[670] Jedoch auch Krankheit des Betreuers kann tatsächliche Verhinderung sein.[671] Die Kontroverse in der Literatur, ob eine Vertretungsbetreuung aus tatsächlichen Gründen überhaupt zulässig ist,[672] hat sich durch die ausdrückliche Erwähnung in Satz 2 erledigt. Einige Gerichte meinen, eine solche Verhinderungsbetreuung sei nur für einen konkret bevorstehenden Verhinderungsfall zulässig.[673]

953

Dies ist allerdings nicht praktikabel; zulässig ist auch, für alle künftigen (tatsächlichen) Verhinderungsfälle einen Ersatzbetreuer zu bestellen.[674] Die tatsächliche Verhinderung wird i.d.R. einen längeren Zeitraum (mehrere Wochen oder Monate) ausmachen, kann aber auch einzelne Tage betreffen, wenn bereits ein Verhinderungsbetreuer für den Fall späterer Verhinderung bestellt ist und sich durch ein konkretes und dringendes Handlungserfordernis herausstellt, dass der eigentliche Betreuer unerreichbar ist.

954

In dringlichen Angelegenheiten wie der Veranlassung einer freiheitsentziehenden Unterbringung oder der Einwilligung in eine eilige Heilbehandlungsmaßnahme können sogar Teile von Tagen zu einem Tätigwerden des Verhinderungsbetreuers zwingen (z.B. wenn der Betreuer nach üblichem Büroschluss telefonisch nicht erreichbar ist). Da aber § 6 Satz 2, 2. Halbsatz VBVG § 187 Abs. 1 BGB ausdrücklich für anwendbar erklärt, ist im Falle einer eintägigen Vertretungstätigkeit die Aufteilung der Vergütungsansprüche nicht durchzuführen. Denn der (einzige) Tag, an welchem der Betreuer hier verhindert ist, wird ausdrücklich nicht mitgezählt. Erst wenn auch am folgenden Tag weiterhin der Betreuer nicht erreichbar ist, kommt eine Anwendung in Frage.

955

6.15.3.2 Verhinderungszeitraum

Entgegen dem Wortlaut in § 6 Satz 2 VBVG ist nicht die Vergütung zwischen dem verhinderten Betreuer und dem Verhinderungsbetreuer zu teilen, sondern der Stundenansatz des § 5 Abs. 1 bzw. Abs. 2 VBVG.[675] Andernfalls wäre der Verweis auf die **Rundungsregelung** (§ 5 Abs. 4 Satz 3 VBVG) sinnlos. Darüber hinaus können die beiden Betreuer **unterschiedliche Vergütungsstufen** i.S.d. § 4 VBVG haben, was eine Aufteilung einer Summe unmöglich macht.

956

Nicht eindeutig ist, **welcher Zeitraum** beim Verhinderungsbetreuer bei der tatsächlichen Verhinderung zu zahlen und entsprechend der Formulierung des Satzes 2 „zu teilen" beim verhinderten Betreuer abzuziehen ist. Denkbar wäre ein Abstellen auf den Zeitraum der Verhinderung, wobei der **erste Tag** der Verhinderung, also z.B. die Abreise an den Urlaubsort, nach § 187 Abs. 1 BGB nicht mitzählt, also noch beim verhinderten Betreuer zu bewilligen ist. Der **letzte Tag** der Verhinderung, z.B. beim Vereinsbetreuer der letzte bewilligte Urlaubstag, zählt nach § 188 Abs. 1 BGB beim Verhinderungsbetreuer mit. Ist dieser Tag ein Samstag, Sonntag oder gesetzlicher Feiertag, tritt an dessen Stelle der nächste Werktag.

957

Denkbar wäre zwar, nur die Tage als Verhinderungszeitraum anzusehen, an denen der Betreuer aufgrund eines konkreten **Handlungserfordernisses** das stellvertretende Tätigwerden des Verhinderungsbetreuers erforderlich ist. Es ist u.E. aber richtig, ausschließlich auf die Verhinderung des Betreuers abzustellen, da eine Abgrenzung objektiver Vertretungsnotwendigkeit kaum feststellbar sein dürfte und darüber hinaus ein Abstellen auf den Status des Betreuers als verhindert bzw. nicht verhindert dem neuen System der pauschalen Betreuervergütung eher entspricht.

958

---

670 LG Stuttgart BtPrax 1999, 200; LG Frankfurt/Oder FamRZ 1999, 1221; vgl. auch HK BUR/Bauer § 1899 Rn. 78 ff.
671 LG Cottbus BtPrax 2001, 172
672 LG Hamburg FamRZ 1999, 797
673 LG Frankfurt/Oder FamRZ 1999, 1221
674 So auch OLG Frankfurt/Main Rpfleger 2002, 3591; Damrau/Zimmermann § 1899 Rn. 2; HK BUR/Bauer § 1899 Rn. 80; a.A. BtKomm/Dodegge Rn. B 78
675 So auch Fröschle a.a.O. Rn. 421

959   Soweit der Verhinderungsbetreuer nicht bereits zu einem früheren Zeitpunkt für den Fall künftiger tatsächlicher Verhinderung bestellt ist, sondern erst nach Eintritt der tatsächlichen Verhinderung neu bestellt wird, ist für den Beginn des Vergütungsanspruches die **Rechtswirksamkeit dieser neuen Bestellung** gem. § 287 Abs. 1, 2 FamFG maßgeblich. Daraus folgt, dass der Vergütungsanspruch des verhinderten Betreuers für den Zeitraum bis zur Rechtswirksamkeit des Verhinderungsbetreuers nicht gekürzt wird.

    ▶ *Zur tageweisen Berechnung vgl. Tabelle im Kapitel 10, Rn. 1773.*

6.15.3.3 Stundenansätze

960   Nach bisherigem Recht sind die Stundenansätze des verhinderten Betreuers und des Verhinderungsbetreuers **nach Tagen** zu teilen und auf Zehntelstunden (6 Minuten) aufzurunden (vgl. dazu insbesondere die Tabellen unter Rn. 1775 ff.). Nach Inkrafttreten der Neuregelung wird der Anteil des jeweiligen Betreuers anhand der für ihn maßgeblichen Vergütungstabelle zu berechnen sein. U.E. ist bei der Tagesberechnung entsprechend den genannten Tabellen immer diejenige mit **30 Tagen** entsprechend **§ 191 BGB** anzuwenden, da die Vertretungszeit innerhalb des u.g. Abrechnungszeitraums auch mehrere getrennte Zeiträume umfassen kann.[676] Dagegen spricht allerdings, dass beim verhinderten Betreuer nach h.M. auf die konkrete Tageszahl des jeweiligen Monats abzustellen ist.[677]

961   Die Vergütungsanträge des Verhinderungsbetreuers und des verhinderten Betreuers sind bei Gericht **getrennt** zu werten. Dies kann bedeuten, dass die Frage der **Mittellosigkeit** nach § 1836d BGB bei den beiden Anträgen unterschiedlich zu beantworten ist, wobei die Wahrscheinlichkeit dafür spricht, dass der Vergütungsantrag des Verhinderungsbetreuers bei geringfügig über der Vermögensfreigrenze (§ 1836c Nr. 2 BGB i.V.m. § 90 Abs. 2 Nr. 2 SGB XII; „kleines Barvermögen von derzeit 5.000,- Euro") liegenden Betreuten eher aus dem Vermögen des Betreuten finanzierbar ist als der Antrag des verhinderten Betreuers. Dies bedeutet, dass die Stundenansätze ggf. bei einem der Betreuer nach den höheren Werten des § 5 Abs. 1 VBVG (Selbstzahler), die des anderen Betreuers nach den niedrigeren Werten des § 5 Abs. 2 VBVG (Staatskasse) errechnet werden müssten.

962   Das Ganze setzt natürlich eine Übereinstimmung in der Beurteilung durch den verhinderten Betreuer und den Verhinderungsbetreuer bei ihren Vergütungsanträgen voraus.

6.15.4 Sonderfälle bei tatsächlicher Verhinderung

An Sonderfällen sind hier folgende Konstellationen denkbar:

963   • **Verhinderter Betreuer ist ehrenamtlich, Verhinderungsbetreuer ist Berufsbetreuer oder Vereinsbetreuer**

    Ob in diesem Fall § 6 Satz 2 VBVG anwendbar ist, ist unklar. Eigentlich regelt das VBVG nur die Ansprüche beruflicher Betreuungspersonen. Wir halten es dennoch für sachgerecht, in diesem Fall den beruflichen Verhinderungsbetreuer nur tageweise entsprechend § 5 VBVG pauschal zu vergüten, weil es insgesamt zu einem sachgerechten Ergebnis führt. Die Alternative (Berufsbetreuer wird durchgehend pauschal vergütet) würde nur dazu führen, die gerichtliche Akzeptanz einer als sinnvoll angesehenen Vertretungsvariante, vor allem bei ehrenamtlichen Betreuern, die an Betreuungsvereine angebunden sind, zu schmälern.

964   Wir sind allerdings auch der Meinung, dass dem verhinderten ehrenamtlichen Betreuer die Aufwandspauschale nach § 1835a BGB (vgl. Kapitel 5, Rn. 354 ff.) nicht um die Tage der Verhinderung zu kürzen sind, da es sich bei dieser Zahlung um eine vereinfachte Form des Aufwendungsersatzes, nicht der Vergütung handelt.

---

676 Deinert BtPrax 2005 spezial, S. 16
677 Fröschle a.a.O. Rn. 425

Die bisher einzige bekannt gewordene Gerichtsentscheidung sieht dies anders. Das *LG* **965**
Nürnberg-Fürth[678] führte hierzu aus: Nicht gesetzlich geregelt sei die Frage der Auslagenerstattung in dem vorliegenden Fall, in dem neben dem ehrenamtlichen (Haupt-)Betreuer ein
beruflicher Betreuer als Verhinderungsbetreuer bestellt worden ist. Für die Berechnung der
Vergütung und des Aufwendungsersatzes in einem solchen Fall finde sich lediglich in § 6
Satz 2 VBVG eine gesetzliche Bestimmung. Danach seien die Vergütung und der Aufwendungsersatz für den Hauptbetreuer und den Verhinderungsbetreuer jeweils nach § 4 i.V.m.
§ 5 VBVG zu bewilligen und nach Tagen zu teilen. § 6 Satz 2 VBVG regele damit aber nur
den Fall der Bestellung zweier beruflicher Betreuer.

Aus der vorbenannten Regelung sei insofern lediglich das Prinzip herauszulesen, dass bei tat- **966**
sächlicher Verhinderung des (Haupt-)Betreuers eine zeitanteilige Berechnung der Entschädigung beider Betreuer gewünscht sei, da im Fall der Verhinderung eines Betreuers aus tatsächlichen Gründen zur gleichen Zeit immer nur entweder der Hauptbetreuer oder der Verhinderungsbetreuer tätig ist, der Betreuungsaufwand insgesamt nicht steigt.

Damit müsse auch für die hier vorliegenden Fallkonstellation im Ergebnis grundsätzlich eine **967**
Kürzung der Vergütungs- und Auslagenersatzansprüche der ehrenamtlichen (Haupt-)Be-
treuerin (hier konkret nur geltend gemacht die Auslagenpauschale gemäß § 1835a BGB) für
den Zeitraum, in welchem die Verhinderungsbetreuerin tätig gewesen ist, angenommen
werden. Der ehemaligen ehrenamtlichen (Haupt-)Betreuerin ist deshalb ihre eigene Aufwandspauschale zeitanteilig für die Tage zu kürzen, in denen nicht sie als Betreuerin, sondern die Verhinderungsbetreuerin tätig geworden ist.

- **Verhinderter Betreuer ist Berufs- oder Vereinsbetreuer; Verhinderungsbetreuer** **968**
  ist ehrenamtlich

Hier sind wir der Auffassung, dass § 6 Satz 2 VBVG keine Anwendung findet, soweit der ehrenamtliche Verhinderungsbetreuer nur Aufwendungsersatz (nach § 1835 BGB) oder die
Aufwandspauschale nach § 1835a erhält. Das heißt auch, dass die Pauschalvergütung nicht
für die Dauer der Verhinderung gekürzt wird. Fraglich ist, ob die Aufwandspauschale des
ehrenamtlichen Vertretungsbetreuers nach § 1835a BGB nur für die Dauer der Vertretungstätigkeit oder durchgehend zu zahlen ist (zur kontroversen Diskussion vgl. in Kapitel 5,
Rn. 371 ff.).

Lediglich bei einer Ermessensvergütung für den ehrenamtlichen Betreuer (§ 1836 Abs. 2 **969**
BGB) wäre ggf. daran zu denken, § 6 Abs. 2 VBVG anzuwenden. Dies dürfte den absoluten
Ausnahmefall darstellen.

- **Verhinderter Betreuer ist Berufs- oder Vereinsbetreuer; Verhinderungsbetreuer** **970**
  ist der Betreuungsverein oder die Betreuungsbehörde nach § 1900

Auch hier ist § 6 Satz 2 VBVG unseres Erachtens nicht anwendbar. Da der Verein und die
Behörde nach § 1836 Abs. 3 BGB (i.V.m. § 1908i Abs. 1 BGB) keinerlei Vergütungsanspruch
haben, kann hier nichts tageweise aufgeteilt werden. Der verhinderte Berufs- oder Vereinsbetreuer erhält also auch hier die ungekürzte Pauschalvergütung.

---

678 LG Nürnberg-Fürth, Beschl. v. 3.9.2007, 13 T 3666/07, FamRZ 2008, 719

7 Pauschalvergütung für Berufsbetreuer

7.1 Allgemeines

Die zum 1.7.2005 eingeführte „überindividuelle" Pauschalierung der Entschädigungsansprüche bei beruflich geführten Betreuungen durch selbstständige Berufsbetreuer und Vereinsbetreuer beruhte auf Vorschlägen der im Juni 2001 von der Justizministerkonferenz eingesetzten damaligen Bund-Länder-Arbeitsgruppe Betreuungsrecht. Nach den Gesetzesmotiven sollte die Abrechnung auf Grundlage eines pauschalen Zeitaufwands die bis dahin vorgeschriebene Abrechnung der tatsächlich aufgewendeten erforderlichen Zeit angemessen ersetzen und dabei zeitaufwendige Abrechnungen vermeiden und Arbeitsressourcen sowohl beim Betreuer als auch dem Rechtspfleger des Betreuungsgerichts freisetzen.

971

Tatsächlich gab es bis dahin verbreitet für beide Seiten zeitraubende Auseinandersetzungen darüber, ob der in einem Vergütungsantrag angegebene Zeitaufwand tatsächlich erforderlich war. So gab es z.B. Nachfragen dazu, warum ein Telefongespräch 15 Minuten dauern musste und ob man die Sache nicht auch in 10 Minuten hätte klären können, warum schon wieder ein Besuch beim Betreuten erforderlich war usw.

972

Im Abschlussbericht der Bund-Länder-Arbeitsgruppe vom Juni 2003 wurde das Abgehen von der zuvor praktizierten Abrechnung einzelner Tätigkeiten folgendermaßen begründet[1]:

973

> „Das gegenwärtig geltende Abrechnungssystem vergütet aufgewendete Zeit mit einem bestimmten Stundensatz (§§ 1836, 1836a, § 1 BVormVG).[2] Die Berufsbetreuerinnen und -betreuer haben deshalb zeitaufwendige Übersichten zu erstellen, die Art und Umfang der Tätigkeit möglichst minutiös dokumentieren. Die Prüfung dieser Vergütungsabrechnungen beansprucht wegen des Umfangs der Stundennachweise und der Vielzahl der Abrechnungen einen großen Teil der Gesamtbearbeitungszeit der Betreuungsgerichte in Betreuungssachen (Vgl. die Umfragen in der „Untersuchung des Anstiegs der Ausgaben für Betreuungen" des Bayerischen Obersten Rechnungshofs, S. 23: „bis zur Hälfte ihrer Arbeitszeit", sowie in der „Rechtstatsächlichen Untersuchung zur Qualität von Betreuungen, zur Aufgabenverteilung im Bereich der Betreuung und zum Verfahrensaufwand" des Instituts für Sozialforschung und Gesellschaftspolitik, ISG-Gutachten v. 31. Januar 2003 (ISG-GA), Kapitel B., Unterpunkt 9.1 a.E.: „zwischen 70 und 90 %"). Den Betreuten kommt dieser Arbeitsaufwand nicht zugute. Der Vorwurf, die Betreuer und die Justiz müssten sich mehr mit Vergütungsabrechnungen als mit den Betroffenen beschäftigen, erscheint tendenziell berechtigt zu sein. Zudem ist die Kontrolle der Abrechnungen inhaltlich kaum sinnvoll:
>
> – Im Rahmen der Überprüfung der Vergütungsabrechnung muss das Betreuungsgericht die Grenzen beachten, die § 1837 Abs. 2 Satz 1 i.V.m. 1908i Abs. 1 Satz 1 für die Aufsicht über die Betreuerinnen und Betreuer setzt. Danach unterliegt ein Betreuer nur einer Kontrolle im Hinblick auf die Rechtmäßigkeit seines Handelns. Hingegen kann das Betreuungsgericht in bloßen Zweckmäßigkeitsfragen kein bestimmtes Handeln vorschreiben oder untersagen. Das Betreuungsgericht darf deshalb eine vom Betreuer geltend gemachte Vergütung nicht allein deshalb kürzen, weil es die Tätigkeit als solche für unangebracht hält. Anders stellt sich dies nur bei offensichtlich unzweckmäßigen Verfahrensweisen dar. Solange sich im Übrigen eine Tätigkeit im Rahmen des Aufgabenkreises der Betreuerinnen oder des Betreuers und damit einer rechtlichen Betreuung im Sinne von § 1901 Abs. 1 hält, hat sich die Prüfung der Vergütungsanträge im Wesentlichen auf eine Plausibilitäts- und Missbrauchskontrolle zu beschränken (BayObLG BtPrax 1996, 104; OLG Zweibrücken BtPrax 2000, 220; Knittel § 1836 Rn. 18).
>
> – [...]"

---

1 ISG-Abschlussbericht der Bund-Länder-Arbeitsgruppe „Betreuungsrecht" 2003, S. 103 ff., Volltext siehe Betrifft: Betreuung Band 6 (Hrsg.: BGT), im Internet verfügbar unter www.bgt-ev.de > Veröffentlichungen > Publikationsreihe „Betrifft: Betreuung"

2 Für vermögende Betreute stellten die damaligen Stundensätze des § 1 BVormVG Regelsätze dar, die nur ausnahmsweise überschritten werden durften: BGH BtPrax 2001, 30

Und weiter hieß es[3]:

– „Dadurch belohnt das Abrechnungssystem tendenziell den weniger gewandten, schlechter organisierten oder nicht hinreichend an den Erfordernissen einer rechtlichen Betreuung orientierten Betreuer, der im Zweifel einen größeren Zeitaufwand abrechnen kann. […] Das Abrechnungssystem kann diesen Missbrauch nicht verhindern. Die Rechtspfleger prüfen die Vergütungsabrechnung in der einzelnen Betreuungsakte. Eine Gesamtschau fehlt. Hat ein Betreuer den gleichen Zeitraum in einem anderen Verfahren ebenfalls abgerechnet, fällt dies nicht auf. […] Eine Qualitätssicherung bzw. Qualitätssteigerung ist nicht über das Abrechnungssystem zu erreichen, sondern nur durch eine konsequente Betreuungsplanung (Kapitel 10 III. Artikel III. § 7 und Kapitel 10 III. 6. Zu § 7 Satz 2)"

Fazit: Das bestehende Vergütungssystem kann seine Zielsetzung nicht erreichen, trägt zur Qualität der Betreuung nicht bei, benachteiligt im Gegenteil gut ausgebildete und effektiv arbeitende Berufsbetreuerinnen und -betreuer und verursacht einen erheblichen Zeit- und Personalaufwand, der den Betreuten nicht zugutekommt."

974 Der **Anspruch auf Entschädigung** des Berufs- und Vereinsbetreuers nach § 5 Abs. 1 und 2 VBVG i.V.m. den Stundensätzen des § 4 VBVG ist **unabhängig von den Aufgabenkreisen des Betreuers und den tatsächlich aufgewendeten Betreuungszeiten** sowie dem damit verbundenen Sachaufwand. Hierbei ähnelt er der Aufwandspauschale ehrenamtlicher Betreuer nach § 1835a BGB (vgl. Kapitel 5).

975 Kernaussage der Vergütungsreform: Grundsätzlich werden alle von Berufs- und Vereinsbetreuern geführten Betreuungen pauschal abgerechnet, der Streit um abrechnungsfähige Tatbestände und angemessene Zeitansätze für einzelne Tätigkeiten sollte entfallen. Stattdessen knüpfte die Neuregelung an ein mehrstufiges **allgemeines Pauschalierungsmodell** an, das im Abschlussbericht der Bund-Länder-Arbeitsgruppe empfohlen wurde und das letztlich auf Vorschlägen der vom Bundesministerium der Justiz in Auftrag gegebenen Rechtstatsachenforschung zum Betreuungsrecht fußt.[4] Die grundlegenden Annahmen bleiben auch nach dem Vergütungsreformgesetz 2019 bestehen, so dass die damaligen Überlegungen auch jetzt noch in Erinnerung zu rufen sind.

7.1.1 Prämissen des Pauschalierungsmodells

976 Das Pauschalierungsmodell geht von drei Prämissen aus:

1. Ein **außerhalb einer Einrichtung** lebender Betreuer verursacht dem Betreuer mehr Arbeitsaufwand als ein Betreuer, der in einer solchen lebt.[5]

2. Der Arbeitsaufwand ist zu **Beginn der Betreuung** am höchsten; er sinkt im Laufe des 1. Betreuungsjahres und bleibt in den Folgejahren auf einem relativ niedrigen Niveau. Mit dem Vergütungsreformgesetz 2019 wird eine zusätzliche Zwischenstufe, das 2. Betreuungsjahr, eingeschoben.

3. Für einen **vermögenden** Betreuten ist der Arbeitsaufwand höher als für einen mittellosen.[6]

977 Die ersten beiden Prämissen ergaben sich dem Grunde nach aus der vom Bundesjustizministerium in Auftrag gegebenen Rechtstatsachenforschung zur Praxis des Betreuungsrechts.[7] Im Rahmen dieser Untersuchung wurden die von Berufsbetreuern in der Vergangenheit tatsächlich geltend gemachten Zeitansätze festgestellt und die Betreuten verschiedenen Kriterien zugeordnet. Das Kriterium vermögend bzw. mittellos spielte bei dieser Untersuchung allerdings keine Rolle.

---

3 Abschlussbericht 2003, a.a.O. S. 104 f.
4 Sellin/Engels, Qualität, Aufgabenverteilung und Verfahrensaufwand bei rechtl. Betreuung, Köln 2003
5 Kritisch dazu: Becker/Brucker in Betrifft: Betreuung 5, S. 195 ff.
6 Kritisch dazu Zimmermann FamRZ 2005, 950/951
7 Weinbörner, Zur Vergabe einer rechtstatsächlichen Untersuchung zum Betreuungsrecht, BtPrax 2002, 22

Während die ursprüngliche Gesetzesbegründung (zu dem ursprünglich beabsichtigten § 1908l BGB – die „Auslagerung" der Einzelheiten der Vergütungsregelungen für Berufsvormünder und -betreuer in das VBVG erfolgte erst in einer späteren Phase des Gesetzgebungsverfahrens, u.a., weil Anpassungen der Vergütung dann ohne Änderung des BGB möglich sein sollten) keinen Unterschied machte, ging der Bundestagsrechtsausschuss davon aus, dass der für vermögende Betreute nun in § 5 Abs. 1 VBVG festgelegte Zeitrahmen dem **arithmetischen Mittel** der Zeitansätze aus der genannten Rechtstatsachenforschung entspricht. Der für mittellose Betreute festgelegte Zeitansatz (§ 5 Absatz 2 VBVG) ist demgegenüber niedriger, entspricht dem **Medianwert**, der entsteht, wenn nur 50 % der gezählten Fälle ausgewertet werden, wobei die „Ausrutscher" nach oben und unten hin unbewertet bleiben. Durch diese Verfahrensweise ist das Gesamtergebnis tendenziell niedriger als bei der Verwendung des arithmetischen Mittels.[8]

978

Das arithmetische Mittel aus der ISG-Untersuchung betrug laut einer Berechnung des VGT[9]:

979

Dauer der Betreuung	Lebenssituation des Betreuten (Stunden pro Monat)	
	im Heim	zu Hause
1. bis 3. Monat	5,57	8,05
4. bis 6. Monat	4,94	6,96
7. bis 12. Monat	3,80	5,41
nach 12. Monat	2,78	4,27

Die von der Bund-Länder-Arbeitsgruppe vorgeschlagenen und in der Gesetzesfassung für mittellose Betreute (§ 5 Abs. 2 VBVG) weitgehend verankerten Medianwerte unterschieden sich vom arithmetischen Mittel wie folgt (laut Berechnung des VGT)[10]:

980

Zeitraum	Betroffener lebt in Einrichtung			Betroffener lebt zu Hause		
	Stunden pro Monat		Unterschied in %	Stunden pro Monat		Unterschied in %
	Mittelwert	Median		Mittelwert	Median	
1. bis 3. Monat	5,57	4,5	80,79	8,05	7,0	86,96
4. bis 6. Monat	4,94	3,5	70,85	6,96	5,5	79,02
7. bis 12. Monat	3,79	3,0	79,16	5,41	5,0	92,42
Nach 12. Monat	2,78	2,0	71,94	4,27	3,5	81,97

---

8 Vgl. zur Problematik Fröschle, Betreuungsrecht 2005, Rn. 260
9 Betrifft: Betreuung Nr. 7, S. 43, im Internet verfügbar unter www.bgt-ev.de > Veröffentlichungen > Publikationsreihe „Betrifft: Betreuung"
10 Betrifft: Betreuung Nr. 7, a.a.O. S. 46

981 Es sind nach der endgültigen Gesetzesfassung **unterschiedliche Zeitansätze** für vermögende und mittellose Betreute in Rechnung zu stellen. Die Zeitansätze bei mittellosen Betreuten sind identisch mit den bereits im Abschlussbericht der Bund-Länder-Arbeitsgruppe Betreuungsrecht berechneten Tabellenwerten.[11]

982 Die Zeitansätze der vermögenden Betreuten wurden im Rechtsausschuss des Bundestags entwickelt[12], nachdem der Diskussionsvorschlag, es bei den vermögenden Betreuten bei einer Abrechnung nach konkretem Zeitaufwand zu belassen, keine Mehrheit gefunden hatte.

7.1.2 Rechtspolitische Kritik

983 In der Gesetzesbegründung des Bundesrates zur ursprünglich beabsichtigten Fassung des für die Pauschalvergütung vorgesehenen § 1908l BGB wurde mit dem Hinweis auf drei Untersuchungen der **Landesrechnungshöfe**[13] *Bayern* und *Schleswig-Holstein* sowie der niedersächsischen „Empirischen Studie über die Kostenentwicklung in Betreuungssachen" verklausuliert vermerkt, dass von Berufsbetreuern Tätigkeiten abgerechnet wurden, die nicht unter die Legaldefinition der Betreuertätigkeit nach § 1901 Abs. 1 BGB fielen.[14] Indes wurden diese Behauptungen nur punktuell durch die genannten Untersuchungen bestätigt; daher muss festgestellt werden, dass die niedrigeren Zeitansätze für mittellose Betreute hauptsächlich fiskalischen Interessen der Staatskasse geschuldet sind.[15] Es dürfte zweifelhaft bleiben, bei mittellosen Betreuten insgesamt andere Stundenansätze als bei Vermögenden zu rechtfertigen. Soweit allerdings einige Autoren davon ausgehen, dass die Stundenansätze bei vermögenden Betreuten zu hoch sind[16], können wir diese Einschätzung nicht teilen. Unseres Erachtens liegen die Stundenansätze für mittellose Betreute demgegenüber zu niedrig, weil wir die von der Bund-Länder-Arbeitsgruppe verwendete statistische Methode nicht gutheißen können.

984 Zwar ist es richtig, dass **bestimmte Tätigkeiten** nur bei vermögenden Betreuten anfallen können, z.B. die Anlage von Geldern nach §§ 1806 ff. BGB oder die Verwaltung von Grundvermögen. Jedoch fallen Tätigkeiten wie das Vermögensverzeichnis (§ 1802 BGB) und die Rechnungslegung (§§ 1840 ff.) prinzipiell auch bei Betreuten an, die im Sinne der §§ 1836c BGB und 1836d BGB mittellos sind, da auch diese über Hausrat und sonstiges Schonvermögen i.S.d. § 90 SGB XII verfügen dürften und in der Regel auch laufende Einnahmen (Sozialleistungsansprüche unterschiedlichster Art) und Ausgaben (Miete usw.) haben, die ggf. vom Betreuer zu verwalten sind.

985 Außerdem muss bedacht werden, dass „nicht mittellos" nicht zwangsläufig bedeutet, dass der Betreute als „vermögend" im umgangssprachlichen Sinn anzusehen ist. Auch Menschen, die mit ihrem Einkommen oder ihrer Rente gerade ihre laufenden Kosten bestreiten können und zudem über mehr oder weniger geringfügige Ersparnisse oberhalb des sogenannten Schonvermögens verfügen, gelten bereits als „nicht mittellos". Die Verwaltung der Finanzen dürfte in solchen Fällen aber wesentlich weniger Arbeit bereiten als die Betreuung eines Menschen, der nicht in sogenannten gesicherten finanziellen Verhältnissen lebt. Schuldenregulierung und die Beantragung von Sozialleistungen dürften in solchen Fällen erheblich arbeitsintensiver sein als die Verwaltung eines geringen Vermögens. Mit der Vergütungsreform 2019 werden im Rahmen der gesonderten Pauschalen nunmehr besonders große Vermögensverwaltungen berücksichtigt (zu Details der gesonderten Pauschalen nach § 5a VBVG siehe unten Rn. 1013 ff.).

---

11 Entnommen aus Sellin/Engels, a.a.O., Kapitel B. Unterpunkt 9.3
12 BT-Drs. 15/4874, S. 36 ff.
13 Berichte der Rechnungshöfe der Länder
14 BR-Drs. 865/03 – Beschl., S. 71 ff. = BT-Drs. 15/2494, S. 31 ff.
15 Zur weitergehenden Kritik vgl. BGT e.V. in Betrifft: Betreuung Nr. 5, S. 38 ff.
16 Fröschle, Betreuungsrecht 2005, Rn. 267; Zimmermann FamRZ 2005, 950/953

Und auch, ob die typischerweise vermögenderen Betreuten vorbehaltenen Aufgaben wie **986** **Wohnungsverwaltung** oder **Steuererklärungen** arbeitsaufwändiger als die Geltendmachung von **Sozialleistungsansprüchen** sind, darf bezweifelt werden.[17] Eher dürfte in der Praxis das Gegenteil zutreffen. Insbesondere ist bei sehr vermögenden Betreuten auch aus haftungsrechtlicher Sicht (§ 1833) ohnehin an die Beauftragung von speziell ausgebildeten Hilfskräften wie Steuerberatern, Hausverwaltern, Anlageberatern zu denken.[18]

▶ *Zur Problematik der Delegation auf Hilfskräfte vgl. unten Rn.1197 ff.*

Durch die Pauschalierung auch bei vermögenden Betreuten kann die Situation entstehen, **987** dass der Betreuer hier weniger Zeit an Betreuertätigkeit aufwendet (und aufwenden muss), als nach § 5 Abs. 1 VBVG abzurechnen ist. Im Rahmen der „**Mischkalkulation**" würde in diesem Fall ein vermögender Betreuer die Tätigkeit des Betreuers für andere Betreute mit bezahlen. Das *BVerfG* hatte am 1.7.1980 zur Situation mitteloser Mündel zwar entschieden: „Diesen gegenüber sind begüterte Mündel, aus deren Vermögen dem Vormund eine angemessene Vergütung zugebilligt werden kann, schon deshalb besser gestellt, weil für sie ein qualifizierter und um ihr Wohl bemühter Vormund eher zu finden sein wird als für mittellose Mündel."[19] Die damalige Rechtslage unterschied sich aber insoweit, als damals Vergütungszahlungen nur bei vermögenden Mündeln und bei Mittellosen ausschließlich Aufwendungsersatz möglich war. Diese Aussage des Gerichts lässt sich deshalb nicht auf die heutige Situation übertragen.

In mehreren obergerichtlichen Entscheidungen wurde jedoch in der neuen Pauschalvergü- **988** tungsregelung keine Verfassungswidrigkeit gesehen; auch dann nicht, wenn innerhalb des entscheidungsrelevanten Zeitraums keine oder nur geringfügige Betreuertätigkeiten erbracht wurden.[20]

Da § 5 Abs. 1 VBVG keine Senkung des zu vergütenden Zeitrahmens bei **Nichtausschöp-** **989** **fung** erlaubt, bleibt einem Betreuer, der die Mischkalkulation nicht als sachgerecht empfindet, nur der Weg, durch Nichtbeantragung einzelner 3-Monatszeiträume auf Vergütungsansprüche zeitweilig zu verzichten. Dies ist u.E. keine adäquate Lösung der Problematik.

Das Pauschalierungssystem baut ja gerade auf dem Gedanken auf, dass es nicht den **im Ein-** **990** **zelfall zu leistenden Stunden** entspricht, sondern derartige Verwerfungen sich im Laufe der Zeit (im Rahmen eines „angemessenen" Fall-Mixes) wieder ausgleichen. Dies kann natürlich aus der Sicht eines einzelnen zahlungspflichtigen Betreuten nicht funktionieren. Das Bundesverfassungsgericht hat allerdings zweimal die unterschiedlichen Vergütungshöhen akzeptiert, zum ersten Mal durch Beschluss vom 20.8.2009.[21] Hiernach sei keine Verletzung des Gleichheitssatzes durch eine unterschiedliche Vergütung für die Betreuung bemittelter und unbemittelter Betreuter gegeben. Dem Gesetzgeber stehe bei Vergütungsregelungen grundsätzlich ein Gestaltungsspielraum zu. Die Herabsetzung des für die Betreuung eines mittellosen Betreuten in Ansatz zu bringenden Zeitaufwands und die damit einhergehende Reduzierung der aus der Staatskasse zu zahlenden Vergütung beruhe auf dem Anliegen, den berechtigten Interessen der Staatskasse an einer Reduzierung der Kosten bei der Gewährung von sozialen Leistungen Rechnung zu tragen und werde von Gemeinwohlbelangen getragen. Die Schonung der öffentlichen Kassen sei ein legitimes Ziel des Gesetzgebers, sodass die unterschiedliche Vergütung für die Betreuung bemittelter und unbemittelter Betreuter nicht den allgemeinen Gleichheitssatz verletzt. In einer weiteren Entscheidung vom 18.8.2011[22] wies das BverfG eine Vorlage des LG München I[23] zurück, wobei es sich

---

17 Insofern irrig: LG Duisburg BtPrax 2004, 156
18 Vgl. dazu Fiala/Stenger, Geldanlagen für Mündel und Betreute, 2. Aufl., Köln 2005
19 BVerfGE 54, 251; = FamRZ 80, 765 = NJW 80, 2179 = DAVorm 80, 636 = Rpfleger 80, 461
20 OLG München BtPrax 2007, 31 = FamRZ 2007, 675; OLG Schleswig BtPrax 2007, 133 = FamRZ 2007, 236;
    erneut OLG München BtPrax 2007, 129 = FamRZ 2007, 1188
21 BVerfG, 1 BvR 2889/06, FamRZ 2009, 1899
22 BVerfG, 1 BvL 10/11 BtPrax 2011, 255
23 Aussetzungs- und Vorlagebeschluss des Landgerichts München I vom 21. März 2011 (13 T 17192/10), FamRZ
    2011, 1248 = BtPrax 2011, 136 (Ls)

im Wesentlichen auf die vorgenannten Entscheidungen berief. Zuvor hatten bereits mehrere Oberlandesgerichte keinen Verfassungsverstoß in den Pauschalierungsregelungen gesehen.[24]

▶ *Vgl. zu Details der rechtspolitischen Kritik auch im Kapitel 2, Rn. 111 ff.*

991 Viele Berufsbetreuer empfinden die Stundenansätze als zu gering. Die 2017 erschienene ISG-Studie zur Qualität und zur Vergütungssituation in der Betreuungsarbeit hat ergeben, dass im Durchschnitt lediglich 3,3 Stunden monatlich je Betreuung vergütet werden, der tatsächliche Zeitaufwand aber bei 4,1 Stunden liegt.[25] Weiterhin deuten die Ergebnisse der Studie darauf hin, dass eine verstärkte Berücksichtigung des Grundsatzes „Unterstützen statt vertreten" (unterstütze Entscheidungsfindung) noch einmal mehr zur Verfügung stehende Zeit erfordern würde.

992 Die Diskrepanz zwischen der vergüteten und der tatsächlich benötigten Zeit dürfte ihre Ursache u.a. darin haben, dass bei der Berechnung der Durchschnittswerte seinerzeit die Medianwerte und nicht das arithmetische Mittel zugrunde gelegt wurden. Außerdem sind viele Angelegenheiten – gerade z.B. im Umgang mit Behörden, Banken, Ärzten und Heimen – förmlicher und bürokratischer und damit arbeitsintensiver geworden.

7.1.3 Reformbestrebungen und Vergütungsreformgesetz 2019

993 Wie bereits oben beschrieben, waren die Stundensätze und -ansätze von Beginn an Gegenstand häufiger Kritik seitens der Berufsinhaber. Nachdem im Rahmen der steuerrechtlichen Auseinandersetzungen um die Umsatzsteuerpflicht der Betreuervergütung im Frühjahr 2013 zunächst der BFH von einer Umsatzsteuerfreiheit ausging und der Gesetzgeber sich diesem mit Wirkung vom 1.7.2013 anschloss, wurde im Rahmen der nur einen Monat später in Kraft getretenen Kostenrechtsreform der Bereich der Betreuervergütung ausgeklammert. Nachdem die Forderungen der Berufsverbände nach einer angemessenen Erhöhung der Vergütungsstundensätze insbesondere auch wegen der inzwischen eingetretenen Preissteigerungen zunahmen, wurden sie zumindest punktuell von der Politik aufgegriffen. Im Rahmen eines vermeintlichen Kompromisses um die seitens des Bundesrates geforderte Einführung eines Ehegattenvertretungsrechtes zur Betreuungsvermeidung[26] war auf Vorschlag des Bundestagsrechtsausschusses[27] eine lineare 15%ige Erhöhung der Vergütungen von Betreuern, Vormündern und Pflegern in das Gesetzesvorhaben aufgenommen und vom Bundestag am 18.5.2017 mit beabsichtigtem Inkrafttreten zum 1.10.2017 verabschiedet worden. Infolge mehrfacher Verschiebung der Befassung des Gesetzentwurfs durch den Bundesrat und im Herbst 2017 stattgefundener Neuwahl des Deutschen Bundestags fiel der Gesetzesbeschluss des Bundestags dem Diskontinuitätsprinzip zum Opfer.

994 In der Folge wurden zwei vom BMJV in Auftrag gegebene Forschungsvorhaben zum Betreuungsrecht veröffentlicht. Eines der beiden hatte die Qualität in der rechtlichen Betreuung zum Thema und wurde ebenso wie die vorgenannte Untersuchung durch das Institut für Sozialforschung und Gesellschaftspolitik (ISG) begleitet. Der Ende 2017 veröffentlichte Forschungsbericht kann im Internet abgerufen werden[28] und ist auch in Buchform[29] erhältlich.

995 Im Rahmen der Untersuchung fanden Befragungen aller im Betreuungswesen Beteiligter statt. Zu Einzelheiten der Erhebung wird auf die Lektüre des Abschlussberichtes verwiesen.

---

24 OLG München BtPrax 2007, 31 = FamRZ 2007, 675; OLG Celle BtPrax 2008, 171 = FamRZ 2009, 78 = BtPrax 2009, 184; OLG Karlsruhe, Beschl. v. 8.5.2009, 11 Wx 18/08, OLGR 2009, 813

25 Matta, Vanita u.a., Qualität in der rechtlichen Betreuung – Abschlussbericht, Bundesanzeiger Verlag 2018, S. 475; im Internet abrufbar unter www.bmjv.de/DE/Service/Fachpublikationen/Bericht_Qualitaet_rechtliche_ Betreuung.html (Abruf: 27.7.2019)

26 Bt-Drs. 18/10485 vom 30.11.2016

27 Bt-Drs. 18/12427 vom 17.5.2017

28 Siehe unter www.bmjv.de/DE/Service/Fachpublikationen/Bericht_Qualitaet_rechtliche_Betreuung.html (Abruf: 27.7.2019)

29 Matta, Vanita u.a., Qualität in der rechtlichen Betreuung – Abschlussbericht, Bundesanzeiger Verlag 2018

Aus dem Abschlussbericht und ergänzenden Erhebungen sowie dazu stattgefundenen Expertendiskussionen ergab sich der Entwurf des Vergütungsreformgesetzes 2019 (siehe dazu weiter unten).

Die Neuregelung, das betrifft im Folgenden im Wesentlichen die Ablösung der Multikplika- **996** tion von Stundensatz (Vergütungsstufe) und Stundenansatz durch die drei Tabellen A bis C gilt nur für die Betreuungsmonate, die nach dem Inkrafttreten des Vergütungsreformgeset- zes 2019, also nach dem 26.7.2019 beginnen (§ 12 VBVG). Da in den 18 Monaten, die auf das Inkrafttreten des Gesetzes folgen, noch ganz oder teilweise Abrechnungen nach altem Recht erfolgen (§§ 2,9 VBVG) und auch danach noch bei Rechtsmittelverfahren das alte Pauschalvergütungsrecht gilt, ist es im Folgenden weiter aufgeführt und die Änderungen, die sich aus dem Vergütungsreformgesetz 2019 ergeben, sind jeweils hervorgehoben.

7.2 Stundenansätze bei vermögenden und mittellosen Betreuten

Die abrechnungsfähigen Stunden, je nachdem, ob der Betreute seinen **gewöhnlichen Auf-** **997** **enthalt** innerhalb oder außerhalb eines Heimes im Sinne des § 5 Abs. 3 VBVG hat, können für die Zeit vom 1.7.2005 bis zum 26.7.2019 aus den nachstehenden Tabellen entnommen werden; für die Zeit ab dem 27.7.2019 siehe unter Rn. 999 ff.

7.2.1 Stundenansätze 2005 – 2019 in der Übersicht

a. Bei Betreuten, die im Rahmen der §§ 1836c, 1836d BGB für den Betreuer selbst **998**
aufzukommen haben, entsprechend § 5 Abs. 1 VBVG

Zeitraum seit Betreuungsbeginn	Betreuter lebt im Heim	Betreuter lebt außerhalb eines Heimes
1. bis 3. Monat	5,5 Stunden im Monat	8,5 Stunden im Monat
4. bis 6. Monat	4,5 Stunden im Monat	7 Stunden im Monat
7. bis 12. Monat	4 Stunden im Monat	6 Stunden im Monat
ab 2. Jahr	2,5 Stunden im Monat	4,5 Stunden im Monat

b. Bei mittellosen Betreuten, für die die Staatskasse gem. § 1 Abs. 2 Satz 2 VBVG
einzutreten hat, entsprechend § 5 Abs. 2 VBVG

Zeitraum seit Betreuungsbeginn	Betreuter lebt im Heim	Betreuter lebt außerhalb eines Heimes
1. bis 3. Monat	4,5 Stunden im Monat	7 Stunden im Monat
4. bis 6. Monat	3,5 Stunden im Monat	5,5 Stunden im Monat
7. bis 12. Monat	3 Stunden im Monat	5 Stunden im Monat
ab 2. Jahr	2 Stunden im Monat	3,5 Stunden im Monat

7.2.2 Vergütungstabellen A bis C (gültig ab 27.7.2019)

999 ▶ *Hinweis: Die grau hinterlegten Spalten „monatliche Pauschale alt", „Erhöhung in €" und „Erhöhung in %" sind nicht amtlich, sondern redaktionell ergänzt, um den Unterschied zum früheren Vergütungsrecht (§ 4 Abs. 1 i.V.m § 5 Abs. 1, 2 VBVG a.F.) darzustellen.*

Vergütungstabelle A (bisherige Vergütungsstufe 1)

Nr.	Dauer der Betreuung	Nr.	Gewöhnlicher Aufenthaltsort	Nr.	Vermögens-status	monat-liche Pauschale	monat-liche Pauschale alt	Erhö-hung in €	Erhö-hung in %
A1	In den ersten drei Monaten	A1.1	stationäre Einrichtung oder gleichgestellte ambulant betreute Wohnform	A1.1.1	mittellos	194,00 €	121,50 €	72,50 €	59,67%
				A1.1.2	nicht mittellos	200,00 €	148,50 €	51,50 €	34,68%
		A1.2	andere Wohnform	A1.2.1	mittellos	208,00 €	189,00 €	19,00 €	10,05%
				A1.2.2	nicht mittellos	298,00 €	229,50 €	68,50 €	29,85%
A2	Im vierten bis sechsten Monat	A2.1	stationäre Einrichtung oder gleichgestellte ambulant betreute Wohnform	A2.1.1	mittellos	129,00 €	94,50 €	34,50 €	36,51%
				A2.1.2	nicht mittellos	158,00 €	121,50 €	36,50 €	30,04%
		A2.2	andere Wohnform	A2.2.1	mittellos	170,00 €	148,50 €	21,50 €	14,48%
				A2.2.2	nicht mittellos	208,00 €	189,00 €	19,00 €	10,05%
A3	Im siebten bis zwölften Monat	A3.1	stationäre Einrichtung oder gleichgestellte ambulant betreute Wohnform	A3.1.1	mittellos	124,00 €	81,00 €	43,00 €	53,09%
				A3.1.2	nicht mittellos	140,00 €	108,00 €	32,00 €	29,63%
		A3.2	andere Wohnform	A3.2.1	mittellos	151,00 €	135,00 €	16,00 €	11,85%
				A3.2.2	nicht mittellos	192,00 €	162,00 €	30,00 €	18,52%
A4	Im 13. bis 24. Monat	A4.1	stationäre Einrichtung oder gleichgestellte ambulant betreute Wohnform	A4.1.1	mittellos	87,00 €	54,00 €	33,00 €	61,11%
				A4.1.1	nicht mittellos	91,00 €	67,50 €	23,50 €	34,81%
		A4.2	andere Wohnform	A4.2.1	mittellos	122,00 €	94,50 €	27,50 €	29,10%
				A4.2.2	nicht mittellos	158,00 €	121,50 €	36,50 €	30,04%
A5	Ab dem 25. Monat	A5.1	stationäre Einrichtung oder gleichgestellte ambulant betreute Wohnform	A5.1.1	mittellos	62,00 €	54,00 €	8,00 €	14,81%
				A5.1.2	nicht mittellos	78,00 €	67,50 €	10,50 €	15,56%
		A5.2	andere Wohnform	A5.2.1	mittellos	105,00 €	94,50 €	10,50 €	11,11%
				A5.2.2	nicht mittellos	130,00 €	121,50 €	8,50 €	7,00%

Vergütungstabelle B (bisherige Vergütungsstufe 2)

Nr.	Dauer der Betreuung	Nr.	Gewöhnlicher Aufenthaltsort	Nr.	Vermögensstatus	monatliche Pauschale	monatliche Pauschale alt	Erhöhung in €	Erhöhung in %
B1	In den ersten drei Monaten	B1.1	stationäre Einrichtung oder gleichgestellte ambulant betreute Wohnform	B1.1.1	mittellos	241,00 €	150,75 €	90,25 €	59,87%
				B1.1.2	nicht mittellos	249,00 €	184,25 €	64,75 €	35,14%
		B1.2	andere Wohnform	B1.2.1	mittellos	258,00 €	234,50 €	23,50 €	10,02%
				B1.2.2	nicht mittellos	370,00 €	284,75 €	85,25 €	29,94%
B2	Im vierten bis sechsten Monat	B2.1	stationäre Einrichtung oder gleichgestellte ambulant betreute Wohnform	B2.1.1	mittellos	158,00 €	117,25 €	40,75 €	34,75%
				B2.1.2	nicht mittellos	196,00 €	150,75 €	45,25 €	30,02%
		B2.2	andere Wohnform	B2.2.1	mittellos	211,00 €	184,25 €	26,75 €	14,52%
				B2.2.2	nicht mittellos	258,00 €	234,50 €	23,50 €	10,02%
B3	Im siebten bis zwölften Monat	B3.1	stationäre Einrichtung oder gleichgestellte ambulant betreute Wohnform	B3.1.1	mittellos	154,00 €	100,50 €	53,50 €	53,23%
				B3.1.2	nicht mittellos	174,00 €	134,00 €	40,00 €	29,85%
		B3.2	andere Wohnform	B3.2.1	mittellos	188,00 €	167,50 €	20,50 €	12,24%
				B3.2.2	nicht mittellos	238,00 €	201,00 €	37,00 €	18,41%
B4	Im 13. bis 24. Monat	B4.1	stationäre Einrichtung oder gleichgestellte ambulant betreute Wohnform	B4.1.1	mittellos	107,00 €	67,00 €	40,00 €	59,70%
				B4.1.1	nicht mittellos	113,00 €	83,75 €	29,25 €	34,93%
		B4.2	andere Wohnform	B4.2.1	mittellos	151,00 €	117,25 €	33,75 €	28,78%
				B4.2.2	nicht mittellos	196,00 €	150,75 €	45,25 €	30,02%
B5	Ab dem 25. Monat	B5.1	stationäre Einrichtung oder gleichgestellte ambulant betreute Wohnform	B5.1.1	mittellos	78,00 €	67,00 €	11,00 €	16,42%
				B5.1.2	nicht mittellos	96,00 €	83,75 €	12,25 €	14,63%
		B5.2	andere Wohnform	B5.2.1	mittellos	130,00 €	117,25 €	12,75 €	10,87%
				B5.2.2	nicht mittellos	161,00 €	150,75 €	10,25 €	6,80%

Vergütungstabelle C (bisherige Vergütungsstufe 3)

Nr.	Dauer der Betreuung	Nr.	Gewöhnlicher Aufenthaltsort	Nr.	Vermögensstatus	monatliche Pauschale	monatliche Pauschale alt	Erhöhung in €	Erhöhung in %
C1	In den ersten drei Monaten	C1.1	stationäre Einrichtung oder gleichgestellte ambulant betreute Wohnform	C1.1.1	mittellos	317,00 €	198,00 €	119,00 €	60,10%
				C1.1.2	nicht mittellos	327,00 €	242,00 €	85,00 €	35,12%
		C1.2	andere Wohnform	C1.2.1	mittellos	339,00 €	308,00 €	31,00 €	10,06%
				C1.2.2	nicht mittellos	486,00 €	374,00 €	112,00 €	29,95%
C2	Im vierten bis sechsten Monat	C2.1	stationäre Einrichtung oder gleichgestellte ambulant betreute Wohnform	C2.1.1	mittellos	208,00 €	154,00 €	54,00 €	35,06%
				C2.1.2	nicht mittellos	257,00 €	198,00 €	59,00 €	29,80%
		C2.2	andere Wohnform	C2.2.1	mittellos	277,00 €	242,00 €	35,00 €	14,46%
				C2.2.2	nicht mittellos	339,00 €	308,00 €	31,00 €	10,06%
C3	Im siebten bis zwölften Monat	C3.1	stationäre Einrichtung oder gleichgestellte ambulant betreute Wohnform	C3.1.1	mittellos	202,00 €	132,00 €	70,00 €	53,03%
				C3.1.2	nicht mittellos	229,00 €	176,00 €	53,00 €	30,11%
		C3.2	andere Wohnform	C3.2.1	mittellos	246,00 €	220,00 €	26,00 €	11,82%
				C3.2.2	nicht mittellos	312,00 €	264,00 €	48,00 €	18,18%
C4	Im 13. bis 24. Monat	C4.1	stationäre Einrichtung oder gleichgestellte ambulant betreute Wohnform	C4.1.1	mittellos	141,00 €	88,00 €	53,00 €	60,23%
				C4.1.1	nicht mittellos	149,00 €	110,00 €	39,00 €	35,45%
		C4.2	andere Wohnform	C4.2.1	mittellos	198,00 €	154,00 €	44,00 €	28,57%
				C4.2.2	nicht mittellos	257,00 €	198,00 €	59,00 €	29,80%
C5	Ab dem 25. Monat	C5.1	stationäre Einrichtung oder gleichgestellte ambulant betreute Wohnform	C5.1.1	mittellos	102,00 €	88,00 €	14,00 €	15,91%
				C5.1.2	nicht mittellos	127,00 €	110,00 €	17,00 €	15,45%
		C5.2	andere Wohnform	C5.2.1	mittellos	171,00 €	154,00 €	17,00 €	11,04%
				C5.2.2	nicht mittellos	211,00 €	198,00 €	13,00 €	6,57%

Vergütungstabellen A – C kombiniert

Nr.	Dauer der Betreuung	Nr.	Gewöhnlicher Aufenthaltsort	Nr.	Vermögensstatus	Monatliche Pauschale
A1 B1 C1	In den ersten drei Monaten	A1.1 B1.1 C1.1	stationäre Einrichtung oder gleichgestellte ambulant betreute Wohnform	A1.1.1	mittellos	194,00 €
				B1.1.1		241,00 €
				C1.1.1		317,00 €
				A1.1.2	nicht mittellos	200,00 €
				B1.1.2		249,00 €
				C1.1.2		327,00 €
		A1.2 B1.2 C1.2	andere Wohnform	A1.2.1	mittellos	208,00 €
				B1.2.1		258,00 €
				C1.2.1		339,00 €
				A1.2.2	nicht mittellos	298,00 €
				B1.2.2		370,00 €
				C1.2.2		486,00 €
A2 B2 C2	Im vierten bis sechsten Monat	A2.1 B2.1 C2.1	stationäre Einrichtung oder gleichgestellte ambulant betreute Wohnform	A2.1.1	mittellos	129,00 €
				B2.1.1		158,00 €
				C2.1.1		208,00 €
				A2.1.2	nicht mittellos	158,00 €
				B2.1.2		196,00 €
				C2.1.2		257,00 €
		A2.2 B2.2 C2.2	andere Wohnform	A2.2.1	mittellos	170,00 €
				B2.2.1		211,00 €
				C2.2.1		277,00 €
				A2.2.2	nicht mittellos	208,00 €
				B2.2.2		258,00 €
				C2.2.2		339,00 €
A3 B3 C3	Im siebten bis zwölften Monat	A3.1 B3.1 C3.1	stationäre Einrichtung oder gleichgestellte ambulant betreute Wohnform	A3.1.1	mittellos	124,00 €
				B3.1.1		154,00 €
				C3.1.1		202,00 €
				A3.1.2	nicht mittellos	140,00 €
				B3.1.2		174,00 €
				C3.1.2		229,00 €
		A3.2 B3.2 C3.2	andere Wohnform	A3.2.1	mittellos	151,00 €
				B3.2.1		188,00 €
				C3.2.1		246,00 €
				A3.2.2	nicht mittellos	192,00 €
				B3.2.2		238,00 €
				C3.2.2		312,00 €

Nr.	Dauer der Betreuung	Nr.	Gewöhnlicher Aufenthaltsort	Nr.	Vermögensstatus	Monatliche Pauschale
A4 B4 C4	Im 13. bis 24. Monat	A4.1 B4.1 C4.1	stationäre Einrichtung oder gleichgestellte ambulant betreute Wohnform	A4.1.1	mittellos	87,00 €
				B4.1.1		107,00 €
				C4.1.1		141,00 €
				A4.1.2	nicht mittellos	91,00 €
				B4.1.2		113,00 €
				C4.1.2		149,00 €
		A4.2 B4.2 C4.2	andere Wohnform	A4.2.1	mittellos	122,00 €
				B4.2.1		151 €
				C4.2.1		198 €
				A4.2.2	nicht mittellos	158 €
				B4.2.2		196 €
				C4.2.2		257 €
A5 B5 C5	Ab dem 25. Monat	A5.1 B5.1 C5.1	stationäre Einrichtung oder gleichgestellte ambulant betreute Wohnform	A5.1.1	mittellos	62,00 €
				B5.1.1		78,00 €
				C5.1.1		102,00 €
				A5.1.2	nicht mittellos	78,00 €
				B5.1.2		96,00 €
				C5.1.2		127,00 €
		A5.2 B5.2 C5.2	andere Wohnform	A5.2.1	mittellos	105,00 €
				B5.2.1		130,00 €
				C5.2.1		171,00 €
				A5.2.2	nicht mittellos	130,00 €
				B5.2.2		161,00 €
				C5.2.2		211,00 €

7.3 Höhe der Vergütungsstundensätze bzw. Anwendung der Tabellen A, B oder C

7.2.3.1 Allgemeines

Während bis zum Inkrafttreten des Vergütungsreformgesetzes 2019 die im bisherigen § 5 Abs. 1, 2 VBVG genannten Stundenansätze die abrechenbare Anzahl der Stunden festlegen, bestimmen die in § 4 Abs. 1 VBVG enthaltenen Stundensätze den Betrag, den ein Betreuer für jede abrechenbare Stunde beanspruchen kann. Mit dem Inkrafttreten des Vergütungsrechtsreformgesetzes 2019 entfällt die vorgenannte Multiplikation, jedoch sind die neu geltenden Tabellen (A bis C; Anlage zum neuen VBVG) grundsätzlich nach dem gleichen Muster aufgebaut. Der Tabellenbuchstabe beschreibt die Einstufung in die bisherigen Vergütungsstufen in § 4 VBVG. **1000**

Die Stundensätze sind (wie auch schon vor der Pauschalierung auf Grundlage des bis dahin geltenden § 1 Abs. 1 BVormVG) aus der konkreten und (gerichtlich anerkannten) Berufsqualifikation des Betreuers zu ermitteln. Die drei Vergütungsstufen betrugen bei der Pauschalvergütung bis zum Inkrafttreten des Vergütungsrechtsreformgesetzes 2019: 27,00 €, 33,50 € bzw. 44,00 € (§ 4 Abs. 1 VBVG). **1001**

▶ *Zur Einstufung in die drei Stufen und die dazu weiter geltende Rechtsprechung vgl. Kapitel 6, Rn. 523 ff.*

Für mittellose und vermögende Betreute gelten weiterhin ohne Ausnahme die gleichen Stundensätze (§ 4 Abs. 1 VBVG). Allerdings ist mit dem Vergütungsrechtsreformgesetz 2019 ein neuer Tatbestand nach § 5a VBVG hinzugekommen; zu Details siehe unter Rn. 1013 ff.

7.2.3.2 Absenkung oder Erhöhung möglich?

Wie bei der Vergütung nach Zeitaufwand ist die Qualifikation des Betreuers eine solche, bei der gem. § 3 Abs. 2 Satz 1 VBVG vermutet wird, dass sie auch für die konkrete Betreuung nötig ist (und daher den höheren Stundensatz rechtfertigt). Aber auch hier kann das Gericht im Einzelfall bei der Bestellung gem. § 3 Abs. 2 Satz 2 VBVG erklären, dass im Einzelfall die Qualifikation nicht benötigt wird (und es demnach für diese Betreuung nur die untere Vergütungsstufe von 27,00 €/Std. bzw. mit der Neuregelung 2019 eine Einstufung in die Tabelle A gibt). Die Bestimmung, nachdem diese Absenkung möglich ist, gilt nach § 4 Abs. 3 VBVG (mit der Neuregelung 2019 nach § 4 Abs. 4 VBVG) ausdrücklich auch bei der Pauschalvergütung. **1002**

Die Möglichkeit, in Ausnahmefällen im Sinne des § 3 Abs. 3 VBVG von den drei Stundensätzen/Tabellenstufen des § 4 Abs. 1 VBVG nach oben hin abzuweichen (insbes. bei vermögenden Betreuten), ist bei der Pauschalvergütung demgegenüber nicht möglich, da in § 4 Abs. 3 VBVG (Neuregelung 2019: § 4 Abs. 4 VBVG) nicht auf § 3 Abs. 3 VBVG verwiesen wird.[30] Die Rechtsprechung des *Bundesgerichtshofes*[31], die ausnahmsweise einen höheren Stundensatz als in § 1 Abs. 1 BVormVG akzeptierte, blieb nach dem 1.7.2005 nur für die Formen der gesetzlichen Vertretung bestehen, die weiter nach Zeitaufwand abrechnen (vgl. hierzu Kapitel 6, Rn. 517 ff. sowie für spezielle Vertretungsformen in Kapitel 6, Rn. 912 ff., 939 ff.). **1003**

7.2.3.3 Inklusivstundensatz

Anders als bei den Betreuungspersonen, die weiterhin nach konkretem Zeitaufwand abrechnen (Vormünder, Pfleger, Betreuer nach § 1899 Abs. 2 und 4, vgl. Kapitel 6, Rn. 912 ff., 939 ff.), sind die drei Stundensätze für die pauschale Betreuervergütung bzw. die Tabellen A bis C sog. Inklusivstundensätze. **1004**

---

30 OLG München, Beschl. v. 21.11.2006, 33 Wv 223/06, BtPrax 2007, 30 = FamRZ 2007, 675 = FGPrax 2007, 25; ebenso OLG Celle, Beschl. v. 5.5.2008, 17 W 36/08, BtPrax 2008, 171
31 BGH, Beschl. v. 31.8.2000, XII ZB 217/99, BtPrax 2001, 30 = MDR 2001, 91 m. Anm. Engers

1005 Ursprünglich enthielten Sie daher auch die abzuführende Umsatzsteuer (siehe zu den Einzelheiten der sich damals ergebenden Problematik in der Vorauflage die Rn. 988 ff. sowie in dieser Auflage in Kapitel 12, Rn. 1898 ff.).

1006 Auch weiterhin beinhalten die Stundensätze des § 4 Abs. 1 VBVG aber den Ersatz von Aufwendungen im Sinne von § 1835 Abs. 1 BGB (vgl. zu den Aufwendungen Kapitel 4, Rn. 193 ff.).[32] Die im Rahmen des Gesetzgebungsverfahrens diskutierten pauschalen Aufwendungsersatzansprüche bei Berufsbetreuern – im Bundesratsentwurf waren hier 3,00 € je pauschal vergüteter Stunde in einem neuen § 1908n vorgesehen – finden sich im Gesetz selbst nicht mehr als separater Rechnungsposten.

1007 Lediglich der Aufwendungsersatz für berufliche Dienste (§ 1835 Abs. 3 BGB) kann weiterhin separat berechnet werden (vgl. Kapitel 4, Rn 280 ff.). So wurde durch Gerichte entschieden, dass weder für einen Postnachsendeantrag[33] noch für die Tätigkeit eines Gebärdendolmetschers[34] oder eines anderen Dolmetschers[35] zusätzlich Aufwendungsersatz geltend gemacht werden kann. Hieran hat auch das Vergütungsreformgesetz 2019 nichts geändert.

1008 Unseres Erachtens zu Recht wird zum Teil in der Literatur für ganz seltene Ausnahmefälle die Möglichkeit bejaht, zusätzliche Aufwendungen abzurechnen, die aus zwingenden Gründen entstanden sind und nach den normalen Umständen nicht erwartet werden konnten. Als Beispiel werden Reisekosten genannt, die für die Reise in das Heimatland des Betreuten wegen einer im Inland nicht zu klärenden Statusfrage entstanden sind.[36] Die Rechtsprechung ist dem allerdings nicht gefolgt und lässt – unter Berufung auf den Willen des Gesetzgebers – keine Ausnahmen von der Pauschalvergütung zu[37] (zu einer von der Rechtsprechung entwickelten Lösungsmöglichkeit für extrem aufwendige Betreuung durch die Delegation von Tätigkeiten siehe unten Rn. 1197 ff.).

1009 Die auf den ersten Blick zum 1.7.2005 erfolgte beachtliche prozentuale Erhöhung der Stundensätze des § 4 VBVG gegenüber den Stufen des vorher geltenden § 1 Abs. 1 BVormVG konnte jedenfalls leicht täuschen, da bei einem Vergleich eben auch der nun einberechnete Aufwendungsersatz berücksichtigt werden muss. Das gilt auch für die mit dem Vergütungsreformgesetz 2019 erfolgte Tabellenumstellung, auch wenn diese in der Gesamtschau eine Erhöhung von rund 17 % bedeutet.

7.3 Ansprüche bei mehreren Betreuern

1010 Sind mehrere Betreuer für den gleichen Betreuten bestellt (§ 1899 BGB) und sind diese Betreuer Berufsbetreuer (§ 1897 Abs. 6) oder Vereinsbetreuer (§ 1897 Abs. 2 BGB), bekommt jeder von diesen Betreuern die volle Pauschalvergütung.[38] Dies gilt auch für den beruflichen **Gegenbetreuer**[39] (§§ 1792 i.V.m. § 1908i Abs. 1 BGB), der in der Praxis aber nur selten bestellt ist. Wohl aus diesem Grunde wurde im Rahmen des 2. BtÄndG der § 1899 Abs. 1 BGB eingeschränkt. Seit dem 1.7.2005 dürfen mehrere Betreuer, die eine Vergütung erhalten, nur noch bestellt werden, wenn einer dieser Betreuer für die Sterilisation (§ 1899 Abs. 2 BGB), den Verhinderungsfall (§ 1899 Abs. 4 BGB) oder als Gegenbetreuer bestellt ist. Die geänderte Rechtslage seit 1.7.2005 erlaubt auch die Entlassung eines der Berufsbetreuer, wenn mehrere bestellt sind.[40]

---

32 I.S.d. § 1835 Abs. 1 BGB
33 OLG Köln, Beschl. v. 21.8.2006, 16 Wx 164/06; BtPrax 2007, 255 (Ls)
34 BGH BtPrax 2014, 174 = FamRZ 2014, 1013; LG Düsseldorf, Beschl. v. 25.5.2007, 25 T 1187/06, FamRZ 2007, 2118
35 OLG Schleswig BtPrax 2009, 85 = FamRZ 2009, 1180 sowie Beschl. des OLG Frankfurt/Main v. 21.11.2008, 20 W 170/08, FamRZ 2009, 1008
36 Knittel § 4 VBVG Rn. 29
37 Vgl. BVerfG BtPrax 2007, 122 = FamRZ 2007, 622; BGH BtPrax 2010, 30 = FamRZ 2010, 199
38 OLG Hamm BtPrax 2007, 90
39 OLG Köln FamRZ 2007, 937 = BtPrax 2007, 255 (Ls)
40 HK BUR/Bauer § 1899 BGB Rn. 31b; OLG Hamm Rpfleger 2007, 45; OLG München BtPrax 2006, 34

Weiterhin ist es möglich, dass neben

- einem ehrenamtlichen Betreuer (§ 1836 Abs. 1 Satz 1 i.V.m. § 1908i Abs. 1 BGB),
- einem Behördenbetreuer (§ 1897 Abs. 2, 2. Alternative BGB)
- dem Betreuungsverein (§ 1900 Abs. 1 BGB) oder
- der Betreuungsbehörde als Betreuer (§ 1900 Abs. 4 BGB)

ein bezahlter Betreuer, sprich ein selbstständiger Berufsbetreuer (§ 1897 Abs. 6 BGB) oder ein Vereinsbetreuer (§ 1897 Abs. 2 1. Alternative BGB), bestellt wird.

1011

Hierbei haben von den vorherig bestellten Betreuern der Verein und die Behörde nach § 1900 (i.V.m. § 1836 Abs. 3 BGB) ohnehin niemals einen Vergütungsanspruch. Ehrenamtlicher Betreuer oder die Behörde für den Behördenbetreuer können zwar bei einem vermögenden Betreuten eine **Ermessensvergütung** erhalten (§ 1836 Abs. 3 i.V.m. § 1908i Abs. 2 BGB bzw. § 8 Abs. 1 VBVG); es ist aber u.E. im Rahmen des Ermessens des Gerichtes dieses auf null reduziert, wenn bereits ein Betreuer mit Vergütungsanspruch nach §§ 4, 5 VBVG bestellt ist.

1012

Die vorgenannten Einschränkungen gelten nicht im Vormundschaftsrecht Minderjähriger (§ 1797 BGB) und über § 1915 BGB auch nicht bei BGB-Pflegschaften.

▶ *Siehe für den Sonderfall der Sterilisations- und Verhinderungsbetreuer siehe in Kapitel 6 unter Rn. 939 ff., 942 ff.*

7.4 Gesonderte Pauschalen nach dem Vergütungsreformgesetz 2019 (§ 5a VBVG)

7.4.1 Allgemeines

Mit Inkrafttreten des Vergütungsreformgesetzes 2019 am 27.7.2019 werden ab dem folgenden Abrechnungsmonat bei bestimmten Fallkonstellationen zusätzliche Monatspauschalen von 30,00 € fällig. Dieser Mehraufwand ergibt sich daraus, dass die Verwaltung eines höheren Vermögens in der Regel einen höheren Betreuungsaufwand erfordert. Die Erstellung eines Vermögensverzeichnisses zu Beginn der Betreuung (§ 1802 BGB), die jährliche Rechnungslegung (§§ 1840 ff. BGB) und die Schlussrechnungslegung (§ 1892 BGB) sind bei umfangreichen Vermögen zeitaufwändiger. Hinzu kommen die Anlage-, Anzeige und Genehmigungspflichten nach § 1908i Absatz 1 Satz 1 in Verbindung mit den §§ 1807 ff. BGB. Auch die Verwaltung eines nicht vom Betreuten bewohnten Grundstücks oder eines Erwerbsgeschäfts des Betreuers kann einen höheren Aufwand mit sich bringen[41].

1013

Die Zusatzpauschale wird gezahlt, wenn eine oder mehrere der folgenden Voraussetzungen vorliegen:

1014

- der Betreute ist nicht mittellos im Sinne des § 1836d BGB (das betrifft laut Gesetzentwurf 64.177 von Berufsbetreuern betreute Personen, Stand 2015)
- wenigstens für einen Tag innerhalb des Abrechnungsmonats ist eine der nachfolgenden Situationen gegeben:
- es ist vom Betreuer ein Geldvermögen von mindestens 150.000,00 € zu verwalten
- es ist Wohnraum vorhanden, der vom Betreuten (oder seinem Ehepartner) nicht bewohnt ist
- es besteht ein Erwerbsgeschäft des Betreuten.

---

41 Bt-Drs. 19/8694, S. 23

7.4.2 Teilzeiträume

1015   Ist ein Abrechnungsmonat von zwei verschiedenen Betreuern anteilsweise abzurechnen – was immer dann der Fall ist, wenn ein Teil des Zeitraums durch einen Ersatzbetreuer nach § 1899 Abs. 4 BGB (tatsächliche Verhinderung, vgl. Rn. 945 ff.) abgerechnet wurde –, stellt sich die Frage, wie mit der gesonderten Pauschale nach Abs. 1 zu verfahren ist. Bei der tageweisen Aufteilung des Zeitraums spricht § 6 Satz 2 VBVG nur von der Pauschale nach § 5 VBVG. Es ist allerdings nicht anzunehmen, dass es beabsichtigt war, beiden Betreuern in einem solchen Falle die gesamte gesonderte Pauschale zu bewilligen, wobei die Gesetzesbegründung keine Erläuterung gibt. Wir halten es für vertretbar, dass in diesem Fall auch die gesonderte Pauschale nach Abs. 1 nach der gleichen Berechnung zwischen dem (Haupt-)Betreuer und dem Ersatzbetreuer aufgeteilt wird.

Keine Aufteilung darf erfolgen, wenn der Sachverhalt, der zur Bewilligung der gesonderten Pauschale nur in einem Teil des Abrechnungsmonats vorliegt und dieser Teil ausschließlich in dem Tätigkeitszeitraum eines der beiden Betreuer liegt; in diesem Fällen ist von einer Aufteilung abzusehen.

Zu den einzelnen Fallgestaltungen:

7.4.3 Verwaltung von Geldvermögen

7.4.3.1 Aufgabenkreis des Betreuers

1016   Weitere Voraussetzung ist, dass der Betreuer berechtigt ist, das Vermögen des Betreuten zu verwalten. Man wird hier üblicherweise auf den Aufgabenkreis „Vermögenssorge" abzustellen haben oder auf einen Teilbereich davon, der das Mobiliarvermögen (also keinen Grundbesitz) beinhaltet. Der Betreuer muss im Sinne des § 1902 BGB berechtigt sein, über Geldmittel des Betreuten zu verfügen. Ist bei einer Betreuung die Vermögenssorge nicht angeordnet, weil eine (wirksame) Vorsorgevollmacht zur Vermögensverwaltung besteht[42], wird auch bei Überschreiten der genannten Vermögensgrenzen eine Zusatzpauschale nicht gezahlt.

7.4.3.2 Verfügungsberechtigung des Betreuers

1017   Solange der Betreuer sich gegenüber dem Geldinstitut, bei welchem das Geld sich befindet, nicht als verfügungsberechtigt hat eintragen lassen, zählt u.E. das dort zum Eigentum des Betreuten gehörende Geld nicht zu der genannten Mindestsumme. Der Begriff der „Verwaltung" in § 5a VBVG muss wie in der Rechnungslegungsbestimmung, § 1840 Abs. 2 BGB verstanden werden. Strittig kann sein, wenn der Betreuer zwar den Aufgabenkreis Vermögenssorge innehat, der Betreute aber (über bestimmte Konten) ausschließlich selbst verfügt. Soweit der Betreuer mit einer „Selbstverwaltungserklärung" des Betreuten ausdrücklich bestimmte Konten als nicht in seiner Verwaltung befindlich bezeichnet, dürfen die Kontobestände auf diesen Konten logischerweise bei der Berechnung der Mindestsumme nicht einbezogen werden. Das bedeutet auch, dass Geldvermögen des Betreuten, das und solange es von einem Dritten (Treuhänder, Testamentsvollstrecker, § 2205 BGB) verwaltet wird, nicht mitgerechnet wird.

7.4.3.3 Begriff des Geldvermögens

1018   Was genau man unter „Geldvermögen" zu verstehen hat, ist derzeit nicht gänzlich geklärt. Zum Geldvermögen in Höhe von mindestens 150 000,00 Euro zählen laut Gesetzesbegründung[43] diejenigen Bestandteile des Betreutenvermögens, die als Bargeld bereitgehalten wer-

---

42 Vorrangig nach § 1896 Abs. 2 BGB
43 Bt-Drs. 19/8694, S. 30

den oder als Geldanlage bei Banken, Versicherungen und Bausparkassen sowie in Titeln des Geld- und Kapitalmarktes angelegt sind.

Zu letzteren zählen insbesondere alle Arten von Konten, Wertpapierdepots und Kapitallebensversicherungen. Nicht erfasst seien Sachgegenstände, wie zum Beispiel Bilder, Münzen, Gold, Schmuck oder Immobilien. Etwaige Schulden werden nicht abgezogen, da sich hierdurch der zusätzliche Verwaltungsaufwand nicht reduziert. **1019**

Gemeint sind also die „Aktiva" im Sinne eines Bruttogeldvermögens. Der betriebswirtschaftliche Begriff des Geldvermögens ist ausdrücklich **nicht** gemeint. Letzteres wäre *„die Summe aus Zahlungsmittelbestand (Kassenbestände und jederzeit verfügbare Bankguthaben) und Bestand an sonstigen Forderungen abzüglich des Bestandes an Verbindlichkeiten"*[44] Eine Saldierung findet hier, anders als in der Betriebswirtschaft, nicht statt. **1020**

Fröschle hält die Auslegung der Gesetzesbegründung zur Definition des „Geldvermögens" für zu weit, da der Gesetzeswortlaut sie nicht hergibt. Eine enge Auslegung würde ausschließlich auf Bar- und Buchgeld abstellen. Es wäre auch merkwürdig, wenn z.B. Goldzertifikate anders als Gold[45] selbst zu behandeln wäre oder depotfähige Aktien anders als nicht depotfähige GmbH-Anteile. Wenn der Begriff klar sein solle, müsse er eng ausgelegt werden. Im Übrigen verursachten Immobilien (gleich ob bewohnt oder unbewohnt) generell einen höheren Verwaltungsaufwand.[46] **1021**

7.4.3.4 Schuldvepflichtungen

Merkwürdig bleibt auch der Effekt bei einem Geldvermögen von etwas über 150.000,00 €, wenn gleichzeitig vorhandene Schuldverpflichtungen, obgleich fällig und unstrittig, deshalb nicht bezahlt werden, um (für einen weiteren Betreuungsmonat?) die Zusatzpauschale zu erhalten. Da durch ein solches Unterlassen einer Handlung des Betreuers für den Betreuten mit einem Schaden (Verzugszinsen, Mahngebühren usw.) zu rechnen ist, obliegt es der gerichtlichen Aufsicht (§ 1837 Abs. 2 BGB), gerade in „Grenzfällen" solche Situationen nicht aufkommen zu lassen. **1022**

Betreuern sei geraten, nicht wegen des schnellen Mehrerlöses eine solche haftungsauslösende Pflichtwidrigkeit zu provozieren. Soweit die Bezahlung einer vorliegenden Rechnung an den Betreuten allerdings strittig ist (Geschäftsunfähigkeit, Sittenwidrigkeit, berechtigte Mietminderung usw.), ist es nicht zu beanstanden, wenn der Betreuer bis zur Klärung solcher Rechtsfragen die Bezahlung zurückhält. **1023**

7.4.3.5 Beginn und Ende des Zeitraums

Der Beginn des Anspruchs auf die Zusatzpauschale ist der Zeitpunkt des Erhalts eines Geldvermögens, sobald der Betrag von 150.000,00 € erreicht wird (das kann auch der Gegenwert in Fremdwährung sein; abzustellen ist bei Buchgeld auf den Devisenankaufskauf; bei Bargeld auf den Sortenankaufskurs, jeweils am Tage des Erhalts des Geldes). Nach § 187 Abs. 1 BGB zählt für die Berücksichtigung in der Betreuervergütung dieser Tag noch nicht mit. **1024**

Es ist **nicht** auf den sozialhilferechtlichen Vermögensbegriff abzustellen, der bei einem Geldeingang im Monat des Zahlungseingangs noch Einkommen (§ 82 SGB XII), erst ab dem Folgemonat Vermögen (§ 90 SGB XII) darstellt und der nach der seit 2016 geltenden Neuregelung (erweitertes Zuflussprinzip) bei Einmalzahlungen eine Verteilung als Einkommen auf 6 Monate (§ 82 Abs.7 SGB XII) vorsieht. Denn die Begründung der Zusatzpauschale ist der mit dem Geldvermögen vorhandene Zusatzaufwand des Betreuers. Dieser Aufwand entsteht in dem Moment, in dem das Geldvermögen sich im Besitz des Betreuten befindet. **1025**

---

44 Wöhe: Einführung in die Allg. Betriebswirtschaftlehre. München: Vahlen 1993, S. 1007
45 Mündelgeldanlage in Gold: LG Kempten FamRZ 2009, 724; LG Rottweil BtPrax 2017, 85
46 Fröschle FamRZ 2019, 678, 680

1026 Auch „geschontes" Vermögen nach § 90 Abs. 2 SGB XII, soweit es Geldvermögen im obigen Sinne darstellt, zählt bei der Berechnung der Mindestsumme von 150.000,00 € mit, z.B. angelegtes Riester- oder Rürup-Rentenguthaben (nach § 10a oder Abschnitt XI des Einkommensteuergesetzes gefördertes Altersvorsorgevermögen im Sinne des § 92 des Einkommensteuergesetzes, vgl. § 90 Abs. 2 Nr. 2 SGB XII), ebenso Vermögen, das aus öffentlichen Mitteln zum Aufbau oder zur Sicherung einer Lebensgrundlage oder zur Gründung eines Hausstandes erbracht wurde (vgl. § 90 Abs. 2 Nr. 1 SGB XII) und sonstiges Vermögen, solange es nachweislich zur baldigen Beschaffung oder Erhaltung eines angemessenen selbstbewohnten Hausgrundstücks bestimmt ist, soweit dieses Wohnzwecken behinderter (§ 53 Abs. 1 Satz 1 und § 72 SGB XII) oder pflegebedürftiger Menschen (§ 61 SGB XII) dient oder dienen soll (§ 90 Abs. 2 Nr. 3 SGB XII).

1027 Sobald aus einem verwalteten Geldvermögen eine Zahlungspflicht erfüllt ist, vermindert sich das restliche Vermögen um diesen Betrag. Für den Stichtag ist bei bargeldlosem Zahlungsverkehr auf das Wertstellungsdatum abzustellen (§ 675t Abs. 3 BGB). Bei Bargeschäften erfolgt die Übereignung des Geldes durch Übergabe (§ 929 BGB) an den Vertragspartner.[47] Der Tag des Geldabflusses zählt bei der Berücksichtigung für die Zusatzpauschale noch mit (§ 188 Abs. 1 BGB).

7.4.4 Nicht selbst bewohnter Wohnraum

7.4.4.1 Aufgabenkreis des Betreuers

1028 Damit Mehraufwand des Betreuers die Pauschale bei der Verwaltung von Wohnraum rechtfertigt, muss die Wohnungsangelegenheit Teil des Aufgabenkreises des Betreuers sein. Wenn es sich um ein Mietverhältnis handelt, ist z.T. die übliche Aufgabenkreisformulierung „Mietangelegenheiten", soweit es sich um Wohnungseigentum handelt, dürfte auch die Vermögenssorge allgemein oder die Verwaltung von Immobiliarbesitz als Aufgabenkreisformulierung üblich sein. Auch der Aufgabenkreis „Aufenthaltsbestimmung" kann dabei in Frage kommen, erwähnt der Gesetzgeber ihn selbst in § 1907 Abs. 2 BGB.

7.4.4.2 Wohnraumdefinition

1029 Die Gesetzesbegründung[48] beschreibt diese Voraussetzung so: „Zum Wohnraum, der nicht vom Betreuten genutzt wird, zählen beispielsweise Mietwohnungen, Eigentumswohnungen oder Wohnhäuser. Der zusätzliche Verwaltungsaufwand ergibt sich aus der Notwendigkeit der Bewirtschaftung und Instandhaltung. Keine zusätzliche Pauschale soll dann anfallen, wenn der bisher von dem Betreuten genutzte Wohnraum von dem Ehegatten weiter genutzt wird. In diesem Fall dürfte dem Betreuer bei Auszug des Betroffenen und die Weiternutzung durch den Ehegatten kein wesentlicher Mehraufwand in der Verwaltung des Wohnraums entstehen."

1030 Sonstiger nicht (oder von sonstigen Dritten) bewohnter Immobilienbesitz soll somit zu den Voraussetzungen für die Zusatzpauschale gehören. Gedacht sein dürfte im Wesentlichen an Betreute, die bisher in der eigenen Wohnung gelebt haben und infolge Verschlechterung des Gesundheitszustandes in eine stationäre oder vergleichbare ambulante Betreuungsform (siehe dazu die neue Definition in § 5 Abs. 3 VBVG, Rn. 1105 ff.) wechseln. Hierzu wird in der Regel ein Vertrag nach dem WBVG abzuschließen sein.

1031 Da oftmals der Wechsel in eine solche Betreuungseinrichtung wegen plötzlicher Verschlechterung der Gesundheit nicht vorhersehbar ist, oft auch aus einer akuten Krankenhausbehandlung heraus erfolgen muss, besteht für eine gewisse Übergangzeit der bisherige Wohnraum weiter. Die Vergütungspauschale nach § 5 VBVG geht vom gewöhnlichen Aufenthalt in einer Betreuungseinrichtung aus (vgl. zur Rechtsprechung unter Rn. 1152 ff.). Die

---

47 BGH NJW 1986, 875, 876
48 Bt-Drs. 19/8694, S. 30

(bisherige) Vergütungsrechtsprechung berücksichtigte dabei nicht, dass trotz neuen gewöhnlichen Aufenthaltes in der Betreuungseinrichtung die Verwaltung des noch vorhandenen Wohnraums (und vor allem dessen Auflösung) dem Betreuer zusätzlichen Arbeitsaufwand bereitet[49].

7.4.4.3 Keine Pauschale bei verbleibendem Ehegatten, weitere Bewohner

Soweit der Ehegatte des Betreuten nach dessen Auszug (z.B. in die genannte Betreuungseinrichtung) in der vormalig gemeinsamen Wohnung verbleibt, geht der Gesetzgeber davon aus, dass kein Mehraufwand für den Betreuer verbleibt. Der Realität dürfte diese Vorstellung nicht ganz entsprechen, da auch in solchen Fällen bei der Eigenkündigung oder der Kündigung durch den Vermieter der Betreuer als gesetzlicher Vertreter einer der Mietparteien weiter beteiligt bleibt. Die Aufnahme des Ehegatten in den Gesetzestext (der eingetragene Lebenspartner fehlt seltsamerweise) erfolgte erst nach dem Referentenentwurf; dort war dieser noch nicht enthalten. **1032**

Soweit andere Angehörige (z.B. Kinder, nichteheliche Lebensgefährten) in der weiter bestehenden Wohnung verbleiben, besteht demgegenüber Anspruch auf die Zusatzpauschale. In der Regel ist mit solchen Personen eine folgende Auseinandersetzung zu führen (Eigentum am Hausrat, Eintritt in das Mietverhältnis, Räumungsklage etc). Daher erscheint hier die Zusatzpauschale auf jeden Fall gerechtfertigt. **1033**

7.4.4.4 Genehmigungsverfahren

Je nachdem, ob es sich beim Wohnraum um ein Mietverhältnis oder um Wohnungseigentum handelt, sind vom Betreuer unterschiedliche Folgehandlungen zu erwarten. Da meist keine (dauerhafte) Finanzierung des Wohnraums durch den Betreuten möglich ist, zumal Renten für die Heimkostenfinanzierung herangezogen werden, hat der Betreuer oftmals zeitnah die Genehmigung für eine Mietkündigung (§ 1907 Abs. 1 BGB iVm § 1831 BGB) oder einen Mietvertrags-Auflösungsvertrag (§ 1907 Abs. 1 BGB iVm § 1828, 1829 BGB) einzuholen. Beim Verkauf von Wohnungseigentum ist die Genehmigung nach § 1821 BGB nötig. **1034**

7.4.4.5 Ende des Zeitraums

Bei einem Mietverhältnis dürfte das Ende die Wirksamkeit der Mietkündigung (meist 3 Monate nach § 573c BGB) bzw. das Ende des Vertragsdatums beim Auflösungsvertrag sein. Der Tag der Beendigung zählt für die Pauschale nach § 188 Abs. 1 BGB noch mit. Bei einem Wohnungseigentum ist auf das Datum der Umschreibung des Eigentums im Grundbuch abzustellen. Dies gilt auch für den Verzicht auf Grundeigentum (§ 928 Abs. 1 BGB). **1035**

7.4.5 Erwerbsgeschäft

7.4.5.1 Aufgabenkreis des Betreuers

Der Betreuer muss berechtigt sein, ein Erwerbsgeschäft des Betreuten zu führen und aufzulösen, dazu wird regelmäßig der Aufgabenkreis Vermögenssorge berechtigen. Es reicht auch ein eingeschränkter Teil der Vermögenssorge, der sich ausdrücklich auf das Erwerbsgeschäft des Betreuten bezieht. **1036**

7.4.5.2 Definition des Erwerbsgeschäftes

In der Gesetzesbegründung wird die Erforderlichkeit der Pauschale wie folgt beschrieben: „Ein Erwerbsgeschäft des Betreuten im Sinne des § 1822 Nummer 3 BGB verursacht durch **1037**

---

49 LG Arnsberg BtPrax 2006, 115 = FamRZ 2006, 1788; LG Mönchengladbach FamRZ 2006, 1229

die Notwendigkeit von dessen Fortführung oder Abwicklung einen erheblichen zusätzlichen Verwaltungsaufwand."[50]

1038 Der Gesetzgeber geht also von dem Begriff aus, der in § 1822 Nr. 3 BGB (sowie in § 1823 BGB) erwähnt wird. Kommanditgeschäfte[51] und offene Handelsgesellschaften[52] sind auch davon betroffen. Allerdings dürfte gem. § 112 BGB jede erlaubte, selbständige, berufsmäßig ausgeübte und auf Gewinn gerichtete Tätigkeit darunter fallen. Auch die selbständige Ausübung eines künstlerischen Berufs oder die Tätigkeit als selbständiger Handelsvertreter fallen hierunter. Der Begriff des Erwerbsgeschäftes beinhaltet ebenso auch die Betätigung in freien Berufen (§ 18 Abs. 1 EStG) und geht insofern weiter als der Begriff des Gewerbes (§ 15 EStG), welcher z.B. freie Berufe nicht erfasst.

7.4.5.3 Ende des Zeitraums

1039 In der Regel wird der Betreuer das Erwerbsgeschäft (mit gerichtlicher Genehmigung) aufzulösen haben, eine Fortführung wird an unterschiedlichsten Schwierigkeiten scheitern. Als Endzeitpunkt dürfte bei Erwerbsgeschäften, die im Handelsregister stehen, das Datum ihrer Löschung anzusehen sein. Bei sonstigen Gewerbebetrieben ihre Abmeldung im Gewerberegister bzw. bei sonstigen selbstständigen Tätigkeiten deren steuerrechtliche Abmeldung. Auch hier zählt das Abmeldedatum nach § 188 Abs. 1 BGB noch mit.

7.5 Neubeginn der Pauschalvergütung?

7.5.1 Betreuerwechsel bei beruflichen Betreuern

1040 Unklar war beim Inkrafttreten der gesetzlichen Neuregelung 2005, ob die Berechnung des Betreuungsbeginns (§ 287 Abs. 1 oder 2 FamFG) bei einem Betreuerwechsel (§ 1908c BGB) neu beginnt. Zwar sind die **Gesetzesmotive**[53] eindeutig. Hier heißt es zum damals beabsichtigen § 1908m BGB-E: „Maßgebend für die Anwendung der Pauschalen ist daher die erstmalige Bestellung eines Betreuers. Dies soll auch dann gelten, wenn es sich hierbei um einen **ehrenamtlichen Betreuer** handelt und später ein Berufsbetreuer bestellt wird. Geschieht dies z.B. im 3. Jahr einer Betreuung, kann der Berufsbetreuer nur die Pauschale für den Zeitraum ab dem 2. Jahr beanspruchen."

1041 Der Gesetzestext stützte diese Rechtsauffassung u.E. allerdings nicht. In einer früheren Vorauflage dieses Buches (in der 4. Auflage unter Kap. 9.5.9) vertraten wir die Auffassung, dass der damals für die Pauschalvergütung vorgesehene § 1908l Abs. 1 BGB-E (der mit den Worten begann: „wird die Betreuung berufsmäßig geführt, ist der zu vergütende Zeitaufwand …") nach dem Wortsinne darauf hindeutet, dass mit dem Begriff des „Beginns der Betreuung" der Beginn der beruflichen Betreuung gemeint ist. In § 5 Abs. 1 und 2 VBVG findet sich diese Passage nicht mehr. Stattdessen regelt das gesamte Vormünder- und Betreuervergütungsgesetz trotz des Fehlens der Bezeichnung „Berufs-" in der Gesetzesüberschrift ausschließlich die **Entschädigungsansprüche beruflich tätiger Betreuungspersonen**. Und ein ehrenamtlicher Betreuer könne schließlich keinen Vergütungszeitraum und keine Vergütungssumme eines Berufsbetreuers „verbrauchen".

1042 Unsere Interpretation ging dahin, bei einem Wechsel von einem ehrenamtlichen hin zu einem beruflichen Betreuer aus den o.g. Gründen, aber auch, weil der Wechsel häufig mit Überforderung des bisherigen Betreuers (und daraus resultierender **Schlechtleistung** der Betreuerpflichten) einherging, die Pauschalvergütungsansprüche erst ab der erstmaligen Berufsbetreuerbestellung zu berechnen (vgl. auch Zahlenangaben in Kapitel 3 unter Rn.176 ff.). Bei einem Wechsel von einem Berufsbetreuer zu einem anderen Berufsbetreuer

---

50 Bt-Drs. 19/8694, S. 30
51 BGHZ 17, 160
52 BGHZ 38, 26
53 BR-Drs. 865/03 – Beschl., S. 79 = BT-Drs. 15/2494, S. 34

sollte dies grundsätzlich nicht gelten, aber auch hier sollten Ausnahmen möglich sein. In der Literatur wurde bisweilen noch eine weitergehende Auffassung vertreten, wonach bei einem Betreuerwechsel stets von der Anfangsvergütung auszugehen sei.[54]

Die obergerichtliche Rechtsprechung zur Frage des Beginns der Vergütungsberechnung bei Betreuerwechseln ist dieser Interpretation (mit wenigen Ausnahmen) nicht gefolgt. Beginnend mit dem *OLG Schleswig*[55] haben sich in der Folgezeit nahezu alle Oberlandesgerichte[56] sowie zahlreiche Landgerichte[57] und schließlich auch der BGH[58] auf den Standpunkt gestellt, dass sich aus dem Grundsatz der Pauschalierung und der damit verbundenen Verwaltungsvereinfachung ergebe, dass bei einem Betreuerwechsel (auch vom ehrenamtlichen zum beruflichen Betreuer) immer auf das Datum der Erstbestellung abzustellen sei.

1043

Das gelte auch bei einer faktischen Nichtausübung der Betreuertätigkeit seitens des Vorbetreuers[59] und soll nach Ansicht des *OLG München* selbst dann gelten, wenn in Zusammenhang mit dem Betreuerwechsel für eine kurze Zeit überhaupt kein Betreuer bestellt war.[60] Werde nach dem Tod des Betreuers ein neuer Betreuer bestellt, könne dies jedenfalls dann nicht einer Erstbestellung mit entsprechend erhöhtem Stundenansatz gleichgestellt werden, wenn die zeitliche Lücke innerhalb der Betreuung drei Monate nicht überschreite.

1044

Da die bisherigen Betreuertätigkeiten bei der Betreuerzeit mitrechnen, muss in solchen Fällen also festgestellt werden, wann die erstmalige Betreuerbestellung nach § 287 FamFG rechtswirksam geworden ist. Dies lässt sich i.d.R. durch eine kurze Rückfrage beim Betreuungsgericht klären. Für den neuen Betreuer beginnt allerdings mit seiner Bestellung ein eigenes Abrechnungsquartal, er muss deshalb nicht zunächst ein sogenanntes Rumpfquartal abrechnen, um sich dem Abrechnungsrhythmus seines Vorgängers anzupassen.[61]

1045

Auch für die Bemessung der Vergütung des **Gegenbetreuers** ist von dem Grundsatz auszugehen, dass für die Beurteilung des Stundenansatzes des Gegenbetreuers die erstmalige Begründung des Betreuungsverhältnisses maßgebend ist.[62]

1046

An diesen grundlegenden Entscheidungen hält der Gesetzgeber grundsätzlich auch im Rahmen des Vergütungsreformgesetzes 2019 fest. Anders als in Fachkreisen, auch innerhalb des BMJV immer wieder gefordert, findet auch im Rahmen der gesetzlichen Neuregelung kein Neubeginn der Vergütungsberechnung bei einem Betreuerwechsel statt.

1047

7.5.2 Betreuerwechsel von Ehrenamt in Berufsbetreuung

Allerdings wird bei allen Betreuerwechseln von einem bisherigen ehrenamtlichen Betreuer zu einem berufsmäßig tätigen Betreuer künftig dem nachfolgenden Berufsbetreuer (bzw. Vereinsbetreuer) eine Einmalprämie von 200 € gezahlt, unabhängig von der Einstufung in die drei Tabellenwerte (§ 5a Abs. 2 VBVG). Mit dieser Einmalzahlung soll der typischerweise anfallende Mehraufwand abgegolten werden, der beim Beginn der beruflichen Betreuung

1048

---

54 Bestelmeyer Rpfleger 2005, 583
55 OLG Schleswig BtPrax 2006, 74 = FamRZ 2006, 648
56 OLG Frankfurt/Main BtPrax 2007, 136 = FamRZ 2007, 1272; OLG Hamm FamRZ 2006, 1066 und erneut Beschl. v. 10.8.2006, 15 W 115/06; OLG Karlsruhe FamRZ 2006, 1483 und erneut FamRZ 2007, 1272; OLG Köln FamRZ 2006, 1876; OLG Saarbrücken BtPrax 2007, 268 (Ls)
57 LG Bielefeld, Beschl. v. 5.1.2006, 25 T 295/05; LG Detmold, Beschl. v. 16.1.2006, 3 T 299/05; LG Duisburg, Beschl. v. 6.3.2006, 12 T 6/06 und v. 30.3.06, 12 T 31/06; LG Frankfurt/Main, Beschl. v. 25.11.2005; LG Freiburg/Br. FamRZ 2006, 1876; LG Gießen FamRZ 2006, 359 (m. Anm. Bienwald) = BtPrax 2006, 76; LG Göttingen BtPrax 2006, 2/28 T 140/05, 76; LG Kassel, Beschl. v. 10.2.2006, 3 T 68/06; LG Koblenz FamRZ 2007, 677; LG Lübeck, Beschl. v. 23.7.2007, 7 T 135/07; LG Mönchengladbach BtPrax 2006, 77; LG München, Beschl. v. 20.12.2005, 13 T 24244/05; LG Münster, Beschl. v. 28.12.2005, 5 T 1039/05 und v. 17.1.2006, 5 T 1091/05; LG Osnabrück BtPrax 2006, 77; LG Regensburg BtPrax 2006, 77; LG Saarbrücken, Beschl. v. 5.4.2006, 5 T 24/06; LG Trier, Beschl. v. 12.12.2005, 5 T 140/05; LG Verden/Aller, Beschl. v. 3.1.2006, 1 T 127/05; LG Wuppertal FamRZ 2006, 106
58 BGH BtPrax 2012, 162 = FamRZ 2012, 211
59 BGH BtPrax 2012, 162 = FamRZ 2012, 211; OLG Stuttgart FamRZ 2007, 1271
60 OLG München BtPrax 2006, 73 und 110 = FamRZ 2006, 647
61 BGH BtPrax 2011, 218 = FamRZ 2011, 1220
62 OLG Köln FamRZ 2007, 937 = BtPrax 2007, 255 (Ls); OLG Schleswig FGPrax 2006, 166; Knittel § 5 VBVG Rn 11

zu erwarten ist, da der zuvor bestellte Ehrenamtler oftmals überfordert gewesen sein dürfte, anderenfalls es wegen des grundsätzlichen Vorrangs des Ehrenamtes (§ 1897 Abs. 6 BGB) nicht zum Betreuerwechsel gekommen wäre. Beim Wechsel von einem anderen Berufsbetreuer wird die Prämie nicht gezahlt, auch nicht, wenn der vorherige Berufsbetreuer wegen Untätigkeit oder sonstiger Nichteignung entlassen wurde.

1049 Die Einmalprämie wird sowohl bei vermögenden als auch bei mittellosen Betreuten gezahlt. Anzuwenden ist die Neuregelung bei allen Betreuerwechseln, bei denen die Bestellung des Berufsbetreuers nach Inkrafttreten des Vergütungsreformgesetzes am 27.7.2019 erfolgt. Abzustellen ist dabei nicht auf das Wirksamkeitsdatum der Entlassung des bisherigen, sondern auf das Datum der Neubestellung. Oftmals werden allerdings beide Tatbestände zeitlich zusammenfallen. Die Einmalprämie kann nur im Zusammenhang mit einem sonstigen Vergütungsantrag gestellt werden (§ 5a Abs. 4 VBVG).

7.5.3 Betreuerwechsel vom beruflichen zum ehrenamtlichen Betreuer

1050 Die Sonderregelung des § 5 Absatz 5 VBVG (nach der Vergütungsreform 2019 in § 5a Abs. 3 VBVG) soll die Bereitschaft beruflich tätiger Betreuer, einfacher gewordene Betreuungen an ehrenamtliche Betreuer abzugeben (§ 1908b Abs. 1 Satz 2 BGB), fördern und finanziell unterstützen. Wird eine berufliche Betreuung an einen Ehrenamtler abgegeben oder übernimmt ein Ehrenamtler, der bisher gemeinsam mit einem Berufsbetreuer eine Betreuung geführt hat (sog. „**Tandembetreuung**"), diese Betreuung als alleiniger Betreuer, wird die Berufsbetreuervergütung für den vollständigen bereits begonnenen Betreuungsmonat[63] (gezählt vom Beginn der Betreuerbestellung) sowie den Folgemonat weiterhin vergütet.

1051 Da bei dieser Berechnung die genaue Höhe der Abgabeprämie von den Zufallsfaktoren Zeitpunkt der Betreuerbestellung und Zeitpunkt des Betreuerwechsels abhingen, ist im Rahmen der Vergütungsreform 2019 geregelt worden, dass die Abgabeprämie stets das 1,5fache der zum Zeitpunkt des Betreuerwechsels zu vergütenden Fallpauschale beträgt. Dies betrifft alle Betreuerwechsel, bei denen die Entlassung des bisherigen Berufsbetreuers (Vereinsbetreuers) nach Inkrafttreten des Vergütungsreformgesetzes 2019, also am 27.7.2019 im Sinne von § 287 Abs. 1 oder 2 FamFG rechtswirksam wird. Technisch gesehen, wird also bei der Neuregelung nicht die bisherige Vergütung für einen weiteren Zeitraum gewährt, sondern an ihre Stelle tritt eine Einmalzahlung, die unmittelbar bei Abgabe fällig wird.

1052 Hierdurch soll ebenfalls etwaiger „Mehraufwand" abgegolten werden. Der Gesetzgeber geht (auch weiterhin) davon aus, dass die „Abgabeformalitäten", also die Rechenschafts- und Herausgabepflichten (§§ 1890, 1892 i.V.m. § 1908i Abs. 1 BGB) bei einem Ehrenamtler aufwändiger als bei einem anderen Berufsbetreuer als Amtsnachfolger sind. Pate gestanden hat möglicherweise die Rechtsprechung, wonach die **Einweisung eines künftigen ehrenamtlichen Betreuers** durch einen bisherigen Vereinsbetreuer in die Tätigkeit vergütungsfähiger Zeitaufwand ist.[64] Der Bewilligung der bis zum Ende des Folgemonats verlängerten Betreuervergütung steht nicht entgegen, dass der Wechsel vom Berufsbetreuer zum Ehrenamtler im Rahmen eines Beschwerdeverfahrens gegen die Betreuerbestellung erfolgte.[65] Dem bisherigen Berufsbetreuer steht bei Abgabe an einen Ehrenamtler die Pauschalzahlung auch dann zu, wenn er im Rahmen einer vorläufigen Betreuung bestellt war und diese vor Ablauf des Zeitraums nach § 5 Abs. 5 VBVG geendet hätte,[66] und auch dann, wenn der Betreute vor Ablauf des Zeitraums verstorben ist.[67]

---

63 Wie auch sonst im Vergütungsrecht ist auf Betreuungs- und nicht auf Kalendermonate abzustellen, BGH BtPrax 2013, 110 = FamRZ 2013, 781
64 LG Marburg RdLH 1999, 82
65 OLG Frankfurt/Main FamRZ 2008, 1562
66 LG Bad Kreuznach FamRZ 2009, 2118
67 LG Hildesheim, Beschl. v. 24.4.2009, 5 T 123/09

Fraglich ist, ob diese Regelung auch angewendet werden soll, wenn der bisherige Berufsbetreuer in eigener Person die Betreuung ehrenamtlich weiterführen will.[68] Die Begründung zum § 1908i Abs. 3 BGB-E nennt diesen Fall zwar ausdrücklich, gemeint war damit aber nur die tageweise Berechnung (jetzt § 5 Abs. 4 VBVG). Vereinzelt wurde diese Möglichkeit der Umwandlung von beruflicher in ehrenamtliche Betreuung von der bisherigen Rechtsprechung gestattet: Eine Entlassung des bestellten beruflich tätigen Betreuers nach § 1908b Abs. 1 Satz 2 ist dann nicht erforderlich, wenn er die bisher beruflich geführte Betreuung **als ehrenamtlicher Betreuer weitergeführt.**[69]

1053

Sofern die Regelung auch in dieser Fallkonstellation angewendet würde, hätte der Betreuer für teilweise übereinstimmende Zeiträume sowohl Anspruch auf die Vergütung nach § 5 VBVG als auch auf die Aufwandspauschale nach § 1835a Abs. 1 BGB (vgl. Kapitel 5, Rn. 389 ff.), obwohl der Wortlaut des § 1835a Abs. 1 BGB dem widerspricht. Dies gilt **nicht mehr ab 27.7.2019**, weil die neue Zahlung eine Pauschale, kein Zahlungszeitraum mehr ist.

1054

Werden anstelle des bisherigen Berufsbetreuers zwei Betreuer bestellt, davon einer als Berufsbetreuer und der andere als ehrenamtlicher Betreuer (mit unterschiedlichen Aufgabenkreisen), soll dem bisherigen Berufsbetreuer keine Pauschalvergütung über das Betreuungsende hinaus entsprechend § 5 Abs. 5 VBVG (ab 27.7.2019 § 5a Abs. 3 VBVG) gewährt werden.[70]

1055

Auch diese Einmalprämie kann nur im Zusammenhang mit einem sonstigen Vergütungsantrag gestellt werden (§ 5a Abs. 4 VBVG).

7.5.3 Vakanz in der Betreuungsanordnung

Wie der Fall zu behandeln ist, wenn eine Betreuung **aufgehoben** (§ 1908d BGB) und später wieder eingerichtet wird (weil sie entgegen der Erwartung doch noch oder wieder notwendig ist), ist im Gesetz ebenfalls nicht eindeutig geregelt. Nach der Begründung des Entwurfs zum 2. BtÄndG[71] soll jeweils nach den Umständen des Einzelfalles bestimmt werden, ob in Bezug auf die Vergütung von einer erneuten Erstbetreuung oder um die Fortführung einer „alten" Betreuung auszugehen ist. Die Vergütungsreform 2019 schweigt zu dieser Frage.

1056

Nach Literaturstimmen sollen **längere Unterbrechungen** zur Annahme einer neuen Betreuung, kürzere Unterbrechungen zur Annahme einer fortlaufenden Betreuung führen. In Zweifelsfällen soll zugunsten des Betreuers von einer erneuten Erstbetreuung ausgegangen werden.[72]

1057

Unseres Erachtens ist aber auch in solchen Fällen zu berücksichtigen, dass während der Unterbrechung im Regelfall notwendige Arbeiten nicht erledigt werden konnten und von dem neu bestellten Betreuer nun nachgeholt werden müssen. Wir sind der Meinung, dass dem neu bestellten Betreuer als Ausgleich für den abzuarbeitenden Rückstand eine Vergütung ab dem Beginn der Unterbrechung (und nicht erst ab dem Zeitpunkt der eigenen Bestellung) zugesprochen werden sollte. Denn selbst, wenn nur **wenige Monate** seit Aufhebung der früheren Betreuung vergangen sind, kann sich die persönliche und wirtschaftliche Lage des Betreuten völlig anders darstellen. Dies gilt insbesondere bei Suchtkranken, bei Personen in manischen Phasen der Psychose und sonstigen schubhaft verlaufenden Krankheiten.

1058

Nicht im Gesetzentwurf zum 2. BtÄndG erwähnt, aber in der Praxis häufig vorkommend ist der Fall, dass zunächst ein vorläufiger Betreuer im Rahmen einer **einstweiligen Anordnung** (§§ 300 ff. FamFG) bestellt wird und diese einstweilige Anordnung nach Zeitablauf (spätestens nach 6 Monaten bzw. nach erfolgter Verlängerung spätestens nach einem Jahr) endet, ohne dass das Gericht über die endgültige Betreuerbestellung entschieden hat. So-

1059

---

68 Befürwortend: OLG Hamm FamRZ 2008, 92
69 LG Chemnitz FamRZ 2001, 313
70 AG Kassel BtPrax 2006, 115 = FamRZ 2006, 1484
71 BT-Drucks. 15/2494, S. 31
72 Zimmermann in Festschrift für Bienwald, S. 345, 349

fern zu einem späteren Zeitpunkt erneut ein vorläufiger oder ein endgültiger Betreuer bestellt wird, liegt ein Fall der Vakanz vor. In dem betreuungslosen Zwischenzeitraum war der Betreute, obgleich meist unstrittig betreuungsbedürftig, ohne gesetzlichen Vertreter. Der bisherige Betreuer war in diesem Zeitpunkt weder vertretungsberechtigt noch -verpflichtet. Ein etwaiges Betreuerhandeln in diesem Zeitraum wäre nach den Grundsätzen der Geschäftsführung ohne Auftrag zu behandeln.

1060 Tritt infolge verzögerter Bearbeitung eine Vakanz zwischen dem Ende einer vorläufigen Betreuung und einer für notwendig erachteten Verlängerung ein, steht dem bisherigen Betreuer für diesen Zeitraum keine Entschädigung zu, auch dann nicht, wenn das Betreuungsgericht durch nachfolgenden Beschluss sowohl die Betreuungsbedürftigkeit in bisherigem Umfang als auch die als Betreuer tätig gewesene Person neu bestellt.[73]

1061 Allenfalls kommen wegen während der Unterbrechung erbrachter Tätigkeiten Ansprüche des Betreuers wegen einer Geschäftsführung ohne Auftrag (§§ 677 ff. BGB) in Betracht, über die aber nicht im Vergütungsverfahren entschieden werden kann.[74]

1062 Was gilt nun für den Vergütungsanspruch eines Berufsbetreuers, nachdem eine derartige Vakanz vorausgegangen war? Ob von einem Neufall (mit der entsprechend hohen Stundenzahl) auszugehen ist, hängt dann vom Einzelfall und vor allem von der Dauer der Unterbrechung ab.

1063 Eine zeitliche Lücke von sechs Monaten zwischen dem Ende einer vorläufigen Betreuung und der endgültigen Betreuerbestellung führt jedenfalls dann nicht zur Annahme einer Erstbetreuung ab dem Zeitpunkt der Bestellung des endgültigen Betreuers, wenn dieser in der Zwischenzeit tatsächlich für den Betroffenen tätig geworden ist und einen einheitlichen Vergütungsantrag für einen die Lücke überspannenden Gesamtzeitraum einreicht, der auch seitens des Betreuungsgerichtes (entgegen der o.g. Rechtslage) bewilligt wurde.[75]

1064 Beruht die Unterbrechung darauf, dass eine Betreuung in der Zwischenzeit nicht für erforderlich (oder jedenfalls nicht für dringend erforderlich) gehalten wurde, kann auch schon eine nur relativ kurze Unterbrechung von wenigen Wochen genügen, um vergütungstechnisch eine neue Betreuung anzunehmen.[76] Deutliche Anzeichen können hierfür die Bestellung eines anderen Betreuers[77] und/oder Veränderungen der angeordneten Aufgabenkreise sein.[78]

1065 Ist der Fristablauf nur aufgrund richterlichen Versehens oder einer verzögerten Bearbeitung der Angelegenheit durch das Gericht eingetreten, liegt u.U. nur bei längerer Unterbrechung eine neue Betreuung vor.[79] Geht eine **vorläufige Betreuung** allerdings nahtlos in die endgültige über, kommt es auf das Wirksamwerden der Bestellung des (ersten) vorläufigen Betreuers an.[80]

Zu den Einzelheiten sind bisher die folgenden Entscheidungen ergangen:

1066 Endet eine vorläufig angeordnete Betreuung infolge Zeitablaufs und wird erst **neun Monate später** erneut eine Betreuung angeordnet, ist von einer (erneuten) Erstbetreuung auszugehen, die die Zubilligung der erhöhten Anfangsvergütung rechtfertigt. Dies gilt auch dann, wenn die mit der neu bestellten Betreuerin nicht personengleiche vorläufige Betreue-

---

73 BGH BtPrax 2016, 154 = FamRZ 2016, 1072; OLG Braunschweig FamRZ 2006, 290; OLG Hamm v. 16.3.2006, 15 W 355/05, NJW-RR 2006, 1299; LG Koblenz FamRZ 2005, 1580, FamRZ 2005, 1928 und FamRZ 2005, 2017; LG Hildesheim FamRZ 2006, 291
74 BGH BtPrax 2016, 154 = FamRZ 2016, 1072; anders LG Cottbus FamRZ 2004, 401, das LG hatte in dem entschiedenen Fall im Vergütungsverfahren auch über Ansprüche aus der Geschäftsführung ohne Auftrag entschieden.
75 OLG München BtPrax 2006, 182
76 OLG Karlsruhe, Beschl. v. 14.3.2007, 11 Wx 137/06, BtPrax 2007, 183 (zwei Monate)
77 LG Koblenz BtPrax 2006, 236.
78 OLG Karlsruhe BtPrax 2007, 183 = FamRZ 2007, 1272
79 9 Monate reichten aus beim OLG Zweibrücken BtPrax 2006, 115 = FamRZ 2006, 1302
80 Knittel § 5 VBVG Rn. 10; BtKomm/Dodegge F Rn. 188

rin ihr Amt nach Ablauf der zeitlichen Befristung der vorläufigen Betreuung faktisch weiterführt, ohne hierzu legitimiert zu sein.[81]

Tritt zwischen dem Ablauf der vorläufigen Betreuung und der Anordnung der endgültigen Betreuung eine betreuungslose Zwischenzeit von mehr als sechs Monaten ein (hier: **sieben Monate und zwei Wochen**), beginnt die Betreuerbestellung neu – auch wenn der vorläufige und endgültige Betreuer personengleich sind – mit der Folge der erhöhten Anfangsvergütung.[82]   **1067**

Nach einer betreuungslosen **Zwischenzeit von zwei Wochen** ist von einer Erstbetreuung auszugehen. Dies gilt auch dann, wenn die Wahrnehmung einer zunächst einstweilen angeordneten Betreuung seitens einer ehrenamtlich tätigen Tochter der betreuten Person und sodann bei (endgültiger) Anordnung Bestellung eines Berufsbetreuers erfolgt. Auf die Kenntnis des Berufsbetreuers von der Bestellung eines ehrenamtlichen (vorläufigen) Betreuers kommt es nicht an.[83]   **1068**

Endet eine vorläufige Betreuung durch Fristablauf und wird eine endgültige Betreuung erst später (*LG Koblenz* nach 9 Monaten;[84] *OLG Karlsruhe* nach 2 ½ Monaten[85];; *OLG Frankfurt/Main*[86] nach sieben Wochen und drei Tagen) eingerichtet, muss die Zeitberechnung jedenfalls dann neu beginnen, wenn ein anderer (nicht mit dem vorläufigen Betreuer identischer) Betreuer bestellt wird.   **1069**

Der Fall des **Todes des Betreuers** (sowie die Betreuerentlassung ohne gleichzeitige Bestellung eines anderen Betreuers) stellt demgegenüber keinen betreuungslosen Zustand dar, da die Betreuung als solche betreuerlos fortbesteht (vgl. § 1908c BGB). Daher entschied das *LG Lübeck*: Verstirbt der Betreuer, werden nach knapp 7 Monaten zwei neue Betreuer bestellt und ist nicht ersichtlich, dass während der Vakanz „besonders viel Arbeit liegen geblieben" ist, verbleibt es bei dem Grundsatz, dass es bei der Vergütungsbemessung auf den Zeitpunkt der erstmaligen Betreuerbestellung ankommt.[87]   **1070**

Da die Betreuung also als solche andauert, führt eine solche Vakanz grundsätzlich nicht zu einem Neubeginn der Vergütungsberechnung.[88] Möglicherweise muss das anders gesehen werden, wenn die Vakanz **über einen längeren Zeitraum** hinweg andauert. Die Unterbrechung muss dazu u.E. so lang sein, dass ein neuer Betreuer typischerweise nicht mehr effektiv an die Arbeit seines Vorgängers anknüpfen kann. Ob das nach mehr als drei Monaten schon angenommen werden kann[89], erscheint zweifelhaft.[90] Ein kürzerer Zeitraum dürfte jedenfalls nicht genügen.   **1071**

Sachgerecht ist unseres Erachtens der nachfolgende Beschl. des OLG Frankfurt/Main: Führt nach dem Tod eines Vereinsbetreuers ein zum Ersatzbetreuer (§ 1899 Abs. 4 BGB) bestellter anderer Vereinsmitarbeiter die Betreuung fort, weil der Richter auf Anfrage unzutreffend mitgeteilt hat, es bedürfe zunächst keiner weiteren Betreuerbestellung, kann dem Betreuungsverein aus Billigkeitsgründen eine Vergütung nicht mit dem Hinweis auf eine fehlende Betreuerbestellung versagt werden.[91]   **1072**

---

81   OLG Zweibrücken BtPrax 2006, 115 = FamRZ 2006, 1302
82   LG Koblenz, Beschl. v. 13.12.2006, 2 T 943/06, FamRZ 2007, 677
83   LG Koblenz, a.a.O.; ebenfalls LG Koblenz FamRZ 2007, 767
84   LG Koblenz, FamRZ 2006, 1066
85   OLG Karlsruhe BtPrax 2007, 183 = FamRZ 2007, 1272
86   OLG Frankfurt/Main, BtPrax 2010, 292 = FamRZ 2009, 1708
87   LG Lübeck, Beschl. v. 23.7.2007, 7 T 135/07, FamRZ 2007, 1917 (Ls)
88   Fröschle, Betreuungsrecht 2005, Rn. 325
89   So anscheinend OLG München BtPrax 2006, 73 und 110 = FamRZ 2006, 647; HK BUR/Deinert/Lütgens § 5 VBVG Rn. 88 schlagen kompromisshalber vor, den neuen Betreuer für den Zwischenzeitraum schon zu vergüten.
90   Zimmermann FamRZ 2006, 1802, 1803 hält die Dauer der Unterbrechung insgesamt für irrelevant
91   OLG Frankfurt/Main BtPrax 2008, 227 = FamRZ 2008, 1059

7.5.4 Pauschalierung bei Erweiterung oder Verkleinerung des Aufgabenkreises

1073   Es erfolgt keine Differenzierung der Pauschale nach der Anzahl oder der Art der übertragenen Aufgaben, die Vergütung ist immer gleich hoch. Eine Veränderung des übertragenen Aufgabenkreises ist deshalb für den Stundenansatz, also die Anzahl der Stunden, die in Rechnung gestellt werden können, an sich ohne Bedeutung. Entfallen Aufgaben des Betreuers, wird deshalb nicht etwa in Zukunft nur noch ein verringerter Stundenansatz zugestanden. Werden weitere Aufgaben übertragen, kann deshalb nicht etwa ein höherer Stundenansatz beansprucht werden. Dies gilt auch, wenn eine „Kontrollbetreuung" nachträglich zu einer bereits bestehenden Betreuung angeordnet wird, dass es sich bei Ersterer nur um den Aufgabenkreis „Geltendmachung von Ansprüchen gegen den Bevollmächtigten", § 1896 Abs. 3 BGB, handelt.[92] Dies hat sich auch durch das Vergütungsreformgesetz 2019 nicht geändert.

1074   Vereinzelt wird unseres Erachtens zutreffend aber darauf hingewiesen, dass nach der Erweiterung des Aufgabenkreises – wie auch im Falle einer Erstbestellung – im Regelfall zunächst ein **erhöhter Handlungsbedarf** besteht und die Betreuung deshalb in diesen Fällen ebenfalls so bewertet werden muss, als ob der Betreuer insgesamt erstmals bestellt worden sei.[93] In der Rechtsprechung scheint diese Situation explizit nicht entschieden zu sein. Da aber im Fall eines Betreuerwechsels auch dann nicht wieder von einer neuen Betreuung ausgegangen wird, wenn mit dem Wechsel auch eine Erweiterung des Aufgabenkreises einhergeht (siehe dazu auch Rn. 1040 ff.),[94] dürfte das im Fall der Erweiterung bei gleichbleibender Person des Betreuers kaum anders entschieden werden.

7.5.5 Pauschalvergütung bei Änderung des Aufenthaltsstatus des Betreuten

1075   Ändern sich Umstände, die sich auf die Betreuervergütung auswirken, vor Ablauf eines Betreuungsmonats, sind die Vergütungsbeträge gem. § 5 Abs. 4 VBVG nach Tagen aufzuteilen und das Ergebnis war bis zum Inkrafttreten des Vergütungsreformgesetzes 2019 auf Zehntelstunden aufzurunden. Der Tag, an dem das Ereignis liegt, das die Änderung verursacht, wird in den ersten der beiden Zeiträume eingerechnet. Aufgrund des in § 5 Abs. 4 VBVG enthaltenen Verweises auf eine entsprechende Anwendung der §§ 187 Abs. 1, 188 Abs. 1 BGB wirken sich Veränderungen immer erst ab dem Folgetag auf die Vergütung aus. Ein solches Ereignis kann auch der Wechsel im Aufenthaltsstatus des Betreuten (Heimbewohner/Nicht-Heimbewohner) sein. Mit dem Inkrafttreten des Vergütungsreformgesetzes 2019 (gem. § 12 VBVG für Betreuungsmonate, die nach dem 26.7.2019 beginnen) gilt dies mit folgender Modifikation: Die monatliche Fallpauschale (Tabelle A, B oder C) ist weiterhin nach Tagen zu teilen, die Aufrundung nach Zehntelstunden entfällt. Durch die Einbeziehung des § 191 BGB in die Aufteilungsregelung ist mit der Neuregelung jeder Monat mit 30 Tagen zu berechnen[95]. Die zeitanteilige Berechnung nach Tagen vereinfacht sich so in erheblicher Weise, da bisher immer auf die konkrete Zahl der Tage eines Monats abzustellen war und so zwischen Monaten mit 28, 29, 30 und 31 Tagen differenziert werden musste. Die Neuregelung findet sich in § 5 Abs. 2 VBVG.

▶ *Zur Abgrenzung der Aufenthaltsformen siehe unten Rn. 1088 ff.*

1076   Bei den unterschiedlichen Aufenthaltsformen sind verschiedene Stundenansätze nach § 5 Abs. 1 und 2 VBVG (bzw. verschiedene Tabellenwerte nach der Vergütungsreform 2019) in Rechnung zu stellen. Diese tagesgenaue Abgrenzung zweier verschiedener Stundenansätze sieht in der Praxis wie folgt aus[96]:

---

92   LG Koblenz, 2 T 229/11, BtPrax 2011, 182 (Ls)
93   Knittel § 5 VBVG Rn. 10
94   BGH BtPrax 2012, 162 = FamRZ 2012, 211
95   Bt-Drs.19/8694, S. 28; Fröschle FamRZ 2019, 678/681
96   Fröschle, a.a.O., Rn. 354

Beispiel

 X wird mit Wirkung vom 3. August 2017 zum Betreuer des mittellosen, in der eigenen Wohnung lebenden Y bestellt. Y zieht am 1. Oktober 2018 endgültig in ein Pflegeheim um. X verfügt über akademische Kenntnisse und ist in der 3. Vergütungsstufe angesiedelt.

Das erste Abrechnungsquartal vom 4. August bis 3. November 2018 ist zweigeteilt. Hierbei ergeben sich zwei vollständige Monate, die nach den normalen Regeln abgerechnet werden können.

Für die Zeit vom 4. August bis 3. September erhält X 7 Std. × 44,00 € = 308,00 €.

Für die Zeit vom 4. Oktober bis 3. November erhält er 4,5 Std. × 44,00 € = 198,00 €.

Für die Zeit vom 4. September bis 1. Oktober sind 28/30 × 7 Std. = 6,5333 Std., also rund 6,6 Std. anzusetzen. Für die Zeit vom 2. bis 3. Oktober sind 2/30 × 4,5 Std. = 0,3 Std. anzusetzen. Daher erhält X für den mittleren Monat: 6,9 Std. × 44,00 € = 303,60 €.

Bei den Tabellenwerten (Anlage zum VBVG) nach der Neuregelung 2019 ist in gleicher Weise vorzugehen.

7.5.6 Pauschalvergütung bei geänderter Betreuerqualifikation

Die oben genannte tagegenaue Aufteilung bei einem Vergütungsantrag ist auch dann gegeben, wenn ein Berufsbetreuer in eine andere Vergütungsstufe nach § 4 Abs. 1 VBVG (ab Inkrafttreten der Vergütungsreform 2019 – also ab dem 27.7.2019: in eine andere Tabelle nach § 4 Abs. 2, 3 VBVG) einzustufen ist. **1078**

Dies wäre zum einen der Fall, wenn ein Betreuer während des Laufes einer Betreuung eine **Abschlussprüfung** in einem **Ausbildungsberuf**, der betreuungsrechtliche Fachkenntnisse vermittelt, besteht. Dies ist regelmäßig mit dem Bestehen der jeweiligen mündlichen Abschlussprüfung der Fall (§ 34 BBiG), die vor einem von der jeweils zuständigen Stelle (vgl. §§ 73 ff. BBiG) errichteten Prüfungsausschuss abgelegt werden muss.[97] **1079**

Zum Weiteren kann der Betreuer ein **Studium** erfolgreich abschließen, das betreuungsrechtliche **Fachkenntnisse** vermittelt. Hier ist je nach Studiengang mit unterschiedlichen Verfahrensweisen zu rechnen. Im Zweifel ist die Aushändigung der Diplomurkunde (oder des anderen akademischen Abschlusszeugnisses) das maßgebliche Datum. Eine eventuell folgende Referendarzeit ist nicht mehr Bestandteil der Hochschulausbildung, sondern Vorbereitungszeit für die Einstellung in den öffentlichen Dienst und deshalb nicht mehr Voraussetzung für die Festsetzung des Stundensatzes.[98] **1080**

▶ *Zu Einzelheiten der geeigneten Berufs- und Studienabschlüsse vgl. Kapitel 6, Rn. 527 ff.*

Letztlich kann auch das Bestehen einer Nachqualifizierungsprüfung nach § 11 VBVG in Verbindung mit jeweiligem Landesrecht zu einer geänderten Vergütungseinstufung führen. Zum Zeitpunkt der Drucklegung des Buches existieren allerdings aufgrund des Auslaufens entsprechender landesrechtlicher Bestimmungen keine nach Landesrecht anerkannten Nachqualifizierungsmaßnahmen mehr. An einzelnen Orten laufende Bachelor-Studiengänge zum Betreuer stellen keine Nachqualifizierung dar, sondern sind, soweit vom jeweiligen Bundesland anerkannt, Studienabschlüsse, die betreuungsrechtliche Fachkenntnisse vermitteln. **1081**

▶ *Zu Einzelheiten der Nachqualifizierung vgl. Kapitel 6, Rn. 710 ff.*

---

97 OLG Zweibrücken Rpfleger 2000, 64; BayObLG FamRZ 2000, 554; ähnlich OLG Zweibrücken FamRZ 2000, 1303; Schmidt, BtPrax 2000, 63
98 OLG Düsseldorf BtPrax 2000, 224 = FamRZ 2000, 1308; LG Saarbrücken v. 11.6.2002, 5 T 239/02, BtPrax 2002, 268

7.5.7 Pauschalvergütung bei Altfällen

1082   Die Pauschalvergütung gilt auch für „Altfälle", also bereits vor dem 1.7.2005 beruflich geführte Betreuungen. Die Ansprüche für Tätigkeiten bis einschließlich 30.6.2005 waren nach altem Recht abzuwickeln, so die Übergangsvorschrift Art. 229, § 14 EGBGB. Die Abwicklungsfristen sind zum Zeitpunkt der Drucklegung verstrichen, sodass hierauf nicht näher eingegangen wird.

1083   Zur vergütungsrechtlichen Abwicklung von „Altfällen" nach dem 1.7.2005 gab es zwei verschiedene Auffassungen: Nach der einen Auffassung[99] sollte bei derartigen Altfällen eine einmalige **„Rumpfberechnung"** stattfinden; im besagten Beispiel wäre dies der Zeitraum vom 1.7.2005 bis 20.8.2005, der zweckmäßigerweise gemeinsam mit dem folgenden vollständigen Betreuungsquartal (21.8. bis 20.11.2005) abgerechnet wird.

1084   Vorteil dieser Regelung ist, dass die verschiedenen Stundenansätze innerhalb des 1. Betreuungsjahres nur einmal tageweise umzurechnen sind. Dieser Auffassung hat sich auch der BGH angeschlossen.[100]

1085   Nach anderer Auffassung[101] müssten alle Altfälle dauerhaft **kalenderquartalsweise** vom 1.7.2005[102] an beginnend abgerechnet werden. Hierbei ergäbe sich bei jeder Vergütungsabrechnung innerhalb des 1. Betreuungsjahres ein Auseinanderfallen von Betreuungsquartalen (i.S.d. § 5 Abs. 1 und 2 VBVG) und Abrechnungsquartalen (§ 9 VBVG).

1086   Das Problem des Auseinanderfallens von Betreuungs- und Abrechnungsmonaten war hier allerdings auch nur ein vorübergehendes, das spätestens am 1. Juli 2006 erledigt war, weil dann alle Altfälle mindestens im 2. Jahr laufen, sodass deswegen keine taggenauen Abgrenzungen mehr erforderlich sind. Gegen diese Verfahrensweise sprechen u.U. arbeitsökonomische Gesichtspunkte, da dies dauerhaft bei den Gerichten den gleichzeitigen Antragseingang vieler Vergütungsanträge bedeutet und demnach die zeitnahe Bearbeitung beeinträchtigt wäre. Dies wäre wiederum in solchen Fällen, in denen die Mittellosigkeit (vgl. zur Mittellosigkeit Kapitel 8) einzutreten droht, nachteilig für die Staatskasse.

1087   Mit dem Inkrafttreten des Vergütungsreformgesetzes 2019 am 27.7.2019 stellt sich die Frage auch wieder. Der Gesetzgeber hat dazu in § 12 VBVG eine Übergangsregelung erstellt. Danach sind Betreuungsmonate, die bis zum Tag des Inkrafttretens der Neuregelung, also spätestens am 26.7.2019 beginnen, noch nach altem Recht abzurechnen. Demgegenüber sind Betreuungsmonate, die ab dem 27.7.2019 beginnen, nach neuem Recht zu berechnen. Da weiterhin nur Betreuungsquartale (§ 9 VBVG) gemeinsam abgerechnet werden können, kann also die Kombination zwei Monate altes Recht/ein Monat neues Recht – und umgekehrt – vorkommen.

7.6 Aufenthaltsstatus des Betreuten

7.6.1 Allgemeines

1088   Bei der pauschalierten Betreuervergütung liegt einer der Grundgedanken der Gesetzesmacher darin, dass das Leben des betreuten Menschen außerhalb einer geschützten Einrichtung im Durchschnitt eine größere Arbeitsbelastung für den Betreuer bedeutet als ein Leben innerhalb einer Einrichtung.

1089   Gänzlich praxisfremd dürfte dieser Gedanke nicht sein. Bei der rechtlichen Betreuung geht es zwar, so sagt es § 1901 Abs. 1 seit dem Inkrafttreten des 1. BtÄndG am 1.1.1999, um

---

99   Deinert BtPrax 2005 spezial; Deinert Rpfleger 2005, 304; LG Duisburg BtPrax 2006, 115; LG Köln BtPrax 2006, 77; LG Frankfurt/Main BtPrax 2006, 78; LG Dresden FamRZ 2006, 1229; LG Nürnberg-Fürth FamRZ 2007, 855
100   BGH FamRZ 2008, 1611 (mit Anm. Zimmermann S. 1613 – kritisch) = BtPrax 2008, 207
101   Fröschle, a.a.O., Rn. 343 ff.; OLG München BtPrax 2006, 184 = FamRZ 2006, 1789; LG München I FamRZ 2006, 1484
102   Dem Inkrafttreten des 2. BtÄndG am 1.7.2005

„Tätigkeiten, die erforderlich sind, um die Angelegenheiten des Betreuten […] rechtlich zu besorgen." D.h., der Betreuer schuldet keine tatsächlichen Hilfeleistungen, er muss diese aber ggf. organisieren und sich um deren Finanzierung (etwa durch die Beantragung von Sozialleistungen) kümmern.

Tatsächlich ergab aber die Rechtspraxis seit Beginn der bezahlten Betreuertätigkeit, dass sich rechtliche Vertretung und praktische Hilfen nie ganz klar trennen ließen und eine solche Trennung z.T. unpraktikabel, zeitaufwendiger und den betreuten Menschen kaum vermittelbar gewesen wäre. Bei der Begleitung zu Arztbesuchen, beim Einkaufen für den Betreuten, bei Alltagshilfen im Haushalt, beim Ausfüllen von Formularen oder dem Vorlesen oder Erklären von Medikamentenbeipackzetteln sind sowohl rechtliche Vertretungsaspekte als auch tatsächliche Hilfen betroffen.

1090

▶ *Zur Rechtsprechung im Hinblick auf abrechnungsfähige Tätigkeiten nach dem vor der Pauschalierung geltenden Recht vgl. Kapitel 6, Rn. 757 ff.*

In Einrichtungen aller Art werden oft Alltagshilfen außerhalb der rechtlichen Betreuung angeboten, die tendenziell geeignet sind, den rechtlichen Betreuer bei seinen Pflichten bis zu einem bestimmten Grad zu entlasten. Allerdings war in den vergangenen Jahren oft eine gegenläufige Tendenz zu beobachten, nämlich diejenige, dass Einrichtungen einzelne Tätigkeiten nicht mehr selbst erbrachten, sondern z.B. Antragstellungen für Sozialleistungen usw. auf den gerichtlich bestellten Betreuer übertrugen, wobei wohl Aspekte der eigenen Arbeitsersparnis mit teilweiser Unsicherheit über den Aufgabenumfang des rechtlichen Betreuers zusammenkamen. Der BGH hat 2010 versucht, Klarheit dazu herzustellen, indem er tatsächliche Hilfen (hier Verwaltung des Barbetrags nach § 27b Abs. 2 SGB XII) als nicht von der Betreuung umfasst bezeichnet hat[103].

1091

Außerdem wird dabei ausgeblendet, dass Betreuer bei Heimbewohnern eben auch oft mit dem Phänomen schlechter Pflege und Betreuung konfrontiert und bei verantwortungsvoller Einstellung gehalten sind, gegen solche Einrichtungen vorzugehen, wobei die Möglichkeiten von der Einschaltung der Heimaufsicht und des MDK über die Verlegung in ein anderes Heim bis hin zu zivilrechtlichen Schadensersatzansprüchen und Strafanzeigen wegen Körperverletzung und unterlassener Hilfeleistung gehen.

1092

7.6.2 Unterschiedliche Stundenansätze bis 2019

Die abrechnungsfähigen Stunden, je nachdem, ob der Betreute seinen gewöhnlichen Aufenthalt innerhalb oder außerhalb eines Heimes i.S.d. § 5 Abs. 3 VBVG hat, können den nachstehenden Tabellen entnommen werden. Diese Tabelle gilt für die bisherige Abrechnung vor Inkrafttreten des Vergütungsreformgesetzes 2019, also bis zum 26.7.2019. Zu den Unterschieden nach der neuen Rechtslage ab dem 27.7.2019 siehe unter Rn. 1099 ff.

1093

• **bei vermögenden Betreuten (Selbstzahler i.S.d. §§ 1836c, 1836d)**

1094

Zeitraum seit Betreuungsbeginn	Betreuter lebt im Heim	Betreuter lebt außerhalb eines Heimes
1. bis 3. Monat	5,5 Stunden im Monat	8,5 Stunden im Monat
4. bis 6. Monat	4,5 Stunden im Monat	7 Stunden im Monat
7. bis 12. Monat	4 Stunden im Monat	6 Stunden im Monat
ab 2. Jahr	2,5 Stunden im Monat	4,5 Stunden im Monat

---

103 BGH, Urteil vom 2.12.2010 – III ZR 19/10, MDR 2011, 103 = FamRZ 2011, 293

1095 • **bei mittellosen Betreuten (Zahlung durch die Staatskasse, § 1 Abs. 2 Satz 2 VBVG)**

Zeitraum seit Betreuungsbeginn	Betreuter lebt im Heim	Betreuter lebt außerhalb eines Heimes
1. bis 3. Monat	4,5 Stunden im Monat	7 Stunden im Monat
4. bis 6. Monat	3,5 Stunden im Monat	5,5 Stunden im Monat
7. bis 12. Monat	3 Stunden im Monat	5 Stunden im Monat
ab 2. Jahr	2 Stunden im Monat	3,5 Stunden im Monat

1096 Die Tabelle für die mittellosen Betreuten entsprach dabei dem Vorschlag der Bund-Länder-Arbeitsgruppe im erwähnten Abschlussbericht;[104] die Tabelle der vermögenden Betreuten wurde im Rechtsausschuss des Bundestags entwickelt,[105] nachdem der Diskussionsvorschlag, es bei den vermögenden Betreuten bei einer Abrechnung nach konkretem Zeitaufwand zu belassen, keine Mehrheit gefunden hatte.

1097 Bei beiden Zahlungspflichtigen zeigen sich zwischen den beiden Aufenthaltsformen des Betreuten ganz erhebliche Unterschiede in der Höhe des Stundenansatzes. Diese liegen zu Beginn der Betreuung bei Nicht-Heimbewohnern rund 55 % über denen der Heimbewohner und steigen im 2. Betreuungsrecht auf bis zu 80 % an.

1098 Nicht völlig klar ist weiterhin, wie der Betreuer zu vergüten ist, dessen Betreuter sich **an einem unbekannten Ort** aufhält. Dauert dieser Zustand länger an, wird es Anlass sein, die Betreuung aufzuheben und ggf. Abwesenheitspflegschaft (§ 1911 BGB) anzuordnen, bei der keine Pauschalvergütung, sondern Vergütung nach Zeitaufwand zu leisten ist. Bis dahin wird man von einer **tatsächlichen Vermutung** dafür ausgehen können, dass der Betreute sich *nicht* in einem Heim aufhält, andernfalls er gefunden werden könnte, mit der Konsequenz, dass die Vergütungspauschale für einen Nichtheimbewohner zu zahlen ist.[106]

7.6.3 Unterschiedliche Tabellenwerte ab 2019

1099 Mit der Neuregelung im Rahmen des Vergütungsreformgesetzes 2019 finden sich auch weiterhin erkennbare Unterschiede zwischen Personen innerhalb und außerhalb einer Betreuungseinrichtung. So sind die zweistelligen Tabellennummern, die auf .1 enden, diejenigen für Personen, die in einer Betreuungseinrichtung leben und diejenigen, die auf .2 enden, diejenigen für Personen außerhalb einer solchen. Am Beispiel mittelloser Personen in der Tabelle C (Vergütungsstufe 3) zeigt sich dabei, dass die Unterschiede des bisherigen Rechtes (ca. 35 % Unterschied) sich im Zeitablauf der Betreuung deutlich verändern.

1100 So beträgt die monatliche Vergütungspauschale in den ersten drei Monaten einer Betreuung in Tabelle C bei Bewohnern einer Betreuungseinrichtung 317,00 €, bei Nichtbewohnern 339,00 €. Der Unterschied macht also ca. 6,5 % aus. Im 2. Betreuungsjahr liegt die Spanne zwischen 141,00 € und 198,00 €, Unterschied somit ca. 29 %, im 3. und den Folgejahren liegt die Spanne zwischen 102,00 € und 171,00 €, Unterschied somit ca. 40 %. Der Gesetzgeber des Vergütungsreformgesetzes 2019 geht also davon aus, dass bei der Betreuung eines Heimbewohners zu Beginn der Betreuung der Zeitaufwand ähnlich wie beim Nichtheimbewohner liegt und sich die Unterschiede beim Arbeitsaufwand bei längerer Aufenthaltsdauer in einer Einrichtung vergrößern. Diesen Unterschiede liegen im Wesentlichen die Befragungen von Berufsbetreuern durch das ISG im Rahmen der Qualitätsstudie zu Grunde.

---

104 Abschlussbericht a.a.O., S. 126; BT-Drs. 15/2494, S. 32
105 BT-Drs. 15/4874, S. 36 ff.
106 Fröschle BtPrax 2006, 219/223

7.7 Begriff der Einrichtung oder des Heims (bis 2019)

Der Abschlussbericht 2003 erwähnte bei der Unterscheidung des Aufenthaltes des Betreuten durchgängig den Ausdruck „Einrichtung", ebenso die Begründung des Gesetzentwurfs. Im Gesetzestext selbst ist von Heim die Rede, wobei § 5 Abs. 3 Satz 1 VBVG eine Legaldefinition dieses Heimbegriffes enthält: „Heime im Sinne dieser Vorschrift sind Einrichtungen, die dem Zweck dienen, Volljährige aufzunehmen, ihnen Wohnraum zu überlassen sowie tatsächliche Betreuung und Verpflegung zur Verfügung zu stellen oder vorzuhalten, und die in ihrem Bestand von Wechsel und Zahl der Bewohner unabhängig sind und entgeltlich betrieben werden."

1101

▶ *Zur Heimdefinition durch das Vergütungsreformgesetz 2019 siehe unten Rn. 1105 ff.*

7.7.1 Erweiterung der Personenkreise

Von der Definition in § 1 Abs. 1 HeimG unterschied sich die obige Formulierung dadurch, dass im Heimgesetz von „älteren Menschen oder pflegebedürftigen oder behinderten Volljährigen" die Rede ist. Da § 5 Abs. 3 VBVG diese Einschränkung nicht hatte, waren im Rahmen der Betreuervergütung ab 1.7.2005 von der Heimdefinition auch Einrichtungen, die für andere Personengruppen errichtet wurden, erfasst[107], z.B. Heime für psychisch Kranke, Suchtkranke, Nichtsesshafte, Blinde. Es war somit von einem eigenen **vergütungsrechtlichen Heimbegriff** auszugehen.[108]

1102

Nicht vom Heimbegriff des § 5 Abs. 3 VBVG erfasst waren allerdings Heime für Minderjährige (§ 34 SGB VIII), auch wenn ausnahmsweise ein volljährig gewordener unter Betreuung Stehender noch dort (im Rahmen des § 41 SGB VIII) verweilt.

1103

7.7.2 Kurzzeitheime, Hospize, Tages- und Nachtpflege

In § 1 Abs. 3 und 5 HeimG wurden Kurzzeitheime, Hospize[109] sowie Einrichtungen der Tages- und Nachtpflege[110] von einigen Regelungen des Heimgesetzes ausgenommen, generell jedoch gilt das Heimgesetz. Auch im Vergütungsrecht kommen derartige Einrichtungen als Heime infrage. Hier und bei den im Weiteren genannten Einrichtungen kam es im Einzelfall besonders auf die Frage des gewöhnlichen Aufenthaltes an.

1104

7.7.3 Neue Heimdefinition im Vergütungsreformgesetz 2019

Im Rahmen der Vergütungsreform hatte der Gesetzgeber auch eine Neudefinition des Heimes vorzunehmen. Zum einen ist das Heimgesetz inzwischen in allen Bundesländern (im Rahmen der Förderalismusreform) durch eigene Landesbestimmungen über betreute Wohnformen ersetzt worden. Zum anderen verzichtet das Sozialrecht (Bundesteilhabegesetz) auf die bisherige strenge Trennung aus ambulanten und stationären Hilfen.

1105

Der Gesetzgeber des Vergütungsreformgesetzes 2019 hat in § 5 Abs. 3 VBVG den Unterschied im Aufenthaltsstatus der betreuten Menschen wie folgt definiert: stationäre Einrichtungen und diesen gleichgestellte ambulant betreute Wohnformen einerseits und andere Wohnformen andererseits.

1106

Stationäre Einrichtungen sind hiernach Einrichtungen, die dem Zweck dienen, Volljährige aufzunehmen, ihnen Wohnraum zu überlassen sowie tatsächliche Betreuung oder Pflege zur Verfügung zu stellen oder vorzuhalten, und die in ihrem Bestand von Wechsel und der Zahl der Bewohner unabhängig sind und entgeltlich betrieben werden. Darunter fallen ab

1107

---

107 BT-Drs. 15/2494, S. 32
108 So auch Fröschle, Betreuungsrecht 2005, Rn. 288, 289
109 § 39a SGB V
110 § 41 SGB XI

2020 auch die Wohnformen nach § 42a Absatz 2 Satz 1 Nummer 2 SGB XII, die an die Stelle der bis 2019 bestehenden stationären Einrichtungen in der Eingliederungshilfe treten. Soweit in den folgenden Ausführungen noch der Heimbegriff verwendet wird, dürfte der neue Begriff der „stationären Einrichtung" genauso zutreffen.

1108   **Gleichgestellte ambulant betreute Wohnformen** sind entgeltliche Angebote, die dem Zweck dienen, Volljährigen das Leben in einem gemeinsamen Haushalt oder einer Wohnung bei gleichzeitiger Inanspruchnahme extern angebotener entgeltlicher Leistungen tatsächlicher Betreuung oder Pflege zu ermöglichen.

1109   Eine Ausweitung der niedriger bezahlten betreuten Wohnformen sei mit dieser Neuregelung nicht beabsichtigt worden. Die Begründung besagt dazu im Wortlaut: „In den an die Stelle des Heimgesetzes getretenen Ländergesetzen wird überwiegend nicht mehr, wie noch im Heimgesetz, auf ein Angebot von Verpflegung abgestellt, sondern allgemein auf das Angebot von Pflege- oder Betreuungsleistungen. Es ist sachgerecht, auch im Betreuervergütungsrecht auf diese Weise der Ausdifferenzierung der Betreuungsangebote seit Inkrafttreten des Heimgesetzes 1976 Rechnung zu tragen. Denn der Aufwand für die rechtliche Betreuung wird nicht maßgebend dadurch bestimmt, ob vorgefertigte Verpflegung angeboten wird oder nicht. Insbesondere berücksichtigt dies Angebote aus der Behindertenhilfe nicht, bei denen die Bewohner im Sinne einer selbstbestimmten Lebensführung an eine Selbstversorgung herangeführt werden sollen, dies aber unter umfassender Hilfestellung und Beaufsichtigung erfolgt.

1110   Auch die Überlegung, bestimmte Formen des ambulant betreuten Wohnens den stationären Einrichtungen gleichzustellen, ist daran auszurichten, ob die angebotenen Pflege- oder Betreuungsleistungen durch einen professionellen Organisationsapparat getragen sind und eine Verantwortungsgarantie – wie in einer stationären Einrichtung – des Trägers begründen. Dies setzt voraus, dass von den Bewohnern keine Auswahlentscheidungen darüber zu treffen sind, von welchem Anbieter die externen Pflege- oder Betreuungsleistungen in Anspruch genommen werden, und zudem gewährleistet ist, dass der Leistungsanbieter Änderungen im Versorgungsbedarf der Bewohner erkennt und abdeckt. Daher werden nur solche ambulant betreuten Wohnformen stationären Einrichtungen gleichgestellt, in denen der Anbieter der Pflege- oder Betreuungsleistungen nicht frei wählbar ist und in denen eine Rundum-die-Uhr-Versorgung durch professionelle Pflegekräfte oder – in der Behindertenhilfe – durch professionelle Betreuungskräfte vorgehalten wird. Auf die tatsächliche Inanspruchnahme der Leistungen durch den Betroffenen kommt es nicht an."[111]

▶ *Einzelheiten zum gewöhnlichen Aufenthalt finden Sie unter Rn. 1152 ff.*

7.7.3 Krankenhäuser, Internate und Rehaeinrichtungen

1111   In § 1 Abs. 6 HeimG sind Krankenhäuser[112] sowie Internate der Berufsbildungs- und Berufsförderungswerke generell von der Geltung ausgeschlossen. Von Einrichtungen zur Rehabilitation fallen nur die Teile unter die Regelungen des Heimgesetzes, die die Voraussetzungen des § 1 Abs. 1 HeimG erfüllen. Teile von Nervenkliniken (z.B. in Landes- oder Bezirkskrankenhäusern), in denen Langzeitpatienten untergebracht sind, fallen unter § 1 Heimgesetz.[113]

1112   Auch hier gilt nach bisherigem Recht, dass diese Einrichtungen wegen des fehlenden Verweises in § 5 VBVG auf § 1 Abs. 6 HeimG unter den Heimbegriff des Vergütungsrechtes fallen können. Allerdings wird es meist am Merkmal des gewöhnlichen Aufenthaltes mangeln (s.u. Rn. 1152 ff.). Das wird sich unserer Einschätzung nach auch nach dem Vergütungsreformgesetz 2019 nicht ändern.

---

111   Bt-Drs. 19/8694, S. 28
112   I.S.d. § 2 Nr. 1 des Krankenhausfinanzierungsgesetzes
113   OVG Niedersachsen, 7 M 3591/95, Altenheim 10/1997, 46

Die Einrichtung muss entgeltlich betrieben werden. Dies ist dann unproblematisch, wenn vertraglich ein Entgelt vereinbart wurde. Es dürfte jedoch auch genügen, dass der Bewohner kraft Gesetzes ein Entgelt schuldet, wie z.B. ein Strafgefangener der Justizvollzugsanstalt (vgl. § 50 StVollzG) oder wenn ein Dritter sich zur Zahlung des Entgelts verpflichtet.[114] Gewinnerzielungsabsicht wird dabei nicht vorausgesetzt. **1113**

Nicht einmal kostendeckend muss das Entgelt zu sein. Ob es vom Betreuten erlangt werden kann, ist ebenfalls nicht wichtig, so lange nur **dem Grundsatz nach** ein Entgelt geschuldet wird. **Justizvollzugsanstalten** sind daher schon mit Blick auf § 50 StVollzG Heime[115] i.S.d. § 5 Abs. 3 VBVG. Dasselbe gilt für Einrichtungen des Straf- und Maßregelvollzugs, **also forensische Kliniken**[116], auch wenn der dort Untergebrachte den Pflegesatz nicht schuldet.[117] **1114**

Fazit: Einrichtungen, die Heime i.S.d. § 1 Abs. 1 HeimG sind, sind somit auch Heime (stationäre Einrichtungen) i.S.d. § 5 Abs. 3 VBVG. Das VBVG geht bei der Bestimmung der Einrichtungen jedoch über § 1 Abs. 1 HeimG hinaus. Auch andere Einrichtungen, die dem Bewohner/Patienten tatsächlich Pflege und Versorgung/Verpflegung zukommen lassen, sind Heime i.S.d. § 5 Abs. 3 VBVG. Dies sind auch Krankenhäuser oder Justizvollzugsanstalten. Fraglich kann im Einzelfall jedoch sein, ob in diesen Einrichtungen ein gewöhnlicher Aufenthalt gegeben ist. **1115**

7.7.4 Abgrenzung von Heimen und anderen betreuten Wohnformen

Davon abgesehen ist jedoch § 5 Abs. 3 VBVG bislang an § 1 Abs. 1 HeimG orientiert gewesen, worauf auch die Gesetzesbegründung zum 2. BtÄndG ausdrücklich hinweist.[118] Daher sind die zu § 1 HeimG entwickelten Grundsätze und die Rechtsprechung hierzu grundsätzlich anwendbar, wenn man die o.g. Besonderheiten berücksichtigt. **1116**

Dies betrifft insbesondere den Streitfall der Abgrenzung des „betreuten Wohnens", der in § 1 Abs. 2 HeimG erwähnt wird. Diese Bestimmung, die in der Praxis des Heimgesetzes zu großen Abgrenzungsproblemen geführt hat, war nach dem bisherigen § 5 Abs. 3 Satz 2 VBVG ausdrücklich anwendbar. Sie hatte den Wortlaut:

> (2) Die Tatsache, dass ein Vermieter von Wohnraum durch Verträge mit Dritten oder auf andere Weise sicherstellt, dass den Mietern Betreuung und Verpflegung angeboten werden, begründet allein nicht die Anwendung dieses Gesetzes. Dies gilt auch dann, wenn die Mieter vertraglich verpflichtet sind, allgemeine Betreuungsleistungen wie Notrufdienste oder Vermittlung von Dienst- und Pflegeleistungen von bestimmten Anbietern anzunehmen und das Entgelt hierfür im Verhältnis zur Miete von untergeordneter Bedeutung ist. Dieses Gesetz ist anzuwenden, wenn die Mieter vertraglich verpflichtet sind, Verpflegung und weitergehende Betreuungsleistungen von bestimmten Anbietern anzunehmen.

„Betreutes Wohnen" ist kein klar definierter Begriff. Ob es sich bei einer so bezeichneten Wohnform um ein Heim i.S.d. § 5 Abs. 1 bis 3 VBVG handelt, hängt vom Einzelfall ab. Dies bleibt nach unserer Einschätzung auch nach der Neuregelung 2019 so. **1117**

Diese Wohnform kann nach der Rechtsprechung unter Umständen als Aufenthalt in einem Heim angesehen werden. So argumentierte das LG Kassel in einem Fall, dass die Einrichtung, in der ein Betroffener lebte, über allgemeine Betreuungsdienste hinaus Hilfen im persönlichen Bereich, z.B. bei der Bewältigung von Krisen, der Strukturierung des Tagesablaufs und **1118**

---

114 Fröschle a.a.O. Rn. 294
115 OLG München BtPrax 2006, 183 = FamRZ 2006, 1562; OLG Hamm FGPrax 2007, 80 = FamRZ 2007, 501; erneut OLG München BtPrax 2007, 29 = FamRZ 2007, 853
116 Siehe Strafvollzugsgesetz, §§ 17 ff., 50, 56 ff., 71 und entsprechende Regelungen der Maßregelvollzugsbestimmungen der Bundesländer, z.B. §§ 2, 12, 16, 17, 30 MVollzG NW
117 OLG München FamRZ 2007, 83 = BtPrax 2006, 182; OLG Köln BtPrax 2006, 237 (Ls); OLG Rostock FamRZ 2007
118 BT-Drs. 15/2494, S. 32

im lebenspraktischen Bereich, anbiete. Sie leiste Unterstützung der Wohngemeinschaft in organisatorischen Fragen.

1119 Die Einrichtung verfüge über **Gemeinschaftsräume**, sei also wie ein Heim eingerichtet. Der Betroffene sei verpflichtet, an Haus-Bewohnerversammlungen teilzunehmen und gemeinschaftliche Aufgaben (z.B. Putzen der Gemeinschaftseinrichtung) zu erfüllen, wobei die Betreuer der Einrichtung Anleitung gäben.

1120 Die tägliche Haushaltsführung zeige zwar eine gewisse Selbstständigkeit der Bewohner insoweit, als sie einzeln oder in Kleingruppen am Wochenende in der Gemeinschaftsküche das warme Essen zubereiten und, nach Einzahlung eines festen Betrages in die Essensgeldkasse, selbst Lebensmittel einkaufen. Sie führten mithin einen eigenen, gemeinschaftlichen Haushalt. Von maßgeblicher Bedeutung sei aber, dass der Betroffene sich dieser **gemeinschaftlichen Haushaltsführung** nicht entziehen könne.

1121 Darüber hinaus bestehe eine Unterstützung und Kontrolle durch die Betreuer der Einrichtung. Die Einrichtung biete ferner, und diesem Umstand messe die Kammer besondere Bedeutung bei, verpflichtende Therapieangebote tagesstrukturierender Art an. Diese beständen im Erscheinen zur und Durchführung von regelmäßiger Arbeit.[119]

1122 Betreutes Wohnen, um das es hier gehe, sei kein feststehender gesetzlicher Begriff. Damit werde allgemein eine bestimmte Wohnform für ältere, behinderte oder psychisch kranke Menschen verstanden, bei der im Interesse der Wahrung einer möglichst lang dauernden eigenständigen Lebensführung neben der bedarfsgerechten Wohnung die Sicherheit einer Grundversorgung gegeben sei und im Bedarfsfall weitere Dienste in Anspruch genommen werden können.

1123 Der Träger des Heims müsse neben der Unterkunft auch Betreuung und Verpflegung zur Verfügung stellen oder vorhalten. Der Begriff der Betreuung umfasse neben der Pflege alle Maßnahmen, mit denen der in seiner Leistungsfähigkeit eingeschränkten Person zur **Bewältigung des Alltags** allgemein unterstützend zur Seite gestanden und geholfen werde.[120] Die Betreuung müsse von einer gewissen Intensität sein, das heißt, einer „heimmäßigen" Betreuung entsprechen[121] bzw. eine „Rundumversorgung aus einer Hand" bieten. Auf die Einstufung einer Einrichtung insgesamt als Heim und ihre Unterstellung unter die Heimaufsicht komme es nicht an.[122]

1124 Zwingende Voraussetzung für die Einordnung als Heim ist es deshalb, dass auch Verpflegung (alle Hauptmahlzeiten betreffend) zur Verfügung gestellt oder vorgehalten wird. Nicht ausreichend ist es deshalb, wenn lediglich eine Kantine vorhanden ist, in der gegen Bezahlung ein Mittagessen eingenommen werden kann.[123]

1125 Der Heimbegriff kann ebenfalls nach der Ansicht einiger Gerichte erfüllt sein, wenn ein Aufenthalt in einer **Pflegefamilie** vorliegt. Im entschiedenen Falle lebte die Betroffene im Haushalt einer aus Mutter und Tochter bestehenden Pflegefamilie, mit der sie nicht verwandt ist, und in der ihr ein Zimmer, ausgestattet mit eigenen Möbeln, jedoch ohne Küche und sanitäre Anlagen überlassen ist. Neben ihr hatte die Berufsbetreuerin zwei weitere von ihr Betreute so in dieser Pflegefamilie untergebracht. Die Betreute erhielt nach den Angaben der Beschwerdeführerin **tatsächliche Betreuung,** z.B. Mithilfe bei der Reinigung ihres Zimmers, ihrer Wäsche, der täglichen Körperpflege, soweit sie dazu nicht in der Lage ist, sowie Verpflegung in Form von Frühstück, Mittagessen und Abendessen gegen ein pauschales – für alle Leistungen – Entgelt von derzeit 920,00 € pro Monat.[124]

---

119 LG Kassel BtPrax 2006, 116
120 BT- Drs. 14/5399, S. 18
121 LG Koblenz FamRZ 2006, 971; ähnlich AG Westerburg FamRZ 2007, 854
122 OLG München BtPrax 2006, 107 = FamRZ 2006, 1229
123 OLG Schleswig BtPrax 2006, 115 = FamRZ 2006, 1229
124 LG Aurich BtPrax 2006, 77 = FamRZ 2006, 1876, bestätigt durch OLG Oldenburg FamRZ 2006, 1710

Auf einen Vorlagebeschluss des *OLG Stuttgart*[125] hin hat der *BGH* dazu entschieden, dass der Aufenthalt eines mittellosen Betreuten in einer Pflegefamilie grundsätzlich nicht als Aufenthalt in einem Heim i.S.d. § 5 VBVG anzusehen ist. Eine Ausnahme könne allerdings dann ergeben, wenn der Aufenthalt in der Pflegefamilie von einem Heimträger organisiert wird, der diesen Aufenthalt ständig kontrolliert und begleitet und eine umfassende, den Betreuer dauerhaft entlastende Versorgungsgarantie übernommen hat.[126] Das OLG Brandenburg konkretisiert: Heime im Sinne des Vergütungsrechts sind „Einrichtungen, die dem Zweck dienen, Volljährige aufzunehmen, ihnen Wohnraum zu überlassen sowie tatsächliche Betreuung und Verpflegung zur Verfügung zu stellen oder vorzuhalten, und die in ihrem Bestand von Wechsel und Zahl der Bewohner unabhängig sind und entgeltlich betrieben werden". Die Regelung beruht auf dem 2. BtÄndG. Ziel dieses Gesetzes ist es unter anderem, mit der Einführung von pauschalierenden Stundenansätzen die Abrechnung der Betreuervergütung zu vereinfachen. Dieses Ziel würde nicht oder nur unzulänglich erreicht, wenn der Begriff des Aufenthalts in einem „Heim" auch solche Wohnformen umfasste, deren Subsumtion unter den Heimbegriff unter Umständen umfängliche Recherchen erfordern würde. Praktisch sinnvoll erscheint danach ein striktes, an griffige und leicht feststellbare Kriterien gebundenes Verständnis des vergütungsrechtlichen Heimbegriffs. Dem Gesetz liegt die Vorstellung zugrunde, dass sich der Aufwand der rechtlichen Betreuung erheblich danach unterscheidet, ob der Betreute zu Hause oder in einem Heim lebt.

1126

Der Aufenthalt in einem „Heim" dürfte allerdings die in anderen Wohnformen anfallenden Betreuungsaufgaben nur deshalb deutlich verringern, weil ein Heim herkömmlicherweise professionell – d.h. von einer geschulten Heimleitung und unter Heranziehung von ausgebildetem Pflegepersonal – geführt wird. Der mit einem solchen professionell geführten Heim einhergehende Organisationsapparat lässt jedenfalls mit zunehmender Dauer der Heimbetreuung eigene organisatorische Vorkehrungen des Betreuers mehr und mehr entbehrlich werden. Auch die Überwachung der täglichen Pflege kann der Betreuer unbeschadet gelegentlicher Kontrollen zumeist dem für diese Aufgabe verantwortlich zuständigen Leitungspersonal des Heims überlassen. Daraus lässt sich umgekehrt herleiten, dass Wohnformen für Betreute, die eine solche professionelle Führung durch ausgebildetes Leitungs- und geschultes Pflegepersonal nicht kennen, dem vergütungsrechtlichen Heimbegriff auch dann nicht unterfallen, wenn sie sich formal unter die in ihrem Wortlaut zu weit greifende Definition des § 5 III VBVG subsumieren lassen.[127]

1127

Außerdem wurde entschieden: Lebt ein Betreuter seit Jahren als **einzige Person** in einer Familienpflege und ist die Aufnahme weiterer Pfleglinge nicht beabsichtigt, kann davon ausgegangen werden, dass die persönlichen Beziehungen im Vordergrund stehen und somit der Bestand der Pflegefamilie nicht von Wechsel und Zahl der Bewohner unabhängig ist. Somit liegt die Voraussetzung der Heimeigenschaft nicht vor.[128] Kein Aufenthalt i.S. des § 5 Abs. 3 VBVG liegt bei einem im Rahmen des „begleiteten Wohnens seelisch behinderter Menschen in Familien" (vormals „Psychiatrische Familienpflege") untergebrachten Betreuten vor. Auch die Einbindung des Fachdienstes des LWV Hessen führt nicht zu einer Qualifizierung der Unterbringung des Betroffenen als Unterbringung in einem Heim.[129]

1128

In einer weiteren Entscheidung wurde festgestellt: Für die Frage, ob „Betreutes Wohnen in Familien" als Heimunterbringung anzusehen sei, ist **auf die konkrete Familie**, in der der Betreute wohnt, abzustellen; die vom Gesetzgeber gewählte Regelung verbiete es, wegen der fachkundigen Unterstützung der Betreuer durch einen Trägerverein und den dadurch bedingten geringeren Zeitaufwand auf das Betreuungs- und Wohnmodell insgesamt abzustel-

1129

---

125 OLG Stuttgart, Beschl. v. 25.10.2007, 8 W 131/07; FamRZ 2008, 444 = BtPrax 2008, 36
126 BGH BtPrax 2008, 118 = FamRZ 2008, 778; für eine Ausnahme, wenn die Pflegefamilie in die Gesamtorganisation eines Heimträgers integriert ist, auch schon OLG Stuttgart FamRZ 2008, 443; bestätigt für eine Wohngemeinschaft durch BGH BtPrax 2019, 73
127 OLG Brandenburg BtPrax 2009, 125
128 LG Heilbronn FamRZ 2007, 1915
129 LG Kassel FamRZ 2009, 1182 (Ls)

len. Jedenfalls dann, wenn eine Pflegefamilie erstmalig eine oder zwei Personen aufnimmt, ohne von vornherein ihre Bereitschaft zur nachfolgenden Aufnahme weiterer Personen zu erklären, liege noch keine „in ihrem Bestand von Wechsel und Zahl der Bewohner unabhängige" Einrichtung und damit ein Heim i.S. des § 5 Abs. 3 VBVG vor.[130] Ebenso wurde die Heimeigenschaft bei einem ambulanten Wohnprojekt im Rahmen eines von der Klinik für Psychiatrie und Psychotherapie geschaffenen und von deren Träger als überörtlichem Träger der Sozialhilfe finanzierten ambulanten Betreuungsangebotes, des Projektes „Begleitetes Wohnen von behinderten Menschen in Familien", bei einer Gastfamilie bejaht.[131] Die Neuregelung durch die Vergütungsreform 2019 ist an diesem Punkt strenger als die bisherige Rechtsprechung: da § 5 Abs. 3 Satz 2 VBVG (Neufassung 2019) das Vorhalten „professioneller" Betreuung verlangt, wird die Unterbringung in einer lediglich „professionell begleiteten" Pflege- oder Gastfamilie mit dem Inkrafttreten der Neuregelung nicht mehr ausreichen.[132]

7.7.4.1 Betreuungs- und Vertragsformen

1130   In der Literatur zu § 1 HeimG wird ausführlich auf die Differenzierung der verschiedenen Betreuungs- und Vertragsformen eingegangen. Es geht im Heimgesetz allerdings um eine andere Frage als bei § 5 VBVG, nämlich darum, ob eine Einrichtung besonderer Beaufsichtigung durch die Heimaufsicht bedarf und ob bestimmte Standards bezüglich des Personals[133] bzw. der sächlichen Ausstattung[134] gewährleistet werden müssen; Dinge also, die für den Preis des Lebens und Wohnens in der Einrichtung nicht unerheblich sind.

7.7.4.2 Bisherige Abgrenzung misslungen

1131   § 1 des HeimG wurde durch das 3. Änderungsgesetz[135] mit Wirkung vom 1.1.2002 neu gefasst. Der Versuch, die Abgrenzung heimmäßigen Wohnens von anderen betreuten Wohnformen klarer zu gestalten, wird in der Literatur als misslungen betrachtet.[136] Im Vorfeld der Gesetzesnovelle waren betreute Wohnformen von der Rechtsprechung regelmäßig und auch gegen den Willen beider Vertragspartner dem Heimbegriff zugeschlagen und somit ein Mietvertrag in einen nicht gewollten Heimvertrag verwandelt worden.[137] Dies ist, wie an den oben genannten Rechtsprechungsbeispielen deutlich wird, in der Vergütungsrechtsprechung inzwischen auch geschehen und wird vom Gesetzgeber des Vergütungsreformgesetzes 2019 ausdrücklich übernommen.

7.7.4.3 „Organismus Heim"

1132   In der Neufassung des Heimgesetzes war die Rede davon, dass nur Einrichtungen gemeint sind, die Menschen „aufnehmen". Mit diesem Begriff soll eine gewisse Intensität der Eingliederung des Bewohners in den Organismus „Heim" verbunden sein[138], was i.d.R. bei Einrichtungen des betreuten Wohnens, wie auch in einem Mietshaus, nicht gegeben ist. Einrichtungen sind Verbindungen aus sächlichen und personellen Mitteln unter der Verantwortung eines Trägers.[139]

1133   Für das Aufnehmen ist allerdings kein formalisierter Aufnahmeakt nötig; ebenso kommt es nicht auf die Form der geschlossenen Verträge oder die Bezeichnung der Einrichtung an.[140]

130 LG Ravensburg BtPrax 2007, 256 (Ls)
131 OLG Frankfurt/Main FGPrax 2009, 159 = OLGR Frankfurt 2009, 786
132 Fröschle FamRZ 2019, 678/680
133 Laut Heimpersonalverordnung v. 19.7.1993 (BGBl. I S. 1205), geändert durch VO v. 22.6.1998 (BGBl. I S. 1506)
134 Laut Heimmindestbauverordnung v. 3.5.1983 (BGBl. I S. 550), geändert durch VO v. 23.9.1990 (BGBl. I S. 885)
135 Gesetz v. 5.11.2001 (BGBl. I. S. 2960)
136 Richter, Das neue Heimrecht, Baden-Baden 2002, S. 32; Kunz/Butz/Wiedemann § 1 Rn. 16
137 OVG Münster NDV-RD 1999, 103 m. Anm. Klie, Altenheim 5/1999, 12; OVG Frankfurt/Oder NJW 2000, 1435; OVG Brandenburg ZfSH/SGB 2000, 164
138 Vgl. VGH Kassel DAVorm 1990, 432; Knittel § 5 VBVG Rn. 14
139 Gitter/Schmitt HeimG § 1 Rn. 2a und 2b
140 Lipp/Orth BtPrax 2005, 209/212 m.w.N.

Es kann auch dann ein Heim angenommen werden, wenn kein Heimvertrag vorliegt, sondern separate Miet- und Betreuungsverträge, wenn die sonstigen Voraussetzungen vorliegen.[141] Auch wer den Heimaufenthalt zahlt (Selbstzahler oder Sozialhilfe/Eingliederungshilfe), ist unerheblich.[142]

Der gewöhnliche Aufenthalt eines Betreuten in einer sog. **Außenwohngruppe**, in welcher der Betreute seine Angelegenheiten zwar weitgehend eigenständig wahrnehmen soll, dennoch aber Betreuungs- und Verpflegungsleistungen vorgehalten werden, ist als Heimaufenthalt zu qualifizieren, sodass dem Betreuer lediglich die für einen Heimaufenthalt vorgesehene Vergütung zusteht.[143]   **1134**

7.7.4.4 Alten- und Behindertenwohngemeinschaften

Alten- oder Behindertenwohngemeinschaften fallen also nicht unter diesen Heimbegriff[144]   **1135**
(weiterhin fehlt ihnen der Begriff der Personenneutralität, den § 1 Abs. 1 2. Alt. HeimG und § 5 Abs. 3 VBVG verlangen). Andererseits liegt i.d.R. auch dann ein Heim vor, wenn in einer Einrichtung Bewohner in **familienähnlichen Hausgemeinschaften** zusammengefasst sind und dort auch eine permanent anwesende Bezugsperson wohnt, meist im Bereich heimorganisierten Wohnens geistig verwirrter oder seelisch erkrankter Menschen.[145] Außenwohngruppen gehören zum Heim, wenn die Unterkunft der Rechts- und Organisationssphäre des Einrichtungsträgers dergestalt zugeordnet ist, dass sie als Teil des Einrichtungsganzen anzusehen ist.[146]

7.7.4.5 Zimmerreinigung und Gemeinschaftsräume

Gegen die Annahme einer eigenen Wohnung (auch im Rahmen einer Wohngemeinschaft)   **1136**
spreche nicht, dass der Betroffene Zimmerreinigung und Essen bestellen kann und dies auch tue. Entscheidend sei, dass er auf Grund der Gegebenheiten die Möglichkeit habe, für sich selbst zu kochen – sei es auch nur in einer Gemeinschaftsküche – und Vorratshaltung zu betreiben, in einem Kühlschrank im eigenen Zimmer oder der **Gemeinschaftsküche**.[147]

Eine Wohnung wird also **nicht schon dadurch** zum Heim, dass der Vermieter dem Mieter   **1137**
anbietet, ihm bei Erforderlichkeit Verpflegung und tatsächliche Betreuung durch eine Drittfirma **zu vermitteln**, so lange der Mieter nicht vertraglich gebunden ist, dieses Angebot im Bedarfsfall anzunehmen (§ 1 Abs. 2 Satz 1, 3 HeimG). Der vertraglichen Bindung soll es gleich kommen, wenn der Mieter **tatsächlich keine andere Möglichkeit** hat, als diese Leistungen von dem seitens des Vermieters genannten Dritten anzunehmen oder wenn er statt der (möglichen) Wahl von Drittanbietern die entsprechenden Dienste des Vermieters tatsächlich in Anspruch nimmt.[148]

Es spiele auch keine Rolle, wenn der Betroffene nur ein **Einzelzimmer** zur Verfügung habe,   **1138**
während Küche und Sanitärbereich gemeinsam genutzt würden, das entspräche gerade der Struktur von Wohngemeinschaften.[149] Gegen ein Heim spricht auch, wenn Bewohner selbst bestimmen können, wer künftig mit ihnen zusammenwohnt und sie eine freie Wahl der ambulanten Dienste haben.[150]

---

141 Knittel § 5 VBVG Rn. 14
142 OVG Münster, Beschl. v. 11.10.94, 4 B 1232/94, zitiert bei Dahlem/Giese/Igel/Klie § 1 Rn. 21
143 LG Duisburg BtPrax 2007, 266; a.A.: OLG Frankfurt/Main, Beschl. v. 22.2.008, 20 W 89/06
144 LG Neuruppin FamRZ 2009, 727
145 LPK HeimG/Krahmer § 1 HeimG Rn. 10
146 BVerwG NDV 1994, 430; LPK BSHG/Schoch § 97 Rn. 61
147 LPK HeimG/Krahmer § 1 Rn. 11 unter Bezug auf LSG Baden-Württ. L 4 KR 4615/99 und LSG Hamburg VI KRBf 7/93
148 OLG München BtPrax 2006, 107 = FamRZ 2006, 1229
149 LPK HeimG/Krahmer § 1 Rn. 11 unter Bezug auf SG Stuttgart S 8 KR 121/00 ER
150 OVG Lüneburg NJW 1987, 3026

7.7.4.6 Bauliche Gegebenheiten

1139 Für die Anwendung des Heimgesetzes (und somit den vergütungsrechtlichen Heimbegriff) wiederum kann sprechen, wenn die Einrichtung baulich wie ein Heim ausgestattet ist, z.B. über Gemeinschafts- und Therapieräume verfügt und Angebote zur Tagesstrukturierung macht, die ein Zusammenleben der Bewohner ermöglichen.[151]

7.7.4.7 Tatsächliche Betreuung und Verpflegung

1140 Weiter wird in § 1 Abs. 1 HeimG verlangt, dass Betreuung und Verpflegung zur Verfügung gestellt werden, wobei der Begriff der Betreuung in der bisherigen Fassung des § 5 Abs. 3 VBVG durch das Wort „tatsächliche" ergänzt wurde. Dies dürfte jedoch keine inhaltliche Abweichung darstellen, sondern nur aus dem Wunsch des betreuungsrechtlichen Gesetzgebers zu verstehen sein, die „soziale" von der „rechtlichen" Betreuung der §§ 1896 ff. zu unterscheiden.

1141 Die Betreuung im Sinne der §§ 1 Abs. 1 HeimG und 5 Abs. 3 VBVG schließt die Pflege ein, geht aber begrifflich deutlich darüber hinaus. Auch ein reines Pflegeheim stellt neben der (Kranken-)Pflege weitere Angebote zur Verfügung.[152] Andererseits soll diese Betreuung auch von gewisser Intensität sein. Eine **Versorgungsgarantie** soll in dem Sinne übernommen werden, dass für alle Angelegenheiten der Daseinsvorsorge gesorgt wird, und zwar auch dann, wenn sich Gesundheitszustand oder Hilfebedarf verändern.[153]

1142 Ein Heim betreibt daher nur, wer Wohnraum, Verpflegung[154] und tatsächliche Betreuung zur Verfügung stellt (nämlich ggf. selbst erbringt) oder bereitstellt (nämlich ggf. durch Dritte erbringt). Gemeint ist, dass der Bewohner sich darauf verlassen können soll, in allen Bereichen der **Daseinsvorsorge** Hilfe zu erhalten, sobald er sie benötigt[155] – und zwar unabhängig von seinem Gesundheitszustand. Daher liegt keine „heimmäßige" Versorgung vor, wenn eine außerordentliche Kündigung des Versorgungsvertrages durch das Heim bei wesentlicher Verschlechterung des Zustandes vorgesehen ist.[156]

1143 Das *OLG Stuttgart* akzeptierte allerdings die Kündigungsmöglichkeit eines Heimes bei einer **Verschlechterung des Gesundheitszustands**, wenn die Betreuung im Heim nicht mehr möglich sei und der Träger dem Betreuten eine angemessene anderweitige Unterkunft und Betreuung zu zumutbaren Bedingungen nachweist.[157] Ähnlich das OLG Celle[158], deren Vorlageentscheidung nach § 28 FGG vom BGH bestätigt wurde.[159]

1144 Bei der **Verpflegung** gilt: Die Einrichtung bietet diese Leistungen an, wenn sie sie selbst erbringt. Sie hält sie vor, wenn sie dafür sorgt, dass sie im Bedarfsfall von dritter Seite erbracht werden.[160] Dabei ist zu unterscheiden: Die bloße Sicherstellung eines solchen Angebotes begründet die Heimeigenschaft nicht,[161] solange die Bewohner im Bedarfsfall den Anbieter frei wählen können und sich nicht vertraglich verpflichtet haben, die Leistungen vom Vermieter oder seinen Vertragspartnern anzunehmen.[162]

1145 Maßgebend ist, ob der Einrichtungsträger von der Aufnahme des Bewohners/Patienten bis zur Entlassung nach Maßgabe des angewendeten Therapiekonzeptes die Gesamtverant-

---

151 BR-Drs. 730/00, S. 39; kritisch dazu Krahmer/Richter, Altenheim 10/2000, 21 und LPK HeimG/Krahmer § 1 Rn. 16 sowie Kunz/Butz/Wiedemann § 1 Rn. 2.3

152 Z.B. soziale Betreuung i.S.v. § 43 Abs. 2 SGB XI

153 LPK HeimG/Krahmer § 1 Rn. 9; Dahlem/Giese/Igel/Klie § 1 Rn. 11

154 Dafür reicht die Existenz einer Kantine nicht aus: OLG Schleswig FamRZ 2006, 1229 (LS) = BtPrax 2006, 115

155 Lipp/Ohrt BtPrax 2005, 209, 211.

156 OLG Dresden FamRZ 2007, 499.

157 OLG Stuttgart BtPrax 2007, 256 (Ls)

158 OLG Celle FamRZ 2009, 1518 (LS) = BtPrax 2009, 184 = OLGR 2009, 560 (Vorlage wegen Abweichung von OLG Dresden FamRZ 2007, 499)

159 BGH FamRZ 2011, 287 = BtPrax 2011, 82

160 Fröschle a.a.O. Rn. 295

161 Nach § 1 Abs. 2 Satz 1 HeimG; vgl. OLG Schleswig FamRZ 2006, 1229 (Ls) = BtPrax 2006, 115

162 § 1 Abs. 2 Satz 3 HeimG; LG Flensburg, Beschl. v. 22.2.2006, 5 T 399/05, sowie LG Hildesheim FamRZ 2007, 500

wortung für dessen tägliche Lebensführung übernimmt.[163] Eine deutliche Verringerung der anfallenden Betreueraufgaben im Falle eines Heimaufenthaltes im Vergleich zu anderen Wohnformen beruht darauf, dass ein Heim herkömmlicherweise professionell, also von einer geschulten Heimleitung und unter Heranziehung von ausgebildetem Pflegepersonal geführt wird. Daraus lässt sich umgekehrt herleiten, dass Wohnformen für Betreute, die eine solche professionelle Führung durch ausgebildetes Leitungs- und geschultes Pflegepersonal nicht kennen, dem vergütungsrechtlichen Heimbegriff grundsätzlich nicht unterfallen.[164]

Für die Bestimmung einer heimmäßigen Versorgung des Betreuten ist geeignetes Kriterium die Aufnahme in eine den organisatorischen Anforderungen genügende Einrichtung. Maßgeblich ist insoweit, ob der Betreute im vergütungsrechtlichen Sinne heimmäßig untergebracht ist oder nicht. Dabei kommt es nicht auf den Umfang der tatsächlichen Inanspruchnahme der von dem Einrichtungsträger gegenüber dem Betreuten zu erbringenden Leistungen an, sondern auf eine abstrakte Betrachtungsweise, die sich auf die typische Lebenssituation eines Bewohners der betreffenden Einrichtung bezieht. **1146**

So wurde in einer Entscheidung festgestellt, dass der Aufenthalt eines Betroffenen in der Einrichtung *Diakoniewerk Wiedenbrück* einem Heim i.S. des § 5 Abs. 3 VBVG entspreche. Hier sei der Beteiligte bereits im August 2003 aufgenommen worden. Er nehme dort hauswirtschaftliche und sonstige Einrichtungen in Anspruch. Zwar nimmt er im Wesentlichen keine pflegerischen Leistungen in Anspruch und unterliege **keiner Pflegestufe.** Trotzdem sei er infolge seiner Aktivitäten sehr **betreuungsintensiv** und bedürfe nahezu einer 1:1-Betreuung rund um die Uhr. Mitarbeiter der Einrichtung stünden dem Beteiligten bei Bedarf Tag und Nacht zur Verfügung. Der Umstand, dass der weitergehende Zweck der Einrichtung darin bestehe, die Chancen des Beteiligten zur eigenständigen Lebensführung zu verbessern, ändere nichts am primären Zweck. Anders als in einem Krankenhaus sei es hier überwiegendes Ziel, dem Beteiligten Wohnraum zu verschaffen und ihn zu versorgen.[165] **1147**

7.7.4.8 Grundservice reicht nicht aus

Als nicht ausreichend angesehen werden sogenannte allgemeine Betreuungsleistungen, oft auch als **Grundservice** bezeichnet. Diese bestehen in der Regel in Beratung und Hilfe bei der Beantragung von Sozialleistungen oder Vermittlung hauswirtschaftlicher oder pflegerischer Dienste sowie in Hausnotrufdiensten und hausmeisterlichen Diensten. Denn solche Dienstleistungen sind auch für Einrichtungen des betreuten Wohnens üblich.[166] **1148**

§ 1 Abs. 2 HeimG, auf den § 5 Abs. 3 VGVG bislang verweist, enthält Auslegungsregeln zur Nichtanwendung auf betreute Wohnformen. So sei es nicht ausreichend, dass die oben genannten allgemeinen Betreuungsleistungen angeboten werden. Sind diese Leistungen aber nicht mehr von untergeordneter Bedeutung, gilt das Heimrecht. In der Gesetzesbegründung heißt es, dass dies dann der Fall sein soll, wenn die Betreuungspauschale deutlich mehr als **20 % der Miete** inklusive Betriebskosten ausmache.[167] Wohnheime für Aussiedler oder Asylsuchende dürften daher infolge geringer sozialer Betreuungsleistungen nicht unter den Heimbegriff des § 5 Abs. 3 VBVG fallen. **1149**

Eine Unterbringung in einem „Heim" liegt auch z.B. dann nicht vor, wenn die Wohnform vorübergehenden Charakter hat und auf eine Verselbstständigung junger Erwachsener zugeschnitten ist. Bei der hier in Rede stehenden Wohnform handelt es sich um den Aufenthalt in einem abgegrenzten Wohnbereich mit zur Haushaltsführung erforderlichen Einrichtungsgegenständen. Insbesondere stehen Koch- und Waschgelegenheiten für die Führung eines eigenen Haushalts zur Verfügung. Die anfallenden alltäglichen Verrichtungen sowie Pflege **1150**

---

163 BVerwG NDV 1994, 430; LPK BSHG/Schoch § 97 Rn. 63
164 OLG Hamm BtPrax 2010, 236= FamRZ 2010, 2021
165 LG Bielefeld, Beschl. v. 12.9.2006, 23 T 428/06, BtPrax 2006, 237 (Ls)
166 Knittel § 5 VBVG Rn. 15
167 BR-Drs. 730/00, S. 39; Lipp/Ohrt BtPrax 2005, 211; auch zur genauen Bedeutung dieser Grenze, die letztlich nur eine tatsächliche Vermutung beinhaltet; LG Bautzen BtPrax 2006, 115; LG Dortmund FamRZ 2006, 1788

und sonstige Versorgung sind von dem Betreuungsangebot der Einrichtung nicht umfasst, sondern werden punktuell begleitet und – entsprechend dem grundlegenden Ziel der Verselbstständigung – durch konkrete Maßnahmen nach Bedarf gefördert. Der Schwerpunkt der pädagogischen Betreuung der Einrichtung liegt insoweit ausdrücklich „in der Begleitung der Alltagsgestaltung während der Woche" und auch aus diesem Grunde nicht in einer heimmäßigen Betreuung und Versorgung.[168]

7.7.4.9 Entgeltlichkeit

1151 Die Einrichtung muss im Übrigen **entgeltlich** betrieben werden. Das ist dann unproblematisch, wenn vertraglich ein Entgelt vereinbart wurde, wie dies bei Heimen und auch Krankenhäusern üblicherweise der Fall sein dürfte, wobei gleichgültig ist, ob der Bewohner oder ein Dritter (Krankenkasse, Pflegekasse, Sozialhilfeträger) das Entgelt entrichtet. Es dürfte aber auch ausreichen, dass der Bewohner kraft Gesetzes ein Entgelt schuldet, wie z.B. ein Strafgefangener der Justizvollzugsanstalt.[169]

Am Merkmal der Entgeltlichkeit fehlt es aber z.B. bei Ordensleuten in einem Kloster oder Stift, weil die dort verrichtete Arbeit zu den *religiösen* Pflichten der Bewohner gehört und keine Gegenleistung für die Verpflegung und Betreuung durch den Orden darstellt.[170]

7.8 Gewöhnlicher Aufenthalt in der Einrichtung

1152 Zur Anwendung des niedrigeren Heim-Stundenansatzes (bzw. des Tabellenwerts für stationäre Einrichtungen) reicht es allerdings nicht aus, dass sich der Betreute in einer der genannten Einrichtungen zu einem bestimmten Termin tatsächlich aufhält; vielmehr wird in § 5 VBVG auf den Begriff des „gewöhnlichen Aufenthalts" Bezug genommen. Diese Unterscheidung war im Abschlussbericht der BLAG noch nicht vorgesehen, dort war noch davon die Rede, dass der Betreute in der Einrichtung lebt.[171] Insofern ist die Klarstellung im Gesetzestext zu begrüßen.[172] Der gewöhnliche Aufenthalt ist also vom tatsächlichen oder vorübergehenden Aufenthalt zu unterscheiden.

1153 Der Begriff des gewöhnlichen Aufenthaltes findet sich in zahlreichen gesetzlichen Regelungen. Meist dient er zur Feststellung einer gerichtlichen[173] oder behördlichen[174] Zuständigkeit oder der inländischen Steuerpflicht.[175] Die verschiedenen Funktionen, die der Begriff des gewöhnlichen Aufenthaltes zu erfüllen hat, können dazu führen, dass er nicht einheitlich zu verstehen ist.[176]

7.8.1 Legaldefinition „gewöhnlicher Aufenthalt"

1154 Legaldefinitionen des gewöhnlichen Aufenthaltes sind nur in § 30 Abs. 3 SGB I und § 9 AO enthalten. Gemeinsam heißt es:

> Den gewöhnlichen Aufenthalt hat jemand dort, wo er sich unter Umständen aufhält, die erkennen lassen, dass er an diesem Ort oder in diesem Gebiet nicht nur vorübergehend verweilt.

---

168 OLG Hamm BtPrax 2010, 238 = FamRZ 2010, 2020
169 Vgl. § 50 StVollzG
170 Fröschle a.a.O. Rn. 294
171 Abschlussbericht a.a.O. S. 152
172 So auch Fröschle a.a.O. Rn. 287
173 Z.B. §§ 1558, 1159 BGB, §§ 606, 640a ZPO, §§ 35b, 43b, 44a, 45, 65, 65a FGG
174 Z.B. § 3 BtBG, § 30 Abs. 3 SGB I, § 7 SGB II, §§ 86 ff. SGB VIII, §§ 98, 109 SGB XII, § 66 IfSG, § 6 Abs. 2 PStG
175 Z.B. § 9 AO, §§ 1, 62 EStG, § 2 ErbStG
176 Fröschle a.a.O. Rn. 303

Ergänzt wird dies in der **Abgabenordnung** durch:

> Als gewöhnlicher Aufenthalt im Geltungsbereich dieses Gesetzes ist stets und von Beginn an ein zeitlich zusammenhängender Aufenthalt von mehr als sechs Monaten Dauer anzusehen; kurzfristige Unterbrechungen bleiben unberücksichtigt. Satz 2 gilt nicht, wenn der Aufenthalt ausschließlich zu Besuchs-, Erholungs-, Kur- oder ähnlichen privaten Zwecken genommen wird und nicht länger als ein Jahr dauert.

1155

7.8.2 Rechtsprechung im Sozialrecht

Nach sozialgerichtlicher Rechtsprechung orientiert sich der gewöhnliche Aufenthalt überwiegend an tatsächlichen Merkmalen.[177] Die Beurteilung hat in einer Vorausschau zu erfolgen, wobei ein bisheriger längerer Aufenthalt ein Indiz für den gewöhnlichen Aufenthalt sein kann.[178] Ein **Spätaussiedler** kann nach verwaltungsrechtlicher Rechtsprechung auch in einem **Übergangswohnheim** einen gewöhnlichen Aufenthalt begründen, wenn er dort „im Sinne eines zukunftsoffenen Aufenthaltes bis auf weiteres" dort verbleibt.[179]

1156

7.8.3 Rechtsprechung im Steuerrecht

Auch im Steuerrecht ist an äußere Merkmale anzuknüpfen;[180] es kommt nur auf einen natürlichen Willen an,[181] Geschäftsfähigkeit wird nicht vorausgesetzt.[182] Jedenfalls im Steuerrecht begründet auch **Zwangsaufenthalt** einen gewöhnlichen Aufenthalt, z.B. im Strafvollzug[183] oder einem Unfallkrankenhaus.[184] Körperliche Anwesenheit ist erforderlich.[185] Der gewöhnliche Aufenthalt wird beendet, wenn der Betroffene am besagten Ort nicht mehr verweilt und auch nicht mehr den Willen zur Rückkehr hat.[186]

1157

7.8.4 Rechtsprechung im FamFG-Verfahren

Besonders bedeutsam für die Entscheidung eines Vergütungsantrags ist § 272 FamFG, in dem die gerichtliche Zuständigkeit des Betreuungsgerichtes im Betreuungsverfahren geregelt ist. Gewöhnlicher Aufenthalt ist hiernach an dem Ort gegeben, an dem der Betroffene sich tatsächlich und nicht nur vorübergehend (z.B. besuchsweise), sondern für eine gewisse Dauer aufhält.

1158

Der Ort muss der Lebensmittelpunkt sein, der Ort also, zu dem die stärkeren beruflichen, familiären und sozialen Bindungen bestehen als zu jedem anderen Ort.[187] Dies kann auch ein Pflegeheim sein.[188] Es kann freilich gerade bei Betreuten vorkommen, dass sie soziale Beziehungen kaum noch unterhalten, sodass deren Zentrum schwer auszumachen ist.[189]

1159

---

177 BSGE 27, 88/89; BVerwG NDV-RD 1999, 73; Gottschlich/Giese § 103 Rn. 4.1
178 BSGE 27, 88/89; LPK SGB I/Trimme § 30 Rn. 8
179 BVerwG NDV-RD 1999, 73/74
180 BFH BStBl. 1994, 11, BFH BStBl. 1990, 701; FG Baden-Württ. EFG 1991, 102; Zabel, DStR 1989, 477; Tipke/Kruse AO § 9 Rn. 1
181 BFH BStBl 1994, 887/889
182 RFHE 49, 186/188
183 RFHE 49, 186 und BFH NV 1987, 262
184 BFH BStBl. 1971, 758
185 BFHE 161, 482/484
186 FG Hamburg EFG 59, 241; FG Baden-Württ. EFG 90, 93; Tipke/Kruse AO § 9 Rn. 16
187 BGH FamRZ 1975, 272/273; BGH DAVorm 1981, 44 = Rpfleger 1981, 185; BGH FamRZ 2001, 412; BayObLG FamRZ 1993, 89; OLG Karlsruhe BtPrax 1996, 72 = FamRZ 1996, 1341; Schreieder, BtPrax 1998, 203/207
188 OLG Karlsruhe BtPrax 1992, 39
189 Fröschle a.a.O. Rn. 302

1160   Eine ordnungsbehördliche Anmeldung nach dem Bundesmeldegesetz ist nicht maßgebend, sondern allenfalls ein Indiz.[190] Gleichgültig ist vorübergehende Abwesenheit, z.B. durch Urlaub, Reise, Krankenhausaufenthalt.[191]

7.8.4.1 Längerer Klinikaufenthalt

1161   Durch einen von vorneherein nur als vorübergehend, wenn auch für längere Zeit angelegten Aufenthalt wird regelmäßig kein gewöhnlicher Aufenthalt begründet.[192] Auch ein längerer Klinikaufenthalt bewirkt deshalb in der Regel nicht, dass die Klinik anstelle der bisherigen Wohnung zum gewöhnlichen Aufenthalt des Betroffenen führt.[193] Dies gilt aber nur, wenn der Klinikaufenthalt nicht dauerhaft sein soll und eine Rückkehrabsicht besteht.[194] Das *OLG Karlsruhe* stellte jedenfalls fest, dass Klinikaufenthalte selbst dann, wenn der Betreute ein oder gar zwei Jahre von seinem bisherigen Lebensmittelpunkt ferngehalten würde, nicht dazu führen, dass der Lebensmittelpunkt am Klinikort besteht.[195]

7.8.4.2 Rehaeinrichtungen

1162   Auch bei einem durch Krankheit erzwungenen, längeren Aufenthalt in einer Rehaeinrichtung führt dieser jedenfalls dann nicht zu einem neuen gewöhnlichen Aufenthalt, wenn eine Absicht, einen neuen Daseinsmittelpunkt zu schaffen, nicht erkennbar ist, vielmehr soziale Bindungen an den bisherigen Aufenthaltsort bestehen und noch nicht aufgegeben sind.[196] Dies kann z.B. durch zwischenzeitliche kürzere Aufenthalte in der eigenen Wohnung nachgewiesen sein.[197]

7.8.4.3 Inhaftierung und Internate

1163   Strittig war in der früheren Rechtsprechung, ob durch länger dauernde Strafhaft ein gewöhnlicher Aufenthalt begründet wird.[198] Im Rahmen der Vergütungsrechtsprechung ist es inzwischen herrschende Meinung, dass ein Aufenthalt in einer Justizvollzugsanstalt den Charakter eines Heimaufenthaltes hat.[199] Bisweilen wird die Auffassung vertreten, die JVA sei zwar kein Heim i.S. des VBVG; wegen der Ähnlichkeit dazu müsse aber die Vergütung „im Heim" ausgesprochen werden, was im Ergebnis das Gleiche bedeutet.[200]

1164   Untersuchungshaft ist demgegenüber grundsätzlich auch dann nicht als „gewöhnlicher Aufenthalt in einem Heim" im Sinne der Vergütungsvorschriften für berufsmäßige Betreuer einzustufen, wenn der Betroffene in diesem Zeitraum keinen anderen Lebensmittelpunkt hat. Eine anschließende Verurteilung zu einer Strafhaft führt insoweit nicht rückwirkend zu einer anderen Bewertung dieses Zeitraums.[201]

1165   Internatsaufenthalte führen jedenfalls auch dann zu keinem gewöhnlichen Aufenthalt, wenn während der Schulzeit dort übernachtet wird.[202]

---

190 BGH NJW-RR 1995, 507; BayObLG Rpfleger 1996, 343; LG Tübingen BWNotZ 1993, 145; Schreieder, a.a.O. S. 207

191 Keidel/Kunze/Winkler § 45 Rn. 15

192 BayObLG FamRZ 1993, 89; OLG Karlsruhe BtPrax 1996, 72 = FamRZ 1996, 1341

193 OLG Stuttgart BtPrax 1997, 161/162 = FamRZ 1997, 438; OLG Karlsruhe BtPrax 1996, 72

194 BGH FamRZ 1975, 272; BGH MDR 1985, 216; OLG Hamm FamRZ 1989, 1331; BayObLG FamRZ 1993, 89

195 OLG Karlsruhe BtPrax 1996, 72 = FamRZ 1996, 1341; Bienwald § 65 FGG Rn. 22

196 OLG Köln BtPrax 2008, 178

197 OLG Stuttgart BtPrax 1997, 161/162 = FamRZ 1997, 438;

198 Dagegen BayObLG, Beschl. v. 9.9.1993, 3 Z AR 27/93; OLG Köln FamRZ 1996, 946; OLG Stuttgart MDR 1964, 768; OLG Düsseldorf MDR 1969, 143 und NJW-RR 1987, 894

199 BGH BtPrax 2012, 65 = FamRZ 2012, 536 (Ls); OLG München BtPrax 2006, 183 = FamRZ 2006, 1562; OLG Hamm FamRZ 2007, 501; erneut OLG München BtPrax 2007, 29 = FamRZ 2007, 853

200 LG Traunstein BtPrax 2006, 115 = FamRZ 2006, 1788

201 BGH BtPrax 2014, 127 = FamRZ 2014, 1015; OLG München BtPrax 2007, 257 = FamRZ 2007, 1913

202 BGH FamRZ 1975, 272/273; LG Tübingen BWNotZ 1993, 145

7.8.4.4 Freiheitsentziehende Unterbringung

Demgegenüber begründet dauerhafte freiheitsentziehende Unterbringung auch gegen den Willen des Betroffenen am Unterbringungsort einen gewöhnlichen Aufenthalt.[203] Dies gilt insbesondere dann, wenn nicht erkennbar ist, ob und ggf. wann der Betroffene überhaupt entlassen werden kann, die Entlassungsmöglichkeit also rein abstrakt ist,[204] und natürlich vor allem dann, wenn eine Rückkehr gänzlich ausgeschlossen ist.[205] Auch muss dies gelten, wenn kein anderer Daseinsmittelpunkt als der Ort der Haft oder sonstigen Unterbringung mehr besteht und ungewiss ist, ob und ggf. wo ein solcher zukünftig begründet werden kann.[206] Hier reicht auch ein erst kurzer Aufenthalt aus, wenn dieser auf Dauer angelegt ist.[207] Eine durchgehende Heimunterbringung im Sinne von § 5 III VBVG liegt auch vor, wenn der in einem psychiatrischen Krankenhaus untergebrachte Betreute das Krankenhaus mehrfach verlässt und in dieser Zeit unbekannten Aufenthalts ist.[208]

1166

Anders als im Steuerrecht[209] ist es möglich, dass mehrere gewöhnliche Aufenthalte gleichzeitig gegeben sind,[210] auch wenn dies eine Ausnahme sein dürfte.

1167

7.8.5 Zusammenfassung

7.8.5.1 Aufenthalt in Heimen („stationäre Einrichtung")

Meist wird klar sein, dass ein Aufenthalt des Betreuten in einem Heim dauerhaft angelegt ist, dann gilt der gewöhnliche Aufenthalt unmittelbar mit Heimaufnahme des Betreuten als begründet. Besteht bei einem Rückkehrwunsch in die bisherige Umgebung Uneinigkeit zwischen Betreutem und Betreuer, ist auf die Intention des Betreuers abzustellen, wenn diesem das Aufenthaltsbestimmungsrecht übertragen ist. Es ist aber zu prüfen, ob die Betreuerentscheidung zum objektiven Wohl des Betreuten unter Nichtbeachtung des subjektiven Wunsches des Betreuten erforderlich war.

1168

Ein wichtiges Indiz hierzu wäre, ob eine eigene Wohnung des Betreuten fortbesteht und das Gericht eine Beendigung des Mietverhältnisses gem. § 1907 (oder einen Hausverkauf nach § 1821) genehmigt hat.

1169

7.8.5.2 Vorübergehende Heimaufenthalte

Vorübergehende Heimaufenthalte (z.B. wegen Ausfall der häuslichen Pflegeperson) gelten mindestens bis zu einem Zeitraum von drei Monaten nicht als gewöhnlicher Aufenthalt innerhalb der Einrichtung.[211] Hierbei wird der in § 1 Abs. 3 HeimG genannte Zeitraum sinngemäß angewendet. Bei längeren Aufenthalten mit Rückkehrabsicht, die auch vom Betreuer geteilt wird, ist zu prüfen, ob eine solche Rückkehr in die eigene Wohnung realistisch ist. In der Rechtsprechung wird ein starres Festhalten am genannten 3-Monatszeitraum als nicht angemessen angesehen; es müsse auf den Einzelfall abgestellt werden, sodass auch längere Zeiträume, insbesondere bei wechselnden Einrichtungen, u.U. nicht zu einem gewöhnlichen Aufenthalt in einem Heim führen.[212]

1170

Bei zunächst als vorübergehend geplanten Heimaufenthalten, die dann später doch zur Dauerwohnform werden, und bei eigentlich dauerhaft geplanten Heimaufenthalten, die dann doch nach eher kurzer Zeit wieder zu einem Wohnen außerhalb führen, ist grundsätz-

1171

---

203 BayObLG FamRZ 2000, 1442; OLG Stuttgart BWNotZ 1993, 15
204 BayObLG FamRZ 1997, 1363 = BtPrax 1997, 195
205 OLG Stuttgart BtPrax 1997, 161/162 = FamRZ 1997, 438
206 BayObLG BtPrax 2003, 132 (3-jähriger Maßregelvollzug)
207 Meier/Deinert, Handbuch BtR, Rn. 1917
208 LG Kleve Rpfleger 5/2008
209 BFH BStBl. 66, 522 und BStBl. 84, 11
210 KG FamRZ 1983, 603; KG FamRZ 1987, 603/605; LG Tübingen BWNotZ 1993, 145; BayObLG FamRZ 1980, 883
211 Dodegge NJW 2005, 1896
212 OLG Köln FGPrax 2007, 83

lich auf die ursprüngliche Betreuerintention abzustellen, jedenfalls bis zum Zeitpunkt, an dem erkennbar an der ursprünglichen Entscheidung nicht mehr festzuhalten war. Hier wird regelmäßig ein neuer Heimvertrag abgeschlossen werden, da zunächst ein Vertrag zur Kurzzeitpflege abgeschlossen war. Ggf. ist der Zeitpunkt des Abschlusses des Dauerheimvertrags das maßgebliche Datum, zu dem der Betreute seinen gewöhnlichen Aufenthalt im Heim nimmt.

1172 **Fazit: Kurzzeitpflege** wird regelmäßig keinen gewöhnlichen Aufenthalt begründen,[213] es sei denn, sie soll von vornherein nur die Zeit bis zum Freiwerden eines regulären Heimplatzes überbrücken. Insbesondere liegt kein gewöhnlicher Aufenthalt vor, wenn die Einrichtung schon **ihrer Zweckbestimmung nach** keine Möglichkeit zum Daueraufenthalt bietet.[214]

7.8.5.3 Hospizaufenthalte

1173 In der Vorauflage vertraten wir die Auffassung, Hospizaufenthalte dürften im Regelfall als vorübergehend angelegt sein, sodass ein gewöhnlicher Aufenthalt i.S.d. Betreuervergütung im Hospiz nicht gegeben sei. Die Rechtsprechung hat dies anders gesehen. In zwei Fällen, in denen die Betroffenen bis zu ihrem **Tod im Hospiz** verblieben, wurde daraus der Schluss gezogen, dass das Hospiz als Lebensmittelpunkt und somit als gewöhnlicher Aufenthalt in einem Heim angesehen werden kann.[215]

7.8.5.4 Tages- und Nachteinrichtungen

1174 **Tages- und Nachteinrichtungen** sind zwar Heime i.S.d. § 1 Abs. 1 HeimG. Da aber hier parallel zum Heim eine eigene Wohnung vorbehalten und auch vom Betreuten regelmäßig bewohnt wird, liegt i.S.d. § 5 Abs. 3 VBVG der gewöhnliche Aufenthalt außerhalb des Heimes.

7.8.5.5 Sonstige Einrichtungen

1175 Bei Krankenhausaufenthalten sollten solche, die erkennbar vorübergehend sein sollen, nicht als gewöhnlicher Aufenthalt gewertet werden, auch wenn sie länger andauern. Eine allgemeine Frist kann nicht genannt werden, allerdings dürfte im Regelfall der bisherige Aufenthaltsort weiter gelten. Ein **insgesamt nur kurzer Aufenthalt** von weniger als sechs Monaten ist jedenfalls kein gewöhnlicher Aufenthalt.[216]

1176 Das gilt z.B. für eine Unterbringung lediglich zur **Untersuchung oder Behandlung**[217] (§ 1906 Abs. 1 Nr. 2 BGB). Ein Krankenhausaufenthalt zur Akutbehandlung (hier Schädel-Hirnverletzung), der mehrere Monate dauert, stellt keine heimmäßige Unterbringung i.S. des § 5 Abs. 3 VBVG dar. Das gilt auch dann, wenn im Anschluss an die Krankenhausbehandlung eine Aufnahme in ein Pflegeheim erfolgen musste.[218]

1177 Ist der Krankenhausaufenthalt im Rahmen einer nach § 1906 BGB[219] genehmigten Unterbringung erfolgt, sind **vorläufige** Unterbringungsgenehmigungen (§ 70h FGG oder § 11 FrEntzG), die für eine Dauer von bis zu drei Monaten erfolgen können,[220] keine Umstände, die den gewöhnlichen Aufenthalt beeinflussen. Das Gleiche dürfte für Untersuchungshaft gelten, ebenso für vorläufige strafrechtliche Unterbringungen nach § 126a StPO.[221]

---

213 BtKomm/Dodegge Rn. F167
214 LG Kassel BtPrax 2006, 116
215 LG Köln, Beschl. v. 15.8.2006 1 T 270/06, BtPrax 2006, 238 (Ls); OLG Köln FamRZ 2007, 1044; LG Heilbronn FamRZ 2007, 2009 = BtPrax 2007, 256 (Ls)
216 Fröschle BtPrax 2006, 219/220
217 LG Stendal FamRZ 2007, 500
218 LG Nürnberg-Fürth, Beschl. v. 17.11.2006, 13 T 10026/05, sowie FamRZ 2007, 855; bereits früher OLG Stuttgart BtPrax 1997, 161/162 = FamRZ 1997, 438; OLG Karlsruhe BtPrax 1996, 72
219 Oder Psychischkrankenrecht der Bundesländer; § 312 Nr. 3 FamFG
220 LG Paderborn, Beschl. v. 26.1.2006, 5 T 467/05, BtPrax 2006, 238 (Ls)
221 Fröschle a.a.O. Rn. 305 ff.; Knittel § 5 VBVG Rn. 25b; anders jedoch: OLG Köln FamRZ 2006, 1788 (gewöhnlicher Aufenthalt nach 9 Monaten Unterbringung gem. § 126a StPO); LG Koblenz FamRZ 2006, 1631; erneut LG Koblenz FamRZ 2007, 501 sowie LG Koblenz FamRZ 2007, 238 (nach 6 Monaten).

Bei der endgültigen **Unterbringungsgenehmigung** ist insbesondere dann, wenn diese wegen offensichtlich langer Unterbringungsnotwendigkeit[222] auf bis zu zwei Jahre ausgesprochen wird, zu prüfen, ob innerhalb der Klinik ein neuer gewöhnlicher Aufenthalt begründet wird. Ähnliches dürfte bei längerer Strafhaft, Maßregelvollzug[223] oder Sicherungsverwahrung gelten.

1178

Bei diesen Aufenthalten sowie bei Patienten in der Langzeitpsychiatrie kann ein wichtiges Indiz für einen gewöhnlichen Aufenthalt in dieser Einrichtung sein, wenn keine eigene Wohnung (oder Wohnraum in einer solchen) mehr besteht und ungewiss ist, ob und ggf. wohin der Betroffene entlassen werden könnte. Die **endgültige Anordnung** einer länger dauernden Freiheitsentziehung führt jedenfalls dann zum gewöhnlichen Aufenthalt in dieser Einrichtung, wenn der Betreute über **keinen weiteren Daseinsmittelpunkt** (mehr) verfügt.[224] Hierzu kann bereits ein zu erwartender Aufenthalt von mehr als einem Jahr ausreichend sein.[225]

1179

Wann von der Verlagerung des gewöhnlichen Aufenthalts in der Einrichtung auszugehen ist, wenn die Möglichkeit zur Rückkehr zwar noch theoretisch besteht, aber auf **voraussichtlich längere Zeit** nicht wahrgenommen werden kann (wie z.B. bei Verurteilung zu lebenslanger oder langjähriger Haft, zu Sicherungsverwahrung,[226] zur Unterbringung nach § 63 StGB[227]) entzieht sich einer abstrakten Beurteilung.[228] Hier muss es auf den Einzelfall ankommen.[229]

1180

Wann ein Aufenthalt **vorübergehender Natur** ist und wann die äußeren Umstände auf einen längerfristigen Aufenthalt hindeuten, hängt darüber hinaus von vielen Faktoren ab. Entscheidend ist die Prognose über die Weiterentwicklung dieser Umstände. Deutet diese auf eine noch einigermaßen zeitnahe Beendigung des Aufenthaltes hin, spricht das gegen einen gewöhnlichen Aufenthalt.[230]

1181

Das *Landgericht Kassel* hat die Problematik wie folgt zusammengefasst:[231]

1182

Die Vorschrift geht davon aus, dass bei einem Betreuten, der seinen **gewöhnlichen Aufenthalt** in einem Heim hat, ein signifikant niedrigerer Betreuungsaufwand anfällt als bei allen anderen Betreuten; denn der Betreuer einer solchen Person erhält nur etwa 2/3 des Zeitaufwandes vergütet, den das Gesetz für den Betreuer einer Person ansetzt, die ihren gewöhnlichen Aufenthaltsort nicht im Heim hat.

Dies rechtfertigt sich aber nur, wenn der Betreute an dem Ort, an dem er sich aufhält, tatsächlich seinen Lebensmittelpunkt hat. Hält er sich dort, wie etwa bei einem mehrmonatigen **Klinik- oder Reha-Aufenthalt**, nur vorübergehend und in der Absicht auf, die Einrichtung baldmöglichst zu verlassen, ist ein solcher Aufenthalt des Betreuten für den Betreuer mit keiner oder keiner nennenswerten Entlastung verbunden.

Zwar verringert sich, wenn der Betreute bislang in eigener Wohnung lebte, möglicherweise der Aufwand des Betreuers für die Organisation der Versorgung des Betreuten mit Pflege, Nahrung und Medikamenten. Dem steht aber regelmäßig ein erheblicher **Mehraufwand** im Zusammenhang mit der Organisation der Unterbringung des Betreuten in der Einrichtung gegenüber. Vielfach müssen ein Platz in einer entsprechenden Einrichtung und der Umzug des Betreuten vom Betreuer erst organisiert werden. Vor allem zu Beginn des stationären Aufenthalts des Betreuten fallen regelmäßig zeitaufwändige Gespräche mit der Leitung bzw. dem Personal der Einrichtung und dem Kostenträger über Gesundheitsfragen, die tatsächliche Ver-

---

222 § 329 Abs. 1, 2. Alt. FamFG
223 LG Amberg BtPrax 2006, 115 = FamRZ 2006, 1788
224 BayObLG BtPrax 2003, 132; OLG München FamRZ 2007, 853 = BtPrax 2007, 29; OLG Hamm FamRZ 2007, 501 (Ls)
225 OLG München FamRZ 2006, 1562 (14 Monate)
226 LG Koblenz FamRZ 2007, 238 (Ls)
227 OLG Köln BtPrax 2006, 237 (Ls); LG Regensburg BtPrax 2006, 238; OLG München BtPrax 2006, 182
228 Dem LG Koblenz FamRZ 2006, 1631 und FamRZ 2007, 501 wollen regelmäßig sechs Monate reichen. Das ist u.E. zu schematisch.
229 OLG Zweibrücken BtPrax 2007, 267 (Ls)
230 Fröschle a.a.O. Rn. 304
231 LG Kassel BtPrax 2006, 115 = FamRZ 2006, 1483

sorgung des Betreuten und die Finanzierung des Platzes an, die den monatlichen Betreuungs-aufwand bei einem dort zeitlich begrenzten Aufenthalt des Betreuten deutlich erhöhen.

Schließlich muss der Betreuer einer Person, die bislang in eigener Wohnung gelebt hat, i.d.R. auch dafür sorgen, dass die dortige Versorgung des Betreuten, z.B. durch den Pflegedienst und mit **Nahrungsmitteln**, während der Dauer eines des stationären Aufenthalts des Betreu-ten ausgesetzt wird, und dass die **Entgegennahme der Post** und die **Wartung der Woh-nung** während der Abwesenheit des Betreuten sichergestellt sind.

Ein solcher Mehraufwand verringert sich oft auch dann nicht, wenn der Betreute zuvor wohn-sitzlos war, in der fraglichen Einrichtung aber keinen Lebensmittelpunkt begründen will. Hier entfällt zwar der zuletzt genannte Aufwand für die Versorgung der existierenden Wohnung; an seine Stelle tritt jedoch meist die Notwendigkeit, während der Dauer des stationären Auf-enthalts des Betreuten, eine Wohnung oder einen Heimplatz zu organisieren, in die der Be-treute anschließend einziehen kann.

Der verringerte Vergütungssatz für Betreuungen von im Heim lebenden Personen ist daher nur interessengerecht, wenn der Betreute in dieser Einrichtung auch tatsächlich den Mittel-punkt seiner Lebensführung hat. ...

Bei Anwendung dieser Grundsätze hatte der Betreute vorliegend während des hier maßgeb-lichen Abrechnungszeitraumes keinen ständigen Aufenthalt in einer der eingangs genannten Einrichtungen: Einen ständigen Lebensmittelpunkt in der JVA hat er Anfang 2005 ersichtlich nicht begründet, da er schon unmittelbar nach seiner Aufnahme in die Justizvollzugsanstalt plante, diese alsbald wieder zu verlassen, um seine Therapie in der Klinik fortzusetzen. In der **Therapieeinrichtung** hielt er sich lediglich zwei Wochen auf.

Auch in der Sozialeinrichtung der **Heilsarmee** ist kein Lebensmittelpunkt begründet worden. Denn die Aufnahme in eine solche Einrichtung ist naturgemäß zeitlich stark befristet, weil sie stets nur für den Zeitraum erfolgt, während dessen konkreter Hilfebedarf für die betreffende Person besteht. Demgemäß hat der Betreute seinen Aufenthalt dort auch selbst nicht als dau-erhaft angesehen, sondern ihn genutzt, um sich um einen Platz in anderen Einrichtungen zu bewerben. Anschließend tauchte der Betreute unter bzw. hielt sich bis zum Ende der Betreu-ung lediglich für kürzere Zeit zwangsweise in der Justizvollzugsanstalt auf.

7.8.6 Zeitpunkt der Statusänderung

1183 Strittig kann auch die Frage des genauen Zeitpunktes des Aufenthaltswechsels des Betreu-ten sein. Ein gewöhnlicher Aufenthalt im Heim kann vom ersten Tag des tatsächlichen Auf-enthaltes an bestehen, wenn keine realistische Aussicht auf Rückkehr in eine andere Wohn-situation besteht. Er kann aber auch erst nach längerem Aufenthalt im Heim anzunehmen sein, wenn eine ursprünglich nicht unwahrscheinlich erscheinende Rückkehr später unwahr-scheinlich wird.[232]

1184 Die Tatsache, dass noch eine Eigentumswohnung vorhanden ist, die vom Betreuer verwaltet werden muss, steht der Statusänderung zum Heimbewohner nicht entgegen, wenn klar ist, dass eine Rückkehr ausgeschlossen ist.[233] Es kommt es nicht auf den Zeitpunkt der Woh-nungsauflösung an, sondern darauf, ab wann der Betreute seinen gewöhnlichen Aufenthalt im Heim hat.[234]

1185 Nach § 5 Abs. 4 VBVG (neu: § 5 Abs. 2 VBVG) sind hier keine vollen Monate zugrunde zu legen, vielmehr muss bei einem Wechsel in das Heim oder von diesem in eine andere Wohn-form, die innerhalb des Abrechnungszeitraums liegt, eine tageweise Quotelung vorgenom-men werden.

▶ *Zur tageweisen Aufteilung siehe Kapitel 10, Rn. 1773 ff.*

---

232 Fröschle a.a.O. Rn. 309
233 LG Arnsberg BtPrax 2006, 115 = FamRZ 2006, 1788
234 LG Mönchengladbach FamRZ 2006, 1229

7.9 Zusammenfassende Bewertung der Pauschalvergütung

7.9.1 Allgemeines

Hinsichtlich der Auswirkungen der 2005er-Reform und insbesondere der Pauschalierung gibt es naturgemäß unterschiedliche Meinungen.

1186

Gerhards und *Lemken* halten das 2. BtÄndG für ein gelungenes Gesetzeswerk, das dazu beitragen wird, zum Wohle der Betreuten die **Fallzahlen zu reduzieren** und das **Selbstbestimmungsrecht** der Betroffenen zu stärken, den rasanten Anstieg der Kosten zu begrenzen, den Einsatz staatlicher Ressourcen effektiver zu gestalten, das Verfahren zu vereinfachen und Bürokratie abzubauen, und den beruflich tätigen Betreuern zugleich ein auskömmliches Einkommen sichert und so auch weiterhin eine qualifizierte Betreuung zugunsten der Betroffenen gewährleistet.[235]

1187

In weiten Teilen der Literatur wird die Reform allerdings – unabhängig davon, ob man die Stundensätze und die Stundenansätze als ausreichend ansieht – sehr kritisch betrachtet. Auf einige mögliche Kritikpunkte sind wir bereits am Anfang des Buches eingegangen (vgl. Kapitel 2, Rn. 111).

1188

Zander[236] und *Adler*[237] weisen darauf hin, dass die bisher notwendige Dokumentation der Tätigkeit zum Zecke der Vergütungsabrechnung dem Gericht immerhin eine gewisse Kontrollmöglichkeit geboten hat, die nun entfallen wird und für die kein Ersatz geschaffen wurde.

1189

Zimmermann[238] befürchtet, dass die Neuregelung genauso zum **Missbrauch einladen** wird wie die bisherige Regelung. So sei es denkbar, dass im Einzelfall ein notwendiger Umzug in ein Heim nur deshalb unvertretbar hinausgezögert wird, weil der Betreuer den höheren Stundenansatz nicht verlieren will. Die Pauschalierung könne zusammen mit dem höheren Stundenansatz für die Betreuung nicht mitteloser Menschen dazu führen, dass ein kleineres zusammengespartes Vermögen sehr schnell alleine für die Betreuertätigkeit aufgebraucht wird, ohne dass gewährleistet ist, dass tatsächlich eine entsprechende Arbeitsleistung erbracht wurde.

1190

Förter-Vondey[239] stellt u.a. fest, dass die sich aus dem **Fehlen von Öffnungsklauseln** ergebende wirtschaftliche Notwendigkeit, eine Mischung aus leichten und schwereren Fällen zu haben, eine Spezialisierung von Betreuern verhindern wird. Andererseits wird aber auch festgestellt, dass das Pauschalierungssystem auch Chancen für Berufsbetreuer eröffnet.

1191

So führt der Wegfall des Aufwandes für die minutengenaue Abrechnung indirekt zu einer Erhöhung des Stundenverdienstes[240] bzw. setzt Zeiten frei, die nun für die eigentliche Betreuungsarbeit zum Wohle des Betroffenen genutzt werden können.

1192

Im Gegensatz zum früheren Zeit-Vergütungssystem schafft die Umstellung auf Fallpauschalen einen Anreiz (und auch Druck), rationeller zu arbeiten, was letztlich der Staatskasse und damit dem Steuerzahler sowie den selbst zahlenden Betreuten zugutekommen würde.

1193

Neben einer effektiven Organisation des Betreuerbüros gibt es eine Reihe weiterer Möglichkeiten, durch tatsächliche organisatorische Veränderungen effizienter zu arbeiten. So könnten möglichst viele der Betreuten in demselben als gut erkannten Pflegeheim untergebracht werden, was zu erheblich reduzierten Fahrzeiten und -kosten führen würde. Taschengeld

1194

---

235   Gerhards/Lemken, Ziellinie erreicht: das zweite Betreuungsrechtsänderungsgesetz, BtPrax Sonderausgabe 2005, S. 3 ff.
236   Zander, Prüfstein bleibt die Qualität, Die Position des VGT zum 2. BtÄndG, BtPrax Sonderausgabe 2005, S. 4
237   Adler, Anspruch und Beitrag des zweiten BtÄndG zur Qualitätsverbesserung im Gesundheitswesen, BtPrax Sonderausgabe 2005, S. 22 ff.
238   Zimmerman, Die Betreuer- und Verfahrenspflegervergütung nach dem 1.7.2005, FamRZ 2005, 950, 953
239   Förter-Vondey, Berufspolitische Situation und Aufgabenstellung nach Verabschiedung des 2. BtÄndG, BtPrax Sonderausgabe 2005, S. 6 f.
240   Zimmermann, a.a.O.

müsse nicht selbst ausgezahlt werden, sondern könne per Dauerauftrag auf ein Sparkonto des Betreuten überwiesen und von diesem dann mit einer Sparkarte am Automaten abgehoben werden.[241]

1195 Das *ISG Köln* fasste im Zwischenbericht zur Evaluation zum 2. BtÄndG im Juni 2007 die Befragungen mit den Berufsbetreuern über ihre Erfahrungen mit der Vergütungspauschalierung (bis einschl. 1. Halbjahr 2006) wie folgt zusammen:

> „Zusammenfassend kann gesagt werden, dass die selbstständigen Berufsbetreuer/innen und die Vereinsbetreuer/innen insgesamt seit der Einführung des 2. BtÄndG weniger Stunden abrechneten als in der Zeit davor. Über 80 % der selbstständigen Berufsbetreuer/innen gaben an, dass die Stunden, die sie nach Einführung der Stundenpauschalen abrechnen konnten, nicht ihrem tatsächlichen Zeitaufwand entsprachen, sondern dass der tatsächliche Zeitaufwand höher gewesen sei."[242]

1196 Wie bereits oben (Rn. 991) erwähnt, hat die aktuelle ISG-Studie zur Qualität und zur Vergütungssituation in der Betreuungsarbeit ergeben, dass im Durchschnitt lediglich 3,3 Stunden monatlich je Betreuung vergütet werden, der tatsächliche Zeitaufwand aber bei 4,1 Stunden liegt.[243] Weiterhin deuten die Ergebnisse der Studie darauf hin, dass eine verstärkte Berücksichtigung des Grundsatzes „Unterstützen statt vertreten" (unterstütze Entscheidungsfindung) noch einmal mehr zur Verfügung stehende Zeit erfordern würde. Offenbar haben viele Berufsbetreuer versucht, den Rückgang der Vergütung pro Betreuung (und die fehlende Anpassung der Stundensätze an die allgemeine Gehalts- und Preisentwicklung) durch die Übernahme von mehr Betreuungen zu kompensieren und müssen deshalb Abstriche bei der Arbeit in den einzelnen Betreuungen machen. So war nach Einführung der Pauschalierung ein Rückgang der persönlichen Kontakte zu verzeichnen. Der Gesetzgeber sah sich deshalb dazu veranlasst, in die §§ 1840 Abs. 1, 1908i Abs. 1 BGB die Pflicht zu Angaben über die persönlichen Kontakte aufzunehmen und in § 1908b zu geringe persönliche Kontakte zum Betreuten ausdrücklich als Entlassungsgrund zu benennen.

7.9.2 Delegation und Hilfskräfte

1197 Eine besondere Bedeutung kommt in diesem Zusammenhang der Delegation von Tätigkeiten bzw. dem Einsatz von Hilfskräften zu. Schon vor der Pauschalierung war der Einsatz von Hilfskräften grundsätzlich in einem gewissen Rahmen zulässig.

1198 Das *BayObLG*[244] hat dazu festgestellt:

> (…) Nicht gefolgt werden kann hingegen der Ansicht des Landgerichts, ein Betreuer sei ausnahmslos gehindert, Tätigkeiten auf Dritte zu delegieren (…).
>
> aa) Zwar folgt aus dem Grundsatz der persönlichen Betreuung, dass der Betreuer nicht seine Aufgaben vollständig – etwa für die Dauer einer Urlaubsabwesenheit – auf Dritte übertragen darf (BayObLGZ 2002, 353 = FamRZ 2003, 405 und FamRZ 2001, 374/375; OLG Frankfurt FamRZ 2002, 1362; OLG Dresden BtPrax 2001, 260). Jedoch ist die Delegation von einzelnen Arbeiten, welche die Aufgabenerfüllung des Betreuers mit sich bringt, die aber nicht seiner persönlichen Amtsführung vorbehalten sind, auf Dritte grundsätzlich zulässig (BayObLG a.a.O.; MünchKomm/Wagenitz § 1835 Rn. 14). Das aus § 1897 Abs. 1 BGB abzuleitende Gebot der „persönlichen" Betreuung bedeutet nicht, dass der Betreuer sämtliche bei seiner Amtsführung erforderlichen Tätigkeiten auch in eigener Person erbringen müsse. Es wird vielmehr durch die in § 1901 Abs. 2 bis 4 BGB beschriebenen Pflichten des Betreuers konkretisiert, zu denen insbesondere die Pflicht zur Besprechung wichtiger Angelegenheiten nach

---

241 Beispiele nach Maier, Pauschalierung von Vergütung und Aufwendungsersatz, BtPrax Sonderausgabe 2005, S. 17, 18, s. auch Förter-Vondey, Das Betreuungsbüro als Unternehmen, Btplus 2005, S. 27

242 ISG, Zwischenbericht 2007 S. 115, siehe unter www.isg-institut.de/download/Zwischenbericht_Betreuung_ISG_2007.pdf

243 Matta, Vanita u.a., Qualität in der rechtlichen Betreuung – Abschlussbericht, Bundesanzeiger Verlag 2018, S. 475; im Internet abrufbar unter www.bmjv.de/DE/Service/Fachpublikationen/Bericht_Qualitaet_rechtliche_Betreuung.html (Abruf: 27.7.2019)

244 BayObLG FamRZ 2004, 565

Abs. 3 Satz 3 gehört. Hieraus wird zu Recht gefolgert, dass der Betreuer den persönlichen Kontakt zu dem Betroffenen nicht generell an Dritte delegieren dürfe (vgl. LG Memmingen FamRZ 1999, 459/460 m. Anm. Bienwald FarnRZ 1999,1305; Soergel/Zimmermann § 1835 BGB Rn. 8; Knittel BtG § 1836 BGB Rn. 39). Eine weitergehende Einschränkung der Übertragung von einzelnen Tätigkeiten oder konkreten Aufgaben des Betreuers lässt sich aus dem Grundsatz der persönlichen Betreuung aber nicht ableiten, solange der Dritte lediglich als untergeordnete „Hilfskraft" z.B. für überschaubare einzelne Verwaltungsaufgaben ohne eine Entscheidungsbefugnis eingesetzt wird und kein Zweifel an der fortbestehenden Verantwortung des Betreuers für die Amtsführung insgesamt verbleiben kann (BayObLG a.a.O.; Bienwald FamRZ 1999, 1305/1306). (…) Beschränken sich die Aufgaben dieser Hilfsperson darauf, als Ansprechpartner zur Verfügung zu stehen und ggf. den Kontakt zu dem bestellten Betreuer herzustellen, um diesem im Bedarfsfall ein schnelles Tätigwerden zu ermöglichen oder aber in Eilfällen das Betreuungsgericht zu verständigen, so ist das mit dieser Verfahrensweise verbundene Ziel nicht die Delegation des Betreueramts, sondern dessen sachgerechte Fortführung durch den bestellten Betreuer selbst auch für den Zeitraum von dessen vorübergehender Verhinderung (OLG Dresden a.a.O.). In diesem Rahmen mag die Hilfsperson dann auch zu untergeordneten Hilfstätigkeiten technischer Art, z.B. der Entgegennahme oder Weitergabe von Mitteilungen, der Beschaffung und Vorbereitung von Unterlagen oder der Ausführung vorbereiteter Überweisungen befugt sein. Denn das schlichte „Abarbeiten" derartiger überschaubarer konkreter Einzelaufgaben ohne nennenswerte Entscheidungskompetenzen in Angelegenheiten des Betreuten beeinträchtigt den gesetzlich vorgegebenen Grundsatz der persönlichen Betreuung nicht. […].

Nach der bisherigen Regelung konnte für die Tätigkeit einer Hilfsperson allerdings keine Vergütung verlangt werden, der konkret für die Tätigkeit der Hilfsperson zu zahlende Geldbetrag war als Aufwendungsersatz geltend zu machen. In Zukunft spielt es für die Vergütung und den Aufwendungsersatz keine Rolle mehr, ob der Betreuer eine Tätigkeit selbst erbringt oder ob er sie an einen Dritten delegiert. Die Delegation rechnet sich künftig für jede Tätigkeit, die der Betreuer günstiger einkaufen kann, als wenn er sie selbst zu erledigt.[245]   **1199**

Voraussetzung dafür, dass sich die Delegation von Tätigkeiten wirtschaftlich lohnt, ist natürlich eine entsprechende Auslastung. Wer an der Grenze seiner Kapazitäten arbeitet, kann seinen Gewinn steigern, wenn er z.B. bestimmte Tätigkeiten für einen Stundenlohn i.H.v. 20,00 € von einer Hilfskraft erledigen lässt und in der so gewonnenen Zeit durch die Übernahme weiterer Betreuungen selbst Einnahmen i.H.v. 44,00 € erzielen kann. Für einen Betreuer, der ohnehin nicht ausgelastet ist, lohnt sich die Delegation nicht, weil er von seinen sowieso geringen Einnahmen nun auch noch die Hilfskraft bezahlen müsste, ohne die Möglichkeit zu haben, in der so gewonnenen Zeit mehr Geld zu verdienen.   **1200**

7.9.3 Abgrenzungsfragen bei der Delegation

Eine genaue Abgrenzung von Tätigkeiten, die ein Betreuer selbst ausführen muss, zu übertragbaren Tätigkeiten ist zurzeit schwierig. Früher lag es überwiegend im Interesse des Betreuers, möglichst viele Aufgaben als eigene Pflicht anerkannt zu bekommen um so für möglichst viele Tätigkeiten eine Vergütung zu erhalten. Seit 1.7.2005 ist es eher das Interesse des Betreuers, einen möglichst **engen Pflichtenkreis** zu haben und so möglichst viele Tätigkeiten delegieren zu können.[246] Die Rechtsprechung hat sich vor der Pauschalierung in Zusammenhang mit Vergütungsentscheidungen häufig mit der Frage befasst, was ein Betreuer selbst erledigen darf. Jetzt geht es aber darum, was ein Betreuer unbedingt selbst erledigen muss, dazu gibt es aber vergleichsweise wenige Gerichtsentscheidungen.   **1201**

Tätigkeiten, die ohnehin nicht zu den Aufgaben eines Betreuers gehören – z.B. eine soziale Betreuung wie etwa ein **Besuchsdienst –**, können selbstverständlich auf einen Dritten über-   **1202**

---

245 Fröschle, Der Grundsatz der persönlichen Betreuung, BtMan 2005, 15, 17
246 Fröschle, a.a.O.

tragen werden.[247] Der Betreuer schließt als Vertreter des Betreuten einen Vertrag mit dem Anbieter der Leistung, die Kosten sind dann vom Betreuten selbst zu tragen.

1203 Schwieriger wird die Beurteilung im Falle von Tätigkeiten, die je nach den Umständen entweder von dem Betreuer selbst zu erbringen sind oder einem Dritten übertragen werden sollten. Als **Faustregel** gilt nach wie vor, dass der Betreuer dann eine Fachperson beauftragen soll, wenn auch der Betreute selbst – wenn er noch gesund wäre – dies getan hätte.[248]

Hierzu ein Beispiel: Eine einfache Steuererklärung hätte der Betreute vermutlich selbst angefertigt, es wäre wohl auch Sache des mit der Vermögenssorge betrauten Betreuers, diese Steuererklärung selbst zu erstellen.[249] Handelt es sich um eine schwierige Steuererklärung (etwa, weil der Betreute Inhaber einer Firma war oder ist), hätte er selbst vermutlich einen Steuerberater mit der Anfertigung beauftragt.

1204 *Hinweis*

 In solchen Fällen sollte auch der Betreuer einen Externen, also einen Steuerberater, beauftragen. Auch hier handelt es sich dann um einen für den Betreuten mit einem Dienstleister geschlossenen Vertrag; die Kosten muss der Betreute übernehmen.

1205 Einerseits muss es dem Betreuer auch in Zukunft möglich sein, in schwierigen Fällen einen Fachmann zu beauftragen, soweit dies erforderlich ist. Andererseits muss darauf geachtet werden, dass insoweit nicht versucht werden darf, die Pauschalierung durch eine zu großzügige Beauftragung Dritter mit Tätigkeiten, die eigentlich noch zu den Betreueraufgaben zählen, auf Kosten des Betreuten zu unterlaufen.[250]

1206 Eine **sichere Abgrenzung** ist insoweit derzeit nicht möglich, es gibt nur vereinzelte Gerichtsentscheidungen, die sich mit dieser Frage beschäftigen.

1207 Zum Teil wird in sehr engen Grenzen die Delegation von Tätigkeiten auch als Möglichkeit genannt, um in extrem aufwendigen Betreuungen die Folgen der nicht mit Ausnahmemöglichkeiten versehenen Pauschalierung etwas abzumildern. Nachdem der BGH[251] in einer Entscheidung zunächst jede Ausnahme von der gesetzlich vorgegebenen Vergütungspauschale ablehnt, führt er dazu Folgendes aus:

„Bei der Beurteilung der Verfassungsmäßigkeit des geltenden Vergütungsrechts wird (…) zu erwägen sein, welche Möglichkeit das geltende Recht zur Verfügung stellt, um einen Betreuer losgelöst von den in §§ 4, 5 VBVG vorgegebenen Pauschalen in besonderen Einzelfällen angemessen zu vergüten.

(…)

Zum anderen mag in Ausnahmefällen die Möglichkeit zu erwägen sein, dem Betreuer für die Erbringung besonderer Leistungen eine Vergütung aufgrund eines Vertrags zu gewähren, den der Betreuer zuvor mit einem für den Betreuten zu bestellenden Ergänzungspfleger abschließen kann. Ein solcher Vertragsschluss kommt allerdings zum einen nur dann in Betracht, wenn die auf vertraglicher Grundlage zu vergütenden Leistungen des Betreuers außerhalb der eigentlichen Betreuung liegen. Fällt die Erbringung dieser Leistungen dagegen in den Rahmen der eigentlichen Betreueraufgaben, so sind diese Leistungen mit der in §§ 4, 5 VBVG vorgesehenen pauschalen Betreuervergütung abgegolten; die vom Gesetz vorgesehene Pauschalierung darf nicht durch vertragliche Vereinbarungen umgangen werden. Zum

---

247 Maier, a.a.O., S. 19 f.
248 Jürgens, Der Betreuer zwischen rechtlicher Vertretung und persönlicher Betreuung, BtPrax 1998, 129, 130
249 Anders Knittel § 5 VBVG Rn. 26, der dies in Anbetracht des durchschnittlichen Stundenansatzes nicht mehr für ohne Weiteres zumutbar hält. Der Betreuer sollte eine einfache Steuererklärung danach erst dann selbst ausfüllen, wenn die Beauftragung eines Steuerberaters wirtschaftlich nicht sinnvoll wäre, weil dessen Information über den Sachverhalt mehr Zeit in Anspruch nehmen würde als die Erstellung der Steuererklärung durch den Betreuer selbst.
250 Siehe auch Fröschle, BtMan 2005, S. 18; OLG München, BtPrax 2008, 129 = FamRZ 2008, 1560
251 BGH BtPrax 2010, 30 = FamRZ 2010, 199; ähnlich schon zuvor OLG München BtPrax 2008, 129 = FamRZ 2008, 1560

andern scheidet ein solche vertragsmäßige Vergütungsregelung im Regelfall aus, wenn die zu vergütenden Leistungen (zwar nicht zur eigentlichen Betreuungstätigkeit, wohl aber) zum Beruf des Betreuers gehören; denn in diesem Fall steht dem Betreuer eine von den Pauschalen der §§ 4, 5 VBVG unabhängige Vergütung bereits nach § 1835 Abs. 3 BGB zu, so dass es einer vertraglichen Regelung nicht bedarf.

Der Senat verkennt nicht, dass die Möglichkeit einer mit dem Betreuer zu treffenden Vergütungsvereinbarung erhebliche Missbrauchsgefahren birgt, denen mit den in §§ 4, 5 VBVG vorgesehenen Zeit- und Vergütungspauschalen gerade begegnet werden sollte. Auch wenn von dieser Möglichkeit deshalb wohl nur in seltenen Ausnahmefällen Gebrauch zu machen ist, können sie indes für die Prüfung der Verfassungsmäßigkeit des geltenden Rechts nicht außer Betracht gelassen werden."

Wenn die Rechtsprechung bisher festgestellt hat, dass ein Betreuer auch **tatsächliche Hilfeleistungen,** wie z.B. die Erledigung von Einkäufen oder die Überwachung des Gesundheitszustandes durch wöchentliche Hausbesuche selbst erledigen darf (und entsprechend eine Vergütung dafür erhalten kann), wenn diese von Dritten überhaupt nicht oder nicht mit demselben Erfolg oder nur in Verbindung mit mehr Aufwand erbracht werden können[252], kann daraus nicht im Umkehrschluss gefolgert werden, dass der Betreuer diese Tätigkeiten nach der Reform nun selbst übernehmen muss. Er kann dies aber tun. Wirtschaftlich sinnvoll kann dies sein, wenn der Betreuer mehr Zeit für die Organisation der Ausführung durch einen Dritten aufwenden müsste als für die eigene Erledigung. Bei der Entscheidung sollte aber auch bedacht werden, dass damit unter Umständen bei Dritten ein unzutreffender Eindruck von den Betreueraufgaben entsteht und Betreuer sich in Folge dann vermehrt mit entsprechenden Erwartungen konfrontiert sehen.

1208

Im Übrigen wird man als Richtschnur nehmen können, dass eine Betreueraufgabe immer dann (da es sich um eine eigentlich dem Betreuer obliegende Arbeit handelt, nun aber auf Kosten des Betreuers und nicht etwa des Betreuten!) übertragen werden kann, wenn dies nicht dem Wohl des Betreuten widerspricht. Auch hierzu werden die Einzelheiten wohl erst nach und nach von der Rechtsprechung geklärt werden.

1209

Fest steht jedenfalls, dass die **Betreuung nicht vollständig** auf einen Dritten übertragen werden kann. Der Betreuer muss einziger und verantwortlicher Ansprechpartner des Betreuten in allen Fragen der rechtlichen Betreuung bleiben, weil es dem Betreuten nicht zugemutet werden kann, sich auf wechselnde Ansprechpartner einzustellen und sich zwischen Betreutem und Betreuer eine Vertrauensbeziehung entwickeln soll.[253]

1210

Als zulässig ist es aber anzusehen, den **inneren Bürobetrieb** auf Hilfskräfte zu delegieren oder auch einem Dritten für die Erledigung eines bestimmten Rechtsgeschäfts eine Untervollmacht zu erteilen.[254] Entscheidend für die Zulässigkeit ist es aber, dass der Betreuer dabei die Kontrolle über das Geschehen behält. Zulässig soll es schließlich auch sein, **Kollegen** mit der Ausführung bestimmter Tätigkeiten zu beauftragen, soweit dem Kollegen dabei genaue Anweisungen hinsichtlich der Interessen des Betreuten gegeben werden.[255]

1211

Zu beachten ist in diesem Zusammenhang schließlich noch, dass der Betreuer für Fehler einer Hilfsperson gem. § 278 wie für eigenes Verschulden einzustehen hat.

1212

Hinweis

1213

 Wer Aufgaben einem Dritten übertragen will, sollte deshalb unbedingt mit seiner Berufshaftpflichtversicherung klären, ob die Versicherung auch für durch Angestellte oder andere eingesetzte Hilfskräfte verursachte Schäden eintritt.

---

252 BayObLG FamRZ 2003, 633; siehe auch OLG Zweibrücken BtPrax 2000, 86; tatsächliche Hilfeleistung beim Umzug des Betreuten als vergütungsfähige vertrauensbildende Maßnahme
253 Maier, a.a.O., S. 19; Fröschle, BtMan 2005, S. 19
254 Maier, a.a.O., S. 19; Fröschle, BtMan 2005, S. 18
255 Maier, a.a.O., S. 19

7.9.4 Exkurs: Urlaubsvertretung

1214 Die Frage, wie zu verfahren ist, wenn der Betreuer absehbar (z.B. wegen eines bevorstehenden Urlaubs oder Krankenhausaufenthalts) für einige Zeit an der Ausübung seines Amts gehindert sein wird, ist im Gesetz nicht eindeutig geregelt. Die Betreuungsgerichte gehen nicht einheitlich vor.

1215 Eine Verpflichtung, für den Verhinderungsfall einen Vertreter zu benennen, ergibt sich nicht direkt aus dem Gesetz. Allerdings sollte man, wenn man weiß, dass man demnächst für einige Zeit abwesend sein wird, Vorsorge treffen, damit der Betreute einen Ansprechpartner hat und keine wichtigen (und eventuell fristgebundenen) Dinge unerledigt bleiben.

1216 Hier gibt es zwei Möglichkeiten:

Man kann beim Gericht beantragen, gem. § 1899 Abs. 4 für die Dauer der Abwesenheit einen Ersatzbetreuer zu bestellen. Wenn das Gericht den Antrag schnell genug bearbeitet, ist diese Möglichkeit – jedenfalls für den Betreuer – relativ unkompliziert. Die Bestellung muss für jede Betreuung einzeln erfolgen, der Ersatzbetreuer erhält für jede Betreuung einen eigenen Bestellungsbeschluss und kann den Betreuten ohne Einschränkung vertreten. Für die Betreuungsgerichte ist dies mit einem erheblichen Arbeitsaufwand verbunden.

1217 Im Falle der Einsetzung eines solchen **Verhinderungsbetreuers** durch das Gericht hat dieser für die Dauer seines Einsatzes Anspruch auf die anteilige Pauschale (§ 6 VBVG). Der eigentliche Betreuer erhält dann für die Dauer seiner Abwesenheit keine Vergütung.

▶ *Zu Einzelheiten der Vergütung siehe Kapitel 6, Rn. 942 ff.*

1218 Die zweite Möglichkeit ist es, einem Dritten (z.B. einem Kollegen) eine **Untervollmacht** zu erteilen. Dies kann aber – entsprechend den obigen Ausführungen zur Delegierbarkeit von Betreueraufgaben – nur für Verwaltungsaufgaben (Taschengeldauszahlung usw.) geschehen. Da das Amt nicht übertragbar ist, muss die Entscheidungsgewalt beim bestellten Betreuer verbleiben. Einschneidende Maßnahmen (z.B. im Bereich der Personensorge) kann der Bevollmächtigte nicht treffen. Insoweit kann er lediglich als Ansprechpartner dienen, der im Falle dringenden Handlungsbedarfs das Betreuungsgericht informiert, das dann gem. § 1846 selbst eine Entscheidung zu treffen hat.

1219 Im Falle der Einsetzung einer Urlaubsvertretung per Untervollmacht kann die Vergütung frei vereinbart werden, muss dann aber aus der dem eigentlichen Betreuer zustehenden Pauschale finanziert werden. Der Bevollmächtigte hat keinen eigenen Vergütungsanspruch gegenüber dem Betreuten bzw. der Staatskasse. In der Praxis wird zum Teil vereinbart, sich gegenseitig bei Bedarf zu vertreten und – da dadurch im Laufe der Zeit ein Ausgleich erfolgt – auf eine Vergütung zu verzichten.

1220 *Hinweis*

 Was oft übersehen wird, ist das Haftungsrisiko. Nach Auskunft unseres Versicherungspartners tritt die Haftpflichtversicherung nur in Fällen ein, in denen ein Betreuer durch das Gericht eingesetzt wurde. Für Tätigkeiten, die als Unterbevollmächtigter für einen Kollegen ausgeführt werden, besteht kein Versicherungsschutz!

1221 Betreuer sollten mit dem Betreuungsgericht absprechen, welche der beiden Möglichkeiten man dort bevorzugt. In den Empfehlungen der BAGÜS zur Betreuerauswahl[256] wird es als (auch schon im Bewerbungsgespräch abzufragendes) Eignungskriterium angesehen, dass ein Betreuer eine Vertretungsregelung getroffen hat bzw. dass ein Interessent für diese Tätigkeit bereits weiß, wie er eine Vertretung für Zeiten seiner Abwesenheit organisieren kann.

---

256 Deutscher Landkreistag, Deutscher Städtetag, Bundesarbeitsgemeinschaft der überörtlichen Sozialhilfeträger, Überarbeitete Empfehlungen für Betreuungsbehörden bei der Betreuerauswahl (Quelle: vgl. Rn. 492), S. 10, 13

Dass im Falle eines – heute in der Bevölkerung durchaus üblichen – dreiwöchigen Urlaubs **1222** u.U. vierzig oder mehr Gerichtsbeschlüsse verfasst werden müssen, damit in jeder Betreuung eine ausreichende Vertretung stattfinden kann, ist ein Paradebeispiel dafür, dass die gesetzlichen Vorschriften in Teilen überaltert sind und sich kaum noch mit einer modernen beruflichen Führung von Betreuungen vereinbaren lassen.

7.9.5 Schwierigkeit: fehlende Refinanzierung

Schwierigkeiten wird die Fallgestaltung bereiten, dass eine mit der Führung der Betreuung **1223** in Zusammenhang stehende Tätigkeit von dem Betreuer nicht selbst erbracht werden kann, für die Beauftragung eines Dritten aber die notwendigen finanziellen Mittel fehlen.

Das **Problem** wird deutlich, wenn man das oben genannte Beispiel (Rn. 1203) hinsichtlich **1224** der Beauftragung eines Steuerberaters abwandelt: Der Betreute war Inhaber einer inzwischen verschuldeten Firma, es sind keine finanziellen Mittel für irgendwelche Ausgaben mehr vorhanden. In den letzten Jahren vor der Betreuerbestellung hatte der Betreute keine Steuererklärungen mehr abgegeben. Das Finanzamt fordert nun unter Berufung auf § 34 AO vom Betreuer – dem auch die Vermögenssorge übertragen wurde und der über keine besonderen steuerrechtlichen Kenntnisse verfügt – die Erstellung der Steuererklärungen.

Da für die Erstellung komplizierter **Steuererklärungen** für ein Unternehmen etliche Fach- **1225** kenntnisse erforderlich sind, wäre dies ein typischer Fall, in dem – auf Kosten des Betreuten und nicht etwa aus dem dem Betreuer zusammen mit der Vergütung gezahlten Aufwendungsersatz – ein Steuerberater zu beauftragen wäre, was aber an den fehlenden finanziellen Mitteln scheitert. Die Bestellung eines weiteren Betreuers mit entsprechenden Fachkenntnissen, der seine Tätigkeit u.U. gem. § 1835 Abs. 3 als berufliche Dienste gesondert als Aufwendungsersatz in Rechnung stellen kann, scheitert an der neuen Vorgabe des § 1899 Abs. 1 (keine Bestellung mehrerer Berufsbetreuer, außer in Fällen der Verhinderung oder der Entscheidung über eine Sterilisation).

Für den Betreuer ergibt sich eine kaum lösbare Situation: Beauftragt er einen Steuerberater **1226** und verschweigt diesem, dass für sein Honorar keine Mittel vorhanden sind, macht er sich wegen eines **Betrugs** strafbar. Unterlässt er die Abgabe der Steuererklärung einfach, riskiert er eine Haftung gem. § 69 AO. Erstellt er die Steuererklärungen doch selbst, besteht im Falle von Fehlern ebenfalls die Gefahr einer Haftung. Ihm bliebe vermutlich nur die Möglichkeit, unter Hinweis auf die ihm fehlenden Fachkenntnisse eine Einschränkung seines Aufgabenkreises zu beantragen („Vermögenssorge mit Ausnahme von Steuerangelegenheiten" o.Ä.).

Das Finanzamt müsste dann – sofern es auf die Abgabe einer Steuererklärung nicht verzich- **1227** ten will – gem. § 81 Abs. 1 Nr. 4 AO beim Betreuungsgericht die Bestellung eines „Vertreters von Amts wegen" beantragen, der für seine Tätigkeit dann gem. § 81 Abs. 3 AO eine Vergütung von der Finanzbehörde verlangen kann.

Etwas entschärft ist diese Problematik allerdings dadurch, dass seit einiger Zeit gem. § 3 **1228** Abs. 1 Nr. 1 BerHG auch für die Inanspruchnahme der Dienste eines Steuerberaters Beratungshilfe gewährt werden kann.

Hinweis **1229**

 Bezüge zur Pauschalvergütung finden Sie auch in den folgenden Kapiteln dieses Buches:

▶ *Keine Pauschalvergütung für ehrenamtliche Betreuer, Kapitel 6, Rn. 434*

▶ *Stundensätze für Berufsbetreuer, Kapitel 6, Rn 495 ff.*

▶ *Pauschalvergütung für Vereinsbetreuer, Kapitel 6, Rn. 882 ff.*

▶ *Pauschalvergütung bei tatsächlicher Verhinderung, Kapitel 6, Rn. 943 ff.*

▶ *Mittellosigkeitszeitpunkt und pauschale Betreuervergütung, Kapitel 8, Rn. 1242 ff.*

▶ *Unterhalt bei pauschaler Betreuervergütung, Kapitel 8, Rn. 1324 ff.*

▶ *Zusätzliche Angaben im Vergütungsantrag bei pauschaler Betreuervergütung, Kapitel 9, Rn. 1613 ff.*

▶ *Fristen bei der Pauschalvergütung, Kapitel 10, Rn. 1727 ff.*

▶ *Beginn des Abrechnungszeitraums bei der Pauschalvergütung, Kapitel 10, Rn. 1738 ff.*

▶ *Pauschalierung bei Ende der Betreuung, Kapitel 10, Rn. 1743 ff.*

▶ *Beginn der Ausschlussfrist bei der Pauschalvergütung, Kapitel 10, Rn. 1751 ff.*

▶ *Vorzeitiges Betreuungsende bei Pauschalvergütung, Kapitel 10, Rn. 1768 ff.*

▶ *Tabellarische Übersicht bei anteiligen Zeiträumen, Kapitel 10, Rn. 1773 ff.*

8 Feststellung der Mittellosigkeit der betreuten Person

8.1 Allgemeines

Der Begriff der **Mittellosigkeit** (§§ 1835 Abs. 4, 1836 Abs. 2 BGB, § 5 VBVG) war vor dem 1.1.1999 nicht gesetzlich definiert. Bei der Frage, ob die betreute Person die Vergütung und den Aufwendungsersatz aus eigenem Einkommen oder Vermögen zu bezahlen hat oder ob die **Staatskasse** hierfür aufzukommen hat, wendeten bis dahin die meisten Gerichte Maßstäbe aus dem Bereich der **Prozesskostenhilfe** (§§ 114 ff. ZPO) an. In der Gerichtspraxis kam in dieser Zeit meist nur eine Inanspruchnahme von Vermögenswerten infrage (§ 115 ZPO in Verbindung mit dem damaligen § 88 BSHG, dem jetzigen § 90 SGB XII). Laufendes Einkommen der betreuten Personen wurde kaum herangezogen. Allerdings war die Anwendung innerhalb der Rechtsprechung umstritten.[1]

1230

In der durch das 1. BtÄndG mit Wirkung vom 1.1.1999 erfolgten Neufassung (§ 1836c und 1836d BGB) wurde die Abgrenzung der Mittellosigkeit **gesetzlich definiert**. Hiernach hat die betreute Person, soweit ihr Einkommen die in § 85 SGB XII enthaltenen Freigrenzen der Sozialhilfe in besonderen Lebenslagen (seit 1.1.2005 als Hilfen nach dem 5. bis 9. Kapitel des SGB XII bezeichnet) übersteigt, dieses übersteigende Einkommen zur Finanzierung der Vergütung und des Aufwendungsersatzes einzusetzen (§ 1836c Nr. 1 BGB i.V.m. §§ 82, 85, 87 SGB XII). Barvermögen ist einzusetzen, sobald es oberhalb der Vermögensfreibeträge (§ 1836c Nr. 2 BGB in Verbindung mit der Verordnung zu § 90 SGB XII) liegt. Auch sonstige Vermögenswerte, soweit sie nicht nach § 90 SGB XII geschützt sind, können herangezogen werden. Die Heranziehungsmöglichkeit des Betreuten bedeutet aber vor allem, dass sich die Zahlungen an den Betreuer aus der Staatskasse als Darlehenszahlungen für den Betreuten (oder seinen Erben) darstellen.

1231

Die Feststellung der Mittellosigkeit, also des Eintritts der Staatskasse für Aufwendungsersatz und Vergütung im konkreten Fall ist wie im früheren Recht Pflicht des Betreuungsgerichts (§ 26 FamFG).[2] Im Rahmen des **Ermessens** muss jedoch auch der Sinn und Zweck der Regelung berücksichtigt werden. Ein wichtiger Unterschied zum Sozialhilferecht: Während die Sozialhilfe grundsätzlich der Vermeidung von Armut dient und auch bei der Erbringung von Hilfen in besonderen Lebenslagen dem Hilfebezieher grundsätzlich eine Einschränkung seiner Lebensführung zugemutet werden kann, mag dies bei der Betreuung anders sein.[3]

1232

Der Antragsteller hat bei der Ermittlung der Einkommens- und Vermögensverhältnisse **nach besten Kräften** mitzuwirken (§ 168 Abs. 2 Satz 1 FamFG).[4] Hierzu sind grundsätzlich die Vorlage von Kontoauszügen sowie vollständige Angaben über Einkommen und Vermögen erforderlich.[5] Der Betreuer ist auch verpflichtet, beim Vergütungsantrag Angaben über Unterhaltsansprüche und -pflichtige des Betreuten zu machen.[6] Bei Unklarheiten über die Vermögensverhältnisse des ehemaligen Betreuten sind aber auch durch das Gericht von Amts wegen (§ 26 FamFG) ggf. Auskünfte von Verwandten einzuholen.[7]

1233

Problematisch ist diese Rechtsauffassung dann, wenn der Antragsteller den Aufgabenkreis Vermögenssorge bzw. die Unterhaltsgeltendmachung nicht innehat, was bei Betreuungen Volljähriger, aber auch bei Pflegschaften der Fall sein kann. Der Betreuer ist dann gegenüber anderen Personen kein gesetzlicher Vertreter (§ 1902 BGB), er kann Auskünfte gegenüber Behörden (wegen der Datenschutzbestimmungen) und Dritten wie Banken, nicht einklagen.

1234

---

1 Vgl. zur Kontroverse Deinert JurBüro 1993, 513
2 Vgl. BayObLG BtPrax 1995, 227 = FamRZ 1996, 244; LG Frankfurt/Main FamRZ 1993, 218
3 Jürgens u.a., Betreuungsrecht kompakt, Rn. 312
4 Bereits für altes Recht: LG Frankfurt/Main, JurBüro 1993, 111; LG Münster JurBüro 1993, 415 = MDR 1993, 450; LG Kleve JurBüro 1995, 158
5 LG Kleve FamRZ 2000, 564
6 LG Kleve BtPrax 1999, 201
7 OLG Schleswig FamRZ 2004, 979

Kann die Zahlungsfähigkeit des Betreuten nicht positiv festgestellt werden, ist zu seinen Gunsten von Mittellosigkeit auszugehen.[8]

1235 Der Betreuer hat auch insbesondere keine Pflicht, **Rücklagen** zur späteren Betreuerfinanzierung zu bilden,[9] und er ist auch nicht verpflichtet, seine Vergütungsanträge zeitlich so früh zu stellen, dass die Vergütung noch gegen den Betreuten selbst festgesetzt werden kann und nicht aus der Staatskasse gezahlt werden muss, weil das ursprünglich vorhandene Geld inzwischen verbraucht wurde.[10] Allerdings soll nach Ansicht des LG München I bzgl. der Stundenzahl lediglich von Mittellosigkeit ausgegangen werden, wenn die Staatskasse nur deshalb eintreten muss, weil ein Betreuer einen Vergütungsantrag nicht zeitnah gestellt hat,[11] und es soll keine Mittellosigkeit vorliegen, wenn der Betreuer den Betreuten „vorsätzlich" mittellos gemacht hat. Im entschiedenen Fall erfolgte keine **Entnahme** der durch das Betreuungsgericht zugebilligten Vergütung während des Rechtsmittelverfahrens, stattdessen die weitergehende Zahlung von Pflegeheimkosten aus dem Vermögen anstatt der Beantragung von Sozialhilfe/Grundsicherung.[12]

1236 *Hinweis*

 Bei betreuten Menschen, deren Einkommen und/oder Vermögen nicht allzu hoch oberhalb der Freibeträge nach § 1836c BGB liegt, empfiehlt es sich, beim Vergütungsantrag, der sich gegen den Betreuten richtet, rein vorsorglich und zur Fristwahrung auch hilfsweise den Beschluss gegen die Staatskasse zu beantragen; für den Fall, dass nach Antragstellung Mittellosigkeit eintritt. Auch sollte bei einer Verzögerung der gerichtlichen Beschlussfassung und dem zwischenzeitlichen Eintritt der Mittellosigkeit der Antrag bez. der Person des Zahlungspflichtigen abgeändert werden, damit sich ein Rechtsmittel erübrigt.

8.2 Zeitpunkt der Mittellosigkeit

8.2.1 Allgemeines zum Zeitpunkt

1237 Für die Frage, welcher Zeitpunkt für die Mittellosigkeit von Bedeutung ist, ist Folgendes zu unterscheiden:

1238 Bei der Vergütungsbewilligung ist für die Frage der **Ermittlung des Zahlungspflichtigen** der Zeitpunkt maßgeblich, zu dem das **Gericht in 1. Instanz** über die Frage der Vergütung entscheidet bzw. **im Rechtsmittelverfahren die letzte Tatsacheninstanz**, also das Landgericht.[13] Eine zwischenzeitlich eingetretene Vermögensminderung kann auch dann zu Mittellosigkeit führen, wenn ursprünglich (beim Vergütungsantrag) noch ausreichend Vermögen vorhanden war. Dies gilt auch, wenn ein Sozialhilfeträger seinen bestehenden **Rückgriffsanspruch** (§ 102 SGB XII) noch nicht durchgesetzt hat.[14]

---

8 LG Osnabrück FamRZ 96, 1349; LG Duisburg BtPrax 2000, 42 = FamRZ 2000, 980; LG Osnabrück FamRZ 1996, 1349; OLG Frankfurt/Main FamRZ 1996, 819, LG Zwickau BtPrax 2008, 275 (Ls) = FamRZ 2009, 250; LG Saarbrücken BtPrax 2009, 42 = FamRZ 2009, 1094

9 OLG Düsseldorf BtPrax 1999, S. 74 = FamRZ 1999, 1169; ähnlich LG Kiel v. 9. 2. 2000, 3 T 49/00 und OLG Schleswig v. 22. 3. 2000, 2 W 43/00, FamRZ 3/2001, II

10 LG Kiel sowie OLG Schleswig a.a.O.

11 LG München I, Beschl. v. 26.5.2008, 13 T 4743/08

12 LG Kleve BtPrax 1999, 202

13 BayObLG BayObLGZ 1964, 71/73; BayObLGZ 1995, Nr. 72 = FamRZ 1996, 372; BtPrax 1996, 29; KG Berlin FamRZ 1998, 188; LG Frankenthal BtPrax 1997, 117; LG Duisburg JurBüro 1993, 196; LG Essen, Beschl. v. 16.12.1992, 7 T 664/92; OLG Zweibrücken BtPrax 2005, 198 = FamRZ 2005, 1778; OLG Schleswig FGPrax 2005, 161; OLG München FGPrax 2009, 21; OLG Frankfurt/Main FGPrax 2008, 203; OLG Hamm FamRZ 2009, 1007; LG Halle FamRZ 2009, 371 (Ls), LG Koblenz BtPrax 2010, 191

14 OLG Zweibrücken BtPrax 1999, 32

Unabhängig davon ist die Höhe der Stundenansätze bei der pauschalen Betreuervergütung nach § 5 Abs. 1 oder 2 VBVG. Dies betrifft auch die Tabellenkategorie „mittellos" und „nicht mittellos" nach den neuen Tabellen A bis C (Anlage zum VBVG nach Inkrafttreten der Vergütungsrechtsreform 2019). Während früher die Auffassung vertreten wurde, dass die Staatskasse nur den für Mittellose anzusetzenden Stundenansatz zu zahlen habe und der Betreute als Selbstzahler nur den Stundenansatz für Vermögende, fällt die Berechnung nach inzwischen h.M. auseinander.

1239

Es ist denkbar, dass die Änderung des Vermögensstatus erst nach dem gem. § 9 VBVG abgerechneten Tätigkeitszeitraum eintritt; dann ändert sich an der Vergütungshöhe nichts mehr, es ändert sich nur der Zahlungspflichtige.[15]

Während des möglicherweise länger dauernden Zeitraums zwischen Antragstellung und Gerichtsentscheidung hat der Betreuer jedoch keine Möglichkeit, das etwaige Vermögen zum Zwecke der späteren Entnahme (nach gerichtlicher Entscheidung) zurückzuhalten; er muss es vielmehr zum Lebensunterhalt der betreuten Person einsetzen oder an den Sozialhilfeträger oder Träger von ALG-II-Leistungen abführen.[16] Sollte demnach tatsächlich auf die Verhältnisse zum Zeitpunkt des Vergütungsantrags abgestellt werden, kann es sein, dass ein Gericht eine Vergütung aus einem Vermögen zuspricht, das gar nicht mehr vorhanden ist. Der antragstellende Betreuer sollte eine Änderung des Vermögensstatus des Betreuten bei einem laufenden Vergütungsantragsverfahren dem Gericht unverzüglich mitteilen und eine Änderung des Zahlungspflichtigen in seinem Antrag vornehmen.

1240

Grundlage der Mittellosigkeitsberechnung (jedenfalls des Vergütungsschuldners) ist die konkret vorliegende Vergütungsabrechnung, die sich maximal auf die letzten 15 Monate der Betreuertätigkeit beziehen kann (§§ 2, 9 VBVG).[17]

1241

▶ *Zur Feststellung der Mittellosigkeit nach dem Tod des Betreuten siehe unten Rn. 1427 ff.*

8.2.2 Mittellosigkeitszeitpunkt und pauschale Betreuervergütung

Ob diese Verfahrensweise für die pauschale Betreuervergütung (§§ 4, 5 VBVG) nach dem 1.7.2005 noch weiter gelten konnte, war auch längere Zeit nach dem 1.7.2005 nicht völlig klar. Zuvor konnte der Betreuer im Rahmen der **Erlöschensfristen** den Abrechnungszeitraum frei wählen. Seit 1.7.2005 ist er aufgrund § 9 Satz 1 VBVG verpflichtet, in **Quartalsabständen** abzurechnen. Es ist also durchaus fraglich gewesen, ob er noch berechtigt ist, mehrere Quartalsrechnungen auflaufen zu lassen, um somit durch die Erhöhung der Rechnungssumme die Mittellosigkeit des Betreuten i.S.d. § 1836d herbeizuführen. Ersichtlich sieht die gerichtliche Vergütungspraxis seit 1.7.2005 hierin aber kein Problem. Es sind keine Entscheidungen bekannt, die einem Betreuer die gleichzeitige Beantragung von max. fünf Quartalszeiträumen verwehren.

1242

Der Manipulationsanreiz, wenn man es so benennen will, ist nach neuem Recht ohnehin eher umgekehrt: Da der Betreuer bei Mittellosigkeit einen geringeren Stundenansatz erhält, wird ihm aus eigenem Interesse daran gelegen sein, seinen Vergütungsanspruch eher kurzfristig gegen den Betreuten durchzusetzen. Vermuteten Missbrauchsgefahren kann das Betreuungsgericht durch eine **Verkürzung der Ausschlussfrist** gemäß § 2 Satz 2 VBVG i.V.m. § 1835 Abs. 1a BGB vorbeugen (vgl. dazu Kapitel 10, Rn. 1764 ff.). Dafür dürfte allerdings in der Praxis nur selten ein Anlass bestehen.

1243

---

15 Vgl. OLG Dresden BtPrax 2007, 256 (Ls); ebenso OLG Hamburg, FamRZ 2008, 91; OLG Frankfurt/Main, BtPrax 2008, 175 = FamRZ 2008, 1888; OLG Naumburg, Beschl. v. 13.8.2008, 8 Wx 18/08; OLG Hamm, Beschl. v. 2.12.2008, 15 W 364/07, NJW-RR 2009, 1310, sowie letztlich der BGH FamRZ 2013, 620

16 BVerwG BtPrax 1996, 101

17 OLG Schleswig BtPrax 2000, 128 = FamRZ 2001, 252; erneut FGPrax 2005, 161

8.2.2.1 Abstellen auf den Fälligkeitstag?

1244 Ein Abstellen auf den Fälligkeitstag nach § 9 VBVG hätte allerdings nach wie vor dem Betreuer das Risiko aufgebürdet, dass sein Anspruch während der – von ihm nur in geringem Umfang beeinflussbaren – Verfahrensdauer des Vergütungsverfahrens undurchsetzbar wird. Dies spricht unseres Erachtens dafür, die Mittellosigkeit **wie bisher** auf den Zeitpunkt der gerichtlichen Tatsachenentscheidung über den Vergütungsantrag abzustellen.[18] Dies ist durch die o.g. BGH-Entscheidung auch ausdrücklich bestätigt worden.

8.2.2.2 Tageweise Feststellung der Mittellosigkeit?

1245 Nach neuerer Rechtsprechung, der alle bisher mit dieser Fragestellung befassten Oberlandesgerichte und letztlich der BGH gefolgt sind, ist die Mittellosigkeit in zwei Schritten zu beurteilen:

1246 Bezüglich der in Ansatz zu bringenden **Stundenzahlen** (also § 5 Absatz 1 VBVG bei Vermögenden, § 5 Abs. 2 VBVG bei Mittellosen) ist auf den Zeitraum der abgerechneten Tätigkeit abzustellen. Das kann – sofern sich die Vermögensverhältnisse im Tätigkeitszeitraum entsprechend verändert haben – zu einer **monatsweisen Berechnung der Stundenzahl** führen.

1247 Der BGH hat diese unter den Obergerichten strittige Frage dahingehend entschieden, dass der Monatsstundenansatz am Ende eines jeweiligen Betreuungsmonates (§ 287 Abs. 1 oder 2 FamFG) einheitlich nach den zu diesem Zeitpunkt gegebenen Einkommens- und Vermögensverhältnissen zu betrachten ist.[19] Gerichtentscheidungen, die zuvor auf eine tagegenaue Abgrenzung gesetzt hatten[20] und deren Rechtsauffassung zu einer kaum zu bewältigenden Dokumentationspflicht zur „Tagesmittellosigkeit" geführt hätte, sind damit gegenstandslos geworden. Abzustellen ist nach der neueren Rechtsprechung auf die Vermögenssituation am jeweils monatlich wiederkehrenden Tag der Wirksamkeit der Betreuerbestellung, die sich aus § 287 Abs. 1 oder 2 FamFG ergibt.

1248 Erst in einem zweiten Schritt ist dann festzustellen, wer – die Staatskasse oder der Betreute selbst (bzw. sein Erbe) – die Vergütung zahlen muss. Dabei ist, wie auch vor der Einführung der Pauschalvergütung, auf die Verhältnisse am Tag der gerichtlichen Entscheidung des Amtsgerichtes (bzw. bei Einlegung einer Beschwerde – des Landgerichts) abzustellen.[21]

1249 Dennoch verbleibt eine Unsicherheit. Denn entsprechend der **Zuflusstheorie**[22] im Sozialhilferecht gelten grundsätzlich alle Zahlungen, die der Betroffene innerhalb eines Kalendermonats erhält, für diesen als Einkommen i.S. des § 82 SGB XII und, sobald die Beträge nicht verbraucht sind, ab dem 1. des folgenden Kalendermonats als Vermögen nach § 90 SGB XII. Logischerweise müssten Vermögensabflüsse, z.B. zur Schuldentilgung, innerhalb des Monats ihrer Zahlung noch nicht von dem der Vergütungsabrechung zugrunde liegenden Vermögen abgezogen werden, sondern erst ab Beginn des folgenden Kalendermonates. Da der BGH nicht auf Kalendermonate, sondern auf Betreuungsmonate (wiederkehrendes Datum des sich aus dem Wirksamwerden der Betreuung nach § 287 FamFG ergebenden Zeitpunkt) abstellt, müsste die Frage des Zuflusses, also des Umwandelns nicht verbrauchter Ein-

---

18 So auch Fröschle, BtR, Rn. 281

19 BGH, BtPrax 2011, 83 = FamRZ 2011, 368; zuvor bereits OLG München BtPrax 2009, 30 = FamRZ 2009, 453

20 OLG Brandenburg BtPrax 2007, 267 = FamRZ 2007, 2109; OLG Hamburg FamRZ 2008, 91; OLG Frankfurt/Main BtPrax 2008, 175 = FamRZ 2008, 1888; OLG Naumburg, Beschl. v. 13.8.2008, 8 Wx 18/08; LG München I FamRZ 2006, 970 = BtPrax 2006, 115; LG Koblenz NJW-RR 2006, 724; LG Ellwangen, Beschl. v. 6.3.2007, 1 T 24/07; LG Gießen FamRZ 2007, 1689; LG Meiningen Beschl. v. 14.12.2006, 3 T 255/06, BtMan 2007, 202 (Ls); LG Halle/Saale FamRZ 2009, 371 (Ls)

21 So z.B. Zimmermann, Die Betreuer- und Verfahrenspflegervergütung ab dem 1.7.2005, FamRZ 2005, 950, 951; offenbar auch Dodegge NJW 2005, 1896, 1898; OLG Brandenburg BtPrax 2007, 267 = FamRZ 2007, 2109; OLG Dresden BtPrax 2007, 256 (Ls); OLG Hamburg FamRZ 2008, 91; LG Ellwangen, Beschl. v. 6.3.2007, 1 T 24/07 ; LG Frankenthal FamRZ 2007, 1358; LG Gießen FamRZ 2007, 1689; LG Koblenz NJW-RR 2006, 724; LG Meiningen, Beschl. v. 14.12.2006, 3 T 255/06, BtMan 2007, 202 (Ls). LG München I FamRZ 2006, 970 = BtPrax 2006, 115; LG Bückeburg, Beschl. v. 14.3.2011, 4T 112/10

22 Z.B. BVerwG NDV-RD 1999, 91 = FEVS 51, 51; BVerwG DVBl. 2001, 1065

nahmen in Vermögenswerte, konsequenterweise auch auf den Betreuungsmonat bezogen werden. Hierdurch kann sich, wenn der Betreute Sozialhilfeempfänger ist, eine leichte Abweichung von der Beurteilung durch den Sozialhilfeträger für den betreffenden Monat ergeben.

Hierbei ist es denkbar, dass der Betreute zum Beginn des Abrechnungszeitraums noch ver- **1250** mögend ist, weil das verfügbare Vermögen die Freigrenze des § 1836c Nr. 1 BGB i.V.m. § 90 Abs. 2 SGB XII und § 1 der Verordnung zu § 90 SGB XII übersteigt und der Betreute aufgrund Vermögensabflusses (z.B. für Heimkosten oder die Deckung der Betreuervergütung für einen früheren Abrechnungszeitraum) mittellos wird, weil die Schongrenze für das Vermögen unterschritten wird. Ebenfalls ist es denkbar, dass ein bisher mitteloser Betreuter zu Vermögen kommt (z.B. durch Schenkung, Erbschaft, Nachzahlungen von Renten oder Verfügbarwerden bisher geschützten Vermögens, z.B. dadurch, dass ein Hausgrundstück nicht mehr selbst bewohnt wird). Auch kann dieser Zustand während des Abrechnungszeitraums mehrfach wechseln, vor allem, wenn eher geringe (zusätzliche) Vermögenswerte hinzukommen oder abfließen.

Zwar gebietet § 5 Abs. 4 VBVG auf den ersten Blick ausnahmslos für alle Umstände, die sich **1251** auf die Vergütung auswirken, eine tageweise Berechnung der Vergütung. Diese Regelung wurde aber bereits formuliert, als noch lediglich eine Unterscheidung nach dem Wohnort des Betreuten (Einrichtung oder eigene Wohnung) und nach der Dauer der Betreuung vorgesehen war. Es spricht einiges dafür, dass eine Überarbeitung dieser Formulierung übersehen wurde, als nachträglich (im Rahmen der Beratungen des Rechtsausschusses) auch die unterschiedlich hohen Stundenansätze für mittellose und nicht mittellose Betreute in das Gesetz aufgenommen wurden (so auch die Auffassung des BGH[23]). Hierfür spricht auch, dass in der Begründung des Rechtsausschusses einfach nur darauf hingewiesen wird, § 5 Abs. 4 VBVG entspreche dem früher dafür vorgesehenen § 1908 Abs. 1 Abs. 3-E[24]; dieser aber stellte nicht auf das Kriterium Mittellosigkeit ab.

Aus der BGH-Rechtsprechung zur „Monats-Mittellosigkeit" ergibt sich aber auch noch eine **1252** andere Frage, die des Aufaddierens der monatlich zu zahlenden Betreuervergütung selbst. Sind diese Zahlungspflichten, die ja mangels Gerichtsbeschlusses nach § 168 FamFG noch nicht entnommen werden können, jeweils vom Vermögen des Betreuten abzuziehen oder nicht? Am Beispiel: Der Betreute hat ein Vermögen von 5.500,00 €. Es handelt sich um einen Fall des Nichtheimbewohners am Anfang einer Betreuung und einen Betreuer in Vergütungsstufe 3. Bei einem Vermögenden wären im ersten Quartal monatlich 8,5 Stunden á 44,00 € = 374,00 € in Rechnung zu stellen, bei einem Mittellosen stattdessen 7 Stunden á 44,00 € = 308,00 €. Würde in der Berechnung das Vermögen durch den ersten Betreuungsmonat um die dafür zu zahlende Summe von 374,00 € vermindert, wären ab dem 2. Monat keine weiteren Zahlungen aus dem Betreutenvermögen möglich, da sonst der Freibetrag nach § 1 der Verordnung zu § 90 SGB XII von 5.000,00 € unterschritten würde, der auch für die Betreuervergütung gilt (§ 1836c Nr. 2 BGB). Fände also ein solcher fiktiver Abzug statt, wäre ein Vergütungsantrag so zu stellen, dass nur für den ersten Betreuungsmonat der Betrag von 374,00 € in Rechnung zu stellen wäre, für die Monate 2 und 3 des ersten Quartals nur jeweils 308,00 €. Würde demgegenüber die Zahlungspflicht der einzelnen Monate nicht abgezogen (weil ja auch andere Schuldverpflichtungen grundsätzlich keinen Abzug rechtfertigen), wäre für jeden der Monate des 1. Quartals eine Summe von 374,00 € zu berechnen. Diese bisher höchstrichterlich nicht geklärte Frage liegt zum Zeitpunkt des Redaktionsschlusses dieses Werks dem BGH zur Entscheidung vor.[25]

---

23 BGH BtPrax 2011, 83, s.o. zu Rn. 1247
24 BT-Drs. 15/4874, S. 73
25 Unter AZ: XII ZB 106/18

8.2.2.3 Betrachtung nicht ungerecht

1253 Eine **einheitliche Beurteilung** für jeweils einen gesamten Betreuungsmonat erscheint insgesamt nicht als „ungerecht". Bedenken könnten insoweit nur dann bestehen, wenn die Betreuung mitteloser und nicht mitteloser Menschen regelmäßig auch einen unterschiedlich hohen Arbeitsaufwand erfordern würde. So liegt es aber nicht zwangsläufig.

1254 Einerseits bestehen für den Betreuer im Falle der Verwaltung hoher Vermögenswerte sicherlich auch ein erhöhter zeitlicher Aufwand sowie ein höheres **Haftungsrisiko**. Andererseits kann die Vermögenssorge im Falle eines verschuldeten Betreuten ebenfalls einen sehr hohen zeitlichen Aufwand verursachen, wenn z.B. Anträge auf Sozialleistungen gestellt und Einigungsversuche mit zahlreichen Gläubigern unternommen werden müssen, während die Vermögenssorge im Falle eines Betreuten mit einem üblichen Einkommen, das gerade für die Finanzierung der regelmäßigen Ausgaben sowie der Betreuervergütung ausreicht, keine besonderen zeitlichen Belastungen mit sich bringen dürfte.[26]

1255 Letztlich wird man die niedrigere Bezahlung aus der Staatskasse wohl vor allem nur damit begründen können, dass in Anbetracht des Zustands der öffentlichen Haushalte eine Einschränkung aus Gründen der Finanzierbarkeit geboten ist.[27] Ein Betreuer ist also nicht automatisch benachteiligt, weil er zunächst davon ausging, die Vergütung aus dem Vermögen des Betreuten zu erhalten, nun aber mit der etwas geringeren Vergütung aus der Staatskasse vorliebnehmen muss.

1256 Da unabhängig von der Frage der Mittellosigkeit immer alle im Rahmen einer Betreuung erforderlichen Tätigkeiten ausgeführt werden müssen, bedeutet es umgekehrt auch für den Betreuten keinen Nachteil, wenn der Betreuer zunächst davon ausging, nur den geringeren Stundenansatz gegenüber der Staatskasse geltend machen zu können, dann aber im Laufe des Betreuungsmonats eine Veränderung eingetreten ist. Da der Betreuer nicht automatisch mehr leisten muss, wenn er den höheren Stundenansatz gegenüber dem Betreuten geltend machen kann, sind dem Betreuten auch keine Leistungen „entgangen", die der Betreuer erbracht hätte, wenn er nicht von Mittellosigkeit ausgegangen wäre.

8.2.2.4 Stundenansatz für die Beurteilung der Mittellosigkeit

1257 Eine weitere sich seit 1.7.2005 zu stellende Frage ist, **welcher Stundenansatz** (bzw. Tabellenwert) für die Beurteilung der Mittellosigkeit heranzuziehen ist. Hier droht ein Zirkelschluss zu entstehen: Der Stundenansatz und mit ihm die Vergütungshöhe hängt von der Mittellosigkeit ab. Ob Mittellosigkeit und somit Zahlungspflicht der Staatskasse gegeben ist, kann aber wiederum von der Vergütungshöhe abhängen:

1258 *Beispiel*

 Der Betreute X – nicht im Heim – wird von Berufsbetreuer B (3. Vergütungsstufe) im 1. Betreuungsquartal betreut. Sein nach § 1836c Nr. 2 einzusetzendes Vermögen beläuft sich auf 1.000,00 €. Welche Vergütung steht Y am Ende des Quartals zu und gegen wen?

Nimmt man zunächst an, X sei nicht mittellos, so wären 3 x 8,5 x 44,00 € = 1.122,00 € zu zahlen. Da X das nicht kann, wäre er mittellos.

*Nimmt man dagegen seine Mittellosigkeit an, fielen nur **3 x 7 x 44,00 € = 924,00 €** an. Da er diese Summe aus seinem Vermögen zahlen könnte, wäre er wiederum nicht mittellos. (Bei den vorigen Beispielen sind die Stundenansätze aus der Zeit vor Inkrafttreten der Vergütungsreform 2019 genannt.)*

---

26 So auch Zimmermann, a.a.O.
27 Vgl. BT-Drs. 15/4874, S. 73

Hier gibt es u.E. nur einen sinnvollen Ausweg: Die Mittellosigkeit ist **nach den höheren Stundenansätzen** des § 5 Abs. 1 VBVG zu beurteilen, denn diese sind es, die dem Betreuer gegen den Betreuten zustehen. Im Beispielsfall kann der Betrag von 1.122,00 € nicht entnommen werden. Es ist daher **Mittellosigkeit** anzunehmen und die Vergütung nach dem niedrigeren Stundenansatz des (bisherigen) § 5 Abs. 2 VBVG in Höhe von 924,00 € aus der Staatskasse zu zahlen (obwohl nach dem Wortlaut der Regelungen hier der Betreute wieder für diese Summe aufkommen könnte). **1259**

Die Staatskasse kann dann jedoch wegen der ganzen Summe von 924,00 € gegen den Betreuten den Staatskassenregress gemäß §§ 1908i Abs. 1 Satz 1, 1836e geltend machen (vgl. dazu unten Rn. 1468 ff.). **1260**

8.2.3 Mittellosigkeitszeitpunkt und Aufwendungsersatz

Mangels entgegenstehender anderer Regelungen wird ein Anspruch auf Aufwendungsersatz in den Fällen, in denen er auch nach dem 1.7.2005 noch separat abrechenbar ist, jedoch an dem Tag fällig, in dem die Aufwendung getätigt wurde.[28] Im Zweifelsfall wird man entsprechend den Grundsätzen, die der BGH aufgestellt hat, auf die wirtschaftlichen Verhältnisse des Betreuten am Ende des Betreuungsmonats, in dem die Aufwendung erfolgte, abstellen müssen, da üblicherweise Einnahmen und Verpflichtungen in monatlichen Zeitabständen erfolgen. **1261**

Allerdings kann das nur dann gelten, wenn der Betreuer die Möglichkeit hatte, die Aufwendung ohne gerichtliche Entscheidung dem Einkommen bzw. Vermögen zu entnehmen. D.h., der Betreuer muss zum einen den Aufgabenkreis Vermögenssorge innehaben und es muss für ihn frei verfügbares Einkommen/Vermögen vorhanden sein. Sobald eine Gerichtsentscheidung vorausgehen muss (z.B., wenn ausschließlich versperrt angelegtes Mündelgeld nach § 1812 BGB freigegeben werden muss oder wenn die Betreuung zwischenzeitlich beendet ist oder der Aufgabenkreis aufgehoben wurde), kann es logischerweise nur auf den Zeitpunkt der Gerichtsentscheidung ankommen (vgl. auch oben Rn. 1237). **1262**

8.2.4 Mittellosigkeitszeitpunkt und Aufwandspauschale

Konsequenterweise muss dies für die Aufwandspauschale nach § 1835a BGB (vgl. Kapitel 5, Rn. 335 ff., 365 ff.) bedeuten, dass es auf den Zeitpunkt ihrer Fälligkeit, also den wiederkehrenden Zeitpunkt der Betreuerbestellung (§ 1835a Abs. 4 BGB) ankommt. Auch dies kann nur dann gelten, wenn der Betreuer die Aufwandspauschale rechtlich und tatsächlich entnehmen konnte (vgl. Kapitel 9, Rn. 1534 f.), d.h. der Betreuer den Aufgabenkreis Vermögenssorge innehatte und der Betreute nicht mittellos war. **1263**

8.3 Beispiel für eine Berechnung

Der **Einkommensfreibetrag nach § 85 SGB XII** beträgt zurzeit mtl. 848,00 € (Stand 1.1.2019), zuzüglich Kosten der Unterkunft (Kaltmiete und Betriebskosten). Dieser Freibetrag enthält keine speziellen Voraussetzungen mehr, sondern gilt generell für die Hilfe in besonderen Lebenslagen und somit über die Verweisung in § 1836c Nr. 1 für alle Betreuten. Auch vor dem 1.1.2005 bereits galt die Vorgängerregelung in § 81 Abs. 1 BSHG unabhängig davon, ob der Betreute die individuellen Voraussetzungen des § 85 SGB XII erfüllte.[29] **1264**

---

28 LG Augsburg JurBüro 1993, 87; Damrau/Zimmermann § 1835 Rn. 24; Knittel § 1835 Rn. 28
29 Vgl. BR-Drs. 960/96, S. 30, BayOBLG BtPrax 2000, 83; OLG Dresden BtPrax 2001, 208; LG Bautzen FamRZ 2000, 1535 = BtPrax 2000, 267; a.A. LG Koblenz BtPrax 1999, 113 m. Anm. Jürgens; BtPrax 1999, 99; Auffassung aufgegeben: LG Koblenz BtPrax 2000, 222

1265 Ob zu den **Kosten der Unterkunft** neben der Miete und den Betriebskosten auch die Kosten der Heizung zählen, war in der sozialhilferechtlichen Literatur lange umstritten.[30] Nach dem Urteil des BSG vom 25.4.2013[31] waren auch die Heizkosten bei den Unterkunftskosten einzubeziehen, anders als nach der zuvor herrschenden Sichtweise in der Rechtsprechung. In gleicher Weise zuvor zur Betreuervergütung.[32] Durch die Änderung des § 85 SGB XII mit Wirkung ab 1.1.2016 wurde die Einbeziehung der **Heizkosten** allerdings seitens des Gesetzgebers wieder rückgängig gemacht. Dies geschah nicht versehentlich, sondern zur Kostenentlastung der öffentlichen Haushalte.[33] Kosten für Haushaltsstrom waren seit jeher nicht anzurechnen.

1266

Freibetrag für den Betreuten (§ 85 Abs. 1 Nr. 1 SGB XII):	848,00 €
Familienzuschlag für den Ehegatten oder eingetragenen Lebenspartner (§ 85 Abs. 1 Nr. 3 SGB XII):	297,00 €
Unterkunftskosten (Kaltmiete + Betriebskosten) – hier als fiktives Beispiel:	350,00,00 €
Summe:	1.495,00 €

1267 Im vorliegenden Falle würde dies bedeuten, dass bei der Frage, ob der Betreute die Leistungen seines Betreuers selbst zu zahlen hat, nur die Beträge berücksichtigt werden, die die Grenze von 1.495,00 € übersteigen.

1268 Der Familienzuschlag von derzeit 297,00 € (Stand 1.1.2019) beträgt 70 % des Eckregelsatzes und wird für den (Ehe-)Partner und jede Person gewährt, die überwiegend unterhalten wird.

1269 Obwohl das Einkommen des Ehegatten bzw. des eingetragenen Lebenspartners des Betreuten mitrechnet, sind die Zahlungen für Betreuervergütung und Aufwendungsersatz nur aus dem Einkommen bzw. Vermögen des Betreuten selbst zu zahlen. Daher ist genau zu ermitteln, in welcher Höhe Einkommen und Vermögen vorhanden ist. Hierzu gibt § 82 SGB XII erste Hinweise. Zu Details der Einkommensberechnung siehe die VO zu § 82 SGB XII.

8.4 Einkommensermittlung

1270 Zum Einkommen zählen grundsätzlich alle Einnahmen geldwerter Art.[34] Einkommen im Sinne des § 82 SGB XII sind nur tatsächliche Zuflüsse in Geld oder Geldeswert. Nicht alsbald realisierbare Ansprüche sind dagegen kein Einkommen.[35] Bestimmte Formen des Einkommens werden allerdings von vornherein nicht als solches betrachtet. Hierbei handelt es sich in der Regel um Einkommensarten, die als besonders sozialverträglich geschützt sind, da sie der Deckung besonderer Lebensrisiken und Belastungen dienen sollen. Sofern diese Einkommensformen sozialhilferechtlich nicht als Einkommen gelten, muss dies aufgrund der Verweisungen in § 1836c BGB auf das Sozialhilferecht auch für die Einkommensermittlung im Bereich der Betreuervergütung und des Aufwendungsersatzes gelten. Einmalige Einnahmen sind nach der seit 1.1.2016 geltenden Neufassung des § 82 Abs. 7 SGB XII auf 6 Monate zu verteilen, wenn die Einnahme den monatlichen Bedarf übersteigt. Auf das Vergütungsrecht übertragen, dürfte das bedeuten: wenn die einmalige Einnahme (Erbschaft, Schenkung usw.) höher ist als die monatliche Vergütungspauschale.

---

30 Für die Berücksichtigung LPK BSHG § 79 Rn. 4; dagegen Schellhorn u.a. § 79 Rn. 26; Gottschick § 79 BSHG Rn. 7.3; OVG Lüneburg FEVS 36, 108
31 B 8 SO 8/12 R; Rn. 25
32 LG Koblenz, Beschl. v. 25.4.2006, 2 T 258/06, zit. nach juris, Rn. 8; LG Kleve BtPrax 2011, 223
33 BR-Drs. 344/15, 30
34 Siehe im Einzelnen die Verordnung zu § 82 SGB XII, hier abgedruckt im Anhang I, Nr. 14
35 BVerwGE 31, 100

Nicht als Einkommen i.S.v. § 82 SGB XII zu betrachten sind: 1271

- Fiktive Werte des Steuerrechts, z.B. Abschreibungen (AfA), Pauschbeträge für Werbungs-kosten und Sonderausgaben.

- Zuflüsse an Geld oder geldwerten Leistungen, die im Austausch an die Stelle eines Ver-mögens treten, wie z.B. der Verkaufserlös eines Grundstücks oder Schadensersatz für den Verlust einer Sache. Sie gelten ebenso als Vermögen wie dasjenige, dessen Gegen-wert sie darstellen.

- Festgelegte vermögenswirksame Leistungen des Arbeitgebers des Betreuten (die vermö-genswirksam angelegten Lohn- und Gehaltsanteile des Arbeitnehmers sowie die Arbeit-nehmer-Sparzulage gehören zum Einkommen) und festgelegte Prämien auf prämienbe-günstigte Sparleistungen.

- Auslagenersatz (hier wird lediglich eine frühere wirtschaftliche Lage wiederhergestellt), wie Ersatz von Auslagen durch den Arbeitgeber des Betreuten einschließlich des steuer-freien Reisekostenersatzes oder Ersatz von Heizungs- und Stromkosten durch den Mieter an den Betreuten als Vermieter. Für steuerfreie Aufwandsentschädigungen gilt nach § 82 II 4 SGB XII ein Freibetrag von mtl. 200,00 €. Dies betrifft auch sog „Übungsleiter-pauschalen" (§ 3 Nr. 26 EStG).

- „Kleine Vorteile", wie steuerfreie Essensgeldzuschüsse, kleine Geschenke aus besonde-rem Anlass (Weihnachten, Geburtstag o.Ä.), kleinere Trinkgelder (nicht bei Kellnern und Friseuren), kleinere Gefälligkeiten im Rahmen der Nachbarschaftshilfe.

- Seit 1.1.2018 eine Riester-Rentenzahlung von 100,00 € mtl. zzgl. 30 % des übersteigen-den Rentenbetrags, max. 50 % des Regelsatzes (= 212,00 € Stand 2019). Das Gleiche gilt auch für Betriebsrenten.

Kein Einkommen gemäß sondergesetzlicher Regelung sind: 1272

- die Grundrente nach dem BVG (Grundrente des Beschädigten und der Hinterbliebenen) sowie die in entsprechender Anwendung des BVG gewährte Grundrente (z.B. § 80 SVG, § 47 ZivildienstG, § 60 IfSG für Impfschäden, §§ 1, 10a des OEG).

- Leistungen nach dem BEG bis zur Höhe der vergleichbaren Grundrente nach dem BVG, andere Entschädigungen zugunsten von NS-Opfern, soweit Leistungen für Schaden an Leben sowie an Körper oder Gesundheit gewährt werden;

- die in § 292 II und IV LAG bezeichneten Teile der Kriegsschadensrente, nicht jedoch das Taschengeld nach § 292 IV LAG;

- Sonderzuschüsse zu Versicherten- und Hinterbliebenenrenten nach Maßgabe von Art 2 § 36 IV Arbeiterrentenversicherungs-Neuregelungsgesetz, Art 2 § 35 IV Angestelltenren-tenversicherungs-Neuregelungsgesetz und Art 2 § 25 II Knappschaftsrentenversiche-rungs-Neuregelungsgesetz.

- Leistungen nach dem G über die Stiftung „Hilfswerk für behinderte Kinder", § 21 II dieses G („Contergan-Kinder"[36]).

- Leistungen nach dem G zur Errichtung einer Stiftung Mutter und Kind – Schutz des unge-borenen Lebens – § 5 II dieses G.

- Leistungen der Bayerischen Landesstiftung „Hilfe für Mutter und Kind" und ähnl. Lan-deseinrichtungen;

- Elterngeld bis zu 300,00 € mtl., soweit die elterngeldberechtigte Person vor dem Bezug erwerbstätig war (§ 10 I BEEG).

- Mutterschaftsgeld oder Bezüge nach beamtenrechtlichen Vorschriften, die dem Mutter-schaftsgeld entsprechen, bis zur Höhe von 300,00 € mtl.

---

36 LG Hamburg Rpfleger 2003, 503 im Anschl. an BVerwG FamRZ 1993, 181

- Leistungen für Kindererziehung an Mütter der Geburtsjahrgänge vor 1921 nach § 294 ff. SGB VI.

- Entschädigungen nach § 9 II Bundesvertriebenengesetz, dem Häftlingshilfegesetz und dem Kriegsgefangenenentschädigungsgesetz.

- Leistungen nach dem G über die Heimkehrerstiftung – HKStG – i.V.m. Art 4 Kriegsfolgenbereinigungsgesetz;

- Ausgleichsleistungen nach dem 3. Abschnitt des Zweiten SED-Unrechtsbereinigungsgesetzes; ebenso Leistungen nach dem Gesetz über den Ausgleich beruflicher Benachteiligungen für Opfer politischer Verfolgung im Beitrittsgebiet (§ 9 I Berufl. Rehabilitierungsgesetz); ferner soziale Ausgleichsleistungen nach dem Gesetz über die Rehabilitierung und Entschädigung von Opfern rechtsstaatswidriger Strafverfolgungsmaßnahmen im Beitrittsgebiet (§ 16 IV StRehaG[37])

- Leistungen nach dem HIV-Hilfegesetz, § 17 II dieses Gesetzes.

- Leistungen nach § 59 Bundesgrenzschutzgesetz.

- Motivationshilfen nach dem Europäischen Sozialfonds in bestimmter Höhe.

- Leistungen nach dem G über die Heimkehrerstiftung i.V.m. Art 4 des Kriegsfolgenbereinigungsgesetzes.

- Kindergeld (ist Einkommen des Elternteils, nicht des Kindes[38]). Wird als Einkommen des Kindes gerechnet, wenn es zu dessen Lebensunterhalt an dieses abgeführt wird, § 82 II 3 SGB XII. Eine Kindergeldnachzahlung für mehrere Jahre ist nicht ausschließlich im Monat der Nachzahlung als Einkommen anzusehen, sondern anteilig auf die Monate, für die dieses Kindergeld gewährt wurde, aufzuteilen.[39]

- Sozialhilfeleistungen selbst (inkl. Grundsicherung für Erwerbsgeminderte und für Arbeitssuchende);[40]

- Einnahmen in Geld oder Geldeswert, die als Darlehen mit einer zivilrechtlich wirksam vereinbarten Rückzahlungsverpflichtung belastet sind, sind nicht als Einkommen zu berücksichtigen. An den Nachweis des Abschlusses und der Ernstlichkeit eines Darlehensvertrags unter Verwandten sind strenge Anforderungen zu stellen, um eine Darlehensgewährung eindeutig von einer Schenkung oder einer Unterhaltsleistung abgrenzen zu können.[41]

1273 Auch das **Pflegegeld** (und andere Leistungen) der gesetzlichen Pflegeversicherung gehört nicht zum Einkommen des Pflegebedürftigen, da § 13 Abs. 5 Satz 1 SGB IX ausdrücklich regelt, dass Leistungen dieser Versicherung bei Sozialleistungen, deren Gewährung von anderen Einkommen abhängig ist, unberücksichtigt bleibt.[42] Sofern man sich ungeachtet dessen dazu entscheidet, das Pflegegeld als Einkommen anzurechnen, sind die Krankheits- und Behinderungskosten als besondere Belastung gem. § 87 SGB XII zu berücksichtigen.[43]

1274 Gemäß § 83 SGB XII werden weitere Einkünfte nicht anzurechnen sein, da sie als zweckbestimmte Leistungen nicht dem Lebensunterhalt zu dienen bestimmt sind, z.B.:

- Blindenführhundleistungen (§ 14 BVG)

- Blinden- und Gehörlosengeld (nach § 72 SGB XII oder vorrangigem Landesrecht)[44]

---

37 Für Letzteres LG Verden FamRZ 2004, 221
38 LG Passau RdLH 1999, 174
39 LG Gießen FamRZ 2009
40 LPK BSHG § 76 Rn. 18; LPK SGB XII, § 82 Rn. 44
41 BSG NJW 2011, 894
42 So auch LG Koblenz BtPrax 2000, 222 = FamRZ 2001, 308; a.A: BayObLG BtPrax 2000, 83 m. Anm. Jürgens, BtPrax 2000, 71; OLG Zweibrücken FamRZ 2001, 309 m. Anm. Hellmann in RdLH 2001, 91; LPK SGB XII, § 82 Rn. 54
43 BayObLG BtPrax 2001, 254 = FamRZ 2002, 419
44 BVerwGE 34, 164/166; LPK BSHG § 77 Rn. 24, 34 a

- humanitäre Soforthilfe für HIV-Infizierte[45]
- Krankenversicherungszuschuss für freiwillig versicherte Rentner (§ 106 SGB VI)
- Zuschüsse zu medizinischen Vorsorgemaßnahmen: „Kuren" (§ 23 SGB V)
- Zuschüsse zu Rehabilitationsleistungen (z.B. nach §§ 40, 41 SGB V)[46]
- Überbrückungsbeihilfe für Strafentlassene (§ 75 StVollzG)
- Schmerzensgeldzahlungen (§ 253 BGB)[47]
- Schadensersatzleistungen, die lediglich eine frühere Vermögenslage wieder herstellen[48]
- Rückzahlung von KFZ-Steuern aufgrund einer KFZ-Abmeldung[49] (anders aber Einkommensteuererstattungen, die anrechenbares Einkommen darstellen sollen[50])

8.4.1 Bereinigung des Einkommens

Das Einkommen des Betreuten ist um die in § 82 Abs. 2 SGB XII genannten Beträge zu bereinigen. Hierbei handelt es sich zunächst um die gesetzlichen Abgaben, Steuern und Versicherungen. Neben den gesetzlichen Sozialversicherungsbeiträgen oder ihnen gleichwertige freiwillige Zahlungen zur Renten-, Kranken-, Pflege- und Unfallversicherung können auch angemessene weitere Beträge zur Risikovorsorge gerechnet werden.

1275

- Zu angemessenen Versicherungen im vorstehenden Sinne zählen:
- Privathaftpflichtversicherungen[51], nicht jedoch Hundehalterhaftpflichtversicherungen[52]
- Hausratversicherungen[53],
- soweit landesrechtlich vorgesehen, eine Gebäudebrandversicherung.
- Bei selbstgenutztem Wohnungseigentum sind die Kosten der Gebäudehaftpflichtversicherung sowie eine mtl. Instandhaltungspauschale von 50,00,00 € einkommensmindernd abzusetzen.[54]
- Sterbegeldversicherungen, jedoch keine Kapitallebensversicherungen auf den Erlebensfall[55] oder auch auf den Todesfall, wenn Sie über die Alterssicherung einschl. der angemessenen Bestattung hinausgehen.[56]
- Eine Kfz-Haftpflichtversicherung wird anerkannt, wenn der Pkw für die Berufstätigkeit erforderlich ist, KFZ-Kaskoversicherungen werden auch nur in diesem Fall als angemessen erachtet.[57]

Altersvorsorgebeiträge (z.B. sog. Riester- oder Rürup-Renten) sowie Sterbeversicherungen (Lebensversicherungen auf den Todesfall) werden anerkannt[58], jedoch keine klassischen Kapitallebensversicherungen (auf den Erlebensfall). Eine Kfz-Haftpflichtversicherung ist anzurechnen, wenn der PKW zur Berufstätigkeit der betreuten Person notwendig ist.[59] Bei Er-

1276

---

45 LPK BSHG § 77 Rn. 38
46 LPK BSHG § 77 Rn. 60
47 OLG Köln BtPrax 1998, 196 = FamRZ 1988, 95; OLG Hamm AnwBl 1981, 72; OLG Jena FamRZ 2005, 1199; OLG Hamm FamRZ 2007, 854 (Ls), OLG Frankfurt/Main FamRZ 2008, 2152; OLG Frankfurt/Main BtPrax 2009, 305
48 LPK SGB XII, § 82 SGB XII, Rn. 8, BVerwG NJW 1999, 3137 = NVwZ 1999, 1343; SG Düsseldorf v. 9.3.2009, S 35 AS 12/07
49 VGH Baden-Württemberg, DVBl 2004, 1498 (Ls.) = DÖV 2005, 81
50 BVerwG, Urt. v. 18.2.1999,5 C 35/97, BVerwGE 108, 296 = NJW 1999, 3649; BSGE 101, 291 = NJW 2009, 2155 = NJ 2009, 130 = NZS 2009, 634; LSG Nordrhein-Westfalen v. 20.8.2007, L 20 AS 99/06
51 Vgl. BVerwG NDV-RD 2004, 6
52 OVG NRW FEVS 38, 64/71
53 Vgl. OVG Niedersachsen FEVS 42, 104/108, LPK SGB XII, § 82 Rn. 74
54 LG Münster, Beschl. v. 14.8.2008, 5 T 735/08
55 LG Detmold, Beschl. v. 8.2.2011, 3 T 161/10, FamRZ 2011, 1003 = BtPrax 2011, 87 (Ls)
56 BVerwG NDV 1989, 205/207
57 VGH Hessen FEVS 37, 317/323
58 LPK SGB XII, § 82 Rn. 77
59 LPK SGB XII, § 82 Rn. 73

werbseinkünften sind die mit der Erzielung des Einkommens notwendig verbundenen Ausgaben abzugsfähig (Werbungskosten – berufsbedingte Aufwendungen).

▶ *Siehe hierzu im Einzelnen § 3 der Verordnung zu § 82 SGB XII.*

8.4.2 Freibetrag wegen Berufstätigkeit

1277 Erzielt der Betreute Einkünfte aufgrund einer Berufstätigkeit, sind ihm hiervon pauschal weitere Freibeträge zu belassen (§ 82 Abs. 3 SGB XII).[60] Nach § 82 Abs. 3 SGB XII sind (Netto-)Einkünfte aus nichtselbstständiger und selbstständiger Tätigkeit (i.S.d. EStG, also z.B. Arbeitseinkünfte aus Berufstätigkeit) zu 30 % abzugsfähig, höchstens jedoch in Höhe von derzeit 212,00 € (Stand 1.1.2019).

1278 Dies unterscheidet das derzeitige Recht von der Rechtslage vor 2005 (§ 76 Abs. 2a BSHG), wonach Beträge in angemessener Höhe absetzungsfähig waren; hier war in der Praxis mit unterschiedlich hohen Sockelbeträgen und weiteren prozentualen Freibeträgen gerechnet worden.[61] Ein Sockelfreibetrag ist im neuen Sozialhilferecht (anders als im ALG-2-Recht) nicht mehr enthalten. Allerdings kann in begründeten Fällen ein anderer als in Satz 1 festgelegter Betrag vom Einkommen abgesetzt werden.[62] Die abweichenden Einkommensanrechnungsregelungen bei Beziehern des Arbeitslosengeldes II (nach §§ 11, 30 SGB II) gelten nicht für die Einkommensberechnung im Rahmen der Betreuervergütung, auch wenn die konkret Betroffenen keine Sozialhilfe oder Grundsicherung nach SGB XII, sondern ALG II erhalten.

1279 Bei Einkünften in einer Werkstatt für behinderte Menschen ist ein Einkommen eines Achtels des Regelsatzes (derzeit 53,00 €, Stand 1.1.2019) zuzüglich 50 % des diesen Betrag übersteigenden Entgelts abzuziehen. Bei einem Gesamteinkommen von z.B. 250,00,00 € wären dann 151,50,00 € in Abzug zu bringen (53 + 98,50,00 €).

8.4.3 Werbungskostenabzug

1280 Zu den Werbungskosten zählen insbesondere:

- Arbeitsmittel (pauschal 5,20 € oder bei Nachweis der höhere Aufwand)
- Fahrtkosten
- bei Benutzung des ÖPNV die Kosten der tariflich günstigsten Zeitkarte
- bei privaten KFZ, wenn deren Benutzung erforderlich ist, pro vollem Entfernungskilometer der kürzesten Entfernung zur Arbeitsstelle (begrenzt auf insgesamt 40 km) monatlich für
  - Pkw: 5,20 €
  - Kleinstkraftwagen (bis 500 cm3): 3,70 €
  - Motorrad/-roller: 2,30 €
  - Mofa: 1,30 €
- Beiträge zu Berufsverbänden, z.B. Gewerkschaften (auch im Falle der Arbeitslosigkeit)
- Mehraufwendungen für doppelte Haushaltsführung bis zu 130,00 €
- Sonstiges
- oder Pauschale von 24,00 €, wenn das Einkommen in Höhe des Regelsatzes eines Haushaltsvorstandes liegt (die Pauschale wird nur gewährt, wenn keine höheren Aufwendungen nachgewiesen werden. Sie umfasst auch die Arbeitsmittelpauschale von 5,20 €)

---

60 Vgl. auch Wagenitz/Engers FamRZ 1998, 1273, 1277
61 U.a. Empfehlungen des DV; NDV 1995, 1; vgl. dazu auch OVG Lüneburg NVwZ-RR 2000, 166
62 § 82 Abs. 3 Satz 3 SGB XII

- für Kfz-Haftpflichtversicherung (soweit die Benutzung des KFZ notwendig ist, z.B. als Transportmittel für behinderte Menschen und bei schlechten Verbindungen im ÖPNV).

8.4.4 Unterhalt als Einkommen der betreuten Person

8.4.4.1 Allgemeines

Unterhaltsansprüche zählen mit zum Einkommen des Betreuten, soweit es sich dabei um Zahlungen in Geld handelt – genau wie andere Einnahmen.[63] Zur Höhe etwaiger Unterhaltsansprüche wird auf die ständige Rechtsprechung (sog. Düsseldorfer Tabelle) verwiesen.[64]

1281

▶ *Zur Nichtberücksichtigung von Unterhaltsansprüchen bei der Aufwandspauschale nach § 1835a BGB vgl. unter Kapitel 5, Rn. 359 f.*

Ein familienrechtlicher Unterhaltsanspruch wird bereits so behandelt, als stünden Unterhaltsleistungen dem Betroffenen tatsächlich zur Verfügung. Dies ist für die Betroffenen ungünstiger als im Sozialhilferecht. Hier werden nämlich nach ständiger Rechtsprechung Unterhaltsansprüche nur dann als Einkommen berücksichtigt, wenn sie entweder tatsächlich geleistet werden oder der Sozialhilfebezieher einfach hierauf zurückgreifen kann. Nicht alsbald realisierbare Unterhaltsansprüche sind dagegen kein Einkommen. Etwas abgemildert wird dies zwar durch § 1836d BGB.

1282

Danach liegt Mittellosigkeit auch vor, wenn der Betreute die Aufwendungen oder die Vergütung aus seinem Einkommen oder Vermögen nur im Wege gerichtlicher Geltendmachung von Unterhaltsansprüchen aufbringen kann. Hierzu dürfte auch das Erfordernis der Auskunftsklage (§ 1605 BGB) zählen, die zur Klärung, ob der potenziell Unterhaltspflichtige leistungsfähig i.S.d. § 1603 BGB ist, erforderlich sein kann. Dies bedeutet aber nur, dass der Betreuer zunächst bei der Weigerung von Unterhaltspflichtigen seine Vergütung aus der Staatskasse erhält, zugleich, dass die außergerichtliche Geltendmachung wohl verlangt werden kann und für den Fall, dass der Betreute hiervor zurückscheut, der Anspruch weiterhin als Einkommen gewertet wird.[65]

1283

Auch kann ein Betreuer verpflichtet sein, Unterhaltsansprüche auch gerichtlich geltend zu machen. Die Feststellung der Mittellosigkeit aufgrund dieses Tatbestandes entbindet den Betreuer nicht von der Notwendigkeit, die Unterhaltsklage zu führen. Allerdings ist hierbei der **Aufgabenkreis** des Betreuers zu klären.[66]

1284

▶ *Zum praktischen Vorgehen bei der Geltendmachung von Unterhalt siehe Rn. 1316 ff.*

8.4.4.2 Unterhaltsansprüche infolge Betreuertätigkeit?

Mehrere Gerichte[67] prüfen die Frage, ob eine Betreuervergütung nach § 1 Abs. 2 Satz 2 VBVG aus der Staatskasse zu erbringen ist oder ob der Betreute selbst zahlungspflichtig ist. Von vielen vergleichbaren Fällen der Betreuervergütungspraxis unterscheiden sich die Beschlüsse dadurch, dass die Betreuten – von Sozialhilfezahlungen abgesehen – einkommens- und vermögenslos sind. Dennoch verneinten die Gerichte den Eintritt der Staatskasse für die Vergütungsforderungen der jeweiligen Betreuungsvereine für ihre Vereinsbetreuer.

1285

Beanstandet wird zwar zunächst, dass keine Angaben zu Unterhaltsansprüchen seitens der Antragsteller getätigt wurden, mithin die Frage des Bestehens etwaiger Unterhaltsansprüche versäumt wurde zu prüfen. Insoweit ist den Gerichten beizupflichten, denn nach § 1836c Nr. 1 BGB gehören Unterhaltsansprüche mit zum Einkommen der betreuten Person.

1286

---

63 LG Kleve BtPrax 1999, 201; OLG Köln FamRZ 2009, 2119 = FGPrax 2009, 268
64 Im Internet z.B. unter www.olg-duesseldorf.nrw.de > Rechts-Infos > Düsseldorfer Tabelle
65 Jürgens u.a., Betreuungsrecht Kompakt, Rn. 318
66 Vgl. zum Aufgabenkreis Vermögenssorge OLG Zweibrücken FamRZ 2000, 1324 = mit Anm. Hellmann in RdLH 2001, 90
67 OLG Nürnberg BtPrax 1999, 236, ebenso LG Kleve FamRZ 2000, 1534, sowie LG Duisburg v. 15.2.2000, 22 T 15/00 und LG Düsseldorf v. 25.9.2000, 19 T 493/00

1287 Was die Entscheidungen aber höchst bedenklich macht, sind die in der jeweiligen Begründung getätigten Aussagen, es sei unzweifelhaft so, dass die Betreuerkosten selbst (Aufwendungsersatz und Betreuervergütung) zum Unterhaltsbedarf der betreuten Person zählten. Da die betreuten Personen ihren eigentlichen Lebensbedarf anderweitig gesichert hatten, waren die Betreuer der Ansicht, dass hier kein Platz für einen weiteren Unterhaltsbedarf gegeben sein könnte.

1288 Dem wurde von den genannten Gerichten ausdrücklich widersprochen, mit der logischen Folge, dass nach dieser Auffassung unabhängig von den sonstigen Einkünften des Betreuten dessen Unterhaltsbedarf stets zumindest in Höhe der (auf Monate umzurechnenden) Betreueraufwendungen bestehe. Nach dieser Auffassung wäre ein Unterhaltsanspruch des Betreuten gegen Verwandte in gerader Linie (§ 1601 BGB) bzw. gegen Ehegatten (§§ 1361, 1569 ff. BGB) nicht die Ausnahme, sondern die Regel. Unterhaltsansprüche wären hiernach, anders als im Sozialhilferecht, auch gegen Verwandte 2. Grades (Enkel) zu prüfen.[68]

1289 Denn nach der anderen, von hier als richtig angesehenen Auffassung bestünde ausnahmsweise nur dann ein Unterhaltsanspruch, wenn z.B. bei Ehegattenunterhalt die Sozialhilfezahlung hinter der in der Düsseldorfer Tabelle, Teil B, genannten Summe von im Regelfall 3/7 des Ehegatteneinkommens zurückbliebe. Bei Verwandtenunterhalt bestände ebenfalls nach dieser Auffassung nur ausnahmsweise ein Unterhaltsanspruch über das 18. bzw. 21. Lebensjahr hinaus (§§ 1603 Abs. 2 BGB). Meist läge der Unterhaltsanspruch in solchen Fällen nicht höher als die Hilfe zum Lebensunterhalt nach dem SGB XII und sei dann ohnehin auf den Sozialhilfeträger gem. § 94 SGB XII (bzw. bei ALG-2-Empfängern auf das Jobcenter nach § 33 SGB II) übergegangen.

1290 Die aus der Betreuertätigkeit resultierende Vergütungsforderung ist nach Auffassung der genannten Gerichte[69] jedoch ein unterhaltsrechtlicher alters- oder krankheitsbedingter Mehrbedarf, vergleichbar sonstigen Krankheitskosten. So wird (in der Entscheidung des *LG Duisburg* und nahezu gleichlautenden des *LG Düsseldorf*) erwähnt, dass die Kosten der Unterbringung pflegebedürftiger Eltern in einem Pflegeheim ebenso von den Angehörigen zu tragen seien wie die Kosten der Unterbringung in einem psychiatrischen Krankenhaus.[70] Das Gericht erwähnt, dass Betreuertätigkeit zur Grundversorgung des Betroffenen im Sinne einer Ultima Ratio zähle, um die ordnungsgemäße Wahrnehmung zentraler rechtlicher Belange des Betroffenen in den Bereichen Aufenthaltsbestimmung, Gesundheitsfürsorge oder Vermögenssorge sicherzustellen. Dies sei nicht anders zu werten als der physische Pflegebedarf.

8.4.4.3 Kritik dieser Entscheidungen

1291 Das Vorerwähnte hört sich zunächst nachvollziehbar an. Denn ist nicht für die Betreuerbestellung zunächst die Feststellung einer Krankheit oder Behinderung Voraussetzung (§ 1896 Abs. 1 BGB)? Auf den zweiten Blick jedoch kommen Bedenken. Zunächst einmal wird ausgeblendet, dass es im Unterhaltsrecht auch darauf ankommt, dass man sich nicht mutwillig unterhaltsbedürftig macht.[71] Wie hängt dies mit der Betreuerbestellung zusammen?

1292 Die Betreuung ist von ihrem Grundgedanken eine Bevollmächtigung aufgrund staatlichen Hoheitsaktes. Die private Bevollmächtigung, die in § 1896 Abs. 2 BGB ausdrücklich genannt wird, ist der Betreuung gegenüber vorrangig. Ist ein derartig Bevollmächtigter eingesetzt, so hätte er im Falle der entgeltlichen Geschäftsbesorgung (§ 675 BGB) einen (im konkreten Fall im Detail zu vereinbarenden) Vergütungsanspruch, auf jeden Fall aber einen Aufwendungsersatzanspruch (§ 670 BGB). Die Pflicht des Vollmachtgebers, diese Beträge an den Bevollmächtigten zu zahlen, ist eine private Verbindlichkeit; sie trifft in keinem Falle Familienange-

---

68 LG Duisburg JurBüro 2001, 267
69 Sowie bereits früher schon des OLG Nürnberg BtPrax 1999, 236
70 LG Hagen FamRZ 1989, 1130; BGH FamRZ 1986, 48/49
71 Vgl. dazu auch Foerste, Alkoholismus und Unterhaltsrecht, FamRZ 1999, 1245

hörige oder den Ehegatten. Es handelt sich im Verhältnis zum Ehegatten auch nicht um ein Rechtsgeschäft im Rahmen der sog. „Schlüsselgewalt" (§ 1357 BGB).

Wird aber eine Individualvorsorge versäumt – denn nur dann kommt es ja zur Betreuerbestellung –, erscheint es nicht nachvollziehbar, dass Familienangehörige für etwas aufkommen sollen, wofür sie im Falle einer Eigenvorsorge nicht einzutreten hätten. Ähnlich ist der Fall der Betreuungsanordnung auf Antrag des Betreuten zu sehen. **1293**

Eine Betreuung kann auf Antrag des Betroffenen oder von Amts wegen angeordnet werden, bei Körperbehinderten ausschließlich auf eigenen Antrag hin. Zwar dürften die meisten Betreuungen von Amts wegen angeordnet werden (statistisch wird dies leider nicht erfasst), aber an sich ist die Betreuung auf eigenen Antrag hin der vom Gesetzgeber beabsichtigte Normalfall. Hier muss man sich aber der **Konsequenzen des Unterhaltsrechtes** bewusst werden: Führt die Betreuerbestellung zu der Bestellung eines Berufsbetreuers, sind damit nach § 1836 Abs. 1 Satz 2 BGB i.V.m. dem VBVG kraft Gesetzes Vergütungsforderungen verbunden. **1294**

Vertritt man überhaupt die Auffassung, Betreuertätigkeit sei ein Unterhaltstatbestand, so hieße das in der Konsequenz, der Betreute hat diesen Aufwand durch seinen Antrag auf Betreuerbestellung verursacht. Somit hat er den Unterhaltsbedarf **selbstverschuldet** erzeugt bzw. erhöht (denn die Vorsorge durch Vollmacht hätte diese Konsequenz nicht gehabt). Auch in diesem Falle ist nicht einsehbar, dass Verwandte und Ehegatten für eine Handlung und ihre Folgen einzustehen haben, die sogar dem eindeutigen Wunsch des Gesetzgebers (auf Individualvorsorge) widerspricht. **1295**

Eine weitere Frage ist es, ob der Vergleich Heimbewohner und Pflegebedürftige auf der einen Seite und Betreuungsbedürftige auf der anderen Seite nicht hinkt. **1296**

Der **Pflegeaufwand** bei Pflegebedürftigkeit ist unterhaltsrechtlich maßgeblicher Sonderbedarf (§ 1613 BGB).[72] Auch die stationäre Pflegebedürftigkeit eines Erwachsenen begründet eine Unterhaltsbedürftigkeit, soweit eigenes Einkommen oder Vermögen oder Leistungen der Pflegeversicherung nicht ausreichen. **1297**

Jedoch handelt es sich bei Krankheit und Behinderung um Leistungen sozialer Betreuung, die durch Pflegepersonal, Ärzte o.Ä. erbracht werden. **Keinesfalls** wird durch Pflegekräfte **Rechtsvertretung** geleistet. Im Übrigen ergeben sich bei Pflegebedürftigen seit Einführung der gesetzlichen Pflegeversicherung ohnehin in der Praxis kaum noch Unterhaltsheranziehungen für Pflegetätigkeiten, sondern für erhöhten Wohn- und Ernährungsaufwand im Heim. Denn für den Pflegeaufwand kommt die Pflegeversicherung auf. Es war gerade ein wichtiges sozialpolitisches Ziel, die als unzeitgemäß angesehene Belastung der Angehörigen hierfür weitgehend abzuschaffen. **1298**

Betreuertätigkeit soll aber gerade **keine soziale Betreuung** (mehr) sein. Sie soll sich auf die Wahrnehmung der Rechte der Betreuten beschränken. Die Kosten eines Verfahrenspflegers zählen nicht als Krankheitskosten, da sie nicht der Wiederherstellung der Gesundheit des Betroffenen, sondern dem Schutz seiner Rechte dienen.[73] Gleiches wird man von der Betreuertätigkeit sagen können. Es erscheint ausgesprochen unlogisch, auf der einen Seite die Dimension der Betreuertätigkeit auf das Rechtliche zu verengen, wie es der Gesetzgeber des 1. BtÄndG getan und mit der Vergütungspauschale im 2. BtÄndG bekräftigt hat, andererseits aber im Unterhaltsrecht die Betreuertätigkeit nun wieder als soziale Hilfe, vergleichbar der Kranken- und Altenpflege, darzustellen, um eine Analogie zu erzeugen. **1299**

Des Weiteren stellt sich die Frage, ob es überhaupt in der **Absicht des Gesetzgebers** lag, Betreuertätigkeiten in unterhaltsrechtliche Tatbestände umzumünzen. Hinter den Beschlüssen der genannten Gerichte scheint die Auffassung zu stehen, dass der Gesetzgeber durch die ausdrückliche Erwähnung von Unterhaltsansprüchen in § 1836c BGB der Rechtspre- **1300**

---

72 LG Hagen FamRZ 1989, 1330
73 LG Braunschweig BtPrax 1999, 34

chungspraxis scheinbar den „Wink mit dem Zaunpfahl" geben wollte. Tatsächlich findet sich in den Gesetzgebungsmaterialien zum 1. BtÄndG[74] nichts dergleichen. Im Gegenteil: Es wird erwähnt, dass die Aufnahme der Unterhaltsansprüche nur dazu diente, dass derartige Ansprüche nicht von vornherein als irrelevant abgetan werden sollten.

1301   Dies wäre dadurch passiert, dass durch die Übernahme des **sozialhilferechtlichen Einkommensbegriffes** (§ 82 SGB XII) in § 1836c BGB nur tatsächliche Geldzuflüsse erfasst worden wären. Denn Unterhaltsansprüche, denen keine tatsächliche Zahlung gegenübersteht, gelten nicht als Einkommen im Sozialhilferecht. Sozialhilfe muss also in einem solchen Falle ungekürzt gezahlt werden, während die Unterhaltsansprüche kraft Gesetzes den Gläubiger wechseln und auf den Sozialhilfeträger übergehen (§ 94 SGB XII), der sie in eigenem Namen geltend macht.

1302   Diese Automatik hat der Gesetzgeber für Betreuer u.E. nicht gewollt; er wollte, dass zwar in einem solchen Falle der Betreute zunächst als mittellos zählt (§ 1836d BGB), dass aber nach vorherigem Eintritt der Staatskasse der Betreuer den Unterhalt dennoch hätte einklagen müssen; alternativ hätte die Staatskasse den Unterhaltsanspruch nach eigenem Ermessen auch pfänden können (§ 1836e BGB). Dies konnte aber nur dann funktionieren, wenn Unterhaltsansprüche trotz fehlender tatsächlicher Zahlung dennoch als Einkommen des Betreuten zählen. Nur deshalb wurden die Unterhaltsansprüche ausdrücklich erwähnt.

1303   Was im Übrigen bei den Beschlüssen der genannten Landgerichte u.E. auch nicht genügend bedacht ist, ist, dass der Gesetzgeber bei der Beteiligung des Betreuten an den Kosten seiner Betreuung weitgehend auf (Sozial-)Hilfen in besonderen Lebenslagen (HibL, jetzt „Hilfen nach dem 5. bis 9. Kapitel des SGB XII") und nicht auf die Hilfe zum Lebensunterhalt abgestellt hat.

1304   So ist bei der Grundsicherung im Alter und bei Erwerbsminderung (4. Kapitel des SGB XII) keine Unterhaltpflicht zwischen Verwandten gegeben, bei Hilfen zum Lebensunterhalt (3. Kapitel des SGB XII) sowie Hilfen zur Gesundheit (5. Kapitel des SGB XII) und der Eingliederungshilfe (bis 31.12.2019 noch 6. Kapitel des SGB XII) sind bei volljährigen behinderten oder pflegebedürftigen Menschen nach § 94 Abs. 2 SGB XII nur ganz geringfügige Inanspruchnahmen vorgesehen.

1305   Wenn man sich diese Aufzählung vergegenwärtigt, wird man erkennen, dass die Betreuertätigkeit ebenfalls ähnliche **sozialpolitische Zielsetzungen** hat, sodass es wohl auch als angemessen erscheinen kann, für die Finanzierung der Betreuertätigkeit einen Unterhaltstatbestand zu verneinen. Selbst wenn man sich dem nicht anschließt, wird man die Begründung des Gesetzgebers nicht außer Acht lassen dürfen. Daher wird an dieser Stelle die Rechtsauffassung aus Vorauflagen bekräftigt, wonach nach Ansicht der Verfasser Betreuertätigkeit selbst kein Unterhaltstatbestand ist.

1306   In der Einzelbegründung zum 1. BtÄndG zu den §§ 1836c, 1836d BGB hieß es in der BT-Drs. 13/7158:

> Er bestimmt in § 1836c BGB-E das Maß der Inanspruchnahme in Anlehnung an die Regelungen der Sozialhilfe und sieht vor, dass der Mündel grundsätzlich in gleichem Umfang zum Ersatz der Aufwendungen des Vormundes und zur Zahlung von dessen Vergütung herangezogen wird, in dem die Gewährung von Hilfe in besonderen Lebenslagen in den Fällen des § 81 Abs. 1 des Bundessozialhilfegesetzes vom Einsatz eigener Mittel des Betroffenen abhängig gemacht wird.

> [...]

> Im Einzelnen verbleibt dem Betroffenen insoweit – ggf. zusammen mit seinem Ehegatten – zunächst der Grundbetrag nach § 79 Abs. 1 Nr. 1 des Bundessozialhilfegesetzes (jetzt § 85 Abs. 1 Nr. 1 SGB XII), der sich gemäß dem ausdrücklich mit in Bezug genommenen § 81 Abs. 1 des Bundessozialhilfegesetzes um ca. 500 DM auf derzeit 1.520 DM erhöht. Diese besondere Einkommensgrenze gilt u.a. für körperlich, geistig oder seelisch wesentlich behin-

---

74   BT-Drs. 13/7158

derte oder von Behinderung bedrohte Personen (§ 39 Abs. 1 und 2 Bundessozialhilfegesetz), wenn diesen Hilfe in einer Anstalt, einem Heim oder einer gleichartigen Einrichtung oder in einer Einrichtung zur teilstationären Betreuung gewährt wird (§ 81 Abs. 1 Nr. 1 Bundessozialhilfegesetz) oder wenn diese ambulant behandelt oder ihnen sonstige ärztliche oder ärztlich verordnete Maßnahmen zur Verhütung, Beseitigung oder Milderung der Behinderung (§ 40 Abs. 1 Nr. 1 Bundessozialhilfegesetz) gewährt werden (§ 81 Abs. 1 Nr. 2 Bundessozialhilfegesetz). Vormundschaft und Betreuung verfolgen dem vergleichbare Ziele. Zu ihren Kosten sollen deshalb Betroffene – auch soweit die Voraussetzungen des § 81 Abs. 1 Bundessozialhilfegesetz nicht ohnehin vorliegen – im gleichen Ausmaß beitragen wie zu den Kosten der dort genannten Maßnahmen.

Der Gesetzesentwurf verglich somit Betreuungstätigkeit insbesondere mit der **Eingliederungshilfe für Behinderte** (§§ 53 ff. SGB XII). Als weitere Details, die als solche nicht gegen eine generelle Unterhaltpflicht sprechen, die jedoch zumindest bedacht werden sollten, seien noch zu nennen: **1307**

- Im Unterhaltsrecht gibt es grundsätzlich keine **Vermögensfreibeträge** für den Unterhaltsberechtigten (außer bei gesteigerter Unterhaltspflicht gegenüber minderjährigen Kindern, § 1602 Abs. 2 BGB), anders als in der Sozialhilfe und der daraus abgeleiteten Mittellosigkeitsregelung in § 1836c BGB. Demgegenüber ist im Sozialhilferecht ein angemessenes selbstbewohntes Hausgrundstück Schonvermögen (§ 90 Abs. 2 Nr. 8 SGB XII). Hier besteht eine sozialhilferechtliche Bedürftigkeit, aber keine zivilrechtliche Unterhaltsbedürftigkeit.[75] Genauso wird man es bei den kleineren Barbeträgen nach § 1 VO zu § 90 SGB XII sehen müssen.   **1308**

- Da bei der Betreuervergütung die Einkommensfreigrenzen nach § 85 SGB XII (derzeit 832,00 € zuzügl. Unterkunftskosten) gelten, hätte bei einer konsequenten Heranziehung unterhaltspflichtiger Familienangehöriger u.U. der Unterhaltspflichtige weniger Geld für sich übrig als der Betreute. Denn wenn man die Selbstbehaltsätze der Düsseldorfer Tabelle[76] betrachtet, beginnen die Selbstbehalte (Eigenbedarf des Unterhaltspflichtigen) bei Ehegattenunterhalt (Stand 1.1.2018) bei 1200,00 €. Beim Verwandtenunterhalt für volljährige Kinder betragen sie 1.300,00 € und bei Angehörigen, die für Eltern Unterhalt zahlen sollen (Düsseldorfer Tabelle Teil D) bei 1.800,00 €. Hier entstünde gegenüber den eigenen Mitteln des Betreuten als Unterhaltsberechtigten ein enormes Missverhältnis.   **1309**

- Es müsste ebenfalls berücksichtigt werden, dass Angehörige des Betreuten, die nicht als Betreuer bestellt sind, dennoch den Betreuten tatsächlich versorgen und pflegen. In solchen Fällen wird im Sozialhilferecht ein Übergang des Unterhaltsanspruches nach § 94 SGB XII wegen grober Unbilligkeit verneint.[77]   **1310**

- Weigert sich der nach den genannten Gerichten als unterhaltspflichtig Betrachtete, diesen Zahlungspflichten nachzukommen, hätte ggf. der Betreuer diesen zu verklagen. Der Zeitaufwand für die Unterhaltsklage und folgende Zwangsvollstreckung (im Auftrag der Regress fordernden Staatskasse) wäre jedenfalls bei einem anwaltlichen Berufsbetreuer wiederum nach § 1835 Abs. 3 BGB i.V.m. dem RVG vergütungsfähige Betreuertätigkeit, die ihrerseits wieder einen Unterhaltstatbestand darstellen würde. Hierdurch wird erkennbar, dass diese eigenwillige Variante des Unterhaltsrechtes den Gesetzen der Logik widerspricht und mit einer an den Interessen des Betreuten orientierten Betreuertätigkeit nicht mehr das Geringste gemein hat. Davon, dass Betreueraufgabe auch nicht sein kann, die Beziehungen zwischen dem Betreuten und den vermeintlich unterhaltspflichtigen Angehörigen hierdurch zu beeinträchtigen, einmal abgesehen.   **1311**

- Letztlich ist festzustellen, dass auch im Sozialhilferecht die Heranziehung von Unterhaltspflichtigen kaum geeignet ist, die Kosten der öffentlichen Haushalte zu entlasten. Nur   **1312**

---

75 Vgl. BSG FEVS 38, 164; LSG Hessen info also 1984, 32; LSG Lüneburg info also 1986
76 Vgl. die aktuelle Düsseldorfer Tabelle, z.B. www.olg-duesseldorf.nrw.de > Rechts-Infos > Düsseldorfer Tabelle
77 BVerwGE 29, 235/238; Empfehlungen des DV, NDV 1995, 1/2

zwischen 1,4 und 1,7 % der Sozialhilfeaufwendungen werden durch Unterhaltseinnahmen wieder hereingeholt.[78] Nach Schätzungen verschlingt der Verwaltungsaufwand rund 1/4 dieser Einnahmen.[79]

1313 Ob es im Betreuungsrecht wirklich im Sinne des Gesetzgebers gelegen hätte, nun neben den betreuten Menschen auch noch ihr gesamtes **familiäres Umfeld** durch detaillierte Ermittlungen der Betreuer bezüglich ihrer wirtschaftlichen Verhältnisse zu verprellen, zu verunsichern, und dadurch die Tätigkeit zahlreicher Betreuer empfindlich zu stören, was sicher auch nicht im Interesse der Betreuten liegen kann, darf bezweifelt werden.

1314 Wenn hinter derartigen Gerichtsbeschlüssen die Hoffnung steht, man könne bei Familienangehörigen von Betreuten mithilfe der Keule „Unterhaltpflicht" deren Bereitschaft zur eigenen Übernahme von Betreuungen steigern und dadurch Berufsbetreuungen vermindern, so wäre dies kontraproduktiv. Schließlich hat der Gesetzgeber, als er bei der Einführung des Betreuungsrechtes die Sanktionen bei der Weigerung, das Betreueramt zu übernehmen, aus dem Vormundschaftsrecht mit Absicht nicht übernommen hat, dieses damit begründet, dass bei einer erzwungenen Amtsübernahme als Betreuer nicht damit gerechnet werden könne, dass der Betreuer seine Pflichten erfüllen werde (§ 1898 BGB).[80]

1315 Somit sind Gerichtsbeschlüsse zu begrüßen, die eine derartige unterhaltsrechtliche Konsequenz verneinen.[81] Das *OLG Düsseldorf* hat in einem Einzelfall zumindest bei der **Aufwandspauschale** nach § 1835a BGB die Unterhaltspflicht des Ehegatten des Betreuers (und Elternteils des Betreuten) verneint.[82]

8.4.4.4 Praktisches Vorgehen bei der Unterhaltsgeltendmachung

1316 Unterstellt, der Betreuer hat einen entsprechenden Aufgabenkreis, müsste er zunächst die folgenden außergerichtlichen Schritte vornehmen:

1317 • Den potenziell Unterhaltspflichtigen (sowohl Verwandte in gerader Linie wie auch Ex-Ehegatten) ausfindig machen (ggf. Anfragen beim Einwohnermeldeamt), beim Standesamt einen Familienbuchauszug besorgen, beim Sozialamt oder der Arbeitsgemeinschaft für Arbeitssuchende nachfragen, ob von dort bereits Unterhaltspflichten geprüft wurden, wobei die Datenweitergabe bei den zuletzt genannten Behörden zweifelhaft sein kann (hier ist ggf. auf § 74 Nr. 1a und 2 SGB X hinzuweisen).

1318 • Den potenziell Unterhaltspflichtigen schriftlich zur Auskunft über dessen Einkommens- und Vermögensverhältnisse (§§ 1605, 1580 BGB) auffordern und zumindest in allgemeiner Form die Unterhaltsansprüche für den Betreuten einfordern. Der Betreuer sollte bei pauschalierter Vergütung (§§ 4, 5 VBVG) für die Zeit ab 1.7.2005 die Höhe seiner Vergütungszahlungen erkennen können; diese sollten dem Unterhaltspflichtigen als mögliche Unterhaltsforderung mitgeteilt werden.

Im Weiteren lassen sich verschiedene Varianten vorstellen:

1319 1. Der Unterhaltspflichtige erteilt Auskunft, ist infolge zu geringen Einkommens oder anderweitiger Verpflichtungen nicht leistungsfähig im Sinne des Unterhaltsrechtes.[83]

Dann ist die Sache zunächst einmal (i.d.R. für 12 Monate) erledigt und der Betreuer teilt dem Gericht anlässlich des Vergütungsantrages die Leistungsunfähigkeit der Unterhaltspflichtigen mit, unter Beifügung von Nachweisen.

---

78 LPK BSHG § 91 Rn. 2
79 LPK BSHG, a.a.O.
80 Vgl. BT-Drs. 11/4528, S. 129
81 LG Verden/Aller BtPrax 2000, 268; LG Braunschweig BtPrax 1999, 34 (für Verfahrenspflegertätigkeit)
82 OLG Düsseldorf BtPrax 2002, 267 = FamRZ 2002, 1590
83 Vgl. Düsseldorfer Tabelle z.B. unter www.olg-duesseldorf.nrw.de > Rechts-Infos > Düsseldorfer Tabelle

2. Der Unterhaltpflichtige erteilt Auskunft, ist im unterhaltsrechtlichen Sinne leistungsfähig und tatsächlich bereit, zu zahlen. **1320**

Dann fordert der Betreuer vom Unterhaltspflichtigen die Zahlungen. Diese sind dann eigenes Einkommen des Betreuten und beim Vergütungsantrag mit zu benennen (§ 1836c Nr. 1 BGB, § 82 SGB XII).

3. Der Unterhaltspflichtige erteilt Auskunft, ist leistungsfähig, aber nicht bereit, zu zahlen. **1321**

Dann müsste er auf Unterhalt verklagt werden. Hier hat der Betreuer beim Vergütungsantrag zunächst Anspruch auf Zahlung aus der Staatskasse (§ 1836d BGB), aber natürlich nur in Höhe der Stundenansätze eines Mittellosen (§ 5 Abs. 2 VBVG). Nach der Zahlung der Staatskasse kann entweder so verfahren werden, dass der Betreuer im Namen des Betreuten selbst den Unterhalt einklagt und nach Zahlungseingang die Beträge an die Staatskasse im Rahmen ihrer Regressansprüche (§ 1836e BGB) abführt. Oder aber die Staatskasse benutzt den Regressbeschluss, um den **Unterhaltsanspruch zu pfänden** (nach der **Justizbeitreibungsordnung**) und betreibt als Pfändungsgläubiger (Rechtsnachfolger) selbst die Unterhaltsklage.[84] Letztere Variante ist auch dann gegeben, wenn der Betreuer infolge fehlenden Aufgabenkreises selbst nicht klagen darf.

4. Der Unterhaltspflichtige erteilt keine Auskunft, daher kann nicht verlässlich festgestellt werden, ob er leistungsfähig ist oder nicht. **1322**

Daher müsste eine verbundene Auskunfts- und Unterhaltsklage erfolgen (sog. Stufenklage). **1323** Auch hier gilt der Betreute zunächst als zahlungsunfähig und die Staatskasse tritt in Vorleistung (§ 1836d BGB). Ansonsten gilt das unter c) Gesagte. Wird der Betreute nur deshalb als mittellos behandelt, weil etwaige Unterhaltsansprüche gerichtlich geltend gemacht werden müssen, hat das Gericht die Regressverpflichtung auszusprechen; es hat deutlich zu machen, dass dieser Titel nur die Grundlage für die Einziehung der Unterhaltsansprüche sein kann. Das Bestehen der Unterhaltsansprüche hat das Betreuungsgericht grundsätzlich nicht zu prüfen.[85]

8.4.4.4 Unterhalt bei pauschaler Betreuervergütung

In Hinblick auf die Umstellung der Betreuervergütung auf Pauschalen (vgl. hierzu Kapitel 7) **1324** muss noch Folgendes beachtet werden:

Gemäß § 1612 Abs. 1 BGB ist Unterhalt grundsätzlich in monatlichen Zahlungen (als Geldrente) zu leisten. Eine Ausnahme gibt es gem. § 1613 Abs. 2 Nr. 1 BGB im Falle eines unregelmäßigen außergewöhnlich hohen Bedarfs (dem sogenannten Sonderbedarf), also im Falle von außergewöhnlich hohen Ausgaben, die nicht voraussehbar waren und deshalb bei der Bemessung der laufenden Unterhaltsrente nicht berücksichtigt werden konnten.[86] **1325**

Die Betreuungskosten konnten bei der bisherigen Rechtslage in der Anfangszeit einer Betreuung im Regelfall nicht eingeschätzt werden und werden deshalb als ein solcher Sonderbedarf angesehen, der auch nachträglich (innerhalb eines Jahres nach Entstehung) noch geltend gemacht werden kann.[87] **1326**

Anders liegt es aber im Falle einer pauschalen Vergütung ab dem 1.7.2005. In diesem Fall **1327** lässt sich die monatliche Belastung nämlich genau vorhersehen und ist deshalb in Höhe der Stundenansätze eines Vermögenden (§ 5 Abs. 1 VBVG) – ggf. neben dem Bedarfssatz der Düsseldorfer Tabelle – im Verfahren zur Festlegung der monatlichen Unterhaltszahlungen geltend zu machen. Das *AG Westerstede*[88] führt dazu unter anderem aus:

(…) Der Kläger kann sich nicht darauf berufen, dass das Gericht seinen Betreuer erst nach Erlass des Unterhaltsurteils (…) aufgefordert hat zu prüfen, ob über die ausgeurteilten 929 DM **1328**

---

84 BayObLG NJW-RR 2002, 943; ähnlich LG Kleve FamRZ 2002, 1290 sowie OLG Schleswig FGPrax 2005, 159
85 BayObLG FamRZ 2002, 417, ähnlich OLG Düsseldorf FamRZ 2003, 326; LG Koblenz FamRZ 2009, 371
86 OLG Nürnberg BtPrax 1999, 236
87 LG Kleve FamRZ 2000, 1534; OLG Nürnberg BtPrax 1999, 236
88 AG Westerstede FamRZ 2003, 552 m. Anm. Bienwald FamRZ 2003, 886

hinaus wegen der gezahlten Betreuervergütung ein weiterer Unterhaltsanspruch geltend zu machen ist. Eine solche Aufforderung darf jedenfalls ein Berufsbetreuer nicht abwarten. Solche elementaren Fragen, wie die Klärung von Unterhaltsansprüchen, muss er in eigener Verantwortung (ggf. nach Einholung anwaltlichen Rates) entscheiden. Das zählt zu seinen originären Aufgaben. (…) Dass der (betreute) Kläger vom Gericht als mittellos angesehen oder so eingestuft wurde (…) entbindet den Betreuer nicht von seiner Pflicht, alle unterhalts-rechtlichen Ansprüche des Betreuten – notfalls auch gerichtlich – geltend zu machen.

1329 Unterhaltsrechtlich ist diese Entscheidung problematisch. Solche Pauschalen sollen vor allem das Abrechnungsverfahren in Betreuungssachen vereinfachen und damit zu Einsparungen beitragen. Dabei kann es im Einzelfall vorkommen, dass der einzelne Betreute mehr Betreu-ungsstunden bezahlen muss als ihm zugutegekommen sind. Es ist fraglich, ob solche Pauschalen im Rahmen der individuell zu bemessenden Unterhaltspflicht maßgeblich sein können.[89]

1330 Der Bezirksrevisor bei dem *LG Oldenburg* hat in einem Rundschreiben an alle Direktoren der Amtsgerichte des Bezirks auf die Entscheidung des *AG Westerstede* hingewiesen und darum gebeten, alle (Berufs-)Betreuer auf die Rechtslage hinzuweisen. Diese Belehrungen sollten seiner Ansicht nach aktenkundig gemacht werden, damit der Betreuer bei Nichtbeachtung in Regress genommen werden könne.[90]

1331 Gegen die Entscheidung des AG war zunächst Berufung eingelegt worden. Die Berufung wurde zurückgenommen, nachdem das OLG den Antrag des Klägers auf Prozesskostenhilfe wegen mangelnder Erfolgsaussichten zurückgewiesen hatte, das OLG teilt demnach die Rechtsauffassung des Amtsgerichts.

1332 Trotz möglicher Bedenken gegen diese Auffassung sollten Betreuer, um einer eventuellen Haftung zu entgehen, Unterhaltsansprüche des Betreuten wegen der Betreuertätigkeit in Zukunft nicht mehr als nachträglich geltend zu machenden Sonderbedarf, sondern als einen von Anfang an geltend zu machenden Unterhaltsanspruch ansehen.

1333 *Hinweis*

 Wegen der Schwierigkeit des Unterhaltsrechtes und der hier ständig wechselnden Rechtsprechungs- und Gesetzeslage ist die Konsultation eines Fachanwaltes für Familienrecht (ggf. im Rahmen der Beratungs- und Prozesskostenhilfe) dringend angeraten.

8.4.4 Unterhaltsverpflichtungen des Betreuten

1334 Auch der Betreute kann unterhaltspflichtig sein, zum einem seinem Ehegatten gegenüber (§§ 1360 ff., 1569 ff. BGB), zum anderen Verwandten in gerader Linie, insbesondere seinen Kindern (§§ 1601 ff. BGB).

1335 Die Unterhaltpflicht gegenüber dem Ehegatten findet in § 85 SGB XII insoweit Berücksich-tigung, als ein Ehegattenzuschlag zum Freibetrag des Betreuten hinzugerechnet wird. Dieser Freibetrag (derzeit mtl. 297,00 €; Stand 1.1.2019) liegt jedoch erheblich unterhalb des Be-trags, der im Unterhaltsrecht zugebilligt wird. Zu prüfen wäre deshalb, ob dem Ehegatten nicht mindestens der Mindestunterhaltsbetrag nach der Düsseldorfer Tabelle (Abschnitt B, von zurzeit 880,00; Stand 1.1.2019) zugebilligt werden müsste, damit sich dieser nicht un-verhältnismäßig einschränken muss.

1336 Auch nach Scheidung oder bei Getrenntleben wird man den tatsächlich zu zahlenden, vom Familiengericht oder durch notarielle Urkunde (bei Kindern auch durch **Jugendamts-urkunde,** § 59 SGB VIII) festgelegten Unterhaltsbetrag vom Einkommen des Betreuten

---

89 Bienwald, Anmerkung zum o.g. Beschl. des AG Westerstede, FamRZ 2003, 886
90 Schreiben v. 4.11.2002 mit Geschäftsnummer 560 ER

absetzen müssen. Auch im Sozialhilferecht sind solche gesetzlichen und vollstreckbaren Unterhaltsverpflichtungen zu berücksichtigen.[91] Außerdem erscheint es unbillig, bei der Betreuervergütung Unterhaltsansprüche des Betreuten dem Einkommen hinzuzurechnen, Unterhaltsverpflichtungen jedoch nicht abzuziehen.

8.4.5 Zahlungsverpflichtungen des Betreuten

Die Berücksichtigung von sonstigen **Zahlungspflichten**, insbesondere Tilgung zivilrechtlicher Verbindlichkeiten, ist im Sozialhilferecht grundsätzlich nicht vorgesehen, da es von ihrem gesetzlichen Verständnis her nicht Aufgabe der Sozialhilfe ist, dritte Personen, die selbst nicht bedürftig sind, zu unterstützen. Eine Ausnahme bildet nur die Tilgung von Mietschulden nach § 36 SGB XII, da der Erhalt der Wohnung als schützenswertes Ziel anerkannt ist, auch wenn durch die Übernahme dieser Zahlungspflichten direkt ein Dritter (der Vermieter) profitiert und nur indirekt der Hilfeempfänger. **1337**

Da das Betreuungsrecht (und auch das Vormundschaftsrecht Minderjähriger) ebenfalls grundsätzlich keine Tätigkeit im Interesse dritter Personen darstellt[92], könnte man daran denken, dies ohne Weiteres auch bei der Vergütung der Betreuungspersonen zu übernehmen. **1338**

Wird dieser Gedanke jedoch weiterverfolgt, wird der Widerspruch zu den Aufgaben des Betreuers deutlich. Gerade wenn diesem die Vermögenssorge als Aufgabenkreis übertragen wurde, ist die **Entschuldung** der betreuten Person eine vorrangige Aufgabe. Bleibt daher eine vom Betreuer veranlasste Schuldentilgung im Rahmen eines ordentlichen Tilgungsplans bei der Betreuervergütung gänzlich unberücksichtigt, könnte der Betreuer seine Aufgabe u.U. nicht mehr ordnungsgemäß erledigen, weil die nach Abzug der vom Gericht festzusetzenden Zahlungsraten (§ 1836e BGB; § 168 Abs. 1 Ziff. 1 FamFG i.V.m. § 292 FamFG) zusammen mit den Schuldtilgungsraten den Lebensunterhalt des Betreuten nicht mehr sicherstellen können. **1339**

Wir schlagen daher vor, eine Gegenrechnung unter Zuhilfenahme der **Pfändungstabelle** (§ 850c ZPO) vorzunehmen. Bei der Schuldentilgung durch Betreuer darf man in der Regel davon ausgehen, dass es sich um titulierte (oder jedenfalls unstrittige) Forderungen gegenüber dem Betreuten handelt, die also bei Nichtzahlung auch im Wege der Zwangsvollstreckung geltend gemacht werden könnten.[93] Nach der Neufassung der Pfändungstabelle zum 1.7.2019 bleibt monatlich mindestens ein Betrag von 1.179,99,00 € pfändungsfrei. **1340**

U.E. wäre eine sachgerechte Lösung, die Tilgungsraten, soweit mit den Gläubigern vereinbart und tatsächlich geleistet (und natürlich innerhalb der gem. § 850c ZPO pfändbaren Beträge liegend), zumindest teilweise zu berücksichtigen. Die Möglichkeit hierzu bietet die gem. § 1836c BGB vorgesehene Anwendung des § 87 SGB XII, der eine nur teilweise Heranziehung der oberhalb der Einkommensgrenzen liegenden Beträge ermöglicht.[94] **1341**

Der Betreute sollte nach Abzug der Mietkosten, etwaiger Unterhaltsverpflichtungen, der Schuldentilgung und der Ratenzahlungen gem. § 1836e BGB mindestens den nach § 850c ZPO unpfändbaren Betrag behalten. Dies entspricht auch den in der Vergangenheit durch einige Gerichte geäußerten Berechnungsvorschlägen.[95] In der Literatur wird es auch für sachgerecht betrachtet, zusätzlich zur Pfändungsfreigrenze einen Zusatzbetrag von ca. 50,00 €/Monat zuzubilligen.[96] **1342**

---

91 BVerwG, Urt. v. 15.12.1977, V C 35.77
92 BGH BtPrax 1995, 103 = FamRZ 1995, 282
93 So auch LG Braunschweig, Beschl. v. 21.6.2001, 8 T 720/01; a.A.: LG Koblenz FamRZ 2005, 306
94 So auch LPK BSHG § 84 Rn. 7
95 LG Kiel JurBüro 94, 415; OLG Hamm BtPrax 1994, 216; LG Frankfurt/Main FamRZ 1996, 1360; LG Paderborn FamRZ 1995, 1377; LG Braunschweig v. 21.6.2001, 8 T 720/01
96 Knittel § 1835 Rn. 26 a; Weiß Rpfleger 1994, 51/54

1343 Hier der Hinweis auf die ursprünglichen Gesetzespläne: Nach dem Referentenentwurf zum 1. BtÄndG (Stand 7. 2.1996) war beabsichtigt, als Maßstab für die Mittellosigkeit bei den Einkünften nicht auf das Sozialhilferecht, sondern auf die Bestimmungen über die **Prozesskostenhilfe** (§§ 114 ff. ZPO) zurückzugreifen. Hiernach wären Schuldentilgungen als besondere Belastung im Sinne von § 115 Abs. 1 Satz 2 ZPO anerkennungsfähig gewesen, jedenfalls dann, wenn sie vor Stellung des PKH-Antrags bereits vereinbart waren.[97]

1344 Da in § 1836d BGB nur darauf abgestellt wird, dass der Betreute die Zahlungen nicht aufbringen kann, nicht jedoch, weshalb, gilt er auch dann als mittellos, wenn zwar einsatzfähiges Einkommen oder Vermögen vorhanden ist, es jedoch aufgrund von **Zwangsvollstreckungsmaßnahmen** nicht mehr für die Betreuerentschädigung entnommen werden kann.[98]

8.4.6 Einkommensgrenze und Wohnungskosten

1345 Nach Berechnung des bereinigten Einkommens des Betreuten und seines nicht getrennt lebenden Ehegatten oder Lebenspartners ist festzustellen, ob dieses Gesamteinkommen über der maßgeblichen Einkommensgrenze liegt.

Diese ist wie folgt zu ermitteln:

Zu dem Grundbetrag gem. § 85 Abs. 1 SGB XII ab 1.1.2019 848,00 € sind die (angemessenen) Kosten der Unterkunft hinzuzurechnen. Hierunter ist die Kaltmiete zuzüglich Nebenkosten, aber ohne Heizkosten und Strom zu verstehen. Die Kosten der Unterkunft sind nur anteilsmäßig für die Personen einzusetzen, die in die Einkommensberechnung (über den Grundbetrag oder die Familienzuschläge) einbezogen sind. Nach dem Urteil des BSG vom 25.4.2013[99] waren auch die Heizkosten bei den Unterkunftskosten einzubeziehen, anders als bei der zuvor herrschenden Sichtweise in der Rechtsprechung (in gleicher Weise zuvor zur Betreuervergütung[100]).

1346 Durch die Änderung des § 85 SGB XII mit Wirkung ab 1.1.2016 wurde die Einbeziehung der Heizkosten allerdings seitens des Gesetzgebers wieder rückgängig gemacht. Dies geschah nicht versehentlich, sondern zur Kostenentlastung der öffentlichen Haushalte.[101] Kosten für Haushaltsstrom waren seit jeher nicht anzurechnen.

1347 Nach allgemeiner Auffassung vermindert Wohngeld die Unterkunftskosten, weil insoweit keine Belastung des Familieneinkommens vorliegt.[102] Kosten der Unterkunft werden insoweit berücksichtigt, als die Aufwendungen hierfür den der Besonderheit des Einzelfalles angemessenen Umfang nicht übersteigen.[103] Ggf. ist nach § 287 ZPO zu schätzen.

1348 Bei Wohnungs- und Hauseigentümern treten die auf das Wohnungseigentum entfallenden Lasten an die Stelle der Miete.[104] Daher sind ggf. von dem Betroffenen für den Erwerb und die Renovierung eines Hauses nötige Kreditzinsen zu berücksichtigen, soweit diese einen den Besonderheiten des Einzelfalls angemessenen Umfang nicht übersteigen.[105] Tilgungsleistungen sollen nach dem BVerwG[106] nicht als Kosten der Unterkunft betrachtet werden; kritisch hierzu und für eine Berücksichtigung wie Zinsen.[107]

1349 Ferner sind Zuschläge für Angehörige in Höhe von (ab 1.1.2019) 297,00 € – dies entspricht, auf volle € aufgerundet, 70 % des Eckregelsatzes – hinzuzurechnen. Dieser Zuschlag wird

---

97 Baumbach/Lauterbach, 48. Aufl., § 115 Anm. 3 C m.w.N.
98 Soergel/Zimmermann § 1836d BGB Rn. 3; BT-Drs. 13/7158, S. 31
99 B 8 SO 8/12 R; Rn. 25
100 LG Koblenz, Beschl. v. 25.4.2006, 2 T 258/06, zit. nach juris, Rn. 8; LG Kleve BtPrax 2011, 223
101 BR-Drs. 344/15, 30
102 LPK-SGB XII/Conradis § 85 SGB XII Rn. 10 m.w.N.
103 Näher dazu LPK-SGB XII/Conradis § 85 Rn. 13
104 OVG Lüneburg, Beschl. v. 7.1.2011, 4 LA 309/09.; Mergler/Zink § 85 SGB XII Rn. 249
105 OVG Lüneburg, Beschl. v. 7.1.2011 a.a.O.
106 BVerwGE 41, 22 = FEVS 19, 447
107 Befürwortend: Fichtner/Wenzel/Augstein § 85 SGB XII Rn. 9

für den Ehegatten und eingetragenen Lebenspartner des Betreuten und für jede Person gewährt, die vom Betreuten oder seinem Ehegatten oder Lebenspartner überwiegend unterhalten wird. Dies ist dann der Fall, wenn die Unterhaltsleistung mehr als 50 % des Lebensbedarfs des Unterhaltsberechtigten beträgt. Diese Freibeträge liegen jedoch erheblich unterhalb der Beträge, die im Unterhaltsrecht zugebilligt werden.

Zu prüfen wäre außerdem, ob dem Ehegatten/Lebenspartner nicht mindestens der Mindestunterhaltsbetrag nach Nr. V.2 der Düsseldorfer Tabelle von zurzeit 880,00 € (Stand 1.1.2019) zugebilligt werden müsste, damit sich dieser nicht unverhältnismäßig einschränken muss. Ähnliches gilt für den Kindesunterhalt, der im Regelfall höher liegt als die Sozialhilferegelsätze. **1350**

Die Freibeträge können nach § 86 SGB XII landes- oder kommunalweit anderweitig festgesetzt werden. Derzeit ist das nur für das Gebiet der Stadt München geschehen. Durch Beschluss des Stadtrates beträgt der Eckregelsatz ab 1.1.2019 445,00 €, der Zuschlag für Angehörige macht demnach 312,00 € aus. Dies ist auch für Vergütungsentscheidungen für Betreute mit Wohnsitz in München maßgebend. **1351**

8.4.7 Umfang der Inanspruchnahme des Einkommens

Bei der Inanspruchnahme ist zu berücksichtigen, dass der Einsatz des Einkommens nur „nach Maßgabe des § 87 SGB XII" erfolgt (§ 1836c Nr. 1 BGB). Nach dieser Vorschrift ist der die Einkommensgrenze übersteigende Anteil des Einkommens für die Aufbringung der Mittel eines sozialhilferechtlich relevanten Bedarfs „in angemessenem Umfang zuzumuten". Das bedeutet, dass nicht das gesamte über der Einkommensgrenze liegende Einkommen herangezogen wird, sondern nur ein – nach **Ermessensentscheidung** des Sozialhilfeträgers festzusetzender – Anteil, der im Einzelfall allerdings auch bis zum vollen Betrag gehen kann. **1352**

Dies gilt auch bei der Beurteilung der Mittellosigkeit nach § 1836c BGB. Auch hier muss daher eine **Ermessensentscheidung** getroffen werden, in welchem Umfange dem Betreuten der Einsatz seines über der Einkommensgrenze liegenden Einkommens zuzumuten ist. **1353**

Hiermit kann der bisher schon vertretenen Auffassung[108], dem Betreuten könne nicht zugemutet werden, mit der Betreuung zugleich eine Einschränkung seiner Lebensverhältnisse hinzunehmen, Rechnung getragen werden durch die **Ermessensausübung** in Anwendung des § 87 SGB XII. Es muss im Rahmen des Ermessens auch der Sinn und Zweck der Regelung berücksichtigt werden und ein wichtiger Unterschied zum Sozialhilferecht ist: Während die Sozialhilfe grundsätzlich der Vermeidung von Armut dient und auch bei der Erbringung von Hilfen in besonderen Lebenslagen dem Hilfebezieher grundsätzlich eine Einschränkung seiner Lebensführung zugemutet werden kann, mag dies bei der Betreuung anders sein.[109] **1354**

Insbesondere gilt für **Blinde und Schwerstpflegebedürftige** außerhalb einer vollstationären Einrichtung (Pflegegrad 4 oder 5), dass dort mindestens 60 % des die Einkommensgrenze übersteigenden Einkommens anrechnungsfrei bleiben müssen (§ 87 Abs. 1 Satz 3 i.V.m. §§ 64 Abs. 3 und 72 SGB XII). **1355**

In zwei veröffentlichten Entscheidungen des *LG Koblenz* hat sich dieses mit der Angemessenheit der Heranziehung laufender Einkünfte oberhalb der Freigrenze befasst: **1356**

- Die Staatskasse kann wegen Betreuungskosten bei der betreuten Person Rückgriff nehmen, soweit diese ihr Einkommen und Vermögen gem. § 1836c BGB einzusetzen hat. Bei einem verbleibenden freien Betrag aus dem monatlichen Einkommen von 639,92,00 € sei die Anordnung einer monatlichen Zahlung von 500,00 € nicht unangemessen.[110] **1357**

- Bei einem Einkommen von 1.458,00 €, Unterkunftskosten von 500,00 € und einem damaligen Grundfreibetrag von damals 728,00 € (ab 1.1.2019 848,00 €), einem in diesem **1358**

---

108 OLG Schleswig BtPrax 1994, 139; LG Oldenburg BtPrax 1994, 215; LG Koblenz BtPrax 1998, 82
109 Jürgens u.a., Betreuungsrecht Kompakt Rn. 312
110 LG Koblenz FamRZ 2007, 236

Rahmen verbleiben freien Betrag von 268,13,00 € sei die Anordnung einer monatlichen Zahlung von 150,00 € nicht unangemessen.[111]

8.5 Inanspruchnahme des Vermögens

1359 Die Inanspruchnahme des Vermögens des Betreuten für Vergütung und Aufwendungsersatz erfolgt nach der 1999 durch das 1. BtÄndG erfolgten Neuregelung in § 1836c Nr. 2 BGB im gleichen Maße, wie bereits im früheren Recht aufgrund gefestigter Literatur und Rechtsprechung.[112]

1360 Die frühere Diskussion um den Vermögensfreibetrag (sog. kleines Barvermögen nach § 1 der Verordnung nach § 90 SGB XII), die sich um die Frage drehte, ob immer der höhere Freibetrag von 2.600,00 € bei der Betreuervergütung gilt oder evtl. auch der niedrigere von 1.600,00 €[113], hat sich seit 1.4.2017 durch die gesetzgeberische Entscheidung eines einheitlichen Freibetrags von 5.000,00 € erledigt.

1361 Darüber hinaus kann ein Vermögenseinsatz nach § 90 Abs. 3 SGB XII insoweit nicht verlangt werden, als dies für den Betroffenen oder seine unterhaltsberechtigten Angehörigen eine **Härte** bedeuten würde. Eine Härte liegt insbesondere vor, wenn eine **angemessene Lebensführung** oder die Aufrechterhaltung einer angemessenen **Alterssicherung** für den Betroffenen wesentlich erschwert würde.[114] Von daher wird unsererseits Rechtsprechung kritisch betrachtet, die wesentliche Aspekte des Lebens der Betreuten außer Acht lässt: Bei der Prüfung, ob das Vermögen des Betroffenen die Schongrenze übersteigt, sei allein auf das aktuelle Aktivvermögen und nicht auf den Überschuss der Aktiva über die Passiva (Reinvermögen) abzustellen. Unerheblich sei insbesondere auch, ob und inwieweit in absehbarer Zeit noch weitere Verpflichtungen auf den Betreuten zukommen werden.[115] Im Einzelfall wurde diese Ausnahme verweigert bei einem Betreuten mit einem Barvermögen von rund 37.000,00 € und laufender Rente von über 1.000,00 €.[116] In einem anderen Fall wurde ein Härtefall akzeptiert: Ein 58jähriger Betroffener bezog nur eine Rente von derzeit 733,00 €; hier sei die Heranziehung eines nicht allgemein geschonten Vermögens (hier: nach Auszahlung eines Lebensversicherungskapitals) von ca. 13.288,00 € eine Härte.[117]

Auch die im Sozialhilferecht im Rahmen des Bundesteilhabegesetzes zum 1.1.2017 neu eingeführten weiteren Freibeträge von derzeit 25.000,00 € bei Beziehern von Eingliederungshilfe (§ 60a SGB XII) bzw. Hilfe zur Pflege (§ 66a SGB XII) werden im Gesetz als Konkretisierung solcher Härten bezeichnet. Dies ließ die Frage entstehen, ob diese Zusatzfreibeträge auch für die Betreuervergütung anzuwenden sind (siehe für Details unter Kap. 8.5.3, Rn. 1370 ff.).

8.5.1 Definition des verwertbaren Vermögens

1362 Zum Vermögen im Sinne des SGB XII gehört grundsätzlich das **gesamte verwertbare Vermögen** (§ 90 Abs. 1 SGB XII). Darunter sind alle Gegenstände zu verstehen, die nach der Verkehrsanschauung nicht zur Bestreitung des gegenwärtigen Bedarfs vorgesehen sind. Hierzu zählen alle Vermögensgegenstände und vermögenswerte Rechte, die einen **wirtschaftlichen Wert** darstellen. Insbesondere sind dies Geld, Wertpapiere, Kapitallebensversicherungen, Immobilien, Nutzungsrechte, Forderungen, aber auch Schmuck, Gemälde und Antiquitäten (siehe aber die Ausnahmen in § 90 Abs. 2 SGB XII). Schuldbelastungen sind grundsätzlich nicht in Abzug zu bringen; es gilt also nicht der Überschuss der Aktiva über

---

111 LG Koblenz FamRZ 2007, 1769
112 Vgl. z.B. Jürgens, Betreuungsrecht, § 1835 BGB Rn. 16 m.w.N.; LG Koblenz FamRZ 2009, 371
113 BGH FamRZ 2002, 157 = BtPrax 2002, 75
114 BayObLG FamRZ 2002, 416; erneut OLG München FGPrax 2009, 74
115 LG Detmold BtPrax 2008, 275 (Ls) = FamRZ 2009, 544
116 LG Koblenz FamRZ 2006, 647
117 OLG München BtPrax 2009, 72 = FamRZ 2009, 1092

die Passiva.[118] Am Vortag des maßgeblichen Zeitpunktes vom Konto des Betreuten abgehobenes Geld gilt als einzusetzendes Vermögen, soweit es über dem Schonbetrag liegt.[119]

Die Berücksichtigung von Vermögensgegenständen setzt allerdings voraus, dass diese verwertbar sind. Hieran fehlt es insbesondere, wenn der Verwertung ein rechtliches oder tatsächliches **Hindernis** entgegensteht oder sie nicht in **angemessener Zeit** durchgeführt werden kann oder wirtschaftlich unvertretbar wäre.[120] Vereinbart allerdings der Betreuer mit der Lebensversicherungsgesellschaft des Betreuten ein Verwertungsverbot, gilt der Rückkaufswert (hier ca. 6.400,00 €) weiterhin als verfügbares Vermögen. Eine solche Vereinbarung zum Nachteil Dritter (hier der Staatskasse) kann nicht hingenommen werden.[121] Eine schwierige Verwertung von Grundeigentum liegt nicht schon deshalb vor, weil nach Auskunft eines Maklers ein Verkauf unter Wert erfolgen müsste; ein **halbes Jahr** soll eine angemessene Frist für eine Verwertung sein; in der Zwischenzeit könne der Betreuer seinen Anspruch durch eine Hypothek absichern.[122]

1363

Nicht als vermögend gilt jemand, dessen Vermögen derzeit nicht verwertbar ist, weil eine **Erbauseinandersetzung** noch nicht abgeschlossen und eine Darlehensaufnahme nicht möglich ist.[123] Es besteht auch dann Anspruch auf die Zahlungen aus der Staatskasse, wenn der Betreuer keinen Zugang zu Vermögen des Betreuten hat, das von einem Testamentsvollstrecker im Rahmen eines Behindertentestamentes zu anderen Zwecken verwaltet wird.[124] Die Verwertbarkeit von Vermögen kann nur dann angenommen werden, wenn der Berechtigte in der Lage ist, die Verwertung innerhalb einer bei Antragstellung feststehenden Zeitspanne durch eigenes Handeln – autonom – herbeizuführen. Wenn eine Verwertung bzw. Verwertungsmöglichkeit nicht absehbar ist, etwa weil sie von dem Tod einer bestimmten Person abhängt[125], so handelt es sich in jedem Falle um tatsächlich nicht verwertbares Vermögen. Eine Ausnahme mag dann gelten, wenn eine zukünftige Verwertbarkeit sicher eintritt, d.h. beispielsweise von dem Eintritt eines bestimmten kalendermäßig ablaufenden Datums abhängt und nicht von dem Eintritt eines ungewissen Ereignisses wie hier dem Tod eines Elternteils.[126] Vereinbart der Betreuer mit der Lebensversicherungsgesellschaft des Betreuten ein **Verwertungsverbot**, gilt der Rückkaufswert (hier ca. 6.400,00 €) weiterhin als verfügbares Vermögen. Eine solche Vereinbarung zum Nachteil Dritter (hier der Staatskasse) kann nicht hingenommen werden.[127]

1364

8.5.2 Kleines Barvermögen

8.5.2.1 Allgemeines

Rechtsgrundlage für die Heranziehung des Betreutenvermögens für die Vergütung des Betreuers ist § 1836c Nr. 2 BGB. Dort heißt es lapidar, dass der Betreute sein Vermögen im Sinne des § 90 SGB XII einzusetzen habe.

1365

Was die Barschaften des Betreuten betrifft, die er behalten darf, sagt das noch nichts. Auch der § 90 SGB XII selbst ist wenig hilfreich. Wichtig ist hier vor allem das Wort „verfügbare"

1366

---

118 OLG Hamm BtPrax 1999, 197; BayObLG NJWE-FER 1999, 35 = JurBüro 1999, 261; LG Detmold BtPrax 2008, 275 (Ls) = = FamRZ 2009, 544; Damrau/Zimmermann § 1836c Rn. 15
119 LG Koblenz FamRZ 2010, 758
120 BayObLG BayObLGZ 2001, 38; BayObLG v. 11.9.2001, 3 Z BR 251/01; BayObLG FamRZ 1999, 1234; LG Koblenz FamRZ 1995, 1444; LG Münster FamRZ 1999, 1362; BayObLG NJW-RR 2003, 1306; BayObLG BtPrax 2002, 40; OLG Oldenburg FamRZ 2001, 309, ähnlich LG Koblenz BtPrax 2002, 222; LPK SGB XII/Geiger § 90 Rn. 10 ff.
121 LG Köln FamRZ 2009, 1092
122 LG Schweinfurt v. 15.10.2010, 42 T 221/01, FamRZ 2002, 1146 (Ls), ähnlich LG Koblenz FamRZ 2001, 1645
123 OLG Oldenburg Rpfleger 2000, 456 = FamRZ 2000, 1534, ähnlich OLG Schleswig FamRZ 2003, 1130; OLG Frankfurt FGPrax 2003, 33 LG Münster FamRZ 1999, 1362
124 LG Itzehoe, Beschl. v. 1.8.2016, 4 T 311/06, RdLH 2006, 180; OLG Köln BtPrax 2009, 249 = FamRZ 2009, 1091
125 VGH Baden-Württemberg, Urt. v. 31.7.2003, 12 S 473/03
126 BSG BSGE 99, 248 = FamRZ 2008, 1250 (Ls.)
127 LG Köln FamRZ 2009, 1092

im ersten Satz. Manche Vermögenswerte, insbesondere langfristig angelegte (und nicht vorzeitig kündbare) dürften darunter fallen.[128] Auch die Frage des **Bestattungs**- und **Grabpflegevertrags** gehört hierhin. Schließlich sind die Vermögenswerte für andere Zwecke angelegt, in Form eines Werkvertrags.[129] Hier stellt sich allenfalls die Frage, ob vom Betreuer verlangt werden kann, den jeweiligen Vertrag zu kündigen, um auf diese Weise die dafür angelegten Gelder wieder verfügbar zu machen.[130] Die Guthaben für die Bestattung können auch unter dem Gesichtspunkt der „besonderen Härte" als geschützt angesehen werden, siehe dazu weiter unten.

8.5.2.2 Vermögenseinsatz beim kleinen Barvermögen

1367 Kleinere Barbeträge oder sonstige Geldwerte gehören nach § 90 Abs. 2 Nr. 9 SGB XII ebenfalls zum geschonten Vermögen; dabei ist eine besondere Notlage des Hilfesuchenden zu berücksichtigen. Die Höhe der kleineren Barbeträge und sonstigen Geldwerte wird in der Verordnung zu § 90 Abs. 2 Nr. 9 SGB XII näher bestimmt.

1368 Eine ausdrückliche Regelung, welcher der früheren unterschiedlichen **Schonvermögensbeträge** Betreuten zu gewähren ist, wurde weder im Betreuungsrecht noch im Sozialhilferecht getroffen. Seit 1.4.2017 gilt ein einheitlicher Vermögensfreibetrag für den Betreuten von 5.000,00 €. Der gleiche Betrag gilt auch für jede weitere dort genannte volljährige Person. Betroffenen davon sind nicht getrennt lebende Ehegatten und Lebenspartner des Betreuten sowie Partner einer eheähnlichen oder lebenspartnerschaftsähnlichen Gemeinschaft. Diese neue Freigrenze ist bei allen Beschlüssen nach § 168 FamFG, ggf. i.V.m. § 292 FamFG, die nach dem 31.3.2017 erfolgen, von Amts wegen zu berücksichtigen, ebenfalls bei Auszahlungsanordnungen im vereinfachten Verfahren.

1369 Für andere vom Betreuten überwiegend unterhaltene Personen (das sind im Wesentlichen minderjährige Kinder) ist nach der genannten Verordnung ein weiterer Freibetrag von je 500,00 € vorgesehen.

8.5.3 Höherer Freibetrag wegen Härtefalls bei Gewährung von Eingliederungshilfe §§ 60a SGB XII

1370 Diese Freibeträge können bei **besonderen Härtefällen** des Betreuten angemessen erhöht werden, § 2 VO zu § 90 Abs. 2 Nr. 9 SGB XII. Bezieht der Betreute Eingliederungshilfe nach den §§ 53 ff. SGB XII, so ist ihm seit dem 1.1.2017 ein zusätzlicher Vermögensschonbetrag von 25.000,00 € nach § 60a SGB XII zu belassen. Die Bestimmung erklärt diese Summe als Härtefallregelung nach § 90 Abs. 3 SGB XII. Dass diese für das Behindertenrecht geltende Regelung auch bei der Betreuervergütung gelten sollte, sahen auch die Gerichte bei der bis zum 31.12.2004 im damaligen § 88 Abs. 3 Satz 3 BSHG geltenden vergleichbaren Regelung.[131] Beide Regelungen sind bzw. waren Konkretisierungen der besonderen Härte (damals § 88 III BSHG, jetzt § 90 III SGB XII).

1371 Bezüglich der in § 60a SGB XII enthaltenen Regelung gibt es mehrere LG-Entscheidungen, die eine Anwendung auch bei der Berechnung der Mittellosigkeit nach § 1836c Nr. 2 BGB

---

128 OLG Oldenburg FamRZ 2000, 1534
129 OLG Frankfurt/Main BtPrax 2001, 128 = FamRZ 2001, 868, ebenso VG Sigmaringen BtPrax 1999, 33 und LG Stade BtPrax 2003, 233, LG Verden FamRZ 2007, 1189 sowie für das Sozialhilferecht OVG Münster ZEVS 55, 478 = info also 2004, 82; OVG Berlin FEVS 49, 218
130 Widmann FamRZ 1992, 759, Spranger ZfSh/SGB 1998, 98
131 Damals Schonvermögen von 25.311,00 € bei Personen, die in einer Werkstatt für behinderte Menschen arbeiten: LG Schweinfurt FamRZ 2000, 1532, ebenso v. Ergebnis LG Dresden FamRZ 2001, 712, LG Chemnitz FamRZ 2001, 1026, OLG Dresden, Beschl. v. 17.5.2000, 15 W 677/00; OLG Celle FamRZ 2003, 1047; LG Münster BtPrax 2003, 233; BayObLG FamRZ 2003, 966 = BtPrax 2003, 180 = NJW-RR 2002, 1520; LG Trier, Beschl. v. 20.8.2000, 5 T 134/04; a.A. (nur bei Vorliegen besonderer Härte): LG Osnabrück FamRZ 2002, 702 (aufgehoben durch OLG Celle, s.o.)

bejahten[132]: Der erhöhte Freibetrag diene dem Ausgleich behinderungsbedingter Nachteile; bei einem Verbrauch für die Betreuervergütung werde der Schutzzweck unterlaufen. Der BGH entschied allerdings gegen eine Anwendung bei der Betreuervergütung[133]. Insbesondere sei die Betreuung nicht als eine Eingliederungshilfeleistung zu verstehen, am ehesten komme die Betreuung einer Leistung in besonderen Lebenslagen, § 73 SGB XII, nahe.

Bereits die systematische Stellung des § 60a SGB XII im Sechsten Kapitel (Eingliederungshilfe für behinderte Menschen) und nicht im Elften Kapitel (Einsatz des Einkommens und des Vermögens) des SGB XII lasse darauf schließen, dass der zusätzliche Vermögensfreibetrag nur bei Leistungen der Eingliederungshilfe und nicht bei anderen Sozialleistungen, wie der Hilfe zum Lebensunterhalt oder der Übernahme der Betreuervergütung durch die Staatskasse, zu berücksichtigen sei. Dies stehe auch im Einklang mit dem erklärten Willen des Gesetzgebers, der „bei Leistungen nach dem Sechsten Kapitel" einen zusätzlichen Betrag von 25.000,00 € für eine angemessene Lebensführung und Alterssicherung als notwendig erachtet hat[134].

Da allerdings der erhöhte Freibetrag bei anderen Leistungsarten außerhalb der Eingliederungshilfe keine Anwendung finden solle, käme er auch bei der Betreuervergütung nicht in Frage. Ein gesetzgeberischer Wille, den Empfängern von Eingliederungshilfe bei jeder Sozialleistung den erhöhten Freibetrag des § 60a SGB XII zuzubilligen, sei nicht ersichtlich. Das gilt auch für die Zeit ab 1.1.2020, ab der der zusätzliche Freibetrag mit nochmaliger Erhöhung in § 139 SGB IX verlagert wird.

Somit können in der Zwischenzeit als zusätzliches Schonvermögen berücksichtigte Sparbeträge nach § 1836e BGB zurück gefordert werden und Betreuer im Rahmen der §§ 2,9 VBVG ergänzende Vergütungsanträge aus dem nun einzusetzenden Betreutenvermögen stellen. **1372**

8.5.4 Höherer Freibetrag bei Empfängern von Hilfe zur Pflege (§ 66a SGB XII)

Für Personen, die Hilfe zur Pflege nach §§ 61 ff. SGB XII beziehen, wurde eine (auf den ersten Blick) dem o.g. § 60a SGB XII ähnliche Regelung in § 66a SGB XII eingefügt. Auch hier soll eine zusätzliche Summe von 25.000,00 € seit 1.1.2017 als besondere Härte nach § 90 Abs. 3 SGB XII angesehen werden. **1373**

Allerdings wird für die Hilfe zur Pflege zusätzlich bestimmt, dass jedenfalls der überwiegende Teil des Betrags (also mindestens 12.500,01,00 € bei Ausschöpfen des gesamten Freibetrags) während des Bezugs von Leistungen der Hilfe zur Pflege angespart wurde, und zwar aus steuerpflichtigen Arbeitseinkünften (nichtselbstständige oder selbstständige Einkünfte im Sinne des Steuerrechtes, nicht etwa durch Erbschaften, Schenkungen oder andere Einnahmen).[135] **1374**

Hierfür muss der Pflegebedürftige also trotz Feststellung eines Pflegegrades im Sinne der gesetzlichen Pflegeversicherung in der Lage sein, einem Beruf nachzugehen (evtl. mit Hilfe einer Arbeitsassistenz) und von diesen Einkünften Beträge anzusparen, die die Hälfte des Schonbetrags übersteigen. Dazu wären solche Ersparnisse zunächst anrechnungspflichtige Einkünfte. Gem. § 82 Abs 3a SGB XII beträgt der Einkommensfreibetrag für Empfänger von Leistungen nach dem 7. Kapitel (der also angespart werden kann und nicht für den Lebensbedarf eingesetzt werden muss) 40 % des Erwerbseinkommens, max. aber 65 % der Regelbedarfsstufe 1, das waren seit 1.1.2017 mtl. 265,85,00 € und seit dem 1.1.2018 bis 31.12.2018 monatlich 270,40,00 €. Sollte seit Inkrafttreten der gesetzlichen Regelung der Maximalbeitrag von einer solchen Person angespart worden sein, wäre dies bis Ende 2018 eine Maximalsumme von 6.435,00 €. Darüber hinaus darf es als höchst zweifelhaft angese- **1375**

132 LG Bielefeld FamRZ 2018, 1949; LG Chemnitz FamRZ 2018, 709; LG Kassel BtPrax 2018, 157; LG Karlsruhe Beschluss vom 19.4.2018 – 11 T 58/18, a.A. LG Hanau, Beschl v 16.3.2017, 3 T 46/17.
133 BGH Beschl. v 20.3.2019, XII ZB 290/18, BtPrax 2019, 157, XII ZB 291/18, NZFam 2019, 651, und XII ZB 451/18
134 BT-Drs. 18/9522 S. 328
135 LPK SGB XII/Roscher § 66a Rn. 2

hen werden, dass die Regelung eine Praxisrelevanz erhält, da die wenigsten pflegebedürftigen Menschen berufstätig und zugleich in der Lage sein dürften, die gedanklichen Überlegungen des Gesetzgebers in praktisches Tun umzusetzen. Durch die o.g. neuere Rechtsprechung des BGH ist allerdings auch bei diesem zusätzlichen Freibetrag davon auszugehen, dass er bei der Betreuervergütung keine Anwendung findet.

8.5.5 Freibetrag bei Bezug von Arbeitslosengeld II?

1376   Bezieher von **Arbeitslosengeld II** erhalten einen Vermögensfreibetrag von 150,00 € pro Lebensjahr, mindestens 3.100,00 €, höchstens zwischen 9.750,00 € und 10.050,00 € eingeräumt (§ 12 SGB II). Für Ehegatten bzw. Lebenspartner und Kinder gilt der gleiche Freibetrag, außerdem werden weitere Freibeträge für Altersvorsorgesparbeträge eingeräumt. Ein zusätzlicher Anschaffungsfreibetrag wird in Höhe von 750,00 € je Person eingeräumt.

1377   Da § 1836c BGB nicht auf die Bestimmungen des SGB II verweist, gelten bei der Betreuervergütung auch für diese Personen nicht diese, sondern die oben genannten sozialhilferechtlichen Freibeträge.

8.5.6 Freibetrag bei Kriegsopfern, Hinterbliebenen und Gleichgestellten?

1378   Bis zur 3. Auflage dieses Werkes war entsprechend der Literaturmeinung die Auffassung vertreten worden, Kriegsopfern und Kriegshinterbliebenen sollte gem. § 25 f Abs. 2 BVG der dort genannte **erhöhte Freibetrag** eingeräumt werden (seit 1.1.2019 bei voll Erwerbsgeminderten 6.536,00 € mit weiteren Erhöhungsmöglichkeiten).[136] Dies entsprach auch verbreiteter Rechtsprechung aus der Zeit vor Inkrafttreten des 1. BtÄndG.[137] Begünstigte dieser Bestimmung sind insbesondere Kriegsbeschädigte, Kriegshinterbliebene, Wehr-, Zivildienst- und Impfgeschädigte sowie Opfer von Gewalttaten. Die hier vertretene Auffassung, dass die Nichtberücksichtigung der Bedürfnisse dieses Personenkreises eine **Gesetzeslücke** darstelle, die durch angemessene Auslegung zu schließen sei, hat sich in der Rechtsprechung nicht durchgesetzt.[138]

1379   Die oben genannten Personenkreise haben gegenüber dem jeweiligen Sozialleistungsträger erheblich höhere Vermögensfreibeträge, als § 90 Abs. 2 Nr. 9 SGB XII sie gewährleistet. Da auch das Gesetz vom 27.12.2003 im Rahmen der Änderung des § 1836c BGB keine Berücksichtigung dieses Personenkreises vorgenommen hat, ist davon auszugehen, dass es offenbar dem Willen des Gesetzgebers entspricht, bei der Heranziehung zur Betreuervergütung andere Maßstäbe als allgemein im Sozialrecht anzuwenden und sich auf den einheitlichen Freibetrag, der sich aus § 90 Abs. 2 Nr. 9 SGB XII und der dazu gehörigen Verordnung ergibt, zu beschränken.

1380   Da bei der Heranziehung zur Betreuervergütung nunmehr auf „Schonvermögen" zugegriffen werden muss, sind Betroffene, die einen (bezahlten) Betreuer haben, schlechter gestellt als solche ohne einen Betreuer. Diese erhöhte Inanspruchnahme ist nach hiesiger Auffassung als **Sonderopfer**, die für die Tatsache, dass man einen gesetzlichen Vertreter hat, erbracht werden muss, unseres Erachtens nach weiterhin nicht akzeptabel. Wir halten es für angebracht, hier gem. § 90 Abs. 3 SGB XII von einer Härte auszugehen, soweit es sich um diesen Personenkreis handelt.

---

136 Deinert, FamRZ 1999, 1187 und BtPrax 2001; 130; Deinert/Lütgens, a.a.O., Ziff. 8.5.7.; Damrau/Zimmermann § 1836c Rn. 18; siehe Tabelle unter: https://www.bmas.de/SharedDocs/Downloads/DE/kriegsopferfuersorge-einkommensgrenze.pdf?__blob=publicationFile&v=16 (Abruf: 29.7.2019)

137 LG Duisburg Rpfleger 1993, 196 = JurBüro 1993, 285; LG Osnabrück Nds. Rpfleger 1994, 188 = BtE 1994/95, 78

138 OLG Köln v. 29.1.1999, 16 Wx 215/98; OLG Frankfurt am Main FamRZ 2004, 836 = BtPrax 2004, 117; OLG Zweibrücken BtPrax 2000, 264; BayObLG FamRZ 2002, 701 = BtPrax 2002, 123 = BtPrax 2002, 270; BayObLG BtPrax 2005, 108; OLG Hamm FamRZ 2004, 1324, OLG Köln FamRZ 2007, 1043 sowie LG Regensburg, Beschl. v. 22.11.2001, 7 T 483/01 und BtKomm/Dodegge F 190

8.5.7 Vermögensgegenstände, die zum Barvermögen hinzuzurechnen sind

Genannt sind im Folgenden auch Rechtsprechungsbeispiele aus dem entsprechend anwendbaren Sozialhilferecht:

- **Bauspareguthaben** ist einzusetzendes Vermögen, dies gilt auch, wenn bei einer Kündigung staatliche Zulagen zurückzuzahlen sind.[139]   **1381**

- Kapitallebensversicherungen sind zu kündigen, auch wenn der Rückkaufswert gering ist.[140] Ein Betreuter mit Lebensversicherungsverträgen mit einem Rückkaufswert von zusammen ca. 8.500,00 € ist jedenfalls nicht als mittellos anzusehen.[141]

- Forderungen aus Prämiensparverträgen sind grundsätzlich als Vermögen anzurechnen,[142] ebenso die Rückkaufswerte von Kapitallebensversicherungen,[143] außer bei offensichtlicher Unwirtschaftlichkeit, z.B. weil der Rückkaufswert erheblich unter den eingezahlten Beträgen liegt.[144] Geschont sind auf jeden Fall Guthaben aus Riester-Rentenverträgen.[145]

- Keine Mittellosigkeit liegt vor, wenn eine zu eigenen Wohnzwecken nicht mehr benötige und vermietete Eigentumswohnung mit einem Verkehrswert von mind. 100.000,00 € lastenfrei vorhanden ist. Ein Zeitraum von einem halben Jahr zur Vermögensverwertung ist dem Betreuer zumutbar.[146]

- Ein Gesellschaftsanteil gehört zum Vermögen des Betreuten i.S.d. § 1836c Nr. 2 BGB, auch wenn zunächst eine Auflösung der Gesellschaft erfolgen muss.[147]

- Eine bei einem Gewinnspiel gewonnene Luxuskreuzfahrt bildet einen verwertbaren Vermögenswert, dessen Verwertung grundsätzlich auch keine besondere Härte bedeutet.[148]

- Eine in einem Sparkassenbrief verbriefte Forderung ist als Vermögen zu berücksichtigen, auch wenn diese erst in 5 Jahren fällig wird, weil der Sparbrief als Sicherheit für ein Darlehen akzeptiert werden wurde.[149]

- Auch ein Anspruch auf Schenkungsrückforderung wegen Verarmung (§ 528 BGB) kann Vermögen i.S.d. § 1836c Nr. 2 BGB sein.[150]

- Ein Kraftfahrzeug gehört ebenfalls zum einzusetzenden Vermögen. Es ist kein geschützter Hausrat.[151] Ein Vermögensverwertungsschutz für ein Kraftfahrzeug ist allenfalls unter dem Gesichtspunkt erwogen worden, dass es zur Aufnahme oder Fortsetzung der Berufsausbildung oder der Erwerbstätigkeit unentbehrlich sei[152] oder die Verwertung eine besondere Härte bedeutete.[153]

---

139 OVG Münster NVwZ-RR 2000, 685 = FEVS Bd. 51, 551; LG Koblenz FamRZ 2005, 306
140 BVerwG FamRZ 1998, 547; BVerwG BVerwGE 121, 34 = NJW 2004, 3647
141 LG Koblenz FamRZ 2006, 292
142 OVG Lüneburg NVwZ-RR 2000, 166
143 BVerwG NDV-RD 1998, 53
144 BSGE 99, 77 = NJW 2008, 2281
145 OLG Köln, Beschl. v. 31.3.2009, 16 Wx 21/09 und 22/09, BtMan 3/2009 (Ls)
146 LG Schweinfurt FamRZ 2002, 1146
147 OLG Frankfurt/Main BtPrax 2001, 167
148 VerwG Düsseldorf info also 2000, 84
149 LG Frankenthal BtPrax 2001, 264 = FamRZ 2001, 1645; ähnlich LG Koblenz FamRZ 2000, 981, LG Arnsberg FamRZ 1998, 1119
150 OLG Hamm FamRZ 2003, 187
151 BVerwG, NVwZ-RR 2010, 926 = DÖV 2010, 986
152 OVG Brandenburg, Beschl. v. 28.12. 2004, 2 E 196/ 04, NJ 2005, 180
153 OVG Lüneburg, Beschl. v. 16.10. 2003, 12 ME 342/ 03, FEVS 55, 355

8.5.8 Vermögensgegenstände, die zum Barvermögen nicht hinzuzurechnen sind

1382
- Nach der Rechtsprechung soll **angespartes Schmerzensgeld** (§ 253 Abs. 2 BGB) beim Schonvermögensbetrag nicht mitgerechnet werden[154], das Gleiche gilt für **angespartes Erziehungsgeld** (nach früherem Recht)[155] oder Blindengeld.[156] Dabei handelt es sich meist um Fälle, in denen anrechnungsfreies Einkommen, das in der Regel aus öffentlichen Leistungen stammt und einem bestimmten Zweck dienen soll, angespart wurde oder entsprechende Nachzahlungen geleistet wurden.

- Bei der Prüfung des Einzelfalles kann ausnahmsweise auch die Herkunft des Vermögens mitberücksichtigt werden. In Einzelfällen kann die Herkunft des Vermögens dieses so prägen, dass seine Verwertung eine Härte darstellen kann. Dies gilt insbesondere für Vermögen, das aufgrund einer durch fehlerhafte Bearbeitung der Sozialbehörde verursachte Nachzahlung von Grundsicherungsleistungen nach dem SGB XII erworben wurde und dem geistig und körperlich schwer behinderten Betreuten erst die Befriedigung von sozialhilferechtlich anerkannten Grundbedürfnissen ermöglichen soll.[157]

- Ebenso erfolgte kein Einsatz einer Unterhaltsabfindung, die für den laufenden Lebensbedarf benötigt wird, zur Deckung der Betreuervergütung wegen Anwendung der Härtefallregelung (§ 90 Abs. 3 SGB XII).[158]

- Ebenfalls kein Einsatz von Entschädigungen nach dem StrRehaG für eine zu Unrecht verhängte Freiheitsentziehung für die Betreuervergütung[159] oder von angesparten Leistungen der Stiftung „Hilfswerk für das behinderte Kind" für die Betreuervergütung.[160]

- Anderseits wurde entschieden, dass laufende Versorgungsbezüge nach dem OEG, die nicht verbraucht, sondern dem Vermögen zugeführt werden, grundsätzlich für die Betreuervergütung zur Verfügung stehen.[161]

- Allerdings gilt auch: Der Rechtsirrtum eines Betreuungsvereins zur Beurteilung der Frage, ob der Einsatz des dem Betroffenen zugeflossenen Schmerzensgeldes eine unbillige Härte i.S.d. § 90 Abs. 3 SGB XII bedeutet, kann nicht als unverschuldet i.S.d. § 22 Abs. 2 S. 1 FGG bewertet werden, wenn der Verein aus diesem Grund die rechtzeitige Anfechtung der Ablehnung einer gegen die Staatskasse gerichteten Vergütungsfestsetzung versäumt hat. Dies gilt auch dann, wenn der Irrtum durch die Stellungnahme des Bezirksrevisors im Festsetzungsverfahren mitverursacht worden ist.[162]

8.5.9 Bestattungsvorverträge/Grabpflegeverträge

1383 Häufig stellt sich die Frage, ob Geldbeträge, die zum Zwecke der späteren Bestattung angelegt wurden (in der Regel auf einem gesperrten Sparbuch für diese Zwecke oder durch einen Bestattungsvorvertrag), zum Vermögen des Betreuten zählen, also für die Betreuervergütung einzusetzen sind.

1384 U.E. ist dies nicht der Fall, denn Geld, welches für andere Zwecke (z.B. Bestattung, Grabpflege) verbindlich festgelegt ist, ist nicht verfügbar i.S.d. § 90 SGB XII. Nur verfügbares Vermögen wird vom § 90 SGB XII erfasst. Mangels einer Kündigungs- oder Rücktrittsmöglichkeit, die bei Bestattungsverträgen im Regelfall aufgrund ausdrücklichen Ausschlusses nicht

---

154 LG Essen, Beschl. v. 21.6.1995, 7 T 206+210-212/95; OLG Köln FamRZ 1988, 95; OLG Hamm AnwBl 1981, 72; LG Köln BtPrax 1998, 196; BVerwG FamRZ 1995, 1348; OLG Thüringen FamRZ 2005, 1199; OLG Hamm, Beschl. v. 6.11.2006, 15 W 328/06, BtPrax 2007, 255 (Ls); OLG Frankfurt/Main FamRZ 2008, 2152 = BtPrax 2008, 275 (Ls)
155 BVerwGE 105, 199 = NJW 1998, 397 = FamRZ 1998, 108
156 BSG, Urt. v. 11.12.2007, B 8/9b SO 20/06 R, FEVS 59, 441
157 LG Aachen BtPrax 2009, 142 = FamRZ 2009, 1094
158 OLG Hamm FamRZ 2003, 1875
159 LG Verden FamRZ 2004, 221
160 LG Hamburg Rpfleger 2003, 503
161 BayObLG BtPrax 2002, 73 = FamRZ 2002, 1289, BayObLG FamRZ 2005, 1199 = BtPrax 2005, 108
162 OLG Hamm, Beschl. v. 6.11.2006, 15 W 328/06, BtPrax 2007, 255 (Ls)

gegeben ist, hat der Betroffene keine Möglichkeit, über dieses Geld nach Vertragsschluss noch zu verfügen. Nach *Schellhorn*[163] gelten Guthaben auf Sperrkonten nicht als verfügbares Vermögen.

Für einen **Bestattungsvertrag** angelegtes Geld ist u.E. verbindlich festgelegt und somit beim Vermögensfreibetrag nicht mit anzurechnen.[164]

1385

Auch ist es potenziellen Sozialhilfeempfängern, also Personen, die voraussichtlich in absehbarer Zeit auf Sozialhilfe angewiesen sind, erlaubt, unbegrenzt über ihr **Vermögen zu verfügen**.[165] Auf den Umfang der Sozialhilfe wirken sich solche Geschäfte nur aus, wenn sie in der Absicht getätigt wurden, die Voraussetzungen für die Gewährung oder Erhöhung der Sozialhilfe herbeizuführen.

1386

Dies kann bei einem Bestattungsvertrag, der im Vergleich zu den Lebensverhältnissen des Betroffenen angemessen ist, nicht unterstellt werden. Das Recht der Bestimmung über die eigene Bestattung ist als allgemeines Persönlichkeitsrecht anerkannt, das aus Artikel 2 des Grundgesetzes resultiert.[166] Wenn das Recht zur Bestimmung der eigenen Bestattung als Persönlichkeitsrecht anerkannt ist, dann muss auch die Möglichkeit bestehen, für die Bezahlung der Bestattung zu sorgen.[167] Auch stellt die Bestattungsvorsorge gem. § 33 SGB XII im Sozialhilferecht eine **anerkennenswerte Risikovorsorge** dar und sollte aus diesem Grunde auch bei der Vermögensinanspruchnahme nach § 1836c Nr. 2 unberücksichtigt bleiben.[168]

1387

So entschied die Rechtsprechung, dass eine Sterbegeldversicherung, die erkennbar nur der Sicherung einer würdigen Bestattung dient, unabhängig davon, ob der Rückkaufswert günstig ist oder nicht, Vermögen „zur Aufrechterhaltung einer **angemessenen Alterssicherung**" ist und somit nicht für die Betreuervergütung heranzuziehen ist.[169]

1388

Ob solche Guthaben als Schonvermögen auch gegenüber dem Sozialhilfeträger (§ 90 SGB XII) bzw. dem Leistungsträger von Arbeitslosengeld II (§ 12 SGB II) anzusehen sind, war zunächst strittig gewesen. Während vor dem 1.1.2005 die zuständigen Verwaltungsgerichte Bestattungsverträge i.d.R. schonten[170], hatte zunächst seit der Übertragung der Entscheidungsgewalt auf die Sozialgerichtsbarkeit eine einschränkende Auslegung stattgefunden.[171] Nach einer neuen Entscheidung des *BSG*[172] bleibt jedoch eine angemessene Bestattungsvorsorge weiterhin geschützt. Im entschiedenen Fall waren kurz vor Eintritt der Hilfebedürftigkeit 6.000,00 € in einem Bestattungsvertrag angelegt worden. Die Angemessenheit der Bestattungsvorsorge ist am örtl. Kostenniveau der Bestattungsinstitute sowie der kommunal festgesetzten Friedhofgebühren zu bemessen. Weitere Rechtsprechungsbeispiele finden sich bei der Verbraucherinitiative Bestattungskultur Aeternitas e.V.[173] Die Hamburger Sozialbehörde hat in einer Arbeitshilfe zu § 90 SGB XII zur Verschonung eines Bestat-

1389

---

163 § 90 SGB XII Rn. 12
164 So auch LPK BSHG § 88 Rn. 12; OLG Frankfurt/Main BtPrax 2001, 128 = FamRZ 2001, 868 = FGPrax 2001, 115 = OLG-Report Frankfurt 2001, 134, ebenso VG Sigmaringen BtPrax 1999, 33 und LG Stade BtPrax 2003, 233, LG Verden, Beschl. v. 6.3.2007, 1 T 71/07, FamRZ 2007, 1189 sowie für das Sozialhilferecht OVG Münster, Beschl. v. 19.12.03, 16 B 2078/03, ZEVS 55, 478 = info also 2004, 82; OVG Berlin FEVS 49, 218
165 LPK § 90 SGB-XII Rn. 74
166 Vgl. zum Vorrang des Willens des Verstorbenen auch Widmann, FamRZ 1992, 759 sowie die Bestattungsgesetze vieler Bundesländer (vgl. Textsammlung Deinert/Jegust: Todesfall- und Bestattungsrecht, 5. Aufl., Düsseldorf 2014)
167 In diesem Sinne auch Spranger, Zum Zugriff des Sozialhilfeträgers auf Bestattungssparbücher, ZfSH/SGB 1998, 98
168 OLG Frankfurt/Main BtPrax 2001, 128 = FamRZ 2001, 868; LG Stade BtPrax 2003, 233; FamRZ 2006, 65 (Ls); OLG Zweibrücken BtPrax 2006, 80; OLG München BtPrax 2007, 130 = FamRZ 2007, 1189; OLG Schleswig BtPrax 2007, 133 = FamRZ 2007, 1188; für das Sozialhilferecht LPK SGB XII, § 90 Rn. 12
169 OLG Köln, Beschl. v. 27.9.2002, 16 Wx 188/02 sowie zuvor LG Köln v. 9.9.2002, 1 T 294/02
170 Vgl. BVerwG NJW 2004, 2914; OVG Münster NVwZ-RR 2004, 360 = info also 2004, 82; OVG Berlin FEVS 49, 218; VG Sigmaringen BtPrax 1999, 33, OVG Lüneburg Nds.Rpfl. 2004, 55 und NDV-RD 2004, 1
171 Vgl. LSG Schleswig-Holstein, Urt. v. 4.12.2006, L 9 SO 19/06, FEVS 58, 456, sowie LSG Niedersachsen-Bremen FEVS 58, 87; ausführlich Jacobsen NDV 2007, 357/361
172 BSGE 100, 131 = FamRZ 2008, 1616 (Ls)
173 Unter www.aeternitas.de/inhalt/downloads/schonvermoegen.pdf (Abruf: 27.8.2019)

tungsvorsorgevermögens[174] einen Betrag bis zu 8.200,00 € (darunter max. 5.510,00 € für eine angemessene Bestattung sowie max. 2.690,00 € für eine angemessene Grabpflege) genannt. Hier muss allerdings berücksichtigt werden, dass es sich dabei um das Kostenniveau einer Großstadt handelt.

1390 Es wurde weiterhin nicht beanstandet, dass eine Betreute ihren angesparten Barbetrag nach § 27b Abs. 2 SGB XII für die Grabpflege des verstorbenen Ehemannes verwendet, auch in Form eines Dauergrabpflegevertrags. In dieser Form angelegte Beträge seien kein verfügbares Vermögen nach § 90 SGB XII.[175] Der Verwertung eines Dauergrabpflegevertrags durch Kündigung kann auch entgegenstehen, dass die Grabpflege des Verstorbenen ihrerseits zum notwendigen Bedarf des Verpflichteten zählt und dieser Bedarf mangels einer sozialhilferechtlichen Alternative nur durch den Grabpflegevertrag gedeckt werden kann.[176]

8.5.10 Vermögenseinsatz oberhalb des Schonbetrages bei Sozialhilfeempfängern

1391 Ist der für den jeweiligen Betreuungsfall maßgebliche Vermögensschonbetrag überschritten, ist das darüber liegende Vermögen grundsätzlich zur Finanzierung der Betreuertätigkeit einzusetzen. In der Praxis führt diese Bestimmung jedoch des Öfteren zu Schwierigkeiten. Es kommt vor, dass Personen, die sich im Sozialhilfebezug befinden, über ein Vermögen verfügen, das die Freigrenzen übersteigt. Es stellt sich dann die Frage, ob tatsächlich ein einzusetzendes Vermögen für die Betreuervergütung vorliegt.

1392 Hierbei sind folgende Fälle denkbar:

a) nachträgliches Entdecken von Vermögenswerten des Betreuten durch den Betreuer,

b) nachträglicher zweckfreier Vermögenserwerb (z.B. durch Erbschaft, Schenkung),

c) Anwachsen des Vermögens durch Ansparen geschützten Einkommens (z.B. des persönlichen Barbetrags nach § 27b Abs. 2 SGB XII, sog. Taschengeld, oder nicht als sozialhilferechtlich angesehenes Einkommen, z.B. Grundrente nach BVG),

d) nachträglicher zweckbestimmter Vermögenserwerb (z.B. Schmerzensgeldzahlung).

1393 Allgemein gilt: Der Betreuer hat als gesetzlicher Vertreter des Betreuten (§ 1902 BGB) auch dessen sozialrechtliche Mitwirkungspflichten. So hat der Betreuer, wenn einer der obigen Sachverhalte eintritt, unverzüglich das Sozialamt davon zu informieren (§ 60 Abs. 1 Nr. 2 SGB I). Andererseits ist der Betreuer auch zur Mitteilung an das Betreuungsgericht verpflichtet, u.a., weil er das Vermögensverzeichnis ergänzen muss.[177]

1394 Im unter **a)** genannten Fall wird davon auszugehen sein, dass der Sozialhilfeträger die gewährte Sozialhilfe in Höhe des aufgefundenen Vermögens gem. §§ 103, 104 SGB XII, 45, 47, 50 SGB X zurückfordert. Ein Zurückbehaltungsrecht zugunsten der Finanzierung (zukünftiger) Betreuervergütung hat der Betreuer nicht.[178] Ebenso wird aber möglicherweise das Betreuungsgericht eine Regresszahlung gem. den §§ 1836e, 1908i Abs. 1 BGB festsetzen.

1395 Da das Geld aber nur einmal ausgegeben werden kann und das aufgefundene oder erworbene Vermögen häufig nicht für die Befriedigung beider Seiten ausreicht, müssen Prioritäten gesetzt werden. Im Gesetz gibt es keine eindeutige Regelung dazu, welche Seite – Justizkasse oder Sozialhilfeträger – Vorrang haben soll. Nach der Rechtsprechung ist dann das sogenannte Windhundprinzip anzuwenden: Die Seite, die zuerst einen entsprechenden konkreten und förmlichen Beschluss oder Bescheid erlässt, profitiert von dem Vermögenserwerb.

---

174 Vom 1.12.2009 (Gz: SI 2331/112.81-2)
175 VerwG Frankfurt/Main, Urt. v. 14.6.1999, 3 E 1084/99; a.A.: VerwG Minden NVwZ-RR 2000, 167
176 OVG Münster NVwZ-RR 2002, 199
177 Siehe dazu auch SG Lübeck, Urt. v. 23.3.2017, S 311 SO 256/15, BtPrax 2018, 80
178 BVerwG BtPrax 1996, 101; in diesem Sinne auch OLG Zweibrücken FGPrax 1999, 21

So heißt es in dem Leitsatz einer Entscheidung des BayObLG[179]:

1396

„Besitzt der Betroffene Vermögen, da die Schongrenze übersteigt, ist er auch dann nicht mittellos, wenn diesem Vermögen Verbindlichkeiten gegenüber dem Sozialhilfeträger gegenüberstehen, die bisher nicht durch Leistungsbescheid oder Überleitungsanzeige konkretisiert worden sind und der Sozialhilfeträger seine Leistungen ohne Rücksicht auf die Vermögensverhältnisse des Betroffenen erbracht hat."

Und für den anderen Fall stellt das LG Koblenz[180] fest:

1397

„… die Betr. ist schon deswegen mittellos, weil ihrem Vermögen Verbindlichkeiten gegenüber der Kreisverwaltung als Kostenträger gegenüberstehen, die durch Leistungsbescheid konkretisiert sind. Die Kreisverwaltung fordert von der Betr. gemäß Bescheid v. 26. 4. 2004 den den Schonbetrag von 2.301 EUR übersteigenden Betrag i.H. von 935,51 EUR zurück. Diese durch Leistungsbescheid konkretisierten Forderungen sind im Vergütungsfestsetzungsverfahren zu berücksichtigen (BayObLG, BtPrax 2002, 262, 263; vgl. auch OLG Zweibrücken, FamRZ 1999, 799 = BtPrax 1999, 32). Dabei kommt es auf den Zeitpunkt der letzten Tatsacheninstanz an."

 Dringend warnen müssen wir davor, einen Vermögenserwerb oder aufgefundenes Vermögen lediglich dem Betreuungsgericht und nicht auch dem Sozialhilfeträger mitzuteilen, um so möglicherweise eine höhere Vergütung (für „nicht mittellos" i.S.d. § 5 Abs. 1 VBVG) zugesprochen zu bekommen. Ganz abgesehen von möglicherweise zu erwartenden strafrechtlichen Konsequenzen kann ein solches Verhalten auch zu einer persönlichen Einstandspflicht des Betreuers gegenüber dem Sozialhilfeträger gem. § 104 SGB XII („vorsätzliches Herbeiführen zu Unrecht erbrachter Leistungen") führen.

1398

Im Fall **b)** wird der Betreute ab dem Zeitpunkt des Vermögenserwerbs wegen Überschreitung der Freigrenzen des § 90 Abs. 2 Nr. 9 SGB XII nicht mehr sozialhilfebedürftig sein und die laufende Sozialhilfezahlung (oder bei Überschreiten der Freibeträge des § 12 SGB II die Zahlung von Arbeitslosengeld II) wird eingestellt. Eine Rückforderung ist jedoch nur für die Zeiträume möglich, die zwischen dem Vermögenserwerb und der Einstellung der Sozialhilfezahlung lagen.

1399

In dieser Fallgestaltung kann es vorkommen, dass das Gericht zu einem Zeitpunkt über die Betreuervergütung entscheidet, in dem der Betreute das erworbene Vermögen noch nicht zum Lebensunterhalt verbraucht hat und das Schonvermögen noch überschritten ist. Hierbei ist es denkbar, dass die Betreuervergütung aus dem Betreutenvermögen zu zahlen ist, auch wenn dies zur Folge hat, dass der Betreute schneller wieder sozialhilfebedürftig ist. Dies ist jedoch auch bei erkennbarer künftiger Sozialhilfebedürftigkeit erlaubt, eine Vermögensdisposition ist nicht ausgeschlossen.[181]

Der Fall **c)** ist grundsätzlich wie Fall b) zu bewerten, also dahingehend, dass Vermögen, welches die Schonbeträge übersteigt, dem Sozialamt und dem Betreuungsgericht zu melden ist, mit der Folge, dass im jeweiligen Monat der Betreute in Höhe des übersteigenden Einkommens nicht hilfebedürftig im Sinne des Sozialhilferechtes ist. Eine Zahlung an den Betreuer zur Deckung der Betreuervergütung dürfte sich kaum ergeben.

1400

Sofern monatlich höhere Beträge als der Barbetrag nach § 27b Abs. 2 SGB XII[182] für Heimbewohner eingehen (sog. Taschengeld), z.B. durch eine Grundrente nach dem BVG, sollte sich der Betreuer ernsthaft darum bemühen, in dem Monat des Geldzuflusses eine adäquate Geldverwendung sicherzustellen. So wäre z.B. daran zu denken, eine ergänzende Pflege

---

179 BayObLG BtPrax 2002, 262
180 LG Koblenz FamRZ 2004, 1899
181 LPK SGB XII, § 90 SGB-XII, Rn 74
182 Ggf. in Verbindung mit § 133a SGB XII

und soziale Betreuung zu organisieren, die das Maß der vom Sozialamt oder von der Pflegeversicherung gewährten Leistungen übersteigt.

1401 Der Fall **d)** ist grundsätzlich ebenso zu behandeln wie der Fall b), da es bei der Verwertbarkeit des Vermögens nicht auf dessen Herkunft ankommen soll.[183] Eine Ausnahme stellt Vermögen dar, welches aus der Stiftung „Hilfswerk für das behinderte Kind" stammt, da in diesem Falle § 21 Abs. 2 des diesbezüglichen Stiftungsgesetzes dem entgegensteht.

Allerdings ist auch im Fall einer Schmerzensgeldzahlung (§ 253 BGB) durch die Rechtsprechung entschieden worden, dass eine Heranziehung dieses Geldbetrages sowohl bei der Sozialhilfe[184] als auch bei der Betreuervergütung[185] unbillig ist. Ähnlich wird man dies bei anderen zweckgebundenen Vermögenserwerben sehen können, z.B. bei Nachzahlungen aus der Pflegeversicherung.

8.5.11 Hausgrundstück

1402 Ein angemessenes Hausgrundstück (bzw. eine entsprechende Eigentumswohnung) zählt ebenfalls nicht zum einzusetzenden Vermögen (§ 90 Abs. 2 Nr. 8 SGB XII). Voraussetzungen hierfür sind:

- das Haus wird von der betreuten Person selbst und/oder seinem Ehegatten/Lebenspartner oder minderjährigen Kindern bewohnt (oder wenn die betreute Person selbst minderjährig ist, von ihren Eltern);
- die Haus- und Grundstücksgröße ist angemessen. Die Angemessenheit bestimmt sich nach der Zahl der Bewohner und evtl. zusätzlichem Wohnbedarf infolge Behinderung oder Pflegebedürftigkeit.

Nach Außerkrafttreten des 2. WoBauG zum 1.1.2002 war offen, wonach die Angemessenheit der Wohnfläche bzw. Grundstücksgröße zu bestimmen sind. Das BSG hat mit Urteil vom 7.11.2006[186] weiterhin die früheren Werte des 2. WoBauG herangezogen.[187] Sie betragen bei Familienheimen mit einer Wohnung 130 qm[188] sowie bei Eigentumswohnungen 120 qm (Satz 3 i.V.m. § 39 Abs. 1 Nr. 1, 3 2. WoBauG). Eine Einliegerwohnung ist auf die Bezugsgröße anzurechnen. Bei einer Überschreitung der Wohnflächenobergrenze um nicht mehr als 10 % ist mit Rücksicht auf den Verhältnismäßigkeitsgrundsatz noch von einer angemessenen Wohnfläche auszugehen.[189]

1403 Die Zahl der Bewohner wird dadurch berücksichtigt, dass die Wohnflächengrenzen für einen Haushalt mit max. 4 Personen gelten und für jede weitere Person 20 qm zu veranschlagen sind (s. §§ 39 Abs. 2 Nr. 1, 82 Abs. 3 2. WoBauG[190]). Für Haushalte mit weniger Personen sind die im 2. WoBauG festgelegten Höchstgrenzen entsprechend zu vermindern (Verminderung der Grenzwerte von 130 qm bei Eigenheimen bzw. 120 qm bei Eigentumswohnungen um 20 qm je Person mit einem Mindestwert von 90 qm bzw. 80 qm).[191] Hierbei muss ein Entscheidungsspielraum nach oben oder unten im besonderen Einzelfall bestehen bleiben (z.B. bei einem 2-Personen-Behinderten-Haushalt 90 qm für eine Eigentumswohnung unter Zugrundelegung eines Wohnflächenbedarfs von 60 qm plus 15 qm Rollstuhlfahrerbe-

---

183   LPK SGB XII § 90 Rn 12
184   VG Braunschweig BtPrax 1992, 78; BVerwG NJW 1995, 3001
185   LG Köln BtPrax 1998, 196; OLG Köln BtPrax 1998, 196 = FamRZ 1988, 95; OLG Hamm AnwBl 1981, 72; OLG Jena FamRZ 2005, 1199; OLG Hamm FamRZ 2007, 854 (Ls); OLG Frankfurt/Main FamRZ 2008, 2152; OLG Frankfurt/Main BtPrax 2009, 305
186   B 7 B AS 2/05 R
187   BSG, Urt. v. 19.5.2009, B 8 SO 7/08 R, FEVS 61, 193; vgl auch OLG Thüringen, Urt. v. 22.5.2014, 4 WF 194/14
188   BayObLG BtPrax 1995, 21
189   LSG NW, Urt. v. 5.5.2014, L 20 SO 58/13, RdLH 2014, 81, unter Verweis auf BSG v 7.11.2006, B 7b AS 2/05 R, BSGE 97, 203
190   LPK SGB XII § 90 Rn. 53
191   BSG, Urt. v 7.11.2006, B 7b AS 2/05 R, BSGE 97, 203 sowie Urt. v. 12.12.2013, B 14 AS 90/12 R FEVS 65, 529

darf.[192] Ein sehr einfach ausgestattetes Haus mit einer Wohnfläche von 82 qm kann für eine Person geschützt sein.[193]

Die Größe des Grundstücks hat den Gepflogenheiten des öffentlich geförderten Wohnungs-baues zu entsprechen; als angemessen gelten in der Regel bei einem Reihenhaus 250 qm, einem Reihenendhaus/einer Doppelhaushälfte 350 qm und einem freistehenden Haus 500 qm.[194] Der Zuschnitt des Wohngebäudes erlaubt eine Überschreitung der Wohn-flächengrenzen, soweit sie im Rahmen der örtl. Bauplanung bei Wiederaufbau, Wiederher-stellung, Ausbau oder Erweiterung oder bei der Schließung von Baulücken durch eine wirt-schaftlich notwendige Grundrissgestaltung bedingt ist (s. § 39 II Nr. 3 2. WoBauG).

1404

Ein zum Kaufpreis von ca. 380.000,00 € erworbenes Hausgrundstück mit einer Grund-stücksfläche von 1.143 qm und einer Wohnfläche von 135 qm sei auch für eine 5-köpfige Familie mit einem schwerstbehinderten Kind nicht mehr angemessen i.S.v. § 90 II Nr. 8 SGB XII.[195]

Eine nicht vom Betreuten selbst bewohnte Eigentumswohnung ist als verwertbares Vermö-gen einzusetzen.[196] Der Betreuer wird auch auf die zwangsweise Verwertung des Grund-stückes verwiesen, wenn der Betreute nicht zu einer zumutbaren Veräußerung bereit ist.[197] Stellt die Verwertung für den Betreuten und seine Angehörigen keine besondere Härte dar, weil sie z.B. nach Veräußerung weiter im Haus wohnen bleiben können, ist das Hausgrund-stück nicht mehr geschütztes Vermögen[198], das Gleiche gilt bei bevorstehender Zwangsver-steigerung.[199] Hausbelastungen sind nicht schematisch gegenzurechnen, es ist darauf abzu-stellen, ob der Hausverkauf ein vernünftiges Ergebnis erbringen würde.[200] Insofern kann eine besondere Härte darin bestehen, wenn beim Hausverkauf nicht mehr als eine Schulden-tilgung herauskommt.[201]

1405

Die Verwertung des Hausgrundstücks einer betreuten Person ohne unterhaltsberechtigte Angehörige soll dann keine Härte darstellen, wenn sichergestellt ist, dass diese weiterhin im Haus wohnen bleiben kann (z.B. durch ein **Dauerwohnrecht**).[202] Auch ein im Ausland (im entschiedenen Fall in Polen) gelegenes Grundstück zählt mit zum Vermögen.[203]

1406

Lässt sich ein **Grundstücksteil** selbstständig verwerten, z.B. ein Garten, ist er nicht ge-schützt, wenn der verbleibende Teil in seiner Eigenschaft als Wohnstatt nicht beeinträchtigt wird.[204] Nicht geschützt sind **Mehrfamilienhäuser**, auch wenn die darin befindlichen Woh-nungen ausschließlich vom Betroffenen und seinen Angehörigen bewohnt werden.

1407

Eine nicht vom Betreuten selbst bewohnte **Eigentumswohnung** ist als verwertbares Ver-mögen einzusetzen.[205] Der Betreuer wird auch auf die zwangsweise Verwertung des Grund-stückes verwiesen, wenn der Betreute nicht zu einer zumutbaren Veräußerung bereit ist.[206] Grundeigentum, das in absehbarer Zeit nicht verwertet werden kann und dessen Verwert-barkeit nicht vom Willen des Vermögensinhabers abhängt, ist nicht als berücksichtigungs-fähiges Vermögen anzusehen.[207]

1408

---

192 BVerwG NDV 1993; 20 % Zusatzfläche bei häusl. Pflege
193 VGH Bayern, Urt. v. 15.4.2011, 14 C 11.776
194 So auch VG Köln FamRZ 1995 901; BayObLG FamRZ 1996, 245, 246; LPK SGB XII § 90 Rn. 57
195 VG Braunschweig ZfF 2000, 189
196 BayObLG FamRZ 1997, 1498
197 OLG Schleswig MDR 2004, 814
198 BayObLG BtPrax 1995, 217 = FamRZ 1996, 245
199 BayObLG FGPrax 1997, 102
200 BayObLG FamRZ 1999, 1234; Damrau/Zimmermann § 1836c Rn. 16
201 BayObLG BtPrax 1998, 31 = FamRZ 1998, 1054; Damrau/Zimmermann § 1836c Rn. 18
202 So BayObLG FamRZ 1996, 245 = BtPrax 1995, 217 = BtE 1994/95, 77; BayObLG FGPrax 1997, 102
203 LG Hannover FamRZ 1994, 777
204 BVerwG NDV 1971, 79; BVerwGE 59, 294, 300
205 BayObLG FamRZ 1997, 1498
206 OLG Schleswig MDR 2004, 814; OLG Koblenz FamRZ 2005, 468
207 BSG v. 6.12.2007, B 14/7b AS 46/06 R, BSGE 99, 248

1409 Ob das Hausgrundstück, das die Schongrenze in Bezug auf die Größe übersteigt, wirklich zu verwerten ist, hängt auch davon ab, ob im Grundbuch **Belastungen** eingetragen sind (Hypotheken, Grundschulden), die einen Verkaufserlös schmälern oder gar ganz aufzehren würden.[208] Zwar sind Hausbelastungen nicht schematisch gegenzurechnen, es ist aber darauf abzustellen, ob der Hausverkauf ein vernünftiges Ergebnis erbringen würde.[209] Insofern kann eine **besondere Härte** darin bestehen, wenn beim Hausverkauf nicht mehr als eine Schuldentilgung herauskommt.[210] Bei der Immobilienverwertung (hier 2 nicht selbst genutzte Eigentumswohnungen) ist zwar vor allem auf wirtschaftliche Gesichtspunkte abzustellen, bei der Gesamtwürdigung kann indes auch das Krankheitsbild des Betroffenen einbezogen werden.[211]

8.5.12 Sonstiges SchonvermögenSonstige geschützte Vermögensgegenstände sind gem. § 90 Abs. 2 SGB XII:

1410 1. Vermögen, das aus öffentlichen Mitteln zum Aufbau oder zur Sicherung einer Lebensgrundlage oder zur Gründung eines Hausstandes gewährt wird (Aufbaudarlehen nach dem LAG, Leistungen der Berufsfürsorge nach § 26 BVG oder der Berufshilfe nach dem SGB VII, Leistungen für die Erst- bzw. Wiederbeschaffung des Hausrates etc.).

1411 2. Kapital einschließlich seiner Erträge, das der zusätzlichen Altersvorsorge im Sinne des § 10a oder des Abschnitts XI des EstG dient und dessen Ansammlung staatlich gefördert wurde (z.B. sog. Riester-Rentenverträge[212]). Die bisher oft üblichen Kapitallebensversicherungen fallen nicht darunter.

1412 3. Sonstiges Vermögen, solange es nachweislich zur baldigen Beschaffung oder Erhaltung eines **Hausgrundstücks** im Sinne der Nr. 8 bestimmt ist, soweit dies Wohnzwecken Behinderter, Blinder oder Pflegebedürftiger dient oder dienen soll und dieser Zweck durch den Einsatz dieses Vermögens gefährdet würde (insbesondere Bauspar-, Lebensversicherungs- und Sparvermögen, einschließlich daraus gewonnener und wieder angesammelter Zinsen; auch für den Aus- oder Anbau oder den Erwerb eines **Dauerwohnrechts**). So war ein **Bausparvertrag** zur Erhaltung oder Beschaffung von Wohnraum für Behinderte kein verfügbares Vermögen.[213] Ein Geldbetrag ist nur dann zur baldigen Beschaffung eines Hausgrundstückes bestimmt, wenn der Empfänger der Sozialleistung konkret damit befasst ist, ein Eigenheim im Sinne des Gesetzes zu bauen oder zu erwerben.[214] Für eine solche Annahme im Rahmen der Bewertung der Umstände des Einzelfalles reicht es nicht aus, wenn der Betreute nach langjähriger **Heimunterbringung** weiterhin in einer betreuten Wohngruppe lebt und keine konkreten Schritte im Hinblick auf den Erwerb etwa einer Eigentumswohnung unternommen hat.[215]

1413 Bei der Prüfung, ob vorhandenes Kapital (hier: ein Bausparvertrag) nachweislich zur baldigen Beschaffung einer angemessenen Eigentumswohnung des Hilfebedürftigen dient und nach § 90 Abs. 2 Nr. 3 SGB XII geschützt ist, handelt es sich neben der Frage, ob der Hilfebedürftige subjektiv das Vermögen zum Kauf einer angemessenen und von ihm dann zu nutzenden Eigentumswohnung verwenden (und nicht nur dem Zugriff des Hilfeträgers entziehen) will um eine vom Gericht in vollem Umfang überprüfbare Prognoseentscheidung des Betroffenen.[216] Unter Berücksichtigung aller Besonderheiten des Einzelfalles hat die erforderliche Prognoseentscheidung eine Aussage darüber zu treffen, ob der Hilfebedürftige mit dem vor-

---

208 BayObLG BtPrax 1998, 31/32; LG Braunschweig v. 21.6.2001, 8 T 720/01; LPK SGB XII, § 90 Rn. 21
209 BayObLG FamRZ 1999, 1234; Damrau/Zimmermann § 1836c Rn. 16
210 BayObLG BtPrax 1998, 31 = FamRZ 1998, 1054; Damrau/Zimmermann § 1836c Rn. 18
211 LG Koblenz BtPrax 2005, 239, BayObLG FamRZ 2004, 566
212 OLG Köln, Beschl. v. 31.3.2009, 16 Wx 21/09 und 22/09, BtMan 3/2009 (Ls)
213 LG Koblenz v. 31.5.1999, 2 T 232/99, RdLH 1999, 174
214 LPK SGB XII § 90 Rn. 31
215 OLG Hamm, Beschl. v. 7.7.2005, 15 W 481/04
216 BSG, Urt. v. 11.5.2000, B 7 AL 18/99 R, NZS 2001, 328

handenen Vermögen, der Art der Anlage und gegebenenfalls mit dem ergänzenden Sparplan voraussichtlich in der Lage sein wird, das angestrebte Objekt baldig zu beschaffen. Dazu gehört auch, dass die späteren laufenden Kosten der angestrebten Wohnung für den Hilfebedürftigen voraussichtlich bezahlbar sind und bei zusätzlich erforderlicher Finanzierung mit vorgesehenen Krediten deren Bedienung möglich erscheint. Der baldige Erwerb und die dauerhafte Finanzierung einer Eigentumswohnung darf also nicht nur ein unrealistischer Wunschtraum oder ein Gedankenspiel sein.[217]

4. Angemessener Hausrat; dabei sind die bisherigen Lebensverhältnisse zu berücksichtigen (bei der Prüfung ist nicht kleinlich zu verfahren, Luxusgegenstände sind jedoch auch dann ausgenommen, wenn ihr Besitz den bisherigen Lebensverhältnissen entsprach). Möglicherweise fallen einzelne Gegenstände dann aber unter Ziffer 6. **1414**

5. Gegenstände, die zur Aufnahme oder Fortsetzung der **Berufsausbildung** oder der **Erwerbstätigkeit** unentbehrlich sind (auch das **Kraftfahrzeug**, wenn nur mit ihm die Arbeitsstelle auf zumutbare Weise erreicht werden kann). **1415**

6. **Familien- und Erbstücke**, deren Veräußerung für den Hilfesuchenden oder seine Familie eine besondere Härte bedeuten würde (Grundstücke, Wertpapiere und Bargeld sind nicht gemeint. Die Veräußerung von Familien- und Erbstücken ist für den Betroffenen fast durchweg hart. Verlangt wird aber eine besondere Härte. Eine besondere Härte wird z.B. vorliegen, wenn der Wert des Erbstücks für den Betroffenen den Verkehrswert wesentlich übersteigt oder verlangt wird, dass er eine wertvolle Brosche, das letzte Erinnerungsstück an seine Mutter, veräußern soll). **1416**

7. Gegenstände, die zur Befriedigung geistiger, besonders wissenschaftlicher oder künstlerischer Bedürfnisse dienen und deren Besitz nicht Luxus ist (z.B. Bücher, Musikinstrumente, Ton- und Bildträger, Briefmarkensammlung, Fotoausrüstung, TV- und Stereoanlage, DVD-Spieler, Fußball- und Tennisausrüstung). **1417**

8.5.13 Einzelentscheidungen zur Vermögensheranziehung

Angespartes **Schmerzensgeld** ist beim Schonvermögensbetrag nicht mitzurechnen.[218] **1418**

Kein Einsatz einer **Unterhaltsabfindung**, die für den laufenden Lebensbedarf benötigt wird, zur Deckung der Betreuervergütung, wegen Anwendung der Härtefallregelung (§ 90 Abs. 3 SGB XII).[219]

Kein Einsatz von Entschädigungen nach dem StRehaG für eine zu Unrecht verhängte **Freiheitsentziehung** für die Betreuervergütung.[220]

Kein Einsatz von angesparten Leistungen der Stiftung **„Hilfswerk für das behinderte Kind"** für die Betreuervergütung.[221]

Werden laufende **Versorgungsbezüge** nach dem OEG nicht verbraucht, sondern dem Vermögen zugeführt, steht dieses grundsätzlich für die Betreuervergütung zur Verfügung.[222]

Bausparvertrag zur Erhaltung oder Beschaffung von **Wohnraum für Behinderte** ist kein verfügbares Vermögen.[223]

Bausparguthaben ist einzusetzendes Vermögen nach § 90 SGB XII, dies gilt auch, wenn bei einer Kündigung staatliche Zulagen zurückzuzahlen sind.[224]

---

217 Hessisches LSG, Urt. v. 29.1.2009, L 9 SO 48/07 FEVS 61, 165
218 LG Essen, Beschl. v. 21.6.1995, 7 T 206 und 210-212/95; OLG Köln FamRZ 1988, 95; OLG Hamm AnwBl 1981, 72, OLG Jena FamRZ 2005, 1199; OLG Hamm, Beschl. v. 6.11.2006, 15 W 328/06, BtPrax 2007, 255 (Ls)
219 OLG Hamm FamRZ 2003, 1875
220 LG Verden FamRZ 2004, 221
221 LG Hamburg Rpfleger 2003, 503; LPK SGB XII, § 90 Rn. 13
222 BayObLG FamRZ 2002, 1289; BayObLG BtPrax 2005, 108 = FamRZ 2005, 1199
223 LG Koblenz RdLH 1999, 174
224 OVG Münster NvwZ-RR 2000, 685

Forderungen aus **Prämiensparverträgen** sind grundsätzlich dem Kontoinhaber als Vermögen zuzurechnen.[225]

Auf Grund eines **Grabpflegevertrags** gebildetes Vermögen ist kein Schonvermögen i.S.d. § 90 SGB XII; die Kündigung des Vertrags ist zuzumuten.[226]

Es ist nicht zu beanstanden, dass eine Betreute ihren angesparten Barbetrag nach § 35 Abs. 2 SGB XII für die **Grabpflege des verstorbenen Ehemannes** verwendet, auch in Form eines **Dauergrabpflegevertrags**. In dieser Form angelegte Beträge sind kein verfügbares Vermögen nach § 90 SGB XII.[227]

Der Verwertung eines Dauergrabpflegevertrags durch Kündigung kann entgegenstehen, dass die Grabpflege des Verstorbenen ihrerseits zum notwendigen Bedarf des Verpflichteten zählt und dieser Bedarf mangels einer sozialhilferechtlichen Alternative nur durch den Grabpflegevertrag gedeckt werden kann.[228]

Für **Bestattungsvertrag** angelegtes Geld ist verbindlich festgelegt und ist somit bei der Berechnung des Vermögensfreibetrags nicht mitzurechnen.[229]

Eine **Sterbegeldversicherung**, die erkennbar nur der Sicherung einer würdigen Bestattung dient, ist unabhängig davon, ob der Rückkaufswert günstig ist oder nicht, Vermögen „zur Aufrechterhaltung einer angemessenen Alterssicherung im Sinne des § 90 SGB XII und somit nicht für die Betreuervergütung heranzuziehen.[230]

Ist ein **erhebliches Vermögen**, z.B. aus Nachlass, **noch nicht auseinandersetzungsfähig**, gilt der Betreute als mittellos.[231]

Berücksichtigung von **Vermögensgegenständen** setzt voraus, dass diese **verwertbar** sind. Hieran fehlt es insbesondere, wenn der Verwertung ein rechtliches oder tatsächliches Hindernis entgegensteht oder sie nicht in angemessener Zeit durchgeführt werden kann.[232]

An der Verwertbarkeit von Vermögen fehlt es, wenn der Verwertung ein rechtliches oder tatsächliches Hindernis entgegensteht, wenn die Verwertung wirtschaftlich unvertretbar wäre oder wenn sie nicht in angemessener Zeit durchgeführt werden kann.[233]

Eine schwierige Verwertung von **Grundeigentum** liegt nicht schon deshalb vor, weil nach Auskunft eines Maklers ein Verkauf unter Wert erfolgen müsste; ein halbes Jahr ist eine angemessene Frist für eine Verwertung; in der Zwischenzeit kann der Betreuer seinen Anspruch durch eine Hypothek absichern.[234]

Mittellosigkeit ist auch dann anzunehmen, als einziger Vermögenswert ein Anspruch auf **Verschaffung des Eigentums** an einer für eigene Wohnzwecke bestimmten und bereits genutzten Eigentumswohnung zur Abgeltung eines Pflichtteilsanspruchs besteht. Dem steht nicht entgegen, dass der Ergänzungsbetreuer, der seine Vergütung aus der Staatskasse beantragt, gerade zur Geltendmachung des Pflichtteilsanspruchs bestellt ist.[235]

---

225 OVG Lüneburg NVwZ-RR 2000, 166
226 VG Minden NVwZ-RR 2000, 167
227 VG Frankfurt/Main, Urt. v. 14.6.1999, 3 E 1084/99
228 OVG Münster NVwZ-RR 2002, 199
229 OLG Frankfurt/Main BtPrax 2001, 128 = FamRZ 2001, 868, ebenso VG Sigmaringen BtPrax 1999, 33 und LG Stade BtPrax 2003, 233, sowie für das Sozialhilferecht OVG Münster, Beschl. v. 19.12.03, 16 B 2078/03, info also 2004, 82; OVG Berlin FEVS 49, 218
230 OLG Köln, Beschl. v. 27.9.2002, 16 Wx 188/02, sowie zuvor LG Köln v. 9.9.2002, 1 T 294/02; OLG Zweibrücken BtPrax 2006, 80 (im letzteren Fall Sterbegeldversicherung in Höhe von 3.000 Euro); OLG München BtPrax 2007, 130 = FamRZ 2007, 1189; OLG Schleswig BtPrax 2007, 133 = FamRZ 2007, 1188
231 OLG Oldenburg FamRZ 2000, 1534 = FamRZ 2001, 309; ähnlich OLG Schleswig FamRZ 2003, 1130 und OLG Frankfurt FGPrax 2003, 33
232 BayObLG BayObLGZ 2001, 38; BayObLG v. 11.9.2001, 3 Z BR 251/01; BayObLG FamRZ 1999, 1234; LG Koblenz FamRZ 1995, 1444; BayObLG NJW-RR 2003, 1306
233 BayObLG BtPrax 2002, 40; OLG Oldenburg FamRZ 2001, 309, ähnlich LG Koblenz BtPrax 2002, 222
234 LG Schweinfurt 15.10.2001, 42 T 221/01, FamRZ 2002, 1146 (Ls), ähnlich LG Koblenz FamRZ 2001, 1645
235 OLG Frankfurt/Main FGPrax 2001, 152

Mittellosigkeit ist dann nicht gegeben, wenn eine **Grundstücksverwertung** längere Zeit in Anspruch nimmt; keine darlehensweise Vergütung des Betreuers analog zum früheren § 89 BSHG.[236]

Keine Mittellosigkeit, wenn eine zu eigenen Wohnzwecken nicht mehr benötige und vermietete **Eigentumswohnung** mit einem Verkehrswert von mind. 100.000,00 € lastenfrei vorliegt. Ein Zeitraum von einem halben Jahr zur Vermögensverwertung ist dem Betreuer zumutbar.[237] Gesellschaftsanteil gehört zum Vermögen des Betreuten i.S.d. § 1836c BGB, auch wenn zunächst eine Auflösung der Gesellschaft erfolgen muss.[238]

Rückgriff der Staatskasse (§ 1836e BGB) nur, soweit der Betroffene sein Einkommen und Vermögen einzusetzen hat. Auf **geschütztes Vermögen** i.S.d. § 90 SGB XII darf die Staatskasse erst zurückgreifen, wenn der Vermögenswert kein Schonvermögen mehr ist. Kein Anspruch auf Sicherung des Rückgriffsanspruchs durch **Zwangshypothek**.[239]

Ein zum Kaufpreis von 750.000 DM (ca. 380.000,00 €) erworbenes **Hausgrundstück** mit einer Grundstücksfläche von 1.143 qm und einer Wohnfläche von 135 qm ist auch für eine 5-köpfige Familie mit einem schwerstbehinderten Kind nicht mehr angemessen i.S.v. § 90 Abs. 2 SGB XII.[240]

Bei Gewinnspiel gewonnene **Luxuskreuzfahrt** bildet einen verwertbaren Vermögenswert, dessen Verwertung grundsätzlich auch keine besondere Härte bedeutet.[241]

Eine in einem **Sparkassenbrief** verbriefte Forderung ist als Vermögen zu berücksichtigen, auch wenn diese erst in 5 Jahren fällig wird, weil der Sparbrief als Sicherheit für ein Darlehen akzeptiert werden würde.[242]

Besitzt der Betreute Vermögen über der Schongrenze, ist er auch dann nicht mittellos, wenn Verbindlichkeiten gegenüber dem Sozialhilfehilfeträger entgegenstehen, die bisher nicht durch Leistungsbescheid oder Überleitungsanzeige konkretisiert worden sind und der Sozialhilfeträger seine Leistungen ohne Rücksicht auf die Vermögensverhältnisse des Betroffenen erbracht hat.[243]

Durch **Leistungsbescheid** zum Zeitpunkt des Gerichtsbeschlusses titulierte Forderungen des Sozialhilfeträgers sind vom Vermögen in Abzug zu bringen.[244]

Verbindlichkeiten bleiben bei der Mittellosigkeitsprüfung unberücksichtigt, auch wenn sie bereits tituliert, aber noch nicht vollstreckt sind.[245]

Kein **Zurückhalten von Vermögenswerten** durch den Betreuer gegenüber dem Sozialhilfeträger zugunsten der Refinanzierung der Betreuertätigkeit (so auch BVerwG BtPrax 1996, 101); für die Begleichung von Forderungen ist keine gerichtliche Genehmigung nötig.[246]

Eine Härte im Sinne des § 90 Abs. 3 SGB XII), somit höherer Vermögensfreibetrag, kann auch durch aus dem **Krankheitsbild** des Betroffenen folgende Umstände gegeben sein.[247]

Ein Anspruch auf **Schenkungsrückforderung** wegen Verarmung (§ 528) kann Vermögen i.S.d. § 1836c sein.[248]

Es besteht auch dann Anspruch auf die Zahlungen aus der Staatskasse, wenn der Betreuer keinen Zugang zu Vermögen des Betreuten hat, das von einem **Testamentsvollstrecker** im Rahmen eines Behindertentestamentes zu anderen Zwecken verwaltet wird.[249]

---

236 LG Koblenz FamRZ 2002, 970
237 LG Schweinfurt a.a.O.
238 OLG Frankfurt/Main BtPrax 2001, 167
239 OLG Düsseldorf FGPrax 2001, 110; ähnlich OLG Frankfurt/Main BtPrax 2003
240 VG Braunschweig ZfF 2000, 189
241 VG Düsseldorf info also 2000, 84
242 LG Frankenthal FamRZ 2001, 1645
243 BayObLG BtPrax 2002, 262 = FamRZ 2002, 1658
244 LG Koblenz FamRZ 2004, 1899
245 BayObLG FamRZ 2004, 308; a.A.: OLG Zweibrücken FamRZ 1999, 799
246 LG Saarbrücken FamRZ 2003, 60
247 BayObLG FamRZ 2004, 566
248 OLG Hamm FamRZ 2003, 1873
249 LG Itzehoe, Beschl. v. 1.8.2006, 4 T 311/06, RdLH 2006, 180

Ein Betreuer, der über nicht unerhebliches verwertbares Vermögen verfügt, ist nicht deshalb als mittellos anzusehen, weil er auf den Vermögenseinsatz für laufenden Lebensunterhalt angewiesen ist und die Bezahlung des Betreuers zu einem **schnelleren Vermögensverbrauch** und einem früher einsetzendem sozialhilferechtlichen Bedarfs führt.[250]

Von einem Betreuten kann nicht verlangt werden, die aus einer **Härtebeihilfe** (für Opfer von nationalsozialistischen Unrechtsmaßnahmen im Rahmen des allg. Kriegsfolgegesetzes) gebildeten Ersparnisse in Form einer Lebensversicherung einzusetzen, weil das eine Härte i.S. des § 90 Abs. 3 SGB XII bedeuten würde.[251]

Das Vermögen muss dann nicht verwertet werden, wenn dies für den Betreuten eine **besondere Härte** darstellt, insbesondere eine angemessene Lebensführung oder die Aufrechterhaltung einer angemessenen Alterssicherung wesentlich erschweren würde.[252] Im Einzelfall wurde diese Ausnahme verweigert bei einem Betreuten mit einem Barvermögen von rund 37.000,00 € und laufender Rente von über 1.000,00 €.[253]

Kein Vermögenseinsatz, wenn dieser für den Betreuten oder seine unterhaltspflichtigen Angehörigen eine **Härte** bedeuten würde. Bei der Bestimmung der Härte kommt es darauf an, ob der Vermögenseinsatz eine angemessene Lebensführung oder **Alterssicherung** wesentlich erschweren würde.[254]

Der Zwang zur Verwertung von **privaten Lebensversicherungen** für Empfänger der Grundsicherung für Arbeitsuchende kann für einen langjährig Selbständigen bei Vorliegen einer Kumulation von Belastungen (Versorgungslücke; Behinderung; Lebensalter; Berufsausbildung) eine besondere Härte darstellen.[255]

Für Ansprüche eines Pflegers für ein **Sammelvermögen** (§ 1914 BGB) haftet das zusammengebrachte Vermögen, weshalb eine Festsetzung gegen das Sammelvermögen erfolgt.[256]

8.5.14 Betreuungen mit Auslandsbezug

1419 Gemäß Artikel 24 des Einführungsgesetzes zum Bürgerlichen Gesetz (EGBGB) ist für Angehörige fremder Staaten ein Betreuer nach deutschem Recht zu bestellen, wenn der Betroffene seinen gewöhnlichen Aufenthalt im Inland hat, andernfalls ist das Recht des Herkunftsstaates anzuwenden.

1420 In der Praxis scheitert dies oft schon daran, dass es keine Möglichkeit gibt, den Inhalt ausländischer Gesetze in Erfahrung zu bringen. Von deutschen Gerichten eingesetzte Betreuer werden oft nicht von den Institutionen des jeweiligen Heimatlandes anerkannt. Wer für einen Betreuten bei ausländischen Stellen Unterlagen anfordert oder dessen Pass verlängern will, wird deshalb häufig einfach ignoriert.

1421 Probleme gibt es auch bei der Durchsetzung von Vergütungsansprüchen, z.B., wenn der Betreute zwar über kein Geld verfügt, aber Eigentümer eines Grundstückes im Ausland ist und das Betreuungsgericht deswegen den Vergütungsanspruch nicht gegen die Staatskasse, sondern gegen den Betroffenen festsetzt. Die Verwertung des Grundstücks und damit die Realisierung des Vergütungsanspruchs dürften in solchen Fällen nahezu unmöglich sein.

1422 Über 10 % unserer Mitbürger sind Migranten und dementsprechend betreffen auch über 10 % der Betreuungen diesen Personenkreis. Die fehlenden gesetzlichen Regelungen und zwischenstaatlichen Verträge über Betreuungen mit Auslandsbezug zeigen, dass der Gesetzgeber die stattgefundene Entwicklung bisher nicht stark genug beachtet hat. Lediglich

---

250 OLG München BtPrax 2005, 191 = FamRZ 2005, 1928
251 OLG Köln BtPrax 2005, 237
252 BayObLG FamRZ 2002, 416
253 LG Koblenz FamRZ 2006, 647
254 LG Bochum BtPrax 2004, 247
255 BSG, Urt. v. 7.5.2009, B 14 AS 35/08 R, BSGE 103, 146 = NZS 2010, 409 (Ls.)
256 LG Koblenz FamRZ 2007, 238; OLG Zweibrücken FamRZ 2007, 853

mit wenigen anderen umliegenden Staaten gibt es inzwischen ein Anerkennungsabkommen.[257] Für die Mitgliedsstaaten gibt es die Möglichkeit, Hilfe der jeweiligen zentralen Behörden in Anspruch zu nehmen, in Deutschland ist das das Bundesamt für Justiz, Bonn. Fast alle ehemaligen „Gastarbeiterländer" sind diesem Übereinkommen allerdings bisher nicht beigetreten.

Schon einfachste Fallgestaltungen führen an die Grenze der Möglichkeiten. Wer z.B. nach dem Tod des Betreuten einen Beschluss gegen einen im Ausland lebenden Erben erhält, wird seine Arbeit im Regelfall umsonst geleistet haben, wenn dieser nicht freiwillig zahlt. Selbst wer die erste Hürde (Anwendbarkeit des § 168 FamFG) genommen hat und einen vollstreckbaren Titel in Händen hält, wird Schwierigkeiten haben, seinen Anspruch durchzusetzen.   **1423**

Kaum jemand weiß, wie er einen Gerichtsvollzieher z.B. in Istanbul ausfindig machen und mit der Zwangsvollstreckung beauftragen kann und wie in Erfahrung zu bringen ist, ob die Erfolgsaussichten eines Pfändungsauftrags in Anbetracht der in dem betreffenden Lande geltenden gesetzlichen Pfändungsfreigrenzen und der finanziellen Lage des Erben den Aufwand rechtfertigen.   **1424**

Da die Kosten der Zwangsvollstreckung zunächst vom Gläubiger der Forderung aufzubringen sind und nur im Falle einer erfolgreichen Zwangsvollstreckung vom Schuldner zurückerhalten werden können, dürfte das Risiko, erfolglos zu bleiben und im Ergebnis nur noch mehr Verluste zu erwirtschaften, so hoch sein, dass der Betreuer besser gleich auf die Vergütung verzichtet. In Zeiten des Zusammenwachsens Europas und der restlichen Welt kein überzeugendes Ergebnis.

8.5.15 Nichtrealisierbarkeit des Vergütungsanspruches

Eine missliche Lage ist auch dann gegeben, wenn der Betreuer die Forderung gegen den Betreuten bzw. den Erben des verstorbenen Betreuten trotz aller Bemühungen nicht realisieren kann, weil der Zahlungspflichtige nach Beschlussfassung des Gerichtes die Vermögenswerte beiseitegeschafft oder auf andere Weise verloren hat.   **1425**

Mehrere Oberlandesgerichte weisen hierzu einen Ausweg: Auch wenn zunächst eine Vergütung gegen den Betreuten bzw. Erben festgesetzt wurde, kann danach ein **Vergütungsantrag aus der Staatskasse** gestellt werden, wenn sich nach rechtskräftiger Festsetzung herausstellt, dass die Vergütung aus dem Vermögen nicht befriedigt werden kann und dies nicht vom Betreuer zu vertreten ist.[258] Das bedeutet, dass es für den Betreuer nicht von vornherein erkennbar sein durfte, dass sich die Ansprüche gegen den Betreuten nicht realisieren lassen (dann hätte er eine Zahlung aus der Staatskasse beantragen oder – sofern er erst nach Erhalt des Beschlusses über die Zahlung aus dem Vermögen, aber noch vor Ablauf der Rechtsmittelfrist Kenntnis davon erhielt – Rechtsmittel einlegen müssen).   **1426**

Außerdem muss er sich eine vollstreckbare Ausfertigung erteilen lassen und nachweisen, welche (erfolglosen) Zwangsvollstreckungsversuche gegen den Betreuten (bzw. dessen Erben) unternommen wurden. Lässt sich die Frage, ob der – ehemals – Betreute mittellos ist, nach Ausschöpfung der zumutbaren Aufklärungsmöglichkeiten nicht positiv beantworten, geht das Risiko der Unaufklärbarkeit der Vermögensverhältnisse zu Lasten der Staatskasse.[259]

---

257   Haager Übereinkommen zum Erwachsenenschutz vom 17.3.2007 (BGBl. II S. 323), derzeit gültig (außer für Deutschland) für Estland, Finnland, Frankreich, Lettland, Monaco, Österreich, Portugal, Schottland, Schweiz, Tschechische Republik, Zypern (ab 1.11.2018)

258   BayObLG FamRZ 2004, 305 = BtPrax 2004, 73; OLG Hamm FGPrax 2007, 171; OLG Frankfurt FGPrax 2009, 160

259   LG Duisburg, BtPrax 2000, 42 = FamRZ 2000, 980; LG Osnabrück FamRZ 1996, 1349; OLG Frankfurt/Main FamRZ 1996, 819, LG Zwickau FamRZ 2009, 250; LG Saarbrücken BtPrax 2009, 42 = FamRZ 2009, 1094

8.6 Heranziehung der Erben für die Betreuervergütung

8.6.1 Allgemeines

1427   Im Falle des **Todes des Betreuten** stellt sich für alle beruflich geführten Betreuungen (§ 1897 Abs. 2 und 6 BGB) die Frage der abschließenden Betreuervergütung, d.h. zunächst einmal für die Tätigkeiten zu Lebzeiten des Betreuten, die seit der letzten Vergütungsabrechnung geleistet wurden, sowie ggf. für Tätigkeiten, die nach dem Tod des Betreuten vom Betreuer noch zu erbringen sind. Für ehrenamtliche Betreuer ist ggf. eine (anteilige) Aufwandspauschale nach § 1835a BGB offen. Diese Situation entspricht derjenigen vor Inkrafttreten des 1. BtÄndG, jedoch mit dem Unterschied, dass seinerzeit diese abschließende Vergütungsabrechnung die einzige Kostenbelastung des Erben des Betreuten darstellte. Seit Inkrafttreten des 1. BtÄndG am 1.1.1999 können zusätzlich von den Erben die zuvor für die Betreuertätigkeit aus der Staatskasse verauslagten und noch nicht verjährten Betreuervergütungen (und Aufwendungsersatzzahlungen) zurückverlangt werden (§ 1836e BGB).

8.6.2 Person des Zahlungspflichtigen

1428   Der Vergütungsbeschluss ergeht (sofern keine Zahlungspflicht der Staatskasse besteht) gegen den Erben[260]; bei mehreren Erben sind alle Erben im Beschluss aufzuführen. Bei **unbekannten Erben** und daher bestelltem Nachlasspfleger richtet sich der Beschluss gegen die „unbekannten Erben", gesetzlich vertreten durch den Nachlasspfleger.[261] Auch Ersatz von Aufwendungen ist gegen den Erben durch Beschluss festzusetzen, und zwar auch dann, wenn der Betreuer zu Lebzeiten des Betreuten die Vermögenssorge innehatte; die Beendigung der Betreuung durch Tod des Betreuten hat den Wegfall der Verfügungsgewalt zur Folge und ist analog zu § 168 Abs. 1 Nr. 1 2. Alternative FamFG zu sehen.

1429   Ist im Sinne der untenstehenden Ausführungen ein für die Forderungen des Betreuers ausreichender Nachlass vorhanden, ist aber der Erbe unbekannt, so kann der bisherige Betreuer als Nachlassgläubiger die Bestellung eines **Nachlasspflegers** beim Nachlassgericht beantragen (§ 1961 BGB). Es handelt sich hierbei nicht um eine Ermessensentscheidung des Nachlassgerichtes. Die Nichtbestellung eines Nachlasspflegers kann vom ehemaligen Betreuer mit dem Rechtsmittel der Beschwerde angefochten werden. Örtlich zuständig ist im Regelfall das Nachlassgericht am letzten Wohnort des verstorbenen Betreuten (§ 343 FamFG). Im Beschluss ist den unbekannten Erben das Recht vorzubehalten, die persönlichen Haftungsbeschränkungen nachträglich geltend zu machen.[262]

8.6.3 Maßstab der Erbenhaftung

1430   Zu der Frage, in welchem Umfang der Erbe für die Betreuervergütung aufzukommen hat, ist keine ausdrückliche gesetzliche Regelung erfolgt. Nach einer Auffassung ist bereits bei der Bestimmung der Haftung der Staatskasse für die Betreuervergütung die Mittellosigkeit des Nachlasses in jedem Fall nach § 1836e Abs. 1 Satz 3 zu bestimmen. Diese Auffassung hat sich in der obergerichtlichen Rechtsprechung inzwischen allgemein durchgesetzt.[263]

260 BayObLG FamRZ 1999, 1609 und FamRZ 2001, 866 OLG Schleswig NJWE-FER 2000, 149, Thür. OLG Jena FGPrax 2001, 22; BayObLG BtPrax 2002, 40; LG Leipzig v. 6.6.2001, 16 T 2161/01; LG Saarbrücken BtPrax 2009, 88 = FamRZ 2009, 1094
261 Damrau/Zimmermann § 168 FamFG Rn. 50
262 OLG Thüringen FamRZ 2006, 645
263 Thür. OLG Jena FGPrax 2001, 22; BayObLG FamRZ 2001, 866 und Beschl. v. 11.9.2001, 3 Z BR 251/01, sowie BtPrax 2002, 40, LG Krefeld, 3 ZBR 334/01, 6 T 333/01; OLG Düsseldorf BtPrax 2002, 265 = FamRZ 2002, 1658 und 1659 und OLG Hamm Rpfleger 2002, 314; LG Koblenz FamRZ 2004, 221; OLG Zweibrücken, Beschl. v. 22.9.2003, 3 W 196/03, Rpfleger 2004, 488 (Ls); OLG Frankfurt/Main BtPrax 2004, 37 = FamRZ 2004, 836; LG Berlin Rpfleger 2003, 580; OLG Brandenburg FGPrax 2003, 220

Die Gegenauffassung – die Erben haften nach dem Tod des Betreuten gegenüber dem Betreuer unbegrenzt, wenn ein direkter Anspruch gegen den Erben geltend gemacht wird und die Staatskasse nicht vorherig eingetreten ist[264] – wird nicht geteilt. Sie stellt den Erben des Betreuten willkürlich in dem Falle schlechter, in dem erst nach dem Tod des Betreuten über einen Vergütungsantrag des Betreuers entschieden wird. Sie darf inzwischen als hinfällig betrachtet werden. **1431**

Nach der bis zum 31.12.1998 allgemeinen Auffassung haftete der Erbe für die ausstehende Betreuerforderung als **Nachlassverbindlichkeit** im Rahmen des allgemeinen Erbrechtes,[265] also ggf. nicht nur mit dem Nachlasswert, sondern auch mit dem eigenen Vermögen.[266] Allerdings war auch damals die **Einrede der Dürftigkeit** des Nachlasses zu berücksichtigen, die im Rahmen einer Nachlassverwaltung bzw. eines Nachlasskonkurses (jetzt: einer Nachlassinsolvenz) erfolgen konnte.[267] **1432**

Die Inanspruchnahme des Erben wurde jedoch durch das 1. BtÄndG zum 1.1.1999 ausgeweitet und umfasst seither auch die früheren Vergütungsansprüche des Betreuers, die die Staatskasse wegen seinerzeitiger Mittellosigkeit, insbesondere wegen der Berücksichtigung von Schonvermögenswerten, verauslagt hat. **1433**

Daher ist die in § 1836e BGB vorgesehene **Haftungsbeschränkung** des Erben auf den Wert des Nachlasses (auch ohne die obige Dürftigkeitseinrede) der angemessene Ausgleich für die Erweiterung der Forderungen.[268] Dadurch werden im Übrigen die haftungsbegrenzenden Verfahren (§§ 1975 ff. BGB) eingespart, womit auch eine **Verwaltungsvereinfachung** verbunden ist.[269] **1434**

8.6.4 Haftungsbegrenzung nur bei Eintritt der Staatskasse?

Zwar ist die Beschränkung des § 1836e BGB nach dem Wortlaut der Norm nur auf Ansprüche der Staatskasse anwendbar, es ist aber kein Grund ersichtlich, diese angesichts der offenbaren Gesetzeslücke nicht auch bereits bei der Frage anzuwenden, ob der Erbe oder stattdessen die Staatskasse für die Vergütung aufzukommen hat.[270] **1435**

Nach der hier als richtig angesehenen und inzwischen allgemeinen Auffassung haftet der Erbe jedenfalls seit 1.1.1999 daher auch gegenüber dem ehemaligen Betreuer nur mit dem Wert des zum Zeitpunkt des Todesfalls vorhandenen **Aktivnachlasses**.[271] Jede andere Auffassung hätte dazu geführt, dass bei fast 90 % aller Betreuten die Schutzregelung des § 1836e für den Erben keine Anwendung gefunden hätte; dies kann nicht Absicht des Gesetzgebers gewesen sein. **1436**

8.6.5 Aktivnachlass als Grundlage

Wieweit der Erbe den Nachlass einzusetzen hat, bestimmt sich durch den Verweis in § 1836e BGB auf § 102 Abs. 3 und 4 SGB XII. Maßgeblich ist hiernach der „Wert des im Zeitpunkt des Todes vorhandenen Nachlasses". In der sozialhilferechtlichen Kommentarliteratur wird davon ausgegangen, dass sich der Begriff des „Wertes des Nachlasses" nach dem BGB, ins- **1437**

---

264 LG Leipzig FamRZ 2000, 1451
265 BayObLG FamRZ 1996, 1173/1174 = BtPrax 1996, 151/152
266 BayObLG FamRZ 1996, 1173; anders allerdings die Nachlasspflegervergütung, für die damals bereits nur der Aktivnachlass maßgeblich war: LG Berlin Rpfleger 1975, 435; KG Rpfleger 1995, 356/357
267 BayObLG MDR 1998, 415 = BayObLGZ 1997, 335 = FamRZ 1998, 697; a.A.: OLG Köln NJW-RR 1998, 438
268 Ebenso weiterhin bei der Nachlasspflegervergütung BayObLG ZEV 2000, 410 = NJW 2000, 1392
269 BT-Drs. 13/7158, S. 32
270 Thür. OLG Jena FGPrax 2001, 22, BayObLG FamRZ 2001, 866 sowie für den Nachlasspfleger BayObLG ZEV 2000, 410 = NJW-RR 2000, 1392; a.A.: LG Duisburg, Beschl. v. 31.1.2001, 22 T 273/00
271 So auch Knittel § 1836d Rn. 5; LG Erfurt FamRZ 1999, 1302

besondere nach § 2311 Abs. 1 BGB, richtet, sodass darunter das dem Erben angefallene **Aktivvermögen** des Erblassers abzüglich der Nachlassverbindlichkeiten zu verstehen ist.[272]

1438 Zum Nachlass gehört auch das zu Lebzeiten des Betreuten gem. § 90 SGB XII geschützte Vermögen des Betreuten, also z.B. ein selbst bewohntes Hausgrundstück oder Familienerbstücke sowie der „kleine Barbetrag" nach § 1 der VO zu § 90 SGB XII, der im Regelfall (seit 1.4.2017) bei 5.000,00 € liegen dürfte. Ist **Schonvermögen** des Verstorbenen zugleich Schonvermögen des Erben, so ist es nicht mitzurechnen. Dies betrifft insbesondere ein Haus, in dem neben dem Betreuten auch dessen Ehegatte/Lebenspartner oder Kinder, die ihn nun beerben, leben.

1439 Bei dieser Berechnungsweise sind bestimmte **Erbfallschulden**, wie testamentarische Auflagen, Vermächtnisse und Pflichtteilsansprüche nicht zu berücksichtigen.[273] Es handelt sich hierbei um die Belastungen des Nachlasses, die im Nachlassinsolvenzverfahren nur nachrangig zu befriedigen sind (§ 327 Abs. 1 InsO).[274]

1440 Bei der Erbenhaftung für die Betreuervergütung kann eine den Erben treffende grundbuchmäßig abgesicherte **Verpflichtung zur Übertragung eines Grundstücksanteils**, die der verstorbene Betreute lange vor Errichtung der Betreuung eingegangen ist, eine abzugsfähige Nachlassverbindlichkeit sein.[275]

8.6.6 Bestattungskosten

1441 Aus der Regelung des Aktivnachlasses wurde früher bisweilen geschlossen, dass Erbfallverbindlichkeiten, also insbesondere die Kosten der vom Erben zu tragenden Bestattungskosten (§ 1968 BGB) nicht in Abzug zu bringen sind.[276] Diese Auffassung geht indes fehl. Denn die Erbfallverbindlichkeiten sind nicht generell nachrangig gegenüber den Erblasserverbindlichkeiten, im Gegenteil sind die Kosten der Bestattung im Nachlassinsolvenzverfahren sogar vorrangig zu berücksichtigende Masseverbindlichkeiten (§§ 53 i.V.m. 324 Abs. 1 Nr. 2 InsO).[277] Sie stehen ausdrücklich der Nachlasspflegervergütung gleich (§ 324 Abs. 1 Nr. 4 InsO)[278], nicht jedoch anderen Vergütungsansprüchen, denen gegenüber sie vorrangig sind.

1442 Auch wegen der Formulierung „zum Zeitpunkt des Erbfalles" wurde eingewendet, dass Bestattungskosten, da sie ja erst nach dem Tod mit **Durchführung der Bestattung** (Bestattungsvertrag, § 641 BGB) fällig werden, nicht zu berücksichtigen seien. Indes ist die genannte Formulierung, die durch Gesetz vom 21.12.1993[279] mit Wirkung vom 1.7.1994 eingefügt wurde, mit einer durch den Gesetzgeber nicht akzeptablen seinerzeitigen Rechtsprechung des BVerwG[280] begründet worden[281]; diese Rechtsprechung hatte zur Folge, dass ein Erbe vor Inanspruchnahme durch den Sozialhilfeträger wesentliche Teile des Nachlasses veräußern oder verschenken konnte und dann nicht mehr herangezogen werden konnte. Mit den Bestattungskosten hatte diese Regelung nichts zu tun. Sie sind auch im Sozialhilferecht weiterhin vom Nachlasswert abzuziehen und gehen dem Ersatzanspruch der Staatskasse vor.[282]

---

272 BVerwGE 66, 161 ff.; BVerwGE 90, 250 ff.; DNotI-Report 18/99, 149/150; zu Unrecht a.A.: LG München I BtPrax 1997, 206
273 BGH NJW 1988, 136/137; vgl. zur Vermächtnisproblematik im „Behindertentestament" Hartmann, ZEV 2001, 89, 93
274 Mergler/Zink § 92c BSHG Rn. 23
275 OLG München NJW-RR 2005, 1531
276 So zum früheren Recht LG Koblenz FamRZ 1997, 968 = BtPrax 1997, 122 = JurBüro 1997, 542 = Rpfleger 1997, 260; LG Krefeld v. 26.10.1999, 6 T 376/99; LG Hanau v. 17.9.2001, 3 T 222/01
277 So auch Thür. OLG Jena, a.a.O.
278 BayObLG ZEV 2000, 410 = NJW-RR 2000, 1392
279 BGBl. I S. 2374
280 BVerwGE FEVS 43, 321 = NJW 1993, 1089
281 Nerreter, ZfF 1999, 141/142
282 OVG Lüneburg FEVS 31, 197, BVerwG FEVS 32, 177/179; Nerreter, ZfF 1999, 141/142; HK BUR/Winhold-Schött § 1836e BGB Rn. 20; Schellhorn u.a. § 92c BSHG Rn. 18; Damrau/Zimmermann § 1836e BGB Rn. 19

Zwar ist durch das Insolvenzrecht[283] mit Wirkung vom 1.1.1999 das Wort „standesgemäße" **1443** aus der Regelung der Bestattungskostenpflicht des § 1968 BGB gestrichen worden[284]; jedoch ist auch weiterhin nur eine angemessene Bestattung vom Nachlasswert abzusetzen.[285] Maßstab hierfür müssen neben den Lebensverhältnissen des Verstorbenen, dessen Wunsch in diesem Rahmen beachtlich ist[286], die örtlichen Gepflogenheiten, z.B. die üblichen Kosten einer Grabstätte und Grabsteingestaltung sein. Zu den Kosten der Bestattung gehören auch Leichenfeier, Grabstein[287], Erstbepflanzung des Grabes[288] entsprechend der Friedhofssatzung[289], nicht jedoch die laufende Grabpflege.[290]

Ob eine Begrenzung der **angemessenen Bestattungskosten** anhand des Freibetrags in **1444** § 102 Abs. 3 Nr. 1 SGB XII von zurzeit 2.544,00 € (Stand 1.1.2019)[291], so wie vereinzelte Rechtsprechung es sieht, den Umständen des Einzelfalles gerecht wird, darf allerdings bezweifelt werden.[292]

Von den Bestattungskosten sind anderweitige zweckgebundene Zahlungen in Abzug zu **1445** bringen, bevor sie den Nachlass belasten; dies ergibt sich aus dem Nachrangprinzip, das sowohl dem Sozialhilferecht als auch der Eintrittspflicht der Staatskasse im Betreuungsrecht entspricht.

Infrage kommen insbesondere Sterbegelder im Sozialrecht (Unfallversicherung: § 64 SGB VII, **1446** Bundesversorgungsgesetz: § 36 BVG); Sterbegeldversicherungen (vgl. § 33 SGB XII) und vergleichbare zweckgebundene Leistungen von Arbeitgebern oder Gewerkschaften sowie Zahlungspflichten von Todesverursachern bzw. deren Versicherern (§ 844 BGB, § 19 Abs. 1 Nr. 2 StVG).[293] Sollten allerdings Klagen in dieser Hinsicht erforderlich werden, was bei unklarer Verschuldenslage der Fall sein kann (möglicherweise nach vorherigen Strafprozessen), sollte der Grundsatz des § 1836d Nr. 2 BGB analog Anwendung finden.

8.6.7 Lebensversicherungen und Schenkungen

Soweit durch einen von einem geschäftsfähigen Betreuten geschlossenen Vertrag zuguns- **1447** ten Dritter Beträge aus dem Schonvermögen für den Fall des Todes verschenkt wurden, zählen diese Beträge nicht mehr zum Nachlass.[294] Auch die Versicherungssumme aus einer Lebensversicherung fällt nicht in den Nachlass, wenn bereits im Versicherungsschein ein anderer Bezugsberechtigter benannt worden ist.[295] Ein Regressanspruch gegen andere Personen als die Erben des Betreuten (z.B. einen Bezugsberechtigten aus einer Lebensversicherung) ist nicht zulässig.[296]

---

283 Art. 33 Nr. 31 EGInsO v. 5. 10. 1994
284 BGBl. I S. 2911
285 Damrau/Zimmermann § 1836e BGB Rn. 19
286 Widmann, Die Durchsetzung von Bestattungsanordnungen des Verstorbenen im Rahmen der familienrechtlichen Totenfürsorge, FamRZ 1992, 759
287 VG Gießen info also 1989, 250
288 VGH Mannheim NVwZ 1992, 83; VGH Baden-Württemberg FEVS 42, 380
289 VGH Baden-Württemberg FEVS 41, 279/281
290 OLG Oldenburg FamRZ 1992, 987
291 LG Trier BtPrax 2000, 132/133; LG Koblenz FamRZ 2001, 714 (aufgegeben durch LG Koblenz FamRZ 2004, 221); a.A.: OLG Düsseldorf BtPrax 2002, 263 = FamRZ 2002, 1658
292 Mit Recht kritisch: Damrau/Zimmermann a.a.O. § 1836e BGB Rn. 19; vgl. auch Müller, Die Kosten der Bestattung im Zivil- und Steuerrecht, DStZ 2000, 329 sowie BayObLG BtPrax 2002, 77 = FamRZ 2002, 699 m. Anm. Bienwald = NJW-RR 2002, 1229 = ZEV 2002, 468; OLG Düsseldorf BtPrax 2002, 263, OLG Zweibrücken Rpfleger 2004, 488; ebenso für Sozialhilferecht OVG Rheinland-Pfalz ZfSH/SGB 2003, 25
293 Bundes- und landesrechtliche Normen dazu in: Deinert/Jegust: Todesfall- und Bestattungsrecht, 5 Aufl., Düsseldorf 2014
294 VGH Baden-Württemberg FEVS 44, 104 = NJW 1993, 2955; LG Koblenz FamRZ 2000, 172
295 LG Koblenz FamRZ 2000, 172
296 OLG Frankfurt/Main FGPrax 2003, 267

1448 Allerdings kann auch eine **Schenkungsrückforderung** (§ 528 BGB) Gegenstand eines Regressanspruches nach § 1836e BGB sein; eine abschließende Klärung der Voraussetzungen der Rückforderung hat im Festsetzungsverfahren nicht zu erfolgen.[297]

8.6.8 Freibeträge für den Erben

1449 Es stellt sich des Weiteren die Frage, ob der Erbe sich darüber hinaus auf den **Freibetrag nach § 1836e** Abs. 1 BGB i.V.m. § 102 Abs. 3 SGB XII berufen kann. Dieser macht seit dem 1.1.2019 die Summe von 2.544,00 € (insgesamt 6facher Eckregelsatz der Sozialhilfe) aus. Auf jeden Fall ist dieser Freibetrag für den Regressanspruch der Staatskasse maßgeblich, ebenso für den Anspruch des Sozialhilfeträgers. Der Freibetrag kann auch bei mehreren Erben nur einmal gewährt werden.[298]

1450 Kein **Freibetrag** wurde gegenüber dem Betreuer nach früherem, bis zum 31.12.1998 geltenden Recht eingeräumt.[299] Einige Gerichte wollten dies nach 1999 weiterhin angewendet wissen.[300] Aus den gleichen Gründen, die bereits für die Beschränkung der Erbenhaftung auf den Nachlass genannt werden, wird diese Auffassung nicht für richtig gehalten. Anders kann dies allenfalls beim Nachlasspfleger gesehen werden.

1451 So billigt das *BayObLG* dem Nachlasspfleger, anders als dem Betreuer[301], keinen entsprechenden Freibetrag zu.[302] Es begründet dies zum einen damit, dass ein **Nachlasspfleger** grundsätzlich nur dann bestellt wird, wenn fürsorgebedürftiger Nachlass in genügender Höhe vorhanden ist und der Nachlasspfleger (anders als der Betreuer) einen nach § 324 InsO vorrangigen Vergütungsanspruch besitze.

1452 Ein Erbenfreibetrag nach § 1836e Abs. 1 BGB i.V.m. § 102 Abs. 3 SGB XII ist dann jedenfalls nicht zu berücksichtigen, wenn keine natürliche Person als Erbe vorhanden ist und der Fiskus als Erbe auftritt.[303]

8.6.9 Besonderer Freibetrag bei Pflegeperson als Erben

1453 Einen höheren Freibetrag von derzeit 15.340,00 € nach § 102 Abs. 3 Nr. 2 SGB XII kann der Erbe beanspruchen, der

- den Verstorbenen gepflegt hat,
- mit dem Betreuten bis zu dessen Tode verheiratet oder verwandt (i.S.v. § 1589 BGB) war und
- mit ihm nicht nur vorübergehend in häuslicher Gemeinschaft zusammengelebt hat.

1454 Hiermit soll die **häusliche Pflegebereitschaft** gefördert und die sich hieraus ergebende Entlastung der Allgemeinheit gewürdigt werden. Alle Voraussetzungen müssen kumulativ vorliegen. Ein Mindestzeitraum kann nicht verlangt werden[304]; bezüglich der Pflegebedürftigkeit müssen die Voraussetzungen für Pflegeleistungen nach §§ 36, 37 SGB XI oder §§ 63, 64 SGB XII (bzw. entsprechenden Leistungsverpflichtungen privater Pflegeversicherungen) gegeben gewesen sein.

---

297 OLG Hamm FamRZ 2003, 1873 = BtPrax 2003, 225
298 BVerwG FEVS 27, 100
299 LG München I FamRZ 1995, 509 = BtPrax 1995, 73; BayObLG FamRZ 1996, 372, 373; LG Kleve BtPrax 1995, 185; LG Saarbrücken BtPrax 1997, 124; LG Schweinfurt FGPrax 1998, 488; LG Koblenz FamRZ 1996, 622
300 LG Krefeld v. 26.10.1999, 6 T 376/99, LG Leipzig FamRZ 2000, 1451. LG Leipzig FamRZ 2000, 1451; ebenso für den Nachlasspfleger BayObLG NJW-RR 2000, 1392; LG Hanau, Beschl. 3 T 222/01; LG Chemnitz FamRZ 2003, 708
301 BayObLG, FamRZ 2001, 866
302 BayObLG ZEV 2000, 410 = NJW 2000, 1392; Zimmermann ZEV 1999, 329/330, a.A.: KG Rpfleger 1995, 356/357
303 LG Stuttgart, Beschl. v. 11.6.2002, 2 T 288/01
304 Schellhorn u.a. Rn. 23; a.A.: Knopp/Fichtner § 92c Rn. 11: 1 Jahr; Mergler/Zink a.a.O. Rn. 26: mind. 6 Monate

Das Erfordernis ist auch erfüllt, wenn die Pflege wegen des Todes des Betreuten nur kurz war; musste der Betreute kurz vor dem Tod ins Krankenhaus, ist dennoch das Erfordernis des häuslichen Zusammenlebens erfüllt. **1455**

Eine häusliche Gemeinschaft soll auch vorliegen, wenn der Betreute und die Pflegeperson im gleichen Haus, jedoch nicht in der gleichen Wohnung lebten.[305] **1456**

Da keine ausschließliche Pflege durch eine einzige Person gegeben sein muss, kann dieser Freibetrag bei mehreren Pflegepersonen, auf die die o.g. Voraussetzungen zutreffen, mehrfach vorliegen.[306] **1457**

8.6.10 Besonderer Freibetrag bei besonderer Härte

Stellt die Geltendmachung der Ansprüche gegen den Erben eine **besondere Härte** dar, ist ebenfalls davon Abstand zu nehmen bzw. ein angemessener Freibetrag zuzubilligen (§ 102 Abs. 3 Nr. 3 SGB XII). Nur besonders gewichtige Gründe können hierfür sprechen. In der Rechtsprechung wird als Beispiel genannt, dass eine Person, die die Voraussetzungen des § 102 Abs. 3 Nr. 2 SGB XII nur deshalb nicht erfüllt, weil kein Verwandtschaftsverhältnis besteht[307] oder der Pflegende nicht in häuslicher Gemeinschaft lebte[308] oder der Erbe zu Lebzeiten des Betreuten erheblich in das hinterlassene Haus investiert und damit den Wert des Nachlasses erheblich erhöht hatte. **1458**

8.6.11 Anspruchskonkurrenz mit Staatskasse und Sozialhilfe

Treffen direkte Vergütungsansprüche des bisherigen Betreuers mit Regressansprüchen der Staatskasse zusammen und sind beide zusammen nicht in voller Höhe aus dem zur Verfügung stehenden Nachlass zu zahlen, so steht der Betreuervergütung der Vorrang zu. Denn bei einer Aufteilung, die ggf. im Rahmen einer Nachlassinsolvenz erfolgen müsste, erhielte der Betreuer nur einen Bruchteil seiner Vergütungsforderung. Hierdurch wäre wiederum § 1836d Nr. 1 erfüllt und der Betreuer hätte Anspruch, seine Gesamtforderung aus der Staatskasse zu erhalten. **1459**

Treffen Betreuervergütungsansprüche oder Regressansprüche der Staatskasse mit Ersatzansprüchen eines Sozialhilfeträgers nach § 102 SGB XII zusammen, so stehen die Ansprüche gleichrangig im Raum[309] (Analogie zu § 226 Abs. 1 InsO; siehe auch ähnliche Regelung in § 106 Abs. 2 SGB X). Diese müssten bei unzureichendem Nachlass **quotenmäßig** aufgeteilt werden. **1460**

Für Ansprüche des Betreuers bedeutet dieses wiederum, dass er gem. §§ 1836d Nr. 1 Abs. 1 i.V.m. 1836a BGB Anspruch auf Gesamtzahlung aus der Staatskasse hat. Bei einem Zusammentreffen von Regressansprüchen der Staatskasse und Sozialhilfeforderungen wäre aber auch eine Orientierung am Grundsatz des § 1836c Nr. 1 Satz 1 2. Halbsatz BGB möglich, wonach dem Sozialhilfeträger der Vorrang zusteht. **1461**

Rückforderungsansprüche des Trägers der Sozialhilfe sind gegenüber dem Regressanspruch gem. § 1836e Abs. 1 Satz 1 BGB nicht vorrangig. Das haftende Aktivvermögen wird nicht bereits durch das Bestehen und die Titulierung eines Anspruchs geschmälert, sondern erst mit dessen Durchsetzung.[310] **1462**

---

305 Schellhorn u.a. Rn. 23; Mergler/Zink, a.a.O., Rn. 27
306 VGH Baden-Württemberg FEVS 25, 107/110 und FEVS 41, 205; Nerreter, ZfF 1999, 141/142
307 VGH Baden-Württemberg JSRG 1991, 287 = FEVS 41, 205; LPK BSHG § 902c Rn. 13; Schellhorn u.a. Rn. 24
308 Hess. VGH FamRZ 1999, 1023; Nerreter a.a.O., S. 142
309 So auch OLG Stuttgart FamRZ 2007, 1912
310 OLG Stuttgart FamRZ 2007, 1912

1463 *Hinweis*

 Hat der Betreuer zunächst in Unkenntnis solcher weiterer Ansprüche eine Inanspruchnahme des Erben beantragt und stellt sich dies nun als Irrtum dar, sollte er unverzüglich den Vergütungsantrag in Bezug auf den Zahlungspflichtigen abändern; ist der Beschluss bereits erfolgt, sollte er im Rahmen der Monatsfrist (§ 63 FamFG) nach dessen Zustellung Beschwerde einlegen.

1464 Da nach Verstreichen der Frist der Vergütungsbeschluss in materielle **Rechtskraft** erwächst, sei dem Betreuer empfohlen, beim Sozialhilfeträger vor der gerichtlichen Antragstellung nachzufragen, ob voraussichtlich dort Ansprüche nach § 102 SGB XII erhoben werden; desgleichen sollte im gerichtlichen Verfahren auch dann, wenn sich der Vergütungsantrag gegen den Erben richtet, stets der Bezirksrevisor beteiligt werden, wenn dem Betreuer zu Lebzeiten innerhalb der letzten 3 Jahre Zahlungen aus der Staatskasse erbracht wurden. Es empfiehlt sich, gleichzeitig mit dem abschließenden Vergütungsantrag des Betreuers auch über die Regressansprüche der Staatskasse zu entscheiden.

8.6.12 Zurückbehalterecht des Betreuers?

1465 Die Forderung eines Gerichtes, den zum Zeitpunkt des Todes noch in der Verfügungsgewalt des Betreuers vorhandenen Geldbetrag zum Zwecke der später vom Gericht zu bewilligenden Vergütung zurückzuhalten, entbehrt jeder Rechtsgrundlage. Vielmehr hat das *BVerwG* – im Falle der Konkurrenz des Einsatzes von Vermögen zur Vermeidung von Sozialhilfebedürftigkeit einerseits und Betreuervergütung andererseits – entschieden, dass der Betreuer kein **Zurückbehalterecht** hat.[311]

1466 Wenn der Betreuer bereits zu Lebzeiten kein Recht und auch keine Verpflichtung hat, **Rücklagen** zur Betreuervergütung zu bilden[312], so muss das erst recht nach dem Tod gelten, zumal der Betreuer ja auch nicht mehr über das Vermögen verfügen darf[313], im Gegenteil verpflichtet ist, dem Erben das bisher verwaltete Vermögen herauszugeben (§ 1890 BGB). Gegen diese Pflicht würde der Betreuer jedoch nach einer solchen gerichtlichen Auffassung verstoßen müssen.

1467 Die Bestattungskosten sind im Übrigen auch eher zu zahlen als die Betreuervergütung: Nach den **Bestattungsgesetzen** der Länder muss eine Leiche in der Regel binnen weniger Tage nach dem Tod bestattet werden.[314] Hierzu muss ein Bestattungsunternehmer beauftragt werden. Die Honorierung für diesen ist im Rahmen des § 641 mit Durchführung der Bestattung fällig, währenddessen nach allgemeiner Auffassung der Vergütungsanspruch des Betreuers erst durch den Beschluss des Betreuungsgerichtes fällig wird.[315]

8.7 Regressansprüche der Staatskasse

8.7.1 Allgemeines

1468 Ist der Betroffene mittellos, d.h. kann er Vergütung oder Auslagen seines Betreuers

- nicht,
- nur zum Teil,

---

311 BVerwG BtPrax 1996, 101; in diesem Sinne auch OLG Zweibrücken FGPrax 1999, 21
312 OLG Düsseldorf BtPrax 1999, 74 = FamRZ 1999, 1169; ähnlich LG Kiel FamRZ 2000, 190 und OLG Schleswig v. 22.3.2000, 2 W 43/00, FamRZ 2001, Heft 3, S. II
313 Vgl. Kontroverse: Vogt, Tod der betreuten Person – Die Führung von Nachlasskonten, BtPrax 1996, 52, sowie Jochum, Keine Verfügung über Nachlasskonten nach dem Tode des Betreuten, BtPrax 1996, 88
314 Vgl. Deinert/Jegust, Todesfall- und Bestattungsrecht, 5. Aufl., Düsseldorf 2014
315 LG Stuttgart BtPrax 1999, 158

- nur in Raten oder
- nur dadurch, dass er Unterhaltsansprüche gerichtlich geltend macht,

zahlen, wird der Betreuer zunächst aus der Staatskasse entschädigt. Dies galt seit Inkrafttreten des BtG am 1.1.1992.

Neu war seit Inkrafttreten des 1. BtÄndG am 1.1.1999, dass es sich bei den Zahlungen aus der Staatskasse nur noch um eine **Vorleistung** handelt. Wenn die Staatskasse Auslagen oder Vergütung an den Betreuer gezahlt hat, kann sie sich diese Beträge vom Betroffenen zurückholen, wenn er Einkünfte oder Vermögen hat, das über der Grenze der Mittellosigkeit liegt (aber zur vollständigen Befriedigung der Ansprüche des Vormunds, Pflegers oder Betreuers nicht ausreicht). Diesen Gedanken hat der Gesetzgeber offenbar aus vereinzelter Rechtsprechung übernommen, die eine Darlehensgewährung und Rückzahlung durch den Betreuten als möglich ansah.[316]   **1469**

Der umfassende Begriff der „Staatskasse" hat zur Folge, dass in den Fällen eines Wechsels des Bundeslandes die jeweilige Landeskasse des örtlich zuständigen Betreuungsgerichts Regresszahlungen an die eigene Landeskasse in Verfahrensstandschaft für weitere betroffene Landeskassen verlangen kann. Ob und wie ein Ausgleich zwischen den verschiedenen Bundesländern stattfindet, spielt für den Anspruch als solchen keine Rolle.[317]

Ein **Regressanspruch** entsteht auch dann, wenn der Betreute **später Vermögen** erwirbt (z.B. durch eine Erbschaft, vgl. § 120 Abs. 4 Satz 1 ZPO). Nach dem Tod des Betreuten kann die Staatskasse sich an den Nachlass halten.   **1470**

§ 1836e BGB Gesetzlicher Forderungsübergang

Soweit die Staatskasse den Vormund oder Gegenvormund befriedigt, gehen Ansprüche des Vormundes oder Gegenvormundes gegen den Mündel auf die Staatskasse über. Nach dem Tod des Mündels haftet sein Erbe nur mit dem Wert des im Zeitpunkt des Todes vorhandenen Nachlasses; …

8.7.1.1 Zeiträume, Fristen

Der Anspruch der Staatskasse, auf das Vermögen des Betreuten zurückzugreifen, bedeutet, dass ein zunächst mittelloser Betreuter, der später Vermögen erwirbt, z.B. durch eine Erbschaft, dieses erworbene Vermögen an die Staatskasse abführen muss, natürlich nur, soweit es die Grenze der Mittellosigkeit übersteigt. Es gibt keine sachliche Zuständigkeit des Betreuungsgerichts für Regressforderungen der Staatskasse für vor dem 1.1.1999 gezahlte Beträge.[318] Nach anderer Ansicht ist die Regressregelung des § 1836e BGB nur auf Ansprüche für Tätigkeiten nach dem 1.1.1999 anwendbar.[319] Stirbt der Betreute innerhalb der Verjährungsfrist nach der Zahlung der Staatskasse, kann diese auf den Nachlass zurückgreifen.   **1471**

Vor 2010 betraf dieser Rückforderungsanspruch die Zahlungen der letzten 10 Jahre. Mit dem Gesetz zur Änderung des Erb- und Verjährungsrechts vom 24. September 2009[320] wurden die Fristregelungen für den Regress der Staatskasse mit Wirkung zum 1.1.2010 geändert. Anders als jedoch im Regierungsentwurf, nach dem die Erlöschensfrist in Satz 2 des § 1836e BGB von 10 auf 3 Jahre verkürzt werden sollte[321], wurde auf Vorschlag des Rechtsausschusses des Bundestags der frühere 2. Satz (die die 10-Jahresfrist enthielt) ersatzlos gestrichen.[322] Die Begründung lautete, dass ja dann ohnehin die gesetzliche Verjährungsfrist von 3 Jahren nach § 195 BGB bei noch nicht titulierten Ansprüchen gelte.   **1472**

Hierbei wurde nicht bedacht, dass es zwischen der bisherigen materiell-rechtlichen Erlöschensfrist und der Verjährung grundsätzliche Unterschiede gibt. Erstere ist beispielsweise   **1473**

---

316 LG Cottbus v. 16.11.1995, 10 T 75/95
317 OLG Köln BtPrax 2009, 81 = FamRZ 2009, 1248
318 BayObLG FamRZ 2000, 300 = BtPrax 1999, 247
319 OLG Schleswig FamRZ 2000, 562, ebenso OLG Zweibrücken BtPrax 2000, 40 sowie LG Trier BtPrax 2000, 132
320 BGBl. I. S. 3142
321 BT-Drs. 16/8954, Seiten 5, 16
322 BT-Drs. 16/13543, Seiten 5, 11

nicht von der Kenntniserlangung des Anspruchsberechtigten (Staatskasse, vertreten durch Bezirksrevisor) abhängig, Letztere erlischt nicht mit Ablauf der Frist; der Zahlungspflichtige (Betreute oder sein Erbe) müsste sich ausdrücklich darauf berufen.

1474   Hinzu kam das Problem der Übergangsbestimmung. Art. 229 § 23 EGBGB bestimmt, dass für alle am 1.1.2010 nicht verjährten Ansprüche das neue Recht anzuwenden ist und der Lauf der Frist mit diesem Datum beginnt, wenn die Verjährung nach früherem Recht länger gedauert hätte. Da nach altem Recht aufgrund der (ebenfalls zum 1.1.2010) aufgehobenen Sondervorschrift des § 197 Abs. 2 BGB eine Verjährung der Staatskassenansprüche von 30 Jahren gegeben wäre, bedeutete dies bei wörtlicher Auslegung der Übergangsvorschrift, dass bei allen Ansprüchen der Staatskasse nach § 1836e BGB, die seit 1999 existieren, eine Verjährung erst 3 Jahre nach dem Inkrafttreten des neuen Rechtes, mithin mit Ablauf des 31.12.2012 eingetreten ist.

1475   Hierdurch wäre die Absicht des Gesetzgebers, den Regresszeitraum zu verkürzen, in das Gegenteil verwandelt worden. Mehrere Landgerichte haben die neue Rechtslage unterschiedlich bewertet. Das LG Würzburg[323] und das LG Schweinfurt[324] hatten die Anwendung des Art. 229 § 23 EGBGB und damit eine Verlängerung des Staatskassenanspruches bejaht. Demgegenüber hat das Landgericht Augsburg diese Auslegung ausdrücklich zurückgewiesen. Es sieht nach dem erklärten Willen des Gesetzgebers eine Verkürzung des Anspruches auf 3 Jahre oder Anwendung des Art. 229 § 23 EGBGB.[325] Der Bundesgerichtshof hat die Frage dahingehend geklärt, dass die 3-Jahresfrist auch die Zahlungsansprüche der Staatskasse aus der Zeit vor 2010 betrifft.[326] Das heißt, dass unabhängig davon, wann die Staatskasse Beträge an Betreuer ausgezahlt hat, immer nur für das laufende Kalenderjahr und 3 Jahre davor eine Rückforderung stattfindet, da die allgemeinen Regeln des Verjährungsrechtes (§§ 195, 199 Abs. 1 BGB) gelten.

8.7.1.2 Handhabung des Anspruches

1476   Wie das Betreuungsgericht diesen Rückgriff auf das Vermögen des Betreuten zu handhaben hat, ist in § 168 Abs. 1 FamFG geregelt:

> Mit der Festsetzung bestimmt das Gericht Höhe und Zeitpunkt der Zahlungen, die der Mündel an die Staatskasse nach den §§ 1836c bis 1836e des Bürgerlichen Gesetzbuchs zu leisten hat. Es kann die Zahlungen gesondert festsetzen, wenn dies zweckmäßig ist.

1477   Das Gericht kann also zusammen mit der Festsetzung der aus der Staatskasse zu zahlenden Vergütung und/oder der Auslagen bestimmen, in welchem Umfang der Betreute Beträge an die Staatskasse zurückzahlen muss.

1478   Dabei kann es

- den Betreuten zu einer einmaligen Zahlung auffordern, z.B. zur Zahlung des über den „Schonbetrag" hinausgehenden Teils des Sparguthabens;
- den Betreuten zu regelmäßigen, beispielsweise monatlichen, Zahlungen auffordern, z.B. wenn er Einkommen hat, das die Grenze der Mittellosigkeit überschreitet.

1479   Es kann die vom Betreuten zu zahlenden Beträge aber auch später festsetzen. Eine spätere Festsetzung kommt dann in Betracht, wenn

- zunächst davon ausgegangen worden war, dass der Betreute mittellos war, sich dies aber im Nachhinein als falsch herausgestellt hat (vgl. dazu oben Rn. 1394 f.);

---

323   LG Würzburg, Beschl. v. 3.11.2010, 3 T 1458/10, BtPrax 2011, 135 (Ls)
324   LG Schweinfurt, Beschl. v. 29.10.2010, 11 T 177/10, BtPrax 2011, 135 (Ls) unter Zulassung der Rechtsbeschwerde
325   LG Augsburg, Beschlüsse v. 7.10.2010, 52 T 3326/10 und 52 T 3545/10, ebenfalls Rechtsbeschwerde zugelassen
326   BGH, Beschl. v. 25.1.2012, XII ZB 605/10, BtPrax 2012, 118 und Parallelentscheidungen

- der Betreute später über Einkünfte verfügt, die ihm Zahlungen ermöglichen oder er später Vermögen erwirbt.

8.7.1.3 Bewertung der Regelungen

Die Regelung ist trotz der Verkürzung der Rückzahlungspflicht von 10 auf (de facto) 3,5 Jahre **rehabilitationsfeindlich**. Psychisch kranke Menschen, die in der Zeit ihrer Erkrankung einen Betreuer benötigten, müssen bei Behandlungs- und Rehabilitationserfolg noch zehn Jahre später die Kosten der Betreuung zurückzahlen. Wer Jahre nach der Betreuerbestellung z.B. wegen späterer Erfüllung der Wartezeit eine Rente erhält, muss diese einsetzen.

1480

Die Regelung ist auch **familienfeindlich**. Erhält ein Kind des Betreuten nach Abschluss der Ausbildung einen Arbeitsplatz und wird wegen gestiegenen Einkommens unterhaltspflichtig, muss es ggf. die innerhalb der letzten Jahre aufgelaufenen Betreuungskosten zurückzahlen. Dabei handelt es sich hierbei um Kosten, die weder vom Betreuten noch vom unterhaltsverpflichteten Angehörigen in Höhe und Umfang beeinflusst werden können oder gegen die sie sich absichern können.[327]

1481

8.7.1.4 Ausschluss bei Mittellosigkeit

Zum Zeitpunkt des Rückgriffs darf der Betreute nicht weiterhin mittellos sein[328] (zur Definition siehe § 1836c und § 1836d BGB). Auf geschütztes Vermögen i.S.d. § 90 Abs. 2 SGB XII darf die Staatskasse erst zurückgreifen, wenn der Vermögenswert kein Schonvermögen mehr ist. Es ist kein Anspruch auf dingliche Sicherung eines künftigen Rückgriffsanspruchs durch eine Zwangshypothek auf einem derzeit geschonten Grundstück gegeben.[329] Wegen eines Miterbenanteils, dessen Höhe mangels Auseinandersetzung noch nicht ermittelt ist, kann ein Rückgriffsanspruch gegen den Betreuen noch nicht festgesetzt werden.[330]

1482

Bei einem Regress der Staatskasse wegen u.U. bestehender Unterhaltsansprüche ist das Betreuungsgericht grundsätzlich nicht verpflichtet zu prüfen, ob solche Ansprüche tatsächlich bestehen. Dies ist vielmehr Gegenstand eines gerichtlichen Unterhaltsverfahrens, das von der Staatskasse gem. § 1 Abs. 1 Nr. 4b JBeitrO i.V.m. §§ 829, 835 ZPO betrieben werden kann.[331]

1483

Wird der Betreute nur deshalb als mittellos behandelt, weil etwaige Unterhaltsansprüche gerichtlich geltend gemacht werden müssen, hat das Gericht die Regressverpflichtung auszusprechen; es hat deutlich zu machen, dass dieser Titel nur die Grundlage für die Einziehung der Unterhaltsansprüche sein kann. Das Bestehen der Unterhaltsansprüche hat das Betreuungsgericht grundsätzlich nicht zu prüfen, dies ist Sache eines separaten Unterhaltsklageverfahrens vor dem Familiengericht.[332] Die Festsetzung eines Rückgriffsanspruchs wegen etwaiger Unterhaltsansprüche kann entfallen, wenn ein Unterhaltsanspruch offenkundig nicht besteht.[333]

1484

Ist der Betreute verstorben, bestimmt das Gericht, wann und in welcher Höhe Zahlungen aus dem Nachlass zu leisten sind. Bei Ansprüchen der Staatskasse gegen den Nachlass wird in der Regel nur ein einmaliger Betrag in Betracht kommen. Gehören aber wiederkehrende Leistungen von dritten Personen, z.B. Mieteinnahmen oder Zinsen zum Nachlass, sind auch regelmäßige Erstattungsbeträge an die Staatskasse denkbar. Insgesamt kann der Erbe des Betroffenen in gleicher Weise zum Ersatz der von der Staatskasse für die Betreuung verauslagten Beträge herangezogen werden wie der Erbe eines Empfängers von Sozialhilfe zu deren Kosten (vgl. Rn. 1428 ff.).

1485

---

327 Jürgens u.a., Betreuungsrecht Kompakt Rn. 312
328 BayObLGZ 1999, 362 = BtPrax 2000, 83 = FamRZ 2000, 562; Knittel § 1836e Rn. 5
329 OLG Düsseldorf FGPrax 2001, 110; ähnlich OLG Frankfurt/Main BtPrax 2003, 85
330 OLG Schleswig FamRZ 2003, 1130 und OLG Frankfurt FGPrax 2003, 33; LG Koblenz FamRZ 2006, 647
331 BayObLG v. 25.9.2001, 3Z BR 247/01; LG Koblenz FamRZ 2009, 371
332 BayObLG FamRZ 2002, 417; ähnlich OLG Düsseldorf FamRZ 2003, 326
333 LG Duisburg FamRZ 2006, 507

1486 Die Festsetzung des Rückgriffsanspruchs durch das Gericht setzt natürlich voraus, dass dieses die Höhe des Vermögens des Betreuten bzw. die Höhe des Nachlasses kennt. Der bzw. die Erben sind daher verpflichtet, dem Gericht auf dessen Wunsch ein Nachlassverzeichnis einzureichen, § 168 Abs. 3 FamFG. Die Staatskasse kann die aus dem Nachlass zu erstattenden Betreuungskosten gegen die unbekannten Erben, vertreten durch den Nachlasspfleger im Verfahren nach § 168 FamFG, festsetzen lassen. Im Beschluss ist den unbekannten Erben das Recht vorzubehalten, die persönlichen Haftungsbeschränkungen nachträglich geltend zu machen.[334]

1487 Ordnet das Gericht an, dass nach dem Tod des Betreuten eine aus der Staatskasse gezahlte Betreuervergütung zu erstatten ist, haften die Erben zwar nur mit dem Wert des Nachlasses unter Anwendung der Haftungsgrenzen des § 102 SGB XII; für den Anspruch der Staatskasse ist es jedoch unerheblich, dass ein Miterbe sein Erbe nicht ausbezahlt erhielt. Wie die Erben den Nachlass untereinander aufteilen bzw. wer von ihnen die Betreuervergütung letztlich begleicht, ist für das Bestehen des Regressanspruches unerheblich.[335]

1488 Bei der Geltendmachung des Regressanspruchs kommt es auf Einkommen und Vermögen (hier Rentennachzahlung über 17.050,53 €) zum Zeitpunkt der Entscheidung über den Regress an. Der zu bemessende Betrag ist auch unter Beachtung der **Härtefallregelung** des § 90 Abs. 3 SGB XII zu bestimmen.[336]

1489 In einem noch laufenden Betreuungsverfahren ist das Gericht, wenn die Vermögenssorge zu den Aufgaben des Betreuers gehört, durch das Vermögensverzeichnis (§ 1802 BGB) und die regelmäßigen Rechnungslegungen (§ 1840 BGB) über das Vermögen des Betreuten informiert.

1490 Außerdem muss der Betreuer, wenn er die Festsetzung von Vergütung und/oder Auslagen aus der Staatskasse beantragt, gem. § 168 Abs. 2 FamFG die persönlichen und wirtschaftlichen Verhältnisse des Betreuten darlegen. Dies kann dann schwierig sein, wenn die Vermögenssorge nicht zum Aufgabenkreis des Betreuers gehört und der Betreute nicht bereit ist, darüber Auskunft zu geben. Hier kann der Betreuer in der Regel nur ganz allgemeine Angaben machen; da er den Betreuten hier nicht gesetzlich vertritt (§ 1902 BGB), haben Dritte (Banken, Sozialleistungsbehörden etc.) dem Betreuer gegenüber keinerlei Auskunftspflichten. Gleiches gilt nach dem Ende einer Betreuung.

1491 Wie der Rückforderungsbeschluss konkret auszusehen hat, ist dem Gesetz nicht zu entnehmen. Lediglich die Angabe von Höhe und Zeitpunkt der vom Betreuten zu leistenden Zahlungen werden in § 168 Abs. 2 FamFG gefordert. Aufzunehmen ist auf jeden Fall die Feststellung der Zahlungsfähigkeit und – eventuell – die Art und Weise ihrer Berechnung.

8.7.2 Abänderung des Regressbeschlusses

1492 Der Beschluss über die Rückforderung gegenüber dem Betreuten bzw. den Erben ist nachträglich **abänderbar.**[337] Dies ergibt sich aus der Anwendung von Teilen der §§ 118 und 120 ZPO. Das Gericht kann die Entscheidung über die zu leistenden Rückzahlungen ändern, wenn sich die maßgeblichen wirtschaftlichen oder persönlichen Verhältnisse des Zahlungspflichtigen wesentlich geändert haben.

1493 Eine Änderung der den Einsatz des Einkommens betreffenden Zahlungen erfolgt nur auf Antrag und ist nur dann zu berücksichtigen, wenn er dazu führt, dass keine monatlichen Zahlungen mehr zu leisten sind. Das Gericht kann den Zahlungspflichtigen auffordern, geänderte Verhältnisse nachzuweisen (§ 168 Abs. 2 Satz 2 FamFG i.V.m. § 120 Abs. 4 Satz 1. ZPO).

---

334 OLG Thüringen FamRZ 2006, 645
335 LG Koblenz FamRZ 2007, 2008
336 OLG Zweibrücken FGPrax 2007, 232
337 Jürgens u.a., Betreuungsrecht Kompakt Rn. 312

Der **Tod des Betreuten während des Regressverfahrens** gem. § 1836e BGB führt nicht | **1494**
zur förmlichen Unterbrechung, sondern zur Fortsetzung des Verfahrens gegen die Rechtsnachfolger von Amts wegen. Unbekannte Erben werden dabei durch einen **Nachlasspfleger** gesetzlich vertreten. Beim Eintritt des Todes des Betreuten im Rechtsbeschwerdeverfahren ist eine Titelumschreibung auf die Erben ohne Vorbehalt möglich. Zur Beschränkung
ihrer Haftung müssen sie eine **Vollstreckungsabwehrklage** nach §§ 781, 785, 767 ZPO erheben.[338]

8.7.3 Begrenzung der Rückforderung

Im Gesetzentwurf der Bundesregierung zum 1. BtÄndG vom 11.3.1997[339] heißt es deshalb: | **1495**

> Eine Verpflichtung, die Rückgriffsmöglichkeit gegen den Mündel in jedem Falle wahrzuneh-
> men, schafft der Entwurf nicht; vielmehr ermächtigt er in § 56g FGG-E die Gerichte, von der
> Festsetzung von Rückzahlungen in bestimmten Fällen abzusehen. Er stellt damit sicher, dass
> zur Geltendmachung der auf den Fiskus übergegangenen Ansprüche kein Aufwand betrie-
> ben wird, der zum erzielbaren Ertrag außer Verhältnis steht. Vor dem Hintergrund dieser
> Regelung erscheint es dann unproblematisch, für die Feststellung der Mittellosigkeit auf den
> Zeitpunkt abzustellen, in dem über die Kostenübernahme durch die Staatskasse zu entschei-
> den ist.

Die Gerichte sollen durch den Regress, so der Gesetzgeber, also möglichst wenig belastet | **1496**
werden. Dies ist auch insofern sinnvoll, als es nicht Aufgabe der Gerichte ist, die Interessen
der Staatskasse wahrzunehmen. Zur Handhabung des Rückgriffs auf das Vermögen des Betreuten sagt der oben zitierte Regierungsentwurf auf S. 16 noch Folgendes:

> Die Handhabung der Einstandspflicht der Staatskasse sowie ihres Regressanspruches gegen
> den Mündel oder Betreuten wird vom Entwurf dabei durch die Möglichkeit der Gerichte er-
> leichtert, zugunsten des Betroffenen Mittellosigkeit anzunehmen bzw. vom Regress in dessen
> laufendes Einkommen abzusehen, wenn die Voraussetzungen hierfür nach freier Überzeu-
> gung des Gerichts vorliegen. Damit trägt der Entwurf einem Anliegen der Praxis Rechnung,
> die nachdrücklich darauf hingewiesen hat, dass es wesentlich ökonomischer sei, im Zweifel
> kleinere Nachteile für die Staatskasse in Kauf zu nehmen, als eine detaillierte Prüfung auch
> dort anzustellen, wo abzusehen sei, dass der damit verbundene Aufwand in keinem angemes-
> senen Verhältnis zu dem realisierbaren Ertrag stünde.

Zu hoffen bleibt auch weiterhin, dass die Gerichte dies beherzigen und sich selbst (und den | **1497**
anderen Verfahrensbeteiligten) nicht unnötig Arbeit machen. Bei der Frage, ob eine Überprüfung des Vermögens des Betroffenen stattfinden sollte, sollten sich die für die Durchsetzung der Rückgriffsansprüche zuständigen Rechtspfleger vor Augen halten, wie viel ihre Arbeitsstunden und die ihres Folgepersonals kostet. Ein Prüfverfahren dürfte sich dann in der
Regel verbieten, zumal Betreute im Allgemeinen nicht zu denen zählen, bei denen ein größerer Vermögenserwerb wahrscheinlich ist.

Dasselbe gilt für ehemalige Mündel, die sich nach Vollendung des 18. Lebensjahrs erst ein- | **1498**
mal in der Berufsausbildung befinden dürften. Zudem scheint es bei ehemaligen Mündeln,
die durch den Verlust ihrer Eltern ohnehin schon gestraft sind, grotesk, diese auch noch für
die Kosten ihres Betreuers bezahlen zu lassen.

Das **Unterlassen jeglicher Ermittlungen** ist aber nur dann korrekt, wenn konkrete An- | **1499**
haltspunkte für die Mittellosigkeit bestehen, z.B. Bezug von Sozialhilfe.[340]

---

338 OLG Stuttgart FamRZ 2007, 1912
339 BT-Drs. 13/7158, S. 34
340 LG Essen NJWE-FER 2001, 133

1500   Auch der Bundesrat, der innerhalb des Gesetzgebungsverfahrens oft geneigt war, restriktive, die Staatskasse schonende Regelungen durchzusetzen, war der Ansicht, dass die 10-Jahresfrist zu lang sei. Wörtlich heißt es in der BT-Drs. 13/7158:

> Weil die Kosten einer Betreuung häufig über einen längeren Zeitraum entstehen, erschwert ein langes Rückgriffsrecht der Staatskasse insbesondere jüngeren Betreuten die Wiedereingliederung. Nach Aufhebung der Betreuung würde sich der Betreute nach der vorliegenden Regelung über einen Zeitraum von zehn Jahren Rückzahlungsforderungen gegenübersehen, die dann bis zur Pfändungsgrenze durchgesetzt werden können. Anreize, die neu gewonnene Selbstständigkeit zu erhalten und auszubauen, wären damit genommen. Auch um den verwaltungsmäßigen Aufwand und dessen Kosten bei der Kontrolle und Einziehung des Anspruchs in vertretbaren Grenzen zu halten, wird eine Rückgriffsfrist von fünf Jahren für angemessen gehalten.

1501   Es wäre daher unsachgemäß, für Betreuungs-, Vormundschafts- bzw. Pflegschaftsakten jahrelang regelmäßige Vorlagefristen zu notieren und damit einen (noch größeren) Aktenumlauf zu verursachen.

1502   Vergütungsansprüche eines Verfahrenspflegers (§ 277 FamFG) können im Übrigen nach dem GNotKG binnen vier Jahren als Auslagen im Rahmen der Gerichtskosten vom Betroffenen zurückverlangt werden. Hierbei gilt nicht der sonst bei Gerichtskosten übliche Vermögensfreibetrag von 25.000,00 € (Vorbem. 1.1. zu Anlage 1 zum GNotKG), sondern der für die Betreuervergütung geltende Freibetrag von in der Regel 5.000,00 € (Anlage 3 zum GNotKG, Nr. 31015).

Hinweis

Bezüge zur Mittellosigkeit finden Sie auch in den folgenden Kapiteln dieses Buches:

▶ *Aufwendungsersatz aus der Staatskasse, Kapitel 4, Rn. 315*

▶ *Keine Ermessensvergütung bei Mittellosen, Kapitel 6, Rn. 410*

▶ *Unterschiedliche Stundenansätze bei Mittellosen bei der Pauschalvergütung, Kapitel 7 Rn. 997 ff.*

▶ *Zahlbarmachung bei Mittellosigkeit, Kapitel 9, Rn. 1520 ff.*

▶ *Anhörung des Bezirksrevisors, Kapitel 9, Rn. 1636*

9 Verfahren zur Geltendmachung von Entschädigungsansprüchen

9.1 Regelung des Verfahrens seit 1999/2009

Das gerichtliche Verfahren bei Aufwendungsersatz und Vergütung war nach dem Inkrafttreten des 1. BtÄndG am 1.1.1999 zunächst einheitlich in § 56g FGG geregelt, durch das 2. BtÄndG wurde die Bestimmung geringfügig redaktionell geändert. Seit der Neuregelung des familiengerichtlichen Verfahrens im zum 1.9.2009 in Kraft getretenen FamFG ist das Verfahren bzgl. Aufwendungsersatz und Vergütung in § 168 FamFG geregelt, der gem. § 292 FamFG auch auf die Betreuervergütung anzuwenden ist. **1503**

Während dort im Übrigen keine Änderungen gegenüber dem Recht zuvor enthalten sind, gibt es aber im FamFG keine speziellen Vorschriften zu den Rechtsmitteln im Vergütungsverfahren mehr. Auch hierfür gelten die Vorschriften des allgemeinen Teils des FamFG. Die Wertgrenze für die Einlegung einer Beschwerde beträgt deshalb (statt zuvor 150,00 €) 600,00 € (§ 61 Abs. 1 FamFG). Ist der Beschwerdewert nicht erreicht, ist die Beschwerde nur zulässig, wenn das Betreuungsgericht sie zugelassen hat. Sie ist nach § 61 Abs. 2, 3 FamFG nur zuzulassen, wenn die Rechtssache grundsätzliche Bedeutung hat oder die Fortbildung des Rechts oder die Sicherung einer einheitlichen Rechtsprechung eine Entscheidung des Beschwerdegerichts erfordert. Über die Zulassung entscheidet das erstinstanzliche Gericht aus freier Überzeugung, ein Antrag ist dafür nicht erforderlich. Wird die Beschwerde nicht zugelassen, kann dies nicht selbstständig mit einer Nichtzulassungsbeschwerde angefochten werden.[1] **1504**

Ist der Beschwerdewert nicht erreicht und wurde die Beschwerde auch nicht zugelassen, steht lediglich das Rechtsmittel der binnen 2 Wochen einzulegenden Erinnerung gem. § 11 Abs. 2 RPflG (abschließende Entscheidung dann durch den Betreuungsrichter) zur Verfügung. **1505**

Die Beschwerdefrist ist hier generell (für den Betreuer, den Betreuten und einen Verfahrenspfleger) auf einen Monat festgelegt. Der Bezirksrevisor hat abweichend nach § 304 FamFG eine Beschwerdefrist von drei Monaten. Die Frist für die Erinnerung beträgt zwei Wochen. **1506**

Die noch nach der früheren Regelung des § 56g FGG mögliche weitere Beschwerde zum OLG gibt es seit 1.9.2009 im Vergütungsverfahren nicht mehr – stattdessen ist gegen Entscheidungen des Landgerichts jetzt die ebenfalls an eine Zulassung gebundene Rechtsbeschwerde zum BGH (§§ 70 ff. FamFG) möglich, die allerdings wegen der sich aus § 10 Abs. 4 FamFG ergebenden Verpflichtung, sich dort von einem speziell beim BGH zugelassenen Rechtsanwalt vertreten zu lassen, mit einigem Aufwand verbunden ist. **1507**

Die Begründung für die seinerzeitige Erhöhung des Beschwerdewerts auf 600,00 € war unseres Erachtens nicht überzeugend. In Anbetracht der Regelungen für die Betreuervergütung und insbesondere bei Berücksichtigung der in § 9 VBVG enthaltenen Vorgabe, nach der Vergütungsanträge jeweils nur für 3-Monats-Zeiträume gestellt werden können, sind kaum Fälle vorstellbar, in denen der Beschwerdewert erreicht wird.[2] Da eine Beschwerdemöglichkeit dann nur im Falle der ausdrücklichen Zulassung vorhanden ist, besteht die Gefahr, dass Entscheidungen bzgl. der Betreuervergütung häufig nur noch auf Ebene der Betreuungsgerichte entschieden werden. Dies kann aber zu einer zersplitterten und regional unterschiedlichen Rechtsprechung zu Fragen der Betreuervergütung führen. Dieses Ergebnis würde dem Ziel der neuen Ausgestaltung des Rechtsmittelzuges – die Rechtsbeschwerde zum BGH soll **1508**

---

1 Schürmann, Die Rechtsmittel nach dem FamFG, FamRB 2009, 24, 36
2 Der Beschwerdewert ergibt sich nämlich lediglich aus der Differenz zwischen der beantragten und der dann tatsächlich bewilligten Höhe der Vergütung, nicht etwa alleine aus der ursprünglich beantragten Summe. Nur wenn es um den Vergütungsanspruch als solchen oder die Frage der Zahlung aus der Staatskasse oder dem Vermögen geht, ist die Antragssumme zugleich der Beschwerdewert.

gerade eine schnelle Vereinheitlichung der Rechtsprechung bewirken – widersprechen. Tatsächlich hat seit Inkrafttreten des FamFG der BGH in zahlreichen Entscheidungen neue Akzente im Vergütungsrecht gesetzt; für die Betreuer nicht immer zum Besseren.

1509 In der **Übergangsvorschrift** Art. 111 des FGG-Reformgesetzes wurde festgelegt, dass die Regelungen des FamFG nur auf solche Verfahren anzuwenden sind, die nach Inkrafttreten – also ab dem 1.9.2009 – eingeleitet wurden oder deren Einleitung nach diesem Zeitpunkt beantragt wurde. Andere Verfahren sind noch nach den Vorschriften des FGG zu bearbeiten. Dabei war auf das konkrete einzelne Verfahren und nicht auf das gesamte Betreuungsverfahren abzustellen. Vergütungsverfahren gelten dabei als solche selbstständigen Verfahren – das Verfahrensrecht des FamFG ist deshalb immer dann anzuwenden, wenn ein Vergütungsantrag am 1.9.2009 oder später gestellt wurde, auch, wenn die betreffende Betreuung bereits vor dem 1.9.2009 eingerichtet wurde. Da nicht mehr mit Vergütungsverfahren aus der Zeit vor dem 1.9.2009 zu rechnen ist, wird das alte Verfahren hier nicht mehr dargestellt.

1510 § 168 FamFG regelt im Einzelnen die Festsetzung von folgenden Sachverhalten:

- Vorschuss zu Aufwendungen (§ 1835 BGB),
- Ersatz von Aufwendungen (§ 1835 BGB),
- Pauschalierte Aufwandsentschädigung (§ 1835a BGB),
- Ermessensvergütung (§ 1836 Abs. 3, § 8 VBVG),
- Vergütung nach Zeitaufwand (§§ 3, 6 VBVG; § 67a FGG),
- Abschlagszahlungen (nicht bei pauschalierter Vergütung, § 3 Abs. 4 VBVG),
- Pauschalvergütung bei Berufs- und Vereinsbetreuern (§§ 4, 5, 7 VBVG),
- Pauschalvergütungen bei Verfahrenspflegern (§ 277 Abs. 3 FamFG),
- die Zahlung von Leistungen aus der Staatskasse, wenn keine Festsetzung erfolgt,
- den Rückgriff auf das Vermögen des Betroffenen,
- den Rückgriff auf den Nachlass des Betroffenen,
- die Anhörung des Betroffenen bzw. des Erben,
- die Anwendbarkeit auch auf Pflegschaften.

1511 Die Rechtsmittel ergeben sich aus den §§ 58 ff. FamFG, die Vollstreckbarkeit aus Festsetzungsbeschlüssen ist in den §§ 86 ff. FamFG geregelt.

1512 Eine **isolierte Festsetzung des Stundensatzes** des Betreuers ist nicht möglich.[3] Da die Feststellung des Stundensatzes deshalb immer nur den einzelnen in dem betreffenden Beschluss beschiedenen Vergütungszeitraum betrifft, ist es durchaus möglich, die Ausbildung hinsichtlich anderer Vergütungszeiträume anders zu bewerten. Das kann z.B. der Fall sein, wenn der zuständige Rechtspfleger wechselt, wenn er seine Rechtsauffassung – etwa, weil Rechtsprechung höherer Instanzen zu dieser Fragestellung ergangen ist – ändert oder wenn eine frühere falsche Einordnung korrigiert wird.

1513 Sind Vergütungsbeschlüsse rechtskräftig geworden, kann die Höhe der Vergütung nicht mehr rückwirkend geändert werden. Dies gilt auch dann, wenn sich nachträglich herausstellt, dass eine Ausbildung falsch bewertet wurde und deshalb ein zu hoher oder zu niedriger Stundensatz (oder Tabellenwert nach der Vergütungsreform 2019) zu Grunde gelegt wurde.

1514 Anders liegt es aber, wenn die Auszahlung nicht im Festsetzungsverfahren, sondern lediglich im Wege der Zahlbarmachung erfolgte. Grundsätzlich kann der Stundensatz dann noch rückwirkend korrigiert und überzahlte Beträge können nach- oder zurückgefordert werden.

1515 Es war umstritten, ob und ggf. ab wann eine Rückforderung vom Betreuer nach einiger Zeit aus Gründen des Vertrauensschutzes ausgeschlossen ist. Der BGH hat in mehreren Entschei-

---

3 OLG Jena NJ 2002, 375; LG Mühlhausen FamRZ 2003, 708

dungen dazu klargestellt, dass die Auszahlungen des laufenden Kalenderjahres und des Kalenderjahres zuvor zurückgefordert werden können (analoge Anwendung des § 20 GNotKG).[4] Damit sei dem Vertrauensschutzaspekt Genüge getan, schließlich werde die gesetzliche Verjährung (letzte 3 Kalenderjahre nach § 195 BGB) damit nicht ausgeschöpft.

Dass eine solche Rückforderung dennoch für den betroffenen Betreuer eine erhebliche Härte sein kann, erschloss sich den BGH-Richtern leider nicht. Dies betrifft insbesondere solche Fälle, in denen bei der Betreuerbestellung versehentlich die Feststellung der beruflichen Betreuungsführung unterblieben war und es nicht nur um die Rückforderung des Unterschiedsbetrags zwischen 2 Vergütungsstufen, sondern um die gesamte Vergütung (abzüglich der Aufwandspauschale eines Ehrenamtlers) geht. **1516**

Einen **Bestandsschutz in Bezug auf die Höhe des Stundensatzes** (bzw. die Einstufung in die neuen Tabellen A bis C) gewährt die neuere Rechtsprechung des BGH erkennbar für die Zukunft nicht. **1517**

▶ *Wegen des Rückgriffs auf das Vermögen des Betroffenen bzw. seiner Erben wird auf das Kapitel 8, Rn. 1427 ff. verwiesen.*

§ 168 FamFG unterscheidet also zwischen zwei Verfahrensarten **1518**

* Der Zahlbarmachung von Leistungen aus der Staatskasse in entsprechender Anwendung der Vorschriften über das Verfahren bei der Entschädigung für Zeugen – dazu im Folgenden Rn. 1520 ff.
* Der gerichtlichen Festsetzung (Beschlussverfahren) – dazu im Folgenden Rn. 1533 ff.

Der Entschädigungsanspruch für **Verfahrenspfleger** ist nun in § 277 FamFG geregelt, dort befindet sich in Abs. 5 ein Verweis auf eine entsprechende Anwendung des § 168 Abs. 1 FamFG und die Vorgabe, dass Zahlungen stets aus der Staatskasse erfolgen, die Mittellosigkeit ist daher nicht zu prüfen. Da stets die Staatskasse bezahlt, muss der Vergütungsbeschluss nicht vollstreckbar sein; Anhörungen erfolgen im Rahmen des Betreuungsverfahrens selbst. **1519**

9.2 Die Zahlbarmachung von Leistungen aus der Staatskasse

Der Entwurf zum 1. BtÄndG sah zunächst immer eine Festsetzung von Ansprüchen auf Vergütung und Aufwendungsersatz durch **Gerichtsbeschluss** vor. Dies hätte zu erheblicher Mehrarbeit auf Seiten der Gerichte geführt. Auch bei unstreitigen Beträgen hätte ein relativ aufwendiges Festsetzungsverfahren durchgeführt werden müssen. Daher war § 56g FGG um die Bestimmung ergänzt worden, dass Ansprüche lediglich zahlbar gemacht werden, wenn keine Festsetzung beantragt wird, diese Vorgabe ist in § 168 FamFG übernommen worden. **1520**

Eine Zahlbarmachung kommt in Betracht, wenn sich der Anspruch gegen die **Staatskasse** richtet und nicht streitig ist. Dies dürfte insbesondere für die pauschale Aufwandsentschädigung ehrenamtlicher Vormünder, Pfleger und Betreuer nach § 1835a gelten. Sie erfolgt durch den Urkundsbeamten des Amtsgerichtes. Inzwischen wird aber auch der Großteil der Vergütungsanträge beruflicher Betreuer im Rahmen dieses vereinfachten Verfahrens abgewickelt, und zwar fast immer dann, wenn der Betreute mittellos ist, die Staatskasse also in der Zahlungspflicht steht. Dies ist nach neueren Untersuchungen in fast 90 % der beruflich geführten Betreuungen der Fall.[5] **1521**

---

4 BGH Rpfleger 2014, 499 m. Anm. Seifert; BGH Rpfleger 2016, 226
5 ISG-Studie zur Qualität in der Betreuung, 2018, dazu oben Rn. 164

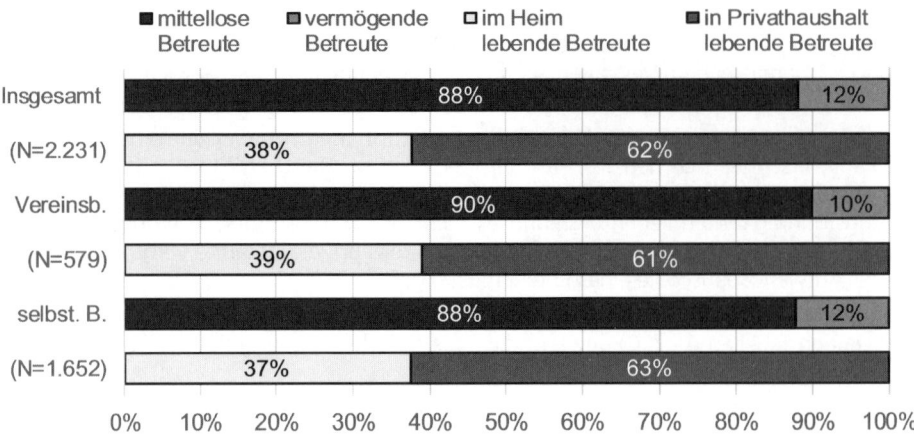

1522 Für die Zahlbarmachung gelten die folgenden Grundsätze:

Ist der Betreute mittellos (vgl. dazu Kapitel 8, Rn. 1230 ff.) oder geht es um Ansprüche eines Verfahrenspflegers, richtet sich der Anspruch des Betreuers auf Ersatz seiner Aufwendungen und der Vergütungsanspruch des Berufsbetreuers gegen die Staatskasse, also die Justizkassen der Länder. Diese Leistungen können im Verwaltungsweg, also ohne gerichtliche Festsetzung, ausgezahlt werden.

1523 Bei dieser Zahlung durch die Justizverwaltung sollen die Vorschriften über das Verfahren bei der Entschädigung von Zeugen hinsichtlich ihrer baren Auslagen sinngemäß gelten (§ 168 Abs. 1 FamFG). Den Begriff der **Zahlbarmachung** wollte der Gesetzgeber offensichtlich vermeiden. Das Verfahren über die Zeugenentschädigung ist in § 2 JVEG geregelt.

1524 Voraussetzung für die Zahlung ist, dass der Betreuer sie verlangt, § 2 Abs. 1 JVEG. Eine höhere Zahlung als die verlangte ist unzulässig.[6] Es sollte zwar selbstverständlich sein, dass die Gerichte insbesondere ehrenamtliche Betreuer auf ihre Ansprüche hinweisen. Es ist aber nach der Rechtsprechung keine Pflichtwidrigkeit des Gerichtes, wenn auf die Ansprüche nicht hingewiesen wurde[7], sodass keine Wiedereinsetzung bei Fristversäumnissen gegeben ist.[8] Beim Vergütungsverfahren handelt es sich um ein sog. unechtes (konstitutives) Antragsverfahren[9].

1525 Das Verlangen ist weder an eine feste Form noch an einen festen Wortlaut gebunden. Es kann mündlich[10] oder schriftlich gestellt werden, auch per Fax, sollte allerdings deutlich machen, dass keine Festsetzung, sondern lediglich eine Zahlbarmachung begehrt wird. Dies kann z.B. durch die Formulierung „Ich bitte um Zahlung der nachstehend berechneten Auslagen/Vergütung aus der Staatskasse ..." erfolgen (siehe dazu auch das Beispiel im Kapitel 5, Rn. 394). Nach dem BGH ist es allerdings erst möglich, den Antrag nach Ablauf der Betreuertätigkeit zu stellen (bei pauschalierter Zahlung also frühestens nach Ablauf von je 3 Monaten, § 9 VBVG), ein Antrag auf Leistungen in der Zukunft ist hiernach nicht möglich.[11]

1526 **Örtlich zuständig** ist das Gericht, bei dem das Betreuungsverfahren aktuell geführt wird, auch wenn während des Zeitraums, für den eine Entschädigung beantragt wird, die Betreuung noch bei einem anderen Gericht geführt wurde.[12] Dies ist auch dann der Fall, wenn die

---

6 Meyer/Höver/Bach § 15 Rn. 1
7 LG Koblenz FamRZ 2006, 970
8 LG Meiningen, Beschl. v. 11.12.2006, 3 T 315/06, BtMan 2007, 202 (Ls)
9 Fröschle PK Betreuungs- und Unterbringungsverfahren, § 23 FamFG Rn 8
10 LG Stuttgart v. 29.11.2001, 2 T 334/01
11 BGH BtPrax 2016, 237 = FamRZ 2016, 1759
12 OLG Naumburg FamRZ 2001, 769; Meyer/Höver/Bach, a.a.O., Rn. 11

Abgabe des Betreuungsverfahrens zwischen den Amtsgerichten mehrerer Bundesländer erfolgte[13].

Vergütung oder Aufwendungsersatz werden im Verwaltungsweg berechnet und vom Urkundsbeamten der Geschäftsstelle im Rahmen eines haushaltsrechtlichen Verwaltungsakts zur Zahlung angewiesen.[14] Inwieweit dazu der Vorgang zunächst dem Bezirksrevisor vorzulegen ist, bestimmt die jeweilige Landesjustizverwaltung in Verwaltungsvorschriften. **1527**

9.2.1 Art der Ansprüche bei Zahlbarmachung

Der Vormund, Pfleger oder Betreuer können folgende Leistungen auf diesem Wege geltend machen: **1528**

- Vorschüsse für Aufwendungen (§ 1835 BGB), soweit keine pauschale Betreuervergütung (§§ 4, 5, 7 VBVG) beansprucht werden kann;
- Aufwendungsersatz (§ 1835 BGB, § 277 Abs. 1 FamFG), soweit keine pauschale Betreuervergütung (§§ 4, 5, 7 VBVG) beansprucht werden kann (im Falle der Pauschalvergütung bleibt lediglich noch der Aufwendungsersatz für berufliche Dienste gem. § 1835 Abs. 3 BGB möglich);
- pauschale Aufwandsentschädigung ehrenamtlich tätiger Personen (§ 1835a BGB);
- Abschlagszahlungen auf Zeitvergütungen (§ 3 Abs. 4 VBVG);
- Vergütungen nach Zeitaufwand (§§ 3, 6 VBVG, § 277 Abs. 2 FamFG);
- Pauschalvergütungen für Berufs- und Vereinsbetreuer (§§ 4, 5, 7 VBVG) sowie für Verfahrenspfleger (§ 277 Abs. 3 FamFG)

Ist der Betrag streitig, können der Vormund, Pfleger oder Betreuer, aber auch der Bezirksrevisor eine Festsetzung im Beschlusswege durch das Gericht verlangen, damit die Gelegenheit besteht, Rechtsmittel einzulegen. Gemeint ist damit – auch wenn der Gesetzeswortlaut in diesem Punkt nicht ganz eindeutig sein mag – eine Festsetzung nach § 168 Abs. 1 FamFG und nicht etwa eine gerichtliche Festsetzung nach § 2 JVEG. Dies würde nämlich wieder unterschiedliche Rechtszüge zur Folge haben, wie es vor 1999 der Fall war, was gerade vermieden werden sollte. Die Verweisung in § 168 Abs. 1 FamFG auf das Verfahren nach dem JVEG soll nur die Festsetzung durch den **Urkundsbeamten im vereinfachten Verfahren** ermöglichen, sie bedeutet nicht, dass eine einfache (unbefristete) Beschwerde gem. § 4 Abs. 3 JVEG statthaft wäre.[15] **1529**

Die Formulierung in einem Antrag auf **Zahlbarmachung** kann lauten: „Ich beantrage, die (Bezeichnung der jeweiligen Forderung mit Angabe der Höhe) wegen Mittellosigkeit des Vertretenen aus der Staatskasse auszuzahlen." **1530**

Begehrt der Vormund, Pfleger oder Betreuer statt einer **Zahlbarmachung** eine **Festsetzung,** könnte der Antrag wie folgt lauten: „Ich beantrage die Vergütung (und ggf. den Aufwendungsersatz) gem. § 168 Abs. 1 FamFG **durch Beschluss** festzusetzen."

Es ist umstritten, inwieweit ein entsprechender Anspruch besteht, wenn der Zahlungsanspruch insgesamt und von der Höhe her unstrittig ist. Das AG Hannover vertrat die Auffassung, dass es nicht Ziel des Beschlussverfahrens sei, den Betreuer vor berechtigten Rückforderungsansprüchen zu schützen.[16] Das Rechtsschutzbedürfnis fehle, wenn ein billigerer oder einfacherer Weg zur Erreichung des Ziels bestehe.[17] **1531**

---

13 OLG Köln BtPrax 2009, 81
14 Meyer/Höver/Bach, a.a.O., Rn. 21
15 BayObLG BtPrax 1999, 195
16 AG Hannover, Beschl. vom 3.8.2018, 672 VII D 3245
17 AG Hannover, a.a.O. mit Verweis auf Keidel, FamFG § 23 Rn.33

9.2.2 Musterbeispiel für einen Antrag auf „Zahlbarmachung"

1532 (Beispiel für den Antrag eines Betreuers für den Sonderfall, dass eine Vergütung noch nach konkretem Zeitaufwand erfolgt, also z.B. gem. § 6 VBVG im Falle der Ergänzungsbetreuung – dieser Musterantrag kann entsprechend für die Beantragung durch einen Vormund oder Pfleger umgeschrieben werden.)

Name, Adresse, Rufnummer des Betreuers

An das Amtsgericht – Betreuungsgericht

Datum

Rechnungs-Nr. ... Steuer-Nr. ... Finanzamt ...

Betreuung für ... – Geschäfts-Nr. ...

Sehr geehrte Damen und Herren,

der Antrag bezieht sich auf den Zeitraum vom 1.1.2018 bis 30.6.2018 (2 Quartale nach § 9 VBVG).

Die Einzelaufstellung der vergütungsfähigen Zeiten und der Aufwendungen ergibt sich aus der Anlage.

Aufwendungsersatz (lt. beigefügtem Nachweis)	120,00 €
Vergütung (lt. beigefügtem Nachweis):	1.050,00 €
Gesamtbetrag (umsatzsteuerfrei):	1.170,00 €

Ich habe eine abgeschlossene Ausbildung als Diplom-Sozialpädagoge (FH) und besitze daraus resultierende besondere Fachkenntnisse, die für die Betreuung nutzbar sind. Mein Stundensatz beträgt gemäß § 4 Abs. 1 VBVG daher 44,00 €.

Die betreute Person ist mittellos im Sinne von § 1908 Abs. 1 Abs. 1 Satz 1 BGB in Verbindung mit § 1835 Abs. 4 und § 1836d BGB. Ich bitte, Vergütung und Aufwendungsersatz aus der Staatskasse zu zahlen.

Meine Bankverbindung lautet: IBAN: ... Konto-Inhaber: ...

Mit freundlichen Grüßen

Unterschrift

9.3 Die Festsetzung nach § 168 Abs. 1 FamFG

1533 Im Gegensatz zur Zahlbarmachung im Verwaltungsweg können Vergütungs- und Aufwendungsersatzansprüche aber auch durch **gerichtlichen Beschluss** festgesetzt werden. Dieses Verfahren ist bei folgenden Ansprüchen zulässig:

9.3.1 Aufwendungen

1534 Aufwendungsersatz und Aufwandspauschale können grundsätzlich nach Abs. 1 Nr. 1 geltend gemacht werden. Für Berufsbetreuer gilt das aber nur in den seltenen Fällen, in denen noch konkret nach Zeitaufwand abgerechnet werden kann. Soweit die pauschale Betreuervergütung (§§ 4, 5, 5a VBVG) gezahlt wird, können diese ausschließlich noch Aufwendungsersatz für berufliche Dienste gem. § 1835 Abs. 3 BGB beanspruchen, da die übrigen Aufwendungen gem. § 4 Abs. 2 VBVG (ab Inkrafttreten des Vergütungsreformgesetzes 2019 § 5 Abs. 5 VBVG) bereits mit der Vergütungspauschale abgegolten sind.

Gegebenenfalls können die folgenden Positionen festgesetzt werden: **1535**

- Vorschuss für Aufwendungen (§ 1835 BGB),
- Ersatz von Aufwendungen (§ 1835),
- pauschale Aufwandsentschädigung ehrenamtlich tätiger Personen (§ 1835a BGB).

Voraussetzung für die Zulässigkeit des Festsetzungsverfahrens ist aber, dass **1536**

- der Anspruch sich gegen die Staatskasse richtet **oder**
- der Anspruch sich gegen das Vermögen des Betroffenen richtet und dem Betreuer nicht (oder nicht mehr) die Vermögenssorge übertragen ist.

Wenn zum **Aufgabenkreis** des Betreuers auch die **Vermögenssorge** gehört, kann er die **1537** ihm nach §§ 1835, 1835a zustehenden Beträge nämlich **direkt** aus dem laufenden Einkommen oder Vermögen des Betreuten **entnehmen,** sofern die betreute Person nicht mittellos im Sinne der §§ 1836c, 1836d ist. Dies gilt auch für den Vormund eines Minderjährigen und jede Art von Pflegern, deren Wirkungskreis die Vermögenssorge beinhaltet. Gegenvormund, Gegenbetreuer und Verfahrenspfleger können demgegenüber nicht in den Genuss dieser Erleichterungen kommen, da sie niemals Inhaber der Vermögenssorge sind.

Ein Antrag auf Festsetzung beim Gericht ist in den genannten Fällen nicht nur unnötig, son- **1538** dern auch **unzulässig**, dies ergibt sich bereits direkt aus dem Gesetzestext.[18] Dies gilt auch für die berufsbezogenen Dienste gem. § 1835 Abs. 3 BGB.[19] Eine Anhörung des Betreuten ist nicht vorgesehen.[20]

Eine Kontrolle des Vormundes, Pflegers oder Betreuers erfolgt insoweit durch die Abrech- **1539** nung über die Verwaltung des Vermögens (§ 1843 BGB). Gegen unberechtigt entnommene Aufwendungen muss das Gericht einschreiten (§ 1837 Abs. 2 BGB).[21] Für etwaige Rückfor- derungen muss u.U. ein Ergänzungsbetreuer bzw. -pfleger (rechtliche Verhinderung nach § 1899 Abs. 4 BGB) bestellt werden.[22]

Muss der Betreuer die Aufwendungen aus gesperrt angelegtem Vermögen entnehmen, ist **1540** eine Genehmigung des Betreuungsgerichts erforderlich (§ 1812 Abs. 2 BGB).[23] Das Gericht hat jedoch bei seiner Prüfung keine Befugnis, eine Beanstandung (gem. § 1843 BGB) oder Verweigerung der Entsperrung auf Zweckmäßigkeitserwägungen zu stützen, da dies in die Selbstständigkeit der Amtsführung des Betreuers eingreifen würde.[24] Bei befreiten Betreu- ern (§ 1908i Abs. 2 BGB) entfällt die Sperrung und die die Genehmigung nach § 1812 BGB.

Auch wenn der Vormund, Pfleger oder Betreuer die Aufwendungen entnehmen konnte, ist **1541** dies dann nicht mehr möglich, wenn die Vertretungstätigkeit insgesamt geendet hat (durch Aufhebung, Tod des Vertretenen oder Wechsel des Betreuers, Pflegers oder Vormundes) oder wenn der Aufgabenkreis Vermögenssorge aufgehoben wurde. In diesen Fällen ist dann auch die Beschlussfassung über Aufwendungsansprüche zulässig, auch wenn der Betroffene nicht mittellos ist.[25]

---

18 Vgl. bereits für das frühere Recht BayObLGZ 1981 62/68 = Rpfleger 1981, 302; Damrau/Zimmermann § 1835 Rn. 44; Klüsener Rpfleger 1991, 225/233; Sonnenfeld Rpfleger 1993, 97/98, für Verfahren nach dem FGG: BayObLG BtPrax 2001, 77 = FamRZ 2001, 793; Bienwald Rpfleger 2001, 226
19 OLG Düsseldorf FamRZ 1995, 1375 Knittel § 1835 Rn. 7
20 Klüsener Rpfleger 1991, 225/233
21 Damrau/Zimmermann § 1835 Rn. 48
22 BayObLGZ 1981, 60/67 = Rpfleger 1981, 302
23 Vgl. BayObLG BtPrax 1995, 227 = FamRZ 1996, 242
24 LG Dortmund Rpfleger 1993, 439; Bienwald § 1835 Rn. 41; Deinert JurBüro 1993, 513/514
25 OLG Hamm FamRZ 2004, 1065 = Rpfleger 2003, 364; BayObLG FamRZ 2005, 393

9.3.2 Vergütungen

1542 Nach § 168 Abs. 1 Nr. 2 FamFG (Vergütungen) können festgesetzt werden:
- Ermessensvergütungen aus dem Vermögen des Vertretenen, bei Ehrenamtlern und Behördenbetreuern (§§ 1836 Abs. 2 BGB, § 8 VBVG),
- Vergütungen nach Zeitaufwand, auch bei Verfahrenspflegern (§ 3, 6 VBVG, § 277 FamFG),
- Abschlagszahlungen bei Vergütungen nach Zeitaufwand (§ 3 Abs. 4 VBVG),
- Pauschalvergütung bei Berufs- und Vereinsbetreuern (§§ 4, 5, 5a, 7 VBVG) sowie Verfahrenspflegern (§ 277 Abs. 3 FamFG).

1543 Mit einer Festsetzung von Ansprüchen gegen die Staatskasse kann das Gericht zugleich bestimmen, wann und in welchem Umfang der Vertretene Zahlungen nach §§ 1836c und 1836e BGB an die **Staatskasse** zurückzuzahlen hat (Staatsregress). Diese Feststellung kann aber auch in einem separaten späteren Beschluss erfolgen.

1544 Hinsichtlich der **Festsetzung von Raten** für die Betreuungskosten ist § 120 Abs. 2, 3 und 4 Satz 1 und 2 ZPO entsprechend anzuwenden. Danach sind Zahlungen an die Landeskasse zu leisten. Das Gericht soll die vorläufige Einstellung der Ratenzahlungen bestimmen, wenn abzusehen ist, dass die Zahlungen die Betreuungskosten decken. Bei einer Änderung der persönlichen und wirtschaftlichen Verhältnisse kann die Ratenfestsetzung jederzeit geändert werden (§ 120 Abs. 4 Satz 1 ZPO).[26]

Verzicht auf ein Vergütungsfestsetzungsverfahren bei vermögenden Betreuten?

1545 Immer wieder wird diskutiert, ob es ein Festsetzungsverfahren bei vermögenden Personen überhaupt geben muss. Zwar sprechen die §§ 1836 Abs. 2, § 1 Abs. 2 BGB, § 7 Abs. 1 und § 8 Abs. 1 VBVG davon, dass das Gericht eine Vergütung zu bewilligen hat (bzw. bei Ermessensvergütung bewilligen kann). Es hält sich aber die Literaturauffassung, dass ein gerichtliches Festsetzungsverfahren dann nicht stattfinden muss, wenn die direkte Entnahme aus dem Betreutenvermögen denkbar ist.

1546 Nach dieser Auffassung gehört die Festsetzung der Vergütung nach §§ 292, 168 Abs. 1 FamFG nicht zur materiellen Anspruchsgrundlage. Der Anspruch auf die Vergütung sei auch ohne Festsetzung begründet, wenn die materiellen Voraussetzungen vorliegen. Die gerichtliche Festsetzung erfolge nur auf Antrag oder wenn das Gericht sie für angemessen hält. Das Gesetz gehe selbst davon aus, dass es Fälle gibt, in denen eine Festsetzung nicht erforderlich ist. Dies sei dann der Fall, wenn dem Betreuer die Vermögenssorge übertragen wurde, er nicht mittellos im Sinne der §§ 1836c, d BGB sei und hinreichend Geld auf dem Girokonto vorhanden ist.[27] Wenn die Festsetzung nicht zum materiell-rechtlichen Anspruch gehöre, stelle sich die Frage, wann diese benötigt werde. Es handele sich um einen Vollstreckungstitel, § 86 FamFG, den der Betreuer benötigt, wenn die Vermögenssorge nicht übertragen wurde oder er die Vermögenssorge zwar übertragen erhielt, sie aber benötigt, um eine Abhebung des Betrages vom mit Sperrvermerk angelegten Geld des Betreuten vorzunehmen (§ 1810 BGB). Im Übrigen müsse der Betreuer über die Entnahme Rechnung legen (§ 1840 ff. BGB). Die Angaben dazu müssten den Anforderungen an den Vergütungsantrag genügen.[28]

1547 Unseres Erachtens kann diese Auffassung für Vergütungsansprüche während der laufenden Betreuung aber nicht gelten. Denn allein durch die Betreuerbestellung nach § 1896 BGB hat das Gericht das Vorhandensein einer mentalen Einschränkung in Form einer Krankheit oder Behinderung bejaht. Der Betreute befindet sich darüber hinaus in einem faktischen Abhän-

---

26 Vgl. Jürgens u.a., Betreuungsrecht Kompakt Rn. 313
27 Damrau/Zimmermann § 9 VBVG Rn. 4; Zöller/Herget, FamFG, § 168 Rn. 5
28 Erman/Posselt § 1836 BGB Rn. 8a und 5

gigkeitsverhältnis zu dem Betreuer. Unseres Erachtens rechtfertigt dies, insoweit auf eine (vorhergehende) gerichtliche Entscheidung zu bestehen.

Die Gefahr, dass der Betreute durch den Verzicht auf ein Festsetzungsverfahren übervorteilt wird, ist zu groß. Auch wenn die Vertreter der o.g. Meinung offenbar nicht davon ausgehen, dass es sich um eine vom Gesetz (§§ 4, 5 VBVG) abweichende Vergütungshöhe handelt, es also streng genommen keine Vergütungsvereinbarung zwischen Betreuer und Betreutem gibt[29], erscheint u.E. die nachgehende betreuungsgerichtliche Kontrolle im Rahmen der Rechnungslegung (§ 1842 BGB) nicht ausreichend. Insbesondere wird in diesem Zusammenhang der Betreute (oder ein Verfahrenspfleger) nicht im Rahmen der Anhörung beteiligt, so wie das in § 168 Abs. 4 FamFG sonst vorgesehen ist. Außerdem fällt die laufende Rechnungslegung gänzlich weg, wenn es sich um einen befreiten Betreuer handelt, also einen Familienangehörigen oder den Betreuungsverein (§ 1908i Abs. 2 BGB). **1548**

Dagegen spricht auch, dass in Rechtsprechung[30] und Literatur[31] die Auffassung besteht, dass Fälligkeit der Betreuervergütung nicht durch Ablauf des Quartalszeitraums des § 9 VBVG eintritt, sondern erst durch eine gerichtliche Festsetzung. Zwar ist diese Rechtsprechung im Zusammenhang mit der Nichtgewährung von Verzugszinsen ergangen, müsste aber auch für die Frage der Notwendigkeit einer gerichtlichen Beschlussfassung anzuwenden sein. Höchstrichterlich ist diese Streitfrage unseres Wissens bisher nicht entschieden. **1549**

Eine Ausnahme vom Gebot der gerichtlichen Festsetzung kann unseres Erachtens dann gelten, wenn die Betreuung wegen fehlender Betreuungsbedürftigkeit (§ 1908d BGB) aufgehoben wurde (nicht etwa wegen Unbetreubarkeit). Oder die Betreuung wegen des Todes des Betreuten beendet ist und sich der Vergütungsanspruch gegen den (geschäftsfähigen) Erben des verstorbenen Betreuten richtet.[32] **1550**

9.3.3 Wann findet ein Festsetzungsverfahren statt?

Nach § 168 Abs. 1 FamFG findet eine gerichtliche Festsetzung statt, wenn **1551**

- der Vertreter oder der Vertretene (ggf. vertreten durch seinen Verfahrenspfleger) eine Festsetzung beantragt oder
- bei Mittellosigkeit des Vertretenen das Gericht eine Festsetzung im Beschlusswege (statt einer Zahlbarmachung) für angemessen hält.

Dass ein Vertretener (Mündel, Betreuter oder Pflegling) einen Antrag auf Festsetzung stellt, wird in der Praxis vermutlich relativ selten vorkommen. Da die Gerichte von der Möglichkeit, Gegenvormünder oder -betreuer zu bestellen, selten Gebrauch machen, werden diese als Antragsteller ebenfalls nicht ins Gewicht fallen. **1552**

In der Regel werden es deshalb wahrscheinlich Vormünder, Pfleger und Betreuer sein, die einen Antrag auf Festsetzung stellen. Dabei schließt es der Wortlaut des Gesetzes unseres Erachtens nicht aus, dass der Gegenbetreuer für den Betreuer – und bei mehreren Betreuern einer für den anderen – die Festsetzung von Aufwendungsersatz oder Vergütung beantragt (entsprechend bei Vormundschaften und Pflegschaften). Das Antragsrecht ist nicht auf die Leistungen beschränkt, die dem Antragsteller selbst zustehen. D.h., dass bei der Bestellung mehrerer Betreuer (§ 1899 BGB) einer der Betreuer den Antrag zugleich für den weiteren Betreuer stellen kann. Dies bietet sich insbesondere an, wenn eine (tatsächliche) Verhinderungsbetreuung nach § 1899 Abs. 4 BGB angeordnet ist und die Vergütungsansprüche nach § 6 Satz 2 VBVG aufzuteilen sind. **1553**

---

29 Ablehnend zu solchen Vereinbarungen auch Bienwald, Sind privatrechtliche Vergütungsvereinbarungen im Betreuungsrecht zulässig? Rpfleger 2002, 423
30 BayObLG FamRZ 2002, 767
31 Jurgeleit/Maier § 1836 BGB Rn. 20, 23; Fröschle/Fischer, BtR, Anh. zu § 292 FamFG Rn. 36
32 Fröschle/Fischer a.a.O.

1554 Ob **Verkauf und Abtretung** eines Vergütungsanspruches an Dritte zulässig sind – und die Festsetzung der Vergütung dementsprechend auch in solchen Fällen von einem Dritten beantragt werden kann –, war lange umstritten. Für Betreuer könnte diese Frage u.a. dann interessant sein, wenn Überlegungen bestehen, ein Betreuerbüro z.B. in Form einer GbR zu betreiben und die Vergütungen direkt durch diese GbR geltend machen zu lassen. Außerdem würde ggf. evtl. die Möglichkeit bestehen, die Beantragung und Durchsetzung der Vergütungen (gegen Entgelt) einem Abrechnungsdienst zu übergeben.

1555 Das OLG Dresden hatte in Bezug auf eine Sozialarbeiterin, die als Verfahrenspflegerin in einem Umgangs- und Sorgerechtsverfahren eingesetzt worden war, die Unwirksamkeit gem. § 134 i.V.m. § 203 Abs. 1 Nr. 5 StGB angenommen.[33] Zur Begründung wurde im Wesentlichen angeführt, dass Sozialarbeiter der Schweigepflicht des § 203 StGB unterliegen würden und dem Käufer einer Vergütungsforderung Einzelheiten aus dem den Vergütungsforderungen zugrunde liegenden Verfahren mitgeteilt werden müssten, damit dieser die Vergütungsansprüche auch durchsetzen könne.

1556 Mit etwas anderer Begründung kam das OLG Frankfurt/M.[34] in Bezug auf die Abtretung eines Vergütungsanspruchs durch einen Verfahrensbeistand gem. § 158 FamFG ebenfalls zum Ergebnis der Unwirksamkeit. Nach Ansicht des OLG Frankfurt unterlag die als Verfahrensbeistand eingesetzte Rechtsanwältin allerdings nicht der Schweigepflicht des § 203 StGB, weil sie die personenbezogenen Daten der Kinder nicht in ihrer Eigenschaft als Rechtsanwältin in Erfahrung gebracht hatte, „sondern alleine aufgrund ihrer gerichtlicher Bestellung zum Verfahrensbeistand und damit in einer Funktion, die von jedermann und nicht nur von Rechtsanwälten ausgeübt werden kann." Aus § 158 Abs. 4 FamFG würde sich allerdings die Verpflichtung ergeben, die Interessen der Kinder zu berücksichtigen, und dem würde es widersprechen, wenn Informationen über deren Lebensbereich an Dritte weitergegeben werden würden, damit diese die erworbenen Vergütungsansprüche durchsetzen könnten.

1557 Zum gegenteiligen Ergebnis kam aber das OLG Düsseldorf[35] in Bezug auf die Abtretung des Vergütungsanspruchs durch einen als Betreuer eingesetzten Rechtsanwalt. Auch hier geht das Gericht davon aus, dass die Betreuertätigkeit von jedem ausgeübt werden könne und der Betreuer deshalb nicht in seiner Eigenschaft als Rechtsanwalt gehandelt hätte und daher auch nicht der Schweigepflicht des § 203 StGB unterliegen würde. Zudem führt das Gericht aus, dass Betreuer keine Amtsträger i.S.d. § 11 Abs. 1 Nr. 2c StGB seien und von daher auch unter diesem Aspekt keine Schweigepflicht in Frage kommen würde. Das OLG nimmt deshalb im Ergebnis an, dass gegen die Abtretung der Vergütungsansprüche keine Bedenken bestehen. Zwar erwähnt das OLG kurz, dass Betreuer grundsätzlich zur Verschwiegenheit verpflichtet seien, prüft dann aber nicht, ob daraus wie in den zuvor geschilderten Fällen des Verfahrensbeistandes und der Verfahrenspflegerin ebenfalls eine Unwirksamkeit der Abtretung hergeleitet werden müsse.

1558 Die Frage der Abtretbarkeit eines gegen die Staatskasse gerichteten Vergütungsanspruchs ist schließlich beim BGH gelandet, der die Abtretbarkeit (an eine anwaltliche Abrechnungsstelle) bejaht hat. Hiernach verstößt die Abtretung des Anspruchs auf Betreuervergütung durch einen zum Betreuer bestellten Rechtsanwalt an eine anwaltliche Verrechnungsstelle nicht gegen ein gesetzliches Verbot, auch wenn sie ohne Zustimmung des Betroffenen erfolgt.[36] Da die Abtretung sogar bei einem Anwalt für zulässig gehalten wurde, dürfte es auch bei Nichtanwälten als Berufsbetreuer keine Bedenken dagegen mehr geben. Im Sinne der DSGVO dürfte dabei eine Auftragsdatenverarbeitung nach Art. 28 DSGVO vorliegen[37].

---

33 OLG Dresden FamRZ 2004, 1390
34 OLG Frankfurt/M., Beschl. v. 24.8.2010, 7 UF 54/10
35 OLG Düsseldorf BtPrax 2010, 84
36 BGH BtPrax 2013, 206
37 Spieker BtPrax 2018, 63

Datenschutzrechtlich dürfte ein Erlaubnistatbestand nach Art. 6 I lit. f DSGVO vorliegen[38]. Danach ist die Verarbeitung zur Wahrung der berechtigten Interessen des Verantwortlichen oder eines Dritten zulässig, sofern nicht die Interessen oder Grundrechte und Grundrechte und Grundfreiheiten der betroffenen Person, die den Schutz personenbezogener Daten erfordern, überwiegen. Die Interessenabwägung fällt hier zu Gunsten des Betreuers aus, da nur wenige, durchaus bekannte Daten weitergegeben werden, und zwar an eine anwaltliche Verrechnungsstelle, die ihrerseits die Regelungen des Datenschutzes zur Abrechnung einhalten muss. Auf der anderen Seite stehen die Interessen des Betreuers nach einer wirtschaftlichen Abrechnungsmöglichkeit und einer konsequenten Forderungsüberwachung, um effektiv in Anbetracht der pauschalen Vergütung und dem damit zur Verfügung stehenden knappen Zeitbudget handeln zu können.

1559

Das Gericht kann Aufwendungsersatz oder Vergütung jedoch auch gänzlich ohne **einen Antrag** festsetzen, wenn es eine Festsetzung für angemessen hält. Ein Bedürfnis dafür könnte dann bestehen, wenn der Betreuer lediglich die **Zahlbarmachung** bestimmter Leistungen verlangt hat (siehe dazu oben Rn. 1520 ff.), das Gericht den Sachverhalt aber für streitig hält und dem Betreuer den Rechtsweg nicht vorenthalten will (siehe dazu unten Rn. 1638 ff.).

1560

Eine Festsetzung von Amts wegen könnte auch dann in Betracht kommen, wenn der Betreute verstorben ist und der Anspruch sich gegen den Nachlass richtet. Die Erben haben kein Recht, eine gerichtliche Festsetzung zu beantragen. Eine solche könnte aber wegen der Beschwerdemöglichkeiten in ihrem Interesse liegen.

1561

Die Auszahlung einer Vergütung durch Verwaltungsanordnung steht einer späteren niedrigeren Festsetzung durch Gerichtsbeschluss nicht entgegen. **Rückforderungen** zu viel gezahlter Betreuervergütung, die durch Verwaltungsanordnung erfolgte, sind grundsätzlich möglich, weil keine Rechtsmittelfrist läuft und grundsätzlich auch kein Vertrauensschutz des Betreuers in die Endgültigkeit einer solchen Auszahlung zu erkennen ist.[39]

1562

Umstritten war, ob eine zeitliche Begrenzung für solche Rückforderungen besteht und nach welchem Zeitablauf die Rückforderung ggf. ausgeschlossen wäre.

1563

Das OLG Köln stellte in der o.g. Entscheidung lediglich fest, dass eine Zeitspanne von unter einem Jahr nicht ausreicht, um einen Vertrauensschutz für den Betreuer zu schaffen. In einem etwas anderen Zusammenhang, aber bei letztlich vergleichbarer Interessenlage (fehlende förmliche Zustellung eines Festssetzungsbeschlusses an den Bezirksrevisor, sodass dessen Rechtsmittelfrist nicht zu laufen begonnen hatte) geht die Rechtsprechung davon aus, dass das Beschwerderecht des Bezirksrevisors 18 Monate nach formloser Übersendung der Entscheidung verwirkt sei.[40]

1564

Zu einem ähnlichen Ergebnis gelangte das OLG Stuttgart. Es ging in Bezug auf eine Rückforderung in dem entschiedenen Fall von einem „Rechtsverlust durch treuwidrigem Verhalten nach § 242 BGB" aus. Der Betreuer hatte für seine Tätigkeiten ab Juli 2005 regelmäßig den höchsten Stundensatz beantragt und ohne weitere Rückfrage oder die Äußerung von Zweifeln auch ausgezahlt bekommen. Erst im Dezember 2009 wurden erstmals Zweifel an der Berechtigung des Stundensatzes i.H.v. 44,00 € geäußert. Das OLG argumentiert in seiner Entscheidung wie folgt: Es sei Sache des Gerichts, selbstverantwortlich zu prüfen, welcher Stundensatz dem antragstellenden Betreuer aufgrund seiner Qualifikation zusteht. In Zweifelsfällen sei zunächst die Stellungnahme des Bezirksrevisors einzuholen. Ein Gericht dürfe den Betreuer nicht in dem Glauben lassen, dass es den beantragten Stundensatz für gerechtfertigt halte, wenn eine Prüfung in Wirklichkeit gar nicht stattgefunden habe. Jedenfalls dann, wenn eine Vielzahl von Vergütungsanträgen ohne Probleme bearbeitet worden sei,

1565

---

38 Zur Problematik insgesamt vgl. Deinert, BtPrax 2019, 19
39 OLG Köln FamRZ 2006, 1482
40 OLG Frankfurt/M. FamRZ 3005, 391 = BtPrax 2005, 76; vgl. auch OLG Schleswig FGPrax 2002, 259 = NJW-RR 2003, 439 sowie LG Stuttgart BtPrax 1999, 159

dürfe der Betreuer darauf vertrauen, dass das Gericht mit dem beantragten Stundensatz einverstanden sei und nicht nachträglich eine Rückzahlung der Vergütung verlangen würde.[41]

1566 Vergleichsweise betreuerfreundlich ist eine Entscheidung des LG Braunschweig[42], in der das Gericht annimmt, dass eventuelle Rückzahlungsansprüche – wie auch Vergütungsansprüche – gem. § 2 VBVG nach 15 Monaten erlöschen.

1567 Ganz anders hat das LG Detmold[43] entschieden. Nach Ansicht dieses LG müsse ein Betreuer, sofern er Sicherheit wünscht, eben eine förmliche Festsetzung beantragen. Zeitablauf alleine könne jedenfalls nicht dazu führen, dass er darauf vertrauen dürfe, dass es bei der im Verwaltungsverfahren ausgezahlten Vergütung bleiben würde. Das wäre allenfalls nach Ablauf der für Erstattungsansprüche der Landeskasse maßgeblichen dreijährigen Verjährungsfrist nach § 8 Abs. 1 S. 1 JBeitrO der Fall.

1568 Die Frage, ob sich ein Vertrauensschutz ergibt, wenn einem Betreuer über einen gewissen Zeitraum hinweg zu Unrecht ein erhöhter Stundensatz gezahlt wurde, wurde schließlich auch dem BGH vorgelegt. Dieser sieht die Ausschlussfrist des § 20 GNotKG als angemessene Regelung zur Berücksichtigung des Vertrauensschutzes an. Danach können Auszahlungen im Verwaltungsweg zurückgefordert werden, die im laufenden und vergangenen Kalenderjahr seitens der Staatskasse ausgezahlt wurden.[44] Keine Rolle spielt dabei, für welchen Betreuungszeitraum die Auszahlungen erfolgten.

1569 Vor diesem Hintergrund kann Betreuern nur geraten werden, einen Antrag auf Festsetzung im Beschlusswege zu stellen, wenn wegen der Höhe der zustehenden Vergütung Zweifel bestehen und Sicherheit bzgl. der erhaltenen Beträge gewünscht wird. Vergütungsbeschlüsse nach § 168 FamFG erwachsen nach Verstreichen der Rechtsmittelfrist in materielle Rechtskraft. Hierbei ist allerdings zu beachten, dass die Rechtsmittelfrist für den Vertreter der Staatskasse nach § 304 Abs. 2 FamFG drei Monate beträgt (entgegen 1 Monat bei den anderen Beteiligten, § 63 Abs. 1 FamFG).

1570 Eine Festsetzung ist jedenfalls immer dann erforderlich, wenn zugleich oder später auf das Vermögen des Betreuten zurückgegriffen werden soll (siehe dazu in Kapitel 8, Rn. 1359 ff.).

1571 Bevor nämlich die Justizkasse im Rahmen des Staatsregresses auf das Vermögen des Betreuten zurückgreift, muss dieser gem. § 168 Abs. 4 FamFG angehört werden, und zwar zu den von ihm zu leistenden Zahlungen. Die Höhe dieser Zahlungen hängt aber nicht nur von seinem Einkommen und Vermögen, sondern auch von der dem Betreuer gewährten Vergütung ab.

1572 Der Vergütungsbeschluss ist zu begründen, da er einem Rechtsmittel (dazu unten Rn. 1638 ff.) unterliegt.[45] Seit dem 1.9.2009 ist durch § 39 FamFG nun auch generell eine Rechtsmittelbelehrung vorgeschrieben.

1573 Gegenstand eines Verfahrens nach § 168 Abs. 1 FamFG können im Übrigen nur Ansprüche auf Aufwendungsersatz und Vergütung für eine Betreuertätigkeit nach **Wirksamwerden der Betreuerbestellung** sein. Diese ergibt sich aus § 287 Abs. 1 oder 2 FamFG und besteht üblicherweise in der Bekanntmachung des Bestellungsbeschlusses, bei sofortiger Wirksamkeit auch in der Übergabe des gerichtlichen Vorgangs an dessen Geschäftsstelle zwecks späterer Bekanntmachung. Die Vermutung der Bekanntgabe nach § 15 Abs. 2 Satz 2 FamFG (3-Tagesfrist nach der Aufgabe zur Post) schließt einen früheren Zugang nicht aus.[46]

1574 Ob Ansprüche für den Zeitraum einer Tätigkeit nach Ablauf der Befristung einer vorläufigen Betreuerbestellung bis zum Wirksamwerden der endgültigen Betreuerbestellung im Verfahren nach § 168 FamFG festgesetzt werden können, war ebenfalls strittig.

---

41 OLG Stuttgart BtPrax 2011, 134
42 LG Braunschweig FamRZ 2008, 1117
43 LG Detmold, Beschl. v. 12.5.2010, 3 T 8/10
44 BGH BtPrax 2014, 33 m. Anm. Seifert; BGH BtPrax 2016, 77
45 LG Lüneburg Rpfleger 1999, 491
46 BGH BtPrax 2012, 250 = FamRZ 2012, 1867

Zum Teil wurde angenommen, dass in solchen Fällen allenfalls Ansprüche aus **Geschäfts-führung ohne Auftrag** geltend gemacht werden können, die dann aber im zivilgericht-lichen Verfahren durchgesetzt werden müssten. Im Falle der Mittellosigkeit könnte der Be-treute dann wiederum in einem Amtshaftungsverfahren Regress nehmen. Eine Geltendma-chung im Festsetzungsverfahren nach § 168 FamFG sei jedenfalls ausgeschlossen.[47] (siehe dazu auch Rn. 1059)

1575

Nach anderer Ansicht konnte der berufsmäßige Betreuer eines mittellosen Betreuten einen Vergütungsanspruch nach dem VBVG unmittelbar gegen die Staatskasse geltend machen, wenn eine Betreuungsvakanz entsteht, weil das Gericht eine durch einstweilige Anordnung erfolgte Betreuerbestellung weder verlängert noch rechtzeitig einen endgültigen Betreuer bestellt, sondern pflichtwidrig untätig bleibt und die materiellen Voraussetzungen für die Anordnung einer Betreuung unverändert fortbestanden haben und der Betreuer seine Tätig-keit in berechtigtem Vertrauen auf seine weitere Bestellung fortgesetzt hat.[48]

1576

Der BGH hat diese Frage eindeutig dahingehend beantwortet, dass in einer solchen „Lücke" keine Vergütungsansprüche bestehen.[49]

1577

Für Vormundschaften und (BGB-)Pflegschaften ist der Beginn der Vergütungsfähigkeit ab-weichend erst mit dem Verpflichtungsgespräch durch den Rechtspfleger des Familiengerich-tes gegeben (§ 1789 BGB).[50] Dies gilt auch, wenn der Richter ein sofortiges Tätigwerden des Vormundes als notwendig angesehen hat.[51]

1578

Im Festsetzungsverfahren nach § 168 FamFG ist über **Schadensersatzansprüche** wegen mangelhafter Amtsführung nicht zu befinden.[52] Dies ist ggf. Gegenstand einer separaten Schadensersatzklage nach § 1833 BGB vor dem Zivilgericht.[53]

1579

9.3.4 Geltendmachung von Ansprüchen gegenüber Erben im FamFG-Verfahren?

Die Bestimmungen über die Betreuervergütung erwähnen zwar an mehreren Stellen den **Erben** (§ 1836e BGB, § 168 Abs. 3 und 4 FamFG), sehen aber im eigentlichen Wortlaut eine gerichtliche Beschlussfassung von Betreuervergütungsansprüchen gegenüber dem Erben nicht vor. In § 168 Abs. 3 FamFG ist nur die Rede von der Festsetzung der vom Erben an die Staatskasse zu leistenden Zahlung, welche ja nur dann erfolgen kann, wenn zu Lebzeiten des Betreuten der Betreuer Zahlungen aus der Staatskasse erhalten hat. Hieraus könnten un-terschiedliche Schlüsse gezogen werden:

1580

- Der Betreuer kann nach dem Tod des Betreuten eine Forderung nicht gegenüber dem Er-ben geltend machen, sondern nur gegen die Staatskasse; ausschließlich diese befriedigt den Betreuer und nimmt vom Erben Regress (diese Auffassung würde den meisten Be-treuern entgegenkommen, scheint aber bisher von der Rechtsprechung nicht getragen zu werden).

- Der Betreuer kann eine solche Forderung gegen den Erben zwar geltend machen, aber nur im Zivilprozess, nicht im FamFG-Verfahren vor dem Betreuungsgericht.[54]

- Die Bestimmung des § 168 Abs. 1 FamFG ist so auszulegen, dass auch ein Vergütungs-verfahren direkt gegen den Erben gerichtet sein kann; in diesem Falle sind Abs. 3 Satz 2 und 3 und Abs. 4 Satz 2 analog anzuwenden, weil offenbar eine Gesetzeslücke besteht. Diese Auffassung scheint sich in der Rechtsprechung durchgesetzt zu haben.[55]

---

47 OLG Hamm BtPrax 2007, 255 (Ls) = FamRZ 2006, 1228; OLG Braunschweig FamRZ 2006, 290
48 LG Bayreuth, Beschl. v. 4.3.2011, 42 T 3/11
49 BGH BtPrax 2016, 154 = FamRZ 2016, 1072
50 OLG Braunschweig FamRZ 2017, 1412
51 BGH FamRZ 2017, 1846; BGH FamRZ 2018, 513 = Rpfleger 2018, 267
52 KG Rpfleger 2007, 608 = FGPrax 2007, 272
53 Vgl. zu Details Deinert/Lütgens/Meier: Die Haftung des Betreuers, 3. Aufl., Köln 2017
54 So die Auffassung des LG Landshut, Beschl. 60 T 3159/00
55 BayObLG FamRZ 1999, 1609 und BayObLGZ 2001, 65 = FamRZ 2001, 866; BayObLG BtPrax 2002, 40; OLG Schleswig NJWE-FER 2000, 149, Thür. OLG Jena FGPrax 2001, 22; Jurgeleit/Maier § 168 FamFG Rn. 8

- Die Staatskasse kann die aus dem Nachlass zu erstattenden Betreuungskosten gegen die unbekannten Erben, vertreten durch den **Nachlasspfleger,** im Verfahren nach § 168 FamFG festsetzen lassen. Im Beschluss ist den unbekannten Erben das Recht vorzubehalten, die persönlichen **Haftungsbeschränkungen** (§ 1836e BGB i.V.m. § 102 SGB XII) nachträglich geltend zu machen.[56]

9.3.5 Inhalt und Form des Antrags

1581 Bereits zum 30.4.2004 war der frühere § 69e FGG um einen Absatz 2 ergänzt worden, nach dem die Länder durch Rechtsverordnung **amtliche Vordrucke** für die Abrechnung von Betreuervergütungen einführen, dies ist jetzt in § 292 Abs. 2 FamFG inhaltsgleich übernommen worden. Ist dies geschehen, ist die Verwendung der Vordrucke zwingend. Eine in anderer Form erstellte Abrechnung ist formnichtig und etwaige Fristen (§ 2 VBVG) wären hierdurch nicht eingehalten. Das Gericht kann die Vergütung zwar dennoch festsetzen – denn das geht nach § 168 Abs. 1 Satz 1 FamFG ja auch von Amts wegen –, es ist dazu jedoch nicht gezwungen.

1582 Nach § 292 Abs. 2 Satz 2 FamFG können die Länder auch **elektronische Vordrucke** einführen, die vom Betreuer dann als elektronisches Dokument eingereicht werden müssen, das sich für die weitere Verarbeitung bei Gericht eignet. Nicht vorgeschrieben ist hierbei die Übermittlung in der elektronischen Form des § 126a BGB, sodass Betreuer nicht durch § 292 Abs. 2 Satz 2 FamFG gezwungen werden, eine zertifizierte Signatur zu erwerben. Die Übermittlungsweise wird nicht vorgegeben.

1583 Möglich ist dann nach derzeitigem Stand

- die Übermittlung per E-Mail,
- ggf. das Online-Ausfüllen, falls die Gerichte diese Möglichkeit schaffen,
- das Einreichen auf einem Datenträger (Diskette, CD-ROM).

Die Übermittlung müsste jedenfalls dergestalt erfolgen, dass die Daten auf dem Rechner des Gerichts ausgelesen und weiterverarbeitet werden können.

1584 Bis zum Redaktionsschluss des Buches haben die Länder von der Ermächtigung noch keinen Gebrauch gemacht. Unseres Erachtens ist durch die mit der Einführung der Pauschalvergütung verbundene Vereinfachung der Abrechnung der Bedarf an einem einheitlichen Vergütungsvordruck weitgehend entfallen. In *NRW* gab es allerdings einen Feldversuch zur elektronischen Antragstellung. Eine flächendeckende Einführung scheint derzeit nicht bevorzustehen. Im Aufbau begriffen ist das elektronische Gerichts- und Verwaltungspostfach (EGVP). Über eine Einsatzmöglichkeit für die Beantragung von Betreuervergütungen können derzeit keine verlässlichen Angaben gemacht werden.

1585 Solange keine amtlichen Vordrucke/Verfahren vorgeschrieben sind, müssen, je nachdem, wer den Antrag stellt und welche Art von Ansprüchen geltend gemacht wird, seit 1.7.2005 unterschiedliche Angaben gemacht werden.

9.3.6 Gemeinsame Angaben bei allen Anträgen

1586 Der Antrag sollte enthalten:

a) **Das Aktenzeichen des Betreuungsgerichtes**

b) **Die genaue Bezeichnung des Anspruchsberechtigten (Name und Adresse, Bankverbindung – IBAN)**

c) **Die Bezeichnung des Anspruchsgegners (Vertretener, Erbe des Vertretenen oder Staatskasse)**

---

56 OLG Thüringen FamRZ 2006, 645

Als Anspruchsgegner, also diejenigen, die den Aufwendungsersatz oder die Vergütung zu zahlen haben, kommen in Betracht:

1587

- Der Betreute

Grundsätzlich hat der Vertretene selbst für die Leistungen des Betreuers, sei es Aufwendungsersatz oder Vergütung, aufzukommen.

- Die Erben des Betreuten

1588

Verstirbt der Vertretene, bevor der Betreuer seinen Anspruch geltend machen konnte, wird der Anspruch zu einem Teil des Nachlasses und richtet sich damit gegen die Erben.[57] Dieser bzw. diese Erben ist/sind namentlich aufzuführen. Sind Erben unbekannt, ist auf Antrag des Betreuers als Nachlassgläubiger ein Nachlasspfleger zu bestellen (§ 1961 BGB), in diesem Fall richten sich die Ansprüche gegen die unbekannten Erben, gesetzlich vertreten durch den Nachlasspfleger.

▶ *Zur Beschränkung der Haftung der Erben vgl. Kapitel 8, Rn. 1427 ff., 1430*

- Die Staatskasse

1589

Ist der Betreute mittellos, erhält der Betreuer Aufwendungsersatz und Vergütung aus der Staatskasse (vgl. dazu Kapitel 8, Rn. 1230 ff.). Ist die finanzielle Situation des Betreuten unklar, empfiehlt es sich, den Anspruch auf Aufwendungsersatz gem. § 1835 BGB bzw. die Aufwandspauschale gem. § 1835a BGB vorsorglich gegen die Staatskasse geltend zu machen. Mit der Geltendmachung des Anspruchs gegen die Staatskasse (beim Betreuungsgericht) wird nach § 1835 Abs. 1 Satz 3 2. Halbsatz (entsprechend in § 1835a BGB) und in Bezug auf die Vergütung gem. § 2 Satz 1 2. Halbsatz VBVG einem Erlöschen des Anspruchs gegen den Betreuten begegnet. Der Betreuer soll nicht gezwungen sein, um die Frist zu wahren, sowohl die Staatskasse als auch vorsorglich den Betreuten selbst in Anspruch zu nehmen.

Dies gilt auch umgekehrt: Der beim Gericht gestellte Antrag auf Festsetzung einer Vergütung aus dem Vermögen des Betroffenen wahrt die Ausschlussfrist des § 2 Satz 1 VBVG auch für einen späteren Antrag auf Festsetzung gegen die Staatskasse.[58]

Ist zunächst ein Antrag gegen den Betreuten gestellt worden, ist ohne Berücksichtigung einer Erlöschensfrist ein **Zweitantrag** auf Zahlung der Vergütung aus der Staatskasse dann zulässig, wenn der Anspruch gegen den Betreuten ohne Verschulden des Betreuers nicht durchsetzbar ist.[59] Dies betrifft Fälle, in denen der Betreuer nicht rechtzeitig Kenntnis von der nun eingetretenen Mittellosigkeit erhalten konnte und deshalb nicht in der Lage war, rechtzeitig ein Rechtsmittel gegen die Bewilligung der Zahlung aus dem Vermögen (und die damit notwendig verbundene Versagung einer Zahlung aus der Staatskasse) einzulegen. Eine weitere Voraussetzung für die Zulässigkeit eines solchen Zweitantrags ist es, dass der Betreuer zügig versucht hat, seinen Anspruch durchzusetzen – er darf dem (ehemaligen) Betreuten bzw. dessen Erben nicht etwa aus Mitleid Gelegenheit geben, das Geld noch auszugeben, damit dann später doch die Staatskasse eintreten muss.

---

57 BayObLG FGPrax 1999, 182 und Beschl. v. 14.3.2003, 3Z BR 28/01, BtPrax 2001, 163; OLG Schleswig NJWE-FER 2000, 149; Thür. OLG FGPrax 2001, 22; a.A.: LG Landshut, 60 T 3159/00
58 OLG Hamm FamRZ 2007, 854; LG Mönchengladbach FamRZ 2007, 1357; BGH FamRZ 2015, 1880; HK BUR/Bauer/Deinert § 2 VBVG Rn. 11
59 BayObLG BtPrax 2004, 73 = FamRZ 2004, 305

Hinweis

 Ist die Vermögenssituation des Betreuten unklar oder liegen die Einkünfte und/oder das Vermögen nur geringfügig über den jeweiligen Freibeträgen, sollte bei einem Antrag, der gegen den Betreuten gerichtet wird, von vornehrein hilfsweise eine Erstattung aus der Staatskasse beantragt werden, für den Fall, dass doch Mittellosigkeit i.S.d. § 1836d BGB vorliegt.

d) Die Art der Leistung

1590 Die **genaue Bezeichnung** der Leistung (Vergütung, Abschlagszahlung, Aufwendungsersatz, Aufwandsentschädigung, Letztere oft auch als Aufwandspauschale bezeichnet) sollte selbstverständlich sein. Nur so ist für denjenigen, der zahlen muss, der Antrag nachvollziehbar. Eine genaue Bezeichnung des Anspruchs ist auch schon deshalb erforderlich, um eine Unterscheidung zu ermöglichen zu anderen Ansprüchen, die im Laufe des Betreuungsverfahrens bereits geltend gemacht wurden bzw. in Zukunft noch geltend zu machen sind.

e) Den genauen Betrag der beantragten Leistung

1591 Die Ausschlussfrist für die Geltendmachung von Vergütungsansprüchen eines Berufsbetreuers wird durch ein an das Betreuungsgericht gerichtetes Schreiben, mit dem „vorsorglich zur Fristwahrung ein Vergütungsantrag gestellt" wird, nicht gewahrt, wenn der Antrag ansonsten keinerlei Angaben zur Prüfung des Stundenansatzes enthält.[60]

f) Den Zeitraum, für den die Leistung beansprucht wird

1592 Natürlich ist auch der Zeitraum, für den Vergütung oder Aufwendungsersatz verlangt wird, anzugeben. Nur so ist der Antrag in sich schlüssig. Betreuungen, Vormundschaften und Pflegschaften ziehen sich oft über viele Jahre hin. Der Betreuer wird daher in der Regel nicht nur einmal (am Ende des Verfahrens) einen Anspruch auf Vergütung und/oder Aufwendungsersatz geltend machen, sondern in regelmäßigen oder unregelmäßigen Abständen.

1593 Die Angabe des Zeitraums ist also auch zur Abgrenzung verschiedener Ansprüche erforderlich (vgl. zur Abgrenzung von pauschalierter Aufwandsentschädigung und Ermessensvergütung nach § 1836 Abs. 2 BGB; auch Kapitel 5, Rn. 389). Bei pauschaler Betreuervergütung besteht der Zeitraum nach § 9 VBVG stets in einem oder mehreren (maximal 5) Betreuungsquartalen.

g) Den Antrag auf gerichtliche Festsetzung

h) Die persönlichen und wirtschaftlichen Verhältnisse des Betreuten

1594 Nach § 168 Abs. 2 FamFG sollen in dem Antrag die persönlichen und wirtschaftlichen Verhältnisse des Betreuten dargestellt werden, deren Kenntnis das Betreuungsgericht für seine Entscheidung benötigt. Gemäß dem nach Satz 2 entsprechend anzuwendenden § 118 Abs. 2 Satz 1 und 2 ZPO kann das Gericht verlangen, dass der Antragsteller seine tatsächlichen Angaben **glaubhaft** macht, und Erhebungen anstellen, insbesondere die Vorlegung von Urkunden anordnen und Auskünfte einholen.

1595 Sowohl die Festsetzung von Aufwendungsersatz- und Vergütungsansprüchen des Vormundes gegen die Staatskasse als auch die Festsetzung des Regressanspruchs der Staatskasse gegen den Mündel setzt eine Prüfung von dessen wirtschaftlicher Leistungsfähigkeit voraus, die nach § 1836c, e BGB unter Heranziehung der Maßstäbe des **Sozialhilferechts** erfolgen soll[61] (siehe dazu Kapitel 8, Rn. 1270 ff.).

1596 Wenn zum Aufgabenkreis des Betreuers auch die Vermögenssorge gehört, dürfte es ihm nicht schwerfallen, die persönlichen und wirtschaftlichen Verhältnisse des Betreuten darzustellen, zumal er dies auch in seinem Jahresbericht und der jährlichen **Rechnungslegung**

---

60 KG BtPrax 2013, 123 = FamRZ 2013, 1606
61 BT-Drs. 13/7158, S. 34

tun muss, zu der er nach §§ 1840 ff. BGB verpflichtet ist (außer, es handelt sich um eine befreite Betreuung nach § 1908i Abs. 2 BGB).

Gehört die Vermögenssorge nicht zum **Aufgabenkreis** des Betreuers, kann er das Gericht zumindest überschlägig über die persönlichen Verhältnisse des Betreuten informieren. Hieraus lassen sich meist auch Rückschlüsse auf seine finanzielle Situation ziehen. Zu einer genauen Darstellung der Einkommens- und Vermögensverhältnisse wird der Betreuer aber oftmals nicht in der Lage sein, denn Sozialleistungsträger sind in diesem Falle aufgrund der Datenschutzbestimmungen des SGB X nicht zur Auskunft berechtigt und Banken und Versicherungen ebenfalls nicht aufgrund des Bankgeheimnisses.   **1597**

Die derzeitige Diskussionslage ist dergestalt, dass der Betreuer für Datenverarbeitungen innerhalb seines Aufgabenkreises keiner Einwilligung des Betreuten im Sinne des Art. 7 DSGVO bedarf. Sondern dazu ein anderer Erlaubnistatbestand vorliegt, wobei hier Art. 6 Abs.1 lit c oder e DSGVO in Frage kommen können. In der zuletzt genannten Konstellation ist das aber nicht möglich, weil der Betreuer ja eben nicht den Aufgabenkreis Vermögenssorge hat. Evtl. wäre der Erlaubnistatbestand Art. 6 Abs. 1 lit f DSGVO gegeben, das wäre die berechtigte Wahrnehmung eigener Interessen des Verantwortlichen (also des Betreuers), wobei hier eine Abwägung mit den Interessen des anderen (des Betreuten) stattzufinden hat. Abschließend durch die Rechtsprechung geklärt ist diese Frage derzeit nicht. Wir empfehlen, bei Nichtanordnung des Aufgabenkreises Vermögenssorge das Gericht auf die datenschutzrechtliche Problematik aufmerksam zu machen.   **1598**

Daher ist in diesen Fällen das Gericht nach § 26 FamFG, ggf. im Rahmen der Rechts- und Amtshilfe (Art. 35 Abs. 1 GG) verpflichtet, selbst die wirtschaftlichen Verhältnisse festzustellen.[62] Die Datenschutzfrage ist für das Gericht unstrittig, es liegt der Erlaubnistatbestand des Art. 6 Abs. 1 lit e DSGVO vor. Hier kann das Gericht auch die Unterstützung der Betreuungsbehörde nach § 8 BtBG in Anspruch nehmen.[63] Bei Unklarheiten über die Vermögensverhältnisse des ehemaligen Betreuten sind **von Amts wegen** ggf. Auskünfte von Verwandten einzuholen.[64] Das Erfordernis gerichtlicher Geltendmachung von Unterhaltsansprüchen ist ebenfalls von Amts wegen durch das Gericht zu prüfen, ggf. ist der Unterhaltspflichtige durch das Gericht anzuhören.[65]   **1599**

Steht der Aufwand zur Ermittlung der persönlichen und wirtschaftlichen Verhältnisse in keinem Verhältnis zu den zu erwartenden Regressforderungen (siehe dazu Kapitel 8, Rn. 1495 ff.), kann das Gericht auch ohne weitere Prüfung festsetzen. Das **Unterlassen jeglicher Ermittlungen** durch das Gericht soll nur dann nicht pflichtwidrig sein, wenn konkrete Anhaltspunkte für Mittellosigkeit bestehen, z.B. Bezug von Sozialhilfe.[66]   **1600**

In der Begründung des Regierungsentwurfs zum 1. BtÄndG [67] hieß es dazu: **1601**

> Da somit eine Entscheidung ohne eingehende Prüfung nur zugunsten des Mündels zulässig ist, ist die Regelung rechtsstaatlich unbedenklich. Sie ist aber auch fiskalisch begrüßenswert. Zwar lässt sie unter Verzicht auf eine vertiefende Prüfung die Gewährung von Mitteln aus der Staatskasse (zur Befriedigung von Ansprüchen des Vormundes) bzw. die Nichtgeltendmachung von Regressansprüchen (gegen den Mündel) zu, obwohl eine genaue Prüfung möglicherweise ergeben hätte, dass die Staatskasse zur Zahlung bzw. zum Regressverzicht nicht verpflichtet war. Eine solche ‚Pauschalentscheidung gegen die Staatskasse' ist aber nur erlaubt, wenn die genaue Prüfung einen solchen Aufwand verursachen würde, dass die mit ihr verbundenen Kosten durch die mit ihr möglicherweise zu vermeidenden Nachteile für die Staatskasse nicht aufgewogen würden. Steht also zur freien Überzeugung des Gerichts fest,

---

62 A.A.: LG Kleve FamRZ 2000, 564
63 BtKomm-Dodegge Teil F Rn. 316
64 OLG Schleswig FamRZ 2004, 979 m. Anm. Bienwald = MDR 2004, 814; Jurgeleit/Maier § 168 FamFG Rn. 13; Dodegge/Roth Teil F Rn. 316
65 OLG Düsseldorf FamRZ 2001, 1099
66 LG Essen NJWE-FER 2001, 133
67 BT-Drs. 13/7158, S. 34, 35

dass eine im Interesse der Staatskasse anzustellende detaillierte Prüfung mehr kosten würde als sie einbringen kann, ist ein die Justiz entlastender Verzicht auf diese Prüfung auch fiskalisch geboten.

Das Gericht muss also den voraussichtlich zu erwartenden Rückzahlungsanspruch gegen den Betreuten mit den Kosten vergleichen, die auf Seiten des Gerichts (Arbeitskraft des Rechtspflegers usw.) und des Betreuers entstehen.

1602 Es bleibt zu hoffen, dass die Praxis diesen Appell des Gesetzgebers umsetzt und die Darlegung wirtschaftlicher Verhältnisse nur dort verlangt, wo sie dem Betreuer (auch aus Datenschutzsicht) zumutbar ist und begründete Aussicht auf künftige Rückforderungen besteht.

1603 Gegen die Anordnungen des Gerichts in Bezug auf die Darlegung der persönlichen und wirtschaftlichen Verhältnisse ist die Beschwerde zulässig (siehe dazu unten Rn. 1638 ff.).

9.3.7 Zusätzliche Angaben bei ehrenamtlichen Betreuungspersonen (und Behördenbetreuern)

1604 Sofern eine Vergütung nach § 1836 Abs. 2 BGB seitens eines ehrenamtlichen Betreuers verlangt wird (**Ermessensvergütung**), ist eine besondere Begründung hierfür erforderlich.

1605 Dasselbe gilt nach § 8 VBVG für einen persönlich bestellten **Behördenbetreuer** (§ 1897 Abs. 2 BGB). Hier hat die Behörde, nicht jedoch der Behördenbetreuer bei nicht mittellosen Betreuten einen Anspruch auf Vergütung und Aufwendungsersatz – nach den gleichen Grundsätzen wie ein ehrenamtlicher Betreuer. Nach einer Auffassung in der Rechtsprechung darf die dem Behördenbetreuer nach § 8 VBVG i.V.m. § 1836 Absatz 2 BGB zu gewährende Vergütung nicht höher sein als die Vergütung, die ein berufsmäßig tätiger Betreuer beanspruchen könnte.[68]

9.3.8 Zusätzliche Angaben bei beruflichen Betreuungspersonen

1606 Bei der erstmaligen Vergütungsbeantragung Angaben zur beruflichen Vorbildung wegen der Einstufung in die drei Vergütungsstufen (§§ 3, 4 VBVG) bzw. ab Inkrafttreten der Vergütungsreform 2019 die Einordnung in die Tabellen A bis C; hierzu sind ggf. **Abschlusszeugnisse** usw. in beglaubigter Kopie vorzulegen.

1607 Bei Umsatzsteuerpflicht sollte auch eine laufende Rechnungsnummer, die Umsatzsteuernummer (oder die Umsatzsteuer-ID-Nummer) und das zuständige Finanzamt angegeben werden. Allerdings hat das Bundesministerium der Finanzen mit Schreiben vom 3.8.2004 an den Bundesverband der Berufsbetreuer seine frühere Rechtsansicht revidiert.[69] Nun wird die Auffassung geteilt, dass Vergütungsanträge keine Rechnungen i.S. des § 14 Abs. 4 UstG sind und daher die obigen Angaben nicht zwingend notwendig sind. Ob das auch für die neue Steuer-Identifikationsnummer (§ 139b AO) und die Wirtschafts-Identifikationsnummer (§ 139c AO) gilt, ist noch nicht klar. Es wird empfohlen, sobald die Nummern erteilt sind, diese bei den Vergütungsanträgen zu verwenden.

1608 Seit der Neuregelung der Umsatzsteuerpflicht zum 1.7.2013 spielt die Umsatzsteuer ohnehin nur noch bei Pflegschaften (außer bei Ergänzungspflegschaften nach § 1909 BGB) eine Rolle, also de facto bei Verfahrens- oder Nachlasspflegschaften. Hier ist zu berücksichtigen, dass die Umsatzsteuerbefreiung nur im Rahmen der Kleinunternehmerregelung (§ 19 UStG) möglich ist, d.h. bei einem Jahresumsatz unter 17.500,00 €. Bei dieser Bagatellgrenze werden die umsatzsteuerfreien Bezüge (z.B. aus Betreuertätigkeiten) nicht mitgerechnet (§ 19 Abs. 3 Nr. 1 UStG).

---

68 LG Kassel, Beschl. v. 10.7.2009, 3 T 783/08, BtPrax 2011, 87 (Ls)
69 BMF-Schreiben vom 3.8.2004, IV B 7 – S7280a – 127/04

9.3.9 Zusätzliche Angaben bei Vergütung nach Zeitaufwand

Soweit nach §§ 3, 6 VBVG, § 277 FamFG Zeitansätze geltend gemacht werden, müssen diese einem konkreten Lebenssachverhalt zugeordnet werden können. Die Angabe von **Stundenzahlen pro Kalenderjahr**, multipliziert mit Stundensätzen, genügt nicht.[70]

1609

Zur Nachweisführung bei Vergütungsansprüchen nach Zeitaufwand (§§ 3, 6 VBVG) gegenüber dem Gericht stellte das LG Osnabrück fest, dass eine **Spezifizierung** der geltend gemachten Erstattungsbeträge in dem Sinne erforderlich sei, dass die Zahl der aufgewendeten Stunden, Briefe, gefahrenen Kilometer und gefertigten Kopien angegeben werden müsse.

1610

Wolle man hierauf verzichten, so gäbe es für die Festsetzung der Entschädigung keinerlei überprüfbaren Anhaltspunkte mehr. Andererseits könne die Spezifizierung jedoch auch nicht so weit getrieben werden, dass im Einzelnen dargelegt werden müsse, welche Zeit für welchen Zweck und wann genau aufzuwenden war, welche Kopie wofür notwendig und welches Telefonat unabweisbar sowie wie viel Kilometer zu welchem Zwecke notwendig waren. Eine solche Dokumentation würde den Betreuer in unzumutbarer Weise belasten.[71]

1611

Ohne genaue Angaben ist eine Schätzung des Zeitaufwandes durch das Gericht analog § 287 ZPO möglich[72] (vgl. dazu Kapitel 6, Rn. 786). Dies gilt nicht in den Fällen pauschaler Betreuervergütung seit 1.7.2005. Dort sind immer die Stundenansätze nach § 5 Abs. 1 und 2 VBVG maßgeblich.

1612

9.3.10 Zusätzliche Angaben bei pauschaler Betreuervergütung

1613

- den Tag der Wirksamkeit der Bestellung des Abrechnenden zum Betreuer (§ 287 Abs. 1, 2 FamFG);
- den Tag der ersten Bestellung eines Betreuers oder die Angabe, dass die Betreuung schon länger als ein Jahr läuft;
- die Angabe des Abrechnungszeitraums, grundsätzlich in Betreuungsquartalen (§ 9 VBVG), gerechnet von a) an;
- die Angabe des gewöhnlichen Aufenthaltsortes des Betreuten während des Abrechnungszeitraums (vgl. Kapitel 7, Rn. 1152) und ob es sich dabei um ein Heim handelt, ggf. den Tag, an dem während des Abrechnungszeitraums ein Wechsel des Aufenthaltsortes stattgefunden hat;
- den nach Betreuungsmonaten aufgeschlüsselten Stundenansatz (§ 5 Abs. 1 oder 2 VBVG) und die sich daraus in Multiplikation mit dem Stundensatz (§ 4 VBVG) errechnende Vergütungshöhe für jeden Abrechnungsmonat (vgl. dazu Kapitel 7, Rn. 938 ff.); ab dem Monat nach Inkrafttreten der Vergütungsreform 2019 ist stattdessen der Tabellenwert nach der jeweiligen Tabelle (A, B oder C) anzugeben, hierbei kann auf die Schlüsselzahlen der neuen Tabellen zurück gegriffen werden;
- ab dem Monat nach Inkrafttreten der Vergütungsreform 2019 sind die zusätzlichen Tatbestände für die gesonderten Pauschalen (§ 5a VBVG) glaubhaft zu machen (vgl. hierzu Kapitel 7, Rn. 1013 ff.);
- sowie, falls ein Vertretungsbetreuer wegen tatsächlicher Verhinderung (§ 1899 Abs. 4 BGB) bestellt ist, Zeiträume etwaiger tatsächlicher Verhinderung (§ 6 Satz 2 VBVG) während des Abrechnungszeitraums.

Ein Vereinsbetreuer hat selbst keinen Anspruch auf eine Vergütung. Hier ist der Verein Antragsteller, § 7 VBVG (vgl. Rn. 886), das Gleiche gilt bei einem Behördenbetreuer.

1614

---

70 OLG Schleswig BtPrax 2004, 245 (ebenso für Verfahrenspfleger OLG Brandenburg FamRZ 2004, 1982)
71 LG Osnabrück DAVorm 1993, 1234 = BtE 1992/93, 40
72 OLG Zweibrücken BtPrax 1997, 116

9.4 Anhörung im Festsetzungsverfahren

9.4.1 Anhörung des Betreuten

1615 Vor dem 1.1.1999 war das Gericht nach § 69d FGG verpflichtet, den Betreuten **persönlich** anzuhören, bevor es eine Vergütung aus seinem Vermögen festsetzte. Dabei handelte es sich allerdings um eine Soll-Vorschrift. Die persönliche Anhörung konnte unterbleiben, wenn von ihr erhebliche Nachteile für die Gesundheit des Betreuten zu befürchten waren oder der Betreute seinen Willen nicht kundtun konnte. Ob diese Sollvorschrift zwingend in jedem Fall eine persönliche Anhörung erforderlich machte, war umstritten.

1616 Während z.B. *Bienwald*[73], *Damrau/Zimmermann*[74] und *Bassenge/Herbst*[75] auch eine schriftliche Anhörung für ausreichend hielten, war nach *Keidel/Kuntze/Winkler* grundsätzlich die persönliche Anhörung erforderlich (§ 69d FGG Abs. 2 Satz 2). Eine Ausnahme soll danach nur im Rahmen von § 69d Abs. 1 Satz 4 FGG a.F. möglich sein. Eine unmittelbare mündliche Anhörung des Betroffenen forderte auch *Klüsener*.[76]

1617 Ab 1.1.1999 bis 31.8.2009 war die Anhörung des Betroffenen in § 56 Abs. 4 FGG geregelt. Danach ist der Betreute zu hören, bevor gem. § 56g Abs. 1 eine von ihm zu leistende Zahlung festgesetzt wird. Gleiches gilt seit 1.9.2009 gem. § 168 Abs. 4 FamFG.

1618 Nach Abs. 1 zu leistende Zahlungen können sein:

- Vorschuss, Ersatz von Aufwendungen und Aufwandsentschädigung nach §§ 1835, 1835a BGB;
- Vergütungen und Abschlagszahlungen nach §§ 1836 Abs. 2 BGB, § 277 FamFG, §§ 3 bis 8 VBVG;
- die nach §§ 1836c bis 1836e BGB von dem Betroffenen oder seinem Erben an die Staatskasse zu leistenden Zahlungen.

1619 Eine Anhörung des Betreuten ist also **zwingend vorgeschrieben**. Das Gericht hat also keine Möglichkeit mehr, nach eigenem Ermessen von einer Anhörung abzusehen. Eine Verletzung des Grundsatzes hätte im Rechtsmittelverfahren eine Aufhebung und Rückverweisung zur Folge.[77] Eine persönliche Anhörung ist dagegen nicht mehr vorgeschrieben. Es heißt nur noch: „Der Mündel ist zu hören …"

1620 In welcher Weise die Anhörung stattfindet, steht im Ermessen des Gerichts. Bei der Entscheidung dieser Frage sind die Umstände des Einzelfalls zu berücksichtigen. Die Anhörung des Betreuten dient der Gewährung rechtlichen Gehörs, das als Grundrecht in Art. 103 GG verankert ist. Dass die Art der Anhörung sich an den Bedürfnissen und Möglichkeiten des Betreuten und nicht an denen des Gerichts orientiert, ist damit klar gesagt.

1621 Wenn sich aus dem Akteninhalt und der Kenntnis des Gerichts eindeutig ergibt, dass der Betreute in der Lage ist, auch im Rahmen einer schriftlichen Anhörung das Anliegen des Gerichts zu verstehen und seinen Willen kundzugeben, ist ihm ausreichend rechtliches Gehör gewährt, wenn er auf **schriftlichem Wege** Gelegenheit erhält, sich zur beabsichtigten Vergütungsfestsetzung zu äußern.

1622 Dies dürfte aber die Ausnahme sein. Wenn die Anhörung schriftlich erfolgt, sollte das Gericht in jedem Fall ein persönliches Gespräch oder telefonischen Kontakt anbieten, um evtl. noch offene Fragen des Betreuten zu beantworten.

1623 In der Regel ist der Betreute persönlich durch den Rechtspfleger anzuhören, wobei nicht nur die Gewährung rechtlichen Gehörs, sondern auch die Sachverhaltsaufklärung eine Rolle

---

73 § 69d FGG Rn. 2
74 § 69d FGG Rn. 1
75 FGG/RpflG § 69d FGG Anm. 2 a
76 Rpfleger 1991, 231
77 LG Rostock Rpfleger 2001, 234

spielt. Es kommt immer wieder vor, dass Betreute sehr empfindlich reagieren, wenn sie erfahren, dass sie für ihre Betreuung „bezahlen" sollen. Eine persönliche Anhörung, die mit dem gebotenen Einfühlungsvermögen sensibel und für den Betreuten verständlich durchgeführt werden muss, ist hier unerlässlich. Auch hier gilt, dass der Betreute nicht Objekt des Verfahrens ist, sondern an den zu treffenden Entscheidungen zu beteiligen ist.

Wenn die Frage der Vergütung auf diese Weise grundsätzlich mit dem Betreuten mündlich erörtert worden ist, ist es auch zulässig, von ihm eine Erklärung entgegenzunehmen, dass er auch in Zukunft mit der Bewilligung der Vergütung einverstanden ist. **1624**

9.4.2 Zur Bestellung eines Verfahrenspflegers im Festsetzungsverfahren

Da das Gericht keine Möglichkeit hat, von einer Anhörung abzusehen, folgt daraus, dass ein **Verfahrenspfleger** bestellt werden muss, wenn keine Verständigung mit dem Betreuten möglich ist.[78] Nur auf diese Weise ist dann rechtliches Gehör gewährleistet. Auch bei weitreichenden Aufgabenkreisen muss im Vergütungsverfahren aber nicht stets ein Verfahrenspfleger bestellt werden; es kommt vielmehr auf die Verständigungsmöglichkeit mit dem Betreuten an.[79] Eine Bestellung soll laut Rechtsprechung unterbleiben, wenn ein Interesse des Betreuten offensichtlich nicht besteht.[80] **1625**

Legt der **Gegenbetreuer** gegen die Höhe seiner Vergütungsfestsetzung Beschwerde ein und erhalten vor der nachteiligen Beschwerdeentscheidung hiervon weder der Betreuer noch der Betreute Kenntnis, ist die Entscheidung wegen eines **absoluten Beschwerdegrundes** aufzuheben.[81] **1626**

Die Bestellung der **Betreuungsbehörde** als Verfahrenspfleger im Vergütungsfestsetzungsverfahren soll wegen möglicher Interessenkollision möglichst unterbleiben, da die Betreuungsbehörde auch gem. § 279 Abs. 2 FamFG Sachverhaltsaufklärung für das Gericht zu betreiben hat.[82] **1627**

Billigt der Verfahrenspfleger im Vergütungsverfahren einen über den **Höchstsatz** hinausgehenden Stundensatz, ist dies kein wirksames Zugeständnis zu Lasten des Betreuten.[83] **1628**

9.4.3 Anhörung des Erben

Ist der Betreute verstorben, so ist nach § 168 Abs. 4 FamFG der Erbe vor der Festsetzung anzuhören. Dies ist sowohl der Fall, wenn direkt gegen den Erben die Vergütung und ggf. der Aufwendungsersatz festgesetzt werden sollen, als auch, wenn die Staatskasse gem. § 1836e BGB gegen den Erben Regress geltend macht (vgl. zum Anspruch gegen den Erben Kapitel 8, Rn. 1427 ff.). **1629**

Anhörung „des" Erben bedeutet natürlich, dass bei mehreren Erben **alle Erben** anzuhören sind. Nicht anzuhören sind Pflichtteilsberechtigte, Vermächtnisnehmer oder von erbrechtlichen Auflagen Begünstigte. Bei Vor- und Nacherbenschaft sind nur die Vorerben anzuhören. Steht auch der Erbe unter Betreuung oder als Minderjähriger unter elterlicher Sorge, Vormundschaft oder Pflegschaft mit dem Wirkungskreis Vermögenssorge, ist der gesetzliche Vertreter des Erben anzuhören; ist der Erbe unbekannt und ein **Nachlasspfleger** bestellt, so ist dieser anzuhören. **1630**

Da der bisherige Betreuer (und auch bei Regressansprüchen der Vertreter der Staatskasse) oft nicht in der Lage sein wird, im Rahmen der **Mitwirkungspflicht** nach § 168 Abs. 2 FamFG alle Erben zu benennen, und da auch stets die Möglichkeit besteht, dass Erben von **1631**

---

78 BayObLG BtPrax 2004, 159
79 OLG Köln FamRZ 2003, 171
80 OLG Karlsruhe FamRZ 2003, 405
81 BayObLG BtPrax 2004, 195
82 LG Braunschweig FamRZ 2005, 304 m. Anm. Bienwald
83 BayObLG FamRZ 2005, 64

ihrem Ausschlagungsrecht (§§ 1944 ff. BGB) Gebrauch machen, wird das Betreuungsgericht hier oft das Nachlassgericht um Rechtshilfe angehen müssen. Letzteres ist für die Nachlasssicherung zuständig (§§ 1960 ff. BGB; zur örtlichen Zuständigkeit des Nachlassgerichtes siehe §§ 343, 344 FamFG).

1632   Bei Anhörungen nach § 168 Abs. 4 FamFG wird in der Regel eine **schriftliche Anhörung** ausreichend sein; der Erbe kann in die Akten des Betreuungsgerichts Einsicht nehmen, § 13 Abs. 2 FamFG. Darüber hinaus ist der bisherige Betreuer ihm Rechenschaft schuldig (§ 1890, § 667 BGB).

1633   Sind die Erben unbekannt oder ist unklar, ob diese die Erbschaft angenommen haben, ist die Bestellung eines **Nachlasspflegers** durch das Nachlassgericht sinnvoll (§ 1960 BGB). Auch der bisherige Betreuer, der noch einen offenen Vergütungsanspruch hat, ist als Nachlassgläubiger zur Antragstellung berechtigt (§ 1961 BGB). Da der Nachlasspfleger alle Erben gesetzlich vertritt, ist seine Anhörung bei der Entscheidung über den Vergütungsantrag des bisherigen Betreuers ausreichend. Im Beschluss ist den unbekannten Erben aber das Recht vorzubehalten, die persönlichen Haftungsbeschränkungen (§ 1836e BGB i.V.m. § 92 BSHG/§ 102 SGB XII) nachträglich geltend zu machen.[84]

1634   Der Erbe hat dem Gericht Auskunft über den Wert des Nachlasses zu erteilen und auf Anforderung ein **Nachlassverzeichnis** zu erstellen. Eine Versicherung an Eides statt kann von ihm verlangt werden (vgl. § 156 StGB). Eine Erzwingung der Auskunftsverpflichtung ist im Rahmen des § 35 FamFG möglich. Der bisherige Betreuer und Antragsteller hat ebenfalls eine Pflicht, an der Ermittlung der wirtschaftlichen Verhältnisse mitzuwirken (§ 168 Abs. 2 FamFG). Im Regelfall dürfte diese Verpflichtung durch die abschließende Rechnungslegung erfüllt sein (§§ 1890 Abs. 1 i.V.m. 1892 BGB). Der Erbe ist im Rahmen des § 59 FamFG beschwerdeberechtigt. Auch hier gilt die 1-Monatsfrist des § 63 Abs. 1 FamFG.

1635   Keine Einsicht in die Vergütungsabrechnungen soll ein künftiger im Rahmen eines Erbvertrags eingesetzter Erbe des noch lebenden Betreuten bekommen, wenn es dem ausdrücklichen Willen des Betreuten widerspricht.[85]

9.4.4 Anhörung des Bezirksrevisors

1636   Inwieweit der Bezirksrevisor bei Vergütungsbeschlüssen gegen die Staatskasse vor dem Beschluss anzuhören ist, ergibt sich aus landesrechtlichen Verwaltungsvorschriften. An den Bezirksrevisor ist der Vergütungsbeschluss bekannt zu geben. Die frühere Rechtsprechung, wonach Gelegenheit zur Kenntnisnahme nicht ausreicht, ist seit der Neuregelung 2009 obsolet.[86] Die Zustellung an den Bezirksrevisor ist in dem Zeitpunkt bewirkt, in dem die Akten am Dienstsitz des Bezirksrevisors eingehen. Eine spätere Vorlage an den Bezirksrevisor selbst ist unerheblich.[87]

1637   Es ist von einem Verstoß gegen den Grundsatz des rechtlichen Gehörs auszugehen, wenn in dem Festsetzungsverfahren gegenüber den Verfahrensbeteiligten hiervon abgesehen wird. Daher ist auch dem Vertreter der Staatskasse vor Festsetzung der Antrag des Betreuers zur Stellungnahme vorzulegen. Auch die hierauf ergangene Erwiderung des Betreuers ist dem Vertreter der Staatskasse nochmals zur Stellungnahme zu übersenden, wenn dessen Ausführungen für die Entscheidung rechtserheblich sind.[88]

---

84 OLG Thüringen FamRZ 2006, 645
85 OLG Köln FamRZ 2004, 1124
86 LG Göttingen Rpfleger 2001, 30; vgl. auch Justizmin. NRW, Vertretung der Landeskasse bei der Durchführung des BtG, BtPrax 1993, 206; zur Anhörung eines gegenüber dem Betreuten Unterhaltspflichtigen siehe OLG Düsseldorf FamRZ 2001, 1099
87 LG Lüneburg BtPrax 2007, 186 = FamRZ 2007, 1843
88 LG Stuttgart v. 18.1.1999, 10 T 493/98

9.5 Rechtsmittel und Rechtsweg

Für die Festsetzung von Aufwendungsersatz bzw. Vergütung nach § 168 Abs. 1 FamFG ist der Rechtspfleger zuständig, § 15 RpflG enthält insoweit keinen **Richtervorbehalt**. Das gilt auch für Vergütungsanträge von Verfahrenspflegern im Betreuungsverfahren.[89] Wenn ein Richter eine Entscheidung trifft, für die eigentlich der Rechtspfleger zuständig ist, ist die Entscheidung trotzdem wirksam, § 8 Abs. 1 RpflG. Für Vergütungsentscheidungen im Unterbringungsverfahren (z.B. für den Verfahrenspfleger) ist der Richter zuständig.[90]

1638

Der Rechtsweg gegen Festsetzungen von Vergütungen und Aufwendungsersatz und Regressforderungen war bis zum 31.8.2009 speziell in § 56g Abs. 5 FGG geregelt. Eine entsprechende spezielle Regelung fehlt seit 1.9.2009 in dem jetzt maßgeblichen § 168 FamFG, sodass jetzt auch für das Verfahren bzgl. der Betreuervergütung die Vorschriften im allgemeinen Teil des FamFG (§§ 58 ff. FamFG) gelten.

1639

Diese Vorschrift regelt aber nicht nur den Rechtsweg bei Festsetzungen nach § 168 Abs. 1 FamFG, sondern darüber hinaus auch

1640

- bei Entscheidungen nach § 168 Abs. 2 FamFG: Anordnungen des Gerichts in Bezug auf die Darstellung der persönlichen und wirtschaftlichen Verhältnisse des Betreuten; vorläufige Einstellung von Regresszahlungen usw.;
- bei Entscheidungen nach § 168 Abs. 3 FamFG: Anordnungen des Gerichts in Bezug auf Regressforderungen gegen den Erben des Betreuten (siehe dazu auch Kapitel 8, Rn. 1427 ff.).

Rechtsmittel können nur gegen Beschlüsse eingelegt werden. Erfolgt die Betreuervergütung oder die Aufwendungsersatzzahlung durch Verwaltungsanordnung ohne Beschlussfassung (vgl. oben Rn. 1520 ff.), so kann die gerichtliche Festsetzung beantragt werden (§ 4 JVEG), damit im Anschluss daran Rechtsmittel eingelegt werden können.

1641

9.5.1 Allgemeines

9.5.1.1 Vergütungsbeschluss – Rechtsmittelbelehrung

Nach dem FamFG müssen nun auch Beschlüsse, die zu Entschädigungsansprüchen von Vormündern, Pflegern und Betreuern ergehen, eine Rechtsmittelbelehrung enthalten (§ 39 FamFG). Im Vergleich mit der vorher bestehenden Rechtslage – nach dem zuvor geltenden FGG war zuvor keine Rechtsbehelfsbelehrung erforderlich – handelt es sich um einen Fortschritt. Häufig sind Beschwerdeverfahren nur deshalb erfolglos geblieben, weil den Beschwerdeführern die einzuhaltenden Fristen nicht bekannt waren.

1642

Trotzdem zeigen zwei Entscheidungen des BGH, dass eine **Rechtsbehelfsbelehrung** keinen vollständigen Schutz vor Fehlern bietet und eine eigene Prüfung der Anforderungen nicht vollständig ersetzen kann:

1643

In einer Entscheidung des BGH vom 20. Juli 2011[91] ging es um die Zulässigkeit einer Rechtsbeschwerde. In manchen Fällen (z.B. in Vergütungsstreitigkeiten, wenn der Beschwerdewert 600,00 € nicht übersteigt) ist eine Beschwerde gem. § 61 FamFG nur zulässig, wenn Sie vom erstinstanzlichen Gericht ausdrücklich zugelassen wurde. Auch die Möglichkeit der Rechtsbeschwerde zum BGH ist in manchen Fällen gem. § 70 FamFG von einer **Zulassung durch die Vorinstanz** abhängig. Dabei muss die Zulassung ausdrücklich erfolgen, enthält die Entscheidung bzgl. der Zulassung keine Ausführung, gilt dies als Nichtzulassung.[92] Der BGH stellt dazu fest, dass die Zulassung in der Entscheidungsformel oder den Gründen des Beschlusses enthalten sein muss. Es reicht also nicht aus, wenn alleine in der Rechtsbehelfsbe-

---

89 Jürgens/Klüsener § 14 RpflG Rn. 28
90 BayObLG Rpfleger 1993, 483; LG Kaiserslautern FamRZ 1996, 896
91 BGH FamRZ 2011, 1728
92 OLG Schleswig BtPrax 2007, 225 = FamRZ 2008, 75; Jurgeleit/Maier § 168 FamFG Rn. 29

lehrung (irrtümlich) die Möglichkeit der Beschwerde bzw. der Rechtsbeschwerde genannt wird, der Beschluss selbst aber nichts über eine Zulassung des Rechtsmittels aussagt.

1644 In einem Beschluss des BGH vom 15.6.2011[93] geht es um die Frage, welche Angaben in einer Rechtsbehelfsbelehrung enthalten sein müssen und welche Sorgfaltspflichten dem Beschwerdeführer selbst bzw. dem ihn vertretenden Rechtsanwalt obliegen.

1645 Die Rechtsbehelfsbelehrung muss demnach die folgenden Angaben enthalten:

- welches Rechtsmittel statthaft ist,
- welches Gericht für die Entgegennahme zuständig ist,
- die vollständige Anschrift dieses Gerichts,
- die einzuhaltende Form,
- die einzuhaltende Frist sowie
- ggf. einen bestehenden Anwaltszwang (bei Rechtsbeschwerden, vgl. § 10 Abs. 4 FamFG).

Nicht notwendig ist aber eine Belehrung darüber, in welcher Form und innerhalb welcher Frist das Rechtsmittel begründet werden muss und bei welchem Gericht die Begründung einzureichen ist.

1646 Und auch auf eine Auskunft der Geschäftsstelle kann man sich nicht verlassen. In dem entschiedenen Fall (in dem es allerdings um Kindesunterhalt und nicht um betreuungsrechtliche Fragen ging) wurde dem Betroffenen jedenfalls keine **Wiedereinsetzung in den vorigen Stand** gewährt, weil die Berufungsbegründung zunächst auf eine entsprechende Auskunft der Geschäftsstelle hin bei dem Ausgangsgericht und nicht – wie vorgeschrieben – bei dem Beschwerdegericht eingereicht wurde und die Begründung von dort aus erst nach Ablauf der Frist an das Beschwerdegericht übersandt wurde. Der BGH argumentiert insoweit, dass sich die Verfahrensbevollmächtigte des Betroffenen nicht ohne eigene Prüfung auf die Auskunft hätte verlassen dürfen, sie hätte noch einmal selbst die betreffende gesetzliche Vorschrift nachlesen müssen.

1647 Ebenso darf man sich nicht darauf verlassen, dass das unzuständige Gericht irrtümlich dorthin übersandte Schriftsätze unverzüglich weiterleitet. Zwar gebietet der Grundsatz des Anspruchs auf ein faires Verfahren eine gewisse Rücksichtnahme, andererseits darf man von den Gerichten, die vor Überlastung geschützt werden müssen, nicht zu viel verlangen. Diese sind deshalb lediglich verpflichtet, solche Schriftsätze im normalen Geschäftsgang an das zuständige Gericht weiterzuleiten, sie müssen die Sache nicht beschleunigt bearbeiten und den Rechtsmittelführer auch nicht auf seinen Fehler hinweisen. Führt die Weiterleitung im normalen Geschäftsgang dazu, dass der Schriftsatz verspätet bei dem zuständigen Gericht eingeht, geht das zu Lasten des Rechtsmittelführers.

1648 Die Pflicht zur Rechtsbehelfsbelehrung ist also grundsätzlich positiv zu bewerten – zumindest ist der Betroffene dadurch darüber informiert, wo und in welcher Frist er das Rechtsmittel einlegen muss. Das entbindet aber nicht von der Verpflichtung, sich über die weiteren Anforderungen selbst zu informieren und sich ggf. mit den einschlägigen gesetzlichen Vorschriften vertraut zu machen.

9.5.1.2 Wer ist zur Einlegung von Rechtsmitteln berechtigt (§ 59 FamFG)?

1649 Rechtsmittel können nur von Verfahrensbeteiligten (§ 274 FamFG) eingelegt werden, die durch den jeweiligen Beschluss beschwert, also in ihren eigenen Rechten beeinträchtigt sind, § 59 FamFG.

1650 Beschwert ist der Antragsteller (Vormund, Pfleger, Betreuer), wenn das Gericht seinem Antrag nicht in vollem Maße stattgibt. Bei der Bestellung eines Vereinsbetreuers ist der Betreu-

---

93 BGH FamRZ 2011, 1389

ungsverein beschwerdeberechtigt, bei einem Behördenbetreuer die Betreuungsbehörde. Das heißt, dass nicht der Vereinsbetreuer, sondern der Vereinsvorstand (oder der satzungsgemäße Geschäftsführer) die Beschwerde einlegen muss, bei der Betreuungsbehörde der Hauptverwaltungsbeamte (Landrat, Oberbürgermeister) oder die laut kommunaler Geschäftsverteilung für die Einlegung von Rechtsmitteln berechtigte Person, z.B. der Leiter der Organisationseinheit „Betreuungsstelle".

Beschwert ist der gesetzlich Vertretene (Mündel, Pflegling, Betreuter) bzw. sein Verfahrenspfleger, wenn die Ansicht besteht, dass die zugebilligte Entschädigung (Aufwendungsersatz bzw. Vergütung) dem Antragsteller nicht oder nicht in voller Höhe zusteht oder die Staatskasse wegen Mittellosigkeit zur Zahlung verpflichtet sei (§ 1836d BGB). Gleiches gilt für den Erben des verstorbenen gesetzlich Vertretenen (§ 1836e BGB). **1651**

Nicht beschwerdeberechtigt ist der Vertretene aber, wenn eine Vergütung gegen die Staatskasse festgesetzt wird. Diese Entscheidung ist für ihn nicht bindend,[94] hat er Einwände, z.B. wegen der Höhe der bewilligten Vergütung, kann er diese erst geltend machen, wenn er später gem. § 1836e BGB in Regress genommen werden soll. **1652**

Kein Beschwerderecht haben Abkömmlinge des Betreuten gegen Vergütungsbeschlüsse aus dem Betreutenvermögen, solange keine Erbfolge eingetreten ist.[95] **1653**

Der Vertreter der Staatskasse (Bezirksrevisor) ist dann beschwerdeberechtigt, wenn nach seiner Ansicht entweder die zugebilligte Entschädigung nicht oder nicht in dieser Höhe zu gewähren ist oder wenn anstelle der Staatskasse der gesetzlich Vertretene wegen nicht bestehender Mittellosigkeit zahlungspflichtig sein soll. Nähere Einzelheiten zum Beschwerderecht des Vertreters der Staatskasse sind in § 304 FamFG geregelt. **1654**

9.5.1.3 Fristen der Rechtsmittel (§ 63 Abs. 1, 3, § 71 Abs. 1 FamFG, § 11 Abs. 2 RPflG)

Für alle nachträglich beschriebenen Rechtsmittel gilt eine Frist von einem Monat (außer bei der Erinnerung, dort beträgt sie 2 Wochen). Die Frist beginnt mit der schriftlichen Bekanntgabe des Gerichtsbeschlusses an den Beschwerdeberechtigten, ist eine schriftliche Bekanntgabe nicht möglich, beginnt sie spätestens mit Ablauf von fünf Monaten nach Erlass des Beschlusses, § 63 Abs. 1, 3 FamFG. Der Tag, an welchem der Beschluss bekannt gegeben wird, wird bei der Frist nicht mitgerechnet (§ 187 BGB). Ist der letzte Tag der Frist ein Samstag, Sonntag oder gesetzlicher Feiertag, endet die Frist mit dem Ende des darauffolgenden Werktages. **1655**

Beschlüsse sind dem Betroffenen selbst bekannt zu machen. Ist eine solche Bekanntmachung unterblieben, muss sich der Betreute die Kenntnis seines gesetzlichen Vertreters nicht zurechnen lassen. Weder wird hierdurch der Fristbeginn für eine sofortige Beschwerde in Lauf gesetzt noch kann eine spätere Rechtsmitteleinlegung im Namen des Betreuten verwirkt sein.[96] Sollte der Betreuer aufgrund eines Postnachsendeantrags, den dieser nach § 1896 Abs. 4 BGB rechtmäßigerweise stellen durfte, den Beschluss für den Betreuten erhalten, sollte er diesen unverzüglich dem Betreuten selbst zukommen lassen. **1656**

Für den Vertreter der Staatskasse gibt es allerdings in § 304 Abs. 2 FamFG eine Sonderregelung: Die Beschwerdefrist beträgt für ihn 3 Monate, beginnend mit der formlosen Mitteilung der Entscheidung an ihn. **1657**

Wird die Frist unverschuldet versäumt (z.B. Erkrankung, Urlaub), so kann binnen zwei Wochen nach dem Ende der Verhinderung Wiedereinsetzung in den vorigen Stand beantragt werden, §§ 17, 18 FamFG. Innerhalb dieser Frist muss auch die versäumte Rechtshandlung nachgeholt werden. Die Art der Verhinderung ist glaubhaft zu machen. **1658**

---

94 BayObLG FamRZ 2004, 138; Jurgeleit/Maier § 168 FamFG Rn. 31
95 BayObLG BtPrax 1998, 147
96 OLG München BtPrax 2007, 180

1659 Wenn eine Rechtsbehelfsbelehrung unterblieben ist oder fehlerhaft war, wird vermutet, dass ein Versäumnis der Rechtsmittelfrist unverschuldet war, § 17 Abs. 2 FamFG.

9.5.1.4 Abhilfebefugnis

1660 Anders als im früheren Verfahren nach dem FGG kann die Ausgangsinstanz (hier also der Rechtspfleger) Abhilfe schaffen, den Beschluss also abändern, sofern die vom Rechtsmittelführer vorgetragenen Gründe ihn überzeugen, § 68 Abs. 1 FamFG. Eine Beschwerde muss deshalb bei dem Gericht eingelegt werden, dessen Beschluss angefochten wird, § 64 Abs. 1 BGB.

9.5.2 Die einzelnen Rechtsmittel

9.5.2.1 Die Beschwerde

1661 Gegen eine Festsetzung der Vergütung gem. § 168 Abs. 1 FamFG ist immer das Rechtsmittel der Beschwerde (§§ 58 ff. FamFG) gegeben, sofern der Beschwerdewert 600,00 € übersteigt (§ 61 Abs. 1 FamFG).

1662 Der Beschwerdewert ergibt sich aus der Differenz aus dem Beantragten und dem schließlich bewilligten Betrag, nicht etwa alleine aus der ursprünglich beantragten Summe. Beantragt ein Betreuer z.B. eine Vergütung i.H.v. 1000,00 €, werden ihm aber lediglich 600,00 € bewilligt, beträgt der Beschwerdewert lediglich 400,00 €. Die ursprünglich beantragte Summe entspricht nur dann dem Beschwerdewert, wenn es um die Gewährung einer Vergütung als solcher geht (z.B. bei unterbliebener Berufsbetreuerfeststellung, § 286 FamFG) oder wenn es um die Frage geht, ob die gesamte Vergütung aus dem Betreutenvermögen oder der Staatskasse zu zahlen ist.

1663 Wird der Beschwerdewert nicht erreicht, ist die Beschwerde dennoch zulässig, wenn das Gericht des ersten Rechtszugs (hier also das Betreuungsgericht) sie wegen grundsätzlicher Bedeutung der zu beurteilenden Fragestellung ausdrücklich[97] zugelassen hat, § 61 Abs. 3 FamFG. Eine solche grundsätzliche Bedeutung ist gegeben, wenn die zu klärende Rechtsfrage eine über den Einzelfall hinausgehende Bedeutung hat.[98]

1664 Die Entscheidung über die Zulassung der Beschwerde hat von Amts wegen zu erfolgen, es ist also kein entsprechender Antrag nötig. Trotzdem kann es sinnvoll sein, den Rechtspfleger auf offene Rechtsfragen, hinsichtlich derer eine einheitliche Handhabung sinnvoll wäre, hinzuweisen und die Zulassung der Beschwerde anzuregen.

1665 Eine sogenannte Nichtzulassungsbeschwerde ist im Gesetz nicht vorgesehen, auch eine „außerordentliche Beschwerde wegen greifbarer Gesetzwidrigkeit" gibt es nicht.[99]

1666 Andererseits ist das Beschwerdegericht an die Zulassung gebunden. Es kann zwar nicht selbst eine Zulassung nachholen, kann aber auch eine durch die Vorinstanz erfolgte Zulassung nicht aufheben, wenn die Voraussetzungen seiner Ansicht nach nicht vorgelegen haben.[100]

1667 Wie schon oben genannt, ist die Beschwerde innerhalb eines Monats nach Bekanntgabe beim Betreuungsgericht einzulegen. Dies hat durch die Einreichung einer Beschwerdeschrift oder durch Erklärung zur Niederschrift der Geschäftsstelle zu geschehen (§ 64 Abs. 1, 2 FamFG).

1668 Die Beschwerde soll begründet werden, § 65 Abs. 1 FamFG. Es handelt sich bei der Beschwerde um eine weitere Tatsacheninstanz (anders als die Rechtsbeschwerde, die gem. § 72 Abs. 1 FamFG nur noch überprüft, ob die angefochtene Entscheidung auf einer Verlet-

---

97 Siehe dazu oben Rn. 1504 ff.
98 Jurgeleit/Maier § 168 FamFG Rn. 31
99 BGH FamRZ 2007, 1315
100 Jurgeleit/Maier § 168 FamFG Rn. 29

zung des Rechts beruht), deshalb kann eine Beschwerde auch noch auf neue Tatsachen und Beweismittel gestützt werden, § 65 Abs. 3 FamFG.

Der Rechtspfleger kann der Beschwerde selbst abhelfen (z.B. dann, wenn ihn die durch den Beschwerdeführer angegebene Begründung überzeugt), tut er das nicht, muss er die Beschwerde unverzüglich dem dann für die Entscheidung zuständigen Landgericht vorlegen, § 68 Abs. 1 FamFG.

1669

Für die Entscheidung des Landgerichtes über die Beschwerde gilt im Übrigen:

1670

- **Es erfolgt keine Herabsetzung** von Vergütungen im Beschwerdeverfahren, wenn nur der Betreuer, nicht jedoch der Betreute, sein Erbe bzw. der Bezirksrevisor Rechtsmittel eingelegt hatte[101] (Verbot der sogenannten reformatio in peius, es ist also keine Änderung der angefochtenen Entscheidung zu Lasten des Beschwerdeführers zulässig).[102]

- Im Beschwerdeverfahren vor dem Landgericht kann **zusätzlicher Zeitaufwand** geltend gemacht werden (entsprechend der Klageerweiterung in der Berufungsinstanz).[103]

- Im Beschwerdeverfahren gegen die Ablehnung einer Vergütung aus der Staatskasse kann über einen Hilfsantrag auf Gewährung der Vergütung aus dem Vermögen des Betreuten entschieden werden.[104]

- Der Beschwerdegegner kann auch nach Ablauf der Beschwerdefrist eine **unselbstständige Anschlussbeschwerde** erheben.[105]

9.5.2.2 Die Erinnerung

1671

Auch wenn der Wert des Beschwerdegegenstands 600,00 € und weniger beträgt und das Gericht eine Beschwerde nicht zugelassen hat, kann ein Rechtsmittel möglich sein, sofern eine Entscheidung des Rechtspflegers vorliegt.

1672

Die gesetzliche Grundlage hierfür ergibt sich nicht unmittelbar aus dem FamFG, sondern aus dem **Rechtspflegergesetz**, welches sich gegenüber § 168 FamFG als Spezialnorm darstellt. Dort heißt es in § 11 Abs. 2: „Kann gegen die Entscheidung nach den allgemeinen verfahrensrechtlichen Vorschriften ein Rechtsmittel nicht eingelegt werden, so findet die Erinnerung statt, die innerhalb einer Frist von zwei Wochen einzulegen ist."

1673

Im Klartext heißt dies Folgendes: Wenn der Rechtspfleger eine Festsetzung nach § 168 FamFG vorgenommen hat und weder der Wert des Beschwerdegegenstandes 600,00 € überschreitet noch eine Beschwerde zugelassen worden ist, kann die Entscheidung des Rechtspflegers mit der **Erinnerung** angefochten werden. Für die Einlegung der Erinnerung gilt dasselbe wie für die Beschwerde, mit der Ausnahme, dass Erstere binnen 2 Wochen ab Bekanntgabe erfolgen muss. Eine falsche Bezeichnung des Rechtsmittels schadet übrigens nichts.

1674

Der Rechtspfleger hat dann gem. § 11 Abs. 2 RPflG die folgenden Möglichkeiten (wobei auf die Erinnerung die Vorschriften über die Beschwerde sinngemäß anzuwenden sind):

1675

Der Rechtspfleger kann bei diesem Rechtsmittel seiner Entscheidung abhelfen, d.h., er kann sie ändern. Tut er dies nicht, kann er nun immer noch wegen grundsätzlicher Bedeutung die Beschwerde zulassen und die Sache dem Landgericht vorlegen.[106]

Tut er auch das nicht, muss er die Sache dem Betreuungsrichter vorlegen. Der Betreuungsrichter trifft dann entweder die endgültige (und nicht mehr anfechtbare Entscheidung) oder er lässt selbst wegen grundsätzlicher Bedeutung die Beschwerde zu und legt die Sache dann dem Landgericht vor.

1676

---

101 KG OLGZ 1986, 282 = MDR 1986, 1035 = Rpfleger 1986, 477; BayObLGZ 1995, 35; BGH FamRZ 2002, 157; BGH FamRZ 2000, 1569; BayObLG FamRZ 2002, 130
102 Jurgeleit/Maier, § 168 FamFG Rn. 34
103 BayObLG FamRZ 1997, 1563
104 OLG Hamm FamRZ 2004, 1324
105 BayObLG BtPrax 2002, 129 = FamRZ 2002, 130; jetzt ausdrücklich in § 66 FamFG festgelegt.
106 BayObLG FamRZ 2004, 304

9.5.2.3 Die Rechtsbeschwerde (§§ 70 ff. FamFG)

1677 Anders als noch nach dem FGG, dass als weiteres Rechtsmittel in Betreuungs- und auch in Vergütungssachen die (sofortige) weitere Beschwerde zum Oberlandesgericht vorgesehen hatte, gibt es seit dem 1.9.2009 als Rechtsmittel gegen Entscheidungen des Landgerichts die (an die Zulassung gebundene) Rechtsbeschwerde zum BGH. Der Gesetzgeber hat sich davon eine schnellere Vereinheitlichung der Rechtsprechung erhofft. 10 Jahre nach der Gesetzesänderung hat der BGH in zahlreichen Fällen mit Rechtsbeschwerdeentscheidungen tatsächlich für Klarheit gesorgt, dies allerdings oftmals nicht im Sinne der betroffenen Betreuer.

9.5.2.3.1 Erforderlichkeit der Zulassung

1678 In Vergütungssachen ist die Rechtsbeschwerde nur nach einer Zulassung durch das Beschwerdegericht (also das Landgericht) statthaft, § 70 Abs. 1, 2 FamFG.

1679 Es gelten die gleichen Grundsätze wie auch bzgl. der Zulassung der Beschwerde, das Rechtsbeschwerdegericht ist an die Zulassung oder Nichtzulassung durch das Beschwerdegericht gebunden. Es kann die Rechtsbeschwerde aber gem. § 74a Abs. 1 FamFG durch einstimmigen Beschluss zurückweisen, wenn es davon überzeugt ist, dass die Voraussetzungen für die Zulassung nicht vorgelegen haben und die Rechtsbeschwerde keine Aussicht auf Erfolg hat.

1680 Auch hier ist kein Antrag auf Zulassung nötig, es kann aber ratsam sein, anlässlich der Erstbeschwerde das LG auf offenbare allgemein klärungsbedürftige Sachfragen hinzuweisen und die Zulassung der Rechtsbeschwerde anzuregen.

9.5.2.3.2 Form und Fristen, Anwaltszwang

1681 Die Rechtsbeschwerde ist innerhalb einer Frist von 1 Monat einzulegen (§ 71 Abs. 1 FamFG), dabei muss der Beschluss, gegen den sich die Rechtsbeschwerde richtet, bezeichnet werden und es muss die Erklärung erfolgen, dass die Rechtsbeschwerde eingelegt wird. Die Rechtsbeschwerde muss beim Rechtsbeschwerdegericht – also dem BGH – eingelegt werden.

1682 Sofern die Rechtsbeschwerde nicht schon in der Beschwerdefrist selbst begründet wird, muss die Begründung dann innerhalb eines Monats erfolgen, § 71 Abs. 2, 3 FamFG.

1683 Die Rechtsbeschwerde kann nur durch einen beim BGH zugelassenen Rechtsanwalt eingelegt werden, § 10 Abs. 4 FamFG. Es gibt nur ca. 40 beim BGH zugelassene Rechtsanwälte und es ist deswegen nicht immer ganz einfach, rechtzeitig einen zur Übernahme des Mandats bereiten Anwalt zu finden. Gem. § 10 Abs. 4 FamFG i.V.m. den §§ 78b, 78c ZPO kann notfalls beim BGH die Bestellung eines Notanwalts beantragt werden, sofern erfolglose Bemühungen um einen Anwalt nachgewiesen werden können – dazu müssen mehr als vier erfolglose Anfragen dokumentiert werden. Es reicht im Übrigen aus, wenn nur der Beschwerdeführer anwaltlich vertreten ist.

1684 Wird die Beschwerde nicht von einem (beim BGH zugelassenen) Rechtsanwalt eingelegt und unterschrieben, ist die Beschwerde wegen dieses Formmangels bereits unzulässig (und damit ohne weitere inhaltliche Prüfung) zurückzuweisen.[107]

1685 Entsprechend den Regelungen zur Beschwerde ist auch im Falle der Rechtsbeschwerde eine sogenannte Anschlussrechtsbeschwerde möglich (§ 73 FamFG).

9.5.2.3.3 Entscheidung über die weitere Beschwerde

1686 Durch das Rechtsbeschwerdegericht erfolgt gem. § 72 FamFG nur noch eine eingeschränkte Überprüfung der Entscheidung der Vorinstanz. Die Überprüfung beschränkt sich darauf, ob der Vorinstanz Rechtsfehler unterlaufen sind, das wäre u.a. dann der Fall, wenn ein unbestimmter Rechtsbegriff verkannt wurde, von ungenügenden oder verfahrenswidrig zustande

---

107 Bassenge/Roth-Gottwald, FamFG, § 72 Rn. 9

gekommenen Feststellungen ausgegangen wurde, die Vorinstanz wesentliche Umstände außer Acht gelassen hat oder gegen Denkgesetze verstoßen oder allgemein bekannte Erfahrungssätze nicht beachtet hat. Die aus den festgestellten Tatsachen gezogenen Schlüsse der Vorinstanz werden nur daraufhin überprüft, ob sie möglich sind, sie müssen nicht zwingend sein.[108]

Diese Einschränkung der Überprüfbarkeit im Rahmen der Rechtsbeschwerde betrifft auch das Vergütungsverfahren und insbesondere auch Verfahren bzgl. des einem Betreuer zustehenden Stundensatzes gem. § 4 VBVG. Der BGH[109] führt dazu aus:

1687

> „Die Frage, unter welchen Umständen ein Berufsbetreuer im Einzelfall die Voraussetzungen erfüllt, unter denen ihm gem. § 4 Abs. 1 Satz 2 Nr. 1 VBVG eine erhöhte Vergütung zu bewilligen ist, obliegt einer wertenden Betrachtungsweise des Tatrichters. Dessen Würdigung kann im Rechtsbeschwerdeverfahren nur daraufhin überprüft werden, ob der Tatrichter die maßgebenden Tatsachen vollständig und fehlerfrei festgestellt und gewürdigt hat, von ihm Rechtsbegriffe verkannt oder Erfahrungssätze verletzt wurden und er die allgemein anerkannten Maßstäbe berücksichtigt und richtig angewandt hat."

9.5.2.3.4 Sprungrechtsbeschwerde

Wenn es den Beteiligten lediglich darauf ankommt, möglichst schnell eine letztinstanzliche Klärung einer offenen Rechtsfrage herbeizuführen, kann versucht werden, die Beschwerdeinstanz zu „überspringen" und durch eine Sprungrechtsbeschwerde gem. § 75 FamFG gleich eine Entscheidung des BGH herbeizuführen. Da dadurch eine Instanz verloren geht, ist dies aber nur möglich, wenn alle Verfahrensbeteiligten dem zustimmen. Außerdem ist auch die Sprungrechtsbeschwerde von einer Zulassung abhängig, diese muss direkt beim Rechtsbeschwerdegericht – hier also dem BGH – beantragt werden.

1688

9.5.3 Anhörungsrüge (§ 44 FamFG)

Sofern in einem Verfahren der Anspruch auf rechtliches Gehör (Art. 103 Abs. 1 GG) in entscheidungserheblicher Weise nicht gewährt wurde (also ein Verfahrensbeteiligter z.B. keine Gelegenheit erhalten hat, sich zu entscheidungserheblichen Gesichtspunkten zu äußern) und gegen die fragliche Entscheidung kein anderer Rechtsbehelf zur Verfügung steht, kann gem. § 44 FamFG eine Anhörungsrüge erhoben werden.

1689

Die Anhörungsrüge ist innerhalb einer 2-Wochenfrist einzulegen (§ 44 Abs. 2 FamFG). Die Frist beginnt zu dem Zeitpunkt, zu dem der Berechtigte Kenntnis von der Verletzung des rechtlichen Gehörs erhält; beim Betreuer dürfte das i.d.R. das Bekanntwerden des Vergütungsbeschlusses bzw. des Beschlusses des Landgerichts sein, wenn in einem solchen Tatsachen behauptet werden, zu denen sich der Betreuer nicht äußern konnte. Die Rüge ist schriftlich oder zur Niederschrift bei dem Gericht einzulegen, dessen Entscheidung angefochten wird.

1690

Rechtsfolge ist, dass das Verfahren gem. § 44 Abs. 5 FamFG fortgeführt werden muss, soweit dies aufgrund der Rüge geboten ist. Das Verfahren wird also in den Stand zurückversetzt, in dem es sich vor der abschließenden Entscheidung befand. Der Betroffene erhält dann die Möglichkeit, sich zu den entscheidungserheblichen Tatsachen zu äußern und das Gericht muss diesen Vortrag dann bei seiner (erneuten) Entscheidung berücksichtigen.[110]

1691

---

108 OLG Frankfurt/M. FamRZ 2008 1659 (Ls), siehe zu näheren Einzelheiten z.B. Bassenge/Roth-Gottwald, FamFG, § 72 Rn. 5 ff. sowie BtKomm Teil F Rn. 349
109 BGH FamRZ 2012, 113
110 BtKomm Teil F Rn. 353

9.5.4 Kosten des Rechtsmittelverfahrens

1692 Zu den Kosten einer Rechtsbeschwerde ist anzumerken, dass ein Betreuer, der erfolgreich eine Rechtsbeschwerde in Vergütungssachen betrieben hat, dennoch die eigenen Anwaltskosten nach § 10 Abs. 5 FamFG zu tragen hat.

1693 Festgestellt wurde dies vom LG Kleve in einer Kostenentscheidung.[111] Sie folgte der BGH-Rechtsbeschwerdeentscheidung vom 8.1.2014, XII ZB 354/13[112], die eine vorhergehende LG-Entscheidung[113] zugunsten des Berufsbetreuers änderte.

1694 In dem Landgerichtsbeschluss wird die berufliche Betreuungsführung – wie vom BGH vorgegeben – anerkannt. Die Kostenfolge allerdings, obwohl der FamFG-Logik, wonach es keine „Gewinner" und „Verlierer" geben kann, folgend, ist schwer verständlich. Für das Rechtsbeschwerdeverfahren hatte der Betreuer nach § 10 Abs. 4 FamFG einen beim BGH zugelassenen Anwalt zu beauftragen, wofür ein Honorar in mittlerer dreistelliger Höhe erforderlich war. Diese Anwaltsbeauftragung erfolgte, da Eigeninteressen des Betreuers verfolgend, natürlich nicht in gesetzlicher Vertretung des Betreuten nach § 1902 BGB.

1695 In der Kostenentscheidung weist das LG darauf hin, dass § 307 FamFG lediglich gestatte, die Kosten des Betroffenen zu übernehmen (also des Betreuten, nicht des Betreuers). Dem Verfahrenspfleger können sie ebenfalls nicht auferlegt werden (§ 276 Abs. 7 FamFG). Eine Übernahme von Verfahrenskosten anderer Verfahrensbeteiligter (wie hier des Betreuers nach § 274 Abs. 1 Nr. 2 FamFG) ist nicht vorgesehen.

1696 Anders ist das im Zivilprozess, bei dem nach § 91 ZPO die unterlegene Partei die dem Gegner erwachsenen Kosten zu erstatten hat. Im FamFG-Verfahren gibt es einen solchen „Gegner" nicht, obwohl man natürlich an den Betreuten als Zahlungspflichtigen für eine Betreuervergütung denken könnte, ebenso an die Staatskasse im Sinne des § 1836d BGB bei mittellosen Betreuten. Aber weder der eine noch der andere (geschweige denn der Verfahrenspfleger) waren hier dem ursprünglichen Feststellungsantrag des Betreuers entgegengetreten. Eigentlich war es das Landgericht selbst, das durch seine – letztlich vom BGH nicht bestätigte Rechtsauffassung – Anlass zu den Verfahrenskosten des Betreuers gegeben hat.

9.6 Der (Vergütungs-)Festsetzungsbeschluss als Vollstreckungstitel

9.6.1 Allgemeines

1697 Sofern dem Betreuer auch die Vermögenssorge übertragen ist, kann er die ihm zugesprochene Vergütung selbst dem Vermögen des Betreuten entnehmen. Schwierigkeiten entstehen erst, wenn dem Betreuer die Vermögenssorge nicht übertragen wurde oder die Betreuung zwischenzeitlich aufgehoben wurde und der (ehemalige) Betreute die festgesetzte Vergütung nicht freiwillig zahlt oder wenn die Erben eines zwischenzeitlich verstorbenen Betreuten die Zahlung verweigern.

1698 Vor dem 1.1.1999 war zur Durchsetzung von Vergütungsansprüchen eine gerichtliche Bewilligung erforderlich.[114] Durch die Bewilligung des Gerichts wurde der Anspruch jedoch lediglich dem Grunde und der Höhe nach festgestellt. Bei der Bewilligung handelte es sich also nicht um eine Festsetzung der Vergütung. Aufgrund der Bewilligung des Gerichts konnte der Betreuer die Vergütung dem Vermögen des Betreuten entnehmen, wenn er das Vermögen verwaltete. War dies nicht möglich und zahlte der Betreute nicht freiwillig, blieb dem Betreuer nur der Klageweg.[115]

---

111 LG Kleve BtPrax 2014, 182
112 BGH BtPrax 2014, 76
113 LG Kleve BtPrax 2013, 214
114 Bach, Kostenregelungen für Betreuungspersonen, Rn. E.1.10
115 Bach, a.a.O., Rn. E.1.13, E.1.14

Inzwischen kann bereits aus dem Festsetzungsbeschluss in entsprechender Anwendung der Vorschriften der Zivilprozessordnung die Zwangsvollstreckung gegen den Mündel betrieben werden, §§ 86 Abs. 1 Nr. 1, 95 Abs. 1 Nr. 1, Abs. 2 FamFG (vor Inkrafttreten des FamFG ergab sich das aus § 56g Abs. 6 FGG). **1699**

Ein Beschluss, mit dem eine Vergütung, Abschlagszahlung oder Pauschalvergütung gegen das Vermögen des Betreuten festgesetzt wird, ist somit nicht mehr nur eine Bewilligung des Gerichts, sondern ein zur **Zwangsvollstreckung** geeigneter Titel. Dasselbe gilt für Festsetzungsbeschlüsse, die Aufwendungsersatz, Vorschüsse oder pauschale Aufwandsentschädigungen zur Folge haben. **1700**

Die Notwendigkeit des Betreuers, gegen seinen Betreuten zwangsweise vorzugehen, wird in der Praxis (hoffentlich) selten vorkommen. Wenn dies doch einmal der Fall sein sollte, ist Folgendes zu beachten: **1701**

Eine **Zwangsvollstreckung** darf erst beginnen, wenn der Vollstreckungstitel, also die vollstreckbare Ausfertigung des Festsetzungsbeschlusses, mit einer **Vollstreckungsklausel** versehen ist. Diese Klausel wird vom Urkundsbeamten der Geschäftsstelle des Betreuungsgerichts erteilt. Sie lautet: „Vorstehende Ausfertigung wird dem Betreuer usw. … zum Zwecke der Zwangsvollstreckung erteilt." (§§ 724, 725 ZPO). **1702**

Die **vollstreckbare** Ausfertigung des Festsetzungsbeschlusses muss außerdem mit einer Bescheinigung versehen sein, wonach eine Ausfertigung des Beschlusses dem Betreuten zugestellt sein muss. Dieser Zustellungsnachweis kann beim Gericht zusammen mit dem Antrag auf Erteilung der Klausel beantragt werden. **1703**

Hat der Betreuer den vollstreckbaren Titel in Händen, kann er die Zwangsvollstreckung betreiben, z.B., indem er einen Gerichtsvollzieher mit der Pfändung beauftragt oder das Einkommen des Betroffenen pfändet (ein entsprechender **Pfändungs- und Überweisungsbeschluss** ist beim Vollstreckungsgericht zu beantragen). Jedem Zwangsvollstreckungsantrag ist das Exemplar des Vergütungsbeschlusses mit der Vollstreckungsklausel im Original beizufügen; nach der Vollstreckungsmaßnahme erhält der Betreuer diesen Titel zurück. Titulierte Forderungen können 30 Jahre lang vollstreckt werden (§ 197 Abs. 1 Nr. 3 BGB). **1704**

9.6.2 Vollstreckung nach dem Tod der betreuten Person

Die gesetzliche Vertretung der betreuten Person und somit auch die Verfügungsgewalt des Betreuers über Konten dieser Person enden spätestens mit deren Tod.[116] Dem Betreuer wird für offen stehende Aufwendungsersatzansprüche allenfalls ein sog. **Zurückbehaltungsrecht** zugebilligt (vgl. dazu Kapitel 8, Rn. 1465). Er selbst darf die Forderungen nicht mehr dem Vermögen des Verstorbenen entnehmen; dies gilt auch bei sonstiger Beendigung des Amtes.[117] Anspruchsgegner der Forderung ist nach dem Tod der betreuten Person der Erbe[118], da es sich bei noch ausstehenden Vergütungsansprüchen um eine Nachlassverbindlichkeit gem. § 1967 BGB handelt. **1705**

Der Vergütungsfestsetzungsbeschluss ist auch gegen die Erben des verstorbenen Betreuten vollstreckbar. Dies ergibt sich aus der Stellung der Erben als Rechtsnachfolger des Verstorbenen (§ 1967 Abs. 1 BGB). Bei mehreren Erben haften diese als Gesamtschuldner (§§ 2058 ff. BGB), d.h., der Anspruchsberechtigte kann den Gesamtbetrag seiner Forderung bei einem beliebigen Erben vollstrecken (§ 421 BGB). **1706**

Ist der Erbe nicht bekannt, kann sich der Betreuer an einen in solchen Fällen einzusetzenden Nachlasspfleger wenden (ein Recht, die Einsetzung eines Nachlasspflegers zu beantragen, ergibt sich für den bisherigen Betreuer aus § 1961 BGB). Sofern der bisherige Betreuer selbst **1707**

---

116 Paßmann, BtPrax 1994, 202
117 Platz, Bankgeschäfte mit Betreuten, S. 301
118 BayObLG FGPrax 1999, 182 und Beschl. v. 14.3.2001, 3Z BR 28/01, BtPrax 2001, 163; OLG Schleswig NJWE-FER 2000, 149, Thür. OLG FGPrax 2001, 22; a.A.: LG Landshut, 60 T 3159/00

zum Nachlasspfleger bestellt wird (was in der Praxis nicht selten vorkommt – da der ehemalige Betreuer bereits mit den Vermögensverhältnissen vertraut ist, erscheint das häufig als sachdienlich), kann er sich dann allerdings selbst bereits festgesetzte Vergütungsansprüche auf sein Konto überweisen. Dabei handelt es sich nicht um einen Verstoß gegen das Selbstkontrahierungsverbot des § 181 BGB, da der ehemalige Betreuer dann in seiner Funktion als Nachlasspfleger und damit als Vertreter des oder der Erben tätig wird.[119]

1708   Aus dem Verweis auf die Regelungen der ZPO folgt aber auch, dass die dort enthaltenen Regelungen zum Schuldnerschutz auch in Bezug auf die Durchsetzung eines gerichtlich festgesetzten Vergütungsanspruches gelten.[120] Sollte sich herausstellen, dass die Zwangsvollstreckung aus einem Vergütungsbeschluss erfolglos bleibt (weil das Geld inzwischen ausgegeben wurde), ergibt sich für den (ehemaligen) Betreuer häufig das Problem, dass der betreffende Beschluss inzwischen rechtskräftig geworden ist und daher nicht mehr mit einem Beschwerdeverfahren eine Zahlung aus der Staatskasse erreicht werden kann. In solchen Fällen billigt die Rechtsprechung dem Betreuer die Möglichkeit zu, trotz der bereits eingetretenen Rechtskraft einen erneuten Antrag auf Zahlung aus der Staatskasse zu stellen.[121]

1709   Die Staatskasse kann ihre Regressansprüche nach gerichtlicher Festsetzung ebenfalls gegen den Erben vollstrecken (§ 1 Abs. 1 Nr. 4 b JBeitrO).

9.7 Zum Umgang mit Gerichtsbeschlüssen

1710   Das Recht der Betreuervergütung gründet sich im Wesentlichen auf Rechtsprechung. In diesem Buch werden zahlreiche Rechtsprechungsbeispiele genannt, sofern veröffentlicht, mit so vielen Zitatstellen aus Fachzeitschriften wie möglich, um die Auffindbarkeit der einzelnen Entscheidungen zu erleichtern. Hin und wieder ist eine Entscheidung (mit Datum und AZ) erwähnt, die unseres Wissens nicht in einer Fachzeitschrift veröffentlicht ist. Sollte ein solches Dokument für die konkrete Arbeit notwendig werden, so kann dieses beim Gericht angefordert werden, das den Beschluss erlassen hat. Pro Seite werden in der Regel 0,50 € in Rechnung gestellt, z.T. gibt es auch darüber hinausgehende Verwaltungsgebühren (z.B. in Baden-Württemberg 16,00 € gem. der Anlage Nr. 5 zu § 1 Abs. 2 LJKG). Dies kann mit folgendem Musterbrief geschehen:[122]

Betreuer – Name, Adresse, Rufnummer

An das … -gericht ....

Ort/Datum

Anforderung einer Entscheidung des Gerichts, Az.: …

Sehr geehrte Damen und Herren,

zur Beurteilung einer vergütungsrechtlichen Angelegenheit benötige ich die von Ihnen zu Aktenzeichen … mit Beschluss vom … ergangene Entscheidung. Ich bitte um Übersendung unter Angabe der bei Ihnen entstandenen Kosten. Vielen Dank für Ihre Unterstützung!

Mit freundlichem Gruß

———————

(Unterschrift)

---

119 Platz, Bankgeschäfte mit Betreuten, S. 301
120 Jurgeleit/Maier § 168 FamFG Rn. 40
121 BayObLG BtPrax 2004, 73
122 Nach Meier/Deinert, Handbuch Betreuungsrecht, S. 318

In diesem Zusammenhang sei darauf hingewiesen, dass Gerichtsentscheidungen nur insoweit dem Datenschutz unterliegen, als dort personenbezogene Daten der Beteiligten (Namen, Adressen) vorhanden sind. Werden diese unkenntlich gemacht (nicht aber das Aktenzeichen), ist eine Weitergabe von Gerichtsentscheidungen an andere Personen, Berufsverbände und Fachzeitschriften nicht nur zulässig, sondern auch angebracht, um auf diese Weise die Rechtsentwicklung zu unterstützen. Meist zahlen Fachzeitschriften ein Abdruckhonorar für Gerichtsbeschlüsse (ca. 25,00 €).

1711

10 Entstehen und Erlöschen der Ansprüche

10.1 Regelung durch das 1. BtÄndG 1999

10.1.1 Allgemeines

Mit dem 1. BtÄndG war seit dem 1.1.1999 eine einheitliche Ausschlussfrist von 15 Monaten bestimmt worden (§ 1835 Abs. 1 Satz 3). Diese bezog sich vor der Pauschalierung 2005 auf die einzelnen Betreuertätigkeiten[1] und gilt auch für die Abrechnungen nach dem Tod des Betreuten. Dies gilt sowohl für Aufwendungsersatz (§ 1835 Abs. 1 Satz 3 BGB) als auch entsprechend § 2 VBVG für Vergütungen nach Zeitaufwand (§§ 3, 6 VBVG, §§ 277, 318 FamFG[2]) sowie für die Ansprüche von Nachlasspflegern.[3] Unabhängig davon empfahl es sich auch bisher generell, die abschließenden Vergütungsanträge möglichst zeitnah nach dem Tod des Betreuten oder dem Ende einer Betreuung zu stellen. **1712**

Nicht eindeutig geregelt ist die Frage, ob auch ein ehrenamtlicher Betreuer, der einen Vergütungsanspruch nach § 1836 Abs. 2 BGB hat (siehe dazu unter Vergütung ehrenamtlicher Betreuer im Kapitel 6, Rn. 402 ff.), seinen Vergütungsanspruch innerhalb von 15 Monaten nach der Beendigung seines Amts geltend machen muss. Wenn man sich auf den Standpunkt stellt, dass die Regelungen über Abschlagszahlungen und das Erlöschen von Vergütungsansprüchen in § 1836 Abs. 2 BGB generelle Regelungen für die Gewährung von Vergütungen sind, ist diese Frage zu bejahen. Vertritt man den Standpunkt, dass diese Regelungen nur für Berufsbetreuer gelten, ist die Frage zu verneinen. **1713**

In früherer Auflage vertraten wir die Auffassung, dass die Regelung über das Erlöschen von Ansprüchen in § 2 VBVG, genau wie die über die Abschlagszahlung (§ 3 Abs. 4 VBVG), eine generelle Vergütungsregelung ist, die auch für ehrenamtliche Betreuer gilt. Verneinte man dies, wäre der Vergütungsanspruch eines ehrenamtlichen Betreuers als familienrechtlicher Anspruch nach § 197 BGB nach früherem Recht erst nach 30 Jahren erloschen (siehe zu den Auswirkungen der Neuregelungen des 2. BtÄndG unter Rn. 436 ff.). Inzwischen ist die Sonderverjährung für familienrechtliche Ansprüche aus dem Gesetz gestrichen, sodass hier die allgemeine Verjährung von drei Jahren (§§ 195, 199 Abs. 3 BGB) in Frage käme. Allerdings würde die Verjährung generell während des Bestehens der Betreuung nicht beginnen (§ 207 Abs. 1 Nr. 4 BGB). **1714**

Für Aufwendungsersatz und Aufwandsentschädigung ist in § 1835 Abs. 1 Satz 3, 2. Halbsatz bzw. § 1835a Abs. 4, 2. Halbsatz BGB und in § 2 VBVG (für berufliche Vormundschaften und Betreuungen) geregelt, dass die Geltendmachung beim Betreuungsgericht auch als Geltendmachung gegenüber dem Mündel gilt. Der Anspruch gegen den Betroffenen ist also nicht erloschen, wenn der Betreuer ihn fristgerecht beim Betreuungsgericht geltend gemacht hat, sich aber im Nachhinein herausstellt, dass der Betreute zahlungspflichtig ist. So empfahl der Gesetzgeber in den Materialien zum ursprünglichen Betreuungsgesetz: **1715**

Ist die finanzielle Situation unklar, empfiehlt es sich für den Vormund, seinen Anspruch vorsorglich gegen die Staatskasse geltend zu machen. Mit der Geltendmachung des Anspruchs gegen die Staatskasse beim Betreuungsgericht wird, … auch einer Verfristung des Anspruchs gegen den Mündel begegnet. Der Vormund soll nicht gezwungen sein, aus Fristwahrungsgründen sowohl die Staatskasse als auch vorsorglich … den Mündel selbst in Anspruch zu nehmen.[4] **1716**

---

1 OLG Schleswig BtPrax 2002, 271 = FamRZ 2002, 1288 sowie BayObLG NJW-RR 2003, 438; BayObLG FamRZ 2003, 325
2 LG Münster, Beschl. v. 14.4.2008, 5 T 153/08, FamRZ 2008, 1659 (Ls)
3 LG Berlin FamRZ 2004, 1518; KG FamRZ 2006, 225; KG FamRZ 2006, 651; OLG Zweibrücken FamRZ 2007, 1271; OLG Zweibrücken BtPrax 2007, 267 (Ls)
4 BR-Drs. 13/7158, S. 22

1717 Für Vergütungen des Betreuers fand sich in § 1836 BGB bis 30.06.2005 keine vergleichbare Regelung. Zu fragen war, ob der Gesetzgeber bei Vergütungsansprüchen bewusst keine Regelung wollte, wonach die Geltendmachung beim Betreuungsgericht auch als Geltendmachung gegenüber dem Betreuten gilt, oder ob eine solche Regelung vergessen wurde. Seit 1.7.2005 ist in § 2 VBVG eine entsprechende Regelung enthalten. Diese ist auch nach der Vergütungsreform 2019 unverändert geblieben.

1718 Der bei Gericht gestellte Antrag auf Festsetzung einer Vergütung aus dem Vermögen des Betroffenen wahrt die Ausschlussfrist auch für einen späteren Antrag auf Festsetzung gegen die Staatskasse, falls sich ohne Verschulden des Betreuers ergibt, dass ein Beschluss gegen den Betreuten oder seinen Erben nicht vollstreckbar ist.[5] Der Antrag auf eine RVG-Vergütung durch einen anwaltlichen Betreuer (i.V.m. § 1835 Abs. 3 BGB – Aufwendungsersatz für berufliche Dienste, vgl. dazu Rn. 280 ff.) wahrt ebenfalls die Frist für eine Vergütung nach dem VBVG.[6]

1719 Kann der Betreuer seine Aufwendungen oder die Aufwendungspauschale ohne eine gerichtliche Geltendmachung aus dem Vermögen des Betreuten entnehmen, weil die Vermögenssorge zu seinem Aufgabenkreis gehört, wird man die Fristen so verstehen müssen, dass die Entnahme nach Ablauf der Frist nicht mehr zulässig wäre, weil der Anspruch dann erloschen ist.[7] Eine Verjährung muss vom Betreuten nicht dagegen eingewendet werden. Siehe zum etwaigen Verzicht auf ein Festsetzungsverfahren für die Vergütung unter Kap. 9, Rn. 1545 ff.

1720 Fällt der letzte Tag der Frist auf einen Sonnabend, Sonntag oder gesetzlichen Feiertag, so ist nach § 193 BGB, § 16 Abs. 2 FamFG die Antragstellung noch am nächsten Werktag möglich.

10.1.2 Ausgewählte Rechtsprechung zur Ausschlussfrist

1721 **Die Verlängerung der Ausschlussfrist** setzt einen konkreten Antrag voraus, der vor Fristablauf an das Betreuungsgericht gerichtet sein muss.[8]

Keine Wiedereinsetzung bei Versäumung der Ausschlussfrist, auch nicht bei langer schwerer Erkrankung des Betreuers.[9]

Die Ausschlussfrist von 15 Monaten gilt auch, wenn ein anwaltlicher Betreuer Ansprüche geltend macht.[10]

Die Ausschlussfrist gilt auch für Erstattungsansprüche von Verfahrenspflegern[11] und von Nachlasspflegern.[12]

Zur Versäumung der Ausschlussfrist, wenn der Rechtspfleger bzw. Bezirksrevisor den Betreuer von der rechtzeitigen Stellung des Antrags abgehalten hat.[13]

Die Geltendmachung der Vergütungsansprüche setzt voraus, dass die Zeitansätze einem konkreten Lebenssachverhalt zugeordnet werden können. Die Angabe von Stundenzahlen pro Kalenderjahr, multipliziert mit Stundensätzen, genügt nicht.[14]

---

5 BayObLG BtPrax 2004, 73 = FamRZ 2004, 305; OLG Hamm FamRZ 2007, 854 (Ls) = BtPrax 2007, 255; LG Mönchengladbach FamRZ 2007, 357; LG Saarbrücken BtPrax 2009, 42 = FamRZ 2009, 1094 LG Zwickau FamRZ 2009, 250; OLG Frankfurt/Main FGPrax 2009, 160
6 LG München I FamRZ 2008, 2296
7 Jürgens u.a., Betreuungsrecht Kompakt Rn. 274
8 OLG Frankfurt/Main FamRZ 2003, 1414 = BtPrax 2003, 220
9 LG Koblenz FamRZ 2003, 1970; BayObLG FamRZ 2004, 1137; OLG Schleswig FamRZ 2002, 1288
10 OLG Schleswig NJW 2003, 1538 = FGPrax 2003, 127; OLG Frankfurt/Main FamRZ 2004, 1518
11 OLG Koblenz FamRZ 2002, 1355 und FamRZ 2003, 168; BayObLG Rpfleger 2003, 578
12 LG Berlin FamRZ 2004, 1518; KG FamRZ 2006, 225; KG FamRZ 2006, 651; OLG Zweibrücken FamRZ 2007, 1271; OLG Zweibrücken BtPrax 2007, 267 (Ls)
13 OLG Frankfurt/Main FamRZ 2002, 194 = BtPrax 2001, 261; OLG Koblenz FamRZ 2003, 190
14 OLG Schleswig BtPrax 2004, 245; OLG München BtPrax 2006, 80 = FamRZ 2006, 891; (ebenso für Verfahrenspfleger OLG Brandenburg FamRZ 2004, 1982)

Keine Pflicht des Betreuungsgerichtes, auf den Ablauf der gesetzlichen Frist und die damit verbundenen Folgen hinzuweisen.[15]

Eine Verlängerung der gesetzlichen Ausschlussfrist setzt voraus, dass das Betreuungsgericht dem Betreuer einen Schlusszeitpunkt für die Einreichung seines Antrags mitteilt. Die bloße Erinnerung an die Nachreichung von Tätigkeitsnachweisen kann nicht als Fristverlängerung verstanden werden.[16]

Die Verjährungsfrist für den Anspruch eines Betreuungsvereins, ihm Mehrwertsteuer nachzuvergüten, beginnt erst mit Ablauf des Jahres, in dem dem Betreuungsverein der Bescheid des Finanzamtes über die Feststellung der Steuerschuld zugestellt wurde.[17]

Die Vergütungsansprüche des Berufsbetreuers gegen die Staatskasse verjähren nach zwei Jahren.[18] Für titulierte Forderungen gegen den Betreuten bzw. den Erben gilt die allgemeine Verjährungsfrist von 30 Jahren (§ 195 BGB).

Der **Ersatzanspruch der Staatskasse** erlischt zudem drei Jahre nach dem Tod des Betreuten (§ 1836e Abs. 1 Satz 3 Abs. 1 BGB i.V.m. § 102 SGB XII). Eine Hemmung bzw. Unterbrechung entsprechend den BGB-Bestimmungen ist möglich (§§ 202 ff. BGB).

Die Anmeldung einer Betreuervergütung wahrt die fünfzehnmonatige Ausschlussfrist nur in der Höhe, in der der Vergütungsanspruch auch tatsächlich geltend gemacht wird. Dabei ist eine Bezifferung hinsichtlich der Pauschalvergütung nicht erforderlich, jedoch die Mitteilung der für die Bemessung maßgebenden Tatsachen. Nach Fristablauf ist eine über die Anmeldung hinausgehende Nachforderung ausgeschlossen.[19]

10.2 Fristen bei der Aufwandspauschale (§ 1835a BGB)

1722 Die Aufwandspauschale muss innerhalb von drei Monaten nach Ablauf des Jahres, in dem sie entstanden ist, geltend gemacht werden. Andernfalls erlischt der Anspruch. Die Geltendmachung beim Betreuungsgericht gilt dabei auch als Geltendmachung gegenüber dem Betreuten, § 1835a Abs. 4 BGB.

1723 Die Formulierung ist insoweit missverständlich, als in § 1835a BGB zweimal der Begriff „Jahr" vorkommt. Wenn zunächst in Absatz 2 die Rede davon ist, dass der Anspruch erstmals nach Ablauf eines Jahres entsteht, dann ist damit das wiederkehrende Datum der Betreuerbestellung gemeint; mit dem „Jahr" in Absatz 4 hingegen ist das Kalenderjahr gemeint[20], d.h., die Aufwandspauschale ist spätestens bis zum 31.3. des Folgejahres geltend zu machen[21] (vgl. dazu auch Rn. 374 ff.)

1724 Die Auffassung des *LG Koblenz*[22], in den Fällen eine abweichende Frist zugrunde zu legen, in denen eine Betreuung schon länger eingerichtet ist (hier Gebrechlichkeitspflegschaft vor 1992), wird nicht geteilt. Hiernach wäre fiktiv von einer Betreuerbestellung zum 31.12. des Vorjahres auszugehen. Im Folgejahr entstünde der Anspruch des Betreuers am 31.12. und erlischt am 31.3. des nächsten Jahres.[23]

1725 Die Versäumung der Antragsfrist des § 1835a Abs. 4 BGB kann nicht mit Krankheit entschuldigt werden.[24] Allerdings kann die Versäumung der Antragsfrist nach dem Grundsatz von

---

15 BayObLG FamRZ 2004, 1137; OLG Dresden FamRZ 2004, 137, LG Koblenz FamRZ 2006, 970; ebenso für Nachlasspfleger KG FGPrax 2005, 264
16 OLG Schleswig, FamRZ 2006, 890 = BtPrax 2006, 118
17 OLG Köln FamRZ 2005, 239
18 BayObLG FamRZ 2000, 1455
19 OLG Hamm BtPrax 2009, 130 = FamRZ 2009, 1182
20 Vgl. BR-Drs. 960/96, S. 24
21 LG Koblenz BtPrax 2002, 88; LG Hannover 15 T 1151/01 und 66 T 2048/01; OLG Celle FamRZ 2002, 1591; OLG Frankfurt/Main BtPrax 2004, 243 = FamRZ 2005, 393
22 LG Koblenz FamRZ 2002, 1291
23 LG Koblenz, a.a.O.
24 LG Koblenz FamRZ 2001, 934 = BtPrax 2001, 88; vgl. auch OLG Frankfurt/Main FGPrax 2001, 205; BayObLG FamRZ 2001, 189, erneut LG Koblenz FamRZ 2003, 1970

Treu und Glauben unschädlich sein, wenn der ehrenamtliche Betreuer von der rechtzeitigen Geltendmachung durch einen fehlerhaften Hinweis des Betreuungsgerichts über die Verwendung eines zu verwendenden Hausvordruckes und dessen verspäteter Übersendung abgehalten wurde.[25] Keine Treuwidrigkeit des Gerichtes soll bestehen, wenn es den ehrenamtlichen Betreuer nicht auf die rechtzeitige Beantragung der Aufwandspauschale aufmerksam macht.[26]

1726 Ist die Erlöschensfrist des § 1835a Abs. 4 BGB eingehalten worden, kam es aber zu keiner Auszahlung der Pauschale, verjährt der Anspruch auf die Aufwandspauschale in 3 Jahren.[27] Die Neuregelung des Verjährungsrechtes am 1.1.2010 verkürzte diese familienrechtliche Verjährungsfrist von zuvor 30 auf nunmehr drei Jahre (§§ 195, 199 BGB).

10.3 Fristen bei der Pauschalvergütung ab 1.7.2005 (§§ 4, 5, 7 VBVG)

1727 Vor dem 1. Juli 2005 stand es dem beruflichen Betreuer frei, wann er seinen Vergütungsantrag stellte, wobei sich der Antrag auf Tätigkeiten der letzten 15 Monate vor Antragseingang beim Betreuungsgericht beziehen konnte. In der Praxis hatten sich meist Abrechnungsrhythmen von 3, 6 oder 12 Monaten eingebürgert, auch im Hinblick auf Wünsche der Betreuungsgerichte.

1728 Seit dem 1.7.2005 bestimmt § 9 VBVG für die pauschale Betreuervergütung einen Abrechnungszeitraum von drei Monaten. Vor Ablauf von drei Monaten kann der Betreuer demnach die pauschale Betreuervergütung (außer im Falle vorzeitiger Beendigung der Betreuung) nicht abrechnen. Danach kann der Betreuer **genau die drei vergangenen Betreuungsmonate** abrechnen. Erst nach dem Ende der nächsten drei Monate entsteht die nächste Abrechnungsmöglichkeit. Allerdings ist der Betreuer nicht gezwungen, tatsächlich stets nur drei Monate abzurechnen. Er kann, so lange die 15-Monatsfrist des § 2 VBVG noch nicht abgelaufen ist, den Ablauf mehrerer Dreimonatszeiträume abwarten und dann 6, 9, 12 oder 15 Monate abrechnen.

1729 Andere Kombinationen sind **nicht zulässig**[28] (vgl. aber unten zur Sondersituation der Altfälle). Etwas anderes gilt jedoch, wenn die Betreuung insgesamt endet oder ein Betreuerwechsel eintritt. Dann kann entsprechend der h.M. zur Aufwandspauschale des § 1835a BGB auch der Anspruch auf pauschale Betreuervergütung für den angefangenen Abrechnungszeitraum sofort abgerechnet werden.[29]

1730 Fraglich ist, ob sich daraus ein Zinsanspruch für den Fall ergibt, dass der Vergütungsantrag erst nach längerer Zeit beschieden wird.

1731 Bei der Bearbeitung von Vergütungsanträgen nach dem früher nachzuweisenden Zeitaufwand entsprechend früherer Rechtslage ist es immer wieder zu **Verzögerungen** gekommen, die z.T. existenzbedrohende Auswirkungen für den Betreuer gehabt haben konnten. Schließlich musste ein Betreuer ohnehin einige Zeit in Vorleistung treten, also einige Monate lang arbeiten, bevor er abrechnen konnte. Der Gesetzgeber hatte diesen Fall nicht bedacht und – außer der Möglichkeit, gem. § 1836 Abs. 2 BGB eine Abschlagszahlung zu verlangen – keine Rechtsmittelmöglichkeit geschaffen. Es gibt deshalb keine sogenannte Untätigkeitsbeschwerde.[30]

1732 Auch ein Anspruch auf **Verzinsung** der Betreuervergütung – der als Druckmittel für eine zeitnahe Bearbeitung von Vergütungsanträgen hätte eingesetzt werden können – ist jedenfalls für solche „Altfälle" nicht gegeben. Ein Anspruch auf Zinsen entsteht nämlich erst ab der Fälligkeit einer Forderung. Der Vergütungsanspruch wird aber erst dann fällig, wenn der

---

25 OLG Frankfurt/Main BtPrax 2001, 257
26 LG Koblenz FamRZ 2006, 970; ähnlich LG Meiningen, Beschl. v. 11.12.2006, 3 T 315/06
27 BayObLG FamRZ 2000, 561, 562; OLG Frankfurt/Main FamRZ 2002, 989
28 A.A.: LG Wuppertal, Beschlüsse v. 13.6.2006, 6 T 8/06 und v. 2.8.2006, 6 T 452/06, BtPrax 2006, 238 (Ls)
29 BtKomm/Dodegge F Rn. 60; Fröschle, BtR, Rn. 338
30 Vgl. BayObLG FamRZ 1998, 438

entsprechende Beschluss ergangen ist. Zinsen können deshalb nur in dem seltenen Fall verlangt werden, dass der Beschluss ergangen ist, aber die Auszahlung trotzdem nicht zeitnah erfolgt.[31]

Vom Wortlaut der Neuregelung des § 9 Satz 1 VBVG her scheint der Anspruch auf die Vergütung tatsächlich nach jeweils drei Monaten für die zurückliegenden drei Monate fällig zu werden. Mit den Worten „kann verlangen" wird innerhalb des BGB nämlich üblicherweise die Fälligkeit eines Anspruchs beschrieben.[32] Die Konsequenz wäre dann im Falle einer verzögerten Bearbeitung gem. § 288 BGB ein Anspruch auf Verzugszinsen.   **1733**

Dafür spricht der Umstand, dass die Entscheidung über Vergütungsanträge seit 2005 nicht mehr von der komplexen und zeitaufwendigen Überprüfung der in Ansatz gebrachten Zeiten abhängen und Verzögerungen ihre Ursachen häufig in der Sphäre des Gerichts haben dürften. Solche Gründe, wie etwa eine schlechte personelle oder technische Ausstattung eines Gerichts, dürfen dem Betreuer aber nicht zum Nachteil gereichen.   **1734**

Andererseits lässt sich den Materialien zum Gesetzgebungsverfahren nicht entnehmen, dass der Gesetzgeber tatsächlich eine **Regelung zur Fälligkeit** treffen und eine Pflicht zur Verzinsung schaffen wollte. Es handelt sich bei der in § 9 VBVG gewählten Formulierung deshalb möglicherweise auch nur um eine sprachliche Ungenauigkeit.   **1735**

Es sind auch Fallgestaltungen denkbar, in denen eine Pflicht zur Verzinsung zu zweifelhaften Ergebnissen führen würde. Ein Beispiel: Dem Betreuer wurde lediglich die Gesundheitssorge, nicht auch die Vermögenssorge übertragen. Der Betreute macht erst nach längerer Zeit und mehreren Anmahnungen durch das Gericht die Angaben, die belegen, dass er mittellos ist und eine Zahlung aus der Staatskasse erfolgen muss. Es erscheint nicht als einsichtig, dass dadurch Zinsansprüche zu Lasten der Staatskasse entstehen sollten. Auch kann kaum davon ausgegangen werden, dass der Gesetzgeber schon für den Zeitraum, den gegebenenfalls eine Stellungnahme des Bezirksrevisors in Anspruch nimmt, einen Anspruch auf Verzinsung schaffen wollte.   **1736**

Es bleibt abzuwarten, wie die Gerichte den Wortlaut des § 9 VBVG bewerten und ob es ihnen gelingt, insoweit sachgerechte Lösungen zu finden, die zumindest im Falle einer unnötigen Verzögerung der Bearbeitung zu einem Zinsanspruch führen. Der BGH hat sich ersichtlich mit der Frage bisher nicht befasst.   **1737**

Das *OLG Rostock* entschied jedenfalls gegen eine Verzinsung:

> Der Vergütungsanspruch des Betreuers ist nicht ab Antragstellung zu verzinsen. Weder § 1836 BGB noch eine der Bestimmungen des Gesetzes über die Vergütung von Vormündern und Betreuern (VBVG) sprechen eine derartige Verpflichtung aus. Auch wenn der Betreuer seine Vergütung gem. § 9 VBVG nach Ablauf von jeweils drei Monaten geltend machen kann, folgt allein aus der Fälligkeit des Anspruchs noch nicht dessen Verzinslichkeit. Die Verzinsungspflicht lässt sich weder aus einer entsprechenden Anwendung des § 291 BGB noch des § 104 Abs. 1 S. 2 ZPO ableiten, da zwischen einem streitigen Verfahren zwischen den Parteien eines Zivilprozesses und dem Anspruch des Betreuers gegen die Staatskasse ein erheblicher Unterschied besteht.[33]

10.4 Beginn des Abrechnungszeitraums bei der Pauschalvergütung

Auch für § 9 Abs. 1 VBVG muss geklärt werden, wann der erste Abrechnungszeitraum beginnt. Daraus ergeben sich dann zwangsläufig die Folgezeiträume. Einfach ist dies bei der erstmaligen Betreuerbestellung nach Inkrafttreten des 2. BtÄndG am 1.7.2005. Maßgeblich ist die Bekanntgabe der Betreuerbestellung an den Betreuer, § 287 Abs. 1 FamFG, wobei die Bekanntgabe auch mündlich gegenüber dem in der Anhörung anwesenden künftigen Be-   **1738**

---

31   OLG Hamm BtPrax 2003, 81; LG Stuttgart BtPrax 1999, 158
32   Vgl. § 271 Abs. 1 BGB
33   OLG Rostock, Beschl. v. 1.3.2007, 3 W 144/05, OLGR 2007, 583 JurBüro 2007, 323 (LS) = FGPrax 2007, 229 = FamRZ 2007, 1690

treuer erfolgen kann Ab dem Beginn des folgenden Tages[34] besteht der Vergütungsanspruch (§ 187 BGB), unabhängig von der tatsächlichen Tätigkeit des Betreuers oder dem Umfang der Aufgabenkreise. Soweit der Empfang des schriftlichen Beschlusses nicht sicher festgestellt werden kann (z.B. durch Empfangsbekenntnis), enthält § 15 Abs. 2 FamFG die gesetzliche Vermutung, dass der Beschluss 3 Tage nach Aufgabe zur Post als zugestellt gilt.

1739   Ist die sofortige Wirksamkeit der Betreuerbestellung angeordnet, beginnt der Vergütungsanspruch unter Umständen bereits, **bevor der Betreuer von seiner Bestellung Kenntnis** hat.[35] Denn in diesem Falle führen auch die Bekanntgabe an den Betreuten, seinen Verfahrenspfleger oder die Übergabe der Gerichtsakte an die Geschäftsstelle des Betreuungsgerichts zur Rechtswirksamkeit des Beschlusses (§ 287 Abs. 2 FamFG). Das maßgebliche Datum ist in diesem Fall auf dem Beschluss selbst zu vermerken.

1740   Auch bei der Anordnung sofortiger Wirksamkeit beginnt der Vergütungszeitraum mit Bekanntgabe der Betreuerbestellung durch den Betreuungsrichter an den Betreuer, auch wenn der Vorgang erst später der Geschäftsstelle zur Bekanntmachung übergeben wurde.[36] Dies kann z.B. durch Verlesen der Beschlussformel in Anwesenheit des (künftigen) Betreuers während der Anhörung geschehen (§ 41 Abs. 2 FamFG).

1741   Bei allen Altfällen, also Betreuungen, die am 1.7.2005 bereits bestanden, sei die Bestimmung so auszulegen, dass die Abrechnungsperiode nach § 9 VBVG (anders als für die Stundenansätze der nach § 5 VBVG relevanten Monate) nicht vom Beginn der Betreuung an zu rechnen ist, sondern generell ab Inkrafttreten des 2. BtÄndG am 1.7.2005.[37] Mit dem Inkrafttreten der Vergütungsreform 2019 am 27.7.2019 beginnt kein neues Abrechnungsquartal. Vielmehr läuft das begonnene Abrechnungsquartal weiter. Allerdings sind die Stundenansätze monatsweise zu teilen. So kann es sich zu Beginn des neuen Rechtes ergeben, dass 2 Monate des Quartals nach altem Vergütungsrecht und eines nach neuem oder umgekehrt abzurechnen sind (§ 12 VBVG).

1742   Für den Betreuerwechsel hat der Bundesgerichtshof entschieden, dass das Abrechnungsquartal nach § 9 VBVG mit der Wirksamkeit der neuen Betreuerbestellung neu beginnt.[38] Es sei nicht erforderlich, die Abrechnungsperioden des § 9 Satz 1 VBVG an die Regelung des § 5 VBVG anzugleichen. Beide Vorschriften hätten unterschiedliche Zielsetzungen. Während § 5 VBVG die pauschalen Stundenansätze für die Vergütung des Betreuers regele, bestimme § 9 VBVG allein den Zeitraum, in dem ein Betreuer seine Vergütung abrechnen kann. Dafür sei nicht die Dauer der Betreuung, sondern der Zeitpunkt, zu dem der Betreuer bestellt wurde, von Bedeutung. Denn durch den von § 9 Satz 1 VBVG festgelegten Abrechnungsrhythmus von drei Monaten solle nur verhindert werden, dass ein Betreuer in kürzeren Abständen abrechnet. Die vorherige Instanz, das LG Frankfurt/Oder[39], hatte dies anders gesehen und wollte, wie zuvor schon das LG Göttingen[40], das bisherige Betreuungsquartal auch nach dem Betreuerwechsel fortsetzen und somit die Berechnungen nach § 5 und § 9 VBVG parallel halten.

10.5 Pauschalvergütung bei Ende der Betreuung

1743   Im Gesetz wird nicht ausdrücklich genannt, welcher Zeitpunkt genau das Ende des abrechnungsfähigen Betreuungszeitraumes markiert.

Die Rechtsprechung geht durchgängig davon aus, dass auf das tatsächliche Ende der Betreuung, also den Tag der Bekanntgabe des Aufhebungsbeschlusses oder des Todes des Betreu-

---

34 § 187 BGB
35 LG Darmstadt, Beschl. v. 14.2.2008, 5 T 668/07
36 LG Nürnberg-Fürth, Beschl. v. 21.12.2006, 13 T 1059/06
37 LG München I FamRZ 2006, 1484 = BtPrax 2007, 45 (LS)
38 BGH BtPrax 2011, 218 = FamRZ 2011, 1220
39 LG Frankfurt/Oder, Beschl. v. 24.8.2010, 19 T 329/10
40 LG Göttingen, Beschl. v. 23.7.2007, 5 T 119/07, FamRZ 2009, 458 (Ls)

ten (Hirntodfeststellung[41]), abzustellen ist. Noch erforderliche Abwicklungsarbeiten (Vermögensherausgabe, Schlussrechenschaft gem. §§ 1890 bis 1892 BGB) sollen bereits durch die bis zu diesem Zeitpunkt gezahlte Pauschale mit abgegolten sein.[42]

Berichten zufolge hatten einige Gerichte nach Inkrafttreten der Pauschalierung wegen der regelmäßig nach Ende einer Betreuung anfallenden Arbeiten zunächst noch pauschal eine Vergütung für die auf das Ende der Betreuung folgenden zwei Wochen zugesprochen. Spätestens nach der o.g. höchstrichterlichen Rechtsprechung zu dieser Fragestellung gibt es für eine solche Praxis aber keine Grundlage mehr.

1744

Dagegen wird unseres Erachtens zutreffend eingewandt, dass eine eventuell noch bestehende **Notgeschäftsführungspflicht** (§§ 1908i, 1893, 1698b BGB) unter Umständen noch erheblichen Zeitaufwand verursachen kann und es deshalb sachgerecht sei, z.B. noch die Zeit bis zur Rechenschaftserteilung zu vergüten, sofern der Betreuer diese nicht schuldhaft verzögert hat.[43]

1745

Inzwischen ergeben sich für die Frage von Tätigkeiten, die der Notgeschäftsführung zuzurechnen sind, zwei verschiedene Auffassungen in der Rechtsprechung:

1746

- Nach Auffassung des *OLG München* sind in einem solchen Falle diese Tätigkeiten auch beim Berufs-/Vereinsbetreuer nicht mehr im Rahmen der Pauschalabrechnung geltend zu machen; es ist stattdessen eine Einzelaufstellung nach konkretem Zeitaufwand analog zu § 3 VBVG (mit den dortigen Stundensätzen zu fertigen);[44]

1747

- das *Landgericht Stendal* geht davon aus, dass die Notgeschäftsführungspflicht den Zeitraum der Betreuung über den Tod des Betreuten hinausschiebt. Für diesen postmortalen Betreuungszeitraum ist der Betreuer folgerichtig weiterhin nach Maßgabe der Pauschalregelung des § 5 VBVG zu vergüten.[45]

1748

▶ *Vgl. zu den Tätigkeiten der Notgeschäftsführung im bisherigen Vergütungsrecht unter Kapitel 6, Rn. 868 ff.*

Für den Zeitraum, in welchem der Betreuer noch keine Kenntnis von der Betreuungsaufhebung oder dem Tod des Betreuten hat, sind seine Rechtshandlungen nach §§ 1908i, 1893, 1698a BGB noch als wirksam zu betrachten. Der BGH hat für diesen Zeitraum entschieden (in Anlehnung an OLG München), dass auch solche Zeiten nicht mehr mit der Vergütungspauschale des § 5 VBVG, sondern wie ein Vormund oder Nachlasspfleger nach konkretem Zeitaufwand entsprechend §§ 3, 6 VBVG abzurechnen sind. Da es dabei in der Regel nur um wenige Tage gehe, sei es dem Betreuer zuzumuten, die Tätigkeiten dieser Zeit ggf. zu rekonstruieren.[46]

1749

Mögliche Beispiele sind der Tod des Betreuten in eigener Wohnung in solchen Fällen, in denen dieser den Kontakt mit dem Betreuer verweigert hat, oder Todesfälle von Betreuten, die aus Einrichtungen entwichen sind und deren Aufenthalt dem Betreuer unbekannt war. Meist wird es sich nur um Zeiträume von wenigen Tagen handeln, es können aber auch einige Wochen zustande kommen. Im letztgenannten Beispiel wird man eine Vermisstenanzeige des Betreuers erwarten müssen. Im Falle des längeren Verschwindens des Betreuten kann dieser eine Todesfeststellung nach dem Verschollenheitsgesetz stellen (mit betreuungsgerichtlicher

1750

---

41 LG Dortmund BtPrax 2010, 95
42 Fröschle, BtR, Rn. 361; Jurgeleit/Maier § 5 VBVG Rn. 35; BGH, Beschl. v. 6.4.2016, XII ZB 83/14, BtPrax 2016, 200 = FamRZ 2016, 1152; OLG Dresden BtPrax 2006, 115 = FamRZ 2006, 1483; OLG Köln FGPrax 2006, 163 = FamRZ 2006, 1787; OLG München BtPrax 2006, 233 = FamRZ 2006, 1787; LG Duisburg, Beschl. BtPrax 2006, 115; LG Mönchengladbach, Beschl. v. 19.1.2006, 5 T 59/06 sowie v. 12.4.2006, 5 T 42/06, FamRZ 2006, 1229 (Ls); LG Meiningen BtMan 2007, 202 (Ls); LG Wuppertal, FamRZ 2006, 1063; LG Köln, Beschl. v. 22.9.2006, 1 T 107/06
43 Deinert, BtPrax Sonderausgabe 2005 S. 13, 15 f.
44 OLG München BtPrax 2006, 233 = FamRZ 2006, 1787; ähnlich LG Traunstein BtPrax 2006, 115
45 LG Stendal BtPrax 2006, 234 = FamRZ 2006, 1063; a.A.: LG Wuppertal, FamRZ 2006, 1063
46 BGH v. 6.4.2016, XII ZB 83/44, BtPrax 2016, 200 = FamRZ 2016, 1152; anders noch LG Traunstein FamRZ 2010, 329

Genehmigung, § 16 Abs. 3 VerschG). Maßgeblich für das Ende des Vergütungsanspruchs ist in solchen Fällen die Rechtswirksamkeit des Beschlusses (§ 29 VerschG).

1751 Endet die Betreuung für den bisherigen Betreuer durch Entlassung, wird üblicherweise der Beschluss durch Bekanntgabe an diesen wirksam (§ 287 Abs. 1 FamFG). Allerdings sind Fälle denkbar, wonach für die Entlassung die sofortige Wirksamkeit angeordnet wurde und der Betreuer zunächst nicht erreicht werden kann. In diesem Fall führt auch die Bekanntgabe an den Betreuten, seinen Verfahrenspfleger oder die Übergabe an die Geschäftsstelle des Gerichtes zur Wirksamkeit der Entlassung. Das AG Weißenburg vertritt hier die Auffassung, dass anders als bei der vorgenannten Konstellation eine Bezahlung bis zur tatsächlichen Bekanntgabe an den Betreuer unbillig sei: Es könne dann insbesondere zu zwei gleichzeitigen Vergütungsansprüchen des alten und des neuen Betreuers kommen.[47] Die Entscheidung überzeugt nicht, da hier unseres Erachtens der Vertrauensschutz des bisherigen Betreuers Vorrang verdient. Im Übrigen kann es bei einem Betreuerwechsel genauso gut zu einer Lücke in der Betreuervergütung kommen, nämlich immer dann, wenn der Beschluss dem bisherigen Betreuer eher als dem neu bestellten Betreuer bekannt gegeben wird.

10.6 Beginn der Ausschlussfrist bei der Pauschalvergütung

1752 Vor dem 1.7.2005 war es allgemeine Auffassung bei der Vergütung nach Zeitaufwand, dass die 15-Monatsfrist mit jeder Tätigkeit des Betreuers beginnt, sodass eine Abrechnung maximal die letzten 15 Monate vor Antragstellung, genauer gesagt vor Eingang des Antrags bei Gericht, umfassen konnte. Das war nur deshalb so, weil der bisherige Vergütungsanspruch auch mit jeder Tätigkeit entstanden ist.[48] Dies gilt weiterhin in den Fällen, in denen eine Abrechnung nach Zeitaufwand erfolgen kann.[49] Für die Pauschalvergütung gemäß § 9 VBVG gilt seit 1.7.2005, dass eine Vergütung erst **nach Ablauf von jeweils drei Monaten** Tätigkeit verlangt werden kann.[50]

1753 Unserer Auffassung nach folgt hieraus auch ein anderer Fristbeginn nach § 2 VBVG, denn wenn eine Ausschlussfrist schon laufen soll, bevor der Anspruch überhaupt geltend gemacht werden kann, müsste das Gesetz dies ausdrücklich so anordnen. Die Frist beginnt deshalb u.E. jeweils **mit Ablauf des jeweiligen dreimonatigen Abrechnungszeitraums,** so auch der BGH in einer neueren Entscheidung.[51]

1754 Soweit Knittel davon ausging, dass für den Beginn der Ausschlussfrist jeweils einzelne Betreuungsmonate maßgeblich sein sollen[52], teilen wir diese Auffassung nicht. Die Berechnung der Betreuervergütung nach monatlichen Stundenansätzen i.S. von § 5 I und II VBVG rechtfertigt die Anwendung auf die Ausschlussfrist nicht.

1755 Anderenfalls würde die nach § 2 Satz 2 VBVG mögliche Fristverkürzung auf zwei Monate im Übrigen bewirken, dass der Betreuer für einen Monat gar keine Vergütung verlangen könnte, weil der Anspruch für den ersten der drei nach § 9 VBVG abrechenbaren Monate schon vor seiner Fälligkeit erloschen wäre. Dieses widersinnige Ergebnis könne vom Gesetzgeber nicht gemeint gewesen sein.

1756 Zur Begründung führte das LG Göttingen aus: Zwar folge aus § 9 i.V.m. § 5 VBVG, dass der Vergütungsanspruch des Betreuers bereits mit Ausübung der jeweiligen Betreuungstätigkeit

---

47 AG Weißenburg FamRZ 2011, 1754
48 OLG Schleswig BtPrax 2002, 271 f.,
49 Z.B. der Nachlasspflegschaft: OLG Naumburg BtPrax 2012, 39 = FamRZ 2012, 581; OLG Köln BtPrax 2013, 256 = FamRZ 2013, 1837; OLG Düsseldorf FGPrax 2014, 258 oder der Verfahrenspflegschaft: LG Münster FamRZ 2008, 1659
50 Vgl. HK BUR/Bauer/Deinert § 9 VBVG Rn. 17 ff.
51 BGH BtPrax 2013, 109 = FamRZ 2013, 871; bereits zuvor LG Göttingen FamRZ 2008, 92 = BtPrax 2007, 255; OLG Brandenburg FamRZ 2010, 65; OLG Dresden FamRZ 2008, 1285, KG Berlin, BtPrax 2009, 37 = FamRZ 2009, 456; OLG Köln BtPrax 2009, 870; Fröschle Betreuungsrecht 2005, Rn. 392; Jurgeleit/Maier § 2 VBVG Rn. 2 und § 9 VBVG Rn. 7; MünchKomm/Fröschle, 5. Aufl., § 9 VBVG Rn. 8; a.A.: Jürgens § 2 VBVG Rn. 1; jurisPK-BGB/Bieg/Jaschinski, § 2 VBVG Rn. 5).
52 Knittel § 2 VBVG Rn. 10

entsteht. Der Beginn der Ausschlussfrist bereits zu diesem Zeitpunkt – also 3 Monate vor der erstmalig möglichen Geltendmachung des Vergütungsanspruches – hätte jedoch faktisch eine Verkürzung der 15-Monatsfrist auf eine 12-Monatsfrist zur Folge. Diese betreuerfeindliche Auslegung des Wortlautes sei jedoch auch nach der Gesetzesbegründung vom Gesetzgeber nicht gewollt.[53]

1757 Danach wurde vielmehr in § 2 VBVG der bis zum 30.6.2005 geltende Wortlaut des § 1836 Abs. 2 S. 4 BGB a.F. übernommen. Im Gegensatz zur alten Rechtslage, bei der die Fälligkeit des Vergütungsanspruches nicht gesetzlich geregelt war, ist dies nunmehr in § 9 VBVG dahin gehend geregelt worden, dass der Anspruch jeweils erst 3 Monate nach seiner Entstehung geltend gemacht werden kann. Ausweislich der Gesetzesmaterialien diente diese Einschränkung der Entlastung der Gerichte, um diese nicht mit zu häufigen Auszahlungsvorgängen zu belasten. Es kann daraus jedoch nicht abgeleitet werden, dass damit auch eine Verkürzung der Erlöschensfrist des § 2 VBVG beabsichtigt war.

1758 In der Rechtsprechung wurde dies zeitweise anders gesehen. So gingen OLG Düsseldorf[54] und OLG Frankfurt/Main[55] davon aus, dass die Ausschlussfrist für pauschale Vergütungsanträge weiterhin tagesgenau zu betrachten ist.

1759 Gegen einen Fristbeginn am Ende des Betreuerquartals (§ 9 VBVG) spräche bereits, dass das VBVG nicht durchgängig nur auf Monatsfristen abstellt, sondern etwa in § 5 IV Satz 2 VBVG die Berücksichtigung der Veränderung vergütungsrelevanter Umstände zeitanteilig bezogen auf einzelne Tage vorgesehen ist.

1760 Deshalb sei bei der Anwendung des § 2 VBVG zur Bestimmung der gesetzlichen Ausschlussfrist ebenso wie bei der gleichlautenden früheren Regelung des § 1836 Abs. 2 S. 4 BGB a.F. eine taggenaue Berechnung bezogen auf das Eingangsdatum des Vergütungsantrages beim Gericht unter Berücksichtigung des Zeitraumes von 15 Monaten vorzunehmen.

1761 Das OLG München[56] hat diese Streitfrage gem. § 28 FGG dem BGH vorgelegt. Es wurde festgestellt, dass zwischen der Rechtsauffassung des OLG Düsseldorf und OLG Frankfurt/Main einerseits und dem OLG München (sowie dem OLG Dresden) andererseits eine Divergenz besteht. Das OLG München stellt hierzu fest, dass die Auslegung, die den Begriff der „Entstehung" des Anspruchs nur auf den Zeitpunkt der jeweiligen Tätigkeit des Betreuers bezogen hatte, sich nach Auffassung des Senats seit Inkrafttreten des VBVG zum 1.7.2005 nicht mehr aufrechterhalten lasse. Denn die Pauschalierung der Vergütung für die Betreuertätigkeit eines bestimmten Monats durch Stundenansätze lasse nicht mehr zu, dass die Anspruchsentstehung bestimmten einzelnen Tagen zugeordnet werden kann.[57]

1762 Der Bundesgerichtshof stellte hierzu durch Beschluss vom 28.5.2008 fest: Die Ausschlussfrist des § 2 VBVG beginnt bei der pauschalierten Betreuervergütung nicht tageweise, sondern frühestens mit dem Ende des jeweiligen Betreuungsmonats. Ob die Frist erst mit dem Ende des jeweiligen Betreuungsquartals (§ 9 VBVG) beginnt, blieb in der damaligen Entscheidung offen.[58]

1763 In einem obiter dictum äußerte der BGH Sympathie für die in der Literatur vertretene Auffassung des Gleichlaufs von Ausschlussfrist nach § 2 und Anspruchsentstehung gem. § 9 VBVG. In der Folge des BGH-Beschlusses haben sich das KG Berlin[59], das OLG Branden-

---

53 Vgl. dazu BT-Drs. 15/4874, S. 30; BT-Drs. 15/4874, S. 33 i.V.m. der BT-Drs. 15/2494, S. 36
54 FamRZ 2008, 1284
55 FamRZ 2008, 304
56 OLG München BtPrax 2008, 127 = FamRZ 2008, 1285
57 Vgl. Knittel § 2 VBVG Rn. 3
58 BGH BtPrax 2008, 207 = FamRZ 2008, 1611 m Anm. Zimmermann
59 KG FamRZ 2009, 456 = BtPrax 2009, 37

burg[60], das OLG Düsseldorf[61], das OLG Dresden[62], das OLG Köln[63] und das OLG München[64] diese Auffassung zu Eigen gemacht. Letztlich hat auch der BGH schließlich festgestellt, dass die 15-Monatsfrist des § 2 VBVG mit Ende des Betreuungsquartals des § 9 VBVG beginnt.[65]

1764   *Hinweis*

 Wir empfehlen, bei der Antragstellung für mehrere Betreuungsquartale nicht „bis zum letzten Drücker" abzuwarten, sondern vorsichtshalber maximal 4 Betreuungsquartale in einem Antrag geltend zu machen. Damit kommt der Betreuer nicht in die Problematik, dass u.U. das 1. der Quartale bei der Geltendmachung verfristet sein könnte.

10.7 Abweichende Fristsetzungen

1765   Das Gericht kann gem. § 1835 Abs. 1a BGB für den Aufwendungsersatz und gem. § 2 Satz 2 VBVG für die Vergütung des beruflichen Vormundes, Pflegers und Betreuers eine abweichende Frist setzen. Diese kann länger oder kürzer als die übliche 15-Monats-Frist sein, muss aber mindestens zwei Monate betragen.[66] Eine mehrfache Verlängerung ist möglich.[67]

1766   Ist seitens des Gerichts eine Verkürzung beabsichtigt, ist eine Belehrung über die Folgen der Fristverkürzung erforderlich[68]; die Verfügung ist zuzustellen.

1767   Dass hiergegen **kein Rechtsmittel** zulässig sein soll[69], wird unsererseits bezweifelt; zulässig müsste die seit dem 1.9.2009 auf 2 Wochen befristete Erinnerung sein, vgl. § 11 RpflG (i.V.m. § 63 Abs. 1 FamFG).

1768   Grundsätzlich dürfte es erforderlich sein, dass ein betreuerseitiger Antrag auf **Fristverlängerung** vor Ablauf der 15-Monats-Frist bei Gericht eingeht.[70] Hiervon muss es aber u.E. aus wichtigen Gründen Ausnahmen geben. Zu einer abweichenden Frist dürfte in der Praxis aus Sicht des Betreuers selten Anlass bestehen, da es in seinem eigenen Interesse liegen wird, die Ersatzansprüche zeitnah geltend zu machen.

10.8 Vorzeitiges Betreuungsende bei Pauschalvergütung

1769   Endet die Betreuung, endet auch der Anspruch auf die pauschale Betreuervergütung. Der Tag, in den das Ereignis fällt, das das Ende des abrechnungsfähigen Zeitraums markiert (z.B. Bekanntgabe des Betreuerwechsels oder der Betreuungsaufhebung, vgl. § 287 Abs. 1 FamFG), wird bei der Pauschale noch mitgerechnet (§ 188 BGB).

▶ *Zum Tod des Betreuten und den damit verbundenen Fragen der Betreuungsführung vgl. Kapitel 6, Rn. 866 ff.*

1770   Es entsteht abrechnungstechnisch im Regelfall ein **Rumpfzeitraum**, der den angefangenen Teil eines vollständigen dreimonatigen Abrechnungszeitraums umfasst. Enthält dieser noch vollständige Monate, gelten für sie die gewöhnlichen Stundenansätze. Für angefangene Monate dagegen gilt § 5 Abs. 4 Satz 2 VBVG (ab Inkrafttreten der Vergütungsänderung

---

60   OLG Brandenburg, FamRZ 2010, 65 (Ls)
61   OLG Düsseldorf, Beschl. v. 12.3.2010, I – 25 Wx 82/09
62   OLG Dresden FamRZ 2008, 1285
63   OLG Köln BtPrax 2009, 80 = FamRZ 2009, 1009 (Ls)
64   OLG München NJW 2008, 1895 = FamRZ 2008, 1285
65   BGH BtPrax 2013, 109 = FamRZ 2013, 871
66   Vgl. BT-Drs. 13/7158, S. 22
67   Damrau/Zimmermann § 1836 Rn. 44
68   Damrau/Zimmermann § 1836 Rn. 44
69   So Meier/Deinert, Handbuch Betreuungsrecht, S. 342
70   Meier, a.a.O., S. 342

2019 § 5 Abs. 2 VBVG), denn das Ende der Betreuung ist ein Umstand, der sich auf die Höhe der Vergütung auswirkt.

Für den angefangenen Monat ist als Stundenansatz ein dem Anteil der noch zu vergütenden Tage am vollen Monat entsprechender Teil zu errechnen. Dazu werden die zu vergütenden Tage durch die Gesamtzahl der Tage im Abrechnungsmonat geteilt und dann mit dem Stundenansatz, der für den vollen Monat gegolten hätte, multipliziert.

1771

Das so errechnete Ergebnis ist bislang nach § 5 Abs. 4 Satz 3 VBVG anschließend auf volle Zehntelstunden (also 6 Minuten) **aufzurunden**. Denn im Gesetzestext ist nur von Aufrunden die Rede. Dieses ist u.E. so zu verstehen, dass stets auf 1/10 Stunde aufgerundet und nicht im Sinne einer kaufmännischen Rundungsregelung Zahlenangaben bis 0,50 ab- und ab 0,51 aufzurunden sind.[71] Diese Aufrundung ändert sich mit Inkrafttreten der Vergütungsreform 2019. Betroffen sind alle Betreuungsmonate, die nach dem 27.7.2019 beginnen. Anteilige Pauschalen sollen nun einfach nur noch in Euro und Cent berechnet werden, anteilige Centbeträge sind kaufmännisch zu runden. [72]

Beispiel[73]

1772

X wird mit Wirkung vom 3. August 2017 zum Betreuer des mittellosen, in der eigenen Wohnung lebenden Y bestellt. Y stirbt am 26. Dezember 2017. X ist Berufsbetreuer mit nutzbarer Hochschulausbildung.

X kann zunächst das vollständige Quartal vom 4. August bis 3. November 2017 abrechnen. Er erhält für jeden der drei ersten Betreuungsmonate: 7 Std. × 44,00 € = 308,00 €, insgesamt 924,00 €. Diese Abrechnung kann er am 3. November vornehmen.

Nach dem Ende der Betreuung kann er auch das Rumpfquartal vom 4. November bis 26. Dezember 2017 abrechnen. Darin steckt noch ein vollständiger Monat (4. November bis 3. Dezember), für den er 5,5 Std. × 44,00 € = 242,00 € erhält.

Der Stundenansatz für die dann noch zu vergütenden 23 Tage beträgt: 23/31 × 5,5 Std. = 4,0806 Std., aufgerundet 4,1 Std., sodass er noch einmal 4,1 Std. × 44,00 € = 180,40 €, insgesamt für das zweite Abrechnungsquartal also 422,40 € abrechnen kann.

▶ **Hinweis: Durch die Neuregelung im Rahmen der Vergütungsreform 2019 ist das obige Beispiel ab 27.7.2019 nicht mehr anwendbar.**

Da die gesonderten Pauschalen in § 5a Abs. 1 VBVG (vgl. Rn. 1013 ff.) als feste Beträge konzipiert sind, fallen sie u.E. auch dann in jeweils voller Höhe an, wenn der Abrechnungsmonat selbst nach § 5 Abs. 2 VBVG teilweise berechnet werden muss. Dies ist z.B. dann der Fall, wenn der gewöhnliche Aufenthalt des Betreuten aus einer anderen Wohnform in eine stationäre Einrichtung wechselt oder die Betreuung durch Tod des Betreuten (oder aus anderen Gründen) vorzeitig endet. Eine Quotelung wie in § 5 Abs. 2 VBVG findet u.E. im Falle des § 5a VBVG nicht statt.

1773

10.9 Tabellarische Übersicht bei anteiligen Zeiträumen

Die nachstehende Tabelle kann bei der bisherigen Berechnung von anteiligen Vergütungszeiträumen (§ 5 Abs. 3 VBVG) behilflich sein. Die Stundenansätze sind hierbei aufgerundet auf 1/10 Stunden (6 Minuten).[74]

1774

---

71 So auch Fröschle, a.a.O., Rn. 349
72 Fröschle FamRZ 2019, 678
73 Fröschle, a.a.O., Rn. 350
74 Nach Fröschle, a.a.O., Rn. 354 ff.

Alle vier nachstehend abgedruckten Tabellen gelten nur für pauschale Vergütungsansprüche für Betreuungsmonate, die vor dem 27.7.2019 begonnen haben.

1775 Für die Rundung der anteiligen Tabellenbeträge der neuen Tabellen A bis C (Betreuungsmonate, die ab dem 27.7.2019 beginnen) ist immer von einem 30-Tage-Monat auszugehen, weil im Rahmen der Neuregelung durch das Vergütungsreformgesetz 2019 in der Neufassung des § 5 Abs. 2 VBVG auf den § 191 BGB Bezug genommen wird.

1776 **Monat mit 28 Tagen (altes Vergütungsrecht vor der Vergütungsreform 2019)**

Anteilige Tage	Stundenansätze nach § 5 Abs. 1 oder 2 VBVG										
28	8,5	7,0	6,0	5,5	5,0	4,5	4,0	3,5	3,0	2,5	2,0
27	8,2	6,8	5,8	5,4	4,9	4,4	3,9	3,4	3,9	2,5	2,0
26	7,8	6,5	5,6	5,2	4,7	4,2	3,8	3,3	2,8	2,4	1,9
25	7,6	6,3	5,4	5,0	4,5	4,1	3,6	3,2	2,7	2,3	1,8
24	7,3	6,0	5,2	4,8	4,3	3,9	3,5	3,0	2,6	2,2	1,8
23	7,0	5,8	5,0	4,6	4,2	3,7	3,3	2,9	2,5	2,1	1,7
22	6,7	5,5	4,8	4,4	4,0	3,6	3,2	2,8	2,4	2,0	1,6
21	6,4	5,3	4,5	4,2	3,8	3,4	3,0	2,7	2,3	1,9	1,5
20	6,1	5,0	4,3	4,0	3,6	3,3	2,9	2,5	2,2	1,8	1,5
19	5,8	4,8	4,1	3,8	3,4	3,1	2,8	2,4	2,1	1,7	1,4
18	5,5	4,5	3,9	3,6	3,3	2,9	2,6	2,3	2,0	1,7	1,3
17	5,2	4,3	3,7	3,4	3,1	2,8	2,5	2,2	1,9	1,6	1,3
16	4,9	4,0	3,5	3,2	2,9	2,6	2,3	2,0	1,8	1,5	1,2
15	4,6	3,8	3,3	3,0	2,7	2,5	2,2	1,9	1,7	1,4	1,1
14	4,3	3,5	3,0	2,8	2,5	2,3	2,0	1,8	1,5	1,3	1,0
13	4,0	3,3	2,8	2,6	2,4	2,1	1,9	1,7	1,4	1,2	1,0
12	3,7	3,0	2,6	2,4	2,2	2,0	1,8	1,5	1,3	1,1	0,9
11	3,4	2,8	2,4	2,2	2,0	1,8	1,6	1,4	1,2	1,0	0,8
10	3,1	2,5	2,2	2,0	1,8	1,7	1,5	1,3	1,1	0,9	0,8
9	2,8	2,3	2,0	1,8	1,7	1,5	1,3	1,2	1,0	0,9	0,7
8	2,5	2,0	1,8	1,6	1,5	1,3	1,2	1,0	0,9	0,8	0,6
7	2,2	1,8	1,5	1,4	1,3	1,2	1,0	0,9	0,8	0,7	0,5
6	1,9	1,5	1,3	1,2	1,1	1,0	0,9	0,8	0,7	0,6	0,5
5	1,6	1,3	1,1	1,0	0,9	0,9	0,8	0,7	0,6	0,5	0,4
4	1,3	1,0	0,9	0,8	0,8	0,7	0,6	0,5	0,5	0,4	0,3
3	1,0	0,8	0,7	0,6	0,6	0,5	0,5	0,4	0,4	0,3	0,3
2	0,7	0,5	0,5	0,4	0,4	0,4	0,3	0,3	0,3	0,2	0,2
1	0,4	0,3	0,3	0,2	0,2	0,2	0,2	0,2	0,2	0,1	0,1

Monat mit 29 Tagen (altes Vergütungsrecht vor der Vergütungsreform 2019) 1777

Anteilige Tage	Stundenansätze nach § 5 Abs. 1 oder 2 VBVG										
29	8,5	7,0	6,0	5,5	5,0	4,5	4,0	3,5	3,0	2,5	2,0
28	8,3	6,8	5,8	5,4	4,9	4,4	3,9	3,4	2,9	2,5	2,0
27	8,0	6,6	5,6	5,2	4,7	4,2	3,8	3,3	2,8	2,4	1,9
26	7,7	6,3	5,4	5,0	4,5	4,1	3,6	3,2	2,7	2,3	1,8
25	7,4	6,1	5,2	4,8	4,4	3,9	3,5	3,1	2,6	2,2	1,8
24	7,1	5,8	5,0	4,6	4,2	3,8	3,4	2,9	2,5	2,1	1,7
23	6,8	5,6	4,8	4,4	4,0	3,6	3,2	2,8	2,4	2,0	1,6
22	6,5	5,4	4,6	4,2	3,8	3,5	3,1	2,7	2,3	1,9	1,6
21	6,2	5,1	4,4	4,0	3,7	3,3	2,9	2,6	2,2	1,9	1,5
20	5,9	4,9	4,2	3,8	3,5	3,2	2,8	2,5	2,1	1,8	1,4
19	5,6	4,6	4,0	3,7	3,3	3,0	2,7	2,3	2,0	1,7	1,4
18	5,3	4,4	3,8	3,5	3,2	2,8	2,5	2,2	1,9	1,6	1,3
17	5,0	4,2	3,6	3,3	3,0	2,7	2,4	2,1	1,8	1,5	1,2
16	4,7	3,9	3,4	3,1	2,8	2,5	2,3	2,0	1,7	1,4	1,2
15	4,4	3,7	3,2	2,9	2,6	2,4	2,1	1,9	1,6	1,3	1,1
14	4,2	3,4	2,9	2,7	2,5	2,2	2,0	1,7	1,5	1,3	1,0
13	3,9	3,2	2,7	2,5	2,3	2,1	1,8	1,6	1,4	1,2	0,9
12	3,6	2,9	2,5	2,3	2,1	1,9	1,7	1,5	1,3	1,1	0,9
11	3,3	2,7	2,3	2,1	1,9	1,8	1,6	1,4	1,2	1,0	0,8
10	3,0	2,5	2,1	1,9	1,8	1,6	1,4	1,3	1,1	0,9	0,7
9	2,7	2,2	1,9	1,8	1,6	1,4	1,3	1,1	1,0	0,8	0,7
8	2,4	2,0	1,7	1,6	1,4	1,3	1,2	1,0	0,9	0,7	0,6
7	2,1	1,7	1,5	1,4	1,3	1,1	1,0	0,9	0,8	0,7	0,5
6	1,8	1,5	1,3	1,2	1,1	1,0	0,9	0,8	0,7	0,6	0,5
5	1,5	1,3	1,1	1,0	0,9	0,8	0,7	0,7	0,6	0,5	0,4
4	1,2	1,0	0,9	0,8	0,7	0,7	0,6	0,5	0,5	0,4	0,3
3	0,9	0,8	0,7	0,6	0,6	0,5	0,5	0,4	0,4	0,3	0,3
2	0,6	0,5	0,5	0,4	0,4	0,4	0,3	0,3	0,3	0,2	0,2
1	0,3	0,3	0,3	0,2	0,2	0,2	0,2	0,2	0,2	0,1	0,1

1778   Monat mit 30 Tagen (altes Vergütungsrecht vor der Vergütungsreform 2019)

Anteilige Tage	Stundenansätze nach § 5 Abs. 1 oder 2 VBVG										
30	8,5	7,0	6,0	5,5	5,0	4,5	4,0	3,5	3,0	2,5	2,0
29	8,3	6,8	5,8	5,4	4,9	4,4	3,9	3,4	2,9	2,5	2,0
28	8,0	6,6	5,6	5,2	4,7	4,2	3,8	3,3	2,8	2,4	1,9
27	7,7	6,3	5,4	5,0	4,5	4,1	3,6	3,2	2,7	2,3	1,8
26	7,4	6,1	5,2	4,8	4,4	3,9	3,5	3,1	2,6	2,2	1,8
25	7,1	5,9	5,0	4,6	4,2	3,8	3,4	3,0	2,5	2,1	1,7
24	6,8	5,6	4,8	4,4	4,0	3,6	3,2	2,8	2,4	2,0	1,6
23	6,6	5,4	4,6	4,3	3,9	3,5	3,1	2,7	2,3	2,0	1,6
22	6,3	5,2	4,4	4,1	3,7	3,3	3,0	2,6	2,2	1,9	1,5
21	6,0	4,9	4,2	3,9	3,5	3,2	2,8	2,5	2,1	1,8	1,4
20	5,7	4,7	4,0	3,7	3,4	3,0	2,7	2,4	2,0	1,7	1,4
19	5,4	4,5	3,8	3,5	3,2	2,9	2,6	2,3	1,9	1,6	1,3
18	5,1	4,2	3,6	3,3	3,0	2,7	2,4	2,1	1,8	1,5	1,2
17	4,9	4,0	3,4	3,2	2,9	2,6	2,3	2,0	1,7	1,5	1,2
16	4,6	3,8	3,2	3,0	2,7	2,4	2,2	1,9	1,6	1,4	1,1
15	4,3	3,5	3,0	2,8	2,5	2,3	2,0	1,8	1,5	1,3	1,0
14	4,0	3,3	2,8	2,6	2,4	2,1	1,9	1,7	1,4	1,2	1,0
13	3,7	3,1	2,6	2,4	2,2	2,0	1,8	1,6	1,3	1,1	0,9
12	3,4	2,8	2,4	2,2	2,0	1,8	1,6	1,4	1,2	1,0	0,8
11	3,2	2,6	2,2	2,1	1,9	1,7	1,5	1,3	1,1	1,0	0,8
10	2,9	2,4	2,0	1,9	1,7	1,5	1,4	1,2	1,0	0,9	0,7
9	2,6	2,1	1,8	1,7	1,5	1,4	1,2	1,1	0,9	0,8	0,6
8	2,3	1,9	1,6	1,5	1,4	1,2	1,1	1,0	0,8	0,7	0,6
7	2,0	1,7	1,4	1,3	1,2	1,1	1,0	0,9	0,7	0,6	0,5
6	1,7	1,4	1,2	1,1	1,0	0,9	0,8	0,7	0,6	0,5	0,4
5	1,5	1,2	1,0	1,0	0,9	0,8	0,7	0,6	0,5	0,5	0,4
4	1,2	1,0	0,8	0,8	0,7	0,6	0,6	0,5	0,4	0,4	0,3
3	0,9	0,7	0,6	0,6	0,5	0,5	0,4	0,4	0,3	0,3	0,2
2	0,6	0,5	0,4	0,4	0,4	0,3	0,3	0,3	0,2	0,2	0,2
1	0,3	0,3	0,2	0,2	0,2	0,2	0,2	0,2	0,1	0,1	0,1

Monat mit 31 Tagen (altes Vergütungsrecht vor der Vergütungsreform 2019)   1779

Anteilige Tage	Stundenansätze nach § 5 Abs. 1 oder 2 VBVG										
31	8,5	7,0	6,0	5,5	5,0	4,5	4,0	3,5	3,0	2,5	2,0
30	8,3	6,8	5,9	5,4	4,9	4,4	3,9	3,4	3,0	2,5	2,0
29	8,0	6,6	5,7	5,2	4,7	4,3	3,8	3,3	2,9	2,4	1,9
28	7,7	6,4	5,5	5,0	4,6	4,1	3,7	3,2	2,8	2,3	1,9
27	7,5	6,1	5,3	4,8	4,4	4,0	3,5	3,1	2,7	2,2	1,8
26	7,2	5,9	5,1	4,7	4,2	3,8	3,4	3,0	2,6	2,1	1,7
25	6,9	5,7	4,9	4,5	4,1	3,7	3,3	2,9	2,5	2,1	1,7
24	6,6	5,5	4,7	4,3	3,9	3,5	3,1	2,8	2,4	2,0	1,6
23	6,4	5,2	4,5	4,1	3,8	3,4	3,0	2,6	2,3	1,9	1,5
22	6,1	5,0	4,3	4,0	3,6	3,2	2,9	2,5	2,2	1,8	1,5
21	5,8	4,8	4,1	3,8	3,4	3,1	2,8	2,4	2,1	1,7	1,4
20	5,5	4,6	3,9	3,6	3,3	3,0	2,6	2,3	2,0	1,7	1,3
19	5,3	4,3	3,7	3,4	3,1	2,8	2,5	2,2	1,9	1,6	1,3
18	5,0	4,1	3,5	3,2	3,0	2,7	2,4	2,1	1,8	1,5	1,2
17	4,7	3,9	3,3	3,1	2,8	2,5	2,2	2,0	1,7	1,4	1,1
16	4,4	3,7	3,1	2,9	2,6	2,4	2,1	1,9	1,6	1,3	1,1
15	4,2	3,4	3,0	2,7	2,5	2,2	2,0	1,7	1,5	1,3	1,0
14	3,9	3,2	2,8	2,5	2,3	2,1	1,9	1,6	1,4	1,2	1,0
13	3,6	3,0	2,6	2,4	2,1	1,9	1,7	1,5	1,3	1,1	0,9
12	3,3	2,8	2,4	2,2	2,0	1,8	1,6	1,4	1,2	1,0	0,8
11	3,1	2,5	2,2	2,0	1,8	1,6	1,5	1,3	1,1	0,9	0,8
10	2,8	2,3	2,0	1,8	1,7	1,5	1,3	1,2	1,0	0,9	0,7
9	2,5	2,1	1,8	1,6	1,5	1,4	1,2	1,1	0,9	0,8	0,6
8	2,2	1,9	1,6	1,5	1,3	1,2	1,1	1,0	0,8	0,7	0,6
7	2,0	1,6	1,4	1,3	1,2	1,1	1,0	0,8	0,7	0,6	0,5
6	1,7	1,4	1,2	1,1	1,0	0,9	0,8	0,7	0,6	0,5	0,4
5	1,4	1,2	1,0	0,9	0,9	0,8	0,7	0,6	0,5	0,5	0,4
4	1,1	1,0	0,8	0,8	0,7	0,6	0,6	0,5	0,4	0,4	0,3
3	0,9	0,7	0,6	0,6	0,5	0,5	0,4	0,4	0,3	0,3	0,2
2	0,6	0,5	0,4	0,4	0,4	0,3	0,3	0,3	0,2	0,2	0,2
1	0,3	0,3	0,2	0,2	0,2	0,2	0,2	0,2	0,1	0,1	0,1

11 Mitteilungspflicht von Berufsbetreuern

11.1 Allgemeines

§ 1908k BGB wurde im Rahmen des 1. BtÄndG aufgrund der Empfehlung des Rechtsausschusses des Bundestages vom 1.4.1998[1] in das Gesetz aufgenommen. Er galt bis 30.6.2005.

1780

Danach waren alle Berufsbetreuer (auch Betreuungsvereine) verpflichtet, der Betreuungsbehörde mitzuteilen:

1781

- die Anzahl ihrer beruflich geführten Betreuungen,
- die dafür in Rechnung gestellte Zeit,
- den insgesamt in Rechnung gestellten Geldbetrag und
- den für die Führung von Betreuungen im Kalenderjahr erhaltenen Geldbetrag.

Im Rahmen des 2. BtÄndG wurde die Bestimmung zwar aus dem BGB gestrichen, jedoch als § 10 in das neue VBVG übernommen. Mit dem Vergütungsreformgesetz 2019 werden einige kleinere Änderungen wirksam, die erstmals mit der Mitteilung für das Kalenderjahr 2019 zu tätigen sind.

1782

Die Angaben zur Anzahl der beruflichen Betreuungen und den im Kalenderjahr erhaltenen Geldbetrag müssen auch weiterhin gemacht werden. Auch müssen nach der Neufassung die Zahlen der geführten Betreuungen nach Heimbewohnern und Nichtheimbewohnern getrennt werden (vgl. Rn. 1088 ff.). Die Daten zur in Rechnung gestellten Zeit und zum in Rechnung gestellten Geldbetrag sind entfallen. Ab 2019 wird die Unterscheidung in die Wohnformen der Betreuten der neuen Terminologie des § 5 Abs. 3 VBVG angepasst, hier heißt es nun „Betreuten in stationären Einrichtungen und diesen gleichgestellten ambulant betreuten Wohnformen einerseits und anderen Wohnformen andererseits" (zum Unterschied siehe Kapitel 7, Rn 1105 ff.).

1783

In der Bestimmung wird zur örtlichen Zuständigkeit die Betreuungsbehörde des „Sitzes" oder „Wohnsitzes" genannt, gemeint ist offenbar diejenige des Betreuers (nicht des Betreuten, wie normalerweise in § 3 BtBG). Der Wohnsitz natürlicher Personen, also von Berufsbetreuern, ist definiert in § 7 BGB, der Sitz eines Vereins in § 24 BGB.

1784

Hinzu kam seit dem 1.7.2005 eine weitere Mitteilungspflicht von Berufsbetreuern nach § 1897 Abs. 8 BGB, wonach bei der Übertragung einer neuen Betreuung der Betreuer sich (gemeint ist offenbar anlässlich der Erklärung der Übernahmebereitschaft gem. § 1898 BGB) über Zahl und Umfang der beruflichen Betreuungen zu äußern hat. Betroffen von der Mitteilungspflicht sind auch Vereins- und Behördenbetreuer. Bei dieser Mitteilungspflicht ist kein Adressat genannt. Es dürfte im Regelfall eine Mitteilung an das Betreuungsgericht gemeint sein. Letzteres kann aber die Betreuungsbehörde im Rahmen der Sachverhaltsaufklärung (§ 8 BtBG) bitten, bei der Benennung eines Betreuers diesen zu den Zahlen nach § 1897 Abs. 8 BGB zu befragen. Die Betreuungsbehörde hat diese Zahlenangaben dann ebenfalls an das Betreuungsgericht weiterzuleiten (§ 8 Abs. 2 BtBG).

1785

Soweit *Knittel* davon ausging, die neue Mitteilung nach § 1897 Abs. 8 BGB solle lediglich bei der erstmaligen Bestellung eines Berufsbetreuers erfolgen[2], liegt u.E. ein Irrtum vor. § 1897 Abs. 8 BGB enthält anders als § 1897 Abs. 7 BGB keine Beschränkung auf die erstmalige Betreuerbestellung. Daher muss die Mitteilung bei jeder beruflichen Betreuerbestellung erfolgen. Anderenfalls gäbe das Abstellen auf bereits geführte Betreuungen im Übrigen auch keinen Sinn.

1786

---

1 BT-Drs. 13/10331, S. 26
2 Knittel § 1897 BGB Rn. 23d (Buchst. H; zu Absatz 8)

11.2 Von den Mitteilungspflichten betroffener Personenkreis

1787   In § 10 Abs. 1 VBVG werden Personen genannt, die Betreuungen entgeltlich führen, also Berufsbetreuer, unabhängig von ihrer beruflichen Vorbildung, erfasst werden, somit auch Rechtsanwälte.

1788   Ehrenamtliche Betreuer, die ausnahmsweise gem. § 1936 Abs. 2 eine Ermessensvergütung erhalten, sind hiermit (entgegen dem Wortlaut der Norm) nicht gemeint.[3] Auch unterliegt ein ehrenamtlicher Betreuer nicht der Meldepflicht, wenn er mehr als 10 Betreuungen führt.[4]

1789   Bei Vereinsbetreuungen nach § 1897 Abs. 2 BGB sind nicht die einzelnen Vereinsbetreuer nach § 10 VBVG mitteilungspflichtig, sondern der Betreuungsverein (gesetzlich vertreten durch seinen Vorstand oder satzungsgemäßen Geschäftsführer), da dieser gem. § 7 Abs. 1 VBVG der Empfänger der Zahlungen ist.[5] Eine Aufgliederung der Mitteilung nach einzelnen Vereinsbetreuern wird vom Wortlaut her in § 10 VBVG nicht verlangt. Da der Betreuungsverein selbst den Vergütungsanspruch hat, reicht es u.E. aus, eine Gesamtmitteilung für alle Vereinsbetreuer zu erstellen. Der Wortlaut des § 10 VBVG spricht allerdings eigentlich gegen eine Mitteilungspflicht von Betreuungsvereinen. Denn während Vereinsbetreuer ausdrücklich keinen Vergütungsanspruch haben (§ 7 VBVG), führt der Verein (vom Sonderfall des § 1900 Abs. 1 BGB einmal abgesehen) selbst keine Betreuungen, und diese Sonderfälle sind nach § 1836 Abs. 3 BGB i.V.m. § 1908i Abs. 1 BGB weiterhin unentgeltlich.

1790   Die Mitteilungspflicht nach § 1897 Abs. 8 BGB bezieht sich u.E. auf die Betreuungszahlen der einzelnen Betreuer, also auch einzelner Vereinsbetreuer (oder Behördenbetreuer). Hier stellt sich die Frage, was mit „Umfang" der geführten Betreuungen gemeint ist. Abgestellt werden kann u.E. nur auf die in § 5 VBVG genannten Kriterien, also den Aufenthaltsstatus des Betreuten (Heim/kein Heim; vgl. Kapitel 7, Rn. 1088 ff.) und die Frage der Mittellosigkeit (Kapitel 8, Rn. 1230 ff.).

1791   Die Regelungen gelten im Übrigen nicht für die Führung von Vormundschaften und Pflegschaften aller Art.[6] Hierdurch sind angesichts der Tatsache, dass Berufsbetreuer auch Vormundschaften und Pflegschaften führen können, für eine sachgerechte Auswertung im Sinne von Arbeitsbelastungssituationen durch die Gesetzesfassung wenig Möglichkeiten gegeben.

1792   Wer erst im Laufe des vergangenen Kalenderjahres seine Tätigkeit aufgenommen hat, hat über den dadurch begrenzten Zeitraum zu berichten, wird die Tätigkeit vor Jahresablauf eingestellt, entfällt die Mitteilungspflicht.[7]

11.3 Kritik an der Bestimmung des § 10 VBVG

1793   Die Regelung des § 1908k/§ 10 VBVG ist seinerzeit bei den Berufsverbänden der Berufsbetreuer auf scharfe Kritik gestoßen. Tatsächlich erweckte die Regelung hinsichtlich mehrerer Einzelheiten den Anschein, dass der Gesetzgeber mit seinem Anliegen über das Ziel hinausgeschossen ist.

1794   Im Hinblick auf eine Vereinbarkeit mit Art. 12 Abs. 1 GG wurde angeführt, dass § 1908k BGB, § 10 VBVG nicht für die Erreichung der an sich legitimen Zwecke erforderlich sei, weil das vom Gesetzgeber angestrebte Ziel der Vermeidung von **Missbräuchen** im Betreuungsrecht auch durch eine weniger einschneidende Maßnahme hätte erreicht werden können. So sei nicht ersichtlich, weshalb der Berufsbetreuer neben der Zahl der im Kalenderjahr ge-

---

3 HK BUR/Walther/Klie § 1908k BGB Rn. 7
4 Bienwald § 1908k BGB Rn. 4
5 Wagenitz/Engers FamRZ 1998, 1273, 1276; BT-Drucks 13/10331 S. 28; HK-BUR/Walther § 10 VBVG Rn. 8 f.; Jurgeleit/Kania/Langholf/Schmidt Rn. 14
6 Bienwald § 1908k BGB Rn. 1
7 Bienwald § 1908k BGB Rn. 7

führten Betreuungen und der in Rechnung gestellten Zeit auch noch den geforderten sowie den tatsächlich erhaltenen Geldbetrag mitteilen sollte – vor allem hinsichtlich der Eindämmung von Missbräuchen im Betreuungsrecht dürften die beiden erstgenannten Informationen genügen. Soweit es um die Ermittlung von Fakten gehe, mögen auch die finanziellen Informationen von Interesse sein, insoweit sei aber die Angemessenheit des Eingriffs in die Berufsfreiheit fragwürdig, da die Regelung des § 1908k BGB (wie auch des § 10 VBVG) – ohne jede Einschränkung – für alle Berufsbetreuer gilt. Im Hinblick darauf, dass es in der Vergangenheit nur vereinzelte Fälle missbräuchlichen Verhaltens gegeben habe, erscheine es als unangemessen, eine umfassende Mitteilungspflicht für einen ganzen Berufszweig vorzusehen.

Das Recht auf informationelle Selbstbestimmung sei durch die Verpflichtung zur jährlichen Offenlegung des Jahreseinkommens betroffen, aus den schon oben genannten Gründen sei auch dieser Eingriff nicht erforderlich. **1795**

Der **Gleichheitsgrundsatz** sei schließlich tangiert, weil eine ganze Berufsgruppe in einer bislang nicht bekannten Art und Weise mit weitgehenden Offenlegungspflichten belastet und damit im Vergleich zu anderen Berufsgruppen ungleich behandelt werde. Es sei durch den Gesetzgeber nicht ausreichend dargelegt worden, dass hier Unterschiede von solcher Art und solchem Gewicht bestehen, dass diese Ungleichbehandlung gerechtfertigt sei. **1796**

Widersprüchlich an der Regelung ist im Übrigen auch, dass Vormundschaften und Pflegschaften (also auch Verfahrenspflegschaften) von ihr nicht erfasst werden. Das gleiche gilt im Übrigen für die neu eingeführte Mitteilungspflicht nach § 1897 Abs. 8 BGB. Die Frage, ob ein Betreuer bereits überlastet ist bzw. ob die Verteilung der Fälle zu einer existenzsichernden Auslastung führt, kann kaum ohne diese Informationen sicher beantwortet werden. Ohnehin ist die Angabe der Gesamtzahl der in einem Kalenderjahr tatsächlich geführten Betreuungen nach § 10 VBVG kaum geeignet, hierüber eine brauchbare Aussage zu ermöglichen, weil sie durch neu übernommene Betreuungen, Aufhebung von Betreuungen, Betreuerwechseln und Tod des Betreuten nicht unerheblichen Schwankungen unterworfen ist.[8] **1797**

Nach der zunächst sehr verbreiteten Kritik an dieser Regelung ist sie bis vor Kurzem weitgehend aus der öffentlichen Diskussion verschwunden. So gab es lediglich eine Gerichtsentscheidung, die die Zulässigkeit der Abfrage der Daten durch die Betreuungsbehörde und die Befugnis, für den Fall der Verweigerung der Datenabgabe ein **Zwangsgeld** festzusetzen, bejahte.[9] Weitere in diesem Zusammenhang laufende Gerichtsverfahren sind uns, nachdem ein Antrag auf Erlass einer einstweiligen Anordnung gegen diese Regelung durch das BVerfG[10] wegen fehlender „Erschöpfung des Rechtswegs" abgelehnt wurde[11], weiterhin nicht bekannt. **1798**

Gründe dafür dürften sein, dass viele Behörden die Daten nicht abfragen bzw. nicht reagieren, wenn ein Betreuer die Mitteilung unterlässt, und wohl auch, dass etliche Betreuer nach anfänglichen Protesten nun doch – vermutlich auch aufgrund der Befürchtung, andernfalls bei der Vergabe von Betreuungen nicht mehr berücksichtigt zu werden – die geforderten Angaben machen. In letzter Zeit bekam § 1908k BGB, § 10 VBVG jedoch wieder eine unverhoffte Bedeutung, und zwar durch Anfragen seitens der Steuerfahndung (siehe dazu unten Rn. 1812, 1815). **1799**

Im Übrigen fehlt in der Bestimmung auch eine Datenweitergaberegelung an andere Betreuungsbehörden. Oftmals sind Berufsbetreuer im Bereich mehrerer Betreuungsbehörden tätig; in solchen Fällen sollten die Daten bei einer „Stammbehörde" zusammenlaufen, aber auch **1800**

---

8   HK BUR/Walther/Klie, a.a.O., Rn. 15
9   VG Lüneburg v. 8.8.20015, 5A 116/00, BtPrax 2001, 262.
10   BtPrax 2000, 30
11   Das BVerfG sah keinen Grund für die Annahme, dass im Falle der üblicherweise vor einer verfassungsgerichtlich erforderlichen Überprüfung durch die Fachgerichte den betroffenen Berufsbetreuern ein schwerer Nachteil drohen würde, zu den Voraussetzungen einer einstweiligen Anordnung durch das BVerfG siehe § 32 Abs. 1 BVerfGG.

an die weiteren Behörden, in deren Gebiet der Betreuer auch tätig ist, weitergegeben werden dürfen, ebenso anlässlich des Umzugs eines Betreuers in den Bezirk einer anderen Betreuungsbehörde.

11.4 Einzelheiten zur Anwendung des § 10 VBVG

11.4.1 Inhalt der Mitteilung

1801 Es ist die Anzahl der insgesamt in einem Kalenderjahr geführten Betreuungen mitzuteilen; es geht nicht um eine Bestandsmitteilung zum 31.12. als Stichtag. Eine Differenzierung nach Heimbewohnern und Nichtheimbewohnern ist seit 1.7.2005 erforderlich.[12] Nicht mehr anzugeben ist die in Rechnung gestellte Zeit und der in Rechnung gestellte Geldbetrag.[13]

1802 § 10 VBVG hat ebenso wie § 1908k BGB die Eigentümlichkeit, dass ein Zeitraum (das vergangene Kalenderjahr) benannt ist und nicht, was u.E. mehr Sinn machen würde, ein Zeitpunkt. Streng nach den Buchstaben des Gesetzes müsste also ein Betreuer alle Betreuungen mitteilen, die er zu Beginn des Kalenderjahres geführt hat und dieser Zahl alle in diesem Kalenderjahr hinzugekommenen Betreuungen hinzufügen, ohne die innerhalb des Kalenderjahrs beendeten oder aufgehobenen Betreuungen in Abzug zu bringen. Praxisnäher wäre es, der Betreuer teilte die Zahl der am 1.1. des Jahres bestehenden Betreuungen mit und die Zu- und Abgänge innerhalb des Jahres. Erzwungen werden kann diese Unterteilung freilich nicht. Auch von einem Berufsbetreuer ehrenamtlich geführte Betreuungen sollen in der Jahresmitteilung aufgelistet werden[14] (jedoch keine Vormundschaften oder Pflegschaften).

1803 Besonders kurios wird dies am Beispiel des seit dem 1.7.2005 zusätzlichen Kriteriums „unterteilt nach Betreuten in einem Heim oder außerhalb eines Heimes". Hier könnte mangels gesetzlicher Klarheit auf tatsächlichen oder gewöhnlichen Aufenthalt abgestellt werden; mit Heim könnte der Heimbegriff des § 1 HeimG oder aber der des § 5 Abs. 3 VBVG gemeint sein. Da die Regelung zugleich mit dem VBVG in Kraft trat und um dem Ganzen überhaupt ein wenig Logik zu geben, gehen wir davon aus, dass der Begriff des gewöhnlichen Aufenthaltes in einem Heim i.S.d. § 5 VBVG gemeint ist.[15]

1804 Dennoch muss konstatiert werden: Innerhalb des Kalenderjahrs kann sich nicht nur der tatsächliche, sondern auch der gewöhnliche Aufenthalt (i.S. eines Lebensmittelpunktes) geändert haben. Ab 2019 wird die Unterscheidung in die Wohnformen der Betreuten der neuen Terminologie des § 5 Abs. 3 VBVG angepasst, hier heißt es nun „Betreuten in stationären Einrichtungen und diesen gleichgestellten ambulant betreuten Wohnformen einerseits und anderen Wohnformen andererseits (zum Unterschied siehe Kapitel 7, Rn 1105 ff.). Die anfangs angesprochene Unsicherheit bleibt bestehen.

1805 Welche Zahl soll also benannt werden? Es bietet sich an, auf den **Stichtag 31.12.** abzustellen, wahlweise darauf, wo der einzelne Betreute **innerhalb des Kalenderjahres überwiegend** seinen gewöhnlichen Aufenthalt hatte. Die Kommentarliteratur ist angesichts solcher unsauberer Gesetzesformulierung genauso ratlos wie wir an dieser Stelle.[16] Für während des Kalenderjahrs aufgehobene Betreuungen empfiehlt es sich, auf den gewöhnlichen Aufenthalt zum Zeitpunkt der Beendigung abzustellen.

1806 Ob die Angaben über den im Kalenderjahr erhaltenen Geldbetrag nur die Vergütung oder auch die Aufwendungen betreffen sollen, war umstritten.[17] Da jedenfalls bei der Pauschal-

---

12 HK BUR/Walther/Klie, a.a.O., Rn. 15
13 HK BUR/Walther/Klie, a.a.O., Rn. 16
14 BTKomm D Rn. 53
15 Jürgens/Winterstein § 10 VBVG Rn. 7
16 Das gilt auch für Jurgeleit/Kania § 10 VBVG Rn. 5
17 Bejahend HK BUR/Walther/Klie, a.a.O., Rn. 17, weil die Regelung auch die Abrechnungsehrlichkeit bzgl. der Aufwendungen fördern solle, anderer Ansicht Bienwald, a.a.O., Rn. 13.

vergütung (vgl. Kapitel 7, Rn. 971 ff.) gem. § 4 Abs. 2 VBVG der Ersatz von Barauslagen in der Pauschale enthalten ist, erübrigt sich diese Frage seit dem 1.7.2005. Eine weitere Differenzierung ist nicht erforderlich.[18]

11.4.2 Örtliche Zuständigkeit

Mangels entgegenstehender anderweitiger Regelung ist die örtliche Betreuungsbehörde zuständig (§ 9 BtBG). Örtlich zuständig soll die Behörde sein, in der der Betreuer seinen Sitz oder Wohnsitz hat. Dies führt wohl auch zu Missverständnissen. Deshalb sei klargestellt: Ein **Einzelbetreuer** (auch ein Anwalt) ist eine natürliche Person im Sinne des BGB und hat keinen Sitz, sondern nur einen Wohnsitz (§ 7 BGB). Deshalb kann nur der Wohnsitz (im Sinne der Meldeadresse) maßgeblich sein, nicht etwa das Büro oder die Sozietät des Anwalts. Es wird ja nicht das Büro zum Betreuer bestellt, auch dann nicht, wenn der Betreuer in einer GbR oder Partnerschaftsgesellschaft arbeitet.[19] Obwohl natürliche Personen im Sinne des BGB über keinen „Sitz" verfügen, scheint sich in der behördlichen Praxis weitestgehend eingebürgert zu haben, dass der Berufsbetreuer, der eine externe Büroadresse besitzt, die Mitteilung an diejenige Betreuungsbehörde zu geben, die für den Ort des Büros zuständig ist, nicht an diejenige für die „Heimatadresse". Inhaltlich ist das sinnvoll, da vermutlich der Betreuer mit einer Trennung der beiden Adressen seinen beruflichen Tätigkeitsschwerpunkt eher im Bereich des Büros haben wird. Dennoch wäre eine gesetzliche Klarstellung zweckmäßig.

1807

Betreuungsvereine haben andererseits als juristische Personen keinen Wohnsitz, sondern einen Sitz (§ 24 BGB). Dieser ergibt sich aus der Vereinssatzung und liegt da, wo die Verwaltung des Vereins liegt. An die Betreuungsbehörde, deren örtliche Zuständigkeit genau diese Adresse betrifft, ist die Mitteilung zu machen, ganz gleich, ob in deren Bezirk die Betreuungen geführt werden oder nicht.

1808

Liegt der Wohnsitz des Betreuers z.B. in einer Stadt, die auch einem Landkreis angehört, und gibt es dort sowohl eine städt. Betreuungsbehörde als auch eine des Landkreises, wäre die Mitteilung an die städtische Betreuungsbehörde zu machen; läge der Wohnsitz im Kreisgebiet außerhalb der Stadt, an die Kreisbetreuungsbehörde.

1809

11.4.3 Weitergabe von Daten, Datenschutz

Gerade auch in Anbetracht der an der Regelung geäußerten Kritik sind die Betreuungsbehörden gefordert, mit den Daten sensibel umzugehen. Die Berechtigung der Datenverarbeitung ergibt sich aus Art. 6 Abs. 1 Nr. C, E der EU DSGVO. Daten dürfen nach § 10 VBVG nur an die Betreuungsgerichte weitergegeben werden, sowohl ungefragt als auch auf Anfrage.[20]

1810

Die Mitteilung kann dabei an jedes beliebige Betreuungsgericht erfolgen. Eine Mitteilung an andere Stellen, z.B. benachbarte Betreuungsbehörden, ist demgegenüber nicht vorgesehen, obwohl das sicher sinnvoll gewesen wäre.

1811

Nach den für die Betreuungsbehörden anzuwendenden Landesdatenschutzgesetzen (in Ergänzung zur DSGVO) sind personenbezogene Daten über Betreuer von der Behörde grundsätzlich beim Betreuer mit seiner Kenntnis zu erheben.[21]

1812

---

18 HK BUR/Walther/Klie, a.a.O., Rn. 18
19 Jurgeleit/Kania/Langholf/Schmidt Rn. 4.; a.A.: HK BUR/Walther/Klie, a.a.O., Rn. 12; Jürgens/Winterstein Rn. 5
20 Nach HK BUR/Walther/Klie, a.a.O., Rn. 24 darf die ungefragte Weitergabe aufgrund des Verhältnismäßigkeitsgrundsatzes nur dann erfolgen, wenn Anhaltspunkte für Unregelmäßigkeiten ersichtlich sind.
21 Vgl. z. B. § 5 des Ausführungsgesetzes zum BtR des Bundeslandes Berlin

1813 Eine Datenweitergabe ist grundsätzlich nur zu dem Zweck zulässig, zu dem die Daten erhoben wurden.[22] Allerdings gibt es davon Ausnahmen, die wichtigste dazu ist die Weitergabe von Daten zum Zwecke der Steuerfahndung.

1814 So heißt es in § 9 Abs. 2 Nr. 6 DSG NRW, dass Daten zu anderen Zwecken weiterverarbeitet werden können, wenn dies im öffentlichen Interesse liegt und die betroffene Person in diesen Fällen der Datenverarbeitung nicht widersprochen hat.

1815 Die für alle Steuerarten maßgebende Verfahrensvorschrift, die Abgabenordnung (AO), sieht für alle Behörden eine Mitteilungspflicht an die Finanzbehörde vor, wenn sie Kenntnis von Umständen erhalten, die für eine Steuerstraftat sprechen (§ 116 AO). Dies dürfte bei Jahresmitteilungen nach § 10 VBVG regelmäßig nicht gegeben sein.

1816 Allerdings ist die Betreuungsbehörde im Rahmen der Amtshilferegeln der Abgabenordnung auch dann zur Datenweitergabe an das Finanzamt bzw. die Steuerfahndungsstelle verpflichtet, wenn von diesen Auskünfte erbeten werden, um z.B. potenziell Steuerpflichtige zu ermitteln, die bisher keine an sich erforderlichen Steuererklärungen abgegeben haben. Die Rechtsgrundlagen dafür bilden §§ 93, 97, 111 bis 114 AO sowie speziell für die Steuerfahndung § 208 AO. Sogar gesetzlich geregelte Verschwiegenheitspflichten gelten gem. § 105 AO nicht gegenüber der Finanzverwaltung. So wurde bekannt, dass die Steuerfahndungsstelle Koblenz (für Rheinland-Pfalz) von den dortigen Betreuungsbehörden die seit 2000 gesammelten Daten nach dem damaligen § 1908k BGB zur Ermittlung von steuerpflichtigen Berufsbetreuern angefordert hat.

11.4.4 Kompetenzen von Behörden und Gerichten

11.4.4.1 Verwertung und Beurteilung der Daten durch die Behörde

1817 Unseres Erachtens kann die Behörde die Daten selbst prüfen und auswerten, soweit dadurch die Erfüllung ihrer Aufgaben erleichtert wird. Die Gegenansicht, die eine Bewertung und eine wertende Stellungnahme durch die Behörde ablehnt und hierfür lediglich eine Befugnis der Betreuungsgerichte annimmt[23], lässt sich schwerlich mit dem Zweck der Regelung – unter anderem sollen der Behörde Kontroll- und Steuerungsinstrumente an die Hand gegeben werden[24] – vereinbaren. Sie ist im Übrigen in sich widersprüchlich: An anderer Stelle wird dort nämlich geäußert, dass die Behörde die Daten nur dann unverlangt weitergeben dürfe, wenn Anhaltspunkte für Unregelmäßigkeiten bestehen; das setzt aber gerade eine inhaltliche Vorprüfung und Bewertung voraus.

11.4.4.2 Durchsetzbarkeit der Verpflichtung; Verlangen der Abgabe einer eidesstattlichen Versicherung

1818 Macht der Betreuer bzw. Betreuungsverein die geforderten Angaben nicht, muss er damit rechnen, dass er von der Betreuungsbehörde aufgefordert wird, bis zu einer angemessenen Nachfrist die Mitteilung nachzureichen. Passiert dies dann auch nicht, kommen folgende Konsequenzen in Betracht:

1819 Er wird u.U. vom Betreuungsgericht **nicht mehr zum Betreuer bestellt** bzw. die Betreuungsbehörde wird ihn nicht mehr als Betreuer vorschlagen, weil aus der Verweigerung geschlossen wird, dass der Betreuer seinen gesetzlichen Pflichten nicht nachkommt und deshalb als für die Führung von Betreuungen ungeeignet anzusehen ist.[25]

---

22 So auch HK BUR/Walther/Klie, a.a.O., Rn. 14, 28 f.
23 HK BUR/Walther/Klie, a.a.O., Rn. 30
24 Bienwald, a.a.O., Rn. 2
25 Vgl. z.B. HK BUR Walther/Klie § 1908 BGB Rn. 34, so genanntes „informelles Sanktionsinstrument"

Hinweis 1820

🄷 *Wer die Angaben verweigern möchte, sollte sich daher zunächst genau überlegen, wie er die Reaktion auf dieses Verhalten einschätzt.*

Möglicherweise muss auch mit direkten **Zwangsmitteln** aufgrund des Verwaltungsvollstreckungsgesetzes des jeweiligen Bundeslandes (Zwangsgeld bzw. Ersatzzwangshaft, siehe z.B. §§ 55 ff. VwVG NRW, § 70 VwVG Niedersachsen, § 68 HessVwVG) gerechnet werden.[26] Dies setzt eine vollziehbare Verfügung der Betreuungsbehörde voraus. Es reicht dafür nicht, dass der Betreuer die Frist versäumt. 1821

Die Behörde muss ihm durch Verwaltungsakt aufgeben, die Meldung abzuliefern bzw. ihre Richtigkeit an Eides statt zu versichern und kann – nach Eintritt der Bestandskraft – diesen Verwaltungsakt vollziehen. Hierbei müsste die Betreuungsbehörde natürlich im Rahmen ihres Ermessens den **Grundsatz der Verhältnismäßigkeit** der Mittel prüfen. Es ist sehr zweifelhaft, ob derartige Zwangsmaßnahmen diesem Grundsatz entsprechen. 1822

Zum Teil wird allerdings auch angenommen, dass die Durchsetzung der zivilrechtlichen Norm mit den Mitteln des Verwaltungsrechts grundsätzlich unzulässig sei und allenfalls dann in Betracht komme, wenn eine landesrechtliche Ermächtigungsnorm für die Anwendung von Verwaltungszwang vorliegt.[27] Als rechtmäßig betrachtet wurde die Zwangsgeldandrohung vom *Verwaltungsgericht Lüneburg*.[28] 1823

Ein Bundesland hat zu dieser Frage einen Regelungsbedarf gesehen und in seinem Ausführungsgesetz zum BtÄndG den Betreuungsbehörden ausdrücklich die Ermächtigung übertragen, die Mitteilungspflichten durchzusetzen: 1824

Mecklenburg-Vorpommern: § 2 Abs. 3 AGBtG[29]

Die örtliche Betreuungsbehörde kann die Betreuer zur Erfüllung ihrer Pflichten nach § 10 Absatz 1 und 2 des Vormünder- und Betreuervergütungsgesetzes vom 21. April 2005 (BGBl. I S. 1073, 1076), das durch Artikel 53 des Gesetzes vom 17. Dezember 2008 (BGBl. I S. 2586) geändert worden ist, durch Verwaltungsakt anhalten.

Zumindest in **Mecklenburg-Vorpommern** wurde damit durch Landesrecht für die Betreuungsbehörde eine Rechtsgrundlage geschaffen, um im Weigerungsfall die Angaben durch den Betreuer mithilfe von **Zwangsmitteln des Verwaltungsrechts** zu erzwingen. Die Betreuungsbehörden (im Übrigen nicht das Betreuungsgericht) *können* im Weigerungsfall die Abgabe der Erklärung erzwingen, sie *müssen* es aber nicht, so der Wortlaut der genannten landesrechtlichen Ermächtigungen.[30] 1825

Auf Verlangen der Behörde müssen die Angaben an Eides statt versichert werden. Da bereits eine fahrlässig abgegebene eidesstattliche Versicherung strafbar ist, sollte diese nicht standardmäßig bei jeder Mitteilung gem. § 10 VBVG erfolgen, sondern eine entsprechende Aufforderung der Behörde abgewartet werden. § 156 des Strafgesetzbuches lautet: „Wer vor einer zur Abnahme einer Versicherung an Eides statt zuständigen Behörde eine solche Versicherung falsch abgibt oder unter Berufung auf eine solche Versicherung falsch aussagt, wird mit Freiheitsstrafe bis zu drei Jahren oder mit Geldstrafe bestraft." 1826

Auch Betreuungsbehörden sollten nicht leichtfertig eine solche Versicherung verlangen, sondern nur bei konkretem Verdacht auf eine Falschaussage. In § 10 VBVG ist diesbezüglich lediglich eine Kann-Vorschrift gegeben. Das heißt, die Behörde muss ein Ermessen ausüben 1827

---

26 Erman/Holzhauer § 1908k BGB Rn. 11; Knittel Rn. 7; HK-BUR/Walther Rn. 36; Jurgeleit/Kania/Langholf/Schmidt Rn. 12; BtKomm/ Roth D Rn. 56

27 HK BUR/Walther/Klie, a.a.O., Rn. 33 ff.; eine derartige landesrechtliche Norm existiert zurzeit nur in Mecklenburg-Vorpommern

28 VG Lüneburg BtPrax 2001, 262

29 Eine beabsichtigte vergleichbare Regelung in Bayern wurde nicht realisiert.

30 HK BUR/Walther § 1908k BGB Rn. 34a

und darf die eidesstattliche Versicherung wohl nur in Zweifelsfällen oder bei Anhaltspunkten für unzutreffende Angaben verlangen.[31]

1828   Im Hinblick auf die Mitteilung nach § 1897 Abs. 8 BGB, die nur dann an die Betreuungsbehörde erfolgt (und nicht direkt an das Betreuungsgericht), wenn die Behörde vom Gericht gebeten wurde, gem. § 8 BtBG einen geeigneten Betreuer zu benennen, ist nicht mit Sanktionsmitteln zu rechnen. Ein Betreuer, der sich hier weigert, diese Zahlenangaben zu machen, dürfte von der Behörde nicht vorgeschlagen werden. Da man keinen Rechtsanspruch auf Übertragung einer speziellen Betreuung hat, ist hier auch kein Rechtsmittel gegeben.

11.4.5 Rechtsmittel gegen die Forderung, eine Erklärung nach § 10 VBVG abzugeben

1829   Die Aufforderung der Betreuungsbehörde, die Jahresmitteilung zu erstatten, ggf. auch mit Zwangsmittelandrohung, ist ein Verwaltungsakt. Dass die Rechtsgrundlage für die Auskunftspflicht im BGB steht, ist unerheblich. Der Verwaltungsakt kann mit dem Rechtsmittel des Widerspruchs binnen eines Monats nach Zustellung angefochten werden (§ 70 VwGO).

1830   Der **Widerspruchsbescheid** ist von der örtlichen Betreuungsbehörde selbst zu erlassen (§ 73 Abs. 1 Nr. 3 VwGO), da die Durchführung der Aufgaben der Betreuungsbehörde in den einzelnen Bundesländern den Kommunen als Selbstverwaltungsaufgabe übertragen wurde (siehe die einzelnen Ausführungsgesetze zum BtG). Gegen die Widerspruchsentscheidung ist Klage beim Verwaltungsgericht zulässig (§§ 40, 43 VwGO). Allerdings dürften Rechtsmittel, die sich gegen die Auskunftspflicht als solche richten, wenig Aussicht auf Erfolg haben, zumal die gesetzliche Pflicht in § 10 VBVG ja klar formuliert ist. Allenfalls gegen die Zwangsmittel wäre ein Widerspruch wegen Verletzung des oben erwähnten Verhältnismäßigkeitsgrundsatzes evtl. aussichtsreich.

1831   Verschiedentlich war angekündigt worden, § 1908k BGB, § 10 VBVG mit einer Verfassungsbeschwerde angreifen zu wollen (zu den angeführten verfassungsrechtlichen Bedenken gegen diese Vorschrift siehe oben Rn. 1793 ff.). Eine Verfassungsbeschwerde zur Klärung der Vereinbarkeit der Regelung mit dem Grundgesetz ist aber erst nach „Erschöpfung des Rechtswegs" zulässig.[32] Zunächst müsste also die Reaktion der Behörde auf die Verweigerung der Abgabe der Daten abgewartet werden. Gegen eine Androhung von Zwangsmitteln muss dann – nach Durchführung eines Widerspruchsverfahrens – Klage erhoben werden. Erst die letztinstanzliche Entscheidung kann dann mit der Verfassungsbeschwerde angegriffen werden.

---

31 Anders Bienwald, a.a.O., Rn. 18, danach sollte die Behörde grundsätzlich von vornherein eine eidesstattliche Versicherung verlangen, weil im Falle eines späteren Verlangens der Eindruck entstehen würde, dass es einen aktuellen Anlass dafür gäbe.

32 So ausdrücklich auch auf die Durchsetzbarkeit der Mitteilungspflicht bezogen: BVerfG BtPrax 2000, 30.

11.5 Beispiel für eine Mitteilung nach § 10 VBVG

> Betreuer – Name, Adresse, Rufnummer   **1832**
>
> An die
>
> Betreuungsbehörde
>
> des Landkreises/der Stadt …
>
> Ort/Datum
>
> Jahresmeldung gem. § 10 VBVG für das Kalenderjahr …
>
> dortiges Aktenzeichen: …
>
> Sehr geehrte Damen und Herren,
>
> Hiermit teile ich Ihnen mit, dass ich im vergangenen Jahr als Berufsbetreuer gem. § 1 Abs. 1 VBVG tätig war.
>
> Während des genannten Jahres führte ich … berufliche Betreuungen gem. § 1896 BGB.
>
> Von den Betreuten waren … Personen Heimbewohner und … Personen keine Heimbewohner i.S. des § 5 Abs. 3 VBVG.
>
> Innerhalb des genannten Jahres erhielt ich durch die betreuten Personen sowie die Staatskasse Vergütungen sowie Aufwendungsersatz einschl. der gesetzlichen Umsatzsteuer in folgender Höhe: … Euro.
>
> Mit freundlichen Grüßen
>
> _____
>
> (Unterschrift)

11.6 Beispiel für eine Mitteilung nach § 1897 Abs. 8 BGB

> Betreuer – Name, Adresse, Rufnummer   **1833**
>
> An das Betreuungsgericht … (ggf. über die
>
> Betreuungsbehörde
>
> des Landkreises/der Stadt …)
>
> Ort/Datum
>
> **Übernahmeerklärung gem. § 1898 BGB sowie Mitteilung gem. § 1897 Abs. 8 BGB**
>
> **dortiges Aktenzeichen:** …
>
> Sehr geehrte Damen und Herren,
>
> Hiermit erkläre ich mich bereit, die Betreuung für Herrn/Frau … zu übernehmen.
>
> Zugleich erkläre ich, dass ich am heutigen Tage insgesamt … Betreuungen beruflich führe.
>
> Zum Umfang dieser beruflich geführten Betreuung führe ich weiter aus, dass … Betreute ihren gewöhnlichen Aufenthalt innerhalb eines Heimes gem. § 5 Abs. 3 VBVG und … Betreute außerhalb eines solchen Heimes haben.
>
> Mit freundlichen Grüßen
>
> _____
>
> (Unterschrift)

12 Steuerrechtliche Behandlung der Betreuerentschädigung

Soweit der Betreute nicht mittellos ist und für die Kosten der Betreuung selbst aufkommen muss, kann er diese Ausgaben zum Teil als außergewöhnliche Belastungen gem. § 33 EStG in Abzug bringen: **1834**

Nach einem Beschluss der obersten Finanzbehörden des Bundes und der Länder liegen in den Fällen krankheits- bzw. behinderungsbedingter Betreuung die Voraussetzungen zum Abzug der Aufwendungen für den Betreuer als **außergewöhnliche Belastung** im Rahmen des § 33 EStG vor, soweit es sich dabei nicht um Betriebsausgaben oder um Werbungskosten handelt. **1835**

Da das Betreuungsgericht sowohl die Betreuung anordnet als auch über die Höhe der Vergütung des Betreuers entscheidet, können die Notwendigkeit wie auch die Angemessenheit der Vergütung unterstellt werden. **1836**

Dies kann die folgenden Positionen betreffen: **1837**

- Aufwendungsersatz und Vergütung für den Betreuer aus dem Vermögen des Betreuten, §§ 1836c, 1836d BGB,
- den Regress der Staatskasse gem. § 1836e BGB,
- die Kosten des Betreuungsgerichts nach dem GNotKG[1] sowie
- die gerichtlichen Auslagen, z.B. für Sachverständigengutachten und den Verfahrenspfleger.[2]

Sofern der Betreuer ausschließlich im Bereich der **Personensorge** tätig ist, sind die dafür entstehenden Aufwendungen insgesamt als außergewöhnliche Belastung abziehbar. Bei ausschließlicher Vermögenssorge kommt ein Abzug der Aufwendungen als außergewöhnliche Belastung nur in Betracht, soweit ertragsloses Vermögen verwaltet wird, während bei Erzielung von Einkünften die Aufwendungen für den Betreuer Betriebsausgaben bzw. Werbungskosten darstellen.[3] **1838**

Übt der Betreuer sowohl Vermögens- als auch Personensorge aus, so ist im Schätzungswege eine Aufteilung der Vergütung in Betriebsausgaben/Werbungskosten einerseits und außergewöhnliche Belastung andererseits vorzunehmen. Ein geeigneter Aufteilungsmaßstab (Zeitaufwand, Berechnung der Vergütung durch Betreuungsgericht) kann nur im jeweiligen Einzelfall gefunden werden. Ggf. kann hierbei auf die Maßstäbe zurückgegriffen werden, die Gerichte bei der Bestimmung der Höhe der Vergütung in der Zeit vor der Pauschalierung der Betreuervergütung angelegt haben. **1839**

Die Berücksichtigung der Aufwendungen als außergewöhnliche Belastung wird, sofern es sich um eine behinderungsbedingte Betreuung handelt, auch durch die Inanspruchnahme des Behinderten-Pauschbetrages (§ 33 EStG) nicht ausgeschlossen. Dies bedeutet, dass die Aufwendungen für die Betreuung – allerdings abzüglich der zumutbaren Belastung – sowie der Behinderten-Pauschbetrag nebeneinander berücksichtigt werden können.[4] **1840**

---

1 Anlage 1 zu § 3 Abs. 2 GNotKG, Hauptabschnitt 1
2 Anlage 3 zum GNotKG, Nr. 31015; vgl. Deinert/Römer, Betreuungs- und Steuerrecht, BtPrax 2010, 212, 218
3 BFH v. 14.9.1999, III R 39/97, BStBl. II 2000, 69
4 Schreiben des Bayerischen Staatsministeriums für Arbeit und Sozialordnung, Familie, Frauen und Gesundheit vom 31.10.1997 an die Regierungen in Bayern zur Frage der steuerlichen Anerkennung von Kosten der Betreuertätigkeit, Az. 31b/5 – S 2286-67 – 72609/96, siehe auch Zimmermann, Die steuerliche Behandlung der Betreuervergütung, BtPrax 1999, 33 ff.

12.2 Auf Seiten des Betreuers

12.2.1 Ehrenamtliche Betreuer

1841 Ehrenamtliche Betreuer (sowie Vormünder und BGB-Pfleger) erhalten im Regelfall lediglich Aufwendungsersatz gem. § 1835 Abs. 1 und 2 BGB – wenn sie dies wünschen, vereinfacht gem. § 1835a BGB in Form einer Pauschale in Höhe von 399,00 € jährlich (vgl. Kapitel 5, Rn. 337).

1842 Die Frage, ob und ggf. wie der pauschale Aufwendungsersatz zu besteuern ist, war lange umstritten und unübersichtlich geregelt – ein Umstand, der die Gewinnung ehrenamtlicher Betreuer nicht gerade erleichtert hat.

12.2.1.1 Entwicklung

1843 Der früheren Auffassung, dass die Aufwandspauschalen nach § 3 Nr. 12 generell steuerfrei oder nach § 3 Nr. 26 EStG jedenfalls bis zu einem Betrag von (derzeit) 2.400,00 € einkommensteuerfrei sind, war in früheren Jahren zunächst seitens der Finanzministerien entschieden entgegengetreten worden. Der ganzen Angelegenheit lag die von Länderebene im Zusammenhang mit der 1999 erhöhten Pauschale immer wieder geäußerte Behauptung zugrunde, mit der Aufwandspauschale werde nicht nur der tatsächliche Sachaufwand vereinfacht gezahlt, nein, es handele sich auch um eine versteckte Vergütung für den Zeitaufwand.

1844 Nach einer Mitteilung des *Bundesministeriums der Finanzen*[5] aus dem Jahr 2001 kam es darauf an, ob eine **„objektive Vermögensmehrung"** eingetreten ist, d.h., ob ein Überschuss der Einnahmen über die steuerlich anzuerkennenden Ausgaben erzielt wird. Die Erwägungen, aus denen heraus einer Tätigkeit nachgegangen wird, die gesellschaftliche Wertigkeit der Tätigkeit und auch die Erzielung eines nur sehr geringen „Stundenlohns" sind danach unerheblich.

1845 Eine Steuerbefreiung als Aufwendungsersatz gem. § 3 Nr. 12 EStG scheide aus, weil die gezahlten Beträge nicht als separater Posten im Haushaltsplan ausgewiesen seien und ehrenamtliche Betreuer **keine „öffentlichen Dienste"** im Sinne der Vorschrift leisten würden, da sie trotz Bestellung durch das damalige Vormundschaftsgericht nicht im Dienst einer juristischen Person des öffentlichen Rechts stehen.[6] Das Bundesfinanzministerium vertrat in einem Antwortschreiben vom 7.5.2001 ebenfalls die obige Auffassung.[7] Dabei kam es in einzelnen Bundesländern zu landesweiten Überprüfungen der Steuererklärungen ehrenamtlicher Betreuer. Die Steuerpflicht wurde in der Folge durch die finanzgerichtliche Rechtsprechung bejaht.[8] Hiernach sei es unbeachtlich, dass die Tätigkeit des Betreuers ehrenamtlich und ohne jedes Gewinnstreben ausgeführt werde. Selbst wenn der Betreuertätigkeit nicht in erster Linie nachgegangen würde, um Einnahmen aus ihr zu erzielen, sondern der Betreuer sich hierzu ganz überwiegend aus uneigennützigen Motiven veranlasst gesehen hätte, wäre dieser Umstand nicht geeignet, die einkommensteuerliche Irrelevanz der Bezüge zu begründen. Gem. §§ 15 Abs. 2 Satz 3, 18 Abs. 4 Satz 2 EStG kann die Gewinnerzielungsabsicht sich nämlich durchaus als ein Nebenzweck der Betätigung darstellen, sodass die Annahme einer steuerpflichtigen Tätigkeit auch dann nicht ausgeschlossen ist, wenn das Interesse an einer Entschädigung, Vergütung oder Entlohnung gegenüber anderen Beweggründen für die Tätigkeitsaufnahme – hier etwa soziales Engagement – in den Hintergrund trete.[9]

---

5 Schreiben vom 1.10.2001, Az.: IV A 6 – S 2240 – 48/01
6 FG Kiel BtPrax 2004, 206; ebenso Oberfinanzdirektion Koblenz, Rundverfügung vom 15.12.2006 (Az.: S 2240 A – St 31 4)
7 BMF, IV C – S 2121 – 51/01
8 FG Kiel BtPrax 2004, 206
9 BFH, Urt. v. 3.12.1987, IV R 4 41/85, BStBl. 1988 II, 266

Erzielte Gewinne sollten danach auch nicht unter die Befreiungsregelungen des § 3 Nr. 26 EStG fallen. Dort würden zwar unter anderem die Tätigkeitsbereiche „nebenberufliche Tätigkeiten als Übungsleiter, Ausbilder, Erzieher, **Betreuer**" steuerlich begünstigt, dies sei aber so zu verstehen, dass Tätigkeiten gemeint sind, die „auf andere Menschen durch persönlichen Kontakt Einfluss nehmen, um auf diese Weise deren geistige und leibliche Fähigkeiten zu entwickeln und zu fördern" und dabei eine pädagogische Ausrichtung haben.[10]

1846

Obwohl durch das Steuerbereinigungsgesetz 1999 der Katalog der steuerfreien Einnahmen nach § 3 Nr. 26 EStG, die sog. „Übungsleiterpauschale" von damals 1848,00 €/Jahr (ab 1.1.2007: 2.100,00 €) um den **Begriff des Betreuers** erweitert wurde, handele es sich hierbei nach damaliger Auffassung nicht um den Betreuer i.S.d. Betreuungsrechts, weil diese ausschließlich rechtliche Angelegenheiten der betreuten Personen wahrnehmen, sondern um denjenigen, der durch einen direkten pädagogisch ausgerichteten persönlichen Kontakt zu den von ihm betreuten Menschen dem Kernbereich des ehrenamtlichen Engagements zuzurechnen ist.[11]

1847

Im Rahmen des Gesetzgebungsverfahrens zum Jahressteuergesetz 2007 waren aus unterschiedlichen Richtungen erneut Forderungen nach einer Steuerbefreiung für ehrenamtliche Betreuer/Vormünder laut geworden. U.a. hatte der damalige *Vormundschaftsgerichtstag e.V.* bereits 2002 in einer Petition an den Bundestag die Anwendung der Übungsleiterregelung auf rechtliche Betreuer gefordert und diese Forderung nun erneuert.[12] Die *Bundesarbeitsgemeinschaft der Freien Wohlfahrtspflege e.V.* forderte ebenfalls immer wieder die steuerliche Befreiung.[13]

1848

Auch aus den Reihen der Landesjustiz- und Sozialminister kamen entsprechende Forderungen[14], die jedoch stets aus Richtung Finanzministerien zurückgewiesen wurden. Die Finanzseite war der Auffassung, das Einkommensteuergesetz beurteile die Steuerpflicht von Leistungen grundsätzlich nicht danach, ob es sich um eine gesellschaftspolitisch wünschenswerte und förderungswürdige Tätigkeit handele. Es sei auch nicht entscheidend, ob diese ehrenamtlich oder hauptberuflich ausgeübt werde. Sie verweist außerdem auf politische Bestrebungen, die einkommensteuerlichen Bemessungsgrundlagen zu verbreitern.[15]

1849

Auch im Rahmen des o.g. Jahressteuergesetzes kam es, anders als vom Bundesrat mehrfach eingefordert[16], zu keiner generellen Einkommensteuerbefreiung für ehrenamtliche rechtliche Betreuer. Der Finanzausschuss des Bundestages war dieser Stellungnahme nicht gefolgt und hat entsprechende Anträge, die die Umsetzung der Stellungnahme des Bundesrates zum Ziel hatten, abgelehnt[17], obwohl sich auch die Experten in der Sachverständigenanhörung für die Schaffung eines solchen Freibetrages ausgesprochen hatten.

1850

Nachdem nun mehrere Gesetzesvorschläge gescheitert waren, für die ehrenamtlichen Betreuer eine der Steuerbefreiung des § 3 Nr. 26 EStG („Übungsleiterpauschale") auch der Höhe nach (damaliger Steuerfreibetrag 2.100,00 €) vergleichbare Steuerbefreiung einzuführen, haben die obersten Finanzbehörden beschlossen, auf diesen Personenkreis zumindest die neue Steuerbefreiung des § 3 Nr. 26a EStG (Steuerfreibetrag allerdings höchstens bis zu 500,00 € im Jahr) anzuwenden.[18]

1851

---

10 OFD Frankfurt v.11.1.2001, S 2245 A – 2 – St II 21 EStG § 3 Nr. 26
11 BT-Drs. 14/2070, S. 16; siehe auch FG Baden-Württemberg BtPrax 2010,46 (die Entscheidung betraf den wohl eher ungewöhnlichen Fall der Führung von 42 ehrenamtlichen Betreuungen).
12 Petition des VGT e.V. und weitere Stellungnahmen im Internet unter: www.bgt-ev.de
13 So z.B. Stellungnahme der BAGFW vom 19.1.2007 zum Referentenentwurf für ein „Gesetz zur weiteren Stärkung des bürgerschaftlichen Engagements", siehe unter www.bagfw.de > Veröffentlichungen > Stellungnahmen/Positionen Direktlink: www.bagfw.de/fileadmin/user_upload/Veroeffentlichungen/Stellungnahmen/2007/_BAGFW_Stellungnahme_Gemeinnuetzigkeit_190107_Endg.pdf (Zugriff: 8.8.2019)
14 Z.B. Beschluss der Arbeits- und Sozialministerkonferenz vom 21./22.11.02, TOP 7.3
15 Justizministerium Rheinland-Pfalz; Landtagsdrucksache Rheinland-Pfalz Nr. 15/373 vom 18.10.2006
16 BR-Drs. 117/07; BR-Drs. 544/7/07
17 BT-Drs. 16/5985 S. 18
18 Veröffentlichung der OFD Hannover Verfügung vom 15.12.2009 – S 2121 – 55 – StO 215, siehe www.iww.de/quellenmaterial/id/44904 (Zugriff: 8.8.2019)

1852 Danach waren ab 1.1.2007 (bis 2010) Einnahmen aus nebenberuflichen Tätigkeiten (u.a.) im Dienst oder Auftrag einer inländischen juristischen Person des öffentlichen Rechts bis zur Höhe von insgesamt 500,00 € im Jahr steuerfrei. Diese Steuerbefreiung war ausgeschlossen, wenn für die Einnahmen aus der Tätigkeit – ganz oder teilweise – eine Steuerbefreiung nach § 3 Nr. 12 oder 26 EStG gewährt wurde. Überschritten die Einnahmen den steuerfreien Betrag, durften die mit den nebenberuflichen Tätigkeiten in unmittelbarem wirtschaftlichen Zusammenhang stehenden Ausgaben abweichend von § 3c EStG nur insoweit als Betriebsausgaben oder Werbungskosten abgezogen werden, als sie den Betrag der steuerfreien Einnahmen überstiegen.

1853 Erläuterungen hierzu:

- Tätigkeiten im Dienst oder Auftrag einer inländischen juristischen Person des öffentlichen Rechts

Ein ehrenamtlicher Betreuer ist im Auftrag einer inländischen juristischen Person des öffentlichen Rechts (des Betreuungsgerichts bzw. früher des Vormundschaftsgerichts) tätig.

1854 • Nebenberufliche Tätigkeit

Bei der Tätigkeit des ehrenamtlichen rechtlichen Betreuers handelt es sich auch um eine nebenberufliche Tätigkeit. Nebenberuflich bedeutet dabei eine Tätigkeit, die selbstständig und unselbstständig auch ohne Hauptberuf (z.B. Student, Rentner, Hausfrau) und ohne Vollzeiterwerb ausgeübt werden kann, auch mit dem Ziel, den Lebensunterhalt damit zu bestreiten. Sie muss nur neben einer Vollbeschäftigung ausgeübt werden können.[19] Dies ist stets dann der Fall, wenn die nebenberufliche Tätigkeit nicht mehr als ein Drittel der Arbeitszeit eines vergleichbaren Vollzeiterwerbs in Anspruch nimmt.[20] Grundsätzlich ist davon auszugehen, dass die ehrenamtlichen Betreuer nur entsprechend diesen zeitlichen Vorgaben in Anspruch genommen sind.

1855 Strittig war früher auch die Frage, was für eine **Einkommensart** im Steuerrecht die Aufwandspauschale darstellt. Für ehrenamtliche Betreuer hatte ein Erlass des *Bayerischen Finanzministeriums* vom 7.4.2004 damals Klarheit gebracht.[21] Er war mit den obersten Finanzbehörden des Bundes und der anderen Länder abgestimmt und wurde in den anderen Bundesländern wortgleich veröffentlicht.

1856 Hiernach handelte es sich bei der Aufwandspauschale nach § 1835a um **sonstige Einkünfte** i.S.d. § 22 Nr. 3 EStG. Die Aufwandspauschale fiel somit nicht unter die allgemein üblichen Einnahmearten nichtselbstständige Arbeit, selbstständige Tätigkeit, Gewerbebetrieb, Land- und Forstwirtschaft, Vermietung und Verpachtung oder Kapitalvermögen (zur neuen Einschätzung der Einkommensart seitens des BFH siehe unten Rn. 1864 ff.).

1857 Für diese sonstigen Einkünfte nach § 22 Nr. 3 EStG gibt es eine **eigene Steuerfreigrenze**. Sie beträgt jährlich 256,00 €. Dies hatte zur Folge, dass ehrenamtliche Betreuer, um diese Freigrenze zu unterschreiten, jährlich mindestens 67,00 € (bei der damaligen Pauschale von 323,00 €) an konkreten Einzelaufwendungen gegenüber dem Finanzamt nachweisen mussten, da Werbungskosten bei dieser Einkommensart (ähnlich wie bei Einkommen aus nichtselbstständiger Tätigkeit) abgezogen werden können (mit der Einschränkung, dass kein „Minus"-Einkommen möglich ist).

1858 Diese Pflicht zur, wenn auch vereinfachten, Buchführung konterkariert bekanntermaßen den Sinn der Aufwandspauschale nach § 1835a, der nach dem Willen des BtG-Gesetzgebers

---

19 Schmidt/Heinicke, EstG, 22. Aufl. 2003, § 3 ABC „Übungsleiter und ähnliche Berufe"
20 BFH, Urt. v. 30.3.1990, VI R 188/87, BStBl. II 1990, 854; FG Hamburg, Urt. v. 23.3.2006, II 317/04, PKR 2007, 25
21 Bayr. Finanzministerium, 32/34 – S 2337, DB 2004, 1177; hierzu gibt es nahezu wortgleiche Regelungen aus anderen Bundesländern, z.B. OFD Hannover vom 21.07.2003 – S 2337 - 121 - StO 211; Finanzministerium Baden-Württemberg, Rundschreiben vom 14.10.2003 – 3 S 233.7/38; Finanzmin. Sachsen-Anhalt, Rundschreiben vom 15.10.2003 – 43-S 2257-27

den ehrenamtlichen Betreuer gerade davon entlasten sollte, Belege über meist geringfügige Aufwendungen zu sammeln.[22]

In dem o. g. Erlass der *Bayerischen Finanzministeriums* wurde hier ein Ausweg aufgezeigt: Hiernach bestehen keine Bedenken, die **tatsächlichen Aufwendungen**, die der Betreuer ja seit 1999 auch nicht mehr separat abrechnen kann, wenn sie im Einzelfall nicht geringfügig sind, auch ohne Nachweis **pauschal mit 25 % der Pauschale** anzusetzen. Diese Auffassung hatte sich, soweit erkennbar, allgemein bei den Finanzbehörden durchgesetzt. **1859**

Hieraus ergab sich, dass zunächst jedenfalls die Aufwandspauschale für die Führung einer ehrenamtlichen Betreuung steuerfrei blieb, sofern der Betreuer keine Ermessensvergütung gem. § 1836 Abs. 2 BGB erhielt, ab dem 1.1.2007 konnten dann zwei ehrenamtliche Betreuungen steuerfrei geführt werden. **1860**

12.2.1.2 Besteuerung ab dem Veranlagungszeitraum 2011

Erst mit dem Jahressteuergesetz 2010 vom 8.12.2010 (BGBl. I S. 1768) wurde mit Wirkung vom 1.1.2011 eine Nr. 26b zu § 3 EStG aufgenommen. Einkommensteuerfrei sind hiernach auch: „Aufwandsentschädigungen nach § 1835a des Bürgerlichen Gesetzbuchs, soweit sie zusammen mit den steuerfreien Einnahmen im Sinne der Nummer 26 den Freibetrag nach Nummer 26 Satz 1 nicht überschreiten. Nummer 26 Satz 2 gilt entsprechend." **1861**

Somit sind ab dem Veranlagungszeitraum 2011 nun insgesamt 2.100,00 € (Freibetrag nach § 3 Nr. 26 EStG) steuerfrei. Neben den Einnahmen nach § 3 Nr. 26b werden die Einnahmen nach § 3 Nr. 26 – die sog. Übungsleiterpauschale – mit angerechnet. Aufgrund der Spezialregelung in § 3 Nr. 26b war mit dem Inkrafttreten des Jahressteuergesetzes 2010 für die Aufwandspauschale nach § 1835a BGB nicht mehr die bisherige Regelung des § 3 Nr. 26a EStG anzuwenden. Der sonstige Ehrenamtsfreibetrag (von zuletzt 720,00 €) gilt also seit 1.1.2011 nicht mehr. **1862**

Durch das Ehrenamtsstärkungsgesetz 2013[23] wurde der Freibetrag ab 1.1.2013 erneut angehoben, auf 2.400,00 € ab 1.1.2013. Diese Höhe gilt bis heute. **1863**

Somit sind nach der gesetzlichen Neuregelung (sofern keine anderen Einnahmen nach § 3 Nr. 26 EStG vorliegen) bis zu 6 jährliche Zahlungen der Aufwandspauschale steuerfrei (6 x 399,00 € = 2.394,00 €).[24] Soweit der Betreuer allerdings noch andere Ehrenamtseinkünfte hat, werden diese auf die 2.400-€-Pauschale angerechnet. Dadurch kann sich die Zahl der steuerlich unschädlichen Aufwandspauschalen verringern. **1864**

12.2.1.3 Steuererklärungspflicht für die Aufwandspauschale

Die den Steuerfreibetrag übersteigende Einnahmen aus der Aufwandspauschale stellen weiterhin steuerpflichtige Einnahmen dar. Allerdings hat der BFH in seiner Rechtsprechung vom 17.10.2012[25] festgestellt, dass es sich hierbei (wie bei der Berufsbetreuervergütung) um sonstige selbstständige Einkünfte nach § 18 Abs. 1 Nr. 3 EStG handelt. **1865**

Dennoch sind in den meisten Fällen (auch bei Unterschreiten dieses Freibetrags) Einkommensteuererklärungen zu tätigen. **1866**

Sind außer den o.g. Einnahmen nur Arbeitnehmereinkünfte (sog. nichtselbstständige Tätigkeiten inkl. inländische Kapitalerträge) vorhanden, besteht normalerweise keine Steuererklärungspflicht, weil der Arbeitgeber (bzw. die Bank) die Steuern bereits abgeführt hat. In diesem Fall besteht dennoch eine Steuererklärungspflicht, wenn eine jährliche Einnahme nach § 3 Nr. 26/26b EStG von mehr als 410 Euro vorhanden ist – also einfacher: wenn der Betreuer im Kalenderjahr mehr als eine Aufwandspauschale erhalten hat. **1867**

---

22 BT-Drs. 11/4528, S. 69 und 112
23 Vom 21.3.2013 BGBl. I S. 556
24 FG Baden-Württ. Urt. v. 6.3.2019, 2 K 317/17; Revision beim BFH wurde eingelegt, Aktenzeichen: VII R 20/19 (Stand: 8.8.2019)
25 BFH BtPrax 2013, 33 = FamRZ 2013, 298

1868 Ist der Betreffende aufgrund anderer Umstände steuererklärungspflichtig (z.B. bei Einkünften aus Renten, selbstständiger oder gewerblicher Tätigkeit, ausländischen Kapitalerträgen, Vermietung und Verpachtung oder weil Einnahmen aus der Steuerklasse 6 erzielt wurden – sowie dann, wenn Ehegatten die Steuerklassen 3/5 gewählt haben), müssen die Einnahmen aus den Aufwandspauschalen stets (also auch, wenn sie unter 410 Euro liegen) angegeben werden.

1869 Für die Frage, zu welchem Steuerjahr die Pauschalen gehören, kommt es darauf an, wann sie an den Betreuer zur Auszahlung kamen (nicht: für welchen Tätigkeitszeitraum sie gewährt wurden). Führt der Betreuer mehrere Betreuungen, sollte er den Zeitpunkt der Antragstellung (bzw. der Entnahme bei vermögenden Betreuten) so legen, dass Zahlungen nicht im laufenden, sondern erst im nächsten Jahr erfolgen – bis zum 31.3. läuft die jeweilige Antragsfrist).

1870 Einkünfte nach § 1835a BGB stellen dabei nach neuerer Auffassung (wie die Vergütungen von Berufsbetreuern) laut Bundesfinanzhof Einkünfte aus selbstständiger Tätigkeit dar.[26] Es muss daher in einer Steuererklärung die Anlage S ausgefüllt werden. Im Steuerjahr 2018 sind die Einnahmen unter Ziff. 44, 45 einzutragen. Bei den Aufwandspauschalen nach § 1835a BGB kann der Betreuer entweder seine konkreten Sachauslagen als Betriebsausgaben gegenrechnen oder auch weiterhin einen Pauschalabzug von 25 % der Aufwandspauschalen als Werbungskosten abziehen, dies ergibt sich aus den insofern weitergeltenden Verwaltungsvorschriften der Finanzverwaltungen.[27]

1871 Die Steuererklärung muss grundsätzlich elektronisch übermittelt werden, nur aus besonderen Gründen ist noch eine Erklärung in Papierform möglich. Der Erklärungszeitpunkt ist der 31.5. des nächsten Kalenderjahres. Wird ein Steuerberater oder ein Lohnsteuerhilfeverein beauftragt, verlängert sich die Frist bis zum 31.12. des nächsten Kalenderjahres.

12.2.1.4 Umsatzsteuerpflicht beim ehrenamtlichen Betreuer

1872 Grundsätzlich ist der Betreuer, Vormund oder Pfleger (§ 1909 BGB) bez. der erhaltenen Aufwendungsersatzzahlungen umsatzsteuerfrei nach § 4 Nr. 26b UStG. Dies gilt auch für die Aufwandspauschale nach § 1835a BGB. Denn seit 1.7.2013 sind alle Entschädigungen für Betreuer, Vormünder und Ergänzungspfleger von der Umsatzsteuer befreit (außer nach § 1935 Abs. 3 BGB, siehe unten). Auch prinzipiell weiter umsatzsteuerpflichtige Pauschalen wie die für Nachlasspfleger bleiben in der Praxis umsatzsteuerfrei. Denn das BMF hat in einem Anwendungserlass vom 2.1.2012 näher bestimmt, wann Umsatzsteuerpflicht für ehrenamtliche Betätigung anfällt. Danach ist eine Entschädigung in Höhe von bis zu 50,00 € je Tätigkeitsstunde regelmäßig als angemessen, also umsatzsteuerfrei anzusehen, sofern die Vergütung für die gesamten ehrenamtlichen Tätigkeiten den Betrag von 17 500,00 € im Jahr nicht übersteigt.[28] Dies dürfte bei ehrenamtlichen Pflegschaften (außerhalb solcher nach § 1909 BGB) regelmäßig der Fall sein.

1873 Erhält ein Einzelbetreuer (-vormund/-pfleger), der die Tätigkeit nicht berufsmäßig durchführt, für Leistungen, die zu seinem Gewerbe oder seinem Beruf gehören, Aufwendungsersatz für berufliche Dienste nach § 1835 Abs. 3 BGB (vgl. oben Rn. 280 ff.), fällt diese Leistung nicht unter die Befreiung nach § 4 Nr. 26 Buchstabe b UstG, so das *BMF* in seiner Rundverfügung vom 21.9.2000.[29] Dies gilt auch nach der generellen Umsatzsteuerbefreiung für Betreuer seit 1.7.2013 weiterhin.

---

26 BFH BtPrax 2013, 33
27 FinMin. Bayern, Erlass vom 7.4. 2004 – 32/34 – S 2337, DB 2004, 1177; Verfügungen der OFDen München und Nürnberg vom 23.4.2004; Verfügung der OFD Koblenz vom 15.12.2006, DB 2007 S. 255
28 BMF, Erlass vom 2.1.2012, V D 3 – S 7185/09/10001
29 Geschäftszeichen IV D 1 – S 7175 - 1/00; veröffentlicht im BStBl. Teil I Nr. 16, S. 1251 sowie in FamRZ 2000, 1414 und BtPrax 2001, 23;

12.2.1.5 Anrechnung auf Leistungen der Agentur für Arbeit/des Jobcenters

Der Ersatz von Auslagen, die dem ehrenamtlich Tätigen durch Ausübung der ehrenamtlichen Tätigkeit entstehen, berührt die Unentgeltlichkeit nicht. Dies gilt auch, wenn der Auslagenersatz in pauschalierter Form erfolgt und die Pauschale 200,00 € im Monat nicht übersteigt.[30] Es ist daher bei der Aufwandspauschale nach § 1835a BGB rechnerisch möglich, bis zu sechs ehrenamtliche Betreuungen zu führen.

1874

Leider hat das Bundessozialgericht die Regelung, die sich auch § 11b Abs. 2 SGB II findet, anders interpretiert. Mit Urteil vom 24.8.2017[31] haben die Richter festgestellt, dass die pauschale Aufwandsentschädigung ehrenamtlicher Betreuer auf die monatliche ALG-2-Leistung des Beziehers als Einkommen angerechnet wird. Der erhöhte Einkommensfreibetrag von 200,00 € (nach § 11b Abs. 2 Satz 3 SGB II) wird zwar davon abgezogen, dennoch bedeutet dies, dass von den 399,00 € pauschaliertem Aufwendungsersatz 199,00 € in Abzug gebracht werden.

1875

Die Bundesrichter haben damit weitgehend die Urteile der Vorinstanzen (SG Duisburg und LSG NRW[32]) bestätigt. Das SG Cottbus sah das zuvor anders. In seinem Urteil vom 20.8.2014 – S 2 AS 3428/12[33] – führte es wörtlich aus: „Die Aufwandsentschädigung dient einem anderen Zweck als das Arbeitslosengeld II. Ihr Zweck ist die Abgeltung des Anspruchs auf Aufwendungsersatz (§ 1835 BGB). Ersetzt werden die zum Zwecke der Führung der Betreuung gemachten Aufwendungen. Ersatzfähige Aufwendungen sind etwa Fahrtkosten, Telefon- und Kopierkosten, Porto und die Kosten einer Betreuerhaftpflichtversicherung. Solche Aufwendungen sind nicht Teil des Lebensunterhaltes im Sinne des § 9 SGB II. Die dafür zu verwendenden Mittel können nicht zur Absicherung des Existenzminimums eingesetzt werden."

1876

Im Sozialrecht hatte man versucht, die steuerrechtlichen Gesetzesänderungen (siehe oben unter Rn. 1861 ff.) für (arbeitslose) ehrenamtliche Betreuer nachzuvollziehen. Zunächst wurde (mit Wirkung vom 1.4.2011, somit drei Monate später als im Steuerrecht) durch Gesetz vom 24.3.2011 eine Zahlung von 175,00 € nach § 1835a BGB auf ALG-2-Leistungen im Rahmen des § 11b SGB-II anrechnungsfrei gestellt.[34] Dies entsprach umgerechnet dem damaligen Steuerfreibetrag von jährlich 2.100,00 €. Zum 1.1.2013 wurde die anrechnungsfreie Summe auf 200,00 € erhöht, also auf jährlich 2.4000,00 €.[35] Leider wurde bei diesen Änderungsgesetzen übersehen, dass die pauschalierte Aufwandsentschädigung nur jährlich ausgezahlt werden kann (§ 1835a Abs. 4 BGB) und dass im Rahmen einer ALG-2-Leistung grundsätzlich das Zuflussprinzip gilt, wonach Einkünfte grundsätzlich im Monat des Erhaltes als Einkommen zählen, auch wenn sie für längere Zeiträume bewilligt wurden.

1877

Diese Regelung führt dazu, dass arbeitslose ehrenamtliche Betreuer erheblich schlechter gestellt werden als andere bürgerschaftlich Engagierte. Zugleich verhindert die Regelung ein stufenweises Aussteigen aus der Arbeitslosigkeit in die freiberufliche Betreuertätigkeit und ist somit auch sozialpolitisch kontraproduktiv. Der BdB schlägt dazu vor, den Monatsfreibetrag im ALG 2-Recht von 200,00 € in einen Jahresfreibetrag von 2.400,00 € (analog zum Steuerrecht) umzuwandeln.[36] Dadurch wären auch beim arbeitslosen Betreuer bis zu sechs Betreuungen anrechnungsfrei. Ein solcher Vorschlag ist sicher zu begrüßen, würde er doch einen Gleichlauf zum Steuerrecht bedeuten.

1878

---

30 § 1 Abs. 2 der Verordnung über die ehrenamtliche Betätigung von Arbeitslosen vom 24. Mai 2002 (BGBl. I S. 1783), zuletzt geändert durch Artikel 11 des Gesetzes vom 21. März 2013 (BGBl. I S. 556).
31 BSG NZS 2018, 73 = FamRZ 2018, 307
32 LSG NRW, info also 2016, 276 m. Anm. Sachtleber
33 SG Cottbus BtPrax 2014, 291 = FamRZ 2015, 610
34 Gesetz zur Ermittlung von Regelbedarfen und zur Änderung des Zweiten und Zwölften Buches Sozialgesetzbuch v. 24.3.2011, BGBl. I S. 453
35 Artikel 8 Ehrenamtsstärkungsgesetz v. 21.03.2013, BGBl. I S. 556
36 bdb-aspekte Nr. 116, Dezember 2017, S. 30

12.2.2 Berufsbetreuer

12.2.2.1 Einkommensteuer

1879 Die Einkünfte eines selbstständigen Berufsbetreuers unterliegen der Einkommensteuer (inkl. Solidaritätszuschlag) und gegebenenfalls der Kirchensteuer.

1880 In diesem Zusammenhang gibt es in letzter Zeit häufiger Probleme mit der steuerrechtlichen Anerkennung eines häuslichen **Arbeitszimmers**. Grundsätzlich können betrieblich bedingte Ausgaben von den Einnahmen in Abzug gebracht werden, Grundlage der Besteuerung ist der verbleibende Gewinn.

Wer als Betreuer über ein externes Büro verfügt, hat keine Probleme damit, die für das Büro entstehenden Kosten abzusetzen. Anders sieht es insoweit aber für Betreuer aus, die Betreuungen „von zu Hause aus" führen, also lediglich über Arbeitsräume in der eigenen Wohnung oder dem eigenen Haus verfügen.

1881 Seit dem 1.1.2007 können die Kosten für ein sogenanntes **häusliches Arbeitszimmer** nur noch unter engen Voraussetzungen in Abzug gebracht werden.

1882 Zunächst galt die folgende Regelung: Nach § 4 Abs. 5 Satz 1 Nr. 6b Satz 1 und § 9 Abs. 5 Satz 1 EStG durften die Aufwendungen für ein häusliches Arbeitszimmer sowie die Kosten der Ausstattung grundsätzlich nicht mehr als Betriebsausgaben oder Werbungskosten abgezogen werden. Nach § 4 Abs. 5 Satz 1 Nr. 6b Satz 2 EStG konnten sie ausnahmsweise noch dann steuerlich berücksichtigt werden, wenn das häusliche Arbeitszimmer den Mittelpunkt der gesamten betrieblichen und beruflichen Betätigung bildet. Die Einzelheiten sind in einem Rundschreiben des *Bundesministeriums der Finanzen* näher erläutert worden.[37]

1883 Nach diesem Rundschreiben ist ein häusliches Arbeitszimmer dann **Mittelpunkt der gesamten betrieblichen und beruflichen Betätigung**, wenn „nach Würdigung des Gesamtbildes der Verhältnisse und der Tätigkeitsmerkmale dort diejenigen Handlungen vorgenommen und Leistungen erbracht werden, die für die konkret ausgeübte betriebliche oder berufliche Tätigkeit **wesentlich und prägend** sind." Übt ein Steuerpflichtiger nur eine betriebliche oder berufliche Tätigkeit aus, die in qualitativer Hinsicht gleichwertig sowohl im häuslichen Arbeitszimmer als auch am außerhäuslichen Arbeitsort erbracht wird, soll der Mittelpunkt der gesamten beruflichen und betrieblichen Betätigung danach dann im häuslichen Arbeitszimmer liegen, wenn der Steuerpflichtige mehr als die Hälfte der Arbeitszeit im häuslichen Arbeitszimmer tätig wird. Werden mehrere betriebliche und berufliche Tätigkeiten nebeneinander ausgeübt, ist nicht auf eine Einzelbetrachtung der jeweiligen Betätigung abzustellen; vielmehr sind alle Tätigkeiten in ihrer Gesamtheit zu erfassen.

1884 Diese Regelung ist inzwischen durch das BVerfG für verfassungswidrig erklärt worden[38], aufgrund einer Neuregelung gilt jetzt grob gesagt Folgendes:

1885 Ist das Arbeitszimmer nach den o.g. Grundsätzen als der Mittelpunkt der gesamten beruflichen Tätigkeit anzusehen, können die dafür anfallenden Kosten in voller Höhe als Betriebskosten in Abzug gebracht werden, andernfalls ist die Abzugsmöglichkeit auf 1250,00 € jährlich begrenzt. In einem Rundschreiben des Bundesministeriums der Finanzen[39] heißt es dazu u.a.:

> „(…) Nach § 4 Absatz 5 Satz 1 Nummer 6b Satz 1 und § 9 Absatz 5 Satz 1 EStG dürfen die Aufwendungen für ein häusliches Arbeitszimmer sowie die Kosten der Ausstattung grundsätzlich nicht als Betriebsausgaben oder Werbungskosten abgezogen werden. Bildet das häusliche Arbeitszimmer den Mittelpunkt der gesamten betrieblichen und beruflichen Betätigung, dürfen die Aufwendungen in voller Höhe steuerlich berücksichtigt werden (§ 4 Absatz 5

---

37 Rundschreiben an die Obersten Finanzbehörden der Länder vom 3.4.2007 mit dem Geschäftszeichen IV B 2 – S 2145/07/0002
38 BVerfG NJW 2010, 2643
39 Rundschreiben des BMF an die obersten Finanzbehörden der Länder vom 2.3.2011 mit dem Geschäftszeichen IV C 6 – S 2145/07/10002

Satz 1 Nummer 6b Satz 3 2. Halbsatz EStG). Steht für die betriebliche oder berufliche Tätigkeit kein anderer Arbeitsplatz zur Verfügung, sind die Aufwendungen bis zur Höhe von 1.250 Euro je Wirtschaftsjahr oder Kalenderjahr als Betriebsausgaben oder Werbungskosten abziehbar (§ 4 Absatz 5 Satz 1 Nummer 6b Satz 2 und 3 1. Halbsatz EStG). Der Betrag von 1.250 Euro ist kein Pauschbetrag. Es handelt sich um einen objektbezogenen Höchstbetrag, der nicht mehrfach für verschiedene Tätigkeiten oder Personen in Anspruch genommen werden kann, sondern ggf. auf die unterschiedlichen Tätigkeiten oder Personen aufzuteilen ist (…).

Ein häusliches Arbeitszimmer ist ein Raum, der seiner Lage, Funktion und Ausstattung nach in die häusliche Sphäre des Steuerpflichtigen eingebunden ist, vorwiegend der Erledigung gedanklicher, schriftlicher, verwaltungstechnischer oder -organisatorischer Arbeiten dient[40] und ausschließlich oder nahezu ausschließlich zu betrieblichen und/oder beruflichen Zwecken genutzt wird; eine untergeordnete private Mitbenutzung (< 10 %) ist unschädlich. (…)"

Grundsätzlich lassen sich folgende Fallgruppen unterscheiden: **1886**

- Bilden bei allen Erwerbstätigkeiten – jeweils – die im häuslichen Arbeitszimmer verrichteten Arbeiten den qualitativen Schwerpunkt, so liegt dort auch der Mittelpunkt der Gesamttätigkeit.

- Bilden hingegen die außerhäuslichen Tätigkeiten – jeweils – den qualitativen Schwerpunkt der Einzeltätigkeiten oder lassen sich diese keinem Schwerpunkt zuordnen, so kann das häusliche Arbeitszimmer auch nicht durch die Summe der darin verrichteten Arbeiten zum Mittelpunkt der Gesamttätigkeit werden.

- Bildet das häusliche Arbeitszimmer schließlich den qualitativen Mittelpunkt lediglich einer Einzeltätigkeit, nicht jedoch im Hinblick auf die übrigen Tätigkeiten, ist regelmäßig davon auszugehen, dass das Arbeitszimmer nicht den Mittelpunkt der Gesamttätigkeit bildet.

Für Betreuer, die ihre Arbeit nicht von einem externen Büro aus erledigen, geht es nach der o.g. Entscheidung des BVerfG also nicht mehr darum, ob die Kosten eines häuslichen Arbeitszimmers überhaupt abgesetzt werden können, sondern ob dies auch über den Betrag von jährlich 1250,00 € hinaus möglich ist.   **1887**

Vor diesem Hintergrund können jedenfalls diejenigen Betreuer, die Betreuungen lediglich als **Nebentätigkeit** führen, kaum damit rechnen, einen über 1250,00 € hinausgehenden Betrag in Abzug bringen zu können. Für einen Betreuer, der z.B. neben einer Halbtagstätigkeit als Angestellter noch beruflich Betreuungen führt, wird das Arbeitszimmer nämlich nicht den Mittelpunkt seiner gesamten beruflichen Tätigkeit darstellen.   **1888**

Anders ist dies unseres Erachtens für Betreuer zu beurteilen, die die Betreuungsarbeit in der **eigenen Wohnung** oder dem eigenen Haus gelegenen Räumen verrichten, für die die Betreuungsarbeit aber die **einzige berufliche Tätigkeit** darstellt. Vor dem Hintergrund, dass die Betreuertätigkeit vor allem eine rechtliche Vertretung ist und der Schwerpunkt häufig auf der Verwaltungsarbeit (Schriftverkehr, Formulieren und Stellen von Anträgen usw.) liegt, dürfte das Arbeitszimmer für diese Betreuer der Mittelpunkt der gesamten beruflichen Tätigkeit sein.   **1889**

Allerdings gibt es zu dieser Fragestellung inzwischen immer wieder Auseinandersetzungen mit den Finanzbehörden, vor allem auch aufgrund einer unseres Erachtens nicht überzeugenden Entscheidung des FG Köln.[41] Die Kernaussage der Entscheidung ist folgendes: **1890**

„Mit der Bezeichnung „Betreuung" sollte die Stärke der persönlichen Betreuung als eines der wichtigsten Ziele des Betreuungsgesetzes hervorgehoben werden; damit sollte die bisherige Bevormundung und anonyme Verwaltung im Vormundschaftswesen überwunden werden.[42] Bei der Vormundschaft stand die Verwaltung des Vermögens im Vordergrund. Im Gegensatz

---

40 BFH-Urt. v. 19.9.2002, VI R 70/01, BStBl. II 2003 S. 139, und vom 16.10.2002, XI R 89/00, BStBl. II 2003 S. 185
41 FG Köln BtPrax 2009,138 mit Anm. Lütgens = FamRZ 2009,1352
42 Vgl. BT-Drs. 11/4528, 114

dazu gilt nunmehr – auch im Bereich der Vermögenssorge- das das gesamte Betreuungsrecht prägende Prinzip der persönlichen Betreuung und des persönlichen Kontaktes

Entsprechend diesen Grundsätzen übte die Klägerin ihre Tätigkeit in den Streitjahren tatsächlich aus. Die Klägerin betreute alle von ihr anvertrauten Personen selbst. Im persönlichen Kontakt führte sie mit ihren Klienten sowohl Gespräche über finanzielle und medizinische Fragen, als auch über persönliche Dinge. Hierin bestand die Kernaufgabe der Klägerin; ihre Aktivitäten am häuslichen Arbeitsplatz dienten nur der Umsetzung dieser Aufgabe und waren in qualitativer Hinsicht von untergeordneter Bedeutung. Dies gilt selbst dann, wenn diese Aktivitäten – wie die Klägerin vorträgt – in zeitlicher Hinsicht 2/3 des Gesamtaufwandes ausmachten."

1891 Diese Sichtweise ist nicht überzeugend. Gerade in den letzten Jahren ist die Betreuungsarbeit durch zunehmende Verwaltungsarbeit (Schriftverkehr mit Behörden und Gläubigern des Betreuten, Ausfüllen und Formulieren von Anträgen usw.) gekennzeichnet, der Anteil der Schreibtischarbeit nimmt immer mehr zu und wird deshalb prägend für die berufliche Tätigkeit eines Betreuers. Zur Verdeutlichung: Z.B. im Handbuch Betreuungsrecht[43] nehmen alleine die Ausführungen, die sich nahezu ausschließlich mit Anleitungen und Mustern für den Schriftverkehr befassen, den ein Betreuer zu Beginn einer Betreuung mit dem Aufgabenkreis der Vermögenssorge führen muss (Anfragen an Banken und Sparkassen, um Klarheit über die Vermögensverhältnisse des Betreuten zu erhalten, Anträge auf Sozialleistungen, Erstellen des Vermögensverzeichnisses usw.) einen Raum von 40 Seiten ein. Diese Entwicklung wird von Betreuern im Übrigen überwiegend bedauert. Häufig wird es als negativ empfunden, dass wegen der immer mehr zunehmenden Verwaltungsarbeit die für den persönlichen Kontakt zum Betreuten zur Verfügung stehende Zeit immer geringer wird.

1892 Vor allem aber verkennt das FG Köln das Wesen der Betreuung. Die rechtliche Vertretung (also überwiegend die Schreibtischarbeit, wie Anträge stellen, Schriftverkehr mit Gläubigern usw.) ist der Zweck der Tätigkeit (siehe nur § 1901 Abs. 1 BGB). Der persönliche Kontakt dient lediglich dazu, die rechtliche Vertretung an Wohl und Wünschen des Betreuten orientiert ausüben zu können, ist aber nicht – wie das Gericht offenbar meint – Hauptzweck der Betreuung. So steht es eigentlich in jedem Kommentar zum Betreuungsrecht, z.B. bei Jürgens § 1901 BGB Rn 5. Bei Jurgeleit wird hervorgehoben, dass der persönliche Kontakt lediglich der Vorbereitung von rechtlich relevanten Entscheidungen dient.[44] Auch sonst wird klargestellt, dass die „Rechtsfürsorge" der Zweck der Betreuung ist.[45] Und nicht zuletzt ergibt sich das auch direkt aus dem Wortlaut des § 1897 Abs. 1 BGB.

1893 Leider sind die Rechtsmittel im Verfahren vor den Finanzgerichten sehr beschränkt – gegen die Entscheidung eines Finanzgerichts ist nur noch die Revision zum Bundesfinanzhof möglich und dort findet nur noch eine eingeschränkte Überprüfung der finanzgerichtlichen Entscheidung statt. Und der Bundesfinanzhof hat es in einem Beschluss vom 12.11.2008[46] deshalb abgelehnt, die Bewertung des Finanzgerichts zum Schwerpunkt der Tätigkeit einer Betreuerin zu überprüfen. Dort heißt es:

1894 „(…) Diesen Anforderungen genügt die Beschwerdebegründung nicht. In dieser wird vorgetragen (…) Es sei (…) bisher keine BFH-Entscheidung für die Berufsgruppe der Betreuer i.S. der §§ 1896 ff. des Bürgerlichen Gesetzbuchs (BGB) ergangen. Insbesondere bedürfe es der Klärung, ob die wesentliche und prägende Tätigkeit im Falle der Betreuung weiterhin in der (im häuslichen Arbeitszimmer ausgeübten) Vermögenssorge für den Betreuten liege. Diese Frage sei für den gesamten Berufsstand der Betreuer von Bedeutung. Auch sei zu befürchten, dass die Finanzverwaltung die Grundsätze des hier angefochtenen Urteils auch bei anderen Betreuern anwende.

Dieser Vortrag ist nicht ausreichend. Die Klägerin berücksichtigt nicht, dass die Frage, unter welchen Voraussetzungen ein häusliches Arbeitszimmer i.S. des § 4 Abs. 5 Satz 1 Nr. 6b

---

43 Meier/Deinert, Handbuch Betreuungsrecht, S. 195 ff.
44 Jurgeleit/Deusing § 1901 BGB Rn. 23
45 Knittel § 1901 Rn. 25; HK-BUR/Bauer § 1901 BGB Rn. 6
46 BFH, X B 112/08

Satz 3 Halbsatz 2 EStG den Mittelpunkt der gesamten beruflichen Betätigung bildet, hinreichend geklärt ist. Hierzu liegt eine umfangreiche BFH-Rechtsprechung vor.[47] Danach kommt es maßgeblich auf den inhaltlichen (qualitativen) Schwerpunkt der Tätigkeit des Steuerpflichtigen an. Dem zeitlichen (quantitativen) Umfang der Nutzung des häuslichen Arbeitszimmers kommt lediglich eine indizielle Bedeutung zu. Diese Grundsätze gelten nicht nur für die Fallgruppen, mit denen sich der BFH bisher befasst hat, sondern für sämtliche Berufe[48] und damit auch für Betreuer i.S. der §§ 1896 ff. BGB.

Ob die im häuslichen Arbeitszimmer ausgeübte Betätigung den qualitativen Schwerpunkt der beruflichen Tätigkeit bildet, kann nur im Wege einer umfassenden Wertung der Gesamttätigkeit unter Würdigung aller Umstände des konkreten Einzelfalls festgestellt werden.[49] Diese obliegt dem Finanzgericht (FG) als Tatsacheninstanz und ist einer Nachprüfung durch den BFH weitgehend entzogen.[50] Die Klägerin lässt in diesem Zusammenhang auch außer Acht, dass das FG bei seiner Würdigung, wonach das häusliche Arbeitszimmer nicht den Mittelpunkt ihrer gesamten beruflichen Tätigkeit dargestellt hat, nicht allein auf den Inhalt der gesetzlichen Regelungen in §§ 1896 ff. BGB abgestellt hat. Vielmehr hat das FG (zu Recht) bei seiner Würdigung auch berücksichtigt, welche Tätigkeiten die Klägerin in den Streitjahren tatsächlich ausgeübt hat. (…)"

1895 Im Ergebnis bedeutet dies, dass für die Überprüfung der Bewertung durch das Finanzamt nur eine Instanz – nämlich das örtlich zuständige Finanzgericht – zur Verfügung steht.

1896 Den Entscheidungen lässt sich jedenfalls entnehmen, dass die Finanzämter und -gerichte die Frage des Schwerpunktes der Tätigkeit nicht allgemein für alle Betreuer einheitlich, sondern nach den Umständen des Einzelfalles beurteilen werden (dass es zum Beispiel eher für die Anerkennung des Arbeitszimmers als Mittelpunkt der Tätigkeit spricht, wenn überwiegend Betreuungen geführt haben, die die Vermögenssorge zum Gegenstand haben, dass es aber eher dagegen spricht, wenn überwiegend ausschließlich die Gesundheitssorge übertragen wurde) und dass das Ergebnis deshalb auch von der Darstellung der Tätigkeit durch den jeweiligen Betreuer abhängt.

1897 In der Diskussion um diese Entscheidung wird im Übrigen vereinzelt darauf abgestellt, dass eine „Betreuung von zu Hause aus" sowieso nicht wünschenswert sei. Dieser Einwand vermag nicht zu überzeugen. Es ist zwar richtig, dass Betreuungen möglichst professionell geführt werden sollten und dass dazu auch eine gewisse Trennung von Berufs- und Privatleben gehört (so wird z.B. in der Berufsordnung des BdB unter 4.1.2. ausdrücklich eine räumliche Trennung zwischen beruflicher und privater Sphäre von Betreuern gefordert), es gibt aber nun einmal etliche Betreuer, die dies auch bei der Arbeit von einem häuslichen Arbeitszimmer aus gewährleisten können, z.B., weil in ihrem Eigenheim nach dem Auszug der Kinder genügend Raum zur Verfügung steht und auch organisatorisch eine ausreichende Abtrennung der Arbeitsräume möglich ist. Diesen Betreuern stehen die entsprechenden Räumlichkeiten – die ebenso finanziert werden müssen wie ein externes Büro – aber nun einmal nicht mehr zu Wohnzwecken zur Verfügung. Und vor allem ist diese Frage auf betreuungsrechtlicher Basis zu diskutieren, nicht „durch die Hintertür" durch eine steuerliche Benachteiligung von Betreuern ohne externes Büro.

1898 **Arbeitsmittel** (z.B. PC, Faxgerät, Fachbücher, Schreibtische, Bücherregale usw.) zählen aber nicht zu den Aufwendungen für das Arbeitszimmer, sondern können auch weiterhin als Betriebsausgaben abgesetzt werden. Das Gleiche betrifft Auslagen i.S. des § 1835 BGB, die ein pauschal abrechnender Betreuer nicht mehr im Rahmen der Betreuervergütung separat abrechnen kann.

---

47 Vgl. z.B. Urt. v. 15.3.2007, VI R 65/05, BFH/NV 2007, 1133, und Beschl. v. 22.10.2007, XI B 12/07, BFH/NV 2008, 47, m.w.N. aus der BFH-Rechtsprechung
48 BFH, Beschl. v. 15.12.2005, XI B 87/05, BFH/NV 2006, 2045, und in BFH/NV 2008, 47
49 BFH, Urt. v. 23.3.2005, III R 17/03, BFH/NV 2005, 1537
50 BFH, Beschl. v. 22.10.2007, XI B 12/07, BFH/NV 2008, 47

12.2.2.2 Umsatzsteuer

12.2.2.2.1 (Keine) Umsatzsteuerpflicht der Betreuungsvereine

1899 Ursprünglich war von einer Umsatzsteuerpflicht der Betreuungsvereine ausgegangen worden. Nach der damaligen Auffassung des *Bundesfinanzministeriums* (BMF) ist auch bei der Führung von Vereinsbetreuungen Umsatzsteuer abzuführen, so das *BMF* in seiner Rundverfügung vom 21.9.2000[51] an die Finanzbehörden der Länder.

1900 Zur Begründung wurde durch das *BMF* angeführt, dass die (zumindest seit 1.1.1999) anderen Berufsbetreuern auf dem Gebiet der Vergütung für die Betreuung mittelloser Betreuter völlig gleichgestellt sind, da die damals eingeführten festen Stundensätze nach § 1 BVormVG für sie ebenso wie für freiberufliche Betreuer gelten. Insbesondere sei das Merkmal der „Entgeltbeschränkung" (§ 4 Nr. 18 Satz 1 Buchstabe c UStG) nicht gegeben. Lediglich bei Feststellung der Gemeinnützigkeit des Betreuungsvereins (§§ 51 ff. AO) könne der Umsatz der Betreuungsvereine als Zweckbetrieb mit dem niedrigeren Steuersatz von 7 % belegt werden (§ 12 Abs. 2 Nr. 8 Buchst. a UStG). Zu den Folgen und Verfahrensweisen für Vergütungsansprüche bis zum 30.6.2005 wird auf die Vorauflage dieses Buches verwiesen. Erneute Hinweise dazu sind in dieser Neuauflage entbehrlich, da die damaligen Streitfragen als erledigt angesehen werden können.

1901 **Für Zeiträume ab dem 1.7.2005** ergab sich aus den Inklusivstundensätzen des § 4 VBVG für Betreuungsvereine gegenüber selbstständigen Betreuern ein leichter Vorteil, da sie aus dem gleich hohen Stundensatz lediglich den geringeren Umsatzsteuersatz i.H.v. 7 % abführen mussten, also für die Tätigkeit der Vereinsbetreuer einen höheren Nettostundensatz erhalten. Dies war bewusst vom Gesetzgeber so gewollt, die Betreuungsvereine sollten dadurch eine zusätzliche finanzielle Unterstützung für die Querschnittsarbeit erhalten.[52]

1902 2009 hat allerdings der *Bundesfinanzhof*[53] entschieden, dass Betreuungsvereine – zumindest, wenn sie einem anerkannten Verband der freien Wohlfahrtspflege angehören und es sich um die Tätigkeit für einen mittellosen Betreuten handelt – nicht der Umsatzsteuerpflicht unterliegen.

1903 Die wesentlichen Entscheidungsgründe des *BFH*, die für eine Umsatzsteuerbefreiung der Betreuungsvereine sprechen, sind im Folgenden abgedruckt. Die Begründung bezieht sich im Wesentlichen darauf, dass die Bundesrepublik Deutschland die einschlägigen EU-Bestimmungen zur Steuerbefreiung gemeinnütziger Organisationen nur unvollständig in deutsches Recht umgesetzt hat und daher eine direkte Bezugnahme auf das EU-Recht möglich sei.

1904 **Aus der o.g. Entscheidung des BFH:**

„(…) Dem FG ist aber darin zu folgen, dass der Kläger sich für die Steuerfreiheit seiner gegenüber mittellosen Leistungsempfängern erbrachten Betreuungsleistungen im Streitjahr 1999 unmittelbar auf Art. 13 Teil A Abs. 1 Buchst. g der Richtlinie 77/388/EWG berufen kann.

Art. 13 Teil A Abs. 1 Buchst. g der Richtlinie 77/388/EWG bestimmt:

„Unbeschadet sonstiger Gemeinschaftsvorschriften befreien die Mitgliedstaaten unter den Bedingungen, die sie zur Gewährleistung einer korrekten und einfachen Anwendung der nachstehenden Befreiungen sowie zur Verhütung von Steuerhinterziehungen, Steuerumgehungen und etwaigen Missbräuchen festsetzen, von der Steuer:

…

---

51 Geschäftszeichen IV D 1 - S 7175 - 1/100, veröffentlicht im Bundessteuerblatt Teil I Nr. 16 S. 1251 sowie in FamRZ 2000, 1414 und BtPrax 2001, 23
52 BT-DRS. 15/4874, S. 72
53 BFH FamRZ 2009, 973 = BtPrax 2009, 120

g) die eng mit der Sozialfürsorge und der sozialen Sicherheit verbundenen Dienstleistungen und Lieferungen von Gegenständen, einschließlich derjenigen der Altenheime, durch Einrichtungen des öffentlichen Rechts oder andere von dem betreffenden Mitgliedstaat als Einrichtungen mit sozialem Charakter anerkannte Einrichtungen;

... "

Das UStG hatte diese Richtlinienbestimmung – wie auch die anderen in Art. 13 der Richtlinie 77/388/EWG aufgeführten Steuerbefreiungen – bisher lediglich dadurch „umgesetzt", dass es die bereits bei Inkrafttreten der Richtlinie 77/388/EWG vorhandenen, teilweise bereits im UStG 1951 enthaltenen Steuerbefreiungstatbestände im Wesentlichen unverändert weitergeführt hat.[54]

a) Ein Einzelner kann sich in Ermangelung fristgemäß erlassener Umsetzungsmaßnahmen auf Bestimmungen einer Richtlinie, die inhaltlich als unbedingt und hinreichend genau erscheinen, gegenüber allen nicht richtlinienkonformen innerstaatlichen Vorschriften berufen.[55]

Art. 13 Teil A Abs. 1 Buchst. g der Richtlinie 77/388/EWG zählt die Tätigkeiten, die steuerfrei sind, hinreichend genau und unbedingt auf (vgl. EuGH-Urteil in Slg. 2002, I-6833, Rn. 53).

b) Für die Inanspruchnahme der Steuerbefreiung nach Art. 13 Teil A Abs. 1 Buchst. g der Richtlinie 77/388/EWG genügt es, dass zwei Voraussetzungen erfüllt sind, und zwar

– zum einen, dass es sich um Leistungen handelt, die mit der Fürsorge oder der sozialen Sicherheit verbunden sind, und

– zum anderen, dass diese Leistungen von Einrichtungen des öffentlichen Rechts oder anderen Einrichtungen, die von dem betreffenden Mitgliedstaat als Einrichtungen mit im Wesentlichen sozialem Charakter anerkannt worden sind, erbracht werden.[56]

Diese Voraussetzungen sind im Streitfall gegeben.

Die durch den Kläger über seine Vereinsbetreuer entsprechend seinem Satzungszweck erbrachten Betreuungsleistungen sind Dienstleistungen, die unmittelbar Ausdruck der in dieser Bestimmung genannten Sozialfürsorge und der sozialen Sicherheit sind. Ferner handelt es sich bei dem Kläger wegen seiner Zugehörigkeit zu einem anerkannten Verband der freien Wohlfahrtspflege i.S. von § 23 Nr. 2 UStDV auch um eine in der Bundesrepublik Deutschland anerkannte Einrichtung mit sozialem Charakter. (…)"

Das *FG Niedersachsen*[57] hat dazu entschieden, dass diese Grundsätze ebenfalls anzuwenden sind, wenn es um eine Vergütung für die Betreuung nicht mittelloser Menschen geht.

1905

Für die **Vergütungsanträge** der Betreuungsvereine **im Rahmen der Pauschalvergütung** nach §§ 4, 5, 7 VBVG spielt diese Entscheidung letztlich keine Rolle, da in der vergütungsrechtlichen Rechtsprechung sich die Auffassung durchgesetzt hat, dass der volle Stundensatz nach § 4 Abs. 1 VBVG auch in den Fällen zu zahlen ist, in denen der Anspruchsberechtigte keine Umsatzsteuer abführt.[58] Die Entscheidungen bezogen sich zwar auf Berufsbetreuer, die als „Kleinunternehmer" die Umsatzsteuerbefreiung gewählt haben, dürfte sich aber bei Betreuungsvereinen nicht anders beurteilen. Die Frage, ob Umsatzsteuer abzuführen ist, ist daher nur eine Frage der **Steuerzahlungspflicht.**

1906

Da seit der Pauschalierung also unabhängig davon, ob und ggf. in welcher Höhe die Einnahmen für die Betreuertätigkeit der Umsatzsteuerpflicht unterliegen, die Vergütung immer in gleicher Höhe zu zahlen ist, ergibt sich ein deutlicher finanzieller Vorteil, wenn keine Umsatzsteuer abgeführt werden muss.

1907

---

54 Vgl. BFH, Urt. v. 18.8.2005, V R 71/03, BFHE 211, 543 = BStBl. II 2006, 143
55 Vgl. ständige EuGH-Rechtsprechung, z.B. Urt. v. 10.9.2002, Rs. C-141/00 (Kügler), Slg. 2002, I-6833, Rn. 51
56 Vgl. BFH-Urteil in BFHE 211, 543, BStBl. II 2006, 143
57 FG Niedersachsen FamRZ 2010, 1477 = BtPrax 2010, 141
58 BGH BtPrax 2013, 108 = FamRZ 2013, 872, zuvor OLG München BtPrax 2006, 149 = FamRZ 2006, 1152

1908 *Hinweis*

 Betreuungsvereine sollten beachten, dass die Umsatzsteuerbefreiung sich nicht auf Tätigkeiten bezieht, die keine Betreuung, Vormundschaft oder Pflegschaft nach § 1909 BGB sind. Insbesondere die Führung von Verfahrenspflegschaften durch Mitarbeiter von Betreuungsvereinen (§ 277 Abs. 4 FamFG) bleibt weiterhin umsatzsteuerpflichtig und ist beim gemeinnützigen Betreuungsverein mit 7 % zu versteuern. Dieser Betrag ist vorher zusätzlich zum Vergütungsstundensatz dem Gericht in Rechnung zu stellen.

12.2.2.2.2 Umsatzsteuer bei selbstständigen Berufsbetreuern

12.2.2.2.2.1 Vergütung

1909 Berufsbetreuer unterlagen als Selbstständige nach früherer Beurteilung grundsätzlich der Umsatzsteuerpflicht. Der Steuersatz lag seit 2007 derzeit bei 19 %. Eine Ausnahme gab es nur für sogenannte **Kleinunternehmer** gem. **§ 19 Abs. 1 UStG**. Die Vorschrift lautet:

> Die für Umsätze im Sinne des § 1 Abs. 1 Nr. 1 bis 3 geschuldete Umsatzsteuer wird von Unternehmern, die im Inland oder in den in § 1 Abs. 3 bezeichneten Gebieten ansässig sind, nicht erhoben, wenn der in Satz 2 bezeichnete Umsatz zuzüglich der darauf entfallenden Steuer im vorangegangenen Kalenderjahr 17.500 Euro nicht überstiegen hat und im laufenden Kalenderjahr 50.000 Euro voraussichtlich nicht übersteigen wird. [...].

1910 Eine allgemeine Umsatzsteuerbefreiung für selbstständige Berufsbetreuer wurde von den *Finanzgerichten Düsseldorf*[59] sowie *Niedersachsen*[60] und *Münster*[61] zuvor abgelehnt. Der *BFH* hat mit seiner Entscheidung aus dem Jahr 2013[62] allerdings die Befreiung von der Umsatzsteuer aufgrund der Vorgaben der EU-Umsatzsteuerrichtlinie bejaht. Dies betrifft alle zu diesem Zeitpunkt noch nicht rechtskräftig abgeschlossenen Umsatzsteuerverfahren ab 2008 (für die Zeit davor ist die in der Regel sog. Festsetzungsverjährung eingetreten).

1911 Betreuungsleistungen von Berufsbetreuern sind **seit dem 1.7.2013** auch nach der Änderung des Umsatzsteuergesetzes umsatzsteuerfrei. Berufsbetreuer wurden damit ehrenamtlich tätigen Einzelbetreuern und Betreuungsvereinen gleichgestellt, deren Vergütungen bereits umsatzsteuerfrei waren.

1912 In § 4 UStG (in der Fassung des Amtshilferichtlinie-Umsetzungsgesetzes [AmtshilfeRLUmsG]) wurde die Auflistung von umsatzsteuerfreien Leistungen zum 1.7.2013 wie folgt ergänzt:

In § 4 Nr. 16 Satz 1 wird folgender Buchstabe k eingefügt:

> „k) Einrichtungen, die als Betreuer nach § 1896 Absatz 1 des Bürgerlichen Gesetzbuchs bestellt worden sind, sofern es sich nicht um Leistungen handelt, die nach § 1908i Absatz 1 in Verbindung mit § 1835 Absatz 3 des Bürgerlichen Gesetzbuchs vergütet werden, oder"

und in Nr. 25 Satz 3 wird folgender Buchstabe c eingefügt:

> „c) Leistungen, die von Einrichtungen erbracht werden, die als Vormünder nach § 1773 des Bürgerlichen Gesetzbuchs oder als Ergänzungspfleger nach § 1909 des Bürgerlichen Gesetzbuchs bestellt worden sind, sofern es sich nicht um Leistungen handelt, die nach § 1835 Absatz 3 des Bürgerlichen Gesetzbuchs vergütet werden".

1913 Die Umsatzsteuerbefreiung gilt allerdings nicht für alle Tätigkeiten, sondern ausschließlich für die nach dem Gesetz über die Vergütung von Vormündern und Betreuern (VBVG) abrechenbaren Betreuungsleistungen einschließlich der Vergütungen von Ergänzungspflegern nach § 1909 BGB. Alle anderen Tätigkeiten wie z.B. Verfahrens- oder Nachlasspflegschaften

---

59 FG Düsseldorf, Beschl. v. 26.11.2010, 1 K 1914/10 U, FamRZ 2011, 139 (Ls)
60 FG Niedersachsen, Beschl. v. 26.11.2010, 5 V 366/10, BB 2011, 214
61 FG Münster, Beschl. v. 16.6.2011, FamRZ 2011, 1339 (Ls)
62 BFH, Beschl. v. 25.4.2013, V R 7/11, BFHE 241, 475 = BtPrax 2013, 153 = FamRZ 2013, 1222

bleiben hiervon unberührt und sind deshalb bei bestehender Umsatzsteuerverpflichtung weiterhin zu versteuern.

Für die Zukunft gilt: Für bisher umsatzsteuerliche Kleinunternehmer (§ 19 Abs. 1 UStG) ändert sich de facto nichts. Alle anderen durften ab 1.7.2013 für die befreiten Leistungen in Rechnungen keine Umsatzsteuer mehr ausweisen (da sie sonst nach § 14c UStG geschuldet wird). In der Umsatzsteuervoranmeldung ab Juli 2013 waren die befreiten Leistungen unter den steuerfreien Umsätzen aufzuführen. Mit der Steuerbefreiung entfällt allerdings auch der Vorsteuerabzug für die Leistungen, die für die abrechenbaren Betreuungsleistungen bezogen wurden. Im Ergebnis hat dies zu einer Erhöhung des Einkommens der Berufsbetreuer geführt. Diese beträgt allerdings nicht – wie in der politischen Diskussion um eine Vergütungserhöhung zum Teil behauptet – 19 %. Wenn man den nun nicht mehr möglichen Vorsteuerabzug sowie die höhere Einkommenssteuer einberechnet, dürfte die Erhöhung des Nettoeinkommens in etwa 10 bis 11 % betragen.

1914

In Bezug auf die Vergütung von Tätigkeiten, für die eine Abrechnung auf Grundlage des § 3 VBVG vorgeschrieben ist, ergab sich daraus allerdings eine Verschlechterung. Anders als im Fall der Vergütung auf Grundlage des § 4 VBVG handelt es sich dabei nämlich nicht um sogenannte Inklusivstundensätze. Es muss zwar keine Umsatzsteuer mehr abgeführt werden, diese wird aber dementsprechend auch nicht mehr zusätzlich ersetzt und es fehlt nun an der Möglichkeit des Vorsteuerabzugs.

1915

Für die Vergangenheit gilt: Mit Urteil vom 25.4.2013 hat der BFH[63] entschieden, dass die Betreuervergütung bereits in der Vergangenheit nicht der Umsatzsteuerpflicht unterlag und sich Berufsbetreuer auf Unionsrecht berufen können.[64] In allen noch zum Zeitpunkt der Entscheidung offenen Fällen ab 2008 konnte daher die Umsatzsteuerveranlagung noch berichtigt werden. Aber Vorsicht: Auch hier entfiel dann der Vorsteuerabzug!

1916

Allerdings hatten die Berufsverbände bereits im Jahr 2010 auf bevorstehende Musterverfahren zur Umsatzsteuerbefreiung hingewiesen und empfohlen, eigene Veranlagungen möglichst offen zu halten. Dies war durch Anträge auf Neufestsetzung jeweils in Verbindung mit einem Antrag auf Ruhenlassen des Verfahrens bis zu einer Klärung der Rechtslage durch den BFH möglich, von den Finanzämtern wurde ein solches Vorgehen auch weitgehend akzeptiert. Im Jahr 2010 bestand daher noch die Möglichkeit, Entscheidungen über die für Vergütungen ab dem Jahr 2005 gezahlte Umsatzsteuer offenzuhalten (für davorliegende Zeiträume hätten entsprechende Anträge auch keinen wirtschaftlichen Sinn ergeben, da die Inklusivstundensätze erst für ab dem 1.7.2005 erbrachte Tätigkeiten gezahlt wurden). Zum Teil haben Berufsbetreuer daher nach Abschluss des BFH-Verfahrens recht hohe Rückzahlungen erhalten.

1917

Mehrere Betreuer, deren Anträge auf Neufestsetzung verspätet beim Finanzamt eingegangen waren, haben versucht, ihren Steuerberater dafür verantwortlich zu machen. Dies ist bisher aber nur in wenigen Ausnahmefällen erfolgreich gewesen. Steuerberater müssen sich zwar regelmäßig über neue Entwicklungen informieren, dem sind aber Grenzen gesetzt. Pflichtlektüre eines Steuerberaters sind das vom BMF herausgegebene Bundessteuerblatt (BStBl.) sowie die Fachzeitschriften Deutsches Steuerrecht (DStR) und Deutsches Steuerrecht Entscheidungsdienst (DStRE). Ist eine Entscheidung in einer Zeitschrift veröffentlicht, die zur Pflichtlektüre eines Steuerberaters gehört, wird ihm eine Karenzzeit von mindestens einem Monat eingeräumt, bis er sie zur Kenntnis genommen haben muss. Da im Vorfeld in diesen Publikationen kein Hinweis auf die Entwicklung bzgl. der Besteuerung der Betreuervergütung enthalten war, kann man es einem Steuerberater nicht vorwerfen, wenn er nicht von selbst auf die Idee gekommen ist, für einen Mandanten einen entsprechenden Antrag zu stellen.[65]

1918

---

63 BFHE 241, 475 = BtPrax 2013, 153 = FamRZ 2013, 1222; Vorinstanz: FG Düsseldorf, Beschl. v. 26.11.2010, 1 K 1914/10 U, FamRZ 2011, 139 (Ls)
64 Art. 13 Teil A Abs. 1 Buchst. g der Richtlinie 77/388/EWG und Art. 132 Abs. 1 Buchst. g MwStSystRL
65 LG Magdeburg, Urt. v. 09.06.2015, 11 O 258/15

1919   Andererseits wurde das o.g. Verfahren vor dem BFH[66] bereits im Mai 2011 auf der Internetseite des BFH in einer Auflistung der dort anhängigen Verfahren aufgeführt. Ob man mit der
Argumentation, dass sich ein Steuerberater auch dort regelmäßig über neue Entwicklungen
informieren müsste, Erfolg haben könnte, ist allerdings fraglich.

1920   Anders liegt es aber, wenn ein Betreuer seinem Steuerberater den Auftrag gegeben hatte,
die Neufestsetzung der Umsatzsteuer wegen fehlender Umsatzsteuerpflicht zu beantragen.
Dann wäre es als Verschulden des Steuerberaters anzusehen, wenn ein Antrag unterblieben
ist und der Betreuer deshalb nicht in den Genuss der Steuerrückzahlung gekommen ist. Dabei ist es bereits als Auftrag aufzufassen, wenn ein Betreuer dem Steuerberater eine Veröffentlichung seines Berufsverbandes mit Informationen über die Entwicklung und die gerichtlichen Musterverfahren übersandt hatte.[67]

1921   Soweit eine Rückzahlung erfolgt, wird diese als zu versteuerndes Einkommen i.S.d. EStG angesehen. Das kann wegen der Steuerprogression zur Folge haben, dass auf die auf einmal
erhaltene Rückzahlung eine wesentlich höhere Einkommensteuer fällig wird, als es der Fall
gewesen wäre, wenn die Umsatzsteuer nicht erhoben worden und der entsprechende Betrag auf die Jahre verteilt besteuert worden wäre. Allerdings hat der BFH entschieden, dass
auf Rückzahlungen zu Unrecht erhobener Umsatzsteuer die Sonderregelung des § 34 Abs. 2
Nr. 4 EStG anzuwenden ist.[68] Das hat zur Folge, dass die Einkommensteuer so zu berechnen
ist, als ob der erhaltene Betrag nicht in einer Summe, sondern auf 5 Jahre verteilt ausgezahlt
worden wäre. Die genannte Entscheidung betraf zwar keinen Berufsbetreuer, es spricht aber
alles dafür, den dort enthaltenen Grundsatz der Rückzahlung zu Unrecht erhobener Umsatzsteuer auch auf diese Berufsgruppe anzuwenden, und unseres Wissens hat es diesbezüglich
bisher auch keine Probleme gegeben.

12.2.2.2.2.2 Aufwendungsersatz

1922   • **Tätigkeiten ab dem 1.7.2005 (bei pauschalierter Betreuervergütung)**

Für ab dem 1.7.2005 ausgeführte Tätigkeiten ergeben sich gegenüber der Vergütung keine
Unterschiede (vgl. oben Rn. 1900 ff.). Sowohl der pauschalierte Aufwendungsersatz als
auch eine ggf. darauf entfallende Umsatzsteuer sind bereits in den Inklusivstundensätzen
enthalten (§ 5 Abs. 2 VBVG). Sie müssen unseres Erachtens in den künftigen Vergütungsabrechnungen nicht einzeln ausgewiesen werden, sind aber natürlich gegenüber dem Finanzamt zu melden.

1923   • **Tätigkeiten, die auch weiterhin nach Zeitaufwand abgerechnet werden (§§ 3, 6
VBVG, § 277 FamFG)**

Da insoweit (anders, als vor 2005 bzgl. der Vergütung in § 1 Abs. 1 BVormVG) eine ausdrückliche gesetzliche Regelung fehlte, war es lange umstritten, ob auch die auf den Aufwendungsersatz zu entrichtende Umsatzsteuer zusätzlich zu erstatten war. Inzwischen wird
dies von der Rechtsprechung ausnahmslos bejaht.[69]

1924   Für die Abrechnung ergibt sich daraus Folgendes:

Selbstständige Berufsbetreuer waren mit dem normalen Umsatzsteuersatz von 16 % (jetzt
19 %) zu veranlagen.

1925   Als Aufwendung gilt nach allgemeiner Meinung der Betrag, mit dem der Betreuer durch
seine Tätigkeit beschwert ist. Da ein umsatzsteuerpflichtiger Betreuer – sofern er nicht unter
die Regelung des § 19 Abs. 1 UStG fällt – die in einer Aufwendung enthaltene Umsatzsteuer

---

66   S. o. Rn. 1910, 1916
67   LG München I, Urt. v. 13.11.2015, 4 O 23715/14, FamRZ 2016, 1896
68   BFH, Urt. v. 25.2.2014, X R 10/12, BStBl. II 2014, 668
69   OLG Hamm BtPrax 2000, 37; ebenso OLG Frankfurt/Main BtPrax 2000, 131 (Vorlage an BGH, die wegen der
     untenstehenden Aufgabe der Rspr. des OLG Dresden zurückgegeben wurde, siehe Pressemitteilung des BGH,
     FamRZ 2000, Heft 13, S. II) sowie OLG Frankfurt/Main FGPrax 2000, 204 = BtPrax 2000, 263 und LG Dortmund
     BtInfo 2/99, 57, OLG Düsseldorf FamRZ 2001, 447 sowie LG Darmstadt FamRZ 2000, 1046 und OLG Zwei-
     brücken FamRZ 2001, 447 = BtPrax 2001, 87; AG Betzdorf FamRZ 2001, 1480

als Vorsteuerabzug vom Finanzamt zurückverlangen kann, ist er insoweit nicht beschwert. Daher ist zunächst zu prüfen, ob die jeweilige Aufwendung Umsatzsteuer enthält oder nicht. Bei den gebräuchlichsten Aufwendungen sieht dies wie folgt aus:

Umsatzsteuern enthalten: Telekommunikationsentgelte, Fahrscheine der Deutschen Bahn AG, sonstige Dienstleistungen ihrerseits umsatzsteuerpflichtiger Unternehmen, z.B. Kopierentgelte bei Kopiercentern, Wareneinkäufe (bei Büchern verminderter Umsatzsteuersatz von 7 %).   **1926**

Keine Umsatzsteuern enthalten: Briefporto der Deutschen Post AG, Verwaltungsgebühren aller Art (z.B. für amtliche Beglaubigungen usw.) sowie Pauschalbeträge, die durch Gesetz oder ständige Rechtsprechung bestimmt sind; hier sind vor allem die km-Pauschale bei PKW-Einsatz von 0,30 € und die Anfertigung von Kopien auf eigenen Geräten zu erwähnen (nach Rechtsprechung zwischen 0,10 und 0,15 €/Seite).[70]   **1927**

Bei Parkentgelten und Fahrscheinen der Nahverkehrsunternehmen ist im Einzelfall zu klären, ob diese aufgrund privatrechtlicher Entgeltvereinbarung oder öffentlicher Gebührensatzung erhoben werden; dieser Unterschied macht die Umsatzsteuerpflicht aus, ggf. ist beim Nahverkehrsunternehmen nachzufragen.   **1928**

Enthält die Aufwendung Umsatzsteuer, so ist diese als Vorsteuerabzug aus der Summe herauszurechnen, sofern der Betreuer umsatzsteuerpflichtig ist. Danach ist der verbleibenden Summe der persönliche Umsatzsteuersatz des Betreuers hinzuzuaddieren.   **1929**

Beispiel 1   **1930**

 Umsatzsteuer enthaltende Aufwendungen:

100 Telefoneinheiten à 0,06 € (brutto) betrugen 6,00 €; abzüglich der enthaltenen Vorsteuer betrug die Nettoaufwendung 5,17 €. Auf den Ersatz dieser Aufwendung bestand ein Anspruch auf Erstattung der Umsatzsteuer. Beim freiberuflichen Betreuer betrug diese 16 %, also 0,83 €. Die Erstattungssumme inkl. USt. beträgt somit (aufgerundet) 6,00 €.

Beispiel 2   **1931**

 Aufwendungen, die keine Umsatzsteuer enthalten:

Das Briefporto von 100 Standardbriefen à 0,55 € macht die Summe von 55,00 € aus. Hier können weder freiberuflicher Betreuer noch Betreuungsverein einen Vorsteuerabzug vornehmen. Daher ist die volle Summe als Aufwendungsersatz zu erstatten. Auf die Summe wiederum erhält der Empfänger seine Umsatzsteuer ersetzt.

Grundsätzlich stellen nicht erstattete Aufwendungen des Betreuers keine steuerlich absetzbaren Aufwendungen dar (weder Werbungskosten noch Sonderausgaben), eine Absetzbarkeit als außergewöhnliche Belastung kann lediglich im Ausnahmefall bejaht werden, wenn die Übernahme der Betreuung oder Vormundschaft nicht abgelehnt werden konnte[71].[72]   **1932**

12.2.2.3 Gewerbesteuer

12.2.2.3.1 Allgemeines

Nachdem es lange Zeit umstritten war, ob die berufliche Führung von Betreuungen als Gewerbe im Sinne des Steuerrechts anzusehen ist – das *FG Mecklenburg-Vorpommern*[73], das   **1933**

---

70 Vgl. zuletzt OLG Zweibrücken (je Kopie 0,30 DM) FamRZ 2001, 864 = BtPrax 2001, 169
71 Koordinierter Ländererlass vom 4.12.1984
72 DB 1985, 88
73 BtPrax 2000, 40 = EFG 1999, 1080

FG Münster[74] und das *FG Köln*[75] beispielsweise hatten das bejaht, das *FG Thüringen*[76] dagegen abgelehnt –, hatte der *Bundesfinanzhof*, das höchste für Steuerfragen zuständige Gericht, zunächst ebenfalls eine Gewerbesteuerpflicht angenommen[77], während es vor 1992 bei einem Vormund selbst noch freiberufliche Tätigkeit annahm.[78]

1934   In zwei Urteilen vom 15.6.2010[79] hat der BFH seine vorherige Rechtsprechung aber wieder aufgegeben und kommt zu dem Schluss, dass die Tätigkeiten als Berufsbetreuer und Verfahrenspfleger keine gewerblichen Tätigkeiten sind und für die damit erzielten Einkünfte demnach auch keine Gewerbesteuer abzuführen ist.

1935   Der BFH führt u.a. aus:

> „(…) Zu Unrecht hat das FG die Tätigkeit der Klägerin als Berufsbetreuerin und Verfahrenspflegerin als gewerblich i.S. des § 2 GewStG i.V.m. § 15 Abs. 2 EStG beurteilt. Vielmehr hat die Klägerin Einkünfte aus selbständiger Arbeit gemäß § 18 Abs. 1 Nr. 3 EStG erzielt. (…)
>
> Gegenstand des Berufsbilds der Berufsbetreuer ist die Unterstützung und Beratung volljähriger Menschen, die in ihrer Entscheidungs- oder Handlungsfähigkeit eingeschränkt sind und deshalb nicht selbst für ihre Angelegenheiten sorgen können. Die Betreuer unterstützen die Betroffenen rechtlich oder handeln „stellvertretend für sie, zum Beispiel durch Regelung der Finanzen, Vertretung gegenüber Behörden, Organisation von pflegerischen Diensten oder Einwilligung in ärztliche Behandlungen" (vgl. www.bdb-ev.de/2_Informationen_zu_Betreuung.php). Dabei gehört zur Betreuung insbesondere auch die Vertretung in Vermögensangelegenheiten (vgl. BGH-Urteile vom 9. Januar 2008 VIII ZR 12/07, FamRZ 2008, 680; vom 30. April 2008 XII ZR 110/06, Neue Juristische Wochenschrift --NJW-- 2008, 2333; BGH-Beschluss in FamRZ 2010, 199; Sonnenfeld, FamRZ 2009, 1027; Wilde, GmbH-Rundschau 2010, 123). (…)
>
> Der erkennende Senat, auf den die alleinige Zuständigkeit für die Besteuerung der Einkünfte aus selbständiger Arbeit übergegangen ist, geht unter Aufgabe der bisherigen BFH-Rechtsprechung[80] davon aus, dass die Einnahmen eines Berufsbetreuers ihrer Art nach nicht den Einkünften aus Gewerbebetrieb, sondern den Einkünften aus selbständiger Arbeit zuzuordnen sind. Das gilt gleichermaßen für den berufsmäßigen Verfahrenspfleger, der Kraft seiner speziellen Kenntnisse --wie hier die Klägerin-- insbesondere für Verfahren bestellt wird, die besondere Sachkunde erfordern.
>
> Die Einnahmen aus Berufsbetreuung sind ebenso wie diejenigen, welche die Klägerin aus ihrer Tätigkeit als Verfahrenspflegerin erzielt hat, den Einkünften aus sonstiger selbständiger Arbeit i.S. des § 18 Abs. 1 Nr. 3 EStG zuzurechnen.
>
> Danach gehören zu den freiberuflichen Einkünften auch „Einkünfte aus sonstiger selbständiger Arbeit, z.B. Vergütungen für die Vollstreckung von Testamenten, für Vermögensverwaltung und für die Tätigkeit als Aufsichtsratsmitglied".
>
> aa) Die Vorschrift enthält keinen abschließenden Katalog in Betracht kommender „Einkünfte aus sonstiger selbständiger Arbeit", sondern lediglich die Auflistung der Regelbeispiele „Testamentsvollstreckervergütung", „Vermögensverwaltung", „Aufsichtsratstätigkeit" (vgl. Brandt in Herrmann/Heuer/ Raupach, § 18 EStG Rz 251). Weitere Tätigkeiten fallen danach in den Anwendungsbereich der Regelung, wenn sie ihrer Art nach den Regelbeispielen des § 18 Abs. 1 Nr. 3 EStG ähnlich sind.[81] Das ist z.B. der Fall, wenn die Tätigkeit die Betreuung fremder Vermögensinteressen umfasst, aber darüber hinaus auch dann, wenn es sich um eine selbständig ausgeübte fremdnützige Tätigkeit in einem fremden Geschäftskreis handelt (so FG Thüringen, Urteil in DStRE 2001, 965).
>
> bb) Auf dieser Grundlage ist die Tätigkeit eines Berufsbetreuers den Einkünften aus sonstiger selbständiger Arbeit zuzuordnen, weil sie ebenso wie die in § 18 Abs. 1 Nr. 3 EStG be-

---

74 BtPrax 2003, 229 = EFG 2004, 1459
75 FamRZ 2005, 313 = EFG 2004, 119
76 FamRZ 2001, 121
77 FamRZ 2005, 516 = BtPrax 2005, 67 = BStBl. II 2005, S 288; vgl. auch Mann NJW 2008, 121
78 BFHE 40, 110
79 BtPrax 2010, 232 = NJW 2011,108 und BFH NJW 2011,110
80 Im Urteil des IV. Senats des BFH in BFHE 208, 280, BStBl. II 2005, 288
81 Grundsatz der sog. Gruppenähnlichkeit; vgl. BFH, Urt. v. 28.6.2001, IV R 10/00, BFHE 196, 84, BStBl. II 2002, 338

zeichneten Regelbeispiele --berufsbildtypisch-- durch eine selbständige fremdnützige Tätigkeit in einem fremden Geschäftskreis sowie durch Aufgaben der Vermögensverwaltung geprägt ist. (…)"

Für Berufsbetreuer handelt es sich um eine positiv zu bewertende Entscheidung. **1936**

Ob allerdings alleine die fehlende Gewerbesteuerpflicht bereits einen finanziellen Vorteil bringt, hängt vom Einzelfall ab. Die Gewerbesteuer ist eine Gemeindesteuer, deren Höhe (der Hebesatz) von der jeweiligen Gemeinde festgesetzt wird. Entfällt die Gewerbesteuer, erhöht sich dadurch das aus der Tätigkeit erzielte Einkommen, was zu einer höheren Belastung durch die Einkommenssteuer führt. Ob im Endergebnis eine spürbare Entlastung verbleibt, hängt von der Höhe des jeweiligen Steuersatzes ab. **1937**

Finanziell positiv wirkt sich aber auf jeden Fall aus, dass sich aus der entfallenden Gewerbesteuerpflicht auch ergibt, dass Betreuer nicht mehr automatisch (beitragspflichtige) Mitglieder der IHK sind und daher auch keine Beiträge an die IHK mehr abführen müssen. § 2 IHK-Gesetz bestimmt nämlich, dass die Mitgliedschaft in der IHK direkt aus der Veranlagung zur Gewerbesteuer folgt. Findet eine solche Veranlagung nicht statt, besteht folglich auch keine Mitgliedschaft in der IHK. **1938**

Beide Entscheidungen des BFH sind im Bundessteuerblatt veröffentlicht worden[82] und müssen daher von den Finanzbehörden auf alle noch offenen Fälle angewendet werden. **1939**

12.2.2.3.2 Bereits ergangene Gewerbesteuerbescheide

Soweit bereits bestandskräftige Gewerbesteuerbescheide vorliegen, wird es kaum Chancen geben, gezahlte Gewerbesteuer zurückzuerhalten. **1940**

Noch nicht bestandskräftige Bescheide können noch – unter Berufung auf die o.g. Entscheidungen – mit einem Einspruch angefochten werden. Wer in der Vergangenheit zur Gewerbesteuer veranlagt wurde, sollte umgehend prüfen, ob noch Einspruchsmöglichkeiten bestehen! **1941**

12.2.2.3.3 Weitere Auswirkungen des Urteils

Buchführungspflicht **1942**

Mit dieser neuen Entscheidung des BFH entfällt auch eine eventuelle Buchführungspflicht (aus § 141 Abs. 1 Ziff. 4 AO ergibt sich für gewerbliche Unternehmer, deren Gewinn 50.000,00 € jährlich übersteigt, eine Buchführungspflicht. D.h., dass dann eine vereinfachte „Trinkhallenbuchführung", die Einnahme-Überschussrechnung, nicht mehr ausreicht, sondern die doppelte Buchführung (Gewinn- und Verlustrechnung) erforderlich ist.)

IHK-Mitgliedschaft **1943**

Wie schon oben genannt, ergibt sich aus der entfallenden Gewerbesteuerpflicht auch, dass Betreuer nicht mehr automatisch (beitragspflichtige) Mitglieder der IHK sind und daher auch keine Beiträge an die IHK mehr abführen müssen. § 2 IHK-Gesetz bestimmt nämlich, dass die Mitgliedschaft in der IHK direkt aus der Veranlagung zur Gewerbesteuer folgt. Findet eine solche Veranlagung nicht statt, besteht folglich auch keine Mitgliedschaft in der IHK.[83]

Bisher an die IHK entrichtete Beiträge werden aber nicht automatisch zurückgezahlt. Die IHKs argumentieren in Bezug auf eine Beitragserstattung, dass man an Recht und Gesetz gebunden sei. Und im Gesetz (§ 2 IHK-Gesetz) steht, dass „automatisch" Mitglied der IHK und damit auch beitragspflichtig ist, wer zur Gewerbesteuer veranlagt wird. Deshalb müssten sich Betreuer zuerst an das Finanzamt wenden und versuchen zu erreichen, dass bestehende Gewerbesteuerbescheide – soweit dies noch möglich ist, also noch keine Bestandskraft eingetreten ist – zurückgenommen werden. Erst dann könnte für die entsprechenden **1944**

---

82 BStBl. II 2010 S. 906 u. 909
83 Die Mitgliedschaft noch bejahend (vor Entscheidung des BFH 2010, s. o. Rn. 1934): OVG Rheinland-Pfalz FamRZ 2008, 94

Zeiträume eine Beitragserstattung durch die IHK erfolgen. Für Zeiten, für die bestandskräftige Gewerbesteuerbescheide vorliegen würden, könne man vom Gesetz her keine Beiträge erstatten.

1945 Es wird also nichts „von selbst" passieren, die IHK werden jetzt nicht „automatisch" bestehende Mitgliedschaften beenden und gezahlte Beiträge erstatten. Betreuer müssen sich zuerst mit dem Finanzamt auseinandersetzen und erst anschließend an die IHK wenden, auf die neue BFH-Rechtsprechung verweisen und nachweisen, dass Sie nun doch nicht zur Gewerbesteuer veranlagt wurden. Die IHK werden dann die Beiträge für Zeiten, für die das Finanzamt seine Entscheidung noch korrigiert hat, problemlos erstatten.

1946 Rein juristisch betrachtet ist der Standpunkt der IHK sicherlich korrekt. Moralisch bzw. „vom gesunden Menschenverstand her" ist es natürlich befremdlich, wenn diese Geld behalten wollen, das ihnen nach der BFH-Rechtsprechung nun einmal eigentlich nicht zusteht. Andererseits gab es ja bisher eine anderslautende BFH-Rechtsprechung und man kann es der IHK nicht verübeln, wenn sie sich in der Vergangenheit daran gehalten haben.

1947 **Gewerbeanmeldung**

Die Pflicht zur Gewerbeanmeldung besteht unabhängig von der steuerrechtlichen Beurteilung einer Tätigkeit. Unterlässt man die Anmeldung, verbleibt ein gewisses Risiko. Nach § 146 Absatz 2 Ziffer 1 Gewerbeordnung (GewO) sind Verstöße gegen die Anzeigepflicht mit einem Bußgeld bis zu 1.000,00 € bedroht, nach § 8 Abs. 1, 3 des Gesetzes zur Bekämpfung der Schwarzarbeit sogar mit einem Bußgeld bis zu 50.000,00 €.

1948 Eine Pflicht zur Gewerbeanmeldung durch Betreuer ist unseres Erachtens nicht überzeugend. Die Pflicht zur Gewerbeanmeldung beurteilt sich nach der Gewerbeordnung (GewO). Danach übt ein Gewerbe aus, wer persönlich unabhängig ist, eine erlaubte Tätigkeit ausübt, die Tätigkeit regelmäßig ausübt und dabei einen Gewinn anstrebt. Obwohl diese Merkmale an sich auf den Berufsbetreuer zutreffen, werden derzeit traditionell wissenschaftliche, künstlerische, lehrende, heilende und rechtsberatende Tätigkeiten sowie andere ähnliche Dienstleistungen höherer Art, die eine höhere Bildung erfordern, **nicht als Gewerbe im Sinne der Gewerbeordnung** angesehen. Demnach können u.E. auch Berufsbetreuer, die nach § 1901 Abs. 1 als rechtliche Vertreter tätig sind, nicht als Gewerbetreibende im Sinne der GewO angesehen werden.

1949 Im Übrigen ergibt sich die Pflicht zur Anzeige aus § 14 GewO. Dort steht ausdrücklich, dass die Anzeige dazu dient, der zuständigen Behörde die Überwachung zu ermöglichen. In § 1837 Abs. 2 i.V.m. § 1908i ist speziell für Betreuer geregelt, dass die Aufsicht über die gesamte Tätigkeit vom Betreuungsgericht ausgeübt wird. **Spezialgesetzliche Regelungen** gehen allerdings immer der allgemeinen Regelung vor. Eine Aufsicht oder Überwachung durch die Ordnungsbehörden scheidet deshalb neben der Aufsicht durch das Vormundschaftsgericht aus. Dann kann es für Betreuer aber keine Pflicht zur Gewerbeanzeige geben, weil das Ziel der Anzeigepflicht dadurch nicht erreicht werden kann. Die Ordnungsbehörden sind – wie dargestellt – nicht zur Überwachung befugt und die Betreuungsgerichte wissen ohnehin bereits von selbst, wen sie zum Betreuer bestellt haben.

1950 Die Rechtsprechung ist aber auch diesen Argumenten nicht gefolgt, sondern hat eine Pflicht zur Gewerbeanmeldung bis hinauf zum BVerwG bejaht.[84]

1951 Das Bundesministerium für Wirtschaft und Technologie hat mit einem an den BdB und den BVfB gerichteten Schreiben[85] mitgeteilt, dass der Bund-Länder-Ausschuss Gewerberecht der Auffassung ist, dass auch nach den BFH-Entscheidungen zur Gewerbesteuerpflicht eine Pflicht zur Gewerbeanmeldung besteht. Auch das BVerwG hat 2013 seinen bisherigen

---

84 Niedersächsisches OVG BtPrax 2008,81 = FamRZ 2008,440, bestätigt durch BVerwG NJW 2008,1974 = BtPrax 2008,123 = FamRZ 2008,985 mit Anm. Lütgens
85 Unveröffentlichtes Schreiben vom 9.2.2011 mit dem Geschäftszeichen IIB3 – 12 01 82/1

Standpunkt bekräftigt und festgestellt, dass sogar Rechtsanwälte als Berufsbetreuer gewerbemeldepflichtig sind.[86]

Inzwischen sind auch **Bußgeldverfahren** wegen unterbliebener bzw. verspäteter Gewerbeanmeldung gegen Betreuer eingeleitet worden. Vor diesem Hintergrund können wir – trotz der inhaltlichen Bedenken gegen eine Anmeldepflicht – nur dazu raten, die Anmeldung vorzunehmen, zumal wir nicht ausschließen können, dass einzelne Betreuungsbehörden und Vormundschaftsgerichte eine Verweigerung der Anmeldung als Indiz für die Unzuverlässigkeit eines Betreuers bewerten würden. Die Folge könnte es dann sein, dass betreffende Betreuer in Zukunft keine Betreuungen mehr übertragen bekommen werden. **1952**

Der Gewerbeschein ist bei der zuständigen Kommune zu beantragen. In vielen Städten und Gemeinden kann man sich bereits online anmelden. **1953**

---

86   BVerwG, Urt. v. 27. 2.2013, 8 C 7.12, BtPrax 2013, 158 und 8 C 8.12, NJW 2013, 2214

13 Sozialversicherung

13.1 Unfallversicherung/Berufsgenossenschaft

13.1.1 Ehrenamtliche Betreuer

Nach § 2 Abs. 1 Nr. 10 SGB VII sind ehrenamtliche Vormünder, Pfleger und Betreuer kraft Gesetzes unfallversichert.[1] Zuständig ist die Eigenunfallversicherung des jeweiligen Bundeslandes; Beiträge sind vom Betreuer nicht zu zahlen. **1954**

13.1.2 Berufsbetreuer

Die Rechtsprechung hat Berufsbetreuer inzwischen ausnahmslos als versicherungspflichtige Mitglieder der Berufsgenossenschaft (als im Bereich der Wohlfahrtspflege tätige Personen gem. § 2 Abs. 1 Nr. 9 SGB VII) eingeordnet.[2] **1955**

Häufig lehnen Betreuer eine **Versicherungspflicht** aufgrund ihres (trotz der Einordnung als Gewerbetreibende durch den Bundesfinanzhof immer noch vorhandenen) Selbstverständnisses als Freiberufler ab. Gegen eine Mitgliedschaft spricht auch, dass der gesamte private Bereich aus der Versicherung herausgenommen ist und zusätzlich privat versichert werden muss. **1956**

Unabhängig von der Frage einer Versicherungspflicht spricht aber der gesetzlich festgelegte Leistungskatalog der gesetzlichen **Unfallversicherung** für eine Mitgliedschaft, zumal – anders als bei privaten Unfallversicherungen – keine finanzielle Begrenzung der Leistungspflicht existiert, d.h., dass – bei einem Beitrag von unter 200,00 € jährlich – alle erforderlichen Behandlungen, Rehabilitationsmaßnahmen usw. auch tatsächlich übernommen werden, während private Versicherungen im Regelfall lediglich Leistungen bis zu einem vereinbarten Höchstbetrag übernehmen. Die Beiträge zur Berufsgenossenschaft können als Betriebsausgabe von der Einkommensteuer abgesetzt werden. **1957**

Aus unserer Sicht wäre es – sowohl im eigenen Interesse als auch im Interesse der Betreuten, denen nicht damit gedient ist, wenn der Betreuer wegen einer fehlenden Versicherung im Falle eines Unfalls in Insolvenz gerät oder auch im arbeitsunfähigen Zustand weiterarbeiten muss, um wirtschaftlich überleben zu können – unverantwortlich, das Unfallrisiko nicht abzusichern. Es kommt gar nicht mal so selten vor, dass Betreuer z.B. während einer mit der Betreuertätigkeit in Zusammenhang stehenden Autofahrt einen Unfall erleiden, von einem Betreuten tätlich angegriffen werden o.Ä. **1958**

Wer Angestellte, etwa eine Hilfskraft für Bürotätigkeiten, beschäftigt, ist unabhängig von der Frage der Versicherungspflicht für Betreuer verpflichtet, seine Angestellten dort zu versichern (§ 2 Abs. 1 Nr. 1 SGB VII). Zuständig ist die **1959**

> Berufsgenossenschaft für Gesundheitsdienst und Wohlfahrtspflege (BGW)
> Pappelallee 35/37
> 22089 Hamburg
> Tel. 0 40/2 02 07-0
> www.bgw-online.de

Hier sind auch Vereinsbetreuer durch ihren Betreuungsverein zu versichern. Für Behördenbetreuer ist die Eigenunfallversicherung der jeweiligen Kommune zuständig. **1960**

Für anwaltliche Berufsbetreuer ist abweichend die Verwaltungs-Berufsgenossenschaft, Sitz Hamburg, zuständig. **1961**

---

1 Vgl. dazu Deinert, BtPrax 1996, 42; BSG, Urt. v. 23.3.1999, B 2 U 15/98 R, BtPrax 2000, 30
2 SG Berlin BtPrax 2001, 130, bestätigt durch das LSG Berlin v. 12.9.2002, L 3 U 20/01; LSG Niedersachsen-Bremen FamRZ 2007, 1770; LSG NRW NZA 2004, 86; LSG Sachsen, Urt. v. 14.6.2012, L 2 U 55/11; LSG Hessen, Urt. v. 18.12.2012, L 3 U 215/11

13.2 Krankenversicherung und Pflegeversicherung

1962 Für ehrenamtliche Betreuer gilt: Soweit Aufwandsentschädigungen, also auch die nach § 1835a BGB (einkommen-)steuerfrei gezahlt werden, sind diese in der Sozialversicherung nach ausdrücklicher gesetzlicher Bestimmung kein Arbeitsentgelt (§ 14 Abs. 1 Satz 3 SGB IV, § 1 Abs. 1 Nr. 1 SvEV), das heißt, sie führen zu keinem krankenversicherungspflichtigen Beschäftigungsverhältnis, sind kein Gesamteinkommen in der Familienversicherung (§ 10 SGB V) und stellen keine Einnahmen nach § 240 SGB V in der freiwilligen Krankenversicherung dar. Im Gegenzug heißt dies, dass steuerpflichtige Aufwandsentschädigung in der Krankenversicherung (und Pflegeversicherung) für den Betreuer relevant und daher meldepflichtig sind.

1963 Berufsbetreuer gehörten als Selbstständige zunächst nicht zum Kreis der versicherungspflichtigen Personen. Sie konnten sich lediglich freiwillig in der gesetzlichen Krankenkasse oder bei einer privaten Krankenversicherung versichern. Ob sie dies taten, blieb ihnen überlassen. Das ist seit dem 1.4.2007 anders.

1964 Denn seit Inkrafttreten der Gesundheitsreform sind auch diejenigen Personen in der gesetzlichen Kranken- und Pflegeversicherung versicherungspflichtig, die bislang unversichert sind und keinen anderweitigen Anspruch auf Absicherung im Krankheitsfall haben. Flankiert wird diese Regelung dadurch, dass auch die private Krankenversicherung (PKV) seit dem 1.7.2007 nicht versicherte Menschen im sogenannten Standardtarif versichern muss.

1965 Der Krankenversicherungsschutz ist seit dem 1.4.2007 von der gesetzlichen Krankenkasse sicherzustellen, bei der zuletzt eine Versicherung bestanden hat, auch wenn diese Versicherung Jahrzehnte zurückliegt. Wenn diese ursprüngliche Krankenkasse nicht mehr besteht, ist die Rechtsnachfolgerin zuständig. Bestand vor dem 1.4.2007 zuletzt eine private Krankenversicherung, kommt eine Versicherung in der gesetzlichen Krankenversicherung nicht zustande. Dann ist die private Krankenversicherung zuständig.

1966 Wer bisher noch nie gesetzlich oder privat krankenversichert war, kann die Krankenkasse frei wählen. Ausnahme sind hauptberuflich Selbstständige, somit auch selbstständige Berufsbetreuer. Diese können sich, soweit sie nicht nach altem Recht freiwillig in der gesetzlichen Krankenkasse versichert sind, seit dem 1.7.2007 an die private Krankenversicherung wenden.

1967 Seit dem 1.7.2007 besteht jedoch für diesen Personenkreis ein Recht zum Beitritt. Nichtversicherte, die nicht in die gesetzliche Krankenversicherung (GKV) aufgenommen werden, müssen seit 1.7.2007 unabhängig von ihrem Gesundheitszustand und Alter zum Standardtarif von jeder PKV aufgenommen werden (so genannter Kontrahierungszwang). Seit dem 1.1.2009 herrscht in Deutschland eine Krankenversicherungspflicht für alle Einwohner.

1968 Nichtversicherte werden dann in der PKV versichert, wenn sie z.B. zuletzt privat krankenversichert waren oder wegen ihrer beruflichen Tätigkeit (z.B. Selbstständigkeit) bzw. wegen der Höhe des Arbeitsentgelts der PKV zuzuordnen sind.

1969 Für eine private Versicherung sprechen die zum Teil niedrigeren Beiträge und umfangreicheren Leistungen (jedoch nicht im neuen Standardtarif), für die Beibehaltung einer freiwilligen Mitgliedschaft in einer gesetzlichen Krankenkasse die kostenlose Mitversicherung von Familienangehörigen und die zum Teil sehr eingeschränkten Möglichkeiten, nach einem Wechsel in die private Krankenversicherung später in die gesetzliche Krankenversicherung zurückzukehren. Jeder sollte das Für und Wider genau abwägen.

1970 Mit der Krankenversicherung ist auch stets eine Mitgliedschaft in der jeweiligen Pflegeversicherung verbunden.

1971 Selbstständige müssen sich zudem überlegen, ob und ggf. in welchem Umfang sie sich auch für den Fall der Arbeitsunfähigkeit absichern wollen, also einen Anspruch auf **Krankengeld** bzw. **Krankentagegeld** erlangen wollen.

Aufgrund der Pauschalierung der Betreuervergütung gibt es immer wieder Schwierigkeiten bzgl. der Auszahlung von Krankentagegeld. Mehrfach wurde die Zahlung mit dem Argument verweigert, dass der Betreuer die Pauschale ja auch im Krankheitsfall weiterhin erhalten würde und deshalb kein Verdienstausfall eingetreten sei. Wenn man dieser Argumentation folgt, würde ein Anspruch auf Krankentagegeld nur in Betracht kommen, wenn ein Betreuer aufgrund einer Erkrankung so langfristig ausfällt, dass er entweder ganz aus dem Amt entlassen wird oder dass zumindest für die Dauer seiner Arbeitsunfähigkeit ein Verhinderungsbetreuer durch das Betreuungsgericht bestellt wird. Sofern keine Bestellung eines Verhinderungsbetreuers erfolgt und der Betreuer die Situation durch die Beauftragung eines Kollegen regelt und die weniger dringenden anstehenden Aufgaben dann nach seiner Genesung abarbeitet, würde danach kein Anspruch auf Krankentagegeld bestehen. **1972**

Diese Argumentation einiger Versicherer ist aber allenfalls auf den ersten Blick stichhaltig. Schließlich entstehen dem Betreuer durch die Beauftragung eines Kollegen mit der Regelung der wichtigsten Angelegenheiten im Regelfall zusätzliche Ausgaben. Außerdem muss man wohl annehmen, dass während der Erkrankung keine neuen Betreuungsfälle übernommen werden können und deshalb mit einiger Verzögerung weitere finanzielle Nachteile eintreten. **1973**

Hinweis **1974**

 Um spätere zeitraubende und die Nerven strapazierende Auseinandersetzungen zu vermeiden, sollte man schon vor Vertragsschluss darauf drängen, dass eine ausdrückliche Vereinbarung wegen dieser Problematik getroffen wird. Zumindest sollte verbindlich festgelegt werden, dass bei einem während der Erkrankung weiterlaufendem Anspruch auf die Pauschalvergütung zumindest die Kosten für eine Vertretung übernommen werden.

Zur Beitragsberechnung bei freiwillig versicherten Selbstständigen in der gesetzlichen Krankenkasse gilt ab 1.1.2018 folgende Neuregelung: **1975**

Bislang war es grundsätzlich nur bei Aufnahme einer selbstständigen Tätigkeit vorgesehen, die Beitragsfestsetzung unter Vorbehalt zu stellen. Ab 1.1.2018 gilt dies für alle freiwillig versicherten Selbstständigen. Die vorläufig festgesetzten Beiträge werden auf Grundlage der tatsächlich erzielten beitragspflichtigen Einnahmen für das jeweilige Kalenderjahr nach Vorlage des Einkommensteuerbescheides endgültig festgesetzt. Dadurch kommt es zu Erstattungen oder Nacherhebungen von Beiträgen für die Vergangenheit. Auf der Basis des neuen Einkommensteuerbescheides werden außerdem für die Zukunft die Beiträge zunächst wieder vorläufig festgesetzt. Dies geschieht vom Beginn des auf die Ausfertigung des Einkommensteuerbescheides folgenden Monats. **1976**

Beispiel: **1977**

 Der freiwillig Versicherte Selbstständige zahlt bisher Beiträge von einem nachgewiesenen monatlichen Arbeitseinkommen in Höhe von 3.500,00 €. Im Dezember 2019 legt der Versicherte der Krankenkasse den im Oktober 2019 ausgestellten Einkommensteuerbescheid für das Kalenderjahr 2018 vor. Daraus errechnet sich ein monatliches Arbeitseinkommen in Höhe 4.000,00 €.

Ergebnis: Die Beiträge für 2018 werden neu berechnet und endgültig festgesetzt. Berechnungsgrundlage sind 4.000,00 €. Die zu wenig gezahlten Beiträge sind nachzuentrichten. Außerdem ändert sich die Beitragsbemessungsgrundlage für die aktuell zu zahlenden Beiträge rückwirkend zum 1.11.2019 (1. des auf die Ausstellung des Einkommensteuerbescheides folgenden Monats). Die vom 1.1. bis 31.10.2019 entrichteten Beiträge bleiben weiterhin vorläufig festgesetzt und zunächst unverändert. **1978**

1979 Ausnahmen bei Einkünften oberhalb der Beitragsbemessungsgrenze:

Freiwillige Mitglieder, deren erklärte bzw. zuletzt nachgewiesene beitragspflichtige Einnahmen die Beitragsbemessungsgrenze (2018: 4.425,00 €/Monat) überschreiten, werden in das Verfahren der vorläufigen Beitragsfestsetzung nicht einbezogen. Ihre Beitragshöhe wird auf der Grundlage der Beitragsbemessungsgrenze sofort zukunftsbezogen endgültig festgesetzt. Eine vorläufige Festsetzung erfolgt nur, wenn für einzelne Bestandteile der beitragspflichtigen Einnahmen unterschiedliche Beitragssätze relevant sind. Dies gilt zum Beispiel bei einer freiwilligen Versicherung ohne Krankengeldanspruch, bei der zu den beitragspflichtigen Einnahmen Versorgungsbezüge gehören.

1980 Für den Fall, das später doch Einnahmen unterhalb der Beitragsbemessungsgrenze nachgewiesen werden können, besteht bei entsprechender Antragstellung ein Anspruch auf Erstattung der zu viel gezahlten Beiträge. Generell sind bei der Beitragsberechnung für freiwillig Versicherte Mindestbemessungsgrenzen zu berechnen. Diese Werte verändern sich jeweils zum Jahreswechsel. Für das Jahr 2018 beträgt die allgemeine Mindestbemessungsgrenze 1.015,00 EUR monatlich. Für hauptberuflich selbstständig Erwerbstätige beträgt die monatliche Mindestbemessungsgrenze grundsätzlich 2.283,75 EUR, in besonderen Fällen mindestens 1.522,50 EUR monatlich.

13.3 Arbeitslosenversicherung

1981 Berufsbetreuer sind (anders als Vereinsbetreuer und angestellte Behördenbetreuer) in der Arbeitslosenversicherung nicht pflichtversichert, haben also im Fall der Arbeitslosigkeit keine Ansprüche auf Arbeitslosengeld I, sondern nur auf Arbeitslosengeld II.

1982 Seit 2006 hat allerdings, wer selbstständig ist oder sich selbstständig macht, unter bestimmten Bedingungen die Möglichkeit, sich freiwillig in der gesetzlichen Arbeitslosenversicherung weiter zu versichern.

1983 Rechtsgrundlage ist § 28a SGB III, die Beiträge sind in den §§ 345b, 349a SGB III geregelt.

1984 Die Bezeichnung „freiwillige *Weiter*versicherung" macht schon deutlich: Sie ist nur für Leute gedacht, die schon vorher, z.B. als Arbeitnehmer, Ersatzdienstleistende oder Auszubildende, pflichtversichert waren. Wer sich also z.B. gleich im Anschluss an das Studium selbstständig macht, kommt in diese Versicherung nicht hinein.

1985 Wer sich als Selbstständiger freiwillig weiter gegen Arbeitslosigkeit versichern will, muss dazu

- in den zwei Jahren zuvor mindestens **zwölf Monate lang Pflichtbeiträge,** z.B. als Arbeitnehmer, zur gesetzlichen Arbeitslosenversicherung gezahlt haben *oder* **unmittelbar vorher Arbeitslosengeld** oder eine andere „Entgeltersatzleistung" wie Übergangs-, Unterhalts- oder Insolvenzgeld bezogen haben (egal wie lange – eine Mindestbezugsdauer gibt es dafür nicht);

- spätestens einen Monat nach Ende der alten Versicherungspflicht bzw. der Zahlung der „Entgeltersatzleistung" eine **hauptberuflich selbstständige Tätigkeit mit mindestens 15 Arbeitsstunden pro Woche** aufnehmen (und das der Arbeitsagentur nachweisen, z.B. durch eine Gewerbeanmeldung oder die Bestätigung eines Steuerberaters);

- spätestens 3 Monate nach Aufnahme der selbstständigen Tätigkeit bei der Arbeitsagentur den „**Antrag auf freiwillige Weiterversicherung**" stellen.

1986 *Hinweis*

Wer eine dieser Fristen versäumt, kommt als Selbstständiger in die gesetzliche Arbeitslosenversicherung nicht herein.

Mit dem Antrag müssen Selbstständige einen Nachweis über ihre Arbeit vorlegen, also zum Beispiel einen Gewerbeschein oder andere Belege, aus denen die Tätigkeit zweifelsfrei hervorgeht. Außerdem müssen Antragsteller nachweisen, dass die selbstständige Tätigkeit mindestens 15 Stunden in der Woche beträgt. Wer einen Antrag auf Existenzgründung stellt, braucht keine Nachweise einzureichen.

Die Beiträge betragen ab dem 1.1.2018 ca. 90,00 €/Monat. Die Leistungen richten sich nach einem fiktiven Arbeitsentgelt, ihre Höhe ist vom Ausbildungsstand abhängig. Gründer profitieren in den ersten zwei Jahren von einer Ermäßigung. Sie müssen nur die Hälfte bezahlen. Wer als Selbstständiger z.B. wegen einer Auftragsflaute keine oder nur ganz geringe Einnahmen erzielt, kann sich auch arbeitslos melden, ohne seine Tätigkeit ganz aufgeben zu müssen, und sich wieder arbeitend melden, wenn sich seine wirtschaftliche Lage wieder gebessert hat. Zwischen den einzelnen Bezugszeiten müssen aber jeweils mindestens 12 Monate lang durchgehend Beiträge gezahlt worden sein. **1987**

Abgesehen von Sonderkündigungsrechten im Falle von Beitragserhöhungen ist eine Kündigung erst nach mindestens 5 Jahren möglich (§ 28a Abs. 5 SGB III). Danach beträgt die Kündigungsfrist drei Monate zum Ende eines Kalendermonats. Die Kündigung muss schriftlich eingereicht werden. Das Versicherungsverhältnis endet aber z.B. auch, wenn die selbstständige Tätigkeit aufgegeben wird oder wenn das Rentenalter erreicht wird.[3] **1988**

13.4 Rentenversicherung

Derzeit gilt: Als Selbstständige sind Berufsbetreuer **nicht verpflichtet**, sich in der gesetzlichen Rentenversicherung zu versichern. Berufsbetreuer sind auch nicht „scheinselbstständig" oder „arbeitnehmerähnlich selbstständig" i.S.d. gesetzlichen Regelung in § 2 Satz 1 Nr. 9 SGB VI. Auch die Deutsche Rentenversicherung verneint eine Versicherungspflicht von Berufsbetreuern.[4] Es heißt dort ausdrücklich: **1989**

> Bei einer Bestallung zum Betreuer – auch als Berufsbetreuer – muss von einem Verhältnis eigener Art ausgegangen werden, welches nicht mit einem Beschäftigungs- bzw. Auftragsverhältnis aus dem Vertragsrecht vergleichbar ist. Ein dem Beschäftigungs- bzw. Auftragsverhältnis entsprechendes Verhältnis lässt sich weder in der Rechtsbeziehung zwischen Betreuer und Betreutem noch in dem Verhältnis zwischen Betreuer und Vormundschaftsgericht feststellen.

> Ein abhängiges Beschäftigungsverhältnis wird daher durch das Bestallungsverhältnis nicht begründet. Versicherungspflicht nach § 2 Satz 1 Nr. 9 SGB VI für Selbständige mit einem Auftraggeber besteht für die Berufsgruppe der selbständig tätigen Berufsbetreuer mangels Auftragsverhältnis ebenfalls nicht.

Auch wenn keine Versicherungspflicht besteht, benötigen Berufsbetreuer eine Altersvorsorge. Da keine Versicherungspflicht besteht, ist es aber jedem Betreuer selbst überlassen, ob er sich freiwillig in der Deutschen Rentenversicherung oder durch private Vorsorge absichert. Sie können beispielsweise freiwillig in die gesetzliche Rentenversicherung einzahlen. Auf Basis der Einzahlungen erhält man im Rentenalter auch Anspruch auf die Rentenleistungen aus der gesetzlichen Rentenversicherung. Gleichzeitig erhält man Anspruch auf die Erwerbsminderungsrente, die man im Falle einer Erwerbsunfähigkeit (nicht zu verwechseln mit der Berufsunfähigkeit) erhält. Wichtig ist, dass man auch als freiwillig Versicherter regelmäßig einzahlen muss, um die Ansprüche zu behalten. **1990**

Als Selbstständige können Berufsbetreuer eigentlich keine Altersvorsorge durch eine sog. „Riester-Rente" abschließen und auch nicht von einer betrieblichen Altersvorsorge profitieren. Wer als Berufsbetreuer freiwillig in die gesetzliche Rentenversicherung einzahlt, darf al- **1991**

---

3 Nähere Einzelheiten können z.B. auf der Internetseite der Bundesagentur für Arbeit, www.arbeitsagentur.de, sowie des Existenzgründerportals des Bundesministeriums für Wirtschaft und Technologie, www.existenzgruender.de, in Erfahrung gebracht werden.
4 So in einem unveröffentlichten Schreiben der BfA an den BdB vom 17.9.1999

lerdings ergänzend auch eine Riester-Rente anlegen. In jedem Fall ist eine private Altersversorgung nach dem Rürup-Modell möglich.

1992 Problematisch ist es, dass in Versicherungsverträgen privater Anbieter häufig regelmäßige **monatliche Zahlungen** vorausgesetzt werden, der Betreuer aber seine Vergütung aufgrund der Abrechnungspraxis nicht in regelmäßigen monatlichen Abständen erhält. Einige Anbieter haben inzwischen auf die bei Selbstständigen verbreitete Problematik unregelmäßiger Zahlungseingänge reagiert und bieten Modelle an, die es zulassen, jeweils am Monatsende Beiträge in unterschiedlicher Höhe zu leisten, sodass die Zahlungsweise den schwankenden Zahlungseingängen angepasst werden kann.

1993 *Hinweis*

 Vor Abschluss eines Versicherungsvertrages sollte man sich wegen der unterschiedlichen Bedürfnisse für eine Alterssicherung und der inzwischen unübersichtlich vielen Angebote auf jeden Fall über die unterschiedlichen Möglichkeiten informieren und fachkundig beraten lassen.

1994 In den letzten Jahren wird vermehrt in der Politik diskutiert, sog. Solo-Selbstständige (das wären auch die meisten Berufsbetreuer) in die gesetzliche Pflicht-Rentenversicherung aufzunehmen. Im Koalitionsvertrag 2018 heißt es dazu wörtlich:

> „Um den sozialen Schutz von Selbstständigen zu verbessern, wollen wir eine gründerfreundlich ausgestaltete Altersvorsorgepflicht für alle Selbstständigen einführen, die nicht bereits anderweitig obligatorisch (z.B. in berufsständischen Versorgungswerken) abgesichert sind. Grundsätzlich sollen Selbstständige zwischen der gesetzlichen Rentenversicherung und – als Opt-out-Lösung – anderen geeigneten insolvenzsicheren Vorsorgearten wählen können. Wobei diese insolvenz- und pfändungssicher sein und in der Regel zu einer Rente oberhalb des Grundsicherungsniveaus führen müssen. Zudem werden wir die Mindestkrankenversicherungsbeiträge für kleine Selbstständige reduzieren. Die Renten- und Krankenversicherungsbeiträge sollen gründerfreundlich ausgestaltet werden."[5]

1995 Wann und wieweit Berufsbetreuer davon betroffen sein werden, ist zum Zeitpunkt des Redaktionsschlusses dieser Buchauflage noch nicht sicher zu sagen.

13.5 Mängel in der sozialen Absicherung

1996 Ende des Jahres 2004 wurde im Auftrag des *BdB e.V.* durch das Nürnberger Institut für Freie Berufe eine Mitgliederbefragung durchgeführt und ausgewertet.[6] Gegenstand der Befragung – die vom Institut für Freie Berufe selbst als repräsentativ eingestuft wird – waren u.a. Alter und familiärer Hintergrund von Betreuern, die vor der Aufnahme der Betreuertätigkeit ausgeübte berufliche Tätigkeit, die wirtschaftliche Situation und die Zufriedenheit mit der Arbeit und dem Serviceangebot des *BdB e.V.*

1997 Am Rande der Untersuchung wurde auch festgestellt, dass das erzielbare Einkommen zumindest in den beiden unteren Vergütungsstufen keine ausreichende soziale Absicherung erlaubt.[7]

1998 Über einen Krankenversicherungsschutz verfügen danach noch nahezu alle der befragten beruflich tätigen Betreuer (50,1 % sind freiwilliges Mitglied in der gesetzlichen Krankenversicherung, 34,2 % sind Mitglied einer privaten Krankenversicherung und 15,7 % sind Pflichtmitglied in der gesetzlichen Krankenversicherung), über eine private Berufs-/Erwerbs-

---

5 Koalitionsvertrag zwischen CDU, CSU und SPD, 19. Legislaturperiode, S. 93, Zeile 4290 ff., siehe z.B. unter www.bundesregierung.de/breg-de/themen/koalitionsvertrag-zwischen-cdu-csu-und-spd-195906 (Abruf: 15.7.2019).
6 Bdb argumente Heft 2, Situation und Perspektiven der Professionalisierung von Berufsbetreuern
7 Bdb argumente Heft 2 S. 143, 171 ff.

unfähigkeitsversicherung verfügen aber nur noch 32,4 % der Befragten, über eine Kranken-
tagegeldversicherung nur noch 27,4 %.

In der Berufsgenossenschaft – immerhin eine Pflichtversicherung! – sind nur 38,5 % der Befragten Mitglied. **1999**

Etwa 10 % der Betreuer verfügen offenbar über keine – aus unserer Sicht nicht nur für die
eigene Absicherung, sondern auch im Interesse der Betreuten unverzichtbare – Vermögensschadenshaftpflichtversicherung. **2000**

Bezüglich der Frage einer ausreichenden Alterssicherung erlaubt die Untersuchung u.E.
keine verlässliche Aussage. Eine ältere – nicht repräsentative – Fragebogen-Aktion des *BdB*
e.V. im Jahre 1999 hatte insoweit aber erhebliche Defizite aufgezeigt.[8] **2001**

Es ist unklar, wie sich die soziale Sicherung der Betreuer nach dem Inkrafttreten der neuen
Vergütungsregeln entwickelt hat. Die regelmäßigeren Zahlungseingänge machen die Zah-
lung von Versicherungsbeiträgen sicherlich einfacher und nach dem Abschlussbericht zu den
Auswirkungen des 2. BtÄndG[9] gaben 54 % der befragten Berufsbetreuer an, dass sie im
Jahr 2006 ein gleich hohes oder sogar ein höheres Einkommen erzielt hätten als vor der
Pauschalierung. Das deutet darauf hin, dass auch mehr Spielraum für die eigene soziale Ab-
sicherung besteht. Andererseits sind auch die Lebenshaltungskosten[10] gestiegen und aus
der Untersuchung folgt eben auch, dass 46 % der Befragten, also immerhin knapp die
Hälfte, offenbar ein niedrigeres Einkommen als vor der Pauschalierung erzielen. **2002**

---

8 Siehe hierzu die 3. Auflage dieses Werkes, S. 247 ff.
9 BMJ (Herausgeber), Köller/Engels: Rechtliche Betreuung in Deutschland, Evaluation des Zweiten
  Betreuungsrechtsänderungsgesetzes, Bundesanzeiger Verlag 2009, S. 148 ff.
10 Siehe dazu z.B. Schmädeke, Gutachterliche Stellungnahme, Angemessenheit der Vergütungsstundensätze für
  Berufsbetreuer/innen, BdB-Aspekte, Heft 92/11 S. 10 ff.; Schmädeke geht von einer Preissteigerung seit der Einführung der Pauschalierung i.H.v. 10,5 % aus und gelangt zu dem Schluss, dass der höchste Stundensatz des
  § 4 VBVG aufgrund der Preissteigerung und den Veränderungen der steuerlichen Rahmenbedingungen von
  44,00 € auf rund 50,00 € angehoben werden müsste, um heute ein dem Jahr 2005 vergleichbares Realeinkom-
  men erzielen zu können.

14 Bevollmächtigte – Tätigkeit aufgrund von (Vorsorge-)Vollmachten

14.1 Isolierte Vollmachten

14.1.1 Allgemeines

Die Handlung aufgrund einer Vollmacht gehört zwar nicht zu den Formen gesetzlicher Vertretung, soll hier aber aufgrund der Bedeutung für die Tätigkeit von Betreuern ebenfalls kurz erwähnt werden. **2003**

In § 1896 Abs. 2 wurde festgelegt, dass eine Betreuung dann nicht erforderlich ist, wenn die zu besorgenden Angelegenheiten ebenso gut durch einen Bevollmächtigten erledigt werden können. Diese Vorschrift soll dem Interesse der Entlastung der Gerichte und der Staatskasse sowie der Wahrung des Selbstbestimmungsrechts des Betroffenen dienen. **2004**

Die Vorschrift stellt zwar vor allem auf die Bevollmächtigung von Personen aus dem Nahbereich (also enge Familienangehörige, Nachbarn, Freunde usw.) ab, es ist aber auch nicht ausgeschlossen, dass fremde Personen und eventuell auch professionelle Vollmachtnehmer, die eine entsprechende Leistung gegen Geld anbieten, bevollmächtigt werden. **2005**

In diesem Zusammenhang wird diskutiert, ob die berufliche Annahme von Vollmachten und die spätere Tätigkeit aufgrund dieser Vollmachten auch ein neues Betätigungsfeld für Berufsbetreuer sein könnte; zum Teil wird eine solche „Berufsbevollmächtigung" auch schon praktiziert. **2006**

Vorteil für den Betreuer ist es dabei vor allem, dass die Bevollmächtigung auf einem privatrechtlichen Vertrag beruht und der Preis daher frei vereinbart werden kann. Eine Tätigkeit als „Berufsbevollmächtigter" neben einer bereits ausgeführten Tätigkeit als Betreuer wird als Möglichkeit angesehen, die durch die Einführung der Stundensätze des VBVG eingetretenen Verdiensteinbußen wenigstens teilweise zu kompensieren. **2007**

Für die Betreuungsgerichte sowie die Staatskasse wäre ein Vorteil der beruflichen Tätigkeit aufgrund von Vollmachten, dass die angestrebten entlastenden Effekte verstärkt werden würden. Denn häufig fehlen gerade in großstädtisch geprägten Ballungsräumen Familienangehörige oder Nachbarn und Bekannte, die solche Vollmachten unentgeltlich ausführen könnten. **2008**

Von den Kritikern dieser Möglichkeit wird vor allem eingewandt, dass eine Bevollmächtigung im Vergleich mit der Einrichtung einer Betreuung etliche Unsicherheiten mit sich bringt.[1] Kritisiert wird dort vor allem, dass **2009**

- ein Vollmachtnehmer – anders als ein Betreuer – keiner gerichtlichen Kontrolle unterliegt; um eine solche Kontrolle zu gewährleisten, müssten weitere Vollmachten an so genannte Kontrollbevollmächtigte erteilt werden,

- keine einem Einwilligungsvorbehalt vergleichbare Möglichkeit vorhanden sei, sodass die erwünschte Freiheit vom Staat und von betreuerischer Bevormundung mit einem Verlust des Schutzes verbunden sei,

- deshalb nicht gewährleistet sei, dass der Vollmachtgeber nicht durch eigene Handlungen konkurrierend zu seinem Bevollmächtigten tätig wird oder auch weitere Personen bevollmächtigt, sodass letztlich keine sinnvolle Vertretung mehr möglich ist,

---

1 Siehe z.B. Bienwald, Die Vorsorgevollmacht – ein gleichwertiger Ersatz der Betreuerbestellung?, BtPrax 1998, 164 ff.; verschiedene Beiträge in der BdB-Verbandszeitung, z.B. Heft 20, Okt. 1999, S. 23; Heft 23, März 2000, S. 36 u. Heft 25, Juli 2000, S. 36

- der Vollmachtgeber keine Garantie dafür hat, dass der Vollmachtnehmer zu gegebener Zeit tatsächlich noch imstande ist, die Aufgaben wie vereinbart zu erledigen und sich auch sonst vereinbarungsgemäß verhält, zur Sicherheit müssten daher auch Vertretungsbevollmächtigte beauftragt werden,

- das vereinbarte Honorar nicht gezahlt werden kann, weil der Vollmachtgeber über seine Verhältnisse gelebt hat und nun nur noch über die notdürftigsten finanziellen Mittel verfügt,

- z.B. im Falle von Trennung oder Scheidung vergessen wird, eine einmal erteilte Vorsorgevollmacht zurückzurufen, sodass z.B. der ehemalige Partner nun imstande ist, über das Schicksal des anderen zu befinden.

2010   Zur Sicherheit möglicher Vollmachtgeber wird deshalb eine Qualitätssicherung gefordert. So müssten Kontrollregelungen geschaffen werden und es müsste u.a. gewährleistet werden, dass professionelle Vollmachtnehmer ausreichend qualifiziert seien, sich regelmäßig fortbilden und eine Versicherung besteht, die Schadensersatz leistet, falls der Bevollmächtigte bei dem Vollmachtgeber durch fehlerhafte Tätigkeiten einen Schaden verursacht.

14.1.2 Vereinbarkeit mit dem Rechtsdienstleistungsgesetz

2011   Wer sich dazu entschließt, beruflich Vollmachten entgegenzunehmen und später aufgrund dieser Vollmachten tätig zu werden, muss beachten, dass dadurch Konflikte mit dem **Rechtsdienstleistungsgesetz** (RDG – der am 1.7.2008 in Kraft getretenen Regelung, die das bis dahin geltende Rechtsberatungsgesetz abgelöst hat) drohen.

2012   Rechtsdienstleistungen sind gem. § 2 Abs. 1 RDG jede Tätigkeit in konkreten fremden Angelegenheiten, sobald sie eine rechtliche Prüfung des Einzelfalles erfordert. Dazu zählt laut Abs. 2 auch die Einziehung fremder Forderungen. Die selbständige Erbringung außergerichtlicher Rechtsdienstleistungen ist nur zulässig, soweit sie durch das RDG oder aufgrund anderer Gesetze erlaubt ist, § 3 RDG.

2013   Die Bevollmächtigung Familienangehöriger oder der Familie des Vollmachtgebers nahestehender Personen dürfte bereits deshalb nicht unter den Erlaubnisvorbehalt des § 3 RDG fallen, weil die Vollmacht dann nicht die Erledigung fremder Angelegenheiten zum Gegenstand hat. Es kann sich dann nämlich auch um die Besorgung eigener Angelegenheiten des Bevollmächtigten handeln, wenn dieser aufgrund der engen Beziehung ein eigenes Interesse an der Erledigung hat, etwa weil er aus sittlichen Gründen für den Vollmachtgeber tätig wird.[2] Davon abgesehen sind unentgeltliche Rechtsdienstleistungen im sozialen Nahbereich gem. § 6 RDG ohnehin erlaubt.

2014   Daneben dürfen bestimmte Berufsträger wie z.B. Rechtsanwälte und Notare ohne besondere Erlaubnis rechtsbesorgend tätig werden. Gleiches gilt gem. § 8 Abs. 1 Ziff. 1 RDG auch für gerichtlich oder behördlich bestellte Personen, also z.B. für durch das Betreuungsgericht bestellte Betreuer. Diese Erlaubnis gilt aber nicht für Bevollmächtigte, da diese nicht durch ein Gericht oder eine Behörde, sondern vom Vollmachtgeber selbst eingesetzt werden.

2015   Vorschläge, eine spezielle Erlaubnis zur Tätigkeit aufgrund von Vorsorgevollmachten für Berufsbetreuer zu schaffen, weil bereits die gerichtliche Bestellung zum Berufsbetreuer eine ausreichende Gewähr für eine Kompetenz und Zuverlässigkeit bieten würde[3], wurden vom Gesetzgeber bisher nicht aufgegriffen.

2016   Da eine General- und Vorsorgevollmacht zumindest in Teilbereichen auch Rechtsdienstleistungen zum Gegenstand hat, dürften Annahme und Ausübung von solchen Vollmachten im

---

2   Umstritten; so wie hier: Zimmermann, Vorsorgevollmacht und Rechtsberatungsgesetz, BtPrax 2001,192,193; im Ergebnis ebenso Bauer/Klie, Patientenverfügungen und Vorsorgevollmachten, S. 110 mit Nachweisen zum Streitstand; zum mittelbaren eigenen Interesse siehe auch BGH NJW 2007, 2389

3   So z.B. Rottleuthner, Zur sozialen Praxis der Rechtsberatung, in: Rechtsberatung zwischen Deregulierung und Verbraucherschutz, Gutachten H für den 65. DJT, S. H 59 f.

Falle der entgeltlichen Tätigkeit als Verstoß gegen die Vorgaben des RDG zu bewerten sein. So wurde noch zurzeit der Geltung des RBerG festgestellt, dass ein Berufsbetreuer nicht befugt sei, aufgrund einer Vollmacht zu prüfen, ob die Pfändung eines Kontos zu Recht erfolgt sei, und ggf. gegen eine zu Unrecht erfolgte Pfändung vorzugehen.[4] Ebenfalls wurde die geschäftsmäßige Vertretung von Hilfe Suchenden in sozialhilferechtlichen Verfahren durch Sozialberater einer Einrichtung der Evangelischen Landeskirche als unzulässig angesehen.[5]

Vor diesem Hintergrund ist die entgeltliche Tätigkeit aufgrund von Vorsorgevollmachten weiterhin mit Risiken behaftet.

2017

Nicht erlaubnispflichtig ist auch weiterhin die reine Vermögensverwaltung.[6] Liegt der Kern der Tätigkeit auf wirtschaftlichem Gebiet, dürfen auch damit in unmittelbarem Zusammenhang stehende Angelegenheiten rechtlicher Natur erlaubnisfrei erledigt werden.[7] Gleiches gilt für einfache kaufmännische Hilfstätigkeiten.[8]

2018

Nicht als Vermögensverwaltung anzusehen sind aber die vergleichsweise Regulierung von Verbindlichkeiten sowie die bloße Schuldenregulierung[9], der Bevollmächtigte eines Mittellosen kann kaum als Vermögensverwalter angesehen werden.[10]

2019

Die Abgrenzung ist schwierig, in der Literatur werden (allerdings noch in Bezug auf das RBerG) z.B. die folgenden Tätigkeiten für nicht zulässig gehalten: der Abschluss von Miet-, Werk-, Darlehens- und Heimverträgen, die Anfertigung von Vertragsentwürfen, die Einziehung von Forderungen, die Hilfe bei der Durchsetzung von Erbrechten, die Unterstützung bei einem Verfahren auf Abgabe der eidesstattlichen Versicherung.[11]

2020

Nach der Rechtsprechung des BGH führt die Unzulässigkeit der Tätigkeit selbst dazu, dass auch das zugrunde liegende Geschäftsbesorgungsverhältnis[12] sowie eine erteilte Vollmacht[13] nichtig sind.

2021

Ein gutgläubiger Geschäftspartner erfährt zwar einen Gutglaubensschutz gem. den §§ 172, 173 BGB[14], für den Vollmachtnehmer bestehen im Falle der entgeltlichen Tätigkeit aber erhebliche Risiken. Abgesehen von einer evtl. zu erwartenden Geldbuße wegen einer Ordnungswidrigkeit gem. § 20 RDG muss mit einer streitwertintensiven Klage der Anwaltskammer wegen Verstoßes gegen das UWG[15] sowie mit Schadensersatzansprüchen des Vollmachtgebers wegen Nichtigkeit der erteilten Vollmacht gerechnet werden.[16]

2022

Im Übrigen entfällt bei entgeltlicher Vollmachtsausübung schon bei nicht ausräumbaren Zweifeln an der Wirksamkeit der Vollmacht die Subsidiarität der gesetzlichen Betreuung.[17] Folge ist dann, dass trotz der erteilten Vollmacht eine Betreuung eingerichtet werden würde, falls die Voraussetzungen des § 1896 Abs. 1 BGB im Übrigen erfüllt sind.

2023

---

4 LG Traunstein, Urteil vom 13.2.2001, 2 O 3098/00, FamRZ 2002, 39
5 OVG Münster NJW 2002,1442 – in Anbetracht des § 6 RDG dürfte dieser Fall allerdings heute anders zu beurteilen sein, sofern diese Tätigkeit unentgeltlich erfolgt und die Vorgaben des § 6 Abs. 2 RDG eingehalten werden
6 Kleine-Cosack, RDG, Anhang zu den §§ 1–5 Rn. 231
7 Zimmermann, a.a.O., a.a.O. § 5 Rn. 16
8 Zimmermann, a.a.O.
9 Kleine-Cosack, a.a.O., Anhang zu den §§ 1–5 Rn. 231
10 Zimmermann, a.a.O.
11 Zimmermann, a.a.O.; Meier, Inhalt und Reichweite einer Vorsorgevollmacht, BtPrax 2000,184, 191
12 BGH NJW 2001, 70
13 BGH NJW 2002, 66
14 Palandt/Heinrichs §§ 170–173 Rn. 1, 18; a.a.O.
15 In dem durch das LG Traunstein entschiedenen Fall (Fn. 4) ist der Streitwert auf 40.000,00 DM festgesetzt worden; hätte der Betreuer den Prozess verloren, hätte er für die erste Instanz Anwalts- und Gerichtskosten i.H.v. ca. 10.600,00 DM zahlen müssen. Die Anwaltskammer hatte ursprünglich sogar die Festsetzung eines Streitwerts i.H.v. 120.000,00 DM gefordert, die Kosten wären dann noch erheblich höher gewesen
16 Meier, a.a.O.
17 Vgl. OLG Köln FamRZ 1993, 850 mit weiteren Nachweisen; BayObLG FamRZ 1993, 1249; BayObLG BtPrax 1994, 59, 61 = FamRZ 1994, 720

14.2 Ergänzende Vereinbarungen bei bestehender Betreuung

2024 Viele Betreuer fühlen sich durch die Reform des Vergütungsrechts benachteiligt. Bei insgesamt steigenden Belastungen (z.B. durch eine Umsatzsteuererhöhung bei unveränderten Inklusivstundensätzen, erheblichen Mehraufwand durch zunehmende Bürokratisierung, fehlende Öffnungsklauseln für mit hohem Arbeitsaufwand verbundene Betreuungen usw.) kann durch die Führung von Betreuungen alleine nach Auffassung vieler Betreuer kein angemessenes Einkommen mehr erzielt werden.

2025 Einige Betreuer versuchen, „Abhilfe" zu schaffen, indem sie mit dem Betreuten eine **privatrechtliche Vereinbarung über die Höhe des Stundensatzes** – der danach höher als der gem. § 4 Abs. 1 VBVG zustehende Stundensatz sein soll – oder über eine **Abrechnung der tatsächlich aufgewendeten Zeit** treffen oder sich von dem Betreuten eine Vollmacht ausstellen lassen, die sie ermächtigt, auch außerhalb der durch das Betreuungsgericht übertragenen Aufgabenkreise tätig zu werden, die Arbeit auch nach dem Tode des Betreuten fortzuführen (z.B. noch die Bestattung in Auftrag zu geben) und die dafür vereinbarungsgemäß zustehende Vergütung sowie den Auslagenersatz selbst dem Vermögen des Betroffenen bzw. ggf. dem Nachlass zu entnehmen. **In diesem Zusammenhang ist Vorsicht geboten.**

2026 Die Rechtsprechung hat bereits häufiger festgestellt, dass Vereinbarungen zwischen Betreuer und Betreutem über die Höhe des Stundensatzes das Betreuungsgericht nicht binden können.[18] Entsprechend wird es auch in Zukunft nicht möglich sein, einen höheren Stundensatz mit dem Betreuten zu vereinbaren.

2027 Hinsichtlich einer durch einen Betreuten ausgestellten Vollmacht spricht auf den ersten Blick nichts gegen die Wirksamkeit. Warum soll ein Betreuter – sofern er geschäftsfähig ist und über ausreichende finanzielle Mittel verfügt – nicht die Möglichkeit haben, sich Leistungen des Betreuers, die außerhalb der eigentlichen Betreueraufgaben liegen, dazuzukaufen? Andererseits ist es ein gewisser Widerspruch, wenn man einerseits feststellt, dass der Betreute krankheitsbedingt nicht mehr in der Lage ist, seine Interessen im Rechtsverkehr selbst wahrzunehmen und deshalb die Einsetzung eines Betreuers nötig ist, andererseits aber eine von ihm erteilte Vollmacht unter Umgehung der Vorgaben des Betreuungsrechts zur Grundlage der eigenen Tätigkeit und der eigenen Vergütungsansprüche zu machen.

2028 Das *LG Saarbrücken*[19] hat dazu vor einiger Zeit festgestellt, dass solche Vereinbarungen auch dann nichtig sein können, wenn der Betreute noch geschäftsfähig ist und kein Einwilligungsvorbehalt besteht.

2029 Die wesentliche Passage der Entscheidung – in dem Verfahren ging es um die Rückzahlung von Geldern, die der Betreuer aufgrund einer Vollmacht dem Vermögen bzw. dem Nachlass des Betreuten entnommen hatte – lautet:

> […] Nach dem Vortrag des Beklagten stellt diese Erklärung eine über den Tod des Betreuten hinaus wirkende Vollmacht dar. Ob die Voraussetzungen einer wirksam erteilten Vollmacht gemäß § 167 vorliegen, erscheint schon hinsichtlich der erforderlichen Geschäftsfähigkeit des Betreuten zweifelhaft. Diese Frage kann jedoch dahinstehen, dass die „Vollmacht" des Betreuten auf jeden Fall gemäß § 138 nichtig ist.
>
> Demnach ist ein Rechtsgeschäft nichtig, wenn es gegen die guten Sitten verstößt. Hiervon kann im Einzelfall ausgegangen werden, wenn auf Seiten des Betroffenen eine erhebliche, auch unterhalb der Schwelle der Geschäftsunfähigkeit liegende Willensschwäche oder mangelndes Urteilsvermögen gegeben ist (vgl. Palandt/Heinrichs BGB Rn. 72). Hiervon muss im vorliegenden Fall ausgegangen werden. Der Beklagte war dem Betreuten gerade deshalb im Bereich der Vermögenssorge zur Seite gestellt, weil dieser nicht in der Lage war, seine Vermögensinteressen ohne fremde Hilfe zu wahren. Wenn die „Hilfe" des Betreuers dann jedoch dahin geht, dass er sich von dem Betroffenen eine „Vollmacht" erteilen lässt, die ihm über dessen Tod hinaus die Verfügungsmöglichkeit über dessen gesamtes Vermögen einräumt, zu

---

18 LG Hannover FamRZ 2002, 1063 m. Anm. Bienwald; BayObLG BtPrax 2002, 129
19 LG Saarbrücken, Urteil vom 10.8.2004, 17 O 47/03

der er allein nach dem Gesetz nicht berechtigt wäre, verkehrt er den Zweck der Betreuung – die Dienstleistung zugunsten einer lebenden Person, die mit deren Tod endet – in ihr Gegenteil und verstößt gegen die ihm obliegende Verpflichtung, die Vermögensinteressen des Betroffenen zu wahren. … Somit ist die „Vollmacht" vom … gem. § 138 als nichtig anzusehen. Eine die Abhebungen des Beklagten rechtfertigende Abrede kann in ihr nicht gesehen werden. […]

Bei dem von dem *LG Saarbrücken* entschiedenen Fall handelt es sich sicherlich um eine besondere Situation. Aber auch in weniger auffälligen Fallgestaltungen ist die Rechtslage nicht ganz eindeutig. **Bienwald** geht in der o.g. Anmerkung zu dem Beschluss des *LG Hannover*[20] davon aus, dass Vereinbarungen über die Vergütung für die Betreuertätigkeit unzulässig sind, weil das Gesetz durch seine eindeutigen Vorgaben keinen Spielraum dafür lässt. Er hält aber Vereinbarungen über Tätigkeiten, die über die Betreuertätigkeit hinausgehen, für grundsätzlich zulässig. Wie die oben geschilderte Entscheidung des *LG Saarbrücken* zeigt, kann man sich aber nicht darauf verlassen, dass die Gerichte das ebenso sehen. **2030**

Für den Betreuer bestehen deshalb mehrere Gefahren: Abgesehen davon, dass er möglicherweise umsonst arbeitet, weil die Vergütungsvereinbarung nichtig ist, kann er – sofern er aufgrund der Vollmacht außerhalb der durch das Betreuungsgericht übertragenen Aufgabenkreise tätig wird – mit dem Rechtsdienstleistungsgesetz in Konflikt geraten. Außerdem dürfte für diese Tätigkeiten kein Versicherungsschutz durch die Berufshaftpflichtversicherung bestehen. Und schließlich besteht das Risiko, gem. § 179 haftungsrechtlich als so genannter Vertreter ohne Vertretungsmacht in Anspruch genommen zu werden, wenn einem vermeintlichen Vertragspartner des Betreuten aufgrund der Unwirksamkeit des Vertrages ein Schaden entsteht. **2031**

Wer solche Vereinbarungen trifft, sollte jedenfalls unbedingt darauf achten, dass nicht der Eindruck entsteht, dass er dem Betreuten Leistungen „verkauft", die er ihm eigentlich schon aufgrund der Betreuerbestellung schuldet, um so die Vorgaben über die Stundenansätze des § 5 VBVG zu umgehen.[21] **2032**

---

20 LG Hannover FamRZ 2002, 1063
21 Siehe dazu auch die Ausführungen zur Delegation in Kapitel 7 Rn. 1197 ff.

Anhang I – Rechtsgrundlagen (Bundesrecht)

Übersicht

1 Bürgerliches Gesetzbuch (BGB)

In der Fassung der Bekanntmachung vom 2. Januar 2002 (BGBl. I S. 42, S. 2909), zuletzt geändert durch Gesetz vom 31. Januar 2019 (BGBl. I S. 54)

– Auszug –

Buch 1
Allgemeiner Teil

Abschnitt 1
Personen

...

Titel 5
Vertretung und Vollmacht

...

§ 181 Insichgeschäft

Ein Vertreter kann, soweit nicht ein anderes ihm gestattet ist, im Namen des Vertretenen mit sich im eigenen Namen oder als Vertreter eines Dritten ein Rechtsgeschäft nicht vornehmen, es sei denn, dass das Rechtsgeschäft ausschließlich in der Erfüllung einer Verbindlichkeit besteht.

...

Abschnitt 4
Fristen, Termine

...

§ 187 Fristbeginn

(1) Ist für den Anfang einer Frist ein Ereignis oder ein in den Lauf eines Tages fallender Zeitpunkt maßgebend, so wird bei der Berechnung der Frist der Tag nicht mitgerechnet, in welchen das Ereignis oder der Zeitpunkt fällt.

(2) Ist der Beginn eines Tages der für den Anfang einer Frist maßgebende Zeitpunkt, so wird dieser Tag bei der Berechnung der Frist mitgerechnet. Das Gleiche gilt von dem Tag der Geburt bei der Berechnung des Lebensalters. ...

§ 188 Fristende

(1) Eine nach Tagen bestimmte Frist endigt mit dem Ablauf des letzten Tages der Frist.

(2) Eine Frist, die nach Wochen, nach Monaten oder nach einem mehrere Monate umfassenden Zeitraum – Jahr, halbes Jahr, Vierteljahr – bestimmt ist, endigt im Falle des § 187 Abs. 1 mit dem Ablauf desjenigen Tages der letzten Woche oder des letzten Monats, welcher durch seine Benennung oder seine Zahl dem Tag entspricht, in den das Ereignis oder der Zeitpunkt fällt, im Falle des § 187 Abs. 2 mit dem Ablauf desjenigen Tages der letzten Woche oder des letzten Monats, welcher dem Tage vorhergeht, der durch seine Benennung oder seine Zahl dem Anfangstag der Frist entspricht.

(3) Fehlt bei einer nach Monaten bestimmten Frist in dem letzten Monat der für ihren Ablauf maßgebende Tag, so endigt die Frist mit dem Ablauf des letzten Tages dieses Monats.

...

§ 191 Berechnung von Zeiträumen

Ist ein Zeitraum nach Monaten oder nach Jahren in dem Sinne bestimmt, dass er nicht zusammenhängend zu verlaufen braucht, so wird der Monat zu 30, das Jahr zu 365 Tagen gerechnet.

§ 192 Anfang, Mitte, Ende des Monats

Unter Anfang des Monats wird der erste, unter Mitte des Monats der 15., unter Ende des Monats der letzte Tag des Monats verstanden.

§ 193 Sonn- und Feiertag; Sonnabend

Ist an einem bestimmten Tag oder innerhalb einer Frist eine Willenserklärung abzugeben oder eine Leistung zu bewirken und fällt der bestimmte Tag oder der letzte Tag der Frist auf einen Sonntag, einen am Erklärungs- oder Leistungsorte staatlich anerkannten allgemeinen Feiertag oder einen Sonnabend, so tritt an die Stelle eines solchen Tages der nächste Werktag.

Abschnitt 5
Verjährung

Titel 1
Gegenstand und Dauer der Verjährung

§ 194 Gegenstand der Verjährung

(1) Das Recht, von einem anderen ein Tun oder Unterlassen zu verlangen (Anspruch), unterliegt der Verjährung.

(2) Ansprüche aus einem familienrechtlichen Verhältnis unterliegen der Verjährung nicht, soweit sie auf die Herstellung des dem Verhältnis entsprechenden Zustands für die Zukunft gerichtet sind.

§ 195 Regelmäßige Verjährungsfrist

Die regelmäßige Verjährungsfrist beträgt drei Jahre.

...

§ 199 Beginn der regelmäßigen Verjährungsfrist und Verjährungsöchstfristen

(1) Die regelmäßige Verjährungsfrist beginnt mit dem Schluss des Jahres, in dem

1. der Anspruch entstanden ist und

2. der Gläubiger von den den Anspruch begründenden Umständen und der Person des Schuldners Kenntnis erlangt oder ohne grobe Fahrlässigkeit erlangen müsste.

(2)   Schadensersatzansprüche, die auf der Verletzung des Lebens, des Körpers, der Gesundheit oder der Freiheit beruhen, verjähren ohne Rücksicht auf ihre Entstehung und die Kenntnis oder grob fahrlässige Unkenntnis in 30 Jahren von der Begehung der Handlung, der Pflichtverletzung oder dem sonstigen, den Schaden auslösenden Ereignis an.

(3)   Sonstige Schadensersatzansprüche verjähren

1.   ohne Rücksicht auf die Kenntnis oder grob fahrlässige Unkenntnis in zehn Jahren von ihrer Entstehung an und

2.   ohne Rücksicht auf ihre Entstehung und die Kenntnis oder grob fahrlässige Unkenntnis in 30 Jahren von der Begehung der Handlung, der Pflichtverletzung oder dem sonstigen, den Schaden auslösenden Ereignis an.

Maßgeblich ist die früher endende Frist.

(3a)   Ansprüche, die auf einem Erbfall beruhen oder deren Geltendmachung die Kenntnis einer Verfügung von Todes wegen voraussetzt, verjähren ohne Rücksicht auf die Kenntnis oder grob fahrlässige Unkenntnis in 30 Jahren von der Entstehung des Anspruchs an.

(4)   Andere Ansprüche als die nach den Absätzen 2 bis 3a verjähren ohne Rücksicht auf die Kenntnis oder grob fahrlässige Unkenntnis in zehn Jahren von ihrer Entstehung an.

(5)   Geht der Anspruch auf ein Unterlassen, so tritt an die Stelle der Entstehung die Zuwiderhandlung.

§ 200 Beginn anderer Verjährungsfristen

Die Verjährungsfrist von Ansprüchen, die nicht der regelmäßigen Verjährungsfrist unterliegen, beginnt mit der Entstehung des Anspruchs, soweit nicht ein anderer Verjährungsbeginn bestimmt ist. § 199 Abs. 5 findet entsprechende Anwendung.

§ 201 Beginn der Verjährungsfrist von festgestellten Ansprüchen

Die Verjährung von Ansprüchen der in § 197 Abs. 1 Nr. 3–5 bezeichneten Art beginnt mit der Rechtskraft der Entscheidung, der Errichtung des vollstreckbaren Titels oder der Feststellung im Insolvenzverfahren, nicht jedoch vor der Entstehung des Anspruchs. § 199 Abs. 5 findet entsprechende Anwendung.

§ 202 Unzulässigkeit von Vereinbarungen über die Verjährung

(1)   Die Verjährung kann bei Haftung wegen Vorsatzes nicht im Voraus durch Rechtsgeschäft erleichtert werden.

(2)   Die Verjährung kann durch Rechtsgeschäft nicht über eine Verjährungsfrist von 30 Jahren ab dem gesetzlichen Verjährungsbeginn hinaus erschwert werden.

Titel 2
Hemmung, Ablaufhemmung und Neubeginn der Verjährung

…

§ 207 Hemmung der Verjährung aus familiären und ähnlichen Gründen

(1)   Die Verjährung von Ansprüchen zwischen Ehegatten ist gehemmt, solange die Ehe besteht. Das Gleiche gilt für Ansprüche zwischen

1.   Lebenspartnern, solange die Lebenspartnerschaft besteht,

2.   dem Kind und

a)   seinen Eltern oder

b)   dem Ehegatten oder Lebenspartner eines Elternteils

bis zur Vollendung des 21. Lebensjahres des Kindes,

3.   dem Vormund und dem Mündel während der Dauer des Vormundschaftsverhältnisses,

4.   dem Betreuten und dem Betreuer während der Dauer des Betreuungsverhältnisses und

5.   dem Pflegling und dem Pfleger während der Dauer der Pflegschaft.

Die Verjährung von Ansprüchen des Kindes gegen den Beistand ist während der Dauer der Beistandschaft gehemmt.

(2)   § 208 bleibt unberührt.

§ 211 Ablaufhemmung in Nachlassfällen

Die Verjährung eines Anspruchs, der zu einem Nachlass gehört oder sich gegen einen Nachlass richtet, tritt nicht vor dem Ablauf von sechs Monaten nach dem Zeitpunkt ein, in dem die Erbschaft von dem Erben angenommen oder das Insolvenzverfahren über den Nachlass eröffnet wird oder von dem an der Anspruch von einem oder gegen einen Vertreter geltend gemacht werden kann. Ist die Verjährungsfrist kürzer als sechs Monate, so tritt der für die Verjährung bestimmte Zeitraum an die Stelle der sechs Monate.

Buch 2
Recht der Schuldverhältnisse

Abschnitt 1
Inhalt der Schuldverhältnisse

Titel 1
Verpflichtung zur Leistung

...

§ 246 Gesetzlicher Zinssatz

Ist eine Schuld nach Gesetz oder Rechtsgeschäft zu verzinsen, so sind vier vom Hundert für das Jahr zu entrichten, sofern nicht ein anderes bestimmt ist.

§ 247 Basiszinssatz

(1) Der Basiszinssatz beträgt 3,62 Prozent. Er verändert sich zum 1. Januar und 1. Juli eines jeden Jahres um die Prozentpunkte, um welche die Bezugsgröße seit der letzten Veränderung des Basiszinssatzes gestiegen oder gefallen ist. Bezugsgröße ist der Zinssatz für die jüngste Hauptrefinanzierungsoperation der Europäischen Zentralbank vor dem ersten Kalendertag des betreffenden Halbjahrs.

(2) Die Deutsche Bundesbank gibt den geltenden Basiszinssatz unverzüglich nach den in Absatz 1 Satz 2 genannten Zeitpunkten im Bundesanzeiger bekannt[1].

...

§ 253 Immaterieller Schaden (Schmerzensgeld)

(1) Wegen eines Schadens, der nicht Vermögensschaden ist, kann Entschädigung in Geld nur in den durch das Gesetz bestimmten Fällen gefordert werden.

(2) Ist wegen einer Verletzung des Körpers, der Gesundheit, der Freiheit oder der sexuellen Selbstbestimmung Schadensersatz zu leisten, kann auch wegen des Schadens, der nicht Vermögensschaden ist, eine billige Entschädigung in Geld gefordert werden.

...

§ 256 Verzinsung von Aufwendungen

Wer zum Ersatz von Aufwendungen verpflichtet ist, hat den aufgewendeten Betrag oder, wenn andere Gegenstände als Geld aufgewendet worden sind, den als Ersatz ihres Wertes zu zahlenden Betrag von der Zeit der Aufwendung an zu verzinsen. Sind Aufwendungen auf einen Gegenstand gemacht worden, der dem Ersatzpflichtigen herauszugeben ist, so sind Zinsen für die Zeit, für welche dem Ersatzberechtigten die Nutzungen oder die Früchte des Gegenstands ohne Vergütung verbleiben, nicht zu entrichten.

§ 257 Befreiungsanspruch

Wer berechtigt ist, Ersatz für Aufwendungen zu verlangen, die er für einen bestimmten Zweck macht, kann, wenn er für diesen Zweck eine Verbindlichkeit eingeht, Befreiung von der Verbindlichkeit verlangen. Ist die Verbindlichkeit noch nicht fällig, so kann ihm der Ersatzpflichtige, statt ihn zu befreien, Sicherheit leisten.

...

§ 273 Zurückbehaltungsrecht

(1) Hat der Schuldner aus demselben rechtlichen Verhältnis, auf dem seine Verpflichtung beruht, einen fälligen Anspruch gegen den Gläubiger, so kann er, sofern nicht aus dem Schuldverhältnis sich ein anderes ergibt, die geschuldete Leistung verweigern, bis die ihm gebührende Leistung bewirkt wird (Zurückbehaltungsrecht).

(2) Wer zur Herausgabe eines Gegenstands verpflichtet ist, hat das gleiche Recht, wenn ihm ein fälliger Anspruch wegen Verwendungen auf den Gegenstand oder wegen eines ihm durch diesen verursachten Schadens zusteht, es sei denn, dass er den Gegenstand durch eine vorsätzlich begangene unerlaubte Handlung erlangt hat.

(3) Der Gläubiger kann die Ausübung des Zurückbehaltungsrechts durch Sicherheitsleistung abwenden. Die Sicherheitsleistung durch Bürgen ist ausgeschlossen.

...

---

1 Derzeit 0,88 % (Stand: 1.1.2019), aktueller Basiszins also 2,74 %

Abschnitt 8
Einzelne Schuldverhältnisse

...

Titel 12
Auftrag und Geschäftsbesorgungsvertrag

Untertitel 1
Auftrag

...

§ 669 Vorschusspflicht

Für die zur Ausführung des Auftrags erforderlichen Aufwendungen hat der Auftraggeber dem Beauftragten auf Verlangen Vorschuss zu leisten.

§ 670 Ersatz von Aufwendungen

Macht der Beauftragte zum Zwecke der Ausführung des Auftrags Aufwendungen, die er den Umständen nach für erforderlich halten darf, so ist der Auftraggeber zum Ersatz verpflichtet.

...

Buch 4
Familienrecht

...

Abschnitt 2
Verwandtschaft

Titel 5
Elterliche Sorge

...

§ 1698a Fortführung der Geschäfte in Unkenntnis der Beendigung der elterlichen Sorge

(1)   Die Eltern dürfen die mit der Personensorge und mit der Vermögenssorge für das Kind verbundenen Geschäfte fortführen, bis sie von der Beendigung der elterlichen Sorge Kenntnis erlangen oder sie kennen müssen. Ein Dritter kann sich auf diese Befugnis nicht berufen, wenn er bei der Vornahme eines Rechtsgeschäfts die Beendigung kennt oder kennen muss.

(2)   Diese Vorschriften sind entsprechend anzuwenden, wenn die elterliche Sorge ruht.

§ 1698b Fortführung dringender Geschäfte nach Tod des Kindes

Endet die elterliche Sorge durch den Tod des Kindes, so haben die Eltern die Geschäfte, die nicht ohne Gefahr aufgeschoben werden können, zu besorgen, bis der Erbe anderweit Fürsorge treffen kann.

...

Abschnitt 3
Vormundschaft, Rechtliche Betreuung, Pflegschaft

Titel 1
Vormundschaft

Untertitel 1
Begründung der Vormundschaft

...

§ 1775 Mehrere Vormünder

Das Familiengericht kann ein Ehepaar gemeinschaftlich zu Vormündern bestellen. Im Übrigen soll das Familiengericht, sofern nicht besondere Gründe für die Bestellung mehrerer Vormünder vorliegen, für den Mündel und, wenn Geschwister zu bevormunden sind, für alle Mündel nur einen Vormund bestellen.

...

§ 1791a Vereinsvormundschaft

(1)   Ein rechtsfähiger Verein kann zum Vormund bestellt werden, wenn er vom Landesjugendamt hierzu für geeignet erklärt worden ist. Der Verein darf nur zum Vormund bestellt werden, wenn eine als ehrenamtlicher Einzelvormund geeignete Person nicht vorhanden ist oder wenn er nach § 1776 als Vormund berufen ist; die Bestellung bedarf der Einwilligung des Vereins.

(2)   Die Bestellung erfolgt durch Beschluss des Familiengerichts; die §§ 1789, 1791 sind nicht anzuwenden.

(3)   Der Verein bedient sich bei der Führung der Vormundschaft einzelner seiner Mitglieder oder Mitarbeiter; eine Person, die den Mündel in einem Heim des Vereins als Erzieher betreut, darf die Aufgaben des Vormunds nicht ausüben. Für ein Verschulden des Mitglieds oder des Mitarbeiters ist der Verein dem Mündel in gleicher Weise verantwortlich wie für ein Verschulden eines verfassungsmäßig berufenen Vertreters.

(4)   Will das Familiengericht neben dem Verein einen Mitvormund oder will es einen Gegenvormund bestellen, so soll es vor der Entscheidung den Verein hören.

§ 1791b Bestellte Amtsvormundschaft des Jugendamts

(1)   Ist eine als ehrenamtlicher Einzelvormund geeignete Person nicht vorhanden, so kann auch das Jugendamt zum Vormund bestellt werden. Das Jugendamt kann von den Eltern des Mündels weder benannt noch ausgeschlossen werden.

(2)   Die Bestellung erfolgt durch Beschluss des Familiengerichts; die §§ 1789, 1791 sind nicht anzuwenden.

...

§ 1792 Gegenvormund

(1)   Neben dem Vormund kann ein Gegenvormund bestellt werden. Ist das Jugendamt Vormund, so kann kein Gegenvormund bestellt werden; das Jugendamt kann Gegenvormund sein.

(2)   Ein Gegenvormund soll bestellt werden, wenn mit der Vormundschaft eine Vermögensverwaltung verbunden ist, es sei denn, dass die Verwaltung nicht erheblich oder dass die Vormundschaft von mehreren Vormündern gemeinschaftlich zu führen ist.

(3)   Ist die Vormundschaft von mehreren Vormündern nicht gemeinschaftlich zu führen, so kann der eine Vormund zum Gegenvormund des anderen bestellt werden.

(4)   Auf die Berufung und Bestellung des Gegenvormunds sind die für die Begründung der Vormundschaft geltenden Vorschriften anzuwenden.

...

Untertitel 2
Führung der Vormundschaft

...

§ 1795 Ausschluss der Vertretungsmacht

(1)   Der Vormund kann den Mündel nicht vertreten:

1. bei einem Rechtsgeschäft zwischen seinem Ehegatten, seinem Lebenspartner oder einem seiner Verwandten in gerader Linie einerseits und dem Mündel andererseits, es sei denn, dass das Rechtsgeschäft ausschließlich in der Erfüllung einer Verbindlichkeit besteht,

2. bei einem Rechtsgeschäft, das die Übertragung oder Belastung einer durch Pfandrecht, Hypothek, Schiffshypothek oder Bürgschaft gesicherten Forderung des Mündels gegen den Vormund oder die Aufhebung oder Minderung dieser Sicherheit zum Gegenstand hat oder die Verpflichtung des Mündels zu einer solchen Übertragung, Belastung, Aufhebung oder Minderung begründet,

3. bei einem Rechtsstreit zwischen den in Nummer 1 bezeichneten Personen sowie bei einem Rechtsstreit über eine Angelegenheit der in Nummer 2 bezeichneten Art.

(2)   Die Vorschrift des § 181 bleibt unberührt.

§ 1796 Entziehung der Vertretungsmacht

(1)   Das Familiengericht kann dem Vormund die Vertretung für einzelne Angelegenheiten oder für einen bestimmten Kreis von Angelegenheiten entziehen.

(2)   Die Entziehung soll nur erfolgen, wenn das Interesse des Mündels zu dem Interesse des Vormunds oder eines von diesem vertretenen Dritten oder einer der in § 1795 Nr. 1 bezeichneten Personen in erheblichem Gegensatz steht.

…

§ 1835 Aufwendungsersatz[2]

(1)   Macht der Vormund zum Zwecke der Führung der Vormundschaft Aufwendungen, so kann er nach den für den Auftrag geltenden Vorschriften der §§ 669, 670 von dem Mündel Vorschuss oder Ersatz verlangen; für den Ersatz von Fahrtkosten gilt die in § 5 des Justizvergütungs- und -entschädigungsgesetzes für Sachverständige getroffene Regelung entsprechend[3]. Das gleiche Recht steht dem Gegenvormund zu. Ersatzansprüche erlöschen, wenn sie nicht binnen 15 Monaten nach ihrer Entstehung gerichtlich geltend gemacht werden; die Geltendmachung des Anspruchs beim Familiengericht gilt dabei auch als Geltendmachung gegenüber dem Mündel.

(1a)   Das Familiengericht kann eine von Abs. 1 Satz 3 abweichende Frist von mindestens zwei Monaten bestimmen. In der Fristbestimmung ist über die Folgen der Versäumung der Frist zu belehren. Die Frist kann auf Antrag vom Familiengericht verlängert werden. Der Anspruch erlischt, soweit er nicht innerhalb der Frist beziffert wird.

(2)   Aufwendungen sind auch die Kosten einer angemessenen Versicherung gegen Schäden, die dem Mündel durch den Vormund oder Gegenvormund zugefügt werden können oder die dem Vormund oder Gegenvormund dadurch entstehen können, dass er einem Dritten zum Ersatz eines durch die Führung der Vormundschaft verursachten Schadens verpflichtet ist; dies gilt nicht für die Kosten der Haftpflichtversicherung des Halters eines Kraftfahrzeugs. Satz 1 ist nicht anzuwenden, wenn der Vormund oder Gegenvormund eine Vergütung nach § 1836 Abs. 1 Satz 2 in Verbindung mit dem Vormünder- und Betreuervergütungsgesetz erhält.

(3)   Als Aufwendungen gelten auch solche Dienste des Vormunds oder des Gegenvormunds, die zu seinem Gewerbe oder seinem Beruf gehören.

(4)   Ist der Mündel mittellos, so kann der Vormund Vorschuss und Ersatz aus der Staatskasse verlangen. Absatz 1 Satz 3 und Absatz 1a gelten entsprechend.

(5)   Das Jugendamt oder ein Verein kann als Vormund oder Gegenvormund für Aufwendungen keinen Vorschuss und Ersatz nur insoweit verlangen, als das einzusetzende Einkommen und Vermögen des Mündels ausreicht. Allgemeine Verwaltungskosten einschließlich der Kosten nach Absatz 2 werden nicht ersetzt.

§ 1835a Aufwandsentschädigung[4]

(1)   Zur Abgeltung seines Anspruchs auf Aufwendungsersatz kann der Vormund als Aufwandsentschädigung für jede Vormundschaft, für die ihm keine Vergütung zusteht, einen Geldbetrag verlangen, der für ein Jahr dem Neunzehnfachen dessen entspricht, was einem Zeugen als Höchstbetrag der Entschädigung für eine Stunde versäumter Arbeitszeit (§ 22 des Justizvergütungs- und -entschädigungsgesetzes) gewährt werden kann (Aufwandsentschädigung)[5]. Hat der Vormund für solche Aufwendungen bereits Vorschuss oder Ersatz erhalten, so verringert sich die Aufwandsentschädigung entsprechend.

(2)   Die Aufwandsentschädigung ist jährlich zu zahlen, erstmals ein Jahr nach Bestellung des Vormunds.

(3)   Ist der Mündel mittellos, so kann der Vormund die Aufwandsentschädigung aus der Staatskasse verlangen; Unterhaltsansprüche des Mündels gegen den Vormund sind insoweit bei der Bestimmung des Einkommens nach § 1836c Nr. 1 nicht zu berücksichtigen.

---

2   Einkommensteuerfrei nach § 3 Nr. 12 oder 16 EStG
3   Entspricht 0,30 € je gefahrenem km zuzüglich Parkgebühren
4   Einkommensteuerfrei jährlich bis 2.400,00 € nach § 3 Nr. 26b EStG, umsatzsteuerfrei nach § 4 Nr. 25c UStG
5   Seit 1.8.2013: 399,00 € jährlich

(4)   Der Anspruch auf Aufwandsentschädigung erlischt, wenn er nicht binnen drei Monaten nach Ablauf des Jahres, in dem der Anspruch entsteht, geltend gemacht wird; die Geltendmachung des Anspruchs beim Familiengericht gilt auch als Geltendmachung gegenüber dem Mündel.

(5)   Dem Jugendamt oder einem Verein kann keine Aufwandsentschädigung gewährt werden.

§ 1836 Vergütung des Vormunds

(1)   Die Vormundschaft wird unentgeltlich geführt. Sie wird ausnahmsweise entgeltlich geführt, wenn das Gericht bei der Bestellung des Vormunds feststellt, dass der Vormund die Vormundschaft berufsmäßig führt. Das Nähere regelt das Vormünder- und Betreuervergütungsgesetz.

(2)   Trifft das Gericht keine Feststellung nach Absatz 1 Satz 2, so kann es dem Vormund und aus besonderen Gründen auch dem Gegenvormund gleichwohl eine angemessene Vergütung bewilligen, soweit der Umfang oder die Schwierigkeit der vormundschaftlichen Geschäfte dies rechtfertigen; dies gilt nicht, wenn der Mündel mittellos ist.

(3)   Dem Jugendamt oder einem Verein kann keine Vergütung bewilligt werden.

§ 1836a (weggefallen)

§ 1836b (weggefallen)

§ 1836c Einzusetzende Mittel des Mündels

Der Mündel hat einzusetzen:

1.   nach Maßgabe des § 87 des Zwölften Buches Sozialgesetzbuch sein Einkommen, soweit es zusammen mit dem Einkommen seines nicht getrennt lebenden Ehegatten oder Lebenspartners die nach den §§ 82, 85 Abs. 1[6] und § 86 des Zwölften Buches Sozialgesetzbuch maßgebende Einkommensgrenze für die Hilfe nach dem Fünften bis Neunten Kapitel des Zwölften Buches Sozialgesetzbuch übersteigt. Wird im Einzelfall der Einsatz eines Teils des Einkommens zur Deckung eines bestimmten Bedarfs im Rahmen der Hilfe nach dem Fünften bis Neunten Kapitel des Zwölften Buches Sozialgesetzbuch zugemutet oder verlangt, darf dieser Teil des Einkommens bei der Prüfung, inwieweit der Einsatz des Einkommens zur Deckung der Kosten der Vormundschaft einzusetzen ist, nicht mehr berücksichtigt werden. Als Einkommen gelten auch Unterhaltsansprüche sowie die wegen Entziehung einer solchen Forderung zu entrichtenden Renten;

2.   sein Vermögen nach Maßgabe des § 90 des Zwölften Buches Sozialgesetzbuch[7].

§ 1836d Mittellosigkeit des Mündels

Der Mündel gilt als mittellos, wenn er den Aufwendungsersatz oder die Vergütung aus seinem einzusetzenden Einkommen oder Vermögen

1.   nicht oder nur zum Teil oder nur in Raten oder

2.   nur im Wege gerichtlicher Geltendmachung von Unterhaltsansprüchen

aufbringen kann.

§ 1836e Gesetzlicher Forderungsübergang

(1)   Soweit die Staatskasse den Vormund oder Gegenvormund befriedigt, gehen Ansprüche des Vormundes oder Gegenvormunds gegen den Mündel auf die Staatskasse über. Nach dem Tode des Mündels haftet sein Erbe nur mit dem Wert des im Zeitpunkt des Erbfalls vorhandenen Nachlasses; § 102 Abs. 3 und 4 des Zwölften Buches Sozialgesetzbuch gilt entsprechend[8], § 1836c findet auf den Erben keine Anwendung.

(2)   Soweit Ansprüche gemäß § 1836c Nr. 1 Satz 2 einzusetzen sind, findet zugunsten der Staatskasse § 850b der Zivilprozessordnung keine Anwendung.

…

---

6   Einkommensgrenze ab 1.1.2019: 848,00 € zuzügl. Kaltmiete und Betriebskosten, ggf. zuzügl. Familienzuschlägen von 297,00 € je Person
7   Barvermögen ab 1.4.2017: 5.000,00 € je erwachsene Person im Haushalt, 500,00 € für Kinder (§ 1 VO zur Durchführung des § 90 Abs. 2 Nr. 9 SGB XII)
8   Freibetrag ab 1.1.2019: 2.544,00 €

Untertitel 6
Beendigung der Vormundschaft

...

§ 1893 Fortführung der Geschäfte nach Beendigung der Vormundschaft, Rückgabe von Urkunden

(1)   Im Falle der Beendigung der Vormundschaft oder des vormundschaftlichen Amts finden die Vorschriften der §§ 1698a, 1698b entsprechende Anwendung.

(2)   Der Vormund hat nach Beendigung seines Amts die Bestallung dem Familiengericht zurückzugeben. In den Fällen der §§ 1791a, 1791b ist der Beschluss des Familiengerichts, im Falle des § 1791c die Bescheinigung über den Eintritt der Vormundschaft zurückzugeben.

...

Titel 2
Rechtliche Betreuung

...

§ 1897 Bestellung einer natürlichen Person

(1)   Zum Betreuer bestellt das Betreuungsgericht eine natürliche Person, die geeignet ist, in dem gerichtlich bestimmten Aufgabenkreis die Angelegenheiten des Betreuten rechtlich zu besorgen und ihn in dem hierfür erforderlichen Umfang persönlich zu betreuen.

(2)   Der Mitarbeiter eines nach § 1908f anerkannten Betreuungsvereins, der dort ausschließlich oder teilweise als Betreuer tätig ist (Vereinsbetreuer), darf nur mit Einwilligung des Vereins bestellt werden. Entsprechendes gilt für den Mitarbeiter einer in Betreuungsangelegenheiten zuständigen Behörde, der dort ausschließlich oder teilweise als Betreuer tätig ist (Behördenbetreuer).

(3)   Wer zu einer Anstalt, einem Heim oder einer sonstigen Einrichtung, in welcher der Volljährige untergebracht ist oder wohnt, in einem Abhängigkeitsverhältnis oder in einer anderen engen Beziehung steht, darf nicht zum Betreuer bestellt werden.

(4)   Schlägt der Volljährige eine Person vor, die zum Betreuer bestellt werden kann, so ist diesem Vorschlag zu entsprechen, wenn es dem Wohl des Volljährigen nicht zuwiderläuft. Schlägt er vor, eine bestimmte Person nicht zu bestellen, so soll hierauf Rücksicht genommen werden. Die Sätze 1 und 2 gelten auch für Vorschläge, die der Volljährige vor dem Betreuungsverfahren gemacht hat, es sei denn, dass er an diesen Vorschlägen erkennbar nicht festhalten will.

(5)   Schlägt der Volljährige niemanden vor, der zum Betreuer bestellt werden kann, so ist bei der Auswahl des Betreuers auf die verwandtschaftlichen und sonstigen persönlichen Bindungen des Volljährigen, insbesondere auf die Bindungen zu Eltern, zu Kindern, zum Ehegatten und zum Lebenspartner, sowie auf die Gefahr von Interessenkonflikten Rücksicht zu nehmen.

(6)   Wer Betreuungen im Rahmen seiner Berufsausübung führt, soll nur dann zum Betreuer bestellt werden, wenn keine andere geeignete Person zur Verfügung steht, die zur ehrenamtlichen Führung der Betreuung bereit ist. Werden dem Betreuer Umstände bekannt, aus denen sich ergibt, dass der Volljährige durch eine oder mehrere andere geeignete Personen außerhalb einer Berufsausübung betreut werden kann, so hat er dies dem Gericht mitzuteilen.

(7)   Wird eine Person unter den Voraussetzungen des Absatzes 6 Satz 1 erstmals in dem Bezirk des Betreuungsgerichts zum Betreuer bestellt, soll das Gericht zuvor die zuständige Behörde zur Eignung des ausgewählten Betreuers und zu den nach § 1 Abs. 1 Satz 1 zweite Alternative des Vormünder- und Betreuervergütungsgesetzes zu treffenden Feststellungen anhören. Die zuständige Behörde soll die Person auffordern, ein Führungszeugnis[9] und eine Auskunft aus dem Schuldnerverzeichnis[10] vorzulegen.

(8)   Wird eine Person unter den Voraussetzungen des Absatzes 6 Satz 1 bestellt, hat sie sich über Zahl und Umfang der von ihr berufsmäßig geführten Betreuungen zu erklären.

§ 1898 Übernahmepflicht

(1)   Der vom Betreuungsgericht Ausgewählte ist verpflichtet, die Betreuung zu übernehmen, wenn er zur Betreuung geeignet ist und ihm die Übernahme unter Berücksichtigung seiner familiären, beruflichen und sonstigen Verhältnisse zugemutet werden kann.

---

9   § 30 Bundeszentralregistergesetz (BZGR)
10   § 5 Nr. 6 Schuldnerverzeichnisführungsverordnung (SchuFV)

(2)   Der Ausgewählte darf erst dann zum Betreuer bestellt werden, wenn er sich zur Übernahme der Betreuung bereit erklärt hat.

§ 1899 Mehrere Betreuer

(1)   Das Betreuungsgericht kann mehrere Betreuer bestellen, wenn die Angelegenheiten des Betreuten hierdurch besser besorgt werden können. In diesem Falle bestimmt es, welcher Betreuer mit welchem Aufgabenkreis betraut wird. Mehrere Betreuer, die eine Vergütung erhalten, werden außer in den in Absatz 2 und 4 sowie § 1908i Absatz 1 Satz 1 in Verbindung mit § 1792 geregelten Fällen nicht bestellt.

(2)   Für die Entscheidung über die Einwilligung in eine Sterilisation des Betreuten ist stets ein besonderer Betreuer zu bestellen.

(3)   Soweit mehrere Betreuer mit demselben Aufgabenkreis betraut werden, können sie die Angelegenheiten des Betreuten nur gemeinsam besorgen, es sei denn, dass das Gericht etwas anderes bestimmt hat oder mit dem Aufschub Gefahr verbunden ist.

(4)   Das Gericht kann mehrere Betreuer auch in der Weise bestellen, dass der eine die Angelegenheiten des Betreuten nur zu besorgen hat, soweit der andere verhindert ist.

§ 1900 Betreuung durch Verein oder Behörde

(1)   Kann der Volljährige durch eine oder mehrere natürliche Personen nicht hinreichend betreut werden, so bestellt das Betreuungsgericht einen anerkannten Betreuungsverein zum Betreuer. Die Bestellung bedarf der Einwilligung des Vereins.

(2)   Der Verein überträgt die Wahrnehmung der Betreuung einzelnen Personen. Vorschlägen des Volljährigen hat er hierbei zu entsprechen, soweit nicht wichtige Gründe entgegenstehen. Der Verein teilt dem Gericht alsbald mit, wem er die Wahrnehmung der Betreuung übertragen hat.

(3)   Werden dem Verein Umstände bekannt, aus denen sich ergibt, dass der Volljährige durch eine oder mehrere natürliche Personen hinreichend betreut werden kann, so hat er dies dem Gericht mitzuteilen.

(4)   Kann der Volljährige durch eine oder mehrere natürliche Personen oder durch einen Verein nicht hinreichend betreut werden, so bestellt das Gericht die zuständige Behörde zum Betreuer. Die Absätze 2 und 3 gelten entsprechend.

(5)   Vereinen oder Behörden darf die Entscheidung über die Einwilligung in eine Sterilisation des Betreuten nicht übertragen werden.

§ 1901 Umfang der Betreuung, Pflichten des Betreuers

(1)   Die Betreuung umfasst alle Tätigkeiten, die erforderlich sind, um die Angelegenheiten des Betreuten nach Maßgabe der folgenden Vorschriften rechtlich zu besorgen.

(2)   Der Betreuer hat die Angelegenheiten des Betreuten so zu besorgen, wie es dessen Wohl entspricht. Zum Wohl des Betreuten gehört auch die Möglichkeit, im Rahmen seiner Fähigkeiten sein Leben nach seinen eigenen Wünschen und Vorstellungen zu gestalten.

(3)   Der Betreuer hat Wünschen des Betreuten zu entsprechen, soweit dies dessen Wohl nicht zuwiderläuft und dem Betreuer zuzumuten ist. Dies gilt auch für Wünsche, die der Betreute vor der Bestellung des Betreuers geäußert hat, es sei denn, dass er an diesen Wünschen erkennbar nicht festhalten will. Ehe der Betreuer wichtige Angelegenheiten erledigt, bespricht er sie mit dem Betreuten, sofern dies dessen Wohl nicht zuwiderläuft.

(4)   Innerhalb seines Aufgabenkreises hat der Betreuer dazu beizutragen, dass Möglichkeiten genutzt werden, die Krankheit oder Behinderung des Betreuten zu beseitigen, zu bessern, ihre Verschlimmerung zu verhüten oder ihre Folgen zu mildern. Wird die Betreuung berufsmäßig geführt, hat der Betreuer in geeigneten Fällen auf Anordnung des Gerichts zu Beginn der Betreuung einen Betreuungsplan zu erstellen. In dem Betreuungsplan sind die Ziele der Betreuung und die zu ihrer Erreichung zu ergreifenden Maßnahmen darzustellen.

(5)   Werden dem Betreuer Umstände bekannt, die eine Aufhebung der Betreuung ermöglichen, so hat er dies dem Betreuungsgericht mitzuteilen. Gleiches gilt für Umstände, die eine Einschränkung des Aufgabenkreises ermöglichen oder dessen Erweiterung, die Bestellung eines weiteren Betreuers oder die Anordnung eines Einwilligungsvorbehalts (§ 1903) erfordern.

…

§ 1908b Entlassung des Betreuers

(1)   Das Betreuungsgericht hat den Betreuer zu entlassen, wenn seine Eignung, die Angelegenheiten des Betreuten zu besorgen, nicht mehr gewährleistet ist oder ein anderer wichtiger Grund für die Entlassung vorliegt. Ein wichtiger Grund liegt auch vor, wenn der Betreuer eine erforderliche Abrechnung vorsätzlich falsch erteilt oder den erforderlichen persönlichen Kontakt zum Betreuten nicht gehalten hat. Das Gericht soll den nach § 1897 Abs. 6

bestellten Betreuer entlassen, wenn der Betreute durch eine oder mehrere andere Personen außerhalb einer Berufsausübung betreut werden kann.

(2) Der Betreuer kann seine Entlassung verlangen, wenn nach seiner Bestellung Umstände eintreten, auf Grund derer ihm die Betreuung nicht mehr zugemutet werden kann.

(3) Das Gericht kann den Betreuer entlassen, wenn der Betreute eine gleich geeignete Person, die zur Übernahme bereit ist, als neuen Betreuer vorschlägt.

(4) Der Vereinsbetreuer ist auch zu entlassen, wenn der Verein dies beantragt. Ist die Entlassung nicht zum Wohl des Betreuten erforderlich, so kann das Betreuungsgericht stattdessen mit Einverständnis des Betreuers aussprechen, dass dieser die Betreuung künftig als Privatperson weiterführt. Die Sätze 1 und 2 gelten für den Behördenbetreuer entsprechend.

(5) Der Verein oder die Behörde ist zu entlassen, sobald der Betreute durch eine oder mehrere natürliche Personen hinreichend betreut werden kann.

…

§ 1908i Entsprechend anwendbare Vorschriften

(1) Im Übrigen sind auf die Betreuung § 1632 Abs. 1 bis 3, §§ 1784, 1787 Abs. 1, § 1791a Abs. 3 Satz 1 zweiter Halbsatz und Satz 2, §§ 1792, 1795 bis 1797 Abs. 1 Satz 2, §§ 1798, 1799, 1802, 1803, 1805 bis 1821, 1822 Nr. 1 bis 4, 6 bis 13, §§ 1823 bis 1826, 1828 bis 1836, 1836c bis 1836e, 1837 Abs. 1 bis 3, §§ 1839 bis 1843, 1846, 1857a, 1888, 1890 bis 1895 sinngemäß anzuwenden. Durch Landesrecht kann bestimmt werden, dass Vorschriften, welche die Aufsicht des Betreuungsgerichts in vermögensrechtlicher Hinsicht sowie beim Abschluss von Lehr- und Arbeitsverträgen betreffen, gegenüber der zuständigen Behörde außer Anwendung bleiben.

(2) § 1804 ist sinngemäß anzuwenden, jedoch kann der Betreuer in Vertretung des Betreuten Gelegenheitsgeschenke auch dann machen, wenn dies dem Wunsch des Betreuten entspricht und nach seinen Lebensverhältnissen üblich ist. § 1857a ist auf die Betreuung durch den Vater, die Mutter, den Ehegatten, den Lebenspartner oder einen Abkömmling des Betreuten sowie auf den Vereinsbetreuer und den Behördenbetreuer sinngemäß anzuwenden, soweit das Betreuungsgericht nichts anderes anordnet.

Titel 3
Pflegschaft

§ 1909 Ergänzungspflegschaft

(1) Wer unter elterlicher Sorge oder unter Vormundschaft steht, erhält für Angelegenheiten, an deren Besorgung die Eltern oder der Vormund verhindert sind, einen Pfleger. Er erhält insbesondere einen Pfleger zur Verwaltung des Vermögens, das er von Todes wegen erwirbt oder das ihm unter Lebenden unentgeltlich zugewendet wird, wenn der Erblasser durch letztwillige Verfügung, der Zuwendende bei der Zuwendung bestimmt hat, dass die Eltern oder der Vormund das Vermögen nicht verwalten sollen.

(2) Wird eine Pflegschaft erforderlich, so haben die Eltern oder der Vormund dies dem Familiengericht unverzüglich anzuzeigen.

(3) Die Pflegschaft ist auch dann anzuordnen, wenn die Voraussetzungen für die Anordnung einer Vormundschaft vorliegen, ein Vormund aber noch nicht bestellt ist.

§ 1910 (weggefallen)

§ 1911 Abwesenheitspflegschaft

(1) Ein abwesender Volljähriger, dessen Aufenthalt unbekannt ist, erhält für seine Vermögensangelegenheiten, soweit sie der Fürsorge bedürfen, einen Abwesenheitspfleger. Ein solcher Pfleger ist ihm insbesondere auch dann zu bestellen, wenn er durch Erteilung eines Auftrags oder einer Vollmacht Fürsorge getroffen hat, aber Umstände eingetreten sind, die zum Widerruf des Auftrags oder der Vollmacht Anlass geben.

(2) Das Gleiche gilt von einem Abwesenden, dessen Aufenthalt bekannt, der aber an der Rückkehr und der Besorgung seiner Vermögensangelegenheiten verhindert ist.

§ 1912 Pflegschaft für eine Leibesfrucht

(1) Eine Leibesfrucht erhält zur Wahrung ihrer künftigen Rechte, soweit diese einer Fürsorge bedürfen, einen Pfleger.

(2) Die Fürsorge steht jedoch den Eltern insoweit zu, als ihnen die elterliche Sorge zustünde, wenn das Kind bereits geboren wäre.

§ 1913 Pflegschaft für unbekannte Beteiligte

Ist unbekannt oder ungewiss, wer bei einer Angelegenheit der Beteiligte ist, so kann dem Beteiligten für diese Angelegenheit, soweit eine Fürsorge erforderlich ist, ein Pfleger bestellt werden. Insbesondere kann einem Nacherben, der noch nicht gezeugt ist oder dessen Persönlichkeit erst durch ein künftiges Ereignis bestimmt wird, für die Zeit bis zum Eintritt der Nacherbfolge ein Pfleger bestellt werden.

§ 1914 Pflegschaft für gesammeltes Vermögen

Ist durch öffentliche Sammlung Vermögen für einen vorübergehenden Zweck zusammengebracht worden, so kann zum Zwecke der Verwaltung und Verwendung des Vermögens ein Pfleger bestellt werden, wenn die zu der Verwaltung und Verwendung berufenen Personen weggefallen sind.

§ 1915 Anwendung des Vormundschaftsrechts

(1) Auf die Pflegschaft finden die für die Vormundschaft geltenden Vorschriften entsprechende Anwendung, soweit sich nicht aus dem Gesetz ein anderes ergibt. Abweichend von § 3 Abs. 1 bis 3 des Vormünder- und Betreuervergütungsgesetzes bestimmt sich die Höhe einer nach § 1836 Abs. 1 zu bewilligenden Vergütung nach den für die Führung der Pflegschaftsgeschäfte nutzbaren Fachkenntnissen des Pflegers sowie nach dem Umfang und der Schwierigkeit der Pflegschaftsgeschäfte, sofern der Pflegling nicht mittellos ist. An die Stelle des Familiengerichts tritt das Betreuungsgericht; dies gilt nicht bei der Pflegschaft für Minderjährige oder für eine Leibesfrucht.

(2) Die Bestellung eines Gegenvormunds ist nicht erforderlich.

(3) § 1793 Abs. 2 findet auf die Pflegschaft für Volljährige keine Anwendung.

Buch 5
Erbrecht

Abschnitt 2
Rechtliche Stellung des Erben

Titel 1
Annahme und Ausschlagung der Erbschaft, Fürsorge des Nachlassgerichts

...

§ 1960 Sicherung des Nachlasses; Nachlasspfleger

(1) Bis zur Annahme der Erbschaft hat das Nachlassgericht für die Sicherung des Nachlasses zu sorgen, soweit ein Bedürfnis besteht. Das Gleiche gilt, wenn der Erbe unbekannt oder wenn ungewiss ist, ob er die Erbschaft angenommen hat.

(2) Das Nachlassgericht kann insbesondere die Anlegung von Siegeln, die Hinterlegung von Geld, Wertpapieren und Kostbarkeiten sowie die Aufnahme eines Nachlassverzeichnisses anordnen und für denjenigen, welcher Erbe wird, einen Pfleger (Nachlasspfleger) bestellen.

(3) Die Vorschrift des § 1958 findet auf den Nachlasspfleger keine Anwendung.

§ 1961 Nachlasspflegschaft auf Antrag

Das Nachlassgericht hat in den Fällen des § 1960 Abs. 1 einen Nachlasspfleger zu bestellen, wenn die Bestellung zum Zwecke der gerichtlichen Geltendmachung eines Anspruchs, der sich gegen den Nachlass richtet, von dem Berechtigten beantragt wird.

§ 1962 Zuständigkeit des Nachlassgerichts

Für die Nachlasspflegschaft tritt an die Stelle des Familiengerichts oder Betreuungsgerichts das Nachlassgericht.

...

Titel 2
Haftung des Erben für die Nachlassverbindlichkeiten

Untertitel 1
Nachlassverbindlichkeiten

§ 1968 Beerdigungskosten

Der Erbe trägt die Kosten der Beerdigung des Erblassers.

...

2 Gesetz über die Vergütung von Vormündern und Betreuern (Vormünder- und Betreuervergütungsgesetz – VBVG)

Artikel 8 des Gesetzes vom 21. April 2005 (BGBl. I S. 1073), zuletzt geändert durch das Gesetz zur Anpassung der Betreuer- und Vormündervergütung vom 22. Juni 2019 (BGBl. I S. 866) mit Wirkung ab 27. Juli 2019[11]

▶ **Hinweis:** Im Hinblick auf die bis zum 26.7.2019 geltenden Fassung des VBVG wird auf die auf Seite 443 abgedruckte Synopse verwiesen.

Abschnitt 1
Allgemeines

§ 1 Feststellung der Berufsmäßigkeit und Vergütungsbewilligung

(1) Das Familiengericht hat die Feststellung der Berufsmäßigkeit gemäß § 1836 Absatz 1 Satz 2 des Bürgerlichen Gesetzbuchs zu treffen, wenn dem Vormund in einem solchen Umfang Vormundschaften übertragen sind, dass er sie nur im Rahmen seiner Berufsausübung führen kann, oder wenn zu erwarten ist, dass dem Vormund in absehbarer Zeit Vormundschaften in diesem Umfang übertragen sein werden. Berufsmäßigkeit liegt im Regelfall vor, wenn

1. der Vormund mehr als zehn Vormundschaften führt oder

2. die für die Führung der Vormundschaft erforderliche Zeit voraussichtlich 20 Wochenstunden nicht unterschreitet.

(2) Trifft das Familiengericht die Feststellung nach Absatz 1 Satz 1, so hat es dem Vormund oder dem Gegenvormund eine Vergütung zu bewilligen. Ist der Mündel mittellos im Sinne von § 1836d des Bürgerlichen Gesetzbuchs, so kann der Vormund die nach Satz 1 zu bewilligende Vergütung aus der Staatskasse verlangen.

§ 2 Erlöschen der Ansprüche

Der Vergütungsanspruch erlischt, wenn er nicht binnen 15 Monaten nach seiner Entstehung beim Familiengericht geltend gemacht wird; die Geltendmachung des Anspruchs beim Familiengericht gilt dabei auch als Geltendmachung gegenüber dem Mündel. § 1835 Absatz 1a des Bürgerlichen Gesetzbuchs gilt entsprechend.

Abschnitt 2
Vergütung des Vormunds

§ 3 Stundensatz des Vormunds

(1) Die dem Vormund nach § 1 Absatz 2 zu bewilligende Vergütung beträgt für jede Stunde der für die Führung der Vormundschaft aufgewandten und erforderlichen Zeit 23 Euro. Verfügt der Vormund über besondere Kenntnisse, die für die Führung der Vormundschaft nutzbar sind, so erhöht sich der Stundensatz

1. auf 29,50 Euro, wenn diese Kenntnisse durch eine abgeschlossene Lehre oder eine vergleichbare abgeschlossene Ausbildung erworben sind;

2. auf 39 Euro, wenn diese Kenntnisse durch eine abgeschlossene Ausbildung an einer Hochschule oder durch eine vergleichbare abgeschlossene Ausbildung erworben sind.

Eine auf die Vergütung anfallende Umsatzsteuer wird, soweit sie nicht nach § 19 Absatz 1 des Umsatzsteuergesetzes unerhoben bleibt, zusätzlich ersetzt.

(2) Bestellt das Familiengericht einen Vormund, der über besondere Kenntnisse verfügt, die für die Führung der Vormundschaft allgemein nutzbar und durch eine Ausbildung im Sinne des Absatzes 1 Satz 2 erworben sind, so wird vermutet, dass diese Kenntnisse auch für die Führung der dem Vormund übertragenen Vormundschaft nutzbar sind. Dies gilt nicht, wenn das Familiengericht aus besonderen Gründen bei der Bestellung des Vormundes etwas anderes bestimmt.

---

11 Siehe hierzu auch Artikel 3 des Gesetzes zur Anpassung der Betreuer- und Vormündervergütung vom 22. Juni 2019 (BGBl. I S. 866):
Artikel 3 Evaluierung
Die durch dieses Gesetz geschaffenen Vorschriften sind insbesondere im Hinblick auf die Angemessenheit der im Anhang festgesetzten Fallpauschalen über einen Zeitraum von vier Jahren zu evaluieren. Das Bundesministerium der Justiz und für Verbraucherschutz hat einen Bericht über die Ergebnisse der Evaluierung bis zum 31. Dezember 2024 zu veröffentlichen.

(3) Soweit die besondere Schwierigkeit der vormundschaftlichen Geschäfte dies ausnahmsweise rechtfertigt, kann das Familiengericht einen höheren als den in Absatz 1 vorgesehenen Stundensatz der Vergütung bewilligen. Dies gilt nicht, wenn der Mündel mittellos ist.

(4) Der Vormund kann Abschlagszahlungen verlangen.

Abschnitt 3
Vergütung und Aufwendungsersatz des Betreuers

§ 4 Vergütung des Betreuers

(1) Die dem Betreuer nach § 1 Absatz 2 zu bewilligende Vergütung bestimmt sich nach monatlichen Fallpauschalen, die in den Vergütungstabellen A bis C der Anlage festgelegt sind.

(2) Die Vergütung des Betreuers richtet sich nach Vergütungstabelle A, sofern der Betreuer über keine besonderen Kenntnisse verfügt, die für die Führung der Betreuung nutzbar sind.

(3) Verfügt der Betreuer über besondere Kenntnisse, die für die Führung der Betreuung nutzbar sind, so richtet sich die Vergütung

1. nach Vergütungstabelle B, wenn diese Kenntnisse durch eine abgeschlossene Lehre oder eine vergleichbare abgeschlossene Ausbildung erworben sind;

2. nach Vergütungstabelle C, wenn diese Kenntnisse durch eine abgeschlossene Ausbildung an einer Hochschule oder durch eine vergleichbare abgeschlossene Ausbildung erworben sind.

(4) § 3 Absatz 2 gilt entsprechend. § 1 Absatz 1 Satz 2 Nummer 2 findet keine Anwendung.

§ 5 Fallpauschalen

(1) Die Höhe der Fallpauschalen nach § 4 Absatz 1 richtet sich nach

1. der Dauer der Betreuung,

2. dem gewöhnlichen Aufenthaltsort des Betreuten und

3. dem Vermögensstatus des Betreuten.

(2) Hinsichtlich der Dauer der Betreuung wird bei der Berechnung der Fallpauschalen zwischen den Zeiträumen in den ersten drei Monaten der Betreuung, im vierten bis sechsten Monat, im siebten bis zwölften Monat, im 13. bis 24. Monat und ab dem 25. Monat unterschieden. Für die Berechnung der Monate gelten § 187 Absatz 1 und § 188 Absatz 2 erste Alternative des Bürgerlichen Gesetzbuchs entsprechend. Ändern sich Umstände, die sich auf die Vergütung auswirken, vor Ablauf eines vollen Monats, so ist die Fallpauschale zeitanteilig nach Tagen zu berechnen; § 187 Absatz 1 § 188 Absatz 1 und § 191 des Bürgerlichen Gesetzbuchs gelten entsprechend.

(3) Hinsichtlich des gewöhnlichen Aufenthaltsortes des Betreuten ist zwischen stationären Einrichtungen und diesen nach Satz 3 gleichgestellten ambulant betreuten Wohnformen einerseits und anderen Wohnformen andererseits zu unterscheiden. Im Sinne dieses Gesetzes sind

1. stationäre Einrichtungen: Einrichtungen, die dem Zweck dienen, Volljährige aufzunehmen, ihnen Wohnraum zu überlassen sowie tatsächliche Betreuung oder Pflege zur Verfügung zu stellen oder vorzuhalten, und die in ihrem Bestand von Wechsel und Zahl der Bewohner unabhängig sind und entgeltlich betrieben werden;

2. ambulant betreute Wohnformen: entgeltliche Angebote, die dem Zweck dienen, Volljährigen das Leben in einem gemeinsamen Haushalt oder einer Wohnung bei gleichzeitiger Inanspruchnahme extern angebotener entgeltlicher Leistungen tatsächlicher Betreuung oder Pflege zu ermöglichen.

Ambulant betreute Wohnformen sind stationären Einrichtungen gleichgestellt, wenn die in der ambulant betreuten Wohnform extern angebotenen Leistungen tatsächlicher Betreuung oder Pflege als Rund-um-die-Uhr-Versorgung durch professionelle Betreuungs- oder Pflegekräfte zur Verfügung gestellt oder vorgehalten werden und der Anbieter der externen Betreuungs- oder Pflegeleistungen nicht frei wählbar ist.

(4) Hinsichtlich der Bestimmung des Vermögensstatus des Betreuten ist entscheidend, ob am Ende des Abrechnungsmonats Mittellosigkeit nach § 1836d des Bürgerlichen Gesetzbuchs vorliegt.

(5) Die Fallpauschalen gelten auch Ansprüche auf Ersatz anlässlich der Betreuung entstandener Aufwendungen ab. Die gesonderte Geltendmachung von Aufwendungen im Sinne des § 1835 Absatz 3 des Bürgerlichen Gesetzbuchs bleibt unberührt.

§ 5a Gesonderte Pauschalen

(1) Ist der Betreute nicht mittellos, wird der Betreuer mit einer zusätzlichen monatlichen Pauschale in Höhe von 30 Euro vergütet, wenn dieser die Verwaltung

1. von Geldvermögen in Höhe von mindestens 150.000 Euro,

2. Wohnraum, der nicht vom Betreuten oder seinem Ehegatten genutzt wird, oder

3. ein Erwerbsgeschäft des Betreuten

zu besorgen hat. Die Pauschale kann geltend gemacht werden, wenn einer der Fälle des Satzes 1 an mindestens einem Tag im Abrechnungsmonat vorliegt.

(2) Findet ein Wechsel von einem ehrenamtlichen zu einem beruflichen Betreuer statt, ist der berufliche Betreuer mit einer einmaligen Pauschale in Höhe von 200 Euro zu vergüten.

(3) Findet ein Wechsel von einem beruflichen zu einem ehrenamtlichen Betreuer statt, ist der berufliche Betreuer mit einer einmaligen Pauschale in Höhe des 1,5-fachen der zum Zeitpunkt des Betreuerwechsels zu vergütenden Fallpauschale zu vergüten. Dies gilt auch dann, wenn zunächst neben dem beruflichen Betreuer ein ehrenamtlicher Betreuer bestellt war und dieser die Betreuung allein fortführt.

(4) Die Pauschalen nach den Absätzen 1 bis 3 können nur gemeinsam mit einem Vergütungsantrag nach den §§ 4 und 5 geltend gemacht werden.

§ 6 Sonderfälle der Betreuung

In den Fällen des § 1899 Absatz 2 und 4 des Bürgerlichen Gesetzbuchs erhält der Betreuer eine Vergütung nach § 1 Absatz 2 in Verbindung mit § 3; für seine Aufwendungen kann er Ersatz nach § 1835 des Bürgerlichen Gesetzbuchs mit Ausnahme der Aufwendungen im Sinne von § 1835 Absatz 2 des Bürgerlichen Gesetzbuchs beanspruchen. Ist im Fall des § 1899 Absatz 4 des Bürgerlichen Gesetzbuchs die Verhinderung tatsächlicher Art, sind die Vergütung und der Aufwendungsersatz nach § 4 in Verbindung mit § 5 sowie die Pauschale nach § 5a Absatz 1 zu bewilligen und im Fall des § 5 nach Tagen zu teilen; § 187 Absatz 1 und § 188 Absatz 1 des Bürgerlichen Gesetzbuchs gelten entsprechend.

§ 7 Vergütung und Aufwendungsersatz für Betreuungsvereine

(1) Ist ein Vereinsbetreuer bestellt, so ist dem Verein eine Pauschale nach § 1 Absatz 2 in Verbindung mit den §§ 4 bis 5a zu bewilligen. § 1 Absatz 1 sowie § 1835 Absatz 3 des Bürgerlichen Gesetzbuchs finden keine Anwendung.

(2) § 6 gilt entsprechend; der Verein kann im Fall von § 6 Satz 1 Vorschuss und Ersatz der Aufwendungen nach § 1835 Absatz 1, 1a und 4 des Bürgerlichen Gesetzbuchs verlangen. § 1835 Absatz 5 Satz 2 des Bürgerlichen Gesetzbuchs gilt entsprechend.

(3) Der Vereinsbetreuer selbst kann keine Vergütung und keinen Aufwendungsersatz nach diesem Gesetz oder nach den §§ 1835 bis 1836 des Bürgerlichen Gesetzbuchs geltend machen.

§ 8 Vergütung und Aufwendungsersatz für Behördenbetreuer

(1) Ist ein Behördenbetreuer bestellt, so kann der zuständigen Behörde eine Vergütung nach § 1836 Absatz 2 des Bürgerlichen Gesetzbuchs bewilligt werden, soweit der Umfang oder die Schwierigkeit der Betreuungsgeschäfte dies rechtfertigen. Dies gilt nur, soweit eine Inanspruchnahme des Betreuten nach § 1836c des Bürgerlichen Gesetzbuchs zulässig ist.

(2) Unabhängig von den Voraussetzungen nach Absatz 1 Satz 1 kann die Betreuungsbehörde Aufwendungsersatz nach § 1835 Absatz 1 Satz 1 und 2 in Verbindung mit Absatz 5 Satz 2 des Bürgerlichen Gesetzbuchs verlangen, soweit eine Inanspruchnahme des Betreuten nach § 1836c zulässig ist.

(3) Für den Behördenbetreuer selbst gilt § 7 Absatz 3 entsprechend.

(4) § 2 ist nicht anwendbar.

§ 9 Abrechnungszeitraum für die Betreuungsvergütung

Die Vergütung kann nach Ablauf von jeweils drei Monaten für diesen Zeitraum geltend gemacht werden. Dies gilt nicht für die Geltendmachung von Vergütung und Aufwendungsersatz in den Fällen des § 6.

§ 10 Mitteilung an die Betreuungsbehörde

(1) Wer Betreuungen entgeltlich führt, hat der Betreuungsbehörde, in deren Bezirk er seinen Sitz oder Wohnsitz hat, kalenderjährlich

1. die Zahl der von ihm im Kalenderjahr geführten Betreuungen aufgeschlüsselt nach Betreuten in stationären Einrichtungen und diesen gleichgestellten ambulant betreuten Wohnformen einerseits und anderen Wohnformen andererseits sowie

2. den von ihm für die Führung von Betreuungen im Kalenderjahr erhaltenen Geldbetrag mitzuteilen.

(2) Die Mitteilung erfolgt jeweils bis spätestens 31. März für den Schluss des vorangegangenen Kalenderjahrs. Die Betreuungsbehörde kann verlangen, dass der Betreuer die Richtigkeit der Mitteilung an Eides Statt versichert.

(3) Die Betreuungsbehörde ist berechtigt und auf Verlangen des Betreuungsgerichts verpflichtet, dem Betreuungsgericht diese Mitteilung zu übermitteln.

Abschnitt 4
Schlussvorschriften

§ 11 Umschulung und Fortbildung von Berufsvormündern

(1) Durch Landesrecht kann bestimmt werden, dass es einer abgeschlossenen Lehre im Sinne der § 3 Absatz 1 Satz 2 Nr. 1 und § 4 Absatz 3 Nummer 1 gleichsteht, wenn der Vormund oder Betreuer besondere Kenntnisse im Sinne dieser Vorschrift durch eine dem Abschluss einer Lehre vergleichbare Prüfung vor einer staatlichen oder staatlich anerkannten Stelle nachgewiesen hat. Zu einer solchen Prüfung darf nur zugelassen werden, wer

1. mindestens drei Jahre lang Vormundschaften oder Betreuungen berufsmäßig geführt und

2. an einer Umschulung oder Fortbildung teilgenommen hat, die besondere Kenntnisse im Sinne von § 3 Absatz 1 Satz 2 und § 4 Absatz 3 vermittelt, welche nach Art und Umfang den durch eine abgeschlossene Lehre vermittelten vergleichbar sind.

(2) Durch Landesrecht kann bestimmt werden, dass es einer abgeschlossenen Ausbildung an einer Hochschule im Sinne des § 3 Absatz 1 Satz 2 Nr. 2 und § 4 Absatz 3 Nummer 2 gleichsteht, wenn der Vormund oder Betreuer Kenntnisse im Sinne dieser Vorschrift durch eine Prüfung vor einer staatlichen oder staatlich anerkannten Stelle nachgewiesen hat. Zu einer solchen Prüfung darf nur zugelassen werden, wer

1. mindestens fünf Jahre lang Vormundschaften oder Betreuungen berufsmäßig geführt und

2. an einer Umschulung oder Fortbildung teilgenommen hat, die besondere Kenntnisse im Sinne von § 3 Absatz 1 Satz 2 und § 4 Absatz 3 vermittelt, welche nach Art und Umfang den durch eine abgeschlossene Ausbildung an einer Hochschule vermittelten vergleichbar sind.

(3) Das Landesrecht kann weitergehende Zulassungsvoraussetzungen aufstellen. Es regelt das Nähere über die an eine Umschulung oder Fortbildung im Sinne von Absatz 1 Satz 2 Nr. 2, Absatz 2 Satz 2 Nr. 2 zu stellenden Anforderungen, über Art und Umfang der zu erbringenden Prüfungsleistungen, über das Prüfungsverfahren und über die Zuständigkeiten. Das Landesrecht kann auch bestimmen, dass eine in einem anderen Land abgelegte Prüfung im Sinne dieser Vorschrift anerkannt wird.

§ 12 Übergangsregelungen

Auf Vergütungsansprüche von Betreuern, Vormündern, Pflegern und Verfahrenspflegern für Leistungen, die vor dem 27. Juli 2019 erbracht wurden, ist dieses Gesetz bis zum Ende des angefangenen Betreuungsmonats in seiner bis dahin geltenden Fassung anzuwenden.

Anlage

(zu § 4 Absatz 1)
Vergütungstabelle A

Nr.	Dauer der Betreuung	Nr.	Gewöhnlicher Aufenthaltsort	Nr.	Vermögensstatus	monatliche Pauschale
A1	In den ersten drei Monaten	A1.1	stationäre Einrichtung oder gleichgestellte ambulant betreute Wohnform	A1.1.1	mittellos	194,00 €
				A1.1.2	nicht mittellos	200,00 €
		A1.2	andere Wohnform	A1.2.1	mittellos	208,00 €
				A1.2.2	nicht mittellos	298,00 €
A2	Im vierten bis sechsten Monat	A2.1	stationäre Einrichtung oder gleichgestellte ambulant betreute Wohnform	A2.1.1	mittellos	129,00 €
				A2.1.2	nicht mittellos	158,00 €
		A2.2	andere Wohnform	A2.2.1	mittellos	170,00 €
				A2.2.2	nicht mittellos	208,00 €
A3	Im siebten bis zwölften Monat	A3.1	stationäre Einrichtung oder gleichgestellte ambulant betreute Wohnform	A3.1.1	mittellos	124,00 €
				A3.1.2	nicht mittellos	140,00 €
		A3.2	andere Wohnform	A3.2.1	mittellos	151,00 €
				A3.2.2	nicht mittellos	192,00 €
A4	Im 13. bis 24. Monat	A4.1	stationäre Einrichtung oder gleichgestellte ambulant betreute Wohnform	A4.1.1	mittellos	87,00 €
				A4.1.1	nicht mittellos	91,00 €
		A4.2	andere Wohnform	A4.2.1	mittellos	122,00 €
				A4.2.2	nicht mittellos	158,00 €
A5	Ab dem 25. Monat	A5.1	stationäre Einrichtung oder gleichgestellte ambulant betreute Wohnform	A5.1.1	mittellos	62,00 €
				A5.1.2	nicht mittellos	78,00 €
		A5.2	andere Wohnform	A5.2.1	mittellos	105,00 €
				A5.2.2	nicht mittellos	130,00 €

Vergütungstabelle B

Nr.	Dauer der Betreuung	Nr.	Gewöhnlicher Aufent-haltsort	Nr.	Vermögens-status	monatliche Pauschale
B1	In den ersten drei Mona-ten	B1.1	stationäre Einrichtung oder gleichgestellte ambulant betreute Wohnform	B1.1.1	mittellos	241,00 €
				B1.1.2	nicht mittel-los	249,00 €
		B1.2	andere Wohnform	B1.2.1	mittellos	258,00 €
				B1.2.2	nicht mittel-los	370,00 €
B2	Im vierten bis sechsten Monat	B2.1	stationäre Einrichtung oder gleichgestellte ambulant betreute Wohnform	B2.1.1	mittellos	158,00 €
				B2.1.2	nicht mittel-los	196,00 €
		B2.2	andere Wohnform	B2.2.1	mittellos	211,00 €
				B2.2.2	nicht mittel-los	258,00 €
B3	Im siebten bis zwölften Monat	B3.1	stationäre Einrichtung oder gleichgestellte ambulant betreute Wohnform	B3.1.1	mittellos	154,00 €
				B3.1.2	nicht mittel-los	174,00 €
		B3.2	andere Wohnform	B3.2.1	mittellos	188,00 €
				B3.2.2	nicht mittel-los	238,00 €
B4	Im 13. bis 24. Monat	B4.1	stationäre Einrichtung oder gleichgestellte ambulant betreute Wohnform	B4.1.1	mittellos	107,00 €
				B4.1.1	nicht mittel-los	113,00 €
		B4.2	andere Wohnform	B4.2.1	mittellos	151,00 €
				B4.2.2	nicht mittel-los	196,00 €
B5	Ab dem 25. Monat	B5.1	stationäre Einrichtung oder gleichgestellte ambulant betreute Wohnform	B5.1.1	mittellos	78,00 €
				B5.1.2	nicht mittel-los	96,00 €
		B5.2	andere Wohnform	B5.2.1	mittellos	130,00 €
				B5.2.2	nicht mittel-los	161,00 €

Vergütungstabelle C

Nr.	Dauer der Betreuung	Nr.	Gewöhnlicher Aufenthaltsort	Nr.	Vermögensstatus	monatliche Pauschale
C1	In den ersten drei Monaten	C1.1	stationäre Einrichtung oder gleichgestellte ambulant betreute Wohnform	C1.1.1	mittellos	317,00 €
				C1.1.2	nicht mittellos	327,00 €
		C1.2	andere Wohnform	C1.2.1	mittellos	339,00 €
				C1.2.2	nicht mittellos	486,00 €
C2	Im vierten bis sechsten Monat	C2.1	stationäre Einrichtung oder gleichgestellte ambulant betreute Wohnform	C2.1.1	mittellos	208,00 €
				C2.1.2	nicht mittellos	257,00 €
		C2.2	andere Wohnform	C2.2.1	mittellos	277,00 €
				C2.2.2	nicht mittellos	339,00 €
C3	Im siebten bis zwölften Monat	C3.1	stationäre Einrichtung oder gleichgestellte ambulant betreute Wohnform	C3.1.1	mittellos	202,00 €
				C3.1.2	nicht mittellos	229,00 €
		C3.2	andere Wohnform	C3.2.1	mittellos	246,00 €
				C3.2.2	nicht mittellos	312,00 €
C4	Im 13. bis 24. Monat	C4.1	stationäre Einrichtung oder gleichgestellte ambulant betreute Wohnform	C4.1.1	mittellos	141,00 €
				C4.1.1	nicht mittellos	149,00 €
		C4.2	andere Wohnform	C4.2.1	mittellos	198,00 €
				C4.2.2	nicht mittellos	257,00 €
C5	Ab dem 25. Monat	C5.1	stationäre Einrichtung oder gleichgestellte ambulant betreute Wohnform	C5.1.1	mittellos	102,00 €
				C5.1.2	nicht mittellos	127,00 €
		C5.2	andere Wohnform	C5.2.1	mittellos	171,00 €
				C5.2.2	nicht mittellos	211,00 €

3 Einführungsgesetz zum BGB

In der Fassung der Bekanntmachung vom 21. September 1994 (BGBl. I S. 2494), zuletzt geändert durch Gesetz vom 18. Dezember 2018 (BGBl. I S.2648)

– Auszug –

Artikel 229 Weitere Überleitungsvorschriften

...

§ 14 Übergangsvorschrift zum 2. Betreuungsrechtsänderungsgesetz vom 21. April 2005

Die Vergütungs- und Aufwendungsersatzansprüche von Vormündern, Betreuern und Pflegern, die vor dem 1. Juli 2005 entstanden sind, richten sich nach den bis zum Inkrafttreten des 2. Betreuungsrechtsänderungsgesetzes vom 21. April 2005 (BGBl. I S. 1073) geltenden Vorschriften.

§ 23 Überleitungsvorschrift zum Gesetz zur Änderung des Erb- und Verjährungsrechts

(1)   Die Vorschriften des Bürgerlichen Gesetzbuchs über die Verjährung in der seit dem 1. Januar 2010 geltenden Fassung sind auf die an diesem Tag bestehenden und nicht verjährten Ansprüche anzuwenden. Der Beginn der Verjährung und die Verjährungsfrist bestimmen sich nach den Vorschriften des Bürgerlichen Gesetzbuchs in der vor dem 1. Januar 2010 geltenden Fassung, wenn bei Anwendung dieser Vorschriften die Verjährung früher vollendet wird als bei Anwendung der entsprechenden Vorschriften nach Satz 1.

(2)   Bestimmen sich der Beginn und die Verjährungsfrist nach den Vorschriften des Bürgerlichen Gesetzbuchs in der seit dem 1. Januar 2010 geltenden Fassung, beginnt die Frist nicht vor dem 1. Januar 2010. Läuft die nach den Vorschriften des Bürgerlichen Gesetzbuchs in der vor dem 1. Januar 2010 geltenden Fassung bestimmte Verjährungsfrist früher ab als die Verjährungsfrist nach dem Bürgerlichen Gesetzbuch in der seit dem 1. Januar 2010 geltenden Fassung, ist die Verjährung mit Ablauf der Frist nach den vor dem 1. Januar 2010 geltenden Vorschriften vollendet.

(3)   Die Hemmung der Verjährung bestimmt sich für den Zeitraum vor dem 1. Januar 2010 nach den Vorschriften des Bürgerlichen Gesetzbuchs in der bis zu diesem Tag geltenden Fassung.

(4)   Im Übrigen gelten für Erbfälle vor dem 1. Januar 2010 die Vorschriften des Bürgerlichen Gesetzbuchs in der vor dem 1. Januar 2010 geltenden Fassung. Für Erbfälle seit dem 1. Januar 2010 gelten die Vorschriften des Bürgerlichen Gesetzbuchs in der seit dem 1. Januar 2010 geltenden Fassung, unabhängig davon, ob an Ereignisse aus der Zeit vor dem Inkrafttreten dieser Vorschriften angeknüpft wird.

4 Gesetz über das Verfahren in Familiensachen und in den Angelegenheiten der freiwilligen Gerichtsbarkeit (FamFG)

Artikel 1 des Gesetzes vom 17. Dezember 2008 (BGBl. I S. 2586), zuletzt geändert durch das Gesetz zur Anpassung der Betreuer- und Vormündervergütung vom 22. Juni 2019 (BGBl. I S. 866)

– Auszug –

§ 2 Örtliche Zuständigkeit

(1)   Unter mehreren örtlich zuständigen Gerichten ist das Gericht zuständig, das zuerst mit der Angelegenheit befasst ist.

(2)   Die örtliche Zuständigkeit eines Gerichts bleibt bei Veränderung der sie begründenden Umstände erhalten.

(3)   Gerichtliche Handlungen sind nicht deswegen unwirksam, weil sie von einem örtlich unzuständigen Gericht vorgenommen worden sind.

§ 3 Verweisung bei Unzuständigkeit

(1)   Ist das angerufene Gericht örtlich oder sachlich unzuständig, hat es sich, sofern das zuständige Gericht bestimmt werden kann, durch Beschluss für unzuständig zu erklären und die Sache an das zuständige Gericht zu verweisen. Vor der Verweisung sind die Beteiligten anzuhören.

(2)   Sind mehrere Gerichte zuständig, ist die Sache an das vom Antragsteller gewählte Gericht zu verweisen. Unterbleibt die Wahl oder ist das Verfahren von Amts wegen eingeleitet worden, ist die Sache an das vom angerufenen Gericht bestimmte Gericht zu verweisen.

(3)   Der Beschluss ist nicht anfechtbar. Er ist für das als zuständig bezeichnete Gericht bindend.

(4) Die im Verfahren vor dem angerufenen Gericht entstehenden Kosten werden als Teil der Kosten behandelt, die bei dem im Beschluss bezeichneten Gericht anfallen.

…

§ 7 Beteiligte

(1) In Antragsverfahren ist der Antragsteller Beteiligter.

(2) Als Beteiligte sind hinzuzuziehen:

1. diejenigen, deren Recht durch das Verfahren unmittelbar betroffen wird,

2. diejenigen, die auf Grund dieses oder eines anderen Gesetzes von Amts wegen oder auf Antrag zu beteiligen sind.

(3) Das Gericht kann von Amts wegen oder auf Antrag weitere Personen als Beteiligte hinzuziehen, soweit dies in diesem oder einem anderen Gesetz vorgesehen ist.

(4) Diejenigen, die auf ihren Antrag als Beteiligte zu dem Verfahren hinzuzuziehen sind oder hinzugezogen werden können, sind von der Einleitung des Verfahrens zu benachrichtigen, soweit sie dem Gericht bekannt sind. Sie sind über ihr Antragsrecht zu belehren.

(5) Das Gericht entscheidet durch Beschluss, wenn es einem Antrag auf Hinzuziehung gemäß Absatz 2 oder Absatz 3 nicht entspricht. Der Beschluss ist mit der sofortigen Beschwerde in entsprechender Anwendung der §§ 567 bis 572 der Zivilprozessordnung anfechtbar.

(6) Wer anzuhören ist oder eine Auskunft zu erteilen hat, ohne dass die Voraussetzungen des Absatzes 2 oder Absatzes 3 vorliegen, wird dadurch nicht Beteiligter.

…

§ 10 Bevollmächtigte

(1) Soweit eine Vertretung durch Rechtsanwälte nicht geboten ist, können die Beteiligten das Verfahren selbst betreiben.

(2) Die Beteiligten können sich durch einen Rechtsanwalt als Bevollmächtigten vertreten lassen. Darüber hinaus sind als Bevollmächtigte, soweit eine Vertretung durch Rechtsanwälte nicht geboten ist, vertretungsbefugt nur

1. Beschäftigte des Beteiligten oder eines mit ihm verbundenen Unternehmens (§ 15 des Aktiengesetzes); Behörden und juristische Personen des öffentlichen Rechts einschließlich der von ihnen zur Erfüllung ihrer öffentlichen Aufgaben gebildeten Zusammenschlüsse können sich auch durch Beschäftigte anderer Behörden oder juristischer Personen des öffentlichen Rechts einschließlich der von ihnen zur Erfüllung ihrer öffentlichen Aufgaben gebildeten Zusammenschlüsse vertreten lassen;

2. volljährige Familienangehörige (§ 15 der Abgabenordnung, § 11 des Lebenspartnerschaftsgesetzes), Personen mit Befähigung zum Richteramt und die Beteiligten, wenn die Vertretung nicht im Zusammenhang mit einer entgeltlichen Tätigkeit steht;

3. Notare.

(3) Das Gericht weist Bevollmächtigte, die nicht nach Maßgabe des Absatzes 2 vertretungsbefugt sind, durch unanfechtbaren Beschluss zurück. Verfahrenshandlungen, die ein nicht vertretungsbefugter Bevollmächtigter bis zu seiner Zurückweisung vorgenommen hat, und Zustellungen oder Mitteilungen an diesen Bevollmächtigten sind wirksam. Das Gericht kann den in Absatz 2 Satz 2 Nr. 1 und 2 bezeichneten Bevollmächtigten durch unanfechtbaren Beschluss die weitere Vertretung untersagen, wenn sie nicht in der Lage sind, das Sach- und Streitverhältnis sachgerecht darzustellen.

(4) Vor dem Bundesgerichtshof müssen sich die Beteiligten, außer im Verfahren über die Ausschließung und Ablehnung von Gerichtspersonen und im Verfahren über die Verfahrenskostenhilfe, durch einen beim Bundesgerichtshof zugelassenen Rechtsanwalt vertreten lassen. Behörden und juristische Personen des öffentlichen Rechts einschließlich der von ihnen zur Erfüllung ihrer öffentlichen Aufgaben gebildeten Zusammenschlüsse können sich durch eigene Beschäftigte mit Befähigung zum Richteramt oder durch Beschäftigte mit Befähigung zum Richteramt anderer Behörden oder juristischer Personen des öffentlichen Rechts einschließlich der von ihnen zur Erfüllung ihrer öffentlichen Aufgaben gebildeten Zusammenschlüsse vertreten lassen. Für die Beiordnung eines Notanwaltes gelten die §§ 78b und 78c der Zivilprozessordnung entsprechend.

(5) Richter dürfen nicht als Bevollmächtigte vor dem Gericht auftreten, dem sie angehören.

…

§ 23 Verfahrenseinleitender Antrag

(1)   Ein verfahrenseinleitender Antrag soll begründet werden. In dem Antrag sollen die zur Begründung dienenden Tatsachen und Beweismittel angegeben sowie die Personen benannt werden, die als Beteiligte in Betracht kommen. Der Antrag soll in geeigneten Fällen die Angabe enthalten, ob der Antragstellung der Versuch einer Mediation oder eines anderen Verfahrens der außergerichtlichen Konfliktbeilegung vorausgegangen ist, sowie eine Äußerung dazu, ob einem solchen Verfahren Gründe entgegenstehen. Urkunden, auf die Bezug genommen wird, sollen in Urschrift oder Abschrift beigefügt werden. Der Antrag soll von dem Antragsteller oder seinem Bevollmächtigten unterschrieben werden.

(2)   Das Gericht soll den Antrag an die übrigen Beteiligten übermitteln.

§ 24 Anregung des Verfahrens

(1)   Soweit Verfahren von Amts wegen eingeleitet werden können, kann die Einleitung eines Verfahrens angeregt werden.

(2)   Folgt das Gericht der Anregung nach Absatz 1 nicht, hat es denjenigen, der die Einleitung angeregt hat, darüber zu unterrichten, soweit ein berechtigtes Interesse an der Unterrichtung ersichtlich ist.

§ 25 Anträge und Erklärungen zur Niederschrift der Geschäftsstelle

(1)   Die Beteiligten können Anträge und Erklärungen gegenüber dem zuständigen Gericht schriftlich oder zur Niederschrift der Geschäftsstelle abgeben, soweit eine Vertretung durch einen Rechtsanwalt nicht notwendig ist.

(2)   Anträge und Erklärungen, deren Abgabe vor dem Urkundsbeamten der Geschäftsstelle zulässig ist, können vor der Geschäftsstelle eines jeden Amtsgerichts zur Niederschrift abgegeben werden.

(3)   Die Geschäftsstelle hat die Niederschrift unverzüglich an das Gericht zu übermitteln, an das der Antrag oder die Erklärung gerichtet ist. Die Wirkung einer Verfahrenshandlung tritt nicht ein, bevor die Niederschrift dort eingeht.

§ 26 Ermittlung von Amts wegen

Das Gericht hat von Amts wegen die zur Feststellung der entscheidungserheblichen Tatsachen erforderlichen Ermittlungen durchzuführen.

§ 27 Mitwirkung der Beteiligten

(1)   Die Beteiligten sollen bei der Ermittlung des Sachverhalts mitwirken.

(2)   Die Beteiligten haben ihre Erklärungen über tatsächliche Umstände vollständig und der Wahrheit gemäß abzugeben.

…

§ 38 Entscheidung durch Beschluss

(1)   Das Gericht entscheidet durch Beschluss, soweit durch die Entscheidung der Verfahrensgegenstand ganz oder teilweise erledigt wird (Endentscheidung). Für Registersachen kann durch Gesetz Abweichendes bestimmt werden.

(2)   Der Beschluss enthält

1. die Bezeichnung der Beteiligten, ihrer gesetzlichen Vertreter und der Bevollmächtigten;

2. die Bezeichnung des Gerichts und die Namen der Gerichtspersonen, die bei der Entscheidung mitgewirkt haben;

3. die Beschlussformel.

(3)   Der Beschluss ist zu begründen. Er ist zu unterschreiben. Das Datum der Übergabe des Beschlusses an die Geschäftsstelle oder der Bekanntgabe durch Verlesen der Beschlussformel (Erlass) ist auf dem Beschluss zu vermerken.

§ 39 Rechtsbehelfsbelehrung

Jeder Beschluss hat eine Belehrung über das statthafte Rechtsmittel, den Einspruch, den Widerspruch oder die Erinnerung sowie das Gericht, bei dem diese Rechtsbehelfe einzulegen sind, dessen Sitz und die einzuhaltende Form und Frist zu enthalten. Über die Sprungrechtsbeschwerde muss nicht belehrt werden.

§ 40 Wirksamwerden

(1)   Der Beschluss wird wirksam mit Bekanntgabe an den Beteiligten, für den er seinem wesentlichen Inhalt nach bestimmt ist.

(2)   Ein Beschluss, der die Genehmigung eines Rechtsgeschäfts zum Gegenstand hat, wird erst mit Rechtskraft wirksam. Dies ist mit der Entscheidung auszusprechen.

(3)   Ein Beschluss, durch den auf Antrag die Ermächtigung oder die Zustimmung eines anderen zu einem Rechtsgeschäft ersetzt oder die Beschränkung oder Ausschließung der Berechtigung des Ehegatten oder Lebenspartners, Geschäfte mit Wirkung für den anderen Ehegatten oder Lebenspartner zu besorgen (§ 1357 Abs. 2 Satz 1 des Bürgerlichen Gesetzbuchs, auch in Verbindung mit § 8 Abs. 2 des Lebenspartnerschaftsgesetzes), aufgehoben wird, wird erst mit Rechtskraft wirksam. Bei Gefahr im Verzug kann das Gericht die sofortige Wirksamkeit des Beschlusses anordnen. 3Der Beschluss wird mit Bekanntgabe an den Antragsteller wirksam.

§ 41 Bekanntgabe des Beschlusses

(1)   Der Beschluss ist den Beteiligten bekannt zu geben. Ein anfechtbarer Beschluss ist demjenigen zuzustellen, dessen erklärtem Willen er nicht entspricht.

(2)   Anwesenden kann der Beschluss auch durch Verlesen der Beschlussformel bekannt gegeben werden. Dies ist in den Akten zu vermerken. In diesem Fall ist die Begründung des Beschlusses unverzüglich nachzuholen. Der Beschluss ist im Fall des Satzes 1 auch schriftlich bekannt zu geben.

(3)   Ein Beschluss, der die Genehmigung eines Rechtsgeschäfts zum Gegenstand hat, ist auch demjenigen, für den das Rechtsgeschäft genehmigt wird, bekannt zu geben.

…

§ 45 Formelle Rechtskraft

Die Rechtskraft eines Beschlusses tritt nicht ein, bevor die Frist für die Einlegung des zulässigen Rechtsmittels oder des zulässigen Einspruchs, des Widerspruchs oder der Erinnerung abgelaufen ist. Der Eintritt der Rechtskraft wird dadurch gehemmt, dass das Rechtsmittel, der Einspruch, der Widerspruch oder die Erinnerung rechtzeitig eingelegt wird.

…

§ 58 Statthaftigkeit der Beschwerde

(1)   Die Beschwerde findet gegen die im ersten Rechtszug ergangenen Endentscheidungen der Amtsgerichte und Landgerichte in Angelegenheiten nach diesem Gesetz statt, sofern durch Gesetz nichts anderes bestimmt ist.

(2)   Der Beurteilung des Beschwerdegerichts unterliegen auch die nicht selbständig anfechtbaren Entscheidungen, die der Endentscheidung vorausgegangen sind.

§ 59 Beschwerdeberechtigte

(1)   Die Beschwerde steht demjenigen zu, der durch den Beschluss in seinen Rechten beeinträchtigt ist.

(2)   Wenn ein Beschluss nur auf Antrag erlassen werden kann und der Antrag zurückgewiesen worden ist, steht die Beschwerde nur dem Antragsteller zu.

(3)   Die Beschwerdeberechtigung von Behörden bestimmt sich nach den besonderen Vorschriften dieses oder eines anderen Gesetzes.

§ 60 Beschwerderecht Minderjähriger

Ein Kind, für das die elterliche Sorge besteht, oder ein unter Vormundschaft stehender Mündel kann in allen seine Person betreffenden Angelegenheiten ohne Mitwirkung seines gesetzlichen Vertreters das Beschwerderecht ausüben. Das Gleiche gilt in sonstigen Angelegenheiten, in denen das Kind oder der Mündel vor einer Entscheidung des Gerichts gehört werden soll. Dies gilt nicht für Personen, die geschäftsunfähig sind oder bei Erlass der Entscheidung das 14. Lebensjahr nicht vollendet haben.

§ 61 Beschwerdewert; Zulassungsbeschwerde

(1)   In vermögensrechtlichen Angelegenheiten ist die Beschwerde nur zulässig, wenn der Wert des Beschwerdegegenstandes 600 Euro übersteigt.

(2)   Übersteigt der Beschwerdegegenstand nicht den in Absatz 1 genannten Betrag, ist die Beschwerde zulässig, wenn das Gericht des ersten Rechtszugs die Beschwerde zugelassen hat.

(3)   Das Gericht des ersten Rechtszugs lässt die Beschwerde zu, wenn

1.   die Rechtssache grundsätzliche Bedeutung hat oder die Fortbildung des Rechts oder die Sicherung einer einheitlichen Rechtsprechung eine Entscheidung des Beschwerdegerichts erfordert und

2.   der Beteiligte durch den Beschluss mit nicht mehr als 600 Euro beschwert ist.

Das Beschwerdegericht ist an die Zulassung gebunden.

§ 62 Statthaftigkeit der Beschwerde nach Erledigung der Hauptsache

(1)   Hat sich die angefochtene Entscheidung in der Hauptsache erledigt, spricht das Beschwerdegericht auf Antrag aus, dass die Entscheidung des Gerichts des ersten Rechtszugs den Beschwerdeführer in seinen Rechten verletzt hat, wenn der Beschwerdeführer ein berechtigtes Interesse an der Feststellung hat.

(2)   Ein berechtigtes Interesse liegt in der Regel vor, wenn

1.   schwerwiegende Grundrechtseingriffe vorliegen oder

2.   eine Wiederholung konkret zu erwarten ist.

(3)   Hat der Verfahrensbeistand oder der Verfahrenspfleger die Beschwerde eingelegt, gelten die Absätze 1 und 2 entsprechend.

§ 63 Beschwerdefrist

(1)   Die Beschwerde ist, soweit gesetzlich keine andere Frist bestimmt ist, binnen einer Frist von einem Monat einzulegen.

(2)   Die Beschwerde ist binnen einer Frist von zwei Wochen einzulegen, wenn sie sich gegen folgende Entscheidungen richtet:

1.   Endentscheidungen im Verfahren der einstweiligen Anordnung oder

2.   Entscheidungen über Anträge auf Genehmigung eines Rechtsgeschäfts.

(3)   Die Frist beginnt jeweils mit der schriftlichen Bekanntgabe des Beschlusses an die Beteiligten. Kann die schriftliche Bekanntgabe an einen Beteiligten nicht bewirkt werden, beginnt die Frist spätestens mit Ablauf von fünf Monaten nach Erlass des Beschlusses.

§ 64 Einlegung der Beschwerde

(1)   Die Beschwerde ist bei dem Gericht einzulegen, dessen Beschluss angefochten wird. Anträge auf Bewilligung von Verfahrenskostenhilfe für eine beabsichtigte Beschwerde sind bei dem Gericht einzulegen, dessen Beschluss angefochten werden soll.

(2)   Die Beschwerde wird durch Einreichung einer Beschwerdeschrift oder zur Niederschrift der Geschäftsstelle eingelegt. Die Einlegung der Beschwerde zur Niederschrift der Geschäftsstelle ist in Ehesachen und in Familienstreitsachen ausgeschlossen. Die Beschwerde muss die Bezeichnung des angefochtenen Beschlusses sowie die Erklärung enthalten, dass Beschwerde gegen diesen Beschluss eingelegt wird. Sie ist von dem Beschwerdeführer oder seinem Bevollmächtigten zu unterzeichnen.

(3)   Das Beschwerdegericht kann vor der Entscheidung eine einstweilige Anordnung erlassen; es kann insbesondere anordnen, dass die Vollziehung des angefochtenen Beschlusses auszusetzen ist.

…

§ 69 Beschwerdeentscheidung

(1)   Das Beschwerdegericht hat in der Sache selbst zu entscheiden. Es darf die Sache unter Aufhebung des angefochtenen Beschlusses und des Verfahrens nur dann an das Gericht des ersten Rechtszugs zurückverweisen, wenn dieses in der Sache noch nicht entschieden hat. Das Gleiche gilt, soweit das Verfahren an einem wesentlichen Mangel leidet und zur Entscheidung eine umfangreiche oder aufwändige Beweiserhebung notwendig wäre und ein Beteiligter die Zurückverweisung beantragt. Das Gericht des ersten Rechtszugs hat die rechtliche Beurteilung, die das Beschwerdegericht der Aufhebung zugrunde gelegt hat, auch seiner Entscheidung zugrunde zu legen.

(2)   Der Beschluss des Beschwerdegerichts ist zu begründen.

(3)   Für die Beschwerdeentscheidung gelten im Übrigen die Vorschriften über den Beschluss im ersten Rechtszug entsprechend.

§ 70 Statthaftigkeit der Rechtsbeschwerde

(1)   Die Rechtsbeschwerde eines Beteiligten ist statthaft, wenn sie das Beschwerdegericht oder das Oberlandesgericht im ersten Rechtszug in dem Beschluss zugelassen hat.

(2)   Die Rechtsbeschwerde ist zuzulassen, wenn

1.   die Rechtssache grundsätzliche Bedeutung hat oder

2.   die Fortbildung des Rechts oder die Sicherung einer einheitlichen Rechtsprechung eine Entscheidung des Rechtsbeschwerdegerichts erfordert.

Das Rechtsbeschwerdegericht ist an die Zulassung gebunden.

(3)   Die Rechtsbeschwerde gegen einen Beschluss des Beschwerdegerichts ist ohne Zulassung statthaft in

1.   Betreuungssachen zur Bestellung eines Betreuers, zur Aufhebung einer Betreuung, zur Anordnung oder Aufhebung eines Einwilligungsvorbehalts,

2.   Unterbringungssachen sowie

3.   Freiheitsentziehungssachen.

In den Fällen des Satzes 1 Nr. 2 und 3 gilt dies nur, wenn sich die Rechtsbeschwerde gegen den Beschluss richtet, der die Unterbringung oder die freiheitsentziehende Maßnahme anordnet. In den Fällen des Satzes 1 Nummer 3 ist die Rechtsbeschwerde abweichend von Satz 2 auch dann ohne Zulassung statthaft, wenn sie sich gegen den eine freiheitsentziehende Maßnahme ablehnenden oder zurückweisenden Beschluss in den in § 417 Absatz 2 Satz 2 Nummer 5 genannten Verfahren richtet.

(4)   Gegen einen Beschluss im Verfahren über die Anordnung, Abänderung oder Aufhebung einer einstweiligen Anordnung oder eines Arrests findet die Rechtsbeschwerde nicht statt.

§ 71 Frist und Form der Rechtsbeschwerde

(1)   Die Rechtsbeschwerde ist binnen einer Frist von einem Monat nach der schriftlichen Bekanntgabe des Beschlusses durch Einreichen einer Beschwerdeschrift bei dem Rechtsbeschwerdegericht einzulegen. Die Rechtsbeschwerdeschrift muss enthalten:

1.   die Bezeichnung des Beschlusses, gegen den die Rechtsbeschwerde gerichtet wird, und

2.   die Erklärung, dass gegen diesen Beschluss Rechtsbeschwerde eingelegt werde.

Die Rechtsbeschwerdeschrift ist zu unterschreiben. Mit der Rechtsbeschwerdeschrift soll eine Ausfertigung oder beglaubigte Abschrift des angefochtenen Beschlusses vorgelegt werden.

(2)   Die Rechtsbeschwerde ist, sofern die Beschwerdeschrift keine Begründung enthält, binnen einer Frist von einem Monat zu begründen. Die Frist beginnt mit der schriftlichen Bekanntgabe des angefochtenen Beschlusses. § 551 Abs. 2 Satz 5 und 6 der Zivilprozessordnung gilt entsprechend.

(3)   Die Begründung der Rechtsbeschwerde muss enthalten:

1.   die Erklärung, inwieweit der Beschluss angefochten und dessen Aufhebung beantragt werde (Rechtsbeschwerdeanträge);

2.   die Angabe der Rechtsbeschwerdegründe, und zwar

   a)   die bestimmte Bezeichnung der Umstände, aus denen sich die Rechtsverletzung ergibt;

   b)   soweit die Rechtsbeschwerde darauf gestützt wird, dass das Gesetz in Bezug auf das Verfahren verletzt sei, die Bezeichnung der Tatsachen, die den Mangel ergeben.

(4)   Die Rechtsbeschwerde- und die Begründungsschrift sind den anderen Beteiligten bekannt zu geben.

§ 72 Gründe der Rechtsbeschwerde

(1)   Die Rechtsbeschwerde kann nur darauf gestützt werden, dass die angefochtene Entscheidung auf einer Verletzung des Rechts beruht. Das Recht ist verletzt, wenn eine Rechtsnorm nicht oder nicht richtig angewendet worden ist.

(2)   Die Rechtsbeschwerde kann nicht darauf gestützt werden, dass das Gericht des ersten Rechtszugs seine Zuständigkeit zu Unrecht angenommen hat.

(3)   Die §§ 547, 556 und 560 der Zivilprozessordnung gelten entsprechend.

…

§ 86 Vollstreckungstitel

(1)   Die Vollstreckung findet statt aus

1.   gerichtlichen Beschlüssen;

2.   gerichtlich gebilligten Vergleichen (§ 156 Abs. 2);

3.   weiteren Vollstreckungstiteln im Sinne des § 794 der Zivilprozessordnung, soweit die Beteiligten über den Gegenstand des Verfahrens verfügen können.

(2)   Beschlüsse sind mit Wirksamwerden vollstreckbar.

(3)   Vollstreckungstitel bedürfen der Vollstreckungsklausel nur, wenn die Vollstreckung nicht durch das Gericht erfolgt, das den Titel erlassen hat.

…

§ 95 Anwendung der Zivilprozessordnung

(1) Soweit in den vorstehenden Unterabschnitten nichts Abweichendes bestimmt ist, sind auf die Vollstreckung

1. wegen einer Geldforderung,

2. zur Herausgabe einer beweglichen oder unbeweglichen Sache,

3. zur Vornahme einer vertretbaren oder nicht vertretbaren Handlung,

4. zur Erzwingung von Duldungen und Unterlassungen oder

5. zur Abgabe einer Willenserklärung

die Vorschriften der Zivilprozessordnung über die Zwangsvollstreckung entsprechend anzuwenden.

(2) An die Stelle des Urteils tritt der Beschluss nach den Vorschriften dieses Gesetzes.

(3) Macht der aus einem Titel wegen einer Geldforderung Verpflichtete glaubhaft, dass die Vollstreckung ihm einen nicht zu ersetzenden Nachteil bringen würde, hat das Gericht auf seinen Antrag die Vollstreckung vor Eintritt der Rechtskraft in der Entscheidung auszuschließen. In den Fällen des § 707 Abs. 1 und des § 719 Abs. 1 der Zivilprozessordnung kann die Vollstreckung nur unter derselben Voraussetzung eingestellt werden.

(4) Ist die Verpflichtung zur Herausgabe oder Vorlage einer Sache oder zur Vornahme einer vertretbaren Handlung zu vollstrecken, so kann das Gericht durch Beschluss neben oder anstelle einer Maßnahme nach den §§ 883, 885 bis 887 der Zivilprozessordnung die in § 888 der Zivilprozessordnung vorgesehenen Maßnahmen anordnen, soweit ein Gesetz nicht etwas anderes bestimmt.

…

§ 158 Verfahrensbeistand

(1) Das Gericht hat dem minderjährigen Kind in Kindschaftssachen, die seine Person betreffen, einen geeigneten Verfahrensbeistand zu bestellen, soweit dies zur Wahrnehmung seiner Interessen erforderlich ist.

(2) Die Bestellung ist in der Regel erforderlich,

1. wenn das Interesse des Kindes zu dem seiner gesetzlichen Vertreter in erheblichem Gegensatz steht,

2. in Verfahren nach den §§ 1666 und 1666a des Bürgerlichen Gesetzbuchs, wenn die teilweise oder vollständige Entziehung der Personensorge in Betracht kommt,

3. wenn eine Trennung des Kindes von der Person erfolgen soll, in deren Obhut es sich befindet,

4. in Verfahren, die die Herausgabe des Kindes oder eine Verbleibensanordnung zum Gegenstand haben, oder

5. wenn der Ausschluss oder eine wesentliche Beschränkung des Umgangsrechts in Betracht kommt.

(3) Der Verfahrensbeistand ist so früh wie möglich zu bestellen. Er wird durch seine Bestellung als Beteiligter zum Verfahren hinzugezogen. Sieht das Gericht in den Fällen des Absatzes 2 von der Bestellung eines Verfahrensbeistands ab, ist dies in der Endentscheidung zu begründen. Die Bestellung eines Verfahrensbeistands oder deren Aufhebung sowie die Ablehnung einer derartigen Maßnahme sind nicht selbständig anfechtbar.

(4) Der Verfahrensbeistand hat das Interesse des Kindes festzustellen und im gerichtlichen Verfahren zur Geltung zu bringen. Er hat das Kind über Gegenstand, Ablauf und möglichen Ausgang des Verfahrens in geeigneter Weise zu informieren. Soweit nach den Umständen des Einzelfalls ein Erfordernis besteht, kann das Gericht dem Verfahrensbeistand die zusätzliche Aufgabe übertragen, Gespräche mit den Eltern und weiteren Bezugspersonen des Kindes zu führen sowie am Zustandekommen einer einvernehmlichen Regelung über den Verfahrensgegenstand mitzuwirken. Das Gericht hat Art und Umfang der Beauftragung konkret festzulegen und die Beauftragung zu begründen. Der Verfahrensbeistand kann im Interesse des Kindes Rechtsmittel einlegen. Er ist nicht gesetzlicher Vertreter des Kindes.

(5) Die Bestellung soll unterbleiben oder aufgehoben werden, wenn die Interessen des Kindes von einem Rechtsanwalt oder einem anderen geeigneten Verfahrensbevollmächtigten angemessen vertreten werden.

(6) Die Bestellung endet, sofern sie nicht vorher aufgehoben wird,

1. mit der Rechtskraft der das Verfahren abschließenden Entscheidung oder

2. mit dem sonstigen Abschluss des Verfahrens.

(7) Für den Ersatz von Aufwendungen des nicht berufsmäßigen Verfahrensbeistands gilt § 277 Abs. 1 entsprechend. Wird die Verfahrensbeistandschaft berufsmäßig geführt, erhält der Verfahrensbeistand für die Wahrnehmung seiner Aufgaben nach Absatz 4 in jedem Rechtszug jeweils eine einmalige Vergütung in Höhe von 350 Euro. Im Fall der Übertragung von Aufgaben nach Absatz 4 Satz 3 erhöht sich die Vergütung auf 550 Euro. Die Vergütung gilt auch Ansprüche auf Ersatz anlässlich der Verfahrensbeistandschaft entstandener Aufwendungen sowie die auf die Vergütung anfallende Umsatzsteuer ab. Der Aufwendungsersatz und die Vergütung sind stets aus der Staatskasse zu zahlen. Im Übrigen gilt § 168 Abs. 1 entsprechend.

(8)   Dem Verfahrensbeistand sind keine Kosten aufzuerlegen.

..

§ 168 Beschluss über Zahlungen des Mündels

(1)   Das Gericht setzt durch Beschluss fest, wenn der Vormund, Gegenvormund oder Mündel die gerichtliche Festsetzung beantragt oder das Gericht sie für angemessen hält:

1.   Vorschuss, Ersatz von Aufwendungen, Aufwandsentschädigung, soweit der Vormund oder Gegenvormund sie aus der Staatskasse verlangen kann (§ 1835 Abs. 4 und § 1835a Abs. 3 des Bürgerlichen Gesetzbuchs) oder ihm nicht die Vermögenssorge übertragen wurde;

2.   eine dem Vormund oder Gegenvormund zu bewilligende Vergütung oder Abschlagszahlung (§ 1836 des Bürgerlichen Gesetzbuchs).

Mit der Festsetzung bestimmt das Gericht Höhe und Zeitpunkt der Zahlungen, die der Mündel an die Staatskasse nach den §§ 1836c und 1836e des Bürgerlichen Gesetzbuchs zu leisten hat. Es kann die Zahlungen gesondert festsetzen, wenn dies zweckmäßig ist. Erfolgt keine Festsetzung nach Satz 1 und richten sich die in Satz 1 bezeichneten Ansprüche gegen die Staatskasse, gelten die Vorschriften über das Verfahren bei der Entschädigung von Zeugen hinsichtlich ihrer baren Auslagen sinngemäß.

(2)   In dem Antrag sollen die persönlichen und wirtschaftlichen Verhältnisse des Mündels dargestellt werden. § 118 Abs. 2 Satz 1 und 2 sowie § 120 Absatz 2 und 3 sowie § 120a Absatz 1 Satz 1 bis 3 der Zivilprozessordnung sind entsprechend anzuwenden. Steht nach der freien Überzeugung des Gerichts der Aufwand zur Ermittlung der persönlichen und wirtschaftlichen Verhältnisse des Mündels außer Verhältnis zur Höhe des aus der Staatskasse zu begleichenden Anspruchs oder zur Höhe der voraussichtlich vom Mündel zu leistenden Zahlungen, kann das Gericht ohne weitere Prüfung den Anspruch festsetzen oder von einer Festsetzung der vom Mündel zu leistenden Zahlungen absehen.

(3)   Nach dem Tode des Mündels bestimmt das Gericht Höhe und Zeitpunkt der Zahlungen, die der Erbe des Mündels nach § 1836e des Bürgerlichen Gesetzbuchs an die Staatskasse zu leisten hat. Der Erbe ist verpflichtet, dem Gericht über den Bestand des Nachlasses Auskunft zu erteilen. Er hat dem Gericht auf Verlangen ein Verzeichnis der zur Erbschaft gehörenden Gegenstände vorzulegen und an Eides statt zu versichern, dass er nach bestem Wissen und Gewissen den Bestand so vollständig angegeben habe, als er dazu imstande sei.

(4)   Der Mündel ist zu hören, bevor nach Absatz 1 eine von ihm zu leistende Zahlung festgesetzt wird. Vor einer Entscheidung nach Absatz 3 ist der Erbe zu hören.

(5)   Auf die Pflegschaft sind die Absätze 1 bis 4 entsprechend anzuwenden.

...

§ 277 Vergütung und Aufwendungsersatz des Verfahrenspflegers

(1)   Der Verfahrenspfleger erhält Ersatz seiner Aufwendungen nach § 1835 Abs. 1 bis 2 des Bürgerlichen Gesetzbuchs. Vorschuss kann nicht verlangt werden. Eine Behörde oder ein Verein erhält als Verfahrenspfleger keinen Aufwendungsersatz.

(2)   § 1836 Abs. 1 und 3 des Bürgerlichen Gesetzbuchs gilt entsprechend. Wird die Verfahrenspflegschaft ausnahmsweise berufsmäßig geführt, erhält der Verfahrenspfleger neben den Aufwendungen nach Absatz 1 eine Vergütung in entsprechender Anwendung der §§ 1, 2 und 3 Abs. 1 und 2 des Vormünder- und Betreuervergütungsgesetzes.

(3)   Anstelle des Aufwendungsersatzes und der Vergütung nach den Absätzen 1 und 2 kann das Gericht dem Verfahrenspfleger einen festen Geldbetrag zubilligen, wenn die für die Führung der Pflegschaftsgeschäfte erforderliche Zeit vorhersehbar und ihre Ausschöpfung durch den Verfahrenspfleger gewährleistet ist. Bei der Bemessung des Geldbetrags ist die voraussichtlich erforderliche Zeit mit den in § 3 Abs. 1 des Vormünder- und Betreuervergütungsgesetzes bestimmten Stundensätzen zuzüglich einer Aufwandspauschale von 4 Euro je veranschlagter Stunde zu vergüten. In diesem Fall braucht der Verfahrenspfleger die von ihm aufgewandte Zeit und eingesetzten Mittel nicht nachzuweisen; weitergehende Aufwendungsersatz- und Vergütungsansprüche stehen ihm nicht zu.

(4)   Ist ein Mitarbeiter eines anerkannten Betreuungsvereins als Verfahrenspfleger bestellt, stehen der Aufwendungsersatz und die Vergütung nach den Absätzen 1 bis 3 dem Verein zu. § 7 Abs. 1 Satz 2 und Abs. 3 des Vormünder- und Betreuervergütungsgesetzes sowie § 1835 Abs. 5 Satz 2 des Bürgerlichen Gesetzbuchs gelten entsprechend. Ist ein Bediensteter der Betreuungsbehörde als Verfahrenspfleger für das Verfahren bestellt, erhält die Betreuungsbehörde keinen Aufwendungsersatz und keine Vergütung.

(5)   Der Aufwendungsersatz und die Vergütung des Verfahrenspflegers sind stets aus der Staatskasse zu zahlen. Im Übrigen gilt § 168 Abs. 1 entsprechend.

...

§ 292 Zahlungen an den Betreuer

(1) In Betreuungsverfahren gilt § 168 entsprechend.

(2) Die Landesregierungen werden ermächtigt, durch Rechtsverordnung für Anträge und Erklärungen auf Ersatz von Aufwendungen und Bewilligung von Vergütung Formulare einzuführen. Soweit Formulare eingeführt sind, müssen sich Personen, die die Betreuung im Rahmen der Berufsausübung führen, ihrer bedienen und sie als elektronisches Dokument einreichen, wenn dieses für die automatische Bearbeitung durch das Gericht geeignet ist. Andernfalls liegt keine ordnungsgemäße Geltendmachung im Sinne von § 1836 Abs. 1 Satz 2 des Bürgerlichen Gesetzbuchs in Verbindung mit § 1 des Vormünder- und Betreuungsvergütungsgesetzes vor. Die Landesregierungen können die Ermächtigung nach Satz 1 durch Rechtsverordnung auf die Landesjustizverwaltungen übertragen.

…

§ 303 Ergänzende Vorschriften über die Beschwerde

(1) Das Recht der Beschwerde steht der zuständigen Behörde gegen Entscheidungen über

1. die Bestellung eines Betreuers oder die Anordnung eines Einwilligungsvorbehalts,

2. Umfang, Inhalt oder Bestand einer in Nummer 1 genannten Maßnahme

zu.

(2) Das Recht der Beschwerde gegen eine von Amts wegen ergangene Entscheidung steht im Interesse des Betroffenen

1. dessen Ehegatten oder Lebenspartner, wenn die Ehegatten oder Lebenspartner nicht dauernd getrennt leben, sowie den Eltern, Großeltern, Pflegeeltern, Abkömmlingen und Geschwistern des Betroffenen sowie

2. einer Person seines Vertrauens

zu, wenn sie im ersten Rechtszug beteiligt worden sind.

(3) Das Recht der Beschwerde steht dem Verfahrenspfleger zu.

(4) Der Betreuer oder der Vorsorgebevollmächtigte kann gegen eine Entscheidung, die seinen Aufgabenkreis betrifft, auch im Namen des Betroffenen Beschwerde einlegen. Führen mehrere Betreuer oder Vorsorgebevollmächtigte ihr Amt gemeinschaftlich, kann jeder von ihnen für den Betroffenen selbständig Beschwerde einlegen.

§ 304 Beschwerde der Staatskasse

(1) Das Recht der Beschwerde steht dem Vertreter der Staatskasse zu, soweit die Interessen der Staatskasse durch den Beschluss betroffen sind. Hat der Vertreter der Staatskasse geltend gemacht, der Betreuer habe eine Abrechnung falsch erteilt oder der Betreute könne anstelle eines nach § 1897 Abs. 6 des Bürgerlichen Gesetzbuchs bestellten Betreuers durch eine oder mehrere andere geeignete Personen außerhalb einer Berufsausübung betreut werden, steht ihm gegen einen die Entlassung des Betreuers ablehnenden Beschluss die Beschwerde zu.

(2) Die Frist zur Einlegung der Beschwerde durch den Vertreter der Staatskasse beträgt drei Monate und beginnt mit der formlosen Mitteilung (§ 15 Abs. 3) an ihn.

…

§ 318 Vergütung und Aufwendungsersatz des Verfahrenspflegers (in Unterbringungssachen)

Für die Vergütung und den Aufwendungsersatz des Verfahrenspflegers gilt § 277 entsprechend.

5 Gerichts- und Notarkostengesetz (GNotKG)

Artikel 1 des Gesetzes vom 23. Juli 2013 (BGBl. I S. 2586), zuletzt geändert durch Gesetz vom 17. Dezember 2018 (BGBl. I S. 2573)

– Auszug –

§ 20 Nachforderung von Gerichtskosten

(1) Wegen eines unrichtigen Ansatzes dürfen Gerichtskosten nur nachgefordert werden, wenn der berichtigte Ansatz dem Zahlungspflichtigen vor Ablauf des nächsten Kalenderjahres nach Absendung der den Rechtszug abschließenden Kostenrechnung (Schlusskostenrechnung), bei Verfahren, in denen Jahresgebühren erhoben werden, nach Absendung der Jahresrechnung, mitgeteilt worden ist. Dies gilt nicht, wenn die Nachforderung auf vorsätzlich oder grob fahrlässig falschen Angaben des Kostenschuldners beruht oder wenn der ursprüngliche Kostenansatz unter einem bestimmten Vorbehalt erfolgt ist.

(2)   Ist innerhalb der Frist des Absatzes 1 ein Rechtsbehelf wegen des Hauptgegenstands oder wegen der Kosten eingelegt oder dem Zahlungspflichtigen mitgeteilt worden, dass ein Wertermittlungsverfahren eingeleitet ist, ist die Nachforderung bis zum Ablauf des nächsten Kalenderjahres nach Beendigung dieser Verfahren möglich.

(3)   Ist der Wert gerichtlich festgesetzt worden, genügt es, wenn der berichtigte Ansatz dem Zahlungspflichtigen drei Monate nach der letzten Wertfestsetzung mitgeteilt worden ist.

6   Rechtspflegergesetz (RPflG)

Vom 5. November 1969 (BGBl. I S. 2065), zuletzt geändert durch Gesetz vom 17. Dezember 2018 (BGBl. I S. 2573)

– Auszug –

§ 11   Rechtsbehelfe

(1)   Gegen die Entscheidungen des Rechtspflegers ist das Rechtsmittel gegeben, das nach den allgemeinen verfahrensrechtlichen Vorschriften zulässig ist.

(2)   Kann gegen die Entscheidung nach den allgemeinen verfahrensrechtlichen Vorschriften ein Rechtsmittel nicht eingelegt werden, so findet die Erinnerung statt, die innerhalb einer Frist von zwei Wochen einzulegen ist. Hat der Erinnerungsführer die Frist ohne sein Verschulden nicht eingehalten, ist ihm auf Antrag Wiedereinsetzung in den vorigen Stand zu gewähren, wenn er die Erinnerung binnen zwei Wochen nach der Beseitigung des Hindernisses einlegt und die Tatsachen, welche die Wiedereinsetzung begründen, glaubhaft macht. Ein Fehlen des Verschuldens wird vermutet, wenn eine Rechtsbehelfsbelehrung unterblieben oder fehlerhaft ist. Die Wiedereinsetzung kann nach Ablauf eines Jahres, von dem Ende der versäumten Frist an gerechnet, nicht mehr beantragt werden. Der Rechtspfleger kann der Erinnerung abhelfen. Erinnerungen, denen er nicht abhilft, legt er dem Richter zur Entscheidung vor. Auf die Erinnerung sind im Übrigen die Vorschriften der Zivilprozessordnung über die sofortige Beschwerde sinngemäß anzuwenden.

(3)   Gerichtliche Verfügungen, Beschlüsse oder Zeugnisse, die nach den Vorschriften der Grundbuchordnung, der Schiffsregisterordnung oder des Gesetzes über das Verfahren in Familiensachen und in den Angelegenheiten der freiwilligen Gerichtsbarkeit wirksam geworden sind und nicht mehr geändert werden können, sind mit der Erinnerung nicht anfechtbar. Die Erinnerung ist ferner in den Fällen der §§ 694, 700 der Zivilprozessordnung und gegen Entscheidungen über die Gewährung eines Stimmrechts (§§ 77 der Insolvenzordnung) ausgeschlossen.

(4)   Das Erinnerungsverfahren ist gerichtsgebührenfrei.

…

7   Zivilprozessordnung (ZPO)

In der Fassung der Bekanntmachung vom 5. Dezember 2005 (BGBl. I S. 3202, ber. 2006 I S. 431, 2007 I S. 1781), zuletzt geändert durch Gesetz vom 31. Januar 2019 (BGBl. I S. 54)

– Auszug –

…

§ 118   Bewilligungsverfahren

(1)   Dem Gegner ist Gelegenheit zur Stellungnahme zu geben, ob er die Voraussetzungen für die Bewilligung von Prozesskostenhilfe für gegeben hält, soweit dies aus besonderen Gründen nicht unzweckmäßig erscheint. Die Stellungnahme kann vor der Geschäftsstelle zu Protokoll erklärt werden. Das Gericht kann die Parteien zur mündlichen Erörterung laden, wenn eine Einigung zu erwarten ist; ein Vergleich ist zu gerichtlichem Protokoll zu nehmen. Dem Gegner entstandene Kosten werden nicht erstattet. Die durch die Vernehmung von Zeugen und Sachverständigen nach Absatz 2 Satz 3 entstandenen Auslagen sind als Gerichtskosten von der Partei zu tragen, der die Kosten des Rechtsstreits auferlegt sind.

(2)   Das Gericht kann verlangen, dass der Antragsteller seine tatsächlichen Angaben glaubhaft macht, es kann insbesondere auch die Abgabe einer Versicherung an Eides statt fordern. Es kann Erhebungen anstellen, insbesondere die Vorlegung von Urkunden anordnen und Auskünfte einholen. Zeugen und Sachverständige werden nicht vernommen, es sei denn, dass auf andere Weise nicht geklärt werden kann, ob die Rechtsverfolgung oder Rechtsverteidigung hinreichende Aussicht auf Erfolg bietet und nicht mutwillig erscheint; eine Beeidigung findet nicht statt. Hat der Antragsteller innerhalb einer von dem Gericht gesetzten Frist Angaben über seine persönlichen und wirtschaftlichen Verhältnisse nicht glaubhaft gemacht oder bestimmte Fragen nicht oder ungenügend beantwortet, so lehnt das Gericht die Bewilligung von Prozesskostenhilfe insoweit ab.

(3)   Die in Absatz 1, 2 bezeichneten Maßnahmen werden von dem Vorsitzenden oder einem von ihm beauftragten Mitglied des Gerichts durchgeführt.

§ 120 Festsetzung von Zahlungen

(1)   Mit der Bewilligung der Prozesskostenhilfe setzt das Gericht zu zahlende Monatsraten und aus dem Vermögen zu zahlende Beträge fest. Setzt das Gericht nach § 115 Absatz 1 Satz 3 Nummer 5 mit Rücksicht auf besondere Belastungen von dem Einkommen Beträge ab und ist anzunehmen, dass die Belastungen bis zum Ablauf von vier Jahren ganz oder teilweise entfallen werden, so setzt das Gericht zugleich diejenigen Zahlungen fest, die sich ergeben, wenn die Belastungen nicht oder nur in verringertem Umfang berücksichtigt werden, und bestimmt den Zeitpunkt, von dem an sie zu erbringen sind.

(2)   Die Zahlungen sind an die Landeskasse zu leisten, im Verfahren vor dem Bundesgerichtshof an die Bundeskasse, wenn Prozesskostenhilfe in einem vorherigen Rechtszug nicht bewilligt worden ist.

(3)   Das Gericht soll die vorläufige Einstellung der Zahlungen bestimmen,

1.   wenn die Zahlungen der Partei die voraussichtlichen Kosten decken;

2.   wenn die Partei, ein ihr beigeordneter Rechtsanwalt oder die Bundes- oder Landeskasse die Kosten gegen einen anderen am Verfahren Beteiligten geltend machen kann.

§ 120a Änderung der Bewilligung

(1)   Das Gericht soll die Entscheidung über die zu leistenden Zahlungen ändern, wenn sich die für die Prozesskostenhilfe maßgebenden persönlichen oder wirtschaftlichen Verhältnisse wesentlich verändert haben. Eine Änderung der nach § 115 Absatz 1 Satz 3 Nummer 1 Buchstabe b und Nummer 2 maßgebenden Beträge ist nur auf Antrag und nur dann zu berücksichtigen, wenn sie dazu führt, dass keine Monatsrate zu zahlen ist. Auf Verlangen des Gerichts muss die Partei jederzeit erklären, ob eine Veränderung der Verhältnisse eingetreten ist. Eine Änderung zum Nachteil der Partei ist ausgeschlossen, wenn seit der rechtskräftigen Entscheidung oder der sonstigen Beendigung des Verfahrens vier Jahre vergangen sind.

(2)   Verbessern sich vor dem in Absatz 1 Satz 4 genannten Zeitpunkt die wirtschaftlichen Verhältnisse der Partei wesentlich oder ändert sich ihre Anschrift, hat sie dies dem Gericht unverzüglich mitzuteilen. Bezieht die Partei ein laufendes monatliches Einkommen, ist eine Einkommensverbesserung nur wesentlich, wenn die Differenz zu dem bisher zu Grunde gelegten Bruttoeinkommen nicht nur einmalig 100 Euro übersteigt. Satz 2 gilt entsprechend, soweit abzugsfähige Belastungen entfallen. Hierüber und über die Folgen eines Verstoßes ist die Partei bei der Antragstellung in dem gemäß § 117 Absatz 3 eingeführten Formular zu belehren.

(3)   Eine wesentliche Verbesserung der wirtschaftlichen Verhältnisse kann insbesondere dadurch eintreten, dass die Partei durch die Rechtsverfolgung oder Rechtsverteidigung etwas erlangt. Das Gericht soll nach der rechtskräftigen Entscheidung oder der sonstigen Beendigung des Verfahrens prüfen, ob eine Änderung der Entscheidung über die zu leistenden Zahlungen mit Rücksicht auf das durch die Rechtsverfolgung oder Rechtsverteidigung Erlangte geboten ist. 3Eine Änderung der Entscheidung ist ausgeschlossen, soweit die Partei bei rechtzeitiger Leistung des durch die Rechtsverfolgung oder Rechtsverteidigung Erlangten ratenfreie Prozesskostenhilfe erhalten hätte.

(4)   Für die Erklärung über die Änderung der persönlichen oder wirtschaftlichen Verhältnisse nach Absatz 1 Satz 3 muss die Partei das gemäß § 117 Absatz 3 eingeführte Formular benutzen. Für die Überprüfung der persönlichen und wirtschaftlichen Verhältnisse gilt § 118 Absatz 2 entsprechend.

…

§ 130a Elektronisches Dokument

(1)   Vorbereitende Schriftsätze und deren Anlagen, schriftlich einzureichende Anträge und Erklärungen der Parteien sowie schriftlich einzureichende Auskünfte, Aussagen, Gutachten, Übersetzungen und Erklärungen Dritter können nach Maßgabe der folgenden Absätze als elektronisches Dokument bei Gericht eingereicht werden.

(2)   Das elektronische Dokument muss für die Bearbeitung durch das Gericht geeignet sein. Die Bundesregierung bestimmt durch Rechtsverordnung mit Zustimmung des Bundesrates die für die Übermittlung und Bearbeitung geeigneten technischen Rahmenbedingungen.

(3)   Das elektronische Dokument muss mit einer qualifizierten elektronischen Signatur der verantwortenden Person versehen sein oder von der verantwortenden Person signiert und auf einem sicheren Übermittlungsweg eingereicht werden.

(4)   Sichere Übermittlungswege sind

1.   der Postfach- und Versanddienst eines De-Mail-Kontos, wenn der Absender bei Versand der Nachricht sicher im Sinne des § 4 Absatz 1 Satz 2 des De-Mail-Gesetzes angemeldet ist und er sich die sichere Anmeldung gemäß § 5 Absatz 5 des De-Mail-Gesetzes bestätigen lässt,

2. der Übermittlungsweg zwischen dem besonderen elektronischen Anwaltspostfach nach § 31a der Bundesrechtsanwaltsordnung oder einem entsprechenden, auf gesetzlicher Grundlage errichteten elektronischen Postfach und der elektronischen Poststelle des Gerichts,

3. der Übermittlungsweg zwischen einem nach Durchführung eines Identifizierungsverfahrens eingerichteten Postfach einer Behörde oder einer juristischen Person des öffentlichen Rechts und der elektronischen Poststelle des Gerichts; das Nähere regelt die Verordnung nach Absatz 2 Satz 2,

4. sonstige bundeseinheitliche Übermittlungswege, die durch Rechtsverordnung der Bundesregierung mit Zustimmung des Bundesrates festgelegt werden, bei denen die Authentizität und Integrität der Daten sowie die Barrierefreiheit gewährleistet sind.

(5) Ein elektronisches Dokument ist eingegangen, sobald es auf der für den Empfang bestimmten Einrichtung des Gerichts gespeichert ist. Dem Absender ist eine automatisierte Bestätigung über den Zeitpunkt des Eingangs zu erteilen.

(6) Ist ein elektronisches Dokument für das Gericht zur Bearbeitung nicht geeignet, ist dies dem Absender unter Hinweis auf die Unwirksamkeit des Eingangs und auf die geltenden technischen Rahmenbedingungen unverzüglich mitzuteilen. Das Dokument gilt als zum Zeitpunkt der früheren Einreichung eingegangen, sofern der Absender es unverzüglich in einer für das Gericht zur Bearbeitung geeigneten Form nachreicht und glaubhaft macht, dass es mit dem zuerst eingereichten Dokument inhaltlich übereinstimmt.

…

§ 850b Bedingt pfändbare Bezüge

(1) Unpfändbar sind ferner

1. Renten, die wegen einer Verletzung des Körpers oder der Gesundheit zu entrichten sind;

2. Unterhaltsrenten, die auf gesetzlicher Vorschrift beruhen, sowie die wegen Entziehung einer solchen Forderung zu entrichtenden Renten;

3. fortlaufende Einkünfte, die ein Schuldner aus Stiftungen oder sonst auf Grund der Fürsorge und Freigebigkeit eines Dritten oder auf Grund eines Altenteils oder Auszugsvertrags bezieht;

4. Bezüge aus Witwen-, Waisen-, Hilfs- und Krankenkassen, die ausschließlich oder zu einem wesentlichen Teil zu Unterstützungszwecken gewährt werden, ferner Ansprüche aus Lebensversicherungen, die nur auf den Todesfall des Versicherungsnehmers abgeschlossen sind, wenn die Versicherungssumme 3.579 Euro nicht übersteigt.

(2) Diese Bezüge können nach den für Arbeitseinkommen geltenden Vorschriften gepfändet werden, wenn die Vollstreckung in das sonstige bewegliche Vermögen des Schuldners zu einer vollständigen Befriedigung des Gläubigers nicht geführt hat oder voraussichtlich nicht führen wird und wenn nach den Umständen des Falles, insbesondere nach der Art des beizutreibenden Anspruchs und der Höhe der Bezüge, die Pfändung der Billigkeit entspricht.

(3) Das Vollstreckungsgericht soll vor seiner Entscheidung die Beteiligten hören.

…

8 Justizvergütungs- und -entschädigungsgesetz – JVEG

Vom 5. Mai 2004 (BGBl. I S. 718, 776), zuletzt geändert durch Gesetz vom 11. Oktober 2016 (BGBl. I S. 2222)

– Auszug –

§ 5 Fahrtkostenersatz

(1) Bei Benutzung von öffentlichen, regelmäßig verkehrenden Beförderungsmitteln werden die tatsächlich entstandenen Auslagen bis zur Höhe der entsprechenden Kosten für die Benutzung der ersten Wagenklasse der Bahn einschließlich der Auslagen für Platzreservierung und Beförderung des notwendigen Gepäcks ersetzt.

(2) Bei Benutzung eines eigenen oder unentgeltlich zur Nutzung überlassenen Kraftfahrzeugs werden

1. dem Zeugen oder dem Dritten (§ 23) zur Abgeltung der Betriebskosten sowie zur Abgeltung der Abnutzung des Kraftfahrzeugs 0,25 Euro,

2. den in § 1 Abs. 1 Satz 1 Nr. 1 und 2 genannten Anspruchsberechtigten zur Abgeltung der Anschaffungs-, Unterhaltungs- und Betriebskosten sowie zur Abgeltung der Abnutzung des Kraftfahrzeugs 0,30 Euro

für jeden gefahrenen Kilometer ersetzt zuzüglich der durch die Benutzung des Kraftfahrzeugs aus Anlass der Reise regelmäßig anfallenden baren Auslagen, insbesondere der Parkentgelte. Bei der Benutzung durch mehrere Personen kann die Pauschale nur einmal geltend gemacht werden. Bei der Benutzung eines Kraftfahrzeugs, das nicht zu den Fahrzeugen nach Absatz 1 oder Satz 1 zählt, werden die tatsächlich entstandenen Auslagen bis zur Höhe der in Satz 1 genannten Fahrtkosten ersetzt; zusätzlich werden die durch die Benutzung des Kraftfahrzeugs aus Anlass der Reise angefallenen regelmäßigen baren Auslagen, insbesondere die Parkentgelte, ersetzt, soweit sie der Berechtigte zu tragen hat.

(3) Höhere als die in Absatz 1 oder Absatz 2 bezeichneten Fahrtkosten werden ersetzt, soweit dadurch Mehrbeträge an Vergütung oder Entschädigung erspart werden oder höhere Fahrtkosten wegen besonderer Umstände notwendig sind.

(4) Für Reisen während der Terminsdauer werden die Fahrtkosten nur insoweit ersetzt, als dadurch Mehrbeträge an Vergütung oder Entschädigung erspart werden, die beim Verbleiben an der Terminsstelle gewährt werden müssten.

(5) Wird die Reise zum Ort des Termins von einem anderen als dem in der Ladung oder Terminsmitteilung bezeichneten oder der zuständigen Stelle unverzüglich angezeigten Ort angetreten oder wird zu einem anderen als zu diesem Ort zurückgefahren, werden Mehrkosten nach billigem Ermessen nur dann ersetzt, wenn der Berechtigte zu diesen Fahrten durch besondere Umstände genötigt war.

§ 22 Entschädigung für Verdienstausfall

Zeugen, denen ein Verdienstausfall entsteht, erhalten eine Entschädigung, die sich nach dem regelmäßigen Bruttoverdienst einschließlich der vom Arbeitgeber zu tragenden Sozialversicherungsbeiträge richtet und für jede Stunde höchstens 21 Euro beträgt. Gefangene, die keinen Verdienstausfall aus einem privatrechtlichen Arbeitsverhältnis haben, erhalten Ersatz in Höhe der entgangenen Zuwendung der Vollzugsbehörde.

9 Justizbeitreibungsgesetz (JBeitrG)

In der Fassung der Bekanntmachung vom 27. Juni 2017 BGBl. I S. 1926; zuletzt geändert durch Gesetz vom 30. Juni 2017 BGBl. I S. 2094

– Auszug –

…

§ 1 Nach dieser Verordnung beizutreibende Ansprüche

(1) Nach diesem Gesetz werden folgende Ansprüche beigetrieben, soweit sie von Justizbehörden des Bundes einzuziehen sind:

1. Geldstrafen und andere Ansprüche, deren Beitreibung sich nach den Vorschriften über die Vollstreckung von Geldstrafen richtet;

2. gerichtlich erkannte Geldbußen und Nebenfolgen einer Ordnungswidrigkeit, die zu einer Geldzahlung verpflichten;

   2a. Ansprüche aus gerichtlichen Anordnungen über den Verfall, die Einziehung oder die Unbrauchbarmachung einer Sache;

   2b. Ansprüche aus gerichtlichen Anordnungen über die Herausgabe von Akten und sonstigen Unterlagen nach § 407a Abs. 4 Satz 2 der Zivilprozessordnung;

3. Ordnungs- und Zwangsgelder;

4. Gerichtskosten;

   4a. Ansprüche auf Zahlung der vom Gericht im Verfahren der Prozesskostenhilfe oder nach § 4b der Insolvenzordnung bestimmten Beträge;

   4b. nach den §§ 168 und 292 Abs. 1 des Gesetzes über das Verfahren in Familiensachen und in den Angelegenheiten der freiwilligen Gerichtsbarkeit festgesetzte Ansprüche;

5. Zulassungs- und Prüfungsgebühren;

6. alle sonstigen Justizverwaltungsabgaben;

7. Kosten der Gerichtsvollzieher und Vollziehungsbeamten, soweit sie selbständig oder gleichzeitig mit einem Anspruch, der nach den Vorschriften dieser Justizbeitreibungsordnung vollstreckt wird, bei dem Auftraggeber oder Ersatzpflichtigen beigetrieben werden;

8. Ansprüche gegen Beamte, nichtbeamtete Beisitzer und Vertrauenspersonen, gegen Rechtsanwälte, Vormünder, Betreuer, Pfleger und Verfahrenspfleger, gegen Zeugen und Sachverständige sowie gegen mittellose Personen auf Erstattung von Beträgen, die ihnen in einem gerichtlichen Verfahren zu viel gezahlt sind;

9. Ansprüche gegen Beschuldigte und Nebenbeteiligte auf Erstattung von Beträgen, die ihnen in den Fällen der §§ 465, 467, 467a, 470, 472b, 473 der Strafprozessordnung zu viel gezahlt sind;

10. alle sonstigen Ansprüche, die nach Bundes- oder Landesrecht im Verwaltungszwangsverfahren beigetrieben werden können, soweit nicht ein Bundesgesetz vorschreibt, dass sich die Vollstreckung nach dem Verwaltungsvollstreckungsgesetz oder der Abgabenordnung richtet.

(2)   Dieses Gesetz findet auch auf die Einziehung von Ansprüchen im Sinne des Absatzes 1 durch Justizbehörden der Länder Anwendung, soweit die Ansprüche auf bundesrechtlicher Regelung beruhen.

(3)   Die Vorschriften dieses Gesetzes über das gerichtliche Verfahren finden auch dann Anwendung, wenn sonstige Ansprüche durch die Justizbehörden der Länder im Verwaltungszwangsverfahren eingezogen werden.

(4)   Werden zusammen mit einem Anspruch nach Absatz 1 Nr. 1 bis 3 die Kosten des Verfahrens beigetrieben, so gelten auch für die Kosten die Vorschriften über die Vollstreckung dieses Anspruchs.

(5)   Nach diesem Gesetz werden auch die Gebühren und Auslagen des Deutschen Patentamts und die sonstigen dem Absatz 1 entsprechenden Ansprüche, die beim Deutschen Patentamt entstehen, beigetrieben. Dies gilt auch für Ansprüche gegen Patentanwälte und Erlaubnisscheininhaber.

(6)   Die Landesregierungen werden ermächtigt, durch Rechtsverordnung abweichend von diesem Gesetz zu bestimmen, dass Gerichtskosten in den Fällen des § 109 Abs. 2 des Gesetzes über Ordnungswidrigkeiten und des § 27 des Gerichtskostengesetzes nach Vorschriften des Landesrechts beigetrieben werden. Die Landesregierungen können nen die Ermächtigung durch Rechtsverordnung auf die Landesjustizverwaltung übertragen.c

…

10 Insolvenzordnung

Vom 5. Oktober 1994 (BGBl. I S. 2866), zuletzt geändert durch Gesetz vom 23. Juni 2017 (BGBl. I S. 1693)

– Auszug –

…

§ 324 Masseverbindlichkeiten

(1)   Masseverbindlichkeiten sind außer den in den §§ 54, 55 bezeichneten Verbindlichkeiten:

1. die Aufwendungen, die dem Erben nach den §§ 1978, 1979 des Bürgerlichen Gesetzbuchs aus dem Nachlass zu ersetzen sind;

2. die Kosten der Beerdigung des Erblassers;

3. die im Falle der Todeserklärung des Erblassers dem Nachlass zur Last fallenden Kosten des Verfahrens;

4. die Kosten der Eröffnung einer Verfügung des Erblassers von Todes wegen, der gerichtlichen Sicherung des Nachlasses, einer Nachlasspflegschaft, des Aufgebots der Nachlassgläubiger und der Inventarerrichtung;

5. die Verbindlichkeiten aus den von einem Nachlasspfleger oder einem Testamentsvollstrecker vorgenommenen Rechtsgeschäften;

6. die Verbindlichkeiten, die für den Erben gegenüber einem Nachlasspfleger, einem Testamentsvollstrecker oder einem Erben, der die Erbschaft ausgeschlagen hat, aus der Geschäftsführung dieser Personen entstanden sind, soweit die Nachlassgläubiger verpflichtet wären, wenn die bezeichneten Personen die Geschäfte für sie zu besorgen gehabt hätten.

(2)   Im Falle der Masseunzulänglichkeit haben die in Absatz 1 bezeichneten Verbindlichkeiten den Rang des § 209 Abs. 1 Nr. 3.

…

11 Erstes Buch Sozialgesetzbuch – Allgemeiner Teil

Artikel 1 des Gesetzes vom 11. Dezember 1975, BGBl I S. 3015), zuletzt geändert durch Gesetz vom 17. August 2017 (BGBl. I S. 3214)

– Auszug –

§ 30 Geltungsbereich

(1) Die Vorschriften dieses Gesetzbuchs gelten für alle Personen, die ihren Wohnsitz oder gewöhnlichen Aufenthalt in seinem Geltungsbereich haben.

(2) Regelungen des über- und zwischenstaatlichen Rechts bleiben unberührt.

(3) Einen Wohnsitz hat jemand dort, wo er eine Wohnung unter Umständen innehat, die darauf schließen lassen, dass er die Wohnung beibehalten und benutzen wird. Den gewöhnlichen Aufenthalt hat jemand dort, wo er sich unter Umständen aufhält, die erkennen lassen, dass er an diesem Ort oder in diesem Gebiet nicht nur vorübergehend verweilt.

12 Zehntes Buch Sozialgesetzbuch – Sozialverwaltungsverfahren und Sozialdatenschutz –

In der Fassung der Bekanntmachung vom 18.1.2001 (BGBl. I S. 130), zuletzt geändert durch Gesetz vom 18 Dezember 2018 (BGBl. I S. 2639)

– Auszug –

…

§ 15 Bestellung eines Vertreters von Amts wegen

(1) Ist ein Vertreter nicht vorhanden, hat das Gericht auf Ersuchen der Behörde einen geeigneten Vertreter zu bestellen

1. für einen Beteiligten, dessen Person unbekannt ist,

2. für einen abwesenden Beteiligten, dessen Aufenthalt unbekannt ist oder der an der Besorgung seiner Angelegenheiten verhindert ist,

3. für einen Beteiligten ohne Aufenthalt im Inland, wenn er der Aufforderung der Behörde, einen Vertreter zu bestellen, innerhalb der ihm gesetzten Frist nicht nachgekommen ist,

4. für einen Beteiligten, der infolge einer psychischen Krankheit oder körperlichen, geistigen oder seelischen Behinderung nicht in der Lage ist, in dem Verwaltungsverfahren selbst tätig zu werden.

(2) Für die Bestellung des Vertreters ist in den Fällen des Absatzes 1 Nr. 4 das Betreuungsgericht zuständig, in dessen Bezirk der Beteiligte seinen gewöhnlichen Aufenthalt hat; im Übrigen ist das Betreuungsgericht zuständig, in dessen Bezirk die ersuchende Behörde ihren Sitz hat. Ist der Beteiligte minderjährig, tritt an die Stelle des Betreuungsgerichts das Familiengericht.

(3) Der Vertreter hat gegen den Rechtsträger der Behörde, die um seine Bestellung ersucht hat, Anspruch auf eine angemessene Vergütung und auf die Erstattung seiner baren Auslagen. Die Behörde kann von dem Vertretenen Ersatz ihrer Aufwendungen verlangen. Sie bestimmt die Vergütung und stellt die Auslagen und Aufwendungen fest.

(4) Im Übrigen gelten für die Bestellung und für das Amt des Vertreters in den Fällen des Absatzes 1 Nr. 4 die Vorschriften über die Betreuung, in den übrigen Fällen die Vorschriften über die Pflegschaft entsprechend.

…

13 Sozialgesetzbuch (SGB) Zwölftes Buch (XII) – Sozialhilfe –

Vom 27. Dezember 2003 (BGBl. I S. 3022, 3023), zuletzt geändert durch Gesetz vom 18 April 2019 (BGBl. I S. 473)

– Auszug –

Sechstes Kapitel
Eingliederungshilfe für behinderte Menschen

§ 60a Sonderregelungen zum Einsatz von Vermögen

Bis zum 31. Dezember 2019 gilt für Personen, die Leistungen nach diesem Kapitel erhalten, ein zusätzlicher Betrag von bis zu 25 000 Euro für die Lebensführung und die Alterssicherung im Sinne von § 90 Absatz 3 Satz 2 als angemessen; § 90 Absatz 3 Satz 1 bleibt unberührt.

*Redaktioneller Hinweis: Der Vermögensfreibetrag wird ab 2020 nochmals erhöht. Der Vermögensschonbetrag bemisst sich dann nach 150% der jährlichen Bezugsgröße des § 18 Abs. 1 SGB IV. Zum Stand 1.1.2019 beträgt die Bezugsgröße 37.380,00 €, woraus sich ein Vermögensschonbetrag in Höhe von 56.070,00 € ergeben würde. Die Bestimmung ist laut BGH[12] **nicht auf die Betreuervergütung** anwendbar.*

…

Siebtes Kapitel
Hilfe zur Pflege

§ 66a Sonderregelungen zum Einsatz von Vermögen

Für Personen, die Leistungen nach diesem Kapitel erhalten, gilt ein zusätzlicher Betrag von bis zu 25 000 Euro für die Lebensführung und die Alterssicherung im Sinne von § 90 Absatz 3 Satz 2 als angemessen, sofern dieser Betrag ganz oder überwiegend als Einkommen aus selbständiger und nichtselbständiger Tätigkeit der Leistungsberechtigten während des Leistungsbezugs erworben wird; § 90 Absatz 3 Satz 1 bleibt unberührt.

Elftes Kapitel
Einsatz des Einkommens und des Vermögens

Erster Abschnitt
Einkommen

§ 82 Begriff des Einkommens

(1)   Zum Einkommen gehören alle Einkünfte in Geld oder Geldeswert mit Ausnahme der Leistungen nach diesem Buch, der Grundrente nach dem Bundesversorgungsgesetz und nach den Gesetzen, die eine entsprechende Anwendung des Bundesversorgungsgesetzes vorsehen, und der Renten oder Beihilfen nach dem Bundesentschädigungsgesetz für Schaden an Leben sowie an Körper oder Gesundheit bis zur Höhe der vergleichbaren Grundrente nach dem Bundesversorgungsgesetz. Einkünfte aus Rückerstattungen, die auf Vorauszahlungen beruhen, die Leistungsberechtigte aus dem Regelsatz erbracht haben, sind kein Einkommen. Bei Minderjährigen ist das Kindergeld dem jeweiligen Kind als Einkommen zuzurechnen, soweit es bei diesem zur Deckung des notwendigen Lebensunterhaltes, mit Ausnahme der Bedarfe nach § 34, benötigt wird.

(2)   Von dem Einkommen sind abzusetzen

1. auf das Einkommen entrichtete Steuern,

2. Pflichtbeiträge zur Sozialversicherung einschließlich der Beiträge zur Arbeitsförderung,

3. Beiträge zu öffentlichen oder privaten Versicherungen oder ähnlichen Einrichtungen, soweit diese Beiträge gesetzlich vorgeschrieben oder nach Grund und Höhe angemessen sind, sowie geförderte Altersvorsorgebeiträge nach § 82 des Einkommensteuergesetzes, soweit sie den Mindesteigenbeitrag nach § 86 des Einkommensteuergesetzes nicht überschreiten, und

4. die mit der Erzielung des Einkommens verbundenen notwendigen Ausgaben.

---

12   Vgl. BHGH, Beschluss vom 20.3.2019, FamRZ 2019, 1006

Erhält eine leistungsberechtigte Person aus einer Tätigkeit Bezüge oder Einnahmen, die nach § 3 Nummer 12, 26, 26a oder 26b des Einkommensteuergesetzes steuerfrei sind, ist abweichend von Satz 1 Nummer 2 bis 4 und den Absätzen 3 und 6 ein Betrag von bis zu 200 Euro monatlich nicht als Einkommen zu berücksichtigen. Soweit ein Betrag nach Satz 2 in Anspruch genommen wird, gelten die Beträge nach Absatz 3 Satz 1 zweiter Halbsatz und nach Absatz 6 Satz 1 zweiter Halbsatz insoweit als ausgeschöpft.

(3) Bei der Hilfe zum Lebensunterhalt und Grundsicherung im Alter und bei Erwerbsminderung ist ferner ein Betrag in Höhe von 30 vom Hundert des Einkommens aus selbständiger und nichtselbständiger Tätigkeit der Leistungsberechtigten abzusetzen, höchstens jedoch 50 vom Hundert der Regelbedarfsstufe 1 nach der Anlage zu § 28. Abweichend von Satz 1 ist bei einer Beschäftigung in einer Werkstatt für behinderte Menschen oder bei einem anderen Leistungsanbieter nach § 60 des Neunten Buches von dem Entgelt ein Achtel der Regelbedarfsstufe 1 nach der Anlage zu § 28 zuzüglich 50 vom Hundert des diesen Betrag übersteigenden Entgelts abzusetzen. Im Übrigen kann in begründeten Fällen ein anderer als in Satz 1 festgelegter Betrag vom Einkommen abgesetzt werden.

(4) Bei der Hilfe zum Lebensunterhalt und Grundsicherung im Alter und bei Erwerbsminderung ist ferner ein Betrag von 100 Euro monatlich aus einer zusätzlichen Altersvorsorge der Leistungsberechtigten zuzüglich 30 vom Hundert des diesen Betrag übersteigenden Einkommens aus einer zusätzlichen Altersvorsorge der Leistungsberechtigten abzusetzen, höchstens jedoch 50 vom Hundert der Regelbedarfsstufe 1 nach der Anlage zu § 28.

(5) Einkommen aus einer zusätzlichen Altersvorsorge im Sinne des Absatzes 4 ist jedes monatlich bis zum Lebensende ausgezahlte Einkommen, auf das der Leistungsberechtigte vor Erreichen der Regelaltersgrenze auf freiwilliger Grundlage Ansprüche erworben hat und das dazu bestimmt und geeignet ist, die Einkommenssituation des Leistungsberechtigten gegenüber möglichen Ansprüchen aus Zeiten einer Versicherungspflicht in der gesetzlichen Rentenversicherung nach den §§ 1 bis 4 des Sechsten Buches, nach § 1 des Gesetzes über die Alterssicherung der Landwirte, aus beamtenrechtlichen Versorgungsansprüchen und aus Ansprüchen aus Zeiten einer Versicherungspflicht in einer Versicherungs- und Versorgungseinrichtung, die für Angehörige bestimmter Berufe errichtet ist, zu verbessern. Als Einkommen aus einer zusätzlichen Altersvorsorge gelten auch laufende Zahlungen aus

1. einer betrieblichen Altersversorgung im Sinne des Betriebsrentengesetzes,

2. einem nach § 5 des Altersvorsorgeverträge-Zertifizierungsgesetzes zertifizierten Altersvorsorgevertrag und

3. einem nach § 5a des Altersvorsorgeverträge-Zertifizierungsgesetzes zertifizierten Basisrentenvertrag.

Werden bis zu zwölf Monatsleistungen aus einer zusätzlichen Altersvorsorge, insbesondere gemäß einer Vereinbarung nach § 10 Absatz 1 Nummer 2 Satz 3 erster Halbsatz des Einkommensteuergesetzes, zusammengefasst, so ist das Einkommen gleichmäßig auf den Zeitraum aufzuteilen, für den die Auszahlung erfolgte.

(6) Für Personen, die Leistungen der Hilfe zur Pflege erhalten, ist ein Betrag in Höhe von 40 vom Hundert des Einkommens aus selbständiger und nichtselbständiger Tätigkeit der Leistungsberechtigten abzusetzen, höchstens jedoch 65 vom Hundert der Regelbedarfsstufe 1 nach der Anlage zu § 28. Für Personen, die Leistungen der Eingliederungshilfe für behinderte Menschen erhalten, gilt Satz 1 bis zum 31. Dezember 2019 entsprechend.

(7) Einmalige Einnahmen, bei denen für den Monat des Zuflusses bereits Leistungen ohne Berücksichtigung der Einnahme erbracht worden sind, werden im Folgemonat berücksichtigt. Entfiele der Leistungsanspruch durch die Berücksichtigung in einem Monat, ist die einmalige Einnahme auf einen Zeitraum von sechs Monaten gleichmäßig zu verteilen und mit einem entsprechenden Teilbetrag zu berücksichtigen. In begründeten Einzelfällen ist der Anrechnungszeitraum nach Satz 2 angemessen zu verkürzen. Die Sätze 1 und 2 sind auch anzuwenden, soweit während des Leistungsbezugs eine Auszahlung zur Abfindung einer Kleinbetragsrente im Sinne des § 93 Absatz 3 Satz 2 des Einkommensteuergesetzes oder nach § 3 Absatz 2 des Betriebsrentengesetzes erfolgt und durch den ausgezahlten Betrag das Vermögen überschritten wird, welches nach § 90 Absatz 2 Nummer 9 und Absatz 3 nicht einzusetzen ist.

§ 83 Nach Zweck und Inhalt bestimmte Leistungen

(1) Leistungen, die auf Grund öffentlich-rechtlicher Vorschriften zu einem ausdrücklich genannten Zweck erbracht werden, sind nur so weit als Einkommen zu berücksichtigen, als die Sozialhilfe im Einzelfall demselben Zweck dient.

(2) Eine Entschädigung, die wegen eines Schadens, der nicht Vermögensschaden ist, nach § 253 Abs. 2 des Bürgerlichen Gesetzbuches geleistet wird, ist nicht als Einkommen zu berücksichtigen.

§ 84 Zuwendungen

(1) Zuwendungen der freien Wohlfahrtspflege bleiben als Einkommen außer Betracht. Dies gilt nicht, soweit die Zuwendung die Lage der Leistungsberechtigten so günstig beeinflusst, dass daneben Sozialhilfe ungerechtfertigt wäre.

(2) Zuwendungen, die ein anderer erbringt, ohne hierzu eine rechtliche oder sittliche Pflicht zu haben, sollen als Einkommen außer Betracht bleiben, soweit ihre Berücksichtigung für die Leistungsberechtigten eine besondere Härte bedeuten würde.

Zweiter Abschnitt
Einkommensgrenzen für die Leistungen nach dem Fünften bis Neunten Kapitel

§ 85 Einkommensgrenze

(1) Bei der Hilfe nach dem Fünften bis Neunten Kapitel ist der nachfragenden Person und ihrem nicht getrennt lebenden Ehegatten oder Lebenspartner die Aufbringung der Mittel nicht zuzumuten, wenn während der Dauer des Bedarfs ihr monatliches Einkommen zusammen eine Einkommensgrenze nicht übersteigt, die sich ergibt aus

1. einem Grundbetrag in Höhe des Zweifachen der Regelbedarfsstufe 1 nach der Anlage zu § 28,

2. den Aufwendungen für die Unterkunft, soweit diese den der Besonderheit des Einzelfalles angemessenen Umfang nicht übersteigen und

3. einem Familienzuschlag in Höhe des auf volle Euro aufgerundeten Betrages von 70 vom Hundert der Regelbedarfsstufe 1 nach der Anlage zu § 28 für den nicht getrennt lebenden Ehegatten oder Lebenspartner und für jede Person, die von der nachfragenden Person, ihrem nicht getrennt lebenden Ehegatten oder Lebenspartner überwiegend unterhalten worden ist oder für die sie nach der Entscheidung über die Erbringung der Sozialhilfe unterhaltspflichtig werden.

(2) Ist die nachfragende Person minderjährig und unverheiratet, so ist ihr und ihren Eltern die Aufbringung der Mittel nicht zuzumuten, wenn während der Dauer des Bedarfs das monatliche Einkommen der nachfragenden Person und ihrer Eltern zusammen eine Einkommensgrenze nicht übersteigt, die sich ergibt aus

1. einem Grundbetrag in Höhe des Zweifachen der Regelbedarfsstufe 1 nach der Anlage zu § 28,

2. den Aufwendungen für die Unterkunft, soweit diese den der Besonderheit des Einzelfalles angemessenen Umfang nicht übersteigen und

3. einem Familienzuschlag in Höhe des auf volle Euro aufgerundeten Betrages von 70 vom Hundert der Regelbedarfsstufe 1 nach der Anlage zu § 28 für einen Elternteil, wenn die Eltern zusammenleben, sowie für die nachfragende Person und für jede Person, die von den Eltern oder der nachfragenden Person überwiegend unterhalten worden ist oder für die sie nach der Entscheidung über die Erbringung der Sozialhilfe unterhaltspflichtig werden.

Leben die Eltern nicht zusammen, richtet sich die Einkommensgrenze nach dem Elternteil, bei dem die nachfragende Person lebt. Lebt sie bei keinem Elternteil, bestimmt sich die Einkommensgrenze nach Absatz 1.

(3) Die Regelbedarfsstufe 1 nach der Anlage zu § 28 bestimmt sich nach dem Ort, an dem der Leistungsberechtigte die Leistung erhält. Bei der Leistung in einer Einrichtung sowie bei Unterbringung in einer anderen Familie oder bei den in § 107 genannten anderen Personen bestimmt er sich nach dem gewöhnlichen Aufenthalt des Leistungsberechtigten oder, wenn im Falle des Absatzes 2 auch das Einkommen seiner Eltern oder eines Elternteils maßgebend ist, nach deren gewöhnlichem Aufenthalt. Ist ein gewöhnlicher Aufenthalt im Inland nicht vorhanden oder nicht zu ermitteln, ist Satz 1 anzuwenden.

§ 86 Abweichender Grundbetrag

Die Länder und, soweit landesrechtliche Vorschriften nicht entgegenstehen, auch die Träger der Sozialhilfe können für bestimmte Arten der Hilfe nach dem Fünften bis Neunten Kapitel der Einkommensgrenze einen höheren Grundbetrag zu Grunde legen[13].

§ 87 Einsatz des Einkommens über der Einkommensgrenze

(1) Soweit das zu berücksichtigende Einkommen die Einkommensgrenze übersteigt, ist die Aufbringung der Mittel in angemessenem Umfang zuzumuten. Bei der Prüfung, welcher Umfang angemessen ist, sind insbesondere die Art des Bedarfs, die Art oder Schwere der Behinderung oder der Pflegebedürftigkeit, die Dauer und Höhe der erforderlichen Aufwendungen sowie besondere Belastungen der nachfragenden Person und ihrer unterhaltsberechtigten Angehörigen zu berücksichtigen. Bei Pflegebedürftigen der Pflegegrade 4 und 5 und blinden Menschen nach § 72 ist ein Einsatz des Einkommens über der Einkommensgrenze in Höhe von mindestens 60 vom Hundert nicht zuzumuten.

(2) Verliert die nachfragende Person durch den Eintritt eines Bedarfsfalles ihr Einkommen ganz oder teilweise und ist ihr Bedarf nur von kurzer Dauer, so kann die Aufbringung der Mittel auch aus dem Einkommen verlangt werden, das sie innerhalb eines angemessenen Zeitraumes nach dem Wegfall des Bedarfs erwirbt und das die Einkommensgrenze übersteigt, jedoch nur insoweit, als ihr ohne den Verlust des Einkommens die Aufbringung der Mittel zuzumuten gewesen wäre.

---

13 Abweichender kommunaler Grundbetrag im Gebiet der Stadt München

(3)   Bei einmaligen Leistungen zur Beschaffung von Bedarfsgegenständen, deren Gebrauch für mindestens ein Jahr bestimmt ist, kann die Aufbringung der Mittel nach Maßgabe des Absatzes 1 auch aus dem Einkommen verlangt werden, das die in § 19 Abs. 3 genannten Personen innerhalb eines Zeitraumes von bis zu drei Monaten nach Ablauf des Monats, in dem über die Leistung entschieden worden ist, erwerben.

§ 88 Einsatz des Einkommens unter der Einkommensgrenze

(1)   Die Aufbringung der Mittel kann, auch soweit das Einkommen unter der Einkommensgrenze liegt, verlangt werden,

1.   soweit von einem anderen Leistungen für einen besonderen Zweck erbracht werden, für den sonst Sozialhilfe zu leisten wäre,

2.   wenn zur Deckung des Bedarfs nur geringfügige Mittel erforderlich sind.

Darüber hinaus soll in angemessenem Umfang die Aufbringung der Mittel verlangt werden, wenn eine Person für voraussichtlich längere Zeit Leistungen in einer stationären Einrichtung bedarf.

(2)   Bei einer stationären Leistung in einer stationären Einrichtung wird von dem Einkommen, das der Leistungsberechtigte aus einer entgeltlichen Beschäftigung erzielt, die Aufbringung der Mittel in Höhe von einem Achtel der Regelbedarfsstufe 1 nach der Anlage zu § 28 zuzüglich 50 vom Hundert des diesen Betrag übersteigenden Einkommens aus der Beschäftigung nicht verlangt. § 82 Absatz 3 und 6 ist nicht anzuwenden.

§ 89 Einsatz des Einkommens bei mehrfachem Bedarf

(1)   Wird im Einzelfall der Einsatz eines Teils des Einkommens zur Deckung eines bestimmten Bedarfs zugemutet oder verlangt, darf dieser Teil des Einkommens bei der Prüfung, inwieweit der Einsatz des Einkommens für einen anderen gleichzeitig bestehenden Bedarf zuzumuten ist oder verlangt werden kann, nicht berücksichtigt werden.

(2)   Sind im Fall des Absatzes 1 für die Bedarfsfälle verschiedene Träger der Sozialhilfe zuständig, hat die Entscheidung über die Leistung für den zuerst eingetretenen Bedarf den Vorrang. Treten die Bedarfsfälle gleichzeitig ein, ist das über der Einkommensgrenze liegende Einkommen zu gleichen Teilen bei den Bedarfsfällen zu berücksichtigen.

Dritter Abschnitt
Vermögen

§ 90 Einzusetzendes Vermögen

(1)   Einzusetzen ist das gesamte verwertbare Vermögen.

(2)   Die Sozialhilfe darf nicht abhängig gemacht werden vom Einsatz oder von der Verwertung

1.   eines Vermögens, das aus öffentlichen Mitteln zum Aufbau oder zur Sicherung einer Lebensgrundlage oder zur Gründung eines Hausstandes erbracht wird,

2.   eines nach § 10a oder Abschnitt XI des Einkommensteuergesetzes geförderten Altersvorsorgevermögens im Sinne des § 92 des Einkommensteuergesetzes; dies gilt auch für das in der Auszahlungsphase insgesamt zur Verfügung stehende Kapital, soweit die Auszahlung als monatliche oder als sonstige regelmäßige Leistung im Sinne von § 82 Absatz 5 Satz 3 erfolgt; für diese Auszahlungen ist § 82 Absatz 4 und 5 anzuwenden,

3.   eines sonstigen Vermögens, solange es nachweislich zur baldigen Beschaffung oder Erhaltung eines Hausgrundstücks im Sinne der Nummer 8 bestimmt ist, soweit dieses Wohnzwecken behinderter (§ 53 Abs. 1 Satz 1 und § 72) oder pflegebedürftiger Menschen (§ 61) dient oder dienen soll und dieser Zweck durch den Einsatz oder die Verwertung des Vermögens gefährdet würde,

4.   eines angemessenen Hausrats; dabei sind die bisherigen Lebensverhältnisse der nachfragenden Person zu berücksichtigen,

5.   von Gegenständen, die zur Aufnahme oder Fortsetzung der Berufsausbildung oder der Erwerbstätigkeit unentbehrlich sind,

6.   von Familien- und Erbstücken, deren Veräußerung für die nachfragende Person oder ihre Familie eine besondere Härte bedeuten würde,

7.   von Gegenständen, die zur Befriedigung geistiger, insbesondere wissenschaftlicher oder künstlerischer Bedürfnisse dienen und deren Besitz nicht Luxus ist,

8.   eines angemessenen Hausgrundstücks, das von der nachfragenden Person oder einer anderen in den § 19 Abs. 1 bis 3 genannten Person allein oder zusammen mit Angehörigen ganz oder teilweise bewohnt wird und nach ihrem Tod von ihren Angehörigen bewohnt werden soll. Die Angemessenheit bestimmt sich nach der Zahl der Bewohner, dem Wohnbedarf (zum Beispiel behinderter, blinder oder pflegebedürftiger Menschen), der Grundstücksgröße, der Hausgröße, dem Zuschnitt und der Ausstattung des Wohngebäudes sowie dem Wert des Grundstücks einschließlich des Wohngebäudes,

9. kleinerer Barbeträge[14] oder sonstiger Geldwerte; dabei ist eine besondere Notlage der nachfragenden Person zu berücksichtigen.

(3)   Die Sozialhilfe darf ferner nicht vom Einsatz oder von der Verwertung eines Vermögens abhängig gemacht werden, soweit dies für den, der das Vermögen einzusetzen hat, und für seine unterhaltsberechtigten Angehörigen eine Härte bedeuten würde. Dies ist bei der Leistung nach dem Fünften bis Neunten Kapitel insbesondere der Fall, soweit eine angemessene Lebensführung oder die Aufrechterhaltung einer angemessenen Alterssicherung wesentlich erschwert würde.

…

Dreizehntes Kapitel
Kosten

Erster Abschnitt
Kostenersatz

§ 102 Kostenersatz durch Erben

(1)   Der Erbe der leistungsberechtigten Person oder ihres Ehegatten oder ihres Lebenspartners, falls diese vor der leistungsberechtigten Person sterben, ist vorbehaltlich des Absatzes 5 zum Ersatz der Kosten der Sozialhilfe verpflichtet. Die Ersatzpflicht besteht nur für die Kosten der Sozialhilfe, die innerhalb eines Zeitraumes von zehn Jahren vor dem Erbfall aufgewendet worden sind und die das Dreifache des Grundbetrages nach § 85 Abs. 1 übersteigen. Die Ersatzpflicht des Erben des Ehegatten oder Lebenspartners besteht nicht für die Kosten der Sozialhilfe, die während des Getrenntlebens der Ehegatten oder Lebenspartner geleistet worden sind. Ist die leistungsberechtigte Person der Erbe ihres Ehegatten oder Lebenspartners, ist sie zum Ersatz der Kosten nach Satz 1 nicht verpflichtet.

(2)   Die Ersatzpflicht des Erben gehört zu den Nachlassverbindlichkeiten. Der Erbe haftet mit dem Wert des im Zeitpunkt des Erbfalles vorhandenen Nachlasses.

(3)   Der Anspruch auf Kostenersatz ist nicht geltend zu machen,

1. soweit der Wert des Nachlasses unter dem Dreifachen des Grundbetrages nach § 85 Abs. 1 liegt[15],

2. soweit der Wert des Nachlasses unter dem Betrag von 15 340 Euro liegt, wenn der Erbe der Ehegatte oder Lebenspartner der leistungsberechtigten Person oder mit dieser verwandt ist und nicht nur vorübergehend bis zum Tod der leistungsberechtigten Person mit dieser in häuslicher Gemeinschaft gelebt und sie gepflegt hat,

3. soweit die Inanspruchnahme des Erben nach der Besonderheit des Einzelfalles eine besondere Härte bedeuten würde.

(4)   Der Anspruch auf Kostenersatz erlischt in drei Jahren nach dem Tod der leistungsberechtigten Person, ihres Ehegatten oder ihres Lebenspartners. § 103 Abs. 3 Satz 2 und 3 gilt entsprechend.

(5)   Der Ersatz der Kosten durch die Erben gilt nicht für Leistungen nach dem Vierten Kapitel und für die vor dem 1. Januar 1987 entstandenen Kosten der Tuberkulosehilfe.

…

14 Verordnung zur Durchführung des § 82 des Zwölften Buches Sozialgesetzbuch

Vom 28. November 1962 (BGBl. I S. 692), zuletzt geändert durch das Gesetz vom 22. Dezember 2015 (BGBl. I S. 2557),

§ 1 Einkommen

Bei der Berechnung der Einkünfte in Geld oder Geldeswert, die nach § 82 Abs. 1 des Zwölften Buches Sozialgesetzbuch zum Einkommen gehören, sind alle Einnahmen ohne Rücksicht auf ihre Herkunft und Rechtsnatur sowie ohne Rücksicht darauf, ob sie zu den Einkunftsarten im Sinne des Einkommensteuergesetzes gehören und ob sie der Steuerpflicht unterliegen, zugrunde zu legen.

---

14   Seit 1.4.2017 5.000,00 € gemäß § 1 VO zur Durchführung des § 90 Abs. 2 Nr. 9 SGB XII
15   Dieser beträgt ab 1.1.2019: 2.544,00 €

§ 2 Bewertung von Sachbezügen

(1)   Für die Bewertung von Einnahmen, die nicht in Geld bestehen (Kost, Wohnung und sonstige Sachbezüge), sind die auf Grund des § 17 Abs. 2 des Vierten Buches Sozialgesetzbuch für die Sozialversicherung zuletzt festgesetzten Werte der Sachbezüge maßgebend; soweit der Wert der Sachbezüge nicht festgesetzt ist, sind der Bewertung die üblichen Mittelpreise des Verbrauchsortes zu Grunde zu legen. Die Verpflichtung, den notwendigen Lebensunterhalt im Einzelfall nach dem Dritten Kapitel des Zwölften Buches Sozialgesetzbuch sicherzustellen, bleibt unberührt.

(2)   Absatz 1 gilt auch dann, wenn in einem Tarifvertrag, einer Tarifordnung, einer Betriebs- oder Dienstordnung, einer Betriebsvereinbarung, einem Arbeitsvertrag oder einem sonstigen Vertrag andere Werte festgesetzt worden sind.

§ 3 Einkünfte aus nichtselbständiger Arbeit

(1)   Welche Einkünfte zu den Einkünften aus nichtselbständiger Arbeit gehören, bestimmt sich nach § 19 Abs. 1 Ziff. 1 des Einkommensteuergesetzes.

(2)   Als nichtselbständige Arbeit gilt auch die Arbeit, die in einer Familiengemeinschaft von einem Familienangehörigen des Betriebsinhabers gegen eine Vergütung geleistet wird. Wird die Arbeit nicht nur vorübergehend geleistet, so ist in Zweifelsfällen anzunehmen, daß der Familienangehörige eine Vergütung erhält, wie sie einem Gleichaltrigen für eine gleichartige Arbeit gleichen Umfangs in einem fremden Betrieb ortsüblich gewährt wird.

(3)   Bei der Berechnung der Einkünfte ist von den monatlichen Bruttoeinnahmen auszugehen. Einmalige Einnahmen sind von dem Monat an zu berücksichtigen, in dem sie anfallen; sie sind, soweit nicht im Einzelfall eine andere Regelung angezeigt ist, auf einen angemessenen Zeitraum aufzuteilen und monatlich mit einem entsprechenden Teilbetrag anzusetzen. Satz 2 gilt auch für Sonderzuwendungen, Gratifikationen und gleichartige Bezüge und Vorteile, die in größeren als monatlichen Zeitabständen gewährt werden.

(4)   Zu den mit der Erzielung der Einkünfte aus nichtselbständiger Arbeit verbundenen Ausgaben im Sinne des § 82 Abs. 2 Nr. 4 des Zwölften Buches Sozialgesetzbuch gehören vor allem

1.   notwendige Aufwendungen für Arbeitsmittel,

2.   notwendige Aufwendungen für Fahrten zwischen Wohnung und Arbeitsstätte,

3.   notwendige Beiträge für Berufsverbände,

4.   notwendige Mehraufwendungen infolge Führung eines doppelten Haushalts nach näherer Bestimmung des Absatzes 7.

Ausgaben im Sinne des Satzes 1 sind nur insoweit zu berücksichtigen, als sie von dem Bezieher des Einkommens selbst getragen werden.

(5)   Als Aufwendungen für Arbeitsmittel (Absatz 4 Nr. 1) kann ein monatlicher Pauschbetrag von 5,20 Euro berücksichtigt werden, wenn nicht im Einzelfall höhere Aufwendungen nachgewiesen werden.

(6)   Wird für die Fahrt zwischen Wohnung und Arbeitsstätte (Absatz 4 Nr. 2) ein eigenes Kraftfahrzeug benutzt, gilt Folgendes:

1.   Wäre bei Nichtvorhandensein eines Kraftfahrzeuges die Benutzung eines öffentlichen Verkehrsmittels notwendig, so ist ein Betrag in Höhe der Kosten der tariflich günstigsten Zeitkarte abzusetzen.

2.   Ist ein öffentliches Verkehrsmittel nicht vorhanden oder dessen Benutzung im Einzelfall nicht zumutbar und deshalb die Benutzung eines Kraftfahrzeuges notwendig, so sind folgende monatliche Pauschbeträge abzusetzen:

   a)   bei Benutzung eines Kraftwagens

        5,20 Euro,

   b)   bei Benutzung eines Kleinstkraftwagens (drei- oder vierrädriges Kraftfahrzeug, dessen Motor einen Hubraum von nicht mehr als 500 Kubikzentimeter hat)

        3,70 Euro,

   c)   bei Benutzung eines Motorrades oder eines Motorrollers

        2,30 Euro,

   d)   bei Benutzung eines Fahrrades mit Motor

        1,30 Euro

für jeden vollen Kilometer, den die Wohnung von der Arbeitsstätte entfernt liegt, jedoch für nicht mehr als 40 Kilometer. Bei einer Beschäftigungsdauer von weniger als einem Monat sind die Beträge anteilmäßig zu kürzen.

(7) Ist der Bezieher des Einkommens außerhalb des Ortes beschäftigt, an dem er einen eigenen Hausstand unterhält, und kann ihm weder der Umzug noch die tägliche Rückkehr an den Ort des eigenen Hausstandes zugemutet werden, so sind die durch Führung des doppelten Haushalts ihm nachweislich entstehenden Mehraufwendungen, höchstens ein Betrag von 130 Euro monatlich, sowie die unter Ausnutzung bestehender Tarifvergünstigungen entstehenden Aufwendungen für Fahrtkosten der zweiten Wagenklasse für eine Familienheimfahrt im Kalendermonat abzusetzen. Ein eigener Hausstand ist dann anzunehmen, wenn der Bezieher des Einkommens eine Wohnung mit eigener oder selbstbeschaffter Möbelausstattung besitzt. Eine doppelte Haushaltsführung kann auch dann anerkannt werden, wenn der Bezieher des Einkommens nachweislich ganz oder überwiegend die Kosten für einen Haushalt trägt, den er gemeinsam mit nächsten Angehörigen führt.

§ 4 Einkünfte aus Land- und Forstwirtschaft, Gewerbebetrieb und selbständiger Arbeit

(1) Welche Einkünfte zu den Einkünften aus Land- und Forstwirtschaft, Gewerbebetrieb und selbständiger Arbeit gehören, bestimmt sich nach § 13 Abs. 1 und 2, §§ 15 Abs. 1 und 18 Abs. 1 des Einkommensteuergesetzes; der Nutzungswert der Wohnung im eigenen Haus bleibt unberücksichtigt.

(2) Die Einkünfte sind für das Jahr zu berechnen, in dem der Bedarfszeitraum liegt (Berechnungsjahr).

(3) Als Einkünfte ist bei den einzelnen Einkunftsarten ein Betrag anzusetzen, der auf der Grundlage früherer Betriebsergebnisse aus der Gegenüberstellung der im Rahmen des Betriebes im Berechnungsjahr bereits erzielten Einnahmen und geleisteten notwendigen Ausgaben sowie der im Rahmen des Betriebes im Berechnungsjahr noch zu erwartenden Einnahmen und notwendigen Ausgaben zu errechnen ist. Bei der Ermittlung früherer Betriebsergebnisse (Satz 1) kann ein durch das Finanzamt festgestellter Gewinn berücksichtigt werden.

(4) Soweit im Einzelfall geboten, kann abweichend von der Regelung des Absatzes 3 als Einkünfte ein Betrag angesetzt werden, der nach Ablauf des Berechnungsjahres aus der Gegenüberstellung der im Rahmen des Betriebes im Berechnungsjahr erzielten Einnahmen und geleisteten notwendigen Ausgaben zu errechnen ist. Als Einkünfte im Sinne des Satzes 1 kann auch der vom Finanzamt für das Berechnungsjahr festgestellte Gewinn angesetzt werden.

(5) Wird der vom Finanzamt festgestellte Gewinn nach Absatz 3 Satz 2 berücksichtigt oder nach Absatz 4 Satz 2 als Einkünfte angesetzt, so sind Absetzungen, die bei Gebäuden und sonstigen Wirtschaftsgütern durch das Finanzamt nach

1. den §§ 7, 7b und 7e des Einkommensteuergesetzes,

2. den Vorschriften des Berlinförderungsgesetzes,

3. den §§ 76, 77 und 78 Abs. 1 der Einkommensteuer-Durchführungsverordnung,

4. der Verordnung über Steuervergünstigungen zur Förderung des Baues von Landarbeiterwohnungen in der Fassung der Bekanntmachung vom 6. August 1974 (Bundesgesetzbl. I S. 1869)

vorgenommen worden sind, dem durch das Finanzamt festgestellten Gewinn wieder hinzuzurechnen. Soweit jedoch in diesen Fällen notwendige Ausgaben für die Anschaffung oder Herstellung der in Satz 1 genannten Wirtschaftsgüter im Feststellungszeitraum geleistet worden sind, sind sie vom Gewinn abzusetzen.

§ 5 Sondervorschrift für die Einkünfte aus Land- und Forstwirtschaft

(1) Die Träger der Sozialhilfe können mit Zustimmung der zuständigen Landesbehörde die Einkünfte aus Land- und Forstwirtschaft abweichend von § 4 nach § 7 der Dritten Verordnung über Ausgleichsleistungen nach dem Lastenausgleichsgesetz (3. LeistungsDV-LA) berechnen; der Nutzungswert der Wohnung im eigenen Haus bleibt jedoch unberücksichtigt.

(2) Von der Berechnung der Einkünfte nach Absatz 1 ist abzusehen,

1. wenn sie im Einzelfall offenbar nicht den besonderen persönlichen oder wirtschaftlichen Verhältnissen entspricht oder

2. wenn der Bezieher der Einkünfte zur Einkommensteuer veranlagt wird, es sei denn, dass der Gewinn auf Grund von Durchschnittssätzen ermittelt wird.

§ 6 Einkünfte aus Kapitalvermögen

(1) Welche Einkünfte zu den Einkünften aus Kapitalvermögen gehören, bestimmt sich nach § 20 Abs. 1 bis 3 des Einkommensteuergesetzes.

(2) Als Einkünfte aus Kapitalvermögen sind die Jahresroheinnahmen anzusetzen, vermindert um die Kapitalertragsteuer sowie um die mit der Erzielung der Einkünfte verbundenen notwendigen Ausgaben (§ 82 Abs. 2 Nr. 4 des Zwölften Buches Sozialgesetzbuch).

(3) Die Einkünfte sind auf der Grundlage der vor dem Berechnungsjahr erzielten Einkünfte unter Berücksichtigung der im Berechnungsjahr bereits eingetretenen und noch zu erwartenden Veränderungen zu errechnen. Soweit im

Einzelfall geboten, können hiervon abweichend die Einkünfte für das Berechnungsjahr auch nachträglich errechnet werden.

§ 7 Einkünfte aus Vermietung und Verpachtung

(1) Welche Einkünfte zu den Einkünften aus Vermietung und Verpachtung gehören, bestimmt sich nach § 21 Abs. 1 und 3 des Einkommensteuergesetzes.

(2) Als Einkünfte aus Vermietung und Verpachtung ist der Überschuss der Einnahmen über die mit ihrer Erzielung verbundenen notwendigen Ausgaben (§ 82 Abs. 2 Nr. 4 des Zwölften Buches Sozialgesetzbuch) anzusetzen; zu den Ausgaben gehören

1. Schuldzinsen und dauernde Lasten,

2. Steuern vom Grundbesitz, sonstige öffentliche Abgaben und Versicherungsbeiträge,

3. Leistungen auf die Hypothekengewinnabgabe und die Kreditgewinnabgabe, soweit es sich um Zinsen nach § 211 Abs. 1 Nr. 2 des Lastenausgleichsgesetzes handelt,

4. der Erhaltungsaufwand,

5. sonstige Aufwendungen zur Bewirtschaftung des Haus- und Grundbesitzes, ohne besonderen Nachweis Aufwendungen in Höhe von 1 vom Hundert der Jahresroheinnahmen.

Zum Erhaltungsaufwand im Sinne des Satzes 1 Nr. 4 gehören die Ausgaben für Instandsetzung und Instandhaltung, nicht jedoch die Ausgaben für Verbesserungen; ohne Nachweis können bei Wohngrundstücken, die vor dem 1. Januar 1925 bezugsfähig geworden sind, 15 vom Hundert, bei Wohngrundstücken, die nach dem 31. Dezember 1924 bezugsfähig geworden sind, 10 vom Hundert der Jahresroheinnahmen als Erhaltungsaufwand berücksichtigt werden.

(3) Die in Absatz 2 genannten Ausgaben sind von den Einnahmen insoweit nicht abzusetzen, als sie auf den vom Vermieter oder Verpächter selbst genutzten Teil des vermieteten oder verpachteten Gegenstandes entfallen.

(4) Als Einkünfte aus der Vermietung von möblierten Wohnungen und von Zimmern sind anzusetzen

bei möblierten Wohnungen 80 vom Hundert,

bei möblierten Zimmern 70 vom Hundert,

bei Leerzimmern 90 vom Hundert

der Roheinnahmen. Dies gilt nicht, wenn geringere Einkünfte nachgewiesen werden.

(5) Die Einkünfte sind als Jahreseinkünfte, bei der Vermietung von möblierten Wohnungen und von Zimmern jedoch als Monatseinkünfte zu berechnen. Sind sie als Jahreseinkünfte zu berechnen, gilt § 6 Abs. 3 entsprechend.

§ 8 Andere Einkünfte

(1) Andere als die in den §§ 3, 4, 6 und 7 genannten Einkünfte sind, wenn sie nicht monatlich oder wenn sie monatlich in unterschiedlicher Höhe erzielt werden, als Jahreseinkünfte zu berechnen. Zu den anderen Einkünften im Sinne des Satzes 1 gehören auch die in § 19 Abs. 1 Ziff. 2 des Einkommensteuergesetzes genannten Bezüge sowie Renten und sonstige wiederkehrende Bezüge. § 3 Abs. 3 Satz 2 und 3 gilt entsprechend.

(2) Sind die Einkünfte als Jahreseinkünfte zu berechnen, gilt § 6 Abs. 3 entsprechend.

§ 9 Einkommensberechnung in besonderen Fällen

Ist der Bedarf an Sozialhilfe einmalig oder nur von kurzer Dauer und duldet die Entscheidung über die Hilfe keinen Aufschub, so kann der Träger der Sozialhilfe nach Anhörung des Beziehers des Einkommens die Einkünfte schätzen.

§ 10 Verlustausgleich

Ein Verlustausgleich zwischen einzelnen Einkunftsarten ist nicht vorzunehmen. In Härtefällen kann jedoch die gesamtwirtschaftliche Lage des Beziehers des Einkommens berücksichtigt werden.

§ 11 Maßgebender Zeitraum

(1) Soweit die Einkünfte als Jahreseinkünfte berechnet werden, gilt der zwölfte Teil dieser Einkünfte zusammen mit den monatlich berechneten Einkünften als monatliches Einkommen im Sinne des Zwölften Buches Sozialgesetzbuch. § 8 Abs. 1 Satz 3 geht der Regelung des Satzes 1 vor.

(2) Ist der Betrieb oder die sonstige Grundlage der als Jahreseinkünfte zu berechnenden Einkünfte nur während eines Teils des Jahres vorhanden oder zur Einkommenserzielung genutzt, so sind die Einkünfte aus der betreffenden Einkunftsart nur für diesen Zeitraum zu berechnen; für ihn gilt als monatliches Einkommen im Sinne des Zwölften Buches Sozialgesetzbuch derjenige Teil der Einkünfte, der der Anzahl der in den genannten Zeitraum fallenden Monate entspricht. Satz 1 gilt nicht für Einkünfte aus Saisonbetrieben und andere ihrer Natur nach auf einen Teil des Jahres beschränkte Einkünfte, wenn die Einkünfte den Hauptbestandteil des Einkommens bilden.

§ 12 Ausgaben nach § 82 Abs. 2 Nr. 1 bis 3 des Zwölften Buches Sozialgesetzbuch

Die in § 82 Abs. 2 Nrn. 1 bis 3 des Zwölften Buches Sozialgesetzbuch bezeichneten Ausgaben sind von der Summe der Einkünfte abzusetzen, soweit sie nicht bereits nach den Bestimmungen dieser Verordnung bei den einzelnen Einkunftsarten abzuziehen sind.

15 Verordnung zur Durchführung des § 90 Abs. 2 Nr. 9 des Zwölften Buches Sozialgesetzbuch

Vom 11. Februar 1988 (BGBl. I S. 150), zuletzt geändert durch Verordnung vom 22. März 2017 (BGBl. I S. 519)

– Auszug –

§ 1 (Kleinere Barbeträge)

Kleinere Barbeträge oder sonstige Geldwerte im Sinne des § 90 Absatz 2 Nummer 9 des Zwölften Buches Sozialgesetzbuch sind:

1. für jede in § 19 Absatz 3, § 27 Absatz 1 und 2, § 41 und § 43 Absatz 1 Satz 2 des Zwölften Buches Sozialgesetzbuch genannte volljährige Person sowie für jede alleinstehende minderjährige Person, 5 000 Euro,

2. für jede Person, die von einer Person nach Nummer 1 überwiegend unterhalten wird, 500 Euro.

Eine minderjährige Person ist alleinstehend im Sinne des Satzes 1 Nummer 1, wenn sie unverheiratet und ihr Anspruch auf Leistungen nach dem Zwölften Buch Sozialgesetzbuch nicht vom Vermögen ihrer Eltern oder eines Elternteils abhängig ist.

§ 2 (Notlage der nachfragenden Person)

(1) Der nach § 1 Abs. 1 Satz 1 Nr. 1 Buchstabe a oder b maßgebende Betrag ist angemessen zu erhöhen, wenn im Einzelfall eine besondere Notlage der nachfragenden Person besteht. Bei der Prüfung, ob eine besondere Notlage besteht, sowie bei der Entscheidung über den Umfang der Erhöhung sind vor allem Art und Dauer des Bedarfs sowie besondere Belastungen zu berücksichtigen.

(2) Der nach § 1 Abs. 1 Satz 1 Nr. 1 Buchstabe a oder b maßgebende Betrag kann angemessen herabgesetzt werden, wenn die Voraussetzungen der §§ 103 oder 94 des Gesetzes vorliegen.

……

16 Heimgesetz

in der Fassung der Bekanntmachung vom 5. November 2001 (BGBl. I S. 2970), das zuletzt durch Artikel 3 Satz 2 des Gesetzes vom 29. Juli 2009 (BGBl. I S. 2319) geändert worden ist.

*Hinweis: das Heimgesetz (des Bundes) gilt derzeit (Stand 1.1.2018) in keinem Bundesland mehr, weil alle Bundesländer eigene Landesheimbestimmungen erlassen haben. Es ist nur noch für die Definition der Betreuervergütung (§ 5 Abs. 3 VBVG) **vor** Inkrafttreten des **Vergütungsreformgesetzes 2019** maßgebend.*

– Auszug –

§ 1 Anwendungsbereich

(1) Dieses Gesetz gilt für Heime. Heime im Sinne dieses Gesetzes sind Einrichtungen, die dem Zweck dienen, ältere Menschen oder pflegebedürftige oder behinderte Volljährige aufzunehmen, ihnen Wohnraum zu überlassen sowie Betreuung und Verpflegung zur Verfügung zu stellen oder vorzuhalten, und die in ihrem Bestand von Wechsel und Zahl der Bewohnerinnen und Bewohner unabhängig sind und entgeltlich betrieben werden.

(2) Die Tatsache, dass ein Vermieter von Wohnraum durch Verträge mit Dritten oder auf andere Weise sicherstellt, dass den Mietern Betreuung und Verpflegung angeboten werden, begründet allein nicht die Anwendung dieses Gesetzes. Dies gilt auch dann, wenn die Mieter vertraglich verpflichtet sind, allgemeine Betreuungsleistungen wie Notrufdienste oder Vermittlung von Dienst- und Pflegeleistungen von bestimmten Anbietern anzunehmen und das Entgelt hierfür im Verhältnis zur Miete von untergeordneter Bedeutung ist. Dieses Gesetz ist anzuwenden, wenn die Mieter vertraglich verpflichtet sind, Verpflegung und weitergehende Betreuungsleistungen von bestimmten Anbietern anzunehmen.

(3) Auf Heime oder Teile von Heimen im Sinne des Absatzes 1, die der vorübergehenden Aufnahme Volljähriger dienen (Kurzzeitheime), sowie auf stationäre Hospize finden die §§ 6, 7, 10 und 14 Abs. 2 Nr. 3 und 4, Abs. 3, 4

und 7 keine Anwendung. Nehmen die Heime nach Satz 1 in der Regel mindestens sechs Personen auf, findet § 10 mit der Maßgabe Anwendung, dass ein Heimfürsprecher zu bestellen ist.

(4)   Als vorübergehend im Sinne dieses Gesetzes ist ein Zeitraum von bis zu drei Monaten anzusehen.

(5)   Dieses Gesetz gilt auch für Einrichtungen der Tages- und der Nachtpflege mit Ausnahme der §§ 10 und 14 Abs. 2 Nr. 3 und 4, Abs. 3, 4 und 7. Nimmt die Einrichtung in der Regel mindestens sechs Personen auf, findet § 10 mit der Maßgabe Anwendung, dass ein Heimfürsprecher zu bestellen ist.

(6)   Dieses Gesetz gilt nicht für Krankenhäuser im Sinne des § 2 Nr. 1 des Krankenhausfinanzierungsgesetzes. In Einrichtungen zur Rehabilitation gilt dieses Gesetz für die Teile, die die Voraussetzungen des Absatzes 1 erfüllen. Dieses Gesetz gilt nicht für Internate der Berufsbildungs- und Berufsförderungswerke.

17 Einkommensteuergesetz – EStG –

In der Fassung der Bekanntmachung vom 8. Oktober 2009 (BGBl. I S. 3366, ber. 3862), zuletzt geändert durch Gesetz vom 25. März 2019 (BGBl. I S. 357)

– Auszug –

§ 3 (Steuerfreie Einnahmen)

Steuerfrei sind

1. bis 12. …

12.   aus einer Bundeskasse oder Landeskasse gezahlte Bezüge, die zum einen

   a)   in einem Bundesgesetz oder Landesgesetz

   b)   auf Grundlage einer bundesgesetzlichen oder landesgesetzlichen Ermächtigung beruhenden Bestimmung oder

   c)   von der Bundesregierung oder einer Landesregierung

   als Aufwandsentschädigung festgesetzt sind und die zum anderen jeweils auch als Aufwandsentschädigung im Haushaltsplan ausgewiesen werden. Das Gleiche gilt für andere Bezüge, die als Aufwandsentschädigung aus öffentlichen Kassen an öffentliche Dienste leistende Personen gezahlt werden, soweit nicht festgestellt wird, dass sie für Verdienstausfall oder Zeitverlust gewährt werden oder den Aufwand, der dem Empfänger erwächst, offenbar übersteigen;

13.   die aus öffentlichen Kassen gezahlten Reisekostenvergütungen, Umzugskostenvergütungen und Trennungsgelder. Die als Reisekostenvergütungen gezahlten Vergütungen für Verpflegung sind nur insoweit steuerfrei, als sie die Pauschbeträge nach § 9 Absatz 4a nicht übersteigen; Trennungsgelder sind nur insoweit steuerfrei, als sie die nach § 9 Absatz 1 Satz 3 Nummer 5 und Absatz 4a abziehbaren Aufwendungen nicht übersteigen;

14. bis15. …

16.   die Vergütungen, die Arbeitnehmer außerhalb des öffentlichen Dienstes von ihrem Arbeitgeber zur Erstattung von Reisekosten, Umzugskosten oder Mehraufwendungen bei doppelter Haushaltsführung erhalten, soweit sie die nach § 9 als Werbungskosten abziehbaren Aufwendungen nicht übersteigen;

17. bis 25. …

26.   Einnahmen aus nebenberuflichen Tätigkeiten als Übungsleiter, Ausbilder, Erzieher, Betreuer oder vergleichbaren nebenberuflichen Tätigkeiten, aus nebenberuflichen künstlerischen Tätigkeiten oder der nebenberuflichen Pflege alter, kranker oder behinderter Menschen im Dienst oder im Auftrag einer juristischen Person des öffentlichen Rechts, die in einem Mitgliedstaat der Europäischen Union, in einem Staat, auf den das Abkommen über den Europäischen Wirtschaftsraum Anwendung findet, oder in der Schweiz belegen ist, oder einer unter § 5 Absatz 1 Nummer 9 des Körperschaftsteuergesetzes fallenden Einrichtung zur Förderung gemeinnütziger, mildtätiger und kirchlicher Zwecke (§§ 52 bis 54 der Abgabenordnung) bis zur Höhe von insgesamt 2 400 Euro im Jahr.Überschreiten die Einnahmen für die in Satz 1 bezeichneten Tätigkeiten den steuerfreien Betrag, dürfen die mit den nebenberuflichen Tätigkeiten in unmittelbarem wirtschaftlichen Zusammenhang stehenden Ausgaben abweichend von § 3c nur insoweit als Betriebsausgaben oder Werbungskosten abgezogen werden, als sie den Betrag der steuerfreien Einnahmen übersteigen;

26a.   Einnahmen aus nebenberuflichen Tätigkeiten im Dienst oder Auftrag einer juristischen Person des öffentlichen Rechts, die in einem Mitgliedstaat der Europäischen Union, in einem Staat, auf den das Abkommen über den Europäischen Wirtschaftsraum Anwendung findet, oder in der Schweiz belegen ist, oder einer unter § 5 Absatz 1 Nummer 9 des Körperschaftsteuergesetzes fallenden Einrichtung zur Förderung gemeinnütziger, mildtätiger und kirchlicher Zwecke (§§ 52 bis 54 der Abgabenordnung) bis zur Höhe von insgesamt 720 Euro im Jahr. Die Steuerbefreiung ist ausgeschlossen, wenn für die Einnahmen aus der Tätigkeit – ganz oder teilweise – eine Steuerbefreiung nach § 3 Nummer 12, 26 oder 26b gewährt wird. Überschreiten die Einnahmen für die in Satz 1 bezeichneten Tätigkeiten den steuerfreien Betrag, dürfen die mit den nebenberuflichen Tätigkeiten in unmittelbarem wirtschaftlichen Zusammenhang stehenden Ausgaben abweichend von § 3c nur insoweit als Betriebsausgaben oder Werbungskosten abgezogen werden, als sie den Betrag der steuerfreien Einnahmen übersteigen;

26b. Aufwandsentschädigungen nach § 1835a des Bürgerlichen Gesetzbuchs, soweit sie zusammen mit den steuerfreien Einnahmen im Sinne der Nummer 26 den Freibetrag nach Nummer 26 Satz 1 nicht überschreiten. Nummer 26 Satz 2 gilt entsprechend;

27. bis 71. ...

...

§ 18 (selbstständige Arbeit)

(1)   Einkünfte aus selbständiger Arbeit sind

1.   Einkünfte aus freiberuflicher Tätigkeit. Zu der freiberuflichen Tätigkeit gehören die selbständig ausgeübte wissenschaftliche, künstlerische, schriftstellerische, unterrichtende oder erzieherische Tätigkeit, die selbständige Berufstätigkeit der Ärzte, Zahnärzte, Tierärzte, Rechtsanwälte, Notare, Patentanwälte, Vermessungsingenieure, Ingenieure, Architekten, Handelschemiker, Wirtschaftsprüfer, Steuerberater, beratenden Volks- und Betriebswirte, vereidigten Buchprüfer, Steuerbevollmächtigten, Heilpraktiker, Dentisten, Krankengymnasten, Journalisten, Bildberichterstatter, Dolmetscher, Übersetzer, Lotsen und ähnlicher Berufe. Ein Angehöriger eines freien Berufs im Sinne der Sätze 1 und 2 ist auch dann freiberuflich tätig, wenn er sich der Mithilfe fachlich vorgebildeter Arbeitskräfte bedient; Voraussetzung ist, dass er auf Grund eigener Fachkenntnisse leitend und eigenverantwortlich tätig wird. Eine Vertretung im Fall vorübergehender Verhinderung steht der Annahme einer leitenden und eigenverantwortlichen Tätigkeit nicht entgegen;

2.   Einkünfte der Einnehmer einer staatlichen Lotterie, wenn sie nicht Einkünfte aus Gewerbebetrieb sind;

3.   Einkünfte aus sonstiger selbständiger Arbeit, z. B. Vergütungen für die Vollstreckung von Testamenten, für Vermögensverwaltung und für die Tätigkeit als Aufsichtsratsmitglied;

4.   Einkünfte, die ein Beteiligter an einer vermögensverwaltenden Gesellschaft oder Gemeinschaft, deren Zweck im Erwerb, Halten und in der Veräußerung von Anteilen an Kapitalgesellschaften besteht, als Vergütung für Leistungen zur Förderung des Gesellschafts- oder Gemeinschaftszwecks erzielt, wenn der Anspruch auf die Vergütung unter der Voraussetzung eingeräumt worden ist, dass die Gesellschafter oder Gemeinschafter ihr eingezahltes Kapital vollständig zurückerhalten haben; § 15 Absatz 3 ist nicht anzuwenden.

(2)   Einkünfte nach Absatz 1 sind auch dann steuerpflichtig, wenn es sich nur um eine vorübergehende Tätigkeit handelt.

(3)   Zu den Einkünften aus selbständiger Arbeit gehört auch der Gewinn, der bei der Veräußerung des Vermögens oder eines selbständigen Teils des Vermögens oder eines Anteils am Vermögen erzielt wird, das der selbständigen Arbeit dient. § 16 Absatz 1 Satz 1 Nummer 1 und 2 und Absatz 1 Satz 2 sowie Absatz 2 bis 4 gilt entsprechend.

(4)   § 13 Absatz 5 gilt entsprechend, sofern das Grundstück im Veranlagungszeitraum 1986 zu einem der selbständigen Arbeit dienenden Betriebsvermögen gehört hat. § 15 Absatz 1 Satz 1 Nummer 2, Absatz 1a, Absatz 2 Satz 2 und 3, §§ 15a und 15b sind entsprechend anzuwenden.

18 Umsatzsteuergesetz (UStG)

In der Fassung der Bekanntmachung vom 21. Februar 2005 (BGBl. I S. 386), zuletzt geändert durch Gesetz vom 11. Dezember 2018 (BGBl. I S. 2338)

– Auszug –

§ 4 Steuerbefreiungen bei Lieferungen und sonstigen Leistungen

Von den unter § 1 Abs. 1 Nr. 1 fallenden Umsätzen sind steuerfrei:

1. bis 15c. ...

16. die mit dem Betrieb von Einrichtungen zur Betreuung oder Pflege körperlich, geistig oder seelisch hilfsbedürftiger Personen eng verbundenen Leistungen, die von

...

k) Einrichtungen, die als Betreuer nach § 1896 Absatz 1 des Bürgerlichen Gesetzbuchs bestellt worden sind, sofern es sich nicht um Leistungen handelt, die nach § 1908i Absatz 1 in Verbindung mit § 1835 Absatz 3 des Bürgerlichen Gesetzbuchs vergütet werden, oder

17. ...

18. die Leistungen der amtlich anerkannten Verbände der freien Wohlfahrtspflege und der der freien Wohlfahrtspflege dienenden Körperschaften, Personenvereinigungen und Vermögensmassen, die einem Wohlfahrtsverband als Mitglied angeschlossen sind, wenn

a) diese Unternehmer ausschließlich und unmittelbar gemeinnützigen, mildtätigen oder kirchlichen Zwecken dienen,

b) die Leistungen unmittelbar dem nach der Satzung, Stiftung oder sonstigen Verfassung begünstigten Personenkreis zugute kommen und

c) die Entgelte für die in Betracht kommenden Leistungen hinter den durchschnittlich für gleichartige Leistungen von Erwerbsunternehmen verlangten Entgelten zurückbleiben.

Steuerfrei sind auch die Beherbergung, Beköstigung und die üblichen Naturalleistungen, die diese Unternehmer den Personen, die bei den Leistungen nach Satz 1 tätig sind, als Vergütung für die geleisteten Dienste gewähren;

19. bis 24. ...

25. Leistungen der Jugendhilfe nach § 2 Abs. 2 des Achten Buches Sozialgesetzbuch und die Inobhutnahme nach § 42 des Achten Buches Sozialgesetzbuch, wenn diese Leistungen von Trägern der öffentlichen Jugendhilfe oder anderen Einrichtungen mit sozialem Charakter erbracht werden. Andere Einrichtungen mit sozialem Charakter im Sinne dieser Vorschrift sind

a) von der zuständigen Jugendbehörde anerkannte Träger der freien Jugendhilfe, die Kirchen und Religionsgemeinschaften des öffentlichen Rechts sowie die amtlich anerkannten Verbände der freien Wohlfahrtspflege,

b) Einrichtungen, soweit sie

aa) für ihre Leistungen eine im Achten Buch Sozialgesetzbuch geforderte Erlaubnis besitzen oder nach § 44 oder § 45 Abs. 1 Nr. 1 und 2 des Achten Buches Sozialgesetzbuch einer Erlaubnis nicht bedürfen,

bb) Leistungen erbringen, die im vorangegangenen Kalenderjahr ganz oder zum überwiegenden Teil durch Träger der öffentlichen Jugendhilfe oder Einrichtungen nach Buchstabe a vergütet wurden oder

cc) Leistungen der Kindertagespflege erbringen, für die sie nach § 23 Absatz 3 des Achten Buches Sozialgesetzbuch geeignet sind.

Steuerfrei sind auch

a) die Durchführung von kulturellen und sportlichen Veranstaltungen, wenn die Darbietungen von den von der Jugendhilfe begünstigten Personen selbst erbracht oder die Einnahmen überwiegend zur Deckung der Kosten verwendet werden und diese Leistungen in engem Zusammenhang mit den in Satz 1 bezeichneten Leistungen stehen,

b) die Beherbergung, Beköstigung und die üblichen Naturalleistungen, die diese Einrichtungen den Empfängern der Jugendhilfeleistungen und Mitarbeitern in der Jugendhilfe sowie den bei den Leistungen nach Satz 1 tätigen Personen als Vergütung für die geleisteten Dienste gewähren,

c) Leistungen, die von Einrichtungen erbracht werden, die als Vormünder nach § 1773 des Bürgerlichen Gesetzbuchs oder als Ergänzungspfleger nach § 1909 des Bürgerlichen Gesetzbuchs bestellt worden sind, sofern es sich nicht um Leistungen handelt, die nach § 1835 Absatz 3 des Bürgerlichen Gesetzbuchs vergütet werden;

26. die ehrenamtliche Tätigkeit,

a) wenn sie für juristische Personen des öffentlichen Rechts ausgeübt wird oder

b) wenn das Entgelt für diese Tätigkeit nur in Auslagenersatz und einer angemessenen Entschädigung für Zeitversäumnis besteht;

27. bis 28. ...

...

§ 19 Besteuerung der Kleinunternehmer

(1) Die für Umsätze im Sinne des § 1 Abs. 1 Nr. 1 geschuldete Umsatzsteuer wird von Unternehmern, die im Inland oder in den in § 1 Abs. 3 bezeichneten Gebieten ansässig sind, nicht erhoben, wenn der in Satz 2 bezeichnete Umsatz zuzüglich der darauf entfallenden Steuer im vorangegangenen Kalenderjahr 17 500 Euro nicht überstiegen hat und im laufenden Kalenderjahr 50 000 Euro voraussichtlich nicht übersteigen wird. Umsatz im Sinne des Satzes 1 ist der nach vereinnahmten Entgelten bemessene Gesamtumsatz, gekürzt um die darin enthaltenen Umsätze von Wirtschaftsgütern des Anlagevermögens. Satz 1 gilt nicht für die nach § 13a Abs. 1 Nr. 6, § 13b Absatz 5, § 14c Abs. 2 und § 25b Abs. 2 geschuldete Steuer. In den Fällen des Satzes 1 finden die Vorschriften über die Steuerbefreiung innergemeinschaftlicher Lieferungen (§ 4 Nr. 1 Buchstabe b, § 6a), über den Verzicht auf Steuerbefreiungen (§ 9), über den gesonderten Ausweis der Steuer in einer Rechnung (§ 14 Abs. 4), über die Angabe der Umsatzsteuer-Identifikationsnummern in einer Rechnung (§ 14a Abs. 1, 3 und 7) und über den Vorsteuerabzug (§ 15) keine Anwendung.

(2) Der Unternehmer kann dem Finanzamt bis zur Unanfechtbarkeit der Steuerfestsetzung (§ 18 Abs. 3 und 4) erklären, dass er auf die Anwendung des Absatzes 1 verzichtet. Nach Eintritt der Unanfechtbarkeit der Steuerfestsetzung bindet die Erklärung den Unternehmer mindestens für fünf Kalenderjahre. Sie kann nur mit Wirkung vom Beginn eines Kalenderjahres an widerrufen werden. Der Widerruf ist spätestens bis zur Unanfechtbarkeit der Steuererfestsetzung des Kalenderjahres, für das er gelten soll, zu erklären.

(3) Gesamtumsatz ist die Summe der vom Unternehmer ausgeführten steuerbaren Umsätze im Sinne des § 1 Abs. 1 Nr. 1 abzüglich folgender Umsätze:

1. der Umsätze, die nach § 4 Nr. 8 Buchstabe i, Nr. 9 Buchstabe b und Nr. 11 bis 28 steuerfrei sind;

2. der Umsätze, die nach § 4 Nr. 8 Buchstabe a bis h, Nr. 9 Buchstabe a und Nr. 10 steuerfrei sind, wenn sie Hilfsumsätze sind.

Soweit der Unternehmer die Steuer nach vereinnahmten Entgelten berechnet (§ 13 Abs. 1 Nr. 1 Buchstabe a Satz 4 oder § 20), ist auch der Gesamtumsatz nach diesen Entgelten zu berechnen. Hat der Unternehmer seine gewerbliche oder berufliche Tätigkeit nur in einem Teil des Kalenderjahres ausgeübt, so ist der tatsächliche Gesamtumsatz in einen Jahresgesamtumsatz umzurechnen. Angefangene Kalendermonate sind bei der Umrechnung als volle Kalendermonate zu behandeln, es sei denn, dass die Umrechnung nach Tagen zu einem niedrigeren Jahresgesamtumsatz führt.

(4) Absatz 1 gilt nicht für die innergemeinschaftlichen Lieferungen neuer Fahrzeuge. § 15 Abs. 4a ist entsprechend anzuwenden.

19 Gewerbeordnung

In der Fassung der Bekanntmachung vom 22. Februar 1999 (BGBl. I S. 202), zuletzt geändert durch Gesetz vom 29. November.2018 (BGBl. I S. 2666)

– Auszug –

§ 14 Anzeigepflicht

(1) Wer den selbständigen Betrieb eines stehenden Gewerbes, einer Zweigniederlassung oder einer unselbständigen Zweigstelle anfängt, muss dies der zuständigen Behörde gleichzeitig anzeigen. Das Gleiche gilt, wenn

1. der Betrieb verlegt wird,

2. der Gegenstand des Gewerbes gewechselt oder auf Waren oder Leistungen ausgedehnt wird, die bei Gewerbebetrieben der angemeldeten Art nicht geschäftsüblich sind, oder

3. der Betrieb aufgegeben wird.

Steht die Aufgabe des Betriebes eindeutig fest und ist die Abmeldung nicht innerhalb eines angemessenen Zeitraums erfolgt, kann die Behörde die Abmeldung von Amts wegen vornehmen.

(2) – (3) …

(4) Die Finanzbehörden teilen den zuständigen Behörden die nach § 30 der Abgabenordnung geschützten Verhältnisse von Unternehmern im Sinne des § 5 des Gewerbesteuergesetzes mit, wenn deren Steuerpflicht erloschen ist; mitzuteilen sind lediglich Name und betriebliche Anschrift des Unternehmers und der Tag, an dem die Steuerpflicht endete. Die Mitteilungspflicht besteht nicht, soweit ihre Erfüllung mit einem unverhältnismäßigen Aufwand verbunden wäre. Absatz 5 Satz 1 gilt entsprechend.

(5)   Die erhobenen Daten dürfen nur für die Überwachung der Gewerbeausübung sowie statistische Erhebungen verwendet werden. Der Name, die betriebliche Anschrift und die angezeigte Tätigkeit des Gewerbetreibenden dürfen allgemein zugänglich gemacht werden.

(6)   Öffentlichen Stellen, soweit sie nicht als öffentlich-rechtliche Unternehmen am Wettbewerb teilnehmen, dürfen der Zweckbindung nach Absatz 5 Satz 1 unterliegende Daten übermittelt werden, soweit

1.   eine regelmäßige Datenübermittlung nach Absatz 8 zulässig ist,

2.   die Kenntnis der Daten zur Abwehr einer gegenwärtigen Gefahr für die öffentliche Sicherheit oder erheblicher Nachteile für das Gemeinwohl erforderlich ist oder

3.   der Empfänger die Daten beim Gewerbetreibenden nur mit unverhältnismäßigem Aufwand erheben könnte oder von einer solchen Datenerhebung nach der Art der Aufgabe, für deren Erfüllung die Kenntnis der Daten erforderlich ist, abgesehen werden muss und kein Grund zu der Annahme besteht, dass das schutzwürdige Interesse des Gewerbetreibenden überwiegt.

Für die Weitergabe von Daten innerhalb der Verwaltungseinheiten, denen die für die Entgegennahme der Anzeige und die Überwachung der Gewerbeausübung zuständigen Behörden angehören, gilt Satz 1 entsprechend.

(7)   Öffentlichen Stellen, soweit sie als öffentlich-rechtliche Unternehmen am Wettbewerb teilnehmen, und nicht-öffentlichen Stellen dürfen der Zweckbindung nach Absatz 5 Satz 1 unterliegende Daten übermittelt werden, wenn der Empfänger ein rechtliches Interesse an der Kenntnis der zu übermittelnden Daten glaubhaft macht und kein Grund zu der Annahme besteht, dass das schutzwürdige Interesse des Gewerbetreibenden überwiegt.

(8)   Die zuständige Behörde darf Daten aus der Gewerbeanzeige regelmäßig übermitteln an

1.   die Industrie- und Handelskammer zur Wahrnehmung der in den §§ 1, 3 und 5 des Gesetzes zur vorläufigen Regelung des Rechts der Industrie- und Handelskammern genannten sowie der nach § 1 Abs. 4 desselben Gesetzes übertragenen Aufgaben,

2.   die Handwerkskammer zur Wahrnehmung der in § 91 der Handwerksordnung genannten, insbesondere der ihr durch die §§ 6, 19 und 28 der Handwerksordnung zugewiesenen und sonstiger durch Gesetz übertragener Aufgaben,

3.   die für den Immissionsschutz zuständige Landesbehörde zur Durchführung arbeitsschutzrechtlicher sowie immissionsschutzrechtlicher Vorschriften,

    3a.   die für den technischen und sozialen Arbeitsschutz, einschließlich den Entgeltschutz nach dem Heimarbeitsgesetz zuständige Landesbehörde zur Durchführung ihrer Aufgaben,

4.   die nach Landesrecht zuständige Behörde zur Wahrnehmung der Aufgaben, die im Mess- und Eichgesetz und in den auf Grund des Mess- und Eichgesetzes ergangenen Rechtsverordnungen festgelegt sind,

5.   die Bundesagentur für Arbeit zur Wahrnehmung der in § 405 Abs. 1 in Verbindung mit § 404 Abs. 2 des Dritten Buches Sozialgesetzbuch sowie der im Arbeitnehmerüberlassungsgesetz genannten Aufgaben,

6.   die Deutsche Gesetzliche Unfallversicherung e. V. ausschließlich zur Weiterleitung an die zuständige Berufsgenossenschaft für die Erfüllung der ihr durch Gesetz übertragenen Aufgaben,

7.   die Behörden der Zollverwaltung zur Wahrnehmung der ihnen nach dem Schwarzarbeitsbekämpfungsgesetz, nach § 405 Abs. 1 in Verbindung mit § 404 Abs. 2 des Dritten Buches Sozialgesetzbuch sowie nach dem Arbeitnehmerüberlassungsgesetz obliegenden Aufgaben,

8.   das Registergericht, soweit es sich um die Abmeldung einer im Handels- und Genossenschaftsregister eingetragenen Haupt- oder Zweigniederlassung handelt, für Maßnahmen zur Herstellung der inhaltlichen Richtigkeit des Handelsregisters gemäß § 388 Abs. 1 des Gesetzes über das Verfahren in Familiensachen und in den Angelegenheiten der freiwilligen Gerichtsbarkeit oder des Genossenschaftsregisters gemäß § 160 des Gesetzes betreffend die Erwerbs- und Wirtschaftsgenossenschaften,

9.   die statistischen Ämter der Länder zur Führung des Statistikregisters nach § 1 Abs. 1 Satz 1 des Statistikregistergesetzes in den Fällen des Absatzes 1 Satz 2 Nr. 1 und 2,

10.   die für die Lebensmittelüberwachung zuständigen Behörden der Länder zur Durchführung lebensmittelrechtlicher Vorschriften.

Die Übermittlung der Daten ist auf das zur Wahrnehmung der in Satz 1 bezeichneten Aufgaben Erforderliche zu beschränken. § 138 der Abgabenordnung bleibt unberührt.

(9)   Darüber hinaus sind Übermittlungen der nach den Absätzen 1 bis 4 erhobenen Daten nur zulässig, soweit die Kenntnis der Daten zur Verfolgung von Straftaten erforderlich ist oder eine besondere Rechtsvorschrift dies vorsieht.

(10) Die Einrichtung eines automatisierten Verfahrens, das den Abruf von Daten aus der Gewerbeanzeige ermöglicht, ist nur zulässig, wenn technisch sichergestellt ist, dass

1. die abrufende Stelle die bei der zuständigen Stelle gespeicherten Daten nicht verändern kann und

2. in Abruf durch eine in Absatz 7 genannte Stelle nur möglich ist, wenn die abrufende Stelle entweder den Namen des Gewerbetreibenden oder die betriebliche Anschrift des Gewerbetreibenden angegeben hat; der Abruf von Daten unter Verwendung unvollständiger Abfragedaten oder die Suche mittels einer Ähnlichenfunktion kann zugelassen werden.

(11) Die Einrichtung eines automatisierten Verfahrens, das den Abruf von Daten ermöglicht, die der Zweckbindung nach Absatz 5 Satz 1 unterliegen, ist nur zulässig, soweit

1. dies wegen der Häufigkeit oder der Eilbedürftigkeit der Abrufe und unter Berücksichtigung der schutzwürdigen Interessen der Gewerbetreibenden angemessen ist,

2. die zum Abruf bereitgehaltenen Daten ihrer Art nach für die Aufgaben oder Geschäftszwecke des Empfängers erforderlich sein können und

3. technisch sichergestellt ist, dass Daten durch andere als die in Absatz 8 genannten Stellen nur abgerufen werden können, wenn dabei der Verwendungszweck, für den der Abruf erfolgt, sowie das Aktenzeichen oder eine andere Bezeichnung des Vorgangs, für den der Abruf erfolgt, angegeben wird.

Die Datenempfänger sowie die Verwendungszwecke, für die Abrufe zugelassen werden, sind vom Leiter der Verwaltungseinheit schriftlich festzulegen. Die zuständige Stelle protokolliert die Abrufe einschließlich der angegebenen Verwendungszwecke und Vorgangsbezeichnungen. Die Protokolle müssen die Feststellung der für die einzelnen Abrufe verantwortlichen Personen ermöglichen. Eine mindestens stichprobenweise Protokollauswertung ist durch die speichernde Stelle zu gewährleisten. Die Protokolldaten dürfen nur zur Kontrolle der Zulässigkeit der Abrufe verwendet werden und sind nach sechs Monaten zu löschen.

(12) Daten, die der Zweckbindung nach Absatz 5 Satz 1 unterliegen, darf der Empfänger nur für den Zweck verwenden, zu dessen Erfüllung sie ihm übermittelt werden.

(13) – (14) …

…

§ 35 Gewerbeuntersagung wegen Unzuverlässigkeit

(1) Die Ausübung eines Gewerbes ist von der zuständigen Behörde ganz oder teilweise zu untersagen, wenn Tatsachen vorliegen, welche die Unzuverlässigkeit des Gewerbetreibenden oder einer mit der Leitung des Gewerbebetriebes beauftragten Person in bezug auf dieses Gewerbe dartun, sofern die Untersagung zum Schutze der Allgemeinheit oder der im Betrieb Beschäftigten erforderlich ist. Die Untersagung kann auch auf die Tätigkeit als Vertretungsberechtigter eines Gewerbetreibenden oder als mit der Leitung eines Gewerbebetriebes beauftragte Person sowie auf einzelne andere oder auf alle Gewerbe erstreckt werden, soweit die festgestellten Tatsachen die Annahme rechtfertigen, dass der Gewerbetreibende auch für diese Tätigkeiten oder Gewerbe unzuverlässig ist. Das Untersagungsverfahren kann fortgesetzt werden, auch wenn der Betrieb des Gewerbes während des Verfahrens aufgegeben wird.

(2) Dem Gewerbetreibenden kann auf seinen Antrag von der zuständigen Behörde gestattet werden, den Gewerbebetrieb durch einen Stellvertreter (§ 45) fortzuführen, der die Gewähr für eine ordnungsgemäße Führung des Gewerbebetriebes bietet.

(3) Will die Verwaltungsbehörde in dem Untersagungsverfahren einen Sachverhalt berücksichtigen, der Gegenstand der Urteilsfindung in einem Strafverfahren gegen einen Gewerbetreibenden gewesen ist, so kann sie zu dessen Nachteil von dem Inhalt des Urteils insoweit nicht abweichen, als es sich bezieht auf

1. die Feststellung des Sachverhalts,

2. die Beurteilung der Schuldfrage oder

3. die Beurteilung der Frage, ob er bei weiterer Ausübung des Gewerbes erhebliche rechtswidrige Taten im Sinne des § 70 des Strafgesetzbuches begehen wird und ob zur Abwehr dieser Gefahren die Untersagung des Gewerbes angebracht ist.

Absatz 1 Satz 2 bleibt unberührt. Die Entscheidung über ein vorläufiges Berufsverbot (§ 132a der Strafprozessordnung), der Strafbefehl und die gerichtliche Entscheidung, durch welche die Eröffnung des Hauptverfahrens abgelehnt wird, stehen einem Urteil gleich; dies gilt auch für Bußgeldentscheidungen, soweit sie sich auf die Feststellung des Sachverhalts und die Beurteilung der Schuldfrage beziehen.

(3a) (weggefallen)

(4) Vor der Untersagung sollen, soweit besondere staatliche Aufsichtsbehörden bestehen, die Aufsichtsbehörden, ferner die zuständige Industrie- und Handelskammer oder Handwerkskammer und, soweit es sich um eine Genos-

senschaft handelt, auch der Prüfungsverband gehört werden, dem die Genossenschaft angehört. Ihnen sind die gegen den Gewerbetreibenden erhobenen Vorwürfe mitzuteilen und die zur Abgabe der Stellungnahme erforderlichen Unterlagen zu übersenden. Die Anhörung der vorgenannten Stellen kann unterbleiben, wenn Gefahr im Verzuge ist; in diesem Falle sind diese Stellen zu unterrichten.

(5)   (weggefallen)

(6)   Dem Gewerbetreibenden ist von der zuständigen Behörde auf Grund eines an die Behörde zu richtenden schriftlichen oder elektronischen Antrages die persönliche Ausübung des Gewerbes wieder zu gestatten, wenn Tatsachen die Annahme rechtfertigen, dass eine Unzuverlässigkeit im Sinne des Absatzes 1 nicht mehr vorliegt. Vor Ablauf eines Jahres nach Durchführung der Untersagungsverfügung kann die Wiederaufnahme nur gestattet werden, wenn hierfür besondere Gründe vorliegen.

(7)   Zuständig ist die Behörde, in deren Bezirk der Gewerbetreibende eine gewerbliche Niederlassung unterhält oder in den Fällen des Absatzes 2 oder 6 unterhalten will. Bei Fehlen einer gewerblichen Niederlassung sind die Behörden zuständig, in deren Bezirk das Gewerbe ausgeübt wird oder ausgeübt werden soll. Für die Vollstreckung der Gewerbeuntersagung sind auch die Behörden zuständig, in deren Bezirk das Gewerbe ausgeübt wird oder ausgeübt werden soll.

(7a)   Die Untersagung kann auch gegen Vertretungsberechtigte oder mit der Leitung des Gewerbebetriebes beauftragte Personen ausgesprochen werden. Das Untersagungsverfahren gegen diese Personen kann unabhängig von dem Verlauf des Untersagungsverfahrens gegen den Gewerbetreibenden fortgesetzt werden. Die Absätze 1 und 3 bis 7 sind entsprechend anzuwenden.

(8)   Soweit für einzelne Gewerbe besondere Untersagungs- oder Betriebsschließungsvorschriften bestehen, die auf die Unzuverlässigkeit des Gewerbetreibenden abstellen, oder eine für das Gewerbe erteilte Zulassung wegen Unzuverlässigkeit des Gewerbetreibenden zurückgenommen oder widerrufen werden kann, sind die Absätze 1 bis 7a nicht anzuwenden. Dies gilt nicht für Vorschriften, die Gewerbeuntersagungen oder Betriebsschließungen durch strafgerichtliches Urteil vorsehen.

(9)   Die Absätze 1 bis 8 sind auf Genossenschaften entsprechend anzuwenden, auch wenn sich ihr Geschäftsbetrieb auf den Kreis der Mitglieder beschränkt; sie finden ferner Anwendung auf den Handel mit Arzneimitteln, mit Losen von Lotterien und Ausspielungen sowie mit Bezugs- und Anteilscheinen auf solche Lose und auf den Betrieb von Wettannahmestellen aller Art.

…

§ 146 Verletzung sonstiger Vorschriften über die Ausübung eines Gewerbes

(1)   Ordnungswidrig handelt, wer vorsätzlich oder fahrlässig

1. einer vollziehbaren Anordnung

    a) nach § 35 Abs. 1 Satz 1 oder 2,

    b) nach § 35 Abs. 7a Satz 1, 3 in Verbindung mit Abs. 1 Satz 1 oder 2 oder

    c) nach § 35 Abs. 9 in Verbindung mit den in den Buchstaben a oder b genannten Vorschriften zuwiderhandelt,

1a. einer mit einer Erlaubnis nach § 35 Abs. 2, auch in Verbindung mit Abs. 9, verbundenen vollziehbaren Auflage zuwiderhandelt oder

2. entgegen einer vollziehbaren Anordnung nach § 51 Satz 1 eine gewerbliche Anlage benutzt.

(2)   Ordnungswidrig handelt ferner, wer vorsätzlich oder fahrlässig

1. einer Rechtsverordnung nach § 6c oder einer vollziehbaren Anordnung auf Grund einer solchen Rechtsverordnung zuwiderhandelt, soweit die Rechtsverordnung für einen bestimmten Tatbestand auf diese Bußgeldvorschrift verweist,

1a. entgegen § 11b Absatz 6 Satz 2 oder 3 eine Mitteilung nicht, nicht richtig, nicht vollständig, nicht in der vorgeschriebenen Weise oder nicht rechtzeitig macht,

2. entgegen

    a) § 13a Absatz 1 Satz 1 oder Absatz 6 Satz 2,

    b) § 14 Absatz 1 Satz 1, auch in Verbindung mit Satz 2, Absatz 2 oder einer Rechtsverordnung nach § 14 Absatz 14 Satz 2 Nummer 1, oder

    c) § 14 Absatz 3 Satz 1

        eine Anzeige nicht, nicht richtig, nicht vollständig oder nicht rechtzeitig erstattet,

3. entgegen § 14 Absatz 3 Satz 2 oder Satz 3 eine dort genannte Angabe nicht, nicht richtig, nicht vollständig, nicht in der vorgeschriebenen Weise oder nicht rechtzeitig anbringt,

4. entgegen § 29 Abs. 1, auch in Verbindung mit Abs. 4, jeweils auch in Verbindung mit § 61a Abs. 1 oder § 71b Abs. 1, eine Auskunft nicht, nicht richtig, nicht vollständig oder nicht rechtzeitig erteilt,

5. im Wochenmarktverkehr andere als nach § 67 Abs. 1 oder 2 zugelassene Waren feilbietet,

6. entgegen § 69 Abs. 3 eine Anzeige nicht, nicht richtig oder nicht rechtzeitig erstattet,

7. einer vollziehbaren Auflage nach § 69a Abs. 2, auch in Verbindung mit § 60b Abs. 2 erster Halbsatz, zuwiderhandelt,

8. einer vollziehbaren Anordnung nach § 70a Abs. 1, auch in Verbindung mit § 60b Abs. 2, zuwiderhandelt, durch die die Teilnahme an einer dort genannten Veranstaltung

   a) zum Zwecke der Ausübung einer Tätigkeit nach § 34f Absatz 1 Satz 1 oder § 34h Absatz 1 Satz 1 oder

   b) zum Zwecke der Ausübung einer sonstigen gewerbsmäßigen Tätigkeit

   untersagt wird,

9. entgegen § 70a Abs. 3 das Versteigerergewerbe auf einer Veranstaltung im Sinne der §§ 64 bis 68 ausübt,

10. (weggefallen)

11. einer Rechtsverordnung nach § 71b Abs. 2 Satz 1 in Verbindung mit § 34a Abs. 2, § 34b Abs. 8, § 34e Absatz 1 Satz 1 Nummer 2, 4 oder 7, Absatz 2 oder 3 oder einer vollziehbaren Anordnung auf Grund einer solchen Rechtsverordnung zuwiderhandelt, soweit die Rechtsverordnung für einen bestimmten Tatbestand auf diese Bußgeldvorschrift verweist,

11a. einer Rechtsverordnung nach § 71b Abs. 2 Satz 1 in Verbindung mit § 34c Abs. 3, § 34g Absatz 1 Satz 1 oder Absatz 2 Satz 1 Nummer 1, 2 oder Nummer 4 oder Satz 2 oder § 34j oder einer vollziehbaren Anordnung auf Grund dieser Rechtsverordnung zuwiderhandelt, soweit die Rechtsverordnung für einen bestimmten Tatbestand auf diese Bußgeldvorschrift verweist oder

12. entgegen einer nach § 133 Abs. 2 Satz 1 ergangenen Rechtsverordnung die Berufsbezeichnung „Baumeister" oder eine Berufsbezeichnung führt, die das Wort „Baumeister" enthält und auf eine Tätigkeit im Baugewerbe hinweist.

(3)   Die Ordnungswidrigkeit kann in den Fällen des Absatzes 2 Nr. 8 Buchstabe a mit einer Geldbuße bis zu fünfzigtausend Euro, in den Fällen des Absatzes 1 und 2 Nr. 11a mit einer Geldbuße bis zu fünftausend Euro, in den Fällen des Absatzes 2 Nr. 4 und 7 mit einer Geldbuße bis zu zweitausendfünfhundert Euro, in den übrigen Fällen des Absatzes 2 mit einer Geldbuße bis zu eintausend Euro geahndet werden.

Anhang II – Synopse zur Betreuervergütung 2019

Artikel 1 – Änderung des Vormünder- und Betreuervergütungsgesetzes	
VBVG – bisherige Fassung	**VBVG – in der Fassung des Gesetzes zur Anpassung der Betreuer- und Vormündervergütung vom 22.6.2019, BGBl. I S. 866**
– Geltung bis 26.7.2019 –	– Geltung ab 27.7.2019 –
§ 3 Stundensatz des Vormunds (1) Die dem Vormund nach § 1 Abs. 2 zu bewilligende Vergütung beträgt für jede Stunde der für die Führung der Vormundschaft aufgewandten und erforderlichen Zeit 19,50 Euro. Verfügt der Vormund über besondere Kenntnisse, die für die Führung der Vormundschaft nutzbar sind, so erhöht sich der Stundensatz 1. auf 25 Euro, wenn diese Kenntnisse durch eine abgeschlossene Lehre oder eine vergleichbare abgeschlossene Ausbildung erworben sind; 2. auf 33,50 Euro, wenn diese Kenntnisse durch eine abgeschlossene Ausbildung an einer Hochschule oder durch eine vergleichbare abgeschlossene Ausbildung erworben sind. Eine auf die Vergütung anfallende Umsatzsteuer wird, soweit sie nicht nach § 19 Abs. 1 des Umsatzsteuergesetzes unerhoben bleibt, zusätzlich ersetzt. (2) Bestellt das Familiengericht einen Vormund, der über besondere Kenntnisse verfügt, die für die Führung der Vormundschaft allgemein nutzbar und durch eine Ausbildung im Sinne des Absatzes 1 Satz 2 erworben sind, so wird vermutet, dass diese Kenntnisse auch für die Führung der dem Vormund übertragenen Vormundschaft nutzbar sind. Dies gilt nicht, wenn das Familiengericht aus besonderen Gründen bei der Bestellung des Vormunds etwas anderes bestimmt. (3) Soweit die besondere Schwierigkeit der vormundschaftlichen Geschäfte dies ausnahmsweise rechtfertigt, kann das Familiengericht einen höheren als den in Absatz 1 vorgesehenen Stundensatz der Vergütung bewilligen. Dies gilt nicht, wenn der Mündel mittellos ist. (4) Der Vormund kann Abschlagszahlungen verlangen.	**§ 3 Stundensatz des Vormunds** (1) Die dem Vormund nach § 1 Abs. 2 zu bewilligende Vergütung beträgt für jede Stunde der für die Führung der Vormundschaft aufgewandten und erforderlichen Zeit **23 Euro**. Verfügt der Vormund über besondere Kenntnisse, die für die Führung der Vormundschaft nutzbar sind, so erhöht sich der Stundensatz 1. auf **29,50 Euro**, wenn diese Kenntnisse durch eine abgeschlossene Lehre oder eine vergleichbare abgeschlossene Ausbildung erworben sind; 2. auf **39 Euro**, wenn diese Kenntnisse durch eine abgeschlossene Ausbildung an einer Hochschule oder durch eine vergleichbare abgeschlossene Ausbildung erworben sind. Eine auf die Vergütung anfallende Umsatzsteuer wird, soweit sie nicht nach § 19 Abs. 1 des Umsatzsteuergesetzes unerhoben bleibt, zusätzlich ersetzt. (2) Bestellt das Familiengericht einen Vormund, der über besondere Kenntnisse verfügt, die für die Führung der Vormundschaft allgemein nutzbar und durch eine Ausbildung im Sinne des Absatzes 1 Satz 2 erworben sind, so wird vermutet, dass diese Kenntnisse auch für die Führung der dem Vormund übertragenen Vormundschaft nutzbar sind. Dies gilt nicht, wenn das Familiengericht aus besonderen Gründen bei der Bestellung des Vormunds etwas anderes bestimmt. (3) Soweit die besondere Schwierigkeit der vormundschaftlichen Geschäfte dies ausnahmsweise rechtfertigt, kann das Familiengericht einen höheren als den in Absatz 1 vorgesehenen Stundensatz der Vergütung bewilligen. Dies gilt nicht, wenn der Mündel mittellos ist. (4) Der Vormund kann Abschlagszahlungen verlangen.

Artikel 1 – Änderung des Vormünder- und Betreuervergütungsgesetzes	
VBVG – bisherige Fassung	**VBVG – in der Fassung des Gesetzes zur Anpassung der Betreuer- und Vormündervergütung vom 22.6.2019, BGBl. I S. 866**
– Geltung bis 26.7.2019 –	**– Geltung ab 27.7.2019 –**
§ 4 Stundensatz und Aufwendungsersatz des Betreuers (1) Die dem Betreuer nach § 1 Abs. 2 zu bewilligende Vergütung beträgt für jede nach § 5 anzusetzende Stunde 27 Euro. Verfügt der Betreuer über besondere Kenntnisse, die für die Führung der Betreuung nutzbar sind, so erhöht sich der Stundensatz 1. auf 33,50 Euro, wenn diese Kenntnisse durch eine abgeschlossene Lehre oder eine vergleichbare abgeschlossene Ausbildung erworben sind; 2. auf 44 Euro, wenn diese Kenntnisse durch eine abgeschlossene Ausbildung an einer Hochschule oder durch eine vergleichbare abgeschlossene Ausbildung erworben sind. (2) Die Stundensätze nach Absatz 1 gelten auch Ansprüche auf Ersatz anlässlich der Betreuung entstandener Aufwendungen sowie anfallende Umsatzsteuer ab. Die gesonderte Geltendmachung von Aufwendungen im Sinne des § 1835 Abs. 3 des Bürgerlichen Gesetzbuchs bleibt unberührt.	**§ 4 Vergütung des Betreuers** (1) Die dem Betreuer nach § 1 Absatz 2 zu bewilligende Vergütung **bestimmt sich nach monatlichen Fallpauschalen, die in den Vergütungstabellen A bis C der Anlage festgelegt sind.** *Hinweis: vgl. hierzu § 4 Absatz 3* **(2) Die Vergütung des Betreuers richtet sich nach Vergütungstabelle A, sofern der Betreuer über keine besonderen Kenntnisse verfügt, die für die Führung der Betreuung nutzbar sind.** **(3) Verfügt der Betreuer über besondere Kenntnisse, die für die Führung der Betreuung nutzbar sind, so richtet sich die Vergütung** 1. **nach Vergütungstabelle B, wenn diese Kenntnisse durch eine abgeschlossene Lehre oder eine vergleichbare abgeschlossene Ausbildung erworben sind;** 2. **nach Vergütungstabelle C, wenn diese Kenntnisse durch eine abgeschlossene Ausbildung an einer Hochschule oder durch eine vergleichbare abgeschlossene Ausbildung erworben sind.**
(3) § 3 Abs. 2 gilt entsprechend. § 1 Abs. 1 Satz 2 Nr. 2 findet keine Anwendung.	(4) § 3 Absatz 2 gilt entsprechend. § 1 Absatz 1 Satz 2 Nummer 2 findet keine Anwendung.
§ 5 Stundenansatz des Betreuers (1) Der dem Betreuer zu vergütende Zeitaufwand ist 1. in den ersten drei Monaten der Betreuung mit fünfeinhalb, 2. im vierten bis sechsten Monat mit viereinhalb, 3. im siebten bis zwölften Monat mit vier, 4. danach mit zweieinhalb Stunden im Monat anzusetzen. (2) Hat der Betreute seinen gewöhnlichen Aufenthalt nicht in einem Heim, beträgt der Stundenansatz 1. in den ersten drei Monaten der Betreuung achteinhalb,	**§ 5 Fallpauschalen** **(1) Die Höhe der Fallpauschalen nach § 4 Absatz 1 richtet sich nach** 3. **der Dauer der Betreuung,** 4. **dem gewöhnlichen Aufenthaltsort des Betreuten und** 5. **dem Vermögensstatus des Betreuten.** **(2) Hinsichtlich der Dauer der Betreuung wird bei der Berechnung der Fallpauschalen zwischen den Zeiträumen in den ersten drei Monaten der Betreuung, im vierten bis sechsten Monat, im siebten bis zwölften Monat, im 13. bis 24. Monat und ab dem 25. Monat unterschieden.**

Artikel 1 – Änderung des Vormünder- und Betreuervergütungsgesetzes	
VBVG – bisherige Fassung	**VBVG – in der Fassung des Gesetzes zur Anpassung der Betreuer- und Vormündervergütung vom 22.6.2019, BGBl. I S. 866**
– Geltung bis 26.7.2019 –	**– Geltung ab 27.7.2019 –**
2. im vierten bis sechsten Monat sieben, 3. im siebten bis zwölften Monat sechs, 4. danach viereinhalb Stunden im Monat. (3) Ist der Betreute mittellos, beträgt der Stundenansatz 1. in den ersten drei Monaten der Betreuung viereinhalb, 2. im vierten bis sechsten Monat dreieinhalb, 3. im siebten bis zwölften Monat drei, 4. danach zwei Stunden im Monat. Hat der mittellose Betreute seinen gewöhnlichen Aufenthalt nicht in einem Heim, beträgt der Stundenansatz 1. in den ersten drei Monaten der Betreuung sieben, 2. im vierten bis sechsten Monat fünfeinhalb, 3. im siebten bis zwölften Monat fünf, 4. danach dreieinhalb Stunden im Monat.	**Für die Berechnung der Monate gelten § 187 Absatz 1 und § 188 Absatz 2 erste Alternative des Bürgerlichen Gesetzbuchs entsprechend. Ändern sich Umstände, die sich auf die Vergütung auswirken, vor Ablauf eines vollen Monats, so ist die Fallpauschale zeitanteilig nach Tagen zu berechnen; § 187 Absatz 1 § 188 Abs. 1 und § 191 des Bürgerlichen Gesetzbuchs gelten entsprechend.**
(3) Heime im Sinne dieser Vorschrift sind Einrichtungen, die dem Zweck dienen, Volljährige aufzunehmen, ihnen Wohnraum zu überlassen sowie tatsächliche Betreuung und Verpflegung zur Verfügung zu stellen oder vorzuhalten, und die in ihrem Bestand von Wechsel und Zahl der Bewohner unabhängig sind und entgeltlich betrieben werden. § 1 Abs. 2 des Heimgesetzes gilt entsprechend.	**(3) Hinsichtlich des gewöhnlichen Aufenthaltsortes des Betreuten ist zwischen stationären Einrichtungen und diesen nach Satz 3 gleichgestellten ambulant betreuten Wohnformen einerseits und anderen Wohnformen andererseits zu unterscheiden.** **Im Sinne dieses Gesetzes sind** **1. stationäre Einrichtungen: Einrichtungen, die dem Zweck dienen, Volljährige aufzunehmen, ihnen Wohnraum zu überlassen sowie tatsächliche Betreuung oder Pflege zur Verfügung zu stellen oder vorzuhalten, und die in ihrem Bestand von Wechsel und Zahl der Bewohner unabhängig sind und entgeltlich betrieben werden;** **2. ambulant betreute Wohnformen: entgeltliche Angebote, die dem Zweck dienen, Volljährigen das Leben in einem gemeinsamen Haushalt oder einer Wohnung bei gleichzeitiger Inanspruchnahme extern angebotener entgeltlicher Leistungen tatsächlicher Betreuung oder Pflege zu ermöglichen.** **Ambulant betreute Wohnformen sind stationären Einrichtungen gleichgestellt,**

Artikel 1 – Änderung des Vormünder- und Betreuervergütungsgesetzes	
VBVG – bisherige Fassung **– Geltung bis 26.7.2019 –**	**VBVG – in der Fassung des Gesetzes zur Anpassung der Betreuer- und Vormündervergütung vom 22.6.2019, BGBl. I S. 866** **– Geltung ab 27.7.2019 –**
	wenn die in der ambulant betreuten Wohnform extern angebotenen Leistungen tatsächlicher Betreuung oder Pflege als Rund-um-die-Uhr-Versorgung durch professionelle Betreuungs- oder Pflegekräfte zur Verfügung gestellt oder vorgehalten werden und der Anbieter der externen Betreuungs- oder Pflegeleistungen nicht frei wählbar ist.
(4) Für die Berechnung der Monate nach den Absätzen 1 und 2 gelten § 187 Abs. 1 und § 188 Abs. 2 erste Alternative des Bürgerlichen Gesetzbuchs entsprechend. Ändern sich Umstände, die sich auf die Vergütung auswirken, vor Ablauf eines vollen Monats, so ist der Stundenansatz zeitanteilig nach Tagen zu berechnen; § 187 Abs. 1 und § 188 Abs. 1 des Bürgerlichen Gesetzbuchs gelten entsprechend. Die sich dabei ergebenden Stundenansätze sind auf volle Zehntel aufzurunden.	**(4) Hinsichtlich der Bestimmung des Vemögensstatus des Betreuten ist entscheidend, ob am Ende des Abrechnungsmonats Mittellosigkeit nach § 1836d des Bürgerlichen Gesetzbuchs vorliegt.**
(5) Findet ein Wechsel von einem beruflichen zu einem ehrenamtlichen Betreuer statt, sind dem beruflichen Betreuer der Monat, in den der Wechsel fällt, und der Folgemonat mit dem vollen Zeitaufwand nach den Absätzen 1 und 2 zu vergüten. Dies gilt auch dann, wenn zunächst neben dem beruflichen Betreuer ein ehrenamtlicher Betreuer bestellt war und dieser die Betreuung allein fortführt. Absatz 4 Satz 2 und 3 ist nicht anwendbar.	*Hinweis: siehe hierzu § 5a Absatz 2 und Absatz 3*
	(5) Die Fallpauschalen gelten auch Ansprüche auf Ersatz anlässlich der Betreuung entstandener Aufwendungen ab. Die gesonderte Geltendmachung von Aufwendungen im Sinne des § 1835 Absatz 3 des Bürgerlichen Gesetzbuchs bleibt unberührt.
	§ 5a Gesonderte Pauschalen **(1) Ist der Betreute nicht mittellos, wird der Betreuer mit einer zusätzlichen monatlichen Pauschale in Höhe von 30 Euro vergütet, wenn dieser die Verwaltung** 1. **von Geldvermögen in Höhe von mindestens 150.000 Euro,** 2. **Wohnraum, der nicht vom Betreuten oder seinem Ehegatten genutzt wird, oder** 3. **ein Erwerbsgeschäft des Betreuten**

Artikel 1 – Änderung des Vormünder- und Betreuervergütungsgesetzes	
VBVG – bisherige Fassung – Geltung bis 26.7.2019 –	VBVG – in der Fassung des Gesetzes zur Anpassung der Betreuer- und Vormündervergütung vom 22.6.2019, BGBl. I S. 866 – Geltung ab 27.7.2019 –
	zu besorgen hat. Die Pauschale kann geltend gemacht werden, wenn einer der Fälle des Satzes 1 an mindestens einem Tag im Abrechnungsmonat vorliegt. **(2) Findet ein Wechsel von einem ehrenamtlichen zu einem beruflichen Betreuer statt, ist der berufliche Betreuer mit einer einmaligen Pauschale in Höhe von 200 Euro zu vergüten.** **(3) Findet ein Wechsel von einem beruflichen zu einem ehrenamtlichen Betreuer statt, ist der berufliche Betreuer mit einer einmaligen Pauschale in Höhe des 1,5-fachen der zum Zeitpunkt des Betreuerwechsels zu vergütenden Fallpauschale zu vergüten. Dies gilt auch dann, wenn zunächst neben dem beruflichen Betreuer ein ehrenamtlicher Betreuer bestellt war und dieser die Betreuung allein fortführt.** **(4) Die Pauschalen nach den Absätzen 1 bis 3 können nur gemeinsam mit einem Vergütungsantrag nach den §§ 4 und 5 geltend gemacht werden.**
§ 6 Sonderfälle der Betreuung (1) In den Fällen des § 1899 Abs. 2 und 4 des Bürgerlichen Gesetzbuchs erhält der Betreuer eine Vergütung nach § 1 Abs. 2 in Verbindung mit § 3; für seine Aufwendungen kann er Vorschuss und Ersatz nach § 1835 des Bürgerlichen Gesetzbuchs mit Ausnahme der Aufwendungen im Sinne von § 1835 Abs. 2 des Bürgerlichen Gesetzbuchs beanspruchen. (2) Ist im Fall des § 1899 Abs. 4 des Bürgerlichen Gesetzbuchs die Verhinderung tatsächlicher Art, sind die Vergütung und der Aufwendungsersatz nach § 4 in Verbindung mit § 5 zu bewilligen und nach Tagen zu teilen; § 5 Abs. 4 Satz 3 sowie § 187 Abs. 1 und § 188 Abs. 1 des Bürgerlichen Gesetzbuchs gelten entsprechend.	**§ 6 Sonderfälle der Betreuung** (1) In den Fällen des § 1899 Abs. 2 und 4 des Bürgerlichen Gesetzbuchs erhält der Betreuer eine Vergütung nach § 1 Abs. 2 in Verbindung mit § 3; für seine Aufwendungen kann er Vorschuss und Ersatz nach § 1835 des Bürgerlichen Gesetzbuchs mit Ausnahme der Aufwendungen im Sinne von § 1835 Abs. 2 des Bürgerlichen Gesetzbuchs beanspruchen. (2) Ist im Fall des § 1899 Abs. 4 des Bürgerlichen Gesetzbuchs die Verhinderung tatsächlicher Art, **sind die Vergütung und der Aufwendungsersatz nach § 4 in Verbindung mit § 5 sowie die Pauschale nach § 5a Absatz 1 zu bewilligen und im Fall des § 5 nach Tagen zu teilen; § 187 Absatz 1 und § 188 Absatz 1 des Bürgerlichen Gesetzbuchs gelten entsprechend.**
§ 7 Vergütung und Aufwendungsersatz für Betreuungsvereine (1) Ist ein Vereinsbetreuer bestellt, so ist dem Verein eine Vergütung und Aufwendungsersatz nach § 1 Abs. 2 in Verbindung mit den §§ 4 und 5 zu bewilligen. § 1 Abs. 1 sowie § 1835 Abs. 3 des Bürgerlichen Gesetzbuchs finden keine Anwendung.	**§ 7 Vergütung und Aufwendungsersatz für Betreuungsvereine** (1) Ist ein Vereinsbetreuer bestellt, so ist dem Verein eine Vergütung und Aufwendungsersatz nach § 1 Abs. 2 in Verbindung mit den **§§ 4 bis 5a** zu bewilligen. § 1 Abs. 1 sowie § 1835 Abs. 3 des Bürgerlichen Gesetzbuchs finden keine Anwendung.

Artikel 1 – Änderung des Vormünder- und Betreuervergütungsgesetzes	
VBVG – bisherige Fassung	**VBVG – in der Fassung des Gesetzes zur Anpassung der Betreuer- und Vormündervergütung vom 22.6.2019, BGBl. I S. 866**
– Geltung bis 26.7.2019 –	**– Geltung ab 27.7.2019 –**
(2) § 6 gilt entsprechend; der Verein kann im Fall von § 6 Satz 1 Vorschuss und Ersatz der Aufwendungen nach § 1835 Abs. 1, 1a und 4 des Bürgerlichen Gesetzbuchs verlangen. § 1835 Abs. 5 Satz 2 des Bürgerlichen Gesetzbuchs gilt entsprechend. (3) Der Vereinsbetreuer selbst kann keine Vergütung und keinen Aufwendungsersatz nach diesem Gesetz oder nach den §§ 1835 bis 1836 des Bürgerlichen Gesetzbuchs geltend machen.	(2) § 6 gilt entsprechend; der Verein kann im Fall von § 6 Satz 1 Vorschuss und Ersatz der Aufwendungen nach § 1835 Abs. 1, 1a und 4 des Bürgerlichen Gesetzbuchs verlangen. § 1835 Abs. 5 Satz 2 des Bürgerlichen Gesetzbuchs gilt entsprechend. (3) Der Vereinsbetreuer selbst kann keine Vergütung und keinen Aufwendungsersatz nach diesem Gesetz oder nach den §§ 1835 bis 1836 des Bürgerlichen Gesetzbuchs geltend machen.
§ 10 Mitteilung an die Betreuungsbehörde (1) Wer Betreuungen entgeltlich führt, hat der Betreuungsbehörde, in deren Bezirk er seinen Sitz oder Wohnsitz hat, kalenderjährlich mitzuteilen 1. die Zahl der von ihm im Kalenderjahr geführten Betreuungen aufgeschlüsselt nach Betreuten in einem Heim oder außerhalb eines Heims und 2. den von ihm für die Führung von Betreuungen im Kalenderjahr erhaltenen Geldbetrag. (2) Die Mitteilung erfolgt jeweils bis spätestens 31. März für den Schluss des vorangegangenen Kalenderjahrs. Die Betreuungsbehörde kann verlangen, dass der Betreuer die Richtigkeit der Mitteilung an Eides statt versichert. (3) Die Betreuungsbehörde ist berechtigt und auf Verlangen des Betreuungsgerichts verpflichtet, dem Betreuungsgericht diese Mitteilung zu übermitteln.	**§ 10 Mitteilung an die Betreuungsbehörde** (1) Wer Betreuungen entgeltlich führt, hat der Betreuungsbehörde, in deren Bezirk er seinen Sitz oder Wohnsitz hat, kalenderjährlich mitzuteilen 1. die Zahl der von ihm im Kalenderjahr geführten Betreuungen aufgeschlüsselt nach Betreuten in **stationären Einrichtungen und diesen gleichgestellten ambulant betreuten Wohnformen einerseits und anderen Wohnformen andererseits sowie** 2. den von ihm für die Führung von Betreuungen im Kalenderjahr erhaltenen Geldbetrag. (2) Die Mitteilung erfolgt jeweils bis spätestens 31. März für den Schluss des vorangegangenen Kalenderjahrs. Die Betreuungsbehörde kann verlangen, dass der Betreuer die Richtigkeit der Mitteilung an Eides statt versichert. (3) Die Betreuungsbehörde ist berechtigt und auf Verlangen des Betreuungsgerichts verpflichtet, dem Betreuungsgericht diese Mitteilung zu übermitteln.
§ 11 Umschulung und Fortbildung von Berufsvormündern (1) Durch Landesrecht kann bestimmt werden, dass es einer abgeschlossenen Lehre im Sinne des § 3 Abs. 1 Satz 2 Nr. 1 und § 4 Abs. 1 Satz 2 Nr. 1 gleichsteht, wenn der Vormund oder Betreuer besondere Kenntnisse im Sinne dieser Vorschrift durch eine dem Abschluss einer Lehre vergleichbare Prüfung vor einer staatlichen oder staatlich anerkannten Stelle nachgewiesen hat. Zu einer solchen Prüfung darf nur zugelassen werden, wer	**§ 11 Umschulung und Fortbildung von Berufsvormündern** (1) Durch Landesrecht kann bestimmt werden, dass es einer abgeschlossenen Lehre im Sinne des § 3 Abs. 1 Satz 2 Nr. 1 und **§ 4 Absatz 3 Nummer 1** gleichsteht, wenn der Vormund oder Betreuer besondere Kenntnisse im Sinne dieser Vorschrift durch eine dem Abschluss einer Lehre vergleichbare Prüfung vor einer staatlichen oder staatlich anerkannten Stelle nachgewiesen hat. Zu einer solchen Prüfung darf nur zugelassen werden, wer

Artikel 1 – Änderung des Vormünder- und Betreuervergütungsgesetzes	
VBVG – bisherige Fassung	**VBVG – in der Fassung des Gesetzes zur Anpassung der Betreuer- und Vormündervergütung vom 22.6.2019, BGBl. I S. 866**
– Geltung bis 26.7.2019 –	**– Geltung ab 27.7.2019 –**
1. mindestens drei Jahre lang Vormundschaften oder Betreuungen berufsmäßig geführt und 2. an einer Umschulung oder Fortbildung teilgenommen hat, die besondere Kenntnisse im Sinne des § 3 Abs. 1 Satz 2 und § 4 Abs. 1 Satz 2 vermittelt, welche nach Art und Umfang den durch eine abgeschlossene Lehre vermittelten vergleichbar sind. (2) Durch Landesrecht kann bestimmt werden, dass es einer abgeschlossenen Ausbildung an einer Hochschule im Sinne des § 3 Abs. 1 Satz 2 Nr. 2 und § 4 Abs. 1 Satz 2 Nr. 2 gleichsteht, wenn der Vormund oder Betreuer Kenntnisse im Sinne dieser Vorschrift durch eine Prüfung vor einer staatlichen oder staatlich anerkannten Stelle nachgewiesen hat. Zu einer solchen Prüfung darf nur zugelassen werden, wer 1. mindestens fünf Jahre lang Vormundschaften oder Betreuungen berufsmäßig geführt und 2. an einer Umschulung oder Fortbildung teilgenommen hat, die besondere Kenntnisse im Sinne des § 3 Abs. 1 Satz 2 und § 4 Abs. 1 Satz 2 vermittelt, welche nach Art und Umfang den durch eine abgeschlossene Ausbildung an einer Hochschule vermittelten vergleichbar sind. (3) Das Landesrecht kann weitergehende Zulassungsvoraussetzungen aufstellen. Es regelt das Nähere über die an eine Umschulung oder Fortbildung im Sinne des Absatzes 1 Satz 2 Nr. 2, Absatzes 2 Satz 2 Nr. 2 zu stellenden Anforderungen, über Art und Umfang der zu erbringenden Prüfungsleistungen, über das Prüfungsverfahren und über die Zuständigkeiten. Das Landesrecht kann auch bestimmen, dass eine in einem anderen Land abgelegte Prüfung im Sinne dieser Vorschrift anerkannt wird.	1. mindestens drei Jahre lang Vormundschaften oder Betreuungen berufsmäßig geführt und 2. an einer Umschulung oder Fortbildung teilgenommen hat, die besondere Kenntnisse im Sinne des § 3 Abs. 1 Satz 2 und **§ 4 Absatz 3** vermittelt, welche nach Art und Umfang den durch eine abgeschlossene Lehre vermittelten vergleichbar sind. (2) Durch Landesrecht kann bestimmt werden, dass es einer abgeschlossenen Ausbildung an einer Hochschule im Sinne des § 3 Abs. 1 Satz 2 Nr. 2 und **§ 4 Absatz 3 Nummer 2** gleichsteht, wenn der Vormund oder Betreuer Kenntnisse im Sinne dieser Vorschrift durch eine Prüfung vor einer staatlichen oder staatlich anerkannten Stelle nachgewiesen hat. Zu einer solchen Prüfung darf nur zugelassen werden, wer 1. mindestens fünf Jahre lang Vormundschaften oder Betreuungen berufsmäßig geführt und 2. an einer Umschulung oder Fortbildung teilgenommen hat, die besondere Kenntnisse im Sinne des § 3 Abs. 1 Satz 2 und **§ 4 Absatz 3** vermittelt, welche nach Art und Umfang den durch eine abgeschlossene Ausbildung an einer Hochschule vermittelten vergleichbar sind. (3) Das Landesrecht kann weitergehende Zulassungsvoraussetzungen aufstellen. Es regelt das Nähere über die an eine Umschulung oder Fortbildung im Sinne des Absatzes 1 Satz 2 Nr. 2, Absatzes 2 Satz 2 Nr. 2 zu stellenden Anforderungen, über Art und Umfang der zu erbringenden Prüfungsleistungen, über das Prüfungsverfahren und über die Zuständigkeiten. Das Landesrecht kann auch bestimmen, dass eine in einem anderen Land abgelegte Prüfung im Sinne dieser Vorschrift anerkannt wird.
	§ 12 Übergangsregelungen **Auf Vergütungsansprüche von Betreuern, Vormündern, Pflegern und Verfahrenspflegern für Leistungen, die vor dem 27. Juli 2019 erbracht wurden, ist dieses Gesetz bis zum Ende des angefangenen Betreuungsmonats in seiner bis dahin geltenden Fassung anzuwenden.**

Artikel 2 – Änderung des Gesetz über das Verfahren in Familiensachen und in den Angelegenheiten der freiwilligen Gerichtsbarkeit	
FamFG – bisherige Fassung	**FamFG – in der Fassung des Gesetzes zur Anpassung der Betreuer- und Vormündervergütung vom 22.6.2019, BGBl. I S. 866**
– Geltung bis 26.7.2019 –	– Geltung ab 27.7.2019 –
§ 277 FamFG Vergütung und Aufwendungsersatz des Verfahrenspflegers	**§ 277 FamFG Vergütung und Aufwendungsersatz des Verfahrenspflegers**
(1) Der Verfahrenspfleger erhält Ersatz seiner Aufwendungen nach § 1835 Abs. 1 bis 2 des Bürgerlichen Gesetzbuchs. Vorschuss kann nicht verlangt werden. Eine Behörde oder ein Verein erhält als Verfahrenspfleger keinen Aufwendungsersatz.	(1) Der Verfahrenspfleger erhält Ersatz seiner Aufwendungen nach § 1835 Abs. 1 bis 2 des Bürgerlichen Gesetzbuchs. Vorschuss kann nicht verlangt werden. Eine Behörde oder ein Verein erhält als Verfahrenspfleger keinen Aufwendungsersatz.
(2) § 1836 Abs. 1 und 3 des Bürgerlichen Gesetzbuchs gilt entsprechend. Wird die Verfahrenspflegschaft ausnahmsweise berufsmäßig geführt, erhält der Verfahrenspfleger neben den Aufwendungen nach Absatz 1 eine Vergütung in entsprechender Anwendung der §§ 1, 2 und 3 Abs. 1 und 2 des Vormünder- und Betreuervergütungsgesetzes.	(2) § 1836 Abs. 1 und 3 des Bürgerlichen Gesetzbuchs gilt entsprechend. Wird die Verfahrenspflegschaft ausnahmsweise berufsmäßig geführt, erhält der Verfahrenspfleger neben den Aufwendungen nach Absatz 1 eine Vergütung in entsprechender Anwendung der §§ 1, 2 und 3 Abs. 1 und 2 des Vormünder- und Betreuervergütungsgesetzes.
(3) Anstelle des Aufwendungsersatzes und der Vergütung nach den Absätzen 1 und 2 kann das Gericht dem Verfahrenspfleger einen festen Geldbetrag zubilligen, wenn die für die Führung der Pflegschaftsgeschäfte erforderliche Zeit vorhersehbar und ihre Ausschöpfung durch den Verfahrenspfleger gewährleistet ist. Bei der Bemessung des Geldbetrags ist die voraussichtlich erforderliche Zeit mit den in § 3 Abs. 1 des Vormünder- und Betreuervergütungsgesetzes bestimmten Stundensätzen zuzüglich einer Aufwandspauschale von 3 Euro je veranschlagter Stunde zu vergüten. In diesem Fall braucht der Verfahrenspfleger die von ihm aufgewandte Zeit und eingesetzten Mittel nicht nachzuweisen; weitergehende Aufwendungsersatz- und Vergütungsansprüche stehen ihm nicht zu.	(3) Anstelle des Aufwendungsersatzes und der Vergütung nach den Absätzen 1 und 2 kann das Gericht dem Verfahrenspfleger einen festen Geldbetrag zubilligen, wenn die für die Führung der Pflegschaftsgeschäfte erforderliche Zeit vorhersehbar und ihre Ausschöpfung durch den Verfahrenspfleger gewährleistet ist. Bei der Bemessung des Geldbetrags ist die voraussichtlich erforderliche Zeit mit den in § 3 Abs. 1 des Vormünder- und Betreuervergütungsgesetzes bestimmten Stundensätzen zuzüglich einer Aufwandspauschale von **4 Euro** je veranschlagter Stunde zu vergüten. In diesem Fall braucht der Verfahrenspfleger die von ihm aufgewandte Zeit und eingesetzten Mittel nicht nachzuweisen; weitergehende Aufwendungsersatz- und Vergütungsansprüche stehen ihm nicht zu.
(4) Ist ein Mitarbeiter eines anerkannten Betreuungsvereins als Verfahrenspfleger bestellt, stehen der Aufwendungsersatz und die Vergütung nach den Absätzen 1 bis 3 dem Verein zu. 2§ 7 Abs. 1 Satz 2 und Abs. 3 des Vormünder- und Betreuervergütungsgesetzes sowie § 1835 Abs. 5 Satz 2 des Bürgerlichen Gesetzbuchs gelten entsprechend. 3Ist ein Bediensteter der Betreuungsbehörde als Verfahrenspfleger für das Verfahren bestellt, erhält die Betreuungsbehörde keinen Aufwendungsersatz und keine Vergütung.	(4) Ist ein Mitarbeiter eines anerkannten Betreuungsvereins als Verfahrenspfleger bestellt, stehen der Aufwendungsersatz und die Vergütung nach den Absätzen 1 bis 3 dem Verein zu. 2§ 7 Abs. 1 Satz 2 und Abs. 3 des Vormünder- und Betreuervergütungsgesetzes sowie § 1835 Abs. 5 Satz 2 des Bürgerlichen Gesetzbuchs gelten entsprechend. 3Ist ein Bediensteter der Betreuungsbehörde als Verfahrenspfleger für das Verfahren bestellt, erhält die Betreuungsbehörde keinen Aufwendungsersatz und keine Vergütung.
(5) Der Aufwendungsersatz und die Vergütung des Verfahrenspflegers sind stets aus	(5) Der Aufwendungsersatz und die Vergütung des Verfahrenspflegers sind stets aus

Artikel 2 – Änderung des Gesetz über das Verfahren in Familiensachen und in den Angelegenheiten der freiwilligen Gerichtsbarkeit	
FamFG – bisherige Fassung	**FamFG – in der Fassung des Gesetzes zur Anpassung der Betreuer- und Vormündervergütung vom 22.6.2019, BGBl. I S. 866**
– Geltung bis 26.7.2019 –	**– Geltung ab 27.7.2019 –**
der Staatskasse zu zahlen. Im Übrigen gilt § 168 Abs. 1 entsprechend.	der Staatskasse zu zahlen. Im Übrigen gilt § 168 Abs. 1 entsprechend.

Artikel 3 – Evaluierung

Die durch dieses Gesetz geschaffenen Vorschriften sind insbesondere im Hinblick auf die Angemessenheit der im Anhang festgesetzten Fallpauschalen über einen Zeitraum von vier Jahren zu evaluieren. Das Bundesministerium der Justiz und für Verbraucherschutz hat einen Bericht über die Ergebnisse der Evaluierung bis zum 31. Dezember 2024 zu veröffentlichen.

Artikel 4 – Inkrafttreten

Dieses Gesetz tritt am 27. Juli 2019 in Kraft.

Anlage

(Zu § 4 Absatz 1)

Vergütungstabellen

Zu neuen Vergütungstabellen A bis C wird auf die Seiten 194 ff. verwiesen

Stichwortverzeichnis

Die Ziffern bezeichnen die Randnummern.